Ulrich Herbert

BEST

Biographische Studien
über Radikalismus, Weltanschauung
und Vernunft,
1903 – 1989

Bibliografische Information der Deutschen Nationalbibliothek

Die Deutsche Nationalbibliothek verzeichnet
diese Publikation in der Deutschen Nationalbibliografie;
detaillierte bibliografische Daten sind im Internet
über *http://dnb.d-nb.de* abrufbar.

ISBN 978-3-8012-5036-2

5. Auflage 2011

© Verlag J.H.W. Dietz Nachf. GmbH
Dreizehnmorgenweg 24, 53175 Bonn
Umschlag: Jens Vogelsang, Aachen
Die für den Umschlag verwendeten Bilder zeigen Dr. Werner Best
im Jahre 1943 und im Jahre 1987,
© Süddeutsche Zeitung Photo/Scherl, München
und Siegfried Matlock, Apenrade/Dänemark
Satz: Jens Marquardt, Bonn
Druck und Verarbeitung: fgb - freiburger graphische betriebe
GmbH & Co. KG, Freiburg/Br.
Alle Rechte vorbehalten
Printed in Germany 2011

Inhaltsverzeichnis

Zweiter Teil

Anhang

Einleitung

Zu den weltweit bekannten Repräsentanten des NS-Regimes gehörte Werner Best nicht. Auch in Deutschland selbst wusste – und weiß – man nur wenig über ihn. Die Informationen, die man in den populäreren Darstellungen der Geschichte des »Dritten Reiches« über ihn erhält, sind meist spärlich und zudem ausgesprochen widersprüchlich: als Justitiar Himmlers und Heydrichs wird er bezeichnet, als SS-Ideologe, auch als »Graue Eminenz« der Gestapo; zudem als der für den Mord an vielen tausenden Menschen verantwortliche Organisator der »Einsatzgruppen« in Polen. Einer breiteren Öffentlichkeit war er allerdings als der Verfasser der »Boxheimer Dokumente« in Erinnerung, die als »Putschpläne der Nazis« in der Spätphase der Weimarer Republik zu scharfen Auseinandersetzungen zwischen den Anhängern und rechten Gegnern der Republik geführt hatten. Auf der anderen Seite wird Bests erfolgreiches Wirken als Reichsbevollmächtigter in Dänemark erwähnt, der dort in der deutschen Besatzungspolitik einen auf Ausgleich bedachten, vergleichsweise vernünftigen Kurs gehalten habe und zudem auf eine etwas unklare Weise an der Rettung der dänischen Juden vor ihrer Deportation beteiligt gewesen sei. Als einer der intellektuellen Köpfe von Sicherheitspolizei und SD, als »Theoretiker der Vernichtung« wird er an einer Stelle beschrieben; als zwar radikaler und überzeugter, gleichwohl »vernünftiger«, sachlich und kompetent auftretender Nationalsozialist an einer anderen, sogar als »normativ«, wenn nicht gar »rechtlich« denkender Verwaltungsjurist, der sich mit den Repräsentanten des NS-Regimes bis an die Grenze zum offenen Widerstand kritisch auseinandergesetzt habe. In den Nachkriegsjahren tauchte er in den Zeitungen ab und zu als ein Mann mit einer etwas mysteriösen Vergangenheit auf, und als vielgefragter »Zeitzeuge« finden wir ihn in zahlreichen Darstellungen über die Geschichte des NS-Regimes wieder.

Innerhalb des nationalsozialistischen Apparats hatte Best bis 1940 als Organisator und führender Ideologe der Gestapo und in weiterem Sinne auch der SS gegolten. Hier stand er im Ruf eines verbindlich, zurückhaltend und betont sachlich auftretenden, im Umgang mit den Ministerialbehörden erfahrenen und geschickten Verwaltungsfachmannes, zudem eines vielseitig begabten und gebildeten Mannes mit wachem Verstand und selbständigem Urteilsvermögen.

Ein Gesamtbild lässt sich aus alledem nicht gewinnen, und die hier zutage tretenden Widersprüche sind gewiss auch für sich eine nähere Betrachtung wert. Aber obwohl Best auch als einzelne historische Figur einige Aufmerksamkeit verdiente, hat sich das Interesse an dieser Person und ihrem Lebensweg, das schließlich zu diesem Buch führte, doch in anderem Zusammenhang und von anderen Fragen her entwickelt, die im folgenden kurz erläutert werden sollen.

Werner Best wurde im Jahre 1903 geboren; er entstammte einer Mainzer Beamtenfamilie, hatte an den Universitäten Frankfurt, Freiburg im Breisgau und Gießen Jura studiert, nach der Promotion seine Referendarzeit durchlaufen und war schließlich Amtsrichter geworden. Nach vielerlei Aktivitäten im völkischen und rechtsradikalen Milieu der zwanziger Jahre stieß er 1930 zur NSDAP. Wegen seiner Verantwortung für die »Boxheimer Dokumente« verlor er Ende 1931 seine Stellung als Richter und betätigte sich fortan ausschließlich politisch. Nach der nationalsozialistischen »Machtergreifung« übernahm Best zunächst das Amt des hessischen Polizeipräsidenten, um im Herbst 1933 als Organisationschef des SD nach München zu gehen. Anfang 1935 wechselte er nach Berlin in das Geheime Staatspolizeiamt, in welchem er bis 1940 die Funktionen des Stellvertretenden Leiters, des Justitiars, des Personal- und Organisationschefs sowie des Leiters der polizeilichen Abwehr innehatte – der Mann hinter, eine Zeitlang wohl eher neben, Reinhard Heydrich. Vom Sommer 1940 bis 1942 war Best dann als Chef der Verwaltung beim Militärbefehlshaber in Frankreich tätig, anschließend amtierte er bis zum Kriegsende als deutscher Reichsbevollmächtigter im besetzten Dänemark. Nach dem Krieg erlebte Best im dänischen Gefängnis drei sehr unterschiedliche Gerichtsurteile – von der Todesstrafe bis zu fünf Jahren Haft –, kehrte im Jahre 1951 nach Westdeutschland zurück und wurde im Umfeld der nordrhein-westfälischen FDP als einer der Organisatoren der Kampagne für eine Generalamnestie zugunsten der NS-Täter schnell wieder politisch aktiv. Seit Mitte der 50er Jahre als Justitiar und Direktor in einem westdeutschen Industrieunternehmen tätig; setzte er sich – nicht ohne Erfolg – intensiv für ehemalige Nationalsozialisten ein, die von Strafverfahren bedroht waren, eine Aktivität, die er mit großer Energie bis an sein Lebensende betrieb.

Die Kombination aus dem begabten, belesenen und »vernünftigen« jungen Juristen und dem fanatischen SS-Ideologen und Organisator des Massenmords, wie sie bei Best aufzutreten schien, stellte eine politische und moralische Herausforderung schon deshalb dar, weil sie die klassischen Muster und Erwartungen gegenüber einem der Führer des nationalsozialistischen Terrorapparates nicht erfüllte. Auf der anderen Seite, so die hier entstandene Vermutung, ist es aber gerade diese Kombination aus Radikalismus, weltanschaulichem Antrieb und einer spezifischen Form der Vernunft – einer ideologischen Binnenrationalität einerseits, einer Effizienz und rationelle Herangehensweise mit den ideologischen Grundannahmen verknüpfenden »Sachlichkeit« andererseits –, die historisch wie individuell-konkret erklärt werden muss, will man verstehen, warum ein offenbar nicht kleiner Teil der jungen deutschen Intelligenz in den 30er und 40er Jahren bereit und in der Lage war, eine Unterdrückungs- und Vernichtungspolitik in bis dahin nicht gekanntem Ausmaß mitzutragen, zu konzipieren und in die Praxis umzusetzen.

Das Reichssicherheitshauptamt, dessen Struktur, personelle Besetzung und politische Ausrichtung Best maßgeblich bestimmt hatte, war im Herbst 1939 als Zusammenschluss der Zentralbehörden von Gestapo, Kriminalpolizei und dem »Sicherheitsdienst« (SD) der SS gegründet worden und brachte auf der politisch-organisatorischen Ebene die enge Verklammerung von politischer Verfolgung, Verbrechensbekämpfung und rassistischer Volkstumspolitik als Kennzeichen der nationalsozialistischen »Gegnerverfolgung« zum Ausdruck. Zugleich wurde damit der Aufstieg des von Himmler, Heydrich und Best geleiteten Sicherheitsapparats zu einem der stärksten und einflussreichsten Machtblöcke innerhalb des nationalsozialistischen Regimes, der sich im Verlauf der vergangenen fünf Jahre von allen hemmenden und kontrollierenden Instanzen befreit und sich neben staatlicher Verwaltung, Partei und Wehrmacht zur »vierten Säule im völkischen Staat« entwickelt hatte, zu einem vorläufigen Abschluss gebracht. Mit Beginn des Krieges weiteten sich die Aufgabenbereiche dieses Apparats auf fast ganz Europa aus: Von hier aus wurden die von der deutschen Wehrmacht besetzten Länder mit einem Netz von Terrorbehörden überzogen, die Mordkommandos der Einsatzgruppen gelenkt, die gigantischen »Umsiedlungsaktionen« in Polen und der Sowjetunion, in Südost- und in Westeuropa organisiert und schließlich die Deportation und Ermordung der europäischen Juden in Gang gesetzt.

Bei Kriegsbeginn bestand die Führungsgruppe des Reichssicherheitshauptamtes aus etwa 300 Männern: Amtsleiter, Referatsleiter, die Chefs der regionalen Staatspolizeistellen und ihre Vertreter. Aus diesem vergleichsweise engen Personalreservoir rekrutierte sich in den folgenden Jahren ein Großteil der Leiter der Einsatzgruppen und -kommandos, der Inspekteure, Kommandeure und Befehlshaber der Sicherheitspolizei und des SD in den von Deutschland besetzten Ländern sowie der Gestapostellenleiter. Sie waren unmittelbar befasst mit und verantwortlich für beinahe alle Deportations-, Ausrottungs- und Vernichtungsoperationen sowohl in Deutschland selbst als auch – und vor allem – in den besetzten Gebieten, insbesondere Osteuropas. Wenn es überhaupt eine Kerngruppe der nationalsozialistischen Verfolgungs- und Genozidpolitik gegeben hat, dann waren es diese Männer.

Die Zusammensetzung dieser Gruppe war allerdings bemerkenswert und unterschied sich signifikant von anderen Funktionseliten im »Dritten Reich«: Im Jahre 1939 waren – bezogen auf Gestapo und SD – zwei Drittel dieser Männer jünger als 36 Jahre; beinahe ebenso viele hatten ein Universitätsstudium absolviert, die meisten in Rechtswissenschaft. Sie waren also deutlich jünger als die Führungsgruppen in Verwaltung, Wirtschaft und Wehrmacht und deutlich gebildeter als diejenige der Partei – Ausdruck einer gezielten und systematischen Personalpolitik, die darauf zielte, die Spitzenpositionen der Sicherheitspolizei nicht mit Vertretern der traditionellen Führungsschichten aus der Innenverwaltung, sondern mit explizit nationalsozialistischen Nachwuchskräften zu besetzen und deren Ausbildung innerhalb des Apparats an den Maximen von politisch-weltanschaulicher Zuverlässigkeit und polizeilichem Professionalismus auszurichten.[1]

Als die Richter des Nürnberger Tribunals ihre Urteile gegen die Angeklagten im Fall 9, dem »Einsatzgruppenprozess«, sprachen, machten sie kein Hehl aus dem tiefen Erschrecken über die als bestürzend empfundene Diskrepanz zwischen den hier zur Sprache gekommenen Verbrechen und der Persönlichkeitsstruktur der angeklagten ehemaligen Leiter der Einsatzgruppen und -kommandos, die für die Ermordung hunderttausender Menschen in den von Deutschland eroberten Gebieten der Sowjetunion verantwortlich waren: »Die Angeklagten sind keine ungebildeten Wilden, unfähig, die höheren Werte des Lebens und der Lebensführung zu schätzen. Jeder der auf der Anklagebank Sitzenden hatte den Vorteil einer beträchtlichen Ausbildung genossen. Acht sind Juristen, einer Universitätsprofessor, ein anderer Zahnarzt und wieder ein anderer Kunstsachverständiger ... Es war in der Tat eine der vielen bemerkenswerten Seiten dieses Prozesses, dass die Schilderung ungeheurer Greueltaten ständig mit den akademischen Titeln der als ihre Täter genannten Personen durchsetzt war.«

Besonders krass erschien den Richtern dieser Widerspruch bei dem Angeklagten Otto Ohlendorf, der als Leiter der Einsatzgruppe D in der Sowjetunion für den Mord an mehr als 90.000 Menschen, fast ausnahmslos Juden, direkte Verantwortung trug und sich dazu – im Gegensatz zu den meisten anderen – auch bekannt hatte. Diese Diskrepanz, ja Dichotomie zwischen dem gebildeten, freundlich und offen auftretenden Universitätsdozenten und dem Massenmörder Ohlendorf konnten sich die Richter nicht anders erklären als mit der Vermutung, dass hier ein psychischer Defekt, eine Persönlichkeitsspaltung vorliegen müsse:»Zuerst ist hier der Ohlendorf als Student, Dozent, Verwalter, Soziologe, wissenschaftlicher Analytiker und Menschenfreund. Dieser Ohlendorf wurde auf einem Bauernhof geboren, studierte Rechts- und Staatswissenschaft an den Universitäten Leipzig und Göttingen, war an den Gerichten in Alfeld/Leine und Hildesheim tätig, wurde stellvertretender Abteilungsleiter am Institut für Weltwirtschaft in Kiel, dann Abteilungsleiter am Institut für angewandte Wirtschaftswissenschaften in Berlin und im Jahre 1936 Wirtschaftsreferent im SD. Für diesen Ohlendorf hat der Verteidiger mehrere hundert Seiten eidesstattliche Erklärungen unterbreitet ... Eine dieser eidesstattlichen Erklärungen besagt: ›Ohlendorf sah in den verschiedenen Völkern keine hochwertigen oder minderwertigen Rassen ... Er sah Rassen nur als einen biologischen Begriff. Die einzelnen Völker waren für ihn nicht hoch- oder minderwertig, sondern verschiedenartig. Die Herrschaft eines Volkes mit seinen Lebensprinzipien hielt er daher für falsch und gegen die Lebensgesetze gerichtet. Vielmehr war für ihn das erstrebenswerte Ziel eine Ordnung der Völker, in der jedes Volk gemäß seiner Wesensart und seinen Möglichkeiten und Fähigkeiten sich entwickeln kann. Volk war für ihn auch nicht gebunden an eine staatliche Organisation.‹ – Auf der anderen Seite wird uns ein SS-General Ohlendorf beschrieben, der die Einsatzgruppe D auf eine Rassen-Ausrottungsexpedition in die Krim führte. Dieser Otto Ohlendorf wird von dem gleichen Otto Ohlendorf beschrieben. Wenn der Menschenfreund und der Einsatzgruppenführer in einer Person verschmelzen, könnte man annehmen, dass wir es hier mit einem Charakter zu tun haben, der dem von Robert Louis Stevenson in seinem Buch ›Dr. Jekyll und Mr. Hyde‹ beschriebenen gleicht.«[2]

Wenn es sich jedoch bei Ohlendorf – wie bei Best und den anderen führenden Männern der Einsatzgruppen und des RSHA – nun aber weder um sozial entwurzelte Desperados handelte, die ihre Defizite an sozialen Bindungen und persönlicher Integrität durch Blutrausch und Mord kompensierten, wie man dies vermutlich mit einigem Recht für einen Teil der unteren Ränge der SS etwa in den Konzentrationslagern feststellen kann[3], noch um dumpf-überzeugungslose Befehlsempfänger, die sich ihrer Verantwortung und der Tragweite ihres Handelns nicht bewusst gewesen wären, dann sind die Fragen nach der Persönlichkeit und Überzeugungswelt, nach der politischen Sozialisation und ideologischen Aufladung, nach der weltanschaulichen Motivation und Perspektive der Angehörigen dieser für die nationalsozialistische Terror- und Vernichtungspolitik so zentralen Gruppe einigermaßen zwingend. Und von nicht geringerem Interesse ist dann die Untersuchung der nationalsozialistischen Unterdrückungs- und Vernichtungspolitik aus der Perspektive der Protagonisten des SS-Staates selbst und – sofern sie das Kriegsende überlebten – die Analyse ihres weiteren Lebenswegs nach 1945, ihrer Einpassung in die gewandelten Verhältnisse, ihrer Legitimationsstrategien und Lebensperspektiven. Wenn es weiter zutrifft, dass die Führer des nationalsozialistischen Polizeiapparates weder technokratische Mordmaschinen noch sozial marginalisierte Befehlsempfänger waren, sondern im Gegenteil eher überdurchschnittlich intelligente, selbstbewusste, tatkräftige und in der Regel sehr junge Männer mit durchaus eigenen politischen Vorstellungen, die zudem eher der Mitte und den oberen Rängen der deutschen Gesellschaft entstammten als den Randgruppen und Unterschichten, dann wird der Blick zugleich viel stärker auf diese deutsche Gesellschaft selbst gerichtet, aus der heraus eine solche Elite erwuchs, als dies bislang geschah. Die hier formulierten Fragen beziehen sich dann zugleich nicht allein auf das Verständnis der Geschichte des NS-Regimes oder seines Terrorapparats, sondern auf die deutsche Geschichte des 20. Jahrhunderts insgesamt.

Dass diese Fragen in der historischen Forschung, zumal der deutschen, bislang keine intensivere Bearbeitung gefunden haben, obwohl hier doch sehr grundsätzliche und für die neuere deutsche Geschichte – weit über die Herrschaftszeit des NS-Regimes hinausreichend – bedeutsame Probleme aufgeworfen werden, ist überraschend, lässt sich aber außer durch die hier entstehenden Probleme der Überlieferung und der Methode vor allem durch den Gang der Erforschung der NS-Diktatur in den vergangenen Jahrzehnten erklären.

Struktur, politischer Einflussbereich und Führungspersonal von SS und RSHA ebenso wie die in diesem Kreis vertretenen und diskutierten politischen und weltanschaulichen Konzepte und Zielsetzungen haben in den vergangenen zwei Jahrzehnten eher im Schatten der großen Forschungstrends und -debatten gestanden. Weder über die Vorstellungen der SS- und RSHA-Führung zur Rassen-, Volkstums- und Bevölkerungspolitik noch über die hier vertretenen außenpolitischen und »großgermanischen« Zielsetzungen, noch über die Geschichte des RSHA oder auch des Wirtschafts- und Verwaltungshauptamtes der SS gibt es solide Untersuchungen; über die Tätigkeit des Geheimen Staatspolizeiamtes sind wir lediglich für die Anfangsjahre des Regimes gründlich informiert.[4] Ähnlich verhält es sich mit biographischen Studien zu den führenden Personen des SS- und RSHA-Apparates; bis auf wenige Ausnahmen ist dies nach wie vor die Domäne eines reißerischen und nicht selten apologetisch eingefärbten Sensationsjournalismus. Über die Amts- und Abteilungsleiter im RSHA, über die Kommandeure der Einsatzgruppen und die Leiter der regionalen Stapostellen wissen wir nur in Einzelfällen mehr als die Namen; biographische Analysen, die Herkunft, Sozialisation, politische Tätigkeit und Überzeugungen sowie den Karriereverlauf mit einbeziehen, gibt es, außer zu Kaltenbrunner, ebenso wenig wie Untersuchungen, die über das Jahr 1945 hinausreichen.[5]

Insgesamt sind nicht nur der nationalsozialistische Terrorapparat von SS und RSHA etwa seit dem Ende der 60er Jahre mehr und mehr aus dem Blick der Forschung geraten, sondern auch die hier obwaltenden politischen und ideologischen Überzeugungen und Zielsetzungen – unabhängig davon, ob man die Bedeutung dieser Überzeugungen für die im Verlauf der nationalsozialistischen Herrschaft in Gang gesetzten Prozesse nun für besonders groß oder für im Grunde nebensächlich hält.[6]

Dies war sowohl in der frühen Nachkriegszeit wie in den späten 50er und frühen 60er Jahren allerdings zunächst anders. In dieser Zeit standen, angestoßen durch die Prozesse in Nürnberg, Jerusalem und Frankfurt, die Führer von RSHA und SS und der Apparat selbst durchaus im Zentrum des Interesses der Forschung und der öffentlichen Diskussion. Dass sich dabei in der ersten Hälfte der 60er Jahre im Gefolge der Schriften Hannah Arendts eine Debatte über Eichmann und die »Banalität des Bösen« entzündete, konnte angesichts der Offenbarungen des Jerusalemer Prozesses nicht verwundern. Denn Eichmann widersprach durch seine Person und sein Auftreten jenen Erwartungen, wonach eine so unmittelbare Beteiligung an den vielleicht größten Massenverbrechen der Geschichte eine gewisse, wenn auch umgekehrte, diabolische Größe auch des Täters voraussetzte.[7] Dass sich Eichmann hingegen als organisationswütiger Spießer ohne jedes persönliche und intellektuelle Format entpuppte, musste auf die Überlebenden und die Nachkommen der Opfer wie ein Hohn wirken. Aber Eichmann spielte ebenso wie die in Frankfurt angeklagten Aufseher des Konzentrations- und Vernichtungslagers Auschwitz in der Hierarchie des RSHA nur eine untergeordnete Rolle, und für die Führer des Terrorapparates war er eher untypisch. So hat es sich historiographisch möglicherweise verhängnisvoll ausgewirkt, dass von nun an der nationalsozialistische »Schreibtischtäter« in den Kategorien des beflissenen Befehlsempfängers Eichmann betrachtet wurde.

Auf der anderen Seite gab es in dieser frühen Phase zahlreiche Arbeiten, vor allem aus dem Münchner Institut für Zeitgeschichte sowie etwa von Karl Dietrich Bracher, Gerhard Schulz oder Kurt Sontheimer, die die Struktur und die Aufgabenbereiche des NS-Terrorapparates untersuchten und auf die ausgeprägt elitären und sich vom »gewöhnlichen« Nationalsozialismus absetzenden ideologischen Vorstellungen in der SS- und RSHA-Führung sowie auf die bemerkenswerten personellen und ideologischen Kontinuitäten zwischen der jungen rechtsradikalen Intelligenz der Weimarer Republik und der neuen SS-Elite – vor allem bei SD und Gestapo – hinwiesen.[8] Zu einer systematischen politik-, sozial- und geistesgeschichtlichen oder biographischen Analyse der Führungsgruppe des NS-Terrorapparates kam es jedoch nicht, weil die Forschungsdiskussion seit Ende der 60er Jahre in zunehmendem Maße von den sich entfaltenden und bald stark politisierten Großdebatten um Totalitarismus und Faschismus, schließlich um »Hitlerismus«, »Intentionalismus« und »Funktionalismus« bestimmt und überwölbt wurde.[9]

In Bezug auf das hier in Frage stehende Problem sind dabei, etwas verkürzt, vor allem zwei Entwicklungslinien zu nennen. Auf der einen Seite wurde hervorgehoben, dass eine vorrangige Beschäftigung mit der kleinen Gruppe der Organisatoren der NS-Massenverbrechen ebenso wie eine Betonung der weltanschaulichen Motive der verantwortlichen Täter und vor allem Hitlers selbst die Beteiligung der traditionellen Eliten an der Politik und den Verbrechen des Regimes ausblende, die »populistische Attraktivität« des Nationalsozialismus zu wenig berücksichtige und die strukturell angelegte Unfähigkeit des Systems zu langfristig angelegter Politik im Sinne der mittelfristigen Integration divergierender Interessen übergehe.[10] In dieser Interpretation trat in der Folgezeit die Bedeutung des nationalsozialistischen Terrorapparats und seiner Organisatoren insgesamt in den Hintergrund, weil eine politische Eigenbedeutung des Apparats innerhalb des Regimes und die Relevanz der völkisch-radikalen Überzeugungen der Tätergruppe für die Ingangsetzung der Genozidpolitik in Polen und der Sowjetunion angesichts der in der Struktur des NS-Herrschaftssystems angelegten und sich stark dynamisierenden Faktoren in Zweifel gezogen wurden. In der Beurteilung der SS- und RSHA-Führer entwickelte sich vielmehr – insbesondere auf der Basis der Untersuchungen von Aronson, Buchheim und Höhne, aber zum Teil abweichend von deren Interpretationen – das Bild vom kalten Machttechniker, vom »Technokraten des Terrors«, der keinerlei politische Überzeugungen mehr besitze und von der »Macht an sich« fasziniert sei.[11]

Auf der anderen Seite der Debattenfront trat das ursprünglich durchaus offenere Konzept, wie es vor allem von Bracher vertreten worden war, im Zuge der sich verschärfenden politisch-historiographischen Auseinandersetzungen seit Mitte der 60er Jahre zunehmend in den Hintergrund. Während vordem die Verbreitung radikaler völkisch-rassistischer Überzeugungen in erheblichen Teilen der jungen Intelligenz der Weimarer Republik und die Verbindungen zu den Elitevorstellungen und Volkstumspostulaten in der SS- und Gestapo-Führung, die von den etwa in der SA und der Partei vertretenen Positionen zum Teil stark abwichen, hervorgehoben und im einzelnen untersucht worden waren[12], verengte sich die Debatte nun, um dem Diktum vom »schwachen Diktator« und der darin enthaltenen Forderung nach stärkerer Berücksichtigung der Rolle der alten Eliten innerhalb der NS-Diktatur entgegenzutreten, zusehends auf »Hitlers Weltanschauung«, die konsequent in »Hitlers Herrschaft« und die nationalsozialistischen Massenverbrechen gemündet sei. Denn Hitler, so wurde nun argumentiert, sei der einzige gewesen, der schon seit den frühen 20er Jahren von der Vision des Völkermords an den Juden geprägt worden sei und diese dann konsequent in die Praxis umgesetzt habe.[13] Die Führung von SS und RSHA kam als selbständig handelnde Gruppe in dieser Interpretation ebenfalls nicht vor, sondern lediglich als Befehlsempfänger und Durchführungsgehilfen Hitlers. Die weltanschaulichen Postulate und insbesondere die hier entwickelten Vorstellungen von Rassen- und Volkstumspolitik wurden lediglich als Ableitungen oder Adaptionen des Hitlerschen Weltbildes angesehen und nicht selbst zum Gegenstand der Untersuchungen. Zugleich rückten völkische, sozialdarwinistische, »eugenische« und rassenantisemitische Ideologeme den Bereich des Obskuren und Marginalen, und die SS- und RSHA-Führer wurden mehr und mehr als Exponenten einer relativ kleinen Gruppe von Fanatikern verstanden, deren Motive und Antriebe im Grunde nur noch psychopathologisch zu erklären seien. So wurde »die SS« zu einer Residualkategorie des Abnormen und schien mit dem Rest der Gesellschaft nicht mehr in direktem Zusammenhang zu stehen.

In beiden hier angesprochenen Interpretationsrichtungen kommen also die SS- und RSHA-Führer nicht als selbständig handelnde (und zu untersuchende) Faktoren vor, sondern als Getriebene, als Werkzeuge und gewissermaßen inhaltsleere Machtfaktoren, so dass sich das Interesse und die großen Untersuchungen entweder auf Hitler selbst oder auf die gesellschaftlichen Eliten – Industrie, Justiz und Verwaltung, Wissenschaft, Wehrmacht –, auf die deutsche Bevölkerung oder einzelne Bevölkerungsgruppen und ihr jeweiliges Verhältnis zur NS-Diktatur konzentrierte.[14]

Gemeinsam ist diesen unterschiedlich motivierten Erklärungsansätzen, dass sie die Führungsgruppe des RSHA auf ein konzeptionell zu vernachlässigendes Instrument des Terrors in den Händen anderer reduzieren. Hingegen rücken die Fragen, was diese Männer antrieb, welche Vorstellungen und Zielsetzungen sie entwickelten, auf welche Weise sie die ihnen doch anerzogenen Wertnormen von Moral und Humanität überwanden, in welchem Verhältnis sie zur politischen Praxis und weltanschaulichen Perspektive des NS-Regimes, seines Führers und der verschiedenen Mächtegruppen standen und wie sie ihr Handeln vor sich, ihren Untergebenen sowie nach dem Krieg gegenüber der Öffentlichkeit rechtfertigten, in den Hintergrund und werden durch die Konstruktionen des Zynismus, der Machtgier oder der Subalternität der einzelnen ersetzt. Auf der anderen Seite werden die gestellten Fragen durch stereotype Verweise auf »die Naziideologie«, den »pathologischen Rassenwahn« oder den »eklektizistischen Blut-und-Boden-Mythos«, die in solchem Zusammenhang häufig gegeben werden, eher verdeckt als beantwortet. Die politischen und weltanschaulichen Vorstellungen der RSHA- und SS-Führer – wie diejenigen der intellektuellen Rechtsradikalen vor und während der NS-Diktatur insgesamt – werden auf diese Weise pathologisiert, auf eine historisch kaum mehr rekonstruierbare, individuelle Verirrung reduziert und damit auch vom mainstream der die großen politischen Debatten prägenden Geistesströmungen in Deutschland separiert.

Diese Pathologisierung politischer Überzeugungsgewissheit aber trägt ebenso wie die stete Suche nach den »eigentlichen«, also außerideologischen Motiven für das Handeln dieser Männer – seien es wirtschaftliche Interessen, imperialistisches Machtstreben, systeminterne Konkurrenzkämpfe oder individuelle Skrupellosigkeit – auch Züge einer intellektuellen Bedrohungsabwehr, weil es der abendländischen Vernunft zuwiderläuft, so monströse Untaten teilweise oder gar überwiegend auf ein der deutschen Geistestradition zwar nicht fremdes, gleichwohl ohne weiteres als empirisch und theoretisch unhaltbar zu erkennendes Ideengebäude zurückzuführen. Aber nicht die Frage, ob eine Ideologie aus der Distanz als »rational« oder »irrational« zu erkennen ist, ob sie heute als plausibel oder als absurd erscheint, ist für die historische Analyse erkenntnisleitend, sondern die

Fragen, ob, in welchem Maße und warum sie die Protagonisten als Erklärung ihrer Gegenwart und als verlockende Perspektive überzeugte, womöglich begeisterte, in welchem Verhältnis sie zur Ingangsetzung der politischen Praxis stand und welche Bedeutung ihr – nach dem Scheitern – bei der Rechtfertigung und Erklärung des Ungeheuerlichen zukam.

Die Überlegung, die Lebensgeschichte eines dieser Männer zur Grundlage einer diese verschiedenen Felder gleichermaßen explorierenden wie miteinander verknüpfenden Untersuchung zu machen, ist schon in den frühen 80er Jahren in Auseinandersetzung mit meinen Essener Kollegen, namentlich Lutz Niethammer und Detlev Peukert, entstanden. Unsere seinerzeitigen Versuche, lebensgeschichtliche Untersuchungen für die zeitgeschichtliche Historiographie fruchtbar zu machen und dabei den Vorzug des Biographisch-Individuellen – Konkretion und diachrone Perspektive – mit generalisierbaren Fragestellungen zu verknüpfen, verwies bereits früh auf die historiographische Herausforderung, die darin steckte, dass die durch vielfältige und tiefgreifende Brüche gekennzeichnete politische Geschichte unseres Jahrhunderts durch die Lebensgeschichte der Individuen gewissermaßen zusammengehalten und anders periodisiert wurde, so dass, was historisch und politisch in der Regel ganz getrennt erscheint, doch von den Menschen selbst als biographische Einheit erlebt worden war; woraus geradezu ein Vorwurf erwuchs, wenn sich etwa die Lebensgeschichten durch andere als die politischen Großdaten gegliedert erwiesen und auf diese Weise miteinander verbanden, was in der Perspektive einer politischen Geschichtsschreibung nicht zusammengehörte.[15]

Der zweite Anstoß kam von den neuerlichen Überlegungen über die historische Bedeutung generationeller Erfahrungen, die sich in den untersuchten Lebensgeschichten vor allem als langfristig prägend herausstellten und soziale und politisch definierte Grundeinheiten häufig zu transzendieren schienen – Überlegungen, wie sie seinerzeit ebenfalls im Kontext unseres Essener Forschungsprojekts diskutiert und dann vor allem von Detlev Peukert bei seiner Interpretation der Geschichte der Weimarer Republik umgesetzt und überprüft wurden.[16]

Drittens war mir – gewiss nicht als erstem – bereits in früheren Arbeiten die zentrale, in der Forschung aber nur wenig und eher am Rande thematisierte Rolle der Führungsgruppe von Sicherheitspolizei und SD bei der Formulierung und Durchsetzung der nationalsozialistischen Volkstums- und Vernichtungspolitik nachdrücklich vor Augen geführt worden.[17] Damit verband sich zunehmend der Eindruck, dass die Bedeutung weltanschaulicher Großkonzepte für die Motivation und Legitimation einer solchen Politik zunehmend aus den Augen geraten war, nachdem die sozialgeschichtliche Schule das Konzept einer umweglosen Verbindung zwischen Weltanschauung und politischer Praxis – womöglich allein verbunden durch die Figur des charismatischen Führers – destruiert hatte. Diese Destruktion war zweifellos ein Fortschritt insofern, als die mit der traditionellen Konzentration auf die geistesgeschichtlichen Traditionen verbundene Ausblendung von sozialen Interessen, langwirkenden politischen und gesellschaftliche

Problemlagen, wirtschaftlichen Konstellationen und Dynamiken der Apparate keine überzeugenden Forschungsergebnisse, insbesondere bezogen auf das 20. Jahrhundert, mehr zuließ. Eine sozial- und mentalitätsgeschichtlich informierte Geschichtsschreibung hingegen, so die Überlegung, musste sich der Frage nach der Bedeutung von Ideologien und politisch-weltanschaulichen Großkonzepten, insbesondere für das Handeln von Funktionseliten in modernen Diktaturen, neu und in verstärktem Maße stellen, schon angesichts der evidenten, offenbar wieder wachsenden und allein durch den Rekurs auf Interessen und soziale Konflikte nicht erklärbaren Bedeutung fundamentalistischer Konzepte in der Gegenwart und der Verwüstungen, die die kommunistischen Diktaturen bis vor wenigen Jahren in einem Drittel der Welt angerichtet haben.

Ein vierter Aspekt kam hinzu, und es ist offenkundig, dass auch diese Frage durch die Revolutionen in Mittel- und Osteuropa nach 1989 auf eine neue Weise stimuliert und präzisiert wurde: Denn während über die politische Sozialisation und insbesondere die Handlungsweisen und Ziele nationalsozialistischer Spitzenfunktionäre vor 1933 und bis 1945 bereits vielfältige Studien vorliegen, ist über deren Entwicklung nach 1945 nur wenig bekannt, und wissenschaftliche Studien fehlen dazu beinahe völlig. Das mag zum einen daran liegen, dass aus der ersten Reihe der NS-Führer nur wenige die Nachkriegsjahre überlebten und biographische Untersuchungen in der Regel hier enden. Für die Angehörigen der Spitzengruppe von Sicherheitspolizei und SD aber – wie für die meisten national-sozialistischen Führungskräfte der zweiten und dritten Reihe – gilt das in diesem Umfang nicht. Die Fragen, wie sie die Nachkriegsjahre überlebten und auf welche Weise sie mit ihrer eigenen Vergangenheit umgingen, ob bzw. wie sie in die (west-)deutsche Gesellschaft zurückfanden und wie diese Gesellschaft darauf reagierte oder wie sehr diese Gesellschaft von den NS-Eliten oder der Auseinandersetzung mit ihnen selbst geprägt wurde, sind in der Forschungsgeschichte zur Bundesrepublik nur zögernd behandelt worden. Welche Bedeutung der Art und Weise des Umgangs mit dem Führungspersonal gestürzter Diktaturen für die postdiktatorialen Gesellschaften beikommt, wird nun aber anhand der Entwicklung in den verschiedenen nachkommunistischen Ländern Mittel- und Osteuropas, nicht zuletzt in Ostdeutschland, deutlich. Die Frage nach der Geschichte der NS-Eliten in der Bundesrepublik wird auf diese Weise von einer Streitfrage der politischen Tagesdiskussion und einem bevorzugten Objekt von Skandalgeschichten und Kolportagen zu einem für die Beurteilung der Geschichte des westdeutschen Staates wichtigen Thema der Forschung.

Aus diesen Impulsen erwuchs die Überlegung, die lebensgeschichtliche Untersuchung eines führenden RSHA-Mannes so anzulegen, dass hierbei im biographischen Zusammenhang ein Bogen geschlagen wird von der völkischen Bewegung und der »Konservativen Revolution« der 20er Jahre über den Aufstieg des Nationalsozialismus hin zur Politik und weltanschaulichen Verankerung des Sicherheitsapparats des Regimes, über die deutsche Besatzungspolitik in Europa bis hin zum Zusammenbruch der Diktatur, von den Nachkriegsprozessen gegen die einstigen NS-Größen und den verschiedenen Schüben der Auseinandersetzung mit der NS-Vergangenheit in Deutschland bis in die Gegenwart – eine Geschichte des zwanzigsten Jahrhunderts in Deutschland also aus der sehr spezifischen, aber in diesem Jahrhundert eben auch sehr bedeutsamen Perspektive eines Mitglieds der engen Führungsgruppe des nationalsozialistischen Terrorapparates.

Erst nach allerlei Anläufen und Fehlversuchen und nachdem das Vorhaben zwischenzeitlich wieder zurückgestellt worden war, wurde aus diesen Vor-überlegungen ein Forschungsvorhaben: als ich nämlich in der Zentralen Stelle der Landesjustizverwaltungen in Ludwigsburg auf die Anklageschrift gegen Werner Best aus dem Jahre 1971 stieß und schnell bemerkte, dass hier ein geeigneter und in mancher Hinsicht besonders vielversprechender Ansatz für die projektierte Untersuchung gegeben war.[18]

Best hat im Laufe seines Lebens sehr verschiedene berufliche und persönliche Stationen durchlaufen; seine politische Aktivität währte siebzig Jahre – von 1918, als er zu den Jungnationalen stieß, über das Engagement im »rheinischen Ab-wehrkampf« und als völkischer Studentenführer, die Zeit im Kreise Ernst Jüngers, als Polizeipräsident in Hessen und als Stellvertreter Heydrichs im SD, Gestapo und RSHA, als Verwaltungschef in Frankreich und oberster Reichsvertreter in Dänemark bis zu seiner langjährigen Gefängnishaft, seiner Rückkehr in die Bundesrepublik, der Etablierung in der Industrie, bis schließlich zu dem letzten seiner vielen Auftritte vor Gericht, als er 1988 in Baden-Baden für einen seiner ehemaligen Untergebenen aussagte. Best hat all diese verschiedenen Stationen in einem spezifischen, wiederum ideologiegeleiteten Kontinuum und Spannungsverhältnis erlebt und wahrgenommen: die Jahre bis 1933/34 als Lern- und Kampfjahre; die Zeit bis 1945 als Konsequenz, Triumph und Sturz; die Jahre danach als Zeit der Rechtfertigung und des Beharrens auf der historischen und politischen Legitimität seiner politischen Konzeptionen wie seines Handelns während der NS-Zeit. Dadurch gewinnen die einzelnen Etappen seines Lebens in seiner Selbstreflexion eine spezifische Bedeutung und Folgerichtigkeit, was wiederum selbst Gegenstand der Untersuchung sein muss.[19]

Die Vielzahl der biographischen Stationen, die Best bis Kriegsende durchlief, und der politischen Felder, in denen er seit seiner Jugend aktiv war, hat sich im Verlauf dieser Untersuchung allerdings ebenso sehr als historiographischer Vorteil wie als Belastung herausgestellt. Als Vorteil und Herausforderung deshalb, weil auf diese Weise die Herausbildung, Radikalisierung, politische Umsetzung und nachträgliche Rechtfertigung seiner weltanschaulichen Grundüberzeugungen anhand sehr verschiedener Handlungsbereiche beobachtet und analysiert werden konnten; zugleich kamen dadurch auch die sich zunehmend dynamisierenden systemischen Widerstände in den Blick, die ein einfaches Schema »Weltanschauung – Herrschaftspraxis« als realitätsfern erkennen lassen.

Als problematisch hat sich dies aber insofern erwiesen, als Bests nie erlahmender Drang zur öffentlichen Selbsterläuterung und zur legitimatorischen Interpretation der NS-Zeit dazu geführt hat, dass ein Teil der einschlägigen Spezialliteratur nicht unwesentlich und manchmal in ungeahntem Ausmaß von Best selbst beeinflusst worden ist. Bereits während des Nürnberger Hauptkriegsverbrecher-

Prozesses war Best einer der Hauptzeugen in Bezug auf alle mit der Gestapo sowie mit der Entwicklung in Dänemark seit 1942 zusammenhängenden Fragen. Nach dem Krieg trat er nicht nur in einer sehr großen Zahl von NS-Prozessen als Entlastungszeuge auf (und koordinierte, ja lenkte die Verteidigungsstrategien der Angeklagten); er gab auch den bei ihm anfragenden Historikern bereitwillig und ausführlich Auskunft, so dass Best in einem erheblichen Teil der im engeren Sinne einschlägigen Forschungsliteratur als Informationsquelle gedient hat. So hat Best indirekt an der Entstehung des in der vorliegenden Forschung vermittelten Bildes insbesondere von den Aufgaben und dem Aufbau der Gestapo, des SD und des RSHA, aber auch der Entwicklung in Frankreich bis 1942 und derjenigen in Dänemark seit 1942 zum Teil erheblich mitgewirkt. Nun tut dies dem wissenschaftlichen Wert der meisten dieser Studien gewiss keinen Abbruch, aber bei dieser Untersuchung entstand doch oft das Problem, bei der Analyse und Bewertung der von Best verantworteten Vorgänge nicht die von ihm selbst beeinflusste Sichtweise aus der Literatur ohne weiteres zu übernehmen. Insgesamt ergab sich bei der Überprüfung das nicht überraschende Resultat, dass Best in seinen Aussagen vor Gericht und seinen Informationen für Historiker all jene Bereiche, die für ihn persönlich strafrechtlich gefährlich werden konnten, verschwieg oder in einer ihn entlastenden Weise darstellte. Dies gilt etwa für die »Röhm-Aktion«, die Verzahnung zwischen Gestapo und Konzentrationslagern, die antijüdische Politik des Regimes vor dem Krieg, die Morde der Einsatzgruppen in Polen sowie die Judendeportationen in Frankreich und Dänemark. In den für ihn ungefährlichen Bereichen aber waren seine Aussagen bis in Einzelheiten sehr präzise, was seine Glaubwürdigkeit vor Gericht und als historischer Zeuge beträchtlich erhöhte.

Eine der wichtigen Grundlagen dieser Untersuchung stellen die Materialien der gegen Best vorbereiteten bzw. durchgeführten Strafverfahren dar. Vor allem die außerordentlich umfangreichen Bestände des in den 60er Jahren gegen Best wegen dessen Verantwortung für die Morde der Einsatzgruppen in Polen vorbereiteten Strafverfahrens der Berliner Staatsanwaltschaft, die in einer mehr als tausendseitigen Anklageschrift zusammenflossen, erwiesen sich in der Anfangsphase dieser Arbeit als sehr hilfreich, zumal die hier gesammelten Aussagen von über 400 Zeugen zahlreiche aufschlussreiche Hinweise auf die Entwicklung des nationalsozialistischen Polizeiapparates, die internen Auseinandersetzungen, das Selbstverständnis der führenden Beamten und SS-Leute und auf die Rolle Bests und seine Persönlichkeit enthielten. In der Folgezeit wurden dann die Unterlagen der verschiedenen Regional- und Zentralarchive im Hinblick auf die einzelnen Stationen in Bests Lebensweg bearbeitet, wobei sich überraschenderweise herausstellte, dass auch die Jugendphase Bests auf der Grundlage von archivalischen Überlieferungen relativ genau rekonstruiert werden konnte. Zu direkten Gesprächen oder Interviews war Best hingegen nicht bereit, zunächst unter Hinweis auf das im Erscheinen begriffene Buch von Matlok, in welchem Best seine Ausarbeitungen über die deutsche Besatzung in Dänemark und einige weitere Studien veröffentlichte, dann ohne Begründung.[20] Dabei ist zu berücksichtigen, dass Best seit 1987 von der Wiederaufnahme des Anfang der 70er Jahre wegen Verhandlungsunfähigkeit ausgesetzten Strafverfahrens wegen seiner Verantwortung für die Einsatzgruppenmorde in Polen bedroht war und offenbar seine Verhandlungsfähigkeit nicht durch längere Gespräche oder Interviews mit einem Historiker unter Beweis stellen wollte. Die von Best gegebenen Antworten auf schriftlich formulierte Fragen erwiesen sich in allen Punkten als Replikationen der bereits seit den unmittelbaren Nachkriegsjahren mit stupender Regelmäßigkeit schriftlich und mündlich wiederholten Aussagen und waren lediglich als solche von Interesse.

Ein besonderes Kapitel stellt der von Best im Bundesarchiv in Koblenz noch zu Lebzeiten deponierte »Nachlass« dar.[21] Hier hat Best seine zahlreichen, seit Kriegsende verfassten Erinnerungs- und Rechtfertigungsschriften hinterlassen, deren Aussagekraft – ähnlich wie die seiner mündlich oder schriftlich gegebenen Auskünfte – jedoch begrenzt und jedenfalls schwierig zu ermitteln ist. Gleichwohl haben einige dieser zum Teil sehr umfangreichen Papiere in bisweilen erstaunlicher Weise Eingang in die Forschungsliteratur gefunden. Sie sind auch hier benutzt worden, allerdings sind sie durchweg mit archivalischen Überlieferungen oder Aussagen anderer Beteiligter verglichen worden. Wo Bests Erinnerungen die einzige Quelle sind, wurde dies jeweils vermerkt. Insgesamt sind diese Schriften Bests allerdings, vergleicht man sie mit den entsprechenden Hinterlassenschaften anderer NS-Größen, eher informativ, und zwar sowohl im Hinblick auf das intellektuelle Niveau der Darstellung als auch hinsichtlich der dabei zum Ausdruck gebrachten politisch-ideologischen Grundhaltung.

Demgegenüber sind Bests vor 1945 verfasste Schriften methodisch wesentlich einfacher zu handhaben, sie bilden in manchen Kapiteln einen Stützpfeiler dieser Untersuchung, kann es doch geradezu als kennzeichnend für Bests Persönlichkeit und sein politisches Auftreten gelten, dass er seine politische Praxis mit einer wahren Flut von Aufsätzen, Vorträgen, Denkschriften und Büchern umgab, die die in seinem Handeln angelegte Verbindung von Praxis und Theorie, in den Worten Bests von »Walten und Weltanschauung«, hervorhoben.

Für die Zeit nach 1945 erwiesen sich neben den Unterlagen aus den gegen Best eingeleiteten Ermittlungs- und Strafverfahren vor allem die Akten des Bundesjustizministeriums und der nordrhein-westfälischen FDP als wichtige Quellen, insbesondere für Bests Rolle in der »Amnestiekampagne« und sein Engagement als Berater der Beschuldigten in NS-Verfahren während der 60er Jahre.

Insgesamt kann die Materialgrundlage dieser Studie also als gut bezeichnet werden, wenngleich sie mit der in gut geordneten privaten Nachlässen enthaltenen Überlieferungsdichte nicht konkurrieren kann – aber dies ist für NS-Biographien die Regel, nicht die Ausnahme. So fehlen für die Jahre bis 1945 fast alle privaten Korrespondenzen; und obwohl die täglichen, penibel geführten Kalendernotizen Bests von 1934 bis 1944 zu einem Gutteil erhalten sind, bleibt das Bild des privaten Werner Best doch blass. In diesen Kalendernotizen sind Bests Gesprächspartner jeweils lediglich mit Namen und Titeln aufgeführt, ein Tagebuch oder ähnliche Aufzeichnungen aus der Zeit vor 1945 gibt es nicht. Aber dass dieses Bild blass blieb, ist nicht nur eine Überlieferungsfrage. Auch in den Nachkriegsjahren, in denen wir seine Person zuweilen näher in den Blick bekommen, wird die Figur nicht farbiger. Erst nach längerer Beschäftigung mit der Persönlichkeit Bests und mit dem Selbstbild seiner Generation wurde mir deutlich, dass diese persönliche Zurückgenommenheit und Farblosigkeit nicht Teil der Frage, sondern der Antwort ist: Unpersönliche Kühle und »Sachlichkeit«, das Bestreben, individuelle Gefühle möglichst zurückzustellen und Anteilnahme nicht zu zeigen, sind als bewusst gepflegte Kennzeichen nicht nur Bests, sondern des führenden SS-Mannes schlechthin anzusehen – was für den eher empfindsam veranlagten Best eine doppelte Anstrengung und Probe seiner Selbstzucht bedeutet haben muss. So ist auf dieser Grundlage die Persönlichkeit Bests psychologisch nicht in seriöser Weise zu entschlüsseln; die vorliegenden Hinweise reichen nicht zu mehr als zu Spekulationen. Das Ziel dieser Arbeit liegt denn auch eher in dem Versuch der politischen Analyse des Werdegangs Bests sowie des Typus, den er verkörpert, als in einer individuellen Charakterstudie.

Die Untersuchung gliedert sich in sieben Kapitel. Nach dem Prolog, der die politischen Verhältnisse in Mainz nach dem Ersten Weltkrieg beschreibt, durch die Best geprägt wurde, reicht das erste Kapitel bis zum Ende des Jahres 1925 und behandelt Bests Lebensweg in dieser Zeit auf dem Hintergrund der Entwicklung der »politischen Generation«, der er sich zugehörig fühlte. Dabei stehen die Erfahrungen, die er als Jugendlicher während des Krieges und mehr noch nach dem Krieg in dem von den Franzosen besetzten Mainz machte, und ihre politische Interpretation und Aufladung in der völkischen Studentenbewegung sowie jene als Aktivist im »Rheinischen Abwehrkampf« im Mittelpunkt. Das zweite Kapitel untersucht die Zeit zwischen 1925 und 1933, in der Best die elitären rechtsradikalen Akademikerzirkel der Weimarer Zeit durchlief und von diesen politisch und ideologisch geprägt wurde, bis zu seiner Hinwendung zur NSDAP und seinem Aufstieg und Fall als Polizeipräsident des nationalsozialistisch gewordenen Hessen. Das dritte Kapitel umfasst die Jahre zwischen 1933 und 1940, als Best zunächst in München, dann in Berlin zum Organisator und Ideologen des nationalsozialistischen Sicherheitsapparates wurde. Dabei werden Aufbau, Struktur und Personalrekrutierung des Apparates, die allmähliche Herauslösung aus der traditionellen Verwaltung, die Ausweitung der Aufgabenbereiche und die weltanschaulichen Motivations- und Legitimationsschriften Bests näher untersucht, bis schließlich durch die Forcierung der antijüdischen Politik seit 1938 und die Massenmorde der Einsatzgruppen in Polen nach Kriegsbeginn die Perspektive und Konsequenz dieser Politik ins Blickfeld kommen. Im vierten Kapitel werden die Jahre 1940 bis 1942 behandelt, als Best als Kriegsverwaltungschef in Paris auf der einen Seite eine zentrale Position im Getriebe der Kollaborationspolitik einnahm, auf der anderen Seite aber versuchte, seine bislang auf die innere Struktur des Nationalsozialismus und die Rolle der Polizei bezogenen theoretischen Schriften auf die außen- bzw. »großraumpolitische« Entwicklung in einem von Deutschland beherrschten Europa auszudehnen und in Auseinandersetzung mit Carl Schmitt zu einer SS-spezifischen »Großraum«-Theorie zu gelangen, die »vernünftiges« Verwaltungshandeln und eine radikale, rassistische Volkstumspolitik zu integrieren versuchte. Im fünften Teil schließlich, in dem Bests Tätigkeit als Reichsbevollmächtigter in Dänemark behandelt wird, stehen die Widersprüche zwischen theoretischen Postulaten und der parallel zum Kriegsverlauf immer widersprüchlicheren politischen Praxis der verschiedenen deutschen Machtgruppen in Dänemark im Zentrum des Interesses. Dabei bezeichneten Bests durchaus erfolgreiche Politik bis zum Sommer 1943, seine Rolle bei der Rettung der dänischen Juden, die Auseinandersetzungen mit der Regimeführung um die Frage der Bekämpfung des dänischen Widerstands, schließlich die Machtkämpfe in der letzten Kriegsphase die Stationen eines sich immer stärker beschleunigenden Prozesses der Desintegration der Politik der deutschen Führung. Im sechsten Kapitel wird Bests Lebensweg von seiner Verhaftung im Mai 1945 bis zu seiner Freilassung 1951 und dann weiter bis zu seinem Rückzug aus der Politik im Sommer 1954 nachgezeichnet, wobei seine Bemühungen um legitimierende und rechtfertigende Interpretation der von ihm durchlebten und mitbeeinflussten Geschichte im Zusammenhang mit einer in diesen Jahren weitgreifenden Renaissance nationalistischer Kräfte in der Bundesrepublik untersucht werden. Im siebten Kapitel werden Bests vielfältige Versuche der Einflussnahme auf die Strafverfahren gegen NS-Täter in Westdeutschland und dann auf die gegen ihn selbst eingeleiteten Verfahren behandelt, die ihn am Ende der 60er Jahre erneut für einige Zeit in Untersuchungshaft brachten.

Die vorliegende Untersuchung folgt also den von Best durchlaufenen biographischen Stationen und beschreibt und analysiert sie jeweils in der auf Best konzentrierten Perspektive. Diese Perspektive und Bests Lebensweg insgesamt dienen daher über weite Strecken der Untersuchung als ein privilegierter Zugangsweg, als eine Sonde, die es ermöglicht, das Funktionieren der Apparate ebenso wie das Handeln und Denken der Protagonisten aus der Nähe zu studieren. So stellen die einzelnen Teile der Arbeit denn zugleich auch eigenständige monographische Untersuchungen über die junge rechte Intelligenz der 20er Jahre, über die nationalsozialistische Sicherheitspolizei, über die deutsche Besatzungspolitik in Frankreich und Dänemark, über die Auseinandersetzung mit der NS-Vergangenheit in Westdeutschland nach 1945/49 dar. Ihre spezifische Verknüpfung und historiographische Spannung aber erhalten sie erst durch den Rückbezug auf den lebensgeschichtlichen Werdegang, auf das Handeln und Denken des Protagonisten, der noch bis in seine letzten Lebensmonate hinein unbeirrt und unbelehrt mit der Rechtfertigung seines Lebensweges beschäftigt war und dem, soweit ich dies übersehe, jeder Gedanke an die direkten und indirekten Opfer seines Wirkens zeit seines Lebens fremd geblieben ist.

Ihrem Andenken sei dieses Buch daher zugeeignet.

Erster Teil

Prolog: Rheinhessen nach dem Krieg

Kriegsende in Mainz

Dass der Krieg zu Ende, dass er verloren war, kam im November 1918 für große Teile der deutschen Bevölkerung überraschend; aber in der Provinz war es wie ein Blitz aus heiterem Himmel.

»Zu unvermittelt war der Umschwung der Dinge über uns gekommen«, schrieb rückblickend der rheinische Provinzialdirektor. »Der Ernst unserer Lage war, da unser Heer während vier Kriegsjahren weit in Feindesland lag, den meisten erst unmittelbar vor dem Waffenstillstand klar geworden.«[1] So war in der rheinhessischen Provinzhauptstadt Mainz auch von einer »Revolution« zunächst nur wenig zu spüren. Zwar schwirrten seit Freitag, dem 8. November, allerhand Gerüchte in der Stadt herum, in Kiel sei die Diktatur des Proletariats ausgebrochen und in München irre der bayerische König weinend in seinem Schlosse hin und her – als jedoch der sozialdemokratische Landtagsabgeordnete Bernhard Adelung und andere Arbeiterführer am Abend in einigen Versammlungen zu Ruhe und Besonnenheit aufgerufen hatten, legte sich die Aufregung.[2] Dann aber trafen am späten Abend etwa fünfzig bewaffnete Matrosen mit dem Zug in Mainz ein – aus Frankfurt, wie sogleich kolportiert wurde, von woher aus Mainzer Perspektive ohnehin nichts Gutes zu erwarten war –, besetzten den Bahnhof, verbündeten sich mit Soldaten verschiedener in der Stadt liegender Ersatztruppen, rissen Offizieren und Unteroffizieren die Gradabzeichen ab, marschierten zu den Gefängnissen und ließen sämtliche Gefangenen frei. Sogleich hörte man von Plünderungen, die sich am nächsten Tag fortsetzten und schnell ausweiteten.[3]

Daraufhin griff nun, da die Behörden gelähmt schienen, die Führung der Mainzer Sozialdemokratie ein; aus Offizieren der Garnison und einigen Gewerkschaftsführern wurden unter Vorsitz Adelungs ein Arbeiter- und Soldatenrat gebildet, eine Bürgerwehr aufgestellt, Wachen vor die Magazine beordert. Als Plünderer versuchten, ein weiteres Vorratslager zu erstürmen, wurde scharf geschossen; zwei Menschen starben. Die freigelassenen Gefängnisinsassen fing man schnell wieder ein, ein Plakatanschlag unterrichtete die Bevölkerung darüber, dass der Arbeiter- und Soldatenrat die vollziehende Gewalt übernommen habe; Ausgangssperre, Androhung der Todesstrafe bei Plünderung, Befehl zur Weiterführung der Verwaltungstätigkeit – am Abend des 9. November war die Lage unter Kontrolle. Am Tag darauf unterrichtete Adelung den Mainzer Oberbürgermeister und die Behörden von der stattgehabten Entwicklung. Eine große Demonstration untermauerte die Legitimität des Arbeiter- und Soldatenrats. Der Acht-Stunden-Tag wurde proklamiert. Patrouillen sorgten für Ruhe und Ordnung – unter ihnen »hohe Offiziere mit der roten Armbinde«, die sich »in den Dienst der Revolution« gestellt und so verhindert hatten, »daß die bolschewistischen Horden in Mainz zur Herrschaft gelangten«.[4] Die Novemberrevolution in

Mainz war das Ereignis eines Wochenendes: Am Freitag hatte sie begonnen, am Sonntagabend war sie zu Ende, am Montag ging man wieder zur Arbeit.

Die vordringlichste Aufgabe für die Mainzer Behörden war es in den folgenden Tagen, die Vorbereitungen für den Rückmarsch der deutschen Truppen zu treffen. Denn in dem am 11. November 1918 unterzeichneten Waffenstillstandsabkommen war festgelegt worden, dass innerhalb von 27 Tagen die linksrheinischen Gebiete des Deutschen Reiches, eine zehn Kilometer breite Zone am rechten Rheinufer sowie die Brückenköpfe Köln, Koblenz und Mainz von den deutschen Truppen zu räumen und ab dem 28. Tag von den alliierten Besatzungstruppen zu besetzen waren. Für Mainz bedeutete dies, dass ein erheblicher Teil der im Westen stehenden deutschen Truppen durch die Stadt hindurch über die Rheinbrücken in das unbesetzte Gebiet geführt werden würde. Seit dem 13. November waren bereits erste Vortruppen angekommen, vom 28. November bis zum 4. Dezember zog das Gros der deutschen Truppen durch die Stadt und über den Rhein. Noch einmal zeigte sich die alte Ordnung in scheinbar ungebrochener Machtfülle und Herrlichkeit:»Musterhaft war die Haltung der durchmarschierenden Soldaten«, hieß es in einem Erinnerungsbericht.»Nichts wies darauf hin, daß eine Truppe in die Heimat zurückkehrte, die nach mehr als vierjährigem heldenhaften Ausharren an der Front und nach unvergleichlichen Siegestaten durch die Bedingungen eines vernichtenden Waffenstillstands zum Rückmarsch über den Rhein gezwungen war.«[5] Dass diese stolze Armee den Krieg verloren haben sollte, schien den vielen Mainzer Bürgern, die den Durchmarsch bewundernd betrachteten, nicht recht glaubhaft. Diese Truppen, so formulierte es der Mainzer Anzeiger am 28. November, kämen »als Helden zurück, als ungeschlagene, unbesiegte Helden«.[6]

Umso unbegreiflicher musste auf die Mainzer Bevölkerung wirken, was nach dem Abmarsch der deutschen Truppen geschah. Einen Tag nach Abzug des letzten deutschen Regiments rückten die ersten französischen Vorauskommandos ein, seit dem 10. Dezember die Hauptmasse der Besatzungstruppen. Insgesamt umfassten die französischen Truppen im Rheinland im April 1919 367.000 Mann. Wie Tage zuvor die deutschen, so hielten nun die französischen Generäle in Mainz am 14. Dezember eine große, auf Wirkung angelegte Truppenparade ab, wiederum mit Musikkapellen, Artillerie, Kavallerie und Panzerwagen.»Nichts war mehr zu sehen«, beschrieb der spätere Mainzer Bürgermeister Erhard seine Empfindungen dabei,»von der großen deutschen Armee, die noch vor wenigen Wochen in Frankreich so heldenhaften Widerstand geleistet hatte ... War es möglich, daß dieses Heer, das in 52 opferreichen Kriegsmonaten immer wieder neue Beweise seiner Tapferkeit und Tüchtigkeit gegeben hatte, das noch im Sommer desselben Jahres in den großen Schlachten im Westen die feindliche Front tief eingedrückt hatte, einfach verschwunden war?«[7]

Mit dem Einrücken der Franzosen wurde die so unbegreifliche Niederlage spürbar. Nach der Truppenparade zitierten die Generäle Fayolle und Mangin die Spitzen der rheinhessischen Behörden, Kirchen und der Wirtschaft zu sich und gaben die Befehle der Besatzungsmacht bekannt: Ausgehverbot, Belagerungszustand, Sperrung des Verkehrs mit dem unbesetzten Gebiet, Unterbrechung der Postverbindungen, Grußpflicht für alle deutschen Beamten gegenüber französischen Offizieren.»Schätzen Sie sich glücklich«, beendete Fayolle seine Ansprache,

»mit einem Volk zu tun zu haben, welches, ohne das ihm bescherte Schicksal zu vergessen, falls es durch Sie niedergerungen worden wäre, den Prinzipien der Gerechtigkeit, welche es stets in der Welt verteidigt hat, im Siege treu bleiben wird.«[8]

Nicht nur den Sieg beanspruchte dieser General also für sich und sein Land, sondern auch die höheren Ideale, die moralische Überlegenheit – und das war es, was die grenzenlose Entrüstung der anwesenden Notabeln der Region hervorrief.

Unter französischer Besatzung

Die französische Besatzungspolitik im Rheinland nach dem Krieg war ebenso sehr durch ihre Härte gekennzeichnet wie durch ihre Uneinheitlichkeit. Verschiedene Ziele, die zueinander doch mindestens teilweise im Widerspruch standen, sollten hier gleichzeitig erreicht werden: Die militärische Sicherheit Frankreichs sollte gewährleistet, die wirtschaftlichen Interessen durch Sicherstellung der Reparationen sollten gewahrt, gleichzeitig aber die Bevölkerung des Rheinlandes politisch für die Franzosen gewonnen werden, um zwischen Frankreich und Preußen einen, sei es autonomen, sei es im Reichsverband verbleibenden Pufferstaat errichten zu können.[9] Selbst wenn man konzediert, dass jedenfalls in Teilen der rheinischen Bevölkerung zu Beginn der Besatzungszeit eine Art von freundlicher Indifferenz gegenüber den Franzosen herrschte, so führten die Reibungen zwischen diesen verschiedenen Zielsetzungen doch dazu, dass den französischen Besatzungstruppen schon nach wenigen Monaten von Seiten der deutschen Bevölkerung nahezu einhellige Ablehnung entgegenschlug.[10]

Im besetzten Gebiet war das Leben schon wenige Tage nach dem Einmarsch ganz durch die Besatzungstruppen geprägt. Allein in Mainz lagen zu Beginn des Jahres 1919 mehr als 20.000 Mann, die zum großen Teil in Kasernen, aber auch in requirierten Schulen und Verwaltungsgebäuden untergebracht waren. Vor allem aber wurde die Anwesenheit der Franzosen durch Einquartierungen in Privathäusern und -wohnungen für viele Mainzer direkt spürbar; insbesondere dort, wo die französischen Offiziere die Küchen mitbenutzten. Da zudem eine allmählich größer werdende Zahl von französischen Offiziersfamilien im Ort Quartier nahm, wurde der Wohnungsmangel neben den nun auftretenden Ernährungsschwierigkeiten zum größten Problem für Behörden und Bevölkerung.

Die Motive und Hintergründe der französischen Rheinlandpolitik insgesamt und der restriktiven Maßnahmen gegenüber der Bevölkerung der besetzten Gebiete im Besonderen waren gewiss vielfältig und differenziert; in der deutschen Bevölkerung der besetzten Gebiete jedoch wurden sie mehr und mehr einhellig als Versuche zur allmählichen Abtrennung des Rheinlands vom Reich angesehen, zudem als reine Schikane – und dies umso mehr, als das Verhalten der französischen Truppen und insbesondere der Offiziere als geradezu anmaßend empfunden wurde.[11] Zwar berichteten auch neutrale Beobachter über zuweilen arrogantes Auftreten und Übergriffe seitens der französischen Truppen; insbesondere kam es nicht selten zu Schlägereien, und auch die Zahl der festgestellten Vergewaltigungen war hoch, wenn auch erheblich niedriger, als in den Propagandaschriften der deutschen Behörden und Organisationen behauptet.[12] Insgesamt aber wurde das Auftreten der französischen Besatzungstruppen im Rheinland als relativ zurückhaltend geschildert, vor allem, wenn man es mit dem Verhalten der deutschen Truppen in Frankreich und Belgien während des Krieges verglich. Aber das waren für die deutsche Bevölkerung in Mainz keine Maßstäbe – was immer die Franzosen taten, in den Augen der Deutschen war ihr Verhalten schon deshalb eine Anmaßung, weil sie eben als Sieger auftraten. Die kurz aufeinanderfolgenden Ein- und Durchzüge erst der deutschen, dann der französischen Truppen hatten in Mainz einen so nachhaltigen Eindruck des »Im Felde unbesiegt« hinterlassen, dass schon die bloße Anwesenheit der Franzosen als Provokation empfunden wurde.

Diese Wahrnehmung zeigte sich besonders deutlich an der Reaktion der Deutschen auf die Anwesenheit farbiger Kolonialtruppen in Mainz, die »schwarze Schmach«.[13] In den Jahren 1919/20 lag die Zahl der farbigen französischen Soldaten im Rheinland bei etwa 25.000, davon waren in Mainz etwa 4.000 stationiert. Allen propagandistischen Tiraden von deutscher Seite über die »Untaten der Neger« zum Trotz stellte sich bald heraus, dass die Disziplin dieser Truppen durchweg höher war als die der weißen Besatzungssoldaten, schon deshalb, weil die Soldaten aus den französischen Kolonien besonders scharfen und strengen Reglementierungen unterworfen waren.[14] Das aber war nicht entscheidend. »Es ist ein Schandfleck auf der Ehre der französischen Besatzungsarmee, diese halbwilden Horden nach Beendigung des Krieges als Besatzungstruppen nach Deutschland gebracht zu haben«, empörten sich die Mainzer Notabeln.[15] Nicht das Verhalten, sondern schon die Präsenz farbiger Besatzungstruppen in Deutschland wurde als entehrend empfunden, weil sie als Versuch der Alliierten aufgefasst wurde, Deutschland aus dem Kreise der »europäisch-weißen Kulturnationen« auszuschließen und es, indem es der Aufsicht »niederer«, nämlich farbiger Truppen überantwortet wurde, auf den Status eines Kolonialgebietes herabzuwürdigen. Wenn etwa Friedrich Ebert im Februar 1923 bemerkte, »daß die Verwendung farbiger Truppen niederster Kultur als Aufseher über eine Bevölkerung von der hohen geistigen und wirtschaftlichen Bedeutung der Rheinländer eine herausfordernde Verletzung der Gesetze europäischer Zivilisation ist«[16], so wird daran deutlich, wie sehr solche Kategorien und Denkschemata die Einstellung der Deutschen gegenüber den farbigen Truppen jenseits der sonst gültigen politisch-ideologischen Unterschiede prägten. Ein Blick etwa in die USA der 20er Jahre zeigt, dass es sich dabei nicht um ein spezifisch deutsches Phänomen handelte. Aber im besiegten und teilbesetzten Deutschland wirkten sich solche Prädispositionen auf besondere Weise aus, weil sie sich verbanden mit der Abwehr gegen eine als ungerecht und perfide empfundene Besatzung, als deren Symbol die Anwesenheit farbiger Truppen begriffen wurde, und weil die plötzliche Konfrontation mit dem so gänzlich unerwarteten Kriegsende um so heftigere Reaktionen auslöste, als diese sich eben an den Symbolen und Symptomen der Niederlage entzündeten und nicht an ihren Ursachen.

Den Maßnahmen der Franzosen zur militärischen Sicherung und wirtschaftlichen Nutzung der besetzten Gebiete, mehr aber noch der Aufnahme dieser Maßnahmen in der deutschen Bevölkerung, standen die Methoden der

»pénétration pacifique« genannten französischen Kulturpropaganda gegenüber. Ziel dieser Politik, die als wesentliche, vielleicht einzige Konstante in der französischen Rheinlandpolitik bis 1930 gelten kann, war es, die Bevölkerung des Rheinlands aus der politischen und kulturellen Hegemonie des »Preußentums« zu lösen und enger an Frankreich zu binden; wobei für die Generalität, insbesondere für den in Mainz residierenden General Mangin, die Gründung eines Rheinstaates das Ziel darstellte, was in dieser Schärfe für die französische Politik insgesamt wohl nicht gesagt werden kann. Nun gab es in den preußischen Rheinlanden tatsächlich einen nicht unerheblichen antipreußischen Affekt; und auch in Mainz, wo die Zugehörigkeit zu dem von Darmstadt aus regierten Volksstaat Hessen seit jeher nicht sonderlich populär gewesen war, gab es durchaus einflussreiche Stimmen, die für eine Länderneuregelung im Südwesten des Reiches plädierten. Diese Einstellungen wollte Mangin nutzen, scheiterte aber schon bald, weil die damit verbundenen Separationsabsichten allzu deutlich wurden.[17]

Die kulturpolitischen Bemühungen der Franzosen gingen in zwei Richtungen. Zum einen sollten die historischen Bindungen des Rheinlands an Frankreich herausgestellt werden; das machte im Falle etwa von Ehrungen der Familien ehemaliger Angehöriger der napoleonischen »Grande Armée« noch einigen Sinn, wenn es auch in der Bevölkerung auf wenig Resonanz stieß. Die Versuche hingegen, mit Hilfe historischer und genealogischer Forschungen nachzuweisen, dass es sich bei den Rheinhessen um Abkömmlinge versprengter Keltenstämme, mithin nicht um »germanisches«, sondern um »keltisch-gallisches« Volkstum handele, waren eher kurios, wenn auch ganz ernsthaft, hatten jedoch nur zur Folge, dass man nun auch auf deutscher Seite um so heftiger und akribischer nachzuweisen trachtete, dass es sich beim Rheinland um urgermanisches Kernland und bei den Rheinländern seit jeher um Germanen und Deutsche gehandelt habe.

Zum zweiten sollten französische Kultur, Sprache und Geschichte verbreitet werden und zugleich damit die Ideale der Französischen Revolution. Soweit sich dies in der Verbreitung von französischen Modejournalen oder der Aufführung von Komödien und Konzerten äußerte, stieß das auf Seiten der deutschen Bevölkerung auch auf reges Interesse. Die Zensur der Schulgeschichtsbücher und die Kontrolle des Deutsch-, Geographie- und Geschichtsunterrichts hingegen führten ebenso zu heftigen Abwehrreaktionen wie Versuche, den obligatorischen Französischunterricht in Volksschulen einzuführen, was einen regelrechten Sprachenstreit nach sich zog und zum Rücktritt des Mainzer Oberbürgermeisters führte.[18] Auch die Besuche französischer Offiziere in den Mainzer Gymnasien, welche die Schüler mit den besten Französischkenntnissen auszeichnen wollten, erwiesen sich als nicht erfolgreich und mussten sogar abgebrochen werden, nachdem »ein Mainzer Gymnasiast vor versammelter Klasse die Entgegennahme des ihm zugedachten Prämiums aus den Händen eines Offiziers mit den Worten verweigert hatte: ›Sein Vater sei vor dem Feind gefallen, er müsse die Annahme eines Geschenks aus den Händen des Vertreters der feindlichen Macht ablehnen.‹ Gewiß ein ehrendes Beispiel männlichen und mutvollen Verhaltens.«[19]

Besondere Erbitterung riefen die kulturpropagandistischen Maßnahmen der Franzosen in der rheinhessischen Bevölkerung dort hervor, wo es um die Kriegsschuldfrage ging. Es müsse, so hatte General Fayolle bereits zu Beginn der Besatzungszeit herausgestellt, ein vorrangiges Ziel der französischen Propaganda sein, die Bewohner des Rheinlands von der deutschen Kriegsschuld zu überzeugen und über die Verbrechen der deutschen Soldaten auf französischem Boden während des Krieges aufzuklären.[20] Diesem Vorhaben dienten zahlreiche Broschüren, Filme und zwei Zeitungen. Problematisch war daran nicht nur, dass sich, da die deutschen Zeitungen aus dem unbesetzten Gebiet verboten waren, die deutsche Bevölkerung in ihrer Abwehrhaltung noch versteifte und um so heftiger von der Unschuld Deutschlands am Kriegsausbruch überzeugt war, sondern auch, dass in den Augen der Deutschen die von den Franzosen propagierten weltumspannenden Ideale der Französischen Revolution von Menschheit und Menschenrechten hier nun als zynische Kaschierung französischer Macht- und Interessenpolitik wahrgenommen wurden.

Separatistenputsch und »Abwehrkampf«

Diese Wahrnehmung der französischen Politik im Rheinland wurde noch bestärkt, als im Mai 1919 die Versailler Friedensbedingungen bekannt wurden, die im besetzten Gebiet natürlich auf besonders gespanntes Interesse stießen und links wie rechts einen Sturm der Entrüstung entfachten.[21] Als dann wenige Tage später, am 1. Juni 1919, eine versprengte Gruppe von Separatisten ohne jede Unterstützung in der Bevölkerung (aber mit der offensichtlichen Billigung Mangins) in Wiesbaden und Mainz die »selbständige Rheinische Republik« proklamierte, schlug die bis dahin eher passiv resignierende Stimmung um, und es wuchs die Entschlossenheit, den französischen Versuchen zur »Zerstückelung des Vaterlands«, zur Abtrennung des Rheinlands vom Reich die Stirn zu bieten und den Putschversuch der Sonderbündler abzuwehren.[22] Unter Führung von Gewerkschaften und Sozialdemokratie wurde in Mainz in wenigen Stunden ein eintägiger Generalstreik gegen die Separatisten organisiert, dessen pathetische nationale Ausrichtung noch in Adelungs Erinnerungen nachklingt: »Um 9 Uhr am anderen Morgen, am 2. Juni also, fuhren plötzlich die Elektrischen zur Wagenhalle, die Läden gingen herunter, die Richter schlossen ihre Büros, die Betriebe schlossen, die von der Schule heimkehrenden Jungen und Mädchen sangen hell schmetternd das Lied: ›Ich bin ein deutscher Knabe und hab' die Heimat lieb.‹ Die Straßen füllten sich mit schweigenden Menschen. Es war eine ergreifende Demonstration.«[23] Durch die entschlossene Haltung vor allem der Gewerkschaften war der »Separatistenspuk« nach einigen Tagen vorbei; die Besatzungsmacht aber reagierte mit weiteren Verschärfungen der Bestimmungen, vor allem mit der Ausweisung der Führer des Streiks, darunter Adelung.[24]

Die Erfahrungen des Frühjahrs 1919 prägten die Einstellung der deutschen Bevölkerung in den Rheinlanden. Zum einen schien durch Friedensbedingungen und Separatistenputsch die Agitation der rechten Nationalisten bestätigt worden zu sein, wonach die Versklavung und Zerstückelung Deutschlands das wahre Ziel seiner Feinde sei und dass dabei der äußere Feind mit Kräften im Inneren kooperiere. Der radikale Nationalismus hatte im Rheinland ebenso wie in Oberschlesien (wo das Ergebnis der Volksabstimmung, die mit einer Option für

Deutschland geendet hatte, vom Völkerbund ignoriert worden war) eine Art von empirischer Grundlage erhalten, die weit über den Kreis der Wähler der Rechten hinaus wirksam wurde. Zudem waren hier auch die internationalistischen Ansätze der Pazifisten und der Arbeiterbewegung diskreditiert worden, zumal es deutsche Sozialdemokraten und Gewerkschafter waren, die den nationalen »Abwehrkampf« anführten, während alle Versuche, an die internationale Solidarität und die Hilfe besonders der französischen Arbeiterbewegung zu appellieren, sich als wirkungslos erwiesen zu haben schienen.[25] Und drittens wurde durch die Versuche zur Abtrennung des Rheinlands und anderer Gebiete vom Reich jene Argumentation populär, die die Einheit und Identität des »Volkes« unabhängig von den sich verändernden Staatsgrenzen betonte und gegen die variable Staatsangehörigkeit des einzelnen dessen unveränderliche Volkszugehörigkeit, sein »Volkstum«, betonte.[26]

Die Bestimmungen des Versailler Vertrages hatten die Entwicklung in den besetzten rheinischen Gebieten eng mit dem Fortgang der Reparationsfrage verknüpft. Dies und die sich fortsetzenden Bemühungen Frankreichs, die Voraussetzungen für die Schaffung eines selbständigen Rheinstaates zu verbessern, waren die bestimmenden Faktoren der Entwicklung in den Jahren zwischen 1920 und 1923/24. Nachdem sich mit Wirkung vom 10. Januar 1920 das Zentrum der französischen Rheinlandpolitik von der Generalität in Mainz auf die Interalliierte Rheinlandkommission (»Irko«) und ihren Vorsitzenden, den französischen Hochkommissar Tirard, verlagert hatte, zeugte eine Vielzahl von »Ordonnanzen« genannten Anordnungen der »Irko« von dem Bestreben, die deutsche Souveränität in den besetzten Gebieten auszuhöhlen und Teile der Verwaltungskompetenzen von den Besatzungsbehörden übernehmen zu lassen. Das betraf die Regelung von Zuzug und Ausweisung, die Ernennung von Beamten oder die Bestimmung, dass Reichs- oder Landesgesetze in Rheinhessen nur mit Zustimmung der Hohen Kommission in Koblenz zur Anwendung kamen. Vor allem aber bezog es sich auf ein eigenes Gerichtswesen der Besatzungsmächte, wo »Widersetzlichkeit« gegen Anordnungen der Rheinlandkommission oder der Besatzungsmacht abgeurteilt werden konnte und in zahlreichen Fällen auch wurde;[27] auf die Ausübung einer zuweilen scharfen Pressezensur und ein restriktives Versammlungsrecht. So wurden im Jahre 1921 alle Feiern anlässlich des 50jährigen Bestehens des Deutschen Reiches ebenso verboten wie Kundgebungen gegen die Teilung Oberschlesiens im gleichen Jahr oder wie sogar Feierlichkeiten zur 400jährigen Wiederkehr des Auftretens Luthers vor dem Wormser Reichstag. Das Hissen der deutschen Nationalflagge wurde genehmigungspflichtig, ebenso das Absingen der Nationalhymne, und die einschlägigen Kampflieder – »Die Wacht am Rhein«, »Heil Dir im Siegerkranz«, »Siegreich wollen wir Frankreich schlagen« – wurden ganz verboten. Solcherart war der Stoff, aus dem sich die alltäglichen Konflikte und Reibereien entwickelten.[28]

Auf der anderen Seite hatte die deutsche Regierung mittlerweile mit dem »Reichskommissar für die besetzten Gebiete«, der die deutschen Interessen in Koblenz vertrat, und dem »Reichsministerium für die besetzten Gebiete« eigene Behörden aufgebaut, die nicht nur die Auseinandersetzungen mit den Alliierten um die Politik der »Irko« im besetzten Gebiet führten, sondern mittelbar auch den »Abwehrkampf« koordinierten, insbesondere durch den Aufbau von halbamtlichen politischen und wirtschaftlichen Kontakt- und Abwehrstellen.[29] Gegen die Versuche der Franzosen, durch die Politik der »pénétration pacifique« die Bevölkerung der rheinischen Gebiete für sich zu gewinnen, wurde zudem die »Reichszentrale für Heimatdienst« mit der Gegenpropaganda beauftragt. Als dann die staatliche »Reichszentrale« im Herbst 1920 auf Verlangen Frankreichs ihre Tätigkeit in den besetzten Gebieten einstellen musste, trat an ihre Stelle die nichtamtliche »Rheinische Volkspflege«, die seither mit Hilfe von Kurierfahrten Informationen über die französische Politik und die Stimmung in der Bevölkerung sammelte, in Zeitungen und Broschüren antiseparatistische und antifranzösische Propaganda betrieb, Schulungs- und Ausbildungsveranstaltungen für Jugend- und Studentengruppen organisierte und die Aktivitäten verschiedener im »Abwehrkampf« stehender Verbände und Vereine u koordinieren versuchte.[30] Zusammen mit der seit 1920 in zunehmendem Maße in die besetzten Gebiete fließenden finanziellen »Reichshilfe« hatte dies zur Folge, dass die Zahl der mit einem französisch dominierten »Rheinstaat« Sympathisierenden relativ gering blieb; zumal die Besetzung weiterer Gebiete im Frühjahr 1920 (Darmstadt, Frankfurt, Homburg, Hanau, Dieburg) und im Frühjahr 1921 (Düsseldorf, Duisburg, Ruhrort) offenbar keine Zweifel über die weitreichenden Absichten der Franzosen ließ.[31]

Seit 1920, verstärkt dann seit Mitte 1922, kamen mit der galoppierenden Inflation, die die durch die Erschwerung des wirtschaftlichen Austausches mit dem unbesetzten Gebiet bereits fortgeschrittene Wirtschaftsmisere im Rheinland rapide verschärfte, weitere Belastungen für die rheinische Bevölkerung hinzu. Insbesondere bei Nahrungsmitteln war es zu starken Preissteigerungen und Verknappungen gekommen, was schon im Juni 1920 zu einer regelrechten Marktrevolte geführt hatte, als eine große Menschenmenge wegen der hohen Obst- und Gemüsepreise den Mainzer Wochenmarkt stürmte.[32] Als die Alliierten nach dem Abbruch der Londoner Verhandlungen im April 1921, um Druck auf die deutsche Zahlungsbereitschaft auszuüben, die Zollgrenze an den Rhein vorzogen, verschlechterte sich die wirtschaftliche Lage im Rheinland weiter – als »eine langsam in das Gewebe des rheinischen Wirtschaftskörpers dringende Schraube« bezeichnete der Reichsvertreter in Hessen die alliierten Wirtschaftssanktionen[33], die auf die rheinische Bevölkerung um so aufreizender wirkten, als die Angehörigen der Besatzungssoldaten zur gleichen Zeit mit Valuta überaus günstig einkaufen konnten.[34]

Die Unzufriedenheit über die wirtschaftlichen und sozialen Verhältnisse und die Kritik an den französischen Besatzungsmethoden führten bei den verschiedenen Wahlen zwischen 1919 und 1922 zu einem Anwachsen der Stimmenanteile der rechten Parteien.[35] Aber auch innerhalb der bürgerlichen Rechtsparteien selbst war seit 1919 ein Rechtstrend zu beobachten, der sich Ende 1921 mit dem Abschwenken der DVP Rheinhessens ins deutschnationale Lager und der Radikalisierung der Bauerngruppen beschleunigte, obwohl die Besatzungsmacht gegen völkisch-radikale Splittergruppen wie den Deutschvölkischen Schutz- und Trutzbund scharf vorging.[36]

In solchen Wahlergebnissen schlug sich die Haltung der Bevölkerung Rheinhessens indes nur unvollkommen nieder, denn solange SPD und Gewerkschaften soziale Unzufriedenheit und antifranzösische Stimmung zu verbinden und zu kanalisieren imstande waren, setzte sich die zweifellos angewachsene »nationale« Einstellung noch nicht in einen entsprechenden parteipolitischen Rechtstrend um. Die Stimmung in den besetzten rheinhessischen Gebieten wird in dem Bericht eines Vertrauensmannes der »Rheinischen Volkspflege« vom Oktober 1920 vermutlich sehr treffend geschildert. Beinahe alle Aspekte des Anstoßes und der Empörung wurden genannt:»Die den Franzosen feindselige Stimmung ist größtenteils durch diese selbst verschuldet. Die Besatzungtruppen treten auch heute noch mit der ganzen Überhebung des siegreichen Militarismus in einem eroberten Lande auf und fordern damit den Widerspruch der Bewohner der besetzten Gebiete heraus, als in aller Bewußtsein die völlige Hohlheit des Anspruches der Franzosen, als ›Sieger‹ oder ›Eroberer‹ auftreten zu dürfen, lebendig ist. Die abweisende Stimmung der Bevölkerung wird noch verschärft durch die Heranziehung von farbigen Truppen zu Bewachungszwecken, den fortwährenden Wandel der Heeresteile, die immer wiederkehrenden Artsprüche auf Einquartierung in Privathäusern, durch die Beschlagnahme von öffentlichen Gebäuden, durch die Beengung der bürgerlichen Freiheit, durch die infolge der Verschiebung von Lebensmitteln hervorgerufene unverhältnismäßige Teuerung und andere Ursachen mehr. Das Leben wird dem selbstbewußten Bürger zur Last gemacht, täglich wird er an die Gegenwart des ›Siegers‹ gemahnt.«[37]

Thyssen-Tag in Mainz

Das war die Ausgangssituation in Rheinhessen, als die Lage nach der Besetzung des Ruhrgebiets durch französische und belgische Truppen am 10./11. Januar 1923 dramatisch zugespitzt wurde.[38] Die Ruhrbesetzung, von französischer Seite aus lange geplant und entsprechend vorbereitet, erwies sich allerdings bald als Fehlschlag – die Aufwendungen für die Besetzung waren enorm, der außenpolitische Schaden insbesondere gegenüber den USA erheblich, der Wert des »Faustpfandes« Ruhrgebiet infolge der Produktionseinbußen viel geringer als erwartet. Auf der anderen Seite war im September 1923 auch die deutsche Bilanz negativ, ja katastrophal – der »passive Widerstand« hatte sich als unbezahlbar erwiesen, die deutsche Währung war zerstört, die Arbeitslosigkeit angestiegen und der deutsche Mittelstand um seine Ersparnisse gebracht worden. Gleichwohl war der »passive Widerstand« populär, zumal er ursprünglich ja »von unten« und nicht auf Anordnung von Behörden oder Organisationen in Gang gekommen war. Die katastrophale Bilanz des Ruhrkampfes – 132 Tote, etwa 180.000 Ausgewiesene, ein Schaden für die deutsche Volkswirtschaft zwischen 3,5 und 4 Mrd. Goldmark – wurde von der deutschen Bevölkerung auch nicht der deutschen Regierung oder den Unternehmern angelastet, sondern in erster Linie den Franzosen als denjenigen, die den »Ruhrkampf« begonnen hatten.[39]

Für Rheinhessen und vor allem für die Garnisonsstadt Mainz war seit Beginn der Ruhrbesetzung klar, dass diese erneute Verschärfung des Konflikts weitere

Belastungen mit sich bringen würde. Dennoch war die Reaktion auf Ruhreinmarsch und Proklamation des »passiven Widerstands« einhellig – eine nationale
Hochstimmung kam auf, die am 24. Januar ihren ersten Höhepunkt in Mainz
erlebte, als dort vor dem französischen Kriegsgericht der Prozess gegen Fritz
Thyssen, drei andere Zechenbesitzer sowie zwei Direktoren staatlicher Zechen
stattfand, die sich auf Anordnung des Reichskohlenkommissars geweigert hatten,
die nach dem Ruhreinmarsch unterbrochenen Kohlelieferungen nach Frankreich
und Belgien wiederaufzunehmen. Damit hatte die Konfrontation zwischen Franzosen und Deutschen einen ersten Kristallisationspunkt erreicht; was schon durch
die zahlreichen Delegationen der betroffenen Belegschaften dokumentiert wurde, die durch ihre Anwesenheit die Solidarität mit ihren Arbeitgebern demonstrierten – sogar eine Delegation der Kommunisten war erschienen, die doch nur
wenige Jahre zuvor Fritz Thyssen in Mülheim noch rundweg verhaftet hatten.[40]

Während des Prozesses sammelte sich vor dem Mainzer Landgerichtsge-
bäude eine große Menschenmenge, die kurz vor der Urteilsverkündung begann, nationale Lieder zu singen.[41] Abends wurde die Versammlung dann von
den Franzosen aufgelöst; die Stadt kam in dieser Nacht aber nicht mehr zur
Ruhe – »jugendliche Nationalsozialisten«, ließ Staatspräsident Ulrich nach
Berlin telegraphieren, seien nachts »unfugstiftend« durch die Stadt gezogen
unter Absingen von Liedern wie ›Siegreich wollen wir Frankreich schlagen‹«.
Diese »national-sozialistische Meute« müsse zurückgewiesen werden, um »unsere gute Sache« nicht zu kompromittieren.[42] Solche Warnungen vor nationalistischen Eruptionen wurden auch von anderen sozialdemokratischen und ge-
werkschaftlichen Führern laut, die sich gegen die »nationalistische Auswertung der gegenwärtigen Situation« wandten: »Für die Arbeiterschaft handelt es
sich nicht darum, siegreich Frankreich zu schlagen, sondern um die Erhaltung
der deutschen demokratischen Republik.« Aber aus den internen Protokollen
des ADGB geht hervor, dass sich die Gewerkschaften hier ihrer Mitglieder so
sicher nicht sein konnten, wie es in solchen Worten zum Ausdruck kam.[43]

Für den der DVP nahestehenden Verteidiger Thyssens, den Essener Rechtsanwalt Friedrich Grimm, hingegen stellte diese Kundgebung den eigentlichen
Auftakt des passiven Widerstands dar, und die Emphase seiner Schilderung ist
kaum zu übertreffen: »Vor unserer Seele erhob sich das rheinische Volk. Dieses
Volk von Mainz, das nun schon seit vier Jahren Leid und Not der Besetzung
getragen hatte ..., dieses Volk erhob sich und sang. Wie ein Gebet, wie eine
gewaltige Huldigung drang der Gesang zu uns empor, befreiend, erhebend. –
In der Stunde der Not hatten sich alle Deutschen gefunden, Groß und Klein,
Arm und Reich. Da gab es keine Konfessionen, keine Parteien, keine Klassen;
in dem Abwehrwillen gegen fremde Unterdrückung, in dem Ruhrkampf, der
nichts Chauvinistisches hatte, waren alle einig.«[44]

Diese »wiedergewonnene« Einigkeit des Volkes im Abwehrkampf gegen äußere
Bedrohung war das Leitmotiv in fast allen Stellungnahmen zum »Ruhrkampf« in
den ersten Wochen des Jahres 1923. Damit aber hatte die Entwicklung im Rheinland seit der Besetzung nicht nur ihren Höhepunkt, sondern nun auch ihre gültige und weithin geteilte Interpretation erfahren, zumal die Bezugnahmen auf den

»Geist von 1914« unübersehbar waren. Danach erschienen nun die Jahre zwischen 1914 und 1923 – insbesondere die seit 1918 – als Phase der Verirrung und Zerrissenheit, der äußeren Bedrohung und inneren Kämpfe. Durch die Erhebung des Volkes im nationalen Abwehrkampf aber sei diese Phase nun beendet und angesichts der französischen Aggression – wie schon 1812 und 1914 – die innere Einheit hergestellt worden. Die Interpretation der Geschichte vor allem des vergangenen Jahrzehnts in den Kategorien von »Volk« und »nationalem Abwehrkampf« bildete auch das Handlungsmuster des »passiven Widerstands«, der insoweit als ein Akt der Versöhnung mit 1918 oder, im Ruhrgebiet, auch mit den Ereignissen des März 1920 begriffen werden konnte. Da auch die KPD den »passiven Widerstand« unterstützte und ihn als »breite nationale Bewegung von großer revolutionärer Bedeutung« apostrophierte[45], schien im Übergang vom rheinischen »Abwehrkampf« zum »passiven Widerstand« an der Ruhr nicht nur die Einheit des Volkes über soziale und politische Barrieren hinweg hergestellt, sondern die historische Entwicklung insgesamt dem von der politischen Rechten entworfenen Geschichtsbild zu entsprechen.

Die Ereignisse des »Thyssen-Tags« in Mainz hatten die französische Besatzungsarmee gereizt und herausgefordert, entsprechend war die Reaktion: »Patrouillen zu Fuß mit Stahlhelm und aufgepflanztem Bajonett, Spahis auf weißen Rossen mit weißen Mänteln und schußfertigen Karabinern«, wie Eduard David nach Berlin berichtete.[46] Die Zahl der Ausweisungen aus dem besetzten Gebiet stieg stark an, in Rheinhessen waren es bis November 1923 mehr als 23.000, in der Pfalz fast 21.000, allein in Mainz etwa 5.000; neben Eisenbahnern und anderen Beamten auch die Führer von Parteien und Gewerkschaften, darunter Oberbürgermeister Külb und – zum zweiten Mal – Bernhard Adelung. Zu den Ausweisungen kamen Verhaftungen, Hausdurchsuchungen und zahlreiche von der Bevölkerung als überhart angesehene Verurteilungen. Mit der Zahl der französischen Besatzungssoldaten nahmen die Einquartierungen rapide zu. Die Zahl der Arbeitslosen, die in Mainz zu Beginn des Jahres 1923 unter 1.000 gelegen hatte, stieg bis Februar 1924 auf über 18.000. Durch Teuerung und Lebensmittelknappheit kam es im August 1923 erneut zu »Arbeitslosen- und Marktunruhen«, zu Ausschreitungen und Plünderungen. Angesichts all dieser Bedrückungen konnte es nicht ausbleiben, dass auch die Separatisten wieder aktiver wurden. Sie »arbeiten wieder lebhaft«, berichtete der Vertreter der Berliner Regierung in Hessen, Eduard David, im Juli, »kündigen demnächstige ›große Ereignisse‹ an, versprechen der Bevölkerung Erleichterung und Erlösung durch die ›Rheinische Republik‹ und mahnen Bekannte und Verwandte, den Anschluß nicht zu versäumen.«[47]

Als im Herbst 1923 die Reichsregierung den »passiven Widerstand« beenden musste, weil sie ihn nicht mehr bezahlen konnte, und dabei Pläne bekannt wurden, das besetzte Gebiet für eine gewisse Zeit finanziell vom Reich zu trennen (es »versacken« zu lassen), kam es im Spätherbst 1923 erneut zu einer separatistischen Putschbewegung, ausgehend von der Ausrufung der »Rheinischen Republik« in Aachen am 21. Oktober, auf die die Besetzung der deutschen Amtsgebäude in Mainz und Wiesbaden, später auch in anderen rheinischen Städten folgte.[48] Auch diesmal waren die Separatisten in der Bevölkerung beinahe vollständig isoliert, erhielten jedoch von der Besatzungsmacht direkte Unterstützung – durch Waffen, vor allem aber durch die Behinderung der deutschen Polizei. Ernsthaftes konnten die Mainzer Separatisten allerdings nicht erreichen. Sie blieben zwar mehr als drei Monate im Stadthaus, aber weder Behörden noch Bürgerschaft folgten ihren Anweisungen. Als die separatistische »Regierung« noch im Oktober 1923 versuchte, ihre Finanzprobleme zu lösen, indem sie aus der mit der Herstellung des städtischen Notgeldes beauftragten Druckerei 750 Bogen Notgeldscheine im Werte von einigen hundert Billionen Mark entwendete, organisierte die Bürgerschaft eine Schutzwache vor der Druckerei, die nun ihrerseits von den Franzosen nach kurzer Zeit verhaftet und zu Gefängnisstrafen verurteilt wurde.[49]

Trotz der einhelligen Ablehnung des Separatismus war im Spätherbst des Jahres 1923 die Gefahr einer partiellen Autonomie oder gar Abtrennung des linksrheinischen Gebietes vom Reich schon aus finanziellen Gründen sehr realistisch; und in Hessen wurden dementsprechend auch Vorbereitungen getroffen, um für den Ernstfall einen »zweiten Schützengraben« als Rückzugslinie zu besitzen, wie Adelung es ausdrückte. Dass es nicht dazu kam, hatte verschiedene Gründe, deren wichtigste in der unerwartet schnellen wirtschaftlichen Erholung des Reiches nach der Währungsreform und im Regierungswechsel in Frankreich lagen. Durch Dawes-Plan, Londoner Amnestie und Räumung des Ruhrgebietes 1924 wurde die Lage entspannt; auch im »altbesetzten« Gebiet deeskalierte die Situation.

Die Besetzung Rheinhessens aber dauerte an, erst sechs Jahre später, am 30. Juni 1930, verließen die Franzosen Mainz. Am Abend dieses Tages zog unter »ungeheurem Jubel der Bevölkerung«, in »einem Meer von Fahnen, Blumen und Girlanden« zwar nicht die Reichswehr, aber immerhin die hessische Schupo in Mainz ein – elfeinhalb Jahre, nachdem die deutschen Truppen unter nicht geringerem Jubel die Stadt verlassen hatten. In den Festreden der rheinhessischen Politiker aus diesem Anlass blieb kein Zweifel über Sinn und Bedeutung des Kampfes in den Jahren zwischen 1918 und 1924: »Wunderbar hat sich die Kraft offenbart, die einem großen Volke innewohnt. Das Volk am Rhein kann das unvergängliche Verdienst für sich in Anspruch nehmen, den deutschen Westen deutsch erhalten zu haben ... Mainz stand im Brennpunkt des Kampfes und Leidens. Hier wurde die seelische Bedrückung durch die Anwesenheit fremder Truppen, durch rücksichtslose Beschlagnahmungen von Wohn- und Wirtschaftsräumen besonders verschärft. Die Stürme der Besetzung und des Separatismus brausten über diese Stadt mit ungeheurer Wucht. Hier aber war es auch, wo die Bevölkerung« , vor allem die Arbeiterschaft, am entschlossensten allen Angriffen auf ihr Volkstum entgegentrat. In Mainz fiel die eigentliche Entscheidung.«[50]

Die Erfahrungen der Franzosenzeit

Die »Franzosenzeit«, insbesondere die ersten vier Jahre, hinterließ in Rheinhessen und vor allem in Mainz tiefe und langfristig wirksame Eindrücke und hatte, wie Karl-Georg Faber hervorhob, die Tendenz zur Folge, »die politischen Probleme ausschließlich unter dem nationalen Gesichtspunkt zu beurteilen«. Das sollte sich zum einen während der Krise der Republik seit 1929 im besonders schnellen Zerfall der bürgerlichen Parteien und dem Aufstieg der Nationalsozialisten in dieser Region niederschlagen.[51] Es bedurfte aber zuvor schon nicht einmal großer propagandistischer Anstrengungen der Rechten, um das Geschehen in Rheinhessen als Ausdruck eines Komplotts der Siegermächte in Verbindung mit einheimischen Kräften zu interpretieren. Dass der Krieg schon lange vor dem November 1918 verloren war, dass die französische Besatzung im Vergleich zu dem Auftreten der deutschen Besatzungstruppen in Belgien und Frankreich noch als moderat anzusehen war, dass selbst der Versailler Vertrag in distanzierterer Perspektive zwar harte Bestimmungen enthielt, aber Deutschland doch einen Platz als wirtschaftliche und politische Großmacht beließ – angesichts der Wucht der eigenen Erlebnisse konnten solche Gedanken die Bewohner der besetzten Gebiete nicht erreichen. Besatzung und »Abwehrkampf« im Rheinland waren ebenso wie die »Abwehrkämpfe« an der Ostgrenze in den umkämpften Gebieten selbst, aber auch in ganz Deutschland, zur wichtigsten Legitimationsgrundlage nationalistischer Politik und Theoriebildung geworden. Die vertragliche Abtrennung von Gebieten mit deutscher Bevölkerung ebenso wie die separatistischen Versuche zur Schaffung des Rheinstaates beförderten das Denken in den Kategorien des »Volkstums« statt der »Staatsbürgerschaft« und verstärkten sowohl die Forderung nach Einbeziehung deutscher Minderheiten in angrenzenden Ländern in die deutsche »Volksgemeinschaft« als auch die Theorien vom Primat des Volkstums vor der sozialen Schichtzugehörigkeit. Das »Erlebnis des Abwehrkampfes« hatte dazu beigetragen, das politische Denken in den Begriffen von Volk und, Volkstum weit über die Anhängerschaft der Rechten hinaus zu verbreiten.

Dies galt in besonderer Weise für die Jugend in den besetzten Gebieten. Die unablässige Folge von Ereignissen, die in den immer gleichen Kategorien interpretiert wurde, das Pathos und die Emphase des »Abwehrkampfes«, die geschlossene und die sozialen Schranken überwindende Front der rheinhessischen Bevölkerung gegen Franzosen und Separatisten und die unmittelbare Begegnung mit einer als arrogant empfundenen Besatzungsmacht – auf der Straße, in der Schule oder in der Küche – mussten auf die Jugendlichen und Heranwachsenden dieser Jahre besonders tief und nachhaltig einwirken; zumal sie selbst nicht Zuschauer, sondern die oft aktivsten Teilnehmer an diesen Ereignissen waren – in den Schulen und Betrieben, bei den heimlich abgehaltenen »nationalen Gedenkfeiern« oder bei den Demonstrationen und Kundgebungen.

Die Jahre nach dem Krieg prägten – in Rheinhessen stärker noch als in anderen Regionen Deutschlands – das Weltbild von großen Teilen dieser Generation in den Kategorien des »völkischen Abwehrkampfes«.

I. Nachkriegsjugend

1. Generation der Sachlichkeit

Politische Generationen

Karl Rudolf Werner Best wurde am 10. Juli 1903 in Darmstadt als Sohn des Postinspektors Rudolf Best und dessen Frau Karoline geboren. Seine Kindheit verbrachte er von 1905 bis 1912 im schlesischen Liegnitz, dann in Dortmund. Im Herbst 1914 starb der Vater an den Folgen einer Verwundung, die er als Soldat an der Westfront erhalten hatte. Die Mutter zog mit den beiden Söhnen, dem elfjährigen Werner und dem zwei Jahre jüngeren Walter, zurück ins heimatliche Rheinhessen, nach Gonsenheim bei Mainz. Hier besuchte Werner Best das humanistische Neue Gymnasium bis zu seinem Abitur im Frühjahr 1921.

Nach 1945 hat Best in zahlreichen Aufzeichnungen und Notizen Auskunft über sein Leben und auch über seine Jugend gegeben und dort die für ihn entscheidenden Erfahrungen und Erlebnisse selbst hervorgehoben.[1] Wesentliches Kennzeichen dieser Selbstinterpretation ist dabei die beinahe völlige Einbindung des eigenen Werdegangs in eine historisch-politische Perspektive, durch die den einzelnen Lebensabschnitten und individuellen Erlebnissen ihre Bedeutung und ihr Sinn zugeordnet wurden. Zugleich aber war diese politische Interpretation des eigenen Lebens selbst erkenntnisprägend und insofern wirkungsmächtig, als sie in der Nachkriegszeit des Ersten Weltkrieges konstitutiv für das Selbstverständnis der »politischen Generationen« der bürgerlichen Jugend war.

Nun ist die Verwendung des Begriffs der »Generation« als historische Kategorie problematisch, weil weder exakt definiert werden kann, was eine Generation jeweils ausmacht und definiert, noch die Auswirkungen einer kollektiven Generationserfahrung einigermaßen präzise herausgestellt und als solche von anderen Einflüssen getrennt betrachtet werden können. Diese Schwierigkeiten tauchen aber offenbar stets dann auf, wenn versucht wird, »Generation« als generell gültige, für den gesamten historischen Prozess konstitutive Kategorie herzunehmen. Als fruchtbarer erweist sich der Ansatz, wenn seine Verwendung auf solche Fälle begrenzt wird, in denen »Generation« auf evidente Weise als historisch wirkungsmächtiger Faktor hervortritt, wenn nämlich besonders bedeutsame und langfristig folgenreiche Ereignisse und Entwicklungen die Erfahrungen einer zu dieser Zeit heranwachsenden Altersgruppe geprägt und dadurch relativ scharf von den Erfahrungen anderer Altersgruppen unterschieden haben.[2]

Dass dies auf den alle bisherigen Erfahrungsdimensionen sprengenden Ersten Weltkrieg und die zu dieser Zeit Heranwachsenden in besonderer Weise zutraf, ist einleuchtend und wurde auch bereits zeitgenössisch so formuliert, dass der jeweils individuelle Lebensweg und die dabei gemachten Erfahrungen vor allem der männlichen bürgerlichen Jugend auf ein kontingentes Angebot der Sinndeutung stießen, welches die Erlebnisse des einzelnen einband in die Kategorien und Wertemuster seiner »politischen Generation«.[3]

In Bezug auf den Ersten Weltkrieg wurde dabei in der Regel zwischen drei Gruppen unterschieden: der »jungen Frontgeneration«, der »Kriegsjugendgeneration« und der »Nachkriegsgeneration« – in Begriffen des für die politische Generationenlehre der 30er Jahre besonders einflussreichen Günther Gründel, einem Mitglied des »Tat«-Kreises, der in seiner 1932 erschienenen »Sendung der Jungen Generation« den »Versuch einer umfassenden revolutionären Sinndeutung der Krise« unternommen hatte. Als »junge Frontgeneration« wurden dabei die zwischen 1890 und 1900 Geborenen beschrieben, »die bei Kriegsausbruch kaum zwanzig waren oder gar als Achtzehnjährige freiwillig oder später dem allgemeinen Muß folgend hinausgingen, ... blutjung, noch tief empfänglich für alles und am tiefsten für das Große und Furchtbare. Sie waren noch keine fertigen Männer, Weltanschauung und Mensch waren noch im Werden. Sie sind als begeisterte, aber durch das Übermaß des allzu starken und furchtbaren Erlebnisses vielleicht sehr bald entwurzelte Jünglinge hinausgetaumelt«, die »eigentlichen Träger des so viel diskutierten Fronterlebnisses«.[4]

Die Generation der nach 1910 Geborenen, die »Nachkriegsgeneration«, sei hingegen dadurch geprägt worden, dass sie »vom Krieg selbst keine tieferen Eindrücke mehr erfahren« habe; ihr fehle auch der Vergleich zur Vorkriegszeit – »ihre ersten Eindrücke waren der Umsturz, die beginnenden Inflationsjahre und eine verbreitete und vielfach in bloßem Wandertrieb verflachte Jugendbewegung.«[5]

Als wichtigste, von der Geburtenzahl her auch quantitativ größte Gruppe aber hob Gründel die mittlere, die »Kriegsjugendgeneration« der zwischen 1900 und 1910 Geborenen heraus. Ihnen fehle zwar »das Fronterlebnis, durch das viele ihrer älteren Brüder tiefer, härter und radikaler geworden« seien – »was jene selbst erleben, können diese sich nur erlesen« –, dennoch sei ihnen der Krieg »zu einem ganz ungewöhnlich starken und einzigartigen Jugenderlebnis« geworden. Statt von sorglosen Freuden sei die Kindheit dieser Generation, der Gründel selber auch angehörte, ganz von den Auswirkungen des Krieges geprägt worden: »Kriegsbegeisterung 1914; Siegesschulfeiern und Heeresberichte; organisierte Arbeiterjugend für Staat und Volk; ... Hunger, Not und Entbehrungen, Jugendausbildung; Kohlenferien und immer wieder: Hunger und Entbehrungen ... Schließlich: Zusammenbruch der Welt der Väter und alles dessen, was bisher gegolten hatte; Umsturz und ›Umwertung aller Werte‹« – dadurch aber auch »die ungewöhnlich frühe Erschließung der Kindesseele für das große Ganze, für völkische, gesellschaftliche und schließlich auch internationale Belange und für das kollektive Erleben überhaupt ... Das Volk, die Nation und die bösen Feinde waren bereits aktivste Faktoren in unserer harmlosen Kinderwelt«. Mehr als für alle anderen gelte dies für die Jugend in Ostpreußen und im Rheinland, die während des Krieges bzw. danach unmittelbaren Kontakt mit dem »Feind« bekommen habe, wodurch das »Heimaterlebnis des Krieges bis zu besonderen Tiefen« vorgedrungen sei.

Darin, hob Gründel hervor, liege auch der Grund dafür, dass »noch nie eine Jugend dies Deutschland, dies deutsche Land so liebte und lieben mußte wie wir«. Entsprechend radikal habe das »Nachkriegserleben« gewirkt: »Nun war auch das Letzte noch problematisch geworden, das bisher wenigstens immer noch stillschweigend gegolten hatte: die Freiheit, das Vaterland und fast alle die soviel im Munde geführten Ideale und Werte der Alten.« Damit sei aber bereits der »endgültige Bankrott jener ganzen Welt der alten Generation« vollzogen worden, ohne dass dies jedem aber bereits bewusst gewesen sei. Durch die Verarmung und den Verlust der privilegierten Berufsaussichten seien jedoch für die bürgerliche Jugend die Kontakte zur Arbeiterjugend eröffnet und damit die sozialen Barrieren der Generation überwunden worden – »eine Erweiterung und Bereicherung ..., wie sie keine andere Zeit einer aufgeweckten Jugend jemals hatte geben können. Wir sind als ganze große Schicht enterbt und ausgesetzt worden ..., ein hartes, nüchternes Geschlecht mit tief im Herzen verkapselten Idealen, mit einem zähen Willen und mit bester Beherrschung der Kampfmethoden und Waffen im Ringen um Dasein, Geltung und Erfolg.« Entsprechend kennzeichnete er die hervorstechenden Eigenschaften dieser Generation: »Wahrheitsliebe und Schlichtheit«, »Ernst, wortkarge Verschlossenheit und Zurückhaltung, ja manchmal schroffe Kälte«. Das Wichtigste aber sei die »Sachlichkeit«: die Sache über das Persönliche zu stellen, die Ablehnung des »Zurschautragens von Gefühlen« und des »Verbalaltruismus, Verbalmoralismus, Verbalpatriotismus«, denn »wo wir ehrliches Mitleid empfinden, scheuen wir uns, es nach altem Stil kitschig zu äußern und wollen lieber in den Verdacht der ›Gefühllosigkeit‹ kommen«. Und schließlich präge »ein ausgesprochener Sinn für rationelle Methoden und für das Ökonomieprinzip überhaupt« das Gesicht dieser Generation.[6]

Generationeller Stil

Eine solche Charakterisierung der »Kriegsjugendgeneration«, wie sie sich mit geringen Abweichungen in zahlreichen Beiträgen zur »Generationenfrage« seit Mitte der 20er Jahre fand[7], beruhte trotz aller Stilisierungen gewiss in vielen Punkten auf richtigen Beobachtungen des Empfindens und Verhaltens dieser Gruppe der bürgerlichen Jugend in Deutschland. Vor allem aber handelte es sich hierbei tun die Beschreibung und Herleitung eines generationellen Lebensstils, dessen vorherrschende Kennzeichen Kühle, Härte und »Sachlichkeit« waren – als Abgrenzungsmerkmale zu der Gruppe der Älteren, die als gefühlig und zu sehr auf Personen statt auf »die Sache« bezogen kritisiert wurde. Den Vorsprung, den die Älteren durch ihre Kriegsteilnahme und »Fronterfahrung« hatten, versuchten die Jüngeren durch die Übernahme des Frontkämpferideals für den Kampf im Innern, durch die Stilisierung des kalten, entschlossenen Kämpfers und durch das Trachten nach »reinem«, von Kompromissen freiem und radikalem, dabei aber organisiertem, unspontanem, langfristig angelegtem Handeln zu kompensieren. Durch diese Interpretation der Generationserfahrung und die Propagierung des daraus entwickelten Lebensstils wurde es zudem möglich, die sehr diffusen, widersprüchlichen und gar nicht in allgemeinerer Form formulierbaren Erfahrungen der einzelnen in eine einzige Perspektive einzubinden, die auch Leid, Verlust und Zukunftsangst als positive und geradezu avantgardistische Prädispositionen interpretierte, die den – tatsächlichen oder befürchteten – sozialen Abstieg der bürgerlichen Jugendlichen als Ausdruck der Überwindung der Klassengegensätze heroisierte und zudem nicht so sehr über politische Analyse als über die Akzentuierung eines Lebensgefühls wirksam wurde, das zuverlässiger die Konturen der eigenen Generation markierte und zudem einfacher adaptierbar und damit wirksamer war als ein weltanschauliches Gebäude oder ein politisches Programm.

Wie sich dieses Konglomerat aus historischer Legitimation und generationellem »Stil« in der Attitüde dieser Generation in den 20er Jahren niederschlug, wurde oft beschrieben. Ernst Niekisch kennzeichnete die Haltung der Nachkriegsjugend als »Voraussetzungslosigkeit und Bindungslosigkeit«: »Insgeheim verachtet sie bereits die Sache der Zivilisation, des Fortschritts, der Humanität; sie zweifelt an der Vertrauenswürdigkeit der Vernunft und erschaudert nicht vor einer Barbarisierung des Lebens.«[8]

Die fröstelnde Bewunderung, die in solchen Worten zum Ausdruck kam, finden wir auch in Peter Suhrkamps Essay »Söhne ohne Väter und Lehrer« von 1932, in dem er die zu dieser Zeit knapp Dreißigjährigen als die »Unruhigsten, die Unklarsten und die Abenteuerlichsten« in der bürgerlichen Welt dieser Jahre kennzeichnete: »Das Bezeichnendste an ihnen ist ihr Mangel an Humanität, ihre Achtlosigkeit gegen das Menschliche. Sie haben zwischen zwanzig und dreißig viel hinter sich gebracht, so viel wie die meisten Menschen sonst in ihrem ganzen Leben nicht erwischen; die Nachkriegszeit bot alle Möglichkeiten dazu ... Im übrigen waren die Väter zum größten Teil im Kriege. Die Kinder dieser Eltern gerieten, da sie sich selber überlassen oder auch davongelaufen waren, nach dem Krieg in alle Krisenhysterien und Krisenlaster, ohne dabei großen Schaden zu nehmen. Sie reagierten auf die Zeit, gaben ihr nach, nutzten sie aus; jederzeit gerissen, fix und tüchtig. Die Dreißigjährigen sind sicher die begabteste Generation unter den Jungen ... Und mit ihrer bekannten Fixigkeit und Tüchtigkeit und mit einer überraschenden Selbstdisziplin stabilisieren sie heute in allen Lagern und Positionen für sich eine fixe Lebensform und fixe Lebensgewohnheiten. Sie sind die schärfsten Gegner des Liberalismus ... Ihre Intellektualität ist skeptisch und nicht selten sogar destruktiv ... Der Höhepunkt des intellektuellen Daseins ist eine Philosophie der Destruktion, welche die endgültige Vernichtung der bürgerlichen Welt herbeiführen soll.«[9]

»Behütete Kindheit«

Werner Best war von der generationellen Selbststilisierung, wie sie bei Gründel und anderen zum Ausdruck kam, offenbar so stark und früh geprägt, dass oft nicht leicht zu entscheiden ist, ob er in seinen biographischen Notizen über sein eigenes Leben berichtet oder über das der »politischen Generation«, der er sich zugehörig fühlte. Deutlich wird aber, dass nicht nur seine »wirkliche« Kindheit und Jugend prägend für sein weiteres Leben war, sondern auch das stilisierte Bild der Kindheit und Jugend seines Jahrgangs, die Identifikation des eigenen Schicksals mit dem seiner Generation. Beinahe alle Informationen über Bests Jugendzeit stammen von ihm selbst und sind in der Mehrzahl in den Jahren 1945 bis 1949 in dänischer Haft verfasst worden – in einer Phase, in der Best daran arbeitete, ein in sich stimmiges, persönlich und politisch »sinnvolles« Bild seines Lebens zu zeichnen, das zudem seine Haltung und Handlungen während der NS-Zeit als Ausdruck einer »idealistischen« Einstellung ausweisen sollte.[10] Wenn auch alle wichtigen Daten und die äußere Beschreibung seiner Kindheits- und Jugendphase von verschiedenen Zeitgenossen bestätigt wurden, so haben wir es doch mit Entwürfen und Projektionen einer Lebensgeschichte zu tun, deren Entschlüsselung nun aber nicht »Wirklichkeit« von »Erfundenem« trennen kann, sondern den Bedeutungen und Auswirkungen des als biographische Erfahrungen Vorgestellten nachspürt.

Best teilte seine Jugend in zwei strikt voneinander getrennte Hälften, an deren Bruchpunkt der Tod seines Vaters stand, der am 4. Oktober 1914 als Oberleutnant in einem Lazarett in Trier an den Folgen einer an der Westfront in Frankreich erlittenen Verwundung starb. Waren die Jahre danach in Bests Darstellung von Leiden, »Arbeit und Pflicht« gekennzeichnet, was seiner Jugend eine »ernste, fast asketische Note« verlieh[11], schilderte Best die Zeit bis 1914 in Pastelltönen – unbeschwerte, leichte und behütete deutsche Kindheit: »Wolkenbruch mit Überschwemmung des Friedrichsplatzes, Sonnenfinsternis (auf dem Bilseplatz), ›Sommersingen‹ (Stab mit Bändern und Lied: ›Ich bin ein kleiner Pommer‹ ... ›Ein Schock, zwei Schock, hundert Taler Vorrat‹), Schlittenfahren mit Ruth Reimers, Tochter des Weinhändlers R., auf dem Friedrichsplatz ..., im Theater: ›Schneeweißchen und Rosenrot‹, Samtanzüge mit Spitzenkragen und Biberpelze ... «[12]

Der Vater durchlief die höhere Postbeamtenlaufbahn, bei jeder Beförderung wurde er versetzt. Die Familie zog mit, von Darmstadt nach Liegnitz, von Liegnitz nach Dortmund. Einmal im Jahr fuhr man nach Hessen zu den Großeltern in die Ferien (»Flügel in der ›gut' Stubb‹. Katzen [Molly]. Großvater zunächst noch Obergerichtsvorsteher. Sein ›Stübbche‹ hinter dem Laden. Im Laden uralte Pfefferminzhütchen. Spaziergänge zum ›Herrgottsberg‹, Frankenstein.«[13]) – ein biedermeierliches Stilleben, aber auch ein deutscher Beamtenhaushalt: »Ich bin in der Atmosphäre deutschen Beamtentums aufgewachsen. Mein Vater war Postbeamter und Sohn eines Eisenbahnbeamten, meine Mutter die Tochter eines Bürgermeisters. Dienst für Volk und Staat, strenge Pflichterfüllung und spartanisch einfache Lebenshaltung waren der Lebensrahmen einer deutschen Beamtenfamilie.«[14] Die Eltern verkehrten mit ihresgleichen, und noch 40 Jahre später hatte Werner Best Namen, vor allem aber auch Titel der Freunde der Eltern exakt im Kopf (»Oberpostpraktikant Alfred [und Frieda] Finke, Oberpostkassenrendant Lübke, Oberpostdirektor Meißner«), ebenso wie die der Klassenkameraden der Vorschule (»Hans Heinrich [gestorben, Vater gefallen], Kurt Ulrich von Gersdorff, Graf Pilati, Hans Lübke, ein kleiner Jude, bei dem ich gelegentlich eingeladen war: fremdartiges Milieu!«[15]).

In Dortmund besuchte Werner Best seit 1912 das Südwall-Gymnasium; an der Idylle änderte sich nichts: »Mondscheingang zur Apotheke. Asphaltmacher in der Märkischen Straße. Abendbild der Hütte von Hörde ... Kränzchen der Mutter in der ›Kronenburg‹ (im Park mit Krämer's und Quirin's Kindern, künstliche Ruine am Teich, Froschskelett)«, das sind die Stichworte, die sich Best später als Erinnerung an diese Jahre notierte. Auch im Sommer 1914 trat hier zunächst keine Änderung ein (»Indianerbilder [Cooper]. Morgendliches Zeitunglesen. Nachricht von Sarajewo. Dann ständig zum Zeitungsgebäude wegen der Telegramme«). Am 1. August 1914 zog der Vater in den Krieg, die Mutter verließ mit den beiden Söhnen das ihr fremd gebliebene Dortmund und ging zurück ins Rheinhessische, nach Mainz-Gonsenheim (»Kriegsbegeisterung. Der Milchmann: ›Was Neies? Mer siege halt!‹«).

Am 4. Oktober traf dann die Nachricht ein, dass der Vater seinen Verwundungen erlegen sei – und hier beginnt der zweite Teil von Bests Notizen über seine Jugend. Hatten diese rückblickenden Aufzeichnungen bis dahin das Bild einer glücklichen Kindheit in einer heilen Welt stilisiert, so wurde nun ein leidend-tapferer Grundton vorherrschend: »Der frühe Heldentod meines Vaters hat mich schon mit elf Jahren einsam gemacht, da meine Mutter zusammenbrach und mehr Stütze von Seiten ihrer Söhne brauchte, als sie ihnen geben konnte. Ich bin deshalb mehr von der Tradition meiner Familie als von meinen Eltern erzogen worden ... Mein Vater hatte einen Brief an seine beiden Söhne hinterlassen, in dem er uns die Mutter anbefahl und uns aufforderte, patriotische deutsche Männer zu werden. So fühlte ich mich mit elf Jahren bereits für meine Mutter und meinen jüngeren Bruder verantwortlich. Und vom 15. Lebensjahre ab (1918!) fühlte ich mich verantwortlich für die Wiederaufrichtung Deutschlands. Ich habe deshalb in meiner Jugend nur Ernst und Sorge, Arbeit und Verantwortung gekannt. Ich verzichtete auf alle Vergnügungen meiner Altersgenossen (habe z. B. nie tanzen gelernt). Auch die finanzielle Notlage – meine Mutter hatte nur eine kleine Witwenpension – hat meine Jugend überschattet.«[16]

Verlust des Vaters, frühe Selbständigkeit und Verantwortung, sozialer Abstieg, militärischer und politischer Zusammenbruch des Reiches, Besetzung der Heimat durch die französische Armee – diese Erfahrungen in den Kriegs- und Nachkriegsjahren, in denen er zwischen elf und 18 Jahren alt war, hat Best bei zahlreichen Gelegenheiten als die entscheidenden Prägungen seiner Person hervorgehoben und zugleich die untrennbare Verbindung von politischer und persönlicher Entwicklung als Grundmotiv seiner Lebensgeschichte betont: »Mein Leben stand deshalb schon von der Kindheit an unter dem Zeichen der Pflicht, sich ganz für eine Wiedererhebung Deutschlands einzusetzen, damit der Heldentod meines Vaters nicht umsonst gewesen sei«, schrieb er 1946.[17] »Mein Berufsweg ist – wie mein ganzes Lebensschicksal – von den ersten Anfängen an durch das geschichtliche Geschehen unserer Zeit beeinflusst gewesen«, begann er einen Abriss über seinen beruflichen Werdegang im Februar 1964.[18] Durch den Tod des Vaters und den seines Großvaters wenige Wochen später sei ihm, dem damals Elfjährigen, »die geistige und gefühlsmäßige Atmosphäre, in der er in Familie und Schule bisher unbewußt aufgewachsen war, erlebte und richtungsweisende Wirklichkeit [geworden], die seine weitere Entwicklung bestimmte: Vaterlandsliebe und Opferbereitschaft, soldatische Treue gegenüber dem Kaiser und dem Landesherrn (Großherzog von Hessen), politisches Bekenntnis zu Bismarck, dessen Politik insbesondere die – von meinem Vater stets gewählte – Nationalliberale Partei fortzusetzen versuchte. Dass diese Werte erhalten bleiben und zum Sieg geführt werden mussten, erschien mir notwendig, um die ungeheuren Opfer und Schmerzen zu rechtfertigen, die der Krieg in steigendem Maße verursachte. Daß ich –

obwohl ich dies alles bewußt erlebte und mit fieberhaftem Interesse das Kriegsgeschehen verfolgte – nicht wie mein Vater als Soldat für den deutschen Sieg kämpfen durfte (ich war beim Kriegsende 15 Jahre alt), wurde ein Trauma meiner Jugend, welches in der Folgezeit einen inneren Zwang schuf, mich – oft unbedacht – aktiv handelnd einzusetzen, wo ich nur eine Möglichkeit dazu fand.«[19]

Best durchlief das Neue Mainzer Gymnasium als Klassenprimus und zeichnete sich besonders in Geschichte aus; ein Höhepunkt seiner schulischen Laufbahn war die Ausarbeitung eines Vortrags über die »Kriegsschuldfrage«. Er »verschlang« vor allem das Nibelungenlied, dessen Schauplätze ja in Rheinhessen liegen und an dem sich die nationalistischen Phantasien der rheinhessischen Jugend erhitzten. Er wurde Mitglied der Schülerverbindung »Korps Adelphia« und erhielt dort den Decknamen »Hagen«. Er nahm Fechtunterricht, lernte Stenographie und besuchte Kurse an der Mainzer Volkshochschule. Vor allem aber war er brennend an allem »Politischen« interessiert. Über einen Bekannten bekam er schließlich Kontakt zu den »Alldeutschen« und den »Alldeutschen Blättern«; dann auch zum Vorsitzenden des Alldeutschen Verbandes selbst, dem Mainzer Rechtsanwalt Heinrich Claß. Seine Sicht auf die »Bedeutung« des Krieges, auf Reich, Nation, Volk, so hob er hervor, sei nachhaltig geprägt worden von den Auffassungen »dieser orthodoxen Bismarckianer, welche – ›kaiserlicher als der Kaiser‹ – die kaiserliche Politik mit der Begründung, dass sie Kaiser und Reich schwäche, scharf angriffen«.[20]

Diese frühe hermetische Politisierung ließ für Werner Best nur wenig Raum, eigene Erfahrungen zu machen, die nicht schon durch ein vorgegebenes Interpretament kanalisiert waren. Er entwickelte dadurch früh ein »ernstes«, etwas alt-kluges Auftreten, gekennzeichnet von dem Bestreben, sein eigenes Verhalten in Übereinstimmung mit dem zu bringen, was er als seine politische »Aufgabe« empfand. Darin unterschied er sich nicht von vielen seiner Freunde und Klassenkameraden, die dem Zeitgeist folgend die nationalistische Emphase der älteren zu imitieren und sogar zu übertreffen trachteten. Aber bei Werner Best war dieses Bemühen noch etwas heftiger ausgeprägt, wohl auch etwas ernsthafter als bei anderen.

Jugend in der Nachkriegszeit

Um so schmerzhafter und überraschender, betonte Best, sei für ihn als Fünfzehnjährigen das Kriegsende, die Novemberrevolution (selbst in ihrer Mainzer Schwundform) und besonders die Besetzung seiner Heimatstadt durch die Franzosen Anfang Dezember 1918 gewesen: »Daß alle Opfer vergeblich geleistet worden sein sollten, erschien mir unvorstellbar. Und als die Bedingungen des Waffenstillstands von Compiègnes bekannt gegeben wurden, war ich so sehr überzeugt, daß sie nicht angenommen werden könnten und daß der Krieg fortgesetzt werden müsse, daß ich – als 15jähriger – mit einigen Freunden beschloß, über den Rhein zu gehen und Anschluß an eine Truppe zu suchen, die weiterkämpfen würde.« Die aber gab es nicht mehr.[21]

Unter seinen Lehrern und Mitschülern, vor allem aber in der Jugendbewegung, fand er Gleichgesinnte. Die »Wanderungen«, die einerseits dem Gemeinschaftserlebnis, zum anderen aber in zunehmendem Maße der politischen Orientierung in einer plötzlich ganz unübersichtlich gewordenen Welt dienten, führten schnell zur Erweiterung der Kontakte und zur Herausbildung neuer Gruppierungen. Im Sommer 1919 gründete Best bei einer solchen Wanderung durch den Taunus die Ortsgruppe Mainz des »Deutschnationalen Jugendbundes« und wanderte forthin als »Jungnationaler« im Verein mit »Adlern und Falken« und anderen national orientierten Bünden: »Wanderungen und Tagungen der Bünde mit endlosen Gesprächen über Lebensauffassung und Lebensgestaltung gaben dem eigenen Suchen einen Rahmen und Kontaktmöglichkeiten, wie sie wohl keine Generation vorher und nachher gehabt hat. Auch die Berührung mit ›Jugendbewegten‹ anderer Richtungen vollzog sich in unbefangener Weise und erweiterte und vertiefte unser Denken. Wenn wir Jungnationalen irgendwo in der Landschaft auf Gruppen der sozialistischen ›Arbeiterjugend‹ oder konfessioneller Jugendbünde trafen, so prügelten wir uns nicht, sondern saßen nächtelang um die Lagerfeuer und diskutierten über Gott und die Welt. Der Jugendbewegung, welche in den Jahren nach 1918 aus dem gefühlsbetonten Wandervogel-Dasein in das chaotische politische Leben der Zeit hineinwuchs, verdankt meine Generation das eigene Suchen und Finden ›weltanschaulicher‹ und politischer Auffassungen und Grundsätze.«[22]

Hier sind die Elemente der generationellen Selbststilisierung auf engem Raum versammelt – die privilegierte »Erlebnissituation« der Kriegsjugendgeneration, der Vorrang generationeller Zusammengehörigkeit vor sozialer Herkunft oder politischer Überzeugung und die dadurch ermöglichte intensive Auseinandersetzung über alle Klassenschranken und weltanschauliche Differenzen hinweg. Aus dieser »einzigartigen« Konstellation wird die »Tiefe« der weltanschaulichen Überzeugung dieser Generation hergeleitet. Wichtig ist hieran aber auch, dass der Begegnung und dem »Erlebnis« in Bünden entscheidende Auswirkungen auf das weitere Leben und die politische Grundhaltung der einzelnen zugeschrieben werden, nicht dem Engagement in den Parteien, die als Ausdruck der »Zerrissenheit« des deutschen Volkes abgelehnt wurden«, weil man nach neuen Formen der »Vergemeinschaftung« suchen wollte. Die zu dieser Zeit überall entstehenden zahlreichen rechten und rechtsradikalen Gruppen und Kleinparteien aber verstand man in ihrer Vielfalt eher als ideologisch und organisatorisch noch unfertige Versuche zur Neubestimmung von Politik und nicht als bereits fertige Angebote. Entsprechend reichten die Kontakte Bests in den Jahren nach dem Krieg von der DVP bis zu rechtsradikalen Splittergruppen, umfassten aber, vor allem bei »Aktionen«, auch Gewerkschaftler und Sozialdemokraten.

Seit dem Sommer 1919, nach »Versailles«, war Best überall dort zu finden, wo sich in Mainz im nationalistischen Milieu etwas regte. Er wirkte an der Gründung der Mainzer Ortsgruppe des Deutschvölkischen Schutz- und Trutzbundes ebenso mit wie an der der Deutschnationalen Volkspartei[23], machte sich als Mitglied der DNVP bei deren Wahlwerbung nützlich und knüpfte auf diese Weise nicht nur enge Kontakte zu den gleichaltrigen nationalistischen Aktivisten in Mainz und der Umgebung, sondern wurde auch mit den deutschnationalen Honoratioren der Stadt bekannt.[24] Vor allem aber nahm er regen Anteil an den Auseinandersetzungen mit der französischen Besatzungsmacht in seiner Heimatstadt. Wenige Tage nach Beendigung des ersten Separatistenputsches und nach Abschluss des Versailler Vertrages wurde er in Mainz stadtbekannt; denn jener Schüler, der am 9. Juli 1919 die Annahme einer Buchprämie durch einen französischen Offizier mit den Worten verweigert hatte, sein Vater sei im Kampf gegen Frankreich gefallen und daher könne er von einem Franzosen kein Geschenk annehmen, war kein anderer als Werner Best selbst, der daraufhin vom Provinzialdirektor persönlich als »ehrendes Beispiel männlichen und mutvollen Verhaltens« gelobt worden war, zumal die Schulbesuche französischer Offiziere daraufhin eingestellt wurden.[25] Diese Geschichte mit dem Oberstleutnant Comte Charles de Pélacot gewann in den späteren Jahren einige Bedeutung für Best. Er vergaß sie in keinem offiziellen oder internen Lebenslauf vor und nach 1945 noch bei einem der zahlreichen Verhöre nach dem Krieg zu erwähnen und stilisierte sie zu seiner ersten direkten Konfrontation mit dem »Feind« und zum Beginn seiner aktiven politischen Laufbahn.

Das Lebensgefühl und das politische Weltbild des sechzehnjährigen Werner Best waren durch die Ereignisse und Erfahrungen im Gefolge von Kriegsende, Revolution, Besatzungszeit, Separatistenputsch und »Abwehrkampf« geprägt. Dass Deutschland besiegt und das Rheinland von den Franzosen besetzt worden war und vom Reich abgetrennt werden sollte, sah er als das Ergebnis einer Verschwörung der inneren und äußeren Feinde des deutschen Volkes, die durch die Propagierung der »Menschenrechte« und der Ideale der französischen Revolution realisiert und abgesichert werden sollte. Alles, was er in diesen und den folgenden Jahren im Rheinland erlebte, interpretierte er in diesen einfachen, aber durch seine unmittelbare Erfahrung gefestigten Kategorien. Daher rührte auch der Antrieb für seinen rastlosen politischen Aktivismus, dessen emotionaler Ausgangspunkt die tägliche Konfrontation mit der Besatzungsmacht war – in der Stadt und im eigenen Haus, das seit Anfang 1919 bis zur Räumung des Rheinlandes im Sommer 1930 zur Hälfte von den Franzosen »requiriert« war. »Daß sie lachen durften, während wir verbrannten«, schrieb ein anderer, beinahe gleichaltriger Nationalist über seine Empfindungen gegenüber der französischen Besatzungsmacht im Rheinland, »daß sie marschieren durften, mit ihrem Kriegerstolze prunken und wir in Demut standen, das jagte mir den roten Haß ins Herz« – es war Ernst von Salomon, der im benachbarten Frankfurt den Einmarsch der Franzosen erlebte und bald mit Best in engen Kontakt trat.[26]

Im Frühjahr 1921 schloss Best die Schule mit dem Abitur ab und begann an der Frankfurter Universität das Jurastudium. Sein ursprünglicher Berufswunsch, Seeoffizier zu werden, sei, wie er später schrieb, »mit der kaiserlichen Flotte in der Bucht von Scapa Flow versunken«. Seine Entscheidung, Jurist werden zu wollen, sei aber »nicht aus Neigung zu diesem Beruf« gefallen, sondern aus Pflichtgefühl und »unter dem Gesichtspunkt, daß er die besten Voraussetzungen für eine politische Tätigkeit biete.«[27]

2. Völkische Studenten

Die französische Besetzung des Rheinlandes und die verschiedenen Erweiterungen der rechtsrheinischen Brückenköpfe hatten Frankfurt zur Frontstadt gemacht, und in der traditionell eher liberalen hessischen Metropole wurde das politische Klima im Frühjahr 1921 von einer Unzahl völkischer Bünde und nationalistischer Zirkel bestimmt. Zudem wurde von hier aus die »Abwehrarbeit« im besetzten Gebiet koordiniert, was den politischen Aktivitäten einen zuweilen verschwörerischen Beiklang gab. Die Welt der rechtsradikalen Bünde und patriotischen Verbände war hier wie in allen Großstädten des Reiches kein politisch festgefügtes Lager, sondern eher ein Milieu – ein fiebriger Dauerzustand aus Kundgebungen und Geheimtreffen, Verbandsneugründungen und -auflösungen, gekennzeichnet eher durch Stimmungen und Personen als durch Programme und Parteien. Das Faszinierende daran, schrieb Best später, sei gewesen, »daß man sich hineinwarf wie in einen brodelnden See, um die Kraft der Wellen und die eigene Kraft zu erproben. Neue geistige Kraftquellen kennenzulernen und auf sie zu reagieren, in der Auseinandersetzung mit Feinden und Freunden die eigene Position klarer zu erkennen und zu präzisieren, das war der Trieb, der uns in dieses bewegte Milieu, das ja noch keine geschlossene ›Bewegung‹ war, führte.«[28]

In seinem autobiographischen Roman »Die Geächteten« von 1930 hat Ernst von Salomon dieses Szenario in Frankfurt anschaulich beschrieben: »Was immer an Fetzen und Bruchstücken vergangener Werte und Ideologien, Bekenntnisse und Gefühle aus dem Schiffbruch gerettet wurde, mengte sich mit den zugkräftigen Parolen und Halbwahrheiten des Tages ... ein wunderlich Gemisch aus Bierdunst, Sonnenmythos, Militärmusik erschlug die blasse Lebensangst. Der Grundakkord sehr lauten Mannestumes ward in Weihe übertönt von Schiller-Zitaten und Deutschlandlied; dazwischen grollte Runengeraune und Rassegerassel.« Und in sehr ähnlicher Metaphorik wie 60 Jahre später Best schrieb er: »Wenn irgendwo, dann blüht das Neue aus dem Chaos, dort, wo die Not das Leben tiefer macht, wo in erhöhter Temperatur verbrennt, was nicht bestehen kann, geläutert, was siegen soll. In diesen gärenden, brodelnden Brei konnten wir unsere Wünsche werfen, aus ihm konnten wir unsere Hoffnungen dampfen sehen.«[29]

Eine Ortsgruppe des Deutschvölkischen Schutz- und Trutzbundes war hier im Sommer 1919 gegründet worden; daneben existierten der Deutschvölkische Bund, der antisemitische Reichshammerbund, Gottfried Feders »Kampfbund zur Brechung der Zinsknechtschaft«, seit dem Frühjahr 1921 auch die NSDAP. Hier suchten Salomon und andere nach zuverlässigen Aktivisten für die Organisation Consul des Kapitäns Erhardt, um sie und sich auf den »bewaffneten Kampf« vorzubereiten.[30] Aber die Abgrenzungen zwischen den Gruppen und Bünden waren nicht scharf, Doppel- und Mehrfachmitgliedschaften üblich, und oftmals handelte es sich weniger um politisch definierbare Organisationen als um Anhängerschaften einer lokalen Führergröße, von denen die Szenerie bestimmt war und die sich untereinander oft heftig befehdeten. Um Kontakte brauchte sich der noch nicht 18jährige Werner Best in seinem ersten Semester in Frankfurt also nicht zu sorgen. Als Aktivist der deutsch-nationalen Jugendbewegung, als Mitglied der DNVP-Jugendorganisation und des Deutschvölkischen Schutz- und Trutzbundes bekam er rasch Anschluss an die vielfarbige nationalistische Szene Frankfurts, insbesondere an den »Deutschnationalen Bund«, auch an die Gruppe um Ernst von Salomon – ob auch an die Organisation Consul selbst, ist unklar.[31]

Der Deutsche Hochschulring

Von ungleich größerer Bedeutung als die vielen kleinen und kleinsten politischen Zirkel, Kreise und Parteien Frankfurts aber wurde für Best wie für seine studentischen Altersgenossen die politische Hochschulorganisation, der er sich alsbald anschloss. Denn im Unterschied zu der unübersichtlichen Entwicklung der Parteienlandschaft auf der Rechten hatte sich an der Frankfurter Universität wie an allen reichsdeutschen Hochschulen bereits eine Gruppe als eindeutig dominierend herausgeschält: Der »Deutsche Hochschulring« (DHR), der an den einzelnen Universitäten als »Hochschulring Deutscher Art« (HDA) auftrat. Dieser Vereinigung – ein Zusammenschluss beinahe aller Korps und Burschenschaften sowie zahlreicher nichtkorporierter Studenten, die in sogenannten »Finkenschaften« dem Ring angehörten, – trat Best zu Beginn seines Studiums im Frühjahr 1921 bei. Der Hochschulring war die erfolgreichste und langfristig bei weitem einflussreichste hochschulpolitische Neugründung der Nachkriegsjahre. Als Teil der »neo-konservativen« Ring-Bewegung war er zum einen Ausdruck der programmatisch noch unfertigen und sich auch als vorläufig verstehenden, in ihrer generellen antiaufklärerischen und nationalistischen Haltung aber bereits gefestigten Sammlungsbewegung der durch Kriegsausgang und Revolution politisch destabilisierten jungen und radikalisierten Rechten. Zum anderen stand er im Kontext der durch den Rückgriff auf vorkonstitutionelle Strukturen gekennzeichneten Zirkelbildung gesellschaftlicher Führungsgruppen, jenes »Netzwerks der Eliten, das infolge zahlloser personeller Querverbindungen das politische Gesamtsystem mit Ausnahme der Linksparteien ... umfaßte; sowohl eine Auffangs- wie eine Ersatzorganisation für das gleichzeitig rückläufige bürgerliche Parteiensystem«, wie Hans Mommsen formuliert hat.[32]

Die Entstehung des »Deutschen Hochschulrings« geht auf verschiedene Einflüsse zurück, die in der Nachkriegszeit unter der deutschen Studentenschaft wirkungsmächtig waren und sich im Frühjahr 1919 in Berlin bündelten. Große Teile der Studenten – seit jeher »national« gesinnt, aber politisch eher desinteressiert – waren als Kriegsteilnehmer mit neuen sozialen und existentiellen Erfahrungen konfrontiert worden, die im Mythos vom »Kriegserlebnis« ein integrierendes Sinnangebot erfuhren, ohne dass sich dies in den ersten Nachkriegsmonaten aber bereits notwendig in der Entstehung neuer politischer Gesinnungsverbände auf der Rechten niedergeschlagen hätte. Erst die Erfahrungen der ersten Jahreshälfte 1919 ließen die Erlebnisse des Krieges und der Nachkriegszeit zu einem einheitlicheren und politisch formulierbaren Bild von der Entwicklung und Lage des Reiches zusammenwachsen. Die bewaffneten Auseinandersetzungen während des »Spartakus-Aufstandes« im Januar 1919 in Berlin, bei denen zahlreiche Berliner Studenten in freiwilligen Verbänden die Regierung Ebert/Scheidemann gegen den »Bolschewismus« verteidigten, die Kämpfe an der Ostgrenze des Reiches zu Polen, an denen ebenfalls viele Studenten in den Freikorps als Zeitfreiwillige teilnahmen, die Besetzung der Rheinlande durch die Westalliierten und schließlich die Friedensbedingungen von Versailles hatten eine forcierte Politisierung und Radikalisierung unter den Studenten zur Folge, deren wesentliche Kennzeichen die zunehmende Distanz zur neuen Republik und ihren Regierungen, die deutliche Absetzung vom »Patriotismus« alter Prägung, der sich im November 1918 als offensichtlich überholt und politisch untauglich erwiesen hatte, und die Anknüpfung an die Jugendbewegung der Vorkriegszeit waren.[33]

Im »nationalen« Flügel der »Wandervögel« waren bereits vor dem Krieg »völkische« Ideen verbreitet gewesen, ohne sich aber schon durchgesetzt zu haben. Anfang 1919 sammelte sich dann in Berlin ein Kreis von Freistudenten und Wandervögeln zur »Fichte-Hochschulgemeinde« und knüpfte damit an die »Fichte-Begeisterung« der Jugendbewegung an: »In kleinen Arbeitsgemeinschaften und in großen öffentlichen Vorträgen versuchte die Fichte-Hochschulgemeinde zu zeigen, daß Fichtes wahrhaft völkische Lehre nützlicher für den Wiederaufbau unseres Staates und Volkes war als alle Parteidoktrinen zusammen«, schrieb einer ihrer Gründer rückblickend.[34] Ausgehend von Fichtes »Reden an die deutsche Nation« wurde dabei das »Volk« als Mittelpunkt allen politischen Bemühens apostrophiert, nicht der Staat und nicht die Nation, wobei das Problem, was unter »Volk« zu verstehen sei – eine Kulturgemeinschaft, eine Blutsgemeinschaft, ein Willensverband –, zunächst noch offen und Gegenstand der Debatten war. Auch das griff auf Vorbilder aus der wilhelminischen Ära zurück, in der sich die neuen radikalnationalistischen Verbände, aber auch Teile der Jugendbewegung, Lebensreformer und Kulturkritiker bereits auf Volk, Gemeinschaft und organischen Sozialismus orientiert hatten – »›Volk‹ war das Wort eines neuen Nationalismus gegen den Hurrapatriotismus der Konvention.«[35] Vor dem Krieg aber hatten die »völkisch«-radikalen Gruppen zwar durchaus zahlreiche Anhänger, waren aber insgesamt doch Außenseiter geblieben. Nun aber begann sich dies zu verändern, das Denken in »völkischen« Kategorien verbreitete sich rasch und wurde insbesondere unter den Studenten bald zur bestimmenden Lehre.

Im Juni 1919 kam es auf dieser Grundlage zu einem Zusammenschluss der Fichte-Hochschulgemeinde mit einer Reihe von Berliner Korporationen, insbesondere dem traditionell rechtsextremen »Verein Deutscher Studenten«, zum »Hochschulring Deutscher Art«. Die Verbindung von korporierten und nichtkorporierten Studenten galt dabei als Ausdruck der Überwindung überholter Standespolitik auf »überparteilicher Grundlage« und war ausdrücklich als Versuch der organisatorischen Zusammenfassung aller »nationalen« Korporationen und nichtkorporierten Studenten »zu einem festen Block für deutsche Art und deutsches Wesen gegen die zerstörenden Kräfte des Internationalismus jeder Färbung« gedacht.[36]

Der Begriff des »Internationalismus« bezeichnete dabei das, was als gemeinsamer Kern der inneren und äußeren Bedrohung des Reiches wahrgenommen wurde, und stellte den Gegenpol zur Kategorie des »Völkischen« dar: »Spartakus« und im weiteren Sinne auch die Sozialdemokratie als Ausdruck des proletarischen Internationalismus einerseits und »Versailles« als Symbol des westlichen, von Frankreich dominierten Internationalismus, wie er sich im Völkerbund darbot, andererseits wurden gleichermaßen als Elemente einer gegen Deutschland gerichteten politischen Ideologie begriffen, der mit einer konsequent »völkischen« Haltung begegnet werden müsse.

Noch im August 1919 verbreiterte sich die Grundlage der Berliner Hochschulring-Studenten, als sie auf der Burg Lauenstein am ersten Nachkriegstreffen der »jungdeutschen« Bewegung teilnahmen, des »völkisch« gesinnten Teiles der Jugendbewegung, der sich bald zu einem der geistigen Zentren der »völkischen Bewegung« der Nachkriegszeit insgesamt entwickelte. Über die Tagung auf Burg Lauenstein wurde nun die Idee eines überparteilichen Hochschulrings auf völkischer Grundlage schnell weitergetragen; noch im Wintersemester 1919/20 entstanden weitere Zusammenschlüsse nach Berliner Vorbild an anderen Universitäten. Im Juli 1920 wurde in Göttingen aus den bis dahin 19 »Hochschulringen Deutscher Art« der verschiedenen Universitäten der »Deutsche Hochschulring« gegründet. Bereits beim Göttinger Studententag 1920 stellte der Hochschulring die stärkste Fraktion, und seit dem Wintersemester 1920/21 gab es Hochschulringe an allen reichsdeutschen Universitäten sowie in Österreich und der Tschechoslowakei. Der Grund für diese beinahe explosionsartige Ausbreitung lag vor allem darin, dass es gelungen war, nach und nach alle wichtigen studentischen Korps und Burschenschaften zum korporativen Eintritt in den Hochschulring zu bewegen – insbesondere nach dem Kapp-Putsch, der den rechtsstehenden Studenten endgültig vor Augen geführt hatte, dass mit einer kurzfristigen Veränderung der politischen Verhältnisse im Sinne der Rechten wohl nicht zu rechnen war und dass die Wiederherstellung des politischen Systems der Vorkriegszeit weder eine erreichbare noch eine akzeptable politische Perspektive darstellte. »Der versuchte Staatsstreich von Kapp und Lüttwitz«, hieß es in einem Rundschreiben des Vorsitzenden des Deutschen Hochschulringes, Otto de la Chevallerie, vom Frühjahr 1920, »zeigt uns, daß ein militärisch wohl geglücktes Unternehmen sich nicht behaupten kann, wenn es nicht in politischer, wirtschaftlicher und kultureller Hinsicht neue Ziele weisen kann. Derartige Ziele lassen sich aber nicht von heute auf morgen stecken. Sie wachsen allmählich.«[37]

Juni-Club und Ringbewegung

Als Werner Best im Frühjahr 1921 dem Frankfurter Hochschulring beitrat, war an den Universitäten bereits ein gewisser Generationswandel spürbar geworden – die Kriegsteilnehmer begannen die Hochschulen zu verlassen, während der Anteil der Studenten aus der »Kriegsjugend« anstieg und auch im Hochschulring bald überwog. Da die Zahl der Anhänger der studentischen Ringbewegung infolge der sich in dieser Zeit beständig zuspitzenden innen- und außenpolitischen Situation insgesamt stark zunahm und es jetzt »gewissermaßen zum guten Tone gehörte, Hochschulringmann zu sein«, wurde es zur vordringlichen Aufgabe, »durch Heranziehung eines geeigneten Führernachwuchses eine Tradition der Bewegung sicherzustellen« und damit der »Gefahr einer Parlamentarisierung der Bewegung und damit ihrer Verflachung« entgegenzuarbeiten, wie Walther Schulz, der zu den Gründern des DHR gehört hatte, betonte.[38] Neben die hoch-

54

schulpolitische Arbeit des DHR trat damit mehr und mehr eine ausgedehnte Schulungstätigkeit und in deren Folge auch ein starker außeruniversitärer Aktivismus.

Noch vor Beginn seines eigentlichen Studiums nahm Werner Best bereits an einer solchen »Führer- und Schulungswoche« des DHR auf der Elgersburg bei Ilmenau teil, die vor allem der Vertiefung und Vereinheitlichung der weltanschaulichen Grundlagen des Hochschulrings dienen sollte und auf der Themen wie »Völkisch und antisemitisch«, »Fichtes Gedanken vom Volkstum«, »Kritik des Internationalismus«, »Grenz- und Auslandsarbeit« oder »Die Rheinlandfrage« diskutiert wurden.[39] Über die weltanschauliche Schulung hinaus waren Klausurwochen wie diese auf der Elgersburg, die der Hochschulring von nun an regelmäßig und mit wechselnden Schwerpunkten veranstaltete, dafür gedacht, die Kontakte der führenden Hochschulringstudenten untereinander sowie mit den Dozenten und Professoren, die das Programm der Tagungen bestritten, und den »Alten Herren«, die von Zeit zu Zeit ebenfalls teilnahmen, zu intensivieren, um so den Zusammenhalt der »Bewegung« nicht allein auf politisch-programmatischer, sondern auch auf persönlicher Ebene zu stärken. Damit wurde jenes dichte und kaum entwirrbare Netz von persönlichen Beziehungen, institutionellen Kontakten und organisatorischen Verflechtungen geknüpft, das für die Ring-Bewegung insgesamt so kennzeichnend war und ihre über den unmittelbar nachweisbaren Einfluss hinausreichende politische Bedeutung ausmachte.[40]

Die meisten Vortragenden auf den Schulungswochen des DHR entstammten dem Umkreis des Berliner Juni-Clubs um Moeller van den Bruck, Heinrich von Gleichen und Martin Spahn. Spätestens seit die Leitung des Hochschulrings ihr Domizil in der Berliner Motzstraße 22 aufschlug, also im Haus des Juni-Clubs, kann man von einer politischen und organisatorischen Symbiose beider Vereinigungen sprechen. Das bezog sich auf drei verschiedene Aspekte: Zum einen nahm der Kreis um Moeller und Spahn mittelbaren und unmittelbaren Einfluss auf die Politik und weltanschauliche Ausrichtung des Hochschulrings, vor allem während der Schulungswochen.[41] Diese Schulungstätigkeit wurde seit dem Herbst 1921 intensiviert, als das im November 1922 von den Männern des Juni-Clubs gegründete »Politische Kolleg« in Berlin unter Martin Spahn seine Arbeit aufnahm und in Spandau »nationalpolitische Lehrkurse« abhielt. Ein Jahr später wurde das Kolleg zur »Hochschule für nationale Politik« erweitert und begann mit einem regulären, aber privat organisierten, universitätsähnlichen Lehrbetrieb. Die Teilnehmer an diesen Kursen rekrutierten sich, entsprechenden Vereinbarungen gemäß, vorwiegend aus Mitgliedern der nationalen Gewerkschaften und des Hochschulrings, die sich jeweils für einige Wochen im Spandauer Johannisstift niederließen – so auch Werner Best, der seit dem Herbst 1922 mehrfach an derartigen Kursen teilnahm.[42]

Zum zweiten hatte sich schon auf der Elgersburg im Juni 1921 ein altakademischer Förderkreis um den Berliner Senatspräsidenten Flügge gebildet, dem bald nicht nur die führenden Politiker der Rechtsparteien und der Umgebung des Juni-Clubs, sondern auch zahlreiche Unternehmer, vor allem aus der Schwerindustrie, beitraten, die zum Teil auch dem Förderkreis und Verwaltungsrat des Politischen Kollegs angehörten. Hauptaufgabe des Förderkreises, der später als »Altherrenschaft des Deutschen Hochschulrings« firmierte, war die »finanzielle Sicherstellung der Bewegung«.[43] Nach einer Vereinbarung innerhalb des engeren Kreises des Juni-Clubs und mit dem Kuratorium des Politischen Kollegs oblag Martin Spahn die Betreuung sowohl des DHR wie des »Jungnationalen Bundes« und des »Deutschnationalen Jugendbundes« – zum einen im Hinblick auf die »nationalpolitische Erziehung«, zum anderen bei der Verteilung der Spendengelder aus Industrie und Landwirtschaft. Spahns Rolle als »Studentenvater«, auf dessen Einfluss der völkisch-radikale Kurs des Hochschulrings zu einem guten Teil zurückzuführen war, hatte gewisse Spannungen mit den deutschnationalen und rechtskatholischen Vertretern im Altherrenverband des DHR zur Folge. Auf der anderen Seite besaß Spahn in der völkischen Studentenschaft beinahe bedingungslosen Rückhalt und große Autorität.[44]

Die umfangreiche Finanzierung machte die immer weiter ausgreifende politische Arbeit des Hochschulrings – die Schulungskurse, die Herausgabe von Zeitungen und Nachrichtendiensten, die Unterhaltung von Büros und Sekretariaten – erst möglich. Sie zeigt aber auch, wie groß das Interesse und die Aufmerksamkeit von Seiten der Industrie und der Rechtsparteien gegenüber dieser so erfolgreichen völkischen Sammlungsbewegung unter den Studenten waren. Dabei spielten die im Nachhinein relativ ausgeprägt wirkenden politischen Unterschiede zwischen altem und neuem Konservativismus eine offensichtlich geringere Rolle. Vielmehr erfuhr das »Ring«-Konzept des Juni-Clubs hier eine eindrucksvolle praktische Bestätigung: die lockere, eher assoziative und stärker über Personen als über Organisationen geknüpfte Verbindung der verschiedenen Strömungen innerhalb der Rechten; die Hervorhebung der ideologischen Vielfalt, die nur über längere Zeit hinweg durch intensive Diskussion und Auseinandersetzung, vor allem aber durch die politische Praxis selbst zu stärkerer Klarheit und Einheitlichkeit geführt werden sollte; aber gleichzeitig die grundsätzliche Einheit des »nationalen Lagers« als gedanklicher Ausgangspunkt dieses Projekts.

Gerade dieser letzte Aspekt war für die politische Sozialisation der Hochschulring-Studenten von auch längerfristiger Bedeutung. Denn zum einen erschlossen sich auf diese Weise vor allem für die Aktivisten unter ihnen weitreichende und einflussreiche Kontakte sowohl in politischer wie in beruflicher Hinsicht. Zum anderen bestärkten diese Kontakte und Beziehungen, die von den Völkisch-Radikalen bis zu DVP, DDP und Zentrum reichten, den Eindruck von der bei allen politischen und strategischen Meinungsverschiedenheiten zwischen den zahlreichen Gruppen und Zirkeln doch vorhandenen Einheit der Rechten im Grundsätzlichen. Zugleich zeigte sich hier aber der große Einfluss der »alten« Rechten auf die jungen nationalistischen Studenten im DHR, der nachgerade zum Instrument zunächst deutschnationaler und dann im allgemeineren Sinne radikalnationalistischer Politik regredierte. Die Frankfurter Zeitung wies 1923 denn auch auf die »steigende Abhängigkeit des Hochschulrings« von den Geldgebern, dem »Förderkreis« hin: »Die politisierenden Generale und Professoren ... wurden Stammgäste der Hochschulringversammlungen und haben aus der völkischen Studentenbewegung ein Anhängsel der deutsch-völkischen Parteibestrebungen gemacht«. Als besonders verhängnisvoll, habe es sich erwiesen, dass die nationalpolitische Schulungsarbeit des DHR »in den Händen politischer Phantasten wie Stadtler und Martin Spahn« liege.[45]

Auch für Werner Best war Spahn neben Stapel der einflussreichste und prägendste unter den »politisierenden Professoren«, mit denen er Kontakt hatte. Wie vielfältig die Eindrücke und Einflüsse innerhalb dieses Milieus waren, hat er in seinen biographischen Notizen über seine Entwicklung später anschaulich beschrieben: »Meine Studienzeit von 1921 bis 1925 fiel in einen politisch und geistig besonders bewegten Zeitabschnitt zwischen den beiden Weltkriegen. In dieser Zeit suchte und fand ich – vor allem im Rahmen der sich immer lebendiger und vielfältiger entwickelnden ›nationalen Bewegung‹ – die Kontakte und Anregungen, welche meine Lebensauffassung und meine politische Haltung für die nächsten zwei Jahrzehnte bestimmten. Zunächst war es der – geistig von der Berliner ›Fichte-Hochgemeinde‹ beeinflußte – Deutsche Hochschulring, ... dessen erzieherischer und hochschulpolitischer Arbeit ich mich widmete ... Da mir aus finanziellen Gründen der Eintritt in eine Korporation nicht möglich war, gründete ich als Vertretung der nichtkorporierten Studenten – welche als ›Finken‹ bezeichnet werden – eine ›Deutsche Finkenschaft‹, als deren Vertreter ich zunächst im Frankfurter Hochschulring Deutscher Art und alsbald auch im Führungsausschuß des Deutschen Hochschulrings mitarbeitete. Daneben nahm ich jede Gelegenheit wahr, Menschen, Gruppen und Gedanken kennenzulernen, welche mir Anregungen geben und meinen Gesichtskreis erweitern konnten. So verkehrte ich in den ›jungkonservativen‹ Kreisen, die unter der geistigen Führung von Moeller van den Bruck und Heinrich von Gleichen durch die Zeitschrift ›Gewissen‹ ihre Gedanken vertraten und in ihren Klubs – ›Juni-Klub‹, ›Herren-Klub‹, ›Jung-konservativer Klub‹ – Gelegenheit zum Treffen und zur Aussprache boten. Ich trat auch in freundschaftliche Beziehungen zu ›national-revolutionären‹ Kreisen, welche sich meist um kleine Zeitschriften wie ›Vormarsch‹, ›Standarte‹, ›Das Reich‹, ›Arminius‹ u. a. bildeten, und veröffentlichte selbst Artikel in diesen Zeitschriften. Von konservativen Denkern wie Martin Spahn und Edgar J. Jung bis zu radikalen Stürmern wie Friedrich Hielscher und Friedrich Lenz reichten meine Kontakte häufiger Aussprache und gelegentlicher Zusammenarbeit.«[46]

Volk und völkisch

Im Mittelpunkt des politischen Weltbilds der Hochschulringstudenten wie der Ring-Bewegung insgesamt stand die Berufung auf das »Volk«: »Der formale Begriff der Staatsangehörigkeit und der territoriale Staatsgedanke haben die Instinkte für die Volksgemeinschaft verschüttet«, schrieb Otto de la Chevallerie, der erste Vorsitzende des DHR, über die Ziele der Hochschulringstudenten. »Für sie ist ein Volk, um mit Fichte zu reden, ›Das Ganze der in Gesellschaft miteinander fortlebenden und sich aus sich selbst immerfort natürlich und geistig erzeugenden Menschen‹.«[47] Die präzise Füllung dieses Schlüsselbegriffs war jedoch Gegenstand heftiger Auseinandersetzungen in der Gründungsphase des Deutschen Hochschulrings. Während einige südwestdeutsche Vertreter den Hochschulring als »Zusammenschluss der gesamten deutsch empfindenden akademischen Jugend« ansahen, hieß es in der sich in Göttingen schließlich durchsetzenden Mehrheitsformel: »Wir bekennen uns zum deutschen Volkstum und erstreben die deutsche Volksgemeinschaft ... Wir erachten deshalb den Zusammenschluß aller Kräfte für erforderlich, welche aus gemeinsamer Abstammung, Geschichte und Kultur heraus die Volksgemeinschaft und damit die Wiedererstarkung unseres Volkes und Vaterlands erstreben.«[48] Entscheidend für die Zugehörigkeit zum deutschen Volk sollte demnach nicht eine subjektive Kategorie, nämlich deutsch »zu empfinden«, sein, sondern eine objektive: Abstammung, Geschichte und Kultur. Waren »Geschichte und Kultur« dabei als nationalkulturelle Faktoren zu verstehen, bedeutete »deutsche Abstammung« die Bejahung des Volks-Begriffs als einer biologischen Kategorie und, wie sich im Rahmen der sich zuspitzenden Kontroversen bald zeigte, des rassenbiologischen Prinzips.

Diese Betonung des »Volkes« war allerdings weder originell noch gar etwas spezifisch Studentisches; vielmehr war »Volk«, wie Kurt Sontheimer feststellte, »der zentrale politische Begriff der antidemokratischen Geistesrichtung« der Weimarer Zeit.[49] Die Berufung auf Fichte und die Verwendung von Leitbegriffen wie »Volk«, »Volksgemeinschaft« usw. beschränkte sich jedoch durchaus nicht allein auf die Rechte, sondern war auch in liberal und republikanisch orientierten Jugendverbänden der Weimarer Zeit verbreitet. Hier wurde »Volk« in demokratischer Tradition als Gegenbegriff zur »Obrigkeit« gebraucht und stand so in direktem Gegensatz zur Verwendung des Begriffs als biologisch bzw. »blutlich« verstandene Kategorie auf der Rechten. Aber diese weite Verbreitung des Volksbegriffs verweist zugleich auch auf das vor allem in der jüngeren Generation vorhandene Bedürfnis nach einer die Zerspaltung der Gesellschaft in »Klassen« überwindenden Kategorie jenseits der tradierten politischen Lager.

Nun war die Bezeichnung »völkisch« bereits zu Anfang der 20er Jahre nicht mehr präzise definierbar, weil sich verschiedene Gruppierungen der Rechten damit schmückten, die ansonsten in zahlreichen Punkten eher gegensätzlicher Auffassung waren; bis es sich etwas später einbürgerte, als »Völkische« die antisemitischen, vor allem die »radauantisemitischen« Gruppierungen zu bezeichnen – den »Deutschvölkischen Schutz- und Trutzbund« etwa, die »Deutschvölkische Freiheitspartei« oder die »völkische Bauernbewegung« in Hessen. Auf der anderen Seite sind solche Zuordnungen unscharf, zum Teil auch willkürlich. Vor allem suggerieren sie eine Fraktionierung der rechtsradikalen Bewegung der Nachkriegszeit, die aus dem Wunsch nach Übersichtlichkeit heraus verständlich ist, aber die programmatische Klarheit dieser Szenerie überschätzt und ihre eher an Leitfiguren als an Programmen orientierte Struktur vernachlässigt. Zudem bezeichneten sich nämlich zeitgenössisch auch solche Gruppen oder Verbindungen als »völkisch«, die wie der DHR in enger Verbindung zu den Intellektuellen der »Konservativen Revolution« standen und im Rückblick – schon aus politischer Berührungsangst – nicht unter »Völkische«, sondern unter »Jungkonservative« rubriziert wurden.[50] Auch die Selbstbezeichnungen der einzelnen Mitglieder wechselten. Wer sich 1922 zu den »Völkischen« gezählt hatte, konnte sich 1927 als Anhänger der »Konservativen Revolution« bezeichnen und 1930 zum »Neuen Nationalismus« rechnen, ohne die eigenen Positionen wesentlich geändert zu haben.

Im Kern meinte »völkisch« zunächst nur den Bezug auf die Kategorie des »Volkes« als Ausgangspunkt einer politischen Philosophie, in der die Zugehörigkeit zu einem »Volk« als der für das Leben des einzelnen Menschen wie für die Entwicklung von »Geschichte« insgesamt ausschlaggebende Faktor angesehen wird. Gegen die Auffassungen von Liberalismus und Sozialismus, die in der Tradition der Französischen Revolution den einzelnen nach horizontalem Prinzip »gesellschaftlichen« Klassen oder Schichten zuordneten und außer der sozialen keine weitere Ungleichheit zwischen den Menschen kannten, stand hier das vertikale Prinzip des »völkischen Denkens«, wonach innerhalb der Gemeinschaft eines Volkes soziale Unterschiede bedeutungslos wurden, während eine Gleichwertigkeit oder -berechtigung aller Menschen unabhängig von ihrer Volkszugehörigkeit abgelehnt wurde. Ausgangs- und Orientierungspunkt ist in diesem Denken also nicht das Individuum, sondern das Volk. Die »antagonistischen« Gegensätze und Konflikte werden hier nicht zwischen den sozialen Klassen und jenseits der Nationalität oder Volkszugehörigkeit angesiedelt, sondern zwischen den Völkern und unabhängig von der Klassenzugehörigkeit der einzelnen »Volksgenossen«.

Ausgehend von den europäischen Minderheitenproblemen nach dem Ersten Weltkrieg, insbesondere aber von der durch den Versailler Vertrag hervorgerufenen Inkongruenz von deutschem Nationalstaat und dem Siedlungsraum der deutschsprechenden Bevölkerung in Europa, war es neben Max H. Boehm vor allem Wilhelm Stapel, der aufbauend auf kulturkritisch-völkische Klassiker der Vorkriegszeit wie Langbehn und Lagarde mit seiner Zeitschrift »Deutsches Volkstum« und mit Schriften wie »Volksbürgerliche Erziehung« oder »Volk und Volkstum« auf die radikalnationalistischen Intellektuellen der Nachkriegszeit insgesamt, auf die völkische Studentenbewegung im Besonderen erheblichen Einfluss gewann, und zudem über den »Deutschnationalen Handlungsgehilfenverein«, in dem er eine führende Position innehatte, auch in die Breite wirken konnte.[51]

Stapel stellte dabei der »individualistisch-liberalen« und der sozialistischen Anschauung, wonach der einzelne, respektive »die Menschheit« oder die »menschliche Gesellschaft« Träger des geschichtlichen Lebens sei, die »völkische« Anschauung entgegen, wonach die »Völker« als Subjekte der Geschichte anzusehen seien. Denn während es sich bei Staaten und Gesellschaften um Zweckverbände handele, die willkürlich entstanden und also aufhebbar seien, sei das »Volk« eine unaufhebbare, »natürliche« Gemeinschaft – vergleichbar etwa der Familie; denn »aus einem Staatsverband kann man ausscheiden, aus einem Volk nicht«. Das Volk als Subjekt der Geschichte sei mithin selbst ein lebendiges Wesen, der einzelne sei Teil dieses Wesens und »in seiner Art durch die Struktur des Ganzen bestimmt«. Jedoch sei das Volk nicht lediglich die Summe seiner Teile, der einzelnen, sondern ein eigenständiges Ganzes; somit könne der Wille des Volkes »nicht durch zufällige Einzelne, auch nicht durch eine zufällige Summe von Einzelnen bekundet oder erkundet werden«. Der Volkswille stelle sich also nicht durch Mehrheitswillen, sondern durch die »Wesensart« des Volkes her und manifestiere sich in »genialen Führerpersönlichkeiten«. Die Qualität der politischen Verfassung eines Volkes lasse sich entsprechend daran ablesen, ob geniale Persönlichkeiten an der Spitze eines Volkes bzw. eines Staates stehen oder »bloße Interessenten«. Die Einzelpersönlichkeit sei als »Glied in der Kette der Geschlechter« – der Generationen – Teil des Volkes, nicht als einzelner; denn während der Individualismus die Lebenserfüllung des einzelnen in den Vordergrund stelle, sei im völkischen Denken der Rhythmus des einzelnen Lebens durch denjenigen seines Volkes bestimmt. Mittelpunkt des Lebens und sittlicher Maßstab sei also nicht das Wohlergehen des einzelnen, sondern das des Volkes. Jedes Volk finde seinen kulturellen Ausdruck im »Volkstum«, von der Sprache über die Verfassung bis zu Recht und Wirtschaftsordnung. Wo kulturelle Ausdrucksformen anderer Völker übernommen werden, ohne dem eigenen Wesen angepasst zu sein, entstünden Schäden – »man denke an die Übernahme des römischen Rechts am Ausgang des Mittelalters, an die Übernahme des Manchestertums im vorigen Jahrhundert, an die Übernahme der westlichen Demokratie in der Gegenwart.« Im Laufe des »völkischen Lebensprozesses« komme es immer wieder zu Assimilationen von Teilen fremder Völker; aber nur wenn es sich dabei um »verwandte« Völker handele, könne dies gelingen. Würden Teile unassimilierbarer Völker aufgenommen, »so tritt nicht nur organische Veränderung, sondern organische Zerstörung und Auflösung ein. Ein gesundes Volk hat einen regen Instinkt für das, was assimilierbar ist und was nicht. Es ist wichtig, dass dieser Instinkt wach bleibt.«[52]

Diese Vorstellungen Stapels, die sich ähnlich, aber nicht so explizit auch bei den meisten jungkonservativen Autoren, etwa bei Moeller van den Bruck, M. H. Boehm, und etwas später vor allem bei Edgar Jung finden, umreißen das Gerüst »völkischen« Denkens und fanden insbesondere in der jungdeutschen Bewegung, der Stapel selbst entstammte, und dann im Hochschulring rasche Verbreitung.[53] Nun kann man in Bezug auf die jungen akademischen Rechtsradikalen dieser Zeit gewiss nicht von einem gefestigten oder gar geschlossenen Weltbild sprechen; vielmehr war das »nationale« Lager ebenso durch seine Buntheit wie durch Unklarheit und Widersprüchlichkeit gekennzeichnet. Aber das machte auch seine Stärke aus. Indem es als weltanschaulich noch offenes, in Entwicklung befindliches Projekt begriffen wurde, das über die politische Aktivität und letztlich über Erfolg und Misserfolg auch zu ideologischer und organisatorischer Vereinheitlichung kommen werde, blieb es flexibel und auch für jene attraktiv, deren Weltbild eher durch ein Gefühlsgemisch aus Empörung und Ressentiment gekennzeichnet war als durch politische Kategorien. Gerade wegen dieser Vagheiten war der Rückbezug auf eine Kategorie, die als Ansatzpunkt zu umfassenden und im Wortsinne totalitären Welterklärungen benutzt werden konnte, um so bedeutsamer.

Dass in diesem Kontext vor allem vom »Volk«, aber wenig von der »Rasse« gesprochen wurde, konnte angesichts der schimmernden Unbestimmtheit des Rassebegriffs nicht verwundern.[54] Jeder Versuch, den aus Rassenanthropologie und Sozialdarwinismus hergeleiteten Begriff der »Rasse« eindeutig zu definieren, hatte sich als vergeblich erwiesen. Im Sprachgebrauch der völkischen Rechten fungierte er daher als eine Art von Bekräftigungsformel, wenn die langfristige, biologisch determinierte Wertigkeit der Einzelmenschen sowie der Völker hervorgehoben werden sollte. Dies richtete sich sowohl nach innen, um die Bevölkerung eines Landes nach Leistungskraft und biologischem Potential wertend auszudifferenzieren, wie nach außen, um die unterschiedlichen »Zivilisationsstufen«

und »Volkscharaktere« der einzelnen Völker auf ihre rassisch-biologische Struktur zurückzuführen. Das Subjekt der Geschichte aber blieb in diesen Denkgebäuden das Volk, nicht die »Rasse«; und wenn im folgenden von »rassenbiologisch« oder »rassistisch« die Rede ist, dann um den Rekurs auf die »blutliche«, biologische Determiniertheit und Werthierarchie von Einzelmenschen und Völkern herauszuheben.

Schon während der NS-Zeit und mehr noch in seinen Aufzeichnungen nach dem Krieg hat Werner Best die für seinen weiteren Werdegang und sein politisches Weltbild ausschlaggebende Begegnung mit der »völkisch-organischen Weltanschauung« hervorgehoben und als Ergebnis einer langen Phase der geistigen Auseinandersetzung im Kreise der jungen Rechten und insbesondere im Hochschulring beschrieben: »Wir rangen damals in uns und mit anderen um die Beantwortung der Frage: Welche Werte sollen wir zum Inhalt unseres eigenen Lebens und unseres Zusammenlebens mit den Anderen machen? Die unseren Eltern selbstverständlichen Werte der Vergangenheit – die Autorität der Fürsten von Gottes Gnaden und das von ihnen repräsentierte ›Vaterland‹ – waren gestürzt und konnten nicht erneuert werden. Der ringsum erlebte Individualismus, Libertinismus und Egoismus widerte uns an und schien uns die deutsche Not zu vergrößern. Deshalb sahen wir unsere Aufgabe darin, einen höheren Wert zu finden, dem zu dienen unserem eigenen Leben Sinn geben würde und zu dessen Dienst wir auch die anderen überzeugen könnten. Ich fand für mich diesen höheren Wert im ›Volk‹, wie es von Johann Gottfried Fichte in seiner 8. Rede an die deutsche Nation als überpersönliche und überzeitliche Gesamtwesenheit beschrieben ist ... Seit mir das Volk als der höhere Wert, dem zu dienen der Sinn des Einzellebens ist, bewußt geworden war, habe ich diese Wertordnung meinem politischen Denken und Handeln zugrunde gelegt und nach ihr die Richtigkeit oder Fehlerhaftigkeit allen politischen Handelns beurteilt.«[55]
Dass Best sich so sehr auf Fichte und insbesondere dessen 8. Rede bezog, war angesichts der Stilisierung Fichtes zum geistigen Schöpfer des »völkischen« Volksbegriffs durch die jungen rechtsradikalen Intellektuellen der Nachkriegszeit nichts Überraschendes. Als »Volk« bezeichnete Fichte »das Ganze der in Gesellschaft miteinander fortlebenden, sich aus sich selbst immerfort natürlich und geistig erzeugenden Menschen«. Darauf gründe sich für den »edlen Menschen« die »Hoffnung der ewigen Fortdauer des Volkes«, aus dem er selber sich entwickelt habe, »und der Eigentümlichkeit desselben nach jenem verborgenen Gesetze ohne Einmischung und Verderbung durch irgendein Fremdes und in das Ganze dieser Gesetzgebung nicht Gehöriges ... Das Leben bloß als Leben, als Fortsetzen des wechselnden Daseins, hat für ihn ohnehin nie Wert gehabt, er hat es nur gewollt als Quelle des Dauernden. Aber diese Dauer verspricht ihm allein die selbständige Fortdauer seiner Nation. Um diese zu retten, muß er sogar sterben wollen, damit diese lebe und er in ihr lebe, das einzige Leben, das er von je gemocht hat.«[56] Nun sind die von Best zitierten Sätze Fichtes, die bei fast keinem der völkischen und jungkonservativen Autoren der Zeit unzitiert bleiben und als historisch-philosophische Reliquie der Legitimierung des völkisch-radikalen Aktivismus der Nachkriegszeit dienten, nicht nur aus dem historisch-politischen

Kontext der Zeit der Befreiungskriege gelöst, der Fichtes Berufung auf das Volk eine starke Tendenz sowohl gegen den dynastischen Landespatriotismus als auch gegen die ständische Hierarchisierung der Gesellschaft und den Ausschluss der unteren Volksschichten verlieh, sondern in ihrer biologistischen Verformung dem Denken Fichtes auch entgegengesetzt.[57] Gleichwohl war die Berufung auf Fichte, auf Arndt, auch auf den Freiherrn vom Stein ebenso wie die damit einhergehende Parallelisierung der historischen Situation von 1812 und der von 1922 geeignet, der »völkisch-organischen« Weltanschauung den Geruch von Gelehrsamkeit und philosophisch-geschichtlicher Tiefe zu verleihen und den völkischen Aktivismus der 20er Jahre als Fortsetzung und Konsequenz der Befreiungskriege zu verstehen.

Im Frühjahr 1921 war angesichts der deutschen Gebietsabtretungen, wie sie als Ergebnis des Krieges in den Bedingungen von Versailles festgeschrieben waren, die aktuell-politische Bedeutung einer solchen Hervorhebung des »Volks«-Begriffs offensichtlich: Da erstens Staaten und mithin auch Staatsangehörigkeit offenbar etwas Unstetes, politischen Wechselfällen Ausgesetztes darstellten und da »Nation« an den bestehenden Nationalstaat geknüpft war, ließ die Betonung des »Volkes« als handlungsleitender Kategorie die Zusammengehörigkeit der Deutschen jenseits der als willkürlich erachteten Versailler Grenzen und ungeachtet der Staatsangehörigkeit in den Vordergrund treten. Zweitens stellte die Berufung auf das »Volk« in dem Maße, in dem es als eine politischen Zugriffen und Veränderungen entzogene Kategorie begriffen wurde – als gegebene »organische« Einheit, nicht als Willensverband –, das Willkürliche, nachgerade Widernatürliche der innen- und außenpolitischen Lage Deutschlands seit Kriegsende heraus und eignete sich insofern wie kein zweiter Begriff als ideologische Plattform des Kampfes gegen »Versailles« und die »November-Republik« – zumal dies mit einer deutlich zum »Mutterland« tendierenden Bewegung bei den deutschen Minderheiten in den mitteleuropäischen Nachbarstaaten korrespondierte.[58]

Drittens bestand die praktische Konsequenz aus diesem »organischen« Volksbegriff in der Ablehnung des Staatsbürgerbegriffs. Denn da das Staatsangehörigkeitsprinzip zwischen Staat und Volkszugehörigkeit unterschied und somit etwa die Gebietsabtretungen des Versailler Vertrages stützte, wurde dem »formalen« Prinzip der Verbundenheit durch gemeinsame Staatsangehörigkeit das »organische« und als höherwertig, weil »naturgegeben« angesehene Prinzip der untrennbaren Verbundenheit durch gemeinsame Abstammung entgegengehalten. Demnach waren zum einen alle Menschen mit nichtdeutscher Staatsangehörigkeit, aber deutscher »Abstammung« zum deutschen Volk zu zählen, somit auch alle »volksdeutschen« Minderheiten in Mittel- und Osteuropa und natürlich die deutschsprachigen Österreicher und Südtiroler. Auf der anderen Seite waren aber jene deutschen Staatsbürger, die nicht »deutscher Abstammung« waren, als nicht zum deutschen Volke gehörig zu betrachten. Da aber die einzige quantitativ erhebliche Gruppe von Reichsbürgern »nichtdeutscher Abstammung« aus dieser Perspektive die Juden waren, lag es in der Logik dieser Argumentation, sich politisch in besonderer Weise gegen die deutschen Juden zu wenden.

»Großdeutsch« und »antisemitisch« waren zusammengefasst die wesentlichen praktisch-politischen Merkmale »völkischen« Denkens. Vom herkömmlichen Antisemitismus, wie er etwa im universitären Bereich schon seit den 80er Jahren des 19. Jahrhunderts anzutreffen war, ohne sich aber auf breiterer Grundlage wirklich durchgesetzt zu haben[59], unterschied sich in den Augen der Hochschulring-Studenten das »völkisch-organische« Denken durch das theoretische Gesamtkonzept, wie es in der jungen Rechten der Nachkriegsjahre vertreten wurde. »Aus dieser besonderen Einschätzung des eigenen Volkstums«, hieß es in einer programmatischen Schrift des DHR aus dem Jahre 1921, »entsprang naturgemäß eine mehr oder minder schroffe Ablehnung eines fremden Volkstums. Weil nun der Jude trotz seines fremden Volkstums, das er nie verleugnen kann, auch deutsches Volkstum für sich in Anspruch nimmt und dessen Begriff dadurch verwässert und seine Reinheit dadurch trübt, muß die Ablehnung völkischer Kreise Juden gegenüber besonders scharf sein. Was aber den Völkischen vom Nurantisemiten scheidet, ist, daß jener sein Volkstum auch in sich selbst zur Klarheit und Reinheit bringen will ... Der Antisemit bekämpft den Juden, weil er eben ein Jude ist, der Völkische lehnt den Juden wie jeden anderen Fremdstämmigen ab ... Wir hassen dann den Juden nicht, weil er Jude ist, sondern wir lehnen ihn ab als Volksgenossen, weil er uns innerlich fremd gegenübersteht. Man wird uns dann nie den Vorwurf machen können, daß es auch anständige Juden gäbe, denn das haben wir nie geleugnet, wohl aber leugnen wir, daß je ein Jude seinem inneren Wesen nach Deutscher geworden wäre, und das ist für unser Volkstum das Maßgebende.«[60]

Nun war diese »theoretische Grundlegung« eines, wie es hieß, »seriösen Antisemitismus« für viele wohl eher eine bedeutend klingende Verpackung der eigenen Judenfeindschaft als Ergebnis intensiverer intellektueller Bemühung – »die Sache war da, und die theoretische Begründung ist ihr gefolgt, und ihr gekünstelter Charakter ist nicht gerade ein Zeichen für innere Stärke«, wie Wilhelm Mommsen Ende 1921 treffend bemerkte.[61] Das gilt für die »völkisch-organische Weltanschauung« vermutlich insgesamt, die sich in weiten Teilen ausnimmt wie eine pseudowissenschaftlich aufgeputzte Wiederauflage nationalistischer Glaubenssätze aus der Wilhelminischen Ära. Gleichwohl würde man die Bedeutung der völkisch-radikalen Ideologie unterschätzen, wollte man sie allein auf ihre legitimatorische Funktion reduzieren. Nicht ihre tatsächliche analytische Schärfe und politisch-praktische Tragfähigkeit waren ausschlaggebend für die Anziehungskraft dieser Theorien, sondern die Suggestion, damit über eine schlüssige Erklärung der Entwicklung der Probleme der Gegenwart in Deutschland – und darüber hinaus – zu verfügen.

Der radikale Antisemitismus fungierte dabei auch als offensiver Ausdruck der radikal-nationalistischen Gesinnung, als Symbol der Zugehörigkeit zum »völkischen« Lager.[62] Das schlug sich vor allem in den studentischen Verbindungen nieder, die sich seit der Gründung des DHR im Juli 1920 nach und nach dem Ring anschlossen und durch entsprechende Satzungsänderungen oder Erklärungen ihre Zugehörigkeit zu den »Völkischen« unter Beweis zu stellen trachteten. »Ein förmlicher Wettlauf der verschiedenen Studentenverbände setzte ein, einer suchte den anderen von Tagung zu Tagung an Beweisen für seine ›Rassereinheit‹ zu übertreffen«, hieß es sarkastisch in einer republikanischen Schrift von 1927, »überall steckte doch die Besorgnis dahinter, das ›Prestige‹ des eigenen Verbandes könne durch eine schlappe Haltung in der Judenfrage leiden.«[63]

Das politische Aktionsfeld des Hochschulrings war zunächst die Studentenschaft selbst. Die beiden aus der »völkischen Weltanschauung« abgeleiteten vorrangigen Zielsetzungen lauteten hier: »Einheit von Volk und Reich«, also »Großdeutschland«, was im universitären Bereich die Forderung nach einer »großdeutschen Studentenschaft« unter Einbeziehung der »deutschblütigen« Studenten der Universitäten in Österreich, der Tschechoslowakei und anderen Ländern mit deutscher Minderheit beinhaltete; und zweitens: die »Einheit von Staatsbürgerschaft und Volkstum«, was zur Forderung nach Ausschluss der nicht »Deutschstämmigen« aus der deutschen Staatsbürgerschaft im Allgemeinen und der deutsch-jüdischen Studenten aus der Deutschen Studentenschaft im Besonderen führte. Ein »Studentenstaat auf völkischer Grundlage« als Modell für das zu schaffende »Neue Reich« – das bezeichnet etwa die Perspektive der Hochschulringstudenten zu dieser Zeit.

Nun war die »großdeutsche« Zielsetzung von einem so breiten gesellschaftlichen und politischen Konsens im Weimarer Deutschland getragen, dass man damit nicht aneckte, solange man sich auf die staatliche Ebene – etwa die »Wiedervereinigung« mit Österreich – bezog. Die darüber hinausgehende Forderung nach Einbeziehung nur »deutschstämmiger« Studenten in die »großdeutsche Studentenschaft« aber war der Punkt, an dem republikanisches Prinzip und »völkische Weltanschauung« unmittelbar und frontal zusammenstießen. So bildete denn die Forderung nach Ausschluss der Juden aus der »großdeutschen Studentenschaft« nicht nur den Kernpunkt der hochschulpolitischen Arbeit des Deutschen Hochschulrings, sondern in den folgenden Jahren auch den Gegenstand der Auseinandersetzungen um die politische Hegemonie innerhalb der Studentenschaft.

Die »Deutsche Studentenschaft« (DSt) als verfasste und staatlich anerkannte Vertretung der zu dieser Zeit etwa 110.000 reichsdeutschen Studenten hatte sich auf der Grundlage der Allgemeinen Studentenausschüsse an den einzelnen Universitäten im Juli 1919 in Würzburg konstituiert. Dass von Beginn an auch Vertreter der österreichischen (später auch der sudetendeutschen) Studenten an den Verhandlungen teilnahmen, verdeutlicht die Selbstverständlichkeit und Verbreitung des »großdeutschen« Gedankens unter den deutschen Studenten der Kriegsteilnehmer-Generation.[64] Zugleich war aber durch die Teilnehmer aus Österreich auch die Frage nach den Kriterien der Mitgliedschaft in der DSt aufgeworfen, denn die österreichischen Delegierten bestanden ausschließlich aus Abgesandten der »deutsch-arischen« Studentenausschüsse, nicht aber der Studentenschaften der Universitäten in Österreich insgesamt, zu denen vor allem in Wien auch ein hoher Prozentsatz jüdischer Studenten gehört hätte. Zwar gelang es zunächst, mit Hilfe einer dehnbaren Mitgliedsformel – »Die Studierenden deutscher Abstammung und Muttersprache der Hochschulen des deutschen Sprachgebiets bilden die Deutsche Studentenschaft« – einen tragfähig scheinenden Kompromiss zustande zu bringen, der allgemein als Durchsetzung des national-kulturellen Prinzips angesehen wurde und die staatliche Anerkennung der DSt als Voraussetzung für eine finanzielle Bezuschussung ermöglichen sollte. Die heftigen Angriffe der österreichischen Vertreter gegen die Mitgliedschaft jüdischer Studenten hatten aber bereits in Würzburg deutlich gemacht, dass sich der »völkische« Flügel mit dem Staatsbürgerprinzip, wie es dann vom preußischen Kultusministerium als Voraussetzung für die staatliche Anerkennung der DSt gefordert wurde, nicht abfinden würde. Ein Jahr später, auf dem Studententag in Göttingen, hatte sich der völkische Flügel mittlerweile im Deutschen Hochschulring organisiert und bei den AStA-Wahlen an verschiedenen Universitäten überwältigende Wahlsiege errungen, so dass er bereits in Göttingen die Mehrheit der Sitze innehatte.[65] Nun sagt das nichts über die tatsächliche Aktivierung der Studenten aus – »Von den 10.000 Studenten«, bemerkte Friedrich Meinecke 1922 über die Situation an der Berliner Universität, »sitzen etwa 9.400 ruhig und nur auf ihr Studium und Examen bedacht in den Hörsälen, Seminaren und Instituten. Etwa 600 sind in high spirits, von diesen sind 400 hypernationalistisch und ›völkisch‹; die übrigen 200 verteilen sich auf Kommunisten, Sozialdemokraten und Demokraten«[66] –, sondern eher über die politische Stimmungslage der Mehrheit, die den Resonanzboden für die politischen Auseinandersetzungen der Aktivisten abgab. Eben das aber machte die politisch-kulturelle Hegemonie der Völkisch-Radikalen innerhalb der Studentenschaft in dieser Phase aus.

Um die staatliche Anerkennung nicht aufs Spiel zu setzen, auf der anderen Seite aber dem Drängen vor allem der »deutsch-arischen« Studentenvertreter aus Österreich nachzukommen, wurden nun für das Deutsche Reich auf der einen, für Österreich und das Sudetenland auf der anderen Seite verschiedene Mitgliedsformeln festgelegt, so dass im Reich das Staatsbürgerprinzip galt, während die Studentenausschüsse in Österreich und dem Sudetenland, die als Vereine organisiert waren und nicht auf staatliche Anerkennung Rücksicht zu nehmen hatten, allein von den Studierenden »deutscher Abstammung« zu wählen waren. Die Absicht des Hochschulrings bestand nunmehr darin, die Deutsche Studentenschaft zu einer unpolitischen Standesvertretung der Studenten zu machen, selbst aber »innerhalb der staatsbürgerlich organisierten Studentenschaft eine völkische Gruppe zu bilden, die bei der Einstellung des weitaus größten Teiles der deutschen Studenten zweifellos in kurzem die Mehrheit haben mußte und so jeden schädlichen Einfluß des Judentums, der dann etwa noch vorhanden sein könnte, zunichte machte«.[67] Als »völkisches Gewissen« sollte der Hochschulring wirken und die politischen Belange der Studentenschaft vertreten, während sich die DSt auf quasi gewerkschaftliche Interessenvertretung zu beschränken habe.

Tatsächlich aber erwies sich dieser Kompromiss in dem Maße als nicht tragfähig, als sich der nationalistische Radikalismus innerhalb der Gesellschaft insgesamt und der Studentenschaft im Besonderen noch verschärfte, vor allem seit dem Frühjahr 1921. Am 15. März waren Düsseldorf und Duisburg von den Franzosen besetzt worden; am 20. März hatte sich Oberschlesien in einer Abstimmung für die Zugehörigkeit zum Reich ausgesprochen. Als die Westmächte jedoch mit der Festlegung des Grenzverlaufs zögerten, fielen polnische Truppen in Oberschlesien ein. Erneut nahmen zahlreiche Studentenbataillone der Freikorps an den Kämpfen mit Polen teil. Und als schließlich die Londoner Konferenz von Deutschland ultimativ die Zahlung der Reparationen und die Aburteilung der Kriegsverbrecher forderte und der Reichstag diesem Verlangen am 11. Mai zustimmte, schien das Geschichtsbild der Völkischen erneut bestätigt – Zorn und Empörung über das Verhalten Polens, Frankreichs, des Völkerbundes und der »deutschen Erfüllungspolitiker« vergrößerten an den Universitäten den Zulauf zum Hochschulring und begünstigten eine weitere Radikalisierung. Dieser Zusammenhang zwischen äußerer Bedrohung und innerer Radikalisierung wurde auch von besonnenen Zeitgenossen als evident empfunden. Selbst diese rechtsradikalen Studenten, bemerkte Friedrich Meinecke, würden sich »an die neuen Staatsverhältnisse allmählich ruhiger gewöhnen, wenn diese nicht immer wieder von außen belastet und diskreditiert würden durch die wachsende politische und wirtschaftliche Verelendung des deutschen Volkes, durch die Peitschenhiebe und Mißhandlungen, die uns Frankreich versetzt.«[68]

Der Hochschulring umfasste mittlerweile alle wichtigen und großen studentischen Verbindungen, sogar die katholischen. Er hatte an den großen Universitäten im Durchschnitt 60 bis 70 Prozent, an den kleinen bis zu 90 Prozent der Stimmen erhalten – bei Wahlbeteiligungen, die durchweg über 70 Prozent lagen – und verfügte auf dem Erlanger Studententag 1921 über eine deutliche Zweidrittelmehrheit.[69] Seine politische Bedeutung war mittlerweile unübersehbar, denn dass die Studentengeneration der frühen 20er Jahre, die in den 30er Jahren in die Führungspositionen der deutschen Gesellschaft einrücken würde, zu so erheblichen Teilen der »völkischen Studentenbewegung« anhing, die ein radikal antirepublikanisches, großdeutsch-nationalistisches und antisemitisches Weltbild propagierte, ließ für die Zukunft der deutschen Demokratie wenig Hoffnung.

In einem, dem entscheidenden Punkt aber bestanden innerhalb des Hochschulringes nach wie vor Meinungsunterschiede: Während die Völkisch-Radikalen einem unbedingten, biologisch verstandenen »Rassegedanken« anhingen, dessen politischen Kern die »Judenfrage« bildete, kritisierten andere die »naturalistische Einseitigkeit« des Rasseprinzips und stellten ihm eine »idealistische Rassentheorie« gegenüber, die die »physiologische Unterschiedlichkeit der Rassen nicht mehr als Ursache, sondern als Begleit- oder Folgeerscheinung der psychischen Unterschiede« und die »Judenfrage« nicht als Hauptproblem, sondern als »Frage dritter Ordnung« begriff.[70] Trotz dieser Meinungsunterschiede, die letztlich auf einem entweder historisch-kulturellen oder aber rassenbiologisch verstandenen »Volks«-Begriff beruhten, war aber die Mitgliedschaft im Hochschulring selbst nach »Rasseprinzip« geregelt, und jeder, der dem Hochschulring beizutreten wünschte, musste zuvor ehrenwörtlich erklären, »daß sich unter seinen Eltern und Großeltern keine Juden befinden«.[71]

Sieg der Radikalen

Bests Eintritt in den Hochschulring im Sommersemester 1921 fiel also gerade in jene Zeit, in der der DHR einerseits rapiden Zulauf genoss, andererseits durch interne Auseinandersetzungen um die »Judenfrage« und durch forcierte Radikalisierung infolge der innen- und außenpolitischen Entwicklung geprägt wurde. Innerhalb des Hochschulrings erlebte Best innerhalb weniger Monate einen bemerkenswert schnellen Aufstieg. Bereits im Frühjahr 1921 gehörte er zur Führung des Frankfurter Hochschulrings; wenig später – wahrscheinlich schon bei der Versammlung des DHR in Erlangen im Sommer 1921, an der er als Vertreter der von ihm selbst gegründeten »Finkenschaft« teilnahm – war er Mitglied des »Führerrates«, des erweiterten Leitungsgremiums auf Reichsebene. Dieser rapide, aber in der Studentenpolitik nicht unübliche Aufstieg war vor allem Ausdruck der starken Expansion der Organisation und der geringen Zahl von Aktivisten, so dass angesichts der Vorgeschichte Bests in der nationalen Jugendbewegung und seines großen persönlichen Engagements diese schnelle Karriere nicht überraschend kam.

Als Mitglied des »Führerrates« verfügte der gerade 18 Jahre alt gewordene Best nun über einigen Einfluss auf die Verbandspolitik, sowohl in Bezug auf die außeruniversitären Aktivitäten des DHR wie auf die sich zuspitzenden hochschulpolitischen Auseinandersetzungen. Dabei verfocht er in der entscheidenden Frage nach dem biologischen oder »idealistischen« Rasseprinzip, die in der Zeit seines Eintritts die Diskussion beherrschte, die, wie er später hervorhob, »kompromißlos völkische Linie«. Auch in der hochschulpolitischen Auseinandersetzung innerhalb der Deutschen Studentenschaft um die »Verfassungsfrage«, an der er lebhaften Anteil nahm, ging es ihm. »nicht um eine Erhaltung der allgemeinen Studentenschaften«, sondern »darum, daß unsere Idee durch unsere Unnachgiebigkeit beispielgebend sich verwirklicht«.[72]

Diese »kompromißlos völkische Linie« hatte sich bis zum Frühjahr 1921 jedoch innerhalb des DHR noch nicht vollends durchgesetzt, so dass der Hochschulring beim Studententag in Erlangen zwar die weit überwiegende Mehrheit besaß, aber uneinheitlich auftrat und dadurch von der geschlossen agierenden republikanischen Minderheit in der wiederum alles andere überstrahlenden »Mitgliedschaftsfrage« überstimmt wurde. Im Ergebnis war, wie bereits dargelegt, weiterhin für das Reichsgebiet das Staatsbürgerprinzip gültig, während für die Österreicher und Sudetendeutschen der rassenbiologische Grundsatz galt, mithin die jüdischen Studenten ausgeschlossen blieben. Organisatorisch hatte diese Regelung die Gründung zweier selbständiger »Studentenschaften« – eine für das Reichsgebiet und eine für Österreich – zur Folge, um die Anerkennung und also die Finanzierung durch den Staat nicht zu gefährden, während die DSt als Dachverband und Klammer zwischen beiden Vertretungsorganen fungieren sollte.[73]

Gegen diesen Kompromiss, der als Aufgabe des »großdeutschen« Prinzips zugunsten des »unvölkischen« Staatsbürgerprinzips im Reich angesehen wurde, liefen die Völkisch-Radikalen innerhalb des DHR Sturm; ein Teil der örtlichen Hochschulringe drohte gar mit Austritt. Dass sich jedoch seit dem Herbst 1921 endgültig die radikale, rassenbiologische Richtung innerhalb des Hochschulringes durchzusetzen begann, war wiederum vorrangig auf die allgemeine und fortwährende Radikalisierung der deutschen Rechten in diesen Monaten zurückzuführen, die durch den Beschluss des Völkerbundes, Oberschlesien entgegen dem Abstimmungsergebnis zwischen Deutschland und Polen zu teilen, weitere Nahrung erhalten und am 21. August durch den Mord an Matthias Erzberger ihren ersten Höhepunkt erfahren hatte, für den Angehörige der Organisation Consul verantwortlich waren – auch sie Studenten aus dem Umkreis des Deutschen Hochschulrings. Die Stoßrichtung des Kampfes der radikalen Rechten und insbesondere der »völkischen« Studenten ging nun immer stärker gegen die Berliner Zentralregierung und ihre »Erfüllungspolitik«; denn, so die Überzeugung der jungen Rechtsradikalen, um den Kampf gegen die äußeren Feinde erfolgreich führen zu können, mussten zunächst deren Verbündete im Inneren ausgeschaltet werden.

So konnte es nicht verwundern, dass im Hochschulring die radikale – und das hieß vor allem die rassenbiologisch orientierte – Richtung, die Oberhand gewann, der sich auch Werner Best anschloss. Konnte doch jeder Kompromiss im Angesicht der »inneren und äußeren Bedrohung« des Reiches als Rückweichen vor dem Feinde und eine nationalkulturelle Definition von »Volkstum« als Aufweichung des »völkischen« Prinzips denunziert werden.

In der Konsequenz betrieb die Hochschulringleitung seit Anfang 1922 die Spaltung der Deutschen Studentenschaft, lehnte Kompromissvorschläge von nun an ab und einigte sich im Mai 1922 mit anderen völkischen Verbänden bei einer Tagung in Spandau, an der auch Best teilnahm, darauf, die gemäßigte Führung des DSt, wie sie in Erlangen gewählt worden war, nicht anzuerkennen. Aufgrund der überwältigenden Mehrheit des Hochschulringes in den örtlichen Studentenschaften setzte sich diese Politik auch durch: Auf dem 4. Studententag in Würzburg 1922 führte der Hochschulring mit seiner Zweidrittelmehrheit nicht nur die Absetzung des Erlanger Vorstandes herbei, sondern auch eine Satzung, wonach das rassenbiologische Prinzip für Österreich und das Sudetenland akzeptiert und als solches in die Satzung des wiederhergestellten Gesamtverbandes einbezogen wurde.[74] Zwar blieb das Staatsbürgerprinzip für die Reichsuniversitäten bestehen, aber die Symbolkraft dieses Vorgangs war erheblich, weil hier in einer staatlich anerkannten Vertretungskörperschaft erstmals die Grundlage der staatsbürgerlichen Gleichheit aufgehoben und ein rassistisches Prinzip offen zur Geltung gebracht worden war – und dies ausgerechnet beim akademischen Nachwuchs, aus dem sich die Führungselite der kommenden Jahrzehnte rekrutieren sollte.

Dieser offene, provozierende Vorstoß gegen das Grundprinzip eines demokratischen Rechtsstaats konnte von Seiten der demokratischen Regierungen des Reichs und der Länder, und hier vor allem der preußischen, nicht hingenommen werden. Der Kampf um die studentische Verfassung wurde daher zum Gegenstand lang andauernder, heftiger politischer und rechtlicher Auseinandersetzungen zwischen preußischem Kultusministerium und der Leitung der deutschen Studentenschaft. Die Zuspitzung dieses Streits hatte im Endergebnis eine weitere politische Radikalisierung der Studentenschaft im Sinne der völkisch-antisemitischen Richtung zur Folge.

Seit den Würzburger Beschlüssen war die rechtliche Lage der Deutschen Studentenschaft in der Schwebe. Während vor allem das preußische Kultusministerium die Studentenvertreter aufforderte, die verfassungswidrige »Abstammungs-Klausel« für die inkorporierten »großdeutschen« Studenten zu streichen, blieb der Vorstand der DSt bei seiner Ablehnung und konnte sich dabei stets auf breite »völkische« Mehrheiten innerhalb der Studentenschaft stützen. Als schließlich Ende 1926 der Vorstand der DSt auch auf ein Ultimatum des preußischen Kultusministers Becker nicht reagierte, ließ dieser die Studenten per Urabstimmung darüber entscheiden, ob sie für die Streichung der rassistischen Mitgliedsformel oder für ihre Beibehaltung seien, wobei das letztere zum Verlust der staatlichen Anerkennung und der Finanzierung führen würde. Das Ergebnis war eindeutig und ließ keinen Zweifel am politischen Standort der deutschen Studenten: Bei durchweg hoher Wahlbeteiligung entschieden sich 77 Prozent der Studenten der preußischen Universitäten für die Würzburger Mitgliedschaftsformel – angesichts der jahrelangen scharfen Auseinandersetzungen und der publizistischen Zuspitzung dieses Streits war dieses Abstimmungsergebnis als unzweideutiges Votum eines sehr erheblichen Teils der deutschen Studenten für einen rassenbiologisch begründeten, »völkischen« Antisemitismus zu verstehen.[75]

Seit Mitte der 20er Jahre begann die »völkische Studentenbewegung« des Deutschen Hochschulrings rasch an Bedeutung zu verlieren. In dem Maße, wie die Jahrgänge der »Kriegsjugendgeneration« die Universitäten verließen, schrumpfte auch der Hochschulring und ging zu größeren Teilen in den Nationalsozialistischen Deutschen Studentenbund über, der seit 1926/27 die Hochschulszenerie zu dominieren begann und dem vorwiegend die jüngeren Jahrgänge der »Nachkriegsgeneration« angehörten. Die langfristige Bedeutung der völkisch-radikalen Hochschulringbewegung aber lag vor allem darin, dass sie die politische Wahrnehmung der Entwicklung im Deutschland der Nachkriegsjahre in ein ideologisch fixiertes Weltbild einband und zugleich zum exklusiven Erlebnis einer Generation stilisierte. Der »radikal völkische Standpunkt«, die damit verbundene fundamentale Absage an Republik und Demokratie und vor allem der rassenbiologisch motivierte Antisemitismus erschienen auf diese Weise nicht als eine politische Meinung unter anderen, sondern wurden zugleich als Elemente eines Lebensgefühls, eines generationellen Stils empfunden, der den einzelnen die Gewissheit vermittelte, sich von der liberalen oder demokratischen Umwelt durch »Weltanschauung«, von den älteren »national« oder konservativ Denkenden aber durch Radikalität, Härte und »Sachlichkeit« zu unterscheiden.

3. Aktivist im »Abwehrkampf«

Rheinlandarbeit des Hochschulrings

Seit dem Sommer 1921 war Werner Best im erweiterten Führerrat des DHR vor allem mit diesen Auseinandersetzungen um die studentische »Verfassungsfrage« und die Durchsetzung der »kompromißlos völkischen Linie« befasst. Daneben lag der Schwerpunkt seiner politischen Aktivitäten seit dem Wintersemester 1922/23 auf der Organisation des »studentischen Rheinlandkampfes«.

Schon seit dem Frühjahr 1921 hatte er einer Gruppe von Jugendlichen und Studenten angehört, die von der Polizei als »aktive Widerstandsgruppe Frankfurt« bezeichnet wurde, ohne dass aber deutlich war, ob es sich um eine regelrechte Organisation oder, was dem Charakter der rechtsradikalen Frankfurter »Bewegung« zu dieser Zeit eher entspräche, um einen jener losen Zusammenschlüsse aktiver Nationalisten gehandelt hat, die von Zeit zu Zeit im besetzten Gebiet politisch zu agitieren versuchten[76] und die Ernst von Salomon in romantisch-heroisierender Weise anschaulich beschrieben hat: »In Mainz, in Köln, in Koblenz, überall bildeten sich diese kleinen, elastischen Gruppen ..., strichen die Jungen im Schatten des Verrats, knüpften die Verbindungen, lauerten, forschten, berichteten ... Sie waren wie das wache Gewissen der Provinz. Die Mädchen, die mit den Franzosen gingen, fürchteten für ihre Zöpfe. Die Bürger, die mit den Offizieren der Besatzung verkehrten, sorgten, daß dies heimlich geschehe. Die französische Gendarmerie, die Kriminalpolizei – und nicht nur die französische! – hetzte hinter ihnen her. Die deutschen Verwaltungsbehörden mieden sie wie die Pest. Sie, ohne Hoffnung, ohne Mittel, ohne Dank, standen in allen Lagern, sprachen in allen Idiomen, waren für die Franzosen die einzige nahe Gefahr.«[77] Die Wirklichkeit, auf die sich Salomons hymnische Stilisierung bezog, war allerdings sehr viel prosaischer und vor allem viel weniger bedeutsam als hier besungen. Aber Hochstimmung und Selbstgefühl der Beteiligten sind vermutlich gut getroffen, zumal den aus dem Rheinland stammenden Studenten, die im unbesetzten Gebiet studierten, der Besuch im besetzten Gebiet nur mit Genehmigung der französischen Behörden gestattet wurde und so der geheimbündlerische Charakter ihrer »Kundschafterreisen« in die Heimat noch verstärkt, wenn nicht erst geschaffen wurde.[78]

Seit 1921 gab es allerdings Bestrebungen von Seiten staatlicher Stellen, diese Gruppen organisatorisch und politisch stärker in die offiziöse »Abwehrpolitik« am Rhein einzubinden: zum einen durch die »Abwehrstellen«, die in den an das besetzte Gebiet angrenzenden Regionen von Landesregierungen, Reichswehr und verschiedenen politischen Organisationen gegründet worden waren und die in die besetzten Gebiete hinein wirkende Politik zu koordinieren versuchten; zum anderen (und in enger Verbindung damit) durch das Berliner Staatssekretariat, später Ministerium, für rheinische Angelegenheiten. Vor Ort einflussreicher aber war die »Rheinische Volkspflege« (RVP), die – als »Reichszentrale für Heimatdienst« gegründet – zunächst der Pressestelle der Reichsregierung, dann der Dienstaufsicht des Rheinministeriums unterstellt war, nach außen hin aber als private Organisation auftrat und die deutsche Gegenpropaganda in den besetzten Gebieten organisierte und koordinierte.[79] Dieses Büro, eine wunderliche Mischung aus kulturpolitischer Agentur und Spionageorganisation, war insbesondere daran interessiert, die Zahl der prodeutschen Propagandisten im Rheinland zu vergrößern, und versuchte seit Anfang 1921, die Aktivisten des Jungnationalen Bundes und des DHR in die eigene Rheinlandarbeit einzubeziehen.[80]

Die Hochschulringführung, die zu dieser Zeit die außeruniversitäre politische Arbeit als »zweites Bein« neben der Tätigkeit innerhalb der Studentenschaft aufzubauen versuchte, intensivierte zur gleichen Zeit die Kontakte mit anderen Organisationen, insbesondere dem Deutschnationalen Jugendbund, um gemeinsame Aktivitäten in der »Rheinlandfrage« in Gang zu bringen, die im Vergleich zu der »Grenzlandarbeit« im Osten lange vernachlässigt worden war. Seit dem April 1921 erhielt der DHR daher auch vereinzelte Geldzuwendungen von der Rheinischen Volkspflege.[81]

Zur Koordinierung und Intensivierung der Rheinlandarbeit gründete der Hochschulring daraufhin das »Rheinlandamt« als eines seiner sechs »Führungsämter« und veranstaltete mit Unterstützung des Politischen Kollegs in Spandau und der Rheinischen Volkspflege Anfang Januar 1922 in Marburg seine erste »Rheinlandtagung« – und hier begann auch Werner Bests Engagement in der »Rheinlandpolitik« des DHR.[82]

Nach einer Reihe von Vorträgen über das Hegemoniestreben der Franzosen in Europa, über den Versailler Friedensvertrag und die französische Kulturpolitik, wurde bei dieser Tagung intensiv über die »praktische Arbeit« in den besetzten Gebieten diskutiert. Und neben einer Reihe von Studenten, die sich etwa über »die kommunistischen Verbrüderungsfanatiker und manche deutsche Mädchen« beschwerten, die mit den Besatzern gemeinsame Sache machten, berichtete auch »Best-Offenbach« über die französische Taktik der »pénétration pacifique« und sein eigenes nationales Erweckungserlebnis, als er für gute Leistungen im Französischen eine »Belobigung, die auf einem ausgeschmückten Blatt Papier als Motto ungefähr die Worte trug: Lernet Französisch, und ihr werdet Frankreich lieben! zurückgewiesen (habe), da sein Vater obendrein an der Westfront gefallen« sei. Diese Episode war also offensichtlich nach wie vor Bests einschneidendste Erfahrung mit unmittelbarer »Feindberührung«, gleichwohl aber geeignet, in diesem Kreis als besonders bemerkenswerter Bericht über den »Kampf« im besetzten Gebiet aufgenommen zu werden. Als Ergebnis der Tagung wurde von den Vertretern des DHR und der Rheinischen Volkspflege festgehalten, dass in Zukunft die »Kleinarbeit im besetzten Gebiet, eine stille Aufklärungsarbeit anhand guten Materials, allein von den mit der Psyche ihres Volkes vertrauten Rheinländern geleistet wird«.[83]

Große Taten folgten diesen Vereinbarungen jedoch nicht, zumal sich die Aufmerksamkeit der Hochschulringstudenten vorrangig den sich überstürzenden politischen Ereignissen des Frühjahres 1922 sowie den hochschulpolitischen Auseinandersetzungen um die »Juden- und Mitgliedschaftsfrage« zuwandte. Im Herbst 1922 jedoch, unter dem Eindruck der sich zuspitzenden Lage im Rheinland, veranstaltete der Hochschulring eine weitere »Rheinlandwoche« in Würzburg – mit staatlichen Mitteln finanziert und prominent besetzt. Der »Leiter der Zentralstelle für die Erforschung der Kriegsursachen«, von Wegener, sprach über »Die Kriegsschuldlüge«; Walter Schotte, der Herausgeber der Preußischen Jahrbücher, über den »Friedensvertrag von Versailles«, der Oberleutnant von Stülpnagel über »Die Kriegsverbrecherfrage« und der Spiritus Rector der radikalnationalistischen Studenten, Martin Spahn, über »Die französische Rheinlandpolitik«.[84] Hier sollte erneut versucht werden, die politische Tätigkeit des Hochschulrings und der akademischen Rheinlandausschüsse im besetzten Gebiet zu verstärken, und dazu wurde mit dem gerade neunzehnjährigen Werner Best ein neuer Leiter des Rheinlandamtes bestellt, der bereits auf dieser Konferenz sowohl mit den anwesenden Prominenten als auch mit den Vertretern der Rheinlandausschüsse von etwa 20 Hochschulen Kontakte zur Intensivierung der »Rheinlandarbeit« aufnahm.

Dadurch war Best nun dem Netzwerk der Beziehungen zwischen studentischen Aktivisten, »jungkonservativen« Intellektuellen, Anhängern der traditionellen Rechtsparteien, industriellen Geldgebern und offiziellen wie offiziösen Vertretern staatlicher Behörden auf direkte Weise angeschlossen. Wenige Tage nach der

Würzburger Tagung ging er nach Berlin, nahm dort in Spandau an einem Kurs des »Politischen Kollegs« teil, übernahm in der Motzstraße die »Amtsgeschäfte« des Rheinlandamtes und sprach in seiner neuen Funktion als »Amtsleiter« sogleich bei der Berliner Zentrale der »Rheinischen Volkspflege« vor.[85] Zwar ging es hier wie in dem nun folgenden und sich über mehr als drei Jahre erstreckenden Briefwechsel zwischen Best und der RVP vorwiegend um organisatorische Kleinigkeiten – etwa die Zurverfügungstellung von Propagandaschriften, die im besetzten Gebiet zu verteilen seien, oder die Frage, »ob die Portokosten auf das Reich übernommen werden könnten« –, aber das preußisch-angestrengte Verhalten des 19jährigen »Amtsleiters« ließ keinen Zweifel an der unbedingten Wichtigkeit und politischen Brisanz dieser Aktivitäten, jedenfalls in den Augen der Beteiligten.[86]

Best, der nach einem Sommersemester in Freiburg im Herbst 1922 wieder an die Universität Frankfurt zurückgegangen war und in Offenbach wohnte, hatte im DHR-Rheinlandamt vier Aufgaben: die Verteilung von Propagandabroschüren der RVP im besetzten Gebiet sowohl per Post wie durch persönliche Verbreitung; die Sammlung von Nachrichten insbesondere über die »Stimmung« im besetzten Gebiet; die Herausgabe eines hektographierten Nachrichtenblattes, der »Rheinlandumschau«, für die Studenten im besetzten Gebiet sowie die Organisation von Tagungen und Kundgebungen zur »Rheinlandfrage«. Eine hektische Aktivität setzte ein. Best bombardierte die Rheinische Volkspflege förmlich mit Briefen, in denen er um die Übersendung von Material bat. Die Art, in der Best selbst gegenüber Rühlmann, immerhin Chef einer halbstaatlichen Behörde und ordentlicher Professor in Berlin, auftrat, vermittelt etwas von dem forsch-wichtigtuerischen Gebaren, das für Bests »amtliches« Auftreten im Besonderen kennzeichnend wurde. »Wie soll ich irgendwelche Rheinlandarbeit leisten, wenn ich das einfachste Handwerkszeug nicht erhalte? Finanziell bin ich auch nur noch für kurze Zeit gesichert, deshalb wäre mir die baldige Lösung dieser Frage auch sehr erwünscht«, schrieb er im Dezember nach Berlin und mahnte die Zusendung von weiteren Propagandabroschüren an. Schließlich tue er das nicht für sich selbst, »sondern für die Sache, in deren Dienst wir gemeinsam arbeiten«. Er sei jetzt in der Lage, »Tausende von Broschüren und Flugblättern« zu verteilen. Nachdem er seine »Operationsbasis« gerade bedeutend habe erweitern können – »meine Rheinlandreferenten fragen dauernd danach« – brauche er mehr Material, um »es durch meine amtlichen Beziehungen in der Studentenschaft einer großen Anzahl von deutschen Hochschulen zu verbreiten«. Die separatistische Bewegung sei nach wie vor aktiv, »Sie werden deshalb verstehen, daß ich da eingreifen möchte«.[87]

Bests Tätigkeit in der »Rheinlandarbeit« war gekennzeichnet von dem unbedingten Drang, sich durch politische Aktivität »irgendwie für Deutschland einsetzen« zu können – allerdings in organisierter, koordinierter Weise, schon um sich von dem vaterlandsberauschten Enthusiasmus des konventionellen Patriotismus, der das politische Klima der Zeit kennzeichnete, absetzen zu können. Diese penible, bürokratische Form des studentischen Engagements mag im Rückblick etwas lächerlich anmuten, wurde zeitgenössisch wohl aber anders wahrgenommen: als »sachlicher«, rationell organisierter Arbeitsstil, der sich von dem gefühligen und verbal-radikalen Aktivismus in den unzähligen »Bünden« unterschied und gerade dadurch entschlossene Radikalität signalisierte.[88] Diese Kombination aus radikalem politischen Engagement und büromäßiger Organisation, aus nationalistischer Begeisterung und »sachlicher Arbeit«, aus »Heroismus« und »Realismus«, die den generationellen Stil der akademischen Nachkriegsjugend kennzeichnete und die Best hier einübte, hinterließ bei ihm prägende Eindrücke – nichts war in den folgenden Jahren und Jahrzehnten kennzeichnender für Bests Persönlichkeit, sein Auftreten und seine politische Praxis.

Politisch bedeutsamer wurde seine Tätigkeit als Leiter des DHR-Rheinlandamtes erst, als durch die Ruhrbesetzung am 10. Januar 1923 die Rheinlande und das Ruhrgebiet in den Mittelpunkt der nationalen wie der internationalen Aufmerksamkeit rückten und dadurch auch der bis dahin oft im Schatten des politischen Interesses gelegene »Abwehrkampf« der Rheinländer gegen französische Besatzungsmacht und rheinische Separatisten einen enormen Aufschwung erhielt – der »Thyssen-Tag« in Mainz am 24. Januar legte davon beredtes Zeugnis ab.[89] Best hatte an den Ereignissen von Mainz selbst teilgenommen und war wie alle davon tief beeindruckt – zumal er sich in Mainz ja nicht nur als privater Rheinländer aufgehalten hatte, sondern jetzt gewissermaßen in »dienstlicher« Funktion. Die sich zuspitzenden Auseinandersetzungen zwischen rheinischer Bevölkerung und Besatzungsarmee – die Ausweisungen, Verhaftungen und Hausdurchsuchungen, die Streiks der Eisenbahner, die Marktunruhen und Plünderungen und die anwachsende »separatistische Gefahr« – bestimmten in der Folgezeit seine Tätigkeit im Rheinlandamt des DHR, als Mitarbeiter der Darmstädter »Abwehrstelle« und der Rheinischen Volkspflege, für die er seit Beginn der Ruhrbesetzung als Kurier eingesetzt wurde.[90] Als Beobachter und Nachrichtensammler, als Koordinator der verschiedenen »jungakademischen« Zirkel an den Universitäten, als Organisator von Versammlungen und Kundgebungen reiste er durch das Rheinland, finanziell unterstützt vom Hochschulring, der Rheinischen Volkspflege und wohl auch von den örtlichen Honoratioren in Mainz. Als Mitarbeiter der rechtsstehenden »Mainzer Tageszeitung« berichtete er über die politische Entwicklung in Rheinhessen und seine eigenen Beobachtungen. Mit der »Rheinlandumschau«, dem hektographierten Nachrichtenblatt seines »Rheinlandamtes«, das an den Universitäten im besetzten Gebiet zirkulierte und zudem den Hochschulring-Leitungen und anderen Stellen im unbesetzten Gebiet zugeschickt wurde, besaß er die Möglichkeit, seine Eindrücke und die seiner »Mitarbeiter« in den Kreisen der studentischen »Abwehrkämpfer« in einer eigenen Publikation zu Gehör zu bringen. Jedenfalls wurde Werner Best nun während der Zeit der Ruhrbesetzung zu einem der agilsten und einflussreichsten Aktivisten der studentischen »Rheinlandarbeit«.[91]

Übergang zum bewaffneten Kampf?

Für Best war der französische Ruhreinfall Teil einer umfassenden Strategie des französischen Erbfeindes: »Wir stehen einem großzügigen franz. Vernichtungsplan gegenüber«, schrieb er Ende Januar in seiner »Rheinlandumschau«. »Unsere

Regierung ist, Gott sei Dank, zum Widerstand entschlossen. Sie tut damit nur das Selbstverständliche und einzig Mögliche. Auch im Volke lebt allgemein der gleiche Wille. Allerdings fürchtet die Sozialdemokratie die nationale Einheitsfront und sabotiert, wo sie es unauffällig tun kann ... Es gilt jetzt, auch den letzten Zweiflern in unserem Volke die unerbittliche Folgerichtigkeit und Unabänderlichkeit der franz. Vernichtungspolitik klarzumachen, die nunmehr zur Entscheidung drängt. Widerstand und Kampf oder wehrlose Vernichtung! Für uns selbst aber gilt mehr denn je: Bereit sein ist alles!«[92] Die Parallelisierung der Ereignisse des Januar 1923 mit denen des November 1918 ist offenkundig: die französische Vernichtungsstrategie, die Kampfbereitschaft bei Regierung und Volk, der Verrat der Sozialdemokratie – die Kategorien der Analyse Bests sind diejenigen der Dolchstoßlegende. In dem von ihm formulierten Aufruf des DHR vom 29. Januar 1923 hatte sich der Ton noch verschärft:»Kommilitonen! Es ist wieder Krieg. Der Feind steht im Herzen Deutschlands ... Jeder Franzose, Belgier ist unser Feind, ist Glied eines Volkes, das sich außerhalb aller Begriffe von Sittlichkeit und Recht stellt. Jeder Deutsche, der Welschen Vorschub leistet, sie in seinem Hause duldet, sie als gleichberechtigt behandelt, ist vervehmt!«[93] – der »Ruhrkampf« als Fortsetzung des Krieges und als Gelegenheit, die Niederlage von 1918 »wettzumachen«. Da in dieser Wahrnehmung der Zusammenbruch des November 1918 auch und vor allem auf den Mangel an Entschlossenheit und Mut des deutschen Bürgertums zurückgeführt wurde, den Kampf mit dem »inneren Feind«, der mit dem äußeren paktierte, aufzunehmen, bestand die erste Pflicht der jungen Generation nun darin, diese Fehler der Älteren zu vermeiden und durch entschlossenes Handeln auszugleichen.

Unter dem Eindruck des »Thyssen-Tages«, des beginnenden »passiven Widerstands« und der Verschärfung der Maßnahmen der Besatzungsbehörden radikalisierten sich Ton und Tenor der Berichte und Analysen Bests beständig: »Es war ein Aufflammen in Einigkeit und nationalem Selbstbewußtsein, das an 1914 erinnerte«, notierte Best über die Kundgebungen des 24. Januar. »Die durch 4 Jahre gedrückte und geknechtete Bevölkerung fühlte wieder sich selbst. Die dabei waren, sind seitdem wie verwandelt.« Zwar sei der Terror der französischen Besatzungsbehörden immer stärker geworden, zudem bestehe die Gefahr einer Abtrennung des Rheinlands vom Reich – »und doch ist die Entschlossenheit da, durchzuhalten. Das kann das Rheinland aber nur mit einem entschlossenen und mutigen Reich im Rücken. Defaitisten gehören vor ein Kriegsgericht oder müssen der Vehme (!) verfallen, denn sie erdolchen von hinten unsere kämpfende Westfront. Es gibt heute keinen anderen Weg mehr als den des Widerstandes. Am 4.2. sind die Franzosen in Baden eingefallen. Ihr Ziel ist, Deutschland in drei Stücke zu zerschlagen: einen möglichst großen Westen unter französischem Protektorat, einen französisch beeinflußten Süden und einen preußischen Rest, der dem Zugriff der Polen preisgegeben ist. – Die Entscheidung des Weltkrieges fällt erst jetzt. Es gilt, die letzten Kräfte aufzubieten, physisch und insbesondere moralisch. Und fällt die Entscheidung doch gegen uns – denkt an Irland!«[94]

Der Ruhrkampf schien nun also die Chance zu bieten, das Ergebnis des Krieges zu revidieren, wenn man nur die Konsequenzen aus den Erfahrungen von 1918 zu ziehen bereit sei. Aber selbst wenn eine Massenerhebung – wie immer die aussehen sollte – erneut niedergeschlagen werde, so bliebe doch noch die Führung eines Zermürbungskrieges gegen die Besatzungsmacht. Mit diesem Hinweis auf die Auseinandersetzungen zwischen Irland und den englischen Besatzern sprach Best eine Perspektive an, die zu dieser Zeit in den rechten Zirkeln viel und heftig diskutiert wurde – ob nämlich über die Methoden des passiven Widerstands hinaus zu aktiven Formen des nationalen Befreiungskampfes überzugehen sei, zum bewaffneten oder jedenfalls gewalttätigen Kampf, der auch nach einer militärischen Niederlage als beständiger Kleinkrieg gegen die Besatzer fortgeführt werden könnte.[95] Schon seit dem Frühjahr 1923 hatten vereinzelte Gruppen von »Abwehrkämpfern« mit stillschweigender Duldung, zum Teil auch mit Unterstützung deutscher Behörden erste Sabotageakte gegen Einrichtungen der Besatzungsmacht begangen, insbesondere gegen Eisenbahnanlagen, auf denen die Kohle aus dem Ruhrgebiet nach Frankreich gebracht wurde.[96] In diese Richtung zielten auch die Aufrufe Bests, wobei er den »Ruhrkampf« als Zwischenschritt hin zu einem Volksaufstand gegen. Frankreich verstand: »Wir kämpfen heute nicht nur um die Ruhr, wir kämpfen um die tatsächliche Befreiung aus dem ›Vertrag‹, der juristisch bereits gebrochen ist. Ob dieser Völkerkampf ohne das letzte militärisch-politische Mittel, die deutsche levée en masse, entschieden werden kann, wissen wir nicht ... Die Aufgabe des Augenblicks ist die allgemeine moralische Mobilisation für den Endkampf des Weltkrieges, die Bereitschaft zum letzten Opfer. Rhein und Ruhr und ganz Deutschland sind verloren, wenn wir uns nicht jetzt die Befreiung vom Versailler Diktat erkämpfen!« Daher seien alle Vermittlungsversuche von Seiten der britischen Regierung abzulehnen, ebenso wie alle Versuche, den Widerstand auf passive Formen zu reduzieren, denn »gerade für den Augenblick, in dem unsere Existenz von diesem letzten Ausweg abhängt, lähmt diese Propaganda des ›Passivismus‹ uns die Massen.« Dadurch aber werde »das Unvermeidliche, Schicksalhafte unseres Entscheidungskampfes mit Frankreich« verkannt, schlussfolgerte Best und rief erneut auf zum »rücksichtslosen Kampf gegen offene und versteckte Defaitisten, gegen die Novemberlinge von 1923, die wieder Deutschland verraten aus Angst, in der Volkserhebung ihren innerpolitischen Einfluß zu verlieren und für frühere Taten zur Rechenschaft gezogen zu werden«.[97]

Die Ereignisse im Frühjahr 1923 schienen seine Einschätzungen insofern zu bestätigen, als die Auseinandersetzungen des »Ruhrkampfs« in der Tat immer häufiger gewalttätige Formen annahmen. Ende März wurden bei einer Demonstration in Essen 14 Krupp-Arbeiter von französischen Truppen erschossen. Auf der anderen Seite nahm die Zahl von Franktireurkommandos, die im besetzten Gebiet operierten und zum Teil von der Reichswehr mit Waffen versorgt worden waren, Sprengstoffattentate auf Brücken oder Eisenbahnanlagen und Überfälle auf französische Militärposten begingen, rapide zu. Entsprechend verschärften die französischen Besatzungsbehörden nun ihrerseits wiederum die Maßnahmen, und als im Mai in Düsseldorf Albert Leo Schlageter als Angehöriger eines solchen Sabotagetrupps zum Tode verurteilt und erschossen wurde, reagierte die deutsche Öffentlichkeit mit einem Sturm der Entrüstung. Bests Vorstellungen, mit dem Ruhrkampf sei der Kampf gegen Versailles in sein entscheidendes Stadium gekommen und an dessen siegreichem Ende werde ein neues politisches System in Deutschland errichtet, waren zu dieser Zeit Gemeinplatz in der veröffentlichten Meinung in Deutschland; wurde doch der »Aufstand des Volkes« quer zu den sozialen Schichten und Klassen als Beleg für das Entstehen einer klassenübergreifenden »Volksgemeinschaft« gewertet, einer »nationalen Einheitsfront« wie 1914. Diesmal allerdings würde man sich gegen den »Feind von innen« zu wehren wissen – daher die wütenden Drohungen gegen »Pazifisten und Versöhnler«, die »offenen und versteckten Defaitisten«.[98]

Schon seit Anfang 1922, als die Zahl der Hochschulring-Mitglieder, die während des Krieges nicht mehr Soldaten gewesen und auch nicht in den Freikorps gekämpft hatten, größer geworden war, hatten verschiedene Hochschulring-Gruppen damit begonnen, militärische Ausbildungskurse zu veranstalten, so im Sommer 1922 in Niederschlesien, wo im Glatzer Gebirgskessel Übungen in Exerzieren und Scharfschießen stattgefunden hatten. Auch Best meldete sich in den Semesterferien im Frühjahr 1923 als »Zeitfreiwilliger« bei der Reichswehr, um »militärische Erfahrung« zu bekommen.[99] Dass sich Best selbst an Sabotageunternehmen beteiligte, ist jedoch unwahrscheinlich. Er war, gewiss zu seinem Leidwesen, weder soldatisch veranlagt noch irgendwie »tapfer« und vom ganzen Habitus her ein Organisator und Ideologe, kein Haudegen. Um so radikaler – womöglich um dieses Manko auszugleichen – wurde nun aber seine politisch-theoretische Haltung zur Frage des bewaffneten Kampfes und der Sabotageaktionen. Im Juli 1923, also nach seiner »militärischen Ausbildung«, hat er sie in der »Rheinlandumschau« formuliert: »Es handelt sich für uns um nicht weniger als um die Aufgabe, unser Volk zum Kampfe zu zwingen, ihm den Rückweg selbstmörderischer Verständigung und Unterwerfung abzuschneiden. Das eine haben die gefallenen ›Saboteure‹ bereits erreicht: Ihre Leichen werden ewig zwischen dem Feinde und jedem Deutschen stehen, der je in die Lage kommen sollte, dem Franzosen die Hand zu reichen. Man mag uns als leichtsinnige Katastrophenpolitiker bezeichnen; wir sehen mehr als die, denen die Angst vor der Katastrophe das Rückgrat gebrochen hat ... Wir sehen nur die eine Möglichkeit, uns durch Kampf im Chaos durchzusetzen. Wir bejahen deshalb den Sabotagekrieg. Wie das irische Volk seinen Freiheitskampf vorbereitete, indem es den Feind jahrelang täglich und stündlich beunruhigte und zermürbte, so wollen wir die einzige Waffe, die uns blieb, in vollstem Umfange angewandt wissen.« Diese »einzige Waffe« sei der bewaffnete Kleinkrieg gegen die Besatzer nach frischem Vorbild, so dass die Franzosen gezwungen seien, »gegen einen Gegner zu kämpfen, den man nirgends fassen kann. Auf der Linie, auf der wir den Kampf weiterführen müssen, liegen auch vermehrte Angriffe auf Posten und kleine Abteilungen. Um den Besatzungsraum zu vergrößern und weiteren Gebieten ›Grenzergeist‹ beizubringen, wäre es durchaus zweckmäßig, weitere Besetzungen zu provozieren. Die Ansicht ist grundfalsch, daß wir den Franzosen dadurch eine Freude machten; wie die Lage eben steht, bergen alle Maßnahmen, zu denen wir ihn zwingen, für ihn die größten Unannehmlichkeiten in sich. Er will uns verständnisselig und friedensbedürftig, nicht nach irischem Beispiel bereit zum Kampf, auf Leben und Tod. Wir müssen den Weg der Schlageter und Görges bewußt weitergehen und ihr Werk vollenden.«[100]

»Politisch unreif«, vermerkte ein Mitarbeiter der Rheinischen Volkspflege handschriftlich an diesem Bericht, aber das traf nicht allein auf den 19jährigen Best zu, der sich in seinen hektographierten Pamphleten zwar wortradikal exponierte, zugleich aber von direkter Aktion fernzuhalten verstand und persönlich zwar zu den Saboteuren enge Beziehungen unterhielt, aber in den entscheidenden Momenten eben im »Büro« zu finden war, nicht bei den Kommandos. Das Urteil »politisch unreif« hatte vielmehr den radikalen Nationalisten insgesamt zu gelten, die mit der Propagierung des »Volksaufstands« einander an Radikalität zu überbieten trachteten und sich dabei auf die Erfahrungen zweier verschiedener historischer Situationen bezogen – auf die Novemberrevolution und auf die Zeit der Befreiungskriege. Dabei spielte insbesondere das Attentat des Studenten Karl-Ludwig Sand auf August von Kotzebue eine herausragende Rolle, weil in Analogie zur Situation von 1923 die Tat Sands als Auslöser des Befreiungskampfes des Volkes interpretiert wurde. »Man begeistert sich an der Erinnerung von 1813«, schrieb Friedrich Meinecke dazu im April 1924, und er ließ keinen Zweifel daran, was die Folge wäre, wenn die Völkisch-Radikalen »den großen Worten, an denen man bisher sich berauscht hat, die Tat würde folgen lassen und mit Hilfe einiger ausgegrabener Maschinengewehre und Munitionskisten den Versailler Vertrag über den Haufen werfen wollten. Es wäre eine heroische Torheit, über deren jammervollen Ausgang für Deutschland gar kein Wort zu verlieren ist.«[101]

Aber solche besonnenen Worte waren für Leute wie Best gerade Ausdruck des »Kapitulantentums« im deutschen Bürgertum, gegen das sie anrannten. Denn die Politik des »Volkskrieges«, wie sie Best und seine Gesinnungsfreunde lautstark vertraten, stieß nun doch auf zunehmende Ablehnung selbst in »streng nationalen« Kreisen, wo die anfängliche Bereitschaft, sogar eine gewalttätige Konfrontation in Kauf zu nehmen, angesichts des wirtschaftlichen Zusammenbruchs in Deutschland einer eher desillusionierten Kompromissbereitschaft zu weichen begann.[102]

Innerer und äußerer Feind

Die »Rheinlandarbeit« der Studenten und insbesondere des Hochschulrings war in diesen »nationalen Kreisen« gleichwohl weiterhin hoch geachtet. Das ging so weit, dass Reichskanzler Cuno, um den, einheitlichen Einsatz der Studenten im Abwehrkampf an Rhein und Ruhr zu ermöglichen, höchstpersönlich zwischen den Kontrahenten im »Verfassungsstreit« der Deutschen Studentenschaft um die Mitgliedschaft der jüdischen Studenten im Frühjahr 1923 zu vermitteln versuchte. Aber es war gerade die durch den Ruhreinfall forcierte politische Radikalisierung, die dem Hochschulring in der Frage der »Mitgliedschaft« – im Kern also in Bezug auf die Durchsetzung des Rassenantisemitismus – zum Sieg innerhalb der Studentenschaft verhalf.[103]

Der Vertretertag des DHR in Würzburg vom 29. bis 31. Juli 1923 wurde zum Höhepunkt der politischen Bedeutung und des Einflusses der studentischen Ringbewegung. Dabei stand die »Abwehrarbeit« an Rhein und Ruhr, über die Best als Leiter des Rheinlandamtes berichtete, im Mittelpunkt.[104] Zusammen mit

Martin Spahn, der an dem Vertretertag teilnahm und einen Vortrag hielt, formulierte er hier eine Entschließung, in der die unmittelbare politische Aktivierung für nationale und völkische Befreiungsarbeit gefordert und jedes Einlenken mit martialischen Worten abgelehnt wurde: »Wir betrachten ein Zurückweichen im Ruhrkampfe als Verrat an der Front und als staatlichen und völkischen Selbstmord. Wir fordern von Regierung und Volk die Durchführung des Widerstandes bis zum letzten Atemzuge. Wir billigen und verlangen in diesem Kampfe um Leben und Tod dem übermächtigen und feigen Feinde gegenüber die Anwendung aller Waffen, die uns verblieben sind. Wir bekämpfen jeden als Verräter, der aus bösem Willen oder aus Feigheit die deutsche Widerstandskraft untergräbt. Wir sagen auch denen Kampf an, die in verbrecherischem Leichtsinn gleichgültig an der Todesnot unseres Volkes vorbeigehen.«[105] Diese unverhüllte Befürwortung eines auch gewaltsamen Widerstandskampfes zeugte angesichts der militärischen Kräfteverhältnisse und der wirtschaftlichen Lage des Reiches davon, wie weit sich der Hochschulring, der nun bereits mehr als Zweidrittel der deutschen Studenten vertrat, mittlerweile von der Wirklichkeit entfernt hatte. Zugleich aber schürten solche Erklärungen zu einer Zeit, als die wirtschaftliche Katastrophe bereits täglich sichtbar und die Notwendigkeit des Abbruchs des »passiven Widerstandes« schon unabweisbar geworden war, die ohnehin überhitzten Erwartungen der völkischen Aktivisten und bereiteten den Boden für eine neue Verratslegende.

Als dann mit dem Rücktritt der Regierung Cuno am 12. August und dem Abbruch des passiven Widerstands durch die neue Regierung Stresemann am 26. September endlich eintrat, was lange überfällig war, waren Zorn und Verbitterung in der völkischen Studentenschaft entsprechend maßlos. Und als im Herbst 1923 die rheinischen Separatisten einen erneuten Putschversuch wagten, machten die Hochschulringstudenten auch dafür die »Kapitulationsregierung« verantwortlich.

Best war nach dem Würzburger Studententag zurück nach Mainz gefahren, um dort an den Kämpfen gegen die Separatisten teilzunehmen – als »Korrespondent« und »Berichterstatter« für die Darmstädter Abwehrzentrale und die Rheinische Volkspflege. Aber er war auch unmittelbar in die Auseinandersetzungen verwickelt. So gehörte er zu denjenigen, die im Oktober 1923 die Zeitung »Der Rhein- und Hessebauer«, die von dem Separatisten Schmitz-Epper geleitet wurde, in »nationale« Hände übergaben – was offenbar gewaltsam geschah, denn Schmitz-Epper wurde dabei erheblich verletzt.[106] Best hatte zudem Kontakte zu den antiseparatistischen Aktivisten der Gewerkschaften, und er zählte auch zu jenen Männern, die Ende Oktober 1923 vor jener Mainzer Druckerei Wache hielten, in der das städtische Notgeld gedruckt wurde und aus der die Separatisten sich zur Deckung ihres Bedarfs bedient hatten. Zusammen mit anderen wurde Best daraufhin von den Franzosen verhaftet, saß eine Woche im Gefängnis, wurde dann entlassen und später in Abwesenheit zu 25 Tagen Gefängnis verurteilt.[107]

Nach der Affäre mit dem französischen Offizier im Sommer 1919 war dies nun der zweite direkte Zusammenstoß mit der französischen Besatzungsmacht. Bests Einsatz für die deutsche Sache hatte zu einer bemerkbaren Reaktion des »Feindes« geführt, ihn zugleich aber auch persönlich in Gegensatz zur »versagenden«

Regierung in Berlin gebracht. Sein Geschichtsbild war von der Wirklichkeit, wie er sie wahrnahm, eingeholt worden – die Konstellation des November 1918 hatte sich für ihn im Herbst 1923 wiederholt: Die Kämpfer an der »Westfront«, zu denen er sich nun zählen konnte, waren erneut »verraten« worden: von der »Heimatfront«, vor allem aber von der Regierung. Mit allem Pathos kam diese Deutung der Ereignisse lm Aufruf des Deutschen Hochschulrings zum Ausdruck, der Mitte Oktober auf Initiative Bests vom Führerrat unter dem Titel »Deutsche Studenten!« herausgegeben worden war: »Zum zweiten Mal hat in verblendeter Hoffnung auf Verständigung mit dem Todfeinde unseres Vaterlandes das deutsche Volk selbst sich seiner letzten Waffe der Selbstverteidigung beraubt. Nachdem Versailles das deutsche Reich verstümmelt und durch tödliche Wunden zum Verbluten gebracht hat, sind Teile unseres Volkes, die unter parteipolitischer oder volksfremder Führung den letzten Sinn für Ehre und Lebensnotwendigkeiten einer Nation verloren haben, daran gegangen, das deutsche Volk des einzigen Gutes, das ihm unter den Trümmern des Zusammenbruchs noch verblieben war, des Willens zur nationalen Erhebung und. Befreiung, zu berauben.«[108] Auch hier stand der Zusammenhang von innerer und äußerer Situation im Vordergrund: Der Zerschlagung des »Reiches« durch den äußeren sei die Lähmung des »Volkes« durch den inneren Feind gefolgt; wobei »parteipolitisch« als denunziatorische Bezeichnung für die parlamentarische Regierungsform und »Volksfremdheit« für »separatistisch«, mehr noch für »jüdisch« zu lesen war.

Während jedoch bis dahin die konservativen Regierungen und besonders die Regierung Cuno in den Erklärungen des DHR noch geschont oder sogar unterstützt worden waren, war mit der Beendigung des passiven Widerstands der Bruch auch mit der Regierung Stresemann vollzogen. Die Studentenschaft gehe diesen Weg der »Sklaverei« nicht mit, hieß es in dem Aufruf weiter: »Die Stunde wird kommen, da es gilt zu zeigen, daß diese Arbeit nicht vergeblich gewesen ist, daß eine eiserne Zeit auch ein eisernes junges Geschlecht vorfindet, das für ihre Freiheit und Ehre unseres Vaterlandes zum letzten Opfer, zur Darbringung des eigenen Lebens bereit ist.« Das war die langfristige Perspektive, und es besteht kein Zweifel, dass hinter dieser so pathetisch und phrasenhaft klingenden Vision nicht nur vaterländischer Enthusiasmus, sondern auch politische Entschlossenheit steckte. Die kurzfristige Perspektive war am Schluss des Aufrufs angedeutet: Es gelte jetzt, »das ganze Gewicht der akademischen Jugend zu Gunsten der vaterländischen Bewegung ohne Rücksicht auf parteipolitische Einstellung in die Waagschale zu werfen. Jeder deutsche Student stellt sich unverzüglich der vaterländischen Kampfbewegung zur Verfügung.«

Hochschulring und Hitler-Putsch

Angesichts der Entwicklung in Bayern und im Reich in diesen Monaten war ein solcher Aufruf nicht misszuverstehen. Die Vorbereitungen auf einen von den »Vaterländischen Verbänden« und der Reichswehr getragenen Putsch, der von München ausgehen und ein diktatorisches Regime mit oder ohne von Seeckt in den Sattel heben sollte, waren bereits seit dem Spätsommer in Angriff genommen worden und mittlerweile weit gediehen. Die organisierte Gegenrevolution konnte sich dabei in ihren Plänen der Zustimmung des »nationalen Lagers« – von den Völkischen bis in DVP und Zentrum hinein – sicher sein. Dass dieser geplante »Marsch auf Berlin« sich jedoch beständig verzögerte, hatte vor allem zwei Gründe: Zum einen hatte die französische Regierung gegenüber Stresemann im Falle einer Rechtsdiktatur ganz unzweideutig mit militärischer Intervention gedroht, zum anderen hatte die in Bayern bereits starke, im übrigen Deutschland hingegen bis dahin nur wenig in Erscheinung getretene NSDAP Hitlers versucht, den bestimmenden Einfluss auf die Durchführung des geplanten Putsches zu erringen, ohne sich damit aber durchgesetzt zu haben.[109]

Im Hochschulring war das Verhältnis zu den Nationalsozialisten zwiespältig. Zahlreiche, vor allem bayerische Studenten insbesondere des Münchner Hochschulrings um den sudetendeutschen Studenten Kleo Pleyer befürworteten die Hitler-Partei, »deren Tempo und nicht zuletzt deren Gedankengänge den Studenten besser behagen als die ihnen bisher von den ›nationalen Politikern‹ vorgetragenen Probleme«, wie Walther Schulz schrieb. »Hier fanden sie den völkischen, den nationalen, den sozialen und den revolutionären Gedanken wieder, hier glaubten sie endlich die Brücke von den vorbereitenden Ideologien des Hochschulrings zur praktischen Politik gefunden zu haben.«[110]

Auf der anderen Seite waren – wohl bei der Mehrheit im DHR – die Vorbehalte gegen die Hitler-Bewegung beträchtlich, und zwar aus verschiedenen Gründen. Zum einen war sie »Partei«, und trotz ihres vehement antiparlamentarischen Gestus haftete ihr der Geruch des »Partikulären« an, was die Ringbewegung, zu der der DHR zählte, gerade hatte überwinden wollen. Der zweite Vorbehalt betraf die programmatische Unklarheit der NSDAP, die sich weder durch Debatten über Sachthemen noch über ein weltanschauliches Gebäude profilierte, sondern über Massenaufmärsche, Propaganda, Führerkult und unablässigen Aktionismus. Die »Weltanschauung« blieb demgegenüber relativ abstrakt – gerade dadurch konnte zwar der Eindruck entstehen, die NSDAP sei in sich geschlossener als die durch ständige Verbandsquerelen und Spaltungen gekennzeichneten völkischen Bünde. Für die Intellektuellen aus der Ring-Bewegung jedoch musste diese Geringschätzung der weltanschaulichen Grundierung des politischen Kampfes ein Greuel sein. Entsprechend kurz und ergebnislos war auch ein Treffen zwischen Moeller van den Bruck und Hitler ein Jahr zuvor verlaufen.[111] Ein dritter Grund für die distanzierte Haltung des DHR gegenüber der NSDAP lag im Verhältnis der NSDAP zu den »Massen«. Denn während beim Hochschulring, wie überall im Umkreis der Motzstraße, ein ausgesprochen elitäres Politikverständnis und ein höchstens instrumentales Verhältnis zu den »Massen« vorherrschte und die Stilisierung des »Volkes« zur Zentralkategorie des politischen Denkens nicht die konkreten Menschen, sondern eine abstrakte, selbständige, von den Individuen gelöste Größe meinte, waren bei der NSDAP im Appell an die »Volksmassen« deutlich plebiszitäre Elemente enthalten, was durch das antielitäre Gehabe Hitlers und seines Umfelds noch verstärkt wurde. Als vierter Punkt schließlich kam hinzu, dass Hitler den Kampf gegen die Ruhrbesetzung und die Emphase der nationalen Geschlossenheit gegen Frankreich schon am 15. Januar des Jahres als »Versöhnungsdusel« verhöhnt und mit der Parole »Nicht nieder mit Frankreich, sondern nieder mit den November-Verbrechern!« beantwortet hatte.[112] Das war im »nationalen Lager« auf Kritik und Ablehnung gestoßen; und zumal bei rheinischen Aktivisten wie Best musste eine solche Haltung, so unmittelbar nach Ende des »Ruhrkampfes«, der von den Hochschulring-Studenten als nationaler Kampf »um Leben und Tod« begriffen worden war, Unverständnis hervorrufen. Gleichwohl war nicht zu übersehen, dass – vom Ausgang her betrachtet – Hitler mit seiner Einschätzung so falsch nicht gelegen zu haben schien. Der »Verrat« der Regierung Stresemann bestätigte die These, dass erst der Sieg über den »inneren Feind« die Voraussetzungen für einen erfolgversprechenden Kampf gegen Frankreich böte.[113]

Der Hochschulring unterstützte die Münchner Putsch-Pläne Kahrs und Lossows. Nicht zuletzt aus den Erfahrungen des Kapp-Putsches heraus aber bestand der DHR-Führerrat darauf, dass nur im Zusammenwirken mit der Reichswehr gehandelt würde. Anfang November kam dieserhalb der Vorsitzende des DHR, Erich Müller, nach München und verhandelte mit den verschiedenen Gruppen und Verbänden über die Beteiligung des DHR am geplanten »Marsch auf Berlin«, beharrte aber darauf, dass »die einheitliche Front aller vaterländischen Organisationen« und der »Zusammenhang mit der legalen Formation«, womit die Reichswehr gemeint war, gewährleistet sein müsse.[114] Als aber dann Hitler am 8. November allein losschlug und seinen dilettantischen Putschversuch startete, das vom DHR geforderte Zusammengehen aller vaterländischen Organisationen mit der Reichswehr aber nicht zustande gekommen war, hielt sich die Reichsführung des Hochschulrings zurück. Der Münchner Ortsverband unter Pleyer allerdings unterstützte Hitlers Putschunternehmen; in Verbindungshäusern wurden Waffen ausgeteilt, und an dem »Marsch auf die Feldherrnhalle« nahm außer der SA-Studentenkompanie Rudolf Hess auch der Münchner Hochschulring teil. Mit dem Burschenschaftler Karl Laforce gehörte auch ein Hochschulring-Student zu den Toten an der Feldherrnhalle.[115]

Der Münchner Putschversuch forcierte auch die Auseinandersetzungen innerhalb der völkischen Studentenbewegung. Bereits in den Tagen nach dem 9. November war es bei zahlreichen studentischen Versammlungen zu heftigen Kontroversen zwischen den dem DHR angeschlossenen katholischen Studentenverbindungen und den NSDAP-nahen Studenten des Münchner Hochschulrings um Pleyer gekommen, der den bayerischen Generalstaatskommissar Kahr als »Juden- und Jesuitenknecht« beschimpft und erklärt hatte, der Hochschulring sei schon bei seiner Gründung »gegen den Internationalismus jeder Färbung« angetreten, dies habe sich nun in München bestätigt. Hier stehe Weltanschauung gegen Weltanschauung, und der Kampf sei auch gegen die »schwarze Internationale« zu führen.[116] Pleyer traf damit eine im Hochschulring durchaus vorhandene Überzeugung, die allerdings um des vorrangigen Zieles der Einheitlichkeit der völkischen Studentenschaft willen in den früheren Jahren hintan gehalten worden war. Einerseits hatten die Auseinandersetzungen um die Münchner Ereignisse zahlreiche Austritte katholischer Studenten und Korporationen aus dem DHR zur Folge, andererseits resultierte daraus die Gründung eines selbständigen, nationalsozialistisch orientierten Verbandes um Pleyer, die »deutschvölkische Studentenbewegung«, deren hochschulpolitische Zielsetzung in der Durchsetzung des »völkischen Prinzips« auch in der reichsdeutschen Studentenschaft, mithin des Ausschlusses der jüdischen Studenten, bestand, ohne aber größere politische Bedeutung erlangen zu können.[117]

Solche Erosionserscheinungen an den Rändern deuteten bereits an, dass die Idee einer integrativen Sammlungsbewegung der verschiedenen »völkischen« Gruppierungen unter einem Dach auf längere Sicht nicht mehr trug. Zum einen, weil die politische Spannbreite des Hochschulringes zu groß wurde; zum anderen war nicht zu übersehen, dass mit dem Auftreten einer politischen Partei, die von sich behauptete, sie sei bereits die politische Kraft, die das völkische Deutsche Reich erkämpfen werde, der Ansatz der Ringbewegung in Frage gestellt wurde, wonach durch beständige inhaltliche, »geistige Auseinandersetzung« innerhalb des vielgestaltigen »nationalen Lagers« und durch die praktische politische Arbeit selbst sich im weiteren Verlauf der politischen Entwicklung die richtige Form und Zielsetzung der völkischen Umgestaltung »organisch«, also gewissermaßen von selbst herausstellen werde. Im Vergleich zu dieser intellektuellen und »pluralistischen«, dabei sehr elitären Konzeption erschien der propagandaumtönte Aktionismus der Hitler-Bewegung zwar als ausgesprochen plebejisches Unternehmen, aber doch auch als die sowohl radikalere wie modernere Variante.

Auf der anderen Seite machte sich nach dem Scheitern des abenteuerlichen Putschversuches auch auf der Rechten eine gewisse Ernüchterung breit, die in mancher Hinsicht an die Erfahrungen nach dem Kapp-Putsch anknüpfte. Mit einem schnellen Ende der Weimarer Republik, das schien zu Anfang 1924 offen-kundig, war wohl nicht zu rechnen, ebenso wenig wie mit der Wiederauferstehung der nach dem November-Debakel zerfallenen und nun überall verbotenen Hitler-Partei. Gleichwohl blieb das radikal ablehnende Verhältnis der rechtsradikalen Studenten zur Republik von Weimar und den demokratischen Parteien bestehen, es verstärkte und stabilisierte sich noch. »Indem dieser Staat«, schrieb Friedrich Meinecke über die Situation an den deutschen Universitäten seit 1923, »von Jahr zu Jahr sich befestigt, schwinden die Hoffnungen, die etwa zur Zeit des Kapp-Putsches einmal schon ganz explosiv aufgeflammt waren, und gewöhnt man sich an das Bestehende, da es in absehbarer Zeit nicht zu ändern ist. Aber die innere Verhärtung gegen die neue Zeit ist nach meinen Betrachtungen eher noch starrer und bitterer geworden.«[118]

Ende der »schnellen Lösung«

Der Schwerpunkt der politischen Tätigkeit Bests hatte sich nach der Episode des Münchner Putsches, der für einige Zeit alle Aufmerksamkeit des DHR-Führerrates auf sich gezogen und zu schweren Spannungen in der Organisation geführt hatte, wieder ganz auf den »Rheinland-Kampf« verlegt. Wegen der ablehnenden Haltung der NSDAP gegenüber den Kämpfern im besetzten Westen und wegen ihrer »unaristokratischen«, massenbezogenen Politik stand Best wie der überwiegende Teil der Hochschulring-Führung den Hitler-Leuten relativ distanziert gegenüber.

Im Rheinland und speziell in Hessen waren die gewalttätigen Auseinandersetzungen mit den Separatisten um die Jahreswende 1923/24 im Wesentlichen abgeschlossen, die Niederlage der separatistischen Bewegung total. Zwar wurden die Führer der Putschisten von der französischen Besatzungsmacht geschützt, und nicht wenige von ihnen gingen auch nach Paris oder Brüssel ins Exil. Dennoch gelang es einem Kommando von Bund Oberland und Organisation Consul unter Führung des Zweibrücker Rechtsanwalts Edgar Jung am 9. Januar 1924, den pfälzischen Separatistenführer Heinz-Orbis zu ermorden.[119] Jung, nach dem Kriege zunächst Freiwilliger im Freikorps Epp in München, war seit 1922 einer der führenden Aktivisten im pfälzischen »Abwehrkampf«, wo er mit Hilfe einer Jugendgruppe der DVP einen »Kampfbund gegen die Separatisten« gegründet und angeleitet hatte. Dadurch stand er auch mit dem Hochschulring in Verbindung, für den er gelegentlich Vorträge bei Schulungswochen hielt; seit dem Herbst 1923 stand er auch mit Best in engem Kontakt.[120]

Der Mordanschlag auf Heinz-Orbis war für die französische Besatzungsmacht der Anlass, schärfer gegen die Aktivisten der Rheinlandbewegung vorzugehen. Die Zahl der Hausdurchsuchungen und Verhaftungen stieg, beinahe alle völkisch-radikalen Gruppen waren mittlerweile im Rheinland verboten, und die Bedingungen für die politische Betätigung der nationalistischen Aktivisten wurden schwieriger.[121] Best, der zum Wintersemester 1923/24 von Frankfurt an die Universität Gießen gewechselt war, versuchte seit Anfang 1924, die Rheinlandarbeit angesichts der neuen Bedingungen zu reorganisieren. Dem diente vor allem die Abhaltung einer »Westmarkenwoche« des DHR im Februar in Gießen. Interessanter als das Programm selbst, das sich auf die gängigen Themen – rheinische Geschichte, großdeutscher Gedanke, französische Kulturpropaganda, Arbeit des Hochschulrings – beschränkte, war dabei die Teilnehmerliste dieser Tagung, bei der insgesamt etwa 120 Studenten und zahlreiche Gäste zugegen waren: Die Eröffnungsrede hielt Vizekanzler und Innenminister Jarres von der DVP, der hier, wie es in einem Bericht des DHR hieß, »vielleicht als erster Reichsvertreter nach dem Kriege den Mut fand, öffentlich klipp und klar unseren entschiedenen Widerstandswillen bis zum äußersten zu verkünden«.[122] Weitere Sprecher waren der Syndikus der Industrie- und Handelskammer Köln, Mayer, der Leiter der Rheinischen Volkspflege, Rühlmann, und natürlich Martin Spahn. Die Veranstaltung wurde finanziert von der RVP, einer Reihe von Professoren sowie vom Deutschen Arbeitgeberverband, für den der Geschäftsführer der Berliner Arbeitgeberverbände, von Zengen, an der Tagung teilnahm. »Die ganze Versammlung stand unter stark rechtsgerichteten, besonders antisemitischen Gedanken«, berichtete Rühlmann dem Innenministerium; dabei dürfe aber »die aufrüttelnde Kraft der Arbeit des Hochschulringes nicht verkannt werden«.[123] Die Gießener Tagung verdeutlichte, wie breit die gesellschaftliche Unterstützung für den Hochschulring und insbesondere für seine Rheinlandarbeit mittlerweile war und wie hoch hinauf seine Verbindungen reichten. Die studentischen Anhänger des radikal-antisemitischen Hochschulrings, aus deren Mitte die Mörder Erzbergers und Rathenaus stammten und die zu Teilen den Hitler-Putsch unterstützt hatten, waren keine marginalisierte Splittergruppe, sondern erfreuten sich der persönlichen Unterstützung von Vizekanzler und Arbeitgeberverband. Sie standen nicht am Rande, sondern in der Mitte der Gesellschaft.

Neben der Rheinlandarbeit des DHR setzte Best auch seine Tätigkeit als »Kundschafter« für die Darmstädter Abwehrstelle und die Rheinische Volkspflege fort. Vor allem für den Leiter der Abwehrstelle, Schneider, lieferte er Berichte über die Tätigkeit der Besatzungsarmee und über die Haltung der deutschen Bevölkerung sowie Dossiers über Personen, die mit den Separatisten zusammengearbeitet hatten – so über den Kreis um den Separatistenführer Dr. Gürten sowie über einzelne, separatistischer Neigungen verdächtige Mainzer Bürger.[124] Best war mittlerweile nur noch über Deckadresse erreichbar, reiste während der Semesterferien im besetzten Gebiet herum und versuchte, die abbröckelnde studentische »Abwehrarbeit« vor allem an den Universitäten in Bonn, Aachen und Köln aufrechtzuerhalten und zu koordinieren. Angesichts dieser ausgedehnten Tätigkeit konnte es nicht ausbleiben, dass die französische Sicherheitspolizei wachsendes Interesse an Best entwickelte und ihn seit dem Spätherbst 1923 beobachten ließ.

Mitte April 1924 war Best nach Berlin gefahren, um am ersten »Deutschen Akademikertag der völkischen Altakademiker-Verbände« teilzunehmen – eine jener zahlreichen Gelegenheiten, bei denen sich einflussreiche Politiker, Unternehmer und Intellektuelle des »nationalen Lagers« quer zu den Parteizugehörigkeiten und relativ unbelästigt von öffentlichem Interesse zu treffen und auszutauschen pflegten.[125] Anschließend sprach er in Berlin in der Zentrale der RVP vor; er war mittlerweile in arge Geldnöte geraten, hatte sich verschuldet und war nun auch finanziell auf die Tätigkeit als »Kundschafter« für RVP und Abwehrstelle angewiesen. Als er danach nach Mainz zurückkehrte, wurde er von der französischen »sûreté« verhaftet und ins Mainzer Stadtgefängnis gebracht. Anschließend wurden die Mainzer Wohnung der Familie Best durchsucht und zahlreiche Unterlagen beschlagnahmt. Bests Verhaftung stand im Zusammenhang mit einer größeren Aktion der französischen Besatzungsbehörden gegen Angehörige nationalistischer Geheimorganisationen im Rheinland am 22. und 23. April, die durch Meldungen über militärische Übungen jugendlicher Rheinländer ausgelöst worden waren. Etwa 200 Aktivisten der verbotenen nationalistischen Bünde – Best gehörte mit dem DHR, dem Jungnationalen Bund und dem Deutschvölkischen Schutz- und Trutzbund wenigstens dreien davon an – wurden dabei festgenommen.[126]

Best war jetzt 20 Jahre alt; seinen 21. Geburtstag erlebte er im Gefängnis. Innerhalb weniger Monate war er zum zweiten Mal verhaftet worden. Aber während die Affäre vor der Notgelddruckerei glimpflich ausgegangen war, wurde es nun ernst, und Best musste mit einer langjährigen Strafe – und wenn es zu einer Anklage wegen Sabotage kam, sogar mit der Todesstrafe – rechnen. In einem aus dem Mainzer Gefängnis geschmuggelten Brief an Rühlmann beschrieb er seine Lage; seinem Bericht ist die Vermengung von Stolz, »heroischer« Haltung und Verzagtheit anzumerken: »Ich wurde am 23. April hier auf der Straße von zwei sûreté-Beamten verhaftet, als ich gerade für einen kurz vorher verhafteten Freund einen Rechtsanwalt befragen wollte. Die Verhaftung hatte natürlich keinen unmittelbaren Anlass, sondern den Zweck, mich aufgrund des allgemeinen Verdachts politisch auszuschalten. Die Anklagepunkte fanden sich denn auch erst nach meiner Verhaftung: Zugehörigkeit zum Deutschen Hochschulring und Besitz von Waffen, d. h. von 20 Gummiknüppeln, die durch eine der vielen vorgenommenen

Haussuchungen bei einem meiner Freunde gefunden wurden. Um eine Spionage-anklage, die zunächst vorgesehen war, habe ich mich herumdrücken können. Ich habe beim Abschluß der Untersuchungen meine Akten durchstudiert und fand, daß die sûreté mich in ihrem Bericht als Mitglied von 4 verbotenen Verbänden, als Träger der contrespionage und Mitarbeiter von Kapitän Schneider[127] bezeichnet hat. Seit 2 Jahren wurde ich bereits überwacht. Schmeichelhaft, nicht wahr. Am 9.7. soll ich verurteilt werden. Nach einem in der letzten Woche abgeurteilten Falle, in dem einige Bauernjungen aus Argental im Hunsrück wegen Verteilung von Flugblättern und Singen verbotener Lieder 3 bzw. 1 Jahr erhielten ..., rechne ich mit einigen Jahren, die mir durch die nicht in der Anklage enthaltenen Beschuldigungen ›angereichert‹[128] werden müssen! ... Uns ist in letzter Zeit öfter gesagt worden, daß die Reichsregierung unsere Befreiung mit der Straflosigkeit aller Separatisten erkaufen wolle. Teilen Sie bitte dem Rheinminister mit, daß die meisten von uns diese Absicht mit Entrüstung ablehnen und es als Beleidigung empfinden, mit dem Separatistengesindel als Tauschobjekt gleichgestellt zu werden. Das Reich soll unseretwegen nicht um einen Zentimeter zurückweichen!«[129]

Bests Verhaftung erregte in der Tat einiges Aufsehen, zum einen, weil er als aktiver Mitarbeiter von RVP und hessischer Abwehrstelle für die offiziösen Spionagestellen des Reiches und Hessens im Rheinland tätig gewesen war; zum anderen war er der erste Student, der wegen seiner Mitgliedschaft im Hochschulring, den die Franzosen als gefährliche Geheimorganisation ansahen, angeklagt wurde. Aus diesem Grund und wegen der Beschaffung der Gummiknüppel wurde Best am 12. Juli vom französischen Kriegsgericht in Mainz zu drei Jahren Gefängnis und 1.000 Mark Geldstrafe verurteilt. Angesichts der vorgebrachten Beschuldigungen war dies ein überaus hartes Urteil. Aber unter Berücksichtigung seiner tatsächlichen Aktivitäten hatte Best noch Glück gehabt, denn die Spionagetätigkeit für RVP und Abwehrstelle war ihm ebenso wenig nachzuweisen gewesen wie Verbindungen zu Attentätern und Sabotagekommandos.[130]

Bests Verurteilung war für verschiedene Stellen Anlass, sich energisch für seine Befreiung einzusetzen. Erich Müller, der Vorsitzende des DHR, intervenierte beim Reichsminister für die besetzten Gebiete[131], und auch die Frankfurter Arbeitsgemeinschaft Vaterländischer Verbände beschwerte sich bei der Reichsregierung über deren Zurückhaltung im Falle Best mit der nicht ganz von der Hand zu weisenden Begründung, dass dieser schließlich »mit Wissen und Auftrag der Spionageabteilung der Reichsregierung« tätig gewesen sei; nun aber kümmere sie sich nicht um Best.[132]

Tatsächlich aber war es Best selbst, der Hilfestellung von Seiten der Behörden ebenso ablehnte wie die Einreichung eines Gnadengesuchs. Er wolle »keinen Franzosen um Gnade bitten«, sondern müsse für seine »Mitarbeiter und Freunde« ein Vorbild sein und könne deshalb nicht um Strafaufschub bitten – ein Verhalten, das zwar sowohl bei dem Rechtsanwalt wie bei der Reichsregierung Kopfschütteln auslöste, bei seinen politischen Freunden aber als Beweis für besonders unbeugsames, ehrenhaftes und stolzes Auftreten, als Ausdruck der »heroischen« Haltung Bests angesehen wurde.[133] Ein Gnadengesuch hätte nicht nur als Schwäche vor dem Feind gegolten; die größere Gefahr wäre gewesen, dass der »Feind« sich hätte gnädig und kompromissbereit zeigen können, was wiederum den

»wirklichen«, »schicksalsmäßigen« Konflikt zwischen Deutschen und Franzosen überdeckt und so die Kampfbereitschaft auf deutscher Seite beeinträchtigt hätte.[134]

Bests Rettung nahte aber von anderer Seite. Zum einen hatte seine Mutter für den gerade volljährig gewordenen Sohn ein Gnadengesuch eingereicht, zum anderen bemühte sich die Reichsregierung bei den Londoner Reparationsverhandlungen um eine Amnestie für die im Rahmen des »Ruhrkampfes« von den Besatzungsmächten eingesperrten Deutschen.[135]

Am 12. September 1924 wurde Best nach fast einem halben Jahr aus der Haft entlassen. Er war nun noch stärker motiviert, politisch »für Deutschland« tätig zu werden. Sogleich fuhr er nach Berlin zur Zentrale des DHR und zur Rheinischen Volkspflege, um eine »Konferenz aller an der Abwehr beteiligten amtlichen und halbamtlichen Stellen« anzuregen, an der neben den Vertretern der Abwehrstellen auch Edgar Jung und natürlich Best selbst teilzunehmen hätten.[136] Kurz darauf hatte er bereits eine neue Denkschrift – »Vorschläge zur Fortführung der Abwehrarbeit im besetzten Gebiet« – fertiggestellt. Gegen die Vorstellungen, mit den Londoner Vereinbarungen sei der Abwehrkampf überflüssig geworden, betonte er darin die Notwendigkeit der Fortsetzung des Kampfes – nun aber insbesondere gegen alle pazifistischen Tendenzen, die vor allem von den ehemaligen Separatisten verfolgt würden, sei es in der Zeitschrift »Menschheit« oder in der »Liga für Menschenrechte«. »Alle diese Verbände«, betonte er, »leisten sich bereits eine unverschämte antideutsche Propaganda. Diese ›pazifistischen‹ Erscheinungen sind angesichts der Friedenssehnsucht weiter Teile der schwergeprüften rheinischen Bevölkerung nicht zu unterschätzen!« Dagegen müssten die deutschen Abwehrorganisationen vorgehen – durch Reaktivierung des Vertrauensmännernetzes sowie durch gezielte, vor allem mündliche Gegenpropaganda und Verteilung von Broschüren und Zeitungen. Dazu sei nunmehr allerdings »unser Frankfurter Büro« mit einer bezahlten Hilfskraft auszurüsten, da es »ganz unmöglich ist, daß hierfür unsere Mitarbeiter, die hauptberuflich anderweitig beschäftigt sind, in dieser ›stilleren‹ Zeit dauernd bereitsitzen« – Kostenpunkt: 700 Mark monatlich.[137] Eine »Veramtlichung« seines politischen Abwehrkampfes – das war es, was Best vorschwebte; und obwohl man ihm einen Teil seiner Kosten erstattete, blieben die Behörden skeptisch.[138] So wurden die Zahlungen an Best bald eingestellt; angesichts der veränderten internationalen Lage und insbesondere seit der Verbesserung der deutsch-französischen Beziehungen passten die geheimdienstähnlichen Aktivitäten der RVP und insbesondere ihrer studentischen Mitarbeiter nicht mehr in die politische Landschaft – die Zeit des politischen Rheinlandaktivismus war vorbei.[139]

Best hatte jetzt seit zweieinhalb Jahren all seine Energie in den »Rheinischen Abwehrkampf« gesteckt und war dabei zweimal verhaftet und ins Gefängnis gebracht worden. Nun war insbesondere der zweite Gefängnisaufenthalt gewiss keine angenehme Erfahrung gewesen, aber er bildete doch den Höhepunkt von Bests politischer Aktivität während seiner Jugendzeit und gleichzeitig eine Bestätigung seines politischen Weltbildes von solcher Prägekraft, dass es gewiss nicht als nachträgliche Stilisierung zu bezeichnen ist, wenn Best bis ins hohe Alter hinein in seinen biographischen Notizen diese Zeit als wichtige Weichenstellung seines Lebens herausgestellt hat.

Nun war dies keine Einzelerfahrung; zwar gehörte Best zu der relativ kleinen Gruppe der Daueraktivisten der völkischen Studentenbewegung, aber seine Erfahrungen und die seiner Mitstreiter wurden als generationstypisch perzipiert, zumal die harschen Reaktionen der Besatzungsbehörden auf den Aktivismus der nationalistischen Studenten in deren Augen gerade als Beweis für die Wirksamkeit und Richtigkeit des eigenen Handelns galten. Solange sich dies auf nationalistische Eruptionen in Auseinandersetzung mit einer weder sonderlich behutsam noch politisch skrupulös auftretenden Besatzungsmacht beschränkte, wäre dieser Zirkelschluss im Hinblick auf die politischen Perspektiven der deutschen Nachkriegsjugend noch nicht so beängstigend gewesen. Aber durch den Bezug auf die »völkische Weltanschauung« wirkte eine Erfahrung wie der Gefängnisaufenthalt Bests eben als Bestätigung des gesamten ideologischen Gebäudes: die Verbindung zwischen der Bedrohung von außen und der von innen; der Geist des »Internationalismus« als Bindeglied zwischen beiden; das »völkische« Denken als Gegenpol zu internationalistischem und universalistischem Gedankengut; »Volk« als Bluts- und Kulturgemeinschaft statt des modernen Staatsbürgerprinzips – daraus folgernd Antiliberalismus, Antiparlamentarismus, Antisozialismus und vor allem Antisemitismus.

Die »schnelle Lösung« aber, die die radikale Rechte nach dem Krieg nun mehrfach versucht hatte, hatte sich endgültig als untauglich erwiesen, um die »Revision von Kiel und Versailles«, den Triumph über inneren und äußeren Feind, zu erreichen. Weder der Kapp-Putsch noch das Münchner Putschprojekt waren erfolgreich gewesen, und ebenso wenig hatte sich der Ruhrkampf zum allgemeinen Volksaufstand entwickelt – insofern ging Best in die »stillere Zeit« nach 1924 im Bewusstsein der Niederlage. Zugleich aber hatten die Ereignisse der vergangenen Jahre die Überzeugung, auf der richtigen Seite der Geschichte zu stehen, noch verstärkt. Nur war die Form, in der der Kampf für diese Ziele zu führen war, noch unklar, und es würde eines längeren Klärungsprozesses bedürfen, um den richtigen politischen und organisatorischen Weg dorthin bestimmen zu können.

II. Politik gegen die Republik

1. Heroischer Realismus

Zeit der Bünde

Nach der Niederlage von 1923/24 war die radikale Rechte in Deutschland zersplittert und desorientiert, aber sie war nicht schwach. Im Innenministerium unterschied man drei Gruppen in der Rechtsbewegung – die deutschvölkischen und nationalsozialistischen Organisationen mit Deutschvölkischer Freiheitspartei, Völkischem Block und NSDAP sowie zahlreichen Splittergruppen; die »Vaterländischen Verbände« mit ihren unzähligen Einzelgruppen, die insgesamt zum Umfeld der DNVP zu zählen waren; sowie als stärkste Gruppe den Jungdeutschen Orden und den Stahlhelm, deren Mitgliederzahl die Behörden Mitte 1925 auf etwa eine Million schätzten. Neben diesen Verbänden existierte noch eine Unzahl von kleineren und kleinsten Bünden, Ringen, Clubs oder Orden, die sich mit ihren Zeitungen und Publikationen meist um einzelne Personen scharten und sich ebenso schnell wieder auflösten und neu gründeten, wie sie entstanden waren.[1] Innerhalb dieses Milieus waren die Querverbindungen und Kontakte seit Mitte der 20er Jahre eher noch stärker ausgeprägt als in der unmittelbaren Nachkriegszeit und zudem durch zahlreiche unpolitisch scheinende Assoziationen gestützt, für die der Altherrenverband des Hochschulrings nur ein, allerdings bedeutsames, Beispiel war. Die in dieser Struktur zum Ausdruck kommende Ablehnung des Parteiwesens, das als Element des der deutschen politischen Tradition fremden demokratischen Parlamentarismus angesehen wurde, und der Aufstieg des »Bund«-Gedankens fanden Zustimmung im gesamten »nationalen Lager« bis hin zu den bürgerlichen Mittelparteien. Vor allem aber waren sie Ausdruck der Entfremdung zwischen den Generationen, wobei die Führungen der Parteien insbesondere von der »Kriegsjugendgeneration« als überaltert, unbeweglich und überholt angesehen wurden.

Dieses Milieu der Bünde und Verbände war politisch wie organisatorisch von durchgreifenden Widersprüchen gekennzeichnet. Auf der einen Seite stand die »Vereinsmeierei grade auf diesem Gebiete in höchster Blüte«, wie ein Berichterstatter im Berliner Innenministerium formulierte; es herrsche hier »eine ungeheure Zersplitterung und gegenseitige Bekämpfung«.[2] Auf der anderen Seite waren die personellen und institutionellen Querverbindungen und auch das Empfinden der Gemeinsamkeiten so stark, dass die Versuche, eine Sammlungsbewegung zur Integration und Vereinheitlichung der Bünde zustande zu bekommen, sehr zahlreich, freilich auch immer ergebnislos waren – darin lag die Crux der so häufig apostrophierten »Neuen Front«, wie sie von Hans Zehrer und anderen immer wieder gefordert wurde.[3]

In Hessen war die Lage der Rechten womöglich noch verworrener als in anderen Teilen des Reiches, weil hier durch die lange Tradition rechtsgerichteter und explizit antisemitischer Bauernparteien das rechte Spektrum noch komplizierter zusammengesetzt war und zudem die territoriale Zersplitterung der Region in den Volksstaat Hessen-Darmstadt und das preußische Hessen sowie in besetztes und unbesetztes Gebiet übergreifende Einigungsbestrebungen auf der Rechten zusätzlich erschwerte.[4] Gleichwohl gab es ernsthafte Versuche in diese Richtung, und an ihnen war auch Werner Best beteiligt.

Nachdem seine Tätigkeit als bezahlter »Kundschafter« und Abwehrorganisator Anfang 1925 jäh beendet worden war, hatte er sich dem Rat des Leiters der Darmstädter Abwehrstelle, Schneider, gefügt und sich verstärkt auf sein Studium konzentriert. Trotz seiner vielfältigen politischen Daueraktivitäten war Best durchweg ein fleißiger und ehrgeiziger Student gewesen. Das Studium wegen der Politik zu vernachlässigen, hätte dem elitären Selbstverständnis der völkischen Studentenführer auch widersprochen. So gelang es ihm, bereits im Mai 1925 sein Examen zu machen. Im Herbst 1927 wurde er mit einer arbeitsrechtlichen Untersuchung »Zur Frage der gewollten Tarifunfähigkeit« promoviert, die zwar ausgesprochen arbeitgeberfreundlich, insgesamt aber durchaus unpolitisch und einigermaßen gründlich war. Anschließend durchlief er bei verschiedenen Gerichten, Verwaltungsbehörden und Rechtsanwälten in Hessen den juristischen Referendardienst, den er im September 1928 mit guten und sehr guten Noten abschloss. »Gute theoretische Kenntnisse, rasche Auffassungsgabe, Selbständigkeit der Urteile, Belesenheit und großer Fleiß werden herausgehoben«, hieß es in seiner Beurteilung für den Justizdienst. Best war einer der besten Studenten seines Prüfungsjahrgangs; einer womöglich glänzenden juristischen Karriere stand deswegen und aufgrund seiner guten Beziehungen nichts im Wege.[5]

Politisch galt Best mit seinen 22 Jahren mittlerweile als arrivierter Aktivist und genoss in »nationalen Kreisen« Rheinhessens einen guten Ruf. So war es nicht verwunderlich, dass es ihm im Herbst 1925 gelang, zusammen mit dem Grafen Georg Friedrich von Solms-Laubach, einem Mitglied des »Herrenclubs«, den »Nationalblock in Hessen« zu gründen, dem vom Stahlhelm über Jungdeutschen Orden und Junglandbund bis zu den hessischen Bauernverbänden fast alle radikalen Bünde und Verbände Hessens angehörten.[6] Dieser »Verbände-Verband« war zunächst nicht mehr als eine Art von Kontaktstelle zur Koordination der Aktivitäten der einzelnen Gruppen; dem diente auch ein von Solms-Laubach finanzierter und von Best geleiteter Pressedienst. Aber die »Passivität und Eigenbrödelei« der Verbände hatten zur Folge, dass dieser regionale Sammlungsversuch bald ebenso einschlief wie zahlreiche andere vorher und nachher auch. Zwar wuchs die Zahl der Bünde und die ihrer Mitglieder in den letzten Jahren Weimars weiter – in Hessen wie im Reich insgesamt –, aber politische Perspektive und Schlagkraft vermochten diese nicht zu entwickeln.

Best blieb bis in die späten 20er Jahre auch dem Hochschulring eng verbunden und versammelte eine Anzahl von ehemaligen Aktivisten um sich (den »Best-Kreis«, wie er im Jargon der Zeit sogleich genannt wurde), um im DHR für die »radikale völkische Linie«, insbesondere in der Frage der »Mitgliedsformel«, also der »Judenfrage«, einzutreten, und behielt auf diese Weise sowohl seinen Einfluss auf die Politik des Verbandes als auch Kontakt zu den jüngeren völkischen Aktivisten unter den Studenten.[7] Aber auch das verlor sich, und in den Zirkeln der rechtsradikalen Intelligenz begannen seit 1926/27 verstärkt Debatten über die Zukunft der nationalen Bewegung. Auch Bests Interesse konzentrierte sich bald mehr auf theoretische Debatten im kleinen Kreis als auf politischen Aktivismus. Zu diesem Zweck organisierte er in Mainz politische Vortragsveranstaltungen in dem eigens dazu gegründeten »Nationalen Club«.

Seine politischen Vorstellungen waren nach wie vor geprägt von der Hoffnung auf eine nationale Revolution »von oben« mit Hilfe des Reichspräsidenten, der Reichswehr, der nationalen Verbände und der rechten Intelligenz. Sein Weltbild war radikal nationalistisch, antiliberal, antisemitisch und von jenem völkisch-revolutionären Gestus beeinflusst, den Best im Umkreis des Hochschulrings und während des Ruhrkampfes angenommen hatte – zugleich aber auch elitär, »aristokratisch« und zudem nicht frei von akademischem Dünkel, wie er in den studentischen Korporationen der Zeit häufig, ja die Regel war und durch das exaltierte Selbstbewusstsein des weltanschaulichen Kämpfers noch zugespitzt wurde.[8] Aus beiden Komponenten setzte sich bei ihm wie bei anderen jenes elitär-revolutionäre Ideengemisch zusammen, das für die junge rechte Intelligenz der späten 20er Jahre insgesamt so kennzeichnend wurde. Die Deutschnationale Volkspartei aber, der er seit 1919 angehört hatte, war für solche Vorstellungen nicht mehr die rechte Plattform. Best hatte vor allem zu Anfang der 20er Jahre in der Mainzer DNVP aktiv mitgearbeitet und während seiner Zeit im Führerrat des DHR über recht enge Kontakte zu der Berliner Parteiführung verfügt. Auch in Mainz hatte der »Nationalblock in Hessen« die DNVP mit einschließen sollen, aber sowohl programmatisch wie von der Führungsstruktur her empfand Best die DNVP seit langem schon als zu behäbig und vorgestrig, und folgerichtig verließ er die Partei im Frühjahr 1927.[9]

Demgegenüber waren die elitären und revolutionären Vorstellungen in den Clubs und Zirkeln der rechtsradikalen Intelligenz von größerer Faszination. Hier waren mittlerweile alle Ansätze, durch ein Bündnis aller möglichen vaterländischen Vereine und völkischen Parteien die Macht erringen zu wollen, beiseite getan worden. Die Aussichten auf einen baldigen politischen Wandel nach rechts schienen so gering, dass kompromisslose, radikale und dadurch bewusst elitäre Ideen unabhängig vom politischen Tagesgeschäft zu entwickeln – nicht notwendig auch zu verbreiten – nach den Jahren des pluralistischen Aktionismus der Rechten als die attraktivere Variante erschien. Im Rahmen solcher rechtsradikaler Akademikerzirkel wurde Best mit dem ganzen Spektrum des »nationalen Lagers« konfrontiert. Der stärkste Einfluss aber ging zweifellos von zwei führenden Vertretern der nationalistischen Intelligenz aus, mit denen er in enge Berührung kam und die beide auf ihre Art die politische, weltanschauliche und persönliche Entwicklung Bests prägten: Edgar Jung und Ernst Jünger.

Mit Edgar Jung war Best bereits seit der gemeinsamen Zeit als Aktivisten im rheinischen Abwehrkampf sowie aus dem Hochschulring bekannt und wohl auch befreundet. Die politischen Biographien Bests und Jungs weisen für die 20er Jahre deutliche Parallelen auf. Edgar Jung entstammte einem bürgerlichen Elternhaus in Ludwigshafen, schloss nach dem Krieg, an dem er als Leutnant teilgenommen hatte, das Studium mit einer juristischen Dissertation ab, war nach einer kurzen Zeit als Freikorpskämpfer in der rechtsgerichteten pfälzischen Deutschen Volkspartei und dann vor allem als Rheinlandkämpfer politisch aktiv, bis nach der Ermordung des Separatisten Heinz-Orbis im Januar 1924 die deutschen Behörden auf Distanz zu ihm gingen. Schon seit 1923, verstärkt aber seit Mitte der 20er Jahre, war Jung einer der engagiertesten Mitarbeiter der Ringbewegung und einer der führenden Köpfe in der Berliner Motzstraße. Den Deutschen Hochschulring, die jungkonservative Club-Bewegung und vor allem den ebenfalls in der Motzstraße residierenden »Deutschen Schutzbund«, den Dachverband zur Förderung des Auslandsdeutschtums, bezeichnete Jung später als die wichtigsten Ebenen seiner politischen Aktivitäten.[10] 1924 ließ er sich als Rechtsanwalt in München nieder, widmete sich bis Artfang der 30er Jahre vor allem der politisch-philosophischen Schriftstellerei und wurde von 1930 an wieder sehr aktiv in der praktischen Politik, bis er als führender Mitarbeiter Papens im Kontext der »Röhm-Krise« in München ermordet wurde.[11]

Vor allem das 1927 in erster und 1929 in zweiter, erweiterter Auflage erschienene Hauptwerk Jungs, »Die Herrschaft der Minderwertigen«, übte großen Einfluss auf das Weltbild und das politische Selbstverständnis Bests aus.[12] Auch für Jung war der Volksbegriff Stapels bzw. Fichtes die Grundlage seines politischen Denkens, aus dem heraus er seine Vorstellungen von der Auseinandersetzung zwischen Individualismus und Internationalismus auf der einen, Nationalismus und »völkischem« Denken auf der anderen Seite entwickelte. Wie für die völkischen Studenten des Hochschulrings war dabei auch für Jung die »Judenfrage« ein Teilaspekt der »Volkstums«-Problematik: Gerade weil es sich bei den Juden um ein eigenes »Volk« handele (das im Zionismus auch seine eigene völkische Theorie entwickelt habe), müsse die seit der Judenemanzipation begonnene Integration der Juden in die deutsche Gesellschaft rückgängig gemacht und den Juden ein »Minderheitenstatus« eingeräumt werden, schrieb Jung. Zugleich distanzierte er sich aber von allem individuellem Hass gegenüber den einzelnen Juden: Aufgrund ihrer »volklichen« Entwicklung seien die Juden allerdings geradezu prädestiniert, die Gedanken von »Menschheit«, »Individualismus« und »Internationalismus« zu vertreten, und deshalb sei eine auch politische Gegnerschaft zwischen deutschem und jüdischem Volk unvermeidlich.[13] Auch dies waren Gedanken, wie sie Best schon während seiner Studentenzeit im Hochschulring kennengelernt und im Rahmen des »Verfassungskampfes« propagiert hatte.

Die Bedeutung des Buches von Jung lag aber vor allem darin, dass hier eine zusammenfassende Darlegung der verschiedenen Aspekte der Gedankenwelt der rechtsradikalen Intellektuellen versucht wurde; und so erklärt sich auch der große publizistische Erfolg dieses »sehr beachtlichen Versuchs eines grundsätzlichen Entwurfs«, wie Best 1929 schrieb.[14] Dies galt insbesondere für die hier versuchte Verknüpfung von »volks«-bezogener politischer Philosophie mit »bevölkerungs-politischen«, insbesondere »rassenhygienischen« Vorstellungen, die in der »Herrschaft der Minderwertigen« breiten Raum einnahmen.[15] In Übernahme der wesentlichen Thesen der »rassenhygienischen Wissenschaft«[16] postulierte Jung zum einen die Gefahr des »Absterbens« des deutschen Volkes durch stark rückläufige Geburtenzahlen und zweitens die qualitative Verschlechterung der »Volkssubstanz« durch »negative Selektion«, da, so Jungs Begründung, im Kriege die jungen, oftmals die »besten« Männer gefallen seien und zudem die »tragenden«

Volksschichten wie Beamtenschaft und Mittelstand besonders wenige Nachkommen erzeugten, andererseits aber, gefördert durch moderne Sozialpolitik, die vom »Erbgut« her besonders niederstehenden Teile des Volkes sich besonders stark vermehrten. Die dritte große Gefahr drohe der deutschen »Vitalrasse« als »dem lebendigen Blutstrome, der Träger der deutschen Kultur ist«, durch Vermischung mit »wesensfremdem Blute«. Es drohe also eine allmähliche Verschlechterung der kollektiven Erbsubstanz des deutschen Volkes; dieser Gefahr müsse durch aktive Bevölkerungspolitik begegnet werden, und zwar zum einen durch aktive, »positive« Maßnahmen zur quantitativen Hebung der Bevölkerungszahl. Da aber auf der anderen Seite durch umfassende medizinische und sozialpolitische Hilfstätigkeit verhindert werde, dass »die körperliche Tüchtigkeit der Rasse durch Ausmerzung der untüchtigen Einzelwesen erhalten« bleibe, sei diese »aufgeblähte ärztliche Fürsorge zur künstlichen Erhaltung schwachen, kranken und minderwertigen Lebens« in Frage zu stellen. Zwar setzte sich Jung deutlich von »blutsmaterialistischem« Denken ab, welches allein im Erbgut den Motor menschlichen Handelns sehe, jedoch sei die Förderung des wertvollen und die Vernachlässigung des »minderwertigen« Erbgutes im deutschen Volkskörper die Voraussetzung für das Wiedererstarken des deutschen Volkes.

Jungs Überlegungen waren indes nichts weniger als originell, sie fassten lediglich gängige und in der Rechten weitverbreitete Thesen in vereinfachter Form zusammen. Jungs Buch war aber deswegen politisch so bedeutsam, weil hier die Ansätze von Erbbiologen, Bevölkerungswissenschaftlern und Rassehygienikern erstmals einigermaßen systematisch und auf eingängige, für ein größeres Publikum geeignete Weise mit den weltanschaulichen Konstruktionen des völkischen Denkens verbunden und in sie eingepasst wurden. Auf diese Weise wurde es möglich, nicht nur die politische Entwicklung in Deutschland, sondern tendenziell alle irritierenden und als Zeichen des Verfalls interpretierten Erscheinungsformen der modernen, der »Massengesellschaft« – von der »Asozialität« bis zur Verbreitung von Geisteskrankheiten – in den Kategorien »völkischen« und »organischen« Denkens zu verstehen und als verschiedene Ausdrucksformen eines einzigen Prinzips zu bewerten: des auf die Einzelmenschen statt auf das »Volk« abhebenden Liberalismus und Individualismus des 18. und 19. Jahrhunderts.

»Völkisch-organisches Denken« als Antinomie zu den Ideen von Liberalismus und Individualismus – das beschreibt auch das Weltbild Bests zu dieser Zeit. Dass der »minderwertige« Anteil in der erblichen Kollektivsubstanz des Volkes durch den Einfluss des Individualismus immer größer geworden sei, manifestierte sich für ihn im »eigenartlosen, entwurzelnden, fluktuierenden Massenmenschen der Großstadt«, wie er 1929 unter Bezug auf Jung schrieb. »Die (ohne eigene Schuld) Entarteten sind die Masse geworden und stellen ihre Artlosigkeit als Norm auf.«[17]

Völkische Theorie und elitäres Kämpfertum

Der hier anklingende Wunsch nach Beibehaltung oder Wiedererlangung der Exklusivität der bürgerlichen Eliten – oder, weniger anspruchsvoll formuliert, der mittelständischen Akademiker – korrespondierte im Denken Bests aber stärker als bei Jung mit dem nach revolutionärer Veränderung. Während sich Jungs Vorstellungen von der nationalen Erhebung vornehmlich auf eine Art coup d'état der nationalen Führungsgruppen konzentrierten und deutlich restaurative Züge trugen, hing Best zunehmend »nationalrevolutionären« Gedanken an, die ihren zugespitzten Ausdruck in den Schriften der Autoren des »soldatischen Nationalismus« fanden, insbesondere im Kreis um Ernst Jünger. Der dort propagierte Mythos des »Kriegers« vereinigte in sich unbedingte Radikalität mit Einsamkeit und Selbstbezogenheit. Die Geringschätzung der »Massen« wurde durch die Propagierung der »Frontkameradschaft« kompensiert – ein Sozialismus der Gesinnung in einer elitär strukturierten Gemeinschaft.[18]

Anklänge solcher Vorstellungen finden sich bei Best erstmals 1926, in einem Artikel für die Zeitschrift »Gewissen«, das Organ der Ringbewegung. Hier setzte er sich mit der Frage auseinander, ob jenseits der Ablehnung alles »Internationalistischen« (vom Pazifismus über »Paneuropa« bis zu Sozialismus, katholischer Abendlandbewegung und wirtschaftlich motiviertem Internationalismus – allesamt »Werkzeuge des Volksbetrugs«) eine »internationale Politik der Nationalisten« möglich sei, die zu einer »Interessengemeinschaft der freien europäischen Staaten« führen könne.[19] Bests Antwort bestand – ganz im Geiste der Zeit – aus dem Versuch, völkisch-revolutionäre Theorie und elitäres Kämpfertum miteinander zu verknüpfen.

Zunächst skizzierte er dazu die Grundzüge völkischen Denkens, wonach die Wurzeln des neuen Nationalismus nicht in Leidenschaft, weichlichem Ressentiment oder Nützlichkeitserwägungen lägen, sondern »eine eigene Wirklichkeitsauffassung und eine eigene Auffassung vom Sinn und Inhalt des nationalen Einzellebens« darstellten. »Statt der teleologisch-geradlinigen Entwicklung zu erkennbaren und erstrebbaren Menschheitszielen, wie sie der ›Fortschritts‹-Geist von Liberalen (!) und Pazifisten predigt, sieht der Konservative, der Nationalist das ewige Auf und Ab eines Lebens, dessen Ursprung und Zukunft wir nicht kennen. Eine ›Erfüllung‹ ist nur bedingt erreichbar in der jeweiligen zeit- und artbedingten Vervollkommnung der großen überpersönlichen und überzeitlichen Gesamtwesenheiten, in denen das menschliche Leben Gestalt und Inhalt gewinnt.« Hier sind zwei ideologische Grundelemente miteinander verknüpft. Zum einen die Herleitung des neuen Nationalismus aus der als in sich geschlossen postulierten Weltanschauung, die im »Volk« ihren Ausgangspunkt nimmt – dabei sind die Adaptionen aus der Fichte-Rezeption Stapels und anderer unübersehbar. Zum anderen die Absage an politisch-praktische Utopien, an teleologische Perspektiven – hier werden die Einflüsse des Jünger-Kreises auf Bests Denken deutlich: Der »neue Nationalismus« verwerfe das politische Ziel der Erreichung eines Endzustandes im Allgemeinen und dasjenige des Pazifismus und des Menschheitsfriedens im Besonderen. Vielmehr betrachte er die Entwicklung der Geschichte des »Lebens« als nicht wirklich steuerbar, sondern als gegeben.

Daraus entwickelte Best nun seine Überlegungen über das Verhältnis der Völker zueinander: Da eine übergeordnete Einheit »Menschheit« im organischen Sinne nicht existiere – d. h. nicht als selbständige lebendige Einheit, wie »Volk« – sondern das Ergebnis von wechselnden Konstellationen sei, seien die Beziehungen zwischen den Völkern durch den ihnen jeweils innewohnenden Drang nach

Selbstbehauptung und Selbstentfaltung bestimmt: »Das Recht dazu ist originär, und zwar für alle. Deshalb gibt es bei Konflikten kein Gesetz und keinen Richter; das Leben entscheidet und siegt immer für sich selbst.« Aus der lebensphilosophischen Definition des »Volkes« als selbständige »lebendige« Einheit folgt die Ablehnung aller Menschheitsziele, die jenseits der Interessenbereiche des Einzelvolkes liegen, so dass Konflikte zwischen Völkern nicht regulierungsfähig seien, sondern dem »Lebensgesetz« unterlägen – eine Übertragung sozialdarwinistischer Vorstellungen von den Individuen auf die Ebene internationaler Beziehungen. Denn da die Entwicklung der Völker verschieden sei – ein Prozess, der in seiner Struktur weder erkannt noch verändert werden könne –, komme es zwischen den Völkern unvermeidlich zu Konflikten, die vom einzelnen weder herbeigeführt noch verhütet werden könnten: Krieg oder Frieden als Schicksal, das sich aus der »Natur« der Völker und aus den unbeeinflussbaren Konflikten zwischen ihnen ergebe. »Nicht das Recht, sondern das Leben siegt. Und nicht das Unrecht, sondern – gleiches Recht wird überwunden.« Da jedes Volk in gleichem Recht seine Interessen wahrnimmt, kann der Sieg kein »Unrecht« sein.

Die zeitgenössische Aktualität dieses Denkens lag auf der Hand: Im Gegensatz zu denen, die das Verhalten Frankreichs gegenüber Deutschland nach dem Krieg als »ungerecht«, als Verletzung der »Menschenrechte« oder des »Völkerrechts« oder als Verstoß gegen den »Weltfrieden« anprangerten, wandte sich diese Position gegen jede moralische Bewertung der französischen Politik und verlegte den Antrieb des Handelns zurück in die unbeeinflussbare Natur. Ein Volk in Wahrnehmung seiner Interessen sei nicht in Kategorien von Unrecht und Recht zu messen. Das aber galt dann auch für Deutschland und zeigte den Weg der Revanche: Nicht der Appell an »Menschheit« und »Völkerrecht«, sondern die überlegene, kriegerische Wahrnehmung der eigenen Interessen sei die Perspektive für die Deutschen, die dann ihrerseits das Recht des »Lebens« auf ihrer Seite hätten und keine Rücksicht auf moralische Kategorien oder »übervölkische Werte« würden nehmen müssen. Wenn aber – und darin bestand der Schritt hin zu einer aus dem Allgemeinen abgeleiteten, individuellen »Ethik« – das Verhalten eines Volkes und auch das Verhältnis zwischen Völkern letztlich nicht abhängig seien von den Leidenschaften, dem Hass, der Bosheit der einzelnen, sondern letztlich unbeeinflussbarer Teil des selbständigen »Lebens« der Völker, so sei daraus zu folgern, dass der einzelne Kämpfer nicht nur selbst in unmittelbarer Verantwortlichkeit gegenüber dem eigenen Volke stehe, sondern auch sein Gegner; so dass sich die Kämpfer auf beiden Seiten individuell als Vollstrecker der Interessen ihres Volkes gegenseitig akzeptieren, ja schätzen können: »Wir können auch den achten, den wir bekämpfen, vielleicht vernichten müssen. Und wir beginnen zu wünschen, daß sich alle Menschen, die sich zu dieser Erkenntnis durchgerungen haben, in einem ritterlichen Verhältnis der nüchternen Sachlichkeit finden, um das Völkerleben in den täglichen Kleinigkeiten zu vereinfachen und in den tragischen Entscheidungen seine schicksalhafte Würde gegen den Haß und die Gemeinheit zu beharren, mit der die kleineren Seelen unverstandene Schicksalsschläge zu begreifen und abzuwehren suchen.« Damit ist der Kreis geschlossen: Die Konflikte zwischen den Völkern werden von Hass und Leidenschaft der einzelnen befreit, die als Kämpfer für die von ihnen nicht steuerbaren Interessen ihres Volkes in den Krieg ziehen und das auch für ihre Gegner akzeptieren: »Vielleicht stellt auch bald das Schicksal uns als Feinde in verschiedene Fronten, zum Kampf auf Leben und Tod. Dann dürfen wir uns wenigstens in Achtung bekennen, daß wir uns dessen nie zu schämen brauchen, was wir aus konservativer Verpflichtung versuchen durften oder auch mußten.«

Diese hier entwickelten Vorstellungen sind gewiss als Zusammenschnitt von völkischen, lebensphilosophischen und sozialdarwinistischen Ideen mit dem generationellen Ideal von »Sachlichkeit« und »Heroismus« zu erkennen. Gleichwohl sind die daraus gezogenen Schlussfolgerungen auch über die politische Vorstellungswelt Bests hinaus von Bedeutung. Zum einen, weil sich hier eine Verbindung von völkisch-revolutionärer Perspektive mit elitär-»aristokratischen« Vorstellungen anzudeuten schien; zum anderen, weil die Auseinandersetzungen und auch der Krieg zwischen »Völkern« von moralischen Bedenken befreit und dennoch ethisch legitimiert wurden. In dieser Verbindung lag auch das Neue sowohl gegenüber dem soldatischen Nationalismus Jüngers, dessen aristokratisch-elitäre Stilisierung des »Kriegers« (als im Grunde ziellosen und selbstbezogenen Kämpfers, der sich durch Mut und Einsamkeit vom Massenschicksal absondert), einer Verknüpfung mit den konkreteren Vorstellungen von nationaler Revolution und des Bezugs auf das »Volk« ermangelte, als auch gegenüber nationalistischen und völkischen Bewegungen und Parteien, die entweder wie die Deutschnationalen im Grunde noch wilhelminische Figuren ohne revolutionäre Kraft waren, oder sich, wie die Nationalsozialisten, mit den Massen gemein machten und somit für den sich als elitären Revolutionär empfindenden rechtsradikalen Intellektuellen gleichermaßen unerträglich schienen.

Den Gegner zu bekämpfen, ihn sogar zu vernichten – ohne ihn zu hassen, sondern aus dem Vollzug der Gesetze der Natur heraus und in Verfolgung der Interessen des eigenen Volkes, so dass der Kampf nicht mehr in Emotion und Leidenschaft, sondern als »sachliche Arbeit« geführt werden könne: Diese Vorstellung, eine zugespitzte Synthese der Ideen von »konservativer Revolution« und »soldatischem Nationalismus«, fasst Bests politische Ideen dieser Jahre zusammen. Die düsteren Perspektiven, die 15 Jahre später Wirklichkeit wurden, sind hier bereits angelegt.

Der Krieg und das Recht

Mit diesem Ende 1926 veröffentlichten Aufsatz im »Gewissen« wurde Best schlagartig über den Kreis der studentischen und Rheinlandaktivisten hinaus im Milieu der nationalistischen Intellektuellen bekannt. In der Folgezeit veröffentlichte er weitere Beiträge in den Zeitschriften der Neuen Rechten, so etwa im »Vormarsch«, im 1928 gegründeten »Ring« und in den »Jungnationalen Stimmen«.[20] Die zentrale Figur der jungen nationalistischen Intelligenz und ihrer zahlreichen Zirkel war zu dieser Zeit Ernst Jünger. Dieser hatte sich mit der Führung des »Stahlhelm«, dem er in der zweiten Hälfte der 20er Jahre angehörte und in dessen Mitgliederzeitschrift der von ihm und anderen herausgegebene »Vormarsch« zunächst als Beilage erschienen war, überworfen und konzentrierte sich seit 1928 wieder stärker auf seine schriftstellerische Arbeit. Dazu plante er ein Sammelwerk, in dem die Positionen des »Neuen Nationalismus« einigermaßen repräsentativ vertreten sein sollten. Auf Best durch dessen Ausführungen über das Recht des Siegers im Kampfe zwischen den Völkern aufmerksam geworden, bat er diesen 1928, seine Gedanken in einem längeren Aufsatz näher auszuführen.

So fand Best Anschluss an den »Jünger-Kreis«, dem er für etwa zwei Jahre angehörte. Die meisten Artgehörigen dieses Zirkels waren etwas älter als Best und gehörten zur Kriegsteilnehmer-Generation. Lediglich Friedrich Hielscher und Ernst von Salomon waren in Bests Alter, beide kannte er schon aus der Studentenzeit.[21] Nun war dieser Kreis noch stärker als die Bünde und Verbände ein eher esoterischer als öffentlichkeitswirksamer Zusammenschluss, eher um den Zeitgeist als um politischen Einfluss bemüht, und litt, wie in der »Weltbühne« trefflich formuliert wurde, wie alle diese Zirkel »an krankhafter Selbstüberschätzung, an jenem weit verbreiteten Laster von Sekten, sich selbst als Mittelpunkt des Weltalls und den eigenen Willen als Triebfeder der Geschichte zu betrachten«. Andererseits komme aber gerade dem »Jünger«-Kreis eine nicht zu unterschätzende ideologische Bedeutung zu, weil er die bekanntesten Vertreter der nationalistischen Intelligenz versammle, ungemein gut unterrichtet sei und eine »ernste ideologische Plattform« aufweise.[22]

Die in dem 1930 erschienenen Band »Krieg und Krieger« versammelten acht Aufsätze markierten den Standort des »Neuen Nationalismus« zu Ende der 20er Jahre in doppelter Weise – zum einen als Absage an alle moralisch fundierten Appelle an »Recht« und »Gerechtigkeit«, sei es im individuellen, nationalen oder internationalen Zusammenhang, sowie als Bekenntnis zum Krieg als ursprünglicher und zu bejahender Daseinsform; zum anderen als Stilisierung des einzelnen Kämpfers, der nicht um die Erreichung von Zielen kämpfe, sondern um des Kampfes selbst willen, als Erfüllung und ihm gegebene Existenzweise, und der sich dadurch von der amorphen Masse unterscheide.[23]

Bests Beitrag in diesem Band, »Der Krieg und das Recht«, war der Versuch, die in dem Aufsatz im »Gewissen« entwickelten Vorstellungen über den Begriff des »Rechts« bei der kriegerischen oder friedlichen Auseinandersetzung zwischen Völkern auszuarbeiten. Ausgangspunkt war dabei eine Betrachtung der völkerrechtlichen Vereinbarungen zur Ächtung oder Verhinderung des Krieges, wie sie nach 1918 unter dem Eindruck der Schrecknisse des Ersten Weltkrieges etwa in der Satzung des Völkerbundes oder den Briand-Kellogg-Pakt von 1928 getroffen worden waren. In den sich darin manifestierenden Geistesströmungen des »westeuropäischen Denkens« (»dem Liberalismus wie dem Marxismus, dem Weltwirtschaftsdenken wie der Völkerbunds- oder Kellogg-Politik«), so postulierte Best, werde der Krieg als eine »dem wahren Wesen des Menschen widersprechende Naturwidrigkeit« begriffen, die durch »die Schaffung eines der erkannten besseren Natur des Menschen entsprechenden Rechtszustandes unterdrückt werden kann und soll« – die Utopie einer friedlichen Menschheit sei hier konkretes, als erreichbar verstandenes Ziel; dem dienten die entsprechenden völkerrechtlichen Vereinbarungen, wobei Verstöße gegen den Frieden durch Sanktionen des Universalrechts zu verhindern seien. Diese von ihm so gekennzeichnete Auffassung nannte Best »die utopisch-rationalistische« Auffassung vom Krieg und vom Recht.

In der davon zu unterscheidenden »moralisch-idealistischen« Auffassung sei ebenfalls der Friede Ziel und Aufgabe, jedoch sei er nicht als latente Weltordnung bereits in der Natur selbst angelegt, sondern - in Anlehnung an Kant - eine »regulative Utopie«, eine Idee, »die gedacht werden muß, aber nicht verwirklicht werden kann«. Das Bemühen und die Sorge der einzelnen Staaten habe sich an diesem Ziel auszurichten, wenngleich der Krieg selbst außerhalb der Rechtsordnung stehe. Das Recht sei vielmehr erwünschtes Mittel, um durch Vereinbarungen Kriege zu verhindern, sei als »jeweilige Regelung eines Zustandes das Abbild der in der Idee gegebenen Regelung des vollkommenen Zustandes der Vollendung«, wie es sich etwa in der Haager Landkriegsordnung oder in zahlreichen bilateralen Schiedsgerichtsverträgen der Vorkriegszeit niederschlage.

Von diesen beiden Auffassungen setzte Best nun die eigene ab; der grundlegende Unterschied bestehe dabei darin, dass sowohl die »utopistisch-rationalistische« Weltanschauung, die auf das als erreichbar angesehene Friedensziel gerichtet sei, als auch die »moralisch-idealistische« Idee, die den Frieden anstrebe, obwohl sie ihn als nicht wirklich erreichbar erachte, die »Wirklichkeit« des Krieges als naturgegebene, unveränderliche Größe, als Erscheinung des Lebens selbst, ablehne. Die »innere Haltung« des »neuen Nationalismus« hingegen akzeptiere und bejahe diese Wirklichkeit, ohne sie ändern oder abschaffen zu wollen, was ohnehin unmöglich sei, da Kampf und Krieg Teil der Natur, des Lebens selbst seien. Wo es keine allgemeingültigen Ziele mehr gebe (sondern nur noch Interessen), müsse »aus dieser Bejahung der Wirklichkeit, aus der Ablehnung eines Erlösungsziels ... eine andere Sittlichkeit erwachsen als aus der Teleologie der anderen Lehren«. Wer den Sinn seines Handelns auf ein Ziel richte, schreibe damit den Inhalt des Handelns vor und entwickle eine Moral, nach der sich der einzelne zu richten habe. Demgegenüber bleibe, wo kein Wert mit Anspruch auf Sicherheit und Dauer existiere, als Maß der Sittlichkeit nicht ein Inhalt, sondern nur die Form. Da Kampfziele zeitbedingt seien und wechselten, sei in der »sittlichen« Beurteilung nicht das Ziel des Kampfes entscheidend, nicht einmal der Sieg, sondern der Kampf selbst. Denn »auf den guten Kampf kommt es an, nicht auf die ›gute Sache‹ und auf den Erfolg«.

Die »Bejahung des Kampfes auf verlorenem Posten für eine verlorene Sache« sei dabei das Kriterium der neuen Haltung, die Best als »heroisch-realistisch« bezeichnete. Mit diesem Begriff, der von Jünger im Vorwort zu »Krieg und Krieger« aufgegriffen und bald als Kennzeichnung der politisch-ästhetischen Richtung des »Neuen Nationalismus« insgesamt genutzt wurde[24], hatte Best einen Terminus in die Welt gesetzt, der sich zur Abgrenzung nicht nur gegen den »Liberalismus« eignete, sondern auch gegen den Nationalismus alter Prägung, welcher mit Leidenschaft und moralischer Anklage das Los der Deutschen und die Politik ihrer Nachbarn beklagte. Der »heroische Realismus« hingegen sollte demgegenüber sowohl eine kühle, nüchterne Weltsicht ermöglichen als auch die melancholisch-elitäre Stilisierung des aristokratischen Kämpfers.

Für Best war diese Kennzeichnung zunächst im Kontext seiner Überlegungen zum Völkerrecht von Interesse. Da der Krieg als »notwendige und natürliche« Form des gesamten Lebensprozesses und selbst der verbissenste Kampf zweier Kontrahenten als darin verbundene Einheit begriffen werde, müsse auch der Gegner in einem Kampf »ohne Prüfung seines Rechts und seiner Schuld« vom jeweils anderen anerkannt werden. Die Qualität des Kämpfers sei also nicht an der »moralischen« Berechtigung des Kampfes oder am Kampfziel zu messen, sondern an der Qualität des Kampfes: »Der Kampf verbindet die Gegner zu einer höheren, vielleicht der höchsten, weil zweckfreiesten Gemeinschaft, die zwischen Menschen möglich ist. Deshalb ist die Ritterlichkeit zwischen Kampfgegnern die höchste Form des Verkehrs zwischen Menschen« – eine Definition, die Best nicht nur für das politische Leben geltend machen wollte, sondern in höchst charakteristischer Weise »für das gesamte menschliche Leben, Liebe und Freundschaft nicht ausgenommen«. Ein über dem Kampf stehendes »absolutes« Recht hingegen sei zu verneinen. »Recht« sei vielmehr lediglich die Markierung des jeweiligen Stands der Auseinandersetzung zwischen Kämpfern und insofern nicht von Dauer, da der Kampf nie zu Ende sei und das »Recht« nur für den kurzen Augenblick das Ergebnis des vorausgehenden und den Ausgangspunkt des folgenden Kampfes beschreibe. Dies gelte vor allem für das Völkerrecht – jede »Rechtsordnung« zwischen Völkern sei nur als Zwischenergebnis zu begreifen, welches das Kräfteverhältnis nach Beendigung des jeweils letzten Krieges fixierte. In dieser Perspektive wurden die völkerrechtlichen Vereinbarungen insgesamt, vor allem aber der Versailler Vertrag, die Völkerbundsatzung oder der Briand-Kellogg-Pakt, als Ausdruck der realen Unterlegenheit Deutschlands verstanden und akzeptiert; während die Propagierung solcher Verträge als Instrumente zur Erreichung moralisch höherwertiger, absoluter Ziele – des dauernden Friedens der Menschenrechte – selbst als Kampfmittel begriffen wurde, als »Waffen und Kampfmethoden der Gegner«.

Darin kam eine zu dieser Zeit sehr verbreitete Position zum Ausdruck, wie sie prominent etwa von Carl Schmitt in dessen »Begriff des Politischen« (1927) ausgesprochen und Anfang der 30er Jahre als ein Kennzeichen moderner Formen des Imperialismus expliziert worden war: Imperialismus bedeute auch, »von sich aus den Inhalt politischer oder rechtlicher Begriffe zu bestimmen«. Für ein »in der Defensive stehendes Volk wie das deutsche« sei dies insofern besonders gefährlich, als ein Volk erst dann wirklich besiegt sei, »wenn es sich dem fremden Vokabularismus, der fremden Vorstellung von dem, was Recht, insbesondere Völkerrecht ist, unterwirft«.[25] Diese völkerrechtlichen Abwehrargumente Schmitts und anderer gegen die westlichen Vorstellungen von Recht, Demokratie und Friedensordnung verband Best hier mit dem »völkisch-organischen« Gedankengut Stapels und Jungs und dem elitären Nationalismus Jüngers zu einem radikalen Begriff von »Völkerrecht«, der jeden Ansatz zur Formulierung allgemeiner Menschheitsziele ablehnte und die Beziehungen zwischen den Staaten bzw. »Völkern« allein von Interessen und der Macht, diese Interessen auch durchzusetzen, gekennzeichnet sah. Die sich daraus ergebende Ethik des Kämpfers negierte konsequenterweise alle moralischen Bindungen und legitimierte sich durch den Bezug auf die Interessen des eigenen Volkes.

Best wandte diese »heroisch-realistische« Auffassung von Recht aber auch auf die innerstaatlichen Machtverhältnisse und die sozialen Konflikte an. Der »jeweilige Zustand des innerstaatlichen Rechts« gebe die »Abgrenzung der jeweiligen Machtverhältnisse« wieder, wobei die jeweils stärkere Macht ihre Herrschaft errichten und die Regeln ihrer Herrschaft als »Recht« bezeichnet werde. Und da auch die sozialen Kämpfe in einer Gesellschaft tatsächlich existierten, Teil der »Wirklichkeit« seien, gelte das Prinzip auch hier: »Wir bejahen den Klassenkampf, aber nicht nur den aufsteigender Kräfte, sondern auch den ›von oben‹: den Klassenkampf der Herren gegen den insurgierenden Pöbel.«

Der dauernde Kampf als Grundakkord des Lebens, die Ablehnung aller »absoluten« Werte, insbesondere der »Menschenrechte«; die »Form« des Kampfes als Grundlage der »Sittlichkeit« – diese Anschauung, die die bis dahin eher ästhetisch-romantischen Vorstellungen des Neuen Nationalismus politisch zuspitzten und als Ausgangspunkt für einen »völkischen« Rechtsbegriff nahmen, fanden nach Best ihren Ausdruck auch darin, wie und von wem sie erreicht werden konnten; sei diese Anschauung doch selbst Abbild der »geistigen Struktur« derer, die ihr anhingen. Nicht zu überzeugen sei die Absicht, denn dann würde die Logik alles »rettungslos relativieren«; sondern »an den Ausstrahlungen ein Wesen, eine Haltung darzutun, aber auch in der lückenlosen Bewältigung des vorliegenden Stoffs die Leistungsfähigkeit der neuen Denkform zu erweisen«. Die »Wirklichkeitsauffassung« des »heroischen Realismus« entziehe sich also von vornherein dem Diskurs, der Auseinandersetzungen mit anderen Theorien, um damit der Relativierung durch Diskussion zu entgehen. Denn die Überwindung des anderen könne nie »auf dem Felde der Logik« geschehen, sondern nur »auf dem Felde der Macht«. Absolute Werte, utopische Ideale zu verneinen setze ein so hohes Maß an innerer Kraft und Klarheit voraus, dass für die Anschauungen des »heroischen Realismus« nicht in der Öffentlichkeit geworben werden könne. Ihre Erkenntnisse und Folgerungen seien vielmehr nur für »Menschen einer bestimmten Haltung verbindlich« – die Philosophie des Kämpfers sei nur für seinesgleichen verständlich und bindend: eine Elite des Denkens und des Handelns, die in Übereinstimmung mit der Wirklichkeit und den Lebensgesetzen an »sich selbst und seinesgleichen höhere Ansprüche stellen, aber auch größere Freiheiten vorbehalten« müsse, während den übrigen eine Existenz der niederen Genüsse und der Ahnungslosigkeit beschieden sei. »Die anderen sollen es ›besser haben‹, sollen ruhiger, verantwortungsloser, glücklicher leben«; für die Auserwählten blieben Pflicht, Askese und – Macht.

Was die Interpretation des Völkerrechts als »Abmarkung« der Machtverhältnisse nach dem jeweils letzten Kriege und der Versuche zur Schaffung einer Friedensordnung seit 1918 als in Wirklichkeit gegen Deutschland gerichtete, getarnte Maßnahme der ehemaligen Kriegsgegner betraf, so wiederholte und spezifizierte Best hier Überlegungen aus seinem Aufsatz über »Internationalismus der Nationalisten«; auch die Heraushebung des Elitebegriffs war dort bereits angelegt. Neu war die Übertragung dieser Vorstellungen auch auf die innenpolitische Situation. Die Absage an alle überindividuellen und überzeitlichen Werte wie »Menschen-« oder »Grundrechte« reduzierte »Recht« im innenpolitischen Kampf auf ein Regulationsinstrument zur Herrschaftssicherung – zur Durchsetzung, nicht zum Ausgleich von Interessen. Auch dabei galt, dass die Gegner, sofern sie ein gewisses persönliches Format besaßen, einander nicht leidenschaftlich gegenübertraten, sondern als Vollstrecker von Interessen. Hier blieb aber zunächst unklar, wodurch sich politische Gegner innenpolitisch herausbilden, denn anders als die »Völker« gibt es sie in diesem Denken ja nicht »an sich«. Ein Blick auf den Zusammenhang zwischen »innerem« und »äußerem« Feind, wie er von Best und anderen während des Ruhrkampfes propagiert wurde, macht dies aber deutlich. Denn dort konstituierte sich der »innere« Feind dadurch, dass er – willentlich oder unwillentlich – die Interessen des »äußeren Feindes« verfocht und die völkische Selbstbehauptung hintertrieb. »Innerer Gegner« ist also, wer die Wahrnehmung der Interessen des eigenen Volkes gegenüber anderen Völkern und die Stärkung seiner Macht behindert oder bekämpft. Die Auseinandersetzung zwischen den Völkern spiegelt sich im Konflikt zwischen »Nationalisten« und »Internationalisten« (gleich welcher Prägung) – auch die innerstaatlichen Konflikte sind in letzter Instanz aus dem ewigen Kampf zwischen den Völkern abgeleitet.

In seinen biographischen Notizen hat Best später betont, es sei bezeichnend für die »Spannweite des geistigen Suchens und Ringens jener Jahre«, dass er in »Der Krieg und das Recht« ein »nichtteleologisches und pessimistisches« Weltbild gezeichnet habe, das im Gegensatz zu der »teleologischen und optimistischen ›völkischen Lebensauffassung‹ welche ich sonst und auch weiterhin vertrat«, gestanden habe.[26] Und in der Tat fehlte in dem Aufsatz von 1930 eine explizite Orientierung auf das »Volk« als »höchstem Lebenszweck«, wie dies 1926 noch der Fall gewesen war. Dort hatte es geheißen, eine »Erfüllung« sei nur bedingt erreichbar in der »jeweiligen zeit- und artbedingten Vervollkommnung der großen überpersönlichen und überzeitlichen Gesamtwesenheiten, in denen das menschliche Leben Gestalt und Inhalt gewinnt«[27], also – in der Diktion Fichtes – der »Völker«. Wenn Best aber hier die Steigerung der Macht und der Geschlossenheit des »Volkes« als Ziel allen Handelns postulierte, während er vier Jahre später jegliches Kampfziel negierte und die Form des Kampfes als das Entscheidende herausstellte, so ist dies nur scheinbar ein Widerspruch. Denn mit dem Bezug auf das »Volk« wird den reinen Interessen kein allgemeingültiger Wert gegenübergestellt, sondern nur das Interesse von den Individuen auf das Kollektivsubjekt »Volk« transponiert und zum Selbstzweck gemacht. Ein »Erlösungsziel« ist auch dies nicht, kein endgültiger Zustand, wie ihn nach Best »utopisch-rationalistische« und »moralisch-idealistische« Ideologie im »Weltfrieden« zu erreichen trachteten, sondern selbst unaufhörliche Dynamik, Teil des »Lebens«, das aus Kampf, aus dem Willen zur Durchsetzung des eigenen Interesses bestehe.

2. Massenbewegung und Elite

Niedergang der Bünde

Krieg, Machtstaat, Elite – und Kampf, im Inneren wie nach außen, wenn nötig bis zur Vernichtung, ohne den Gegner zu hassen, ohne Leidenschaft, allein aus dem kühlen Nachvollzug der »Lebensgesetze« und daraus abgeleitet der Interessen des eigenen Volkes: Das sind die zentralen Elemente, um die Bests Überlegungen kreisten. »Heroischer Realismus« bezeichnete also nicht nur eine »Wirklichkeitsauffassung«, sondern auch die Gewissheit, sich in seinem Eintreten für diese Ziele im Einklang mit der »Natur«, mit dem »Leben« zu befinden. Aber während für Ernst Jünger, für dessen Werk die Bezeichnung »heroischer Realismus« bald als Markenzeichen reklamiert wurde, solche Vorstellungen außer in politischer auch und vor allem in ästhetischer Hinsicht von Reiz und Interesse waren, dadurch zuweilen spielerische Züge annahmen und später je nach Belieben und politischer Opportunität von ihm selbst und anderen mehr zur einen oder zur anderen Seite hin interpretiert werden konnten (und wurden), hatte Best, dem ästhetische Kategorien ebenso wie jener spielerische Zynismus Jüngers zeitlebens fremd waren, hier politische Vorstellungen entwickelt, die für ihn prägend blieben und darüber hinaus zu weittragender praktischer Bedeutung gelangen sollten – und zwar schneller, als er zu dieser Zeit noch glaubte.

Wie intensiv diese Weltanschauungsdebatten um Wesen und Ziel des Neuen Nationalismus in den Zirkeln um Jünger und generell in der radikalen Rechten auch geführt wurden – über die angemessene Organisationsform der Nationalisten herrschte weithin Unklarheit. Während Ernst Jünger sich mit seinem Kreis und seinen Zeitschriften anfangs in der Nähe des Stahlhelms befand, bevorzugten wieder andere eher den Jungdeutschen Orden, kleinere Bünde, die DNVP – oder bereits die Nationalsozialisten, die auch von Jünger als eine wichtige Gruppierung, aber eben als eine neben anderen, apostrophiert worden waren.[28] Auch Best war nach seiner Abwendung von der DNVP und dem Scheitern seines hessischen »Nationalblocks« ohne klare Vorstellung in der Frage der richtigen Organisationsform. Auf der einen Seite zeigte er seit 1927 verschiedentlich Neigungen zu völkischen Splittergruppen wie dem »Skalden-Orden«, dem er dann eine Zeitlang auch angehörte. Auf der anderen Seite hob er in seinen Veröffentlichungen dieser Jahre die Vorläufigkeit aller organisatorischen Zusammenschlüsse immer wieder hervor. Alle politischen Einzelfragen, schrieb er 1928 im »Vormarsch«, seien in Wahrheit »eine Frage der Macht, der Machtergreifung durch einen eindeutigen, geschlossenen Willen ... Welchen Inhalt, welche Richtung dieser Wille haben wird, das herauszuarbeiten ist die Aufgabe unserer geistigen Vorbereitungsarbeit.«[29] »Die wirklichen Ursachen der deutschen Katastrophe erkennen und auf die entscheidenden Mittel zu ihrer Überwindung hinarbeiten« – das, so schrieb er im gleichen Jahr, sei die Aufgabe der Stunde für die radikalen nationalistischen Intellektuellen: »Die erste Tugend des ›Radikalismus‹ ...: warten zu können. Denn der besonnenste, durchdachteste, kälteste Kampfeswille ist der radikalste.« Eine genaue Bestimmung der einzelnen Kampfschritte und der richtigen Organisationsform sei »in dieser Übergangszeit« noch nicht möglich. Aber »das aufziehende Schicksalswetter« werde schon bald »in irgendeiner Entladung selbst zeigen, wie wir seine Schläge zu parieren haben«.[30]

Diese Erwartung einer sich anbahnenden Entscheidung, die sowohl die Frage nach der richtigen Organisation im völkisch-nationalistischen Lager als auch den Kampf um die Macht im Staat selbst beantworten werde, gibt die verbreitete Haltung der rechten Intellektuellen Ende der 20er Jahre ziemlich genau wieder; und sie entsprach auch ihren theoretischen Auffassungen, weil eine schwierige politische Frage nicht »künstlich«, sondern »organisch«, vom »Leben selbst« beantwortet werden würde. Aus einer revolutionären Idee, so die Annahme, entwickelten sich verschiedene Organisationen, von denen sich diejenige durchsetzen werde, die sie am wirksamsten zum Ausdruck brachte. Tatsächlich aber war die Situation Anfang 1930 nur noch scheinbar »offen«. Best hatte seine theoretischen Versuche über den »heroischen Realismus« noch in der Abgeschiedenheit des Amtsgerichts in Gera und zu einer politisch noch vergleichsweise ruhigen Zeit verfasst. Als er Anfang 1930 nach Rheinhessen zurückkehrte und hier eine Amtsrichterstelle übernahm, hatte sich die Lage bereits gründlich verändert. »Die Zeit um 1930«, notierte er später, »bot weniger als die vorausgegangenen Jahre Anstoß und Anregung zu weltanschaulich-philosophischen Erwägungen und Erörterungen. Denn die wirtschaftliche und damit die politische Situation in Deutschland wurde immer bedrohlicher.«[31] Die Zeit der Bünde, Clubs und Verbände war schon vorbei, auch wenn jene dies womöglich noch gar nicht bemerkt hatten; ebenso wie die Zeit der weltanschaulichen Debatten, die um so heftiger geführt worden waren, je weniger ihnen eine praktische Bedeutung zuzukommen schien. »Noch nie wurde in Deutschland so viel gedacht und geplant – alles gewann einen neuen Sinn«, schrieb Ernst von Salomon später über die rechtsradikalen intellektuellen Zirkel dieser Zeit. »Aber dann zeigte es sich bei jeder Diskussion, daß einer dabei war, ein stummer Gast, der meist gar nicht ganz sichtbar war und der dennoch die Diskussion beherrschte, weil er die Themen stellte, die Methodik vorschrieb und die Richtung bestimmte. Und dieser stumme Gast hieß Adolf Hitler.«[32]

Die »Geistigen« und die NSDAP

Wie sich die radikal-nationalistische Intelligenz zur aufsteigenden Hitler-Partei stellen sollte, war schon vor den ersten Erfolgen der NSDAP 1929/30 steter Gegenstand der Diskussion gewesen, zumal sich der Aufstieg der Hitler-Bewegung in den Universitäten bereits seit längerem angekündigt hatte. Aber erst seit den Septemberwahlen 1930, die den Nationalsozialisten einen Erdrutschsieg bescherten, stand diese Frage im Mittelpunkt.

Gegen eine Unterstützung der NSDAP sprach dabei die rohe »Ungeistigkeit« der Partei und ihrer Führer, vor allem aber ihre auf Mehrheiten und Massenunterstützung ausgerichtete Taktik. Programmatische Einwände wurden hingegen nicht oder nur selten laut, weil sich die politische Zielrichtung der Nationalsozialisten von derjenigen der meisten anderen rechtsradikalen Parteien und Gruppen in den wesentlichen Punkten nicht unterschied.[33] Edgar Jung hat diese seit den späten 20er Jahren geführte Diskussion in einem vielbeachteten Aufsatz (»Neubelebung von Weimar«) zusammengefasst – hier kamen Zustimmung und Einwände der rechten Intellektuellen im Verhältnis zur Hitler-Bewegung in typischer und zugespitzter Weise zum Ausdruck.[34] Das Dilemma der NSDAP, so Jung, bestehe im Kern darin, dass sie das »Zeitalter der Masse« mit Hilfe einer Massenbewegung zu zerschlagen versuche und dabei die geistigen Vorbereiter der nationalen Revolution in ihrer Führungsrolle nicht anerkenne. Der Rückgriff auf die Massen könne aber nur Mittel zur Machtgewinnung, nicht Ziel der nationalen Erhebung sein. Vielmehr werde dem Zeitalter der Massen dasjenige der

»Volkheit« folgen, repräsentiert durch ihre geistigen Führer; an die Stelle »mechanischer Organisiertheit« werde eine »erlesene Minderheit« treten, die »das Recht hat, exklusiv zu sein«. Die Nationalsozialisten hingegen stellten für Jung nur das »›Referat Volksbewegung‹ in dieser großen Werksgemeinschaft« dar, als die er das »nationale Lager« insgesamt bezeichnete und die während der 20er Jahre in erster Linie von den rechtsradikalen Intellektuellen als »geistigen Vorkämpfern« geschaffen worden sei: »Wir haben jahrelang zugewartet, da und dort den Hebel angesetzt, undankbarste Kleinarbeit getan und dann den Aufbruch der Nation erlebt, zuerst im geistigen Bereiche und dann auf dem Gebiete der Massenbewegung. Wir denken aber nicht daran, unsere politische Weltanschauung, die ein Zeitalter kündet, in dem die Masse wieder in die Rolle zurücksinkt, die ihr gebührt, zu verraten, indem wir vor dem Massenrausch kapitulieren.« Hier setzte auch Jungs Kritik an denjenigen unter den »Geistigen« an, die sich für den Nationalsozialismus bereits entschieden hatten. Gewiss sei der Nationalsozialismus »unsere Volksbewegung«, und die Organisation der Massen sei ein unumgängliches Zugeständnis an den einzig möglichen Weg zur Machtergreifung; insofern sei es auch verständlich, dass »manche geistigen Menschen ... aus innerer Disziplin den Anschluss an die Nationalsozialisten vollzogen« hätten. »Aber sie vergessen – wenigstens vorläufig – die Verpflichtung, die sie als geistige Menschen haben. Entweder prägen sie dem Nationalsozialismus ihren Stempel auf, oder sie sind arme Aushängeschilder.«

Damit drückte Jung das Dilemma der »Geistigen« gegenüber einer Massenbewegung wie der NSDAP exakt aus. Denn es war eine durchaus offene Frage, ob es den aus der Tradition der Zirkel und Bünde kommenden und in die NSDAP wechselnden Intellektuellen gelingen könnte, ihre eigenen Auffassungen, insbesondere vom Verhältnis der Elite zu den Massen, innerhalb der NS-Bewegung durchzusetzen. Aber die Hitler-Partei als Erbe oder Produkt des Kampfes der Intellektuellen zu sehen – und Jung erinnerte dabei explizit an die Freikorps, die Rheinlandbewegung, den Juni-Club, die akademischen Zirkel – und damit geradezu automatisch einen Führungsanspruch zu verlangen – solche Vorstellungen waren unter den jungen radikalnationalistischen Intellektuellen dieser Zeit durchaus verbreitet.

Best beschrieb seine eigene Entwicklung später in ähnlicher Weise: »Die Massenwerbung der NSDAP und ihr ganzer Stil waren mir unsympathisch. Da jedoch die ersten Möglichkeiten – ›Revolution von oben‹ – sich nicht erfüllten und immer unwahrscheinlicher wurden, andererseits der Wahlsieg der NSDAP vom September 1930 die Möglichkeit aufzeigte, daß auf diesem Wege etwas erreicht werden könnte, trat ich – ohne einen führenden Nationalsozialisten zu kennen und fast ohne nationalsozialistische Versammlungen besucht zu haben –, als bewußter ›Septemberling‹ am 1. November 1930 in die NSDAP ein.«[35] Es war eine Entscheidung für eine neue Kampfform, nicht für ein neues Kampfziel. Denn, wie Best betonte, »das Parteiprogramm der NSDAP war für mich kein Problem, da es praktisch mit allen Programmen in der nationalen oder völkischen Bewegung übereinstimmte« und Hitlers Weltanschauung nichts anderes als »eine Kompilation verschiedener, ›in der Luft liegender‹ Tendenzen« gewesen sei: »durch die Niederlage von 1918 geweckter Nationalismus, der wirtschaftlich-sozialen Entwicklung entsprechender Sozialismus, österreichisches Großdeutschtum und Antisemitismus wienerischer Prägung.«[36] Sich der NS-Bewegung anzuschließen war nicht gleichbedeutend mit der Aufgabe eigener weltanschaulicher und politischer Überzeugungen. Vielmehr war Best wie andere Rechtsintellektuelle, die vor 1933 in die NSDAP eintraten, der Auffassung, dass angesichts der schwachen ideologischen und theoretischen Profilierung der NS-Bewegung die Vorstellungen vom »völkisch-organischen Denken«, die revolutionären und elitären Konzeptionen aus den rechten Zirkeln überhaupt, zur programmatischen Klarheit der Partei beitragen würden; so dass es möglich sein werde, den Nationalsozialisten den »eigenen Stempel aufzuprägen«, wie Jung es nannte.

Die »offiziellen Parteiäußerungen« der NSDAP, betonte Best nach dem Krieg mehrfach, seien »immer durch konkrete Zwecke, propagandistische Absichten, Rücksichten der aktuellen Taktik, der Gemeinverständlichkeit usw. bestimmt gewesen, so dass sie von den Nationalsozialisten nur selten als das wahre politische Wollen der Partei ernst genommen und mit dem eigenen Wollen identifiziert« worden seien. Die den Nationalsozialismus prägenden weltanschaulichen Impulse seien dementsprechend auch nicht aus der Partei selbst, sondern aus den Kreisen der rechten intellektuellen Zirkel und akademischen Bünde der 20er Jahre erwachsen: »Arthur Moeller van den Bruck schuf den Begriff des ›Dritten Reiches‹ der Deutschen als eines verpflichtenden höheren Wertes. Graf Ernst zu Reventlow forderte einen ›deutschen Sozialismus‹ als Not- und Lebensgemeinschaft der Deutschen. Edgar J. Jung rechnete in ›Die Herrschaft der Minderwertigen‹ mit den Individualisten ab, die in Deutschland dominierten. Paul Krannhals schrieb ›Das organische Weltbild‹ mit Folgerungen und Forderungen für alle Lebensgebiete ... Außer in Büchern gelangte der instinktive Wunsch nach erneuerter und erneuernder Gemeinschaft in zahlreichen Zusammenschlüssen zum Ausdruck. Im ›Jungdeutschen Orden‹ und ähnlichen Verbänden sowie in den logenartigen ›Germanenorden‹, ›Skaldenorden‹ usw. wurde der Bruderschaftsgedanke dem Individualismus entgegengestellt. Am bewußtesten und tiefsten wurde eine neue weltanschauliche Grundlegung erarbeitet in der von ehemaligen Frontsoldaten gegründeten ›Fichte-Hochschulgemeinde‹, von deren Mitgliedern der ›Deutsche Hochschulring‹ ..., der ›Jungnationale Bund‹, die ›Fahrenden Gesellen‹ des ›Deutschnationalen Handlungsgehilfenverbandes‹ und andere Zusammenschlüsse deutscher Jugend beeinflußt wurden.« Dies seien, so Best, die »Kraftquellen« für die völkische Erhebung gewesen.[37] Den Massenanhang der NSDAP und besonders die SA hingegen habe er nur als die unumgängliche Voraussetzung angesehen, um den Parlamentarismus stürzen zu können –darin habe auch der wesentliche Grund für seinen Parteieintritt gelegen.[38]

Nun ist dies unschwer als nachträgliche Stilisierung der Beweggründe für seinen Parteieintritt zu erkennen – Best hat in seinen Aufzeichnungen nach dem Krieg durchweg versucht, seinen Lebensweg als konsequente Verfolgung einer »Idee« darzustellen. Tatsächlich signalisierten die Erfolge der NSDAP bei den Septemberwahlen, dass sich diese Partei nun endgültig gegen alle konkurrierenden Modelle innerhalb des rechten und völkischen Lagers durchgesetzt hatte. Best hatte also ebenso wie seine Mitstreiter aus den nationalistischen Zirkeln und

Verbänden auf das falsche Pferd gesetzt und versuchte nun, noch rechtzeitig aufzuspringen. Auch die spätere Darstellung seines Wechsels zur NSDAP als »in der Einsamkeit meiner Tätigkeit beim Amtsgericht Reinheim im Odenwald« gefasster Entschluss ist nur zum Teil zutreffend, denn Best nahm die Reste seines hessischen »Nationalblocks«, einen Kreis von überwiegend jungen, vorwiegend akademisch ausgebildeten Nationalisten in Mainz, mit in die Partei und verfügte dadurch dort von vornherein über eine gewisse Hausmacht. Aber dass die rechten Intellektuellen die Erfolge der Nationalsozialisten als Ergebnis dessen ansahen, was die völkisch-nationalistische Bewegung seit den Nachkriegsjahren in Gang gebracht hatte, und dass sie sich selbst dabei ein großes Verdienst zusprachen, war weder überraschend noch ganz falsch. Nur ergab sich daraus noch keine Beantwortung der Frage, wie sie sich gegenüber der NSDAP in Zukunft verhalten sollten. Vor die Entscheidung gestellt, schrieb Best später, »entweder uns handelnd in das Geschehen einzuschalten, ... oder aber in dem Milieu der Theorie und der Literatur zu verharren, wie es z. B. mein Freund Jünger tat«, habe er das erstere gewählt: politischen Einfluss zu nehmen und die Gefahren der NS-»Massenbewegung« dadurch zu bannen, dass man sich an ihre Spitze setzte und die eigenen weltanschaulichen Vorstellungen dort durchzusetzen versuchte.[39]

Elite in der Massenpartei

Die hessischen Nationalsozialisten hatten seit den Kommunalwahlen vom November 1929, wo sie erstmals größere Erfolge erzielten, sowohl im preußischen Hessen-Nassau als auch im Volksstaat Hessen (-Darmstadt) stetig an Bedeutung gewonnen. Besonders erfolgreich waren sie in den ländlichen Gebieten, wo sie an die antisemitische Böckel-Bewegung anknüpfen konnten, die in zahlreichen hessischen Gemeinden in der Vorkriegszeit sehr verbreitet gewesen war. Zwischen 1929 und 1932 gelang es den Nationalsozialisten nicht nur, wie im übrigen Reichsgebiet, die Wähler der bürgerlichen Mittelparteien zu großen Teilen an sich zu ziehen, sondern auch die der hier traditionell besonders starken Bauernparteien sowie der völkischen Splittergruppen, so dass die hessische NSDAP bei den Reichstagswahlen 1930 mit 20,8 (Nassau) bzw. 18,5 Prozent (Darmstadt) noch knapp über dem Reichsdurchschnitt lag.[40]

Zu dieser rasanten Aufwärtsentwicklung stand die organisatorisch und personell desolate Lage der NS-Bewegung im Volksstaat Hessen in sichtlichem Gegensatz. Der Gauleiter Ringshausen rivalisierte mit Gottfried Feder, dem Herausgeber der nationalsozialistischen Zeitung für Hessen, »Hessenhammer«, um die Kandidatur zu den Reichstagswahlen, was die Mitgliedschaft spaltete und einen Strudel von Verdächtigungen, gegenseitigen Bespitzelungen und Intrigen nach sich zog. Daraufhin bestimmte die Reichsleitung der NSDAP, die durch die rückläufigen Mitgliederzahlen alarmiert worden war, den Frankfurter Ortsgruppenführer Peter Gemeinder zum neuen Gauleiter in Hessen-Darmstadt, um den Misshelligkeiten ein Ende zu machen.[41] Damit aber waren wieder neue Konflikte programmiert, weil sich nun »alte« Parteigenossen von dem neuen Gauleiter und seinen Leuten überfahren sahen.[42] Freilich waren solche Verhältnisse kein hessisches Spezifikum, sondern kennzeichnend für viele Gau- und Bezirksorganisationen der nationalsozialistischen Partei, die größte Schwierigkeiten hatte, eine dem rapiden Wähler- und Mitgliederzuwachs entsprechende Organisationsstruktur aufzubauen. Zudem entsprach die durch politische Phraseologie kaum noch verhüllte Dominanz von Karrierismus, individuellem Machtstreben und persönlichen Dauerfehden eben durchaus dem in der nationalsozialistischen Partei verbreiteten Verständnis von Politik. Das hier festzustellende »hohe Maß an Aggressivität«, eine »Mischung aus niederträchtiger Feindseligkeit und ungezügelter persönlicher Herrschsucht« ist als geradezu kennzeichnend für das Persönlichkeitsbild der regionalen NS-Führer anzusehen. Soziale Außenseiter, straffällig Gewordene, Bankrotteure waren deutlich überrepräsentiert. Angehörige des bürgerlichen Mittelstands, die doch wesentlich zum Wahlerfolg der NSDAP beigetragen hatten, waren ebenso wie Akademiker zu dieser Zeit unter den NS-Funktionären nur vereinzelt anzutreffen. Zum Aufbau einer effektiven Organisationsstruktur fehlten der Partei überall fähige und ausgebildete Leute.[43] Insofern waren die Ausgangsbedingungen für Best bei seinem Parteieintritt nach den Septemberwahlen 1930 geradezu ideal: eine große, mitgliederstarke und bei den Reichstagswahlen zu einer politischen Kraft erster Ordnung aufgestiegene Partei, die unbedingten Machtwillen mit deutlichen Defiziten in der Struktur der Führerschaft, der Parteiorganisation und der weltanschaulichen und programmatischen Klarheit verband.

Best hatte nach Beendigung seiner Referendarzeit sein Leben in ordentliche bürgerliche Bahnen gebracht. Er war promovierter Jurist mit guten Noten, hatte beide Examen abgelegt und wurde nun als Richter beim Amtsgericht in Gernsheim tätig. Am 24. Dezember 1930 heiratete er die 21jährige Tochter eines Mainzer Zahnarztes, Hildegard Regner, und bezog mit ihr in Darmstadt eine kleine Wohnung.[44] Zugleich bedeutete sein Eintritt in die NSDAP das definitive Ende auch seiner politischen Jugend- und Orientierungsphase. Best fühlte sich trotz seiner erst 27 Jahre als politisch und organisatorisch bereits erfahrener Mann mit klaren weltanschaulichen Vorstellungen. Er verfügte über weitreichende persönliche Kontakte im nationalistischen Intellektuellenmilieu des Reiches und über gute Beziehungen zu den konservativen und rechten Honoratioren, Parteien und Bünden in Hessen und darüber hinaus. In der NSDAP war er in die parteiinternen Grabenkämpfe nicht verwickelt, den Gauleiter Peter Gemeinder kannte er schon seit seiner Studentenzeit in Frankfurt recht gut, und bei den rheinhessischen Nationalsozialisten war er als Rheinlandkämpfer und als Kopf des hessischen »Nationalblocks« wohlbekannt und gut gelitten. Dass er mit den Resten des Nationalblocks eine Reihe von jungen Akademikern in die Partei mitbrachte, verschaffte ihm zudem ein gewisses innerparteiliches Gewicht, und so war es nicht verwunderlich, dass er seine Karriere in der NSDAP bereits als hoher Funktionär beginnen konnte: als »Rechtsberater« bzw. »Leiter der Rechtsabteilung« der hessischen NSDAP-Führung, wodurch er automatisch der Gauleitung der Partei in Hessen-Darmstadt angehörte.[45]

Hier machte sich Best, wie seine innerparteilichen Gegner später klagten, »aufgrund seiner besonderen Charaktereigenschaften ... innerhalb kurzer Zeit

›vordringlich unentbehrlich‹«.[46] Ähnlich wie Roland Freisler in Kassel oder Wilhelm Stuckart in Wiesbaden, die dort die gleiche Funktion als Rechtsberater der Parteileitung innehatten, zog Best in Darmstadt in kurzer Zeit sowohl die organisatorische Arbeit wie auch in immer stärkerem Maße die politisch-ideologische Ausrichtung der Partei an sich.[47] Als der Gauleiter Peter Gemeinder im August 1931 starb und durch den schwachen Karl Lenz ersetzt wurde, stieg Bests Einfluss weiter. Er bestimmte nun mehr und mehr auch den politischen Kurs der Gauleitung, und im Herbst 1931 sah die Frankfurter Zeitung in ihm bereits den »geistigen Führer der Nationalsozialistischen Partei in Hessen«.[48]

Trotz dieses schnellen Aufstiegs hielt Best aber weiterhin persönliche Distanz zu den hessischen Parteigenossen und blieb in engem Kontakt zu den alten Freunden aus den rechten Intellektuellenzirkeln. Im Oktober 1931 nahm er an einem Treffen seiner alten Mitstreiter aus Hochschulring und Juni-Club am Rande des Treffens der »Harzburger Front« teil. Eingeladen hatte Erich Müller, der ehemalige Vorsitzende des DHR, der jetzt die »Deutschen Führerbriefe« herausgab; mit dabei waren Edgar Jung, Hans Bernd Gisevius, zu dieser Zeit noch Jugendführer der deutschnationalen Katholiken in Rheinland und Westfalen, Martin Spahn, Eduard Stadtler, Edmund Forschbach, Franz Mariaux, Herbert von Bose und Friedrich Carl von Savigny. Von diesen war Best als einziger bereits Mitglied der NSDAP; Gisevius und Spahn sympathisierten stark mit der Partei – aber allen gemeinsam war das distanziert-herablassende Verhältnis zu Hitler, den sie als Massenagitator und Organisator gewiss sehr schätzten, als politischen Kopf jedoch nicht hoch bewerteten. Nach Hitlers Auftritt in Harzburg waren sie davon mehr denn je überzeugt, und Edgar Jung übte in dem genannten Kreis überaus scharfe Kritik am Führer der nationalsozialistischen Partei: Man müsse verhindern, dass Hitler auch nur einen Tag an die Macht gelange.[49]

Auch Best schilderte dieses erste Zusammentreffen mit dem »Führer« nach dem Krieg als eine Enttäuschung: »Als ich auf der Bühne des Versammlungssaales Hitler an einem Tisch mit Dr. Hugenberg, Oberleutnant Düsterberg, Justizrat Claß und Dr. Schacht sitzen sah, hatte ich unwillkürlich das Gefühl: ›Da paßt er nicht hin.‹ Und dieses Gefühl wurde bestätigt, als H. neben den Genannten sprach. Die Rede war schlechthin eine Enttäuschung für sich. Aller Zauber, der von dem vor Zehntausenden redenden H. ausging, fehlte. Seine an sich wohlformulierten Sätze wirkten als banale Gemeinplätze. Man merkte ihm deutlich seine Befangenheit an, die ihm jeden Schwung nahm. Vielleicht ließ ihm in diesem Kreise kritischer, meist Brillen, Bärte und akademische oder militärische Titel tragender Verstandsmenschen sogar der Glaube an sich selbst und an seine Mission. Er wirkte neben den politischen Routiniers als ein Außenseiter, der sich an diesem Platze unbehaglich fühlte und sich weit fort wünschte – auf ein Stadion, wo 10.000 Menschen aus dem Volk ihm ihre Seele öffneten. Ich war an diesem Tag von H. besonders enttäuscht, weil mir das Milieu der ›Harzburger Front‹ aus 10jähriger politischer Tätigkeit in ihm nur zu gut bekannt war und ich wußte, daß es eine Kleinigkeit gewesen wäre, gegenüber diesen ›reaktionären Petrefakten‹ Überlegenheit zu beweisen. Dazu gehörte nur, daß man sich ihnen an Bildung und politischem Wissen gleich, an Jugend und Schwungkraft überlegen fühlte.«[50]

Gleichwohl bewunderte Best den Führer seiner Partei, aber eben, wie auch die anderen Rechtsintellektuellen, als Massenagitator, als »Propheten«, nicht als »Staatsmann«. Im Gegensatz zu Edgar Jung sah Best darin jedoch kein Manko, sondern eine Chance, weil er glaubte, dass das politisch-ideologische Defizit, das Hitler wie seine ganze Partei offenbarte, von den »Geistigen« ausgefüllt werden könnte. Im Unterschied zu den rechten Honoratiorenparteien und Bünden, in denen einer schwindenden Basis eine Überfülle von sich zum Führertum berufen fühlenden Jung- und Altakademikern gegenüberstand, war die Situation in der NSDAP gerade umgekehrt, so dass es nicht schwerfallen sollte, mit Hilfe der NSDAP eine »aristokratisch, d. h. von den Besten der Nation, von den echten Führern regierte völkische Republik« zu errichten, wie Best im Oktober 1931 formulierte.[51] Dazu war es jedoch nötig, auf Programmatik, Personal und Organisation der NS-Bewegung »hebend« einzuwirken – und genau darin sah Best seine Aufgabe.

Von Beginn seiner politischen Tätigkeit in der NSDAP an veröffentlichte er daher in der hessischen NS-Presse eine große Zahl von Artikeln und Aufsätzen, in denen er jeweils aktuelle politische Fragen aus einer »weltanschaulichen Gesamtsicht« heraus untersuchte und beurteilte. Besonders aufschlussreich war dabei ein Beitrag vom Herbst 1931 über »Katholische Kirche und NSDAP« im hessischen Parteiblatt »Hessenhammer«.[52] Die Beziehungen der hessischen Nationalsozialisten zur katholischen Kirche waren die denkbar schlechtesten – der Mainzer Bischof hatte das Programm der NSDAP wegen der dort postulierten radikalen Judenfeindschaft als unvereinbar mit kirchlichen Grundsätzen bezeichnet. Schließlich war dem verstorbenen Gauleiter Gemeinder sogar ein kirchliches Begräbnis verweigert worden, was eine scharfe und überaus plumpe antikatholische Kampagne des »Völkischen Beobachters« nach sich gezogen hatte.[53] Demgegenüber versuchte Best in seiner Stellungnahme nachzuweisen, dass die Vorwürfe des Klerus gegen das Programm und insbesondere den Antisemitismus der NS-Bewegung gegenstandslos seien. Zum einen richte sich der Nationalsozialismus nicht gegen die Kirchen, sondern lediglich gegen diejenigen Bekenntnisse, »die nicht in das deutsche Wesen eingegangen sind«. Zum anderen, und das ist aufschlussreicher, wies Best den Vorwurf zurück, der Nationalsozialismus predige die »›absolute Minderwertigkeit des Judentums‹ und eine ›Überhebung bzw. einen Herrschaftsanspruch über die anderen Völker‹«.[54] In seiner Antwort darauf wurde deutlich, wie Best seine Rolle als Intellektueller in einer Massenpartei verstand: die »rohen«, aber publikumswirksamen Vorstellungen über Weg und Ziel der Bewegung auf ihren weltanschaulichen Kern zurückzuführen und sie so einzubinden in die Perspektive der »völkisch-organischen Weltanschauung«, ohne etwas an Radikalität aufzugeben. Das »völkische Prinzip«, so entgegnete er auf die kirchlichen Vorwürfe, werde völlig missverstanden: »Voraussetzung einer völkischen Haltung ist ja gerade die Erkenntnis, daß die Völker die schicksalsgegebenen und gottgewollten Urphänomene des Menschentums sind und daß im Volkstum jedes Volk die überpersönlichen diesseitigen Werte seiner Menschen beschlossen sind. Jedes Volkstum besteht originär und aus eigenem Recht. Befangen in den Bindungen unseres Blutes und Volkstums vermögen wir weder den absoluten Wert noch den absoluten Unwert irgendeines Volkes zu erkennen ... Wir erkennen nur, daß bestimmte Völker und Wesensarten unser Volk schädigen und in seinem Dasein bedrohen, und wir setzen uns zur Wehr. Auch im Kampfe gegen das Judentum ist unser Ziel die Freiheit von der Überfremdung, reinliche Scheidung und Fremdenrecht für die Volksfremden ... Welchen absoluten Wert oder Unwert das Judentum vor dem Stuhl eines außermenschlichen Richters haben mag, ist uns völlig gleichgültig; der Antisemitismus ist für uns keine Weltanschauung, sondern politische, wirtschaftliche und kulturelle Notwehr. Auch im Verhältnis zu den übrigen Völkern gilt das völkische Prinzip der Anerkennung jedes Volkstums und seines Daseinsrechts. In Konflikten vertreten wir selbstverständlich die Lebensnotwendigkeiten unseres Volkes bis zur Vernichtung des Gegners – aber ohne den Haß und die Verachtung, die jede absolut wertende Einstellung dem Gegner entgegenbringt.«

Wogegen Best sich hier eigentlich richtete, bleibt angesichts des Wortgeklingels etwas verborgen: Er bestritt, dass es eine »absolute Minderwertigkeit« der Juden gebe, da eine den Völkern übergeordnete Kategorie, von der aus dies zu beurteilen sei, nicht existiere. Die »Minderwertigkeit« der Juden sei vielmehr relativ und resultiere aus dem fundamentalen Interessengegensatz zwischen Deutschen und Juden. Als Deutscher habe man die Interessen des eigenen, deutschen gegen die des fremden, jüdischen Volkes zu vertreten – im Falle eines Konfliktes bis zur Vernichtung des Gegners. Auch zur Beurteilung einer solchen Handlungsweise gebe es jedoch keine übergeordnete Instanz, sondern Sieg oder Niederlage entschieden über die »Berechtigung« des Tuns. Eine Herabsetzung des Feindes, Hass oder Verachtung bedeute dies jedoch gerade nicht Gegen die aufwühlenden Leidenschaften der Straße stellte Best die naturgemäßen (»schicksalsgegebenen und gottgewollten«) Prinzipien der Auseinandersetzung zwischen den »Völkern«.

Auch hier wird eine auf moralische Werte bezogene Frage umgangen und mit dem Rekurs auf die »Interessen« als ausschlaggebenden Faktor beantwortet – im Grund ein demagogischer Taschenspielertrick. Aber die Furchtbarkeit dieser Aussagen stach den Zeitgenossen gar nicht ins Auge; sie wirkten wohl eher wie eine »sachliche« Analyse des Gegensatzes zwischen Juden und Deutschen, die sich vom grassierenden, von Hass und Gemeinheit gekennzeichneten Pöbelantisemitismus vorteilhaft zu unterscheiden schien. In der Perspektive Bests aber war der Radauantisemitismus der Straße als ungelenker Ausdruck der von den Massen nicht erkennbaren Lebensgesetze im Verhältnis zwischen den Völkern zu bewerten. Aufgabe der geistigen Führer war es, diese Zusammenhänge zu durchschauen und die Politik danach zu bestimmen.

Landtagswahl 1931

Mit solch unverhüllt dargebotenem Sendungs- und Selbstbewusstsein eines 28jährigen Amtsrichters konnten vor allem die älteren, nichtakademischen Parteigenossen nur wenig anfangen, und bald bildete sich ein Gegensatz in der hessischen Partei zwischen »akademischer« und »proletarischer« Linie heraus. Best, so schrieben seine innerparteilichen Gegner einige Jahre später, »blieb der geistreichelnde Jurist ohne jegliche Beziehung zum ›kleinen Mann aus dem Volke‹, dessen Sprache er niemals zu sprechen vermochte, weil ihm jegliche inneren Voraussetzungen hierzu fehlten. Umso wohler fühlte sich Dr. Best allerdings bei seinesgleichen.«[55] Das war gewiss nicht ganz falsch gesehen, aber dem Auftreten und der Dynamik Bests hatten die alten Nationalsozialisten nur wenig entgegenzusetzen, zumal Best auch in den bürgerlichen Schichten, die bis dahin über die braune Bewegung indigniert die Nase gerümpft hatten, wohlgelitten und mit seiner »geistreichelnden« Art zumindest den Anschein einer weltanschaulichen Fundierung der nationalsozialistischen Programmatik zu vermitteln imstande war. Jedenfalls erhielt Best für die Landtagswahl am 15. November 1931 einen sicheren Listenplatz und war als Vorsitzender der NS-Landtagsfraktion designiert worden.[56]

Die hessische Landtagswahl des Novembers 1931 stieß im ganzen Reichsgebiet auf ein Interesse, das die gewöhnliche Aufmerksamkeit gegenüber Regionalwahlen bei weitem überstieg. Vom Abschneiden der NSDAP in Hessen, dessen Wahlergebnisse seit jeher nahe an denen des Reiches insgesamt gelegen hatten, wurden Aufschlüsse über die weitere Entwicklung der Nazi-Partei und des ganzen politischen und parlamentarischen Gefüges in der Republik nach dem Erdrutschsieg der NSDAP bei den Reichstagswahlen 1930 erwartet. Entsprechend scharf wurde der Wahlkampf geführt, der von reichspolitischen Themen bestimmt war. Nicht nur Hitler, Strasser und Goebbels hielten Wahlveranstaltungen in Hessen ab, sondern auch die Prominenz der übrigen Parteien und kurz vor dem Wahltag auch Reichskanzler Brüning, der bei seiner Rede in Mainz die Nationalsozialisten milde, ja nachgerade freundlich behandelte, während die Deutschnationalen von ihm mit scharfer Kritik bedacht wurden.[57] Hier deutete sich bereits die eigentliche Brisanz der Hessen-Wahlen an. Spätestens seit dem Herbst 1931 waren Brüning und seine engeren Berater, insbesondere Groener und Schleicher, davon überzeugt, dass die NSDAP aus ihrer Rolle als Radikalopposition herausgeholt und in die politische Verantwortung eingebunden werden müsse. Das sich hier bereits andeutende »Zähmungskonzept« sah zum einen die Ersetzung der Sozialdemokraten durch die NSDAP als »Massenstützpunkt« vor, zum anderen sollte die Gefahr einer weiteren Expansion und schließlichen Vorherrschaft der Nationalsozialisten durch ihren allmählichen Verschleiß in der Regierungstätigkeit vorgebeugt werden.[58]

In einem Gespräch zwischen Brüning und Hitler am 10. Oktober war eine solche Perspektive ins Auge gefasst worden; um aber die Reparationsverhandlungen mit den Siegermächten nicht zu stören, war über den Winter eine Beibehaltung der jetzigen Konstellation – Tolerierung der Brüningschen Politik durch die SPD – noch vonnöten, denn eine von der SPD gestützte Regierung hatte bei den anstehenden Reparationsverhandlungen gewiss viel bessere Aussichten als eine Rechtskoalition unter Einschluss der NSDAP. Danach aber, etwa im Januar 1932, sollten NSDAP und Zentrum zusammengehen, vorausgesetzt, Hitler stimmte der Wiederwahl Hindenburgs zu. Vorher war Brüning bereit »dafür zu sorgen, daß überall in den Länderparlamenten schon in dieser ersten Anlaufzeit, wo es zahlenmäßig möglich sei, NSDAP und Zentrum zusammen eine Regierung bilden« könnten.[59] Das bezog sich bereits direkt auf Hessen – hier, wo die Deutschnationalen besonders schwach waren und NSDAP und Zentrum gemeinsam wahrscheinlich die Mehrheit hinter sich haben würden, ließe sich ein solches Zusammengehen erproben.

Es war klar, dass die SPD diese direkt gegen sie gerichteten Pläne aufs schärfste bekämpfen und darin den Versuch eines schleichenden Staatsstreiches erkennen musste. Entsprechend konzentrierte sich ihr Augenmerk im Herbst 1931 besonders auf Hessen als den »Testfall« für die schwarzbraune Koalition im Reich. Das Ergebnis der Wahlen am 15. November brachte das von den Sozialdemokraten befürchtete Ergebnis: Sie verloren fast die Hälfte ihrer Sitze, und die Nationalsozialisten wurden mit Abstand stärkste Partei. Zentrum und NSDAP verfügten über 37 von 70 Sitzen, während die bisherige Koalition nurmehr 26 Sitze innehatte.[60] Damit war die von Brüning und Hitler besprochene Perspektive einer parlamentarischen Zusammenarbeit auf Länderebene rechnerisch möglich, so dass Koalitionsverhandlungen eingeleitet werden konnten. Um Aufsehen zu vermeiden, sollte nach Brünings Weisung zunächst eine »möglichst vertrauensvolle persönliche Fühlungnahme« angestrebt werden. Hessische Einzelfragen interessierten ihn nicht – allerdings dürfe die Polizeigewalt auf keinen Fall in die Zuständigkeit der NSDAP fallen.[61]

Die Verhandlungen, die für das Zentrum von dessen hessischem Vorsitzenden Bockius, für die NSDAP von Best geführt wurden, kamen gut voran, wie Brüning befriedigt feststellte: »Immerhin wurde namentlich zwischen Bockius und Best von der NSDAP, die sich beide sehr gut kannten, da Best als Referendar irrt Notariat Bockius gearbeitet hat, eine theoretische Diskussion über ein Regierungsprogramm und die Verteilung der Sitze im hessischen Staatsministerium begonnen. Best war dabei außerordentlich entgegenkommend, und Bockius berichtete mir öfters sehr optimistisch über den Fortgang der Verhandlungen.«[62]

Die SPD stellte sich dieser zu Recht als bedrohlich empfundenen Entwicklung mit Macht entgegen und verstärkte ihre antinationalsozialistische Kampagne. Dabei hob sie insbesondere den exzessiven Straßenterror der SA hervor, der seit dem Harzburger Treffen rapide zugenommen hatte und in der Öffentlichkeit, aber auch in der Reichswehr-Führung, zunehmende Besorgnis auslöste. Von Brüning verlangte die SPD-Führung in einer Unterredung am 17. November daher, »durch das stärkere aktive Hervortreten im Kampfe gegen Mord, Hetze und Terror sichtbar zu zeigen, daß dieser Kulturschande eine Grenze gezogen werden muß«. Brüning, der seine Koalitionspläne jedoch weder offenlegen noch aufgeben wollte, warf im Gegenzug der SPD und insbesondere der preußischen Regierung vor, sie seien darauf aus, die Nationalsozialisten zu gewalttätigen Unternehmungen zu provozieren, um so einen Konflikt zwischen NSDAP und Reichswehr zu schüren. Dass die Beunruhigung der Reichswehr-Führung über den grassierenden Straßenterror in der Tat zunahm, kam am gleichen Tag zum Ausdruck, als Groener vor der Konferenz der Länderinnenminister scharf gegen die gewalttätigen Ausschreitungen Stellung nahm.[63]

In diese komplizierte und gespannte Situation hinein platzte die Veröffentlichung von Dokumenten der hessischen NS-Führung durch das preußische Innenministerium, den »Blutplänen von Hessen«. Es handelte sich um Unterlagen, aus denen nach beinahe einhelliger Ansicht der Presse Vorbereitungen der Nationalsozialisten auf eine gewaltsame Machtübernahme hervorgingen und die nach ihrem Entstehungsort bald »Boxheimer Dokumente« genannt wurden.[64] Die Veröffentlichung dieser Dokumente schlug wie eine Bombe ein, wurden hier doch die Befürchtungen der republikanischen Kräfte und der Reichswehr über den gewalttätigen Charakter der Politik der Nationalsozialisten bestätigt, Hitlers Legalitätsschwüre desavouiert und der Koalitionskurs Brünings gestört. Der Autor der Dokumente war, wie sich schnell herausstellte, Werner Best.

Der Boxheim-Skandal

Im Sommer 1931 hatte Best eine Reihe von Notverordnungen, Proklamationen und Vorschriften verfasst, die für den Fall der Übernahme der Staatsgewalt durch die Nationalsozialisten nach der Niederschlagung eines kommunistischen Putschversuches umfängliche Maßnahmen zur Aufrechterhaltung der Ordnung mit Hilfe einer Art von unerklärtem Belagerungszustand vorsahen. Er sei, schrieb Best später, angesichts eigener Beobachtungen in Gernsheim, wo er als Amtsrichter tätig war, zu der Überzeugung gelangt, ein von Kommunisten geführter Aufstandsversuch arbeitsloser Proletarier sei aktuell zu befürchten. Die »Parteiinstanzen« aber wollten »die drohenden Gefahren nicht sehen«, so dass er sich verpflichtet gefühlt habe, »wenigstens sich selbst auf jede Aufgabe zu rüsten«.[65] Seine Pflicht sei es daher gewesen, für einen solchen Fall vorzusorgen und entsprechende Ausnahmebestimmungen, insbesondere für die zu erwartende Lebensmittelknappheit, parat zu haben.

Die einzelnen »Dokumente« waren gekennzeichnet durch bürokratischen Gestus und militärnahe Sprache; deutlich merkt man den Texten ihre Vorbilder aus der Besatzungszeit im Rheinland an. Sie bestanden aus (A) dem »*Entwurf der ersten Bekanntmachung*«, geteilt in (a) die »*Präambel*« (»Bekanntmachung unserer Führung nach dem Wegfall der seitherigen obersten Staatsbehörden und nach Überwindung der Kommune«); (b) die »*Proklamation*« – sie ging davon aus, dass nach den Ereignissen der letzten Zeit die Staatsgewalt im Reiche wie im Lande weggefallen sei und nunmehr SA bzw. Landwehren die Macht in Händen hielten; außerordentliche Maßnahmen seien notwendig zur Aufrechterhaltung von Ordnung und Volksernährung, dazu sei »schärfstes Durchgreifen der bewaffneten Macht« vonnöten – und (c) »*Ordnungsvorschriften*« (»Widerstand wird grundsätzlich mit dem Tode bestraft«). Teil (B) bestand aus »*Richtlinien für die ersten Notverordnungen*«, wobei unter »1. Präambel« als »Grundsätze der Verwaltung« genannt wurden: »1. Nur die einfachsten, dringendsten Maßnahmen. 2. Klare, verständliche Fassung. 3. Möglichst keine neuen Behörden, Einrichtungen, Dienststellen; Verwendung des vorhandenen Verwaltungsapparates.« Die »*Richtlinien für eine Notverordnung zur Sicherung der Ernährung der Bevölkerung*« legten bis ins Kleinste die Erfassung, Rationierung und Zuteilung der Nahrungsmittel fest; die »*Richtlinien für Verwaltungsmaßnahmen zur Durchführung der Notverordnung zur Sicherung der Ernährung der Bevölkerung*« schrieben die Einrichtung von »Ernährungsstellen«, »Kollektivspeisungen« und die Ausgabe der Lebensmittelkarten vor. Die »*Richtlinien für eine Notverordnung zur Sicherung des gegenwärtigen Eigentumsstandes*« regelten bis in Kleinigkeiten die rechtlichen Voraussetzungen für die Beschlagnahme von Lebensmitteln u. ä. (»Es gibt bis zur anderweitigen Regelung kein Privateinkommen mehr«). Artikel 5 (»*Richtlinien für die Schaffung eigener Verwaltungseinrichtungen*«) enthielt neben der Anordnung zur »Einrichtung von Feldgerichten« eine aufschlussreiche Bestimmung, wonach eine »Verwaltungsabteilung« einzurichten war, »die für die vorhandenen Behörden die Ministerien ersetzt und die Ingangsetzung der Verwaltung, die Entlassung und Ernennung von Beamten nach den Richtlinien der Rechtsabteilung des Gaues Hessen (!) vorzunehmen hat.«; nicht mehr den Ministern und Regierungschefs hätten die Behörden im Reich und den Ländern demnach zu folgen, sondern dem Leiter der Rechtsabteilung des Gaues Hessen der NSDAP – zur Zeit: Dr. Werner Best. Artikel 6 schließlich enthielt die »*Richtlinien für eine Notverordnung über die nationale Arbeitsdienstpflicht*«, wonach »jeder Deutsche (nicht Juden usw.)« zur Dienstleistung heranzuziehen war.

Eine Beurteilung dieser Texte muss zwiespältig ausfallen. Auf der einen Seite sind sie ebenso monströs wie absurd und sagen mehr über den Verfasser als über die politischen Absichten der Partei aus. Best legte die Schriftstücke am 5. August 1931 anlässlich einer Besprechung der Gaufachberater des Gaues Hessen-Darmstadt der NSDAP über wirtschaftliche Fragen im Boxheimer Hof bei Lampertheim seinen Parteigenossen vor. Der bürokratische Militärbehördenjargon der Entwürfe, die Berücksichtigung von im Sommer 1931 ganz unsinnig anmutenden Einzelheiten in juristischen Klauseln (»dingliche Belastungen von Grundstücken für Geldforderungen dürfen bis zum Erlaß anderer Bestimmungen nicht bestellt werden«) machten bei den juristisch nicht beschlagenen und nicht akademisch ausgebildeten »Gaufachberatern« offensichtlich Eindruck, und das war vermutlich auch das von Best vornehmlich intendierte Ziel dieser Texte. Sie tragen alle Elemente der Arbeit eines politisch wie persönlich ebenso ehrgeizigen wie unreifen und überheblichen Hochschulabsolventen, der den »einfachen« Parteigenossen nun vorführte, wie man einen politischen Umsturz in die tradierten Formen von Militärgesetzgebung und Verwaltungskontinuität kleidet und dabei unbedingten Radikalismus und professionelle bürokratische Arbeit miteinander verknüpft.

Bests Texte wurden denn auch im Kreise der »Gaufachberater« staunend und wohlwollend zur Kenntnis genommen, so dass sich Best am 6. September in einem umfänglichen Schreiben an die NSDAP-Reichsleitung wandte und dieser ausführlich (und ganz von oben herab) darlegte, von welch überragender politischer Bedeutung die sofortige Beantwortung etwa der Frage sei, ob die Beschlagnahme von Lebensmitteln gegen Gutscheine oder ohne Gegenleistung zu erfolgen habe. Die Reichsleitung möge daher doch bitte schleunigst zu der ausschlaggebenden Frage Stellung nehmen: »Ist die Führung der NSDAP, falls nach Ablauf der vorausgesetzten Entwicklung die Reichsgewalt bei ihr liegt, bereit, 1. entweder die von den regionalen Führungen ausgegebenen Gutscheine von reichswegen einzulösen, oder 2. die zur Erhaltung des Vermögensstandes angeordneten Maßnahmen: Vollstreckungsmoratorium, Richtigkeit von Rechtsgeschäften, Aufheben des Laufs aller Zinsen und sonstigen laufenden Zahlungen usw., mit Rückwirkung Gesetz werden zu lassen?«[66] Das war pure Wichtigtuerei, und so wurde es bei der Münchner Reichsleitung auch aufgenommen. Einen »Dummenjungenstreich«

nannte Heß die Boxheimer Dokumente einige Tage später; die Tatsache, dass Best diese Texte als »Grundlage und Kernstück der theoretischen und geistigen Vorbereitung eines Aufstandes der NSDAP« apostrophiert hatte, zeuge von Großmannssucht und dem zügellosen Drang, in der Öffentlichkeit eine Rolle zu spielen. Und Hitler erklärte am 9. Dezember in einem parteiinternen Rundschreiben: »Erfahrungsgemäß befassen sich oft gerade Parteigenossen, die der SA und der Partei erst seit kurzer Zeit angehören, mit solchen Entwürfen, um damit den Nachweis ihrer ›Aktivität‹ und Kampffreudigkeit zu erbringen.«[67] Das traf bei Best gewiss zu.

Sowohl in der Reichsregierung wie beim Justizministerium und dem Oberreichsanwalt waren die Reaktionen, anders als in der Presse, dementsprechend eher zurückhaltend. Aber auch in der Öffentlichkeit gab es Stimmen, die bei der Beurteilung der Boxheimer Affäre stärker auf den Autor und den politischen Typus, den er repräsentierte, als auf die Dokumente selbst eingingen; so etwa besonders treffend das Berliner Tageblatt: »Wer sich ein wenig auskennt in der Zusammensetzung der nationalsozialistischen Anhängerschaft, der weiß, daß das Gros noch jüngeren Jahrgängen angehört, bis herunter zu den Schuljungen, die am Anfang des Krieges noch in der Wiege lagen. Wir denken nicht daran, unbillig zu verallgemeinern, aber es ist zum mindesten doch sehr wahrscheinlich, daß die potenzierte Geistlosigkeit, die dem hessischen Dokument das Gepräge gibt, in irgendeiner Form mit der Jugendlichkeit seiner Verfasser zusammenhängt. Ein großer Teil dieser Jahrgänge, die den Krieg bestenfalls im Gymnasialalter erlebt haben, hat nur eine Erinnerung aus den Jahren des Schreckens und der Not behalten, die Erinnerung an das Schießen. Sein heroischer Geltungsdrang, der an sich der Jugend immer gut ansteht, ist im Kriege nicht mehr auf seine Rechnung gekommen; man durfte nicht mehr schießen, und darum drückt sich eine von Erfahrung nicht gebändigte Phantasie jetzt in der Produktion von Befehlen und Notverordnungen aus, in denen die Todesstrafe, vollzogen durch Erschießen, das A und O ist.«[68]

Aber neben diesen mit der Person Bests und dem von ihm repräsentierten Typus verknüpften Aspekten der Boxheimer Affäre standen die von Best verfassten Texte doch auch im Zusammenhang mit einer politischen Diskussion, die innerhalb der NSDAP und der nationalen Bewegung insgesamt seit einiger Zeit geführt worden war. Denn die Frage, wie und mit welcher Strategie die »Machtergreifung« zu bewerkstelligen sei, war in der NS-Führung durchaus unklar und zum Teil heftig umstritten.[69] Insbesondere in der SA, deren Mitgliederzahl seit den Wahlen vom September 1930 explosionsartig zugenommen hatte, gab es lauter werdende Stimmen, die einer gewaltsamen Eroberung der Macht zuneigten und Hitlers Legalitätstaktik misstrauten. »Legal sind wir nur, solange wir müssen, keine Minute länger« – diese Äußerung des stellvertretenden Reichspropagandaleiters Franke vom August 1931 beschrieb die Stimmung in der SA und Teilen der Partei recht genau.[70] Dass nun der »führende Kopf« der hessischen NSDAP in dieser Situation Überlegungen entwickelte, wie eine gewaltsame Machtergreifung aussehen und mit Hilfe eines dem militärischen Belagerungszustand nachempfundenen Sonderrechts legalistisch drapiert werden könnte, und dass dabei ein »kommunistischer Aufstandsversuch« als Anlass und Vorwand zur

Übernahme der Staatsgewalt durch die Nationalsozialisten vorausgesetzt wurde, konnte unter diesen Umständen nicht überraschen. Nun gingen aber Bests Notverordnungsentwürfe gar nicht auf die tatsächlich offenen Fragen einer gewaltsamen Machteroberung ein, sondern beinhalteten eher juristisch klingende Proklamationen und abseitige technische Einzelprobleme eines im Grunde irrealen Szenarios, was zum einen auf das hier obwaltende politische Niveau verweist, zum anderen auf den vollständigen Mangel an strategischer Planung und Perspektive.

Man kann also nicht davon sprechen, dass in den Boxheimer Dokumenten »die NSDAP eine Erhebung der kommunistischen Arbeiterschaft sowie von Teilen der SPD und der Freien Gewerkschaften für wahrscheinlich hielt« und für diesen Fall die SA aus den Städten zurückziehen und die Revolutionäre vom Land aus durch Abschneidung der Lebensmittelzufuhren auszuhungern plante – dies überstrapazierte die planerischen Fähigkeiten Bests und die Symptomatik seiner Ideen für die Gesamtpartei und unterlegte seinem Handeln und Denken eine politische Weitsicht, die nicht vorhanden war.[71] Vielmehr war der tatsächliche Inhalt der Texte innerhalb der Partei im Grunde wohl eher zweitrangig. Es kam darauf an, dass sie rabiat klangen und zugleich irgendwie bedeutend, staatlich, obrigkeitlich, juristisch. Sie signalisierten die Bereitschaft innerhalb der NSDAP, bei der Machteroberung Gewalt anzuwenden, nicht aber ihre Fähigkeit, dies auch strategisch und langfristig vorzubereiten. Das Bestsche Szenario verlieh vielmehr den Gewaltphantasien der Rechten ein legalistisches Gewand, indem es die Rechtsdiktatur zur defensiven Notstandsmaßnahme stilisierte und so radikales, brutales Handeln und die Wahrung der »rechtlichen Formen« miteinander verband.

Ein gutes Jahr später wurde der gedankliche Ansatz des Bestschen Szenarios in Reichstagsbrand und Reichstagsbrandverordnung historische Realität. Auch hier war das Vorgehen der NS-Führung nicht das Resultat länger angelegter Planung, aber es lag in der Tradition, Logik und Konsequenz ihres Denkens.

An der Besprechung im Boxheimer Hof hatte auch der Wirtschaftsreferent und Offenbacher NSDAP-Chef Dr. Schäfer teilgenommen, der seit dem 15. November auch der NS-Landtagsfraktion angehörte. Kurz nach der Wahl stellte sich aber heraus, dass Schäfer ein gefälschtes Doktor-Diplom vorgelegt und einige Vorstrafen verschwiegen hatte, woraufhin Best als designierter Fraktionsvorsitzender ihn massiv aufforderte, sein Mandat niederzulegen. Als Schäfer daraufhin drohte, für die Partei unangenehme Mitteilungen an die Presse zu geben, zwang Best ihn am 18. November zum Rücktritt, ließ seine Wohnung von SA-Leuten durchsuchen und dort gefundene Unterlagen mitnehmen. Um sich zu rächen, übergab Schäfer daraufhin die von Best in Boxheim vorgelegten »Dokumente« der hessischen Polizei.[72] Der hessische Innenminister Leuschner, dessen engster Mitarbeiter Carlo Mierendorff und der preußische Innenminister Severing erkannten sogleich die politische Bedeutung dieser Unterlagen, mit denen sich der gewaltsame Charakter nationalsozialistischer Machtergreifungspläne in einer bisher nicht gekannten Weise belegen ließ. Zugleich konnten mit diesen Dokumenten die hessischen Koalitionspläne von Zentrum und NSDAP gestört, wenn nicht durchkreuzt werden – hier lag der politische Kern der Affäre. Die Entwürfe – der Name des Verfassers blieb in der Öffentlichkeit zunächst unbekannt – wurden so zum Gegenstand einer umfassenden politischen und publizistischen Kampagne der Sozialdemokraten gegen die NSDAP, mit der der schier unaufhaltsame Aufstieg der Nationalsozialisten gestoppt werden sollte. »Hochverratspläne der Nazis«, »Brutales, faschistisches Gewaltregiment – Hessen soll das Versuchsland für den deutschen Faschismus werden«, überschrieb die hessische SPD-»Volkszeitung« am 26. November ihren Artikel und gab damit den Tenor der demokratischen Blätter insgesamt wieder. Am gleichen Tag wurden die Büros der hessischen NSDAP-Gauleitung in Darmstadt auf Veranlassung Leuschners durchsucht und dabei unter anderem die Durchschriften des Briefes von Best an die Parteileitung vom 6. September gefunden. Damit war die Verbindung von Best zur NSDAP-Spitze belegt.

Für Brüning kamen diese Enthüllungen angesichts seiner Koalitionspläne zum denkbar ungünstigen Zeitpunkt – »ein Ereignis, das alle Hoffnungen infrage stellt«, wie er in seinen Memoiren schrieb; er habe daher nach Rücksprache mit Joël und Groener dem Oberreichsanwalt die Anweisung zukommen lassen, »in der Angelegenheit vorsichtig vorzugehen und vor allem den Anschein zu vermeiden, als überschätze die Reichsregierung die Bedeutung dieser Dokumente«.[73] Entsprechend lancierte der Oberreichsanwalt Werner noch am gleichen Tag über die Telegraphen-Union eine Stellungnahme an die Öffentlichkeit, in der er den verfassungswidrigen Charakter der Entwürfe bezweifelte und auf das Szenario verwies, wonach der Sturz der Regierung durch die »Kommune« als Voraussetzung für die Machtübernahme der SA angenommen wurde. So war von vornherein klar, dass von Seiten der Justizbehörden mit einer scharfen Reaktion auf die Dokumente nicht zu rechnen war. Zwar wurde am 30. November ein Untersuchungsverfahren gegen Best und die übrigen Teilnehmer des Boxheimer Treffens eröffnet; aber dass damit ausgerechnet jener Reichsanwalt Jörns beauftragt wurde, der seinerzeit die skandalösen Untersuchungen nach den Morden an Rosa Luxemburg und Karl Liebknecht geleitet hatte, kam einer Provokation gleich. Am 23. November, in der gleichen Woche also, wurde Carl von Ossietzky, der Herausgeber der »Weltbühne«, zu 18 Monaten Gefängnis verurteilt, weil er für die Veröffentlichung von angeblichen militärischen »Geheimnissen« verantwortlich gezeichnet hatte, die doch zuvor schon in den Protokollen des Reichstagsausschusses zu lesen gewesen waren.[74] Eklatanter konnte die politische Einseitigkeit der Justizbehörden kaum vor Augen geführt werden.

Obwohl also von dieser Seite für Best und die NSDAP insgesamt offenkundig nichts sehr Bedrohliches zu erwarten war, bedeuteten die Boxheimer Dokumente politisch doch einen schweren Schlag für die Nationalsozialisten, und noch am 26. November beeilte sich Göring auf Weisung Hitlers, gegenüber Groener das unbedingte Festhalten der Partei am Legalitätskurs, den Hitler im Zusammenhang mit dem Ulmer Reichswehrprozess gerade erst beschworen hatte, zu betonen. Man werde »gegen jeden, der nicht die Weisung der Legalität befolgt hat, rücksichtslos vorgehen und ihn aus der Partei ausschließen«. Auch der »Völkische Beobachter« brachte scharfe Distanzierungen; selbst die Gaupressestelle der hessischen NSDAP erklärte sogleich – und in offenbarer Unkenntnis der Autorenschaft – jeden, der sich »mit illegalen Absichten oder Plänen trägt, für einen bewussten

Provokateur, der den Führer meineidig machen will und der Bewegung unabsehbaren Schaden zufügt«.[75]

Best war unmittelbar nach Bekanntwerden der Veröffentlichung zusammen mit Lenz zur Parteileitung nach München gefahren und dort mit Hitler zusammengetroffen. Im Gegensatz zu Bests Befürchtungen verhielt sich Hitler konziliant und freundlich. »Er entschuldigte sich geradezu für das Verhalten der Parteileitung und des ›Völkischen Beobachters‹ gegen mich«, notierte Best später über dieses Treffen, »obwohl er für dieses Verhalten zugleich die wirklich einleuchtende Begründung mitteilte, daß meine Angelegenheit für die zur Zeit schwebenden Verhandlungen über eine etwaige Regierungsbildung natürlich recht unangenehm sei. Wir sprachen mit H. in der unbefangensten Weise. Er ging auf jeden Gedanken ein, versuchte bei Meinungsverschiedenheiten zu überzeugen und verhielt sich nicht wie ein befehlender Führer, sondern wie ein älterer Kamerad ... Wir fuhren zufrieden und voll Vertrauens zu dem verständnisvollen und großzügigen Parteichef nach Hause zurück.«[76] Für Best war dieses erste persönliche Zusammentreffen mit Hitler von großer Bedeutung; denn da ihm die Entlassung aus dem Justizdienst drohte, hätte der im »Völkischen Beobachter« angekündigte Parteiausschluss auch das Ende seiner politischen Karriere bedeutet. So aber bot der Boxheimer Skandal für Best nun, da er mit Hitler persönlich bekannt war und dieser sein Handeln zwar politisch missbilligte, ihn gleichwohl aber nicht fallen ließ, sogar die Perspektive eines weiteren politischen Aufstiegs.

Zurückgekehrt nach Hessen, veröffentlichte er in der deutschnationalen »Mainzer Tageszeitung« einen Artikel, in dem er sich als Autor der Dokumente zu erkennen gab und in seiner Rechtfertigung die Argumentationsvorgabe des Reichsanwalts aufnahm – es habe sich um Privatarbeiten gehandelt, zu denen er sich angesichts der Bedrohung durch die Kommunisten als Rechtsberater der NSDAP verpflichtet gefühlt habe. Ausgangspunkt der darin zusammengefassten Überlegungen sei die vollzogene Machtübernahme durch die KPD, mithin seien die dort anvisierten Maßnahmen nicht gegen die Reichsregierung gerichtet gewesen. Mit diesem Artikel, den Best später zu der umfänglichen Rechtfertigungsschrift » ... wird erschossen« ausarbeitete, setzte zwei Tage nach Bekanntwerden der Boxheimer Dokumente auch die Gegenpropaganda der Rechten ein, die die Angriffe der SPD im Rahmen der Boxheim-Kampagne als Versuch kennzeichnete, die Koalitionsgespräche zwischen Nationalsozialisten und Zentrum zu torpedieren und letztlich die NSDAP verbieten zu lassen.[77]

Best wurde am 28. November vom Staatsdienst suspendiert, eine innerparteiliche Untersuchung unter Leitung von Hans Frank, dem führenden Juristen der Partei und späteren »Generalgouverneur« in Polen, setzte ein, und die am Boxheimer Treffen Beteiligten wurden vorläufig von ihren Parteiämtern beurlaubt. Die parteiinterne Untersuchung verlief jedoch im Sande, und Best erhielt seine Parteirechte zurück. Aber auch die staatsanwaltliche Untersuchung gegen Best zog sich hin, und je mehr Zeit verging, um so selbstbewusster traten auch die hessischen Nationalsozialisten wieder auf. »Man soll Schriftproben machen und Schreibmaschinenuntersuchungen. Man soll verwickelte Fragen durch Reichsgerichtsräte stellen, daß es nur so kracht. Das läßt uns kalt und wird uns im Endeffekt gleich sein ... Eine kommende Zeit wird die harte Sprache der brutalen Gewalt sprechen, und wir wissen nicht, ob sie untersuchende Reichsgerichtsräte schonen wird«, ließ die hessische Gauleitung schon kurz darauf verlauten.[78] Aber selbst auf so unverhohlene Drohungen reagierte das Reichsgericht nicht. Erst im Oktober 1932, fast ein Jahr nach der Veröffentlichung der Boxheimer Dokumente, wurde die Untersuchung abgeschlossen und Best außer Verfolgung gesetzt – mit der zu erwartenden Begründung: Die in den Dokumenten genannten Maßnahmen hätten sich gegen ein kommunistisches Revolutionsregime, nicht gegen die legale Regierung gerichtet, Hochverrat liege somit nicht vor.[79]

Damit war das Kapitel Boxheim abgeschlossen und der Versuch der republikanischen Kräfte, mit Hilfe der Bestschen Notverordnungsentwürfe die Behörden zu scharfen Eingriffen gegen die offenkundig gewalttätige Politik der Nationalsozialisten zu veranlassen, gescheitert. Immerhin aber konnte die SPD mit ihrer Boxheim-Kampagne doch einige Teilerfolge im Kampf gegen den weiteren Aufstieg der NSDAP erreichen – zumindest vorübergehend. In der Öffentlichkeit war die Sensibilität gegenüber den Tendenzen zur gewaltsamen Machtergreifung innerhalb der NSDAP gestiegen. Daran änderten auch unablässige Legalitätsbekundungen der NS-Führung nichts. Die Reichswehrführung wandte sich scharf gegen NSDAP- und SA-Terror; Staatspartei und Teile des Zentrums forderten Brüning zu schärferem Vorgehen, insbesondere zu einem Uniformverbot für die SA auf. Dass der Reichskanzler erstmals seit längerer Zeit wieder eine Rede mit heftigen Angriffen gegen die Nationalsozialisten hielt, war als Ausdruck dieser Entwicklung zu werten. Eine schwarzbraune Koalition wäre nach Boxheim zumindest auf deutlich schärferen Widerspruch in der Öffentlichkeit gestoßen als zuvor und war demzufolge vorerst politisch nicht mehr durchsetzbar.[80]

Schließlich blieben auch die Verhandlungen zwischen NSDAP und Zentrum in Hessen ohne den angestrebten Erfolg. Zwar versuchte Best, der Anfang Dezember in Berlin mit Frick, Göring und Hitler über den Stand der Koalitionsverhandlungen in Hessen Gespräche führte, den Forderungen des Zentrums sehr weit entgegenzukommen. Am 10. Dezember lehnte die hessische Zentrumspartei eine Koalition aber in moderater Form ab, und die Regierung Adelung blieb als Minderheitskabinett im Amt.[81]

Für Best selbst war das Ergebnis der Boxheim-Affäre zwiespältig. Zum einen verlor er durch die Suspendierung vom Dienst sein Einkommen und musste nun von den knappen Diäten als Landtagsabgeordneter leben, so dass er sich zusammen mit seiner Frau in einer schwierigen persönlichen und finanziellen Lage befand. Auf der anderen Seite war er, wenn auch unter dubiosen Umständen, mit einem Schlag reichsweit bekannt geworden. Noch in der Nachkriegszeit und bis in die 60er Jahre hinein wurde Best trotz seiner ungleich bedeutsameren Tätigkeiten während der NS-Zeit in der westdeutschen Öffentlichkeit vorwiegend mit »Boxheim« in Verbindung gebracht. Er hatte durch diese Affäre Hitler und andere führende Nationalsozialisten persönlich kennengelernt und war für viele Parteimitglieder in Hessen und besonders in der SA aufgrund der Angriffe von links gegen ihn zu einer Art Symbolfigur geworden, die ausgesprochen hatte, was viele von ihnen, allen Legalitätsschwüren zum Trotz, tatsächlich dachten. Das war auf eine gewisse Weise paradox, denn nichts lag Best ferner, als sich mit dem Parteivolk oder gar der SA gemein zu machen; und seine Notverordnungsentwürfe hatten sich auch eher an den Traditionen eines Militärputsches orientiert als an der Revolte einer faschistischen Massenorganisation. Der Nimbus von Härte und Gewaltbereitschaft aber, der ihn fortan umgab, erwies sich nach 1933 als durchaus nützlich.

3. Machtergreifung, Machtverlust

Landtagspolitik

Da seine bürgerliche Existenz auf längere Sicht zerstört schien, band sich Best nun ganz an die Partei – mit dem Aufstieg der NSDAP zur Macht verknüpfte sich jetzt auch sein privates Fortkommen. Fortan war er ausschließlich mit Politik beschäftigt; aus finanziellen Gründen löste er die Darmstädter Wohnung auf, brachte seine Frau bei ihrer Mutter unter und zog selbst zurück in die elterliche Wohnung nach Mainz. Neben seiner Tätigkeit als »Gaurechtsberater« übernahm er die Kreisleitung der NSDAP in Mainz, vorübergehend auch die in Bingen. Er schrieb Artikel für die nationalsozialistischen und deutschnationalen Blätter in Hessen, organisierte Versammlungen und die zahlreichen Wahlkämpfe des Jahres 1932 und trat in unzähligen Veranstaltungen als Redner auf. Noch im November 1931 war er zudem in die SS eingetreten – ein logischer Schritt, denn dass Best vor einem Beitritt der »proletarischen« SA zurückschreckte und die Mitgliedschaft in der als elitär geltenden SS vorzog, zumal die sich, wie er vermerkte, »einer besonderen Auslese gegenüber der Massen-SA rühmte«, konnte angesichts seiner politischen Überzeugung nicht verwundern. Best stand damit nicht allein; im Laufe des Jahres 1932 wurde die SS in immer stärkerem Maße zum Sammelbecken jener Kräfte, vor allem der jungen Generation, die dem plebejischen Charakter von SA und Partei distanziert gegenüberstanden und die SS als »Orden« einer Elite in »geistiger« und politischer Hinsicht ansahen. »Man mag über Himmlers Ziele und Ideale denken, wie man will«, schrieb Best noch nach dem Krieg, »es kann nicht bestritten werden, daß er in einer Zeit des Massenwahns und der Qualitätslosigkeit jedenfalls ein Zielbild typprägender Auslese der Erziehung aufgestellt hat und daß er seine Verwirklichung auf weite Sicht energisch und zäh in Angriff genommen hat.« Dieser weltanschauliche Eliteverband, dessen führende Mitglieder sich als »Auslese« in »rassischer«, »charakterlicher« und intellektueller Hinsicht empfanden, wurde in der Folgezeit in immer stärkerem Maße zur eigentlichen politischen Heimat Bests – und blieb es bis zum Ende des Krieges.[82]

Den Schwerpunkt seiner Aktivitäten stellte seit der Wahl im November aber die parlamentarische Arbeit dar. Zwar war Best wegen Boxheim nicht förmlich zum Fraktionsvorsitzenden gewählt worden – sondern Gauleiter Lenz –, dennoch wurde von Beginn an deutlich, dass Best das eigentliche Haupt der NS-Fraktion im hessischen Landtag war. Die parlamentarische Tätigkeit der Nationalsozialisten in Hessen-Darmstadt folgte der generellen destruktiven Linie, wie sie von München aus für alle Parlamentsfraktionen festgelegt war. Entsprechend dem »Hessischen Programm« der NSDAP lag das Hauptgewicht der Tätigkeit zunächst auf Forderungen nach drastischer Verkleinerung der Regierung und des Landtags, nach Rücktritt von Innenminister Leuschner und der Regierung insgesamt – obwohl die Regierung längst zurückgetreten war und nur noch geschäftsführend amtierte.[83] Aber nicht so sehr Gegenstand und Ergebnisse des parlamentarischen Auftretens der NS-Fraktion als vielmehr ihr Stil geben Auskunft über die politische Kompetenz und Vorstellungswelt der hessischen Nationalsozialisten – eine Mischung aus bürokratischem Gehabe und mangelnder Erfahrung, aus Radikalismus und Kleinmut, heroischer Pose und Unvermögen.[84]

Als beispielsweise am 19. Februar die KPD aus propagandistisch-taktischen Gründen dem Antrag der NSDAP-Fraktion auf drastische Erhöhung der Arbeitslosen-Winterhilfe zustimmen wollte, kam die NSDAP-Fraktion dem durch Auszug aus dem Sitzungssaal zuvor. Bei dem danach entstandenen Durcheinander entging es Best und seiner Fraktion aber, dass auch andere, von ihnen selbst eingebrachte Anträge schließlich mit den eigenen Stimmen abgelehnt wurden. Bests Klagen, er habe nicht gewusst, dass diese Abstimmung stattfindet – »wir sind überrumpelt worden« –, führten zu einiger Heiterkeit im Hause; die aufgeregte Ernsthaftigkeit des jungen NS-Führers, seine mangelnde Übersicht und das offensichtliche Unvermögen, die Spielregeln parlamentarischer Arbeit zu beachten, zogen den Hohn und Spott seiner politischen Gegner nach sich. »Es muß was Wunderbares sein, von Best geführt zu werden«, kommentierte ein Abgeordneter das Auftreten Bests im Landtag.[85] »Großkampf im Wasserglas« überschrieb die Vossische Zeitung treffend ihren Bericht über diese Sitzung des Landtags und das Auftreten der hessischen Nationalsozialisten im Parlament: »Doppelposten in voller ›Uniform‹ vor dem Fraktionszimmer der Nationalsozialisten, junge Burschen, die sich ungeheuer ernst nehmen, ohne daß diese Komik durch einen menschlich-sympathischen Zug gemildert würde. Mit dröhnenden Schritten in Gamaschen steckende, durch Säle und Gänge marschierende Beine. Fast immer im Eiltempo, als gälte es, irgend etwas im letzten, dringlichsten Augenblick aus einer Gefahr zu retten. Im Sitzungssaal das gleiche Bild. Eifriges Kritzeln des Fraktionsführers: ein Antrag, der hundertste in der Reihe, wird formuliert. Die Begründung, als ob die Welt aus den Angeln gehoben werden sollte. Nervosität, Spannung aller Kräfte, körperlich sichtbar, daß man Katastrophen befürchtet. Diese jungen Menschen müssen eines Tages mit ihren Nerven restlos fertig sein, an denen sie zerren, an denen jede, auch die gleichgültigste Angelegenheit zerrt wie der Wind an den Telegraphendrähten. Der ruhige Beobachter fragt: Was ist denn los? Was ist passiert? Warum die Erregung? Nichts ist los. Nichts ist passiert. Die Erregung ist Dauerzustand. Ohne sie lebte dieses Abgeordnetenhäuflein nicht. Ein noch schlimmerer Eindruck: Wichtigtuerei, Pose, Erregungszustände bei schülerhaft gebliebenen, ausgewachsenen Menschen.«[86] Es war eine im Grunde ziellose Energie, die hier in so hohem Maße aufgewendet wurde und sich allein am Handeln der Regierung, insbesondere an ihrer politisch herausragenden Figur, Innenminister Wilhelm Leuschner, orientierte, dessen sachliches, aber scharfes Auftreten die Nationalsozialisten zu immer grobschlächtigeren Attacken reizte – »es ist, wie wenn ein Hysteriker seinen Pfleger anfällt«, schrieb die Vossische Zeitung.[87]

Gleichwohl gewannen die hessischen Nationalsozialisten Wahl auf Wahl und etablierten sich zwischen Ende 1931 und Sommer 1932 endgültig als bei weitem stärkste Partei des Landes – ohne die amtierende Minderheitsregierung Adelung aber stürzen zu können.[88] Seit April 1932, verstärkt nach den erneuten Landtagswahlen im Juni wurde daher ein erneuter Versuch zur Koalitionsbildung von NSDAP und Zentrum unternommen, dessen Ziel, so Brüning, die Herstellung der Koalition im Reiche sei; in Hessen solle dies lediglich »einmal vorexerziert« werden. Als Problem sah das Zentrum nur noch die von den Nationalsozialisten avisierte Einstellung von SA-Leuten als Hilfspolizisten an, während gegen die von Best betonte Absicht der Nationalsozialisten, »in der hessischen Polizei ganz gründlich aufräumen und säubern« zu wollen, im Prinzip keine Einwände erhoben wurden. Dass es trotz so weitgehender Zugeständnisse nicht zu einer Vereinbarung kam, lag nicht am Zentrum, sondern an Hitler und der Münchner Reichsleitung, die dahinter eine Variante des »Zähmungskonzepts« vermuteten und sich nicht auf parlamentarische »Bewährungsproben« einlassen wollten. Zudem waren es wohl auch die an Schärfe zunehmenden innerparteilichen Auseinandersetzungen, die eine Annahme des Angebots von Bockius verhinderten.[89]

Auch in Hessen hatte die Kontroverse zwischen Strasser und Hitler zu Zerwürfnissen innerhalb der Partei geführt, die schließlich zur Ablösung des mit Strasser sympathisierenden Gauleiters Lenz führten. Angesichts der ständigen Querelen in der hessen-darmstädtischen Partei ernannte die Parteileitung aber keinen Nachfolger für Lenz, sondern legte den Gau Hessen-Darmstadt mit dem preußischen Teil Hessens zusammen und bestimmte den Frankfurter Gauleiter Sprenger zum Herrn über beide Parteibezirke.[90] Die Zentrale der Gauleitung wurde nun nach Frankfurt verlegt; und durch die energische, machtbewusste Amtsführung des einstigen Postbeamten Sprenger (über den das Wort zirkulierte, er habe zusammen mit seinen Parteigenossen »Schalter an Schalter« gegen die Kommune gekämpft), begann sich das Machtzentrum der hessischen Nationalsozialisten allmählich von Darmstadt weg in die neue Gauhauptstadt zu verlagern.[91] Die traditionellen Machtkämpfe in der Partei wurden nun durch die Differenzen zwischen »alten Nationalsozialisten« um Sprenger und den eher aus dem völkisch-jungkonservativen Lager kommenden und spät zur NSDAP gestoßenen Kreisen um Best, in denen der Anteil der Universitätsabsolventen und SS-Mitglieder besonders hoch war, noch verstärkt.

»Machtergreifung« in Darmstadt

Die Ernennung Hitlers zum Reichskanzler kam für die hessischen Nationalsozialisten überraschend und brachte sie zunächst in einige Verlegenheit; denn auf eine Machtübernahme im Land waren sie organisatorisch und personell kaum vorbereitet. Vor allem war ganz unklar, wie die amtierende Minderheitsregierung Adelung gestürzt werden sollte. Der Versuch, den Landtag aufzulösen, um auch in Hessen Neuwahlen zu erreichen, scheiterte am Widerstand der SPD.[92] Die nationalsozialistisch geführte Reichsregierung aber versuchte seit Anfang Februar, die Machtübernahme in den Ländern durch die Entsendung von Reichskommissaren zu erreichen, so auch in Hessen-Darmstadt. Die Befehlsgewalt über die Polizei war dabei die Schlüsselstellung; aber hier stießen die Nationalsozialisten auf die entschlossene Haltung des hessischen Innenministers Leuschner, der sich zusammen mit seinem Pressesprecher und Berater Carlo Mierendorff den Versuchen des Reichsinnenministers Frick zur kalten Machtübernahme entgegenstemmte. Die hessische Polizeiführung war überwiegend prorepublikanisch eingestellt, und auch in den Mannschaften hatte die NSDAP nur wenige Anhänger. Hier setzte Frick an. Am 10. Februar schickte er einen Beauftragten nach Darmstadt, der nach Rücksprache mit Best und anderen hessischen NS-Führern den Innenminister Leuschner ultimativ aufforderte, durch die Beendigung der »Linksorientierung« der Polizei eine »Befriedung« des Landes herbeizuführen, die Veranstaltungen der NSDAP besser schützen und bei der KPD Haussuchungen durchführen zu lassen. Außerdem sei Mierendorff aus dem Staatsdienst zu entlassen. In seinem Bericht an Frick hob der Sendbote des Reichsministers allerdings hervor, dass sich aufgrund der tatsächlichen Lage in Hessen die Notwendigkeit der Bestellung eines Reichskommissars nicht würde begründen lassen.[93] Daraufhin forderte Frick die schnelle Abberufung Leuschners. Weder die SPD-Fraktion noch Adelung waren imstande, diesem Druck zu widerstehen, und drängten Leuschner zum Rücktritt. »Scheißkerle entpuppen sich!«, notierte Leuschner dazu in seinem Tagebuch; am 15. Februar gab er verbittert seinen Rücktrittsentschluss bekannt.[94]

Damit war der Weg für die Nationalsozialisten frei – das größte Hindernis auf dem Weg zur Macht in Hessen war beiseite geräumt, die SPD hatte das Innenministerium und damit den Zugriff auf die hessische Polizei preisgeben müssen. Die eigentliche Machtübernahme geschah denn auch in der Woche vom 1. bis zum 8. März relativ reibungslos; dem Erlass der Reichstagsbrandverordnung folgten in den Tagen um den 1. März zunächst umfangreiche Maßnahmen gegen die hessische KPD – Haussuchungen, Verhaftungen und Beschlagnahme von Denkschriften. Best nutzte den Reichstagsbrand sogleich zu einer nachträglichen Rechtfertigung seiner Boxheimer Notverordnungen: »Das ›Boxheimer Dokument‹ hat nun doch recht behalten. Die bolschewistische Gefahr, über deren Ankündigung der weise Spießer noch vor zwei Jahren lächelte, ist im letzten Augenblick in ihrem ganzen Umfang enthüllt worden.«[95]

Kurz nach den Wahlen, bei denen die hessische NSDAP mit 47,4 Prozent fast vier Punkte über dem Reichsdurchschnitt lag, wurde vom Reichsinnenminister entsprechend dem in der NSDAP-Führung vorbereiteten Plan ein Reichskommissar eingesetzt, nachdem durch fortwährende Berichte hessischer Parteistellen über angebliche gewalttätige Zusammenstöße in Hessen die benötigte Handhabe dazu geliefert worden war.[96] Am Abend des 6. März wurde die Bestellung des Alsfelder Finanzamtdirektors Dr. Heinz Müller, mit dem Best eng vertraut war, zum Reichskommissar telefonisch angekündigt; daraufhin begaben sich Müller und Best zum Staatspräsidenten Adelung, unterrichteten ihn davon und stellten ihn unter Hausarrest. Das ganze wurde, wie in den anderen Reichsländern auch, durch lärmende Kundgebungen der Nationalsozialisten untermalt; vor allem das massenhafte Auftreten von SA-Einheiten und das Hissen von Hakenkreuzfahnen an Regierungsgebäuden suggerierten eine »Machtergreifung« von unten. Dieses »Schauspiel solcher mehr theatralischen als wirklichen ›Revolution«‹ verfehlte seinen Eindruck nicht und führte bei den republiktreuen Kräften Hessens zu ohnmächtiger Resignation.[97]

Neben Müller, Gauleiter Sprenger und dem Landtagspräsidenten Professor Ferdinand Werner, einem Alt-Völkischen, der bis 1931 einziger nationalsozialistischer Landtagsabgeordneter in Hessen gewesen war, war es vor allem Best, der die Machtübernahme organisierte. Insbesondere verfügte er über eine Vorstellung davon, wie ein solcher Regierungswechsel auch formal und institutionell durchzuführen wäre, wie aus einem Bericht Müllers über die Ereignisse nach seiner Ernennung zum Reichskommissar hervorgeht: »Da die Befugnisse und die Behördenbezeichnung [im Telegramm des Reichsinnenministers] nicht angegeben waren, mußten sie geregelt werden. Dr. Best machte den Vorschlag, mich ›Inhaber der Polizeigewalt in Hessen‹ zu nennen, was ich annahm. Der Gauleiter stimmte auch der sofortigen Bestellung Dr. Bests zum Sonderkommissar für das Polizeiwesen und zum Vertreter des Inhabers der Polizeigewalt zu ... In den Diensträumen des bisherigen Innenministers Leuschner wurden sofort die ersten Maßnahmen beraten. Aufgrund der von Pg. Dr. Best und Pg. Fritz Claß seit langem sorgfältigst gesammelten Unterlagen und der Auskünfte einiger zuverlässiger Polizeioffiziere wurden sofort Offiziere und Beamte der hessischen Polizei –etwa ein Drittel – beurlaubt ... Im Gedränge dieser Stunden hat Dr. Best auf meine Bitte einen Aufruf entworfen, der das hessische Volk von dem Vorgefallenen unterrichtete und zur Mitarbeit aufforderte.«[98]

Eine Woche später wurde diese faktische Machtergreifung durch die Ablösung der sich formal noch im Amt befindlichen Regierung Adelung abgesichert – eine Formsache. Aber dass Staatspräsident Adelung seine Fraktion ausdrücklich darum bat, er möge sich der Stimme enthalten dürfen, um seine Wiederwahl oder ein Patt zu verhindern, zeigt, wie demoralisiert die demokratischen Kräfte durch die Wucht der Ereignisse mittlerweile waren. Mit den Stimmen des Zentrums wurde Werner zum Staatspräsidenten gewählt, und entsprechend dem »Hessischen Programm« der NSDAP wurde die Regierung radikal verkleinert; neben Werner gehörte ihr nur noch Müller an, der die Ministerien für Inneres, Justiz und Finanzen übernahm. Das hessische »Ermächtigungsgesetz«, das der Regierung umfassende Vollmachten verlieh und mit dem sich das Parlament für ein halbes Jahr selbst nach Hause schickte, wurde problemlos mit Zweidrittelmehrheit verabschiedet. Kein Wort des Protests erhob sich im Landtag. Noch am gleichen Tage wurde der jetzt 29jährige Werner Best zum ersten »Staatskommissar für das Polizeiwesen in Hessen« ernannt.[99]

Polizeichef in Hessen

Das Best nach einer nationalsozialistischen Machtergreifung in Hessen den Polizeibereich übernehmen würde, stand wohl seit längerer Zeit schon fest, galt er innerhalb der Partei seit den Boxheimer Dokumenten doch als »Experte« für Sicherheitsfragen. Zudem brachte er als Richter juristische Kenntnisse und Erfahrungen sowie die nötige akademische Respektabilität mit und schien doch Gewähr zu bieten für »rücksichtsloses Durchgreifen«, wie es in Partei und SA erwartet wurde und Best selbst es immer wieder angekündigt hatte. Im Landtag war er mehrfach als Redner gegen die angebliche politische Instrumentalisierung der Polizei durch Leuschner aufgetreten und hatte seit geraumer Zeit jene umfangreichen Unterlagen über republiktreue, insbesondere sozialdemokratische Kräfte in der Polizeiführung gesammelt, die ihm einen guten Einblick in die Binnenstruktur der hessischen Polizei verschafft hatten und die er jetzt nutzte. Es war sehr auffällig, dass sich allein die »Darmstädter Gruppe« um Werner, Müller und Best des hessischen Staatsapparates bemächtigt hatte, während Gauleiter Sprenger und sein Frankfurter Anhang leer ausgegangen waren. Da Sprenger jedoch über die Apparate von Partei und SA verfügte, waren die Rivalitäten und Widersprüche zwischen beiden Gruppen hier bereits angelegt.

Probleme im Verhältnis zwischen Staatsapparat einerseits, Partei und SA andererseits waren vor allem auf unterer Ebene, insbesondere im Bereich der Polizei zu erwarten. Denn zum einen lag hier der Schlüssel für die Erringung und Stabilisierung der Macht, zum anderen waren wie überall im Reich Partei und SA davon überzeugt, dass die anstehende politische Säuberung von ihnen selbst durchzuführen sei. Hier lag eine Gefahr für die neue politische Administration; Best und Müller waren sich deshalb einig, dass die SA mitsamt den anderen nationalen Wehrverbänden möglichst eng und möglichst schnell an die staatlichen, polizeilichen Institutionen anzubinden sei, um zu vermeiden, dass die SA selbständig Racheakte, Verhaftungen oder ähnliches durchführte und es so zu einer Machtteilung zwischen Regierung und Gauleitung kommen würde. Schon seit seiner Ernennung am 7. März war Best deshalb damit beschäftigt, im ganzen Land Tausende von SA- und SS-Leuten persönlich als Hilfspolizisten zu vereidigen, um so, wie Müller formulierte, »durch die Bindung der aktiven Kräfte der Bewegung an uns die Erfüllung unserer Aufgabe, das Land ohne Erschütterung und Schaden in die nationalsozialistische Ordnung überzuleiten«, zu ermöglichen.[100] Die Befehlsgewalt, dies war hier unbestritten, lag bei der Polizei, nicht bei einzelnen SA-Führern, so dass die SA in Hessen von Beginn an nahezu vollständig in die staatliche Exekutive integriert war.

Bests Konzept, den Terror gegen Kommunisten, Sozialdemokraten und andere oppositionelle Kräfte von vornherein in staatliche Hände zu nehmen und das Treiben der SA damit legalistisch kaschieren, vor allem aber steuern zu können, hatte verschiedene Gründe. Zum einen hatte sich die Regierung Adelung nach der Ernennung Hitlers zum Reichskanzler noch länger als einen Monat im Amt gehalten, so dass die hessischen Nationalsozialisten bei der Machtübernahme am 6. März bereits auf die in Berlin seit dem 30. Januar zutage getretenen Probleme im Verhältnis von Staatsmacht und SA reagieren und Maßnahmen ergreifen konnten, die in anderen Reichsländern erst später und nur gegen Widerstände durchsetzbar waren. Zum anderen führte die aus den regionalen und persönlichen Rivalitäten der vergangenen Monate hervorgegangene deutliche Trennung zwischen hessischer Gauleitung und nationalsozialistischer Landesregierung dazu, dass Best ein selbständiges Auftreten der SA bei der Verfolgung der politischen Gegner schon deshalb vermeiden musste, um einer Machterweiterung Sprengers vorzubeugen. Und drittens entsprach ein solches Vorgehen auch Bests Überzeugungen und seinem Misstrauen gegenüber der Unberechenbarkeit und

Dynamik der in den vergangenen drei Jahren so explosionsartig angewachsenen SA.

Die vordringliche Aufgabe nach der Machtergreifung, so betonte Best später, sei es gewesen, »die eigenen Leute an die Leine zu nehmen und Ausschreitungen zu verhindern. Das beste Mittel dazu schien ... zu sein, die Leute für die Polizei in Dienst zu nehmen und so selbst für die Sicherung der Ordnung verantwortlich zu machen«. Deshalb sei die Anordnung zur Aufstellung einer Hilfspolizei aus Angehörigen von SA, SS und Stahlhelm erlassen und so schnell durchgeführt worden. Dieses »Experiment« sei gelungen: »Die Leute fühlten sich als Schützer des Staates und verantwortlich für die Ordnung; es gab in Hessen keine Verluste an Personen und Sachen«[101] – jedenfalls nicht durch »individuelle«, nicht staatlich legitimierte Gewalt, denn Angehörige der Hilfspolizei begingen, wie nach dem Krieg festgestellt wurde, Gewalttätigkeiten und Misshandlungen in durchaus größerem Umfang als von Best und Müller beschrieben. Aber insgesamt war die Zahl der in der Öffentlichkeit begangenen Ausschreitungen während der Machtergreifungsphase in Hessen doch vergleichsweise gering.[102]

Entgegen den Erwartungen in der Partei und besonders in der SA war auch die Zahl der Beurlaubungen und Entlassungen im hessischen Polizeidienst mit insgesamt 86 bis Ende März nicht sehr hoch. Zu dieser Zeit gab es in Hessen 2.158 reguläre Polizeibeamte, daneben waren 4.594 Hilfspolizisten vereidigt worden, von denen drei Viertel aus der SA kamen.[103] In dem Bestreben, die nationalsozialistische Herrschaft in Hessen mit Hilfe der Polizei zwar radikal und rigoros abzusichern, sich zugleich aber nicht in Abhängigkeit von SA und Gauleitung zu begeben, verzichtete Best darauf, alte Nationalsozialisten in führende Stellungen zu hieven. Statt dessen griff er auf »Fachleute« zurück, die sich entweder zur »nationalen Bewegung« zählten, ohne Nationalsozialisten zu sein, und die er seit längerem kannte – wie den Polizeioberst Fendel-Sartorius, der aus dem Zentrum stammte und den Best gegen den scharfen Widerstand Sprengers zum Chef der uniformierten Polizei machte – oder die eher unpolitisch waren und sich aus Angst vor politischen Pressionen um so williger zeigten, die Politik des neuen Polizeichefs zu tragen.

Bei der Gauleitung und in der SA stieß diese Personalpolitik auf wachsendes Misstrauen, das Best nur schwer zerstreuen konnte – selbst dort, wo er sich als der »Boxheim-Best« gab, zu dem ein SA-Mann Vertrauen haben konnte. »Seid versichert, ich hätte auch eine andere Revolution gemacht«, betonte er in verschiedenen Ansprachen vor SA-Verbänden Anfang April; »dafür bürgt meine Person als Verfasser der Boxheimer Dokumente«. Die »sachliche Arbeit« und die »Heranziehung eines jungen, nationalsozialistischen Nachwuchses« seien jetzt aber »wichtiger als die Hereinnahme alter, noch so treuer Parteigenossen«.[104] Zur gleichen Zeit richtete Best aber unter dem Vorwand, gegnerische »Provokateure« hätten sich in die nationalen Verbände eingeschlichen und diese unterwandert, Sonderkommandos zur Überwachung der Wehrverbände ein, die zunächst aus »ausgewählten Angehörigen von SA und SS« bestanden, seit Juni 1933 aber unter Ausschluss der SA neu formiert wurden. Noch im Mai begann der Abbau der Hilfspolizeitruppen; am 1. August war die kasernierte Hilfspolizei bereits ganz aufgelöst, ein Teil der übrigen Hilfspolizisten wurde in den regulären Landespolizeiapparat übernommen, der zugleich erweitert und neu geordnet wurde.[105] Durch diese Politik verschaffte sich Best zum einen ein gewisses Vertrauen in der Bevölkerung, bei der die Befürchtungen vor öffentlichen Gewalttaten der SA nach der Machtübernahme sehr verbreitet gewesen waren, zum anderen Loyalität im Polizeiapparat, bei dem die Betonung des Vorrangs der »fachlichen und sachlichen Arbeit« vor politischen Erwägungen auf erleichterte Zustimmung stieß und zudem die von der Polizei durchgeführte Unterdrückung der politischen Gegner des Nationalsozialismus als gesetzliche und »polizeifachliche« Tätigkeit erscheinen ließ.

Im Mittelpunkt der Bemühungen Bests, die Polizei zu einem zuverlässigen Instrument der nationalsozialistischen Regierung zu machen, stand aber die Politische Polizei. Diese unter Leuschner noch recht kleine Abteilung des dem Polizeiamt Darmstadt angeschlossenen Landeskriminalpolizeiamts gliederte Best bereits am 28. März 1933 aus der allgemeinen Verwaltung aus und verwandelte sie in eine selbständige Behörde; erst als »Zentralpolizeistelle«, dann seit dem 12. Juni 1933 als »Hessisches Staatspolizeiamt Darmstadt«. Dieses neue und personell aufgestockte Amt unterstellte sich Best direkt und bestallte als seinen Leiter einen alten Bekannten – Wilhelm Schneider, den ehemaligen Chef der »Hessischen Abwehrstelle«, für die Best als Student während des »Rheinischen Abwehrkampfes« fast drei Jahre lang tätig gewesen war. Schneider hatte bis in die späten 20er Jahre eng mit dem sozialdemokratisch geführten Innenministerium in Darmstadt zusammengearbeitet, war Mitglied der Staatspartei gewesen und erst Anfang 1933 zur NSDAP übergewechselt; auch er ein »Fachmann« mit langer Verwaltungserfahrung und deutlicher Distanz gegenüber dem Auftreten der SA, zugleich aber ein exponierter Nationalist – und in dieser Kombination für Best der ideale Mann. Die neue Behörde war dem Zugriff und der Überprüfung durch Gerichte und Staatsanwaltschaften entzogen, und sie erhielt umfangreiche Kompetenzen. Die »Bekämpfung staatsfeindlicher, insbesondere marxistischer Bestrebungen« sowie Spionageabwehr, politischer Nachrichtendienst, Ausländerüberwachung und Pressezensur fielen in ihre Zuständigkeit. Hessen war damit noch vor Preußen, wo das »Geheime Staatspolizeiamt« offiziell am 26. April 1933 geschaffen wurde, das erste Reichsland, in dem die Politische Polizei verselbständigt und als mit umfassenden Befugnissen ausgestattete Sonderbehörde etabliert worden war.[106] Die neu gebildete Polizei und insbesondere die politische »Zentralpolizeistelle« funktionierten von Beginn an reibungslos und effektiv im Sinne der neuen Machthaber und ihres 29jährigen Polizeichefs – nicht trotz, sondern wegen der sichtlichen Kontinuität im personellen Bereich. Die explizite Betonung des formal peniblen und legalen Vorgehens gerade bei hochpolitischen Angelegenheiten stand unübersehbar im Widerspruch zu den Methoden der NS-Massenorganisationen und hatte die ausgeprägte Loyalität im Beamtenapparat zur Folge – selbst dort, wo es um die Durchführungsbestimmungen zum Ermächtigungsgesetz ging, die das Verbot sozialdemokratischer und kommunistischer Organisationen oder die Anordnungen zur Einrichtung der polizeilichen »Schutzhaft« beinhalteten.[107]

Bereits unmittelbar nach seiner Ernennung zum hessischen Polizeichef hatte

Best die Errichtung eines Konzentrationslagers für politische Häftlinge angeordnet. Schon am 8. März wurden Häftlinge, die bis dahin in den Kellern des Braunen Hauses in Worms und an anderen Orten dem Wüten der SA-Hilfspolizisten ausgesetzt gewesen waren, nach Osthofen, einem kleinen Ort bei Worms, in eine stillgelegte Papierfabrik gebracht, die sie zu reinigen und als Lager herzurichten hatten. Vermutlich bereits am 13. März begannen die Einweisungen von Häftlingen, deren Durchschnittszahl dann ab April zwischen 100 und 200 lag.[108] Zusammen mit dem allerdings ungleich größeren Lager Dachau war Osthofen damit das erste »reguläre« Konzentrationslager im Reich – auch dies Ausdruck des Bemühens Bests, die Ausschaltung und Unterdrückung der politischen Gegner möglichst schnell in staatliche Hand zu bekommen und der SA und ihren »wilden KZs« wenig Raum zur Ausbreitung zu geben, sich aber zugleich von Partei und SA an Radikalität nicht übertreffen zu lassen. Die Einrichtung des Konzentrationslagers Osthofen geschah denn auch nicht heimlich, vielmehr berichtete die Lokalpresse seit Anfang April regelmäßig über Einweisungen in das Lager und verlieh ihm schon dadurch den Status einer gefängnisähnlichen, staatlichen Institution. Dadurch und durch die in ganz Hessen-Darmstadt kursierenden Gerüchte, die durch das Schweigen der nach vier oder sechs Wochen entlassenen Häftlinge noch gesteigert wurden, wurde »Osthofen« schnell zu einem geläufigen und Angst einflößenden Begriff in der Bevölkerung und vor allem bei den Gegnern der Nationalsozialisten – das war schließlich auch beabsichtigt.

Dieser Nimbus war es vor allem, der dazu führte, dass die aus Mainz stammende und 1933 nach Frankreich emigrierte Schriftstellerin Anna Seghers, die den drei Jahre jüngeren Best als einen der agilsten Mainzer Rechtsradikalen vermutlich seit längerem kannte, Osthofen als »Westhofen« zum Schauplatz ihres 1942 erschienenen Romans »Das siebte Kreuz« und auf diese Weise weltweit zum bekannten Symbol für die nationalsozialistische Terrorpolitik machte.[109] Tatsächlich aber bestand das Lager Osthofen nur wenige Monate, nämlich bis Anfang 1934, und Todesfälle gab es dort, soweit rekonstruierbar, nicht. Die Verhältnisse waren vielmehr gekennzeichnet durch Prügel, Misshandlungen und Demütigungen der Häftlinge. Nicht um die politischen Gegner des Nationalsozialismus zu ermorden, hatte Best das Lager eingerichtet, sondern um sie einzuschüchtern und als potentielle Störfaktoren beim Aufbau des NS-Staates auszuschalten – Kommunisten und Sozialdemokraten vor allem, aber auch eine Reihe von »Separatisten«. Prominentester Häftling war seit dem 21. Juni Carlo Mierendorff, der zu den schärfsten und klarsichtigsten Gegnern der hessischen Nationalsozialisten gehört hatte und nach seiner Einlieferung in Osthofen dementsprechend brutal behandelt wurde.[110]

Machtkampf und Sturz

Die Widersprüche zwischen dem Machtapparat der NS-Massenorganisation und der Politik der nationalsozialistischen Regierungen im Reich und in den Ländern, die von der Notwendigkeit des Ausgleichs mit den konservativen Bündnispartnern, aber auch von dem verbreiteten Bedürfnis nach Ruhe und Ordnung in der

Bevölkerung bestimmt waren, wurden seit dem Frühjahr 1933 überall deutlich und gewannen rasch an Schärfe. Nachdem diese Gegensätze durch die Trennung von Gauleitung und Regierung in Hessen zunächst nicht in den Vordergrund getreten waren, änderte sich dies, als am 7. April im zweiten Gleichschaltungsgesetz die Einsetzung von Reichsstatthaltern zur Durchsetzung der Politik der Reichsregierung in den anderen Ländern angekündigt wurde, und spitzte sich bald auf einen Machtkampf zwischen Best und Sprenger zu. Eine Ernennung Sprengers zum Reichsstatthalter wollte Best um jeden Preis verhindern. Nicht nur, dass dies den Sieg der »Frankfurter Invasion« über die Darmstädter bedeutet hatte, es wäre auch gleichbedeutend mit dem Ende der politischen Linie des Gespanns Werner, Müller, Best gewesen, die »nationale Revolution« zwar mit Hilfe der »Bewegung« durchzuführen, die Regierungstätigkeit dann aber mit »Fachleuten« und dem eingespielten Apparat auszuüben. Best setzte also alle Hebel in Bewegung, um Werner statt Sprenger als Reichsstatthalter durchzusetzen; er nutzte dazu die ihm zur Verfügung stehenden Kanäle und Verbindungen und versuchte sogar, bei Hitler persönlich zu intervenieren – allerdings vergeblich.[111]

Sprenger seinerseits begann unmittelbar nach seiner am 5. Mai erfolgten Ernennung zum Reichsstatthalter, seinen Machtanspruch in die Tat umzusetzen. Er verfügte die Entlassung Müllers und die Errichtung des »Einministersystems«, und schon einige Wochen später wurde festgelegt, dass die vom Ministerpräsidenten Werner unterzeichneten Gesetze künftig vom Reichsstatthalter ausgefertigt und verkündet wurden.[112] Best hingegen blieb in seiner Funktion und wurde sogar zum »Landespolizeipräsidenten« ernannt, was jedoch seine Einbindung in die behördliche Hierarchie festschrieb und ein Untergebenenverhältnis gegenüber dem neuen Staatssekretär Jung, einem Vertrauten Sprengers, konstituierte. Vorrangiges Ziel des Reichsstatthalters im Polizeibereich war es nun, die Personalentscheidungen Bests rückgängig zu machen, die »Säuberung« des hessischen Staatsund Polizeiapparats fortzuführen und »verdiente Parteigenossen« in entsprechende Positionen zu befördern, da, wie es später hieß, »seitens des Landespolizeipräsidenten nicht die mindesten Anstalten getroffen wurden, eine Beförderung parteigenössischer Polizeibeamter herbeizuführen«.[113] Als Best sich dem entgegenstemmte und solche Beförderungen ohne Ablegung einer Fachprüfung ablehnte, war der offene Konflikt da – ein Konflikt, der zu einem frühen Zeitpunkt die später in aller Schärfe entbrennenden Auseinandersetzungen innerhalb der NS-Regimeführung um »Revolution« und »Effizienz« bereits vorwegnahm. Während für Sprenger vorrangig war, dass die »Machtergreifung« auch in wörtlichem Sinne spürbar wurde, den alten Parteigenossen und SA-Männern handfeste Vorteile brachte und den Staatsapparat, vor allem aber die Polizei, nun altgedienten Nationalsozialisten in die Hände legte, waren für Best zuverlässige Fachleute zur Konsolidierung der »Machtergreifung« unverzichtbar und der Anspruch der Partei auf die Übernahme von Pfründen dabei eher hinderlich. Aus diesem Konflikt entstand nun schnell eine Machtprobe, die sich zu einer in aller Schärfe ausgetragenen persönlichen Fehde zwischen Best und Sprenger entwickelte, bei der die sachlichen Widersprüche zunehmend an den Rand gedrängt wurden.[114]

Im Juli 1933 allerdings hatte Best noch eine starke Stellung inne. Als Chef der hessischen Polizei war er auch vom Reichsstatthalter nicht einfach zu stürzen, zumal Best im Staats- und Polizeiapparat, bei den jüngeren SS-Führern sowie bei den nationalistischen Honoratioren des Landes großes Vertrauen besaß und auch von Staatspräsident Werner gestützt wurde. Sprenger brauchte eine Handhabe gegen den allzu selbstbewussten Polizeichef – und die bekam er durch einen grausig-mysteriösen Vorfall, der Mitte Juli ruchbar wurde und das Ende der politischen Karriere Bests in Hessen einleitete.

Am Morgen des 18. Juli 1933 wurde an einem Bahnübergang im Frankfurter Stadtwald eine männliche Leiche gefunden. Der Mann war, wie sich herausstellte, ermordet worden. Zunächst durch zwei Schüsse schwer verletzt, hatte er versucht, seinen Verfolgern noch zu entkommen, und war dann durch zwei weitere Schüsse getötet worden. Anschließend hatten ihn die Täter auf die nahegelegenen Bahngleise geworfen. Aus dem vermeintlichen Routinefall wurde ein Politikum, als der Name des Toten bekannt wurde – denn es handelte sich um Hermann Schäfer, jenen Mann, der im November 1931 als von Best gemaßregelter NS-Landtagsabgeordneter aus Rache der hessischen Polizei die »Boxheimer Dokumente« zugeleitet hatte. Als die auf politischen Druck hin schnell eingestellten Ermittlungen nach dem Krieg wiederaufgenommen wurden, ergab sich folgendes Bild: Schäfer, auf den bereits im Februar 1932 in Sachsen ein Attentat verübt worden war, gehörte zu den ersten, die im März 1933 auf Geheiß Bests in »Schutzhaft« genommen worden waren; im Juli 1933 wurde er erneut festgenommen und ins Darmstädter Polizeigefängnis gesperrt. In der Nacht zum 17. Juli brachten ihn dann, ebenfalls auf Anordnung Bests, drei Mitarbeiter des Landeskriminalpolizeiamts mit einem Wagen nach Frankfurt auf preußisches Gebiet. Die drei Polizisten, allesamt SS-Angehörige und enge Gefolgsleute Bests, gaben allerdings an, Schäfer auf Bests Befehl hin lediglich »außer Landes« gebracht und ihn in Frankfurt unversehrt freigelassen zu haben. Es stellte sich aber heraus, dass seinerzeit ein Zeuge das Nummernschild des flüchtenden Wagens hatte erkennen können: Es handelte sich dabei um den Dienstwagen des SS-Standartenführers und Polizeidirektors von Mainz, Willi Herbert. Im Polizeipräsidium Frankfurt war schon im Sommer 1933 ganz offen davon gesprochen worden, dass Herbert als Täter ermittelt worden sei; aber bereits einen Tag später hatte die Zentralstaatsanwaltschaft Berlin den Fall an sich gezogen und ihn am 18. Januar 1934 eingestellt.

Diese mysteriöse Geschichte hat verschiedene Interpretationen, aber keine vollständige Aufklärung gefunden, gleichwohl war sie politisch folgenreich. Der ermittelnde Frankfurter Staatsanwalt sah es im Jahre 1948 als erwiesen an, dass es sich bei der Ermordung Schäfers um ein »abgekartetes Spiel« gehandelt habe, »bei dem nicht allein der Standartenführer Herbert, sondern auch Dr. Best ihre Hände im Spiel gehabt haben«.[115] Best hingegen gab nach dem Krieg an, er habe im Juli 1933 Schäfer förmlich des Landes verwiesen, anschließend sei dieser von Sprengers Leuten umgebracht worden.[116] Sprenger allerdings hatte am 18. September 1933 dem Ministerpräsidenten Werner das Ergebnis der internen Ermittlungen vertraulich mitgeteilt: Danach hatte Best den Schäfer aus Rache umbringen lassen wollen, dabei aber Fehler gemacht: »Er hat einen Schutzpolizeibeamten beauftragt, den Dr. Schäfer über die Klinge springen zu lassen. Der weigerte sich. Best

129

ist so ungeschickt vorgegangen, daß wir schwer belastet wurden. Best ist nur deswegen nicht näher in die Dinge hereingezogen worden, weil eben solche Fälle in Preußen eine Sonderbehandlung genossen.«[117]

Welche dieser Versionen auch immer der Wahrheit entsprochen haben mag, in jedem Fall musste sich in der Öffentlichkeit der Verdacht zuerst gegen Best richten, der von Schäfer einst »verraten« worden war. Damit aber hatte Sprenger, gewollt oder ungewollt, eine Handhabe, um gegen den ungeliebten Polizeichef vorzugehen und seine Entmachtung vorzubereiten; Best war somit erpressbar geworden. Am 11. September wurde er im Zusammenhang mit der Entmachtung Werners entlassen; zugleich löste Sprenger auch Fendel-Sartorius und Schneider sowie andere Vertraute des gestürzten Polizeichefs ab. »Auf diese Art und Weise«, schrieb Sprenger später, »wurde die gesamte um Dr. Best gruppierte Kamarilla unerbittlich auseinander getrieben und zur Verantwortung gezogen und damit dem Treiben des Dr. Best innerhalb der Hess. Regierung ein Ende gesetzt.«[118]

Best hatte den Machtkampf verloren; hier hatte sich – in seiner eigenen Wahrnehmung – die »proletarische Richtung« gegen die »Gruppe der Gebildeten« durchgesetzt, der Führungsanspruch der »Geistigen« innerhalb der Bewegung sei abgewiesen worden. Persönlich reagierte Best auf seinen Sturz mit einer Mischung aus Verzagtheit und Entschlossenheit. »Als 30jähriger beurlaubter Regierungsrat von dem Haß des allmächtigen Landesherrn verfolgt und von der hessischen Polizei überwacht«, beschrieb er nach dem Krieg nicht ohne Selbstmitleid seine damalige Lage, »saß ich zum zweiten Male – wie im Dezember 1931 – auf der Straße und wußte nicht, was ich beginnen sollte.«[119] Auf der anderen Seite war er im neuen Staat aber bereits zu schnell zu hoch gestiegen, um etwa in seinen bürgerlichen Beruf zurückzukehren – einer erneuten Tätigkeit als Richter etwa stand ja nichts mehr im Wege. Vielmehr suchte er nach einem Betätigungsfeld, das es ihm erlaubte, seine Vorstellungen von weltanschaulich fixierter Radikalität, »Sachlichkeit« und elitärem Führertum politisch und praktisch umzusetzen und gleichzeitig auch für sein eigenes Fortkommen zu sorgen.

Er fand es schnell und hatte sich wohl auch schon frühzeitig rückversichert. Der bayerische Polizeichef und Reichsführer SS, Heinrich Himmler, hatte die Entwicklung in Hessen genau beobachtet und Best dabei als effizienten Polizeichef schätzen gelernt, der zum einen politische Entschiedenheit mit professionellem Verwaltungshandeln zu verbinden wusste, der zugleich im Ruf stand, »nicht nur ein hochintelligenter, sondern um die Bewegung höchst verdienter Mann« zu sein, und außerdem, wie die Affären um die Boxheimer Dokumente und zuletzt um den Tod Schäfers zeigten, von ausgeprägter Skrupellosigkeit zu sein schien. Unmittelbar nach der Beurlaubung durch Sprenger hatte Himmler Best daher angerufen und angefragt, ob er nicht für ihn tätig werden wolle.

Best sagte zu und fuhr nach München.[120]

Zweiter Teil

III. Politische Polizei im »Dritten Reich«

1. Die Morde in München

Staat, Partei und Polizei

Dass der Politischen Polizei im nationalsozialistischen Deutschland eine überragende Bedeutung zukommen würde, hatte sich seit der »Machtergreifung« im Frühjahr 1933 bereits zur festen Überzeugung in der neuen Regimeführung entwickelt. Welche organisatorische und politische Gestalt sie annehmen und von wem sie geführt werden würde, war hingegen im Sommer 1933 noch ganz unklar.

Vier voneinander zu unterscheidende Machtgruppen erhoben Anspruch auf Übernahme der Politischen Polizei;
– die SA, die als »Hilfspolizei« in den »wilden« Konzentrationslagern und Folterkellern die politischen Gegner terrorisierte und auf diese Weise ihren Machtanspruch unübersehbar artikuliert hatte;
– die Gauleiter und die neuen Länderadministrationen, die mit Hilfe von SA und staatlicher Polizei ihre Macht erobert und gefestigt hatten und deren Interesse in der Beibehaltung der dezentralen Struktur der politischen Polizei bestand, um den direkten Zugriff darauf nicht zu verlieren; darunter vor allem
– die preußische Regierung unter Göring, in der sich im Innenministerium vor allem Staatssekretär Grauert, Kurt Daluege und der Chef der preußischen Polizei, Rudolf Diels, darum bemühten, die Gestapo zur politischen Reichspolizei unter Göring auszubauen;
– die Ministerialbürokratie des Reichsinnenministeriums unter Wilhelm Frick, die darauf abzielte, im Wege der Eingliederung der preußischen in die Reichsministerien auch die preußische Geheime Staatspolizei dem Reichsinnenministerium zu unterstellen, um auf dieser Grundlage eine einheitliche politische Reichspolizei aufzubauen.[1]

Die Verfügung über eine einheitliche politische Reichspolizei würde eine enorme Machtkonzentration bedeuten, so dass eine möglichst enge Bindung der Politischen Polizei an die politische Führung im Mittelpunkt aller Überlegungen der Machthaber des sich etablierenden NS-Regimes stehen musste. Demgegenüber waren die internen Rivalitäten zwischen den verschiedenen Machtträgern in der Führungsgruppe des »Dritten Reiches«, die sich in den Akten so stark abbilden, von nachgeordneter Bedeutung.

Gegen die SA sprachen aus dieser Perspektive vor allem die sich im Sommer 1933 zum ersten Mal zuspitzenden Konflikte der konservativen »Bündnispartner« Hitlers, vor allem in der Wirtschaft, der Reichswehr und der staatlichen Bürokratie, mit dem Machtanspruch und dem öffentlichen Gebaren der SA. Ein Zugriff der SA auf die Politische Polizei hätte aber womöglich sogar die Position Hitlers gegenüber Röhm und der Parteiarmee geschwächt. Die Parole vom »Abschluss« der nationalen Revolution, wie sie im Juli 1933 von Hitler und Reichsinnenminister Frick ausgegeben wurde, die Auflösung der SA-Hilfspolizei im August und die Schließung der »wilden« Konzentrationslager im Oktober waren daher Ausdruck des Bemühens, den Machtanspruch der SA zurückzudrängen und auch die Unterdrückung der politischen Gegner von staatlich legitimierten Organen und Institutionen durchführen zu lassen.[2] Auf der anderen Seite war eine reichsweite Zentralisierung der Befugnisse der Politischen Polizei aus Sicht der Regimeführung unabdingbar, weil ohne eine einheitliche und effektive Beherrschung dieses Apparats Aufbau und Sicherung der Diktatur nicht möglich waren – das sprach gegen die föderale Struktur und die Macht der Gaufürsten.

Die preußische Ministerialbürokratie unter der energischen Führung Görings hatte mit dem preußischen Geheimen Staatspolizeiamt die Schlüsselstellung der Politischen Polizeien des Reiches bereits inne. Mit den Ausführungsbestimmungen zur »Reichstagsbrandverordnung« im März und dem ersten Gestapo-Gesetz vom April 1933 war hier eine mit außerordentlichen Kompetenzen ausgestattete und auf dem ministeriellen Instanzenweg partiell bereits ausgegliederte polizeiliche Sonderbehörde unter Rudolf Diels entstanden, die Ende Juli 1933 fast 15.000 Menschen in Polizeigefängnissen und Konzentrationslagern gefangen hielt (26.789 waren es im gesamten Reichsgebiet) und mit den Staatspolizeistellen über ein weit verzweigtes Netz von lokalen Hilfsorganen verfügte, wobei umstritten war, inwieweit diese noch als Teil der ordentlichen staatlichen Behörden anzusehen und dem Regierungs- und Oberpräsidenten unterstellt waren.[3] Es blieb jedoch trotz dieser Machtfülle unklar, in welcher Weise die Politische Polizei Preußens zur politischen Reichspolizei würde ausgedehnt werden können.

Eine »Verreichlichung« der Polizei durch die Übertragung der Länderbefugnisse auf das Reichsinnenministerium aber, wie sie von Frick und wohl auch vom Reichsjustizministerium befürwortet und betrieben wurde, hätte nicht nur die Macht Görings empfindlich beschnitten, die nationalsozialistische Regimeführung sah darin auch die Gefahr der Auslieferung der Politischen Polizei an die Ministerialbürokratie, deren Verbundenheit mit normativen Vorgaben und gesetzlichen Bestimmungen und deren tatsächliche oder vermeintliche politische Indifferenz gegenüber dem NS-Staat vor allem bei Hitler auf tiefes Misstrauen stießen.

Gleichwohl waren die Pläne des Reichsinnenministers im Spätsommer 1933 schon weit gediehen, und Mitte Oktober sollte offenbar die Umorganisation der preußischen Politischen Polizei bereits beginnen »mit dem Ziel, die selbständige Tätigkeit des Geheimen Staatspolizeiamtes wieder aufzuheben und seine Aufgaben an die ordentlichen Polizeibehörden anzugliedern«, wie ausdrücklich vermerkt wurde.[4] Dadurch war Görings Zugriff auf die Gestapo bedroht; er reagierte sofort und legte noch im Oktober den Entwurf über ein »Gesetz über die Geheime Staatspolizei« vor, das am 30. November 1933 als »zweites Gestapo-Gesetz« in Kraft trat – die Politische Polizei wurde darin aus der allgemeinen Verwaltung ausgegliedert und als eigener Verwaltungszweig dem Ministerpräsidenten direkt unterstellt, der fortan als »Chef« der Geheimen Staatspolizei fungierte und Rudolf Diels als »Inspekteur« und Leiter des Geheimen Staatspolizeiamtes einsetzte. Zugleich wurde die politisch-polizeiliche Tätigkeit der Verwaltung bei der Gestapo monopolisiert, die gegenüber den lokalen Polizeibehörden Weisungs-recht erhielt; die Staatspolizeistellen blieben jedoch den Regierungspräsidenten unterstellt.[5] Damit war zwar der Übernahmeversuch des Reichsinnenministers abgewehrt und die Unabhängigkeit und Kompetenz der preußischen Politi-schen Polizei gestärkt, die Frage der Politischen Reichspolizei blieb jedoch nach wie vor unentschieden.

Das bayerische Modell

Schon seit dem Frühsommer 1933 aber war neben SA, Reichs- und preußischer Ministerialbürokratie eine weitere Variante als Weg zur einheitlichen Politischen Reichspolizei aufgetaucht. Der Reichsführer SS, Heinrich Himmler, hatte nach der »Machtergreifung« in Bayern die Leitung der Politischen Polizei übernommen und zielstrebig ausgebaut: Als »politischer Polizeikommandeur« befehligte er dort die staatliche Politische Polizei, zugleich war er »Kommandeur der Hilfspoli-zei« und in dieser Funktion Herr über die Einheiten von SA und SS, die für quasi-polizeiliche Aufgaben bei der Unterdrückung der politischen Gegner herangezo-gen wurden; als »politischer Referent« im bayerischen Innenministerium konnte er zudem Einfluss auf die staatliche Bürokratie nehmen. Darüber hinaus befehligte er das Konzentrationslager Dachau und verhinderte jede Überprüfung der Vor-gänge in dem Lager durch die bayerischen Justizbehörden.[6] Diese Kombination von formaler Legalität und schrankenloser, jedoch nicht öffentlicher Brutalität erwies sich im Sinne der nationalsozialistischen Machthaber als äußerst effektiv: Sie vermied die öffentlichen Exzesse der SA und wirkte insofern beruhigend auf die Öffentlichkeit und die konservativen Bündnispartner Hitlers, war aber dem womöglich mäßigenden Zugriff der staatlichen Bürokratie dennoch verschlossen.

Von ausschlaggebender Bedeutung war dabei jedoch, dass Himmler als »Reichsführer SS« Chef einer sich als weltanschauliches Elitekorps verstehenden Parteiorganisation war und als solcher direkten Zugang zu Hitler besaß. Die SS war zwar formal noch der SA-Führung unterstellt, stand aber gleichwohl in of-fenkundiger und seit dem Frühsommer 1933 zunehmender Distanz zu ihr. Durch ihre polizeiähnliche innerparteiliche Aufgabenstellung war sie zudem zur Übernahme politisch-polizeilicher Funktionen nachgerade prädestiniert.

Mit der Unterstützung Hitlers für Himmlers Ambitionen, im Wege der Über-nahme der Leitung der einzelnen Politischen Polizeien der Länder deren Verein-heitlichung auf Reichsebene durch Personalunion herbeizuführen, wurde diesen politisch ausschlaggebenden Faktoren Rechnung getragen – ein im nachhinein logisch wirkender Schritt, der gleichwohl noch auf erhebliche Widerstände von Seiten der leer ausgegangenen Machtgruppen stieß und erst mit der Übernahme des Gestapa durch Himmler im Frühjahr 1934 einen ersten Abschluss fand.

Als Werner Best Ende September 1933 zu Himmler nach München kam, war diese Entscheidung Hitlers offenbar bereits gefallen, wenn man Bests Aufzeich-nungen folgt; denn der Reichsführer SS bot ihm die Stellung des »Verwaltungs-chefs« der neu aufzubauenden »Reichspolizei« an, da »die Polizeien der deut-schen Länder zu einer Reichspolizei zusammengefasst und so dem Einfluss der

›Gaufürsten‹ entzogen werden sollten. Er gab deutlich zu erkennen, dass dies seine Aufgabe sei und dass er der künftige Chef der deutschen Reichspolizei wäre. Allerdings müsse im Hinblick auf die Machthaber in den Ländern mit Vorsicht und Geduld vorgegangen werden.«[7] Ob Himmler tatsächlich bereits im Sommer 1933 oder erst einige Monate später sicher sein konnte, dass sein Versuch, durch die Übernahme der politischen Länderpolizeien zu einer zentralisierten Sicherheitspolizei des Reichs zu kommen, von Hitler unterstützt wurde, bleibt unsicher; an der entschiedenen Unterstützung Hitlers selbst aber besteht kein Zweifel.

Eine wichtige Rolle bei der Vorbereitung der Übernahme der politischen Länderpolizeien kam nun dem seit zwei Jahren bestehenden»Sicherheitsdienst« der SS zu, der in München von Himmlers Mitarbeiter Reinhard Heydrich aufgebaut wurde. Der SD war im Sommer 1931 als Nachrichtendienst ins Leben gerufen worden, einerseits um die Führung der Partei, aber auch Himmler selbst über die sich ausweitenden Konflikte und Fraktionierungen innerhalb der sich explosionsartig vergrößernden NSDAP und SA zu informieren; zum anderen als Gegengewicht zu den auch in anderen Parteien, vor allem der KPD, bestehenden oder vorbereiteten Nachrichten- und Informationsdiensten sowie zu den Unterwanderungsversuchen von Seiten der politischen Polizeien des Weimarer Staates – in einer Zeit, in der in den politischen Parteien der Rechten wie der Linken eine regelrechte Spitzel- und Agentenhysterie herrschte, ein naheliegendes Unterfangen.[8]

Mit dem wegen privater Verfehlungen aus der Marine ausgestoßenen Nachrichtenoffizier Reinhard Heydrich hatte Himmler dazu einen ebenso energischen wie brennend ehrgeizigen Leiter gefunden, obwohl dessen Ernennung ursprünglich auf eine Verwechslung von Nachrichtenoffizier (also Funker) und Geheimdienstmann durch Himmler zurückgehen mag. Heydrich, im März 1904 geboren und zum Zeitpunkt seiner Indienststellung gerade 27 Jahre alt, war vor und nach seinem Abitur einige Zeit Mitglied des Deutschvölkischen Schutz- und Trutzbundes gewesen und seit seiner Jugend von völkischem und nationalistischem Gedankengut geprägt worden; als ein politischer Aktivist konnte er jedoch bis dahin nicht gelten. Weder zur NSDAP noch zur SS hatte er vor dem Sommer 1931 Kontakt gehabt und wusste augenscheinlich auch nur wenig über sie. Allerdings entsprach die SS mit ihren ausgeprägten Elitevorstellungen, der ordensähnlichen Struktur und dem romantisch-rassistischen Selbstbild von der körperlichen und geistigen Auslese durchaus seinen persönlichen Ambitionen und Traditionen, zumal er dadurch den näheren Kontakt mit der Parteibasis und der SA vermeiden konnte, die ihm als Massenorganisationen zu wenig elitär waren und daher fremd und unsympathisch blieben.

Mit der Übernahme der Aufgabe, einen Sicherheitsdienst der SS aufzubauen, erwiesen sich aber schnell Heydrichs ausgeprägte organisatorische und konzeptionelle Fähigkeiten, ohne dass er dabei jedoch eigenständige politisch-theoretische Perspektiven entwickelt hätte; vielmehr war und blieb er ein Mann Himmlers, dessen politischer und persönlicher Autorität Heydrich sich zeit seines Lebens unterordnete. Durch einige frühe Erfolge schnell in der Achtung und Hierarchie des Münchner Parteiapparats aufgestiegen, verfolgte Heydrich seit dem Frühjahr 1932 den Plan, den Sicherheitsdienst nicht als Informationsnetz innerhalb der bestehenden Allgemeinen SS, sondern als feste und zentral geführte Organisation mit hauptamtlichen Mitarbeitern zu installieren, die in den verschiedenen Regionen des Reiches innerhalb und außerhalb der Partei Ringe von nebenamtlichen Informanten um sich herum aufbauen sollten. An die hauptamtlichen Mitarbeiter sollten dabei hohe Anforderungen im Hinblick auf Ausbildung, fachliches Können, organisatorisches Geschick und politische Klarheit gestellt werden, wobei dafür weniger die lange Zugehörigkeit zur Partei als vielmehr die Übereinstimmung mit den politisch-weltanschaulichen Grundüberzeugungen der SS sowie eine militärische oder akademische Ausbildung ausschlaggebend sein sollte.

Zum Zeitpunkt der Machtübernahme der Nationalsozialisten war der Aufbau des SD allerdings noch nicht sehr weit gediehen und kaum über ein organisatorisches Gerüst mit etwa zehn oder zwölf hauptamtlichen Mitarbeitern hinaus gekommen. Als Heydrich im März 1933 zum Leiter der bayerischen Politischen Polizei ernannt wurde und in dieser Eigenschaft zusammen mit Himmler in Bayern das Modell eines aus der ordentlichen Verwaltung mehr und mehr herausgelösten Unterdrückungsapparats aus Politischer Polizei, SS-Einheiten und Konzentrationslagern entwickelte, geriet der SD weiter in den Hintergrund und wurde zur unbeachtlichen Größe. Erst im Sommer 1933, als Himmlers Pläne zur Übernahme auch der übrigen politischen Länderpolizeien Gestalt anzunehmen begannen, wurde der SD revitalisiert. Angesichts der wuchernden polykratischen Struktur des Regimes war die Bedeutung eines effektiv arbeitenden Nachrichtendienstes nun kaum zu überschätzen, was sich in der Aufwertung des SD zum fünften SS-Amt am 9. November 1933 auch organisatorisch niederschlug.

Dabei war allerdings konzeptionell noch unklar, welches Verhältnis zwischen Sicherheitsdienst und Politischer Polizei anzustreben sei. Best hat dies in seinen Aufzeichnungen nach dem Krieg mehrfach hervorgehoben; und diese Darstellung fand sich in den Quellen bestätigt – wie eigentlich immer, wenn Best über Aspekte berichtete, die ihn nicht direkt oder indirekt belasteten:»Himmlers Interesse war zunächst nicht auf die ganze, sondern nur auf die politische Polizei gerichtet, und Heydrich war ursprünglich nicht so sehr an der Polizei als vielmehr am SD interessiert, aus dem er gern eine persönliche Hausmacht gebildet hätte. Ohne Zweifel hegte er den Gedanken, in Parallele zu dem Prinzip ›Die Partei befiehlt dem Staat‹ den SD zu einem Generalstab der Polizei zu machen ... Er hatte vor 1933 den Gedanken aufgegriffen, aus der Ic-Abteilung der Reichsführung-SS einen selbständigen Apparat unter Himmler zu machen, und hatte praktisch damit begonnen, sich in München eine kleine, wirklich sehr kleine Zentrale auszubauen. Aber wie er vor 1933 noch nicht mit besonderem Effekt zu arbeiten vermochte, so gelang es ihm auch nach der Machtergreifung nicht, gestützt auf die paar SD-Referenten, die er hatte, der Polizei gegenüber die Stellung zu gewinnen, die er sich wünschte. Der Hauptgrund dafür war, daß Himmler nicht in Parallele zu dem Grundsatz ›Die Partei befiehlt dem Staat‹ handelte, sondern sich selbst zum Herrn der staatlichen Institutionen machte, hier zunächst einmal der politischen Polizei.«[9]

Best selbst wurde, da im Herbst 1933 weder eine »Reichspolizei« noch die von Himmler versprochene Position des »Verwaltungschefs« bereits existierten, zunächst also dem SD zugeteilt und von Heydrich als Leiter des SD-Oberabschnitts Süd-West mit Sitz in Stuttgart eingesetzt. Dort hatte er drei Aufgaben: den organisatorischen und personellen Aufbau des SD in Württemberg und Baden in Gang zu setzen, die Verhältnisse bei den Politischen Polizeien in Württemberg (Stuttgart) und Baden (Karlsruhe) zu studieren und die Ernennung Himmlers als »Politischer Polizeikommandeur« dieser Länder bei den Reichsstatthaltern zu beschleunigen bzw. durchzusetzen.[10] Da die längerfristige Aufgabenstellung und Funktion des SD zunächst weiter im unklaren blieben, waren die SD-Leute, die sich wie Best in Stuttgart seit dem Herbst 1933 um den Aufbau von Netzen aus. haupt- und nebenamtlichen Mitarbeitern bemühten und als Sendlinge des Reichsführers-SS dessen Machtansprüche durchzusetzen trachteten, für die politischen Polizeien der Länder anfangs offenbar durchaus unbekannte Größen und allenfalls lästige Konkurrenten. In Württemberg und Baden gelang es Best zunächst denn auch nur mühsam, geeignete Mitarbeiter zu finden; und an Informationen über die innere Entwicklung und die politische Ausrichtung der Politischen Polizeien zu gelangen, erwies sich als schwierig, zumal der aus der SA kommende Leiter der württembergischen Politischen Polizei, Dr. Mattheis, zu Best deutlich auf Distanz ging und eine Zusammenarbeit mit dem SD ablehnte. Er gehörte dann im Juni 1934 zu den Opfern der »Säuberung« im Zusammenhang mit der Zerschlagung der SA.

Erst in dem Maße, in dem der politische Druck von oben auf die Länderchefs größer wurde, gewann auch der SD Einfluss. Bereits im November 1933 übernahm Himmler die Politischen Polizeien in Norddeutschland, Mitte Dezember die übrigen, nur Sachsen und Braunschweig folgten etwas später, Ende Januar 1934. Das taktische Geschick, betonte Best, mit dem Himmler dabei vorging, sei bemerkenswert gewesen: »Er zeigte sich frei von jeder Äußerlichkeit, erkannte jeden Reichsstatthalter als seinen Vorgesetzten an und machte alle gewünschten Konzessionen, um nur sein sachliches Ziel zu erreichen: die Vereinheitlichung der deutschen Polizei.«[11]

»Brauner Bolschewismus«

Das wichtigste Glied in der Kette aber fehlte noch: die preußische Geheime Staatspolizei. Die Entwicklung in Preußen, die dazu führte, dass Himmler am 20. April 1934 von Göring zum Leiter des Gestapa als Nachfolger von Rudolf Diels ernannt wurde, hat zu mancherlei Spekulationen über ein verschlungenes Intrigenspiel Anlass gegeben, in dem vor allem Heydrich (der von Diels und Göring nachgerade als »böser Geist« angesehen worden sei) versucht habe, Diels mit Hilfe von Dossiers und Denunziationen, wenn nicht gar mit Mord aus dem Weg zu räumen, dann aber selbst nur mit Mühe einer Verhaftung durch die Dielssche Gestapo entgangen sei. Schließlich habe Göring aber doch dem Druck nachgeben und Himmler und Heydrich die Gestapo übergeben müssen.[12] Demgegenüber sind aber zwei längerfristige, strukturelle Entwicklungen hervorzuheben, die im folgenden etwas näher untersucht werden, weil sie sich als konstitutiv sowohl für den Aufstieg und die Bedeutung der von der SS geführten Politischen Polizei des

Regimes als auch für die Funktion, die Best innerhalb dieses Apparats einnahm, erwiesen: die Rivalitäten zwischen SS und der traditionellen Innenverwaltung einerseits und der braunen Parteiarmee andererseits.

Zum einen sperrte sich die Ministerialverwaltung des Reichsinnenministeriums im Verbund mit dem Reichsjustizministerium gegen eine Machterweiterung Himmlers und Heydrichs, mit denen sie sich in einer scharfen Auseinandersetzung wegen der in Bayern praktizierten Form der »Schutzhaft« im Konzentrationslager Dachau befanden.[13] Die Bestrebungen der Innenverwaltung gingen, wie Himmler später berichtete, so weit, dass Anfang 1934 ernsthaft erwogen worden sei, die Konzentrationslager abzubauen oder gar aufzulösen und die Politischen Polizeien in die allgemeine Verwaltung zu reintegrieren.[14] Diese Interventionen waren gewichtig und offenbar nicht leicht zurückzuweisen. Eine Übernahme auch der preußischen Gestapo durch den Reichsführer SS hätte eine ganz enorme Machtkonzentration außerhalb des regulären Verwaltungsapparats bedeutet, was den um die Jahreswende 1933/34 innerhalb des Regimes vorherrschenden Tendenzen zu einer »Normalisierung« der Diktatur und einer Rückkehr zu den gewohnten Verwaltungsstrukturen zuwidergelaufen wäre. Eine solche Monopolisierung exekutiver Gewalt wäre nur durch außerordentliche Entwicklungen und eine ganz besondere innere Bedrohung des NS-Staates akzeptabel und auch begründbar geworden. Angesichts der offenkundig weitgehend zerschlagenen Opposition von KPD oder SPD aber war eine solche Bedrohung nicht in Sicht.

Hier geriet nun eine zweite Entwicklung in den Vordergrund, deren Bedeutung seit dem Frühsommer 1933 stetig zugenommen hatte: der Konflikt der Regimeführung mit der SA. Nachdem die Versuche Hitlers und Fricks, das »Ende der Revolution« zu proklamieren, bei der SA und insbesondere bei ihrem Stabschef Röhm selbst keine Wirkung hinterlassen zu haben schienen, waren die Widersprüche schärfer, die Forderungen der SA noch lauter geworden. »Grundpfeiler des kommenden nationalsozialistischen Staates« solle die SA sein, proklamierte Röhm; »Seite an Seite mit der bewaffneten Macht. Nicht als Teil von ihr«, sondern neben Reichswehr und Polizei als der »dritte Machtfaktor« des neuen Staates«.[15] Tatsächlich aber war die SA im neuen Staat spätestens seit Abschluss der Machtergreifungsphase ohne echte Aufgabe; dazu in scharfem Kontrast standen jedoch die hohen Erwartungen, die die Mitglieder an ihren Verband knüpften. Den dadurch zunehmenden Unmutsäußerungen und Disziplinproblemen versuchte Röhm die Spitze zu nehmen, indem er Kompetenzbereiche, die bereits von anderen Machthabern besetzt waren, für die SA zu gewinnen trachtete – insbesondere im militärischen Bereich, aber auch bei der Polizei und in der politischen Führungsfunktion. Die sich daraus mit einiger Zwangsläufigkeit ergebenden Auseinandersetzungen spitzten sich im Laufe der zweiten Jahreshälfte 1933 zu und erreichten um die Jahreswende an vier Punkten das Stadium des offenen Konflikts:

– Durch die Integration der »nationalen Wehrverbände«, vor allem des mitgliederstarken »Stahlhelms«, war die SA nun zahlenmäßig größer als die NSDAP, und weniger als 30 Prozent der SA-Männer waren Parteimitglieder. Die Forderung Röhms, die SA (und nicht die Partei) habe als »Grundpfeiler des neuen

Staates« zu gelten, musste von der Parteizentrale daher als offene Herausforderung verstanden werden.

- Röhms wiederholte Aufrufe zur »Fortsetzung der Revolution« riefen vor allem die konservativen Führungsgruppen in Wirtschaft und Verwaltung auf den Plan, die das Treiben der SA vor und nach dem 30. Januar 1933 als unvermeidliche Begleiterscheinungen der von ihnen prinzipiell gutgeheißenen nationalsozialistischen »Machtergreifung« hingenommen hatten, nun aber von der Vorstellung eines »braunen Bolschewismus« ernstlich beunruhigt waren und auf eine Mäßigung, wenn nicht gar Ausschaltung der SA drängten.
- Röhms Pläne, aus der SA eine Art von Milizheer zu machen, das als spezifisch nationalsozialistische Wehrmacht nach und nach an die Stelle der alten Reichswehr treten werde, während jene nurmehr als Ausbildungskorps fungieren solle, waren von Beginn an auf scharfe Ablehnung von Seiten der Reichswehrführung gestoßen. Als Röhm seit dem späten Herbst 1933 daranging, erste praktische Schritte in diese Richtung zu unternehmen, machte die Reichswehr Front gegen die, wie Blomberg formulierte, »Bestrebungen der SA, eine eigene Wehrmacht zu gründen«.[16]
- Die Bestrebungen des SA-Stabschefs schließlich, auch Teile der polizeilichen Aufgaben der SA zu überantworten, konnten sich nicht nur auf die Funktion der SA als Hilfspolizei stützen, die diese bis August 1933 ausgeübt hatte, sondern auch auf eine respektable Zahl von SA-Führern, die als Polizeipräsidenten über die lokalen Polizeieinheiten verfügten. Röhms Bestrebungen, diese Machtbasis auszubauen, kollidierten im November/Dezember 1933 sowohl mit den Bestrebungen Görings, die Politische Polizei Preußens seinem direkten Zugriff zu erhalten, als auch mit dem zielstrebigen Versuch Himmlers, durch Kumulation der Befugnisse der Chefs der politischen Länderpolizei eine einheitliche politische Reichspolizei unter seiner Führung aufzubauen.[17] Gegenüber der Ministerialbürokratie jedoch, vor allem des Reichsinnen- sowie des Reichsjustizministeriums, die sich ebenso wie Göring einer Übernahme auch der preußischen Gestapo durch Himmler in den Weg stellten, entwickelte sich daraus ein neues, zugkräftiges Argument. Denn wenn sich die Konfrontation mit der SA zu einer existentiellen Bedrohung des Regimes ausweitete, so war daraus der notwendige Aufbau einer reichseinheitlichen, aus der allgemeinen Verwaltung herausgelösten und mit umfangreichen Sondervollmachten ausgestatteten Politischen Polizei unter Leitung des Reichsführers SS zwingend abzuleiten. Ob dies von Himmler von vornherein so intendiert oder ob sich diese Verknüpfung sukzessive oder gar nur vom Ergebnis her nahegelegt hatte, kann nicht völlig geklärt werden; in jedem. Fall zeigt die Entwicklung seit dem Frühjahr 1934, dass Himmler die sich im Kontext der Auseinandersetzungen mit der SA zuspitzende Regimekrise genutzt hat, um seine Machtposition auf- und auszubauen.

Wann immer in der nationalsozialistischen Führungsspitze die Überlegungen, durch energische Maßnahmen den politischen Störfaktor SA politisch auszuschalten, konkretere Gestalt angenommen haben – angesichts der Größe der Parteiarmee, die mittlerweile auf mehr als vier Millionen Mitglieder angewachsen war, von denen ein nicht geringer Teil bewaffnet war, während die Reichswehr nur 100.000 Mann umfasste, musste ein solches Vorhaben als erhebliches Risiko angesehen werden. Die zahlenmäßig kleine, aber schlagkräftige SS und ihren Reichsführer, der mittlerweile im ganzen Reich außer Preußen politischer Polizeichef war, aus dieser Phalanx der SA, der die SS formell ja zugehörte, herauszubrechen, war daher im Frühjahr 1934 für die nationalsozialistische Regimeführung ein Gebot der Stunde; und angesichts dieser Konstellation hatten die Bedenken der Ministerialbürokratie gegen ein Machtmonopol Himmlers im Bereich der Politischen Polizei ebenso zurückzustehen wie Görings Bestreben, die Gestapo seinem Machtbereich zu erhalten. Im Gegenteil – eine entschlossene und rücksichtslos agierende politische Reichspolizei unter einheitlicher Leitung und in Verbindung mit der Eliteorganisation SS war aus dieser Sicht sogar unabdingbare Voraussetzung, um die Auseinandersetzung mit der SA, in welcher Form auch immer sie erfolgen würde, wagen zu können. Nach längeren Verhandlungen zwischen Göring und Himmler wurde der Reichsführer SS dann am 20. April 1934 zum »Inspekteur der Geheimen Staatspolizei« in Preußen ernannt, während Heydrich als dessen »Stabsleiter« die »Leitung des Geheimen Staatspolizeiamts« übernehmen sollte. Da Himmler sich bereit fand, Göring weiterhin als offiziellen »Chef« der preußischen Gestapo zu akzeptieren, schien diese Lösung auch einen gewissen Machtausgleich im Bereich der Politischen Polizei zu garantieren.[18]

Neuaufbau des SD

Die preußische Gestapo hatte schon unter Diels seit Beginn des Jahres auf direkte Weisung Hitlers damit begonnen, die SA zu beobachten und über sie Material zu sammeln, ebenso wie die Reichswehr dies tat. Um aber von staatlichen Stellen unabhängig zu sein und über die Bestrebungen der SA wie generell über die politische Entwicklung im Reich möglichst lückenlos informiert zu sein, kam nun für Himmler und Heydrich dem beschleunigten Ausbau des SD zu einem effektiv arbeitenden Nachrichtendienst vermehrte Bedeutung zu. Mit dieser Aufgabe wurde Best beauftragt, der sich seit Oktober 1933 in Württemberg und Baden, ohne dass wir viel darüber wissen, im Sinne der Ziele Himmlers außerordentlich bewährt haben muss. Best wurde daher im März 1934 nach München beordert und zum neuen Organisationschef des SD ernannt, mit der Aufgabe, den Sicherheitsdienst personell und strukturell in möglichst kurzer Zeit neu zu ordnen und auszubauen. Zugleich übernahm Best die Leitung des SD-Oberabschnitts Süd und war damit für die nachrichtendienstliche Tätigkeit des SD in München, der Machtzentrale sowohl der Partei wie der SA, verantwortlich; zudem blieb er Oberabschnittsleiter des SD-Südwest. Da Himmler und Heydrich im April 1934 nach Berlin gingen, hatte Best damit die Führung des SD in Süddeutschland übernommen und hier bei der Entwicklung während der nun folgenden Monate eine Schlüsselstellung inne.[19]

Beim organisatorischen Ausbau des SD ging es nun vor allem darum, die einzelnen SD-Oberabschnitte personell so auszustatten, dass sie zu einer systematischeren Informationstätigkeit überhaupt in der Lage waren. Zwar war die Zentrale in München mittlerweile in einzelne Abteilungen nach Beobachtungsgebieten eingeteilt worden; die Gliederung in die Bereiche »Information« (Innenpolitik), »Spionageabwehr u. Auslandsfragen« und »Freimaurer« zeigt aber, wie unterentwickelt die inhaltliche Strukturierung der Aufgabengebiete des SD noch war.[20] Hier leitete Best eine Umorganisation ein, die die Tätigkeit der einzelnen Abteilungen nach Sachgebieten neu gliederte und die Informationsbeschaffung in den Abschnitten und Oberabschnitten koordinierte. Er selbst übernahm dabei das Referat I und damit außer den allgemeinen Organisationsfragen die Zusammenarbeit mit der Politischen Polizei, der Reichswehr, der Verwaltung und den Polizeichefs der Länder und Städte sowie die politisch besonders heikle Beobachtung der Parteiorganisationen, insbesondere der SA. Damit war die grundlegende Struktur für die Tätigkeit des SD bereits angelegt und wurde in den folgenden Jahren im Grundsatz beibehalten – die Basis für die Entwicklung des SD »von einer dilettantischen Schmalspur-Organisation zu einem ernster zu nehmenden Nachrichtendienst«.[21] Darüber hinaus rekrutierte er den Führungsnachwuchs des SD nicht aus den Parteiorganisationen; vielmehr stellte er vorwiegend junge, in der Regel akademisch ausgebildete Nachwuchskräfte ein, die der Partei und der SS meist erst seit kurzem angehörten, aber in den völkisch-radikalen Zirkeln innerhalb und außerhalb der Hochschulen bereits eine gewisse politische Erfahrung gesammelt hatten. Damit war eine geistige Unabhängigkeit gegenüber der Partei gewährleistet, die für die Aufgaben des auch innerparteilich tätigen Sicherheitsdienstes von Nutzen war. Zum anderen fand Best hier eher als bei den Älteren jene Kombination aus Radikalität und kühler »Sachlichkeit«, die ihm ebenso wie Heydrich als Kennzeichen des weltanschaulichen Kämpfers im SD vorschwebte.[22]

Da die Beobachtung der SA in seiner eigenen Abteilung in der SD-Zentrale koordiniert wurde und da er überdies auch noch als Leiter des SD in Bayern, Württemberg und Baden für den gesamten süddeutschen Bereich zuständig war, war Best zwischen März und Juni 1934 vorrangig, wenn nicht ausschließlich, mit der Informationsbeschaffung über die SA und mit der Vorbereitung und Planung der zu ergreifenden Maßnahmen gegen den »braunen Bolschewismus« beschäftigt. Hier endlich, hob Best selbst später hervor, »konnte sich der SD der Generalstabsfunktion erfreuen, die er sich wünschte«.[23] Der erste Schritt bei dieser »Generalstabsarbeit« bestand dabei in der erweiterten Berichterstattung über die SA, die aber vermutlich erst seit der Koordinierung der Beobachtungstätigkeit des SD mit derjenigen der Abwehrabteilung im Reichswehrministerium im Mai 1934 intensiver und substantieller wurde. Diese Berichte belegten zwar das »blutrünstige Revolutionsgeschwafel« zahlreicher SA-Führer und beinhalteten einige Meldungen über Waffenlager der SA; klare Beweise für »Putschabsichten« der Parteiarmee gab es jedoch nicht.[24] Ob daraus allerdings die verschiedentlich geäußerte Schlussfolgerung gezogen werden kann, der SD habe sich seit dem 20. April vor allem »intensiver mit der Desinformation der Reichswehr befasst. Hier sollte ein Putsch der SA suggeriert und damit ein Stillhalten bei der Ausschaltung des Wehrverbandes nahegelegt werden«, erscheint zweifelhaft, wenn man berücksichtigt, dass die nachrichtendienstlichen Möglichkeiten der Reichswehr gewiss nicht geringer waren als die des gerade im Aufbau befindlichen SD und die

Reichswehrführung von sich aus das größte Interesse an der Ausschaltung der SA besaß, zu einem »Stillhalten« also gar nicht animiert zu werden brauchte.[25] Vielmehr muss man davon ausgehen, dass aus Sicht der Regimeführung, ihrer konservativen Koalitionspartner, der Reichswehr und wohl auch Himmlers, Heydrichs und Bests die sich verstärkende Opposition großer Teile der SA gegen die Struktur des NS-Regimes, wie sie sich seit dem Januar 1933 herausgebildet hatte, angesichts der innen- wie außenpolitisch instabilen Lage der Hitler-Regierung im Frühsommer 1934 eine ernsthafte, bedrohliche Gefahr darstellte und dass der Ausgang einer gewalttätigen Konfrontation zwischen der Parteiarmee und deren Gegnern angesichts der bestehenden Kräfteverhältnisse durchaus offen war; insbesondere, wenn »weitere staatsfeindliche Kreise«, welcher politischen Couleur auch immer, die krisenhafte Entwicklung zu verstärkten Aktivitäten gegen die NS-Regierung zu nutzen versuchen würden.[26]

Eben dies aber trat am 17. Juni 1934 ein, als Vizekanzler Papen seine von Edgar Jung verfasste Marburger Rede hielt, in der mit bis dahin im »Dritten Reich« nicht gehörter Schärfe die Zustände unter der nationalsozialistischen Diktatur kritisiert wurden.[27] Denn nun war in der Perspektive der Regimeführung eine »zweite Front« gegen den NS-Staat eröffnet worden, und damit schien die Bedrohung existentiell geworden. Zugleich war nun aber auch die Möglichkeit gegeben, »mit einem Streich das innenpolitische Problemknäuel zu entwirren«. Denn durch das Vorgehen gegen die SA auf der einen Seite würden die Missstände beseitigt, die von Papen und seine konservativen Berater anprangerten; die Zerschlagung der konservativen Opposition auf der anderen Seite trüge zugleich den Forderungen des SA-Milieus nach Beseitigung der »Reaktion« Rechnung.[28]

Die »Röhm-Aktion« in München

Die SD-Oberabschnitte hatten nun dafür zu sorgen, dass in ihren Bezirken Listen mit den Namen von SA-Führern oder Angehörigen der konservativen Zirkel aufgestellt wurden, die als besonders oppositionell eingestellt oder sonst wie gefährlich einzustufen waren. Diese Listen wurden in den einzelnen SD-Bezirken erstellt, vom SD-Oberabschnitt überprüft und mit Hinweisen zu den einzelnen Namen versehen, schließlich nach Berlin zu Göring, Himmler und Heydrich weitergeleitet.[29] Für Württemberg-Baden sowie vor allem für Bayern erstellte Best diese Listen. Mit den Vorarbeiten dafür war er seit Wochen beschäftigt gewesen, so dass es ihm in Zusammenarbeit mit den ortskundigen Mitarbeitern in der Münchner SD-Zentrale nicht schwer fiel, die Namen der als besonders gefährlich angesehenen »Gegner« in SA und »Reaktion« zusammenzustellen – es besteht kein Zweifel daran, dass in München »Best allein im Besitz der sogenannten Mordliste gewesen« ist, wie das bayerische Justizministerium dem Bundesjustizminister nach dem Krieg vertraulich mitteilte.[30]

Bereits geraume Zeit vor den eigentlichen Aktionen waren die Vorbereitungen im Wesentlichen abgeschlossen; in der Münchner SD-Zentrale bestand Alarmbereitschaft. Am 27. Juni flog Best nach Berlin. Dort wurde die geplante Aktion im Dienstgebäude der preußischen Gestapo in der Prinz-Albrecht-Straße im Kreis der regionalen Führer von SD und SS im Einzelnen besprochen. Dabei erläuterte Heydrich den Anwesenden, nach den Notizen Bests,»daß nach sicheren Nachrichten eine Revolte der SA unter Röhm geplant sei. Er sprach auch von Beziehungen Röhms nach Frankreich und von der Mitwirkung weiterer staatsfeindlicher Kräfte, der in großer Menge in die SA eingeströmten Kommunisten und ›reaktionärer Kreise‹. Der einzige Schutz des Staates und der Regierung des Führers seien die SS und die Reichswehr.«[31] Hier wurden auch die Einzelbefehle ausgegeben und die Vorgehensweisen koordiniert: Die Aktion sollte von den SD-Oberabschnittsleitern geführt werden, denen verschiedene SS-Einheiten zur Verfügung standen, während die Politische Polizei ebenso wie die Reichswehr unterstützend und sichernd agieren, in der Regel aber nicht selbst eingreifen sollten.

Am Abend des 28. Juni kehrte Best nach München zurück und erteilte sogleich entsprechende Anordnungen zur Überwachung der örtlichen SA-Einheiten; denn München galt neben Schlesien als die Region, in der man in besonderer Weise mit Aktionen der SA rechnete. Am Abend darauf schien sich diese Erwartung zu erfüllen: Eine Münchner SA-Standarte marschierte lautstark durch die Stadt, um einem »Verrat« an Röhm und der SA entgegenzutreten – das war möglicherweise das Startsignal für die reichsweite Aktion von SS und SD, denn dieser Vorfall, den Best nach Berlin meldete, wurde vermutlich als Beginn der SA-»Revolte« angesehen und leitete die letzte, entscheidende Phase ein. Am Abend des 29. Juni fuhr Best nach Augsburg, um, wie vereinbart, die dort ankommende SS-»Leibstandarte Adolf Hitler« unter Führung von Sepp Dietrich, die das Hauptgewicht der Gewaltaktion tragen sollte, ohne Aufsehen nach München zu geleiten. Am Morgen des 30. Juni – Hitler war bereits in München angekommen und hatte im bayerischen Innenministerium die SA-Führer Schmid und Schneidhuber verhaften und ins Gefängnis Stadelheim bringen lassen – erreichten sie ihr Ziel. Best begab sich anschließend mit dem Adjutanten Heydrichs und Leiter des SD-Zentralbüros, Karl Albrecht Oberg, in die Räume der Bayerischen Politischen Polizei im Wittelsbacher Palais, belegte zusammen mit einer größeren Zahl von SD- und SS-Leuten die Büros von Heydrich und seinen Mitarbeitern und koordinierte von hier aus die Aktionen im süddeutschen Raum.

Im dauernden Kontakt mit Heydrich und Müller wurde nun bestimmt, wer in München zu verhaften und wie weiter mit ihm zu verfahren sei. War aus Berlin die Bestätigung per Fernschreiber eingetroffen, bestimmte Best in München, wer von den anwesenden SD- und SS-Leuten die Verhaftung durchzuführen hatte. Stand hinter dem Namen ein Kreuz, so war der Betreffende zu exekutieren – auch dafür gaben Best und Oberg die entsprechenden Befehle. 28 Menschen wurden auf diese Weise im Rahmen der »Aktion« vom 30. Juni bis 2. Juli im Gefängnis Stadelheim, im KL Dachau sowie auf dem Wege dorthin ermordet.

Best hat sich nach dem Kriege – ohne seine zentrale Rolle bei den Morden in München einzugestehen – für seine Beteiligung an der »Aktion« zu rechtfertigen versucht: »Ich war am 30. Juni 1934 überzeugt, daß die Gefahr eines gewaltsamen Umsturzes der bestehenden Staatsordnung gegeben war. Das Verhalten zahlreicher hoher und anderer SA-Führer und die gewaltige Aufblähung der SA durch die Aufnahme von Millionen bisheriger ›Marxisten‹, die unklare Proklamation

›sozialistischer‹ Ziele, die Phrase von der ›zweiten Revolution‹ und die Ungeduld der unbeschäftigten, meist erwerbslosen SA-Männer ließ es als möglich erscheinen, daß diese Meldungen – von catilinarischen Führern ausgenutzt – in einen ›braunen Bolschewismus‹ ausarten würden ... *Wenn* aber eine Revolte bevorstand und die SA-Führung ... mit anderen Gegnern der bestehenden Staatsordnung konspirierte, dann war tatsächlich der Staat und die von der Führung gewählte und auch von mir als notwendig angesehene ruhige Evolution aufs höchste gefährdet. Denn was bedeuteten die 100.000 Mann Reichswehr und die noch schwächere SS gegen die Millionen der SA und der mit ihr mindestens im Negativen zusammengehenden Kreise? ... Bestand aber der Staatsnotstand und waren bestimmte Abwehrmaßnahmen wirklich notwendig, so zweifelte ich nicht an ihrer Rechtmäßigkeit. Nach meiner Auffassung war das Volk und die ihm nützlichste Staatsordnung – und dafür hielt ich aufrichtig die damals bestehende – der höchste Wert, den zu erhalten alle anderen Werte – Menschen und Gesetze –geopfert werden durften und mußten. Wenn z.B. die sofortige, verfahrenslose Exekution von Aufrührern und Verschwörern durch die Abschreckungswirkung ihrer Publikation die Gefahr für Volk und Staat bannen konnte und wenn sie hierfür wirklich notwendig war, so war sie nach meiner Meinung durch den Staatsnotstand gerechtfertigt, der – wie die erfolgreiche Revolution – bestehendes Recht bricht und dadurch neues Recht schafft.«[32]

Diese Darstellung gibt die Haltung und Rechtfertigung der an den Mordaktionen des 30. Juni führend Beteiligten vermutlich in vielen Punkten recht gut wieder, wenn auch ein großer Teil vor allem der niederen Chargen derartige Gedanken wohl ganz für überflüssig hielt. Für Best selbst bestand in der blutigen Zerschlagung der SA gewiss weder ein politisches noch ein rechtliches oder gar moralisches Problem; um den wahrhaft völkischen Staat und die Herrschaft der völkischen Elite zu sichern, musste der Machtanspruch der die »Massen« repräsentierenden Parteiarmee zurückgewiesen und die SA-Führung ausgeschaltet werden: Das entsprach sowohl den politischen Überzeugungen Bests als auch seiner Sicht der aktuellen Entwicklung seit seinem Eintritt in den Dienst Himmlers. Dass aber der Schlag des 30. Juni sich auch gegen die rechten und nationalrevolutionären Intellektuellen richtete und mit Edgar Jung sogar einer seiner einstigen Freunde und politischen Weggefährten umgebracht wurde, musste auch für Best eine Herausforderung darstellen. Aber da es in seiner Perspektive notwendig war, für den bestehenden Staat als die dem Volke nützlichste Ordnung und somit als »höchster Wert« alle anderen Werte – »Menschen und Gesetze« – zu »opfern«, barg die Tatsache, dass dem auch Freunde und politisch Nahestehende zum Opfer fielen, für den völkisch-organisch und »heroisch« Denkenden ja gerade den Beweis in sich, dass sich hier nicht persönliche Interessen, sondern harte, »schicksalhafte« Notwendigkeiten durchsetzten.

Zugleich aber wird von mehreren Seiten berichtet, dass Best sich für einzelne, deren Namen auf einer der zahlreichen Listen stand, einzusetzen versucht habe – so für den Münchner Polizeipräsidenten Schneidhuber, der aber am 30. Juni dennoch erschossen wurde; aber auch für seine alten nationalrevolutionären Freunde. Karl Otto Paetel offenbarte nach dem Krieg, dass auch er selbst zusammen mit Hans Zehrer, Ernst Niekisch, Ernst Jünger und anderen auf einer Liquidierungsliste gestanden habe. Jünger habe sich daraufhin an Best gewandt, »um die Sache geradezubiegen« – mit Erfolg, denn Best habe erreicht, dass diese Namen von der Liste gestrichen worden seien. Am Wahrheitsgehalt dieser Angaben, die von keiner anderen Quelle bestätigt werden, sind Zweifel angebracht. Aber sie geben vielleicht einen Hinweis auf den Ruf, den Best bei den ehemaligen Nationalrevolutionären zu dieser Zeit genoss – schließlich war es erst zweieinhalb Jahre her, dass er mit Edgar Jung und anderen am Rande des Harzburger Treffens die Vorherrschaft der »Geistigen« beschworen und sich über das schwache Niveau des nationalsozialistischen Führers mokiert hatte.[33]

Die Weichenstellung des 30. Juni

Der 30. Juni bedeutete nicht nur für das NS-Regime insgesamt einen wichtigen Einschnitt oder sogar Wendepunkt, sondern auch für Best persönlich. Denn mit den Morden von München hatte er alle Brücken hinter sich abgebrochen und sich vollständig mit diesem Regime, mehr noch: mit der SS, dem SD und dem Gespann Himmler/Heydrich identifiziert. Er hatte im Moment der schärfsten politischen Zuspitzung zu dem sehr engen Kreis gehört, der – im Wortsinn – an den Schaltstellen dieses Mordkomplotts gesessen hatte; das schuf eine Verbindung untereinander, einen Korpsgeist, der die Führungsgruppen von SS, SD und, soweit sie beteiligt war, Politischer Polizei vermutlich enger aneinanderband, als dies weltanschauliche Überzeugungen allein vermochten.

Wie die anderen Organisatoren und Vollstrecker der Aktion wurde auch Best sogleich befördert – am 4. Juli zum SS-Obersturmbannführer, nachdem Himmler ihn erst 14 Tage zuvor turnusgemäß zum Sturmbannführer ernannt hatte.[34]

Wichtiger aber war, dass er nun – nur ein knappes Jahr nach seinem Sturz in Hessen – zum engsten Führungskreis von SS und SD gehörte und damit nahe ans Zentrum der Macht gerückt war; denn für Himmlers Organisationsimperium aus SS, SD, Politischer Polizei und Konzentrationslagern bedeutete der 30. Juni den Durchbruch zum Status einer selbständigen und an Einfluss beständig zunehmenden Machtgruppe innerhalb des NS-Regimes. Der SD wurde am 15. Juli 1934 zum einzigen Nachrichtendienst innerhalb der Partei und hatte damit in kurzer Zeit seinen Monopolanspruch durchgesetzt. Die SS wurde am 20. Juli von Hitler selbst »im Hinblick auf die großen Verdienste ..., besonders im Zusammenhang mit den Ereignissen des 30. Juni 1934« organisatorisch aus der SA herausgelöst und zur selbständigen Einheit erhoben. Die »Leibstandarte« und die »Politischen Bereitschaften« der SS, die an vielen Orten bei den Mordaktionen als Vollstrecker aufgetreten waren, wurden seit Juni 1934 zur stehenden bewaffneten Einheit ausgebaut, der SS-Verfügungstruppe (VT) als Vorläuferin der Waffen-SS. Eicke erhielt als »Inspekteur der KL und Führer der SS-Wachverbände« die Aufsicht über alle Konzentrationslager im Reich; und Himmlers Herrschaft über die Politische Polizei im Reich wurde durch die Installation des »Zentralbüros des Politischen Polizeikommandeurs der Länder« im preußischen Gestapa auch formell bestätigt.[35] Die Parteiorganisation der NSDAP und die Reichswehr hatten am 30. Juni ihre durch die SA tatsächlich oder vermeintlich bedrohte Position gefestigt –

die SS Himmlers aber ging als neues Kraftzentrum innerhalb des Regimes und als die eigentliche Siegerin aus der »Röhm-Aktion« hervor.[36]

Für Best selbst war der 30. Juni in längerfristiger Perspektive auch insofern ein wichtiges Datum, als die Ereignisse dieser Tage seine politischen Vorstellungen und sein Weltbild, wie er es seit Anfang der 20er Jahre entwickelt hatte, als »richtig«, mit »dem Leben« und der Geschichte in Übereinstimmung zu bestätigen schienen. Denn hier hatten sich die traditionellen konservativen Eliten einerseits und die SS als politisch-weltanschauliche und »rassische« Avantgarde der jungen, revolutionären Generation andererseits gegenüber den plebejischen Massen in der SA durchgesetzt. Dass diese junge, von der eigenen »geistigen Führerschaft« überzeugte Elite den Machtanspruch der SA hatte zurückweisen können, bestätigte Bests schon in den 20er Jahren gewonnene Auffassung, dass die »Massen« zwar zur Machteroberung notwendig, danach aber beim Aufbau des völkischen Staates entbehrlich, ja störend seien, während der überlegenen Dynamik, Selbstgewissheit und politischen Klarheit des weltanschaulichen Elitekorps auf die Dauer niemand gewachsen sein würde. Die Geschichte, davon war Best seit dem 30. Juni endgültig und mehr denn je überzeugt, stand auf seiner Seite.

2. Konsolidierung des Terrors

Ausgangslage und Aufgabenstellung

Im Spätsommer 1934 nahm Best, wie ein Jahr zuvor mit Himmler vereinbart, seine Tätigkeit im Preußischen Geheimen Staatspolizeiamt auf – zunächst jedoch noch informatorisch, um sich in die Bereiche Verwaltung, Personal und Recht einzuarbeiten. Er verbrachte nun die eine Hälfte seiner Wochenarbeitszeit in Berlin, die andere in München und blieb also weiterhin Organisationschef des SD sowie Oberabschnittsleiter Süd und Südwest. Als er am 1. Januar 1935 dann ganz nach Berlin ins Gestapa wechselte, war die Reorganisation des SD in der Struktur, wie sie sich bis Kriegsbeginn im wesentlichen darstellte, weitgehend abgeschlossen.

Die Führungsspitze des Berliner Gestapa war Anfang 1935 noch relativ einfach organisiert. Heydrich fungierte als »Leiter« des Amtes insgesamt und stand zugleich der Hauptabteilung II (Politische Polizei) vor. Best wurde Stellvertretender Leiter des Geheimen Staatspolizeiamts und Chef der Hauptabteilung I (Recht, Personal, Verwaltung); die Hauptabteilung III (Abwehramt) war zu dieser Zeit noch relativ unbedeutend, und ihr Leiter, Patschkowsky, wie Best ein SD-Mann, blieb ohne politischen Einfluß.[37] Darüber thronte Himmler als »Inspekteur« der Gestapo, während Göring nur noch formell als »Chef« fungierte und seine Befugnisse fast vollständig an Himmler abgegeben hatte. Schon von der Rangordnung her war Bests Position also stark; er war die Nummer drei der Gestapo, und sein Einfluss stieg noch in dem Maße, in dem Himmler und Heydrich von ihren Funktionen als Reichsführer SS bzw. Chef des SD beansprucht wurden. Aus der politischen Zielsetzung des Reichsführers SS in Bezug auf die Polizei des »Dritten

Reiches« und die sich dabei einstellenden Hemmnisse ergab sich Bests Aufgabengebiet, das man in fünf Punkten zusammenfassen kann:
- die Durchsetzung der politischen, organisatorischen und juristischen Unabhängigkeit der Politischen Polizei gegenüber anderen Machtgruppen bzw.
  Dienststellen des Regimes;
- die Absicherung und der Ausbau der »Schutzhaft« als zentrales exekutives
  Instrument des Gestapa;
- die sukzessive Ausweitung des Kompetenzbereichs des Reichsführers SS auf
  die gesamte, nicht nur die Politische Polizei;
- der personelle und organisatorische Ausbau des Apparates der Gestapo im
  Reich durch organisatorische Zentralisierung, politische Vereinheitlichung
  und Auswahl des Nachwuchses.
- In zunehmendem Maße übernahm Best aber nach einiger Zeit noch eine
  weitere Aufgabe: die politische und juristische Legitimation der Funktion
  der Politischen Polizei im »Dritten Reich« und ihrer Handlungen aus einem
  autoritativen weltanschaulichen Gesamtsystem heraus sowohl gegenüber
  den anderen Machtgruppen innerhalb der Regimeführung wie auch innerhalb des eigenen Apparates.
Damit hatte Best eine Schlüsselposition inne, die er in kurzer Zeit befestigte und
noch ausbaute: als Organisator, Personalchef, Justitiar und Ideologe der Gestapo.

Im Mittelpunkt der Auseinandersetzungen um die Herauslösung der Politischen
Polizei aus den ordentlichen Behörden hatte zunächst die Frage des Verhältnisses zwischen den Staatspolizeistellen und den Regierungspräsidenten gestanden,
denn hier entschied sich, wer die reale Verfügungsgewalt über die Politische
Polizei in den Ländern und Regionen innehatte: die Verwaltungsspitze und damit letztlich das Innenministerium – oder das Gestapa als »Zentralbüro der Politischen Länderpolizeien«. Diese Frage war offengeblieben, als die Versuche des
Reichsinnenministeriums, die Polizeigewalt insgesamt zu »verreichlichen« und
sich zu unterstellen, durch Görings Gestapo-Gesetz vom November 1933 und
Himmlers Ernennung zum Gestapo-Inspekteur zu Fall gebracht wurden – auch
die verschiedenen Runderlasse und Durchführungsverordnungen zum Gestapo-
Gesetz, die Göring im März 1934 herausgab, schufen keine Klarheit, denn hier
waren die Gestapo-Stellen einerseits den Regierungspräsidenten unterstellt,
wurden zugleich aber auch als selbständige Behörden der Gestapo bezeichnet.[38]
Nun waren Himmlers formelle Kompetenzen vor dem 30. Juni 1934 noch deutlich begrenzt – Göring hatte sich bei Übergabe der Amtsgeschäfte an den Reichsführer SS vorbehalten, dass alle Vorgänge von Bedeutung ihm selbst vorzulegen
seien; tatsächlich aber regierte Himmler schon vor dem 30. Juni die Politische
Polizei weitgehend selbständig und unter enger Verzahnung von Gestapo, SS
und SD. Dies zog erneute Initiativen des Reichsinnenministeriums nach sich –
gegen die Tätigkeit »nichtamtlicher Personen«, nämlich der Mitarbeiter des SD,
bei der Politischen Polizei und gegen die von den Stapo-Stellen angemaßte Unabhängigkeit von den Regierungspräsidenten.[39]
  Görings Antworten auf diese Interventionen waren bis Ende Juni unentschieden und hinhaltend gewesen. Nach den Röhm-Aktionen aber änderte sich das

grundlegend, und die Kritik des Innenministers an der Verquickung von Gestapo und SD erschien nun als nachgerade anachronistisch: »In Anerkennung der besonderen Verdienste, die sich die Politische Polizei in den vergangenen Tagen erworben hat«, schrieb Göring an Frick, »hat der Herr Reichskanzler mir und dem Reichsführer SS Himmler freie Hand darüber eingeräumt, wie im Rahmen der von ihm selbst erteilten Anordnungen die Politische Polizei geführt werden und mit welchen Mitteln sie arbeiten soll.« Einen Tag später erschien ein umfänglicher Organisationserlass für die Gestapo, nach dem es in das Ermessen des Gestapa gestellt war, ob eine Stapo-Stelle den Anordnungen des Regierungspräsidenten Folge leistete oder nicht.[40] In dem Begleitschreiben zu dem Erlass fügte Göring handschriftlich hinzu: »Die Vorgänge bei der Röhm-Revolte haben aufs eindeutigste die bisherige Schlagkraft der Gestapa (!) unter Beweis gestellt. Die Aufdeckung und Beobachtung konnte deshalb so schnell und auch geheim erfolgen, weil der Behördenapparat mit seiner nun einmal bürokratischen Schwerfälligkeit nicht hemmend dazwischen stand. Die blitzartige Durchführung der Maßnahmen des Führers konnte ebenfalls nur durch die derzeitige straffe Organisation erfolgen. Die Erfahrungen der letzten Tage sprechen Bände für die zwingende Notwendigkeit, die Gestapa so unabhängig wie möglich zu halten.« Zwar übte das Innenministerium noch heftige Kritik am Inhalt des Organisationserlasses, musste ihn aber hinnehmen, wenn auch nur als »Übergangslösung ..., die infolge der durch die Röhm-Revolte angespannten politischen Lage notwendig geworden« sei.

Am 20. November schließlich zog sich auch Göring zurück und übergab das Gestapa in Himmlers alleinige Verantwortung. Zwar betonte er, dass die Gestapo von der »Exekutive ... soweit wie möglich entlastet« und die Stapo-Stellen »wieder in einen organischen Zusammenhang mit den Behörden der allgemeinen und inneren Verwaltung gebracht« werden sollten – über Einfluss auf die Tätigkeit des Gestapa verfügte Göring hinfort jedoch nicht mehr.[41] Die Auffassung, Himmlers Einheiten aus Gestapo, SS und SD hätten am 30. Juni den NS-Staat vor dem Ansturm des »braunen Bolschewismus« gerettet, war offenbar in der Regimeführung, nicht zuletzt bei Hitler selbst, so festgefügt, dass demgegenüber Tendenzen, die Befugnisse Himmlers und des Gestapa einzudämmen, hintangestellt wurden.

Die Bestrebungen, die »Machtergreifungsphase« abzuschließen und zu »normalen Verhältnissen« zurückzukehren, waren daher zwar insgesamt seit dem 30. Juni noch forciert worden, die Politische Polizei blieb aber davon ausgenommen. Aus diesem Widerspruch erwuchsen die Konflikte zwischen dem Gestapa und den Ministerialverwaltungen, die sich über die folgenden Jahre hinzogen und die im Kern darum kreisten, ob der Ausnahmezustand und die daraus abgeleiteten Sonderkompetenzen der Politischen Polizei als vorübergehend oder dauerhaft anzusehen seien. Carl Schmitts Postulat, wonach der Staat »kraft eines Selbsterhaltungstriebs« das Recht habe, mittels Ausnahmezustand die Gesetze und das Recht zu suspendieren, war weithin unbestritten – in Augenblicken der Gefahr, das hatten die Ereignisse des 30. Juni gezeigt, standen Schlagkraft und Unabhängigkeit der Politischen Polizei vor allen rechtlichen Erwägungen.[42]

Eine in sich plausible politische und juristische Begründung für die Perpetuierung des Ausnahmezustands als Rechtfertigung für die Maßnahmen des Gestapa gab es jedoch nicht. Hier lag in weiterer Perspektive eines der vorrangigen Arbeitsfelder Bests, der jedoch in den ersten beiden Jahren seiner Tätigkeit ein Gutteil der Zeit damit verbrachte, in Auseinandersetzungen mit den verschiedenen Ministerien und Behörden die Tätigkeit der Gestapo zu rechtfertigen, ihre Unabhängigkeit durchzusetzen und abzusichern und die Ausdehnung ihres Einflussbereichs juristisch und politisch zu legitimieren.

Im Zuge dieser Auseinandersetzungen mit tradierten Rechtsvorstellungen profilierte Best allmählich jenes klarere und immer weiter gefasste Verständnis von der Aufgabe der Polizei im nationalsozialistischen Staat, das er schließlich zu einer allgemeinen und über die Rolle der Polizei hinausreichenden Theorie ausbaute. Im folgenden sollen daher einige Konfliktfelder in Bezug auf Kompetenzen und Rechtsbindung der Polizei im »Dritten Reich« näher untersucht und anschließend die von Best daraus entwickelten theoretischen Schriften analysiert werden.

Autonomie der Politischen Polizei – Die Praxis der »Schutzhaft«

Die Auseinandersetzungen um die Machtbefugnisse der Gestapo spitzten sich zunächst vor allem auf zwei Bereiche zu: die Praxis der »Schutzhaft«-Verhängung und die Misshandlung von Häftlingen durch Gestapo-Beamte und KZ-Wachmannschaften. Bereits seit dem Sommer 1933 war von Seiten des Innen- und des Justizministeriums mehrfach versucht worden, die »Schutzhaft«-Verfahren an rechtsförmige Normen zu binden, um »Mißbräuchen« vorzubeugen, wie sie allenthalben gemeldet wurden.[43] Insbesondere drängte die Justiz darauf, dass die »Schutzhaft« nicht als Ersatz für ein Strafverfahren oder eine gerichtliche Strafe Verwendung finden solle; und auch Göring hatte noch im März 1934 die Verwendung der »Schutzhaft« anstelle gerichtlicher Maßnahmen als »Mißbrauch« heftig kritisiert.[44] In einem grundlegenden Erlass zur »Schutzhaft«, der bis 1938 formell Gültigkeit hatte, fasste dann das Reichsinnenministerium im April 1934 diese Kritikpunkte in entsprechenden Bestimmungen zusammen: Danach durfte »Schutzhaft« weder als »Ersatzstrafe« verhängt werden noch gegenüber Rechtsanwälten angewandt werden; sie durfte nur von der Politischen Polizei – nicht von einfachen Polizeistellen – ausgesprochen und nur in staatlichen Gefangenenlagern oder Konzentrationslagern vollzogen werden. Damit wurde das »Schutzhaft«-Monopol der Gestapo ausdrücklich bestätigt, ihre Zuständigkeit von derjenigen der Justiz aber deutlich abgesetzt.[45]

Kennzeichnend für diesen Erlass und die Haltung der Ministerialbürokratie insgesamt war aber die Vorstellung, dass es sich bei der »Schutzhaft« und den Konzentrationslagern insgesamt um vorübergehende Erscheinungen – eben einen »Ausnahmezustand« – handele, die nach der Konsolidierung des neuen Staates allmählich von gesetzlichen Bestimmungen abgelöst würden, welche dann zwar nicht weniger scharfe und rigorose Maßnahmen gegen die »Gegner« beinhalten, sich aber in Bezug auf die Form in die Kontinuität und Tradition der deutschen Verwaltung einpassen würden.

In Bayern hatte sich jedoch bereits erwiesen, dass Heydrich und Himmler jegliche politische oder justitielle Beschränkung der »Schutzhaft«-Praxis als hinderlich ansahen und ablehnten. Auf der anderen Seite waren die Bestimmungen des Schutzhaft-Erlasses von Hitler selbst ausdrücklich bestätigt worden, als er in seinem Amnestieerlass vom 7. August 1934, durch den die Mörder des 30. Juni 1934 straffrei ausgingen, die Einhaltung dieser Vorschriften anmahnte.[46] Aber gerade eine Rechtssicherheit gewährleistende Festlegung wollte das Gestapa vermeiden und ignorierte daher in der Folgezeit den Schutzhafterlass mehr und mehr. Es sei völlig unklar, konstatierte der Leiter der Polizeiabteilung im Innenministerium, Gisevius, Anfang 1935, »nach welchen Richtlinien über Begründung, Dauer und Art der Vollstreckung von Schutzhaft verfahren werden soll ... Diese fraglose Rechtsunsicherheit schafft Unruhe und Verbitterung.«[47]

Die Haltung des Gestapa trat insbesondere in der Frage der Zulassung von Rechtsanwälten in »Schutzhaft«-Sachen deutlich zutage. Schon im Januar 1935 hatte Best für das Gestapa in einem Rundschreiben an die Kommandanten der Konzentrationslager betont, dass die Vertretung von Schutzhäftlingen durch Rechtsanwälte unzulässig sei. Im April wurde dies gegenüber den Stapo-Stellen noch einmal betont: Die »Schutzhaft« sei eine staatspolitische Maßnahme, die lediglich der Dienstaufsichtsbeschwerde unterliege; daraus ergebe sich, dass ein mit den Interessen eines Schutzhäftlings betrauter Rechtsanwalt nur diejenigen Rechte besitze, die auch jeder andere Staatsbürger geltend machen könne, der für einen von der »Schutzhaft« Betroffenen eintrete, wie Best betonte.[48] Dass sich dagegen heftiger Protest sowohl vom Innen- wie vom Justizministerium erhob, war von Best wohl erwartet oder gar kalkuliert worden; aber auch der Bund Nationalsozialistischer Deutscher Juristen fuhr schweres Geschütz auf und erklärte gegenüber dem Justizminister, »daß die Verweigerung des rechtlichen Beistandes in Schutzhaftsachen mit dem nationalsozialistischen Begriff der Rechtssicherheit vollkommen unvereinbar« sei, weil nach »germanischem Rechtsbewußtsein ... jeder Volksgenosse und Schutzbefohlene durch außerordentliche Rechtsmaßnahmen des Staates, wie die Schutzhaft, nur insofern erfaßt werden darf, als außerordentliche Zustände ... dies rechtfertigen« und darüber hinaus »der von der außerordentlichen Rechtsmaßnahme des Staates Erfaßte wie jeder Volksgenosse oder Schutzbefohlene sich eines Rechtsbeistandes bedienen kann.« Daraus ergebe sich, »daß die Möglichkeit eines rechtlichen Beistandes gegeben sein muß, während anderseits die Zurückweisung rechtlichen Beistandes ... einer böswilligen Verleumdung und Hetze des Inhalts Vorschub leistet, daß die Tätigkeit der Geheimen Staatspolizei – wie die der russischen Tscheka – außerhalb der Rechtssphäre steht und reine Willkür sei.«[49] Nach so scharfer Kritik am Gebaren des Gestapa setzten sich die Ministerialverwaltungen in dieser Frage zunächst durch, und Best musste Ende Juni 1935 einen Beschluss des preußischen Kabinetts hinnehmen, wonach »jegliche Verhinderung der Vertretung in Schutzhaftsachen durch Rechtsanwälte« unzulässig sei.[50]

Dagegen entwickelte Best nun eine politisch-juristische Argumentation, die für die im Gestapa entwickelten rechtspolitischen Vorstellungen insgesamt aufschlussreich war und sich als durchschlagend erwies. Die Forderungen nach Zulassung von Rechtsanwälten hätten, so Best, bereits dazu geführt, dass Rechtsanwälte in Schutzhaftsachen vorstellig geworden seien, dabei »Angriffe auf die

Politische Polizei nicht gescheut« und sogar verlangt hätten, »daß ihnen Rücksprache mit den Gefangenen gestattet oder Akteneinsicht gewährt werde. Ein solches Verlangen hat keine Stütze im Gesetz und muß außerdem aus staatspolitischen Gründen schärfstens zurückgewiesen werden.«[51] Abgesehen davon, dass es Best als »unvereinbar mit nationalsozialistischen Grundsätzen« bezeichnete, wenn einem Schutzhäftling, der einen Rechtsanwalt bezahlen könne, mehr Rechte eingeräumt würden als einem unvermögenden Schutzhäftling, lag das Hauptargument gegen die Zulassung von Rechtsanwälten in der Charakterisierung der Gefangenen selbst: »Die Frage der Zulassung von Rechtsanwälten und Schutzhaftsachen ist vom Standpunkt der Staatsführung aus weniger eine Frage des formellen Rechts oder der Rechtspflege als vielmehr eine Frage der Zweckmäßigkeit gegenüber skrupellosen Todfeinden des Staates und eine Frage des Vertrauens zu den Organen der von der Staatsführung mit der Abwehr gegnerischer Angriffe betrauten Geheimen Staatspolizei.« Hier war der Rückbezug auf den Willen der Staatsführung als Quelle des »Polizeirechts« schon angedeutet. In einer weiteren Stellungnahme im Oktober ergänzte Best seine Ausführungen und verschärfte sie noch: Da die Schutzhaft das wirksamste Mittel im Kampf der Gestapo gegen die Staatsfeinde sei, bedeute »jede Abschwächung dieses Mittels ... zugleich eine Verstärkung der dem Staate drohenden Gefahren ... Auf keinen Fall darf zugegeben werden, daß die Anwendung der Schutzhaft irgendwie in justizähnliche Formen der Entscheidung und der Nachprüfung übergeleitet wird. Die Anerkennung einer Verpflichtung zur Zulassung von Rechtsanwälten in Schutzhaftsachen und die daraus folgende Anerkennung bestimmter Rechte dieser Rechtsanwälte wäre der erste Schritt hierzu. Die Verfahrensformen der Justiz sind für den Kampf gegen die Staatsfeinde unter den gegenwärtigen Verhältnissen schlechthin unzulänglich.«[52]

Hier wurde das sich von den Rechts- und Verfahrensvorstellungen der Ministerialverwaltung unterscheidende Verständnis des Gestapa von seiner eigenen Aufgabe und seiner Legitimation deutlich ausgesprochen. Im Kern beruhte Bests Argumentation auf dem Postulat des andauernden Kampfes zwischen dem nationalsozialistischen Staat und seinen »Todfeinden« und dem daraus abgeleiteten fortdauernden Ausnahmezustand, der sich allerdings nicht auf alle gesellschaftlichen Bereiche bezog, sondern eben auf diesen Kampf beschränkte. Best bestritt also gar nicht die Notwendigkeit von Rechtssicherheit und Verwaltungskontinuität, sondern lediglich die Anwendbarkeit dieser Forderungen auf die Geschäfte der Politischen Polizei, und kennzeichnete das Verlangen nach »justizähnlichen Formen« im Umgang mit politischen Gegnern des Nationalsozialismus implizit als Kampfmittel eben dieser Gegner, die die Polizei und damit den NS-Staat selbst zu schwächen trachteten, indem sie ihr Handeln einer unpolitischen, übergeordneten Instanz in Form der Gerichte unterwarfen.

Die Gegenwehr des Justizministeriums gegen eine solche Argumentation war bemerkenswert gering. Vielmehr zeigten sich die Vertreter des Justizministeriums selbst davon überzeugt, »daß bei der Anwaltsvertretung in Schutzhaftsachen gegenüber der Verteidigung in Strafverfahren gewisse Einschränkungen notwendig wären«, und baten Best um Mitteilung des Gestapa, »welche Richtlinien es für die Anwaltsvertretung zu geben beabsichtigt«; dem Justizministerium sei lediglich an einer »klaren Lage« in dieser Sache gelegen.[53] Den Abschluss dieser Auseinandersetzungen bildete dann ein von Himmler bei Hitler eingeholter »Führerbefehl«: »Der Führer hat die Hinzuziehung von Rechtsanwälten verboten und mich damit beauftragt, Ihnen seine Entscheidungen zur Kenntnis zu bringen«, teilte Himmler dem Reichsjustizminister am 6. November 1935 mit.[54]

Die Politische Polizei musste aus der allgemeinen Verwaltung und damit auch aus den juristischen Kontrollverfahren herausgelöst werden, weil sonst die Abwehr der »skrupellosen Todfeinde« des Staates erschwert oder gar unmöglich gemacht werde – so lautete zu diesem Zeitpunkt das zentrale Argument der Gestapo-Führung, demgegenüber sich die Betonung von Verwaltungskontinuität und Rechtssicherheit als weniger durchsetzungsfähig erwies. Diese Auffassung wurde allmählich auch in der juristischen Fachdiskussion sowie in der Rechtsprechung selbst akzeptiert. »Es kann heute als die allgemeine Auffassung der Rechtslehre bezeichnet werden«, hieß es bereits 1936 im »Reichsverwaltungsblatt« resümierend, »daß Akte der politischen Führungen und Handlungen staatspolitischer Natur (z.B. Maßnahmen der Staatspolizei) unter dem Gedanken des Führergrundsatzes der richterlichen Prüfung ihrer rechtlichen Voraussetzungen und ihres Umfangs nicht zugänglich sein können.«[55] In der Rechtsprechung selbst hatte das Preußische Oberverwaltungsgericht Anfang Mai 1935 abweichend von seinen bis dahin geäußerten Auffassungen[56] entschieden, daß es sich bei der Gestapo um eine Sonderbehörde handele und ihre Maßnahmen einer verwaltungsgerichtlichen Überprüfung nicht mehr unterstanden.[57] Und im Oktober 1935 urteilte das Verwaltungsgericht Hamburg, die Justiz könne, da es sich bei Gesetzgebung, Verwaltung und Justiz lediglich um verschiedene Tätigkeiten desselben »Organismus« handele, nicht mit juristischen Begründungen ablehnen, was die Partei aus politischen Gründen für notwendig erachte, sich so »auf das Gebiet der Staatspolizei begeben und möglicherweise im Einzelfall behördliche Maßnahmen staatspolitischer Natur durchkreuzen oder aufheben«.[58] Solche Passagen kennzeichnen den sich durchsetzenden Primat von Politik und Weltanschauung und zugleich einen tiefgreifenden Bruch in der Kontinuität der deutschen Rechtslehre und Rechtssprechung: die Konstituierung eines rechtsfreien Bereichs staatlichen Handelns.

Urteile wie dieses gab Best den Staatspolizeistellen als Bestätigung der eigenen Auffassung sogleich zur Kenntnis – ebenso wie entsprechende juristische Fachaufsätze, in denen die Auffassung der Gestapa-Führung unterstützt wurde; so im April 1937 die Ausführungen des Greifswalder Dozenten Walter Hamel über »Die Polizei im nationalsozialistischen Staat«. In seinem Begleitschreiben hob Best dabei vor allem die dort vertretene Auffassung hervor, »daß entgegen der liberalistischen Auffassung, daß das Amt der Polizei auf die ihr positiv zugeteilten Aufgaben und Befugnisse beschränkt sei – schon durch den nationalsozialistischen Staatsbegriff für die Polizei die allgemeine Aufgabe gegeben sei, ›die Eingliederung aller individuellen Tätigkeit in die Belange der Nation‹ sicherzustellen. Darin liegt der Grund, die Rechtfertigung für alle Eingriffe, die die nationalsozialistische Polizei in die persönliche Freiheit und das Eigentum aus politischen Gründen vornahm.«[59] Hier lag der Akzent etwas anders als in Bests Ausführungen, wonach sich die besonderen Befugnisse der Polizei im NS-Staat aus der Gefährlichkeit ihrer Gegner herleitete; denn mit der Argumentationsfigur »Eingliederung aller individuellen Tätigkeit in die Belange der Nation« – so vage und unklar sie auch formuliert war – deutete sich bereits eine erweiterte Aufgabenstellung für die Polizei an, die nicht mehr die Gefahrenabwehr, sondern die aktive, offensive »Gestaltung« des Volkslebens zum Ziel hatte.[60]

Insgesamt also hatte Best hier eine juristische und politische Argumentation entwickelt, mit Hilfe derer es ihm gelang, das wichtigste Instrument der nationalsozialistischen Regimeführung zur Ausschaltung der politischen Gegner, die als »Schutzhaft« deklarierte Einweisung in Konzentrationslager der SS, der Kontrolle der Innenverwaltung und der Justizbehörden zu entziehen und der alleinigen Verantwortung der Gestapo vorzubehalten.

Die Misshandlung von Häftlingen

Der zweite Hauptgegenstand der Auseinandersetzungen zwischen Gestapa und Ministerialverwaltungen waren die Zustände in den Konzentrationslagern selbst. Auch hier war es in den ersten beiden Jahren nach Errichtung des NS-Regimes noch keinesfalls klar, dass die Kompetenz der ordentlichen Gerichte an den Lagertoren endete. Zwar gelang es dem Kommandanten des Lagers Dachau, Eicke, auch nach Schließung der »wilden« Konzentrationslager der SA die Überprüfung von Berichten über Misshandlungen und den Tod von Häftlingen durch Justiz und Polizei zu verhindern. Die von ihm im Oktober 1933 erlassene Lagerordnung aber, die später auch für andere Konzentrationslager Anwendung fand und unter anderem Prügelstrafe, Pfahlbinden sowie die Todesstrafe für bestimmte Vergehen vorsah, musste den Protest der Justizbehörden herausfordern.[61]

Nachdem Eicke nach dem 30. Juni die Verantwortung für alle Konzentrationslager im Reich übernommen hatte, versuchte Himmler in verstärktem Maße, die Verhältnisse in den Lagern der Kontrolle und Kritik anderer Institutionen, insonderheit der Justiz, zu entziehen. Seine Absicht bestand zunächst darin, sich die Konzentrationslager in seiner Eigenschaft als Reichsführer SS zu unterstellen, sie also zu »entstaatlichen«, um so jede Einwirkungsmöglichkeit staatlicher Stellen zu unterbinden. Das aber scheiterte daran, dass auf diese Weise die Finanzierung der Lager durch den Staat nicht mehr gesichert war, so dass die Verwaltung der Konzentrationslager Himmler in seiner Eigenschaft als Inspekteur der Gestapo unterstellt wurde. Nachdem aber Göring im November 1934 auf seine Kompetenzen als Chef des Gestapa verzichtet hatte, war Himmlers Stellung stark genug, um Interventionen der Ministerialverwaltungen bezüglich der Verhältnisse in den Konzentrationslagern auch in seiner Eigenschaft als Inspekteur der Gestapo, mithin als staatlicher Funktionsträger, abzuwehren. Eickes Dienststelle als »Inspekteur der Konzentrationslager« wurde also im Dezember 1934 im Gestapa eingerichtet und war damit in die Struktur des Amtes eingegliedert.[62] Eicke selbst blieb Himmler direkt unterstellt und genoss dadurch eine herausgehobene Position; für Personal, Verwaltung und Finanzen der KL war aber das Gestapa zuständig – mithin der neue Leiter der Hauptabteilung I, Werner Best. Ihm oblag es also nun, in Verhandlungen mit den Ministerien sowohl die Finanzierung der

Konzentrationslager sicherzustellen, als auch Interventionen staatlicher Stellen wegen der Verhältnisse in den Lagern abzuwehren.[63]

Die Beschwerden über Misshandlungen von Häftlingen durch Gestapo-Beamte zur Erzwingung von Aussagen sowie über die Verhältnisse in den Konzentrationslagern und das Gebaren der KL-Wachmannschaften hatten seit Anfang 1935 an Zahl und Schärfe deutlich zugenommen; und anders als bei Fragen des Verwaltungsrechts und der Kompetenzverteilung war hier oftmals auch das individuelle Rechtsempfinden von Behördenvertretern berührt und der Unrechtscharakter der in Rede stehenden Handlungen der Polizisten und SS-Männer erkannt und ausgesprochen worden. So nahm die Gestapo-Führung Ende März 1935 Beschwerden wegen Häftlingsmisshandlungen durch Angehörige der Stapo-Stelle Düsseldorf zum Anlass, ihre grundsätzliche politische und rechtliche Auffassung zur Behandlung der Gegner des Nationalsozialismus darzulegen.[64] In einem umfänglichen Schreiben an den Justizminister hob Best hervor, dass im »liberalistischen Staat« der »aufgeklärte Verbrecher« durch die Festschreibung des polizeilichen Handlungsspielraums in Form der gesetzlichen Vorschriften in der Lage gewesen sei, die Ermittlungsarbeit zu torpedieren. Demgegenüber hätten aber bereits im »November-Staat« »verantwortungsbewußte Kräfte ... auf altgermanisch-sächsische Rechtsgedanken zurückgreifend Schädlinge an der Allgemeinheit verfemt und gerichtet«– gemeint sind hier die Fememörder der Freikorps nach dem Krieg. Hier wie auch im Zusammenhang mit den »Röhm-Aktionen« im Juni 1934 sei der »Staatsnotstand« das legitimierende und auslösende Moment gewesen – letztlich ein Problem »nicht strafrechtlicher, sondern staatsrechtlicher, letztenendes staatsphilosophischer Natur: ... auszugehen ist dabei vom nationalsozialistischen Standpunkt der Allgemeinheit, die über dem Einzelnen steht. Jedes Individuum ist ein Mitglied des Staatsorganismus. Solange es mitarbeitet, trägt es den Staat mit. Wenn es sich außerhalb der Gemeinschaft stellt, zum Verbrecher wird, ist es ein Schädling an allen und wird von allen, d.h. vom Staate bekämpft. Der Staat nimmt in diesem Kampfe die durch das Notwehrrecht gerechtfertigte Abwehrstellung ein. Das höhere Interesse des Allgemeinwohls gibt ihm das stärkere Recht ... In einer Notwehrlage befindet sich der Staat als Zusammenschluß seiner Bürger jedem gesellschaftsfeindlichen Verbrecher gegenüber. Der Verbrecher und – nach nationalsozialistischer Staatsrechtsphilosophie – gerade der politische Verbrecher greifen den Staat, die Allgemeinheit widerrechtlich an. Sie stellen sich außerhalb der Volksgemeinschaft ...«

Diese Ausführungen waren in vieler Hinsicht bemerkenswert; insbesondere objektivierten sie die abweichende, verbrecherische Handlung, indem sie Definitionsmacht allein in die Hand der Polizei legten. Zudem war damit der Ausnahmezustand als Dauerzustand eingerichtet: Solange es »verbrecherisches Verhalten« gab, so lange befand sich der Staat in einer Notstandssituation. Unter explizitem Bezug auf Hitlers Äußerung nach dem 30. Juni, die Aktionen seien als »Notwehrmaßnahmen« rechtens gewesen, wurden die für einen Notstand notwendigen Voraussetzungen als im Kampf mit dem Verbrechertum dauernd gegeben betrachtet. Daraus leiteten sich die Rechte und Pflichten der Polizei ab: »Sie kann dabei dem Verbrecher, der ethische und moralische Bedenken außer acht läßt, der sich selbst aus der Volksgemeinschaft ausschließt, nicht nach ästhetischen Gesichtspunkten entgegentreten.« Aufgabe der Polizei sei es vielmehr, »da der Täter ja sein Recht auf eine gleiche Behandlung wie die staatstragenden Volksgenossen verwirkt hat, im Rahmen der Staatsnotwehr den Verbrecher schon im polizeilichen Ermittlungsverfahren in gehöriger Weise anzufassen«. Dazu müsse der Staat der Polizei die notwendigen Mittel in die Hand geben – »ein Hinweis auf eine persönliche Integrität des durch Tatsachen überführten Verbrechers ist schon liberalistisch. Der Staatsfeind ist nicht integer. Er hat sich der Gesellschaft zum Feinde erklärt und wird bis zur völligen Vernichtung mit der Skrupellosigkeit bekämpft, die er im Kampf gegen die Allgemeinheit beweist.«

Diese erste umfassendere theoretische Äußerung Bests zur Rolle der Polizei im nationalsozialistischen Staat beinhaltete in der Substanz zunächst nur die Perpetuierung des Notstands und damit des Ausnahmezustands; daraus leitete sich die Rechtlosigkeit des Verbrechers und die Generalermächtigung der Polizei ab. Bedeutsam war zudem, dass die Argumentation zwar explizit auf die »politischen Verbrecher« – im hier angesprochenen Fall der Düsseldorfer Stapo-Leitstelle ging es um die KPD-Aktivisten im Ruhrgebiet – zielte, implizit aber alle, auch nicht-politische Verbrecher einschloss und auf die Erlasse gegen die sogenannten »Gewohnheitsverbrecher« vom Mai und November 1933 bereits ausdrücklich Bezug nahm.

Auf dieses Schreiben des Gestapa erfolgte eine scharfe Reaktion des Justizministers, der dem Innenministerium ausführlich und mit Einzelheiten über zahlreiche Fälle von Misshandlungen und sadistischen Folterungen Gefangener durch Polizeibeamte zur Erpressung von Geständnissen sowie in Konzentrationslagern berichtete und energische Maßnahmen gegen jede Art der Gefangenenmisshandlung forderte.[65] Diese Beschwerde Gürtners wurde in der Folgezeit durch weitere Berichte über Folter und Misshandlungen in den Polizeistationen und Konzentrationslagern noch verstärkt, so im Juli 1935 durch den Bericht des Berliner Domkapitulars Lichtenberg, in dem die schrecklichen Misshandlungen und sogar Tötungen von Häftlingen im Lager Esterwegen genau beschrieben wurden.[66] Lichtenbergs Schreiben, das einigen Staub aufwirbelte, wurde Best zugeleitet, der dann diese wie alle anderen Beschwerden in politisch-juristischer Argumentation als unzutreffend und zudem unzulässig zurückwies – so auch im Falle Wolmann, bei dem der Leiter der Stapo-Stelle Stettin, Dr. Hoffmann, den jüdischen Kaufmann Wolmann in das Konzentrationslager Bredow verbracht, misshandelt, sich an dessen Vermögen bereichert und ihn dann nach Polen abgeschoben hatte. Hoffmann gehörte wegen dieser und anderer Misshandlungen und Greueltaten zu den drei SS-Leuten, die nach dem 30. Juni 1934 hingerichtet worden waren. Gegen den Antrag Wolmanns auf »Wiedergutmachung« rechtfertigte Best jedoch selbst das Verhalten Hoffmanns mit dem Hinweis, »dass es sich bei Wolmann um einen Schädling im deutschen Wirtschaftsleben gehandelt hat, der das ihm gewährte Gastrecht in der übelsten Weise missbrauchte ... Seine Inschutzhaftnahme und Abschiebung nach Polen war daher nicht ungerechtfertigt.«[67]

In einem anderen Fall, in dem die Justizbehörden gegen drei Berliner Gestapo-Beamte ein Strafverfahren wegen besonders brutaler Misshandlungen von Gefangenen anstrengen wollten, reagierte Best im Juli 1935 mit der Forderung nach sofortiger Niederschlagung des Verfahrens und Entlassung der Beschuldigten, bei denen es sich »um im hohen Maße verdiente Vorkämpfer der nat. soz. Bewegung« handele. Der Vorfall wurde schließlich Hitler vorgelegt, der entschied, »daß die Genannten sofort aus der Haft zu entlassen und das gegen sie schwebende Verfahren einzustellen sei«.[68]

Ende September 1935 schließlich beantwortete Best die Eingabe Lichtenbergs über die Verhältnisse im Konzentrationslager Esterwegen; seine Ausführungen ermöglichen dabei durchaus Rückschlüsse auf die tatsächlichen Verhältnisse im Lager: »Die Vollstreckung der Prügelstrafe in dem Lager Esterwegen geschieht stets den Vorschriften entsprechend. Niemals ist eine Prügelstrafe ohne die entsprechende vorgeschriebene Strafverfügung erteilt oder vollstreckt worden. Eine Verpflichtung des Sträflings, die erteilten Schläge bei der Vollstreckung mitzuzählen, besteht nicht. Tut er es dennoch, so freiwillig und in eigenem Interesse ... Die Erschießung des sozialdemokratischen Reichstagsabgeordneten Fritz Husemann sowie des Kommunisten Röhrs erfolgte bei einem Fluchtversuch ... Unwahr ist aber, daß Gefangene an Leichen vorbeigeführt werden oder jemals vorbeigeführt worden sind. Der Häftling Loewy ist ebenfalls auf der Flucht angeschossen worden ... Der Schutzhäftling Ohl hatte in seiner Baracke dauernd Selbstmordabsichten geäußert. Ohl wurde deshalb rechtmäßig zu Stockhieben verurteilt. Bei einem Fluchtversuch auf der Außenarbeit wurde er erschossen. Der Berufsverbrecher Agranoff wurde ebenfalls auf der Flucht erschossen ... Daß Agranoff auf dem Boden beim ›Rollen‹ erschossen worden sei, ist ebenfalls unwahr. Richtig ist, daß er sich, als bei seiner Flucht die ersten Schüsse abgegeben wurden, zur Deckung auf den Boden gelegt hatte und in dieser Haltung dann auch getroffen worden ist. ›Geschliffen‹, wie Domkapitular Lichtenberg schreibt, wird in dem Lager überhaupt nicht. Auch der Schutzhäftling Kaefer wurde auf der Flucht erschossen ... Daß die Juden Klosettgruben mit den Händen reinigen und in der Jauche rollen müssen, sind ... Greuelnachrichten.«

Seinen eigenen Ausführungen schloss Best dann noch die Wiedergabe der Stellungnahme Eickes zu den Vorwürfen Lichtenbergs an, der in sich beinahe überschlagender Sprache gegen den »giftigen, staatszersetzenden Speichel hetzender Kapläne« wütete, welche »die deutschen Devisen auffressen und ihren Kot auf den Altären zurücklassen« und mit »staatszerfressendem politischem Haßgeifer die Flammen der Altarkerzen in Schwingungen versetzen«, und schließlich forderte, Lichtenberg ins Konzentrationslager Esterwegen einzuweisen.[69] Durch die kommentarlose Wiedergabe dieser Tiraden konnte Best zur gleichen Zeit seine Übereinstimmung mit Eicke demonstrieren wie sich von dem Stil distanzieren – je nach Adressat und Lesart.[70] Einen Monat später hatte Best erneut Vorwürfe eines katholischen Geistlichen wegen der Vorkommnisse in den Lagern abzuwehren; es sei ausgeschlossen, schrieb er dem Justizministerium, dass sich ein Häftling »in der Jauche habe wälzen müssen. Unwahr sei, daß der Pater Spieker sich das Gesicht habe mit Kot beschmieren müssen und daß einem jungen Mann die Haare mit Petroleum bestrichen und abgebrannt worden seien und ähnliches mehr.«[71]

Diese Rechtfertigungsschreiben, die die dahinter stehende Realität in den Konzentrationslagern im Grunde mehr bestätigten als verhüllten – indem sie die Vorwürfe wiederholten und schlicht bestritten, im Übrigen aber auf die Vorschriften verwiesen –, machen deutlich, wie intensiv der innerhalb der Gestapoführung für die Organisation der Konzentrationslager zuständige Best mit den Verhältnissen auch in den einzelnen Lagern vertraut war. Auch dort, wo es sich um offensichtliche Fälle von Mord handelte, wies er jede Einmischung von außen ab. Statt dessen übersandte Best dem Justizministerium die Richtlinien des Gestapa »zur Beachtung bei Todesfällen von Schutzhäftlingen«, wonach bei Todesfällen außer dem Lagerarzt auch der zuständige Kreisarzt herbeizuziehen und bei nicht übereinstimmendem Befund beim Staatsanwalt Anzeige zu erstatten sei – ebenso wie bei jedem Fall eines Todes durch Gewalteinwirkung.[72] Der Wirklichkeit in den Lagern und der Praxis der Gestapo entsprachen diese Vorschriften in keiner Weise, aber sie dienten der Beruhigung der Justiz und der Suggestion, die Gestapo sei willens und in der Lage, die Behandlung der Schutzhäftlinge mit Hilfe eines eigenen, von der Justiz unabhängigen Erlaß- und Regelsystems zu kontrollieren.

Auch dieser Streitpunkt zwischen dem Gestapa und den Ministerien wurde schließlich von Hitler selbst am 1. November 1935 im Sinne Bests entschieden. Himmler ließ dem Justizministerium knapp mitteilen: »Ich habe Ihr Schreiben vom 16.10. sowie die Aufstellung von Todesfällen in den Konzentrationslagern gelegentlich meines Vortrages am 1. November 1935 dem Führer selbst vorgelegt. Besondere Maßnahmen werden bei der ohnehin gewissenhaften Leitung der Konzentrationslager nicht als notwendig erachtet.«[73]

Was aber die stark zunehmenden Fälle von Gefangenenmisshandlung durch Polizeibeamte vor Einlieferung in die Lager betraf, vor allem zur Erzwingung von Geständnissen, so wurde hier eine .eigene, für das Vorgehen des Gestapa im Allgemeinen und für das Denken und die Methoden Bests im Besonderen höchst charakteristische Regelung getroffen. Die Unsicherheit bei den Polizei- und Justizbehörden, wie mit Beschwerden über Misshandlungen bei Verhören umzugehen sei, war offensichtlich erheblich. Der Oberstaatsanwalt in Halle beispielsweise berichtete im Januar 1936 über solche Beschwerden, die auf ihn »einen nicht unglaubwürdigen Eindruck« gemacht hätten; er sei »höheren Orts angewiesen worden, das Ermittlungsverfahren tatkräftig und beschleunigt« zu betreiben. Der Leiter der örtlichen Gestapo aber habe »durchblicken lassen, daß man vielleicht berücksichtigen müsse, daß die Verabfolgung einiger Schläge nicht von vornherein in allen Fällen unbedingt für verurteilenswert gehalten werden dürfe, sondern im Notfalle bei besonderer Gelegenheit gegenüber hartnäckig leugnenden Staatsgegnern zur Brechung eines passiven oder aufreizenden Widerstands unter Umständen nicht vermeidbar sei«; Ermittlungen halte er für unangebracht und zwecklos, würde dadurch doch bei den Beamten »eine gewisse Beunruhigung« hervorgerufen. Das Verfahren endete damit, dass die Beamten alles bestritten und als »Racheakt von Juden gegen Beamte der Geheimen Staatspolizei« bezeichneten; das entsprach dem üblichen Vorgehen.[74] Die Unsicherheit über die »rechtliche Grundlage« der Misshandlungen war damit aber nicht beseitigt; und so ermahnte das Gestapa die Staatspolizeistellen per Erlass, dass die Anwendung »verschärfter Vernehmungsmethoden« auf keinen Fall aktenkundig gemacht werden dürfe.[75]

Dieser, wie es ein Vertreter des Justizministeriums nannte, »völlig unhaltbare Zustand (Mangelndes Rechtsgefühl der Justizbeamten; unwürdiger Zustand für die Polizeibeamten, die sich durch törichtes Bestreiten zu helfen suchen)« wurde schließlich im Juli 1937 Gegenstand von Verhandlungen zwischen Best und dem Justizministerium. Die bei dieser Unterredung vereinbarte Regelung der »Verschärften Vernehmung« ging auch in jenen denkwürdigen, am 1. Juli des Jahres verschickten Erlass des Gestapa zu dieser Frage ein und stellte in gewisser Weise den Höhepunkt des Bestrebens Bests dar, die Willkür der Polizeibehörden in ein normatives Gewand zu kleiden. Die Vereinbarung über die Zulässigkeit von »körperlicher Einwirkung« auf die Gefangenen war in sechs Punkten fixiert: Sie durfte nur in Fällen von Hoch- und Landesverrat angewendet werden, zulässig waren »nur Stockhiebe auf das Gesäß, und zwar bis zu 25 Stück ... Vom 10. Stockhieb an muss ein Arzt zugegen sein. Es soll ein ›Einheitsstock‹ bestimmt werden, um jede Willkür auszuschalten.« Die Genehmigung zur »verschärften Vernehmung« durfte nur das Gestapa in Berlin erteilen; lag eine solche Genehmigung nicht vor, sollten »beschleunigte Ermittlungen« gegen die betreffenden Beamten angestellt werden.[76] Dass sich die Vertreter des Justizministeriums mit diesem Verhandlungsergebnis zufriedengaben, ist vielleicht weniger als Kapitulation vor der Gestapo zu verstehen als vielmehr ein Zeichen dafür, dass es den Justizbehörden mehr darauf ankam, einen regelungsfreien Raum zu beseitigen – und sei es durch eine Regelung, die lediglich die Willkür normierte –, als die Misshandlung von Gefangenen einzuschränken oder gar zu unterbinden.[77]

Dies lässt sich auch anhand der weiteren Behandlung der strittigen »Schutzhaft«-Fragen verfolgen; denn trotz des »Schutzhaft«-Erlasses des Innenministers vom April 1934 waren die Konflikte zwischen den Ministerialbehörden und dem Gestapa nicht ganz beseitigt. Allerdings kritisierte das Justizministerium nicht die »Schutzhaft«-Praxis an sich, sondern lediglich solche Fälle, in denen »Schutzhaft« nicht präventiv, sondern anstelle einer gerichtlichen Bestrafung verhängt worden war. Best verwies gegenüber dem Justizministerium jedoch darauf, dass dies in Einzelfällen unvermeidlich sei, weil sonst die »Gesamtermittlungen erheblich gefährdet oder sogar unmöglich gemacht« würden. Im Übrigen bearbeite er derzeit eine »grundsätzliche allgemeine Neuregelung der Schutzhaft« – die dann im Januar 1938 auch als Erlass erschien und im Wesentlichen die bis dahin gültigen Bestimmungen zusammenfasste.[78] Zwar war darin nach wie vor »Schutzhaft«-Verhängung in Einzelfällen auch bei strafbaren Taten, also nicht allein zur politischen Prävention, ermöglicht; aber immerhin waren hier die Befugnisse von Justiz und Gestapo im Grundsatz deutlicher getrennt als bisher, und so blieben weitere Vorstöße der Justizbehörden gegen die Praxis der »Schutzhaft« von nun an aus.

Statt einer justiziellen Kontrolle installierte Best ein eigenes System der Überprüfung der »Schutzhaft«-Fälle durch das Gestapa – wenn auch mehr zur Beruhigung der Ministerialbürokratie als zur effektiven Eindämmung von »Mißbräuchen«. Schon im September 1935 hatte er einen Erlass über »Haftprüfungstermine in Schutzhaftsachen« herausgegeben und darin betont, dass die Nachprüfung der »Schutzhaftgründe« nach je drei Monaten sorgfältig durchzuführen sei, wobei die »beanstandete Führung eines Schutzhäftlings im Konzentrationslager allein nicht ohne weiteres die Verhängung der Schutzhaft rechtfertigt ... Jeder Mißbrauch dieser wichtigsten Waffe im Kampf gegen Staatsfeinde schädigt nicht nur das Ansehen der Geheimen Staatspolizei, er beeinträchtigt auch das Vertrauen zur

Staatsführung.«[79] Im Dezember 1936 wurde dann die »Nichtbeachtung festgesetzter Haftprüfungstermine« gerügt, ebenso wie die »nicht ausreichende Begründung von Inschutzhaftnahmen«. Zudem dürfe die Schutzhaft »nur bei einer wirklichen Gefährdung der Staatssicherheit oder bei groben Verstößen gegen die durch die Volksgemeinschaft begründeten Pflichten« verhängt werden – »nicht aber als Mittel zur Aufklärung oder Ahndung aller möglichen Vergehen«, betonten Heydrich und Best gegenüber den Stapo-Stellen, und machten so ungewollt deutlich, wie allen Vorschriften zum Trotz die Wirklichkeit der Schutzhaft-»Verhängung« tatsächlich aussah.[80]

Das dritte Gestapo-Gesetz

Bis zum Frühjahr 1936 waren sowohl die Debatten über die »Schutzhaft«-Regelung wie jene über die Misshandlungen von »Schutzhäftlingen« überwölbt von den Verhandlungen über ein neues, umfassendes Gestapo-Gesetz, die seit März 1935 zwischen den beteiligten Stellen geführt wurden. Ein solches Gesetz sollte die seit dem zweiten Gestapo-Gesetz vom November 1933 eingetretenen Veränderungen berücksichtigen und festschreiben. Dass ein solches Gesetz überhaupt für notwendig erachtet wurde, macht deutlich, dass sich die Vorstellung von einer autonomen, juristisch nicht reglementierten Stellung der Politischen Polizei auch drei Jahre nach der Machtübernahme der Nationalsozialisten bei weitem noch nicht durchgesetzt hatte. Es entsprach daher zu dieser Zeit durchaus noch dem Bestreben der Gestapo-Führung, die politische Generalermächtigung für die Politische Polizei auch gesetzlich zu fixieren.

Bereits Anfang April 1935 hatte Best nach vorbereitenden Gesprächen mit den Ministerien einen ersten, Anfang Mai einen zweiten Entwurf vorgelegt, in dem als Aufgabe der Gestapo definiert wurde, »alle staatsgefährlichen Bestrebungen im gesamten Staatsgebiet zu erforschen und zu bekämpfen ... Welche Geschäfte im einzelnen auf die Geheime Staatspolizei übergehen, bestimmt der Chef der Geheimen Staatspolizei.«[81] Diese – von Lothar Gruchmann treffend als »allgemeine Kompetenz-Kompetenz« bezeichnete – Formel musste ebenso wie die Bestrebung, das Gestapa zu einem Ministerium zu erheben und damit als von der inneren Verwaltung separierte Sonderbehörde mit selbst definiertem und nicht begrenzbarem Aufgabenbereich zu etablieren, auf den Widerspruch der Ministerien treffen. Das die Gestapo, wie es in einer Stellungnahme zu dem Bestschen Gesetzentwurf hieß, »nicht nur die Abwehr der den Staat in seiner gegenwärtigen Form drohenden Gefahren für sich in Anspruch nehmen, sondern auch die Richtung der staatlichen Entwicklung beeinflussen« wolle, beantworteten die Ministerialverwaltungen mit der Forderung nach klarer Kompetenzbeschreibung und Abgrenzung der Aufgaben von Justiz und Politischer Polizei.[82]

Nachdem im preußischen Ministerrat am 27. Juni eine eindeutige Entscheidung vermieden worden war – dem Gesetzentwurf des Gestapa wurde grundsätzlich zugestimmt, die noch strittigen Einzelheiten sollten jedoch von Gestapo und Innenministerium direkt ausgehandelt werden – setzte sich Best in den Verhandlungen, was die Beschreibung des Aufgabenbereichs des Gestapa anbetraf, gegenüber den Ministerialbeamten schließlich durch.[83] Das am 10. Februar 1936 unterzeichnete dritte Gestapo-Gesetz entsprach dann im Wesentlichen dem Entwurf Bests, wie er ihn nach diesen Beratungen Ende Juli 1935 fixiert hatte.[84] Die Generalermächtigungsklausel war ebenso darin enthalten wie das Schutzhaftmonopol des Gestapa; die Stapo-Stellen allerdings sollten den Regierungspräsidenten unterstellt bleiben. Das schien einer eindeutigen Ein- und Unterordnung der Politischen Polizei in Struktur und Rechtssystem der staatlichen Verwaltung zu entsprechen. Nur zwei Wochen später wurde das von Göring per Erlass jedoch so interpretiert, dass im Konfliktfall die Regierungspräsidenten eine Entscheidung des Gestapa einzuholen hatten – damit war das Weisungsrecht auf den Kopf gestellt und die Innenverwaltung in Polizeifragen dem Gestapa sogar untergeordnet.[85]

Mit dem dritten Gestapo-Gesetz vom Februar 1936 war die Etablierung des Gestapa als autonome Sonderbehörde vorerst abgeschlossen; und es gab keinen Punkt, an dem sich Best für die Gestapo gegenüber den Ministerien nicht durchgesetzt hätte. Dafür waren vor allem zwei Faktoren ausschlaggebend gewesen. Der eine bestand darin, dass in strittigen Fragen, bei denen keine Einigung erzielt werden konnte, Himmler bei Hitler eine Entscheidung für die Auffassung des Gestapa hatte einholen können. Dass sich Hitler jeweils so entschied, war nicht nur auf sein oft hervorgehobenes Misstrauen gegenüber Ministerialverwaltungen und Juristen zurückzuführen, sondern vor allem auf das Konzept Himmlers und des Gestapa, die Politische Polizei zu einer aus der Verwaltung gelösten Sonderbehörde zu machen, die auf der einen Seite mit Beamtenprinzip und dem tradierten Aufbau der öffentlichen Verwaltung die Routinearbeit quasi automatisch und zuverlässig erledigte – auf der anderen Seite in politisch brisanten Fällen jedoch über Himmlers Eigenschaft als Reichsführer SS Hitler direkt unterstellt und ihm durch die weltanschauliche Bindung der SS unbedingt ergeben war. Demgegenüber bargen die Vorstellungen Fricks und Gürtners, die Politische Polizei als Teil der Innenverwaltung dem Weisungs- und Kontrollrecht der Ministerien zu unterstellen, nicht nur die Gefahr in sich, dass in Zeiten innenpolitischer Spannungen die Gestapo der Führung nicht als jederzeit und beliebig einsetzbares Instrument zur Verfügung stehen würde – was nach dem 30. Juni als inakzeptables Risiko angesehen wurde –, sondern auch, dass eine an fixierte Normen gebundene Gestapo sich der dynamischen Entwicklung des Regimes nicht würde anpassen können.

Der zweite Grund für die Durchsetzung der Vorstellungen des Gestapa lag in der widersprüchlichen Konzeption der Ministerien selbst, die einerseits zwar politische Kontrollmechanismen und Rechtssicherheit gegenüber dem Handeln der Politischen Polizei vorsah, andererseits aber dem Prinzip des Führerstaates verpflichtet war, wonach das auf einen Führerbefehl begründete Vorgehen der Gestapo von rechtlicher Überprüfung ausgenommen war. So konnte das Auftreten der Ministerien gegenüber Best in Kompetenzfragen oder in den mit Empörung zur Kenntnis genommenen Fällen von Gefangenenmisshandlung zwar durchaus scharf und vehement sein, angesichts der eigenen Inkonsequenz und nach dem Sündenfall des 30. Juni aber war ihnen das Konzept Himmlers, Heydrichs und Bests an Geschlossenheit und Plausibilität jeweils überlegen.

An diesem Punkt hatte Best in den Verhandlungen auch angesetzt. Im Ton verbindlich, in der Sache hart, hatte er die Klärung der strittigen Einzelfragen jeweils aus der prinzipiellen Aufgabenstellung der Gestapo im »Dritten Reich« abgeleitet und die Generalermächtigung der Politischen Polizei so als konstitutiven Bestandteil des nationalsozialistischen Führerstaates herausgestellt; wohingegen die Einwände der Ministerialbeamten als Reste »liberalistischen Denkens« erscheinen mussten, die zu überwinden Voraussetzung für eine im nationalsozialistischen Sinne »moderne« Führung der Politischen Polizei war.

Dass Best es vermocht hatte, sich in zähen Verhandlungen mit taktischem Geschick, juristischer Beschlagenheit und politischer Skrupellosigkeit gegenüber den Ministerialbehörden beinahe vollständig durchzusetzen und die von jeder juristischen Kontrolle unabhängige Stellung des Gestapa zu befestigen, war nicht nur politisch für die weitere Entwicklung des NS-Regimes von erheblicher Bedeutung, es machte seine eigene Position innerhalb des Apparats der Politischen Polizei auch bald nahezu unangreifbar. In der Öffentlichkeit weitgehend unbekannt, war er gegenüber den Innen- und Justizbehörden, aber auch innerhalb des Gestapa selbst zur entscheidenden Figur in allen Fragen der Politischen Polizei, die nicht unmittelbar mit der Exekutive verbunden waren, herangewachsen. In Habitus und Auftreten verkörperte er dabei so etwas wie den Idealtypus des SS-Führers: kühl, aber verbindlich im Umgang; bestens vorbereitet, präzise und mit Überblick in der Sache argumentierend; vor allem aber stets vom Primat der »Weltanschauung« ausgehend und in der Lage, die Position des Gestapa in Einzelfragen stringent und widerspruchsfrei aus der »völkischen Gesamtschau« abzuleiten – frei von Rücksichten und von moralischen Skrupeln. Es gibt nur wenige schriftliche Zeugnisse aus der Vorkriegszeit, in denen NS-Größen so offen und unverblümt etwa die Misshandlungen von Häftlingen rechtfertigten und guthießen, wie dies Best in seinen Antwortschreiben tat. Aber darin lag innerhalb des Gestapo-Apparats auch seine Aufgabe, wie Hans-Bernd Gisevius, zu dieser Zeit Leiter der Polizeiabteilung im Innenministerium und einstiger Kampfgefährte Bests aus »national-revolutionären« Zeiten, nach dem Krieg in einer Charakterisierung der Rolle Bests im Gestapa hervorhob: »Er leitete in Heydrichs Sicherheitshauptamt die Organisationsabteilung, welche in den ersten Jahren besonders wichtig war. Darüber hinaus benötigte ihn sein Herr und Meister in teuflischer Erfassung der bürgerlichen Geisteshaltung, sobald es mit besonderer Herzlichkeit die gute Miene zum bösen Spiel hervorzuzaubern galt. SS-Gruppenführer (!) Best wurde immer dann ausgeschickt, wenn eine Verhaftungswelle zu bedauern, ein gestapistischer Betriebsunfall zu beschönigen oder sonstwie das aufgescheuchte Gewissen zu beruhigen war ... Best war ein Schulfall für die Beobachtung, wie schnell und wie freudig das besorgte Weltgewissen, und zwar im kleinen wie im großen, auch die bösesten Untaten zu verzeihen geneigt ist, sofern ein paar gute Worte sie begleiten.«

Aber Best war weder ein Sadist noch im engeren Sinne ein Zyniker – vielmehr verstand er sich als weltanschaulicher Kämpfer, davon überzeugt, dass seine bessere und von individuellen Rücksichtnahmen, Mitleid oder propagandistischen Zielen nicht getrübte Einsicht in die »wirklichen« Lebensverhältnisse und die Bereitschaft, diese durch die Weltanschauung vermittelten tieferen Einsichten auch in die Praxis umzusetzen, seine souveräne Überlegenheit zur Folge hatten. Zweifel, Kritik und abweichende Auffassungen im Einzelfall mussten dementsprechend subjektiv als Ausdruck mangelnder weltanschaulicher Klarheit und Radikalität, objektiv aber als Ausdruck schädlicher oder gar feindlicher Bestrebungen angesehen werden.[86]

Seine Gegenspieler in den Behörden und Ministerien überraschte Best durch sein höfliches Auftreten und seine juristische Versiertheit. Aber wenn er die alleinige Definitionsmacht der Gestapo über das, was als politisches Vergehen zu gelten habe, gegenüber den Vertretern etwa der Justizbehörden beinahe widerstandslos durchzusetzen vermochte, so lag das doch in erster Linie daran, dass deren Bindungen an die Normen und Werte des bürgerlichen Rechtsstaats selbst schon zu sehr erodiert waren, als dass sie Bests durch juristisches Vokabular kaum notdürftig verkleideten dezisionistischen Versuchen zur Legitimation der Willkür ernsthaft hätten widerstehen können.

3. Von der »Abwehr« zur »Prävention«

»Arzt am deutschen Volkskörper«

Im April 1936 fasste Best seine bei den Verhandlungen über das Gestapo-Gesetz entwickelten Vorstellungen in einem Aufsatz über »Die Geheime Staatspolizei« zusammen. Hier gab er einen politisch-juristischen Kommentar zu dem Gesetz selbst, machte darüber hinaus aber auch zum ersten Mal den Versuch, die Funktion und das Aufgabenfeld der Politischen Polizei im nationalsozialistischen Staat in einem größeren theoretischen Rahmen »weltanschaulich« zu begründen.[87]

Ausgangspunkt war dabei die Definition des generellen Aufgabenbereichs einer Politischen Polizei, der neben der kriminalpolizeilichen Ermittlungstätigkeit in politischen Strafsachen vor allem die »präventivpolizeiliche« Aufspürung, Überwachung und Unschädlichmachung der Staatsfeinde umfasse. Für diese Aufgabe müsse sie in die Lage versetzt werden, »unabhängig von jeder Bindung jedes zur Erreichung des notwendigen Zweckes geeignete Mittel anzuwenden«. Im nationalsozialistischen Führerstaat besitze die Politische Polizei daher »grundsätzlich jede zur Erfüllung ihrer Aufgaben erforderliche Befugnis, die sich allein aus der neuen Staatsauffassung ableitet, ohne daß es einer besonderen gesetzlichen Normierung bedarf«. Eine »gesetzliche Normierung« der Mittel und Methoden der Politischen Polizei sei hingegen ebenso unmöglich wie das vorzeitige Erkennen der dem Staat zukünftig drohenden Gefahren. Als Sicherung gegen Missbrauch dieser Befugnisse dienten vielmehr die fachliche, charakterliche und menschliche Auswahl des Personals und die Organisation der Mitarbeiter der Politischen Polizei zu einem »Staatsschutzkorps neuer und eigener Art«.

Im Grunde beruhten Bests Vorstellungen hier auf einem sehr einfachen Gedanken – der Parallelisierung von Wehrmacht und Politischer Polizei. So wie die Wehrmacht im Kampf gegen den äußeren Feind nicht an Gesetz und Rechtsvorschriften gebunden werden könne, sei auch die Gestapo in ihrem Kampf mit dem inneren Gegner nicht durch gesetzliche Einschränkungen zu behindern. Denn ebenso wenig wie ein Offizier in der Schlacht überprüfen könne, ob sein Plan zur Vernichtung des Feindes »rechtens« sei, könne dies ein Gestapo-Beamter im Kampf gegen den inneren Feind tun. »Wie die Operationen eines Heeres gegen den auswärtigen Feind und die Mittel zur Niederringung dieses Feindes nicht vorgeschrieben werden können, so muß die Politische Polizei zur Bekämpfung der staatsgefährlichen Bestrebungen freie Hand in der Wahl der jeweils erforderlichen Mittel haben«, schrieb er ein Jahr später über die Rolle der Politischen Polizei als »innere Wehrmacht« im »Dritten Reich«.[88] Angesichts der verbreiteten und tiefsitzenden militaristischen Traditionen in den deutschen Führungsschichten und generell in der Bevölkerung war das ein starkes Argument, demgegenüber die Frage, wie und von wem denn der »innere Feind« mit ähnlicher Genauigkeit erkannt werden könne wie der als uniformierter Soldat auftretende äußere Gegner in der Schlacht, in den Hintergrund trat. Dabei sei die »Form«, betonte Best in seinem Kommentar zum Gestapo-Gesetz, in der ein Volk »seinen Bestand und seine Zukunft nach außen wie nach innen gegen die Vernichtungsabsichten mannigfacher Feinde schützt«, also die Organisation von Wehrmacht und Politischer Polizei, durch den »nationalen Charakter des Volkes und durch den seine jeweilige geschichtliche Situation beherrschenden Staatsgedanken« bedingt. In einer liberalen Demokratie wie der Weimarer Republik habe sich die Politische Polizei an die Gesetze halten müssen, und sogar der Versuch, das Weimarer Regierungssystem zu stürzen, habe von ihr nicht mit allen Machtmitteln verhindert werden dürfen. Der Nationalsozialismus hingegen könne jeden Angriff auf den gegenwärtigen Staat mit allen Mitteln abwehren: »Der politische Totalitätsgrundsatz des Nationalsozialismus, der dem weltanschaulichen Grundsatz der organischen und unteilbaren Volkseinheit entspricht, duldet keine politische Willensbildung in seinem Bereiche, die sich nicht der Gesamtwillensbildung einfügt. Jeder Versuch, eine andere politische Auffassung durchzusetzen oder auch nur aufrecht zu erhalten, wird als Krankheitserscheinung, die die generelle Einheit des unteilbaren Volksorganismus bedroht, ohne Rücksicht auf das subjektive Wollen seiner Träger ausgemerzt.« Damit sei zum ersten Mal eine als »modern, d.h. den Bedürfnissen unserer Gegenwart entsprechend« zu bezeichnende Politische Polizei entstanden: »Eine Einrichtung, die den politischen Gesundheitszustand des deutschen Volkskörpers sorgfältig überwacht, jedes Krankheitssymptom rechtzeitig erkennt und die Zerstörungskeime – mögen sie durch Selbstzersetzung entstanden oder durch vorsätzliche Vergiftung von außen hineingetragen worden sein – feststellt und mit jedem geeigneten Mittel beseitigt. Das ist die Idee und das Ethos der Politischen Polizei im völkischen Führerstaat unserer Zeit.«[89]

Mit dieser Funktionsbestimmung der Politischen Polizei hatte Best die Aufgabenstellung der Gestapo umfassend erweitert und auch die in der fachwissenschaftlichen Literatur seit längerem geführte Debatte darüber beendet. In biologistischen und der Lebensphilosophie entlehnten Metaphern schrieb er der Politischen Polizei die Bekämpfung all dessen zu, was als politisch »abweichend« vom normalen, »gesunden« Zustand des Volkes anzusehen sei – mithin besaß die Polizei auch die Definitionsmacht darüber, was als politisch »gesund« und was als »krank« anzusehen sei.

Bests Ausführungen wurden von der juristischen wissenschaftlichen Diskussion schnell übernommen – »daß die Geheime Staatspolizei notwendig den gesamten ›politischen Gesundheitszustand des deutschen Volkskörpers‹ sorgfältig zu überwachen hat«, galt unter Bezug auf Best bereits 1938 als zutreffende zusammenfassende Definition der Aufgaben der Politischen Polizei.[90] Der Begriff des »Politischen« war dabei außerordentlich ausgedehnt worden. Als Bedrohung der Gesundheit des Volksorganismus galt nunmehr alles, was von der Politischen Polizei als bedrohlich bezeichnet wurde; entsprechend änderte sich ihre Aufgabenstellung, wie Himmler ausdrücklich festhielt. Die Polizei habe »das deutsche Volk als organisches Gesamtwesen, seine Lebenskraft und seine Einrichtungen gegen Zerstörung und Zersetzung zu sichern«, und zwar sowohl gegenüber den »weltanschaulichen und politischen Feinden« als auch gegenüber »Menschen, die aus physischer oder seelischer Degeneration sich aus den natürlichen Zusammenhängen der Volksgemeinschaft gelöst haben«.[91]

Hinter dieser offenkundigen Prioritätsverschiebung stand eine Konzeption, deren Grundkategorie das »Volk« in einem sehr spezifischen Sinne war. In einem weiteren Aufsatz im Mai 1936 nahm Best die Gelegenheit wahr, seine Auffassungen, die dieser so folgenschweren Entgrenzung der Aufgabenstellung für die Sicherheitspolizei im »Dritten Reich« zugrunde lag, näher zu erläutern.[92] Er stellte darin zwei kontroverse Weltanschauungen einander gegenüber – die »universalistische« einerseits, die »nationalsozialistische« andererseits, wobei er hinzufügte, dass er diese »vor Jahren als die heroisch-realistische zu beschreiben versucht« habe. Er knüpfte also explizit an seine Überlegungen von 1930 an, als er im Kontext des Jünger-Kreises den »heroischen Realismus« als die angemessene Haltung für den nationalistischen Kämpfer beschrieben hatte und dabei auf jenem »völkischen« Begriff von »Volk« aufbaute, wie er unter Berufung auf Fichte in der völkischen Jugendbewegung entwickelt und in den frühen 20er Jahren zur Grundlage der Theoriebildung in den rechtsradikalen Akademikerzirkeln der Zeit gemacht worden war.

Unter dem Begriff »universalistische« Weltanschauung fasste Best hier diejenigen Ordnungsideen, die nicht die »Völker« zur Grundlage ihres Denkens machten, sondern universale Ordnungs- oder Rechtssysteme, »gleich, ob die Zielsetzung allkirchlich (Rom), weltstaatlich (Moskau) oder weltbürgerlich (Loge) sein mag«; so dass »über jeden Gegensatz nach einem schon vorhandenen Gesetz von einer übergeordneten Stelle entschieden wird«. Daraus leite sich auch der universalistische Rechtsbegriff ab: »Der jeweilige Inhalt des Rechtes ist bereits in der Weltordnung vorgeschrieben und kann nicht durch menschliche Willkür verändert werden ... Die Stellung des Staates unter den Staaten wird durch die übergeordnete allgemeine Rechtsordnung geregelt. Auch das Recht der Einzelnen und der innerstaatlichen Gemeinschaften ist bereits durch eine allgemeine Rechtsordnung bestimmt.« Damit griff Best die Vorstellung von der »internationalistischen« Weltanschauung, wie sie in den frühen 20er Jahren als Gegenpol zur »völkischen« bzw. »nationalistischen« gebraucht worden war, wieder auf, die er 1930 in »Der Krieger und das Recht« vertieft und als »utopisch-rationalistische« und »moralisch-idealistische« Denkrichtungen differenziert hatte. Den verschiedenen Ausprägungen des »universalistischen« Denkens sei also in dieser Vorstellung ge-

meinsam, dass sie jeweils eine dem Wohlergehen des einzelnen »Volkes« übergeordnete, absolute politisch-moralische Norm postulierten; hierin – in der Negation
des »Volkes« als letztem Wert – liege das Gemeinsame der so unterschiedlich
anmutenden politischen Konzepte der katholischen Kirche, des Kommunismus
und der bürgerlichen Demokratie.

Im Gegensatz dazu gehe die »nationalsozialistische«, vormals »heroisch-realistische« Weltanschauung vom »Volke als lebendiger Wirklichkeit und seinem
Staate als der Machtäußerung seines Lebenswillens aus, über dem sie keine
Macht sieht und anerkennt, die berechtigt wäre, seine Machtentfaltung nach
außen und die innere Ordnung seiner Angelegenheiten bindend vorzuschreiben.
Diese Auffassung wird nicht nur für das deutsche Volk, sondern für jedes Volk
vertreten, so daß damit zugleich die Grenzen anerkannt werden, die die lebendige Machtentfaltung der Völker und Staaten einander tatsächlich setzen ... Das
Recht ist begrifflich die jeweilige Ausgestaltung der durch die ewige Dynamik
des Lebens geschaffenen Machtbereiche. Damit ist dem Volk und dem Staat die
Würde des einzigen Schöpfers und Trägers des Rechtes zuerkannt.«

Mit diesen hier noch sehr knapp formulierten Positionen verknüpfte Best alte völkisch-radikale Auffassungen mit der aktuellen politischen Entwicklung
im »Dritten Reich« und insbesondere der Aufgabenstellung der Gestapo. Da er
keine übergeordneten politisch-moralischen Werte – etwa die Würde des einzelnen Menschen – anerkannte, sondern derartige Kategorien als »Kampfin-
strumente« der Gegner des deutschen Volkes begriff, hatte sich für Best das
Handeln der staatlichen Instanzen dem Wohlergehen des Volkes – verstanden
als selbständige, quasi abstrakte Einheit, nicht als Summe der Individuen –
unterzuordnen und erhielt von daher seine Legitimation. Das Handeln der
Gestapo, beispielsweise die Misshandlung von Häftlingen, war demnach nicht
am Recht oder am Interesse des einzelnen auf Würde oder auch nur auf körperliche Unversehrtheit zu bewerten, sondern daran, ob die Misshandlung des
Häftlings als für das Wohlergehen des Volkes dienlich anzusehen war. Da aber
das »Volk« nicht nur politischen Gefahren ausgesetzt war, sondern einer Vielzahl von schädlichen Einflüssen – von der Kriminalität über Krankheiten bis
hin zu moralischer Verwahrlosung –, musste sich auch die Aufgabenstellung
für die Politische Polizei entsprechend erweitern.

Mit diesen Formulierungen hatte Best die politische Praxis der Gestapo in einen
zwar nicht sehr tragfähig anmutenden, aber in der Führungsspitze von Gestapo
und SS offenbar als überzeugend angesehenen weltanschaulichen Legitimations-
rahmen gestellt – obwohl hier im Grunde nicht mehr ausgesagt wurde, als dass
die Politische Polizei des »Dritten Reiches« eben nicht an Werte und Normen
gebunden sei, sondern unter Berufung auf den von ihr zu definierenden »Volks-
willen« willkürlich vorgehen konnte: Die Willkür der Polizei wurde mit dieser
Art von Naturrecht auf Willkür begründet. Da dies aber mit so erheblichem
sprachlichen Aufwand und in der Form einer philosophisch-juristischen Abhand-
lung geschah und auf diese Weise gedankliche Tiefe und Gelehrsamkeit suggeriert wurde, setzten sich diese von Best gebrauchten Formulierungen durch.

Im Mai 1937 beschrieb der Reichsführer SS die weltanschaulichen Grundlagen
für das Handeln der Polizei im »Dritten Reich« ganz in Bestscher Diktion: »Die

nationalsozialistische Idee, die heute das deutsche Volk und das Reich beherrscht, sieht im Volk, nicht im Einzelmenschen, die wirkliche Erscheinungsform des Menschentums. Das Volk wird begriffen nicht als zufällige Summe von Einzelnen, nicht einmal als die Gesamtheit der gegenwärtig lebenden Menschen gleichen Blutes, sondern als überpersönliche und überzeitliche Gesamtwesenheit, die begrifflich alle Generationen dieses Blutes – von den frühesten Ahnen bis zu den fernsten Enkeln – umfasst. Dieser Volkskörper wird als organische Einheit gesehen, die von einem Gestaltungs- und Entwicklungsgesetz eigener Art beherrscht ist. Der Einzelmensch hat nur Sinn und Wert als Aufbauzelle in diesem Volkskörper. Er kann nie der Zweck, sondern nur das Mittel eines politischen Planens und Handelns sein ... Die Aufgaben der Führung und der von ihr geschaffenen Einrichtungen zielen ausschließlich auf die Erhaltung und Entfaltung aller Kräfte des Volkes. Das individuelle Glück des Einzelmenschen hat gegen die Erfüllung dieser Aufgaben zurückzutreten, weil eben der wirkliche Sinn und die Erfüllung des Einzeldaseins im Volk und nicht im Ich liegt.« Und daraus folge die Aufgabenstellung für die nationalsozialistische Polizei: »Die Polizei hat das deutsche Volk als organisches Gesamtwesen, seine Lebenskraft und seine Einrichtungen gegen Zerstörungen und Zersetzung zu sichern. Die Befugnisse einer Polizei, der diese Aufgaben gestellt sind, können nicht einschränkend ausgelegt werden.«[93]

In den Veröffentlichungen Reinhard Heydrichs aus diesen Jahren lässt sich der Diskussionsprozess, der zwischen 1934 und 1936 in der Führungsspitze von SS und Gestapa stattgefunden hat, gut ablesen. Im »Schwarzen Korps« hatte er 1935 in einem Aufsatz über »Wandlungen unseres Kampfes« noch den »ewigen Kampf zwischen dem Stärkeren, Edlen, rassisch Hochwertigen und dem Niederen, dem Untermenschentum« als Grundlage der Auseinandersetzung mit dem »Gegner« bezeichnet, der »in letzter Konsequenz« auf »den Juden und den politischen Geistlichen« zu reduzieren sei.[94] Eine nähere Beschäftigung mit der weltanschaulichen Begründung und Legitimation für diesen Kampf fehlte hier noch; ein Jahr später hingegen schrieb Heydrich: »Der Nationalsozialismus geht nicht mehr vom Staate, sondern vom Volke aus ... Dementsprechend kennen wir Nationalsozialisten nur den Volksfeind«, den »Gegner der rassischen, volklichen und geistigen Substanz unseres Volkes«; konkret sei dies »der Jude, der Freimaurer und der politische Geistliche«.[95] Während Heydrich hier noch relativ klar definierbare »Gegner« ausmachte und die Aufgabe der Polizei auf die Bekämpfung dieser Gruppen beschränkte, fasste er Anfang 1937 die Aufgaben der Sicherheitspolizei weiter und in gleicher Begrifflichkeit wie Best und Himmler: »Die Gesamtaufgabe der Sicherheitspolizei ist, das deutsche Volk als Gesamtwesen, seine Lebenskraft und seine Einrichtungen gegen jede Art von Zerstörung und Zersetzung zu sichern«, nämlich zum einen – defensiv – »die Angriffe aller Kräfte abzuwehren, die in irgendeiner Weise die Gesundheit, Lebenskraft und Handlungsfähigkeit des Volkes und des vom Volk organisierten Staates schwächen und zerstören können«, zum anderen – offensiv –, »vorausschauend alles Gegnerische zu erforschen und so zu bekämpfen, dass es erst gar nicht zerstörend und zersetzend wirken kann.« Aus dieser allgemeinen Bestimmung leiteten sich die Gegnergruppen ab: »erstens Einzelmenschen, die aus physischer und seelischer Degeneration sich aus den natürlichen Zusammenhängen der Volksgemeinschaft gelöst haben und als abgesunkenes ›Untermenschentum‹ hemmungslos ihren Trieben und individuellen Interessen dienen«, und zweitens »internationale weltanschauliche und geistige Kräfte, denen unser Volk in seiner rassischen Grundlage und in seiner seelischen, geistigen und politischen Haltung zur Verwirklichung ihrer Ziele im Wege steht und daher von ihnen bekämpft wird«.[96]

Von der Führung der nationalsozialistischen Politischen Polizei wurde nun also übereinstimmend die Aufgabe der Sicherheitspolizei als umfassende, die politische, kriminelle, soziale und »rassische« Abweichung erfassende Tätigkeit verstanden, der ein »organischer« Volksbegriff als zentrale Kategorie zugrunde lag. Die politische Bedeutung dieses Begriffs für die Legitimation des staatlichen Terrors ist mit derjenigen des Begriffs der »Klasse« in der kommunistischen Ideologie insbesondere in der Sowjetunion der 30er und 40er Jahre durchaus zu vergleichen.[97] Nicht der politisch unklarere und tendenziell supranationale Begriff der »Rasse«, sondern der des »Volkes« war insofern der Komplementärbegriff zu »Klasse«, weil hier wie dort die Grundeinheit der politischen Legitimation lag. So wie die stalinistische Terrorpolitik unter Bezug auf die Interessen des »Proletariats« – einer sozialen, also »internationalistischen« Kategorie – gerechtfertigt wurde, so diejenige des Nationalsozialismus unter Bezug auf die Interessen des deutschen »Volkes«. Und so wie die Sowjetideologie Nationalsozialismus, Faschismus und Demokratie nur als verschiedene Spielarten der bürgerlichen Klassenherrschaft ansah, der die Diktatur des Proletariats diametral entgegenstand, wurden in der »völkischen« Perspektive des Nationalsozialismus westliche Demokratie, Sowjetkommunismus und der politische Katholizismus als Varianten des »universalistischen« bzw. internationalistischen Denkens erfasst, denen der Bezug auf potentiell für alle Menschen, unabhängig von ihrem »Volkstum« oder ihrer Nationalität, gleichermaßen gültige Kategorien gemeinsam war und die in diametralem Gegensatz zu einem allein auf die Wahrung der Interessen des jeweils eigenen Volkes gerichteten Ordnungsdenken standen, wie es der Nationalsozialismus in Deutschland am reinsten verkörperte. Diese Gegenüberstellung war nicht neu, sondern stammte ebenfalls aus den Nachkriegsjahren, als die Rechte versuchte, diese unterschiedlichen inneren und äußeren »Gegner« – Franzosen, Polen, rheinische Separatisten, Kommunisten, linke Intellektuelle, Juden – ideologisch auf ein dahinter stehendes ideologisches Prinzip oder Grundmuster zurückzuführen. Neu aber waren die politischen Rahmenbedingungen – und damit die Möglichkeit, dieses ideologische Prinzip in die Praxis umzusetzen.

Übernahme der Gesamtpolizei

Wann genau die Diskussionen in der Führung des Gestapa über eine Erweiterung der politischen Aufgabenfelder der Polizei über die »Bekämpfung der Staatsfeinde hinaus« begonnen haben und seit wann Himmler darauf spekuliert hat, die gesamte Polizei – und nicht nur die politische – zu übernehmen, ist nicht sicher nachweisbar. Das Innenministerium, dem die nichtpolitischen Zweige der Polizei unterstanden, verfolgte wie in seinem Bereich das Gestapa das Ziel, die föderale Struktur der Polizei zu zerschlagen und sie unter seiner Leitung zu »verreichlichen«. In diesem Zusammenhang kam es immer wieder zu Vorstößen zur »Eingliederung der Geheimen Staatspolizei in den Gesamtrahmen der Polizei und damit des Reichs- und Preußischen Innenministeriums«.[98] Angesichts der offenkundigen Stabilisierung des NS-Regimes, der Zerschlagung jeder organisierten politischen Widerstandstätigkeit und des starken Rückgangs der Häftlingszahlen in den Konzentrationslagern – im Sommer 1935 wurden für Preußen 1.770 »Schutzhäftlinge« gemeldet, im gesamten Reichsgebiet waren es Ende 1934 etwa 3.000, im Juni 1935 weniger als 4.000 – waren die Vorstöße des Innenministeriums verständlich, solange man die Konzentrationslager als Instrument zur Herrschaftssicherung des NS-Regimes gegen seine politischen Gegner betrachtete.[99]

Im Gegenzug dazu offerierten nun Himmler, Best und Heydrich ihr Konzept der Einordnung der allgemeinen Aufgaben der Polizei in ihren politisch-weltanschaulichen Gesamtauftrag, und der Reichsführer SS trug dies am 18. Oktober 1935 Hitler vor.[100] Von den traditionellen politischen Gegnern der Nationalsozialisten, den Kommunisten, deren tatsächliches Bedrohungspotential für das NS-Regime allerdings mittlerweile sehr gering geworden war, spannte Himmler den Bogen über die Abtreibungen, in denen eine eminente Bedrohung für den »Bestand des deutschen Volkes« gesehen wurde und die fürderhin verstärkt, und zwar von der Gestapo, verfolgt werden sollten, bis hin zu den »Asozialen«, in deren Bekämpfung sich die Erweiterung der politischen Aufgabenstellung der Polizei im NS-Staat am sinnfälligsten niederschlug. Hier lag die Verknüpfung der weltanschaulichen Aufgaben der Parteiformation SS mit den polizeilichen Aufgaben des Gestapa nahe. Aber weniger die Ausweitung der Kompetenzen der Politischen Polizei an sich war Ziel der Himmlerschen Bestrebungen, sondern die Politisierung der Polizei insgesamt im Sinne eines umfassenden Konzepts, das sowohl politische Gegnerschaft wie physische »Degeneration« einzelner zum Gegenstand polizeilichen »Abwehrkampfes« machte, so wie es Best mit dem Begriff von der Polizei als »Wächter über den politischen Gesundheitszustand des deutschen Volkskörpers« zusammenfassend formuliert hatte.

Es fiel Himmler nicht schwer, Hitler von diesem Konzept zu überzeugen und den Vorschlag Fricks, die Politische Polizei der Gesamtpolizei unterzuordnen, zurückzuweisen.[101] Die »Zusammenfassung der Gesamtpolizei unter dem Reichsführer SS«, die Hitler am 18. Oktober 1935 festlegte, ist also nicht oder jedenfalls nicht vorwiegend als Folge eines abstrakten Machtstrebens Himmlers oder des Kompetenzstreits zwischen Gestapa und Innenministerium zu verstehen, sondern als das Resultat einer politischen Konzeption, die in der Führung von SS und Gestapa entwickelt worden war und die von Hitler akzeptiert wurde: die Ausweitung politisch-polizeilicher Verfolgungsmaßnahmen über politische Vergehen hinaus auf Abweichungen im Sozialverhalten und damit die Einordnung der gesamten polizeilichen Tätigkeit in den Gesamtauftrag der politischen »Gesunderhaltung des deutschen Volkskörpers«.

In den nun folgenden, recht langwierigen Verhandlungen über die Neuorganisation der Polizei vermochte das Innenministerium an den getroffenen grundsätzlichen Entscheidungen nicht mehr viel zu ändern. Seine Versuche, Himmler als Chef der Deutschen Polizei dem Innenministerium zu unterstellen und ihn so in die Verwaltungshierarchie einzubinden, wurden mit dem Hinweis beantwortet,

Hitler halte die Dienstbezeichnung »Der Reichsführer SS und Chef der Deutschen Polizei« für richtig und wünsche, dass Himmler in dieser Eigenschaft den Befehlshabern der Marine und des Heeres gleichgestellt würde.[102] Die schließlich gefundene Konstruktion entsprach dann ganz den neu formulierten Aufgabenstellungen der Polizei. Als »Chef der Deutschen Polizei im Reichsministerium des Innern« unterstand Himmler dem Innenminister, so dass sichergestellt war, dass die polizeiliche Tätigkeit grundsätzlich in der Kontinuität der inneren Verwaltung blieb, mit allen Implikationen vom Dienstweg bis zum Beschwerdegang. Als »Reichsführer SS«, also als Leiter einer Parteiformation, unterstand Himmler dem »Führer« direkt und persönlich, so dass in allen Fragen von politischer Bedeutung diese Bindung derjenigen an den Reichsinnenminister überlegen war.[103]

Auf diese Verknüpfung von staatlicher Verwaltung und weltanschaulichem Elitekorps hob auch Best in seinem offiziösen Kommentar ab, den er unmittelbar nach Himmlers Ernennung am 17. Juni im »Deutschen Recht« veröffentlichte und in dem er die juristische Konstruktion, die dieser Ernennung zugrunde lag, und ihre politische Bedeutung erläuterte. Durch diesen Führererlass, betonte Best, werde »einerseits der Zusammenhang der Polizei mit der inneren Staatsverwaltung durch die gemeinsame Unterstellung unter den Reichs- und Preußischen Minister des Innern erhalten«, zum anderen die »Sonderstellung des Chefs der Deutschen Polizei als des Führers der gesamten inneren Exekutive« betont, so dass sich »nunmehr das zusammengefaßte Können der Deutschen Polizei mit dem unbeugsamen Kämpferwillen und der weltanschaulichen Folgerichtigkeit der Schutzstaffel verbindet ... Die Deutsche Polizei ist unter der Führung des Reichsführers SS zum Schnittpunkt der Bewegung und des Staates geworden.«[104]

Der Ernennung Himmlers zum Chef der Deutschen Polizei folgte wenige Tage später die von Best schon seit längerem vorbereitete Umorganisation des Polizeiapparats. Unter dem Gesamtbefehl des Reichsführers SS wurde die Polizei in zwei »Hauptämter« geteilt: die »Ordnungspolizei« unter Daluege, dem der gesamte, auch im weiteren Sinne unpolitische Teil des Apparats mit Schutzpolizei, Gendarmerie und Gemeindepolizei zugeordnet wurde; und die »Sicherheitspolizei« unter Heydrich, bestehend aus dem Amt »Verwaltung und Recht« (Best), »Kriminalpolizei« (Heydrich, Vertreter: Nebe) sowie der »Politischen Polizei« (Heydrich), im wesentlichen also dem Gestapa, das im September auch offiziell mit der Wahrnehmung der Aufgaben des »Politischen Polizeikommandeurs der Länder« beauftragt wurde, womit die »Verreichlichung« der Politischen Polizei abgeschlossen war. Die Politische Polizei teilte sich in die Abteilung II (Innere Politische Polizei unter Müller) und III (Abwehrpolizei, die seit dem 1. Januar 1936 ebenfalls von Best geleitet wurde).[105]

Von der »Gegnerbekämpfung« zur »rassischen Generalprävention«

In der Substanz ergaben sich aus dieser Umstrukturierung vor allem zwei wesentliche und längerfristig folgenreiche Veränderungen: zum einen der organisatorische und personelle Aufbau eines tendenziell einheitlichen, fachlich und »weltanschaulich« geschulten Staatsschutzkorps; zum anderen die Einfügung der

Kriminalpolizei zusammen mit dem Gestapa unter das Dach der »Sicherheitspolizei«. Vor allem das letztere war der Ausdruck des allmählichen Zerfließens
der Grenzen zwischen »politischen« und »kriminellen« Handlungen und entsprach damit der Übereinkunft Himmlers und Hitlers vom Oktober 1935 über
das erweiterte Aufgabenverständnis der Polizei.

In dem Buch »Die Deutsche Polizei« von 1940, das seine bis dahin veröffentlichten Einzelschriften zur Polizeifrage zusammenfasste, hat Best die Bekämpfung der »nicht aus ›politischen Gründen‹ begangenen Verbrechen« als Aufga-
benbereich der Kriminalpolizei definiert und in zwei Kategorien differenziert:
»Zum einen die aus Gewinnsucht oder anderen subjektiven Gründen erfolgten
Verbrechen, die sich aber durch Abschreckung und Vorbeugung potentiell verhindern lassen, weil der potentielle Täter sich durch Strafandrohung o.ä. von der
Tat abschrecken läßt.« Daneben gebe es zweitens aber weiterhin auch solche
Menschen, »die sich weder durch die Bestrafung Anderer noch durch ihre eigene
Bestrafung von der Begehung künftiger Verbrechen abschrecken lassen. Dies
sind einerseits die Überzeugungsverbrecher, die um eines außerhalb ihrer Person
liegenden Zweckes willen bereit sind, die angedrohte Strafe auf sich zu nehmen,
und andererseits die Menschen, die aus entarteten Trieben oder aus verbrecherischen Erbanlagen handeln und deren Wille sich deshalb nicht von der Furcht vor
der Strafe bestimmen läßt.« Im Einzelnen handele es sich dabei um »Berufsverbrecher«, die mehrfach wegen Vergehen verurteilt worden seien; zum anderen
um »Gewohnheitsverbrecher«, die aus »verbrecherischem Trieb oder verbrecherischer Neigung« Straftaten begangen hätten, sowie um Personen, die »durch ihr
asoziales Verhalten die Allgemeinheit gefährden«. Für die in diesem Fall notwendige Einweisung in »polizeiliche Vorbeugehaft«, also in ein Konzentrationslager, sei allerdings ein expliziter gesetzlicher Rahmen weder gegeben noch vonnöten; die Legitimation dazu liege vielmehr allein in der »völkischen Rechtsauffassung« und dem darin enthaltenen »Auftrag an die Polizei, alle zur Verbre-
chensvorbeugung erforderlichen Maßnahmen zu treffen«.[106]

In diesem Zusammenhang von besonderer Bedeutung sind die hier von Best
angesprochenen Personen, die »aus verbrecherischem Trieb oder verbrecherischer Neigung« straffällig geworden seien, die also nicht aus Gewinnstreben
oder anderen subjektiven Motiven Straftaten beginngen, sondern aus einer ange-
borenen, »ererbten« Neigung zum Verbrechen. Die hier zum Ausdruck kommenden Ansichten wurzelten in der seit Ende des 19. Jahrhunderts, verstärkt
dann in der Zeit seit Beginn des Ersten Weltkrieges gefestigten Überzeugung von
»Rassehygienikern« und »Kriminalbiologen«, dass ein erheblicher Teil der gesellschaftlichen Abweichungen auf individuelle, ererbte Anlagen des je einzelnen
»Verbrechers« zurückzuführen sei. So hatte, um nur ein, allerdings prominentes,
Beispiel anzuführen, der Münchner Arzt Wilhelm Schallmayer in einer preisge-
krönten Studie aus dem Jahre 1900 zu zeigen versucht, wie sehr durch die Errungenschaften der modernen Zivilisation die natürliche Selektion der Minderwertigen ausgeschaltet und die »Kontraselektion« – die Ausschaltung der besonders
Begabten – ausgebreitet worden sei.[107] So wie die Durchsetzung des modernen
Sozialwesens dazu führe, dass gerade diejenigen Teile der Bevölkerung vom Staat
unterstützt würden, die besonders schlechte Erbanlagen besäßen und dadurch

sogar in die Lage versetzt würden, in überdurchschnittlicher Zahl Nachkommen in die Welt zu setzen, und so wie in der Medizin durch die erfolgreiche Bekämpfung der großen Volkskrankheiten die Mechanismen der »natürlichen Selektion« weithin außer Kraft gesetzt worden seien – so sei im Rechtswesen der alte Brauch, Kriminelle einfach umzubringen und mithin auch zu verhindern, dass die ihrem Tun zumeist zugrunde liegenden schädlichen Erbanlagen durch Fortpflanzung weitervererbt würden, durch eine Rechtsprechung abgelöst worden, die der Schwere der Tat, nicht der Veranlagung des Täters gerecht zu werden trachtete. Dadurch werde aber die Aufgabe des Rechtswesens verfehlt, »nämlich als selektiver Faktor in bezug auf soziale Eignung zu wirken« – ein Gedanke, der auch die Grundlage des sich entfaltenden Zweigs der »Kriminalbiologie« darstellte.[108]

»Gesellschaftsbiologisches« Denken insgesamt, »Rassenhygiene« und »Eugenik« im besonderen, hatten in Deutschland seit den frühen 20er Jahren zunehmend an Bedeutung gewonnen und insbesondere Eingang in das Weltbild der jungen rechtsradikalen Intelligenz gefunden, wie etwa die überaus häufigen Vorträge führender »Rassenhygieniker« bei Schulungstagen des »Deutschen Hochschulrings« belegten oder auch die Inkorporation gesellschaftsbiologischer Grundsätze in das Denken führender jungkonservativer Autoren, insbesondere Edgar Jungs.[109] »Rassenhygiene« war an fast allen Universitäten im Lehrplan vertreten, mit der Tendenz zur Etablierung als medizinische Spezialdisziplin. Gleichzeitig konkretisierten sich die Forderungen der Rassenhygieniker und wurden zunehmend radikaler. Die Konsequenz einer »wissenschaftlich« festgeschriebenen Zweiteilung der Gesellschaft in »Hochwertige« und »Minderwertige« lag in der Forderung nach Ausgrenzung, schließlich nach »Ausmerzung« der als »minderwertig« Bezeichneten.[110]

Am Ende der Weimarer Republik war gesellschaftsbiologisches Denken in den einschlägigen Wissenschaftszweigen weit verbreitet. Ebenso sehr aber stieß es auf entschiedene Ablehnung, insbesondere dort, wo es um die seit Ende des Krieges diskutierte Forderung nach »Vernichtung lebensunwerten Lebens« ging; während – etwa von Seiten führender Juristen – die Forderung nach »Sterbehilfe« für »unheilbar Kranke« positiver aufgenommen wurde.[111] Waren jedoch die Diskussionen um praktische Maßnahmen gegenüber »Minderwertigen« in den 20er Jahren im wesentlichen auf Wissenschaftler und Praktiker der Sozialfürsorge beschränkt gewesen, so war die biologische Erklärung gesellschaftlicher Vorgänge und insbesondere die Zurückführung ungewöhnlichen, normbrechenden »anormalen« Verhaltens auf dahinter stehende biologische, ererbte und vererbte Faktoren durchaus weitverbreitet und politisch schon früh mit der neuen Rechten der Nachkriegszeit verbunden. Dabei trafen vor allem solche Argumente auf Zustimmung, die auf die finanzielle Belastung der Gesellschaft durch die »Aufbewahrung« und Pflege der Geisteskranken und Körperbehinderten, auf die Kosten des Strafvollzugs oder der Sozialhilfemaßnahmen für »Asoziale« verwiesen, zumal wenn diese Kosten durch die postulierte Vererbbarkeit der Behinderung, des Hangs zur Kriminalität oder des »asozialen« Verhaltens auf die Kinder übertragen und somit immer weiter ansteigen würden.

Das rassistische Paradigma selbst, das gesellschaftsbiologisches Denken zur Grundlage sozialen Handelns erhob, war also nichts spezifisch Nationalsozialistisches. Es bestand vielmehr als weitgehend ausgebildetes Theorem bereits vor 1933 und fand innerhalb der beteiligten Professionen sowie im völkisch-nationalen Lager auch breite Unterstützung. Aber es traf im gleichen Ausmaß auch auf erhebliche Kritik und Ablehnung – sowohl was seine wissenschaftliche Seriosität als auch seine ethischen Implikationen betraf. Dadurch waren Versuche der Umsetzung von der Theorie in praktisches Handeln vor 1933 weitgehend abgeblockt worden.[112]

Durch die Machtübernahme der Nationalsozialisten wurde diese Balance beseitigt. Die Befürworter gesellschaftsbiologischen Denkens rückten in entscheidungsberechtigte Stellen ein, während ihre Kritiker mundtot gemacht wurden oder von sich aus verstummten. Gleichzeitig begann die Umsetzung des bis dahin nur Gedachten in die Praxis – und ein Prozess der steten Radikalisierung. Er basierte auf der Vorstellung, dass, um die der »Natur« zuwiderlaufende Entwicklung der vergangenen Jahrzehnte oder gar Jahrhunderte anzuhalten und umzukehren und so die gesellschaftsbiologisch »saubere«, tendenziell konfliktfreie Volksgemeinschaft zu schaffen, der »natürlichen Ausmerze« durch entsprechende politische Maßnahmen »wieder« zu ihrem Recht verholfen werden müsse.

Dass diese konsequent radikalisierte Praktizierung einer Weltanschauung, die den irritierenden Erscheinungsformen der modernen Industriegesellschaft im Allgemeinen und den sozialen Abweichungen vom postulierten »Normalzustand« im Besonderen dadurch zu begegnen versuchte, dass sie jene auf vermeintlich naturwissenschaftlich feststellbare, »biologische« Ursachen zurückführte, vor allem bei der jungen, akademisch ausgebildeten Elite von Natur- und Gesellschaftswissenschaftlern so erhebliche Unterstützung fand, hatte vor allem vier Gründe:

– Sie schien im Einklang mit dem »Fortschritt« und der »modernen Entwicklung« in Naturwissenschaft und Technik zu stehen und selbst mit außerordentlich »modernen« Methoden der »Rassenhygiene«, »Eugenik« und »Kriminalbiologie« zu arbeiten.

– Sie war kombiniert mit der Propagierung umfassender, fortschrittlicher Methoden der Sozialpolitik zur Unterstützung der biologisch »Wertvollen«. Von daher ist zu betonen, dass die nationalsozialistische Sozialpolitik gegenüber den nicht ausgegrenzten »Volksgenossen« – von der Familienpolitik bis zum Wohnungsbau – als integraler Bestandteil einer »ganzheitlichen«, »organischen« Gesamtkonzeption zu verstehen ist, die das »Gute schützt« und das »Schlechte ausmerzt«.

– Dieses Konzept unterschied sich durch seine »Wissenschaftlichkeit« deutlich von allen vulgären »Vorurteilen« und vermied »die Leidenschaften der Straße«, knüpfte aber zugleich an das »gesunde Volksempfinden« an, das als ungelenker Ausdruck der von den Massen nur erfühlbaren, nicht erkennbaren »Lebensgesetze« verstanden wurde. Von dem einzelnen aber, der aufgrund seiner Bildung und weltanschaulichen Schulung diese Lebensgesetze zu erkennen imstande und an der »Ausmerze des Schädlichen« aktiv beteiligt war, wurde weder eine persönliche noch eine emotionale Anteilnahme verlangt. Er konnte sein Handeln vielmehr als Ausdruck eines »objektiv« notwendigen, mit der »Natur« übereinstimmenden Konzepts zur »biologischen Bereinigung des Volkskörpers« verstehen oder doch legitimieren.

- Der Eindruck, an einem Projekt aktiv beteiligt zu sein, das die politisch-biologische »Gesundung« des deutschen Volkes – und perspektivisch des ganzen Kontinents – in Angriff nahm und dabei alle bis dahin gekannten Dimensionen sprengte, verlieh den einzelnen zudem das Empfinden von historischer Größe und der Einmaligkeit des Vorhabens sowie ein Gefühl der Dankbarkeit, dabei mittun zu dürfen.[113]

Der erste Schritt zur praktischen Umsetzung des »rassenhygienischen« Programms zur »Gesundung des deutschen Volkskörpers« war das »Gesetz zur Verhütung erbkranken Nachwuchses« betitelte Sterilisationsgesetz, das schon am 14. Juli 1933 verabschiedet wurde und am 1. Januar 1934 in Kraft trat. Es bestimmte, dass Erbkranke, die unter »angeborenem Schwachsinn« litten, zu sterilisieren seien. Am gleichen Tag wie das Sterilisationsgesetz trat aber auch das »Gesetz gegen gefährliche Gewohnheitsverbrecher und über maßregelnde Sicherung und Besserung« in Kraft.[114] Die ursprünglich gehegten Pläne, »Gewohnheitsverbrecher« ebenfalls unter das »Gesetz zur Verhütung erbkranken Nachwuchses« fallen zu lassen und damit zur Sterilisierung freizugeben, waren allerdings zurückgestellt worden, da eine sichere Definition, wer als aus erblicher Veranlagung Krimineller anzusehen sei, von den Fachleuten der Rassenhygiene und der Kriminalbiologie noch nicht endgültig zu erbringen sei. Allerdings könne, so wurde im offiziellen Gesetzeskommentar von Gütt, Rüdin und Ruttke ausdrücklich betont, im Prinzip »gar kein Zweifel daran bestehen, dass auch die Anlagen zum Verbrecher erblich bedingt sind«.[115] In diesem Gesetz wurde die Anordnung unbefristeter Sicherungsverwahrung für solche Personen vorgeschrieben, die schon zweimal wegen schwerer Straftaten verurteilt worden waren – für diese Einweisung blieben aber die Gerichte zuständig, mithin stand hier auch der Rechtsweg zur Verfügung. Gleichwohl war die Zahl der zur Sicherungsverwahrung verurteilten Personen enorm hoch; allein vom 1. Januar bis zum 30. September 1934 waren es 3.112.[116] Da aber die gerichtlichen Verfahren von den polizeilichen Verfolgungsbehörden als zu langwierig angesehen wurden, hatte Göring schon im November 1933 die »vorbeugende Polizeihaft gegen Berufsverbrecher« angeordnet, wodurch sowohl Mehrfachtäter als auch solche Personen vorbeugend in Konzentrationslager eingewiesen werden konnten, bei denen der »Wille« zum Verbrechen offenkundig sei. Im April 1934 waren aufgrund dieser Bestimmung etwa 300 Personen zur »Vorbeugungshaft« im Konzentrationslager Lichtenburg eingesperrt, im November 1935 476, vorwiegend im KL Esterwegen.[117]

Mit der Übernahme der gesamten Polizei durch den Reichsführer SS und mit der in der Zusammenfassung von Kriminalpolizei und Gestapo zur »Sicherheitspolizei« zum Ausdruck kommenden generalpräventiven und »gesellschaftsbiologischen« Konzeption der Polizei wurden die bis dahin nur zögerlich und uneinheitlich, zudem ohne klare politisch-weltanschauliche Begründung ergriffenen Maßnahmen gegen nichtpolitische »Volksfeinde« radikalisiert und systematisiert. Die Polizei des »Dritten Reiches«, hob Reinhard Höhn, Leiter der Abteilung »Deutsche Lebensgebiete« im SD-Hauptamt, bei der konstituierenden Sitzung des Ausschusses für Polizeirecht der Akademie für Deutsches Recht im Oktober 1936 hervor, müsse »den Feind nicht nur im unmittelbar drohenden gefährlichen Einzelfalle fassen, sondern ihn nach einem großen Gesamtplan systematisch auch dort vernichten wollen, wo er nicht gerade mit einer einzelnen Tat gefährlich wird«. Dabei müsse »die lebendige Substanz der Volksgemeinschaft« von der »fortschreitenden Zersetzung ... durch übertriebene Fürsorge für das Schwächliche, Kranke und Entartete und durch ungehindertes Einströmen artfremden Blutes« bewahrt werden. Gegenüber den Kriminellen könne man sich daher nicht auf die Abwehr von Gefahren im Einzelfall beschränken, »sondern es wird planmäßig von der Volksgemeinschaft eine asoziale Erscheinung als solche, das Berufsverbrechertum ausgemerzt«.[118] Best erläuterte der Öffentlichkeit das Vorgehen der Polizei gegen die nichtpolitischen »Gegner« in einem Zeitungsartikel (»Wie schützt sich das Dritte Reich vor Verbrechern und asozialen Elementen?«), in dem er als Aufgabe der Kriminalpolizei definierte, »die kriminellen Staatsfeinde vorbeugend zu bekämpfen und dabei auch gleichzeitig jene asozialen Elemente zu erfassen, die auf Kosten der Gemeinschaft leben zu können glauben«. Dabei sei »nicht das äußere Verhalten allein, sondern vor allem der kriminelle Charakter des Menschen maßgebend. Ob und inwieweit die Kriminalität eines Verbrechers als anlagebedingt anzusehen ist, wird durch eingehende kriminalbiologische Untersuchungen festgestellt.«[119]

Der Kreis der Betroffenen war hier also sowohl über die kriminellen Straftäter als auch die zur Kriminalität »Veranlagten« hinaus erweitert und die Kategorie der »Asozialen« als in diesem Zusammenhang zentraler Begriff eingeführt worden.[120] An der wissenschaftlichen Bestimmung dessen, was »Asozialität« definitorisch bedeute, arbeiteten seit 1934, verstärkt seit 1936/37, zahlreiche Institute und Wissenschaftszweige, insbesondere Kriminalbiologen und »Zigeunerforscher«, denn die Zigeuner standen im Mittelpunkt der Bestrebungen, abweichendes Sozialverhalten, Vererbung und ethnische Zugehörigkeit als miteinander kausal verknüpft zu beweisen.[121] Die schier endlose Zahl der Bezeichnungen für Einzelgruppen, die zu den »Asozialen« zu zählen seien – »Bettler«, »Landstreicher«, »Arbeitsscheue«, »Zuhälter«, aber auch »Versager«, »Schmarotzer«, »Störenfriede« etc. – macht deutlich, dass es sich hierbei um einen Sammelbegriff handelte, der alle irgendwie sozial auffälligen, als unangenehm oder »unnatürlich« empfundenen, aber juristisch nicht sicher klassifizierbaren Verhaltensweisen umfasste und als Ausdruck einer jedenfalls in der Mehrzahl der Fälle ererbten, also nicht besserungsfähigen Anlage im einzelnen definierte.[122]

Die Umsetzung dieser Konzeption in die Praxis der Verfolgungsbehörden des Reiches begann, durch die Maßnahmen zur Reorganisation der Kriminalpolizei analog zum Aufbau der Politischen Polizei etwas verzögert, zu Beginn des Jahres 1937; in Bayern allerdings war die Verhängung von Schutzhaft gegen »Asoziale« schon seit dem August 1936 ermöglicht worden. Ende Januar 1937 wurden die Kriminalpolizeistellen angewiesen, Listen mit all jenen Personen aufzustellen, »die nach Auffassung der Kriminalpolizei als Berufs- und Gewohnheitsverbrecher sowie als gewohnheitsmäßige Sittlichkeitsverbrecher« anzusehen seien. Am 9. März wurden dann auf Anordnung Himmlers 2.000 Menschen aus diesem Personenkreis in die Konzentrationslager verbracht.[123] Am 14. Dezember dieses Jahres schließlich wurde in dem »Grundlegenden Erlaß über die Vorbeugende Verbrechensbekämpfung durch die Polizei« das neue Vorgehen erläutert und vereinheitlicht.[124] Hier wurden nun erstmals kriminalbiologische Erkenntnisse als Grundlage der vorbeugenden Verbrechensbekämpfung herausgehoben. In einem Kommentar zu dem Erlass wurde denn auch betont, dass die Schärfe der polizeilichen Maßnahmen vom Ergebnis einer erbbiologischen Untersuchung abhänge, da ein Mensch, dessen Ahnen schon Verbrecher und Asoziale gewesen seien, von den polizeilichen Maßnahmen schärfer betroffen werden müsse als jemand aus unbescholtener Familie; denn ein Verbrecher sei als Spross und Ahn einer Sippe und seine Tat als die eines Sippengliedes zu betrachten.[125] Der Erlass unterschied dementsprechend zwischen »Berufsverbrechern«, die das Verbrechen zu ihrem Gewerbe gemacht hätten und davon lebten, und »Gewohnheitsverbrechern«, die aus »verbrecherischen Trieben oder Neigungen handelten«. Als wesentliche Erweiterung waren hier zudem die »Asozialen« genannt; darunter wurde jeder verstanden, der, »ohne Berufs- oder Gewohnheitsverbrecher zu sein, durch sein asoziales Verhalten die Allgemeinheit« gefährde.

Im Laufe des Jahres 1938 wurde dann das Vorgehen der Sicherheitspolizei gegen die »Asozialen« auf rabiate Weise verschärft – am 21. April führte die Gestapo eine Aktion gegen »Arbeitsscheue« durch; in der Woche vom 13. bis 18. Juli 1938 die Kriminalpolizei eine »Aktion« gegen »Asoziale«, worunter Landstreicher, Bettler, Zigeuner, Zuhälter und solche Personen verstanden wurden, »die zahlreiche Vorstrafen wegen Widerstandes, Körperverletzung, Raufhandels, Hausfriedensbruch u. dgl. erhalten und dadurch gezeigt haben, daß sie sich in die Ordnung der Volksgemeinschaft nicht einfügen wollten«.[126]

Spätestens mit diesen »Aktionen« hatte sich der Schwerpunkt der sicherheitspolizeilichen Tätigkeit im »Dritten Reich« von der Bekämpfung der politischen Gegner auf die Bekämpfung der sozial und gesellschaftsbiologisch Unerwünschten verlagert. Waren im März 1938 von den 2.728 Häftlingen des Konzentrationslagers Buchenwald noch 1.689 von der Gestapo eingewiesene »Schutzhäftlinge« und 1.014 von der Kriminalpolizei eingewiesene »Vorbeugungshäftlinge«, so war die Häftlingszahl im Oktober 1938 auf 10.188 gestiegen, von denen 1.007 »Berufs-« und »Gewohnheitsverbrecher« und 4.341 »Arbeitsscheue« waren, während die Zahl der »Schutzhäftlinge« bei 3.982 lag, von denen aber wiederum nur ein Teil »politische« Häftlinge waren.[127] Die politischen Häftlinge waren also bereits vor dem November 1938 bei weitem die Minderheit der Konzentrationslager-Häftlinge und machten nur noch etwa ein Drittel aus.

In den drei Jahren zwischen Herbst 1935, als Himmler und Hitler die Erweiterung des polizeilichen Aufgabenbereiches unter Führung der SS vereinbarten, und Oktober 1938 vollzog sich ein durchgreifender Wandel der polizeilichen Tätigkeit, die nach der Ausschaltung der innenpolitischen Gegner der Nationalsozialisten die »Säuberung« des deutschen »Volkskörpers« von »schädlichen« und »degenerativen Elementen« zum Gegenstand hatte. Damit kam der Polizei des »Dritten Reiches« eine ganz neue und historisch einzigartige Aufgabe und Bedeutung zu. Denn die Bekämpfung der innenpolitischen Gegner des Hitler-Staates hatte zwar in Bezug auf Ausmaß und Brutalität alle Befürchtungen noch überstiegen, war aber mit ähnlichen Entwicklungen in anderen Diktaturen zumindest vergleichbar. Die Ausweitung der polizeilichen Tätigkeit auf ein umfassendes gesellschaftsbiologisches Programm hingegen stellte quantitativ wie qualitativ eine neue Dimension dar, die ohne historische Vorbilder war und auf die Vision einer Gesellschaft abzielte, die keine Konflikte mehr kannte, weil die Träger der erblichen Veranlagung zu abweichendem und gesellschaftlich als »schädlich« empfundenem Verhalten ausgesondert, von der Fortpflanzung ausgeschlossen, schließlich »ausgemerzt« wurden.

Maßnahmestaat und Normenstaat

Nachdem mit der Einsetzung des Reichsführers-SS als Chef der Deutschen Polizei und der daraufhin erfolgenden Umorganisation des Polizeiapparats die polizeiliche Tätigkeit de facto unbegrenzt und von hemmenden Kontrollinstanzen befreit war, war die Führung der Sicherheitspolizei bestrebt, die politische Generalermächtigung für die Polizei auch juristisch umfassend abzusichern, um sich vor erneuten Kompetenzansprüchen der Ministerialbehörden zu schützen. Diesem Ziel diente die Konstituierung eines »Ausschusses für Polizeirecht der Akademie für Deutsches Recht« im Oktober 1936, zu dessem Vorsitzenden Best und als sein Stellvertreter Reinhard Höhn bestimmt wurden. Als Aufgabe dieses mit einigem Pomp ins Leben gerufenen Ausschusses definierte Best die »grundsätzliche Klärung des Begriffs der Polizei, der Aufgaben der Polizei und der Stellung der Polizei auf Grund der nationalsozialistischen Staats- und Rechtsauffassung«, um dadurch zu einer »im Sinne des neuen Staatsaufbaus dauernd gültigen Regelung« zu gelangen[128], einer »Deutschen Polizeiordnung«, wie es später hieß. Dazu bat Best die Mitglieder des Ausschusses – außer Höhn und Best waren das der Danziger Polizeipräsident Froböß, der Leiter der Kriminalpolizei Nebe, der Abteilungsleiter für Recht und Verwaltung im SD Mehlhorn, sowie Heinrich Müller, Leiter der Politischen Polizei – zunächst je ein »Gutachten« zu der Frage »Welcher Begriff der Polizei erwächst aus der nationalsozialistischen Auffassung von Volk und Staat?« zu erstellen. Aber bereits die dazu eingegangenen Stellungnahmen zeigten, dass hier die Quadratur des Kreises versucht wurde.[129] Nicht nur, dass die Begriffe »Volk«, »Staat«, »Polizei« oder auch »Zwang« unterschiedlich aufgefasst wurden und man sich nicht einmal einig war, ob »Polizei« eine Behörde, eine Organisation oder gar eine »Tätigkeit« sei; die Diskussion über die einzelnen Bestimmungsversuche ergab auch immer wieder, dass mit begrifflichen Festlegungen eben auch sachliche Begrenzungen einhergehen – gerade das aber wollte man vermeiden.

Als Ergebnis der ersten Runde der Beratungen schlug Best dann die folgende, einigermaßen kuriose Definition für den Begriff der »Polizei« vor: »›Polizei‹ ist alle staatliche Tätigkeit, die um der Erhaltung und Entfaltung des Volkes (begriffen als überpersönliche und überzeitliche Gesamtwesenheit) willen nach selbständig festgelegter Notwendigkeit mit der Gewalt zur Anwendung von Zwang gegen Einzelmenschen und Mehrheiten solcher dem Schutze der Führungs- und Gemeinschaftsordnung des Volkes gegen Störung und Zerstörung durch Einzelne und Mehrheiten solcher dient.[130] Das aber klang nicht nur reichlich handgestrickt, sondern war auch ganz unverständlich, und auch der darauf folgende neue Versuch war nicht viel besser: »Die Polizei ist das Schutzkorps des Reiches, das berufen ist, den Bestand der deutschen Volksordnung gegen Störung und Zerstörung im Innern durch den unmittelbaren Vollzug aller erforderlichen Maßnahmen zu erreichen.«[131] – Als Ergebnis einer halbjährigen Debatte war dieser Satz etwas mager und noch dazu von aufreizender Inhaltslosigkeit; jede weitere Festlegung aber fand keine Zustimmung.[132]

Die Arbeit des Ausschusses diene »praktischen rechtspolitischen Zwecken«, schrieb Best daraufhin den Ausschussmitgliedern. »In erster Linie soll erreicht werden, daß die rechtliche Grundlage der in dem Polizeibegriff beschriebenen Tätigkeiten nicht mehr – gemäß dem in der liberalen Epoche auch auf die Polizei angewandten Prinzip der Rechtmäßigkeit der Verwaltung – in gesetzlichen Ermächtigungen gefunden wird ... Es soll erreicht werden, daß weder als rechtliche Grundlage für die polizeiliche Tätigkeit gesetzliche Bestimmungen verlangt werden noch daß versucht wird, in irgendwelchen Gesetzen nebenbei Einzelbefugnisse der Polizei festzusetzen.« Die Tätigkeit der Polizei solle vielmehr so beschrieben werden, dass sie »als notwendige, unmittelbare, normenfreie Anwendung der allgemeinen Staatsgewalt erkannt und anerkannt wird«. Zugleich aber solle sie deutlich getrennt werden von allen Tätigkeiten der Verwaltung, »für die aus Zweckmäßigkeitsgründen – um der Rechtssicherheit willen wie auch zur Entlastung der Verwaltung selbst – an dem Prinzip der Gesetzmäßigkeit der Verwaltung festgehalten werden wird«.[133]

Diese Trennung zwischen normativ zu regelnden und außernormativen Bereichen der Staatsgewalt führte Best in einem Aufsatz über die Tätigkeit des Ausschusses näher aus: »Diese Selbstbeschränkung des Staates durch Normierung seiner künftigen Maßnahmen ist ... im allgemeinen angebracht gegenüber allen positiven aufbauenden Kräften des Volkes.« Gegenüber den »zerstörenden Kräften« aber könne eine »Selbstbeschränkung durch Normierung der notwendigen Abwehrmaßnahmen nicht in Frage kommen«.[134] Diese Trennung habe aber noch einen anderen Grund – die übrigen Behörden seien vor den Gefahren zu schützen, die sich aus der besonderen Aufgabenstellung der Polizei ergeben: »Alle staatlichen Einrichtungen – mit Ausnahme der Wehrmacht und der politischen Polizei – müssen unbedingt in festen und gleichbleibenden rechtlichen Formen arbeiten, wenn nicht das Staatsgefüge erschüttert und aufgelöst werden soll. Allein die Wehrmacht im Kampf gegen den äußeren Feind und die Geheime Staatspolizei im Kampf gegen den inneren Feind müssen von solchen Bindungen frei bleiben, um ihre Aufgabe erfüllen zu können.«[135] Das an gesetzliche Vorschriften gebundene Handeln des Staates bezog sich also auf den Umgang mit den »positiven« Kräften und blieb der Verwaltung vorbehalten – die von den Ministerien so heftig bekämpfte Autonomisierung des Gestapa erschien hier geradezu als Maßnahme zum Schutz einer nach den gesetzlichen Vorschriften arbeitenden allgemeinen Verwaltung. Der außernormative Bereich beschränkte sich auf die Verhältnisse Wehrmacht – äußerer Feind und Polizei – innerer Feind.

Einer solchen normenfreien Sphäre aber stand das angekündigte »Reichspolizeiverwaltungsgesetz« als Arbeitsziel des Ausschusses entgegen. Da alles Recht »von dem aus dem Volke organisch erwachsenen Führungs- und Gestaltungswillen, durch den das Volk sich selbst formt und führt« gesetzt wurde, sei die »Form«, in der Recht gesetzt werde, unwichtig geworden, schrieb Best ein Jahr später über die Arbeit des Ausschusses. »Da das Gesetz ebenso wie die Rechtsverordnung, die Verwaltungsverordnung, eine Dienstanweisung oder eine Einzelanordnung letztenendes Führerbefehl ist, kann dem Gesetz kein Vorzug mehr zuerkannt werden.« Zudem müsse sich auch das Polizeirecht analog zu den »wirklichen Lebensvorgängen« verändern, so dass eine Neuordnung auch hier »keinen förmlichen und – wenn auch nur zeitlich – unveränderlichen Abschluß« bedeuten könne, sondern »für die Aufnahme aller neuen Normen offen bleiben« müsse. Nicht eine neue kodifizierte Ordnung schuf der Nationalsozialismus, erkannte Best, sondern Dynamik, stete Veränderung machte sein Wesen aus. Nicht einmal die Zielsetzung der Staatspolizei war fixierbar, da positive Normen fehlten, auf die sich eine solche hätte beziehen können. Vielmehr, so Best, bestehe sogar die Gefahr, dass ein kodifiziertes Polizeirecht von der Justiz »mit einem Seufzer der Erlösung als die neue gesetzliche Grundlage einer im alten Geiste festgesetzten Rechtsprechung entgegen genommen würde, die wieder bis zu ihrer gesetzlichen Änderung unverrückt Anwendung finden muß, auch wenn sie einmal den Erfordernissen der Wirklichkeit nicht mehr entspricht«.[136]

Daraufhin wurde auf die Erarbeitung eines fixierten Polizeirechts ganz verzichtet und die Arbeit des Ausschusses eingestellt: Während die Verwaltung insgesamt, soweit sie sich auf die »positiven« Teile des Volkes beziehe, strikt nach Normen und vorhersehbaren Regeln zu handeln habe, ergäben sich die Aufgaben der Polizei aus dem Willen der Führung des Volkes und aus den Notwendigkeiten der Bekämpfung der Feinde des Volkes. Ein fixiertes Polizeirecht aber stand einer solchen Argumentation im Wege.

Hier waren in aller Deutlichkeit die Prinzipien der Trennung zwischen »Normen- und Maßnahmestaat« ausgesprochen, und die hier zitierten Aufsätze Bests standen auch in enger Verbindung zu Ernst Fraenkels Theorie über den »Doppelstaat«. Fraenkel hatte während seiner Tätigkeit als Rechtsanwalt in Berlin zwischen 1933 und 1937 die Machterweiterung des Gestapa unmittelbar verfolgt und dabei Bests theoretische Schriften zur Polizeifrage als den, wie er schrieb, »tiefsten Einblick in die Struktur des Dritten Reiches, der in der nationalsozialistischen Literatur zu finden ist«, kennengelernt.[137] In seinem Vorwort zum »Doppelstaat« von 1974 berichtete Fraenkel von einem Gespräch des mit ihm befreundeten Justitiars des Lutherischen Rats Martin Gauger mit Werner Best etwa Mitte 1936: »Als es Gauger nach vielen Mühen gelungen war, bis zu Best vorzudringen, um die Freigabe von beschlagnahmten Geldern der Bekennenden Kirche zu erreichen, nahm er die Gelegenheit wahr, gleichsam im Plauderton Best die Theorie des Doppelstaates klarzumachen. Wir haben es als eine makabre Bestätigung unserer Bemühungen angesehen, daß in einem Beitrag der Akademie für Deutsches Recht Best weitgehend Gedankengänge entwickelte, die Gauger ihm dargelegt hatte.«[138]

Nun hatte Best Überlegungen zur Trennung von normativ zu regelnden und außernormativen Bereichen in der Staatsführung bereits seit längerem und vor seinen Gesprächen mit Gauger entwickelt und auch veröffentlicht, etwa im Kommentar zum Gestapo-Gesetz. Aber die Tatsache, dass ein oppositioneller evangelischer Kirchenmann und ein linker jüdischer Rechtsanwalt, was die Analyse des NS-Staates und die Rolle der Polizei darin anbetraf, im Ergebnis zum gleichen Resultat kamen wie er selbst, musste für Best geradezu einen Beweis für die Richtigkeit seiner theoretischen Ansätze darstellen – nicht obwohl, sondern weil Gauger und Fraenkel in der rechtlichen und politisch-moralischen Bewertung der Tätigkeit der nationalsozialistischen Polizei zum exakt entgegengesetzten Schluss kamen. Denn die eigentümliche Verschränkung von willkürlicher, normativ nicht geregelter Polizeiherrschaft einerseits und der Kontinuität bürgerlicher Rechtssicherheit in weiten Teilen der Rechtsordnung andererseits als eines der Kennzeichen der nationalsozialistischen Diktatur stellte in Bests Augen gerade den Mittelpunkt revolutionären Fortschritts im »völkischen Staat« dar, was durch die Zuspitzung der Kritik am NS-Staat auf eben diesen Punkt durch die Opposition ex negativo nur bestätigt wurde.

Die ursprüngliche Aufgabe, die mit der Einsetzung des Polizeirechtsausschusses verbunden war, nämlich die gesetzliche Absicherung der errungenen Machtbefugnisse des Polizeiapparats gegenüber der Ministerialverwaltung, war mittlerweile im Verlauf seiner Arbeit obsolet geworden. Die Machtverhältnisse hatten sich weiter zugunsten des Polizeiapparats verschoben, und die Ministerialbehörden schienen nunmehr, sei es aus Überzeugung, sei es aus Resignation, der Auffassung von der Polizei als rechtlich ungebundener »innerer Wehrmacht« nachzugeben. So stand am Ende der Tätigkeit des »Polizeirechtsausschusses« keine kodifizierte »Deutsche Polizeiordnung«, sondern die politisch und weltanschaulich hergeleitete Begründung für die außerordentliche Generalermächtigung der Polizei. Die Trennung in normativ gebundene und normenfreie Bereiche staatlicher Tätigkeit entsprach dabei der Trennung zwischen den »positiven« und den »negativen« Kräften innerhalb des Volkes. Die Definitionsmacht darüber bezeichnete den Kern der Diktatur.

4. Vierte Säule im völkischen Staat

Seit dem Sommer 1936 war die Ausweitung der Machtbefugnisse des neu organisierten Polizeiapparats gegen alle konkurrierenden und widerstrebenden Machtgruppen durchgesetzt und konsolidiert. Mit dem dritten Gestapo-Gesetz war die Generalermächtigung der Politischen Polizei festgeschrieben; mit der Etablierung des »Reichsführers SS und Chef der Deutschen Polizei« war die institutionelle Verklammerung von SS und Polizei bestätigt; und mit dem Zusammenschluss von Gestapo und Kriminalpolizei unter dem Dach der von Heydrich geleiteten »Sicherheitspolizei« war der Ausweitung des Aufgabenbereichs der Politischen Polizei von der Gegnerbekämpfung zur umfassenden »gesellschaftsbiologischen« Generalprävention sichtbar Ausdruck gegeben.

In der Folgezeit konzentrierte sich das Augenmerk der Führung der Sicherheitspolizei daher verstärkt auf den Ausbau des eigenen Apparates. Dabei tauchten allerdings zwei in der Struktur und der Stellung der Sicherheitspolizei innerhalb des Regimes angelegte Probleme auf: das Verhältnis zur Wehrmacht, das in der Frage der militärischen und der polizeilichen »Abwehr« von starken Spannungen gekennzeichnet war, und das Verhältnis zwischen staatlicher Sicherheitspolizei und Partei, das sich in der Frage nach Funktionen und Kompetenzen des SD zuspitzte. Beide Konfliktpunkte waren eng mit der Person Bests verknüpft und bildeten das Erfahrungsfeld, auf das er sich bei seinen Versuchen, einen theoretischen Gesamtentwurf zur Legitimation der Praxis der nationalsozialistischen Sicherheitspolizei zu entwickeln, bezog.

Im Folgenden werden daher wiederum zunächst die Entwicklung und die politischen Implikationen dieser Auseinandersetzungen betrachtet, um anschließend die von Best daraus gewonnenen Schlussfolgerungen in seinen theoretischen Schriften, aber auch in Bezug auf die praktische Heranbildung des Führungsnachwuchses von Polizei und SD zu untersuchen.

Militärische Abwehr und Abwehrpolizei

In Deutschland hatte sich seit dem Ersten Weltkrieg, wie in anderen europäischen Ländern, eine gewisse Arbeitsteilung zwischen Militär und Polizei im Bereich der Spionage und der »Abwehr« entwickelt. Während militärische Stellen für Spionage und Sabotage im Ausland zuständig waren, wurden die Kriminalpolizei bzw. die sich herausbildende »Abwehrpolizei« im Inland mit der Aufklärung und Verfolgung von »Landesverrat« im weitesten Sinne betraut. Auch der Bereich der »Gegenspionage« – der Erkundung der Spionageaktivitäten anderer Staaten innerhalb des Reiches – wurde von der militärischen Abwehr wahrgenommen.[139] Nachdem sich die kleine und wenig spezialisierte »Abwehrpolizei« in der Weimarer Zeit im Wesentlichen an die personell und organisatorisch ausgebaute Abwehrabteilung der Reichswehr angelehnt und kaum Eigeninitiative entwickelt hatte, nahm die Bedeutung der Abwehrpolizei nach Machtantritt der Nationalsozialisten zu, als sie als Teil der Politischen Polizei in das Gestapa integriert worden war. Zwar stand der überwiegende Teil der leitenden Offiziere der militärischen Abwehr dem NS-Regime ausgesprochen positiv gegenüber; der Ausbau der polizeilichen Abwehrabteilung im Gestapa unter dem SD-Mann Patschkowsky zog jedoch wachsende Spannungen zwischen Abwehrpolizei und militärischer Abwehr und ihrem Leiter Patzig nach sich. Insbesondere im Bereich der Gegenspionage kam es zu Überschneidungen und Rivalitäten, wobei der Machtzuwachs von Gestapo und SD den Argwohn der Militärs bestärkte, Himmler und Heydrich wollten die Abwehr sukzessive ganz in ihren Kompetenzbereich übernehmen. Um die Jahreswende 1934/35 hatten sich diese Zwistigkeiten so zugespitzt, dass Hitler in einem dramatischen Auftritt vor Reichswehroffizieren und Parteiführern Anfang Januar 1935 sein unbedingtes Vertrauen in die Wehrmacht betonte und nachhaltig zu enger Kooperation aufforderte.[140]

Nachdem der durch seine scharfe Haltung gegen das Gestapa kompromittierte Patzig von der Wehrmachtsführung durch den politisch den Nationalsozialisten näherstehenden und mit Heydrich persönlich bekannten Wilhelm Canaris ersetzt worden war, kam es am 17. Januar 1935 zu einer ersten Vereinbarung zwischen Gestapa und militärischer Abwehr, die die Kompetenzen abgrenzte. Danach verblieb die »Gegenspionage« neben dem Auslandsnachrichtendienst und der aktiven Spionage und Sabotage bei der militärischen Abwehr, während Aufklärung und Verfolgung von Landesverrat, die Bereiche Werkschutz, Grenz- und Ausländerpolizei als Aufgaben der polizeilichen Abwehr im Gestapa festgelegt wurden.[141]

Im Gegenzug zu der Ablösung Patzigs enthob Heydrich daraufhin auch Patschkowsky seines Amtes. Um sicherzustellen, dass der mühsam erreichte Interessenausgleich mit der Wehrmachtsführung im Abwehrbereich erhalten blieb, betraute er den gerade ins Gestapa eingetretenen Best zusätzlich mit der – vorerst kommissarischen – Leitung der Abwehrpolizei.

Das war insofern nicht überraschend, als Best im »Abwehrbereich« ja als erfahrener Mann galt; hatte er doch über Jahre hinweg im antifranzösischen »Abwehrkampf« im Rheinland gestanden und als Verbindungsmann der »hessischen Abwehrstelle« und der »Rheinischen Volkspflege« sowohl selbst »Kundschaftertätigkeit« betrieben als auch geholfen, französische und separatistische »Agenten« ausfindig zu machen. Mochten diese Aktivitäten in ihrer Mischung aus patriotischer Spionageromantik und Wichtigtuerei auch schwerlich als ernsthafte Vorbereitung auf das Amt des Chefs des nichtmilitärischen Geheimdienstes des Reiches gelten, so ging Best im Gestapa doch der Ruf voraus, der in Abwehrfragen schlechthin kompetente Mann zu sein, zumal er als Organisationschef des SD und vor allem bei der Vorbereitung der Münchner »Röhm-Aktion« seine diesbezüglichen Talente erneut unter Beweis gestellt hatte. Vor allem aber galt er im Umgang als verbindlich und kooperativ, so dass ihm zugetraut wurde, die sensiblen Beziehungen des Gestapa zur Wehrmachtsführung und zur militärischen Abwehr nachhaltig verbessern zu können. Ein Jahr später wurde der zivile Abwehrbereich als Abteilung III der Politischen Polizei auch formal zur selbständigen Einheit neben der von Müller geleiteten Abteilung II (allgemeine Politische Polizei) erhoben, was die im Kontext der zunehmend gespannten internationalen Situation und der deutschen Rüstungsanstrengungen stark anwachsende Bedeutung des Abwehrbereichs auch organisatorisch betonte. Aus der ursprünglich nur als Übergang gedachten Übernahme dieses Bereiches durch Best wurde eine Dauerlösung – er behielt die Funktion als polizeilicher Abwehrchef und damit als ziviles Pendant zu Canaris bis Ende 1939.

Im Mittelpunkt seiner Aufmerksamkeit in diesem Bereich stand zunächst – parallel zum organisatorischen und personellen Aufbau der Politischen Polizei in diesen Jahren – die Schaffung entsprechender Strukturen bei der polizeilichen Abwehr, die in der Berliner Zentrale schließlich etwa 120 Personen umfasste und einen entsprechenden Unterbau sowohl bei den Stapo-Stellen in den Ländern und Regionen erhielt als auch in den im Zentrum des Aufgabenbereichs der Abwehr stehenden Rüstungsbetrieben, in denen ein System von Werkschutzeinheiten mit einem betrieblichen Abwehrbeauftragten an der Spitze entwickelt wurde. Daneben begann Best eine »Grenzpolizei« aufzubauen, die sich auf Grenzsicherung und -fahndung spezialisierte und deren Bedeutung insbesondere an den »volkstumspolitisch« brisanten Grenzabschnitten im Osten und Südosten ständig zunahm.[142] Und schließlich wurde die »Ausländerpolizei« neu strukturiert, die sich zunächst vorwiegend auf politisch verdächtige ausländische Staatsangehörige im Reichsgebiet konzentrierte. Seit aber die Zahl der ausländischen Arbeitskräfte in Deutschland wieder zunahm – zunächst vor allem aus Polen, seit

1937/38 auch aus Italien –, entstand hier ein neuer Aufgabenbereich für die Ausländerpolizei, der nach Kriegsbeginn im Kontext des forcierten »Ausländereinsatzes« riesenhafte Ausmaße annahm und im Verlauf des Krieges mehr und mehr in den Mittelpunkt der Tätigkeit der gesamten Politischen Polizei rückte.[143]

In seiner Tätigkeit als ziviler Abwehrchef konzentrierte sich Best jedoch auf Organisation und Koordination – einzelne Aktionen und operative Einzelheiten des Dienstes, schrieb er nach dem Krieg, hätten ihn nicht interessiert: »Eigene Exekutivmaßnahmen – Festnahmen, Vernehmungen usw. – hat die abwehrpolizeiliche Zentrale nur selten durchgeführt. Ebenso sind von ihr kaum je Agenten ›geführt‹ und ›angesetzt‹ worden«, er habe auch »nie selbst einen Spion zu Gesicht bekommen ... Denn die Aufgaben einer Zentrale und ihres Chefs sind andere als die der mit der Exekutive betrauten Dienststellen.« Sein Augenmerk lag vielmehr auf der »sachlichen Arbeit«: der Optimierung des richtigen Organisationsaufbaus, fachlichen Könnens der Beamten und der modernen polizeitechnischen Methoden – regelmäßige polizeifachliche Schulungen und Fortbildungskurse der Kriminalbeamten der Abwehrpolizei gehörten dazu oder die Entwicklung des einheitlichen »Deutschen Fahndungsbuches«[144] vor allem aber der Aufbau eines umfassenden und differenzierten Karteiwesens, des »mechanischen Gedächtnisses der Abwehrpolizei« – hier lag einer der Schwerpunkte der Bestschen Organisationstätigkeit. Das dabei entwickelte System von Sach- und Personalkarteien und insbesondere die »Ausländerzentralkartei« nahmen bald erhebliche Ausmaße an und beschäftigten ein eigenes Referat, das diese Systematik beständig ausbaute und technisch verbesserte.

Nicht die Herausbildung eines »Agentennetzes«, sondern die Professionalisierung der Abwehrpolizei stand also im Mittelpunkt des organisatorischen Neuaufbaus in diesen Jahren – fernab von aller Detektivromantik, wie sie zu dieser Zeit in Deutschland und wohl auch bei Teilen der Führung der Sicherheitspolizei verbreitet war, wo die vorwiegend durch Kriminal- und Agentenromane rezipierten »Scotland Yard« und »Secret Service« als ehrfürchtig bestaunte Vorbilder galten. Die Arbeitsweise einer »modernen Kriminalpolizei«, so fasste demgegenüber Best seine hier entwickelten Leitvorstellungen zusammen, sei »in erster Linie die Anwendung eines sich immer mehr differenzierenden und verfeinernden technischen Apparates, die, wenn keine Fehler gemacht werden, mit hoher Wahrscheinlichkeit zum Erfolg führen muss. Wenn individueller ›Spürsinn‹ des Kriminalisten oder .ein ›Kampf‹ zwischen ihm und dem Verdächtigen oder Beschuldigten überhaupt notwendig wird, beweist dies nur, dass der technische Apparat noch Lücken aufweist, die ausgefüllt werden müssen.«[145]

Darüber hinaus aber bestand Bests Aufgabe als Abwehrchef vor allem in der politischen und organisatorischen Abstimmung mit der militärischen Abwehrführung. Zu diesem Zweck traf er regelmäßig, zeitweise täglich mit Canaris zusammen, zu dem er bald auch ein gutes persönliches Verhältnis fand, was sich nicht zuletzt darin äußerte, dass sich die beiden Abwehrchefs des Morgens häufig zum gemeinsamen Ausritt im Berliner Grunewald verabredeten. Durch keine andere seiner mittlerweile zahlreichen Funktionen wurde Bests sozialer Aufstieg so offensichtlich wie durch sein Amt als Chef der Abwehrpolizei. Dass er, obwohl selber »ungedient« und ein paar Jahre zuvor noch Amtsrichter in Gernsheim im

Odenwald, nun auf nahezu gleicher Ebene mit dem geheimnisumwitterten Leiter der Abwehrabteilung der Wehrmacht kooperierte und so auch gesellschaftlich Zugang zu den Spitzen der Wehrmachtsführung fand, musste für einen Angehörigen der Generation, die unter dem »Trauma« litt, selbst nicht am Weltkrieg teilgenommen zu haben, einen besonderen Triumph darstellen.[146]

Durch die nach wie vor nicht eindeutig getrennten Kompetenzbereiche von ziviler und militärischer Abwehr, vor allem in Bezug auf die Gegenspionage und den Schutz der Rüstungsbetriebe, kam es aber weiterhin zu Überschneidungen und Rivalitäten zwischen den Diensten, zumal der SD zunehmenden Ehrgeiz im Bereich der Nachrichtenbeschaffung entwickelte und auf der anderen Seite die Militärs sich eigene »Observationsgruppen«, die sogenannten »Hauskapellen«, geschaffen hatten, so dass beide Dienste mitunter eher gegen- als miteinander arbeiteten. Das führte schließlich im Herbst 1936 zu einer weiteren Vereinbarung zwischen Best und Canaris, um die Befugnisse der beiden Organisationen zu klären – im Jargon die »Zehn Gebote« genannt –, deren entscheidende Bestimmung den Vorrang der Militärs bei der »Gegenspionage« festschrieb: »In der Behandlung des einzelnen Falles gehen die Interessen des geheimen Meldedienstes und der Gegenspionage der abwehrpolizeilichen Erledigung des Falles vor.«[147]

Damit war der Aufgabenbereich der polizeilichen Abwehr stark eingeschränkt und den Interessen der nachrichtendienstlichen Behandlung der Einzelfälle klar untergeordnet – »eine schwere Niederlage der Polizei«, wie einer der Mitarbeiter Bests später konstatierte; »praktisch war damit die polizeiliche Abwehr unter die Regie der Wehrmachtsabwehr gekommen«.[148] Best hatte diese, vermutlich durch eine Entscheidung Hitlers bestätigte, Vereinbarung aber hingenommen, um die enge Kooperation mit Canaris und dem OKW nicht zu gefährden. Denn die Stellung der Wehrmacht innerhalb des NS-Regimes war zu dieser Zeit so stark und autonom, dass es in der Sicherheitspolizei bereits als Erfolg gewertet wurde, von der militärischen Abwehr überhaupt als gleichberechtigter Verhandlungspartner angesehen zu werden, selbst wenn man hier in der Sache hatte zurückstecken müssen. Darüber hinaus wäre es verfehlt, die Rivalitäten und Konflikte zwischen den Institutionen, die in der Wahrnehmung der Protagonisten eine so große Rolle spielten und sich entsprechend auch in den schriftlichen Überlieferungen überproportional widerspiegeln, überzubewerten. Denn in der alltäglichen Praxis war die Zusammenarbeit zwischen Gestapo und militärischer Abwehr eng, zumal sie auf in vieler Hinsicht übereinstimmenden politischen Zielsetzungen und Weltbildern beruhte, so dass hier, wie Best auch später noch betonte, »die spannungsgeladenen Beziehungen zwischen den konkurrierenden Institutionen in einer Weise ausbalanciert wurden, wie es im ›Dritten Reiche‹ – in dem ja die Ressortkämpfe an die Stelle der Parteikämpfe getreten waren – bei gleichen sachlichen und persönlichen Gegensätzen nicht ein zweites Mal geschehen sein dürfte«.[149]

Voraussetzung dafür war allerdings, dass die abgesteckten Kompetenzbereiche nicht überschritten und, was noch wichtiger war, Integrität und Ehrenkodex der jeweils anderen Organisation nicht angetastet wurden. Gerade weil es an institutionalisierten Formen der Konfliktaustragung innerhalb des NS-Regimes fehlte, wurden Zuständigkeitsbereiche und Weisungsbefugnisse der einzelnen Machtgruppen wie Dominien abgesteckt, die zu verteidigen »Ehrensache« der Beteiligten war. Verletzungen des eigenen Territoriums wurden daher als Angriff auf Identität und »Ehre« der jeweiligen Machtgruppe angesehen und kamen einem Verlust an Autonomie und korporativem Selbstbewusstsein gleich. Dies galt für die Wehrmacht insofern in besonderem Maße, als sich das Selbstverständnis der Wehrmachtsführung nicht auf die Funktion des Staatsdieners unter anderen beschränkte, sondern eine soziale Führungsfunktion in der Gesellschaft mit einschloss.

Die »Fritsch-Affäre« Anfang 1938, die das Verhältnis zwischen Wehrmacht und Sicherheitspolizei nachhaltig störte, stellte eine solche Ehrverletzung der Wehrmacht dar. Die Tatsache, dass die Gestapo-Führung nicht nur falsche Anschuldigungen aufgrund schlampiger Untersuchungen gegen den Oberbefehlshaber des Heeres erhoben hatte, sondern den »höchsten Soldaten des Reiches« gar hochnotpeinlichen Verhören unterzogen hatte – unter anderem durch Best –, war Anlass für Canaris, »die Befreiung der Wehrmacht von dem Albdruck einer Tscheka« und »eine völlige Änderung des Systems und der leitenden Personen« der Gestapo zu fordern. »Hierbei kommen in erster Linie in Frage: Himmler, Heydrich, Jost (SD), Best, Meisinger, Fehling u.a.«[150]

Canaris konnte sich mit dieser Forderung nicht durchsetzen. Immerhin bedeutete das offenkundige »Versagen« der Gestapo bei der Aufklärung der gegen von Fritsch erhobenen Vorwürfe aber einen gewissen Prestigeverlust – eine »Blamage« für das Gestapa, wie Best klagte[151] –, weil sich Ansehen und Ruf der Sicherheitspolizei innerhalb der Regimeführung eben nicht nur auf der kumulierten Machtfülle und den von ihr ausgehenden Schrecken, sondern auch auf Effektivität, Erfolge und polizeifachliche Kompetenz gründeten.

Auf der anderen Seite aber stellte die Affäre selbst und ihre Instrumentalisierung durch Hitler – der trotz nachgewiesenermaßen falscher Beschuldigungen gegen von Fritsch diesen ablösen und die politisch willfährigen von Brauchitsch und Keitel an die Spitze der Wehrmacht treten ließ – eine tiefe »Zäsur in der Geschichte der preußisch-deutschen Militär-Elite« dar, wie K.-J. Müller hervorgehoben hat. Denn diese »sich als primär politisch-soziale Machtelite verstehende Militär-Elite wurde nunmehr zu einer bloß funktionalen Eliteschicht, zum reinen Exekutivinstrument der politischen Führung« degradiert.[152] Damit aber war ihr Nimbus gebrochen, und die Wehrmacht stand als Machtfaktor innerhalb des NS-Regimes nicht mehr über, sondern neben der Polizei und den anderen Machtgruppen – ohne Anspruch auf eine herausgehobene, auf Wahrung von Tradition und Ehrenkodex gegründete Stellung. Die Reaktionen der Wehrmachtsführung und insbesondere des militärischen Abwehrchefs auf das Vorgehen des Gestapa in der »Fritsch-Affäre« hatten der Bewahrung dieser Sonderstellung gegolten; sie waren nicht in dem Sinne politisch motiviert, dass der Terror des Gestapa insgesamt als rechtswidrig und verabscheuungswürdig angesehen wurde – was sich nicht zuletzt in der engen, ja freundschaftlichen Kooperation zwischen Canaris und Best widerspiegelte. Durch diese Komplizenschaft aber hatte die Wehrmachtsführung ihre ursprünglich durchaus vorhandenen Möglichkeiten, auf die Tätigkeit der nationalsozialistischen Sicherheitspolizei und die Politik des NS-Regimes insgesamt korrigierend und mäßigend einzuwirken, verspielt – und hier lag auch die eigentliche Ursache ihres Autonomieverlusts, der in der »Fritsch-

Affäre« nur zutage trat. Infolgedessen setzte sich die Kooperation zwischen Wehrmacht und Polizei im Abwehrbereich nahtlos fort und funktionierte, allen Nachwirkungen der Krise zum Trotz, in der Sache relativ störungsfrei. Bereits die noch während der »Fritsch-Affäre« in Gang gesetzten Vorbereitungen für den »Anschluss« Österreichs wurden in enger und durchaus vertrauensvoller Zusammenarbeit zwischen Best und Canaris koordiniert – nun aber insofern unter anderen Voraussetzungen, als ein quasi automatischer Vorrang der Wehrmacht gegenüber der Sicherheitspolizei nicht mehr gegeben war. Im Hinblick auf den vor der Tür stehenden Krieg sollte sich diese Machtverschiebung als außerordentlich folgenreich und verhängnisvoll erweisen.

Funktionswandel des Sicherheitsdienstes

Das zweite strukturelle Problem beim Ausbau der Sicherheitspolizei betraf das Verhältnis zum SD. Die enge Verzahnung von staatlichen Polizeibehörden und der Parteiformation SS war durch die Doppelfunktion Himmlers (als Reichsführer SS und Chef der Deutschen Polizei) und Heydrichs (als Chef der Sicherheitspolizei und des SD) personell und institutionell festgeschrieben. In der Praxis aber war diese Verzahnung viel komplizierter, und insbesondere die Aufgabenteilung zwischen SD und Sicherheitspolizei war Gegenstand lang anhaltender Auseinandersetzungen, bei denen es über die üblichen Kompetenzstreitigkeiten hinaus um die prinzipielle Frage nach der Form und den Trägern – nicht dem Ziel – der Umgestaltung der Sicherheitspolizei in ein weltanschauliches Elitekorps ging.

Der SD war seit dem Organisationsaufbau durch Best Anfang 1934 in seiner Struktur im Wesentlichen gleich geblieben, personell aber erheblich erweitert und 1936 in der Berliner Zentrale neu geordnet worden.[153] Seit er im Sommer 1934 zum einzigen Nachrichtendienst innerhalb der Partei bestimmt und in seiner Monopolstellung anerkannt worden war, wurde unter Leitung Heydrichs, vor allem aber seines Stabschefs Oberg sowie der Leiter der Ämter und Zentralabteilungen über die SD-Ober- und -Unterabschnitte in den Regionen ein Netz von haupt- und nebenamtlichen Informanten aufgebaut, deren Berichte und Meldungen in der Zentrale analysiert wurden. Zugleich überwachten die Sicherheitsdienststellen aber auch einzelne politische Gegner und wurden zuweilen auch exekutiv tätig.[154] Auf der anderen Seite aber muss man die tatsächliche Reichweite der praktischen Tätigkeit des SD vor allem in den regionalen Stellen für die Jahre vor dem Krieg doch deutlich relativieren; wenngleich die SD-Führung auch innerhalb des Apparats versuchte, ihre eklatanten organisatorischen und personellen Schwächen zu überdecken. Von einer intensiven oder gar systematischen Berichterstattung, wie sie dann ab 1939 entwickelt wurde, kann für die Phase vor dem Krieg noch nicht die Rede sein.

Die mit dem Aufbau des SD verbundenen Zielsetzungen Himmlers, Heydrichs und Bests waren ursprünglich zudem erheblich weitreichender gewesen. Denn im Sommer 1934 war der Erfolg der von Himmler eingeschlagenen Strategie, die staatlichen Polizeien der Länder sukzessive zu übernehmen und zunächst die Politische Polizei, dann den gesamten Polizeiapparat zu zentralisieren und unter

Führung der SS zu vereinheitlichen, noch nicht absehbar und wohl nicht einmal wahrscheinlich. Angesichts der vehementen Auseinandersetzungen mit den staatlichen Behörden im Reich und in den Ländern und der starken Stellung der SA vor allem in den großen Polizeipräsidien war es nach der »Röhm-Affäre« aus der Perspektive der SS folgerichtig, dass mit dem SD eine eigene Organisation herangebildet wurde, die schrittweise polizeiliche Aufgaben selbst übernehmen oder in die Führungspositionen der staatlichen Polizei hineinwachsen sollte. Die Bedeutung des Aufbaus des Sicherheitsdienstes lag also in dieser Phase weniger in seiner tatsächlichen – teils exekutiven, teils nachrichtendienstlichen – Tätigkeit als darin, dass hier in der Zentrale eine SS-eigene Gruppe von Führungskräften herangezogen wurde, die aufgrund ihrer akademischen Ausbildung in der Lage war, binnen kurzem leitende Positionen innerhalb der Politischen Polizei zu übernehmen, und die zum anderen die politischen und weltanschaulichen Zielvorstellungen der SS gegenüber dem Polizeiapparat um- und durchzusetzen half. Da aber, wie einer der Referenten des SD, Caprivi, nach dem Krieg hervorhob, »alte Kämpfer der SS mit Fähigkeiten, einem höheren Beamtenposten gewachsen zu sein, dünn gesät« waren, »mußte man also nach Fachleuten suchen, die man in SS-Uniformen stecken konnte«.[155] Vor allem die Berliner Zentrale des SD wurde – beginnend in der Phase bis zum Januar 1935, als Best als Organisationschef den strukturellen Neuaufbau des SD in die Wege geleitet hatte – daher zum Sammelbecken sehr junger, akademisch ausgebildeter SS-Leute, die in kurzer Zeit in hohe Positionen in der SD-Zentrale einrückten und – nach dem Beispiel Heydrichs und Bests – als Nachwuchsreserve auch für die leitenden Funktionen in der Sicherheitspolizei bereitstanden.

Die Führungsspitze des SD, also Amts- und zentrale Abteilungsleiter, war 1936 im Durchschnitt gerade 30 Jahre alt, die Referenten waren meist noch etwas jünger.[156] Die Lebensläufe der Albert, Behrends, Six, Höhn, Mehlhorn, Ohlendorf, Jost, Knochen, Wisliceny, Hagen, Filbert wiesen dabei erhebliche Parallelen auf – sie gehörten wie Best und Heydrich der »politischen Generation« der Kriegsjugend an, hatten ihre entscheidenden politischen Erfahrungen in den revolutionären bzw. konterrevolutionären Wirren der Nachkriegszeit und im Zusammenhang mit den »Abwehrkämpfen« im Rheinland und an der deutschen Ostgrenze gemacht, waren früh in den zahlreichen kleinen, oft sehr elitären rechtsradikalen Bünden und Organisationen der völkischen Jugendbewegung und der »konservativen Revolution« aktiv, oft auch in studentischen Verbindungen und Gruppen im Umkreis des Hochschulrings. Hier hatten sie jenes ausgeprägte, stark generationell stilisierte Selbstbewusstsein entwickelt, das durch radikal-völkisches Denken, einen elitären, »massen«-feindlichen Idealismus und Misstrauen gegen die ältere Generation der »nationalen« Politiker gekennzeichnet war. »Sachlichkeit«, persönliche Kühle, betont »hartes« Auftreten einerseits, unbedingte Leistungsbereitschaft, akademischer Ehrgeiz sowie vor allem ein weltanschaulich fundierter Radikalismus andererseits waren die Kennzeichen des Selbstbildes der SD-Führer. Der NSDAP und der SA als »Massenorganisationen« standen sie eher fern – insbesondere nach dem von ihnen als Aufstand der Subalternen verstandenen »Röhm-Putsch«, dessen »Niederschlagung« vom SD koordiniert worden war und in der Regimespitze als Nachweis für dessen Effizienz und unbedingte Zuverlässigkeit angesehen wurde. In der SS und mehr noch im SD aber sahen sie die Möglichkeit, ihre Vorstellungen vom »völkischen Staat« und vom elitären Führertum der »Geistigen« in die Wirklichkeit umzusetzen – als Angehörige der jungen Generation frei von allen Verbindungen zur abgestorbenen Welt der Väter, noch dazu am Anfang ihrer Karriere und somit ungebunden und ohne ernüchternde Erfahrungen mit dem Alltag in Beruf und Politik.[157]

So verstanden sich die jungen SD-Führer als Vertreter und Hüter der »reinen Lehre« des Nationalsozialismus, wie sie ihn in ihrer völkisch-radikalen Tradition auffassten – als weltanschauliches Gesamtkonzept auf der Grundlage »völkischer«, im wesentlichen also rassistischer bzw. gesellschaftsbiologischer und imperialistischer Kategorien, das beanspruchte, die Widersprüche und Entwicklungen sowohl der Politik wie der modernen Gesellschaft vollständig und in enger Anlehnung an »wissenschaftliche Erkenntnisse« zu erklären.[158] Von ausschlaggebender Bedeutung war hierbei, dass die jungen SD-Führer ihre »aus dem ›Komposthaufen‹ bürgerlichen Denkens«[159] erwachsene Lehre selbst als in sich stimmig empfanden und sich dabei im Einklang mit der Geschichte, der Natur und der Wissenschaft wähnten. Daraus leitete sich die Bindekraft dieser Ideen her und auch ein Gutteil der Skrupellosigkeit, zu der sich die einzelnen autorisiert, ja verpflichtet wähnten, wenn es um die Durchsetzung der als »Vollzug der völkischen Lebensgesetze« begriffenen Interessen des eigenen »Volkes« gegenüber dessen inneren und äußeren Feinden ging. Das eigene Handeln wurde zudem als Konsequenz der seit Kriegsende in Deutschland erfahrenen Entwicklung empfunden – diese Erfahrungen jedoch wurden von einem großen Teil ihrer Altersgenossen, insbesondere unter den Universitätsabsolventen, geteilt. Der wesentliche Unterschied zu jenen bestand aber in den Augen der jungen SD-Führer darin, dass sie selbst bereit und aufgrund ihrer intellektuellen Fähigkeiten sowie ihrer praktischen und theoretischen politischen Schulung auch in der Lage waren, daraus radikale politische Schlussfolgerungen zu ziehen und in die Praxis umzusetzen. Dabei war die zum Prinzip erhobene »Rücksichtslosigkeit« Grundlage und Ausdruck ihres elitären Selbstbewusstseins – führten sie doch nur aus, was in der »völkisch«-nationalsozialistischen Weltanschauung selbst angelegt schien, wozu aber der Mehrheit ihrer Alters- wie ihrer Gesinnungsgenossen die dazu nötige Härte fehlte; und eben darin erwies sich die Elite.

Die Vorstellung, der SD könne so etwas wie ein »Generalstab« der Politischen Polizei werden, hatte sich in den blutigen Tagen der »Röhm-Aktion« verwirklicht, und der Sicherheitsdienst schien seither zu einem echten Machtfaktor heranzureifen. Seit aber mit der Ernennung Himmlers zum Chef der Deutschen Polizei im Sommer 1936 die staatlichen Behörden selbst unter den Befehl der SS bzw. ihres Reichsführers gestellt worden waren, war die ursprünglich gehegte Vorstellung vom SD als Keimzelle einer ganz neuen Politischen Polizei von den Ereignissen überholt worden. Es erwies sich nun, dass Funktion und Aufgaben des Sicherheitsdienstes unklar und unscharf definiert waren, so dass die Tätigkeit der Oberabschnittsleitungen von allgemein-politischer Berichterstattung bis hin zu Eingriffen in exekutive Vorgänge schwankte und das Verhältnis der Berliner SD-Zentrale im Prinz-Albrecht-Palais zur Führung der Sicherheitspolizei in der benachbarten Prinz-Albrecht-Str. 8 zunehmend gespannt war. Denn gegenüber den

Beamten der Sicherheitspolizei, die zum Teil bereits in der Polizei der Weimarer Republik tätig gewesen waren, hegten die SD-Führer und insbesondere Heydrich selbst ein tiefes Misstrauen. Die Staatspolizei, schrieb Heydrich noch 1935, könne nicht mehr sein als »ein Organ der Abwehr und der Verteidigung. Weltanschauliche Gegner kann entscheidend nur im geistigen Ringen die Weltanschauung bezwingen«. Es müsse daher »zur Regel werden, dass der bewusst politische SS-Mann auch der beste Fachmann ist, in den Prüfungen sowohl, als in der Praxis. Den reinen ›unpolitischen‹ Nur-Fachmann müssen wir durch unsere Leistung entbehrlich machen.«[160]

Diese Vorstellung Heydrichs, nach und nach alle wichtigen Positionen in der Sicherheitspolizei mit SS-Männern, insbesondere aus dem SD, zu besetzen und darüber hinaus die Polizei auch in Bezug auf Aufbau und Organisation der SS anzugleichen, stieß jedoch in der Praxis auf erhebliche Probleme. Denn durch die gewaltige Expansion der Sicherheitspolizei seit 1935/36 war die Bedeutung der polizeilichen Fachleute, die über Erfahrung und entsprechende Ausbildung verfügten, noch weiter angewachsen – und dies um so mehr, als von Heydrich und Best die Professionalisierung der Sicherheitspolizei, die Anwendung moderner kriminalistischer und polizeifachlicher Methoden, die enge Verbindung zur wissenschaftlichen Kriminologie und Kriminalbiologie stark vorangetrieben wurden. Best, der doch selbst aus dem SD kam und an seinem Aufbau entscheidend beteiligt war, sprach sich daher bereits relativ früh gegen die Entlassung der Fachbeamten in der Sicherheitspolizei und ihre Ersetzung durch Nicht-Fachleute aus dem SD aus. Nach seinen Erfahrungen in Hessen und seit 1935 im Gestapa war nämlich der weit überwiegende Teil der Beamten der Polizei durchaus bereit, dem NS-Regime loyal zu dienen, solange ihr Handeln juristisch und politisch hinreichend legitimiert wurde. »Nur mit gut ausgebildeten und alterfahrenen Fachbeamten«, betonte er später, habe die Polizei »ein brauchbares Instrument der Staatsführung« werden können. »Solange keine neue Generation gut ausgebildeter Fachbeamter herangewachsen sei, könne man nicht idealen Vorstellungen zuliebe auf die alten Leute verzichten.«[161]

Nach dem Krieg hat Best versucht, die Frage der Übernahme der Kriminalpolizeibeamten in der Sicherheitspolizei zum Gegenstand einer prinzipiellen politischen Auseinandersetzung zwischen ihm und Heydrich hochzustilisieren: Gegen alle Widerstände Heydrichs habe er »in der Fortsetzung der alten Beamten-Tradition und des Beamten-Ethos die wichtigste Voraussetzung für ein ordnungsmäßiges und dem Volkswohl dienendes Funktionieren der Polizei – gleich in welchem ›System‹« erblickt und diese Prinzipien auch durchgesetzt.[162] Dieses Bild, das sich in Teilen der wissenschaftlichen Literatur – auf die Best nicht ohne Einfluss war – wiederfindet, erweist sich aber bei näherem Hinsehen als ungenau, zumal es ein Problem, das in der Struktur der Sicherheitspolizei angelegt war, auf ein Personenduell reduziert.

Dieses Problem bestand nach der Übernahme der Polizei durch Himmler und die SS darin, in welcher Weise SD und Sipo miteinander verzahnt werden konnten, damit, wie Best 1940 schrieb, die SS »als ›Orden‹ der zur politischen Willensbildung berufenen Träger der Nationalsozialistischen Bewegung ... in der Verbindung der Polizei mit der SS (den) Grundsatz der ›ordensmäßigen‹ Durchdringung einer Einrichtung der Volksordnung durch die Träger der Nationalsozialistischen Bewegung zum ersten Male bis zur letzten Folgerung« verwirklichen könne.[163] Um diese »Durchdringung« auch formal zu betonen, wurde den Beamten der Sicherheitspolizei daher die Möglichkeit gegeben, der SS beizutreten, wobei sie im Wege der »Dienstgradangleichung« den ihrem Beamtenrang entsprechenden SS-Rang in der Formation SD erhielten und die SS-Uniform mit dem SD-Abzeichen am Ärmel trugen.[164] Zwar wurde diese formale Verschmelzung von Sipo und SD von der SS- und Polizeiführung befürwortet, aber kein Beamter der Sicherheitspolizei wurde zum Eintritt in die SS gezwungen; noch während des Krieges gab es im Reichssicherheitshauptamt eine Reihe von führenden Polizeibeamten, die nicht der SS angehörten. »Automatische Aufnahmen in die SS«, betonte Best, »womöglich ohne Kenntnis der Betroffenen, gab es auch hier nicht.«[165]

Diese formelle Vereinheitlichung von Sipo und SD in den Jahren seit 1936 war zweifellos ein Kompromiss; sie trug aber dennoch zur auch politischen Vereinheitlichung des »Sicherheitskorps« bei, nicht zuletzt, weil dadurch den Beamten der Politischen Polizei innerhalb des Regimes gegenüber den Ministerialbehörden und in der Öffentlichkeit – in den Worten Bests – »mehr Respekt« verschafft und so die »Durchschlagskraft« der Polizei erhöht wurde. Beim SD aber stieß diese Aufnahme der Beamten in die SS auf Skepsis, widersprach sie doch dem Charakter der SS als einem auf Auslese und Elite begründeten »Orden«; den SS-Leuten sei es deshalb »ein Greuel gewesen, die dickbäuchigen alten Polizeikommissare in SS-Uniformen herumlaufen zu sehen«.[166] Die hier angelegten und vor allem auf unteren Dienstebenen weiterbestehenden Rivalitäten zwischen Beamten und SD-Leuten führten jedoch dazu, dass zwischen beiden Gruppen eine scharfe Konkurrenz darum entstand, wer sich im Sinne der Führung von Staat, Partei, Polizei und SS als effizienter, weltanschaulich zuverlässiger und radikaler erwies. Insbesondere die leitenden Beamten der Sicherheitspolizei trachteten danach, sich von den SD-Leuten in Bezug auf Entschlossenheit, Härte und Konsequenz nicht übertrumpfen zu lassen – und vice versa. Diese Konkurrenz aber, die sich in modifizierter Form bis zum Kriegsende (und darüber hinaus) erhielt und mit mannigfachen persönlichen Rivalitäten verknüpft war, zog einen fortwährenden Radikalisierungsdruck nach sich, der innerhalb des Sicherheitsapparats kein eingebautes Widerlager besaß und sich zunächst sukzessive und dann bald rasch zunehmend verstärkte.

Als eigentliches Aufgabengebiet des SD aber kristallisierte sich seit 1936/37 verstärkt die Beobachtung und Auswertung der politischen und gesellschaftlichen Entwicklung in Deutschland sowie, allerdings rudimentär und ohne durchschlagenden Erfolg, im Ausland heraus – nicht exekutive Befugnisse oder Bespitzelung einzelner »Gegner« des Regimes, sondern die »lebensgebietsmäßige Lageberichterstattung« sollte im Mittelpunkt seiner Tätigkeit stehen.[167] Unentschieden blieb jedoch, wie sehr sich der SD dabei auf die Zusammenstellung aktuellen Nachrichtenmaterials zu beschränken oder auch mit der Verfertigung umfangreicher wissenschaftlicher Analysen zu beschäftigen habe – zumindest bis Kriegsbeginn verstand sich die SD-Führung auch als Brain-Trust zur Erarbeitung und wissenschaftlichen Fundierung der politischen Generallinie in wichtigen weltanschaulichen Fragen. Am deutlichsten wurde dies bei der Frage der Politik von SS und Polizei gegenüber den Juden.[168]

Professionalisierung und Führungspersonal

Die geschilderten Auseinandersetzungen um Fragen der Funktions- und Kompetenzverteilung zwischen der Sicherheitspolizei und dem SD bzw. der militärischen Abwehr waren für die innere Erweiterung des von Himmler, Heydrich und Best geleiteten Behörden- und Organisationsimperiums von großer Bedeutung. Neben diesen Macht- und Kompetenzkämpfen aber stand zwischen 1936 und 1939 der rapide und intensive Ausbau des Apparates der Sicherheitspolizei selbst im Mittelpunkt – im Hinblick auf Organisation, Personal und politische Ausrichtung. Damit verschoben sich auch die Schwergewichte in der Tätigkeit Bests; denn nachdem die politisch-juristischen Auseinandersetzungen mit den verschiedenen konkurrierenden Institutionen in allen wesentlichen Fragen zu Gunsten des Gestapa und seines Justitiars entschieden waren, standen nun Bests Aufgaben als Organisation- und Verwaltungsleiter, Personalchef und Theoretiker der Sicherheitspolizei stärker im Vordergrund.

Welche Ausmaße der Ausbau des Apparats der Sipo annahm, wurde in Berlin bald auch äußerlich sichtbar. Während die Gestapo-Zentrale ursprünglich allein in der ehemaligen Kunstgewerbeschule in der Prinz-Albrecht-Straße 8 Platz gefunden hatte, erstreckten sich die zahlreichen Dienststellen des Hauptamtes Sicherheitspolizei bald über das ganze Stadtgebiet und darüber hinaus. Allein im Hauptamt Sicherheitspolizei waren bei Kriegsbeginn etwa 2.000 Personen beschäftigt; die Zahl der nachgeordneten regionalen Dienststellen wuchs bis 1943 auf 70 Staatspolizei- und 60 Kriminalpolizeistellen, die wiederum ihrerseits als Subzentralen für die örtlichen Gestapo-Stellen fungierten.[169] Die Struktur der Sicherheitspolizei entsprach in ihrer mehrfachen institutionellen Einbindung – erstens als Ministerialbehörde des Reichsinnenministeriums[170], zweitens als Exekutivinstanz auf Länderebene (Gestapa bzw. Reichskriminalpolizeiamt) und drittens als Verbindung einer staatlichen Behörde mit einer Parteiformation auf politischer Ebene (CSSD) – ihrem in den Jahren bis 1936/37 herausgebildeten Charakter einer die herkömmliche Verwaltungstradition einerseits sprengenden, zum anderen mit ihr verknüpften Institution neuer Art. Sie war gekennzeichnet durch die Verbindung von »Normen-« und »Maßnahmestaat«, die Verschmelzung des übernommenen Beamtenapparats mit einer weltanschaulichen Eliteorganisation und die immer weiter reichende Verzahnung von juristischer und weltanschaulicher Legitimation des Terrors.

In dem Maße, wie die von der Sipo übernommenen Aufgabenbereiche fortlaufend ausgeweitet wurden, stieg auch die sachliche Differenzierung der einzelnen Ämter und Abteilungen. Diese zunehmende Spezialisierung ging einher mit einer verstärkten polizeifachlichen Aus- und Weiterbildung der einzelnen Beamten und bewirkte so einen Professionalisierungsschub in der deutschen Politischen und Kriminalpolizei insgesamt, der sich, wie im Abwehrbereich auch, in der Durchsetzung moderner kriminaltechnischer Methoden und einer entsprechenden technischen Ausstattung niederschlug – insbesondere einem tief gestaffelten Erfassungs- und Karteiwesen.[171]

Die beschriebene Spezialisierung innerhalb der Zentrale und die regionale Ausfächerung des Apparats erhöhten zugleich aber auch die Bedeutung der organisatorischen, mehr noch der politischen und weltanschaulichen Koordinierung des Apparates durch die Amts- und Abteilungsleiter. Dabei waren die in regelmäßigen Abständen einberufenen Konferenzen der Leiter der Staatspolizeistellen das wichtigste Lenkungsinstrument, weil hier die politischen Zielvorgaben in praktische Politik umgesetzt wurden und andererseits die organisatorische, personelle und sachliche Entwicklung des Apparates bestimmt werden konnte. Hier lag Bests Domäne: Ob es um die technische und fachliche Professionalisierung der Arbeit der Stapo-Stellen ging, die Einbindung der einzelnen sicherheitspolizeilichen »Maßnahmen« in den größeren, politischen und ideologischen Zusammenhang, die Erläuterung der juristischen Begründung für das Vorgehen der Gestapo-Beamten oder die personelle Entwicklung in den einzelnen Dienststellen – bei diesen Tagungen, an denen meist auch Canaris, seltener Heydrich, teilnahm, hatte er alle Fäden in der Hand.[172] In dieser engen Verbindung zwischen zentralen und regionalen Dienststellen lag der Grund, warum die Organisation der Sicherheitspolizei auch von anderen Dienststellen, so etwa dem Auswärtigen Amt, als perfekt und »vorbildlich« angesehen wurde.[173] Auf der anderen Seite standen Best aber auch erhebliche Finanzmittel zur Verfügung; nicht ohne Stolz betonte er nach dem Kriege, dass er »beim Reichsfinanzministerium jeden Betrag für den Polizeihaushalt aushandeln konnte«.[174]

Gleichwohl wird man den tatsächlich erreichten Stand an Professionalität und »Modernität« der Politischen Polizei nicht überbewerten dürfen, insbesondere, wenn man die Praxis der regionalen und lokalen Gestapostellen näher betrachtet. Personelle Unterbesetzung, mangelnde Qualifikation der Beamten, unzureichende Ausstattung der mittleren und unteren Dienststellen, unablässige Konflikte mit anderen Behörden und mit Parteistellen waren eher die Regel als die Ausnahme –und dies änderte sich auch nach Kriegsbeginn nicht, sondern verschärfte sich eher noch, bedingt durch den zunehmenden Personalmangel. Dass die »Gestapo« dennoch in der Bevölkerung im Ruf von Allgegenwart und Allwissenheit stand und ihre tatsächlichen Möglichkeiten bei weitem überschätzt wurden, lag wohl auch daran, dass dieser »Gestapo-Mythos« von der Führung bewusst gepflegt wurde. Von Bedeutung war aber auch, dass es in Deutschland bis dahin eine reichsweit organisierte und zentralistisch geführte Sicherheitspolizei nur in Ansätzen gegeben hatte und die Bemühungen Bests und anderer um die Professionalisierung der Politischen Polizei vor diesem Hintergrund einen um so nachhaltigeren Eindruck hinterließen.[175]

Angesichts der gewaltigen Ausdehnung des Apparats der Sicherheitspolizei kam der personellen Besetzung der Referenten- und Stapoleiterstellen eine wichtige, ja die entscheidende Bedeutung für den Aufbau eines ebenso effektiven wie im Sinne der SS- und Polizeiführung zuverlässigen »Staatsschutzkorps« zu. Dabei wurden an die Bewerber für solche Positionen unterschiedliche Erwartungen geknüpft. Während vor allem Müller, der selbst aus der bayerischen Kriminalpolizei kam, die polizeifachliche Ausbildung und Erfahrung besonders hoch schätzte, legten Himmler und Heydrich größeren Wert auf Partei- und SS-Zugehörigkeit sowie auf die »rassische Erscheinung« des Kandidaten. Best hingegen machte die juristische Universitäts- und Referendarausbildung, möglichst auch die Promotion zur Voraussetzung – im Ergebnis wurde versucht, bei der Auswahl der Kandidaten möglichst alle diese Gesichtspunkte zu vereinen. Zugleich war aber klar, dass zur Besetzung dieser Positionen entsprechend qualifizierte und erfahrene Leute aus der SS nicht zur Verfügung standen und von den überkommenen Kriminalbeamten nur ein kleiner Teil als politisch zuverlässig und als flexibel genug angesehen wurde, um Führungspositionen in der Sicherheitspolizei einzunehmen.

Best griff daher in erster Linie auf junge Juristen zurück, die einerseits nach der Referendarzeit über eine breite juristische Ausbildung verfügten, zum anderen durch ihre politische Sozialisation in den rechtsradikalen Akademikerorganisationen oder in der NSDAP die erwartete politische Ausrichtung (und »straffe« Haltung) mitbrachten und zudem aufgrund ihres Alters als noch formbar erschienen. Durch häufigen Funktionswechsel und intensive Schulungskurse sollten sie sich dann die erforderlichen kriminalfachlichen Kenntnisse aneignen, um nach wenigen Jahren die Stelle eines Referenten in der Zentrale oder eines Stapo-Stellenleiters zu besetzen.[176] »Als Staatspolizeistellenleiter und in Referentenstellen des Geheimen Staatspolizeiamtes«, schrieb Best im August 1936 an das Innenministerium, wurde »eine größere Anzahl von Assessoren verwendet, deren Auswahl und Ausbildung allein unter dem Gesichtspunkte, ein zuverlässiges und exaktes Führerkorps zu schaffen, erfolgte. So konnte auch unter schwierigen Verhältnissen ein Führerkorps heranwachsen, das den erhöhten Anforderungen, die besonders in politischer Hinsicht während der Aufbauzeit gestellt wurden, in jeder Weise entsprachen.«[177]

Die Herausbildung dieser SS-eigenen Führungselite in der Polizei bildete einen Schwerpunkt der Tätigkeit und der Interessen Bests im Sipo-Hauptamt. Ausbildung und Werdegang der Assessoren wurden von ihm sorgfältig geplant und beobachtet. Er bereiste im Laufe der Jahre jede einzelne Stapo-Stelle, jeder Stapo-Stellenleiter hatte sich bei einem Aufenthalt in Berlin unabhängig vom Anlass zuerst bei Best in der Prinz-Albrecht-Straße zu melden und Bericht zu erstatten. Best war, wie Paul Kanstein, Leiter der Stapo-Stelle in Berlin und später ein enger Mitarbeiter Bests in Dänemark, schrieb, für die jungen SS-Juristen der »ideale Vorgesetzte« – fürsorglich, kritisch, hilfsbereit.[178] »Ein idealer Fachmann, wie man ihn sich besser auch als Vorgesetzten nicht vorstellen kann«, beschrieb ihn Max Drahein, einer der älteren Polizisten in Bests Abteilung I; »ein idealer Vorgesetzter und SS-Führer«, hob Karl Neumann, der 1. Adjutant Heydrichs im Gestapa hervor, »auch in persönlichen Dingen für jeden Mitarbeiter aus dem Hause jederzeit zu sprechen«.[179]

Die Leiter der Gestapo-Stellen und die Referenten in der Zentrale der Sicherheitspolizei waren bei Kriegsbeginn im Durchschnitt zwischen 30 und 35 Jahre alt, sie hatten nach dem Assessorexamen meist direkt bei Sipo oder SD eine Anstellung gefunden und waren seither durch die Abteilungen bzw. Regionen gewandert, um entsprechend vielfältige Erfahrungen zu sammeln. Es handelte sich bei ihnen keinesfalls um »gestrandete« oder gar »gescheiterte« Existenzen, wie

verschiedentlich behauptet[180], auch nicht um »Männer, die das Gefühl der De-
klassierung gehabt haben mögen«, und bestimmt nicht um »überalterte Assessoren«[181], noch standen sie »zwischen den Klassen« wie ein erheblicher Teil der SA-
Führer.[182] Soweit ersichtlich, zeichneten sie sich auch nicht durch signifikante
psychische oder charakterliche Eigenheiten aus, die sie von ihren übrigen Altersgenossen deutlich unterschieden hätten.

Gemeinsam war ihnen vielmehr das Lebensalter: Die Leiter der Stapostellen,
ihre Vertreter sowie die Abteilungsleiter und Referenten in der Berliner Zentrale
entstammten zu etwa drei Vierteln den Jahrgängen zwischen 1902 und 1910,
gehörten also der »Kriegsjugendgeneration« an.[183] Kennzeichnend war für sie ein
ausgeprägtes generationelles Selbstbewusstsein sowie häufig, aber nicht durchgehend, eine frühe politische Betätigung in rechtsradikalen Zirkeln außerhalb der
NSDAP, nicht selten im Umkreis des DHR, seit Mitte der 20er Jahre zunehmend
auch im NS-Studentenbund. Hinzu kamen ihre akademische Ausbildung als
Juristen, beruflicher Ehrgeiz und Aufstiegswille sowie eine Affinität zu den Elite-
und Ordensvorstellungen der SS. Der Unterschied zum Führernachwuchs im SD
bestand vor allem darin, dass dort nicht nur Juristen, sondern Absolventen verschiedener Fachrichtungen vertreten waren und das Interesse an theoretischen
und allgemeinen weltanschaulichen Fragen offenbar größer war, während in der
Sicherheitspolizei der Akzent stärker auf der exekutiven Praxis und der Effizienz
des Polizeiapparates lag.

Zweifellos wurden bei vielen Assessoren, die sich um eine Stelle im Gestapa
bewarben, Vorbehalte gegen eine berufliche Tätigkeit bei der gefürchteten Sicherheitspolizei durch die schwierige Berufslage für Juristen Anfang bis Mitte der
30er Jahre hintangehalten – im April 1933 standen 6.560 Beamten des höheren
Dienstes im preußischen Justizdienst 3.879 Assessoren und 10.246 Referendare
gegenüber.[184] Aber dieses breite Bewerberangebot ermöglichte es Best und Heydrich, die politischen und fachlichen Anforderungen an die Kandidaten um so
strenger zu handhaben und bei der Auswahl keine Kompromisse einzugehen, zu
denen sie bei einem Nachwuchsmangel an Juristen gezwungen gewesen wären.

Der Werdegang dieser von Best mit so viel Aufmerksamkeit geförderten
Nachwuchselite in der Zentrale und den regionalen Dienststellen der Sicherheitspolizei sei im Folgenden anhand von vier Fällen illustriert.

Dr. Werner Braune, Jahrgang 1909, Sohn eines kaufmännischen Angestellten,
studierte von 1928 bis 1932 Jura in Bonn, München und Jena; er absolvierte anschließend seine Referendarzeit und wurde im Januar 1933 promoviert. Im November 1934 kam er über einen Kontakt zu Höhn zum SD, trat der SS bei und
blieb bis 1938 in verschiedenen Funktionen beim Sicherheitsdienst. Im September 1938 wurde er stellvertretender Leiter der Stapo-Stelle Münster, danach in
Koblenz; im Frühjahr 1940 Leiter der Stapo-Stelle Wesermünde, im Mai 1941 in
Halle. Von Oktober bis September 1942 wurde Braune zum Leiter des Einsatzkommandos 11b in der Einsatzgruppe D unter Ohlendorf und befehligte dort die
Massenerschießungen von sowjetischen Juden auf der Krim. Anschließend kehrte er im September 1942 zur Stapo-Stelle Halle zurück, verließ dann die Polizei
für einige Zeit und war von Januar 1943 bis Ende 1944 Leiter des Deutschen
Akademischen Auslandsdienstes. In den letzten vier Kriegsmonaten übernahm er

schließlich die Stelle des Kommandeurs der Sicherheitspolizei und des SD in Norwegen.[185]

Kurt Lischka, ebenfalls Jahrgang 1909, studierte Jura in Berlin und Breslau bis 1931, trat während des Referendardienstes im Juni 1933 der SS bei und ging 1935 zum Gestapa, wo er 1938 zum Leiter des Referats IIB (Konfessionen, Juden) ernannt wurde; Ende 1938 wurde er zur »Reichsstelle für jüdische Auswanderung« in Berlin versetzt, im Januar 1940 kam er als Leiter zur Stapo-Stelle Köln. Im November 1940 wurde er stellvertretender Befehlshaber der Sicherheitspolizei und des SD unter Knochen in Frankreich, bis er im Oktober 1943 zum RSHA zurückkehrte.[186]

Gustav Adolf Nosske, Jahrgang 1902, studierte von 1925 bis 1930 Volkswirtschaftslehre und Jura in Halle und machte 1934 sein Assessorexamen; im Mai 1933 trat er der NSDAP, im Oktober 1936 der SS bei. Im Juni 1935 wurde er Stellvertretender Leiter der Stapo-Stelle Aachen, von September 1936 bis Juni 1941 war er als Leiter der Stapo-Stelle Frankfurt/Oder tätig, wobei er im Herbst 1938 als Verbindungsführer zwischen Sicherheits- und Ordnungspolizei zum Aufbau der Sipo in Österreich abgestellt worden war. Von Juni 1941 bis März 1942 kam er zur Einsatzgruppe D und leitete das Einsatzkommando 12. Anschließend kehrte er zurück zum RSHA und übernahm dort bis Januar 1943 das Referat IV D3 (Staatsfeindliche Ausländer), wurde dann bis Oktober 1943 Verbindungsführer des RSHA zum Reichsministerium für die besetzten Ostgebiete und übernahm anschließend bis zum Sommer 1944 die Leitung der Stapo-Stelle Düsseldorf. Bis Kriegsende war er dann bei der Waffen-SS.[187]

Dr. Ernst Gerke, Jahrgang 1909, studierte 1927 bis 1932 Jura in Kiel und Göttingen, wurde 1932 promoviert und machte 1934 sein Assessor-Examen in Berlin; 1932 war er in die NSDAP eingetreten. Bis 1936 arbeitete er zunächst als Polizeidezernent beim Regierungspräsidenten in Hildesheim und übernahm dann dort die Leitung der Stapo-Stelle. 1937/38 kam er als Stapo-Stellenleiter nach Elbing, vom November 1938 bis Dezember 1939 nach Chemnitz. Von Kriegsbeginn bis November 1939 war Gerke als Verbindungsführer der Einsatzgruppe IV zur Wehrmacht in Polen eingesetzt, anschließend bis September 1942 Leiter der Stapo-Leitstelle Breslau, danach bis Kriegsende der Stapo-Stelle Prag.[188]

»Mein teils bekämpfter, teils bespöttelter ›Assessoren-Kindergarten‹ jener Jahre«, schrieb Best nach dem Kriege über die Entwicklung dieser Männer, habe sich »in der Folgezeit voll bewährt. Als Staatspolizeistellenleiter und als ›Inspekteure der Sicherheitspolizei‹ sowie als Referenten der Zentralbehörden haben die jungen Juristen ihre schweren Aufgaben korrekt, pflichttreu und, soweit ihnen Ermessens- und Handlungsfreiheit gegeben wurde, vernünftig, gerecht und menschlich erfüllt.«[189] Eine solche Aussage über die Männer, die die Massenvernichtungspolitik des NS-Regimes während des Krieges konzipierten, leiteten, beaufsichtigten, durchführten oder auf andere Weise daran unmittelbar beteiligt waren, scheint in ihrem Zynismus nicht mehr zu übertreffen zu sein – kaum ein Stapo-Stellenleiter oder Sipo-Referent, der nicht für die Massenmorde der Einsatzgruppen, die Deportation und Vernichtung der europäischen Juden oder die Unterdrückungspolitik in den von Deutschland besetzten Ländern direkt oder mittelbar Verantwortung trug.[190] Aber dennoch hat Best diese Aussage vermutlich nicht in zynischer Absicht formuliert (obwohl sie, verfasst in dänischer Haft im Jahre 1947, deutlich von taktischen Gesichtspunkten im Hinblick auf zu erwartende Strafverfahren bestimmt war). Denn zum einen sah Best die meisten »Maßnahmen« der Beamten der Sipo und des SD vor und während des Krieges als politisch und weltanschaulich gerechtfertigt, ja notwendig an, und zum anderen definierte er solche Maßnahmen, die er nach dem Krieg nicht öffentlich billigen konnte, schlicht als »polizeifremde Handlungen«. Die Rekrutierung, Ausbildung und politische Formung des Führerkorps der Sicherheitspolizei, zum Teil auch des SD, hat Best zeit seines Lebens als wesentlichen Teil seines Lebenswerkes betrachtet. Das Bemühen, für diese seine »Schutzbefohlenen« zu sorgen, hat sein Leben auch nach 1945 geprägt.

»Lebensgesetze« und völkisches Rechtsdenken

Eng verbunden mit der »Nachwuchsfrage« war der dritte Schwerpunkt in Bests Tätigkeit seit 1936 neben dem organisatorischen und personellen Ausbau der Sicherheitspolizei: die Einbindung der Praxis von Sipo und SD in eine »weltanschauliche Gesamtschau«. Hatten Bests Aufsätze und Artikel aus den Jahren 1936/37 in erster Linie der offiziösen Interpretation von Erlassen und Gesetzen durch das Gestapa und die SS gedient und sich vor allem an die beteiligten bzw. konkurrierenden Ministerialbehörden gerichtet, um die Stellung der Polizei als autonomer, »normenfreier« Institution abzusichern, so begann Best seither in verstärktem Maße, seine juristisch-politischen Vorstellungen zu systematisieren und auszuweiten. Die Zahl seiner zwischen 1937 und 1940 erschienenen Veröffentlichungen liegt bei über vierzig – von Rezensionen bis zu umfangreichen Büchern. Noch weit größer war die Zahl seiner Vorträge, wobei Best als Vertreter der Sicherheitspolizei vor allem bei Ausbildungslehrgängen von Richtern, Rechts- und Staatsanwälten, bei den »Referendarlagern« der Justizbehörden, bei Tagungen des NS-Juristenbundes, der Verwaltungsakademien und natürlich der militärischen Abwehr und der Polizeibehörden selbst sprach; aber auch bei den Schulungskursen der Parteikanzlei in Tutzing am Starnberger See, bei Gauleiterkonferenzen, an Universitäten und Instituten sowie bei Tagungen »befreundeter« ausländischer Polizeibehörden, so etwa in Finnland oder Jugoslawien. Aufgrund der (unvollständigen) Kalendernotizen Bests kommt man für diese Jahre durchschnittlich auf etwa zwei bis drei Vorträge pro Monat.

Dabei sprach oder schrieb Best nie allein über das vorgegebene Sachthema. Vielmehr war jeder Aufsatz, Vortrag oder Artikel dadurch gekennzeichnet, dass er die jeweilige Fragestellung einband in das mit stupender Monotonie vorgetragene Konzept der »völkisch-organischen Weltanschauung«, um so in deduktiver und ganz mechanischer Weise die Beantwortung der Einzelfrage »logisch und organisch« aus der »Gesamtschau« zu entwickeln und abzuleiten. Die im folgenden zitierte längere Passage aus Bests »Die Deutsche Polizei« aus dem Jahre 1940[191] enthält diese Vorstellungen, die sich in beinahe allen Aufsätzen aus dieser Zeit finden; sie ist in Bezug auf Inhalt, Sprache und Argumentationsfolge eine komprimierte Zusammenfassung des Bestschen Weltbildes.

196

Ausgangspunkt seiner Ausführungen war jeweils die Gegenüberstellung von liberalen und nationalsozialistischen bzw. »völkisch-organischen« Vorstellungen vom »Leben« und vom »Staat«: Für die liberale, in der Sprache Bests »die ichhaft-menschheitliche (individualistisch-humanitäre) Lebensauffassung«, sei der »Einzelmensch (das Individuum) – oder für die jenseitige (metaphysische) Betrachtung: die Einzelseele – die Wirklichkeit des menschlichen Lebens. Der Einzelmensch (oder die Einzelseele) ist höchster Lebenswert, auf dessen Erhaltung und Förderung deshalb alle Grundsätze menschlichen Wollens und Handelns – die insgesamt als Sittlichkeit bezeichnet werden – zielen müssen; jede Beeinträchtigung dieses höchsten Lebenswertes ist unsittlich. Alle Einzelmenschen sind gleichwertig und unabhängig voneinander. Über ihnen gibt es keine höhere Erscheinungsform menschlichen Lebens, sondern nur die zahlenmäßige Gesamtheit aller Einzelmenschen, die als ›Menschheit‹ bezeichnet und unter dieser Bezeichnung zu einer nebelhaften und umstrittenen Zielvorstellung erhoben wird.« Aus dieser »Lebensauffassung ergibt sich, daß jede menschliche Schöpfung aus dem Willen der Einzelmenschen abgeleitet werden muß. Als ›Staat‹ wird eine Einrichtung bzw. eine Gesamtheit von Einrichtungen bezeichnet, die durch den übereinstimmenden Willen der beteiligten Einzelmenschen geschaffen wird. Ihr Zweck ist, die beteiligten Einzelmenschen – die Staatsbürger – zu schützen, zu fördern und zu erhalten ... Nur im Erlaß und im Vollzug von Gesetzen tritt der ›Staat‹ ordnungsmäßig in Erscheinung. Handlungen außerhalb der Gesetze sind nicht mehr ›staatliche‹ Handlungen, sondern persönliche Gewalttat der Handelnden ... Der Inhalt des ›staatlichen‹ Handelns kann von den Gesetzgebern – den Staatsbürgern oder ihren Beauftragten – nach freier Willkür bestimmt werden, soweit nicht angenommen wird, daß der einzelne Staatsbürger einen ›naturrechtlichen‹ Anspruch darauf hat, in gewissem Umfange von dem ›staatlichen‹ Handeln gänzlich unbehelligt zu bleiben.«

Dieser Darstellung »liberalistischer« – an anderer Stelle: »universalistischer« – Theorie stellt Best die »völkische Lebens-Auffassung« gegenüber, für die »das Volk die Wirklichkeit des menschlichen Lebens« sei: »Das Volk wird aufgefaßt als eine überpersönliche, überzeitliche Gesamtwesenheit einheitlicher Bluts- und Geistesprägung, die sich in den jeweils lebenden Gegenwartsschichten ihrer Einzelmenschen – das Fremdwort ›Generation‹ bezeichnet inhaltlich noch deutlicher die aus einer anderen erzeugte Schicht von Einzelmenschen – verwirklicht und sich aus ihnen heraus durch die Zeugung der folgenden Schichten fortsetzt. Das Volk ist höchster Lebenswert, auf dessen Erhaltung und Förderung deshalb alle Grundsätze menschlichen Wollens und Handelns – d. h. die Wertmaßstäbe der Sittlichkeit – zielen müssen. Jede Beeinträchtigung dieses höchsten Lebenswertes ist unsittlich. Der Erhaltung und Förderung dieses höchsten Lebenswertes müssen alle untergeordneten Lebenswerte – auch die Einzelmenschen – dienen und, wenn notwendig, geopfert werden. Über den Völkern, in denen sich das menschliche Leben verwirklicht, gibt es keine höhere Erscheinungsform menschlichen Lebens.

Aus der völkischen Lebensauffassung ergibt sich, dass jede menschliche Schöpfung aus dem Wirken des Volkes als Gesamtwesenheit abgeleitet werden muss. Die lebendige, ständig tätige und sich ständig entwickelnde Ordnung, in der das

Volk alle seine Lebensäußerungen bewirkt, nennen wir Volksordnung. Innerhalb der Volksordnung wird die herkömmliche Bezeichnung ›Staat‹, die ähnlichen Inhaltswandlungen unterworfen war wie die Bezeichnung ›Polizei‹, weiter die Gesamtheit der Einrichtungen bezeichnen, durch die die Volksordnung zur Erhaltung und Entfaltung der Volkskraft sachlich tätig wird ... Sein Zweck ist, das Volk über die Gegenwart hinaus zu erhalten und die Entfaltung aller in ihm angelegten Eigenschaften zu ermöglichen. Die Form des ›staatlichen‹ Handelns ist die Herausstellung eines Führerwillens – in einem Führer oder in einer Führerschaft –, von dem durch Einzelbefehl oder durch die Setzung oder die Billigung von Regeln, die ohne Rücksicht auf die Form verbindliches ›Recht‹ sind, das Handeln der ›Organe‹ des Volkes, als welche sowohl die einzelnen Volksgenossen als auch die aus ihnen gebildeten Einrichtungen verstanden werden, bestimmt wird. Der Inhalt der Führungsaufgabe und des ›staatlichen‹ Handelns ist nicht der freien Willkür der Träger der Führungsaufgabe anheimgestellt. Was an ›staatlichem‹ Handeln möglich und was zur Erhaltung und Entfaltung des Volkes notwendig ist, liegt im Wesen der Völker und in der Eigenart des eigenen Volkes vorgezeichnet. Diese Möglichkeiten und Notwendigkeiten können erfüllt oder vernachlässigt werden.« Daraus resultiere auch der völkische Rechtsbegriff: »Nach völkischer Auffassung ist Recht jede Regel, nach der sich das Zusammenwirken völkischer ›Organe‹ – Einrichtungen und Einzelmenschen – vollzieht und die von der Führung gesetzt oder gebilligt ist. Es gibt deshalb keine Unterscheidung mehr zwischen stärkeren und schwächeren ›Normen‹, zwischen ›Verfassungsrecht‹ und gewöhnlichem Recht, zwischen ›Gesetzen‹, ›Verordnungen‹ und ›Erlassen‹, zwischen ›öffentlichem‹ und ›Privat‹-Recht. Der Wille der Führung, gleich in welcher Form er zum Ausdruck gelangt ... schafft Recht und ändert bisher geltendes Recht ab.« Dies trete insbesondere im Bereich des Polizeirechts zutage: »Was die ›Regierung‹ von der Polizei ›betreut‹ wissen will, das ist der Inbegriff des ›Polizei‹-Rechts, das das Handeln der Polizei regelt und bindet. Solange die ›Polizei‹ diesen Willen der Führung vollzieht, handelt sie rechtmäßig; wird der Wille der Führung übertreten, so handelt nicht die ›Polizei‹, sondern begeht ein Angehöriger der Polizei ein Dienstvergehen. Ob der Wille der Führung die ›richtigen‹, d.h. die möglichen und notwendigen Regeln für das Handeln der ›Polizei‹ ... setzt, ist keine ›Rechts‹-Frage mehr, sondern eine Schicksalsfrage. Denn wirklicher Mißbrauch des ›Rechtes‹ zur Rechtssetzung durch eine Volksführung – bestehe er in schädlicher Schärfe oder in schädlicher Schwäche – wird sicherer als von einem Staatsgerichtshof vom Schicksal selbst nach den verletzten ›Lebensgesetzen‹ mit Unglück und Umsturz und Scheitern vor der Geschichte bestraft.«

Betrachtet man diesen Text – mit seiner verschrobenen Begrifflichkeit, der Verballhornung liberalen Gedankenguts und seinem naiven Deduktionismus – ernsthaft unter philosophischen oder staatsrechtlichen Gesichtspunkten, so mag man kaum glauben, dass solche Konstruktionen nicht nur innerhalb des Polizeiapparates, sondern auch bei der juristischen Wissenschaft auf breite und positive Resonanz stießen. Bests »Deutsche Polizei« wurde sofort nach Erscheinen zum Lehrbuch der Sicherheitspolizei, das Aufgabe und Stellung der Polizei im

»Dritten Reich« bindend formulierte, und zur Pflichtlektüre jedes Anwärters für den Höheren Polizeidienst. In Bezug auf Inhalt und Begrifflichkeit waren Bests Schriften durchaus typisch und kennzeichnend für die von den führenden deutschen Juristen mit Leidenschaft geführten Diskussionen über »Gegenstand und Methode des völkischen Rechtsdenkens«, das der »gegliederten Fülle der wirklichen Lebensordnungen« angemessen sei und sich in entsprechenden neuen, dem »rein formalen« Rechtsdenken der liberalen Epoche entgegengesetzten Rechtsbegriffen manifestieren sollte, wie etwa Karl Larenz formulierte.[192] Im Mittelpunkt dieser Diskussion stand dabei der Gedanke, dass die »Volksgemeinschaft« als »wirkliche Lebensordnung des Volkes ihrem eigentlichen Wesen und Kerne nach ... die Grundgesetze ihres Daseins als den Ausdruck der völkischen Eigenart in sich trägt«, dass mithin das »Leben« oder die »Natur« selbst nach den ihnen innewohnenden »Gesetzen« funktionierten und es darauf ankomme, diese Gesetze zu erkennen und danach das »Recht« zu formulieren.

Dieses die juristische »Institutionenlehre« insgesamt, die nationalsozialistische Rechtswissenschaft im Besonderen kennzeichnende Moment, das auch die Vorstellungen Bests beherrschte, ist in zweierlei Hinsicht bemerkenswert. Das betrifft zum einen die Vorstellung vom »Leben« als Rechtsquelle. Denn dieser Terminus beschreibt ja nichts anderes als die bestehende Wirklichkeit, genauer: die machtpolitische Gegenwart, die, da es sie gibt, zur Norm erhoben wird: »Weil etwas so ist, soll es auch so sein. Das Faktum wird zum Gebot erhoben«, wie Bernd Rüthers präzise formuliert hat.[193] In Bests Herleitung des nationalsozialistischen »Polizeirechts« bzw. der polizeilichen Praxis aus den »völkischen Lebensgesetzen« fanden die bedingungslose Bindung des SS- und Polizeiapparats an den Führerwillen, die Terror- und Unterdrückungsmaßnahmen und selbst die Vernichtungspolitik und die Massenmorde während der Kriegsjahre einen legitimatorischen weltanschaulichen Unterbau und wurden als im Einklang mit den »Lebensgesetzen« stehend vor moralischen, juristischen oder politischen Einwänden, aber auch vor Selbstzweifeln der Akteure bewahrt.

Zum anderen war es kennzeichnend für das völkische Rechtsdenken insgesamt, dass »jede Rechtsentwicklung, ja jede einzelne Rechtsfrage in eine vorausgesetzte ›Ganzheit‹, in eine umfassende Weltdeutung eingeordnet« wurde. »Aus dieser Ganzheit werden dann ihre Zweckbestimmung und die zugehörigen ganzheitsbezogenen Rechte und Pflichten ›abgeleitet‹.« Daraus folgt eine »Vertauschung der Funktionen und Kompetenzen bei der Normsetzung: Der Entdecker der jeweiligen ›konkreten Ordnung‹, der Schöpfer und Interpret des ›konkret-allgemeinen Begriffs‹ tritt an die Stelle des Gesetzgebers. Seine Deutungen der Ordnungen und Begriffe erheben Gestaltungsansprüche wie, besser als verbindliche Rechtsnormen ...: Alle Normsetzungsmacht den Interpreten.«[194] An diesem Punkt verbinden sich Bests Vorstellungen von der »völkisch-organischen Weltschau« mit seinen elitären, antiplebiszitären Traditionen; an die Stelle von gewählten, von »Interessen« gelenkten Regierungen treten die »Geistigen«, die die Lebensgesetze zu erkennen und zu deuten allein imstande sind. Diese Deutungsvorgänge wurden aber nicht als mystisch, sondern als »wissenschaftlich« begriffen – die »Wissenschaftlichkeit«, mehr aber die »Wissenschaftsförmigkeit«, war für die Glaubwürdigkeit und Bindungskraft dieser Theorien von erheblicher Bedeutung, verlieh sie doch den an sich schlichten Deduktionsreihen zur Legitimation der bestehenden machtpolitischen Wirklichkeit den Nimbus der Objektivität und Seriosität. Die Überzeugung, zu der kleinen Gruppe der privilegierten Seher zu gehören, die die Geheimnisse des Lebens und ihre Gesetze zu enträtseln und die daraus folgenden Rückschlüsse auf die Lösung der anstehenden Probleme und Einzelfragen zu ziehen berufen und in der Lage war, teilte Best mit einem Großteil der Rechtsgelehrten des »Dritten Reiches« und stand darin zudem in der Tradition der bürgerlichen Intellektuellen insgesamt.

Der Unterschied der Bestschen Entwürfe zu der die Rechtswissenschaft der Zeit beherrschenden Lehre bestand daher weder in der Aussage noch in der Terminologie, noch in ihrem elitären Zuschnitt – sondern darin, dass Best am Schnittpunkt zwischen Exekutive und Rechtslehre des »Dritten Reiches« stand und seine Vorstellungen nicht nur formulieren, sondern unmittelbar und über die »Nachwuchsschulung« in der Sicherheitspolizei auch mit erheblichem Multiplikationseffekt in die Praxis umsetzen konnte: als Interpret und Legitimator seines eigenen Handelns.[195]

Diese Aspekte sollen noch an einem zweiten Beispiel untersucht werden, mit dem Best die »Richtigkeit« sowohl des völkisch-nationalsozialistischen Denkens als auch der politischen Praxis des NS-Regimes im Allgemeinen und seiner Polizei im Besonderen nachzuweisen trachtete. Im »Deutschen Recht« setzte er sich Ende 1938 mit der Kritik aus dem »Ausland« auseinander, dass das »Dritte Reich« kein »Rechtsstaat« sei – »eines der wichtigsten und wirksamsten Argumente im politischen Kampf der individualistisch-humanitären Richtungen gegen die völkische Weltanschauung«; es wird aber deutlich, dass Best hier auch gegen Zweifel und Kritik in den eigenen Reihen, insbesondere bei vielen Juristen, zu Felde zog.[196]

»Rechtsstaat«, so Best, meine zunächst die »gleiche Behandlung gleicher ›Fälle‹« als »funktionelles Grundelement jeder menschlichen Gemeinschaft« – dies aber sei in allen »völkisch-autoritären« Staaten zweifellos der Fall. Die Kritik der verschiedenen Richtungen der »individualistisch-humanitären« Weltanschauung jedoch beziehe sich auf anderes; sie fordere einen bestimmten Inhalt bzw. eine bestimmte Quelle des Rechts. »Einen bestimmten Inhalt des Rechts fordern alle Richtungen, deren Weltanschauung an eine behauptete Offenbarung anknüpft«, etwa die katholische Kirche; die Rechtsquelle hingegen sei ihnen gleich. Als »Recht« gälten nur die Normen, die in »Übereinstimmung mit der Offenbarung und den aus ihr entwickelten Dogmen« stünden.

Demgegenüber fordere der Liberalismus lediglich eine bestimmte Rechtsquelle, nämlich den Willen der Staatsbürger bzw. ihrer Vertreter: »Ihnen ist deshalb der Inhalt der gesetzten Normen gleichgültig, wenn die Normen nur von denen selbst gewollt und beschlossen worden sind, die sie zu beachten haben« – selbst wenn es sich um die »unvernünftigsten oder schädlichsten Normen« handele.

»Sowohl einen bestimmten Inhalt wie eine bestimmte Quelle des Rechts fordern alle Richtungen, die eine dogmatische Weltanschauung aus einer behaupteten Erkenntnis des menschlichen Verstandes herleiten«, wie etwa der Kommunismus. »Sie begründen auf diese Erkenntnis bestimmte Vorschriften für das Handeln und Verhalten jedes einzelnen Menschen, die zum Inhalt der zu setzenden Normen zu machen sind. Diese Normen aber sollen von den Rechtsunterwor-

fenen selbst gesetzt werden.« Der Wille der Staatsbürger und die durch die dogmatische Weltanschauung gesetzten Normen sollten also kongruent sein – wo
dies nicht der Fall sei, müsse der einzelne entweder durch Aufklärung zur richtigen Erkenntnis gebracht werden,»oder er gilt als Werkzeug politischer Gegner,
das um des Sieges des Dogmas willen vernichtet wird«.

Es gebe also bei den drei verschiedenen Richtungen »individualistisch-
humanitärer« Vorstellungen keinen einheitlichen Begriff von »Rechtsstaat«, sondern dahinter verbergen sich verschiedene politische und weltanschauliche Auffassungen; mithin stünde »auf der politischen Ebene offen Weltanschauung gegen Weltanschauung«. Gegen die Auffassung zum Beispiel der katholischen
Kirche postuliere die völkische Weltanschauung, dass der Sinn des Lebens nicht
in einer für alle Menschen des Erdballs gleichmäßig gültigen Offenbarung erkennbar sei, sondern nur in der Erhaltung und Entfaltung der Eigenschaften und
Werte des eigenen Volkes. »Was einem Volke jeweils hierzu dient, das soll der
Inhalt des jeweiligen Rechts sein.« Gegen die liberale Auffassung vom souverä-
nen Individuum als einziger Rechtsquelle sei zu betonen, dass nicht das Individuum, sondern das Volk »die primäre Wirklichkeit des Menschentums« und die
Individuen »sekundäre Erscheinungen« seien. Rechtsquelle sei daher das Volk
durch seinen »eigenen Führungs- und Gestaltungswillen«. Gegen die Auffassung der kommunistischen Lehre schließlich sei zu betonen, dass der völkische
Mensch »überhaupt keinem Befehl eines Menschenhirnes« – »womöglich aus
anderem Blute und aus anderer Zeit« – gehorche, »sondern allein den Gesetzen
des Lebens, wie sie ihn durch die befugtesten Denker der eigenen Art erkennbar
gemacht und von ihm mit seinem Verstand und mit der von den Vorfahren
überkommenen Gewißheit« anerkannt würden.

Das »Recht« als Vollzug der dem Leben selbst innewohnenden Gesetze, die
von den dazu Berufenen erkannt – nicht geschaffen – werden: darin lag der Kern
dieser Argumentation. Wenn gegen die Lebensgesetze verstoßen werde, werde
sich dies stets rächen; solange das Recht aber diesen Lebensgesetzen entspreche,
sei der völkische Staat im eigentlichen Sinne ein »Rechtsstaat«. Worin diese Lebensgesetze bestünden, wie sie erkennbar wären, wie und von wem denn die
»befugtesten Denker« befugt worden seien oder wie unterschiedliche Auffassungen zu handhaben wären – diese Fragen werden hier nicht gestellt noch beantwortet, sondern durch vorhistorische Postulate, durch Glaubenssätze ersetzt.
Diese aber legitimieren sich durch die Geschichte und die Erfahrung.

»Rechtsstaat« ist der völkische Staat also deshalb, weil er völkisch ist – so
könnte man die Quintessenz dieses Artikels zusammenfassen. Die völkische
Weltanschauung bezieht sich auf die Wirklichkeit der völkischen Lebensgesetze,
die aber tragen das »Recht« selbst in sich; ob sie richtig erkannt worden sind,
entscheidet das »Leben« selbst, und das meint vor allem: der Erfolg.

Hier bestätigte sich, was Hermann Lübbe allgemein gegen die These von der
»instrumentellen Vernunft«, die Interpretation totalitärer Gewaltherrschaft als
einer Herrschaft defizitärer, positivistisch reduzierter Vernunft formuliert hat:
»Nicht Abstinenz von einer Reflexion auf das Ziel, vielmehr ganz im Gegenteil
äußerste Anstrengung in der Selbstverschaffung eines guten Gewissens durch
Orientierung an den ideologisch gewiesenen höheren Zwecken konstituiert die

entscheidende legitimatorische Bedingung der Möglichkeit für das Tun des beispiellos Schlimmen.« Lübbe konstatiert, dass die Ideologie des Rassenkampfes und die ideologisch gewiesenen rassenhygienischen Menschheitszwecke ausschließlich »der höheren Führerschaft, dem weltanschaulich aufgeklärten Rasseadel« uneingeschränkt deutlich gewesen seien. »Und eben diese Deutlichkeit, dieser Bewußtheit in bezug auf die höheren Zwecke bedurfte es, um überhaupt imstande zu sein, auf jene extreme Weise gegen die Maßgaben einer konventionellen, auch christlichen Moral zu verstoßen, wie das im Vollzug des Völkermords unvermeidlich war.« Gewiss sei die Ideologie des Rassenkampfes keine hinreichende Bedingung des nationalsozialistischen Völkermords, aber eine notwendige Bedingung: »Das ideologisch besetzte Bewußtsein ist ein Bewußtsein absolut dominierender Wertrationalität, die sich aus den Restriktionen des methodischen Objektivismus, desgleichen auch aus den Bedingungen sozialkontrollierter Gemeinerfahrung, aus dem Traditionalismus des Common sense somit radikal emanzipiert hat.«[197]

Nun sind und waren ideologische Konstruktionen wie diese kein Spezifikum für die NS-Diktatur. Die Herleitung aller einzelnen Widersprüche und Probleme aus einem einzigen Ansatzpunkt, deren Lösung durch entsprechende deduktive Schritte gefunden wird; die Überzeugung, im Einklang mit der »Natur« und dem »Leben« bzw. den zu erkennenden »Gesetzen« des Lebens zu stehen; die wissenschaftliche Drapierung der eigenen Glaubenssätze – all dies finden wir auch in anderen totalitären Weltanschauungen, deren Aussagen auf wenige Dogmen beschränkt und von revolutionären Eiferern verkündet werden. Zugleich beinhalten derartige dogmatische Setzungen aber auch einen inneren ideologischen Schutz gegen Misserfolge und das Scheitern des eigenen Regimes, indem diese auf »Fehler«, auf Abirrungen vom richtigen Weg und von der reinen Lehre zurückgeführt werden, die »Weltanschauung« an sich in ihrer Substanz davon jedoch nicht angegriffen wird – dieser Aspekt gewann für Best während der Kriegsjahre zunehmend an Bedeutung. Andersherum gelten offenkundige Erfolge des Regimes jeweils als Beleg für die Richtigkeit der eigenen ideologischen Vorstellungen. »Die Jahre 1933 bis 1939«, schrieb Best noch nach dem Krieg dazu, hatten »einen Erfolg nach dem anderen gebracht, die alle dem deutschen Volke zugute kamen. Die Todesgefahr der progressiven Arbeitslosigkeit war überwunden worden. Dem ganzen Volke – besonders dem Arbeiter und dem Bauern – ging es so gut wie noch nie in unserer Geschichte. Nachdem die ›Revolution‹ von 1933 die unblutigste der Geschichte gewesen war, wurden ohne Blutvergießen die Belastungen Deutschlands aus dem Versailler Vertrag beseitigt. Zu leiden hatten unter dem neuen Regime nur ganz kleine Randgruppen ... Gegenüber diesen positiven Seiten des neuen Regimes konnte es wirklich zweifelhaft erscheinen, ob Fehler und Willkürakte, auf die man stieß, nicht nur Anfangsfehler und Jugendsünden seien, die alsbald von innen heraus organisch überwunden werden könnten.«[198]

Als ein wesentliches Kennzeichen dieser Vorstellungen erweist sich indes der vollständige Mangel an positiven normativen Werten, auf die sich das Handeln und Streben orientiert. An die Stelle eines Katalogs von Grundwerten tritt das »Volk als höchster Lebenswert«. Die Durchsetzung der Interessen des eigenen »Volkes« gegenüber den Individuen sowie gegenüber anderen Völkern wird zum

»Wertmaßstab der Sittlichkeit«, von dem aus sich keinerlei Beschränkungen für das Handeln derer ergibt, die diese Interessen zu erkennen allein in der Lage sind. Ein solches legitimatorisches Modell taugte nicht dazu, positive Ziele zu setzen, die über die Herrschaftssicherung und Machterweiterung hinausreichten; auch zur Konkretisierung der angestrebten politischen Ziele war es nicht in der Lage. Es konnte insofern auch nicht als schriftlich eindeutig fixierbares Dogmengebäude fungieren, um dessen Auslegung man sich hätte streiten können. Zielbilder wie diejenigen einer konfliktfreien »gesunden« Volksgemeinschaft oder der Neuordnung des Kontinents nach »völkischen« Prinzipien konstituierten sich vielmehr durch die Definition der »feindlichen« und »degenerativen« Elemente innerhalb des eigenen Volkes bzw. derjenigen fremden Völker, die der Erreichung dieser Ziele im Wege standen und »auszuschalten« waren. Daraus erwuchs nicht nur ein ausgeprägter Voluntarismus, wenn es um die Benennung positiver politischer Ziele ging; sondern da sich der angestrebte, wenn auch nicht exakt definierte Endzustand nicht einstellen mochte, entstand hier eine Dynamik, immer weitere Gruppen für dieses Scheitern verantwortlich zu machen und ihre »Ausschaltung« zu betreiben.

Die Bestschen Entwürfe erweisen sich bei näherem Hinsehen also nicht als ein auf fixierbare, wertbezogene Grundannahmen aufbauendes Gedankengebäude, sondern als ein Legitimationsgerüst ohne gestaltende Kraft. Als solches waren sie gleichwohl historisch wirkungsmächtig, weil sie dem Streben nach Herrschaftssicherung und Machterweiterung, ja selbst der Liquidierung politisch Missliebiger oder als »entartet« Angesehener oder der Vertreibung und Ermordung ganzer Völker eine ideologische Absicherung und Perspektive verliehen und das Handeln der einzelnen auf die Erfahrungen der Geschichte und die »Gesetze des Lebens« rückbezogen.

Womöglich noch bedeutsamer aber waren das Fehlen normativer Bindungen und die mangelnde Konsistenz und Realitätstüchtigkeit der weltanschaulichen Doktrinen, verbunden mit der symbolischen Verdichtung der Überzeugung zu einer »Haltung«, einer »Mentalität«, die es den einzelnen erlaubte, ohne Diskussion oder Reflexion, aber auch ohne Befehl, in Momenten der »Bewährung« das »Richtige« zu tun.

5. »Antisemitismus der Vernunft«

Pogrom und »seriöser Antisemitismus«

In den Anfangsjahren des Regimes hatte die sogenannte »Judenfrage« bei Polizei und SD nur eine untergeordnete Rolle gespielt. Weder waren die Gestapo-Beamten bei Boykott-Aktionen oder antijüdischen Demonstrationen lenkend tätig geworden, noch hatte der SD bei seiner Beobachtung der »Gegneraktivitäten« den in Deutschland lebenden Juden besondere Aufmerksamkeit gewidmet. Das spiegelte in gewisser Weise die Widersprüche der antijüdischen Politik der Regimeführung seit ihrem Machtantritt wider; denn das erhebliche antisemitische Aktionspotential sowohl in der Führung wie in der Anhängerschaft der Partei und vor allem der SA vermochte sich zunächst nicht in eine den Erwartungen entsprechende scharfe antijüdische Regierungspolitik übersetzen zu lassen. Rücksichtnahme auf die deutschnationalen Partner der NSDAP, die Furcht vor Reaktionen des Auslands, Warnungen vor Eingriffen in die Wirtschaft, nicht zuletzt auch die Feststellung, dass gewalttätige antijüdische Ausschreitungen beim überwiegenden Teil der deutschen Bevölkerung nicht auf Zustimmung stießen, verhinderten ein den radikalen und brutalen Ankündigungen vor der »Machtergreifung« entsprechendes einheitliches und scharfes Vorgehen der Regierung gegen die Juden mit Hilfe des staatlichen Behördenapparates. So schlug sich der lang aufgestaute antisemitische Handlungsdrang nach dem nationalsozialistischen Machtantritt zunächst vorwiegend in eruptiven, pogromartigen Straßenaktionen nieder, angeführt von wilden antisemitischen Hetzern wie Julius Streicher und durchgeführt von Parteiformationen und SA-Trupps, deren Vorgehen jedoch nicht nur in der deutschen Öffentlichkeit, sondern auch innerhalb des Staatsapparats und selbst bei höheren Parteifunktionären nicht selten auf indignierte Ablehnung stieß.

Auf der anderen Seite aber war ganz unklar, welche mittel- und langfristigen Ziele die Hitler-Regierung gegenüber den Juden anstrebte und mit welchen Methoden sie diese erreichen wollte. Statt dessen etablierte sich eine eigentümliche Kombination aus antisemitischen Straßenaktionen einerseits und nachträglicher Legitimierung solcher Exzesse durch die politische Führung andererseits. Eine neue Welle antijüdischer Straßenaktionen hatte von Seiten der Behörden jeweils die Verkündung neuer gegen die Juden gerichteter Verordnungen und Verbote zur Folge, mit denen der Radauantisemitismus »diszipliniert« werden sollte. Tatsächlich aber wurde auf diese Weise – ungewollt, bald aber wohl auch gewollt – weiteren exzessiven Aktionen Vorschub geleistet. Jede gesetzliche Norm oder behördliche Anordnung, so beschrieb Justizminister Gärtner die Folgen dieses Vorgehens treffend, werde so lange wirkungslos bleiben, »als im Volk der Glauben genährt werde, daß die leitenden Stellen es nicht ungern sähen, wenn ihre einschränkenden Anordnungen übertreten würden, da sie nur aus politischen Rücksichten nicht so handeln könnten, wie sie es gern wollten«.[199]

Während die Straßenexzesse gegen Juden von den deutschnationalen Koalitionspartnern Hitlers als unzivilisiert und nachgerade peinlich empfunden und kritisiert wurden, stießen sie in der Führung der SS und besonders bei den leitenden Funktionären von SD und Sipo deshalb auf Ablehnung, weil dieses Ausleben terroristischer Instinkte als kontraproduktiv im Sinne eines radikalen, »seriösen« Antisemitismus angesehen wurde. »Die nationalsozialistische Bewegung und ihr Staat«, schrieb das »Schwarze Korps« im Frühjahr 1935 über die radauantisemitischen Krawalle, »treten diesen verbrecherischen Machenschaften mit aller Energie entgegen. Die Partei duldet nicht, dass ihr Kampf für die heiligsten Güter der Nation zu Straßenaufläufen und Sachbeschädigungen umgefälscht wird.«[200]

Solche Unterschiede zwischen dem brutalen, öffentlichen, aber im Grunde ziellosen Antisemitismus der Straße einerseits und dem kühleren, aber zielbewussten Antisemitismus der »Geistigen« andererseits waren schon seit dem letzten Drittel des 19. Jahrhunderts und verstärkt seit der Nachkriegszeit kennzeichnend für die verbreitete Judenfeindschaft in Deutschland gewesen; und im Grunde spiegeln sich darin die beiden Erscheinungsformen des modernen Antisemitismus – »Leidenschaft und Weltanschauung« (Sartre) – generell.

Die differenzierte Betrachtung der sehr unterschiedlichen Ausdrucksformen und ideologischen Herleitungen der Judenfeindschaft im Deutschland der Zwischenkriegszeit ist daher keine nachträgliche Rationalisierung des Irrationalen, sie ist vielmehr konstitutiv für das Verständnis der von sehr heterogenen Triebkräften forcierten antijüdischen Politik im nationalsozialistischen Deutschland und ihres Wendepunktes im November 1938. Diese miteinander konkurrierenden Varianten des Antisemitismus werden im Folgenden näher untersucht. Dabei wird die »weltanschauliche« Entwicklung und politisch-polizeiliche Praxis Werner Bests wiederum als eine Art von Leitspur verstanden, die es ermöglicht, die politisch-ideologischen Fronten und die beschleunigenden Faktoren der deutschen »Judenpolitik« der Vorkriegsjahre zu rekonstruieren und zu untersuchen.[201]

Im »Kampf gegen das Judentum« hatten die völkisch-radikalen Studenten und ihre intellektuellen Förderer im Umkreis der »Ring«-Bewegung seit den frühen 20er Jahren vor allem gegen zwei in der Rechten weit verbreitete Formen der Judenfeindschaft Front gemacht: gegen den tradierten, »kulturellen« Antisemitismus konservativer Prägung einerseits, der das »Rasseprinzip« als »blutsmaterialistisch« ablehnte und die Andersartigkeit der Juden allein als Ausdruck geschichtlicher, kultureller und religiöser Entwicklungen bewertete; und gegen den Gefühls- und Radauantisemitismus der »Straße« auf der anderen Seite, der als »vulgär«, »irrational« und primitiv abgelehnt wurde. Zielpunkt dieses akademischen Antisemitismus war die nach dem »Bluts- und Abstammungsprinzip«, also nach »völkischen« Kriterien, durchgeführte radikale Dissimilation von »Juden« und »Deutschen«. In dieser Perspektive also war die Ablehnung der Juden kein Ausdruck von »Vorurteilen« oder gar individuellem Hass gegen Einzelpersonen, sondern Teil der »völkischen Weltanschauung«.

Best war während seines Studiums als Mitglied des Führerrates des Hochschulrings und anschließend mit dem sogenannten »Best-Kreis« an der jahrelangen antijüdischen Kampagne des DHR beteiligt gewesen und hatte dabei nach eigenem Bekunden zu den Verfechtern der »konsequent völkischen Linie« gehört.[202] Nach seinem Eintritt in die NSDAP hatte er diese Auffassungen von der »völkischen« Grundlage der »Judenfrage« im Oktober 1931 explizit formuliert, um sie von den innerhalb und außerhalb der Partei vertretenen »falschen« Positionen in der Judenfrage abzusetzen und dabei die in Deutschland lebenden Juden als Teil eines eigenen, von den Deutschen verschiedenen »Volkes«, das als solches originär und aus eigenem Recht bestehe, definiert. Ein Urteil über den »absoluten« Wert oder Unwert der Juden sei damit nicht notwendig verknüpft – »wir erkennen nur, dass bestimmte Völker und Wesensarten unser Volk schädigen und in seinem Dasein bedrohen, und wir setzen uns zur Wehr. Auch im Kampfe gegen das Judentum ist unser Ziel die Freiheit von der Überfremdung, reinliche Scheidung und Fremdenrecht für die Volksfremden«; dabei gelte auch gegenüber Juden das »völkische Prinzip der Anerkennung jedes Volkstums und seines Daseinsrechts«. Aber ebenso wie gegenüber allen anderen Völkern müssten in Konflikten auch gegenüber den Juden »selbstverständlich die Lebensnotwendigkeiten unseres Volkes bis zur Vernichtung des Gegners« vertreten werden – »aber ohne den Hass und die Verachtung, die jede absolut wertende Einstellung dem Gegner entgegenbringt«.[203]

Die hier von Best gezogene Verbindung zwischen Antisemitismus und »heroischem Realismus«, wie er ihn in der Phase seiner Zusammenarbeit mit Ernst Jünger entwickelt hatte, entkleidete die Judenfeindschaft also scheinbar ihres leidenschaftlichen, eruptiven Charakters und erklärte sie zu einer aus der legitimen Vertretung der Interessen des eigenen Volkes notwendig resultierenden Abwehrhaltung.[204]

Mit solchen Überlegungen – die vom Ansatz her wenig originell waren und im wesentlichen Gedanken reproduzierten, wie sie seit den siebziger Jahren des 19. Jahrhunderts bekannt und nach dem Krieg von völkisch-jungkonservativen Autoren weiterverbreitet worden waren[205] – war zunächst nur das Postulat vom eigenständigen jüdischen »Volk« und daraus abgeleitet die Forderung nach Dissimilation und Rückgängigmachung der Integrations- und Emanzipationsentwicklung der vergangenen einhundert Jahre verbunden. Verknüpft aber mit dem radikalisierenden Ansatz des »heroischen Realismus«, wonach der Kampf gegen die Volksfeinde sich aus der »natürlichen«, vom einzelnen nicht steuerbaren Entwicklung zwischen den Völkern ergebe, dementsprechend ohne individuellen Hass zwischen den Kämpfern, aber auch ohne Rücksicht und, wenn nötig, bis zur Vernichtung zu führen sei, war darin die Forderung nach der »unerbittlichen« Auseinandersetzung mit den als feindliches Volk, aber getarnt inmitten des deutschen »Wirtsvolkes« lebenden Juden angelegt.

Bests Postulat, der Kampf gegen die Juden sei ein Abwehrkampf, weil von ihnen das deutsche Volk geschädigt und in seinem Dasein bedroht werde, suggerierte, dass damit ein »Urteil über den ›absoluten‹ Wert oder Unwert der Juden« nicht notwendig verbunden sei – die »völkische« Position sei als Motiv für den Kampf gegen die Juden völlig ausreichend. Die dem deutschen Volk gegenüber feindliche Haltung der Juden habe sich in der Geschichte, insbesondere seit dem Weltkrieg, vielmehr praktisch erwiesen, etwa indem die Juden enge Verbindungen mit den verschiedensten internationalistisch gesinnten politischen Richtungen eingegangen seien und auf diese Weise die völkisch-nationalistische Renaissance der Deutschen bekämpften. Dem philosophischen Gegensatz zwischen »universalistisch-international« orientierter Ideologie und der »völkisch-organischen« Weltanschauung als geistigem Korsett des Nationalsozialismus entspreche auf völkischer Ebene der Gegensatz zwischen Juden und Deutschen.

Zugleich war die Vorstellung von den Juden als eigenständiges, den Deutschen feindliches Volk eng verknüpft mit »eugenischen«, gesellschaftsbiologischen Erklärungen und Konzepten. Beides verband sich zu einem als schlüssig angesehenen Erklärungsansatz für wesentliche Teile der gesellschaftlichen Fehlentwicklungen in Deutschland (und womöglich darüber hinaus) – und zwar vermeintlich nicht auf der Grundlage von Mythen, Aberglauben, Hass und »niederen Instinkten«, sondern auf der Basis historischer und naturwissenschaftlicher Erkenntnis.

Der Leiter des Rassepolitischen Amtes der NSDAP, Dr. Walter Groß, Jahrgang 1904 und einer der führenden rassenpolitischen Theoretiker des NS-Regimes, hatte in einer programmatischen Schrift über die »rassischen« Grundpositionen des neuen Staates bereits 1934 diese Verknüpfung von gesellschaftsbiologischen und rasseanthropologischen Faktoren beispielhaft hervorgehoben. Neben dem quantitativen Bevölkerungsrückgang seien es zum einen die »qualitative Verschlechterung des erblichen Wertes eines Volkes«, zum anderen die »Mischung mit fernstehenden Rassen«, die in der Vergangenheit Völker zerstört hätten und heute auch das deutsche Volk bedrohten. Die »qualitative Verschlechterung« sei nur aufzuhalten, wenn »jene brutale und rücksichtslose, aber im tiefsten gerechte, wenn wir so wollen: göttliche Ordnung der Dinge der Natur« wiederhergestellt werde, »die darin besteht, daß immer und immer wieder das ausgemerzt wird, was nicht zumindest einem guten Durchschnitt genügt«; als erster Schritt sei dazu das »Gesetz zur Verhütung erbkranken Nachwuchses« verabschiedet worden. Der »Mischung mit fernstehenden Rassen«, die dazu führe, das »Gesamtgefüge dieses Volkes leiblich, geistig, seelisch, charakterlich in sich morsch« werden zu lassen, müsse durch gesetzliche Bestimmungen begegnet werden, um weiteres »Einsickern« fremden Blutes zu verhindern; das – gegen die Juden gerichtete – »Gesetz zur Wiederherstellung des Berufsbeamtentums« sei der erste Schritt auf diesem Wege.[206]

Die Ausgangspunkte dieses Weltbildes lassen sich also in zwei Hypothesen zusammenfassen: a) Subjekte der Geschichte seien nicht Individuen oder soziale Klassen, sondern Völker, b) gesellschaftliche Entwicklungen und Probleme ließen sich nicht oder nicht allein auf soziale, sondern, wenn nicht vollständig, so doch wesentlich auf biologisch-genetische Konstellationen zurückführen.

Das deutsche Volk sei in seiner »völkischen Substanz« durch zwei Entwicklungen gefährdet: zum einen von innen – denn der moderne Zivilisationsprozess habe dazu geführt, dass innerhalb des deutschen Volkes die kränklichen, degenerativen Elemente nicht mehr, wie vordem, durch natürliche Selektion ausgemerzt, sondern infolge der Fortschritte des modernen Zivilisationsprozesses naturwidrig geschützt würden und sich entsprechend überproportional vermehrten; so dass, wer die beunruhigenden Erscheinungen der Moderne (von Kriminalität über Geisteskrankheit bis hin zur »Asozialität«) beseitigen wolle, die Träger der genetischen Veranlagung zu derartigen Verhaltensweisen aus dem eigenen »Volkskörper« entfernen und an einer erneuten Beeinflussung der erblichen Substanz des Volkes hindern müsse. Die zweite Gefährdung drohe von außen – durch die Vermischung des deutschen Volkes mit anderen Völkern, weil dadurch die Identität des Volkes als selbständiges geschichtliches Subjekt ins Wanken gerate; die größte Gefahr stelle dabei das Judentum dar, weil es unerkannt als fremdes und dem deutschen feindlich gegenüberstehendes Volk tief in das deutsche Volkstum und seine Erbsubstanz eingedrungen sei und damit die völkische Identität der Deutschen bedrohe. Ein weiterer, für die Begründung des Kampfes gegen die Juden nicht konstitutiver, aber bedeutsamer Faktor sei zudem, dass die Juden aufgrund ihrer Geschichte (als unter Anpassungszwang stehendes Volk ohne Land und Staat) besonders schlechte genetische Eigenschaften entwickelt und damit die biologische Substanz der Deutschen bereits schwer geschädigt hätten. Beides zusammen – innere und äußere Gefährdung des deutschen Volkstums – sei miteinander verknüpft und bereits relativ weit vorangeschritten. Die Folgen dessen könne man in der inneren und äußeren Lage des deutschen Volkes seit

1918 beobachten, die durch inneren Verfall und äußere Ohnmacht gekennzeichnet sei. Wolle das deutsche Volk einerseits mit den Problemen im Innern fertig werden und sich zum anderen einen seinen Anlagen und Möglichkeiten entsprechenden hervorragenden Platz in Europa und der Welt verschaffen, müsse es sowohl die degenerativen Elemente innerhalb des eigenen Volkstums als auch die »eingedrungenen« Elemente fremden, insbesondere des jüdischen, Volkstums ausschalten.

Einer solchen Gedankenkonstruktion, wie sie für die meist jungen, akademisch ausgebildeten »seriösen Antisemiten« kennzeichnend war, standen die »Gefühlsantisemiten« in Partei und SA weithin distanziert und desinteressiert gegenüber. Zwar fehlten auch in den Blättern Streichers Hinweise auf angebliche »wissenschaftliche« Erkenntnisse nicht, wesentlich war aber hier die unmittelbare, auch physische Konfrontation mit dem einzelnen Juden als Verkörperung der Ursachen für alles Unheil. Eine Politik aber, die konsequent auf Austreibung der Juden aus Deutschland abzielte, hätte den Radauantisemiten das Objekt ihrer Schuld- und Rachephantasien genommen. Demgegenüber waren es innerhalb des Behörden- und Parteiapparats vor allem drei Gruppen, die für sich in Anspruch nahmen, einen »seriösen« Antisemitismus zu vertreten: das erwähnte »Rassepolitische Amt der NSDAP« im Stab des »Stellvertreters des Führers« unter Leitung des Arztes Dr. Walter Groß; das »Judenreferat« im Reichsministerium des Innern unter Leitung von Bernhard Lösener und die zuständigen Stellen im Hauptamt Sicherheitspolizei (Referat IIB unter Lischka und Baatz) und vor allem im SD (Zentralabteilung II.1 unter Six, Wisliceny und Hagen); wobei allerdings die daraus entwickelten politischen Konzepte des Antijudaismus sich bei diesen drei Gruppen im Hinblick auf Radikalität und Perspektive zum Teil unterschieden.

Generallinie Auswanderung

Insbesondere im Innenministerium war – im Anschluss an vorbereitende Arbeiten des Jahres 1932 – bereits seit den Wochen nach der »Machtergreifung« versucht worden, mit Hilfe legislativer Maßnahmen und ministerieller Verordnungen erste Schritte zu einer »bewußt völkischen Gesetzgebung« gegen die Juden und insbesondere gegen die Zuwanderung von Ostjuden einzuleiten; darunter fielen vor allem Zuwanderungsverbot und Aufhebung der Namensänderungen, um Juden problemlos identifizieren zu können.[207] Die Bestrebungen des Ministeriums zielten also vorwiegend auf die Dissimilation der deutschen Juden – die Trennung des deutschen vom »jüdischen Volk«. Der überwiegende Teil der antijüdischen Maßnahmen der Behörden in den ersten Jahren des Regimes war darauf gerichtet – vom »Gesetz zur Wiederherstellung des Berufsbeamtentums« (7. April 1933) über die Einführung des »Arierparagraphen« in der Wehrmacht (28. Februar 1934) bis hin zu Maßnahmen wie dem Ausschluss von Juden bei der Prüfung für Zahnärzte oder bei der Zulassung von Rechtsanwälten (16.1., 5.2.1935), die aber bereits den reinen Schikanemaßnahmen nahekamen, wie Badeverbote für Juden an Badestränden (August 1933) oder das Verbot des Schlachtens nach jüdischem Ritus.

Demgegenüber vertraten SD und Politische Polizei bereits relativ früh die radikalere Form der »Dissimilation«, nämlich die Forcierung der Auswanderung der Juden aus Deutschland. Die bayerische Politische Polizei unter Himmler und Heydrich hatte schon im März 1934 das Verbot für jüdische Organisationen gelockert, um die jüdischen Verbände selbst zum Träger der Auswanderung zu machen, und begann seit Januar 1935, die zionistischen Organisationen, deren Zielsetzung in der Abwanderung aus Deutschland und dem Aufbau eines jüdischen Staates in Palästina bestand, zu unterstützen, während die »deutschjüdischen« Organisationen, die die Assimilation der Juden in Deutschland stärken wollten, strikt verfolgt wurden.[208] Diese starke Bevorzugung, ja Förderung der zionistischen jüdischen Organisationen konnte angesichts der in der Perspektive »Auswanderung« koinzidierenden Bestrebungen vom Gestapa/SD und den Zionisten nicht verwundern.[209]

Eine in sich konsistente ideologische Begründung für diese Generallinie in Gestapa und SD war zunächst jedoch nicht vorhanden. Erst etwa seit dem Sommer 1935, berichtete Eichmann bei seinem Prozess in Jerusalem, sei die politische und weltanschauliche Position des SD gegenüber den Juden und dem Zionismus klarer geworden, insbesondere seitdem sich die Abteilung II.112 des SD (»Judenangelegenheiten«) intensiver mit der Geschichte und Gegenwart der Juden und insbesondere mit der Entwicklung und Zielsetzung der zionistischen Bewegung auseinanderzusetzen begonnen hatte. Amtsleiter Six, die Dezernenten von Mildenstein, Wisliceny und später Hagen sowie die Sachbearbeiter Dannecker, der für die deutsch-jüdischen Organisationen, und Eichmann, der für die Zionisten zuständig war, begannen zu dieser Zeit, die Haltung von SD und Gestapa zur »Judenfrage« auf eine systematischere, »wissenschaftliche« Grundlage zu stellen, um eine radikale antijüdische Politik nicht auf der Basis von Vorurteilen oder Mythen, sondern aufgrund gesicherter »Erkenntnis über Wesen und Ziel des Judentums« zu konzipieren.[210] »Zu dieser Erkenntnis«, hieß es im Bericht der Abteilung II.112 über den »Stand der Arbeiten in der Bekämpfung des Judentums« vom August 1936, »ist eine sachliche Beurteilung Voraussetzung. Es mußte also in der Bekämpfung des Judentums zwangsläufig abgerückt werden von unsachlichen, abwegigen, oftmals geradezu phantastischen Ansichten bekannter, sogenannter Antisemiten.«[211]

Auf dieser Grundlage war die Forcierung der Auswanderung für SD und Gestapa die gegenüber Dissimilation und Diskriminierung der Juden in Deutschland zu bevorzugende Lösung, weil eine vollständige Trennung der »Volkstümer« im Lande als auf die Dauer nicht durchführbar angesehen wurde und zudem anhaltende Aktivitäten der Radauantisemiten zur Folge gehabt hätte. »Die politische Lösung, das war die große Schwierigkeit«, fasste Eichmann die Situation nach Herbst 1935 zusammen; »Stürmermethoden waren das, was negiert wurde ... Auswanderung – alles, was ihr dienlich ist, muß unternommen werden und sie darf durch nichts behindert werden. Um diese Sache drehte sich alles.«[212]

Als kurzfristige Zwischenlösung aber stimmten SD und Gestapa der Dissimilation und Diskriminierung der Juden in Deutschland durchaus zu, insbesondere, als es im Frühjahr und Sommer 1935 zu einer neuen Welle antisemitischen Straßenterrors kam, die die Ausschreitungen der Jahre zuvor an Verbreitung und

Intensität noch übertraf.[213] Solche pogromartigen Exzesse liefen den politischen Zielsetzungen der »seriösen« Antisemiten zwar zuwider, konnten – da es sich doch meist um Aktionen von Parteigliederungen handelte – andererseits auch nicht gut von der Polizei des »Dritten Reiches« bekämpft werden. »Terroraktionen gegen einzelne Juden«, hieß es auch in einem Aufruf des »Stellvertreters des Führers« im April, brächten die daran beteiligten Parteigenossen »in einen vom Judentum begrüßten Gegensatz zur politischen, zum größten Teil aus Parteigenossen bestehenden Polizei unseres Staates« und besorgten dadurch »die Geschäfte des uns feindlichen internationalen Judentums«.[214]

Es war vor allem das Reichswirtschaftsministerium, das die nachteiligen Folgen solcher Ausschreitungen insbesondere auf die wirtschaftliche Entwicklung im Land beklagte und schließlich zur Koordinierung des Vorgehens gegen solche »Übertreibungen« am 20. August 1935 zu einer »Chefbesprechung« einlud. Dabei wies Schacht in scharfen Worten darauf hin, »daß das gesetzlose Treibenlassen u.a. auch die wirtschaftliche Grundlage der Aufrüstung« in Frage stelle.[215] Zwar missbilligten die Vertreter der einzelnen Ministerien übereinstimmend solche »gesetzwidrigen Ausschreitungen gegenüber Juden« und befürworteten allein ein »legales Vorgehen«, aber ebenso übereinstimmend wurde auch die Fortsetzung der scharfen Maßnahmen gegen die Juden gefordert. Ein Konzept allerdings, wie radikaler Antisemitismus und rechtliche Vorgehensweise miteinander zu verbinden wären, konnten die anwesenden Minister und Staatssekretäre nicht vorlegen.

Daraufhin stellten Best und Heydrich eigene »Vorschläge zur Lösung der Judenfrage« vor, die sich auf die bei SD und Gestapa in den Wochen zuvor entwickelte Konzeption bezogen.[216] Dieser Entwurf ging einleitend davon aus, dass »die Judenfrage nicht durch Anwendung von Gewalt, durch Mißhandlung Einzelner, Beschädigung persönlichen Eigentums oder andere Einzelaktionen gelöst werden« könne. »Ihre Bereinigung scheint nur dadurch möglich, daß der Einfluß der Juden im Zuge des organischen Aufbaus des Reiches Schritt für Schritt eingedämmt wird.« Insbesondere müsse im Bereich der Wirtschaft »der Grundsatz der Gleichheit aufgegeben« werden, um die »Vormachtstellung« der Juden zu brechen. Dazu sollten die Juden unter Fremdenrecht gestellt werden, um sie »am freien Wettbewerb zu hindern, ihre Freizügigkeit aufzuheben und sie von der deutschen Volksgemeinschaft zu trennen.« Ziel sei die »Bereinigung der Judenfrage« durch Auswanderung. Die Brechung der jüdischen Vormachtstellung in der Wirtschaft werde dazu beitragen, die Juden in Deutschland auf den Zionismus hinzulenken und den Anreiz zur Abwanderung wirksam zu fördern.

Im Einzelnen enthielt der Entwurf eine Reihe von konkreten Vorschlägen, wie diese Entwicklung zu forcieren sei:
- Verbot der Freizügigkeit der Juden;
- Verbot der Mischehen und Bestrafung des außerehelichen Geschlechtsverkehrs zwischen Deutschen und Juden;
- Einschränkung der Konzessionen für Gewerbebetriebe an Juden;
- Verbot des Besitzes und des Handels mit Grund und Boden durch Juden;
- Markierung der Pässe von Juden mit einem auffälligen Kennzeichen.

Mit diesen Vorschlägen hatten Best und Heydrich erstmals auf Chefebene die Initiative in der »Judenpolitik« des Regimes ergriffen. Zweierlei war dabei auffallend: zum einen die offen formulierte Radikalität der Zielsetzung – die Trennung der Juden von der deutschen Volksgemeinschaft und auf längere Sicht ihre Vertreibung aus Deutschland; zum anderen die Betonung des strikt legalen Vorgehens, um dadurch sowohl dem Bestreben in Partei und Bevölkerung nach »Bereinigung der Judenfrage« als auch den Wünschen von Justiz- und Wirtschaftsministerium nach einer legalen und die wirtschaftliche Entwicklung nicht störenden Form der antijüdischen Politik zu entsprechen.

Von nun an wirkte die Führung von SD und Gestapo als ständiger Beschleunigungsfaktor in der antijüdischen Politik des Regimes und versuchte, wie Uwe Dietrich Adam betont hat, »durch immer neue, schärfere Maßnahmen die Judenfrage in ständiger Bewegung zu halten«; wobei Bests zur gleichen Zeit erfolgende Anweisung an die regionalen Stapo-Stellen, sämtliche Juden ihres Bereiches zu erfassen und die Angaben in Judenkarteien zu sammeln, eine wesentliche Voraussetzung des weiteren Vorgehens darstellte.[217]

Die auf Initiative Hitlers im September 1935 in aller Eile beschlossenen Nürnberger Gesetze trugen diesem Drängen Rechnung. Sie enthielten eben jene gesetzlichen Maßnahmen zur »Trennung der Juden von der deutschen Volksgemeinschaft«, wie sie von Best und Heydrich vorgeschlagen worden waren, indem sie die Staatsbürgerrechte der Juden einschränkten und eheliche Gemeinschaften wie außereheliche Verkehr zwischen Juden und »Deutschen« unter Verbot stellten, und bildeten die Grundlage für eine Unzahl weiterer diskriminierender Maßnahmen gegen die Juden.[218] Zugleich war mit der Durchsetzung der Nürnberger Gesetze die Hoffnung verknüpft, dass »nun überall in der Judenfrage klare Fronten geschaffen« worden seien und eine »endgültige« gesetzliche Regelung die Unsicherheit beendet habe. In diesem Sinne stimmten auch SD- und Gestapo-Führung den Gesetzen zu und verstärkten zugleich die Verfolgung antijüdischer Einzelaktionen.[219] Best hob dabei gegenüber den Stapo-Stellen als besonders positiv hervor, dass in den Nürnberger Gesetzen »anstelle des bisher üblichen Begriffes der arischen Abstammung ... der Begriff des deutschen und artverwandten Blutes« verwendet wurde, was einer »völkischen« Auffassung vom Deutschtum viel eher entsprach als eine dubiose, »übervölkische« Kategorie wie die des »Ariers«.[220] Mit diesen Gesetzen schien nun der Kampf gegen das »Judentum« auf eine tragfähige »seriöse« Basis gestellt zu sein, die geeignet war, darauf nun eine eigene, auf die Auswanderung der Juden gerichtete Politik zu entwickeln.

Im SD wurden daher seit 1936 in verstärktem Maße Untersuchungen und Analysen über die wirtschaftliche und soziale Lage der deutschen Juden, die Geschichte des Judentums und die politische Rolle der Juden in verschiedenen Ländern erstellt. Eine gründliche »wissenschaftliche« Beschäftigung mit der »Judenfrage« wurde zur gleichen Zeit aber auch von anderen gesellschaftlichen Institutionen gefördert. So fand Anfang Oktober 1936 unter Vorsitz von Carl Schmitt jene bekannte Tagung der Reichsgruppe Hochschullehrer im NS-Rechtswahrerbund statt, die sich ausschließlich mit dem »Judenproblem« beschäftigte und an der mehr als 100 Hochschullehrer teilnahmen. Dieser Kongress war ausdrücklich dem Ziel gewidmet, dem Antisemitismus auch in der Rechtswissenschaft eine »wissenschaftliche« Grundierung zu geben. »Mit einem nur gefühlsmäßigen Antisemitismus«, hieß es in der Eröffnungsrede Carl Schmitts, »ist es nicht getan; es bedarf einer erkenntnismäßigen Sicherheit«.[221] Am 19. November 1936 wurde an der Universität München die »Forschungsabteilung zur Judenfrage« des Reichsinstituts für Geschichte des neuen Deutschlands eröffnet – es war offensichtlich, dass spätestens mit den Nürnberger Gesetzen die Judenfeindschaft eine von den Straßenexzessen deutlich verschiedene, seriöse Reputation erhalten hatte.[222]

Im SD wurden nun drei aufeinander bezogene Ziele der antijüdischen Politik als essentiell festgelegt: 1. »Zurückdrängung des jüdischen Einflusses im deutschen Leben«; 2. »Entziehung des wirtschaftlichen Nährbodens in Deutschland« als Voraussetzungen für das Hauptziel: 3. die »Förderung der Abwanderung in andere Länder, soweit sie dem Staat im einzelnen keine Nachteile bringt.«[223]

Aber über die theoretische, Maßnahmen vorschlagende und vorbereitende Tätigkeit hinaus sah man hier auch verstärkt praktische Aufgaben für den SD und forderte seit 1937 die Einrichtung einer »Zentralstelle für die jüdische Auswanderung« im Kompetenzbereich des SD. Langfristig, schrieb die Abteilung II.112 im Dezember 1937, müsse aber »die Zentralisierung der gesamten Bearbeitung der Judenfrage in Deutschland bei SD und Gestapo« angestrebt werden.[224] Diesem Ziel kamen SD und Gestapa schon wenige Monate später einen großen Schritt näher, und zwar im Gefolge dreier Ereignisse des Jahres 1938: des »Anschlusses« Österreichs im Frühjahr, der sogenannten »Asozialen«-Aktion im Juli und der Pogrome der »Reichskristallnacht« im November.

In Österreich hatte der SD durch die Entsendung Eichmanns als Judenreferent beim Inspekteur der Sicherheitspolizei in Wien den entscheidenden Schritt von der Theorie zur Praxis getan. Eichmann installierte hier die bereits zuvor auch für das Reich geforderte »Zentralstelle für jüdische Auswanderung« und forcierte die Auswanderung der österreichischen Juden mit Hilfe von rabiaten Zwangsmaßnahmen und einer rücksichtslosen Enteignungs- und Arisierungspolitik, so dass innerhalb eines halben Jahres mehr als 45.000 Juden ihre österreichische Heimat verließen.[225] Das von Sipo und SD vertretene Konzept der forcierten Auswanderung als radikalster und einfachster Form der antijüdischen Politik hatte sich hier also in der Praxis »bewährt«. Damit aber war die Bedeutung von SD und Gestapa in Bezug auf die Judenfrage gestiegen, denn mit dem »Wiener Modell« lag eine offensichtlich erfolgversprechende Alternative zur bisherigen Judenpolitik vor.

Die verschiedenen Aktionen von Gestapo und Kriminalpolizei gegen »Asoziale« und »Arbeitsscheue« im Verlauf des Jahres 1938 sind bereits im Zusammenhang mit der Erweiterung des polizeilichen Aufgabengebiets von der »Gefahrenabwehr« zur »gesellschaftsbiologischen Prävention« erörtert worden. Allein bei der Razzia der Kriminalpolizei im Juni 1938 wurden etwa 10.000 sogenannte »Asoziale« in »polizeiliche Vorbeugungshaft« genommen und in die Konzentrationslager gesperrt. Dabei hatte Heydrich in dem vorbereitenden Erlass zwischen zwei Gruppen unterschieden: zum einen »männliche arbeitsfähige Personen (Asoziale)« ohne festes Arbeitsverhältnis, vor allem »Landstreicher, Bettler, Zigeuner, Zuhälter« sowie mehrfach erheblich Vorbestrafte; zum anderen »alle männlichen Juden ..., die mit mindestens einer Gefängnisstrafe von mehr als einem Monat bestraft sind«; bei den Juden jedoch war Arbeitsfähigkeit nicht Voraussetzung.[226] Mit dieser Verhaftungswelle (unter den 10.000 Inhaftierten waren 1.500 Juden) war nun die Verbindung von »gesellschaftsbiologischer Prävention« und Antijudaismus – allgemeiner: von eugenischem und anthropologischem Rassismus – in der Praxis erfolgt, und die Sicherheitspolizei hatte erstmals von sich aus in einer großen Aktion und allein gestützt auf die politische Generalermächtigung der Polizei durch den Führerwillen »reichsdeutsche« Juden in großer Zahl in Konzentrationslager gebracht.

Die Beweggründe für diesen Zugriff sind rekonstruierbar: Da der Anstoß für die Juni-Aktion von der »Vierjahresplanbehörde« ausgegangen war, die bei der wirtschaftlichen Vorbereitung des Krieges unter erheblichem Arbeitskräftemangel litt, war die Nutzbarmachung der Arbeitskraft der beschäftigungslosen »Asozialen« der auslösende Faktor für diese Aktion gewesen. Hier wurden also »sozialhygienische« und wirtschaftliche Motive miteinander verknüpft – wenngleich der Anteil der Alten, Kranken und Versehrten unter diesen Häftlingen so groß war, dass nur ein kleiner Teil von ihnen tatsächlich zur »Arbeit eingesetzt« werden konnte. Wenn man aber »reichsdeutsche Asoziale« in die Lager einlieferte, konnte man vorbestrafte Juden nicht in Freiheit lassen, da ihnen gegenüber gewissermaßen ein doppelter Verfolgungsgrund vorlag; die Nutzung ihrer Arbeitskraft war demgegenüber nachrangig.

Auch die Juni-Aktion gegen die Juden stand in direktem Zusammenhang zur forcierten Auswanderungs- bzw. Austreibungspolitik des SD und war auch bereits in Österreich von Eichmann in diesem Sinne vorexerziert worden, der schon im Mai 1938 in einer umfangreichen Verhaftungsaktion 1.900 »unliebsame, insbesondere vorbestrafte Juden« ins Konzentrationslager Dachau hatte bringen lassen, um auf diese Weise die »Auswanderungswilligkeit« der Juden zu erhöhen.[227] Der Terror, die Verbreitung von Schrecken, wurde also von SD und Gestapa durchaus als funktionales Element des »seriösen Antisemitismus« angesehen und genutzt, wenn dadurch die Furcht in der jüdischen Bevölkerung erhöht und die Auswanderungsquoten hochgetrieben wurden. Dies galt auch für die sich mehrenden antisemitischen Straßenkrawalle. Die Auffassung, man könne diese exzessiven antijüdischen Eruptionen zur Beschleunigung einer »seriösen« Politik gegen die Juden nutzen, hatte in der Diskussion über die zu beschreitenden Wege des Antisemitismus schon früh eine Rolle gespielt. Der »Antisemitismus der Vernunft«, der »wissenschaftliche Antisemitismus«, gebe die Zielrichtung an, sei aber von den breiten Massen nicht zu verstehen, hatte Adolf Hitler bereits in den unmittelbaren Nachkriegsjahren verkündet; zugleich aber komme es darauf an, »das Instinktmäßige gegen das Judentum in unserem Volke zu wecken und aufzupeitschen und aufzuwiegeln«.[228] So wurde der sich in Pogromen entladende Radauantisemitismus, der politisch doch für schädlich und falsch gehalten wurde, durchaus für die Ziele des SD instrumentalisiert – »das wirksamste Mittel, um den Juden das Sicherheitsgefühl zu nehmen, ist der Volkszorn, der sich in Ausschreitungen ergeht«, hatte es in einem Bericht des SD-Judenreferats Ende 1936 über die möglichen Formen der Verstärkung des Auswanderungsdrucks geheißen. »Trotzdem diese Methode illegal ist, hat sie, wie der ›Kurfürstendamm-Krawall‹ zeigte, langanhaltend gewirkt.«[229]

Die Wechselwirkung von antijüdischen Straßenexzessen einerseits und der auf Vertreibung angelegten Judenpolitik andererseits stand auch im Zentrum des dritten einschneidenden Ereignisses des Jahres 1938, das den Wendepunkt der antijüdischen Politik des NS-Regimes markiert, weil es die Übernahme der Federführung der Judenpolitik durch den Reichsführer SS und den Verbund von Gestapo und SD zur Folge hatte: die Vertreibung der in Deutschland lebenden polnischen Juden und, damit eng verknüpft, die Pogrome der sogenannten »Reichskristallnacht«.

Nach den Nürnberger Gesetzen und infolge des »Olympia-Friedens« war es im Jahre 1936 zu einer Atempause bei den antijüdischen Maßnahmen des Regimes gekommen, bis dann im Herbst 1936 und verstärkt im Verlauf des Jahres 1937 erneut eine heftige antisemitische Kampagne einsetzte, ausgehend insbesondere von der Parteikanzlei, dem Propagandaministerium und einigen Gauleitern. Im Mittelpunkt der von hier aus geforderten Maßnahmen sollte die »endgültige Eliminierung der Juden aus der Wirtschaft« stehen. Nach der Herausdrängung der Juden aus öffentlichem Dienst und freien Berufen, ihrer politischen Entrechtung und der Aufhebung ihrer staatsbürgerlichen Gleichheit war nun die »Lösung der Judenfrage in der Wirtschaft« neuer Schwerpunkt der antijüdischen Politik des Regimes.[230] Nun lebte allerdings ein großer Teil der jüdischen Bevölkerung in Deutschland bereits von der Substanz, und die Mehrzahl der jüdischen Firmen war bereits »arisiert« – sei es durch behördliche Maßnahmen, sei es in Form der »wilden« Arisierungen, wobei in enger Zusammenarbeit von Banken und örtlichen Firmen die jüdischen Unternehmen zum Aufgeben gezwungen worden waren. Bei den Versuchen, auch die übrigen Betriebe, insbesondere die bis dahin kaum angetasteten größeren Unternehmen, ihren jüdischen Inhabern zu entreißen, kam es jedoch zu erheblichen Widerständen. Denn hier waren die Grundlagen geregelter Geschäftsbeziehungen in Gefahr, was zu Kritik von Seiten der Wirtschaftsverbände und des Wirtschaftsministeriums unter Hjalmar Schacht führte, die derartigen illegalen und willkürlichen Maßnahmen nicht zustimmen wollten.

Als im Juli 1938 vom Reichsinnenministerium der Vorschlag gemacht wurde, ein Gesetz zur sofortigen, vollständigen und zwangsweisen Ausschaltung der Juden aus der Wirtschaft sowie der Konfiszierung ihres Vermögens zu verabschieden, protestierten der Reichsfinanzminister unter Hinweis auf zu erwartende Steuereinbußen, die Reichsbank unter Hinweis auf die Gefährdung des Kapitalmarkt[231] – sowie Gestapa und SD, die zwar selbst immer wieder die beschleunigte »Entjudung der Wirtschaft« gefordert hatten, das Vermögen der Juden aber zur Finanzierung der Auswanderung sowie zur Begleichung des Unterhalts der im Reich verbleibenden Juden heranzuziehen gedachten, wie es seit dem Frühjahr 1938 von Eichmann in Wien mit so durchschlagendem »Erfolg« betrieben wurde. Entsprechend formulierte der SD im September 1938 zwei Hauptaufgaben der Judenpolitik: »1. Schaffung von Auswanderungsmöglichkeiten unter möglichster Vermeidung von Devisenkosten. 2. Sicherung der Unterstützungskosten für die zurückbleibenden Juden durch jüdische Mittel des In- und Auslandes.«[232]

Die aus diesen Widersprüchen resultierende Pattsituation im Herbst 1938 machte es also unsicher und relativ offen, in welche Richtung sich die antijüdische Politik des Regimes entwickeln würde: hin zu einer langsamen, sich über mehrere Jahre erstreckenden »Ausschaltung« der Juden, vor allem der größeren jüdischen Unternehmen, aus dem deutschen Wirtschaftsleben – oder in Richtung auf eine schnelle, radikale Hinausdrängung aus der Wirtschaft, selbst unter Hinnahme volkswirtschaftlicher Nachteile. Die Austreibungspolitik von Gestapa und SD stand zwischen diesen beiden Alternativen; denn die Bereitschaft zur Aufnahme der deutschen Juden im Ausland war daran geknüpft, dass die Juden wenigstens Teile ihrer Habe und ihres Vermögens mitbringen konnten, um nicht im Gastland auf staatliche Unterstützung angewiesen zu sein. Das aber widersprach sowohl den wirtschaftlichen als auch den ideologischen Vorstellungen der deutschen Behörden in Bezug auf die Judenpolitik. Da zudem die für die Auswanderung benötigten Devisen infolge der sich verschärfenden rüstungskonjunkturellen Finanzkrise des Reiches nicht mehr zu erhalten waren, stieß der Zustrom mittelloser jüdischer Flüchtlinge in die Nachbarländer, der vor allem seit Beginn der Eichmannschen Vertreibungspolitik in Wien rapide zugenommen hatte, auf wachsenden Widerstand der betroffenen Regierungen.

Insbesondere in der Schweiz gab es Bestrebungen, das Land »vor dem ungeheuren Zustrom von Juden aus Wien zu sichern«, da die Schweiz »diese Juden ebenso wenig gebrauchen könne wie Deutschland«, wie der eidgenössische Polizeichef betont hatte.[233] Über die Forderung der Schweizerischen Behörden, den Zustrom deutscher oder österreichischer Juden einzudämmen, und die Anregung, die Pässe von Juden mit einem Sichtvermerk zu versehen, fanden daraufhin vom 27. bis 29. September in Berlin Verhandlungen statt, die auf deutscher Seite von Best in seiner Eigenschaft als Chef der Abwehrpolizei und der Ausländerpolizei geleitet wurde. Im Ergebnis führten diese Verhandlungen zur Einführung des roten »J« als Sichtvermerk in alle Auslandspässe deutscher Juden, wodurch ihre Flucht in oder über die Schweiz oder andere Länder bis auf Einzelfälle unmöglich gemacht wurde.[234] Dies war zwar insofern ein Prestigegewinn für das Gestapa, als es hier bei einem bedeutsamen, noch dazu mit der Außenpolitik verbundenen Aspekt der Judenpolitik des Reiches federführend war, zugleich aber markierte das mit der Schweiz vereinbarte Verhandlungsergebnis einen offenkundigen Rückschlag für die Auswanderungs-Konzeption des SD, weil sich hier erwies, dass sie entweder im wirtschaftlichen oder im außenpolitischen Bereich zu massiven Problemen führen musste: Wollte das Regime die Pauperisierungspolitik gegenüber den Juden fortsetzen, musste die Aufnahmebereitschaft der auswärtigen Mächte sinken; wollte man deren Aufnahmebereitschaft fördern, musste das Regime wirtschaftliche Zugeständnisse machen und den deutschen Juden jedenfalls Teile ihres Vermögens lassen – wenn sie ein solches denn noch besaßen – und zudem Devisen für die Auswanderung bereitstellen. Da die Regimeführung weder zum einen noch zum anderen bereit war, war eine stetige Verschärfung der mit der nationalsozialistischen Judenpolitik verbundenen Probleme bereits in der Konzeption angelegt und unvermeidlich.

Die Ausweisungspolitik Eichmanns hatte auch bei den in Österreich lebenden Juden polnischer Staatsangehörigkeit eine verstärkte Rückkehr nach Polen zur Folge gehabt. Als Reaktion darauf und um eine Rückwanderung in größerem Ausmaße zu verhindern, hatte sich die polnische Regierung bereits Ende März 1938 per Gesetz die Möglichkeit verschafft, ihren im Ausland lebenden Staatsbürgern unter bestimmten Umständen die Staatsbürgerschaft zu entziehen.[235] Die deutschen Behörden erkannten darin die Gefahr, die dann staatenlos werdenden etwa 75.000 polnischen Juden im Großdeutschen Reich nicht mehr nach Polen ausweisen zu können. Gestützt auf die im August 1938 erlassene neue Ausländerpolizeiverordnung, begann Best (in seiner Eigenschaft als Chef der Ausländerpolizei) daraufhin, polnische Juden schon bei geringfügigen Anlässen ausweisen zu lassen.[236]

Im Oktober 1938 spitzte sich diese Entwicklung dramatisch zu. Am 6. Oktober kündigte das polnische Innenministerium an, dass zum Monatsende alle von den polnischen Auslandsvertretungen ausgestellten Reisepässe zu kontrollieren seien, andernfalls sie ungültig würden – eine Maßnahme, die unschwer als Reaktion auf die deutsche Ausweisungspolitik zu erkennen war. Daraufhin ordnete das Auswärtige Amt die sofortige Ausweisung aller Juden polnischer Staatsangehörigkeit an und bat die Ausländerpolizei im Gestapa um die Durchführung dieser Maßnahmen. Zwar lenkte die polnische Seite ein und bot am folgenden Tag Verhandlungen an – »ohne zu verhehlen, dass die Polnische Regierung nicht wünscht, dass größere Mengen von Besitzern polnischer Pässe, die durch die Anordnungen der Deutschen Regierung ihres Vermögens verlustig gegangen und in einen Zustand völliger Proletarisierung gebracht worden sind, massenweise nach Polen zurückkehren«. Best hatte seine Behörde jedoch bereits mit der Durchführung des Ausweisungsbeschlusses beauftragt.[237]

Noch am 26. Oktober kündigte das Gestapa den beteiligten Behörden die Ausweisung aller polnischen Juden aus dem Reich an; am Tag darauf befahl Best den nachgeordneten Stellen, »unter Einsatz aller Kräfte der Sicherheits- und Ordnungspolizei und unter Zurückstellung anderer Aufgaben alle polnischen Juden, die im Besitz gültiger Pässe sind, sofort ... in Abschiebungshaft zu nehmen und unverzüglich nach der polnischen Grenze im Sammeltransport abzuschieben. Die Sammeltransporte sind so durchzuführen, dass die Überstellung über die polnische Grenze noch vor Ablauf des 29. Oktober 1938 erfolgen kann. Es muss erreicht werden, dass eine möglichst große Zahl polnischer Juden, namentlich der männlichen Erwachsenen, rechtzeitig vor dem genannten Zeitpunkt über die Grenze nach Polen geschafft wird.«[238]

Mit diesen Schreiben wurde eine Aktion in Gang gesetzt, die die bis dahin selbst in der NS-Diktatur gekannten Maßstäbe von Brutalität und Rechtlosigkeit sprengte und auch im Hinblick auf die Größenordnung alle bisherigen Aktionen gegen die Juden übertraf. In zwei Tagen wurden 17.000 vorwiegend männliche Juden in systematischen Razzien im gesamten Reichsgebiet von den Polizeikräften verhaftet, zu Sammellagern verschleppt, in Züge gepfercht und an die polnische Grenze gefahren. Die letzten Kilometer bis zur Grenze mussten zu Fuß zurückgelegt werden – dort aber standen polnische Grenzsoldaten, die, wie an der Grenzstation bei Zbaszyn (Bentschen), an dem die meisten Transporte ankamen, den Juden den Übertritt mit Gewalt verweigerten. Daraufhin entstanden an der

Grenze improvisierte Internierungslager, allein in Zbaszyn waren dort zwischen 5.000 und 8.000 Menschen zusammengedrängt – entsprechend schrecklich waren dort die Verhältnisse.[239]

Nachdem die Polen die ersten an die Grenze transportierten Juden hatten einreisen lassen, dann aber ihre Übergänge schlossen und sogar Maschinengewehre in Stellung brachten, versuchten die SS- und Polizeieinheiten zunächst, die Juden mit Gewalt zum Übertreten der Grenzmarkierungen zu zwingen, so dass die Unglücklichen oft stundenlang im Niemandsland und an dem Grenzfluss umherirrten, während von beiden Seiten Gewehre auf sie gerichtet waren. Es gelang den Deutschen auf diese Weise jedoch, wie Best, der die Aktion von Berlin aus leitete, dem Chef der Reichskanzlei befriedigt mitteilte, »in der Nacht vom 28. auf den 29. Oktober ... etwa 12.000 polnische Juden teils über die Grenzübergangsstellen, teils über die grüne Grenze nach Polen abzuschieben«.[240] Die polnische Regierung drohte daraufhin mit der Ausweisung deutscher Reichsbürger aus Polen, transportierte auch eine größere Zahl von deutschen Juden an die Reichsgrenze, willigte aber ein, die Passprüfungsfrist vom 30. Oktober auf den 15. November zu verlängern, um Zeit für Verhandlungen zu gewinnen; daraufhin wurde auf deutscher Seite die Ausweisungsaktion abgebrochen.

Nach dem Scheitern der Zwangsausweisung und der Rückkehr zu diplomatischen Verhandlungen war nun allerdings ganz unklar, was mit den noch an der Grenze befindlichen Juden zu geschehen habe. »Durch die Zusammenballung tausender polnischer Juden in wenigen Grenzorten an der deutsch-polnischen Grenze entstanden teilweise sehr unerfreuliche Zustände«, hob Best am 29. Oktober gegenüber dem Auswärtigen Amt hervor; und am Nachmittag des gleichen Tages teilte er, wie Unterstaatssekretär Woermann vermerkte, telefonisch mit, »die Zustände an der Grenze seien unhaltbar geworden. Viele Tausende polnischer Juden stünden nunmehr seit gestern zwischen dem deutschen und polnischen Kordon an der Grenze. Was solle nunmehr geschehen? Die Gestapo habe die ganze Aktion nicht veranlasst, sie führe lediglich die Wünsche des Auswärtigen Amtes aus. Er bitte um sofortige Mitteilung, ob diese Juden zurücktransportiert werden sollten und ob wir noch darauf bestünden, dass sie in Konzentrationslager kämen.« Dass die Aktion an der deutsch-polnischen Grenze vom Auswärtigen Amt in Gang gesetzt worden war, traf zweifellos zu; wenngleich die Vertreibungspolitik Eichmanns in Wien der Auslöser für die polnisch-deutschen Spannungen gewesen war. Hingegen war der Vorschlag, alle polnischen Juden von der Grenze in Konzentrationslager zu verbringen, aus Bests eigener Abteilung, nämlich von seinem Referenten für Ausländerpolizei, Dr. Wetz, gekommen; und Bests Nachfrage zielte auch auf eine derartige Lösung ab, für die in seinem Kalkül aber nicht die Sicherheitspolizei, sondern das Auswärtige Amt die politische Verantwortung übernehmen sollte. Nun aber wurde ein Teil der polnischen Juden zurück nach Hause befördert, ein anderer Teil verblieb in den Grenzlagern, die erst im Sommer 1939 endgültig geschlossen wurden.[241]

Die Abschiebungsaktion von 17.000 polnischen Juden ist als Motiv für den Anschlag des Herschel Grynszpan auf den Legationssekretär vom Rath meist vorwiegend im Zusammenhang mit den Pogromen der »Reichskristallnacht« behandelt worden, für die die Nationalsozialisten das Pariser Attentat zum Anlass nahmen. Aber auch davon unabhängig stellte die Aktion vom 28. Oktober eine neue Stufe der antijüdischen Politik des NS-Regimes und des nationalsozialistischen Terrors insgesamt dar, und zwar sowohl im Hinblick auf die Zahl der davon betroffenen Juden als auch hinsichtlich der Form und Schärfe des Vorgehens der Polizeibehörden. Hier deutete sich die Perspektive der Judenpolitik von Gestapa und SD bereits an. Die Verhaftung und Deportation von 17.000 Menschen binnen weniger Stunden, überall im Reich zeitgleich durchgeführt, der Abtransport mit Güterzügen, die beispiellose Brutalität der SS- und Polizeikräfte und auch die Einhaltung der Formen des behördlichen und diplomatischen Verkehrs machten deutlich, in welche Richtung bei Gestapa und SD gedacht wurde, wenn es um eine längerfristige Judenpolitik ging: die rücksichtslos durchzuführende Vertreibung der Juden aus dem deutschen Machtbereich als konsequente und radikale Anwendung der Prinzipien des »völkischen«, des »seriösen« Antisemitismus.

Die Ausweisung der polnischen Juden im Oktober 1938 markiert daher den Übergang der antijüdischen Politik des Nationalsozialismus von Einzelaktionen und Pogromen hin zu einer alle Juden im deutschen Machtbereich erfassenden, leidenschaftslos, rechtsförmig und mit den Mitteln und Methoden von Bürokratie und Polizeibehörden durchzuführenden »Gesamtlösung« – die Umsetzung des Prinzips des »heroischen Realismus« in die Praxis der Polizei: den »völkischen« Gegner radikal und rücksichtslos zu bekämpfen, ohne ihn zu hassen.

»Kristallnacht«

Die Nachricht vorn Tode vom Raths wurde am Abend des 9. November während der Feierlichkeiten zum 15. Jahrestag des Hitler-Putsches von 1923 im Alten Rathaus in München bekannt, bei denen sich die Spitzen von Partei und SA um ihren Führer versammelt hatten. Es war Propagandaminister Goebbels, der die Möglichkeiten, die das Attentat für die Forcierung der durch Widersprüche zwischen politischen, wirtschaftlichen und außenpolitischen Interessen ins Stocken geratenen radikalen Judenpolitik bot, erkannt und am entschlossensten genutzt hatte. In einer flammenden Rede, die er nach kurzer Besprechung mit Hitler, der die Versammlung dann verließ, hielt und in der er auf judenfeindliche Kundgebungen hinwies, die in einigen Städten als Reaktion auf das Attentat bereits stattgefunden hätten, forderte er die anwesenden Partei- und SA-Größen unverblümt auf, in ihren Zuständigkeitsbereichen für entsprechende Reaktionen zu sorgen. Daraufhin eilten Gauleiter und SA-Führer nach kurzen Absprachen zum Telefon und instruierten ihre heimatlichen Stellen, dass und wie sie gegen Synagogen, jüdische Häuser und Geschäfte vorzugehen hätten. Der Eindruck einer gelenkten Aktion, so betonten sie, sei jedoch unbedingt zu vermeiden.[242]

Diese Anordnungen trafen insbesondere bei der SA auf lang aufgestaute Wünsche. Die Bürgerkriegsarmee der Nationalsozialisten, die seit der »Röhm-Aktion« innerhalb des Regimes stark an Bedeutung verloren hatte, sah in dem Auftrag, gegen die Juden vorzugehen, ein Betätigungsfeld, das ihren Traditionen entsprach. Zugleich bot sich ihr hier auch eine seit langem erhoffte Gelegenheit, sich durch besondere Dienstfertigkeit und Radikalität vor ihrem Führer und der gesamten »Bewegung« zu rehabilitieren und insbesondere gegenüber der so mächtig gewordenen Konkurrenzorganisation, der SS, Einfluss zurückzugewinnen.

Die Führung von SS, Gestapa und SD wurde von der Entwicklung des 9. November überrascht; gleichwohl traf sie sie nicht unvorbereitet. Am 6. November hatten sich Best und Heydrich mit den Leitern der regionalen Staatspolizeistellen und SD-Abschnitte zu ihrer regelmäßigen Jahrestagung versammelt, die diesmal in Wien stattfand. Anschließend fuhren die Teilnehmer nach München zu den Feierlichkeiten des 9. November. Die Nachricht, dass die Münchner Synagogen brannten, erhielten sie jedoch abends in ihrem Hotel, und es dauerte geraume Zeit, bis sich Heydrich nach Rücksprache mit dem gleichfalls überraschten Himmler ein Bild von der Lage gemacht hatte und imstande war, das Vorgehen der Polizei durch entsprechende Befehle zu koordinieren – zunächst telefonisch, dann schriftlich. Erst gegen Mitternacht ging ein kurzes Fernschreiben von Müller, der als Stallwache in Berlin geblieben war, an die Stapo-Stellen heraus, in dem die Maßnahmen und das Verhalten der Polizei geregelt wurden. Etwas später folgte ein längeres Fernschreiben von Heydrich mit detaillierteren Anweisungen.[243] In der Sache entsprachen beide Befehle einander – die Polizei habe die »Demonstrationen« nicht zu verhindern, aber gegen Plünderungen und das Übergreifen der Aktionen etwa auf »deutsche« Geschäfte vorzugehen. Ausländische Juden dürften nicht belästigt werden. Das Archivmaterial der jüdischen Gemeinden sei zu beschlagnahmen.

Im Mittelpunkt der antijüdischen Maßnahmen der Sicherheitspolizei in der Nacht und den darauffolgenden Tagen aber stand eine Aktion, die von der Durchführung her an die Ausweisungsrazzien gegen polnische Juden vierzehn Tage zuvor anknüpfte, diese aber in Bezug auf Radikalität und Umfang noch übertraf: »Sobald der Ablauf der Ereignisse dieser Nacht die Verwendung der eingesetzten Beamten hierfür zuläßt«, hatte Heydrich telegraphisch angeordnet, »sind in allen Bezirken so viele Juden – insbesondere wohlhabende – festzunehmen, als in den vorhandenen Hafträumen untergebracht werden können. Es sind zunächst nur gesunde, männliche Juden nicht zu hohen Alters festzunehmen. Nach Durchführung der Festnahme ist unverzüglich mit den zuständigen Konzentrationslagern wegen schnellster Unterbringung der Juden in den Lagern Verbindung aufzunehmen.«[244]

Dass die Führung von Gestapa und SD die von Goebbels in Gang gebrachten reichsweiten Pogrome missbilligte, war angesichts der Widersprüche zwischen der Politik des Pöbelantisemitismus, wie sie von Streicher betrieben und auch von Goebbels zur Radikalisierung der Judenpolitik befürwortet wurde, und der Linie der Sicherheitspolizei und des SD nicht überraschend. Die in ihrem Ausmaß und ihrer Wucht bis dahin ungekannten antijüdischen Exzesse dieses Tages führten zurück auf die Ebene der Straße und drohten so, die Politik des »seriösen« Antisemitismus zu gefährden, die Spitzen von Militär, Verwaltung und Wirtschaft zu beunruhigen und die außenpolitische Isolation des Reiches zu verfestigen. Die Pogrome des 9. November verbanden die antijüdische Politik des Nationalsozialismus zudem auch in der öffentlichen Wahrnehmung erneut mit dem Bild betrunkener, grölender Horden von Plünderern und Schlägern. Gerade dies aber traf in der deutschen Bevölkerung auf Ablehnung, und zwar auch bei ansonsten pronationalsozialistisch und antisemitisch eingestellten Personen. Während die Deportation der polnischen Juden zwei Wochen zuvor kaum auf nennenswerte Reaktionen in der deutschen Bevölkerung gestoßen war, erhoben sich gegen die Exzesse der »Reichskristallnacht« überall Proteste, die sich aber vorwiegend auf die Art und Weise des Vorgehens gegen die Juden bezogen – und nicht auf scharfe antijüdische Maßnahmen an sich.[245] Zudem war auffallend, dass über das schrecklichste Ergebnis dieser Nacht, nämlich die beinahe 100 Morde an jüdischen Menschen, kaum gesprochen wurde, sondern über die Öffentlichkeit und »Ungeregeltheit« des Tuns – darüber, dass solche »an das Mittelalter gemahnenden Aktionen« als »einer modernen Kulturnation unwürdig« empfunden wurden; vor allem aber über die »unnötige Vernichtung von Werten«. »In der Zerstörung von Schaufenstern, von Ladeninhalten und Wohnungseinrichtungen«, hieß es in einem der zahlreichen Berichte unterer Behörden über die Vorfälle, sähe man in der Bevölkerung »eine unnötige Vernichtung von Werten, die letztenendes dem deutschen Volksvermögen verloren gingen und die im krassen Gegensatz stehe zu den Zielen des Vierjahresplanes«.[246]

Hier lag auch der Schwerpunkt der Kritik innerhalb der Regimeführung an den Pogromen. Himmler, Heydrich und auch er selbst, berichtete Best später, seien »durch die von Dr. Goebbels veranlassten Aktionen überrumpelt worden und waren wegen der Folgen – Ordnungsstörungen, Zerstörungen wirtschaftlicher Werte, Plünderungen usw. – besorgt. Ebenso ging es den Chefs der Reichsverwaltungen, die nun mit der ohne ihre Mitwirkung und gegen ihren Willen geschaffenen Lage fertig werden mussten. Göring – der für alle Wirtschaftsangelegenheiten verantwortliche ›Beauftragte für den Vierjahresplan‹ – war wütend. Der für die zu treffenden Verwaltungsmaßnahmen zuständige Reichsminister Dr. Frick und die anderen Reichsminister waren zunächst ratlos. Klare Weisungen Hitlers – der offenbar selbst von Dr. Goebbels überrumpelt worden war – fehlten.«[247]

Das Kalkül, das von Goebbels mit der Ingangsetzung der Pogrome verfolgt worden war, nämlich die stockende antijüdische Wirtschaftspolitik zu forcieren, ging auf. Schon am 10. November befahl Hitler, »daß nunmehr auch die wirtschaftliche Lösung durchzuführen sei«; und zu diesem Zweck wurde die berüchtigte Konferenz am 12. November im Reichsluftfahrtministerium angesetzt, zu der Göring eingeladen hatte und an der Vertreter aller Ressorts, Behörden und NS-Organisationen teilnahmen, die auf irgendeine Weise mit der Judenpolitik des Regimes, insbesondere auf wirtschaftlichem Gebiet, beschäftigt waren.[248] Während Göring auf der Grundlage der Daten, die ihm das Gestapa vorgelegt hatte, die durch die Aktionen hervorgerufenen Schäden in Millionenhöhe beklagte und bemerkte, es wäre besser gewesen, »200 Juden zu erschlagen« als »solche Werte zu vernichten«, verdeutlichten die Vorschläge und Attacken des Propagandaministers die Denkweise und Zielrichtung des Radauantisemitismus. Während die Diskussion zwischen Göring und den verschiedenen Ressortvertretern die Fragen der wirtschaftlichen »Entjudung« behandelte, forderte Goebbels, die Synagogen zu »Parkplätzen« zu machen, den Juden den Besuch von Theatern, Kinos, Varietés, Zirkusveranstaltungen, Schlafwagenabteilen, Strandbädern und Erholungsstätten zu verbieten, jüdische Schüler vom Besuch deutscher Schulen auszuschließen und den Juden das Betreten des deutschen Waldes zu untersagen.[249]

Gegenüber solchen wortradikalen Vorschlägen, die in ihrer Verbindung aus kleinlicher Boshaftigkeit und politischer Perspektivlosigkeit von den meisten Anwesenden als ineffektiv angesehen wurden, stachen die von Heydrich vorgestellten Pläne als kühl-professionelle und politisch geradezu weitsichtige Konzeptionen ab. Er schlug vor, die forcierte Auswanderung nach Vorbild der Wiener Auswanderungszentrale zu verbinden mit einer »Isolierung« der in Deutschland noch verbleibenden Juden durch Gettoisierung und äußerliche Kennzeichnung mit Hilfe eines an der Kleidung zu tragenden Abzeichens, um sie so einerseits radikal von der »deutschen« Bevölkerung zu trennen, ihnen auf der anderen Seite eine wirtschaftliche Betätigung zu ermöglichen, um eine »Verproletarisierung« zu verhindern. Dieses Konzept entsprach im Wesentlichen den von Best und Heydrich bereits im August 1935 vorgetragenen »Vorschlägen zur Lösung der Judenfrage«, war in Bezug auf die Gettoisierung und die äußerliche Kennzeichnung aber konkreter und radikaler. Es traf auf ausdrückliche Zustimmung besonders bei den deutschnationalen Ressortministern und setzte sich gegenüber den Vorschlägen des Propagandaministers zunächst durch. Das jüdische »Gesellschaftsproletariat«, betonte Finanzminister Schwerin von Krosigk, könne man nicht hier behalten. »Infolgedessen muß das Ziel sein, was Heydrich gesagt hat: heraus, was herausgebracht werden kann!«[250]

Wendepunkt der »Judenpolitik«

Die politischen Auswirkungen des 9. November kann man in drei Punkten zusammenfassen: Erstens durchschlugen die von oben inszenierten Pogrome die Verwicklungen und Stockungen der antijüdischen Politik des Regimes und führten zur Forcierung einer schnellen, radikaleren und rücksichtsloseren Linie gegenüber den Juden. Zweitens wurde als Reaktion auf die Proteste gegen die öffentlichen Exzesse des 9. November die Form der antijüdischen Politik geändert, die Politik selbst aber verschärft. Gegen die Ausschaltung der Juden aus der Wirtschaft wie generell gegen die nun rapide forcierte Diskriminierung und Entrechtung der jüdischen Bevölkerung erhob sich weder in den Ministerien noch aus der Wirtschaft, noch von anderen gesellschaftlichen Eliten, noch aus der deutschen Bevölkerung ein bemerkbarer Protest. Denn die in den nun folgenden Monaten und Jahren praktizierten Maßnahmen gegen die Juden wurden von staatlichen Behörden, in rechtsförmigem Gewand, vor allem aber still, reibungslos und ohne Verletzung des Stilempfindens gerade der konservativen Führungsgruppen durchgeführt. Ausdruck dieser Entwicklung war vor allem, dass die Verantwortung für die Koordination der »Judenpolitik« bei Sicherheitspolizei und SD konzentriert wurde. Dadurch entstand, drittens, gleichzeitig ein Radikalisierungsdruck. Denn die Sicherheitspolizei stand nun unter dem Zwang, beweisen zu müssen, dass sie mit ihren stillen und legalen Formen der Judenpolitik nicht weniger radikal und dabei dennoch effektiver war als die SA mit ihren Straßenexzessen.

In den bis Kriegsbeginn noch verbleibenden zehn Monaten seit dem 9. November 1938 wurden nun die beiden bis dahin konkurrierenden Ziele der wirtschaftlichen Ausschaltung und der »Förderung der Auswanderung« genannten Austreibung der Juden gleichzeitig und in beschleunigter Weise durchgeführt. Auf der einen Seite wurden in schneller Folge alle jene bis dahin umstritten gewesenen Maßnahmen zur »wirtschaftlichen Liquidierung des Judentums« im gesetzlichen Gewand oder auf dem Verordnungswege ergriffen; insbesondere die Konfiskation von einer Milliarde Reichsmark als »Sühneleistung« und die »Verordnung zur Ausschaltung der Juden aus dem deutschen Wirtschaftsleben«, die in kurzer Zeit zur »Arisierung« auch der großen jüdischen Unternehmen führte, sowie eine Unzahl von zum Teil einschneidenden Einzelmaßnahmen.[251] Auf der anderen Seite hatte sich die von Heydrich in der Konferenz am 12. November vorgestellte Linie der Vertreibung als Hauptziel der deutschen »Judenpolitik« durchgesetzt.

Mit welchen Methoden dieses Konzept in Zukunft durchgeführt werden würde, war insbesondere durch die bereits in der Nacht vom 10. November befohlene und begonnene Verhaftungsaktion deutlich geworden. Um die Schrecken des 9. November für die Juden zu verlängern, die »Auswanderungswilligkeit« zu erhöhen – dies aber, ohne die deutsche Öffentlichkeit zu »beunruhigen« – und wohl auch, um die Effektivität des Apparats der Sicherheitspolizei zu demonstrieren, wurden allein in das Konzentrationslager Dachau bis zum 22. Dezember 11.000 vorwiegend wohlhabende jüdische Männer gebracht, 9.800 nach Buchenwald und zwischen 6.000 und 10.000 nach Sachsenhausen. Ihre Behandlung übertraf in Bezug auf Grausamkeit und Brutalität alles selbst in den Lagern bis dahin Gekannte – allein in Dachau gab es in wenigen Wochen 185 Tote unter den seit November eingelieferten Juden. Auch den Zweiflern unter den deutschen Juden wurde vor Augen geführt, dass nicht mehr nur ihre gesellschaftliche Position, sondern ihr Leben in Gefahr war; und dieser Schrecken war es, der in den Folgemonaten die Auswanderungszahlen hochschnellen ließ. Die Entlassung aus den Lagern war an die Vorlage von Auswanderungspapieren und die Bereitschaft zur »Arisierung« des Eigentums gebunden. Diese Voraussetzungen erfüllten bis Kriegsbeginn in Dachau 10.415 Häftlinge, in Buchenwald 8.311.[252]

Diese schnellen Entlassungen waren aber nicht nur durch den Auswanderungsdruck motiviert. Vielmehr waren die Lager, in die im Verlauf des Jahres 1938 beinahe 50.000 zusätzliche Häftlinge gesperrt worden waren, völlig überfüllt. Auch darauf wies Best gegenüber dem Finanzminister hin, als er Ende November für den Ausbau der Lager weitere Mittel beantragte – unter Hinweis auf »die Ereignisse in den letzten Tagen, die eine Steigerung der Häftlingszahl von 24.000 auf rund 60.000 gebracht haben ... die Ereignisse der letzten Tage haben die Richtigkeit meiner Auffassung bestätigt, dass die KL nicht immer nur für den Augenblicksbedarf, sondern auf weitere Sicht eingerichtet werden müssen, weil sonst die Durchführung der staatspolitisch wichtigen Sicherungsmaßnahmen einfach aus dem Mangel an Haftraum scheitern würde.«[253] Im Verlauf des Jahres 1938 hatte sich die Zahl der insgesamt inhaftierten KZ-Häftlinge vervielfacht. Wenn man bedenkt, dass nur drei Jahre zuvor die Zahl der Häftlinge in Preußen bei 1.700, im Reich unter 4.000 gelegen hatte und ernsthafte Überlegungen zur Schließung der Lager angestellt worden waren, so wird das Ausmaß der Veränderungen deutlich. Denn hatte es sich 1935 noch vorwiegend, ja nahezu ausschließlich um politische Häftlinge gehandelt, so lag im Dezember 1938 der Anteil der im engeren Sinne politischen Häftlinge nur noch bei etwa 15 Prozent. »Berufsverbrecher«, »Arbeitsscheue«, »Asoziale« – und Juden bestimmten nun das Bild in den Lagern. Die »politische Gefahrenabwehr« war als Aufgabengebiet von SS und Polizei gegenüber der »rassischen Generalprävention« vollständig in den Hintergrund getreten.

In den Tagen und Wochen nach dem Pogrom und der darauf folgenden Übertragung der Federführung in der antijüdischen Politik des Regimes an Sicherheitspolizei und SD wurden die politischen Richtlinien und die zu ergreifenden organisatorischen Maßnahmen in einer Reihe von Konferenzen des Gestapa festgelegt. Insbesondere waren die geplanten Gesetze und Verordnungen zwischen Bests Abteilung »Recht« und dem Innenministerium, vor allem Staatssekretär Stuckart und seinem »Judenreferenten« Lösener, abzustimmen. Bereits am 17. November begann Best mit der organisatorischen Vorbereitung der »Judenauswanderungsstelle«. Am 6. Dezember nahmen Heydrich und Best an der Besprechung Görings mit den Gauleitern »über die Judenfrage« teil, bei der Göring die Forcierung der Auswanderung zum obersten Ziel der »Judenpolitik« erklärte. Anschließend koordinierten Heydrich und Best die weiteren Schritte mit den zuständigen Referenten des SD. Am 9. Dezember trugen sie die geplanten Maßnahmen den nach Berlin gerufenen Leitern der regionalen Staatspolizei vor; am 16. Dezember – nach vorheriger Konferenz mit Eichmann und Stahlecker – den Regierungspräsidenten und Reichsstatthaltern.[254]

Um die Jahreswende war die Vorbereitung der antijüdischen Politik von Sicherheitspolizei und SD, wie sie bis Kriegsbeginn durchgeführt wurde, im Einzelnen abgeschlossen. Die wichtigsten und folgenreichsten Maßnahmen waren dabei die Einrichtung der »Reichszentrale für jüdische Auswanderung« am 24. Januar, das »Gesetz über Mietverhältnisse mit Juden« – als Vorbereitung der Konzentration jüdischer Familien in »Judenhäusern« – vom 30. April und die Errichtung der »Reichsvereinigung der Juden in Deutschland« als Zwangsverband unter Aufsicht der Gestapo.[255]

Die Auswirkungen dieser Maßnahmen waren bald abzusehen. Zum einen stieg die Zahl der aus Deutschland auswandernden Juden, zum anderen wuchs die wirtschaftliche Notlage der im Reich verbleibenden. Unter den Auswanderern war der Anteil jüngerer Menschen überdurchschnittlich hoch: 1939 waren 75 Prozent der zurückgebliebenen Juden älter als 40 Jahre. Die meisten von ihnen waren verarmt. Sie waren aus ihren Stellungen, oft auch den Wohnungen vertrieben und in sogenannten Judenhäusern in den Städten untergebracht. Nur 16 Prozent von ihnen waren als Beschäftigte gemeldet. Die Behandlung dieser noch im Reich befindlichen Juden war nunmehr für die Behörden in erster Linie ein Polizeiproblem. Denn zweifellos entsprachen diese verarmten, isolierten, beschäftigungslosen Menschen nun zunehmend den Vorstellungen der antisemitischen Propaganda von den schmutzigen, arbeitsscheuen und kriminellen Juden, mit denen dann entsprechend zu verfahren sei. Genau in diese Richtung argumentierte die SS-Zeitung »Das Schwarze Korps«, die in einem Artikel vom 24. November 1938 bemerkt hatte, dass die Isolierung und Pauperisierung die Juden in eine elende Existenz hinabstoßen würden, wodurch sie »allesamt in die Kriminalität absinken« müssten. Im Stadium einer solchen Entwicklung »ständen wir daher vor der harten Notwendigkeit, die jüdische Unterwelt genauso auszurotten, wie wir in unserem Ordnungsstaat Verbrecher eben auszurotten pflegen: mit Feuer und Schwert! Das Ergebnis wäre das tatsächliche und endgültige Ende des Judentums in Deutschland, seine restlose Vernichtung« – ein tödlicher Zirkelschluss, in dem »Kriminalbiologie« und anthropologischer Rassismus zur Deckung gebracht wurden: Durch die Maßnahmen der Behörden wurden die Juden zwangsweise in eine Lage gebracht, die als Begründung für eben diese Maßnahmen hergenommen wurde. Die Wirklichkeit wurde der Ideologie angepasst und galt so als Beleg für deren Richtigkeit.[256]

Die Entwicklung im Oktober und November 1938 markiert im Rückblick den Übergang von der zwischen Radikalität, Straßenexzessen, außenpolitischen Rücksichtnahmen und wirtschaftlichen Interessen schwankenden Judenpolitik des Regimes zu der einheitlicheren Linie, wie sie von Sicherheitspolizei und SD seit 1935 vertreten worden war. In gewisser Parallele zu der Entwicklung nach dem 30. Juni 1934 versprach diese Konzeption, die bei Teilen der deutschen Führungsgruppen aus wirtschaftlichen und außenpolitischen Motiven auf Bedenken gestoßenen und auch in der deutschen Bevölkerung weithin abgelehnten Methoden des Straßenterrors zu beenden und statt dessen eine »rationalere«, in rechtsförmigem Gewand und vor allem ohne Öffentlichkeit durchgeführte Politik gegen die Juden mit einem Höchstmaß an Entschlossenheit, Radikalität und organisatorischer Effizienz zu verbinden. War die Übernahme der Federführung in der Judenpolitik durch Sipo und SD dabei von Seiten der deutsch-nationalen Teile der Ministerialbürokratie mit der Erwartung verbunden, dass dieses ihnen unangenehme Problem aus der eigenen Verantwortung entlassen und auf irgendeine stille Weise »gelöst« würde, ohne dass es zu weiteren Misshelligkeiten wie im November 1938 käme, hatten die Pogrome bei der Partei und SA zu einer enormen Radikalisierung des Antisemitismus geführt, die einen entsprechenden Erwartungsdruck gegenüber Sicherheitspolizei und SD nach sich zog.

Zugleich aber stand die Übernahme der Judenpolitik im Kulminations- und Schnittpunkt der wichtigsten Entwicklungen seit 1935/36 innerhalb des Sicherheitsapparats selbst: des organisatorischen Ausbaus und der polizeifachlichen Professionalisierung von Apparat und Personal; der Herausbildung einer elitären weltanschaulichen Konzeption als Motor und Legitimationsbasis des eigenen Handelns; des Übergangs von der polizeilichen Gefahrenabwehr zur »rassischen Generalprävention« sowie der Verschmelzung von SD und Polizei zu einer von allen hemmenden Kontroll- und Regulierungsinstanzen befreiten Formation, die durch einen von ideologischem Fundamentalismus, Effizienz- und Elitebewusstsein geprägten Korpsgeist einerseits und durch kompetitiven Radikalisierungsdruck andererseits gekennzeichnet war. Aus dieser Konstellation entwickelte sich eine Dynamik, die vom November 1938 in weniger als drei Jahren zum Beginn der organisierten, massenhaften Ermordung der europäischen Juden im Herbst 1941 führte.

6. »Völkische Flurbereinigung«

Bild und Selbstbild Bests

Im Juli 1939 wurde Best 36 Jahre alt. Er stand auf dem Höhepunkt seiner Karriere in der Sicherheitspolizei. Als Herr des Apparats war er der Mann hinter Heydrich. Als führender Polizeirechtstheoretiker und in zunehmendem Maße auch als weltanschaulicher Publizist war er bei der SS und innerhalb der eigenen Behörde ebenso respektiert und angesehen wie bei den kooperierenden Ministerien, in der juristischen Wissenschaft und bei der Partei. Er galt als »vorbildlicher Nationalsozialist« – fleißig, energisch, sachlich; mit klarer weltanschaulicher Position und »intaktem Familienleben« (seine Frau brachte im Sommer des Jahres das vierte Kind, Sieglind, zur Welt, im Juni 1942 das fünfte). Best war ein Mann ohne Affären; im Lebensstil zurückhaltend und familienorientiert; sportlich, wenn auch ohne Ambitionen wie etwa Heydrich. Die im Berliner Regierungsviertel häufigen Empfänge und Bälle mied er weder, noch suchte er sie. Eher bewirtete er Gäste im eigenen Hause, Canaris vor allem, auch Stuckart und alte Freunde und Mitkämpfer aus den 20er Jahren sowie seinen Bruder Walter – Theaterdramaturg, SS-Mitglied und Sprachpfleger, der sich vor allem mit der Eindeutschung von Fremdwörtern beschäftigte. Persönlichen, außerdienstlichen Kontakt zu Mitarbeitern der Sicherheitspolizei pflegte Best nur selten, sieht man von den morgendlichen Ausritten mit Heydrich und Canaris im Grunewald einmal ab. Seinen engeren Bekanntenkreis suchte er eher im Kreise etwa gleichaltriger und gleichgesinnter völkisch-intellektueller Nationalsozialisten, die an Universitäten, bei Behörden- oder Parteistellen meist hohe Positionen einnahmen, wie Reinhard Höhn, Wilhelm Stuckart, Gerhard Klopfer (mittlerweile Staatssekretär in der Parteikanzlei) und Günther Joel, seinen Verhandlungspartner im Justizministerium.

Paul Kanstein, Polizeivizepräsident in Berlin und später in Dänemark unter Best Verwaltungschef, war einer der engeren Bekannten der Familie und mit Best auf eine distanzierte Art befreundet. Durch seine Kontakte zu den Männern des 20. Juli in kritischer Haltung gegenüber dem NS-Regime, verfasste Kanstein zwei Jahre nach Kriegsende eine längere Charakterisierung Bests, die um so aufschlussreicher ist, als sie ohne strafprozessuale Nebenabsichten geschrieben wurde, da Best zu diesem Zeitpunkt schon verurteilt und Kanstein bereits entlastet war:

»Dr. Best war überzeugter SS-Führer, der in der Schutz-Staffel für die weite Zukunft die eigentliche Trägerin des nationalsozialistischen Gedankenguts sah und, nach entsprechender Menschenauslese, insbesondere ihr die Fähigkeit zutraute, diese Ideen unverfälscht durchzuführen. Er stand den Mißerscheinungen und Übergriffen, die sich in ihr zeigten, keineswegs blind gegenüber, hoffte aber in seiner ideellen Auffassung auf eine Rekonvaleszenz ... Ich habe bei Dr. Best weder in der Zeit seiner Tätigkeit beim RSHA noch später irgendeine Neigung zur Brutalität beobachtet. Vielmehr habe ich im Gegenteil den Eindruck, daß er im Grunde genommen weich veranlagt war, was Anderen, vor allen Dingen Fremden gegenüber zu verbergen er sich allerdings sehr bemühte ... Dr. Best galt bei den Zentraldienststellen in Berlin als der ›vernünftige Mann‹ innerhalb dieses gefürchteten und gefährlichen Sektors der deutschen Polizei ... Dr. Best genoß im allgemeinen in Berlin, und zwar nicht nur in Parteikreisen, gutes Ansehen. Diese allgemein günstige Meinung über Dr. Best wurde noch dadurch erhöht, als ihm der Ruf eines in fachlichen Dingen ungewöhnlich begabten Mannes vorausging. B. betätigte sich auch schriftstellerisch mit wissenschaftlichen Arbeiten, deren Themata er zumeist seinem Fachgebiet – Polizei – entnahm, oder die auf volks-politischem oder staatswissenschaftlichem Gebiete lagen. Die in diesen Veröf-fentlichungen zum Ausdruck gebrachte nationalsozialistische Grundhaltung wurzelt in ehrlicher Überzeugung. Er war Idealist und glaubte an die Lebensfä-higkeit und Lebensmöglichkeit der nationalsozialistischen Weltanschauung. ... Ich weiß aber von Mitarbeitern und Freunden Bests, daß sie seine Arbeiten vom wissenschaftlichen Standpunkt aus anerkannten, ihnen aber sonst nachsagten, daß sie zu theoretisch und wirklichkeitsfremd seien. Best war in vielen Dingen, die nicht seinen Aufgabenkreis unmittelbar berührten, tatsächlich wirklichkeits-fremd, was auf die Dauer jedem Beobachter auffallen mußte, der Gelegenheit hatte, ihn kennenzulernen. In Verbindung damit mangelte es ihm an Menschen-kenntnis, zumal an der Fähigkeit, Menschen richtig abzuwägen und einzuschät-zen. Er war sehr geneigt, unterstellte Beamte, Mitarbeiter, Verhandlungspartner und dergleichen in erster Linie nach ihrer äußeren Erscheinung, ihren mehr oder weniger gewandten Äußerungen und ihrem rein fachlichen Können zu beurtei-len, und hat daher, auch was seinen Mitarbeiterstab angeht, oftmals Enttäu-schungen erlebt. Trotz aller Kameradschaft, die ihn auszeichnete, war es im übri-gen sowohl seinen Mitarbeitern als auch seinen Kameraden sehr schwer, einen persönlichen, inneren Konnex zu Dr. Best zu bekommen, und eine echte freund-schaftliche Verbindung zwischen ihm und seinen Mitarbeitern und Kameraden hat es nie gegeben. Auch im Verhältnis zu seinen engsten Mitarbeitern bestand jeweils ein Abstand, der nicht überschritten werden konnte, zumal Dr. Best be-wußt oder unbewußt keinem Menschen einen Einblick in sein Innenleben gestat-tete. Er neigte ausgesprochen zum Einzelgängertum, und diese Neigung im Ver-ein mit seiner außergewöhnlichen Begabung hat ihm vielfach den Tadel geistigen Hochmuts eingetragen. Entsprechend war er auch nicht frei von einer gewissen Eitelkeit, sowohl hinsichtlich seiner Fähigkeiten als auch hinsichtlich seiner Er-folge, und sich in Wort und Schrift gelobt zu finden, war ihm Befriedigung und Bedürfnis. Es war auch oft sehr schwierig, und im Laufe der Zeit fast unmöglich, ihn von einem einmal eingenommenen Standpunkt oder einer einmal gefaßten Meinung mit Gegenargumenten abzubringen, da er auf Widerspruch sehr emp-findlich reagierte, wie er überhaupt sehr zur Empfindlichkeit neigte. Menschen, die ihn gut zu kennen glaubten, neigen dazu, gerade in dieser Eigenschaft und in einem gewissen Hang zur Eifersucht auf die Arbeit und die Erfolge anderer die Anzeichen einer Unsicherheit zu sehen, die er selbst fühlte, aber nach außenhin durch entsprechend herbes Auftreten und unnachgiebige Haltung zu verbergen versuchte. Dr. Best war im übrigen in jeder Weise hilfsbereit, und wo es galt, Not zu lindern oder Ungerechtigkeiten auszugleichen, setzte er sich mit aller Kraft ein. Den ihm unterstellten Beamten und Offizieren gegenüber war er gerade in dieser Hinsicht ein idealer Vorgesetzter. Er war zudem jedem Ansuchen gegen-über gerne gefällig und im Verkehr mit Anderen, insbesondere aber mit Ver-handlungspartnern, von einer fast beispiellosen Höflichkeit.«[257]

Ehrgeizig und talentiert – aber eitel; kühl und bestimmt – im Grunde aber unsicher und überaus empfindlich; intelligent und fleißig – aber von intellektueller Arroganz und ausgesprochen rechthaberisch; ein fürsorglicher Vorgesetzter – aber ohne Menschenkenntnis und in vielem sehr weltfremd: Vieles an dem Bild, das Kanstein hier von Best zeichnete, erinnert an die Kennzeichnung der »Kriegsjugendgeneration«, wie sie von Günther Gründel mit Begriffen wie »Schlichtheit, Ernst, wortkarge Verschlossenheit, Zurückhaltung, ja manchmal schroffe Kälte«, vor allem aber »Sachlichkeit« dargelegt worden war.[258] Dass Best in dieser generationellen Maske auftrat, selbst aber weich, »empfindlich« veranlagt und schnell den Tränen nahe war, macht andererseits sein Auftreten in der Öffentlichkeit als angestrengtes Bemühen um »Haltung« und seinen immensen Fleiß als Flucht in die Arbeit erklärlich, denn hier fand er die Sicherheit und »Sachlichkeit«, die das private Leben nicht bot. Selbst im engen familiären Zusammenhang blieb er zurückhaltend und auf Formen bedacht, wenngleich er gewiss kein Tyrann war. Aber ohne Regeln, die das schiere Leben bändigten, kam er nicht zurecht. So war er auch kein musischer Mensch wie Heydrich, er besaß keine Ausstrahlung wie – jedenfalls für die SS-Leute – Himmler; sondern lebte ganz nach dem Bild des asketischen Ideologen und strengen Juristen und achtete darauf, dass sein Tagesablauf dem völlig entsprach. »Korrekt, pünktlich, arbeitsam«, beschrieb ihn sein Chauffeur, der Best stets morgens um sieben abholte, ihn dann erst zum Schwimmen, anschließend zum Reiten fuhr, »und ca. acht Uhr war Dr. Best im Dienst und hat überwiegend bis 22.00 Uhr und länger gearbeitet«.[259] Als »fast unnatürlich fleißigen Menschen, der von morgens 7.00 – 8.00 Uhr bis abends 9.00 – 10.00 Uhr unentwegt arbeitete«, beschrieb ihn seine Sekretärin, »ein Jurist, wie er im Buche steht, ziemlich pedantisch und sehr genau.« »Jurist durch und durch«, hieß es bei einer anderen Mitarbeiterin, als sie Best zu charakterisieren versuchte, »so daß man sich wegen seiner Pingeligkeit als Jurist über ihn gelegentlich schon etwas lustig machte. Er hat das wohl auch selbst bemerkt, denn ich erinnere mich, daß er zu irgendeinem Ball im Talar erschien und auf dem Barrett Paragraphen trug.«[260]

So machte Best insgesamt den Eindruck eines ehrgeizigen und talentierten, aber in vielem doch auch unerwachsen gebliebenen Mannes, der seine als Schwäche empfundene Weichheit durch betonte Härte, seine mangelnden emotionalen und moralischen Bindungen durch den Nachweis seiner weltanschaulichen Versiertheit auszugleichen trachtete. Die große Bedeutung, die er bürokratischen Abläufen und Hierarchien beimaß, sein Vertrauen auf das Funktionieren des Apparates, der – wenn er nur richtig eingestellt war – in der Lage sein würde, durch Klassifikation und Schematisierung jeder Situation Herr zu werden, und auch sein Hang, auf jede aktuelle Herausforderung mit der Deduktion aus einem weltanschaulichen Legitimationsgerüst zu reagieren – all dies zeigt, wie sehr Bests Verhaltensrepertoire auf vorgegebene, stark stilisierte Formen reduziert war, die es ihm ermöglichten, spontanen Entscheidungen auszuweichen und seine persönliche Unsicherheit durch Systematisierung, Formalisierung und Kontrolle auszugleichen. Wo ihm dies nicht gelang, geriet er schnell aus der Fassung.[261]

Da Heydrich seit 1938 infolge der Ereignisse in Österreich und der Tschechoslowakei häufiger von Berlin abwesend, zudem auch durch den Umstrukturierungsprozess des SD zusätzlich belastet war, hatte sich Bests Einfluss in der Gestapo-Zentrale noch vergrößert. Er war täglich bis zu 14 Stunden im »Amt«, kannte als Organisations- und Personalchef alle Einzelheiten des »Dienstes« und beinahe alle Mitarbeiter in der Zentrale und in den regionalen Stapostellen. Er war mit nahezu allen Vorgängen und Planungen des Gestapa bis in die Einzelheiten vertraut und zudem der bevorzugte Ansprechpartner der Ministerien und Zentralbehörden bei der Sicherheitspolizei. Dieser wachsende Einfluss Bests und die große Autorität, die er vor allem bei den leitenden Beamten in der Prinz-Albrecht-Straße genoss, führten nahezu zwangsläufig zu einem gewissen Argwohn Heydrichs und zu Spannungen zwischen beiden, wobei die Frage des Verhältnisses zwischen SD und Sipo wohl mehr Katalysator als Ursache für die zunehmende Verschlechterung der über Jahre hinweg so engen Beziehungen zwischen Heydrich und seinem Stellvertreter war. Diese Spannungen führten schließlich im Frühsommer 1939 zu einem abrupten Bruch – ausgelöst durch einen »spektakulären Aufhängepunkt«, wie Six später andeutete.[262]

Best sei bestrebt gewesen, so schrieb Kanstein über dieses Zerwürfnis, in die leitenden Stellen der Sicherheitspolizei »vorwiegend juristisch vorgebildete Beamte einzustellen und auch die Exekutivbeamten entsprechend vorzubilden und zu schulen und damit die völlig unzureichenden und unbrauchbaren Elemente, die ohne Vorbildung als Partei und SS in die Sicherheitspolizei hereingekommen waren, allmählich abzustoßen. Diese Bestrebungen Dr. Bests mußten ihn natürlich auf die Dauer in Konflikt mit anderen Stellen bringen, nicht zuletzt mit seinem höchsten Vorgesetzten, Heydrich ... Heydrich fürchtete auch Bests fachliches Können und war offensichtlich eifersüchtig auf dessen gutes Verhältnis zu den anderen Dienststellen und seine Beliebtheit bei den Beamten des RSHA. Auch einigen, Best gleichgestellten, Hauptabteilungsleitern im RSHA war der von Best verfolgte Kurs auf die Dauer nicht bequem.«[263] Heydrich hat diese Version später bestätigt, als er sich gegenüber Daluege allgemein über die weitere Entwicklung der Polizei im »Dritten Reich« äußerte: »Das wesentlichste aber wird sein, endlich die Polizeiverwaltung als solche mit dem Regiment der Juristen umzugestalten ... Ich habe aber – den Weisungen des Reichsführers entsprechend und damit gleichzeitig in hundertprozentiger Verwirklichung meiner eigenen Auffassung – den Juristen in meinem Bereich zurückgedrängt in die Ebene, in die er gehört: nämlich in die Rolle des formalistisch beratenden Justitiars. Bei mir hat der Jurist – auch in den Verhandlungen in den Ministerien – nicht die sog. führende Funktion auf allen Gebieten (auch von denen er nichts versteht), sondern ist tatsächlich lediglich die in der Form von Gesetzgebung, Verordnung und Erlaß beratende und nicht entscheidend führende Hilfe. Das ist letztenendes – wie Du weißt – der innere Grund meiner Trennung von Dr. Best.«[264]

Die vielfach gestreuten Gerüchte, Best strebe – unterstützt vom Innenministerium und der Abwehr – die Nachfolge Heydrichs an, verbanden sich bald mit Heydrichs Argwohn, die Juristen wollten in der Sicherheitspolizei die Vorherrschaft erringen, bis diese Spannungen schließlich in der Frage der personellen und »laufbahnmäßigen« Integration von SD und Gestapo offen auftraten, wobei Misstrauen, Ehrgeiz und Konkurrenzdenken seit Anfang 1939 in zunehmendem Maße auf die Art der Austragung dieser Kontroverse abfärbten.[265] Dies ist zu betonen, weil in Teilen der Literatur und – möglicherweise davon beeinflusst – auch in den Zeugenaussagen der ehemals führenden Männer von Sipo und SD der Weggang Bests als »Beseitigung des letzten Hindernisses« für Heydrich und Müller auf ihrem Weg zur Durchführung der Massenvernichtungspolitik dargestellt worden ist.[266] Dagegen ist hervorzuheben, dass Best bei den in diesen Monaten anstehenden politisch entscheidenden und wirkungsträchtigsten Fragen – den Aktionen der Einsatzgruppen der Polizei in Polen, der Judenpolitik, den »Evakuierungen« aus Westpolen – nicht nur mit Heydrich politisch vollkommen übereinstimmte, sondern bei all diesen Aktionen organisatorisch und ideologisch eine führende Rolle einnahm.[267]

Die ungenau definierte Rolle des SD hatte sich im Verlaufe des Jahres 1938 zu einer Dauerkrise entwickelt. Einerseits war es nach wie vor nicht gelungen, einen kontinuierlich und systematisch arbeitenden Informationsdienst aufzubauen, und vom ersehnten Ziel, »vielleicht einmal der tatsächlich vorgestellte große Nachrichtendienst (zu) werden, wie der ›Intelligence Service‹«, war der SD noch weit entfernt.[268] Zum anderen hatte der Dienstgradangleichungserlass vom 23. Juni 1938 bei der SD-Führung einige Bestürzung ausgelöst. Denn durch die damit einhergehende stärkere Koordinierung von Sipo und SD wurde nicht nur offenbar, dass Teile des SD-Apparats zu effektiver Tätigkeit noch gar nicht vorgestoßen waren, sondern der SD fürchtete auch um seine Selbständigkeit und um seinen Einfluss darauf, wer von den Sipo-Beamten in die SS aufgenommen wurde.[269] Zudem war auch die weitere Finanzierung des SD durch die Partei in Frage gestellt – so nahmen Kritik, Befürchtungen und Gerüchte bei den oberen und nachgeordneten Dienststellen des SD beständig zu. Walter Schellenberg, 28 Jahre alt, Leiter des Amtes I.11 und ein aufgehender Stern beim SD, fasste diese Kritik im Frühjahr 1939 so zusammen: »Insbesondere wird immer wieder von einer ungleichen Behandlung bei Einstufungen, Beförderungen usw. gesprochen, andererseits von einer Unsicherheit der Finanzierung des SD bereits im kommenden Haushaltsjahr. Diese Gerüchte gipfeln dann darin, dass von Befürchtungen einer Auflösung des Sicherheitsdienstes bzw. von einem Aufgehen in der Sicherheitspolizei die Rede ist, wobei als notwendige Folge angesehen wird, dass alle Angehörigen des Sicherheitsdienstes ohne eine durch die innere Verwaltung anerkannte Laufbahn, also insbesondere ohne juristische Vollausbildung, ihrer Existenz verlustig gehen werden.«[270]

Hier lag der entscheidende Punkt. Je stärker die Sicherheitspolizei wurde und je mehr sich Best mit seiner Forderung durchsetzte, die leitenden Positionen in der Sipo ausschließlich mit ausgebildeten Juristen zu besetzen, desto bedrohlicher war dies für die Nichtjuristen im SD, vor allem aber für die Nichtakademiker, die ihre Positionen und Aufstiegsmöglichkeiten in Gefahr sahen. Von hier aus entstand nun also ein erheblicher Druck auf die SD-Führung, den diese gegenüber der Sicherheitspolizei politisch umzusetzen versuchte. Bis dahin hatte Heydrich jedoch Bests Personalpolitik immer unterstützt, und beinahe bei allen Neueinstellungen für den höheren Dienst in der Sicherheitspolizei waren Juristen ausgewählt worden. Nun aber war der SD und damit Heydrichs Hausmacht innerhalb der SS bedroht. Aus dieser Konstellation heraus entwickelte sich seit Ende 1938 bis zum Sommer 1939 eine im Grunde ganz skurrile Auseinandersetzung zwischen Schellenberg, Heydrich und Müller auf der einen, Best auf der anderen Seite – ein Krieg der Denkschriften, bei dem unablässig politische »letzte Ziele« und »weltanschauliche Grundlagen« zitiert wurden, obwohl es doch eigentlich nur darum ging, wie man die Weiterexistenz des maroden SD und die beruflichen Aufstiegsmöglichkeiten seiner leitenden Mitarbeiter würde durchsetzen, legitimieren und finanzieren können.

Zunächst ging Heydrichs Bestreben dahin, den SD zu »verreichlichen«, was bedeuten sollte, ihn auf den Reichshaushalt zu übernehmen. Zugleich sollte seine organisatorische Selbständigkeit gewahrt und eine engere organisatorische Verbindung mit der Sicherheitspolizei unter Führung des SD angestrebt werden. Oberster Grundsatz, so Schellenberg, sei dabei, »daß die SS als Gliederung der Bewegung, ausgerichtet nach ihren besonderen Gesetzen der militärischen Zucht und weltanschaulichen Haltung, den Sektor ›Polizei‹ des Staatsapparats ... in sich aufnimmt.« Tatsächlich aber standen andere Absichten dabei im Vordergrund, nämlich einerseits »die Ausschaltung des Reichsschatzmeisters [der Partei] als Zwischeninstanz zu erreichen und damit eine unmittelbare, von innerparteilich-politischen Konstellationen unabhängige Geldgewährung zu erreichen«, zum anderen aber den SD trotz staatlicher Finanzierung nicht mit Beamtenplanstellen zu bestücken, sondern seine Organisationsstruktur beizubehalten.[271] Der SD wäre also vom Staat bezahlt worden, ohne sich eine staatliche, behördliche Struktur geben zu müssen. Dieser Plan war jedoch allzu durchsichtig und scheiterte schon am Veto des Reichsschatzmeisters, der die staatlichen Zahlungen an die Partei für den SD nicht missen wollte.[272] So blieb nur der Weg der Schaffung eines einheitlichen, staatlichen »Sicherheitskorps«, mithin die Zusammenlegung von Politischer Polizei, Kriminalpolizei und SD zu einer organisatorischen und behördlichen Einheit – und damit das Ausscheiden der SD-Leute aus dem Partei- und ihr Wechsel in den Staatsdienst. Da aber die Führung der Politischen Polizei zumeist aus Juristen, die der Kriminalpolizei aus Kriminalbeamten, die des SD aus SS-Führern mit den unterschiedlichsten Ausbildungsprofilen bestand, hatten Kriminalbeamte und SD-Führer zu befürchten, dass bei der Schaffung einer einheitlichen Behörde die juristische Laufbahn wie in den anderen Verwaltungszweigen auch zur Voraussetzung der Besetzung von Führungspositionen gemacht würde.

»Kritik und Apologie des Juristen«‹

Genau in diese Kerbe hieb Best, als er im März 1939 einen Entwurf für neue Laufbahnrichtlinien verfertigte, der für alle leitenden Beamten des einheitlichen »Sicherheitskorps« gültig werden sollte. Danach war das Jurastudium inklusive der Assessorenprüfung nun obligatorisch, sollte aber durch einen mehrmonatigen kriminalpolizeilichen Schulungskurs sowie durch die automatische Aufnahme von Anwärtern für den leitenden Dienst in die SS bereits nach dem Abitur und ihre intensive »SS-mäßige Erziehung« ergänzt werden. Nur so waren nach Best die optimale fachliche Qualifizierung, die politische Zuverlässigkeit und die jederzeitige Einsetzbarkeit des Führernachwuchses gleichermaßen gegeben, und Best machte auch keinen Hehl daraus, gegen wen das gerichtet war: gegen »die Gefahr der Einseitigkeit und des Minderwertigkeitsgefühls einer abseitigen Laufbahn (der die gegenwärtigen ›leitenden Kriminalbeamten‹ verfallen sind), wie auch die Gefahr der Selbstherrlichkeit und Kurzsichtigkeit eines auf sich gestellten Prätorianertums (zu dem hauptberufliche Parteieinrichtungen neigen)«.[273] Das war nun ein ganz unverhüllter Angriff auf Kripo und SD, der das ausgeprägte Selbstbewusstsein und den Führungsanspruch Bests dokumentierte; und sogleich folgte die entsprechende Reaktion: »Es kann schließlich nicht die Rede davon sein, daß nur Mitarbeiter mit akademischer Bildung ein Existenzrecht im Sicherheitsdienst hätten«, schrieb Schellenberg an Heydrich; »gegen diese Auffassung muß ausdrücklich Front gemacht werden«.[274]

Daraufhin verschärfte Best den Streit noch und veröffentlichte im »Deutschen Recht« einen Aufsatz mit dem Titel »Kritik und Apologie des ›Juristen‹«, in dem er den Monopolanspruch der Juristen bei Polizei und Verwaltung ausdrücklich – nun aber eben auch öffentlich – hervorhob und dabei, was angesichts der internen Auseinandersetzungen bei Sipo und SD besonders bemerkenswert war, seine eigene biographische Entwicklung ausführlich beschrieb und als Vorbild und Muster für die Heranziehung des gesamten Führungsnachwuchses des »Sicherheitskorps« herausstellte. Die stilisierte Darstellung seiner Vita (»Ein junger Mensch, für den der Krieg, der Zusammenbruch und die Besetzung seiner Heimat durch fremde Truppen die bestimmenden Erlebnisse seiner Jugend waren ...«) füllt beinahe ein Drittel des Aufsatzes.

Im völkischen Staat, so Bests These, sei der Jurist nicht mehr der »neutrale, seine Persönlichkeit hinter dem Amt verbergende Urteilsfäller«, wie es dem Prinzip der Gewaltenteilung entsprochen habe, sondern der »›Ordner‹ in der Volksordnung, der die Technik der ›zivilen‹ Befehlsgebung und Befehlsausführung beherrscht ... Der Beruf des ›Juristen‹ ist deshalb heute ... der ›politischste‹ Beruf im Rahmen der Volksordnung.« Unter diesem Aspekt sei die vormals durchaus berechtigte Kritik am »Formalismus« der Juristen zurückzuweisen, die zudem »oft nur dem Ärger entspringt, daß nicht von dem geltenden Recht für einen bestimmten gewünschten Zweck eine Ausnahme gemacht wird«.[275] Best sorgte nun noch dafür, dass dieser Aufsatz in gekürzter Form zugleich auch in der »Deutschen Allgemeinen Zeitung« erschien, und damit war die Provokation perfekt.

Dieser Aufsatz und die sich daran anschließende Debatte waren der »spektakuläre Aufhängepunkt« für das Zerwürfnis zwischen Best und Heydrich, von dem Six gesprochen hatte. Die Beanspruchung eines generellen Führungsmonopols für Juristen in der gesamten Verwaltung und insbesondere bei der Politischen Polizei, vor allem aber die Herausstellung Bests eigener biographischer Entwicklung als Vorbild und Paradebeispiel für den »völkischen Juristen« und »Ordner in der Volksordnung« musste nicht nur als Kampfansage gegen die Kriminalbeamten und nichtakademischen SD-Leute wirken, sondern auch als Ausdruck von Bests eigenem Machtanspruch – und damit als Angriff auf Heydrich.

Dahinter stand ein grundsätzlicheres Problem, das in ähnlicher Form bereits im Frühsommer 1933 aufgetaucht war und seinerzeit zum Sturz Bests in Hessen geführt hatte: die Frage nach der Rolle der Parteiformationen in der Führung der Polizei. Einen erheblichen Teil der unteren SD-Chargen hielt Best für schlichtweg ungeeignet, leitende Positionen im nationalsozialistischen »Sicherheitskorps« einzunehmen. Für ihn waren politische Radikalität und Zuverlässigkeit, weltanschauliche Festigkeit und Klarheit sowie akademische Ausbildung und fachliche Professionalität gleichermaßen Voraussetzungen für die Besetzung der Führungsränge der Sicherheitspolizei. Darin war er mit den meisten Spitzenfunktionären in der Prinz-Albrecht-Straße auch einig, zumal ein solches Denken mit den Elitevorstellungen der SS durchaus übereinstimmte. Der »Nicht-Akademiker« Heydrich aber musste in einer solchen Struktur einen Anschlag auf sich und seine Gefolgsleute im SD sehen. Dass Best den Führungsnachwuchs der Sicherheitspolizei nun im Wortsinne nach seinem eigenen Bilde schaffen wollte, war aber in der Tat auch eine ziemlich unverhüllte Herausforderung.

Schellenberg verfasste folgerichtig im Auftrage Heydrichs eine ausführliche und geharnischte Erwiderung, die zunächst ebenfalls zur Veröffentlichung vorgesehen war, dann aber zurückgehalten wurde, weil sie den Streit in der Zentrale von Sipo und SD öffentlich gemacht und den Nimbus der monolithischen, undurchdringlichen Geschlossenheit der »Gestapo« gefährdet hätte. Schellenbergs Entgegnung war gleichwohl unzweideutig – der Vorwurf des »als Lebensfremdheit bezeichneten Fehlens des gesunden Menschenverstandes ..., gepaart mit äußerer Überheblichkeit und Stolz sowie einer Beschränkung auf Formelles und Gegebenes« bezog sich erkennbar nicht nur auf den Juristenstand, sondern vor allem auf Best selbst. Der Führungsanspruch der Juristen sei überholt; im nationalsozialistischen Staat sei der Jurist »Berater in Formfragen«, nicht mehr. Die Herausbildung des Führungsnachwuchses in der SS sei vom erlernten Beruf der einzelnen Kandidaten ganz unabhängig, denn Regieren und Führerschaft könne man nicht erlernen, schon gar nicht durch das Jurastudium, »sondern man muss dazu geboren sein«.[276] »Die Abneigung gegen selbständige Charaktere nimmt zu«, notierte Ulrich von Hassell im September 1938 in sein Tagebuch über die Situation in der Führung der Sicherheitspolizei; »wer nicht kriecht, gilt als hochmütig«.[277] Das war auch bei diesem Konflikt von Bedeutung. Aber vor allem waren es die Karrieresorgen und sozialen Existenzängste der SD-Männer und Kripobeamten, die Heydrich darauf drängen ließen, dass bei der Besetzung von Leitungsstellen in der zukünftigen einheitlichen »Reichs-Sicherheitspolizei« Juristen kein Monopol eingeräumt werde.

Aus der Frage der Dienstgrad- und Besoldungsangleichung von SD und Sipo war nun also eine erbitterte Fehde geworden, bei der die Differenzen sich jedoch nicht auf die politische Zielsetzung, die Methoden oder die Radikalität des Vorgehens der Sicherheitspolizei bezogen, sondern auf ihre Führungsstruktur. Auf Seiten Bests war deutlich das völkisch-jungkonservative Leitbild der »Elite der Geistigen« erkennbar; für Heydrich hingegen war die jederzeitige Benutzbarkeit des Instrumentes Sicherheitspolizei durch die politische Führung des Regimes wichtiger.

In der Sache führten die zugespitzten Auseinandersetzungen zu keinem greifbaren Ergebnis.[278] Weder wurde eine einheitliche Laufbahn für Sipo und SD geschaffen, noch kam es zur »Verreichlichung« des SD – gegenüber dem Finanzminister und dem Schatzmeister der Partei konnte sich Heydrich nicht durchsetzen. Um aber die Kooperation zwischen Sipo und SD zu verbessern und wenigstens formal das »einheitliche Staatsschutzkorps« zu schaffen, von dem nun schon so lange die Rede war, wurden zum September 1939 Sicherheitspolizei und Sicherheitsdienst unter dem Dach des neu geschaffenen Titels »Reichssicherheitshauptamt« vereinigt – ein »Kuriosum«, wie Best später nicht zu Unrecht bemerkte, »das eigentlich nur ein einheitlicher Aktenzeichenplan für den internen Geschäftsverkehr der beteiligten Ämter war, während die Ämter verwaltungsrechtlich und haushaltsrechtlich blieben, was sie waren, und deshalb nach außen weiter unter den bisherigen Bezeichnungen auftreten mußten.«[279]

Seit dem Sommer 1939 gab es nun aber auch Gerüchte über ein mögliches Ausscheiden Bests aus der Sicherheitspolizei; wenngleich daran angesichts der politischen Entwicklung und der bevorstehenden inneren Umorganisation von SD und Sipo noch auf längere Sicht nicht zu denken war, weil niemand in der Lage war, Best zu ersetzen. So blieb Best noch mehr als ein Jahr, bis zum Juli 1940, im RSHA; allerdings veränderte sich die Struktur der Führungsspitze in dieser Zeit. Best wurde – mit erweiterten Kompetenzen – Leiter des Amtes I und war nun auch für Personal und Organisation des SD zuständig. Die Abwehrpolizei allerdings gab er nach einigen Monaten ab; sie wurde dann später von Schellenberg übernommen.[280] Mit der Errichtung des SS-Hauptamtes »Haushalt und Bauten« im Juli 1939 wechselte zudem die Zuständigkeit der dienstlichen Aufsicht und der Finanzierung der Konzentrationslager, die Best bis dahin in seinem Amt wahrgenommen hatte, in das neue SS-Hauptamt – angesichts des nahenden Krieges war mit erheblichen Erweiterungen des Konzentrationslager-Systems zu rechnen, so dass dies nicht mehr quasi nebenbei bearbeitet werden konnte.[281] Best blieb auch Stellvertreter Heydrichs und unter den Amtsleitern »primus inter pares«, aber seine Rivalität zu Heydrich und auch zu Müller war seither unübersehbar.

Die Gründung des Reichssicherheitshauptamtes führte hingegen noch nicht zur Errichtung des einheitlichen »Sicherheitskorps«, von dem Heydrich immer gesprochen hatte. Die Rivalitäten zwischen SD und Sicherheitspolizei, auch zwischen Gestapo-Beamten und Kriminalpolizisten, blieben bestehen und äußerten sich vor allem in dem Bemühen der einzelnen Gruppen, sich in Bezug auf »Pflichtbewusstsein« und Radikalität von den jeweils anderen nicht übertrumpfen zu lassen – eine Rivalität, die sich mit Kriegsbeginn noch verstärkte: Hier lag die politische Brisanz dieses absurd anmutenden Streits um Laufbahn- und Besoldungsrichtlinien. Denn die wirkliche Vereinheitlichung von Sipo und SD vollzog sich nicht in den Büros der Berliner Zentrale, sondern im »Einsatz« – in Österreich, dem Sudetenland und der »Tschechei«; vor allem aber seit September 1939 in Polen.

Die Aufstellung von polizeilichen Sondereinheiten für den Einsatz in den von Deutschland besetzten Gebieten markiert in der Entwicklung des nationalsozialistischen Sicherheitsapparates das Ausgreifen seiner Befugnisse und Aktionen über die deutschen Grenzen hinaus. Dabei weitete sich das Aufgabengebiet des RSHA von der Ausschaltung politischer Gegner in den okkupierten Gebieten zu einem in kurzer Zeit riesige Ausmaße annehmenden Programm der Umsiedlung, Deportation und Ermordung ganzer Bevölkerungsgruppen aus und stellte den Beginn jener »völkischen Flurbereinigung« vor allem in Osteuropa dar, an dessen Ende die organisierte Massenvernichtung der Juden stand. Im Zuge dieser Entwicklung wandelte sich auch Bests Funktion: Vom Praeceptor und Vordenker der Sicherheitspolizei wurde er zum Organisator des Massenmords und zu einem der Planer der »Bevölkerungsverschiebungen« in Polen, von denen in wenigen Monaten Hunderttausende von Menschen betroffen wurden.

Dass sich mit der territorialen Ausdehnung des Reiches auch die Befugnisse der Sicherheitspolizei entsprechend erweitern würden, war innerhalb der Regimeführung unbestritten; beim »Anschluss« Österreichs im Frühjahr 1938 wurde dies zum ersten Mal praktisch umgesetzt.[282] Nach der politischen Entscheidung war das in erster Linie ein organisatorisches Problem – und also Aufgabe Bests, der bereits einige Wochen vor dem Einmarsch der Wehrmacht in Österreich in enger Zusammenarbeit mit Canaris mobile Polizeieinheiten aufgestellt hatte, die den einzelnen Truppenteilen zugeordnet wurden und direkt hinter den einmarschierenden Truppen »polizeiliche Sicherungsaufgaben« vorzunehmen hatten.[283] Diese aus Gestapo, Kripo und SD zusammengestellten Einheiten gingen insbesondere gegen politische Gegner der Nationalsozialisten in Österreich vor, über die SD, Abwehrpolizei, militärische Abwehr und Partei zuvor entsprechende Unterlagen gesammelt hatten. Fünf Tage nach dem Einmarsch wurden die mobilen Einheiten in feste Behörden der Sicherheitspolizei sowie entsprechende SD-Stellen umgewandelt. Was im »Altreich« fünf Jahre gedauert hatte, wurde nun in Österreich in wenigen Wochen gedrängt nachgeholt – die Ausschaltung zunächst der politischen Gegner, dann die Entrechtung und Austreibung der österreichischen Juden und die Verfolgung der unerwünschten »asozialen Elemente«.

Die Maßnahmen, erst der mobilen, dann der festen Einheiten von Gestapa und SD in Österreich, waren scharf, brutal und von so unübersehbaren Übergriffen und Ausschreitungen begleitet, dass sich Heydrich ein halbes Jahr später, beim Einmarsch in das Sudetenland, genötigt sah, den Polizeikräften bei »Ungesetzlichkeiten wie in Österreich«[284] schwere Strafen anzudrohen. Denn in der Perspektive der Regimeführung und der Sicherheitspolizei handelte es sich bei der »Österreich-Aktion« nicht um einen Einsatz im »Ausland«, sondern innerhalb des eigenen Volkes. Insgesamt entsprach das Vorgehen der Polizeieinheiten im wesentlichen dem, was in den Jahren zuvor im Reich vorexerziert worden war; mit dem Ziel, nun auch in »sicherheitspolizeilicher Hinsicht« den »Anschluss« und damit eine Situation wie in Deutschland herzustellen. Etwa mit Beginn des Aufbaus des Konzentrationslagers Mauthausen im August 1938 war dieser Zustand erreicht.

Best war während der »Österreich-Aktion« als einziger aus der Führung der Sicherheitspolizei in Berlin geblieben und hatte von hier aus den Einsatz organisatorisch und technisch geleitet. Unter dem Blickwinkel der weiterhin zu erwartenden Territorialgewinne stellten die Aktionen der Sipo-Einheiten in Österreich eine Art von Probelauf dar, der für Best insgesamt positive Ergebnisse gezeitigt hatte, die bei dem Einmarsch ins Sudetenland entsprechend verwertet wurden.

Seit Juni 1938 wurde der Einsatz von Einheiten der Sicherheitspolizei und des SD in der Tschechoslowakei vorbereitet; infolge der außenpolitischen Entwicklungen wurde er dann aber zunächst auf das Sudetenland begrenzt. Die Federführung lag diesmal jedoch nicht beim Gestapa, sondern im Amt III des SD unter Jost, da es sich ursprünglich um einen Einsatz im »Ausland« hatte handeln sollen. Dafür aber gab es bei der Sicherheitspolizei gar keine organisatorischen Strukturen. Die Absicht des SD lag daher auch darin, mit der Sipo zu einer Art von genereller Arbeitsteilung zu kommen: Die Leitung von gemeinsamen Aktionen innerhalb des Reichsgebietes sollte beim Gestapa liegen, außerhalb des Reichsgebietes generell beim SD. Das aber hätte absehbar für die kommenden Jahre nahezu ein Machtmonopol des SD bedeutet, ganz abgesehen davon, dass der SD personell und organisatorisch mit einer solchen Aufgabe auch heillos überfordert gewesen wäre. So entstand jene gemischte Kommandoführung, die hinfort für die jetzt »Einsatzgruppen« genannten Einheiten aus Sicherheitspolizei, Ordnungspolizei und SD kennzeichnend war.[285]

Auch bei der sudetendeutschen Bevölkerung handelte es sich in »völkischer Perspektive« um Angehörige des »deutschen Volkes«, und dies schlug sich in den von Best herausgegebenen »Richtlinien für die Tätigkeit der Einsatzkommandos der Geheimen Staatspolizei in den sudetendeutschen Gebieten« auch nieder, in welchen »strengste Disziplin und anständigste Form« sowie »verständnisvolle Rücksicht und hilfsbereite Kameradschaft ... gegenüber der reichstreuen sudetendeutschen Bevölkerung« befohlen wurden. Verhaftungen waren auf der Grundlage der bereitgestellten Sonderfahndungslisten vorzunehmen, wobei »keinesfalls Unschuldige unnötig schikaniert werden« dürften – wobei in diesen Richtlinien nicht nur die ausgesprochenen Ge- und Verbote aussagekräftig waren, sondern auch etwa die Tatsache, dass das explizite Verbot von Tötungen als offenbar notwendig erachtet wurde: »Mißhandlung und Tötung festgenommener Personen ist strengstens untersagt«.[286] Die Zahl der Verhaftungen durch die Einsatzgruppen im Sudetenland mag bei einigen Tausend gelegen haben; Heydrich mahnte jedoch im Dezember ausdrücklich die Überprüfung der Festnahme- und Haftgründe an, da Festnahmen »vielfach ... aufgrund von Beschuldigungen erfolgt« seien, »die sich bei Nachprüfungen als haltlos oder stark übertrieben herausstellten«.[287]

Neben den Rivalitäten zwischen SD und Sipo, die bei Vorbereitung und Durchführung des Einsatzes im Sudetenland erneut zutage getreten waren, hatte sich hier aber auch das Verhältnis von Wehrmacht und Polizei als problematisch erwiesen. Zwar hatte Hitler den Vorrang militärischer vor polizeilicher Maßnahmen am 30. September ausdrücklich betont, eine explizite Unterstellung der Polizeieinheiten unter den Oberbefehlshaber des Heeres war jedoch nicht vorgenommen worden, und Himmler, Heydrich und Daluege hatten sogar heftig gegen die Übertragung der vollziehenden Gewalt auf das Heer opponiert.[288] So wies Heydrich die Einsatzgruppen an, Anordnungen der militärischen Befehlshaber »loyal« zu befolgen. Für die Ausführung »rein politisch-polizeilicher Aufgaben« gebe jedoch allein der Reichsführer SS die Befehle, und die Wehrmachtsführung sei lediglich zu unterrichten.[289] Nun gab es hier »von der Sache« her keinen Dissens zwischen Wehrmacht und Polizei – die »Vorbereitungen Heydrichs zur Beseitigung der deutschen Kommunisten im sudetendeutschen Gebiet«, wie Canaris es gegenüber Keitel nannte, wurden lediglich wegen der mangelnden Abstimmung mit der Wehrmacht kritisiert, in der Substanz aber unterstützt?[290] Es ging um die Frage der jeweiligen Unter- bzw. Überordnung: Hatte sich die Sicherheitspolizei innerhalb des Reiches als autonomer Machtblock neben der Wehrmacht etabliert, so wollte die Heeresführung ihre unbeschränkte Befehlsgewalt im außerdeutschen Operationsgebiet in jedem Falle gewahrt sehen, ohne andererseits aber die Notwendigkeit von »Säuberungen« in den eroberten bzw. inkorporierten Gebieten durch Sipo und SD in Frage zu stellen. Darin lag der Widerspruch in der Haltung der Wehrmachtsführung, der sich auf längere Sicht als nicht lösbar erwies und das politische und moralische Dilemma der Wehrmacht insgesamt beschrieb.

Bei dem Einsatz der Polizei- und SD-Einheiten in der Tschechoslowakei im März 1939 hingegen war von Beginn an geklärt, dass die Einsatzgruppen an die Anordnungen der Heeresgruppen gebunden waren, und die Aktionen liefen nach dem erprobten Muster ab. Schon seit dem Sommer 1938 hatten Sipo, SD und auch einzelne Parteistellen entsprechende Karteien und Fahndungslisten aufgebaut. Zwei Einsatzgruppen mit insgesamt sieben Einsatzkommandos wurden aufgestellt und begannen am 15. März mit umfangreichen Verhaftungsaktionen in Böhmen und Mähren. Während Heydrich mit den übrigen Amtschefs in Prag weilte, um den Einsatz vor Ort zu leiten, blieb Best wiederum in Berlin, um die Operationen zentral zu koordinieren[291], bis Anfang Mai die organisatorische Umwandlung der Einsatzgruppen in feste Gestapo-Stellen abgeschlossen war.[292]

Aber obwohl diese »Aktion« ganz nach dem in Österreich bereits erprobten Ablaufplan verlief, unterschied sie sich doch in einem entscheidenden Punkt von den bisherigen Einsätzen der Polizei- und SD-Einheiten außerhalb des Reichsgebietes. Denn im Gegensatz zu Österreich und den Sudetengebieten bestand der überwiegende Teil der Bevölkerung des jetzt gebildeten »Protektorats Böhmen und Mähren« nicht aus Deutschen, sondern aus »fremdvölkischen« Tschechen. Dass das »Protektorat« dennoch in das »Großdeutsche Reich« einbezogen und die dort wohnhaften Tschechen zu »Inländern besonderer Art« erklärt wurden, war mit »völkischen« Prinzipien nicht vereinbar, deren Grundlage in der scharfen Scheidung zwischen den einzelnen »Volkstümern« bestand.[293] Hier lag der Ansatzpunkt für die Widersprüche zwischen »Rassen- und Weltpolitik«[294], die in der Folgezeit zu einem Kennzeichen der nationalsozialistischen Eroberungspolitik wurden – und hier setzte auch Bests Kritik an, der jedenfalls nach eigener, allerdings glaubhafter, Darstellung sogleich eine Denkschrift verfasste, in der er sich gegen die Inkorporation der Tschechen als »Reichsbürger« aussprach, weil dies gegen die völkische Lebensauffassung verstoße, und diese Denkschrift Himmler und Heydrich vorlegte – ohne damit aber ersichtliche Reaktionen auszulösen.[295]

Gegenüber Höhn, behauptete Best später, habe er damals sogar geäußert: »Das ist das Ende. Bisher haben uns die Leute geglaubt, daß der Nationalsozialismus die völkische Idee verkörpert und daß diese völkische Idee Grenzen kennt. Mit dem Einmarsch in Prag aber wird der Nationalsozialismus zum Imperialismus.«[296] Dieser Teil der Darstellung ist aber ganz irreführend; denn gegen den »Einmarsch in Prag« war vom »völkischen Standpunkt« aus gar nichts einzuwenden. Die Einbeziehung der Tschechen in den Reichsbürger-Verband war es vielmehr, die die Kritik der ideologischen Puristen hervorrief, weil auf diese Weise das von den völkischen Radikalen seit jeher mit aller Macht bekämpfte »Staatsbürgerprinzip« plötzlich Eingang in die nationalsozialistische Verfassungspraxis zu finden drohte und eine Art von übervölkischem Reichsbürgerstand geschaffen wurde.

Nun waren Überlegungen wie die von Best angesichts der offenbaren außenpolitischen Erfolge des »Führers« von offensichtlich geringerer Relevanz. Andererseits deutete Bests Kritik an, dass es eine spezifisch völkische Theorie in Fragen der Ausgestaltung der deutschen Vorherrschaft in Europa noch gar nicht gab und das Verhältnis von »Lebensraumgewinnung« und Behandlung der nichtdeutschen Bewohner in den zu erobernden Gebieten aus dieser Perspektive noch ganz ungeklärt war – und an diesem Punkt zeigte sich, dass Bests Kritik durchaus einen neuralgischen Punkt der nationalsozialistischen Politik getroffen hatte. Die »völkischen« Grundsätze gegenüber den Tschechen wurden in den von Best herausgegebenen »Richtlinien für das Verhalten der Angehörigen der Sicherheitspolizei und des Sicherheitsdienstes im tschechischen Gebiet« stark betont: »Wie wir als Nationalsozialisten die Achtung vor unserer Rasse und die Unversehrtheit unseres Blutes verlangen und fordern, haben wir Verständnis für fremde Rasse und fremdes Volkstum aufzubringen. Aus diesen Gründen ist für die Angehörigen der Sicherheitspolizei und des Sicherheitsdienstes jeder nichtdienstliche Verkehr mit der fremdvölkischen Bevölkerung verboten.«[297]

Die »Aktionen« in Polen

Auch bei der Vorbereitung und Durchführung des Einsatzes der deutschen Polizeisondereinheiten in Polen waren die Widersprüche zwischen machtpolitischem Pragmatismus und »reiner« völkischer Lehre ein kennzeichnendes Moment. Bereits seit dem Sommer 1936 hatte Best den Schwerpunkt der Tätigkeit der Abwehrpolizei auf die Berichterstattung über den deutsch-polnischen Volkstumskampf in den Grenzregionen verlegt – mehr als 180 Berichte des Referats III J aus den Jahren 1936 bis 1939 sind erhalten, in denen über die Polen im Reich und über die Auseinandersetzungen zwischen Polen und »Volksdeutschen«, insbesondere in der ehemaligen preußischen Provinz Posen, zum Teil ausführliche Meldungen enthalten sind.[298] Spätestens seit Juni 1938 wurden die führenden Vertreter der polnischen Vereine und Verbände in Oberschlesien, vermutlich auch der in der Region Posen, namentlich erfaßt.[299] So scharf diese Berichte auch gehalten waren –vor allem, wenn es um Bedrückungen der »volksdeutschen« Minderheit ging –, sie standen doch in der Tradition der deutsch-polnischen Auseinandersetzungen in dieser Region, wie sie sich seit den antipolnischen Maßnahmen der preußisch-deutschen Regierung in den 1880er Jahren herausgebildet und seit den Kämpfen zwischen Polen und deutschen Freikorps nach dem Ersten Weltkrieg zugespitzt hatten. Auch in der deutschen Außenpolitik insgesamt und selbst in Hitlers politischen Äußerungen über das Verhältnis zu Polen standen bis zum Sommer 1939 nicht die Aussagen über die »rassische Minderwertigkeit« der Polen im Vordergrund, sondern die – angesichts des deutsch-polnischen Abkommens von 1934 lange Zeit eher maßvoll vertretenen – Gebietsforderungen als Teil der gegen die Versailler Bestimmungen gerichteten Revisionspolitik. Ausschlaggebendes Motiv für Hitlers im April 1939 gefassten Entschluss zur »Ausschaltung Polens« war seine Überzeugung, für den nun fest beschlossenen Westkrieg müsse er die polnische Bedrohung »im Rücken« beseitigen. Erst nachdem aus diesem Grund der Entschluss zum Angriff gefallen war, hat Hitler, wie Hermann Graml formulierte, »dem Überfall auf Polen das Etikett ›Krieg um Lebensraum‹ aufgeklebt«.[300]

Bis zum Frühjahr 1939 hatte das Problem der in Deutschland lebenden polnischen Staatsbürger im Zentrum der Aufmerksamkeit Bests und seiner Abwehrpolizei gestanden – nicht zuletzt die nach wie vor schwelende Frage der noch in Deutschland befindlichen polnischen Juden, von denen viele seit der Ausweisungsaktion vom Oktober 1938 bis in den Sommer 1939 in den grenznahen Lagern leben und darauf warten mussten, was mit ihnen geschehen würde.[301] Seither aber konzentrierte sich das Interesse stärker auf die Vorgänge in den polnischen Westgebieten selbst. Berichte über »Vorbereitungen zur Enteignung volksdeutschen Grundbesitzes in der polnischen Grenzzone«, über »Ausschreitungen gegen Volksdeutsche«, »Auswüchse der Deutschenhetze in Polen« oder »Grenzverletzungen durch polnisches Militär«[302] zeugten von dem – teils künstlich herbeigeredeten, teils tatsächlich bestehenden – aggressiven Klima des sich verschärfenden »Volkstumskampfes«; und die ausländerpolizeiliche Erfassung aller Polen im Reichsgebiet sowie die Erstellung von Listen mit den Namen der Angehörigen »deutschfeindlicher Organisationen« in Polen durch das Referat III J entsprachen ganz dieser Linie.[303]

Die erste Besprechung über die Aufstellung der Einsatzgruppen in Polen fand in der Sipo-Zentrale am 5. Juli statt und war schon ganz durch Routine geprägt. Best berichtete über den Stand der Vorbereitungen. Sein Vorschlag, vier Einsatzgruppen zu je 500 Mann zu bilden, wurde akzeptiert. Die »Gesamtvorbereitung« oblag ihm, für die Polizei waren Müller und Meisinger, für den SD Six zuständig. Allerdings waren operative Vorbereitungen noch gar nicht möglich, solange weder ein Einsatzplan der Wehrmacht vorlag noch Entscheidungen über die politischen Ziele eines Krieges gegen Polen gefällt waren.[304] In den folgenden Wochen wurden nun zum einen die Organisations-, Personal- und Aufstellungspläne der Einsatzgruppen erarbeitet und die vorliegenden Unterlagen über die Führer der antideutschen Organisationen sowie anderer missliebiger Personen in Sonderfahndungslisten zusammengestellt. Best rief zudem alle vorgesehenen Leiter der Einsatzgruppen einzeln zu sich und setzte sie über die Vorbereitungen und Pläne ins Bild.[305] In den ersten Augusttagen wurden dann die »Richtlinien« für die Einsatzgruppen in Polen herausgegeben – auch diese entsprachen noch im Wesentlichen den entsprechenden Bestimmungen vom Oktober 1938 und vom

März 1939. Wichtig waren dabei die Verpflichtungen der Einsatzgruppenleiter, ständige Verbindung mit dem Berliner Gestapa zu halten, sowie das explizite Verbot von Misshandlungen oder Tötungen festgenommener Personen und das Kontaktverbot zur nichtdeutschen Bevölkerung. Aber jeder Hinweis darauf, dass sich der »Poleneinsatz« von dem in der Tschechoslowakei unterscheiden würde, fehlte; auch »rassische« Fragen oder die Behandlung der Juden in Polen wurden nicht angesprochen. Als allgemeine Aufgabenstellung war vielmehr »die Bekämpfung aller reichs- und deutschfeindlichen Elemente in Feindesland rückwärts der fechtenden Truppe« festgesetzt worden.[306] Was damit gemeint war, hatte Best in Bezug auf »Böhmen und Mähren« im Sommer 1939 per Erlass noch einmal definiert. Danach sei als »Staatsfeind« jeder Bewohner dieses Gebietes anzusehen, der nach der deutschen Machtübernahme gegen Deutschland oder die deutsche Herrschaft tätig geworden sei. Bei Kommunisten und linken Sozialdemokraten gelte dies auch für ihre Tätigkeit vor der deutschen Besetzung, und Juden seien immer als Staatsfeinde anzusehen.[307] Insofern waren auch die Richtlinien für den Einsatz in Polen politisch nicht misszuverstehen.

Am 18. August schließlich unterrichteten Himmler, Heydrich, Best und Müller die Einsatzgruppenleiter in einer abschließenden Einsatzbesprechung über die Einzelheiten des geplanten Einsatzes.[308] Dass bereits hier am 18. August ein genereller Befehl zur »Liquidierung« der polnischen Intelligenz erteilt wurde, ist zweifelhaft;[309] konnten doch die tatsächlichen Ziele des »Polenfeldzuges« insgesamt und damit auch des Einsatzes der Polizeieinheiten erst nach den deutsch-sowjetischen Vereinbarungen über die Aufteilung Polens festgelegt werden. Gleichwohl herrschte bei Teilen der militärischen Führung schon jetzt eine gewisse »Besorgnis wegen [der] Rolle [der] Totenkopfverbände« bei dem bevorstehenden Einsatz in Polen, wie Canaris formulierte. Um dieses Misstrauen zu zerstreuen, kam es am 29. August noch zu einer Besprechung zwischen dem Generalquartiermeister des Heeres Eduard Wagner, Best und Heydrich. »Beide etwas undurchdringlich, Heydrich besonders unsympathisch«, notierte sich Wagner; in der Sache kam man aber schnell überein.[310] Zunächst sollten (als »erste Rate«) 10.000, anschließend noch einmal 20.000 Polen verhaftet und in Konzentrationslager eingewiesen werden. Zwar äußerte Generalstabschef Halder gewisse Bedenken gegen diese Vereinbarung, zu einem ernsthaften Disput kam es jedoch nicht. Denn darüber, dass ein »scharfes Vorgehen« gegen »deutschfeindliche Elemente« in Polen notwendig sei, bestand volle Übereinstimmung zwischen Wehrmacht und Sicherheitspolizei.[311]

Damit waren die Vorbereitungen abgeschlossen. Fünf »reguläre« Einsatzgruppen unter Streckenbach, Schaefer, Dr. Fischer, Beutel und Damzog mit insgesamt 13 Einsatzkommandos waren aufgestellt. Bis auf Damzog, Meisinger und Rasch waren alle Leiter der Einsatzgruppen und -kommandos zwischen 30 und 35 Jahre alt und mit vier Ausnahmen durchweg Juristen.[312] Jede Einsatzgruppe und jedes Einsatzkommando bestand aus je einer Einheit Gestapo, Kripo und SD, die ihre spezifischen politisch-polizeilichen, kriminalpolizeilichen und nachrichtendienstlichen Aufgaben hatten und nur bei größeren »Aktionen« gemeinsam handelten. In Berlin war ein Sonderreferat unter der Operationsbezeichnung »Tannenberg« eingerichtet worden, das den Kontakt zu den mobilen Einheiten in Polen aufrechtzuerhalten hatte und Best direkt unterstand.[313] Da sich Heydrich in den folgenden Wochen vorwiegend im Operationsgebiet aufhalten würde, wurde Best, der die Aktionen wiederum von Berlin aus lenken sollte, zu Heydrichs Vertreter in seiner Eigenschaft als Chef der Sicherheitspolizei und des SD – also nicht wie bisher nur als Chef des Gestapa – ernannt. Die organisatorische Leitung des Einsatzes lag bei ihm, während die politische Führung von Himmler und Heydrich in Polen direkt wahrgenommen wurde, die ihrerseits wiederum in allen entscheidenden Fragen direkte Weisungen Hitlers erhielten.[314]

Bereits in den ersten drei Kriegstagen meldeten die Einsatzgruppen umfangreiche Verhaftungsmaßnahmen – die von der Abwehrpolizei vorbereiteten Sonderfahndungslisten der zu ergreifenden »deutschfeindlichen Polen« enthielten vor allem die Namen der Anhänger des polnischen »Westmarkenvereins«, der »Insurgenten« genannten Teilnehmer an den polnischen Aufständen der frühen 20er Jahre in Oberschlesien, der Kommunisten sowie von Teilen des katholischen Klerus.[315] Aber erst seit den Ereignissen des »Bromberger Blutsonntags« am 3. September, bei dem in Bromberg und in anderen polnischen Städten hunderte »Volksdeutsche« von Polen umgebracht wurden, erhielt das Vorgehen der Einsatzgruppen in Polen seine dramatische Verschärfung und Radikalisierung.[316] Noch am gleichen Tag erging ein Befehl Himmlers an die Einsatzgruppen, dass »polnische Aufständische«, die »auf frischer Tat oder mit der Waffe ergriffen« wurden, sofort und ohne Standgericht zu erschießen seien; wobei als »Aufständischer« definiert wurde, wer das Leben deutscher Besatzungsangehöriger oder Volksdeutscher angriff oder lebensnotwendige Einrichtungen gefährdete. Zudem waren die örtlichen polnischen Verwaltungsspitzen unverzüglich als Geiseln festzunehmen.[317] Am Abend des 3. September gab Himmler von Gleiwitz aus dem »Sonderbefehlshaber der Polizei«, von Woyrsch, den Befehl, mit Hilfe einer neu aufzustellenden »Einsatzgruppe z.b.V.« »die radikale Niederwerfung des aufflammenden Polenaufstandes in den besetzten Teilen Oberschlesiens mit allen zur Verfügung stehenden Mitteln« durchzuführen, »vor allem Niederkämpfung und Entwaffnung polnischer Banden, Exekutionen, Verhaftungen ... «[318] Am Dienstag, dem 5. September, fanden daraufhin die ersten Exekutionen statt – etwa 50 Polen wurden im Rathaus in Bromberg von Angehörigen des Einsatzkommandos IV.1 unter Bischoff erschossen; am 7. September wurden die ersten öffentlichen Geiselerschießungen gemeldet, denen etwa 400 Menschen zum Opfer fielen.[319] Beide Maßnahmen gingen auf eine direkte Weisung Hitlers an Himmler zurück, in Bromberg »500 Geiseln festzusetzen und zu schärfsten Maßregeln (standrechtliche Erschießung) zu schreiten, bis Befriedung erreicht ist«.[320]

»Völkische Flurbereinigung«

Die in diesen Tagen gefällten politischen Entscheidungen waren aber weitreichender. Aus dem ursprünglich angestrebten Ziel, die politische und intellektuelle Führungsschicht Polens als vermutetes Zentrum des erwarteten polnischen Widerstandskampfs auszuschalten, war ein umfassendes, »völkisch« bzw. »rassisch« motiviertes Programm der Vertreibung der Bevölkerung und der Germanisierung des Landes geworden. Vermutlich noch am gleichen 7. September hatte Hitler gegenüber von Brauchitsch erstmals von der Notwendigkeit einer »völkischen Flurbereinigung« in Polen gesprochen.[321] Was das bedeutete, teilte Heydrich noch am gleichen Tag seinem Stellvertreter Best und den anderen im Berliner Gestapa versammelten Amtsleitern mit: »Die führende Bevölkerungsschicht in Polen soll so gut wie möglich unschädlich gemacht werden. Die restliche verbleibende niedrige Bevölkerung wird keine besonderen Schulen erhalten, sondern in irgendeiner Form heruntergedrückt werden. Das Hinausschieben polnischer Juden aus Deutschland soll durchgeführt werden, auch der Juden, die aus Polen zugewandert sind und inzwischen die deutsche Staatsangehörigkeit angenommen haben. Die Überführung der Häftlinge macht Schwierigkeiten. Es wird entschieden, daß die Führerschicht, die auf keinen Fall in Polen bleiben darf, in deutsche KZ's kommt, während für die Unteren provisorische KZ's hinter den Einsatzgruppen an der Grenze angelegt werden.«[322]

Nun ist dies die verharmlosende Sprache schriftlicher Protokolle. Wie Canaris, der davon Kenntnis erhielt, tags darauf berichtete, hatte Heydrich auf dieser Sitzung kritisiert, die gegenwärtige Zahl von 200 Exekutionen täglich sei unzureichend. »Die kleinen Leute wollen wir schonen, der Adel, die Popen und Juden müssen aber umgebracht werden.«[323] Gegenüber Keitel wies Canaris zudem darauf hin, »daß umfangreiche Füsilierungen in Polen geplant seien und daß insbesondere der Adel und die Geistlichkeit ausgerottet werden« sollten. Keitel war aber bereits informiert und beschied dem Abwehrchef, »daß diese Sache vom Führer bereits entschieden sei, der dem Oberbefehlshaber des Heeres klar gemacht habe, daß, wenn die Wehrmacht hiermit nichts zu tun haben wolle, sie es auch hinnehmen müsse, daß SS und Gestapo neben ihr in Erscheinung träten. Es werde daher in jedem Militärbezirk neben dem Militär- auch ein Zivilbefehlshaber eingesetzt werden. Letzteren würde eben die ›volkstümliche‹ Ausrottung zufallen.«[324]

Aus diesen verschiedenen Hinweisen lässt sich also mit einiger Bestimmtheit schließen, dass in den Tagen nach den Bromberger Vorfällen in der Regimespitze eine grundsätzliche Entscheidung über die deutsche Polenpolitik der nächsten Zeit gefallen war, die unter dem hinfort so oft gebrauchten Schlagwort der »völkischen Flurbereinigung« zusammengefasst wurde und den beteiligten deutschen Stellen nun sukzessive und nur, soweit sie damit direkt befasst waren, zur Kenntnis gebracht wurde. Ziele dieser Politik waren die Zerschlagung Polens als selbständiger Staat, die Angliederung der westpolnischen Gebiete an das »Reich«, die Vertreibung aller Juden und womöglich auch aller Polen aus dieser Region nach Osten, die Errichtung eines deutsch dominierten polnischen Ansiedlungsraumes in Zentralpolen und womöglich eines »Abschiebungsraumes« in den ostpolnischen Regionen. Um diese Ziele zu erreichen, sollte zunächst der – auch potentielle – polnische Widerstand »ausgeschaltet« werden, was die Liquidierung nicht nur der aktiven Widerstandskämpfer, sondern der gesamten politischen und intellektuellen Führungsschicht bedeutete. Dies wurde auch als Voraussetzung dafür angesehen, dass danach Polen und Juden aus dem zu annektierenden Westpolen nach Osten deportiert und dort in einer noch nicht näher bestimmten Weise angesiedelt werden konnten.

Als Träger dieser Maßnahmen auf deutscher Seite waren SS, Polizei und SD bestimmt worden, zunächst also vorwiegend die bereits in Polen befindlichen Einsatzgruppen – damit aber war der Einfluss des Himmlerschen Imperiums wenige Tage nach Kriegsbeginn um ein vielfaches vergrößert worden. Außer für »Gegnerbekämpfung« und »rassische Generalprävention« innerhalb des Reichsgebietes sowie für die forcierte Auswanderung der Juden aus Deutschland waren Himmler in seiner neuen Eigenschaft als »Reichskommissar für die Festigung deutschen Volkstums« und das im September neu konstituierte Reichssicherheitshauptamt nun für die »völkische Neuordnung« eines ganzen Landes, die Ermordung seiner Führungsschichten sowie Um- und Aussiedlungen in bis dahin nie gekannten Ausmaßen verantwortlich. Die offenbar nur die grobe Richtung bestimmende Entscheidung Hitlers musste zudem in den folgenden Tagen präzisiert und operationalisiert werden. Aber da die Polizeieinheiten in Polen auf eine Aufgabenstellung dieser Größenordnung gar nicht vorbereitet waren, wurden diese offenkundigen Defizite durch um so stärkere Bekundungen der Entschlossenheit und Härte ausgeglichen, zumal aus der Berliner Zentrale und aus Himmlers mobiler Kommandozentrale in Polen stetige Aufforderungen zu härterem Durchgreifen erfolgten.

Best war in diesen ersten Wochen und Monaten des »Polenfeldzuges« offenbar nahezu ununterbrochen im »Amt«. Er war mit der Aufstellung und Führung der Einsatzgruppen beschäftigt, mit der Vorbereitung der stationären Stapostellen, dem organisatorischen Zusammenschluss von Sipo und SD im RSHA und nun, seit Mitte September, auch mit der Vorbereitung einer gigantischen Deportations- und Umsiedlungsaktion. Während Heydrich etwa wöchentlich aus Polen nach Berlin kam und hier über seine Eindrücke und Erfahrungen berichtete, die politischen Entscheidungen Hitlers und Himmlers mitteilte und die sich daraus ergebenden Befehle und Anordnungen für das RSHA erteilte, die nahezu täglich weitreichender und großflächiger wurden, sorgte Best dafür, dass dieser mittlerweile riesenhafte Apparat auf Hochtouren und ohne Reibungen funktionierte.[325] Er dirigierte die Einsatzgruppen auf ihren Marschwegen durch Polen, hielt Kontakt mit den Reichsbehörden und Parteistellen in Berlin, sorgte für die entsprechende politische Unterstützung und lenkte zudem die mit Kriegsbeginn erneut verschärften polizeilichen Maßnahmen innerhalb des Reichsgebietes.

Die größten Probleme entstanden erneut zwischen RSHA und Wehrmachtsführung. Denn da die Armeekommandeure von den Befehlen zur systematischen Ermordung der polnischen Führungsschichten nicht unterrichtet waren, kam es zu heftigen Kontroversen zwischen Armee und Polizeiführung. Noch am 12. September hatte Best die Einsatzgruppe VI sowie das selbständige Einsatzkommando 16 aufgestellt – reine Exekutionskommandos, deren Aufgabe nur darin bestand, Heydrichs Forderung nach Erhöhung der täglichen Exekutionszahlen nachzukommen.[326] Als am gleichen Tag die Einsatzgruppe Schaefer 180 Polen, die ihr von der Heeresgruppe Süd übergeben worden waren, sofort zur Erschießung führte, war dies der Anlass zu scharfen Auseinandersetzungen zwischen Wehrmachts- und Polizeieinheiten. Auf Vorhaltungen berief sich Schaefer auf einen Befehl Himmlers, »alle Mitglieder der polnischen Insurgentenverbände zu erschießen«. Der vom Armeekommando sogleich eingeschaltete Best hingegen teilte aus Berlin mit, ein solcher genereller Befehl sei ihm nicht bekannt, »es seien lediglich scharfe Verfügungen im Sinne des Führers erlassen worden, gegen Insurgenten vorzugehen«; schickte dann aber zwei Polizeioffiziere, die die Armeeleitung davon in Kenntnis setzten, »daß der Befehl, alle polnischen Insurgenten sofort zu erschießen (ohne Standrecht), unmittelbar aus dem Führerzug an die Einsatzkommandos« gegangen sei.[327]

Damit war die unbeschränkte Befehlsgewalt der Armeeführung hinsichtlich der vollziehenden Gewalt in Polen in Frage gestellt; von Brauchitsch ließ daher umgehend darauf hinweisen, dass Anweisungen jeder Dienststelle im Operationsgebiet unwirksam seien, wenn der Oberbefehlshaber ihnen nicht zugestimmt hätte.[328] Noch am gleichen Tag wurde deshalb ein Gespräch zwischen Wagner und Heydrich anberaumt, bei dem Wagner forderte, das Heer müsse von allen Befehlen an die Einsatzgruppen unterrichtet werden. Daraufhin informierte Heydrich nun auch Wagner über die Entscheidungen der Regimeführung zur Polenpolitik, die Keitel schon kannte, in groben Zügen – dass in Polen eine »völkische Flurbereinigung« gegen »Judentum, Intelligenz, Geistlichkeit und Adel« durchgeführt werde und die Maßnahmen der Einsatzgruppen in diesem Zusammenhang befohlen worden seien. Wagner bestand zwar darauf, dass damit erst nach Errichtung einer stabilen deutschen Zivilverwaltung in den besetzten polnischen Gebieten begonnen würde und dass die Einsatzgruppenleiter den Armeeoberkommandos unterstehen müssten, gestand aber zu, dass sie ihre »unmittelbaren Weisungen vom Chef der Sicherheitspolizei erhalten«, wie Heydrich den Amtschefs des RSHA tags darauf mitteilte – ein »sehr günstiges Ergebnis« für Polizei und SS, so betonte er.[329] Einen Tag später wurde diese Vereinbarung durch Hitler und von Brauchitsch bestätigt, wobei der General wohl auch in Einzelheiten der geplanten Maßnahmen in Polen eingeweiht wurde; und schließlich wurden auch die Kommandeure informiert: Die Einsatzgruppen hätten »im Auftrage und nach Weisung des Führers gewisse volkspolitische Aufgaben im besetzten Gebiet durchzuführen. Die Ausführung dieser Aufträge im einzelnen soll den Kommandeuren der Polizeieinsatzgruppen überlassen bleiben und liegt außerhalb der Verantwortlichkeit der Oberbefehlshaber.«[330]

Mit dieser Vereinbarung war die weitgehende Unabhängigkeit der Polizeieinheiten gegenüber der Wehrmachtsführung auch im Operationsgebiet festgeschrieben. Aus der einstigen Befehlsgewalt der Heeresführung gegenüber den Einsatzgruppen war eine schlichte Informationspflicht der Polizei geworden. Zwar gab es weiterhin Beschwerden verschiedener Kommandeure und zum Teil heftige Konflikte zwischen Wehrmachts- und Polizeieinheiten; am 3. Oktober etwa sprach Heydrich mit den Amtschefs über »das alte Problem SD – Polizei und Wehrmacht«, das »in seiner ganzen Schwere wieder aufgetaucht ist«.[331] Politisch aber war diese Kraftprobe zugunsten der Polizei entschieden – ein im Hinblick auf die weitere Entwicklung in Polen und darüber hinaus überaus verhängnisvolles Resultat. Die Einsatzgruppen wurden nun durch keinerlei Gegengewicht oder Kontrolle von Seiten der Wehrmacht oder anderer Stellen mehr eingedämmt, ihre Mordzüge durch Polen immer exzessiver. »Die Polizei hat bisher noch keine sichtbaren Aufgaben der Ordnung geleistet«, schrieb der Oberbefehlshaber der in Polen stationierten Truppen, Blaskowitz, Ende November an von Brauchitsch,

»sondern nur Schrecken in der Bevölkerung verbreitet.« Die Polizeiführung habe so »ihre Leute zwangsläufig dem Blutrausch ausgeliefert.« Bis zum Frühjahr 1940 ermordeten die Einsatzgruppen, die Vertreter der ihnen nachfolgenden stationären Polizeibehörden sowie die Angehörigen des »Volksdeutschen Selbstschutzes« in Polen mehr als 11.000 Menschen.[332]

Wie verhielt sich nun Best selbst zu diesem Programm des Massenmords, dessen Organisator er geworden war? Darüber gibt der Fall des Leiters des Einsatzkommandos 1.3, Dr. Hasselberg, näheren Aufschluss. Seit Mitte September nahm die Zahl der Berichte über Grausamkeiten und Ausschreitungen der Einsatzgruppen und -kommandos in Polen ständig zu. Zahlreiche Meldungen nicht allein aus Wehrmachtskreisen, sondern auch aus den eigenen Reihen trafen bei Best in der RSHA-Zentrale in Berlin ein. Einer der Angehörigen des Einsatzkommandos 1.3, der Gestapo-Beamte Georg Wüst, erstattete im Oktober 1939 einen solchen Bericht an Best über seinen Kommandoführer Hasselberg, der zu eigenmächtigen Brutalitäten neige. So sei er mit seinen Leuten in das bischöfliche Palais in Lublin eingedrungen und ließ dort »den Bischof sowie 8 – 12 Geistliche, die gerade beim Essen waren, von der Mittagstafel weg festnehmen. Da in dem Palais weder Waffen noch sonstiges staatsfeindliche Material vorhanden gewesen war, das eine Festnahme hätte rechtfertigen können, hat Dr. Hasselberg ... polnische Militärwaffen in den Palais schmuggeln lassen. Diese Waffen wurden selbstverständlich bei einer Durchsuchung, die am nächsten Tag stattfand, gefunden. Dr. Hasselberg berief daraufhin ein Standgericht ein, durch das die katholischen Geistlichen zum Tode verurteilt wurden.«[333] Best interessierte sich sehr für diesen Bericht, ließ Wüst aber alle Fälle, in denen es um Juden oder um die polnische Führungsschicht ging, streichen; so auch den der Lubliner Geistlichen, da es hierzu Befehle gebe und Hasselberg insoweit nichts vorzuwerfen sei. Diejenigen Fälle aber, bei denen Hasselberg individuelle und nicht durch Befehle abgesicherte Grausamkeiten begangen hatte, nahm Best zur Grundlage, um Hasselberg seines Postens zu entheben.

Nicht die Massenerschießungen in den besetzten Gebieten Polens forderten Bests Kritik heraus – die hieß er vielmehr gut, weil sie nach seiner Überzeugung im Rahmen des Kampfes zwischen Deutschen und Polen nicht nach übergeordneten, völkerrechtlichen Prinzipien politisch oder gar moralisch zu bewerten waren, sondern ihre Berechtigung in sich selbst trugen. Individuelle »Auswüchse« einzelner Kommandoführer hingegen waren strikt zu verfolgen. Denn zum einen hatte Best das führende Personal der Einsatzgruppen nicht nur selbst ausgesucht, sondern zu einem großen Teil auch selbst zur Sicherheitspolizei geholt und hier ausgebildet, so dass er Effizienz und »Haltung« der jungen Kommandoführer im »Einsatz« um so eingehender überprüfte. Zum anderen erwies sich in seinen Augen die politische und geistige Elite gerade darin, dass sie in der Lage war, Maßnahmen wie die Massenerschießungen in Polen als politisch notwendige und richtige Maßnahme zu verstehen und durchzuführen – einerseits ohne Skrupel und Rücksichtnahme, andererseits ohne persönliche, emotionale Beteiligung zu zeigen: Der weltanschauliche Kämpfer als Vollstrecker des Willens seines Volkes, für den jenseits des Volkswillens kein »absolutes Recht« existierte, der aber auch keinerlei persönliche Feindschaft gegenüber dem Gegner hegte, selbst wenn er ihn tötete – das war das hier anzustrebende Ideal. »Wir können auch den achten, den wir bekämpfen, vielleicht vernichten müssen«, hatte Best einst formuliert; zugleich gelte es, »in den tragischen Entscheidungen seine schicksalhafte Würde gegen den Hass und die Gemeinheit zu wahren, mit der die kleinen Seelen unverstandene Schicksalsschläge zu begreifen und abzuwehren suchen«.[334] Wer aber, wie Hasselberg, Brutalitäten auf eigene Rechnung beging, hatte sich dieser Herausforderung nicht gewachsen gezeigt und war als völkischer Kämpfer, gar als Führer nicht geeignet. Diese Maximen erhielten seit dem September 1939 eine unerhörte Aktualität. Sie bezeichneten eine Art von legitimatorischer Selbststilisierung der Führer der Einsatzkommandos, die in den Kategorien von Härte und »Sachlichkeit« sozialisiert worden waren und nun vor ihrer »Bewährungsprobe« standen.

Das bedeutete nun nicht, dass alle oder auch nur die Mehrzahl der Einsatzgruppenführer sich um so elaborierte ideologische Feinheiten, wie Best sie in seinen Schriften propagierte, scherten, wenn sie mit ihren Einheiten mordend durch Polen zogen. Aber der Rückbezug ihres Handelns auf ein postuliertes weltanschauliches Prinzip sicherte sie zum einen politisch gegenüber intervenierenden Stellen ab, diente aber zum anderen auch der Rechtfertigung gegenüber sich selbst und den eigenen Einheiten, indem das eigene Tun als notwendiges Mittel zu einem höheren Ziel erklärt wurde, dessen Berechtigung nicht mehr Gegenstand der Reflexion war, sondern vorausgesetzt wurde.

Das Kalkül des Sachzwangs

Mit der Entscheidung Hitlers, in Polen eine »völkische Flurbereinigung« durchzuführen, waren außer der Ermordung der polnischen Führungsschicht die Vertreibung der in Westpolen lebenden Polen und Juden und die Germanisierung dieses Gebietes gemeint, ohne dass dazu aber bereits konkretere Vorstellungen entwickelt worden wären. Insbesondere die Frage der in Polen lebenden Juden war ganz ungeklärt. Weder die Regimeführung noch das RSHA waren darauf vorbereitet, und offenbar waren ihre Kenntnisse über die polnischen Juden vor Kriegsbeginn ebenso spärlich wie unvollständig gewesen.[335] Um so nachhaltiger wirkten die Eindrücke, die Hitler, Himmler und Heydrich selbst im besetzten Polen sammelten, denn allein in Warschau lebten etwa 400.000 Juden – ebenso viele wie im gesamten Reichsgebiet. Am 14. September schilderte Heydrich den Amtschefs »ausführlich seine Rundreise an der Front und seine Eindrücke, die er bei den EK's an den verschiedenen Stellen gesammelt« hatte, wie im Protokoll vermerkt wurde. »Der Chef ging ein auf das Judenproblem in Polen und legte seine Ansichten hierüber dar. Dem Führer werden vom Reichsführer Vorschläge unterbreitet, die nur der Führer entscheiden könne, da sie auch von erheblicher außenpolitischer Tragweite sein werden.«[336]

Eine Woche später waren diese Entscheidungen bereits gefallen, Heydrich trug den versammelten RSHA-Amtschefs und Einsatzgruppenleitern – auch Eichmann, der für die geplanten Umsiedlungen der Juden und Polen zuständige

Referent, war anwesend – die Ergebnisse im Einzelnen vor. Die polnischen West-gebiete, so Heydrich, würden ins Reich inkorporiert und germanisiert. Binnen Jahresfrist seien daher alle Juden aus den polnischen Westgebieten sowie die polnischen Juden, die im Reichsgebiet lebten, in den nach Osten verschobenen polnischen Reststaat umzusiedeln, wo sie in städtischen Gettos konzentriert wer-den sollten. Was die Polen betraf, so sollten die restlichen »höchstens noch 3 %« der polnischen Führungsschichten ebenfalls »unschädlich« gemacht werden; da-rüber hinaus sei auch die »Mittelschicht« der Polen in den Westgebieten zu ver-haften und in den Restraum abzuschieben. Die polnische Arbeiterschicht hinge-gen sei zur Wander- und Saisonarbeit heranzuziehen und allmählich aus den Westgebieten nach Osten abzuschieben.[337]

Im Kern war das, was Heydrich am 21. September vortrug, zunächst nichts anderes als ein gigantisches Vertreibungsprogramm, wobei in der Sitzung im RSHA offenbar eine längere Diskussion vor allem über die gegenüber den Juden geplanten Maßnahmen stattgefunden haben muss, denn noch am gleichen Tag wurde ein ausführlicher Erlass an die Einsatzgruppenchefs dazu nachgeschoben, in dem das Ergebnis dieser Besprechung fixiert wurde.[338] Darin wurde zwischen »dem Endziel (welches längere Fristen beansprucht) und den Abschnitten der Erfüllung dieses Endziels« unterschieden. Vorerst sollten die Juden aus den ehemaligen polnischen Westgebieten möglichst sofort vertrieben und im »polni-schen Reststaat« in wenigen, verkehrsgünstig gelegenen Städten in Gettos kon-zentriert werden, bis die streng geheim zu haltenden »geplanten Gesamtmaß-nahmen (also das Endziel)« in Gang gebracht werden konnten – womit die Schaffung eines »Judenreservats« in der Gegend um Lublin gemeint war; dazu begannen Eichmann und Stahlecker in den darauffolgenden Wochen mit ersten Vorbereitungen.[339] Zwar erwies sich das Projekt »Lublin« bald als undurchführ-bar, ebenso wie das anschließend ins Auge gefasste Projekt »Madagaskar« – die Existenz solcher als »Endziel« oder »Gesamtmaßnahme« titulierter Projekte war aber deshalb von so ausschlaggebender Bedeutung, weil dadurch der gesamte Vertreibungs-, Abschiebungs- und Gettoisierungsprozess, der nun einsetzte, unter dem Vorzeichen und der Fiktion der Vorläufigkeit[340] stand und daher Vor-bereitungen für einen längeren Aufenthalt der Juden in den nun einzurichtenden Gettos im bald »Generalgouvernement« geheißenen polnischen Reststaat oder im östlichen Grenzgebiet der dem Reich inkorporierten Gebiete (dem »Warthe-land«) nicht getroffen wurden, so dass die Einsatzgruppen und dann die sich etablierenden stationären Behörden der Sicherheitspolizei und des SD mit den Vertreibungen begannen, obwohl weder für Unterkünfte noch für Versorgung in den Aufnahmegebieten gesorgt war.[341]

In längerfristiger Perspektive erweist sich daher das in der Konferenz im RSHA am 21. September entwickelte Aktionsprogramm zur Durchführung der zuvor von Hitler auf Vorschlag von Himmler gefällten Entscheidungen über die Aus-siedlung von Polen und Juden aus den polnischen Westgebieten als außerordent-lich folgenschwer. Denn durch den Entschluss, mit den Deportationen und der »vorläufigen« Gettoisierung der Juden zu beginnen, ohne dass die Vorbereitun-gen zur Schaffung eines »Judenreservats« auch nur begonnen hatten, wurde eine Dynamik der Sachzwänge in Gang gesetzt, infolge derer nun die deutschen Besatzungsbehörden ihren Ehrgeiz darin setzten, möglichst schnell möglichst viele Juden und Polen aus den neuen deutschen Ostgebieten auszusiedeln und die Juden im Generalgouvernement in Gettos zu konzentrieren. Der hierbei ohnehin bestehende, selbstgesetzte Zeitdruck wurde noch verstärkt durch die zur gleichen Zeit einsetzende »Umsiedlung« der »Volksdeutschen« aus den Baltenländern und der Sowjetunion, die nun in Lagern und Zwischenaufenthalten darauf warteten, in die Häuser, Wohnungen und Bauernhöfe der noch zu vertreibenden Polen und Juden einziehen zu können. Auf der anderen Seite waren die im Laufe des Oktober und November 1939 installierten deutschen Behörden im Generalgouvernement auf den Zustrom der Ausgesiedelten und die Konzentrierung der Juden in städtischen Gettos nicht nur nicht vorbereitet. Vielmehr ging ihr Interesse bei der Einrichtung der Judengettos in Lagern und abgetrennten Stadtbezirken auch dahin, dass die Verhältnisse dort offensichtlich »unhaltbar« waren und so unübersehbar auf den ursprünglich vorgesehenen »Zwischenaufenthalt« verwiesen, um nicht auf Dauer damit »belastet« zu werden.[342]

Mit den in der Folgezeit noch differenzierten und ausgearbeiteten Entscheidungen des 21. September wurde jene Entwicklung eingeleitet, die zum Mangel an Lebensmitteln, Unterkünften, Arbeitsstellen, medizinischer und hygienischer Versorgung für Hunderttausende von Juden in den Gettos und somit bald zu hohen Todesraten führte; woraufhin die deutschen Behörden und insbesondere Polizei und SD nun unter Hinweis auf Seuchen, Schleichhandel und Kriminalität in den Gettos immer »schärfere Maßnahmen« gegen die Juden in Gang setzten. Dass es in dem Moment, in dem deutlich werden würde, dass es eine »territoriale Endlösung« nicht gab, zu einer Katastrophe kommen musste, war aber schon früh absehbar – vor allem für die Amtsleiter des gigantischen Apparates des RSHA, der sich in Bezug auf Organisationsfähigkeit von niemandem übertreffen ließ. Der Beschluss, Hunderttausende von Menschen umzusiedeln, zu deportieren, zu »gettoisieren«, ohne für ihre Unterbringung oder Verpflegung irgendwelche größeren Vorbereitungen zu treffen, stellt sich somit nicht allein als organisatorisch nur mangelhaft vorbereitete Entscheidung heraus, die dann zu chaotischen Verhältnissen und in Reaktion darauf zu immer radikaleren Vorschlägen der Behörden führte. Vielmehr war die Schaffung von »unhaltbaren« Verhältnissen, von ausweglosen Sachzwängen, auf die dann die Sicherheitskräfte mit entsprechend »scharfen Maßnahmen« würden reagieren müssen, womöglich nicht nur das Ergebnis, sondern auch ein Kalkül dieser Politik.

Bests Einfluss auf die Ausgestaltung der neuen Ordnung in den beiden Gebieten des ehemaligen Polens war nach wie vor erheblich. Nach Beendigung der operativen Phase der Einsatzgruppen musste er zunächst schnell eine funktionsfähige Struktur von Sipo und SD im »Warthegau« und im »Generalgouvernement« aufbauen, damit die Umsiedlungs- und Vertreibungsmaßnahmen sowie die Gettoisierung der Juden begonnen werden konnten, sobald die Militärverwaltung beendet und die zivilen Verwaltungen eingesetzt wurden.[343] Auch der Aufbau der zivilen Besatzungsbehörden im Generalgouvernement selbst wurde unter starker Berücksichtigung von »sicherheitspolizeilichen« Gesichtspunkten vorgenommen und entsprechend stark von Best beeinflusst.[344] Zudem übertrug Himmler dem

RSHA auch die Federführung bei der Umsiedlung von Deutschen aus dem Baltikum ins »Wartheland«, was eine entsprechende Organisationsstruktur voraussetzte, die Best seit November des Jahres zu schaffen begann.[345] Darüber hinaus veröffentlichte er in verschiedenen Fachorganen die juristischen Kommentare zum bisherigen Verwaltungsaufbau Polens und zur »neuen Gliederung und Verwaltung des ehemaligen polnischen Staatsgebietes« und gab dazu ein umfängliches Handbuch für die deutschen Besatzungsbehörden heraus.[346]

Aber etwa seit der Jahreswende wurde doch auch deutlich, dass Bests Tätigkeit mittlerweile zunehmend auf organisatorische und verwaltungstechnische Aufgaben beschränkt war. Seine überragenden Fähigkeiten als Organisator und Verwaltungsjurist waren im RSHA unentbehrlich, solange der Behördenaufbau im Generalgouvernement noch nicht abgeschlossen war. Der Einfluss aber, den er bis dahin auf die Politik des RSHA hatte nehmen können und der sich darin äußerte, dass Best in den Jahren 1938 und 1939 zur bestimmenden Persönlichkeit der Sicherheitspolizei eher neben als unter Heydrich geworden war und durch seine theoretischen Schriften mittlerweile auch als der führende Ideologe und Interpret der nationalsozialistischen Sicherheitspolizei angesehen wurde, war geschwunden. Seit Anfang 1940 riss auch der Strom der von Best herausgegebenen und unterzeichneten Erlasse und Anordnungen ab. Er nahm zwar weiterhin an allen wichtigen Konferenzen teil (so der berüchtigten »Aussiedlungskonferenz« am 30. Januar[347]), richtete auch weiterhin Stapo-Stellen in den »neuen Ostgebieten« ein und inspizierte sie (so Anfang Februar die besonders wichtige in Posen[348]), und auch für die polizeilichen Erlasse über die Behandlung der polnischen »Fremdarbeiter« im Reich war er mitverantwortlich,[349] ebenso wie für die Organisation der polizeilichen Einsatzgruppen in Norwegen und den Niederlanden.[350] Aber der seit längerer Zeit schwelende und im Frühjahr 1939 über die Frage nach der Rolle des SD unübersehbar gewordene Konflikt mit Heydrich hatte mittlerweile zum endgültigen Bruch geführt, und Bests Position war unhaltbar geworden.[351]

Er hatte sich daher vermutlich schon im Winter »zum Rückzug entschlossen und sich als Kriegsfreiwilliger zur Wehrmacht gemeldet – zum Ersatzbataillon des Regiments 15 in Friedberg in Hessen, jener Einheit, in der 25 Jahre zuvor sein Vater gedient hatte und gefallen war: eine heroische Geste, zumal Best keine militärische Grundausbildung oder ähnliches besaß. Mit Bruno Streckenbach, seit November als Befehlshaber der Sicherheitspolizei und des SD im Generalgouvernement an einer der Schaltstellen der Vertreibungs- und Gettoisierungspolitik, war ein Nachfolger bereits gefunden, der seit Anfang Mai damit begann, sich in die Amtsgeschäfte einzuarbeiten. Zugleich wurden die umfänglichen Kompetenzbereiche Bests auf drei nunmehr selbständige Ämter bzw. Referate (Personal, Verwaltung, Abwehr) verteilt.

Bests vorrangige Tätigkeit in den letzten Wochen und Monaten in der Prinz-Albrecht-Straße bestand in der Niederschrift seines Buches »Die Deutsche Polizei«, in dem er die Ergebnisse seiner organisatorischen Tätigkeit und seine weitanschaulichen Vorstellungen zusammenfasste, um auf diese Weise auf die politische, ideologische und »fachliche« Ausrichtung der Sicherheitspolizei auch noch nach seinem Weggang einwirken zu können.[352] Am 13. Juni verließ er das Reichssicherheitshauptamt und rückte zum Ersatzbataillon 15 in Friedberg ein, wo er zwei Monate lang militärisch ausgebildet wurde.[353]

Best hinterließ einen Apparat, der zwischen 1934 und 1940 unter seiner maßgeblichen Mitverantwortung zu einem der stärksten Machtfaktoren des Regimes geworden und in seiner Struktur historisch ganz neuartig war: die Kombination einer bürokratisch nach modernen und professionellen Maßstäben durchorganisierten Sicherheitsbehörde mit einem weltanschaulichen Elitekorps, befreit von allen hemmenden juristischen und politischen Widerständen und ausgestattet mit einer ebenso ehrgeizigen und jungen wie fachlich versierten Führungsgruppe. Deren durch die Stilisierung der exklusiven generationellen Erfahrung elitär aufgeladenes Selbstverständnis war eingebettet in ein totalitäres Weltbild, das alle Widersprüche der Wirklichkeit auf ein dahinter stehendes, aus der »Natur« und dem »Leben« selbst abgeleitetes Prinzip zurückführte und ihr Handeln auf eine politische Perspektive bezog. Auf diese Perspektive der Neuordnung Europas, ja der Welt, nach »völkischen« Grundsätzen waren die Aussonderung und Ausmerzung alles Abweichenden und »Degenerierten« und die Förderung alles »Gesunden« im Innern ebenso bezogen wie die gigantischen Pläne der Bevölkerungsverschiebungen im Osten, der »völkischen Flurbereinigung« in Polen durch Deportationen und Massenmord und die sich rapide radikalisierende Politik gegen die Juden.

Will man den spezifischen Beitrag Bests bei der Entstehung und Entwicklung dieses Apparats zusammenfassend benennen, so liegt er wohl in dieser Zusammenfügung der bis dahin so getrennt scheinenden Bereiche – »Sachlichkeit« und »Weltanschauung«: Professionalität, kühle Zweckorientierung, Nutzung moderner technischer Hilfsmittel, strikte Einbindung in staatliches Verwaltungshandeln, fachliche Qualifizierung der Mitarbeiter einerseits – radikale, von persönlichen Motiven und Emotionen (vorgeblich oder tatsächlich) befreite Orientierung auf ein ideologisch legitimiertes Ziel, auf der Grundlage einer totalitären Weltanschauung, durchgeführt von Angehörigen eines nationalsozialistischen Eliteordens andererseits. Dass der Ideologe zugleich Fachmann, der Massenmörder zugleich Verwaltungsjurist, der Technokrat zugleich Weltanschauungskämpfer war, das erwies sich sowohl kurzfristig wie in längerer Perspektive als einer der entscheidenden Faktoren bei der fortwährenden Radikalisierung und Effektivierung der Praxis des RSHA und der von ihm befehligten Einheiten und Behörden.

IV. Frankreich

1. »Aufsichtsverwaltung«

Das Pariser Szenario

Welche Form die deutsche Besatzungsherrschaft in den besiegten und eroberten Ländern Europas jeweils annahm, war das Resultat einer Vielzahl von Faktoren und jedenfalls nicht einheitlich gesteuert. Dass das besiegte Frankreich nicht von deutschen Behörden selbst würde regiert oder verwaltet werden können, wie dies etwa im »Generalgouvernement« der Fall war, ergab sich schon aus naheliegenden materiellen Gründen – ein solches Unterfangen hätte die personellen und finanziellen Möglichkeiten des Reiches um einiges überstiegen. Zwar war die Rolle, die Frankreich dereinst in einem deutsch dominierten Nachkriegseuropa würde spielen können, noch durchaus unklar. Kurz- und mittelfristig war das nationalsozialistische Deutschland aber vor allem daran interessiert, dass in Frankreich Ruhe und Sicherheit herrschten und ein Maximum an industriellen und landwirtschaftlichen Lieferungen ins Reich andererseits mit einem Minimum an militärischem, finanziellem und verwaltungsmäßigem Aufwand deutscher Stellen sichergestellt würde.[1]

Dieser Zielsetzung diente die Dreiteilung des französischen Besatzungsgebiets (in die zu Belgien geschlagene Nordzone, das eigentliche Besatzungsgebiet mit Paris als Zentrum und den unbesetzten Süden) ebenso wie die Installierung der in einem eigentümlichen Schwebezustand zwischen Abhängigkeit und Selbständigkeit gehaltenen Regierung Pétain in Vichy. Vor allem aber war es die Konstruktion des »Militärbefehlshabers in Frankreich«, die das deutsche Interesse an geringstmöglichem Aufwand bei höchstmöglicher Effektivität der deutschen Herrschaft in Frankreich ausdrückte.

Grundgedanke dieser neuartigen Besatzungsform war die bruchlose und vollständige Fortsetzung der gesamten Tätigkeit der französischen Verwaltungsbehörden, die von den deutschen Besatzungsoffizieren lediglich kontrolliert werden sollten. Dies setzte allerdings die Bereitschaft sowohl der französischen Regierung wie der Verwaltung wie nicht zuletzt der Bevölkerung zu einer zwar erzwungenen, aber doch sehr weitgehenden Zusammenarbeit mit den deutschen Besatzern voraus. Dass eine solche Bereitschaft nach der ebenso vollständigen wie deprimierenden militärischen Niederlage Frankreichs vorhanden war, ermöglichte den Deutschen eine Besatzungsform, die in der Pariser Zentrale mit etwa 200, im besetzten Gebiet insgesamt mit weniger als 1.000 Offizieren und Beamten auskam und dennoch ausreichte, um das besetzte Frankreich nach deutschen Wünschen und Maßgaben sowie ohne große Reibungsverluste zu regieren.

Da die Vichy-Regierung am Prinzip der Verwaltungseinheit des ganzen Landes festhielt und die für das besetzte Frankreich erlassenen Gesetze und Vorschriften auch für den unbesetzten Teil übernahm, reichte der Einfluss der Militärverwaltung in Paris in der Praxis auch in den Süden des Landes, noch bevor auch dieser 1942 von deutschen Truppen besetzt wurde.[2]

An der Spitze der Militärverwaltung stand mit dem Militärbefehlshaber ein General, der allerdings nur geringe militärische Kräfte zur Verfügung hatte und vielmehr als eine Art von Gouverneur fungierte. Die Militärverwaltung selbst bestand aus einem Kommandostab, der die Besatzungstruppen befehligte, und einem Verwaltungsstab, der die französische Verwaltung kontrollierte und sich aus einer Abteilung Verwaltung und einer Abteilung Wirtschaft zusammensetzte. Die nachgeordneten Behörden in den Bezirken und den Präfekturen waren dem Vorbild der Pariser Zentrale entsprechend gegliedert und mit der Aufsicht über die regionalen und lokalen Verwaltungsinstanzen beauftragt.

Dass die Militärverwaltung ihr Hauptquartier in dem Pariser Luxushotel »Majestic« aufgeschlagen hatte – dem »originalen Antlitz der internationalen Welt«, wie Walter Bargatzky formulierte, von 1940 bis 1944 Kriegsverwaltungsrat in der Abteilung Justiz und einer der schärfsten Beobachter der Entwicklung in Paris in dieser Zeit –, war nicht ohne symbolische Bedeuttmg.[3] Denn dieses Hotel, einer der glänzenden Mittelpunkte einer weltläufigen und eleganten Stadt, hatte nichts Militärisches noch Bürokratisches an sich, sondern führte den in Hotelzimmern und -suiten residierenden deutschen Offizieren und Beamten beständig den so neidvoll bewunderten französischen Lebensstil vor Augen und vermittelte ein ganz und gar ziviles und »friedensmäßiges« Lebensgefühl, das in deutlichem Kontrast zu den täglich aus Berlin und von den Fronten übermittelten Meldungen und Befehlen stand. Dadurch, dass die Stäbe des Militärbefehlshabers ihre Büros dicht zusammengedrängt in einem einzigen Gebäude eingerichtet hatten und die Offiziere und Beamten allesamt in den umliegenden Hotels wohnten, zudem ohne ihre Familien in Frankreich waren und keine außerdienstlichen Kontakte zur Pariser Bevölkerung pflegen durften, entstand hier intern eine außerordentlich dichte und häufig spannungsgeladene Atmosphäre, in der eher Selbstbewusstsein und Persönlichkeit der einzelnen den Ausschlag für ihre Stellung innerhalb dieser Männergemeinschaft gaben als militärischer Rang, fachliche Kompetenz oder Stellung in der Partei. Für die Rolle, die die Stäbe des Militärbefehlshabers im besetzten Frankreich spielten, war es daher ausschlaggebend, welches politisch-kulturelle Klima, welche »Haltung« sich innerhalb des »Majestic« als prägend und dominant herausstellte.

Unter den drei führenden Figuren der deutschen Militärverwaltung ragte der Chef des Kommandostabes, Hans Speidel, deutlich heraus: gebildet, gewandt, studierter Historiker, gleichwohl mit politischem Instinkt und klarem Blick für die Realitäten des NS-Regimes, ein konservativer Nicht-Nationalsozialist mit großen Talenten. Vor allem Speidel war es, der darauf achtete, dass die Stäbe des Militärbefehlshabers überwiegend aus nationalkonservativen Fachleuten der mittleren und älteren Jahrgänge zusammengesetzt wurden; wobei sich die meisten Offiziere und Beamten bereits vorher kannten – aus dem Regiment, dem Studium, dem Ministerium – und sich gegenseitig nachzogen. So entstand hier schnell eine relativ homogene Gruppe, deren Habitus durch elitären Konservatismus, eine aus intellektueller Verachtung, sozialer Arroganz und politischer Gegnerschaft zusammengesetzte Distanz zu Hitler und den »Parteileuten« sowie einen deutschnational durchwirkten Patriotismus geprägt war und nur durch wenige Außenseiter gestört wurde.[4]

Speidel sorgte wohl auch dafür, dass die Leitung des Verwaltungsstabes mit dem württembergischen Innen- und Wirtschaftsminister Jonathan Schmid besetzt wurde; in den Augen Speidels »ein integrer Mann von hohen Qualitäten«, wenn auch ohne Durchschlagskraft. Dessen wichtigste Eigenschaft bestand aber darin, dass er Träger des goldenen Parteiabzeichens war. Auf diese Weise konnte die Partei integriert werden, ohne dass von jener Seite störende Beeinflussungen zu befürchten waren.

Militärbefehlshaber in Frankreich war seit dem Oktober 1940 General Otto von Stülpnagel – »humorlos, steif, etwas Aufgezogenes, Zinnsoldatisches«, so beschrieb ihn Bargatzky; zugleich aber gekennzeichnet durch ein »bis zur Starrheit ausgeprägtes Empfinden für Korrektheit und geschichtlichen Ruf. Kein Anhänger Hitlers, sondern stockkonservativ. Auf Unabhängigkeit bedacht, energisch, nicht nur gegenüber Untergebenen oder Franzosen, auch nach oben.«[5]

Der Stab des Militärbefehlshabers war der wichtigste Machtfaktor der deutschen Besatzung in Frankreich, aber nicht der einzige. Denn daneben verfügten auch das Auswärtige Amt und das Reichssicherheitshauptamt über Vertretungen in Paris, und hinzu kam bald eine Reihe von Beauftragten, Verbindungsstellen und Sonderstäben mit ganz unterschiedlichen Interessen und Einflussmöglichkeiten.

Die »Deutsche Botschaft in Paris« unter Otto Abetz, einem Vertrauten Ribbentrops, besaß dabei eine etwas undeutlich definierte Zuständigkeit für die »Behandlung aller politischen Fragen im besetzten und unbesetzten Frankreich«, die von Abetz und seinen Mitarbeitern – Ernst Achenbach, Karl Epting, Friedrich Grimm, Rudolf Rahn, Rudolf Schleier, Carltheo Zeitschel – im Sinne eines deutsch-französischen Ausgleichs auf der Grundlage der deutschen Kontinentalhegemonie genutzt wurde; wobei die prononcierteren politischen Zielvorstellungen den Unterschied zu den Stäben des Militärbefehlshabers ausmachten, nicht so sehr der Dissens über die Methoden der aktuellen Besatzungspolitik.

Als Vertreter Heydrichs war in Paris die Dienststelle eines »Beauftragten der Sicherheitspolizei und des SD« (BdS) eingerichtet worden; nach den heftigen Auseinandersetzungen um die Rolle der Einsatzgruppen in Polen hatte die Wehrmachtsführung sich in Bezug auf Frankreich soweit durchgesetzt, dass hier die alleinige Exekutivbefugnis beim Militärbefehlshaber lag und Einsatzgruppen des RSHA in Frankreich nicht aufgestellt wurden. So war die Stellung des BdS in Frankreich anfangs relativ schwach, wenngleich er von Heydrich mit der Führung des »weltanschaulichen Kampfes« beauftragt worden war. Exekutive Maßnahmen jedoch konnte er nur mit Genehmigung des Militärbefehlshabers, bzw. der Gruppe »Polizei« im Verwaltungsstab, und mit Hilfe der Geheimen Feldpolizei durchführen. Auf der anderen Seite war die Dienststelle des BdS zahlenmäßig und qualitativ stark besetzt, so dass sich weitergehende Ambitionen des RSHA hier bereits ankündigten. Helmut Knochen, ein promovierter Anglist, war Leiter der Dienststelle; er war 1936 in den SD zu Franz-Alfred Six gekommen, den er bereits aus der Universität kannte, hatte dort nacheinander die Leitung der Hauptabteilungen II.11 (weltanschauliche Gegner) und II.12 (politische Gegner) übernommen und sich beim sogenannten »Venlo-Zwischenfall« durch die Festnahme zweier englischer Agenten im November 1939 einen Namen gemacht. Seine engsten Mitarbeiter waren Kurt Lischka als sein Stellvertreter und Leiter der Sicherheitspolizei und des SD im Raum Paris, zuvor Leiter der Reichszentrale für jüdische Auswanderung in Berlin und der Stapo-Stelle Köln; Theo Dannecker, der aus Eichmanns SD-Abteilung II.112 (Juden) kam und in Frankreich Judenreferent wurde, sowie Herbert Hagen, vormals Leiter der Abteilung II.112 und Kommandeur von Sipo und SD in Bordeaux. Unter den drei Machtgruppen in Paris war die der Sicherheitspolizei die jüngste – Knochen war gerade 30, Lischka 31, Dannecker und Hagen waren 27 Jahre alt.

Neben Militärbefehlshaber, Botschaft und Sicherheitspolizei waren auch die Dienststelle der Wiesbadener Waffenstillstandskommission sowie die Beauftragten der Vierjahresplanbehörde gewichtige Faktoren des deutschen Szenarios in Paris. Das Zentrum der aus der Vielzahl der Beteiligten und Interessenten erwachsenden allfälligen Konflikte und internen Kämpfe aber war der Sitz des Militärbefehlshabers: »Das ›Majestic‹, wie pompös, wie riesenhaft auch immer, garantiert uns die Einheit des Ortes, deren ein Drama von klassischem Format bedarf.«[6]

Rückgrat der Kollaboration

In diese komplizierte Konstellation hinein geriet nun Werner Best Anfang August 1940 wie zwischen alle Stühle.

Natürlich war sein Rekrutendasein in Friedberg nur ein symbolisch-heroischer Akt; niemand glaubte ernsthaft, dass der zweite Mann des Reichssicherheitshauptamtes nun wirklich Soldat würde. Aber es war auch nicht einfach, für Best einen seinem Rang und seinen »Verdiensten« entsprechenden Posten zu finden; denn sein Zerwürfnis mit Heydrich war in Berlin kein Geheimnis, und als auch Himmler auf Distanz zu ihm ging, befand sich Best so offensichtlich im Zustand der Ungnade, dass seine weitere Karriere ungewiss schien. Die Installation des Militärbefehlshabers in Frankreich bot hier eine Möglichkeit. Der dortige Verwaltungsstab unter Schmid war in zwei Abteilungen gegliedert, deren eine die wirtschaftlichen Fragen zu bearbeiten hatte und deren andere für die Aufsicht über die gesamte französische Verwaltung zuständig war und mit den Bereichen Polizei, Justiz und Finanzwesen auch die für das Gelingen der deutschen Militärverwaltung entscheidenden Ressorts beinhaltete.

Der Leiter dieser Abteilung Verwaltung war mithin von der Funktion her eine Art von Über-Innenminister Frankreichs und zweifellos eine Schlüsselfigur der Kollaboration, denn die Militärverwaltung war auf die reibungs- und geräuschlose Ingangsetzung der französischen Verwaltung und – mangels eigener exekutiver Kräfte – insbesondere auf die Indienstnahme der französischen Polizei alternativlos angewiesen. Nach außen hin aber war diese Position glanzlos und unspektakulär, weil ihr Erfolg sich gerade in der unauffälligen und geschmeidigen Kooperation mit den französischen Dienststellen niederschlagen würde. Denn je weniger die französische Verwaltung in der Öffentlichkeit als von der Besatzungsmacht gegängelt erschien, desto geringer schien die Gefahr durch Unruhe und Proteste.

Dass diese Stelle von Best übernommen wurde, entsprang vermutlich einer Übereinkunft zwischen Himmler und Bests alten Freunden Stuckart und Canaris im Frühjahr 1940 – dabei verbanden sich verschiedene Interessen miteinander: Innenministerium und Wehrmachtsführung konnten froh sein, den als Organisationsgenie und überaus arbeitswütig bekannten Best für diese ebenso wichtige wie undankbare Position in Frankreich zu gewinnen, während Heydrich den unliebsamen Konkurrenten los war, gleichzeitig aber die französische Polizei in den Händen des Konstrukteurs der Gestapo wusste und zugleich den Einfluss der SS bei der Militärverwaltung in Paris gesichert sah.[7]

Für Best selbst allerdings war die Versetzung nach Frankreich eine tiefe Demütigung; wurde er doch nun abgeschnitten von dem sich unablässig ausdehnenden Machtzentrum des RSHA in Berlin, das er zu wesentlichen Teilen als Produkt seiner eigenen Arbeit ansah, und insbesondere von dem Eliteorden der SS, dem er sich weiterhin wie keiner zweiten Organisation oder Institution verbunden fühlte. Statt dessen kam er nun in die ihm politisch und in Bezug auf Mentalität und Korpsgeist fremde, ja feindlich gestimmte Umgebung konservativer Militärs und Beamter, die ihrerseits keinerlei Zurückhaltung darin übten, ihn, den als Brigadeführer höchsten SS-Dienstgrad in Paris, seine Außenseiterposition spüren zu lassen.

Auch der Nimbus der SS-Uniform schützte ihn nicht mehr. Als Wehrmachtsangehöriger war ihm der seinem zivilen Rang als Ministerialdirektor entsprechende Generalsrang verliehen worden, so dass Best nun in der neu eingeführten und viel bespöttelten Uniform eines »Beamtengenerals« – mit roten Generalsstreifen an der Hose und goldbestickten Kragenspiegeln, aber mit blauem statt mit grünem Kragen – auftreten musste. Hinzu kam, das sich Best, im gesellschaftlichen Umgang ungeübt und etwas linkisch-zackig, in der Pariser Welt der Salons, Bälle und Empfänge, an der die meisten Mitarbeiter der Militärverwaltung ebenso wie die Crème der französischen Künstler und Intellektuellen mit einiger Wonne teilhatten, einigermaßen unwohl fühlte – zur »Lichtstadt Paris«, schrieb er nach dem Krieg, habe er »nie ein inneres Verhältnis gefunden«.[8] Auch zu den abendlichen Herrenrunden im Casino der benachbarten Hotels »St. Raphael« und »George V«, die sich um Speidel und die von ihm eingeladenen Wissenschaftler und Künstler, seit Mai 1941 auch um den nach Paris abkommandierten Hauptmann Ernst Jünger bildeten, fand Best keinen rechten Zugang; obwohl er mit Jünger, wie er später berichtete, »manchen nachdenklichen Abend am Kamin verplaudert« habe – aber meist allein, nicht in großer Runde.[9]

Sein Metier waren eher die in Paris häufigen Vorträge und »Aussprachen« mit Gästen aus Berlin, die Diskussionen über weltanschauliche Grundsatzfragen – nicht nur mit offiziellen Vertretern der Reichsbehörden, die solche Gelegenheiten nutzten, um auch einmal in die französische Hauptstadt zu kommen, sondern auch mit kritischen Geistern und Oppositionellen, für die der als selbständig denkender, »vernünftiger« SS-Führer geltende Best ein gesuchter Gesprächspartner war.[10]

Trotz solcher Kontakte, die sich häuften, blieb Best in Paris aber ein Außenseiter, und er, empfand sich auch selbst als isoliert und »im Exil«. Auf der anderen

Seite war die Übernahme der Position als oberster Kontrolleur der französischen Verwaltung angesichts seiner Lebensgeschichte (und mehr noch ihrer politisch-generationellen Stilisierung) nicht ohne symbolischen Reiz. Als ehemaliger »Rheinlandkämpfer«, dessen politisches Weltbild sehr wesentlich durch die Auseinandersetzung mit der französischen Besatzungsmacht geprägt worden war, geriet er nun in die gleichsam spiegelverkehrte Situation – viel kompletter konnte eine auch individuell empfundene Revanche nicht sein. Umso stärker war Best darum bemüht, die »Fehler« der französischen Besatzungsmacht, die zwanzig Jahre zuvor das nationalistische Feuer bei ihm selbst und seinen Altersgenossen in Rheinhessen geschürt hatte, tunlichst zu vermeiden. Das aber hieß vor allem, eine ruhige, auf stetige Kooperation mit den Franzosen aufgebaute Verwaltungsaufsicht zu installieren und auf symbolische Akte der Unterwerfung, die für die Franzosen entwürdigend wirken und ihren Widerstandsgeist entfachen würden, zu verzichten.

Ausgangspunkt der Tätigkeit der Verwaltungsabteilung, der Best nun bis zum Sommer 1942 vorstand, war zunächst der jeweilige Haushaltsvoranschlag der französischen Regierung als der Grundlage des geplanten politischen Handelns. Hier setzte die Kontrolltätigkeit der Beamten in Bests Stab an, der auf diese Weise lautlos, aber nachhaltig Einfluss auf den Gang der gesamten Entwicklung im Land nehmen konnte. Darüber hinaus wurde für jeden Sachbereich ein französischer Regierungsvertreter dem entsprechenden Abteilungsleiter beim deutschen Verwaltungsstab zugeordnet, so dass die politischen, gesetzgeberischen oder administrativen Vorhaben der Franzosen vorab mit den deutschen Beamten abgestimmt wurden.[11] Dieses Prinzip war ebenso einfach wie wirkungsvoll, und es hatte zur Folge, dass es nur selten zu Konflikten kam, weil die französischen Stellen bereits vorab die deutschen Wünsche antizipierten und sich die Verhandlungen meist eher auf Ausführungsprobleme als auf prinzipielle Gegensätze bezogen. Dies traf sowohl auf die zentrale Ebene in Paris wie auf die regionalen Instanzen in den »Feldkommandanturen« zu, die die eigentliche praktische Arbeit leisteten, während im »Majestic« vor allem Richtlinien abgesprochen und Gesetzesvorhaben behandelt wurden.[12]

Bests Pendant auf französischer Seite war der Leiter der Verwaltungsabteilungen bei der Generaldelegation der Vichy-Regierung in Paris, Dr. Ingrand. »Ein hervorragender Jurist«, wie Best später schrieb, »ein Beamter mit weitem Überblick über die Verwaltung seines Landes und mit gründlichen Einzelkenntnissen besonders in der inneren Verwaltung. In allen Verhandlungen bewies er eine mich besonders ansprechende ruhig-nüchterne Sachlichkeit. Er war ein hochgebildeter Mann, mit dem sich zu unterhalten eine Freude war, zumal er den ›esprit francais‹ in einer ungewöhnlich ernsten, fast melancholischen Ausprägung repräsentierte. Und er war ein nationaler Franzose, der keinen Augenblick vergaß, was die Würde und die Interessen seines Landes forderten.« Auf dieser Grundlage habe sich zwischen Ingrand und ihm ein »gegenseitiges Vertrauensverhältnis« entwickelt, »wie es aufrichtiger unter den gegebenen Umständen gar nicht vorstellbar war«.[13]

Diese enge und nach allen Aussagen nahezu störungsfreie Zusammenarbeit der Verwaltungsspitzen beider Länder stellte so etwas wie das Rückgrat der

Kollaboration dar; durch sie war für die deutsche Seite eine Besatzungspolitik ohne erheblichen Kraftaufwand, für die französische Seite ein im Vergleich zu anderen von Deutschland besetzten Ländern anfangs eher mildes Regiment bei relativ hohem Lebensstandard möglich.

Voraussetzung dafür war aber vor allem, dass die französische Polizei vollständig unter deutscher Kontrolle stand; und hier lag der erste politische Schwerpunkt in der Tätigkeit des Verwaltungsstabes unter Bests Leitung.[14] Neben der Kriminalpolizei, den kommunalen Polizeieinheiten und der politischen Polizei betraf dies insbesondere die militärisch organisierte Gendarmerie mit etwa 20.000 Mann. Um eine so umfangreiche Truppe effektiv kontrollieren zu können (in der Verwaltungsgruppe Polizei waren dafür ganze acht Beamte zuständig), ließ Best zunächst einen weitreichenden personellen Wechsel durchführen. Juden, Freimaurer, Kommunisten sowie »allgemein unzuverlässige« Beamte vor allem in leitenden Positionen wurden entlassen, Neuernennungen genehmigungspflichtig. »Die personelle Kontrolle war eines der wichtigsten Mittel der deutschen Aufsichtsführung«, hieß es darüber in einem zusammenfassenden Bericht. »Sehr wirksam war die dilatorische Behandlung der Ernennungsanträge. Ließ man sie zunächst einmal mehrere Wochen liegen, so kamen die Anwärter meist persönlich um wohlwollende Bearbeitung zu bitten, wobei man viel Wissenswertes erfuhr. Wo der Appell an die politische Einsicht keinen Erfolg versprach oder keine Abhängigkeiten ausgenutzt werden konnten, war die bewährte Methode von ›Zuckerbrot und Peitsche‹ die einzig richtige, vor allem gegenüber der Masse der unteren Polizeiorgane. Zuckerbrot, das waren und hätten sein können: Belobigungen, Geldbelohnungen, Unterstützung von Beförderungs- oder Besoldungswünschen, Förderung verbesserten Lebensmittelbezugs ... usw. Peitsche, das waren: Zeitweilige Gehaltsentziehung, auch für geringe Vergehen, Entfernung aus dem Dienst ohne Verfahren, Inhaftnahme, Ausweisungen. Keine Indifferenz! Streicheln oder Strafen! Dankbarkeit oder Furcht!«[15]

Best war nach seinen vielfältigen Erfahrungen mit dem politischen Neuaufbau des Polizeiwesens in Hessen, Bayern, Preußen, dem Reich, Österreich, der Tschechoslowakei und Polen wie vermutlich kein zweiter SS-Führer in der Lage, die politische Zuverlässigkeit der französischen Polizeibehörden einerseits, ihre Schlagkraft und Effektivität andererseits in denkbar kurzer Zeit zu gewährleisten. Die unbedingte Einhaltung des Prinzips der von ihm so genannten »Aufsichtsverwaltung«, also die Vermeidung möglichst aller direkten Eingriffe von Seiten der deutschen Besatzungsbehörden, war die wichtigste Voraussetzung dazu. Denn auf diese Weise kamen alle Anordnungen an die französische Polizei von französischen Regierungsstellen und erhielten auf diese Weise ihre rechtliche und politische Legitimität. Die enge Kooperation der regionalen Polizeipräsidenten mit den deutschen Behörden vor allen wichtigeren Einsätzen war eine weitere; und dass Best – gegen den Widerstand des Kommandostabes, der eine heimliche Aufrüstung Frankreichs über die Polizei fürchtete – bereits im Herbst 1940 die Wiederbewaffnung der Gendarmerie durchsetzte, verlieh den Polizeibeamten gegenüber der eigenen Bevölkerung Autorität und führte sogar zu einer Art von Vertrauensverhältnis gegenüber der deutschen Besatzungsverwaltung.

So stellte sich die indirekte Indienstnahme der französischen Polizei durch die Deutschen bereits nach wenigen Monaten als sehr erfolgreiches Unterfangen heraus. »Der französische Polizeiapparat war nach der notwendigsten und strukturellen Bereinigung unter deutscher Führung allen innerfranzösischen Sicherheitsproblemen gewachsen und konnte darüber hinaus für rein deutsche Zwecke mit Erfolg eingesetzt werden«, konstatierte der Abschlußbericht der Verwaltungsgruppe Polizei für die Zeit bis zum Frühjahr 1942. »Der Erfolg der Polizeiverwaltung in dem ersten Zeitabschnitt lässt sich in den Worten ›insgesamt ruhige Lage‹ zusammenfassen.«[16]

Mit diesen Erfolgen wuchs auch das Ansehen Bests. Entgegen den Erwartungen der Militärverwaltung erwies er sich als glänzender Organisator, der nach sachlichen Erwägungen vorging und von scharfmacherischen Parteineigungen gänzlich frei zu sein schien. So war das Urteil der Mitarbeiter Bests über ihn durchweg positiv; entgegen ihren anfänglichen Befürchtungen stellten sie fest, »daß Best ein ausgezeichneter Verwaltungsfachmann war, klug und kenntnisreich, loyal gegenüber seinen Vorgesetzten und Untergebenen ..., daß er um eine saubere Verwaltungsarbeit in Frankreich bemüht war« und sich »für die Belange der Verwaltung in einem Maße ein[setzte], daß es im Interesse einer starken Position der Militärverwaltung wohl eher zu bedauern war, daß Best nach zwei Jahren Frankreich wieder verließ«, wie Hans Umbreit zusammenfassend konstatiert hat.[17]

Nun war über die Vorgeschichte Bests bei den Beamten und Offizieren im »Majestic« nicht viel bekannt Er galt als etwas geheimnisumwitterter ehemaliger Mitarbeiter und Freund Heydrichs, über seine Funktion und Tätigkeit im Gestapa im einzelnen wusste man aber nur wenig. Manche kannten wohl einige seiner Schriften, aber vorwiegend beruhte das Misstrauen gegen Best auf der immer noch nachklingenden Erinnerung an die Boxheim-Papiere. Dass ein Mann von solch »alarmierendem Werdegang«[18] sich nun als Organisationsfachmann von hohen Graden erwies, stieß in der Militärverwaltung, in der man von einem hohen SS-Führer etwas ganz anderes erwartet hatte, auf einige Überraschung und führte dazu, dass man hinfort zwischen Bests fachlicher Qualifikation und seinen gewissermaßen »privaten« politischen Vorlieben zu trennen begann. Für Best hingegen war eine »sachliche« Verwaltungsarbeit mit einer strikt und radikal an »weltanschaulichen« Prinzipien orientierten Politik nicht nur vereinbar, sondern deren unverzichtbare Grundlage; und dies versuchte er auch in Frankreich umzusetzen, wenngleich zunächst zögerlich und ohne den politisch-organisatorischen Apparat, der ihm in Berlin zu Gebote gestanden hatte.

»Sicherungshaft«

In der ersten Phase der deutschen Besatzungsherrschaft in Frankreich bis etwa Anfang 1941 bildeten sich vier konfliktträchtige Bereiche heraus, in die Best jeweils unmittelbar verwickelt war: die Frage der Schutz- bzw. Polizeihaft, die Auseinandersetzungen um die französischen Kunstschätze, die ersten Maßnahmen gegen die französischen Juden und die deutsche »Volkstumspolitik« in

Frankreich. An diesen vier Punkten lassen sich die politische Haltung der konservativen Offiziere und Beamten der Militärverwaltung und die Rolle Bests in dieser Umgebung recht genau erkennen.

Als Kernstück der Maßnahmen der Gestapo zur Ausschaltung der im weitesten Sinne »politischen« Gegner des Nationalsozialismus in Deutschland hatte sich die »Schutzhaft« erwiesen; hier lag auch die Grundlage der Macht und der normativ nicht mehr begrenzten Kompetenzen der Politischen Polizei des »Dritten Reiches«. So war es nur folgerichtig, dass Best in einer seiner ersten Amtshandlungen daranging, dieses System auf die Verhältnisse in Frankreich zu übertragen.

Bereits bei seinem Antrittsbesuch bei von Brauchitsch als der für Polizei- und Sicherheitsfragen zuständige Verwaltungschef brachte Best dieses Thema zur Sprache und erhielt sogleich grünes Licht. Daraufhin wies er seinen Stab an, einen Erlass zur Einführung einer »Polizeihaft« zu entwerfen, »die der im Reichsgebiet angewendeten ›Schutzhaft‹ nachzubilden ist«.[19] Das stieß in den Abteilungen »Polizei« und »Justiz« jedoch zunächst auf gewisse Bedenken; denn da man noch gar keinen Überblick über die politische Zuverlässigkeit des französischen Verwaltungsapparats habe, sei es gefährlich, »den französischen Behörden ein so machtvolles Instrument wie die im Reich angewendete Schutzhaft in die Hand zu geben«. Zudem seien die deutschen Behörden als Besatzungsmacht berechtigt, »im gegebenen Falle wirksame und durch keinerlei Formalitäten behinderte Maßnahmen, wie Schutzhaft, Auferlegung von Geldbußen, Geschäftsschließungen, Sperrungen von Stadtbezirken ... u.ä. zu ergreifen«.[20] Sollte von der Polizeihaft in weitem Maße Gebrauch gemacht werden, hieß es in einer weiteren Stellungnahme, sei allerdings der Erlass einer Verordnung unumgänglich; solange die Sicherheitslage eine so schwerwiegende Maßnahme jedoch nicht erzwinge, seien einzelne Inhaftierungen wirkungsvoller.[21] Damit war Best zunächst einverstanden; die Verhängung von »Schutzhaft« sollte auch in Frankreich allein den deutschen Behörden vorbehalten bleiben, um sowohl gegenüber der französischen Bevölkerung wie gegenüber der französischen Polizei ein Druckmittel in der Hand zu haben. Am 12. Dezember wurde, ohne dass sich allerdings die »Sicherheitslage« verschlechtert hätte, die »Sicherungshaft«, etwas später die »Polizeihaft« per Runderlass angeordnet.[22] »Sicherungshaft« konnte von den Feldkommandanturen bis zu sieben, von den Bezirksbefehlshabern bis zu vierzehn Tagen, von der Pariser Verwaltungsspitze hingegen zeitlich unbeschränkt ausgesprochen werden, »wenn ein bestimmter Tatbestand bewies, daß eine Handlung bevorstand oder wiederholt werden sollte, welche unmittelbar oder mittelbar das Deutsche Reich gefährden könnte«.[23] Im Unterschied dazu knüpfte, wie besonders hervorgehoben wurde, die »Polizeihaft« nicht an ein »bestimmtes, einen Tatbestand bildendes Verhalten an, sondern an eine Eigenschaft, die Zugehörigkeit zu einer Kategorie, Kommunisten, Anarchisten, Juden; Gruppen, welche sich die Bekämpfung der Besatzungsmacht zum Ziele gemacht hatten«.[24]

Beide Haftformen besaßen also die für die deutsche Schutzhaft kennzeichnenden Merkmale – präventives Vorgehen, Definitionsmacht der Behörden über die zu inhaftierenden Gruppen, zeitliche Unbegrenztheit, Ausschluss des Rechtswegs. Die »Sicherungshaft« beschränkte sich auf die als politische Gegner anzusehenden Gruppen, während die »Polizeihaft« weiter reichte und über im allgemeinen Sinne politische Vergehen hinausgriff.

Da Einweisungen in »Sicherungs-« oder »Polizeihaft« nun den deutschen regionalen Besatzungsbehörden und langfristige Inhaftierungen der Militärverwaltungsspitze selbst vorbehalten waren, erhoben sich von Seiten der Beamten des Verwaltungsstabes keine Einwände mehr gegen Bests Anordnungen, obwohl damit auch die Errichtung entsprechender Lager für »Sicherungs-« und »Polizeihäftlinge« verbunden war, die der Verantwortung des Militärbefehlshabers – bzw. des Verwaltungsstabes – unterstanden. Ein Grund für diese Haltung mag darin gelegen haben, dass angesichts der ruhigen Lage im besetzten Frankreich eine umfangreichere Anwendung dieser einschneidenden Maßnahmen nicht zu erwarten schien. Vor allem aber war das Instrument der polizeilichen Schutzhaft aus Deutschland bereits seit Jahren bekannt, und angesichts der ohnehin unbeschränkten Machtfülle einer Besatzungsmacht im fremden Land verfingen die seinerzeit von den Ministerien geäußerten juristischen Einwände hier noch weniger. Jedenfalls war zu Beginn des Jahres 1941 in Bezug auf die verfahrenslose Einweisung von »Gegnern« und anderen unliebsamen Personen in polizeiliche Haftlager die Situation in Frankreich derjenigen im nationalsozialistischen Deutschland angeglichen worden, ohne dass darüber beim Militärbefehlshaber auch nur eine längere Diskussion stattgefunden hätte.

Kunstraub

Wesentlich sensibler reagierte der Verwaltungsstab hingegen in einer anderen Frage, die zu Beginn der Besatzungsherrschaft in Frankreich zu heftigen Kontroversen führte: die Wegnahme französischen Kunstbesitzes durch deutsche Stellen.[25] Die Vorstellung, mit dem Sieg über Frankreich auch dessen für unermesslich gehaltene Kunstschätze erbeutet zu haben, hatte die Gemüter verschiedener deutscher Machtträger – von Hitler über Göring und Ribbentrop bis hinunter zu Abetz – schon seit dem Waffenstillstand erhitzt. So hatte Abetz auf Geheiß des Außenministers bereits in den ersten Wochen mehrere tausend Kunstwerke von »ungewöhnlichem Wert« aus jüdischem Besitz in ein Gebäude der deutschen Botschaft bringen lassen.[26] Zudem war er über Goebbels mit der Rückführung aller ursprünglich deutschen Kunstwerke beauftragt worden, wobei der Begriff »deutsch« sehr weit gefasst wurde, und bald fuhren die ersten Sonderzüge mit militärischen Trophäen, Kunstschätzen und Bibliotheken ins Reich.[27]

Als Abetz unter Berufung auf eine Anweisung Ribbentrops daranging, weitere Gemälde in seinen Besitz zu bringen, ohne die dafür zuständige Kunstschutzabteilung beim Militärbefehlshaber einzuschalten, erließ von Brauchitsch am 15. Juli ein striktes Verbot, derartige Kunstwerke aus ihren Depots zu entnehmen und anderweitig unterzubringen. Trotz weiterer Versuche der Botschaft, an die Kunstschätze heranzukommen, setzte sich der Verwaltungsstab schließlich durch, und Ende September gab Abetz seine Versuche auf.

Die damit verbundenen, zum Teil sehr heftigen Konflikte zwischen Botschaft und Militärverwaltung stellten nun auch so etwas wie ein erstes Kräftemessen in der Auseinandersetzung um den politischen Einfluss in Paris dar. Zugleich ging es der Militärverwaltung darum, dass die ihr vorschwebende Auffassung über die Formen und den Stil der militärischen Besatzung und Verwaltung eines als kulturell »gleichrangig«, wenn nicht heimlich sogar als überlegen angesehenen Landes durch willkürliche Beschlagnahmeaktionen nicht desavouiert würde – und gegenüber Abetz war ihr dies auch gelungen.

Aber auch Reichsleiter Alfred Rosenberg war daran interessiert, wertvolles Kulturgut aus Frankreich in seinen Besitz zu bringen, und gegenüber seinem »Einsatzstab« hatte die Militärverwaltung einen schwereren Stand. Denn der Parteiideologe – als »Beauftragter des Führers für die Überwachung der gesamten geistigen und weltanschaulichen Schulung und Erziehung der NSDAP« mit der Errichtung einer Parteihochschule beauftragt – hatte begonnen, in französischen Bibliotheken, bei Kirchenbehörden, jüdischen Organisationen und Logen Bücher und Archivalia zu suchen und zu beschlagnahmen. Dazu war allerdings die Abstimmung mit Bests Verwaltungsabteilung notwendig.[28] Als einer der Mitarbeiter Rosenbergs Ende August mit Best darüber verhandelte und zusicherte, man wolle sich auf die Beschlagnahme »jüdischen und freimaurerischen« Schrifttums beschränken, stimmte Best dem sogleich zu – mit der Begründung, es handele sich dabei um die »Erfassung von kriegsmäßigen Einrichtungen des Gegners«, und die geistigen Erzeugnisse von Freimaurern und Juden dürfe man »zur Weiterführung des Kampfes benutzen ... wie etwa feindliche Munition- oder Brennstofflager«.[29]

Das war der Durchbruch, und Rosenberg begann nun, mit Genehmigung des Militärbefehlshabers und gestützt auf deutsche Polizeikräfte, ganze Bibliotheken und Archive »sicherzustellen« und nach Deutschland bringen zu lassen. Da dem »Einsatzstab Rosenberg« aber auch zahlreiche Gemälde, Plastiken und andere Kunstwerke aus dem Besitz geflohener französischer Juden in die Hände fielen, ließ er auch diese beschlagnahmen und machte Anstalten, sie ins Reich zu überführen. Durch heftigen Protest und Hinweise auf die Rechtswidrigkeit eines solchen Vorgehens konnte die Militärverwaltung dies zunächst noch verhindern.[30] Anfang November aber kam schließlich Göring nach Paris, erklärte die juristischen Einwände des Verwaltungsstabs für irrelevant (»Der höchste Jurist im Staate bin ich!«), berief sich auf einen noch einzuholenden Führerbefehl und bestimmte, dass die Kunstschätze nach Deutschland zu bringen und dort zwischen der Privatsammlung Görings, der Hohen Schule der Partei und den deutschen Museen aufzuteilen seien. Die Schätze der Familie Rothschild nahm der Reichsmarschall in zwei Waggons gleich mit nach Hause, im März 1941 folgten weitere 25, bis September 52 Packwagen.[31]

Diese Entscheidung Görings führte bei der Militärverwaltung zu ungewöhnlich heftiger Empörung – insbesondere bei Best, der in einem scharf gehaltenen Schreiben darauf hinwies, dass dieser Kunstraub »weder als Beschlagnahme kriegswichtigen Eigentums noch als polizeiliche Maßnahme« legitimiert werden könne. Die Militärverwaltung sei daher von der Verantwortung für diese Verletzung der Haager Landkriegsordnung entbunden.[32]

Bests scheinbarer Sinneswandel mochte zunächst verwundern; aber seine Haltung war doch nicht ohne Konsequenz. Wo es sich aus politischen Gründen nahelegte, wie in der Frage des Abtransportes von Kunstschätzen aus jüdischem Besitz, bezog er gemeinsam mit seinen Verwaltungsjuristen den »Rechtsstandpunkt«. Denn hier wurde ohne Not das Ansehen der deutschen Besatzungsmacht in Frankreich und die Zusammenarbeit mit der französischen Verwaltung gefährdet, und hier stand auch das Motiv der individuellen Bereicherung bei Göring und anderen zu offensichtlich im Vordergrund. Wo der Raub in seiner Sicht jedoch aus »weltanschaulichen« Gründen geboten schien, wie im Falle der Beschlagnahme und des Abtransportes von Archiven und Bibliotheken aus dem Besitz jüdischer Organisationen und Logen – der »Inbesitznahme der geistigen Arsenale des Gegners«, wie Best es sah – waren Rechtsfragen sekundär und dem übergeordneten politischen Interesse anzupassen.[33]

Während Best den Kunstraub also kritisierte, weil er ihn als taktischen Fehler ansah, stießen die gleichen Raubzüge Görings und Rosenbergs bei den Offizieren und Beamten im »Majestic« auf Ablehnung, weil sie ihrem Ehrenkodex als Besatzungssoldaten widersprachen. »Mein ganzes inneres Empfinden«, schrieb Stülpnagel, der zunächst wohl auch an Rücktritt gedacht hatte, in einem heftigen Protestbrief an Brauchitsch, »mein rechtliches Denken und meine Auffassung von der notwendigen Haltung des Siegers im besetzten Gebiet wendet sich dagegen«.[34] Diese von den meisten Mitarbeitern im Kommando- und Verwaltungsstab geteilte Auffassung Stülpnagels war gewiss ehrenhaft und respektheischend – aber sie stand doch in eigentümlichem Gegensatz zu der Beiläufigkeit, mit der etwa die Installierung des Schutzhaft-Systems in Frankreich von den gleichen Stäben akzeptiert und befürwortet worden war.

Entrechtung der Juden

In Bezug auf die Politik gegenüber den Juden in Frankreich hatte die französische Regierung in Vichy schon frühzeitig zu erkennen gegeben, dass sie zu einer scharf antisemitischen und der Entwicklung in Deutschland angeglichenen Haltung bereit war. Bereits am 22. Juli war eine Kommission eingerichtet worden, die die Einbürgerung von Juden aus den vergangenen Jahren überprüfen und rückgängig machen sollte. Ende August wurde das Verbot antisemitischer Propaganda aufgehoben. Am 3. Oktober wurde das »Judenstatut« erlassen, in dem zum ersten Mal von Judentum als »Rasse« statt wie bis dahin als Religionsgemeinschaft gesprochen und den Juden der Zugang zu öffentlichen Ämtern und freien Berufen verwehrt wurde. Am 4. Oktober bestimmte die Regierung Laval, dass ausländische Juden, die sich in der unbesetzten Zone aufhielten, in besonderen, den Präfekten unterstehenden Judenlagern zu internieren seien.[35]

Auf deutscher Seite hingegen war es nicht der zunächst ohne merklichen Einfluss agierende BdS, der in der Judenpolitik initiativ wurde, sondern die Botschaft und der Verwaltungsstab. Bereits am 17. August 1940 war das Ergebnis einer Besprechung zwischen Abetz und Best in der Form einer »Anregung« der Botschaft an die Militärverwaltung weitergeleitet worden, diese möge »a) anordnen, daß mit sofortiger Wirkung keine Juden mehr in das besetzte Gebiet hereingelangen werden; b) die Entfernung aller Juden aus dem besetzten Gebiet vorbereiten;

c) prüfen, ob das jüdische Eigentum im besetzten Gebiete enteignet werden kann«.[36]

Mit diesen überaus weitreichenden Festlegungen – es war die erste politische Initiative von Gewicht, welche der gerade installierte Verwaltungsstab überhaupt in Gang brachte – machten Abetz und Best zu einem sehr frühen Zeitpunkt deutlich, mit welcher Perspektive die Militärverwaltung in Frankreich die Judenpolitik zu betreiben habe; wobei dies wohl auf dem Hintergrund des zu dieser Zeit diskutierten »Madagaskar-Plans« zu sehen war, der allerdings das Stadium der Idee noch nicht überschritten hatte.[37] Abetz wandte sich daraufhin an das Auswärtige Amt mit der »Bitte um Zustimmung zu antisemitischen Sofortmaßnahmen«; woraufhin eine grundsätzliche Entscheidung Hitlers eingeholt wurde, der dem Maßnahmekatalog am 26. August zustimmte.[38]

Best hatte die mit Abetz vereinbarte »Anregung« seinem Verwaltungsstab sogleich zur Stellungnahme vorgelegt. Die Reaktionen waren in einzelnen Punkten kritisch, im Grundsätzlichen aber positiv: Kriegsverwaltungsrat Mahnke verwies darauf, dass die »Aufrollung der Rassenfrage« auf Annexionsabsichten hindeuten könnte und somit zu den Arbeitsrichtlinien der Militärverwaltung im Widerspruch stehe. Begründe man die Maßnahmen aber mit der Gefährdung der Interessen der Wehrmacht durch die Juden und ordne eine Vielzahl von Einzelmaßnahmen an, so seien diese Bedenken zurückzustellen. Dabei sei insbesondere auf die deutschfeindliche Einstellung der Juden und die Spionageaktivitäten zu verweisen und auf die Gefahr, die sich daraus ergebe, dass sich in Frankreich kriegswichtige Betriebe in jüdischer Hand befänden.[39] Auch Mahnkes Kollege Storz beantwortete Bests Anfrage positiv: »Natürlich kann sich die Militärverwaltung gegenüber der Judenfrage nicht dauernd passiv verhalten. Vielmehr ist der Zeitpunkt gekommen, um im besetzten Frankreich die Voraussetzungen für die Erreichung der ferneren Ziele der deutschen Politik auf diesem Sektor zu schaffen. Diese Ziele gehen zweifellos dahin, in allen Bereichen des Lebens, einschließlich der Wirtschaft, den jüdischen Einfluß radikal auszumerzen.«[40] Und selbst Walter Bargatzky erklärte für die Gruppe Justiz, die vorgeschlagenen Maßnahmen seien zulässig, wenn sie mit dem Sicherheitsbedürfnis der Besatzungsmacht begründet werden könnten. Dies treffe bei den Anweisungen und dem Rückkehrverbot zu, während die geplanten Arisierungen »nach außen hin den Formen privatrechtlicher Übereignung folgen« müßten.[41]

Von Seiten des Verwaltungsstabs wurde also – wenn gewisse rechtliche und politische Vorbehalte beachtet würden – die Bereitschaft zur Durchführung scharfer antijüdischer Maßnahmen zu einem Zeitpunkt signalisiert, als weder vom BdS in Paris noch von Seiten des RSHA irgendwelche Interventionen in diese Richtung unternommen worden waren. Heydrich hatte die Vorschläge von Abetz auf Anfrage lediglich begrüßt und darum gebeten, die Sicherheitspolizei, »die gerade auf dem Judengebiet über sacherfahrene Kräfte verfügt«, an der Vorbereitung weiterer Maßnahmen zu beteiligen.[42]

Nachdem auch von Brauchitsch Mitte September grünes Licht gegeben hatte und die Militärverwaltung auf einen baldigen Beginn der geplanten Judenmaßnahmen, vor allem auf wirtschaftlichem Gebiet, gedrängt hatte, konnte Best nun handeln und erließ am 27. September die sogenannte »Erste Judenverordnung«, die genau seinen Vereinbarungen mit Abetz entsprach.[43] Danach war Juden der Übertritt in das besetzte Gebiet verboten – so dass die vor den Deutschen ins unbesetzte Gebiet geflüchteten Juden nicht mehr zurückkehren konnten und in zunehmender Zahl in den von der Vichy-Regierung seit dem 4. Oktober im unbesetzten Frankreich errichteten Internierungslagern ein von Entbehrungen und Angst vor der weiteren Entwicklung geprägtes Dasein fristen mussten. Zweitens wurde der Aufbau eines umfassenden und von den französischen Präfekten zu führenden Judenregisters angeordnet – zur Vorbereitung der »Entfernung aller Juden aus dem besetzten Gebiet«, wie es am 17. August geheißen hatte; und drittens wurde die Kennzeichnung aller jüdischen Geschäfte und die Erfassung des jüdischen Besitzes befohlen – als erster Schritt zur vereinbarten Arisierung.

Dieser Verordnung Bests vom 27. September kam über Frankreich hinaus erhebliche Bedeutung zu, denn sie war die erste ihrer Art in den von Deutschland besetzten west- und nordeuropäischen Gebieten, welche so einschneidende Maßnahmen vorsah, und wurde von den anderen deutschen Besatzungsverwaltungen zum Anlass und Vorbild für entsprechende Schritte genommen.[44]

Zwei Wochen später folgte die »Zweite Verordnung«, mit der die Meldepflicht für alle jüdischen Wirtschaftsunternehmen als Vorbereitung zur Enteignung der Juden und zur Arisierung ihres Besitzes eingeführt wurde.[45] Besonders von Brauchitsch drängte zur Eile und mahnte die Militärverwaltung, mit den konkreten Arisierungsmaßnahmen möglichst bald zu beginnen, da es – angesichts des offenbar nahenden Kriegsendes – unsicher sei, wie lange das Reich so unmittelbare Einwirkungsmöglichkeiten in Frankreich besitzen werde. Bereits Anfang Dezember konnte die Militärverwaltung erste »Erfolge« melden, und die wirtschaftliche Enteignung der Juden im besetzten Gebiet wurde in den folgenden Monaten stark forciert.[46]

Damit war die Entrechtung der französischen Juden bereits wenige Monate nach Errichtung der deutschen Besatzungsherrschaft in Frankreich zu einem Ausmaß vorangetrieben worden, das in etwa mit der Situation in Deutschland vom Sommer 1938 zu vergleichen war. Ohne unter erkennbarem Druck zu stehen, hatte die Militärverwaltung diesen Prozess nicht etwa hingenommen, sondern selbst in Gang gesetzt und beschleunigt. Best, der in Berlin die Politik der Sicherheitspolizei gegenüber den Juden zwischen 1935 und 1940 an entscheidender Stelle mitformuliert und durchgeführt hatte und die Zielrichtung und Abfolge der einzelnen Maßnahmen in Frankreich erkennbar an diesem Vorbild orientierte, fand in diesem Punkt sowohl in seiner eigenen Abteilung wie im Wirtschaftsstab unter Michel, aber auch beim Kommandostab unter Speidel und ebenso bei Stülpnagel und von Brauchitsch bereitwillige Unterstützung. Der bei den einzelnen unterschiedlich stark ausgeprägte, teilweise scharfe, meist aber eher desinteressierte traditionelle Antisemitismus der Konservativen kam hier mit der völkisch-radikalen Haltung Bests zur Deckung, weil Best wie schon zwei Jahre zuvor in Berlin mit unauffälligen, »gesetzmäßigen« Methoden vorging; während »ungesetzliche Exzesse« jeder Art bei den Mitarbeitern des Militärbefehlshabers auf indignierte Ablehnung gestoßen wären. So aber war für die konservativen Militärs die »Judenfrage« hier ähnlich wie die »Sicherungshaft« ein Nebenkriegsschauplatz, der insgesamt auf nur wenig Interesse stieß und deutlich hinter den heftigen, aber als ehrenvoll empfundenen Schlachten wie derjenigen um den Kunstraub zurückstand.

Volkstum und Besatzungspolitik

Wenn davon gesprochen wurde, dass die längerfristige Zielsetzung Deutschlands in Bezug auf die Rolle Frankreichs in einem nationalsozialistischen Europa unklar und noch nicht entschieden war, so galt dies für die gegenüber Frankreich anzuwendende »Volkstumspolitik« in noch stärkerem Maße. Ob es zu einem »organisierten Vormarsch deutschen Volkstums« wie im Osten nun auch im Westen kommen solle, war in der politischen Führung des NS-Regimes zunächst nicht eindeutig geklärt und vor einem deutschen Sieg über England wohl auch keine vordringliche Frage. Immerhin war Staatssekretär Stuckart von Hitler mit der Ausarbeitung von neuen Vorschlägen für den Grenzverlauf im Westen Europas beauftragt worden; und an der Sperrung der Grenzzone zu Deutschland, Holland und Belgien für geflüchtete und rückkehrwillige französische Bewohner hielt Hitler vorerst fest, um dort gegebenenfalls einmal deutsche oder »volksdeutsche« Bewohner ansiedeln zu können, obwohl die Sperrung der »Nordostlinie« von den deutschen Truppen nur sehr nachlässig kontrolliert wurde.[47] Best hatte diese Pläne, die bei den Offizieren und Beamten der Militärverwaltung eher Kopfschütteln hervorriefen, im August 1940 nachhaltig unterstützt und sogar davon gesprochen, dass von deutscher Seite aus an der Wiederingangsetzung des französischen Schulwesens im Grenzgebiet »überhaupt kein Interesse« bestehen könne[48] – die Parallelen zu den Vorstellungen von der »Regermanisierung« der westpolnischen Gebiete, mit deren Verwirklichung Best im RSHA bis vor wenigen Wochen noch beschäftigt gewesen war, sind unübersehbar. Tatsächlich standen aber solche volkstumspolitische Pläne im Widerspruch zu dem bald als vorrangig angesehenen militärischen Interesse an einer möglichst ruhigen und lukrativen Besatzungsherrschaft in Frankreich; so wurde es schon bald still um »völkische Neuordnungspläne« im Westen.

Anders war dies aber im de facto annektierten Elsass-Lothringen; denn für die Nationalsozialisten war diese »Rückgewinnung« beider Regionen nicht nur als Revision von »Versailles«, sondern auch aus »volkstumspolitischen« Gründen von großer Bedeutung.[49] So war das Interesse der deutschen Behörden von vornherein darauf gerichtet, den Anteil der deutschen Bewohner im Elsass und in Lothringen zu vergrößern und möglichst viele »unerwünschte Elemente« aus diesen Gebieten abzuschieben. Wer aber waren diese »unerwünschten Elemente« und wer »deutsche Bewohner«? Hier gab es bei den deutschen Dienststellen sowie in der Regimeführung recht unterschiedliche Auffassungen. Am ehesten war man sich in Bezug auf die Juden einig, die innerhalb von wenigen Wochen aus dem Elsass und aus Lothringen ins unbesetzte Frankreich vertrieben wurden –mehr als 22.000 Menschen bis Ende September 1940. Die Gauleiter Bürckel und Wagner nutzten diese »Gelegenheit« zudem, um auch die in den »altdeutschen« Teilen ihrer Herrschaftsgebiete, der Saarpfalz und Baden, lebenden 6.500 Juden auszuweisen und nach Südfrankreich abzuschieben, wo sie zusammen mit den aus dem besetzten Gebiet geflohenen und an der Rückkehr gehinderten Juden in den französischen »Konzentrationslägern am Fuße der Pyrenäen« interniert wurden, wie es in einem Bericht für das Berliner Außenministerium hieß. Dort fehle es »an Lebensmitteln und an geeigneter Unterbringungsmöglichkeit für die hauptsächlich aus alten Männern und Frauen bestehenden Verschickten«, so dass auf diese Weise ein Druck auf die französische Regierung entstand, die Deportierten möglichst bald nach Madagaskar »weiterzuleiten«. Diese Abschiebung auch der deutschen Juden rief den Protest der Vichy-Regierung hervor, die nur der Aufnahme der französischen Juden aus dem Elsass und aus Lothringen zugestimmt hatte. Sonst aber erregte die Aktion in Frankreich nur wenig Aufsehen und bewog auch die Pariser Militärverwaltung zu keinen Reaktionen.[50]

In einem zweiten Schritt wurden dann von den beiden Gauleitern umfangreiche Rückkehrverbote erlassen. Außer den Juden wurde auch den »innerfranzösischen« Elsässern und Lothringern, die erst nach dem Ende des Ersten Weltkrieges in diese Regionen gezogen und 1940 vor dem deutschen Einmarsch in den Westen geflohen waren, die Rückkehr nicht mehr gestattet. Etwa 80.000 Menschen waren davon betroffen, und weitere 130.000 verzichteten von sich aus darauf, ins Elsass oder nach Lothringen zurückzukehren.

Zu politischen Kontroversen aber kam es erst, als Bürckel und Wagner – vermutlich auf Anregung, jedenfalls aber mit Zustimmung Hitlers – darangingen, die »frankreichtreue« Bevölkerung des Elsass und Lothringens im großen Stil ebenfalls nach Frankreich zu deportieren. Bis Ende 1940 ließ Bürckel mehr als 45.000 Lothringer ausweisen, die nach seiner Auffassung und der seiner Mitarbeiter für das Deutschtum nicht zu gewinnen waren. Wagner ging im Elsass etwas vorsichtiger vor und wies bis April 1941 etwa 20.000 Elsässer ins unbesetzte Frankreich aus.[51]

Mit dieser rabiaten Vertreibungspolitik lag vor allem Bürckel ganz auf der Linie seines Führers, der betonte: »Wenn wir das Elsaß und Lothringen wieder zu rein deutschen Gebieten machen wollen, müsse jeder, der sich nicht von sich aus zum Deutschtum bekenne, aus diesen Gebieten heraus. Gauleiter Bürckel sei ja in dieser Hinsicht schon mit einschneidenden Maßnahmen vorangegangen. Aber auch aus dem Elsaß müssten noch eine Viertelmillion Französlinge verschwinden.«[52]

Diese Massenausweisungen der »Französlinge« aus Lothringen und dem Elsass stießen nun aber nicht nur bei der Regierung in Vichy, sondern auch bei den deutschen Stellen in Paris auf scharfen Widerspruch. Botschafter Abetz verwies darauf, dass die Aktion propagandistisch schlecht vorbereitet sei und in Frankreich auf Unverständnis stoßen werde[53], und Bests Verwaltungsstab kritisierte, dass durch die Ausweisungen das deutsch-französische Verhältnis belastet und die Zusammenarbeit mit den französischen Behörden erschwert würde. Auch hier trug Best wiederum die Politik der konservativen Militärs und Beamten des Militärbefehlshabers mit und stieg so in deren Achtung weiter, obwohl ihnen nicht recht verständlich war, wieso ein hochrangiger SS-Führer in so deutlicher Weise Kritik ausgerechnet an der Volkstumspolitik der Partei übte.[54] Die Störung der deutsch-französischen Verwaltungskooperation aber war nicht wirklich Bests Haupteinwand gegen die Ausweisungspolitik der beiden Gauleiter. Vielmehr lag

– ähnlich wie im Frühjahr 1939 bei seiner Kritik an der Inkorporation des »Protektorats« ins Reichsgebiet – das eigentliche Problem für ihn in dem Widerspruch zwischen der praktizierten Annexions- und Volkstumspolitik des Reiches auf der einen und den völkischen Grundsätzen auf der anderen Seite.

Bürckel hatte die Ausweisungsbeschlüsse damit begründet, dass sie sich gegen solche Bewohner Lothringens, meist Bauern, richteten, die französisch sprächen, dächten und fühlten und mit den Deutschen nichts im Sinne hätten. »Nach völkischer Auffassung« hingegen, schrieb Best später dazu, bestimme »die Abstammung von vielen Generationen gleichen Blutes die Volkszugehörigkeit des jeweils lebenden Menschen, nicht die politische Gesinnung des einzelnen. Wenn der elsässisch-lothringische Stamm 1871 bis 1940 als deutsch angesehen und behandelt wurde, so geschah dies wegen seiner abstammungsmäßigen Zugehörigkeit zum deutschen Volkskörper, nicht wegen der aktuellen deutschen Gesinnung der einzelnen Elsaß-Lothringer oder ihrer Mehrheit.« Bürckel und Wagner aber »fragten nicht nach der Abstammung, sondern nach der Gesinnung und der Sprache der Einwohner. Sie glaubten, das Land ›deutsch machen‹ zu sollen durch Entfernung derjenigen Einwohner, die französisch gesinnt waren und französisch sprachen.«[55]

Best kritisierte also nicht die nationalsozialistische Volkstumspolitik, sondern wandte sich gegen die Ausweisungspolitik der Gauleiter, weil er diese als mit den völkischen Grundsätzen des Nationalsozialismus für eben nicht vereinbar hielt. Nun war diese Position, wie sie im Dezember 1940 auch von Himmler und seinem Stabshauptamt beim Reichskommissar für die Festigung deutschen Volkstums vertreten wurde[56], deshalb politisch schwer durchsetzbar, weil auch die festeste Überzeugung, dass sich auf lange Sicht immer das Blut vor der Gesinnung durchsetzen werde, gegenüber unmittelbaren politischen Handlungszwängen einen schweren Stand hatte. Und wenn Bürckel diesen »völkischen Standpunkt« als »akademische Annahmen« abtat, »die widerlegt werden, wenn man die Menschen dort betrachtet hat – lauter ausgeschlupfte Franzosen«, die »bei der Abfahrt Frankreich hochleben ließen, die Marseillaise sangen, die Trikolore schwenkten und in Schmährufe gegen Deutschland ausbrachen« – so rechtfertigte dies zwar nicht die barbarische Ausweisungspolitik des Gauleiters, war aber im Vergleich zur »völkischen« Position doch von einem gewissen brutalen machtpolitischen Realismus gekennzeichnet.[57] Für Best war das ganz zweitrangig – das Prinzip »Blut vor Gesinnung« war für ihn keine Spitzfindigkeit, sondern ein »Lebensgesetz«, dessen Nichtbeachtung sich auf kurz oder lang würde negativ auswirken müssen.

Als im März 1942 diese Angelegenheit erneut zur Sprache kam, weil im Elsass Schlusstermine für »volksdeutsche« Rückkehrer gesetzt werden sollten, verfasste Best eine ausführliche Denkschrift, um zu dieser Frage »grundsätzlich aus allen Gesichtspunkten Stellung zu nehmen, die in nunmehr einundeinhalbjähriger Tätigkeit im besetzten Frankreich gewonnen werden konnten«. Nicht die subjektive Gesinnung sei ausschlaggebend für die Zugehörigkeit zu einem Volk – die könne sich vielmehr durch zahllose Einflüsse verändern und sei daher kein sicheres Indiz –, sondern die objektive Kategorie des Blutes. Angesichts der Machtstellung des Deutschen Reiches seien ein paar tausend »querköpfiger« Volksdeutscher im Elsass nicht gefährlich. Weise man sie aber aus, würden sie als Renegaten die gefährlichsten Feinde Deutschlands, zumal sie aufgrund ihrer rassischen Substanz in Frankreich bald die führende Position einnehmen würden. Das Reichsinteresse fordere vielmehr gebieterisch, aus Frankreich möglichst den letzten Tropfen deutschen Blutes wegzunehmen.[58] Best war im Frühjahr 1942 mit seiner Intervention durch die Unterstützung Klopfers und schließlich Himmlers auch erfolgreich – die Schlusstermine wurden zurückgezogen. Hitler selbst allerdings blieb bei seiner ursprünglichen Auffassung, dass insbesondere die Intelligenzschicht in Elsass-Lothringen für die deutsche Sache verloren sei.[59]

Seit den Ausweisungsbeschlüssen Bürckels und Wagners vom Herbst 1940 stellte sich für Best immer deutlicher heraus, dass zwischen der Praxis der deutschen Besatzungspolitik in Europa und den »völkischen« Grundsätzen der nationalsozialistischen Weltanschauung Widersprüche bestanden, die durch pragmatische Augenblickslösungen auf längere Sicht nicht würden beseitigt werden können. Auf der anderen Seite aber gab es weder eine völkische Besatzungstheorie noch überhaupt ein halbwegs verbindliches Konzept für die Beherrschung Europas nach »weltanschaulichen« Grundsätzen, das für die Lösung von strittigen Einzelfällen als Rahmen hätte zur Verfügung stehen können. Denn dass einerseits Zehntausende von Menschen, die aufgrund ihrer Abstammung von den Nationalsozialisten als Volksdeutsche anzusehen waren, nach Frankreich ausgewiesen wurden (wo sie, diesem Denken zufolge, zur »qualitativen Verbesserung« der französischen »Volkssubstanz« beitrugen), andererseits aber in Bests Verwaltungsstab eine »Beratungsstelle für Volksdeutsche« eingerichtet wurde, die »hauptsächlich damit beschäftigt war, alle deutschstämmigen Franzosen im besetzten Gebiet karteimäßig zu erfassen, damit auch ja kein Tropfen deutsches Blut dem deutschen Volk verlorenging«[60], war einigermaßen absurd und machte deutlich, wie uneinheitlich und widersprüchlich die Vorstellungen von deutscher Volkstums- und Besatzungspolitik bei den verschiedenen deutschen Machtträgern waren.

Best stand auch noch an einem anderen Punkt der deutschen Frankreichpolitik aus »volkstumspolitischen« Gründen kritisch gegenüber; war er doch enttäuscht darüber, dass von deutscher Seite die zentralistische Struktur Frankreichs nicht zugunsten der autonomistischen Bestrebungen in den Regionen geschwächt oder doch abgemildert wurde. Vor allem die bretonische Unabhängigkeitsbewegung war während des »Westfeldzuges« von der deutschen Abwehr zunächst durchaus unterstützt, mehr aber zu politischen und strategischen Zwecken benutzt worden. Seit dem Waffenstillstand jedoch wurden die Unabhängigkeitsbestrebungen eines schnell gebildeten »bretonischen Nationalrats« vom Auswärtigen Amt sogleich unterbunden. Denn schon aus verwaltungsorganisatorischen Erwägungen war eine solche Entwicklung aus deutscher Sicht unerwünscht, ganz abgesehen von der gewaltigen innenpolitischen Destabilisierung und politischen Radikalisierung, die eine Unterstützung separatistischer Bestrebungen in Frankreich heraufbeschworen hätte. Die Erinnerung an die entsprechende Entwicklung im Rheinland zwanzig Jahre zuvor war da noch ganz frisch.[61]

Für Best stand die Frage nach der Rolle der ethnischen Minderheiten in einem deutsch dominierten Westeuropa im Mittelpunkt des Interesses. Er war, wie er später zusammenfasste, davon überzeugt, dass »von einer völkischen Einheit-lichkeit Frankreichs tatsächlich nicht die Rede sein« könne: »Da bekannten sich Flamen der Norddepartements zum flämischen Volkstum und zu seiner Einheit. Da stellten Bretonen fest, daß ihr Volk mit eigener Sprache und uralter Tradition ebenso ein Eigenleben fordern könne, wie das etwa gleichstarke norwegische Volk. Da rühmten Basken ihr Volk beiderseits der Pyrenäen als das älteste noch existierende Volk Europas und verlangten seine Unabhängigkeit von Spanien und Frankreich. Da machten Provencalen geltend, daß ihre reiche Kultur und Literatur über die Trouvadours und über Mistral hinaus in der Gegenwart wei-terblühe ..., sie waren untereinander verschiedener als die voneinander entfern-testen deutschen Stämme, zum Teil verschiedener voneinander als von uns.«[62] Dienstlich war Best gezwungen, gegen seine Überzeugung die zentralistische französische Verwaltung zu unterstützen, weil darauf die deutsche Politik der Verwaltungsaufsicht und der Kollaboration beruhte. Als aber der von der breto-nischen Nationalbewegung erhoffte und ursprünglich von deutscher Seite wohl auch in Aussicht gestellte Sonderstatus von der deutschen Regimeführung scharf dementiert wurde, verfasste Best dennoch eine längere Ausarbeitung über die »Bedeutung der bretonischen Bewegung für das Deutsche Reich«, in welcher er feststellte, dass sich das bretonische Volk »nach Abstammung, Wesen und Spra-che von seiner Umwelt unterscheidet und ... nach einer völkischen Reorganisati-on ebenso gut wie die Slowaken und die Kroaten in der Lage wäre, in der neuen, europäischen Großraumordnung unter dem militärischen und politischen Schutz des Reiches sein völkisches Eigenleben zu führen«.[63]

Was Best hier vorschwebte, war ein in seinen Einzelheiten noch nicht durch-formuliertes Konzept einer völkischen Neuordnung Westeuropas, das eine deut-sche Hegemonie im europäischen Großraum mit den Prinzipien der »völkischen Selbständigkeit« der einzelnen ethnischen Gruppen bzw. »Völker« zu verbinden imstande wäre.

Bei den Offizieren und Beamten der Militärverwaltung stießen solche Überle-gungen auf Ablehnung und nicht selten auf Spott. Bargatzky beschrieb Best in diesem Zusammenhang treffend als Mann »von krankhaftem Drang, die Welt mit Denkschriften zu überschütten (über den zu fördernden Separatismus der Bretonen etwa), von nicht minder krankhafter Neigung, was er schreibt, mög-lichst radikal zu formulieren«. Und auch Carlo Schmid, als Kriegsverwaltungs-beamter in Lyon einer der Untergebenen Bests, amüsierte sich darüber, »daß Best eine besondere Vorliebe zu den Bretonen und Basken hatte« und sich dafür ein-setzte, »diese Reste des nordischen Urvolkes von der Vergewaltigung durch die Franzosen zu bewahren«.[64] In der Tat hatten Bests Vorlieben für die »Kleinvöl-ker« in Frankreich etwas Sektiererisches an sich und erinnerten an das »Runen-geraune und Rasselgerassel« bei den völkischen Bünden der 20er Jahre – wenn-gleich die Bestrebungen der deutschen Außenpolitik etwa auf dem Balkan oder in der Sowjetunion auf ganz ähnlichen Gedanken beruhten und zum Teil auch in die Praxis umgesetzt wurden.

Bests Vorstellungen waren in den Relationen dieser Zeit so abstrus auch nicht: Das Kernproblem bestand für ihn darin, wie das völkische Prinzip über seinen Geltungsbereich für das deutsche Volk als allgemein gültige Kategorie zu verstehen und anzuwenden sei, und daraus folgend, wie die deutsche Herrschaft über Europa und die europäischen Völker mit den Prinzipien des »völkischen Denkens« in Übereinstimmung gebracht werden könnte. Denn würde sich die deutsche Herrschaft über diesen Kontinent allein auf die traditionellen Instrumente und Formen des Kontinentalimperialismus verlassen, wie dies dem Denken der meisten konservativen Offiziere und Beamten beim Militärbefehlshaber entsprach, so wäre sie durch die Verletzung der »Lebensgesetze« des völkischen Denkens über kurz oder lang zum Untergang verurteilt – ebenso wie die auf purer Gewalt beruhende Strategie, wie sie etwa die Gauleiter Bürckel und Wagner praktizierten. Ein deutsch dominiertes Europa musste auf den Grundlagen von Abstammung, Volk und Volkstum basieren, da war sich Best sicher und im Übrigen auch mit Himmler sowie den meisten Intellektuellen in der Führung von SS und RSHA einig. Wie aber eine solche Herrschaftsform theoretisch zu fundieren sei und wie sie praktisch umgesetzt werden könnte, war noch ganz unklar. Für Best stellte dies eine Herausforderung dar, die immer stärker in den Mittelpunkt seiner Überlegungen geriet.

Betrachtet man nun die vier skizzierten Konfliktfelder der ersten Phase der deutschen Besatzungspolitik in Frankreich im Zusammenhang, so wird deutlich, dass die konservativen Militärs und Beamten in den Stäben des Militärbefehlshabers zur Politik ihres Vorgesetzten, des SS-Brigadeführers Best, an keinem Punkt in einen ernsthaften Konflikt gerieten. Vielmehr wurden sie zu ihrer eigenen Überraschung von Best meist tatkräftig unterstützt, der sich zudem noch als ausgezeichneter, zurückhaltender und sachlicher Verwaltungsfachmann entpuppte. Der Grund für diese Übereinstimmung lag nun aber weniger in einem Gleichklang politischer oder ideologischer Grundüberzeugungen als darin, dass Best sein Verhalten an den Prinzipien der völkischen Weltanschauung orientierte, während für die konservativen Militärs die traditionelle deutsche Großmachtpolitik und die soldatischen Vorstellungen von der »Anständigkeit« gegenüber als gleichrangig empfundenen Gegnern die Grundlagen ihres politischen Denkens und ihres Verhaltens darstellten. Diese beiden Wertsysteme überschnitten sich hier an vielen Punkten, an anderen lieferten sie für das gleiche Handeln nur unterschiedliche Motive.

Nach den Kriterien der konservativen Militärs und Beamten waren der »Kunstraub« und die Ausweisung der frankreichtreuen Bevölkerung aus Elsass-Lothringen von vorrangiger Bedeutung, während die Maßnahmen gegen die Juden oder die Einführung der »Schutzhaft« eher als Polizeifragen angesehen wurden und zudem keine als gleichrangig empfundenen Gegner betrafen. Für Best hingegen waren »Schutzhaft« und Judenpolitik aus weltanschaulicher Sicht unabdingbar und von grundlegender Bedeutung; während der Raub von jüdischen Kunstschätzen eher als taktischer Fehler, jedenfalls nicht als sonderlich wichtige Frage angesehen wurde. Andererseits geriet Best zu solchen Anordnungen und Maßnahmen in Konflikt, die den völkischen Grundsätzen widersprachen, wie die Deportation der »Französlinge« aus Elsass und Lothringen. Hier zogen Best und die Konservativen im »Majestic« an einem Strang, aber wiederum aus verschiedenen Motiven. Darüber hinaus wiesen »Stil« und »Haltung« sowohl der Konservativen als auch Bests gegenüber der Politik der »Partei« manche Übereinstimmungen auf: das elitäre Selbstverständnis, die daraus resultierende Distanz gegenüber den »Massen« etwa oder die Hervorhebung von »Sachlichkeit« und Kühle gegenüber dem lautstarken Fanatismus der meisten NS-Führer. Auf der anderen Seite waren die offenbare Stringenz und Dogmatik der völkischen Lehre, an der Best sein Denken und Handeln ausrichtete, den meisten konservativen Militärs und Beamten fremd und wohl auch weitgehend unbekannt. Denn während sie bestimmte Maßnahmen der Regimeführung aus einer Haltung heraus kritisierten, die der nationalsozialistischen Politik und Weltanschauung zuweilen distanziert oder gar ablehnend gegenüberstand, rührte Bests Kritik an den gleichen Maßnahmen daher, dass er sie als Abirrung von eben dieser Weltanschauung ansah.

Nach seinen ersten Erfahrungen in Frankreich konzentrierte sich sein Interesse daher nun ganz darauf, die Grundsätze »völkischen Denkens« nicht nur auf die inneren Verhältnisse in Deutschland, wie bisher, sondern auch auf die deutsche Außen- und Besatzungspolitik abzubilden.

2. Völkische Großraumordnung

Carl Schmitt und die Völkischen

Der Einmarsch deutscher Truppen in die »Rest-Tschechei«, die Installation des »Protektorats Böhmen und Mähren« und die Gründung des pseudo-souveränen slowakischen Staates im Frühjahr 1939 hatten einen qualitativen Sprung in der Entwicklung der nationalsozialistischen Expansionspolitik markiert und waren von der Welt auch als solcher wahrgenommen worden. Denn zum ersten Mal hatte Deutschland einen europäischen Nachbarstaat gewaltsam unterworfen, aufgelöst und teilannektiert und seinen Machtbereich über die Siedlungsgebiete von Deutschen oder sich als solche empfindenden Menschen hinaus ausgedehnt. Weder die Forderung »Deutschland den Deutschen« noch die Revision von »Versailles« standen als Rechtfertigung dieses Gewaltaktes zu Gebote. Vielmehr wurde das deutsche Machtstreben nach einer beherrschenden Stellung in Mitteleuropa unverhüllt und aggressiv dargeboten. Ein Konzept, eine legitimierende Theorie, die den Expansionsdrang des Reiches in eine langfristig angelegte politische oder völkerrechtliche Perspektive einband und ihn damit zwar nicht weniger gewalttätig, aber womöglich berechenbar machte, war hingegen nicht zu entdecken.[65]

In diese Lücke stieß, wenige Tage nach dem deutschen Einmarsch in Prag, der Staatsrechtler Carl Schmitt mit einem Vortrag am Institut für Politik und Internationales Recht in Kiel über »Völkerrechtliche Großraumordnung mit Interventionsverbot für raumfremde Mächte«[66] – ein Referat, das in Deutschland wie im Ausland viel Aufmerksamkeit erregte: »Bisher hat kein einziger deutscher Politiker eine genaue Definition seiner Ziele in Osteuropa gegeben, aber möglicherweise kann ein kürzlich von Professor Carl Schmitt, einem Nazi-Experten für Verfassungsrecht, gehaltener Vortrag hierzu als zuverlässiger Hinweis dienen«, schrieb die »Times« dazu, und die ausführliche Berichterstattung in der deutschen Presse über Schmitts Ausführungen schien dies zu bestätigen.[67]

Schmitts Analyse ging davon aus, dass das universalistische Völkerrecht, wonach jedem Staat, unabhängig von seiner Größe und Bedeutung, im Verkehr mit anderen Staaten das gleiche Recht zustehe, den wirklichen Machtverhältnissen in der Welt nicht entspreche und in Wahrheit lediglich ein Instrument zur Beibehaltung des Status quo, also im Interesse der westlich-demokratischen Mächte sei. Die amerikanische Monroe-Doktrin von 1823 hingegen gebe einen Hinweis auf eine den wirklichen Machtverhältnissen entsprechende völkerrechtliche Konstruktion und sei in modifizierter Form geeignet, ein Modell für die zukünftige völkerrechtliche Ordnung insgesamt abzugeben. Demnach sei die Welt aufgeteilt in die Interessens- und Ausstrahlungssphären von wenigen Großmächten. Das völkerrechtlich zu begründende Verbot der Intervention fremder Mächte in dieses Gebiet, im Falle der USA in den amerikanischen Kontinent, leitete sich hierbei nicht von dem universalistischen Prinzip der Gleichberechtigung der Völker ab, sondern von der Machtstellung der jeweiligen Großmacht in diesem Gebiet – in Schmittscher Diktion: der »Reiche« in diesem »Großraum«. »Reiche in diesem Sinne sind die führenden und tragenden Mächte, deren politische Idee in einen bestimmten Großraum ausstrahlt und die für diesen Großraum die Intervention fremdräumiger Mächte grundsätzlich ausschließen.«[68] Das herkömmliche universalistische Völkerrecht müsse also durch ein die wirklichen Machtverhältnisse berücksichtigendes, allgemeingültiges Prinzip abgelöst werden, eben die »völkerrechtliche Großraumordnung mit Interventionsverbot für raumfremde Mächte«.

Die aktuelle Bedeutung einer solchen Konstruktion war unübersehbar: Wenn die gegenseitige Respektierung der Einflussbereiche der Großmächte den Status eines »völkerrechtlich« verbindlichen Grundsatzes erhielte, so wäre den einzelnen Großmächten in ihren »Großräumen« freie Hand zu geben, ohne dass sich andere Großmächte hier einzumischen hätten. Damit aber wäre die Hinnahme der deutschen Expansionspolitik in Mittel- und Osteuropa, perspektivisch im gesamten europäischen Kontinent, durch die Westmächte zwingend geboten. Dem Anspruch des nationalsozialistischen Deutschen Reiches auf territoriale Ausdehnung und politische Vorherrschaft in Europa war so eine quasi-völkerrechtliche Legitimation, dem deutschen Machtstreben der Rang eines Elements der Weltordnung verliehen worden: Hierin lag die über die Prager Ereignisse hinausreichende Bedeutung des Schmittschen Entwurfs.

Daneben aber besaß der Vortrag noch einen zweiten, nach dem Krieg meist weniger beachteten Schwerpunkt, in dem die Bedeutung der Begriffe »Staat« und »Volk« diskutiert wurden. Der Begriff »Volk«, so Schmitt, sei von der deutschen Rechtslehre als zentrale Kategorie gegen den Begriff der nationalen »Minderheit« aufgebaut worden, welcher ja lediglich eine Ansammlung von Individuen meine und keine qualitative Größe darstelle. Demgegenüber beinhalte die deutsche Politik die »Ablehnung aller Assimilierungs-, Absorbierungs- und Schmelztiegel-Ideale«.[69] In der Hervorhebung des qualitativen statt des quantitativen Charakters ethnischer Einheiten liege die Bedeutung des die deutsche Rechtslehre bestimmenden Volksbegriffes. Als völkerrechtlicher Zentralbegriff aber tauge er nicht. Grundlage einer neuen, quasi völkerrechtlichen Ordnung könne nur der Staat, nicht das »Volk« sein. Im Gegensatz zur Auffassung einiger Autoren sei es nicht möglich, »nun einfach aus der bisherigen zwischenstaatlichen eine zwischenvolkliche Ordnung zu machen. Dann würde nämlich nur der alten zwischenstaatlichen Ordnung durch den Begriff des Volkes neue Substanz und neues Leben zugeführt. An die Stelle eines innerlich neutralen abstrakten Staatsbegriffes wäre ein substanzhafter Volksbegriff getreten, im Übrigen aber die systematische Struktur der überkommenen Völkerrechtsordnung beibehalten.«[70] An die Stelle der Gleichberechtigung aller Staaten, unabhängig von ihrer wirklichen Macht, würde nach diesen Vorstellungen also die nur völkerrechtliche Gleichberechtigung aller Völker treten, mithin eine Art von völkischem Universalismus. Nur zum Staat organisiert jedoch könnten Völker überhaupt Völkerrechtssubjekte sein. Zudem könne eine vom »Volk« ausgehende Betrachtungsweise das Problem der schon durch die Entwicklung der modernen Technik und Kommunikation notwendig gewordenen Organisation in Großräumen nicht lösen.

Demgegenüber sei der Begriff des »Reiches« als neuer Ordnungsbegriff eines neuen Völkerrechts konstitutiv, welcher von einer »von einem Volke getragenen, volkhaften Großraumordnung ausgeht. In ihm haben wir den Kern einer neuen völkerrechtlichen Denkweise, die vom Volk ausgeht und die im Staatsbegriff enthaltenen Ordnungselemente durchaus bestehen lässt, die aber zugleich den heutigen Raumvorstellungen und den wirklichen politischen Lebenskräften gerecht zu werden vermag; die ›planetarisch‹, d.h. erdraumhaft sein kann, ohne die Völker und die Staaten zu vernichten und ohne, wie das imperialistische Völkerrecht der westlichen Demokratien, aus der Überwindung des alten Staatsbegriffs in ein universalistisch-imperialistisches Weltrecht zu steuern.«[71]

Mit dem ersten Teil seiner Ausführungen, in dem er den Kontinentalimperialismus des Reiches »völkerrechtlich« abzusichern und zu legitimieren versuchte, traf Schmitt in Deutschland auf verbreitete Zustimmung; obwohl bzw. weil die ihm zugrunde liegende Vorstellung, wonach die Deutschen sich in Mittel- und Osteuropa nun ihren eigenen Commonwealth zusammenraubten, ihre eigenen Bananenrepubliken um sich scharten und die Westmächte den deutschen Einmarsch in Prag zu dulden hätten, weil sich die Deutschen in Indien, Honduras oder Algerien ja auch nicht einmischten, von einiger Schlichtheit und der Versuch, dies gar in den Rang eines völkerrechtlichen Prinzips zu erheben, von ebensolcher Kühnheit zeugte.[72]

Mit der Ablehnung des Volksbegriffs als Grundlage für ein neues Völkerrecht aber stieß Schmitt auf heftige Kritik, insbesondere von Seiten derjenigen, die seinen schier unaufhaltsamen Aufstieg in der Hierarchie des »Dritten Reiches« drei Jahre zuvor jäh gestoppt hatten: den Intellektuellen des SD im Umkreis von Reinhard Höhn.[73]

Die Auseinandersetzungen zwischen Höhn und Schmitt, die Ende 1936 zu einer Kampagne des »Schwarzen Korps« gegen Schmitt und zu dessen Rückzug aus seinen politischen Ämtern geführt hatten, sind häufig darauf zurückgeführt worden, dass Schmitt »mit seinem steilen Aufstieg in der Rechtshierarchie des NS-Staates für Höhn ein Konkurrent, ja ein Hindernis in Höhns eigenen Karriereplänen« gewesen sei.[74] Das mag so gewesen sein, erklärt aber nicht, wieso der relativ unbekannte Höhn in dem zu dieser Zeit noch nicht sonderlich einflussreichen SD den berühmtesten Juristen der Zeit hatte stürzen können. In Bezug auf die Beurteilung der politischen Entwicklung seit 1933, die Rechtfertigung des nationalsozialistischen Staatsterrors, die Indienstnahme des überkommenen Rechtssystems für die Diktatur lagen Höhn und Schmitt noch beieinander. In Bezug auf die weltanschauliche Herleitung aber unterschieden sie sich. Während sich Höhn wie Best auf das »Volk« als lebendigen Organismus und als legitimatorischen Ausgangspunkt »völkischer« Politik bezog, ermangelte das Denken Schmitts einer solchen »natürlichen« Kategorie; Zentralpunkt seines politischen Denkens war vielmehr die Macht. Dass Schmitt sich nicht auf einen von einer gegebenen, transzendentalen Kategorie ausgehenden weltanschaulichen Gesamtentwurf oder auf teleologische Perspektiven stützte, sondern auf die je vorfindlichen und veränderlichen Machtverhältnisse, ist ihm oft als Opportunismus ausgelegt worden –gewiss nicht zu Unrecht. Zugleich lag darin aber auch eine unübersehbare Provokation für die Hüter der reinen Lehre des Nationalsozialismus in SD und SS. Denn dass Schmitt, der vom katholischen Ordnungsdenken herkommend über Papen und Schleicher zu Hitler gefunden hatte, nun aber die weltanschaulichen Zentralkategorien des »völkischen Denkens« wie Blut, Rasse, Volk nicht teilte, sondern das »Dritte Reich« pries, weil es die Macht besaß und erfolgreich zu erweitern bestrebt war, denunzierte implizit den Anspruch des NS-Regimes, dass seine Herrschaft Ausdruck eines »natürlichen«, mithin ewig gültigen Prinzips sei. Aber indem Schmitt dies tat, gab er der Auffassung von gewiss erheblichen Teilen nicht nur der konservativen Eliten, sondern auch der NS-Parteimitglieder Ausdruck, denen der ideologische Aufwand zur Begründung und Herleitung des Krieges gegen Polen oder der Verfolgung der Juden ganz gleichgültig war, weil sie deren Diskriminierung, Vertreibung und Enteignung auch ohne weitere Begründung befürworteten.

Mit seinem Kieler Vortrag hatte sich Schmitt nach dreijähriger Zurückgezogenheit nun mit einiger Verve zurückgemeldet und ein politisches Feld begrifflich besetzt, das für jedermann ersichtlich in Zukunft von erheblicher Bedeutung sein würde, während von Seiten der völkisch-radikalen Intellektuellen im und um den SD dazu bislang noch keine substantiellen Anstrengungen bekannt geworden waren. Durch die explizite Ablehnung der zaghaften Ansätze, die nationalsozialistische Juristen und Staatsrechtler wie Gürke, Raschhofer oder Walz vertreten hatten und in denen versucht worden war, die bislang für die Auseinandersetzung mit den politischen und »rassischen« Feinden im Inneren entwickelten Theoreme der völkisch-organischen Lehre auf das Zusammenleben der Völker zu projizieren[75], hatte Schmitt die 1936 unterbrochene Auseinandersetzung mit Höhn wiederaufgenommen und durch den angedeuteten Vorwurf eines völkischen Universalismus sogleich mit einiger Schärfe versehen: Als Begründung für die Schaffung eines deutsch dominierten Großraums in Europa war die Macht nach seiner Auffassung völlig ausreichend, bedurfte es keiner legitimatorischen Herleitung aus einem weltanschaulichen Gesamtentwurf.

Hier setzte die Kritik des herausgeforderten Reinhard Höhn auch ein; zum einen stellte er in seiner ersten Replik in Zweifel, »daß jeder neue und revolutionär klingende Begriff schon deshalb den Anspruch erheben kann, als wissenschaftlicher Grundbegriff anerkannt zu werden, um in dem Moment, wo er nicht mehr gebraucht wird, auch von seiten der Staatslehre den Abschied zu erhalten. Von einem solchen Opportunismus« – das war das Stichwort zur Charakterisierung Schmitts – »muß sich eine Staatslehre, die Anspruch darauf erhebt, die Wirklichkeit widerzuspiegeln, weit entfernt wissen.«[76]

Inhaltlich aber wandte sich Höhn dagegen, dass Schmitt mit dem Begriff der »völkerrechtlichen Großraumordnung mit Interventionsverbot für raumfremde Mächte« erneut einen allgemein-abstrakten Terminus mit tendenziell universeller Gültigkeit in die Welt gesetzt hatte, obwohl er – in der historischen Situation vom Frühjahr 1939 – doch eine konkrete Lage im Sinne gehabt habe; statt von den konkreten Verhältnissen spreche er von »irgendeinem Reich«, »irgendeiner politischen Idee« und »irgendeinem Volk«.

Unabhängig von der inneren Ausgestaltung des Großraums sei für Schmitt nach außen allein das Prinzip der Nichtintervention ausschlaggebend. Zwar sei die Durchsetzung des Prinzips der Nichtintervention für das Deutsche Reich im Frühjahr 1939 wichtig gewesen, um überhaupt mit dem Aufbau eines von ihm beherrschten Großraums beginnen zu können. Für die Schaffung einer neuen völkerrechtlichen Ordnung sei dies jedoch nicht ausreichend. Der Großraumgedanke könne vielmehr nicht von allgemeinen Begriffen aus als eine abstrakte Ordnung entwickelt werden, sondern setze die Geltung konkreter – und das bedeute in diesem Falle: völkischer – Lebensprinzipien voraus. Er bedeute gerade die Abkehr vom bindungslosen Großmachtimperialismus und finde vor allem in der lebensgesetzlichen Stellung des Reiches als Verkünder und Träger einer neuen Ordnung seine innere Grundlage.

Höhn erkannte richtig, dass der Nationalsozialismus und die völkische Weltanschauung in dem Schmittschen Entwurf gar nicht vorkamen, sondern dass hier ein völkerrechtliches Defensivsystem zur Abwehr von Interventionsversuchen der Westmächte gegenüber dem Expansionsdrang des Deutschen Reiches aufgebaut wurde, das sich zwar konkret auf das nationalsozialistische, potentiell aber auch auf ein anders verfasstes Deutschland beziehen konnte. Demgegenüber betonte Höhn, dass eine Großraumordnung in Europa an die Existenz eines nach völkischen Grundsätzen regierten und regierenden Reiches gebunden sei, gegründet auf die »lebensgesetzliche Stellung« des Reiches, »auf seine andere politische Gebilde überragende Gesamtlebenskraft, die entscheidend und maßgebend auf einen über das Reich hinausgreifenden Raum einwirkt und zugleich von dem Bewußtsein der Anerkennung der anderen Völker getragen ist.«[77]

Bests Theorie vom Großraum

An diesem Punkt, aber sehr viel entschiedener und schärfer, setzte auch Bests Kritik an Schmitt ein, dessen Begriff von der »völkerrechtlichen Großraumordnung« ihm Anlass und Gelegenheit bot, seine eigenen Vorstellungen über Grundlagen und Ziele einer deutschen Vorherrschaft in Europa weiterzuentwickeln und zu profilieren.

Angelehnt an Schmitts frühere Schriften über den Begriff des Politischen hatte Best schon im Jahre 1930 in seinem Aufsatz über »Krieg und Krieger« die Bedeutung völkerrechtlicher Vereinbarungen in radikaler Zuspitzung definiert als »Abgrenzung der Machtsphären kämpfender Mächte«, als »Fazit des vorausgehenden und als Ausgangspunkt des folgenden Kampfes«; während er alle Konstruktionen eines wertgebundenen, für alle Völker verbindlichen universalen Völkerrechts ganz in Schmittscher Manier als Versuch der derzeit herrschenden demokratischen Westmächte gekennzeichnet hatte, ihre gegenwärtige Überlegenheit mit Hilfe vermeintlich naturrechtlicher Kategorien als dauerhaften Zustand festzuschreiben.[78] Im August 1939 nun nahm Best in Reaktion auf den gerade veröffentlichten Kieler Vortrag Schmitts diesen Gedanken wieder auf und bestritt in einem Leitartikel im »Deutschen Recht« unter dem Titel »Rechtsbegriff und ›Völkerrecht‹«, dass es sich im völkischen Verständnis beim Völkerrecht überhaupt um »Recht« handele: »Da nach dieser Überzeugung die Interessen des einzelnen Volkes alleiniger Maßstab für das Recht seien, sei jede Bindung an von anderen Gesichtspunkten als denen der eigenen Notwendigkeiten her gesetzte Regeln lebensfeindlich und lebenszerstörend ... Es gibt keinen ›höheren‹ Zweck, für dessen Verwirklichung dem Handeln der Völker Regeln gesetzt werden müßten, und es gibt keine Maßstäbe, nach denen diese Regeln gestaltet werden könnten. Jedes Volk hat nur den Zweck der Selbsterhaltung und Selbstentfaltung und kennt nur Maßstäbe des Handelns, die auf diesen Zweck ausgerichtet sind. In seinem Verhalten gegenüber anderen Völkern kann sich kein Volk an Regeln binden lassen, die ohne Rücksicht auf seine Lebenszwecke Gültigkeit haben sollen.«[79]

Diese so theoretisch und begriffsklauberisch wirkenden Sätze erhalten ihren alarmierenden Charakter erst durch die Person des Autors und den Zeitpunkt der Veröffentlichung. Best war im Sommer 1939 vorrangig mit vier Dingen beschäftigt: mit der organisatorischen Vereinheitlichung von Sicherheitspolizei und SD zum »Reichssicherheitshauptamt«, mit dem Aufbau der Sicherheitspolizei im »Protektorat«, der Organisation der »Zentralstelle für jüdische Auswanderung« in Berlin und der Vorbereitung der Aktion der polizeilichen Einsatzgruppen in Polen. Die Absage an jede wertbezogene Form überstaatlichen Rechts, die Rechtfertigung jedes Vorgehens im Interesse des eigenen Volkes wurde auf diese Weise zu einer rechtstheoretischen Begründung und Rechtfertigung für das – nach den Maßstäben des Völkerrechts rechtswidrige und zu ächtende – Vorgehen von Sicherheitspolizei und SD gegen Tschechen, Polen und Juden. Bis dahin war noch kein juristischer Autor in Deutschland so weit gegangen, die Existenz supranationaler Rechtsbindungen überhaupt zu verneinen. Kein juristischer Autor war aber auch so unmittelbar mit der Organisation völkerrechtswidriger Verbrechen beschäftigt wie Werner Best.

Es war daher nicht überraschend, dass die vielbeachteten Thesen Carl Schmitts über eine »völkerrechtliche« Großraumordnung den Widerspruch Bests herausfordern mussten. Schmitts Verdienst, betonte er in einer Rezension vom Sommer 1940, liege darin, einen programmatischen Begriff geschaffen zu haben, der den Interventionsanspruch der demokratischen Westmächte zurückweise. In dieser Abwehr aber erschöpfe sich die Brauchbarkeit dieses Begriffes auch; ein programmatischer Inhalt der Großraumordnung hingegen sei bei Schmitt nicht formuliert. Vielmehr verleite der Weitergebrauch des Begriffes »völkerrechtlich« zu der falschen Annahme, es gebe weiterhin verbindliche, universelle Rechtsnormen für alle Völker.

Best schlug statt dessen den Begriff »Völkische Großraumordnung« vor: Eine solche Ordnung sei durch sechs »lebensgesetzliche Gegebenheiten« gekennzeichnet:

1. Die Mitwirkenden einer Großraumordnung seien Völker, nicht Staaten.
2. Einfluss und organisatorische Struktur der beteiligten Völker seien verschieden; erfahrungsgemäß stehe die Großraumordnung unter der Führung eines Volkes, wobei die Voraussetzung zur Mitwirkung eines Volkes in der Großraumordnung die Existenz einer voll verwirklichten Volksordnung sei: »Die Großraumordnung ist eine Ordnung von Volksordnungen.«
3. Zweck der Großraumordnung seien die beteiligten Völker selbst, übervölkische Lebenszwecke seien auch für Großraumordnungen nicht anzuerkennen.
4. Jedoch sei es nicht Zweck der Großraumordnungen, die bestehenden Völker und Volksordnungen »künstlich zu konservieren«.
5. Es liege nicht in der Entscheidungsmacht der einzelnen Völker, ob sie an einer Großraumordnung mitwirken wollten: »Widerstreben wird meist nur zu einer passiveren Form der unvermeidbaren Mitwirkung führen.«
6. Das Vorhandensein räumlich beteiligter Völker könne aber auch nicht ignoriert werden, »auch wenn ihre Mitwirkung als unerwünscht empfunden wird. Die Kraft des Lebens ist so zäh und unberechenbar, daß mit dem gegenwärtigen und künftigen Vorhandensein und Handeln eines Volkes gerechnet werden muß, solange noch bewußte und fortpflanzungsfähige Substanz desselben lebt.«

In diesen einigermaßen kryptisch formulierten Sätzen wird zunächst nur die in Punkt drei wiederholte Ablehnung jeder Form eines wertbezogenen, kodifizierten Völkerrechts deutlich. Bezieht man aber diese Thesen auf die politische und militärische Situation vom Sommer 1940 zurück (Best hatte den Artikel noch vor seiner Versetzung nach Paris geschrieben) und berücksichtigt man, auf welche Erfahrungen sich Best zu diesem Zeitpunkt – etwa im Hinblick auf Polen – bezog, so wird, wenn auch noch vage, erkennbar, welche konkreten Diskussionen und Konzeptionen hinter dem in den Punkten vier bis sechs allgemein Angedeuteten standen, wenn Best formulierte, bestehende Völker dürften nicht »künstlich konserviert« werden, die »Mitwirkung« eines Volkes im Großraum sei unabhängig von dessen Willen, und mit der Mitwirkung auch eines unerwünschten Volkes im Großraum sei so lange zu rechnen, als es noch »lebende Substanz« davon gebe.

Dennoch akzeptierte Schmitt in der dritten Auflage seiner Schrift Bests Vorschlag, von einer »völkischen Großraumordnung« zu sprechen, jedenfalls soweit er sich auf die Gestaltung der Beziehungen zwischen den Völkern *innerhalb* eines Großraums beschränke. Die »anderen Beziehungsmöglichkeiten« zwischen den einzelnen Großräumen oder Völkern verschiedener Großräume seien mit diesem Begriff hingegen nicht erfaßbar.[80] Daraufhin replizierte Best mit dem auch im Ton verschärften Vorwurf, Schmitt trage durch seine Begriffsbildung zur Rettung des »Völkerrechts« bei, denn »mit der Begründung, daß die Großraumordnung ein ›völkerrechtliches‹ Gebilde sei, könnten bisherige ›Subjekte‹ des bisherigen ›Völkerrechts‹ fordern, daß sie mit dem Führungsvolk der Großraumordnung als gleiche, ›souveräne‹ Partner ›völkerrechtliche‹ Verträge abzuschließen hätten oder daß sie gegebenenfalls ihre ›völkerrechtlichen‹ Bindungen gegenüber dem Führungsvolk auch wieder kündigen könnten!«[81] Im deutsch beherrschten Großraum, so die aktuelle Schlussfolgerung daraus, existierten zwischen dem Deutschen Reich und den unterworfenen Völkern keine »völkerrechtlichen« Bindungen mehr, sondern allein die – machtgestützten – Interessen Deutschlands und die –nicht machtgestützten – Interessen der »Großraumvölker«. Zwischen den einzelnen Großräumen und ihren Führungsvölkern könne es ebenfalls kein allgemeines »Völkerrecht« geben, sondern lediglich die Regelung von Interessen, unabhängig von allgemeingültigen Wertsetzungen und allein bestimmt von »sich entweder begegnenden oder einander abwehrenden Zielsetzungen der von ihren Führungsvölkern repräsentierten Großraum-Einheiten.« Hier hob Best – nicht ganz zu Unrecht – hervor, dass sich entgegen Schmitts Festlegungen Großmächte erfahrungsgemäß an der Durchsetzung ihrer Interessen nicht durch Hinweise auf entgegenstehende völkerrechtliche Bindungen hindern ließen – dies galt gewiss auch für die etwas willkürlich als »Völkerrecht« klassifizierte Abmarkung von Einflusssphären, Interessengebieten oder »Großräumen«: Fühle sich eine Großmacht stark genug, im »Großraum« einer anderen Großmacht zu intervenieren, um das eigene Einflussgebiet zu vergrößern, so bringe keine völkerrechtliche Großraumtheorie sie davon ab.

Es zeigte sich, dass Schmitts Begrifflichkeit auf die machtpolitische Situation im Frühjahr 1939 zugeschnitten und auf die Legitimationen der deutschen Expansionsbestrebungen und die Abwehr drohender Intervention der Westmächte gegenüber Deutschland begrenzt war, als allgemeine Theorie aber schon in dem Moment nicht mehr taugte, in denen sich das Deutsche Reich in der Lage fühlte, den eigenen Machtbereich über den eigenen Großraum hinaus zu erweitern und dabei andere Großmächte niederzuringen. Eben dies aber war im Sommer 1940 gegenüber England und ein Jahr später gegenüber der Sowjetunion der Fall. Die Bindung an eine »völkerrechtliche« Verpflichtung zur »Nichtintervention« in das Empire oder den von der Sowjetunion beherrschten Raum musste aus deutscher Sicht nun hinderlich und nachgerade absurd erscheinen. Die Schmittschen Theorien, die im Frühjahr 1939 im Sinne der deutschen Expansionsinteressen noch nützlich gewesen waren, erwiesen sich nun als überholt.

Für die völkisch-radikalen Intellektuellen im Umkreis von SS und SD hatte sich an der Auseinandersetzung mit Schmitt gezeigt, wie unterentwickelt die eigenen theoretischen Ansätze in Bezug auf Großraum und Völkerrecht noch waren. Angesichts der massiven Erfolge der Wehrmacht und der rapiden Ausdehnung des deutschen Machtbereichs war aber ein in sich schlüssiges Konzept zur Beherrschung, Ordnung und Verwaltung des deutsch dominierten europäischen Kontinents dringend vonnöten, um die deutsche Herrschaft in Europa nach »völkischen« Grundsätzen zu organisieren.

Unter diesem Gesichtspunkt hatte sich etwa seit dem Herbst 1939 ein Kreis von SS-Führern um Best, Höhn und Stuckart gebildet, in dem diese Fragen intensiver diskutiert wurden. Aus diesen Diskussionen, die durch die Debatte über die Thesen Carl Schmitts stark befördert wurden, bildete sich langsam eine einheitliche Auffassung im Grundsätzlichen heraus, die sich auf zwei Ausgangspunkte stützte: eine radikal völkische Grundhaltung einerseits und das Streben nach einem damit verknüpften Höchstmaß an Effektivität deutscher Vorherrschaft in Europa andererseits.

Sie bezog im wesentlichen gegen zwei Richtungen innerhalb der Führungsgruppen des NS-Regimes Stellung: gegen die konservativen Großmachtpolitiker alten Stils, wie sie in Wirtschaft, Verwaltung und Militär dominant waren und von Carl Schmitt in gewisser Weise politisch repräsentiert wurden; und gegen die Befürworter einer plumpen Gewaltherrschaft, wie sie in der Partei insbesondere bei zahlreichen Gauleitern, bei den Besatzungsbehörden vor allem der östlichen und südöstlichen Gebiete Europas, aber auch etwa im Umkreis von Goebbels, Göring oder Ley häufig zu finden waren. Während aus dieser Sicht den Konservativen der Bezug zur Weltanschauung als Richtschnur eigenen Handelns fehlte, sie zugleich aber im Hinblick auf Professionalität und Effektivität die Maßstäbe setzten, diente die völkische Ideologie vielen Gauleitern und anderen Parteioberen in der Tradition der SA oft nur zur notdürftigen Kaschierung der privaten Machtbestrebungen, während Effektivität und Professionalität ihres Verwaltungshandelns gering und ihr politischer Horizont oft sehr begrenzt waren. Von beiden setzte sich die Gruppe um Best, Höhn und Stuckart bewusst ab und hielt ein Modell der »vernünftigen« Herrschaft auf radikal-völkischer Grundlage dagegen.

Großraumordnung und Vernichtungstheorie

Die erste öffentliche Präsentation der Vorstellungen dieser Gruppe geschah im Frühjahr 1941 auf eine höchst charakteristische Weise – in Form einer »Festschrift« für Heinrich Himmler anlässlich dessen vierzigsten Geburtstags.[82] Die fünf darin versammelten Beiträge waren thematisch von recht unterschiedlichem Zuschnitt. Neben zwei siedlungs- und sippengeschichtlichen Untersuchungen von Eckhardt und Zipperer, die den bekannten Vorlieben Himmlers für diese Fragen nachkamen, schrieb Wilhelm Stuckart über »Zentralgewalt, Dezentralisation und Verwaltungseinheit«, Reinhard Höhn über den »Kampf um die Wiedergewinnung des deutschen Ostens. Erfahrungen der preußischen Ostsiedlung 1886 – 1914« und Werner Best über »Grundfragen einer deutschen Großraumverwaltung«. Diesen drei Aufsätzen war der Versuch gemeinsam, eine konkrete, praktikable, effektive und »vernünftige« Organisation deutscher Herrschaft auf der Grundlage einer radikalen völkischen Position zu entwickeln.

Stuckart plädierte in seinem Beitrag[83] für eine starke Zentralgewalt bei der Verwaltung und gegen die Aufsplitterung der inneren Verwaltung durch die Schaffung immer neuer Sonderbehörden und stellte sich damit in deutlichen Gegensatz zu erheblichen Teilen vor allem der mittleren Instanzen der NSDAP – »ein erstaunliches Dokument systemimmanenter Kritik«, wie Dieter Rebentisch urteilte, »eine Generalabrechnung mit der nationalsozialistischen Verwaltungsreform, wie sie radikaler nicht sein konnte ...; insgesamt war sein Urteil über die nationalsozialistische Verwaltung vernichtend«; die radikal völkischen Passagen hingegen seien eher »taktisch formuliert« und auf Konzession an eine »verordnete Denkweise und ideologische Konstrukte abgestellt«, um die NS-kritischen Aussagen veröffentlichen zu können.[84] Eine solche Interpretation führt jedoch in die Irre – im Gegenteil: Gerade dadurch, dass sich Stuckart und seine Mitstreiter in erster Linie als weltanschauliche Kämpfer des Eliteordens der SS empfanden und ihre Position von der reinen, radikalen Lehre her entwickelten, konnte die Kritik an den bestehenden Praktiken, die im Wesentlichen auf die Differenz zwischen dem politisch und weltanschaulich Notwendigen und der vorfindlichen Wirklichkeit im NS-System abhob, so scharf sein.[85]

Best hatte sich für seinen Beitrag zur »Festschrift« die Aufgabe gestellt, über die bisherigen, aus der Kritik an Schmitt entwickelten Ansätze hinaus eine umfassende Systematik einer deutschen Großraumverwaltung zu entwerfen, die einerseits den bisherigen Ergebnissen der deutschen Eroberungspolitik in Europa entsprach und andererseits ein weltanschaulich fundiertes Modell bot, von dem aus die bisherige Praxis kritisiert und fortentwickelt werden konnte.

Als Großraum-Ordnung definierte er dabei eine von verschiedenen Völkern bewohnte Region, die von dem stärksten, dem »Führungsvolk«, »bewußt nach eigener Auffassung einheitlich gestaltet« wird – weder eine staatsrechtliche noch eine völkerrechtliche Erscheinung, sondern eine vom Willen des Führungsvolkes abhängige Ordnung, in der Rechtsetzung, Rechtsprechung und Verwaltung einheitlich und ungeteilt wahrgenommen wurden. Problematisch sei in diesem System lediglich die »scheinbare Einbeziehung eines fremden Volkes in die Volks-Ordnung des stärkeren Volkes ..., wenn nicht die völlige blutliche Aufsaugung des fremden Volkstums beabsichtigt ist«[86] – eine deutliche Anspielung auf die Inkorporation des »Protektorats« ins Reich –, weil dadurch die Einheitlichkeit des »Volkes« als zentraler Kategorie des gesamten Gedankengebäudes wegfiele. Drei Prinzipien seien es, die das »Walten« des Führungsvolkes im Großraum kennzeichneten: wenig, effektiv und »im Sinne des Volkes« regieren. Der letzte Punkt war ausschlaggebend.

»Im Sinne des Volkes« meinte nämlich nicht den subjektiven, etwa durch Abstimmung erfahrbaren Wunsch der »gegenwärtigen Volksmasse«, sondern die wirklichen, »objektiven«, weil aus den Lebensgesetzen herzuleitenden Interessen. Daraus ergaben sich die Prinzipien, nach denen die Behandlung der Völker eines Großraums durch das Führungsvolk auszurichten sei: So wie in der einzelnen Volks-Ordnung das einzige Ziel von Regierung und Verwaltung darin bestehe, »das Volk als überpersönliche und überzeitliche Einheit zu fördern und dadurch dem konkreten Leben (nicht außervölkischen oder abstrakten Werten) zu dienen«, so müsse analog dazu nach lebensgesetzlichen Grundlagen das Ziel der von einem Führungsvolk ausgeübten Großraum-Verwaltung darin bestehen, »die Großraumvölker als überpersönliche und überzeitliche Lebenseinheiten zu erhalten und zu fördern«, mithin »jedes einzelne Volk als Zweck der Großraum-Verwaltung zu betrachten und [das Tun] auf den Nutzen und die Förderung jedes einzelnen Volkes einzustellen«. Geschehe dies nicht, so könnten zwei Folgen eintreten: »Lebenskräftige Großraum-Völker werden sich gegen das Führungsvolk auflehnen und dieses vor die Wahl stellen, die aufrührerischen Völker entweder zu vernichten oder aber die Großraum-Verwaltung auf die Erhaltung und

Förderung der Großraum-Völker umzustellen. Lebensschwache Völker dagegen werden zugrunde gehen – und hierdurch insoweit der Großraum-Ordnung ihre Grundlage entziehen. Die Alternative ist unausweichlich: Wer eine Großraum-Ordnung schaffen und erhalten will, muss der Großraum-Verwaltung das Ziel setzen, die Großraum-Völker zu erhalten und zu fördern. Wer diese Völker nicht erhalten und fördern will, kann keine Großraum-Ordnung schaffen.«

Gegen welche Vorstellungen sich diese Auffassung richtete, wurde auch sogleich expliziert: »Vor einer verhängnisvollen Selbsttäuschung muß an dieser Stelle noch gewarnt werden: vor dem Wunsche, ›Heloten-Völker‹ zu besitzen und auszunutzen ... ›Heloten-Völker‹ können nur auf zweierlei Weise behandelt werden ... Entweder man läßt das Volk in Blut und Bewußtsein als Einheit bestehen, um eine Vermischung mit dem ›Herren-Volk‹ zu verhüten. Dann ist dieses Volk – je härter es behandelt wird, desto mehr – ein ständiger Gefahrenherd ... (geht das ›Heloten-Volk‹ allerdings unter Druck und Ausbeutung zugrunde, so hat das Leben dem lebensfeindlichen Handeln des ›Herren-Volkes‹ durch Entziehung seines Gegenstandes ein Ende gesetzt.)« Der andere Weg sei der der »Assimilierung« mit der Folge der Blutsvermischung, »so daß in diesem Falle das ›Heloten-Volk‹ sich seinem ›Heloten-Dasein‹ sogar durch den Aufstieg in das ›Herren-Volk‹ entzieht. Man sieht: Das Leben läßt sich weder zwingen noch täuschen.«

Auf der anderen Seite bedeute die Ablehnung der »Helotisierung« fremder Völker nicht, dass sie vom Führungsvolk nicht streng und scharf zu behandeln seien – schließlich sei auch die Einbindung in einen Großraum nie auf freiwilliger Basis zu erzielen. So wie die einzelne Volks-Ordnung »durch den Willen der Einzelmenschen ... , die wir als Führer bezeichnen«, gestaltet werde, so zwingen in der »Völker-Ordnung ... die stärkeren Völker den schwächeren ihren Willen auf. Und die Großraum-Ordnung wird gestaltet von dem Volk, das stark genug ist, seinen Volksraum zu einem Großraum zu erweitern.«

In anderen Worten: Gewalt ist die Grundlage jeder Großraumordnung, und mit Gewalt muss das stärkste Volk sich gegenüber den anderen durchsetzen. Wie die in die Großraumordnung gezwungenen Völker dann im einzelnen zu behandeln sind, ist eine taktische Frage – abhängig von der Rasse (vielleicht übersetzbar als biologisch determiniertes Entwicklungspotential), dem kulturellen Entwicklungsstand, der politischen Entwicklung und Tradition des jeweiligen Volkes, aber auch von Faktoren wie räumlicher Gestalt und Lage des jeweiligen Gebietes. Eine generelle Regel gebe es nicht; Maßstab sei allein das Interesse des Führungsvolkes, und dies bedeute nicht, »daß rasseverwandte Völker immer ›gelinder‹ und rassefremde Völker immer ›schärfer‹ angefaßt werden müssen«.

Aus der Analyse der geschichtlichen Beispiele von Großraumordnungen – Best untersucht hier Rom, das Reich des Dschingis-Khan, Russland, das britische Empire, die USA und verschiedene Kolonialreiche – entwickelte er schließlich ein System von vier Typen von Verwaltungsformen im Großraum:

1. »Bündnis-Verwaltung«: Diese mildeste Form der Großraum-Verwaltung, eine informelle Herrschaft, beläßt dem Großraum-Volk Regierung und die vollständige Verwaltung; die tatsächliche Abhängigkeit vom Führungsvolk wird durch Verträge geregelt. Die Überwachung und Lenkung der Regierung wird

von einem Vertreter. des Führungsvolks übernommen, wobei dieser sich tunlichst von häufigen und fühlbaren Eingriffen in die Regierungstätigkeit des abhängigen Volkes zurückzuhalten habe. Dieses Modell traf in Bezug auf den von Deutschland beherrschten »Großraum« etwa auf Dänemark zu.

2. »Aufsichts-Verwaltung«: Hier bleiben Verwaltung und Regierung des Großraum-Volkes ebenfalls bestehen, unterliegen aber auf allen Ebenen und in allen Sparten der direkten Aufsicht einer übergeordneten Behörde des Führungsvolkes. Diese Form bezieht sich etwa auf die Militärverwaltungen in Frankreich oder Belgien.

3. »Regierungs-Verwaltung«: In diesem Fall übernimmt das Führungsvolk unmittelbar Regierung und Verwaltung des abhängigen Großraum-Volkes, lediglich lokale Verwaltungsaufgaben sowie der Vollzugsbereich werden einheimischen Kräften übergeben. Auch hier sei aber zu beachten, »daß das Großraum-Volk – auch wenn wichtige Funktionen seiner Volks-Ordnung ruhen – als Volk lebt, und auf lebensfeindliche Maßnahmen der Großraum-Verwaltung mit Widerstand oder mit seinem Niedergang reagiert«. Ein solches Modell entsprach etwa den Verhältnissen im »Protektorat Böhmen und Mähren«.

4. Bei der »Kolonial-Verwaltung« schließlich sei aufgrund der niedrigen Kulturstufe des Großraum-Volkes die gesamte, allerdings auf das Notwendigste reduzierte Verwaltung vom Führungsvolk selbst zu übernehmen. Hierbei sollte das Gebiet nicht im einzelnen verwaltet, sondern »nur von außen beaufsichtigt« werden, wobei »Ordnung und Gesundheit« im Mittelpunkt stünden und die Heranziehung des »Eingeborenen« zur Arbeit seiner »Art« und dem Arbeitszweck entsprechen müssten. Ob Best dabei an die »Verwaltung« im »Generalgouvernement«, in den zu erobernden Gebieten in der Sowjetunion oder auch an Kolonien im Süden der Welt dachte, bleibt hier unausgesprochen.

Drei Elemente in diesem Aufsatz sollen hervorgehoben werden: Erstens versuchte Best hier eine komplette Systematik aller möglichen Herrschafts- und Besatzungsformen und richtete sie streng nach Prinzipien »rationalen« Verwaltungshandelns, zugleich und ebenso streng nach Prinzipien der völkischen Lehre aus. Zweitens wandte sich Best mit Schärfe – noch dazu in aller Öffentlichkeit und in einer »Festgabe« für den Reichsführer-SS – gegen die »Helotisierung« eines Volkes. Angesichts des Orts und des Zeitpunktes der Veröffentlichung war klar, dass dies vor allem auf die Behandlung der Polen und auf die zu dieser Zeit vorbereitete deutsche Herrschaft in der Sowjetunion bezogen war. Der Begriff »Helotisierung« war von Heydrich, vor allem aber von Hitler selbst mehrfach in diesem Zusammenhang gebraucht worden. Best hingegen lehnte die Reduktion der Polen auf ein »führerloses Arbeitervolk« ab, und zwar unter Hinweis auf die den »Lebensgesetzen« entsprechende historische Erfahrung, dass ein Volk auf diese Weise entweder zugrunde gehen oder zum Aufstand gegen den Unterdrücker rüsten würde – nach den »Lebensgesetzen« also bestand die Alternative zur Großraum-Verwaltung im »Interesse der Großraum-Völker« in deren Aufstand oder Untergang.[87]

Der dritte Punkt aber beschrieb die radikale Konsequenz des Bestschen Entwurfs und behandelte die Frage, was zu tun sei, wenn innerhalb des Raumes, in dem ein werdendes Führungsvolk seine Großraum-Ordnung erreichen wolle, ein Volk oder mehrere existierten, die das Führungsvolk aus welchen Gründen auch immer nicht in dem von ihm beherrschten Großraum dulden wolle oder könne. Dass sich diese Fragestellung direkt und kaum verhüllt auf die Juden bezog, war angesichts des Erscheinungsdatums dieses Aufsatzes – 17. Juni 1941 – unübersehbar; aber es ging Best ja um die Entwicklung einer aus den »Lebensgesetzen« abgeleiteten Systematik, in der in allgemeiner Weise beschrieben wurde, was im »Einzelfall« konkret zu tun sei. Wenn also im Großraum Völker lebten, so lautete Bests Antwort, die vom Führungsvolk »unerwünscht« seien und nicht in die Großraum-Ordnung eingegliedert werden sollten, so sei es eine lebensgesetzlich zwingende Notwendigkeit, dass diese Völker vom Führungsvolk entweder »total vernichtet (oder aus seinem Bereiche total verdrängt)« werden müssten.

Dass es sich bei diesem Entwurf nicht um einen Himmler geschuldeten Zufallsradikalismus handelte, machte Best deutlich, als er seine hier entwickelten Postulate ein Jahr später noch einmal zusammengefasst in der renommierten und auch im Ausland beziehbaren »Zeitschrift für Politik« veröffentlichte und darin hervorhob: »Vernichtung und Verdrängung fremden Volkstums widerspricht nach geschichtlichen Erfahrungen den Lebensgesetzen nicht, wenn sie vollständig geschieht.«[88] Es gibt keine andere publizierte Äußerung aus dieser Zeit, in der die Forderung nach der Vernichtung eines ganzen Volkes so systematisch aus einem weltanschaulichen Gebäude abgeleitet und in wissenschaftlicher Diktion legitimiert, ja sogar als gewissermaßen unumgänglicher Vollzug der »Lebensgesetze« nahegelegt wurde.

Hatten Bests Schriften bis dahin der Konzeption und Rechtfertigung der Polizeiherrschaft, der politischen Unterdrückung, der Ausweitung der Verfolgung auf »Minderwertige« in Deutschland gegolten, so hatte er nun eine Theorie zur Legitimation der deutschen Vertreibungs- und Ausrottungspolitik in ganz Europa entworfen – ein »Theoretiker der Vernichtung«, wie Bargatzky seinen Vorgesetzten Best treffend bezeichnete. Diese Vertreibungs- und Ausrottungstheorie war aber eingebunden in die Systematik einer »vernünftigen« Großraumverwaltung, die auch das Verhalten der Machtträger des Führungsvolkes im Großraum mit einbezog: Die aufgestellten Prinzipien – im Sinne der Völker regieren, keine »Helotisierung«, aber im Extremfall vollständige Vernichtung oder Vertreibung »unerwünschter« Völker – seien keine willkürlichen Postulate, sondern entsprächen der »Einsicht in die Lebensgesetze«. In Bezug auf diejenigen, die den Willen des Führungsvolkes im Großraum durchzusetzen hätten, sei dabei die Beachtung dieser Lebensgesetze zugleich das Kriterium der Sittlichkeit: »Höchste Bedeutung kommt der *persönlichen, d.h. sittlichen Eignung* der künftigen Träger der Großraumverwaltung zu. Da Sittlichkeit nichts anderes ist als die Ausrichtung des eigenen Handelns nach der Einsicht in die Lebensgesetze, wird der sittliche Mensch stets auf die Dauer der einflußreichste sein. Denn der ›organischen Kausalität‹ der Lebensgesetze entzieht sich kein Lebensverhältnis.«[89]

Wer also nicht »im Sinne der Völker« regierte und sich etwa privat bereicherte oder die »Helotisierung« eines Großraumvolkes betreibe (etwa um die eigenen Volksgenossen von harten Arbeiten zu befreien), verstoße gegen die Lebensgesetze – ebenso wie derjenige, der vor der sich als notwendig und unumgänglich erweisenden totalen Vernichtung oder Vertreibung eines Volkes zurückschreckte.

Hier nahm Best vorweg, was Himmler in seiner Posener Rede vom Oktober 1943 und an anderen Stellen ausführen sollte, als die Politik des systematischen Völkermords bereits im Gange und zum Teil abgeschlossen war: Die Teilhabe an der Vernichtung eines Volkes wurde als Teilhabe am Vollzug der völkischen Lebensgesetze apostrophiert, zu der nur die weltanschaulich am meisten gefestigten Kämpfer in der Lage seien – die massenhafte Ermordung von Menschen wurde so zum Kriterium der »Sittlichkeit«.

Es ist sehr auffällig, dass Franz Neumann diesen Aufsatz in seiner berühmten »Behemoth«-Studie von 1942 bzw. 1944 – wie andere nach ihm – als Grundlegung einer deutschen Besatzungstheorie zwar ausführlich über drei Seiten hinweg vorstellt, aber gerade die hier zitierten Passagen ausläßt.[90] Dass dies kein Versehen war, ergibt sich schon daraus, dass Neumann Bests Großraumtheorie als »radikale Konsequenzen aus der Rassenlehre« erkannt und ausgiebig analysiert hat. Der Grund für diese Ausblendung liegt wohl darin, dass, wer nach Verwaltungsmodellen sucht, die darin enthaltene Vernichtungstheorie nicht findet. Dass die Legitimation der Ausrottung eines Volkes eingebunden ist in eine intellektuell anspruchsvoll drapierte und »rationalen« Prinzipien folgende Analyse und Systematik der deutschen Besatzungspolitik, ist das Unerwartete, ja Unerträgliche: Weil es die Praxis des Völkermords aus dem Dunst der »Irrationalität« und des »Rassenwahns« herausholt und einbindet in einen zwar weltanschaulich-dogmatisch hergeleiteten, aber kühl entwickelten Entwurf deutscher Großraum-Herrschaft.

»Herrenschicht oder Führungsvolk?«

Im Herbst 1941 erschien der erste Band der Zeitschrift »Reich – Volksordnung – Lebensraum« (RVL), mit der sich Stuckart, Best und Höhn ein eigenes Organ »für völkische Verfassung und Verwaltung« schufen. Außer diesen dreien zeichneten noch Gerhard Klopfer, Staatssekretär in der Parteikanzlei und wie Stuckart ein alter Bekannter Bests aus der Jugend- und Studentenzeit, sowie Rudolf Lehmann, Leiter der Rechtsabteilung im OKW, ein Mann aus dem Umkreis Höhns, als Mitherausgeber verantwortlich. Zu den ständigen Mitarbeitern gehörten die Professoren Berber (Außenpolitik), Bruns (Völkerrecht), Jessen (Wirtschaft), Maunz (Rechtswissenschaft), Ritterbusch (Staatswissenschaften), Siebert (Arbeitsrecht) und Walz (Völkerrecht); zu den Autoren auch Werner Daitz, Eggert Reeder (Chef der Militärverwaltung in Belgien und Nordfrankreich), Arthur Seyß-Inquart (Reichskommissar für die besetzten niederländischen Gebiete) sowie verschiedene Mitarbeiter des Reichskommissars für die Festigung deutschen Volkstums und des Höhnschen Instituts für Staatsforschung, das auch die Redaktion besorgte.

Bei dem engeren Kreis der Herausgeber und festen Mitarbeiter, betonte Best später, habe es sich durchweg um Männer mit einem sehr ähnlichen politischen Werdegang gehandelt – vor 1933 meist in kleinen völkischen Gruppierungen außerhalb der NSDAP politisch aktiv, so wie Höhn, der aus dem Jungdeutschen

Orden kam, Stuckart aus dem Skalden-Orden, Klopfer wie Best aus dem Hochschulring. Dieser enge Kontakt quer durch alle obersten Dienststellen habe eine ebenso offene wie intensive Diskussion untereinander ermöglicht.[91] Von den Herausgebern waren alle, von den ständigen Mitarbeitern und Autoren der überwiegende Teil Mitglieder der SS, die meisten in sehr hohen Rängen. »Aus der nationalsozialistischen Weltanschauung das Wesen der völkischen Verfassung, unserer Lebenswirklichkeit, immer tiefer zu erkennen, und die Grundsätze und Notwendigkeiten einer völkischen Verwaltung der deutschen und europäischen Lebensverhältnisse klar und brauchbar herauszuarbeiten«, war die selbstgesetzte Aufgabe der Zeitschrift, die bis 1943 in sechs buchähnlichen Ausgaben erschien. »Der Lebensraum des deutschen Volkes und die Gestaltung der von dem deutschen Volke mit den übrigen Völkern dieses Raumes zu schaffenden völkischen Großraumordnung eröffnen den Blick auf ein weites Neuland praktischer und wissenschaftlicher Aufgaben, die in dieser Zeitschrift unter einheitlichem Leitgedanken erörtert werden sollen.«[92]

Insgesamt zählten die in der »RVL« abgedruckten Beiträge zu den avanciertesten Versuchen einer SS-spezifischen Staatswissenschaft und überschritten das ansonsten in der nationalsozialistischen Parteiliteratur vorherrschende Niveau erheblich.

Aber je länger der Krieg dauerte, um so größer wurden die Widersprüche zwischen Weltanschauung und Wirklichkeit. Die Beiträge und mit ihnen die ganze Zeitschrift verloren immer mehr an Realitätsbezug, und die Autoren bewegten sich in einer Scheinwelt, in der Probleme behandelt wurden, die durch die fortschreitende Radikalisierung der nationalsozialistischen Politik im besetzten Europa längst obsolet geworden waren. Besonders deutlich trat dies bei Wilhelm Stuckart hervor, der in der »RVL« noch im Herbst 1943 über den Begriff der Staatsbürgerschaft bei den deutschen Juden räsonierte, während er doch als Staatssekretär im Innenministerium, SS-Gruppenführer, Teilnehmer der Wannsee-Konferenz, Berater Himmlers und häufiger Gesprächspartner Hitlers über das wirkliche Schicksal der deutschen Juden genau im Bilde war.[93] Als wie brüchig – oder flexibel – das völkische Gedankengebäude sich erwies, wenn es mit der Praxis der nationalsozialistischen Volkstumspolitik in Konflikt geriet, zeigten Stuckarts Auslassungen über das Verhältnis zum Judentum in dem von ihm und Schiedermair herausgegebenen autoritativen Leitfaden zur Rassen- und Erbpflege: »Die nationalsozialistische Rassenlehre«, hieß es dort, »geht grundsätzlich nicht von der Anderswertigkeit, sondern von der Andersartigkeit der Juden aus.« Diese den »völkischen Grundsätzen« folgende Auffassung, wonach eine »objektive« Beurteilung des »Wertes« einer Rasse oder eines Volkes nicht möglich, die Bekämpfung der Juden vielmehr allein und ganz ausreichend durch die Interessen des deutschen Volkes legitimiert sei, wurde jedoch, den Ereignissen folgend, in der zweiten Auflage revidiert: »Diese grundsätzliche Haltung schließt jedoch nicht aus, daß in bestimmten Fällen auch eine Bewertung anderer Rassen und Völker vorgenommen wird, daß ferner die besonders hohe rassische Stufe des deutschen Volkes herausgearbeitet und betont wird, daß schließlich, wo es notwendig ist, die Einstellung des deutschen Volkes zu einem anderen Volk durch die rassische Minderbewertung dieses Volkes bedingt wird ... Der Jude dagegen besitzt keine irgendwie kulturbildende Kraft. Es handelt sich bei dieser Rasse, wie der Führer auf dem Parteitag der Arbeit betont hat, um eine ... durch und durch minderwertige Rasse. Die Judenvorschriften finden ihre Rechtfertigung daher nicht nur in der Andersartigkeit, sondern auch in der Anderswertigkeit des Judentums.«[94]

Angesichts der Wirklichkeit des Völkermords wurden die weltanschaulichen Deduktionsreihen der SS-Intellektuellen zunehmend wertlos. Ihre legitimierende, weil die nationalsozialistische Herrschaftspraxis vermeintlich auf einen weltanschaulichen Gesamtentwurf beziehende Funktion hatte an Bedeutung weitgehend verloren. So konnte sich auch die theoretische Zeitschrift von Best, Höhn und Stuckart nicht als weltanschauliches Korrektiv des Nationalsozialismus auf wissenschaftlicher Grundlage etablieren, wie ursprünglich gedacht, sondern sie entpuppte sich als Potemkinscher Hörsaal, in dem die Protagonisten Bedeutsamkeit und Zukunftsträchtigkeit ihrer Traktate nur noch suggerierten und dabei »Idealismus«, »Wissenschaft« und »Sachlichkeit« um so lauter betonten, je grauenhafter die von ihnen selbst mit verursachte Wirklichkeit tatsächlich war.

Die Hervorhebung von Widersprüchen zwischen Weltanschauung und Wirklichkeit des Nationalsozialismus besaß noch eine weitere Bedeutung, die wir vor allem bei Best feststellen können: Offensichtliche Fehlentwicklungen in Deutschland und in der nationalsozialistischen Politik konnten so als Folge des Abirrens von der reinen Lehre erklärt werden. Die als »falsch« oder schädlich empfundenen Erscheinungen des »Dritten Reiches« resultierten demnach also nicht aus dem weltanschaulichen Konzept, sondern aus seiner mangelhaften Befolgung und zeugten davon, dass die natürlichen »Lebensgesetze« nicht begriffen bzw. eingehalten worden waren. Je schlechter sich die politische und militärische Lage des nationalsozialistischen Deutschen Reiches darstellte, desto stärker geriet dieser Aspekt in den Vordergrund. Hier lag auch die perspektivische, über das Kriegsende hinausreichende Bedeutung eines solchen Ansatzes; denn auf diese Weise konnte potentiell jede Handlung und jedes Verbrechen auf das individuelle Versagen einzelner Führungspersonen zurückgeführt werden, ohne dass die weltanschauliche »Idee«, mithin auch der eigene »Idealismus«, in Frage zu stellen war.

Schon 1940 hatte Best in einem Aufsatz mit dem Titel »Mitarbeit am Reiche« die »selbstsüchtigen Charaktere« innerhalb der »Bewegung« angegriffen, die, »ob sie in der Gestalt des gemeinen Geschäftemachers oder des rücksichtslosen ›Herren-Menschen‹ auftreten«, den »Zerfall der Volksordnung vorbereiten«.[95] Seine Kritik galt hier vor allem den eilfertigen Bekundungen der Gesinnung, des Willens und der Liebe zum Führer, die um so lauter tönten, je weniger ihnen eine angemessene »Leistung« entsprach: »Die Berufung allein auf den Willen und auf die Gesinnung ist Anmaßung, denn sie will aus selbstverständlichen Voraussetzungen der geforderten Leistungen ein selbständiges Verdienst machen.« Die »sachliche, selbstlose« und auf Leistung bezogene »Hingabe an den Führer« gegen den lautstarken Opportunismus der Subalternen hochzuhalten, die als Geschäftemacher und »Herrenmenschen« vom Erfolg des völkischen Staates profitieren wollten, ohne die tiefere Bedeutung der völkischen Idee und der daraus entspringenden »Sittlichkeit« zu verstehen – diese Form der Kritik stand ganz in der Tradition der elitären Selbstsicht der SS-Intellektuellen; im »Schwarzen Korps« hatte man Derartiges schon oft lesen können.[96] Sie war aber, ebenso wie dieser Aufsatz Bests, dadurch systemkonform, dass sie »das Werk des Führers« und damit Hitler selbst als Mittelpunkt und Maß allen Handelns im »Dritten Reich« herausstellte und so »Fehler« zugleich als Abweichungen von den politischen Auffassungen und Zielen des »Führers« brandmarkte.

Zwei Jahre später veröffentlichte Best dann einen weiteren Aufsatz – »Herrenschicht oder Führungsvolk?« –, der sich kritisch mit der Wirklichkeit im nationalsozialistischen Deutschen Reich beschäftigte, diesmal allerdings auf die Fragen von Großraum und Besatzungspolitik bezogen; es wurde Bests letzte Veröffentlichung vor Kriegsende. Die Schriftleitung der RVL empfand diesen Aufsatz offenbar als so brisant, dass sie ihn anonym und mit der distanzierenden Vorbemerkung veröffentlichte, der Beitrag gebe allein die »persönliche Auffassung« des Autors wieder.[97] Es war auch vor allem dieser Aufsatz, der dazu führte, dass Best selbst in der seriösen Nachkriegsliteratur zuweilen hart in die Nähe des Widerstands gerückt wurde.[98]

Inhaltlich war »Herrenschicht oder Führungsvolk« im Wesentlichen eine Weiterführung von gedanklichen Ansätzen der bis dahin bereits veröffentlichten großraumtheoretischen Beiträge Bests. Am Beispiel des Römischen Reiches untersuchte er darin zunächst, vor allem gestützt auf Theodor Mommsen, die Frage nach den Ursachen für den Niedergang Roms. Der wesentliche Grund, so das Ergebnis, habe darin gelegen, dass die Römer nach Unterwerfung der Nachbarvölker die einfachen Arbeiten, insbesondere die Landarbeit, nicht mehr selbst verrichtet, sondern sich mehr als »Herrenschicht« über alle Länder ihres Imperiums verbreitet und die Arbeit im Wesentlichen den fremdvölkischen Sklaven überlassen hätten. Dadurch aber habe sich das urrömische Volk bald mit den Unterworfenen vermischt, und tüchtige Kräfte der unterworfenen Völker seien in die Herrenschicht aufgestiegen. Das römische Imperium sei so durch »Rassenmischung« den »Rassentod« gestorben. Hauptgrund dafür sei gewesen, dass die Römer sich auf ein Leben als Herrenschicht zurückgezogen hätten. Ein Volk als »Organismus« bedürfe aber aller sozialen Schichten und sei nur solange lebensfähig, »als der lebendige Kreislauf zwischen allen zur Erhaltung des Volkes notwendigen ›Organen‹ besteht.« Lasse es insbesondere Ackerbau, Viehzucht oder Bergbau von unterworfenen Sklaven oder Heloten erledigen, sei der Aufstieg der Tüchtigen aus den fremdvölkischen Unterschichten und damit der beginnende »Rassetod« nicht aufhaltbar.

Diese »lebensgesetzliche« Entwicklung lasse sich auch am Beispiel der Deutschbalten und der Besiedlung Posens und Westpreußens im 19. Jahrhundert nachweisen. Den Deutschbalten als »Musterbeispiel einer deutschen Herrenschicht, die sich über eine fremdvölkische Bevölkerung gelegt hat« und nur als städtische Oberschicht existierte, habe der »eigenblütige ›Unterbau‹ deutscher bodenständiger Schichten« gefehlt, so dass ihnen infolge zurückgehender Geburtenraten und der steigenden Zahl der Mischehen mit Esten und Letten der »Rassetod« akut gedroht habe. Und auch am Beispiel Posens und Westpreußens könne man die Richtigkeit des Lebensgesetzes verfolgen, wonach »nur jenes Volkstum ein Land wirklich beherrscht, das den Bauern- und Arbeiterstand dieses Landes stellt« und »die Zukunft eines Landes dem Volk gehört, dem die unterste Schicht der Bevölkerung angehört«[99]

Daraus leitete Best zwei Schlussfolgerungen ab: Erstens dürfe sich ein Volk auch als Führungsvolk einer Völkerordnung nicht auf fremde Leistungen stützen, sondern müsse weiter alle Aufgaben selbst erfüllen und alle sozialen Schichten selbst umfassen; und zweitens gebe es im Verhältnis zu den Völkern eines Großraumes zwei Möglichkeiten: »Es kann entweder ganze Völker dieses Großraumes in ihrer gesamten lebenden Substanz vernichten bzw. sie aus dem beherrschten Großraum verdrängen.« Diese – hier zum dritten Mal öffentlich betonte – Möglichkeit könne für das Führungsvolk aber keine generelle Lösung, sondern nur der Ausnahmefall sein, denn mit der Vernichtung oder Vertreibung ganzer Völker »beseitigt es die Voraussetzung einer von ihm geführten Großraumordnung«.

Wenn die Großraumvölker aber nicht vertrieben oder vernichtet, sondern im Großraum belassen würden, so musste ihre Behandlung durch das Führungsvolk den Lebensgesetzen entsprechen. Wie dies im Einzelfall zu geschehen habe, sei von den konkreten Bedingungen abhängig; die historischen Erfahrungen aber könnten zeigen, wie nicht gehandelt werden dürfe: »Im Verhältnis des Führungsvolkes zu den übrigen Völkern der Großraumordnung ist zu beachten, dass Führung auf die Dauer nie ohne oder gegen den Willen der Geführten ausgeübt werden kann. Glaubt man aber die Gefolgspersönlichkeit der geführten Völker aufheben und dennoch ihre menschliche Substanz dem eigenen Volke als einer Herrenschicht unmittelbar dienstbar machen zu können, so treten die Folgen ein, die hier an dem Beispiel des römischen Imperiums und an anderen Beispielen aufgezeigt worden sind ... Als stärkstes Volk eines Völkerkreises mit gleichem Raumschicksal in enger Zusammenarbeit mit seinen Bundesgenossen eine völkische Großraumordnung zu schaffen und sie als echtes Führungsvolk nach lebensgesetzlicher Hinsicht zu führen, ist für ein Volk die höchste erreichbare Stufe der Erfüllung seines Daseinszweckes der Selbsterhaltung und Selbstentfaltung, weil sie Dauer in lebensgesetzlicher Entwicklung verbürgt statt des Niedergangs, der einem kurzen Herrenwahn unentrinnbar folgt.«

Worauf bezog sich diese in der Tat kaum verhüllte Kritik an der deutschen Besatzungspolitik nun im Einzelnen? Sie bezog sich nicht auf die Vertreibung der Polen aus dem »Warthegau« und auch nicht auf die Vertreibung und Vernichtung der Juden – beides war hier vielmehr erneut und mit kaum gedeckter Offenheit als unter spezifischen Umständen notwendig, ja geboten legitimiert worden. Sie bezog sich auch nicht auf die Massenmorde der Einsatzgruppen in Polen oder jetzt in der Sowjetunion. Deren Handlungen hatte Best gerade – in der zweiten Auflage seines Buches »Die deutsche Polizei« – noch einmal ausdrücklich gerechtfertigt und zur Sicherung des Bestandes und des Wirkens der deutschen Volksordnung innerhalb des Großraums als zwingend notwendig herausgestellt.[100] Die Massenverbrechen der deutschen Besatzungsmacht in Europa waren also gerade nicht Gegenstand der Bestschen Kritik. Wogegen er sich wandte, war die Indienstnahme fremder Völker zur Verrichtung der niederen Arbeiten, die die Deutschen nicht mehr tun wollten, und die Etablierung der Deutschen als »Herrenschicht« über fremde Völker – weil dies den »Lebensgesetzen« widerspreche, zur Blutsvermischung mit den unterworfenen Völkern führen würde, zum Aufstieg der Tüchtigsten aus diesen Völkern in das Führungsvolk, zur biologischen und politischen Degeneration und schließlich zum drohenden »Rassetod« der Deutschen.

Mit dieser Stellungnahme gegen die »Helotisierung« der Völker Ost- und Südosteuropas bezog sich Best also einerseits auf das Gebaren deutscher Partei- und Behördenstellen in den besetzten Gebieten vor allem Osteuropas und nicht zuletzt auch auf die von der deutschen Propaganda beständig hochgeschraubten Erwartungen in Teilen der deutschen Bevölkerung, der Krieg werde das Ende aller Entbehrungen für sie bringen, weil man sich die Ressourcen der eroberten Länder werde zunutze machen können. Zum anderen aber zielte die Stoßrichtung seiner Kritik auf die Verwendung der osteuropäischen »Hilfsvölker« als »Sklavenheer« von Arbeitern in den besetzten Gebieten, viel mehr aber noch in Deutschland selbst. Diese Kritik an der Heranziehung eines Zwangsarbeiterheeres zur Verrichtung der niederen Arbeiten war zu dieser Zeit vor allem in der SS, zum Teil auch in der Partei, durchaus nicht so selten. Wer »alle sozialen Errungenschaften großstädtischer Zivilisation für die deutschen arbeitenden Schichten – alle schwere und harte Arbeit dann für die ausländischen und fremdvölkischen Arbeitskräfte« – wolle, der müsse die »Vernichtung der Widerstandskraft unseres Volkstums in wenigen Generationen« und den Aufstieg »von jenen fremdvölkischen Kräften, die eben bereit sind, diesen Lebenskampf zu führen«, in Kauf nehmen – so hieß es etwa in einer Denkschrift vom August 1940 nach einer Konferenz in der Berliner Parteizentrale über die Frage des Zwangsarbeitereinsatzes im Reich.[101]

Im allgemeinen Sinne versuchte Best hier also nachzuweisen, dass die deutsche Politik in einem entscheidenden Punkt von der richtigen weltanschaulichen Linie abgewichen sei und dass in Analogie zum Römischen das Deutsche Reich den Keim des Unterganges in sich trage, wenn diese Abirrungen nicht wieder rückgängig gemacht würden. Von einer »fundamentalen Systemkritik« oder der Erkenntnis »des Verbrecherischen gewisser Maßnahmen« war hier nichts zu spüren; im Gegenteil – die verbrecherischen Maßnahmen wurden gerade als lebensgesetzlich zulässig, ja notwendig legitimiert. Die Provokation dieses Aufsatzes und der Grund für sein anonymes Erscheinen und die Distanzierungsformel der Schriftleitung lag vielmehr darin, dass zum einen dem Deutschen Reich im Sommer 1942, auf dem Höhepunkt seiner Machtentfaltung in Europa, der Niedergang vorausgesagt wurde, der »einem kurzen Herrenwahn unentrinnbar folgt«, wenn sich die deutsche Besatzungspolitik nicht auf die Prinzipien der »völkischen Großraumordnung« besinne. Und zum zweiten war hier nicht das »Werk des Führers« Mittelpunkt und Maß, sondern die völkischen Lebensgesetze an sich, so dass implizit auch Hitler selbst von der Kritik am »kurzen Herrenwahn« nicht ausgenommen wurde – dazu gehörte einige Kühnheit, vor allem aber ein ausgeprägtes Selbstbewusstsein, das sich aus der Gewissheit des Ideologen speiste, die eigenen Analysen und Urteile aus der Untersuchung der Lebensgesetze selbst zu beziehen.

Bests Aufsatz in der »Festgabe Himmler« vom Juni 1941 und die darin enthaltene Systematik der verschiedenen Formen der Besatzungsherrschaft hatten sowohl innerhalb der SS wie auch in der Wehrmacht einiges Aufsehen erregt und waren auf großes Interesse und überwiegend auf positive Resonanz gestoßen – Best galt seitdem sowohl als glänzender Verwaltungsfachmann, der für eine »vernünftige« und rationelle Besatzungspolitik stand, als auch als führender Großraumtheoretiker der SS. Als Reaktion darauf erhielt Best daher im August 1941 vom Oberkommando der Wehrmacht in Absprache mit dem Reichsführer SS den Auftrag, eine längere Studienreise in die besetzten Gebiete West- und Nordeuropas zu unternehmen, die verschiedenen Formen der Besatzungsverwaltung dort im Hinblick auf Struktur und Effektivität zu untersuchen und die Ergebnisse in einem Gutachten zusammenzufassen, die als Grundlage für eine Systematisierung der deutschen Besatzungspolitik dienen sollte. Schon die Aufgabenstellung verwies darauf, dass man sich in Berlin durchaus darüber im Klaren war, dass im Hinblick auf die in Sicht stehende Neuordnung Europas unter deutscher Führung systematische und vergleichende Vorarbeiten dringend nötig waren, hatten sich die verschiedenen Besatzungsformen bis dahin doch eher zufällig und ohne eine politische Gesamtkonzeption entwickelt.

Best begann seine Reise Mitte August 1941, sie führte ihn nach Brüssel, Den Haag, Oslo, Kopenhagen und Prag.[102] Ende September war er wieder in Paris, und einige Wochen später legte er seinen Bericht vor. Darin schilderte er zunächst ausführlich und detailliert die Struktur der sich zum Teil erheblich voneinander unterscheidenden Verwaltungsbehörden in diesen Ländern, die Rechtsgrundlagen, die personelle Besetzung sowie die Arbeitsweisen und stellte die Besatzungssysteme anschließend einander vergleichend gegenüber.[103] Das Ergebnis war nicht überraschend, aber eindrucksvoll: In Dänemark, wo die Deutschen lediglich eine Art von »Bündnisverwaltung« praktizierten und weder eigene Verwaltungsmaßnahmen noch eigene Rechtsetzung durchführten, kam man mit ganzen 89 Verwaltungsbeamten aus; im Verhältnis zur einheimischen Bevölkerung entsprach dies 1 : 43.000. In den anderen Ländern war der deutsche Aufwand durchweg höher, aber auf charakteristische Weise je nach Härte des Besatzungsregiments verschieden (Besetztes Frankreich 1 : 15.000; Belgien/Nordfrankreich 1 : 10.000; Niederlande 1 : 5.500; Norwegen 1 : 3.700; »Böhmen und Mähren« 1: 790).

Bests daraus abgeleitetes Fazit war aufschlussreich: Bei allen untersuchten »Aufsichtsverwaltungen« – den Terminus gebrauchte er hier zum ersten Mal – habe sich die Zivilverwaltung vor allem auf längere Sicht als effektiver und politisch sinnvoller erwiesen als die Militärverwaltung, die nur als vorübergehende Besatzungsform und vor allem zur militärischen Machtdemonstration gegenüber der Bevölkerung des besetzten Landes vonnöten sei. Von entscheidender Bedeutung für den in besetzten Ländern eingesetzten deutschen Beamten aber sei die Einsicht, »daß das Leben im Grunde auch ohne ihn und seine Verwaltungstätigkeit seinen Fortgang nimmt und sich selbst erhält«; seine Aufgabe bestehe darin, »wenig zu regieren« und sich auf Beaufsichtigung und gelegentliche Korrekturen zu beschränken – für den organisationswütigen deutschen Apparat gewiss keine einfache Empfehlung. Eigene Verwaltungsmaßnahmen seien hingegen auf das Notwendigste zu beschränken, die Personalstärke möglichst gering zu halten. Störend wirke sich die Vielfalt der übergeordneten deutschen Dienststellen in Berlin aus – hier sei gegebenenfalls an eine Vereinheitlichung zu denken. Eine politische »Gleichschaltung« der landeseigenen Verwaltung jedoch sei unbedingt zu vermeiden, denn auf diese Weise steige nur das politische Selbstbewusstsein in dem besetzten Land. Die deutschen Aufsichtsbehörden sollten lediglich dafür sorgen, dass die landeseigenen Verwaltungen nicht den Reichsinteressen zuwiderhandelten; allein im wirtschaftlichen Bereich könne es zu weitergehenden Kooperationen kommen. Insgesamt aber habe sich gezeigt, dass vor allem die »Aufsichtsverwaltung« ein sinnvolles und rationelles Instrument der Besatzungsherrschaft sei und auch in der kommenden Großraum-Ordnung von großer Bedeutung sein werde.

Implizit war die in diesem Bericht enthaltene Kritik an den Besatzungsregimes in Norwegen und im »Protektorat«, etwas abgemildert auch in den Niederlanden, – also den drei Gebieten, die dem »Führer« unmittelbar unterstanden – unübersehbar: Viel zu hoher Verwaltungsaufwand, massive Präsenz von Sicherheitspolizei, zu starkes direktes Eingreifen der deutschen Behörden waren hier die auffälligsten Abweichungen von den normativen Forderungen, die Best an die »Aufsichtsverwaltungen« stellte. Denn wenn man in Dänemark bei gleichem materiellem Ergebnis mit zwei Prozent des im »Protektorat« und mit acht Prozent des in Norwegen betriebenen deutschen Personalaufwands auskam, so musste die in diesen Gebieten betriebene Besatzungspolitik falsch sein – in Bests Worten: Sie widersprach den »Lebensgesetzen«; und so diente diese Studie auch nicht zuletzt dem Nachweis, dass eine an den »völkischen Prinzipien« orientierte Großraumpolitik zugleich die rationellste und vernünftigste sei. Die großraumtheoretischen Postulate, wie sie von Best und den anderen SS-Führern im Umkreis der Zeitschrift »Reich – Volksordnung – Lebensraum« entwickelt worden waren, hatten hier eine gleichsam »empirische« Bestätigung erfahren: Eine auf der Basis der völkischen Lehre beruhende Neuordnung Europas, das war die Quintessenz dieser Studien, stand also nicht im Gegensatz zu einer effektiven, »vernünftigen« Beherrschung und Verwaltung der eroberten Länder, sondern war geradezu deren Voraussetzung.

Nachdem sich Best in den ersten Monaten seiner Tätigkeit in Paris auf die »sachliche Arbeit« im Verwaltungsstab beschränkt hatte, weil er das eigene Handeln und die Bedeutung der Militärverwaltung insgesamt zunächst noch nicht im Rahmen eines umfassenden weltanschaulichen Systems zu fixieren und zu beurteilen in der Lage gewesen war, hatte er sich mit der »völkischen Großraum-Ordnung« und dem Entwurf einer Systematik der deutschen Besatzungspolitik nun einen theoretischen Grundstock erarbeitet, der es ihm erlaubte, die Beantwortung politischer Einzelfragen aus dem Gesamtentwurf »gesetzmäßig« abzuleiten und auf diese Weise seine gewohnte Sicherheit wiederfinden zu können. Best ging nun daran, mit diesem theoretischen Gerüst in einer Reihe von Aufsätzen, Rezensionen und Denkschriften zur Geschichte und Gegenwart der französischen

Nation auch die Verhältnisse in Frankreich nach »völkischen« Maßstäben zu untersuchen und zu bemessen.[104]

Ausgangspunkt war dabei – wiederum in Anlehnung an Höhn – die Interpretation der »individualistisch-demokratischen Grundgedanken von 1789« als Grundlage eines sich verdichtenden »exaltierten Missionsgefühls« Frankreichs.[105] In diesem Gefühl sei auch der Weltkrieg von 1914/18 gegen Deutschland gewonnen und von den Franzosen als Sieg der Ideen von 1789 empfunden worden – mit der Folge, dass das deutsche Volk im November 1918 »individualistisch-demokratisch gleichgeschaltet« worden sei. Durch den Sieg seiner Weltanschauung beflügelt, habe Frankreich daraufhin das Recht der politischen und moralischen Aufsicht über Europa in Anspruch genommen und in weiten Teilen auch durchgesetzt – eine »propagandistisch nicht ungeschickte Synthese eines außenpolitischen Machtsystems mit dem Hohepriesteramt einer weltanschaulichen Idee«. Durch die in Deutschland sich seit dem Weltkrieg durchsetzende völkische Idee aber sei dieser Anspruch in Frage gestellt worden, was dazu geführt habe, dass seit 1933 »jede Äußerung und jede Tat des Nationalsozialismus an den Maßstäben der Ideen von 1789 gemessen und nach ihnen verurteilt« werde. Wie schon 1914 habe Frankreich daraufhin im Jahre 1939 erneut versucht, einen »Missionskrieg« zur »Verteidigung der Zivilisation« zu führen, unterstützt von den deutschen Emigranten, die (wie die monarchischen Emigranten nach 1789) eine »geistige und politische Revolution nur als die willkürliche Abweichung einiger Gewaltmenschen von den ewigen Normen« anzusehen imstande seien. Tatsächlich aber habe das von Frankreich vertretene demokratische System bei der Gestaltung der politischen Verhältnisse Europas, insbesondere bei der Ordnung der Völker und Volksgruppen nach dem Ersten Weltkrieg, versagt und sich als lebensfeindlich und unterdrückerisch erwiesen.

Bis zu diesem Punkt folgte Best der Argumentation Höhns. Wie aber, fragte Best nun weiter, hatte es überhaupt geschehen können, dass sich in Frankreich eine individualistische Geisteshaltung durchsetzen konnte? Seine Antwort lautete kurz gefasst so: Völker, die durch politische Katastrophen oder durch rassische Zersetzung außerstande seien, ihr Leben selbst zu gestalten, zerfielen als Völker und regredierten auf die Fortexistenz der einzelnen Individuen. Geistiger Ausdruck einer solchen Entwicklung sei die Entstehung einer »individualistischen Sittlichkeit« – wie etwa in Form des Christentums oder auch des Judentums. Nur wo die einzelnen Völker sich als solche erhalten und ihr Leben selbst gestalten könnten, sei die Entstehung völkischer Geisteshaltung überhaupt möglich. Dies gelte auch, wenn, wie in den USA, sich durch die Vermischung von Menschengruppen verschiedenen Blutes ein neues Volk bilde.

In Frankreich aber sei die Entwicklung anders verlaufen. Die französische »Nation« bestehe nämlich aus einer Anzahl selbständiger Völker, die sich untereinander kaum vermischt, ja nicht einmal in engen Beziehungen zueinander gestanden hätten; nur in Paris und einigen anderen Städten sei eine »Mischbevölkerung« entstanden. Die Zusammenfassung der verschiedenen Völker – von den Basken bis zu Burgundern oder Bretonen – zum »Staatsvolk« der Franzosen sei nur möglich gewesen auf der Grundlage eines nicht völkischen, sondern abstrakten Staates. Die »Nation Française« sei mithin keine biologische Einheit, kein

»Volk«, sondern nur eine Zusammenfassung der Einzelmenschen, in der die Individuen miteinander »nur als abstrakte Bürger des französischen Staates und als Einzelglieder der nur im Bewusstsein bestehenden französischen ›Nation‹ verkehren könnten, während die für die Entwicklung der völkischen Weltsicht notwendige Grundlage der Selbstbestimmung und Selbstbewusstheit der Völker fehle. Hier liege die Basis für die durch die Französische Revolution zum Durchbruch gekommene Ausbreitung des individualistisch-demokratischen Prinzips in diesem Land. Entsprechend ziele Frankreich außenpolitisch nicht auf eine neue Ordnung der Völker unter seiner Führung, sondern – da der abstrakte Staat jedes Gebiet und jede Art von Menschen unabhängig von dessen Volkstum unterwerfen und assimilieren könne – auf die stetige Erweiterung des eigenen Staatsgebietes. Eine völkische Neuordnung Frankreichs könne dementsprechend nur in einer Abkehr von den »Mischkesseln der großen Städte«, vor allem Paris, dem »Völkerkehricht der Weltstadt, die bisher Frankreich bedeutete«, und einer Betonung des Eigenlebens der französischen Völker liegen – dies aber könne nicht die Aufgabe der Deutschen sein, sondern müsste von den Franzosen selbst bewerkstelligt werden.[106] »Entweder erhält sich das ›parisische Frankreich‹‹, lautete Bests Fazit, »von dem aus bei Gelegenheit wieder die Eroberungssucht des ›abstrakten Staates‹ und der ›geistigen Nation‹ hervorbräche« und das »als geistiger und politischer Gegenpol Deutschlands« anzusehen sei – oder das »›parisische Frankreich‹ wird von ›neuen Menschen‹ überwunden«, die »aus dem gesunden Boden der Landschaften stammen und ihren Volkstümern durch Instinkt und Erkenntnis verbunden sein müßten.«[107]

Mit diesen Beiträgen hatte Best seine theoretischen Vorstellungen insoweit abgerundet, als er nun einerseits eine völkisch-biologistische Herleitung der »individualistisch-demokratischen« Weltanschauung, zum anderen eine Art von biologistischer Imperialismus-Theorie entwickelt hatte. Beide sind in ihrer Struktur deutlich als Gegenmodelle zur marxistischen Theorie zu erkennen: Die Revolution von 1789 wird bei Best – hier Edgar Jung und anderen Theoretikern der »konservativen Revolution« folgend – als Ausdruck einer vom Volkstum losgelösten, mithin auf die einzelnen Individuen bezogenen Stadtgesellschaft interpretiert, die sich eine ihr gemäße, nämlich individualistische Weltanschauung geschaffen habe, die die Gleichheit der einzelnen postuliere, da der Bezug zu ihrer Verschiedenheit – der völkischen Herkunft – in den Hintergrund geraten sei. Die soziale Differenzierung, die Emanzipation vom Stand zum Individuum, wird demgegenüber als »innervölkischer« Prozess, nicht als revolutionäres Movens angesehen. Da die Zugehörigkeit zum Volkstum aber ein natürlicher, »lebensgesetzlicher« Zusammenhang sei, den zu negieren der menschlichen Natur widerspreche, müsse eine solche Entwicklung zwangsläufig negative Folgen nach sich ziehen.

Die Vorherrschaft der westlich-demokratischen Mächte in der Welt wird in gleicher Weise interpretiert: Da die vom Volkstum losgelöste, individualistische Gesellschaft die von ihr entwickelte Ideologie potentiell für alle Menschen unabhängig von deren Volkstumszugehörigkeit als gültig erachte, postuliere sie ihre universale Gültigkeit als für alle Individuen geltende »Menschenrechte«. So sei, da das Volkstum von ihr auch außenpolitisch nicht als Grenze anerkannt werde,

die individualistische Gesellschaft auf potentiell schrankenlose Expansion angelegt, wobei die eigenen Interessen dabei als solche der »Menschheit« kaschiert
würden. Nur ein Staat, der auf nicht-universalistischer, völkischer Grundlage aufgebaut sei, könne dementsprechend diesem Vormarsch Einhalt gebieten, da er das
eigene Staatsgebiet nicht über das eigene Volkstum hinaus ausdehne und seine
Vorherrschaft im Großraum nicht auf Expansion und Assimilation, sondern auf
die Beachtung von Volkszugehörigkeit und völkischen Lebensgesetzen errichte.

Auf der Basis dieser theoretischen Konstruktion entwickelte Best nun – im
Herbst 1941 – ein Programm zur »völkischen Neuordnung Europas«, das er notgedrungen (»aus Unkenntnis der Verhältnisse in Ost-Europa und in Südost-
Europa«) zunächst auf Westeuropa beschränkte[108] und das seine ursprünglich nur
auf Frankreich bezogenen Vorstellungen auf den gesamten westeuropäischen
Bereich ausdehnte. Über seine Vertrauten und Mitherausgeber der RVL, Klopfer
und Stuckart, versuchte er, diese Denkschrift Bormann[109] und allgemein dem
»den Führer umgebenden Kreise« bekanntzumachen. »Wen kann man für diese
Gedanken noch interessieren?«, fragte er Stuckart. »Glauben Sie, daß man – etwa
über Körner? – diese Gedanken zu Göring herantragen könnte? Himmler interessiert sich, wie ich aus einer gelegentlichen Ablehnung der Kelten entnommen habe,
nur für Germanen, das Auswärtige Amt kommt gar nicht in Frage, weil es auf
eine meinen Gedanken entgegengesetzte Position festgelegt ist.«[110] Best blieb, um
es vorwegzunehmen, mit diesen Vorschlägen zur »Neuordnung Westeuropas«
weitgehend isoliert, und insbesondere bei der Militärverwaltung in Paris und
beim Außenministerium stießen solche Pläne auf kopfschüttelnde Ablehnung.[111]

Ausgehend von dem als Gegenpol zum Individualismus definierten völkischen
Prinzip versuchte er in dieser Ausarbeitung zu zeigen, dass nicht nur Frankreich,
wie er es in seiner Denkschrift »Freie Bretagne« vom Dezember 1940 beschrieben
hatte[112], sondern ganz Europa Seit jeher aus nur wenigen großen, aber einer Vielzahl von mittleren und kleinen Völkern bestehe, die durch den Siegeszug des
»abstrakten Staates« seit dem 16. Jahrhundert zu einer Reihe von »Nationen« auf
übervölkischer Grundlage zusammengezwungen worden seien. Zugleich seien in
den großen Städten, den »individualistischen Mischzentren«, die Volkstümer auch
blutlich gemischt und so die Bedingungen für die Herausbildung der individualistischen Weltanschauung geschaffen worden. Kurz: die Verbindung der Entstehung der modernen Nationalstaaten mit den Ideen des Liberalismus und der Demokratie im 19. Jahrhundert hatten zu einer Aufteilung Europas (und der Welt)
nicht nach »natürlichen«, also »völkischen«, sondern nach willkürlichen Kriterien
geführt, die die abstrakte Gleichheit der Individuen und die Negation ihrer biologischen Zugehörigkeit zu einem »Volk« ebenso voraussetzte wie zur Folge hatte.

Abgesehen von den Metropolen hätten sich die Völker als biologische Einheiten
aber durch die Epoche der »abstrakten Staaten« hindurch erhalten. Außer den Völkern, die heute als Staatsnation anerkannt würden, handele es sich dabei vor allem
um Friesen, Flamen, Bretonen, Occitanier, Korsen, Basken, Katalanen, Galizier,
Iren, Schotten, Walliser und Kelten. Zwar würden einige dieser Völker mittlerweile kaum noch als selbständig angesehen; »die Zähigkeit, mit der z.B. Iren,
Flamen, Bretonen oder Basken ihre völkische Eigenart verteidigt haben«, zeige
aber, »daß die Kleinvölker Westeuropas nicht hinter Slowaken und Kroaten zu-

rückzustehen brauchen.« Nun könne eine Neuordnung Europas vorerst nicht allein nach völkischen Gesichtspunkten vorgenommen werden, räumte Best ein, sondern es müssten auch etwa militärische oder wirtschaftliche Faktoren berücksichtigt werden. Als »Maximalprogramm« für West-Europa jedoch müsse man folgende Maßnahmen ins Auge fassen:

1. Eingliederung der Niederländer ins Reich, gegliedert nach Gauen; Eingliederung Flanderns ins Reich; Errichtung eines Protektorats Wallonien.
2. Eingliederung des französischen Gebiets nördlich der Loire ins Reich, Errichtung eines Schutzstaates Bretagne.
3. Zusammenschluss von Nordirland mit Eire; Schaffung einer britischen Föderation mit Schottland und dem keltischen Südwesten als selbständigen Einheiten.
4. Basken, Katalanen und Galizier als selbständige Völker.

Für eine solche Neuordnung sei eine »völkische Mittelstelle« einzurichten. Dabei müsse man darauf achten, dass »städtische Mischzentren« wie Paris einer »Sonderbehandlung unterworfen werden, die zur Verminderung und schließlich zum Aussterben der städtischen Mischbevölkerung führt«. Außerdem müsse der Umgang insbesondere mit solchen Völkern, die germanischen Ursprungs seien, sensibel gehandhabt werden, da diese sonst »der deutschen Führung einen von germanischem Trotz getragenen Widerstand entgegensetzen« würden, der aber durch Rücksichtnahme etwa auf die Sprache sowie durch wirtschaftlichen Aufschwung zu vermeiden sei.

Best stand zu dieser Zeit – im November 1941 – mit der Konzipierung derartiger geradezu megalomanisch anmutender, völker- und erdteilumspannender Programme nicht allein. Vielmehr war es innerhalb der siegestrunkenen Führungsschicht des Regimes und zumal der SS zu dieser Zeit gang und gäbe, Projekte zu planen oder mit ihrer Durchführung zu beginnen, deren Dimensionen nicht geringer, deren Auswirkungen aber die der Bestschen Vorstellungen an Furchtbarkeit noch bei weitem überstiegen.[113] Bests »Denkschrift« zeigt jedoch, in welchen Kategorien, Dimensionen und mit welchen ideologischen Konstrukten und Schlussfolgerungen hier gedacht und geplant wurde. Dass die Pläne Bests bei der SS-Führung gleichwohl eher auf Desinteresse stießen, hatte zwei Gründe: Zum einen bezogen sich seine Konzepte in erster Linie auf solche Staaten bzw. Völker, die von der »Zivilisationsstufe« und mithin von der »rassischen Substanz« her als »hochstehend« angesehen wurden, während sich die zu dieser Zeit im Mittelpunkt des Interesses der SS-Führung stehenden Planungen im Osten vorwiegend auf »rassisch tiefstehende Völker«, auf Tschechen, Polen, Russen und insbesondere auf die Juden bezogen. Eine Neuordnung Westeuropas galt hingegen nicht als vordringlich. Vielmehr stand bei großen Teilen der SS-Führung und insbesondere bei Himmler selbst die ungenau bleibende Vorstellung von einer ursprünglich einheitlichen »germanischen Rasse«, die im Verlaufe der Jahrhunderte in verschiedene Nationen zersplittert worden sei, im Mittelpunkt der volkstumspolitischen Überzeugungen. Die Wiederzusammenführung dieser ursprünglich »germanischen« Volksbestandteile in einem »großgermanischen Reich« hatte daher Vorrang vor anderen volkstumspolitischen Neuordnungsmaßnahmen im Westen und im Norden.

Diese »großgermanische Politik« der SS war jedoch noch wenig ausgeprägt. Insbesondere war unklar, ob man die »germanischen« Völker Europas »in das Reich hereinholen« wolle, um eine Art von supranationalem Staatsgebilde auf »rassischer« Grundlage zu schaffen, oder ob diese Länder ihre Eigenständigkeit behalten und von einheimischen nationalsozialistischen Gruppen regiert werden sollten. Himmler hatte im November 1940 zwar erklärt: »Ich glaube unter deutscher Führung an die germanische Völkergemeinschaft mit eigener Sprache und Kultur dieser Völker, nicht aber daran, dass etwa Norwegen, Schweden, Dänemark, Holland und evtl. weitere Gebiete wirtschaftlich, militärisch oder außen, politisch tun und machen können, was sie wollen«. Aber genauere Festlegungen vermied er, und so konzentrierte sich der im SS-Hauptamt dafür zuständige Berger in der Folgezeit vorwiegend um die Förderung »germanisch« ausgerichteter Gruppen in diesen Ländern und die Aufstellung »germanischer Verbände« für die Waffen-SS, während die Schaffung des »großgermanischen Reiches« eher als politisches Richt- und Fernziel betrachtet wurde, dessen genauere Konturen sich erst allmählich (und nach einem deutschen Sieg) herausbilden würden.[114]

Bests Pläne waren demgegenüber konkreter. In ihnen verbanden sich auf charakteristische Weise traditionelle großmachtpolitische Vorstellungen von einem deutsch dominierten Europa mit den Träumen der SS-Führung von einem neuen, auf »rassischer« Grundlage aufzubauenden Großreich. Zwar teilte Best die Auffassung vom »Germanentum« im wesentlichen und sah in seinen Plänen und Konzeptionen entsprechend die allmähliche Eingliederung der »germanischen« Volksbestandteile der Nachbarstaaten in das »Großdeutsche Reich« auch vor; sie stand aber nicht im Mittelpunkt, zumal die ihn vorrangig interessierende Frage der Neuordnung des deutsch dominierten europäischen Großraums, mithin auch der darin lebenden nichtgermanischen Völker, davon gar nicht berührt war.

Im Auswärtigen Amt hingegen waren die Reaktionen auf Bests Westeuropa-Entwürfe hingegen gemischt; einerseits stießen sie auf Unverständnis, weil sie den eigenen, überwiegend von traditionellem Großmachtdenken herkommenden außenpolitischen Vorstellungen widersprachen, die sich an Staaten und Räumen, nicht an »Völkern« orientierten. Auf der anderen Seite gab es aber auch hier Befürworter einer Europa-Konzeption, in der weniger die Staaten als die »Völker« als Subjekte des Handelns (bzw. als Objekte deutschen Hegemonialstrebens) fungierten. Zu dieser Gruppe unter Staatssekretär Luther, die auch Bests Europa-Rundreise zum Studium der verschiedenen Besatzungstypen angeregt hatte, stand dieser seit längerem in Kontakt.[115] Dass solche Pläne zur »völkischen Neuordnung West-Europas« bei den meisten leitenden Mitarbeitern des Auswärtigen Amtes ebenso wie in der Militärführung abgelehnt wurden, die Neuordnungspläne der SS und verschiedener Reichsbehörden im Osten aber – jedenfalls in dieser Entschiedenheit – nicht, macht deutlich, dass hier unterschiedliche Wertsysteme berührt wurden. Während die Akzeptanz der »volkstumspolitischen Maßnahmen« im Osten sowie gegenüber den Juden in tradierten Vorstellungen und Vorurteilen gegenüber den »kulturell tieferstehenden« und »minderwertigeren« Völkern wurzelte, fehlte eine solche Vorurteilsstruktur im Westen oder wurde gar durch kaum kompensierte deutsche Minderwertigkeitsgefühle gegenüber dem »britischen Empire« oder der »französischen Kultur« ersetzt. Eine

Theorie, die das deutsche Verhalten gegenüber den Nachbarvölkern nicht auf diese unterschiedlichen, vorpolitischen Wertsysteme bezog, hatte daher keine Stelle, an der sie an die tradierten Vorurteile anknüpfen konnte.

So war es gerade die Systematik, mit der Best »volkstumspolitische« Planungen oder Maßnahmen, wie sie für den Osten befürwortet oder doch hingenommen wurden, auf Westeuropa übertrug, die ihre Ablehnung durch die verschiedenen Machtgruppen des Regimes herbeiführte.

Bests Vorschläge waren zwar abstrus, aber nicht ohne Konsequenz – und diese Überlegung gibt auch Hinweise auf die politische Bedeutung seiner Vorstellungen von völkischer Großraumpolitik insgesamt. Es war ihm im Verein mit Höhn, Stuckart und anderen zweifellos gelungen, gegen Carl Schmitt einen theoretischen Ansatz zu entwickeln, der die aus rassistischen und traditionell großraumpolitischen Faktoren zusammengesetzten Antriebskräfte der deutschen Expansionspolitik in ein Legitimationsgerüst einband, das auf eine spezifische Weise völkischen Radikalismus und »vernünftiges« Verwaltungshandeln miteinander verknüpfte und zugleich eine in dieser Form ungewöhnliche und zudem öffentlich und schriftlich formulierte theoretische Rechtfertigung des Völkermords aus der Perspektive der SS beinhaltete.

Es ermangelte dieser Konzeption nicht an einer gewissen inneren Stringenz und einer, wenn auch mechanisch-deduktiven, Logik. Sie ist zugleich deutlich von dem Bestreben gekennzeichnet, in Parallele zu den marxistischen Theorien einen Gegenentwurf zur »liberalistisch-universalistischen Weltanschauung«, zu den Ideen von 1789 zu propagieren, der nicht in der supranationalen Kategorie der Klasse, sondern in der den Klassenbegriff negierenden Kategorie des »Volkes« Subjekt und Movens der Geschichte sah und diese dem Individuum als den Zentralbegriff der Aufklärung entgegensetzte. Zugleich beinhaltete die Anwendung des völkischen Prinzips auf die Außen- bzw. Großraumpolitik einen Angriff auf den überkommenen Nationalstaat, der mehrere Völker bzw. »Minderheiten« umfassen konnte, und stellte den Entwurf einer Assoziation quasi-autonomer Völker unter dem bestimmenden Einfluss des jeweils stärksten, des »Führungsvolkes«, im Großraum dagegen. Keiner dieser Gedanken war wirklich neu, sondern schon seit Ende des Ersten Weltkrieges Gegenstand der Diskussionen der konservativen und völkisch-radikalen Intellektuellen in Deutschland. Der Versuch der Gruppe um Best, Höhn und Stuckart aber, daraus so etwas wie eine politische Theorie der SS zu entwickeln und diese mit deren Praxis in den besetzten Gebieten Europas in Verbindung zu setzen, verlieh diesen Entwürfen ihre Brisanz.

Nun ist die »Wirksamkeit« dieser Entwürfe, wie immer bei ideologischen Konzeptionen, empirisch nicht wirklich messbar, sondern eher Gegenstand begründbarer Spekulationen. Insbesondere für die an den Vernichtungsoperationen führend Beteiligten – die Amtschefs und Referatsleiter im RSHA und beim Reichskommissar für die Festigung deutschen Volkstums, die Einsatzgruppenchefs, die Befehlshaber der Sicherheitspolizei und des SD sowie die Stapo-Stellenleiter in den von Deutschland besetzten Teilen Europas –, die zu einem erheblichen Teil durch die Bestsche Schule im Gestapa gegangen waren und dort fachlich und weltanschaulich ausgebildet worden waren, schienen solche Gedanken einen

Rückbezug des eigenen Handelns auf »lebens-gesetzliche« Grundsätze und langfristige politische Perspektiven sowie eine Abschirmung gegen eigene politische, moralische und menschliche Skrupel zu bieten. Indem sie das Bedürfnis nach Systematik und immanenter Logik des ideologischen Unterbaus für das eigene Handeln befriedigten, markierten Bests großraumtheoretische Schriften zugleich eine deutliche Distanz gegenüber jenen Repräsentanten des Regimes, die nach Auffassung der SS-Intellektuellen ohne weltanschauliche Begründung und Perspektive und wesentlich um des eigenen Vorteils willen in den besetzten Gebieten die von Best so scharf kritisierte Rolle des »Herrenmenschen« einnahmen.

Zugleich aber zeigte sich anhand der in »Reich – Volksordnung – Lebensraum« insgesamt und insbesondere von Best unternommenen Versuche der theoretischen Systematisierung der außenpolitischen Vorstellungen der SS, dass ein solches Vorhaben vergeblich sein musste, weil es die Vielzahl der die Politik des NS-Regimes beeinflussenden Faktoren und Strömungen – von wirtschaftlichen, militärischen und großmachtpolitischen Interessen über Vorurteile, unterschiedliche weltanschauliche Ansätze und schieren Rassenhass bis zu den Ansprüchen einzelner Machtgruppierungen und Regionalfürsten – auf ein einziges Prinzip zurückgeführt hätte. Dadurch aber wäre der gemeinsame Nenner dieser verschiedenen die deutsche Politik beeinflussenden Faktoren nicht mehr der Kampf um den Führerwillen und die damit einhergehende kompetitive Radikalisierung gewesen, sondern ein zwar monströses, gleichwohl verbindliches, in sich stringentes und damit berechenbares Weltbild. Das aber hätte den Verlust der politischen Flexibilität und der Bindekraft der »Idee« bedeutet.

So blieb die Ausstrahlungskraft der Großraumtheorien Bests und seiner Mitstreiter begrenzt; wenngleich die von ihm entwickelte Typologie der Verwaltungsformen in den besetzten Gebieten bis zu einem gewissen Punkt offenbar akzeptiert wurde, weil sie eine nach »völkischen« Gesichtspunkten abgestufte Besatzungsstruktur mit den Postulaten der rationellen, »vernünftigen« Verwaltung zu kombinieren schien. Was aber davon blieb, war der völkisch-radikale Entwurf, der einerseits zur weltanschaulichen Herleitung und Legitimation der mörderischen Praxis der SS gegenüber Juden, Polen und Russen dienen, andererseits die sich mehrenden militärischen und politischen Rückschläge des Reiches auf die Abweichungen von der wahren Lehre und den völkischen Lebensgesetzen zurückführen und so die richtige Theorie gegen die falsche, weil davon abweichende Praxis bestätigen konnte.

3. Geiselerschießungen und »Judenpolitik«

Die erste Phase der deutschen Besetzung Frankreichs bis zum Frühsommer 1941 war im Sinne der Militärverwaltung in Paris insgesamt ebenso ruhig wie erfolgreich verlaufen, und auch die Kooperation mit der Berliner Regimeführung hatte sich als einvernehmlich und relativ störungsfrei erwiesen. Die aufgetretenen Konfliktpunkte in den Fragen des »Kunstraubs« und der Ausweisungen aus Elsass-Lothringen hatten zwar unterschiedliche Auffassungen auch in wichtigen

Fragen offenbart, aber angesichts der außenpolitischen und militärischen Erfolge der Reichsregierung fiel dies nicht sehr schwer ins Gewicht – Übereinstimmung im Grundsätzlichen, Konflikte in Nebenfragen kennzeichneten die Beziehungen der Pariser Militäradministration zur Berliner Regierung in dieser Zeit.

In der zweiten Phase der Besatzung, bis zum Frühjahr 1942, kehrte sich dieses Verhältnis um. Die Konflikte zwischen Paris und Berlin betrafen nun grundlegende Fragen der Besatzungspolitik; sie erschütterten im Stab des Militärbefehlshabers in Frankreich die Loyalität zur Reichsregierung, insbesondere zu Hitler und zu Keitel, und stellten den Ansatzpunkt dafür dar, dass die Mehrzahl der führenden Militärs und Beamten im Kommando- und Verwaltungsstab auf Distanz zur Politik Hitlers gingen und viele von ihnen schließlich später den Verschwörerkreisen des 20. Juli angehörten oder sich auf deren Seite schlugen.[116]

Diese zweite Phase der deutschen Besatzungsherrschaft in Frankreich wurde vor allem durch zwei Entwicklungen geprägt, die im Folgenden näher betrachtet werden sollen: die Massenerschießungen von Geiseln als »Sühnemaßnahme« nach Attentaten und die Verschärfung der deutschen Judenpolitik von der Diskriminierung zur Deportation. Beide Ereignisse waren auf charakteristische Weise miteinander verknüpft, und bei beiden spielte Werner Best eine wichtige Rolle: In der Frage der »Sühnemaßnahmen«, mit denen er als für die Exekutive zuständiger Verwaltungschef direkt befasst war, plädierte er vehement gegen die aus Berlin angeordneten Massenerschießungen von Geiseln. In der Frage der »Judenpolitik« wirkte er systematisch auf eine Radikalisierung und den schließlich erfolgenden Beginn der Deportationen hin. In beiden Fragen handelte er im Einklang mit dem Stab des Militärbefehlshabers, beides verstand er aber auch als konsequente Umsetzung seiner eigenen politischen Grundauffassungen und derjenigen der SS.

Attentate und »Sühnemaßnahmen«

Am frühen Morgen des 21. August 1941 wurde in Paris der deutsche Marinehilfsassistent Moser auf dem Weg zum Dienst auf der Metrostation Barbès-Rochechouart von zwei jungen, unerkannt entkommenen Männern erschossen; einige Stunden später wurde auf der Metrostation Bastille der deutsche Unteroffizier Schölz schwer verwundet. Die deutschen Behörden vermuteten sogleich, dass es sich bei den Tätern um Angehörige einer kommunistischen Jugendorganisation handelte, was sich in späteren Ermittlungs- und Strafverfahren auch bestätigte.

Beim Militärbefehlshaber in Paris wurden diese Anschläge als Auftakt des aktiven und bewaffneten Kampfes der französischen Kommunisten gegen die deutsche Besatzungsmacht in Reaktion auf den deutschen Angriff auf die Sowjetunion gewertet; weitere Anschläge waren demnach zu erwarten. Auch diese Vermutung bestätigte sich. Die Zeit der ruhigen und für die Angehörigen der deutschen Behörden so überaus angenehmen Besatzungsverwaltung in Paris war vorbei, der Krieg hatte Paris wieder erreicht.[117]

Die deutsche Führung in Frankreich stand damit vor einem grundsätzlichen Dilemma, das ihre Lage und ihr Handeln in den nächsten Monaten bestimmen sollte, ohne dass passable Auswege gefunden worden wären: Reagierte sie auf diese Anschläge im Sinne von »Aufsichtsverwaltung« und Kollaborationspolitik zurückhaltend und vornehmlich in Form von polizeilicher Aufklärung und Vorbeugung, so musste sie mit scharfen Protesten sowohl der aktiven Wehrmachtseinheiten, die solche Fälle nach Kriegsrecht beurteilten, als auch des OKW und Hitlers rechnen. Reagierte sie hingegen wie die deutschen Besatzungsbehörden im Osten und Südosten Europas hart und brutal, so war das Ende der Kooperation mit der französischen Regierung und Verwaltung sowie der Zurückhaltung der französischen Bevölkerung zu erwarten.

Bis zum Sommer 1941 war die politische Situation im besetzten Frankreich immer als sehr ruhig beschrieben worden; der wichtigste Grund dafür lag zweifellos in der schier unüberwindlichen militärischen Stärke des »Reiches«, die jeden Widerstand als von vornherein aussichtslos erscheinen ließ. Zudem war die französische Linke, und insbesondere die kommunistische Partei, durch das deutsch-sowjetische Abkommen paralysiert und galt sogar als ausgesprochen kollaborationsbereit.

So stellte sich auch die Sicherheitspolitik der deutschen Behörden bis zu diesem Zeitpunkt relativ zurückhaltend dar. Zwar waren schon im September 1940 Richtlinien zur Vorbeugung gegen Sabotageakte erlassen worden, die auch die Möglichkeit der Geiselnahme durch die Besatzungsmacht vorsahen[118], aber angesichts der ruhigen Lage im besetzten Frankreich waren solche Kollektivmaßnahmen weder notwendig noch sinnvoll. Vielmehr traten bei Verstößen gegen Anordnungen der Besatzungsmacht die französischen Polizeikräfte in Aktion, und sowohl die deutschen wie die französischen Gerichte verhängten scharfe Urteile. Bis zum Mai 1941 wurden allein von den deutschen Gerichten in Frankreich 93 Todesurteile ausgesprochen, davon etwa ein Drittel auch vollstreckt.[119]

In einem zusammenfassenden Erlass vom März 1941 stellte Best denn auch die Wirksamkeit von Geiselmaßnahmen zur Vorbeugung gegen feindselige Handlungen in Frage, »wenn nicht zufällig eine besonders enge Solidarität der Täter mit den Geiseln besteht. Fanatiker und Verbrecher nehmen auf das Leben der Geiseln keine Rücksicht. Geiseln sind daher nur festzunehmen, wenn mit schweren Gewalttaten zu rechnen ist und andere geeignete Mittel nicht zur Verfügung stehen«; und im Mai wurde in Bests Verwaltungsstab sogar erwogen, ob man die Festnahme von Geiseln im besetzten Frankreich nicht ganz untersagen solle.[120]

Im Zuge der Vorbereitungen auf den Krieg gegen die Sowjetunion und verstärkt seit Kriegsbeginn jedoch wandelte sich diese relativ zurückhaltende Sicherheitspolitik der deutschen Behörden. Best hatte schon am 23. Mai die Errichtung von Internierungslagern für Kommunisten im besetzten Frankreich angeordnet[121] – Grundlage dafür waren die im Herbst ergangenen Sicherungs- und Polizeihafterlasse –, da man nach Kriegsbeginn verstärkte Aktionen der KPF gegen die deutsche Besatzungsmacht erwartete. Und in der Tat gab es nach dem deutschen Überfall auf die UdSSR Demonstrationen in Paris und an anderen Orten, und auch die Zahl der gemeldeten Sabotagefälle nahm zu – mit der Folge, dass die Militärverwaltung schon Ende Juli 1941 von den Armeekommandos zu »rücksichtslosem Durchgreifen« und dem Erlass von Richtlinien für Geiselerschießungen als »Sühnemaßnahme« und zur Verhinderung weiterer Anschläge gegen die

Besatzungsmacht aufgefordert wurde.[122] Stülpnagel ordnete daraufhin am 4. August die Verhängung der Todesstrafe für »kommunistische Umtriebe« an und ließ als Reaktion auf antideutsche Demonstrationen von der französischen Polizei eine große Verhaftungsaktion durchführen, in deren Verlauf mehr als 4.000 Menschen – ausschließlich Juden – festgenommen und in das Lager Drancy gebracht wurden.[123] Nach den Mordanschlägen des 21. August musste nun also mit noch schärferen Reaktionen des Militärbefehlshabers gerechnet werden. Bereits die erste Maßnahme der Militärverwaltung war in der Tat sehr weitreichend und präjudizierte die weitere Eskalation: Alle Franzosen, die von oder für deutsche Dienststellen im besetzten Frankreich in Haft gehalten wurden, wurden am 22. August kollektiv zu Geiseln erklärt, von denen »bei jedem weiteren Anlaß eine der Schwere der Straftat entsprechende Anzahl erschossen werden sollte«.[124] Darüber hinaus übte die deutsche Führung in Paris starken Druck auf die französische Regierung aus, ihrerseits harte Maßnahmen zu ergreifen, und Best erklärte sich schließlich mit dem Vorschlag seines französischen Verhandlungspartners Ingrand einverstanden, die wichtigsten in französischer Haft gehaltenen Führer der Kommunisten durch ein französisches Gericht zum Tode verurteilen zu lassen. Sieben Menschen wurden daraufhin in Scheinprozessen verurteilt und hingerichtet.[125]

Aufgrund dieser Ausgangskonstellation war die schnelle Verschärfung dieses Konflikts kaum mehr aufzuhalten. Als sich am 3. September ein weiteres Attentat ereignete, ließ Stülpnagel »schon allein aus Prestigegründen« drei Geiseln erschießen, wiederum in Haft befindliche Kommunisten.[126] Nun aber schalteten sich Keitel und Hitler in das Verfahren ein; Keitel teilte dem Militärbefehlshaber als »Führerbemerkung zur Beachtung« mit, dass Hitler die Reaktion der Pariser Militäradministration auf die Attentate als bei weitem nicht ausreichend ansehe: »Die Vergeltungsmaßnahme an den drei Kommunisten (Geiseln) ist viel zu milde! Ein deutscher Soldat sei ihm viel mehr wert als drei französische Kommunisten. Der Führer erwartet, daß in solchen Fällen mit den schärfsten Vergeltungsmaßnahmen geantwortet werde ... Beim nächsten Mordanschlag seien mindestens 100 Erschießungen sofort vorzunehmen für einen Deutschen. Ohne solche drakonischen Vergeltungen werde man der Dinge nicht Herr.«[127]

Das stand in klarem Gegensatz zu den in Paris beinahe einhellig vertretenen Auffassungen, und Stülpnagel zählte in seiner Stellungnahme die Gegenargumente auf: Man dürfe nicht schematisch, sondern müsse flexibel reagieren und sich allmähliche Steigerungsmöglichkeiten bei der Zahl der anzuordnenden Erschießungen vorbehalten. Durch Massenerschießungen würde die Loyalität der französischen Bevölkerung aufs Spiel gesetzt, die politische Kooperation zwischen Deutschland und Frankreich für die Zukunft erschwert und die französische Regierung desavouiert.[128] Dahinter stand die Vorstellung, dass die bisher betriebene Politik der Aufsichtsverwaltung im Prinzip beibehalten werden müsse und die Attentate als Versuch der französischen Kommunisten zu werten seien, die Besatzungsmacht zu einem Verlassen dieses weichen Kurses zu bewegen, um so die das französische Volk kompromittierende Kollaborationspolitik zu beenden. Aus der Perspektive des Führerhauptquartiers aber wurden die Anschläge in Paris im Zusammenhang mit dem Kampf der Partisanen in der Sowjetunion und in Jugoslawien gesehen – hier handele es sich insgesamt um eine »einheitlich gelenkte Massenbewegung«, nämlich um einen kommunistischen Aufstand in allen von Deutschland besetzten Gebieten, wie Keitel am 16. September betonte. Nicht die innerfranzösischen Verhältnisse also seien hier der Maßstab, sondern die Perspektive des Kampfes gegen den internationalen Kommunismus, und daher sei auf Anweisung des Führers im Osten und im Westen in gleicher Form, und das hieß »mit den schärfsten Mitteln«, einzugreifen, um die Bewegung in kürzester Zeit niederzuschlagen.« »Nur auf diese Weise, die in der Geschichte der Machterweiterung großer Völker immer mit Erfolg angewandt worden ist, kann die Ruhe wiederhergestellt werden ... Die politischen Beziehungen zwischen Deutschland und dem betroffenen Lande sind für das Verhalten der militärischen Besatzungsbehörden nicht maßgebend.«[129]

Dieser letzte Satz bezeichnete den Kern der Meinungsverschiedenheiten. Denn für das Verhalten der militärischen Besatzungsbehörden waren es eben die politischen Beziehungen zu den einzelnen besetzten Ländern, genauer: die eigene politisch-kulturelle Wertschätzung dieser Länder, die den Maßstab für das Verhalten der Militärbehörden in den Besatzungsgebieten darstellten. Während die deutsche Militärführung etwa in Serbien ohne größere Diskussionen zwischen September 1941 und Februar 1942 mehr als 20.000 Menschen bei »Sühnemaßnahmen« exekutieren ließ und diese Zahlen in der Sowjetunion im gleichen Zeitraum noch viel höher lagen[130], stießen die Anordnungen, in Frankreich Geiselerschießungen in doch ungleich geringeren Größenordnungen durchzuführen, auf heftige Proteste der deutschen Militärbehörden in Paris, die schließlich sogar im Rücktritt des Militärbefehlshabers eskalierten.

Die weitere Entwicklung in der Geiselfrage in Frankreich war von diesen Widersprüchen bestimmt. Verwaltungsabteilung und Kommandostab erarbeiteten zunächst einen Erlass über das Procedere bei Geiselnahmen und Sühnemaßnahmen, der am 28. September veröffentlicht wurde und den Versuch darstellte, das Vorgehen bei Massenerschießungen rechtlich zu kodifizieren.[131] Als aber am 20. Oktober der Feldkommandant von Nantes und einen Tag später ein Kriegsverwaltungsrat in Bordeaux erschossen wurden, brachen auch diese Dämme. Unter massivem Druck des Führerhauptquartiers musste der Militärbefehlshaber die Erschießung von je 100 Geiseln für jedes Attentat ankündigen. Nach Intervention der französischen Regierung und Stülpnagels, der mehrfach vor »der Anwendung polnischer Methoden auf Frankreich« warnte, befahl Hitler schließlich, jeweils 50 Geiseln sofort zu erschießen, die übrigen im Abstand von zwei Tagen, wenn die Täter nicht ergriffen würden. Am 22. und 24. Oktober wurden 98 Geiseln tatsächlich hingerichtet, eine Maßnahme, die in Frankreich wie im Ausland auf Entsetzen stieß und starke Erregung nach sich zog.[132]

Damit war die bis dahin hinhaltende Taktik des Militärbefehlshabers gescheitert. »Die Stimmung im ›Majestic‹ ist beherrscht von Zorn«, beschrieb Bargatzky die Reaktionen der Besatzungsbehörde. »Zorn über die Meuchelmorde, über das befohlene Unmaß der Vergeltung. Man fühlt, die erste, glimpflich verlaufene Phase des Waffenstillstands ist zu Ende, das öffentliche Ansehen des ›Majestic‹ nähert sich der Peripetie.«[133]

Innerhalb der Militäradministration war Best einer der schärfsten Gegner der Geiselerschießungen. Eine Übertragung »polnischer Methoden« auf Frankreich war für ihn schon aus volkstumspolitischen Gründen falsch, und zudem war ihm aus der eigenen Erfahrung im besetzten Rheinland nur zu bewusst, welche Auswirkungen solche Erschießungen auf die Haltung der französischen Bevölkerung und vor allem der Jugend nach sich ziehen würden. Er entwickelte daher für Stülpnagel eine Reihe von Vorschlägen, wie den weiteren Forderungen Hitlers und Keitels nach scharfen Sühnemaßnahmen zu begegnen sei: »1. Der Gegner erstrebt nicht eine militärische Beeinträchtigung der deutschen Wehrmacht, sondern die politischen Auswirkungen der deutschen Repressalien. 2. Durch diese Auswirkungen wird die Verwaltung des Landes zunehmend erschwert und dadurch die Besetzung und ihre Zwecke gefährdet. 3. Die progressiven Repressalien (30, 50, 80 usw. Geiseln für jeden Mord) müssen doch bald quantitativ absurd werden und dadurch ihr Ende finden. Dann ist dieses Mittel verbraucht, nachdem es nur geschadet und nichts genützt hat, und der Prestigeverlust durch die Einstellung ist größer, als wenn man es nie angewendet hätte. 4. Zusammengefaßt: Wir spielen durch die Anwendung dieser Repressalien genau das Spiel des Feindes.«[134]

Da aber die harte Haltung Hitlers bekannt war, bemühte sich Best, dem auch die Aufsicht über die Internierungs- und Polizeihaftlager im besetzten Frankreich oblag und der somit für die Auswahl der zu erschießenden Geiseln unter den Lagerinsassen verantwortlich war[135], darum, andere Sühne- und Repressionsmaßnahmen zu finden, durch die eine abschreckende und vorbeugende Wirkung auf die Attentäter ausgeübt werden konnte, ohne dass die antideutsche Stimmung im Lande weiter angeheizt und die Politik der Kollaboration auch auf längere Sicht torpediert würde. Dabei kamen vor allem zwei Möglichkeiten in Betracht: die Erhebung kollektiver Geldbußen und die Deportation einer größeren Zahl von Menschen »zur Zwangsarbeit in den Osten«. Beide Maßnahmen sollten sich außer gegen Kommunisten vor allem gegen die Juden richten, die angesichts des in Frankreich nicht unerheblichen Antisemitismus – insbesondere gegenüber den ausländischen nach dem Ersten Weltkrieg nach Frankreich eingewanderten Juden – von der französischen Bevölkerung vermutlich nur wenig Solidarität zu erwarten hatten, solange keine demonstrativen Erschießungen vorgenommen würden. Da sich unter den überführten Attentätern auch zahlreiche jüdische Widerstandskämpfer befanden, konnten hier politische und weltanschaulich motivierte Unterdrückungsmaßnahmen kombiniert werden. Als ein weiteres wichtiges Motiv erwies es sich in der Folgezeit, dass man die größtenteils überbelegten Lager in Drancy, Compiègne und den anderen Orten entlasten und einen Teil der Häftlinge in andere Verantwortung übergeben konnte, ohne für ihr weiteres Schicksal Sorge tragen zu müssen.

Als am 28. November das nächste Attentat gemeldet wurde, dem drei deutsche Soldaten zum Opfer fielen, versuchte die Militärverwaltung dieses neue Konzept erstmals anzuwenden. Statt der von Hitler geforderten 300 Geiselerschießungen schlug Stülpnagel dem OKH die Tötung von »50 Juden und Kommunisten« vor –

darüber hinaus aber die »Auferlegung einer Buße von 1 Mrd. Francs auf die Juden von Paris« sowie die »Internierung und Deportierung nach dem Osten von in einem kriminellen oder deutschfeindlichen Zusammenhang hervorgetretenen Juden. Hierbei war zunächst an eine Zahl bis zu 1.000 gedacht.«[136]

Nur wenige Tage später erfolgten weitere Attentate mit tödlichem Ausgang, so dass der Militärbefehlshaber seinen Vorschlag um weitere 50 Erschießungen und die Deportation von zusätzlichen 500 Kommunisten erweiterte – ein makabres Feilschen um Menschenleben. Schließlich wurden nach Hitlers Zustimmung 95 Menschen hingerichtet, 58 von ihnen waren Juden.[137] Als »Ausgleich« dafür, dass die ursprünglich angeordneten Erschießungszahlen nicht erreicht wurden, wurden nun aber 1.000 jüdische sowie 500 als Kommunisten eingesperrte Insassen der deutschen Internierungs- und Polizeihaftlager zum Abtransport »in den Osten« bestimmt, wegen »Transportschwierigkeiten« allerdings zunächst noch in den Lagern in Frankreich gehalten.

Aber auch damit war keine abschließende Regelung getroffen, denn schon erfolgten weitere Attentate und in Reaktion darauf weitere Geiselerschießungen und Deportationsanordnungen – die Zahl der tatsächlich getöteten Geiseln stieg bis Mitte Januar 1942 auf insgesamt 264. Best schlug nun weitere Maßnahmen vor, durch die Geiselerschießungen vermieden oder anders bezeichnet werden könnten: So sollte nach Attentaten kommunistische Betätigung als Feindbegünstigung von französischen Gerichten auch in leichten Fällen mit dem Tode bestraft werden; bereits gefällte Todesurteile sollten ausgesetzt und erst bei weiteren Anschlägen vollstreckt werden; oder nach Attentaten seien beurlaubte französische Offiziere wieder in Kriegsgefangenenhaft zu nehmen – all diese Anregungen erwiesen sich aus juristischen und praktischen Gründen aber als undurchführbar.[138]

Schließlich unternahm Stülpnagel am 15. Januar einen letzten Versuch, Hitler und Keitel zum Einlenken zu bewegen: »Massenerschießungen kann ich jedenfalls in Erkenntnis der Gesamtlage und der Auswirkungen solcher harten Maßnahmen auf die gesamte Bevölkerung und unser Verhältnis zu Frankreich ... nicht mehr mit meinem Gewissen vereinbaren, noch vor der Geschichte verantworten«, hob er hervor. Auch weitere Verhaftungen von Juden und Kommunisten seien nicht durchführbar, da bisher allein im besetzten Gebiet etwa 10.000 Juden und 3.500 Kommunisten in Haft genommen worden seien und in den vorhandenen Lagern kein Platz für weitere Häftlinge sei. Als wirksame Vergeltungsmaßnahme komme daher nur eine in Frage: der »fallweise Abtransport einer gewissen Anzahl der bereits internierten Kommunisten und Juden nach Deutschland oder dem Osten ... insoweit er transportmäßig durchführbar ist und den sicherheitspolizeilichen Erfordernissen entspricht. Eine solche Maßnahme wird sicherlich eine starke allgemeine Wirkung auslösen.«[139]

Hitler und Keitel aber blieben bei ihrer Haltung – wenngleich sie Stülpnagels Vorschlag von Massendeportationen zustimmten, aber nicht anstatt der Geiselerschießungen, sondern zusätzlich –, und Keitel teilte dem Militärbefehlshaber mit, daß dessen Vorstellungen über die zu ergreifenden Maßnahmen »der Grundeinstellung des Führers nicht Rechnung tragen«. Daraufhin trat Stülpnagel zurück.[140]

An dieser Auseinandersetzung um die Geiselfrage und dem schließlichen Rückzug Stülpnagels sind in dem hier diskutierten Zusammenhang zwei Aspekte hervorzuheben: zum einen die Schärfe dieser Konfliktaustragung und die Einhelligkeit der Ablehnung der von Keitel und Hitler befohlenen Maßnahmen durch den Stab des Militärbefehlshabers in Frankreich – hier verbanden sich militärischer Komment, juristische Bedenken und moralische Skrupel mit politischen und weltanschaulichen Erwägungen über die Zukunft Europas, den kulturellen oder »rassischen« Stand der Franzosen oder die weitere Entwicklung der deutsch-französischen Beziehungen. In jedem Fall bestand Übereinstimmung aber darin, dass sich die Behandlung der Franzosen durch die Deutschen deutlich zu unterscheiden habe von der Art, wie etwa mit Serben, Polen, Russen oder mit den Juden umzugehen sei. Der Konflikt um die Geiselfrage lag hier insofern auf derselben Linie wie die Kontroversen um den Kunstraub und die Vertreibungspolitik in Elsass-Lothringen, wenngleich der Streit mit der Berliner Führung diesmal viel grundsätzlicher und schwerwiegender war als in jenen Fällen.

Zum zweiten aber war nicht zu übersehen, dass sich aus dem Versuch, die Massenerschießungen von Geiseln zu verhindern bzw. zu beenden, von Seiten der Militärverwaltung der Vorschlag entwickelte, statt dessen mit Massendeportationen von französischen Juden und Kommunisten »in den Osten« zu beginnen – so wie Stülpnagel dies in seinem privaten Schreiben an Keitel zur Begründung seines Rücktritts noch einmal ausdrücklich hervorgehoben hatte: »Ich glaubte die selbstverständlich notwendige Sühne bei Attentaten gegen deutsche Wehrmachtsangehörige auf anderem Wege, d.h. durch begrenzte Exekutionen, vor allem aber durch Abtransport größerer Massen von Juden und Kommunisten nach dem Osten erreichen zu können, der meiner Kenntnis nach viel abschreckender auf die französische Bevölkerung wirkt als diese von ihr nicht verstandenen Massenerschießungen.«[141] Aus diesem Vorschlag wurde bald gängige Praxis, die im April in einem Führererlass ihren auch formellen Ausdruck fand, in dem festgelegt wurde, »daß künftig für jedes Attentat, abgesehen von der Erschießung einer Anzahl geeigneter Personen, 500 Kommunisten und Juden dem RFSS und Chef der deutschen Polizei zur Deportation nach dem Osten zu übergeben sind.«[142] Von nun an setzte ein Automatismus von Geiselerschießungen und Deportationen ein – 18. April: 24 Erschießungen, 1.000 Deportationen; 24. April: 10 Erschießungen, 500 Deportationen; 28. April: eine Erschießung, 500 Deportationen; 5. Mai: 28 Erschießungen, 500 Deportationen; 7. Mai: 20 Erschießungen, 500 Deportationen – insgesamt wurden bis zum 31. Mai 993 Erschießungen angeordnet und 471 tatsächlich durchgeführt; die Zahl der als »Sühnemaßnahmen« angeordneten Deportationen von »Juden und Kommunisten« lag bis zum gleichen Zeitpunkt bei etwa 6.000.[143]

Am 23. März ging der erste Transport von Compiègne nach Auschwitz ab – dies markierte den Beginn der Massendeportation der französischen Juden in die Vernichtungslager im Osten. Die politischen Bemühungen der Pariser Militärverwaltung um ein Ende der Geiselerschießungen, die über Monate hinweg im Mittelpunkt der Aufmerksamkeit der deutschen Dienststellen in Frankreich wie der französischen Öffentlichkeit standen und deren honorige Motive nach dem Krieg durchweg anerkannt wurden, waren auf diese Weise direkt mit dem Beginn der »Endlösung der Judenfrage« in Frankreich verknüpft.[144]

Am Ende des Jahres 1940 hatte die Entrechtung und Enteignung der französischen Juden, wie sie am 17. August zwischen Abetz und Best vereinbart worden war, bereits ein erhebliches Ausmaß angenommen und war weiter vorangeschritten als in allen anderen nord- und westeuropäischen Ländern unter deutscher Besatzung. Durch die parallelen Maßnahmen der Vichy-Regierung galt dies auch für das unbesetzte Gebiet, und seit der Internierung der Juden ohne französische Staatsangehörigkeit war die Lage der Juden im südlichen Frankreich in mancher Hinsicht sogar noch schlechter als die derjenigen im besetzten Norden.[145]

Während die zwischen Abetz und Best vereinbarte Verhinderung der Einwanderung von Juden ins besetzte Frankreich und die Enteignung jüdischen Besitzes zum Ende des Jahres 1940 bereits weitgehend durchgeführt waren, war der dritte Punkt der Vereinbarung, die Vorbereitung der »Entfernung« aller Juden aus dem besetzten Gebiet, ins Stocken geraten, weil nach wie vor unklar war, wohin die Juden aus Frankreich gebracht werden sollten, zumal das sogenannte »Madagaskar-Projekt« auf viel größere Widerstände als ursprünglich angenommen gestoßen war.

Im Januar 1941 ergriffen nun der BdS in Paris, Knochen, und sein Judenreferent Dannecker die Initiative und wandten sich an den dafür zuständigen Best mit der Aufforderung, das Tempo der antijüdischen Politik in Frankreich wieder zu erhöhen. Die Vorbereitung der bereits in der Vereinbarung vom August 1940 vorgesehenen »Gesamtabschiebung der Juden« sollte dabei nach ihren Vorstellungen nicht von deutscher Seite, sondern von einem zu errichtenden »Zentralen Judenamt« unter französischer Leitung (aber unter Aufsicht des BdS) betrieben werden; hier sollte die antijüdische Politik organisiert und koordiniert werden.[146] Zudem, schrieb Knochen an Best, solle man sich zunächst auf Maßnahmen gegen Juden mit nichtfranzösischer Staatsangehörigkeit beschränken und diese, so wie dies die Franzosen im unbesetzten Süden bereits täten, in Konzentrationslager einweisen. Der französische Antisemitismus richte sich in erster Linie gegen die im Lande lebenden ausländischen Juden und nicht gegen die alteingesessenen jüdischen Franzosen; die »Züchtung der Judengegnerschaft auf ideeller Basis« sei daher kaum möglich. Daher müsse man an die materiellen Interessen der Franzosen anknüpfen: Durch die Inhaftierung der etwa 100.000 in Paris lebenden ausländischen Juden könnten viele Franzosen in deren berufliche Stellungen einrücken und auf diese Weise sozial aufsteigen, so dass »wegen des Sichbietens wirtschaftlicher Vorteile eine Billigung des antijüdischen Kampfes eher erfolgen wird«.[147]

Die »Judenfrage« stieß bei der Militärverwaltung jedoch nach wie vor nur auf geringes Interesse und galt eher als ein unerfreuliches, wenngleich unvermeidliches Randproblem, welches man eigentlich Heydrichs Leuten in der Avenue Foch gern überlassen hätte. Das aber wäre mit der Abgabe der Kompetenzen im Polizeibereich an den BdS verbunden gewesen und hätte die Stellung des Militärbefehlshabers als alleinigem Inhaber der Exekutive im besetzten Frankreich erheblich beeinträchtigt. Die Fortsetzung und Verschärfung der antijüdischen Politik musste daher in der Militärverwaltung selbst und in den entwickelten Formen der »Aufsichtsverwaltung« durchgeführt werden. Dies aber war Aufgabe des

Verwaltungsstabes, und Bests Aufmerksamkeit konzentrierte sich daher seit Anfang 1941 in zunehmendem Maße auf die Judenpolitik.

In Bezug auf die Zielrichtung und die notwendige Beschleunigung der antijüdischen Maßnahmen stimmte Best mit dem BdS ganz überein. So war es auch nicht verwunderlich, dass sich Verwaltungs- und Kommandostab des Militärbefehlshabers wenige Tage nach dem Schreiben Knochens an Best relativ schnell und einvernehmlich auf das weitere Vorgehen in der »Judenfrage« einigen konnten: Das vorgeschlagene »Zentrale Judenamt« solle errichtet werden; um aber, wie Lischka formulierte, »die Reaktion des französischen Volkes gegen alles, was von den Deutschen komme, auf diesem Gebiete auszuschalten«, sollte es unter französischer Leitung stehen. Die von den Franzosen dann getroffenen Gesetzesmaßnahmen sollten anschließend die übliche Vorprüfung durch die deutschen Aufsichtsbehörden durchlaufen – und hier, betonte Best, könne der Militärbefehlshaber im Einvernehmen mit BdS und Botschaft seinen Einfluss zur Geltung bringen. Auf diese Weise, schloss sich der Vertreter von Speidels Kommandostab an, sei es gegebenenfalls sogar möglich, die direkte deutsche Beteiligung an dem Vorgehen gegen die Juden noch weiter zurückzunehmen.

Bei dieser Konferenz am 30. Januar 1941 bestand also zwischen den deutschen Dienststellen in Paris weitgehende Übereinstimmung in Bezug auf die Zielrichtung und die notwendige Beschleunigung der Judenpolitik. Demgegenüber war die Frage, welcher deutschen Stelle das neue Judenamt zu unterstellen sei, zunächst zweitrangig und wurde vertagt.[148] Die von der Militärverwaltung gewünschte und hier durchgesetzte Strategie, auch in der Judenpolitik von den Methoden der »Aufsichtsverwaltung« nicht abzugehen, bewährte sich – schon nach wenigen Tagen erklärte sich die Vichy-Regierung bereit, ein »Zentrales Judenamt« zu errichten, und am 8. März wurde Xavier Vallat, ein bekannter antisemitischer Aktivist, zum »Generalkommissar für Judenfragen« im Rang eines Staatssekretärs ernannt.[149]

Mit der Errichtung des Zentralen Judenamtes verbanden Best und der Stab des Militärbefehlshabers insgesamt einige Erwartungen; hoffte man doch, auf diese Weise den für die auf geräuschloses Funktionieren bedachte Kollaborationspolitik als störend empfundenen Bereich der Judenpolitik, vor allem die Internierungen, ganz dieser Stelle überlassen zu können. Darin aber täuschte man sich.

Einen Tag vor Vallats Antrittsbesuch im Hotel Majestic hatte Best die anzustrebenden Ziele der deutschen Judenpolitik in Frankreich zusammengefasst formuliert: »Das deutsche Interesse besteht in einer progressiven Entlastung aller Länder Europas vom Judentum mit dem Ziele der vollständigen Entjudung Europas« – dazu seien a) die Ausweisung der Juden nichtfranzösischer Staatsangehörigkeit, b) die Internierung von 3-5.000 als »gefährlich oder unerwünscht« anzusehender Juden jeder (also auch französischer) Staatsangehörigkeit und c) eine verschärfte französische, antijüdische Gesetzgebung anzustreben. Schließlich solle das Zentrale Judenamt mit den Vorbereitungen einer späteren »Auswanderung« auch aller Juden mit französischer Staatsangehörigkeit beginnen.[150] Bei der Unterredung Stülpnagels und Bests mit Vallat jedoch zeigte sich, dass dieser von Pétain mit einer viel engeren und im Wesentlichen auf Verschärfung der »Arisierung« begrenzten Aufgabenstellung versehen worden war. Gegen die Vorhaltungen

Bests betonte Vallat vielmehr, dass bei der Judenpolitik »auf die besonderen Verhältnisse Frankreichs und auf die Stimmung des französischen Volkes« Rücksicht zu nehmen sei, zumal es »bisher in Frankreich nur in geringerem Maße ›seriösen Antisemitismus‹ gegeben« habe. Die Ausweisung und Internierung der Juden hingegen sei Sache der französischen Verwaltungs- und Polizeibehörden und nicht seine Aufgabe.[151] Damit aber war Bests Hoffnung, dass die antijüdische Politik in Zukunft von der neuen Behörde Vallats organisiert werden würde, zerstoben, und im Gespräch mit Zeitschel, dem für Judenfragen zuständigen Mitarbeiter der Botschaft, äußerte Best die unverhohlene Enttäuschung der Militärverwaltung darüber, dass »der unangenehme Teil, nämlich die Durchführung der Ausweisung, respkt. Internierung, doch an ihr hängenbleiben« werde.[152]

Durch den faktischen Ausfall Vallats wurde nun das Problem der Kompetenzverteilung in der Judenpolitik erneut brisant, und der BdS drängte darauf, hier selbständig tätig werden zu können. Bereits Ende Februar waren Abetz, Zeitschel und Achenbach mit Dannecker übereingekommen, auf den Militärbefehlshaber einzuwirken, »dem SD Vollmachten zur Inhaftierung aller Juden zu geben«.[153] Das aber stieß auf die energische Ablehnung Stülpnagels – nicht wegen der hier formulierten Ziele der Judenpolitik, sondern weil er darin einen Angriff auf seine Machtbefugnisse insgesamt erkannte, so dass Best nun auch von Seiten des Militärbefehlshabers darin bestärkt wurde, das Tempo der Judenpolitik weiter zu verschärfen, um dem BdS keinen Ansatzpunkt für eigene Ambitionen zu bieten.

Best selbst stand nun vor einem Dilemma; denn bis vor wenigen Monaten war es im RSHA sein oberstes Bestreben gewesen, die alleinigen Befugnisse von Sipo und SD bei der Bekämpfung der »weltanschaulichen Gegner« und insbesondere der Juden gegenüber den Ansprüchen anderer Dienststellen durchzusetzen, während er nun die Gegenpartei vertrat und die Kompetenzansprüche des BdS abwehren musste. Aber nach dem von ihm theoretisch entwickelten Modell der »Aufsichtsverwaltung« war dies auch ganz folgerichtig, und schon im Hinblick auf das deutsch-französische Verhältnis in der (zu dieser Zeit für die nahe Zukunft erwarteten) Nachkriegszeit war an dem Prinzip der Kollaboration und der Zurückhaltung deutscher Dienststellen festzuhalten. Dementsprechend musste Best in Zukunft also einerseits eine möglichst radikale, andererseits mit den Methoden der »Aufsichtsverwaltung« durchzuführende Politik gegen die Juden in Frankreich in Gang bringen und dabei die alleinige Kompetenz der Militärverwaltung durchsetzen, ohne die enge Zusammenarbeit mit Botschaft und BdS zu gefährden.

Der erste Schritt auf diesem Weg war die Internierung ausländischer Juden. Nachdem hierzu das Einverständnis der Regierung in Vichy eingeholt worden war, begannen noch im März die ersten Vorbereitungen[154], und am 14. Mai 1941 ließ Best den ersten Schlag durchführen: 3.733 ausländische Juden wurden auf sein Geheiß von der französischen Polizei verhaftet und in die Internierungslager Pithviers und Beaune-la-Rolande verbracht.[155]

Zur gleichen Zeit, im Frühjahr 1941, war Best auch damit beschäftigt, seinen Aufsatz über »Grundlagen der deutschen Großraumverwaltung« für die »Festgabe Himmler« zu verfassen, und Anfang August trug er die darin entwickelten Thesen auch dem Stab des BdS in der Avenue Foch vor.[156] Im Licht der geschilderten Entwicklung in Frankreich wird nun noch deutlicher, dass Bests dort formuliertes Postulat, das Führungsvolk müsse ein »unerwünschtes Volk« in seinem Großraum entweder total vernichten oder aus seinem Bereiche total verdrängen, kein wortradikales Gedankenspiel darstellte, sondern aus seiner Tätigkeit in Paris heraus entwickelt worden war und in der für Best so typischen Weise die unter seiner Leitung durchgeführte Radikalisierung der Judenpolitik in Frankreich politisch-weltanschaulich aus einem umfassenden Entwurf »ableiten« und zugleich legitimieren sollte. Zu welchem Ergebnis die hier begonnene Phase der antijüdischen Politik in Frankreich führen würde, ob zur »totalen Vernichtung« oder zur »totalen Verdrängung«, war zu diesem Zeitpunkt – im Frühjahr 1941 – noch offen. Aber es war bemerkenswert, dass Best beide Möglichkeiten schon jetzt für denkbar hielt und die Option für die eine oder die andere Variante von den Gegebenheiten, nicht vom Prinzip abhängig machte. Zugleich wird hier sichtbar, dass der Stab des Militärbefehlshabers nicht, wie häufig vermutet, nur widerstrebend dem Drängen von Seiten des BdS nach einer radikaleren Judenpolitik nachgegeben hat[157], sondern dass die Militärverwaltung diese radikalisierte antijüdische Politik in Frankreich selbständig und nur in Abstimmung mit den übrigen Pariser Dienststellen formuliert und durchgesetzt hat.

Von der Internierung zur Deportation

Bei den im Mai 1941 verhafteten Juden hatte es sich ausschließlich um Menschen polnischer, tschechischer oder österreichischer Staatsangehörigkeit gehandelt; von den etwa 150.000 Juden im besetzten Gebiet, die in der Judenkartei der Pariser Polizeipräfektur erfasst waren, besaßen nur etwa die Hälfte die französische Staatsangehörigkeit. Während die Vichy-Regierung und ihre Delegierten in Paris sich in Bezug auf Maßnahmen gegen die ausländischen Juden den Wünschen der Militärverwaltung fügten, lehnten sie es jedoch ab, dass Juden französischer Staatsangehörigkeit allein mit der Begründung, dass es sich um Juden handelte, interniert würden. Um gegen die französischen Juden vorgehen zu können, benötigten die deutschen Behörden also andere Gründe – und hier beginnt die Verknüpfung mit der Entwicklung der Geiselfrage.

Der Beginn des Krieges gegen die Sowjetunion hatte, wie gezeigt, einen starken Aufschwung der antideutschen Bewegung in Frankreich, vor allem seitens der französischen Kommunisten, mit sich gebracht und seit Ende Juli 1941 in Paris zu mehreren Demonstrationen geführt. Doch bevor durch die ersten Attentate die Frage nach »Sühnemaßnahmen« akut wurde, waren beim Militärbefehlshaber Vorbereitungen für das vor allem von den Armeekommandos verlangte »schärfere Durchgreifen gegen die Opposition, insbesondere gegen die Kommunisten«, getroffen worden. Hier bot sich nun der seit dem Frühjahr gesuchte Anlass, gegen die französischen Juden vorzugehen: Als Antwort auf die Demonstrationen und mit der Begründung, dass die Aktionen von jüdischen Kommunisten gelenkt seien, ließ Best für den 20. August eine Razzia der französischen Polizei ansetzen, die sich ausschließlich gegen Juden, darunter auch zahlreiche mit französischer Staatsangehörigkeit, richtete. Um vor Protesten der Regierung Pétain sicher zu sein, wurde eine offizielle Unterrichtung der französischen Generaldelegation vermieden. Zwar führten Schmid und Best am 19. August Besprechungen mit dem französischen Innenminister und am 20. August mit Ingrand, die Aktion selbst aber wurde ohne Einschaltung der Vichy-Regierung auf direkte Weisung der Militärverwaltung von mehr als 2.000 französischen Polizeibeamten unter Leitung von Offizieren und Unteroffizieren der Besatzungsarmee durchgeführt.[158]

Nach den Attentaten vom 21. August ordneten Stülpnagel und der in der Militärverwaltung zuständige Best eine zweite Welle dieser Razzien an, bei der insgesamt 4.323 Menschen verhaftet und ins Lager Drancy verbracht wurden. Ausnahmslos handelte es sich um Juden, aber im Zusammenhang mit den seit den Attentaten einsetzenden Debatten über deutsche Sühnemaßnahmen und der Erregung über die dann erfolgenden ersten Geiselerschießungen ging diese Aktion unter und spielte in der französischen Öffentlichkeit und bei den Verhandlungen zwischen deutschen und französischen Stellen nur eine untergeordnete Rolle – ja, angesichts der aus Berlin eingehenden Anordnungen, auf Attentate mit massenhaften Geiselerschießungen zu reagieren, gerieten diese Verhaftungen und Masseninternierungen von Juden beinahe in den Geruch eines milderen Vorgehens, vor allem bei den Verantwortlichen in der Militärverwaltung selbst. Für Stülpnagels Stab stellten solche Massenverhaftungen von Juden, die nach der hier vertretenen Auffassung in der französischen Bevölkerung auf weniger Ablehnung stoßen würden, als wenn sie sich gegen nichtjüdische Franzosen richteten, eine Art Rückfalllinie dar, auf die man sich in Zukunft zurückziehen könnte, wenn man harte Maßnahmen vorweisen, Geiselerschießungen aber vermeiden wollte.

Für die mit der Judenpolitik direkt beschäftigten deutschen Dienststellen bedeuteten die Massenverhaftungen des 20. bis 23. August insofern einen wichtigen Schritt, als die Vorbehalte der Vichy-Regierung gegen die Inhaftierung französischer Juden durchbrochen worden waren. Einer Festsetzung und Ausweitung derartiger Massenverhaftungsaktionen stand nun jedoch entgegen, dass entsprechende Internierungslager nicht vorhanden waren und es in naher Zukunft auch keine Möglichkeit zu geben schien, weitere Lager zu errichten, wie vor allem Best auf entsprechende Anfragen immer wieder betonte.[159] Darauf wies auch Zeitschel gegenüber Botschafter Abetz hin. Einen Tag nach dem ersten Attentat in Paris beklagte er, dass in Frankreich, »wo mit aller Intensität an einer baldigen Regelung der Judenfrage gearbeitet wird, die Durchführung in stärkstem Maße darunter leidet, daß nicht genügend Lager zur Internierung der Juden zur Verfügung stehen«. Aus dieser Situation ergebe sich die Konsequenz, dass man die Juden in den Osten transportieren müsse; nachdem der »Madagaskar-Plan« offensichtlich undurchführbar sei, sei es unabdingbar, alle europäischen Juden in ein »besonderes Territorium« im Osten zu verbringen.[160]

Es ist sehr aufschlussreich, dass die mangelnden Unterbringungsmöglichkeiten in Lagern auf französischem Gebiet hier als Begründung dafür dienten, um auf die weitere Verschärfung der Judenpolitik zu dringen. Dieses »Kalkül des Sachzwangs« war bereits ein hervorstechendes Merkmal der weitreichenden Entscheidungen des 21. September 1939 gewesen, als es im RSHA um die Massendeportationen von Juden und Polen aus den westpolnischen Gebieten ging. Auf die gleiche Weise argumentierten zur gleichen Zeit etwa auch »Generalgouverneur« Frank in Polen und Gauleiter Greiser im »Warthegau«: Die »unhaltbaren Verhältnisse« in den Lagern und Gettos machten eine Massendeportation der Juden in »den Osten« unumgänglich. Es lag geradezu im Interesse der jeweiligen deutschen Machthaber in den von Deutschland besetzten Gebieten, die Zahl der Lager (oder Gettos) möglichst niedrig zu halten und die Lebensverhältnisse dort möglichst schlecht zu gestalten, um auf diese Weise zu dokumentieren, dass eine Fortsetzung der Inhaftierungen und ein längerer Aufenthalt der eingesperrten Juden in dem jeweiligen Land nicht möglich sei.[161]

Durch die Weigerung, weitere Lager zu errichten, wurde also ein künstlicher Sachzwang und dadurch ein Druck erzeugt, die inhaftierten Juden aus Frankreich abzutransportieren. Diesem Ziel diente auch die forcierte Verschlechterung der Lebensverhältnisse etwa in dem Lager Drancy bei Paris, wo bereits wenige Wochen nach der Einlieferung der in der August-Aktion verhafteten Juden durch Überbelegung und mangelnde Ernährung mehr als 800 Insassen an Hungerödemen und Unterernährung litten.[162] Unter Hinweis auf die mangelnden Haftkapazitäten, die einer Fortführung der Judenpolitik in Frankreich im Wege ständen, intervenierte Abetz daher noch im September 1941 bei Himmler in Berlin mit der Bitte, 10.000 Juden aus den französischen Lagern in den Osten abzuschieben, um Platz zu schaffen und weitere Juden inhaftieren zu können – was vom Reichsführer SS auch sogleich zugesagt wurde: Sobald entsprechende Transportkapazitäten vorhanden seien, sollte mit der Abschiebung französischer Juden in den Osten begonnen werden.[163]

Für die Militärverwaltung allerdings stellte die Judenpolitik angesichts der hektischen Ereignisse im Gefolge von Attentaten und Geiselerschießungen ein nach wie vor untergeordnetes Problem dar und wurde eher als Instrument denn als selbständiges Ziel der Besatzungspolitik angesehen. Demgegenüber versuchten Knochen und Dannecker nun, mit Hilfe einer spektakulären Aktion die »Judenfrage« in das Zentrum der Aufmerksamkeit zu rücken und auf diesem Weg womöglich auch die seit langem angestrebte alleinige Zuständigkeit des BdS bei den antijüdischen Maßnahmen zu erreichen. Mit Hilfe der antisemitischen Gruppe Deloncle organisierte Knochen am 3. Oktober eine Reihe von Sprengstoffanschlägen gegen Pariser Synagogen, um – ganz nach dem Vorbild der Vorgänge vom November 1938 in Deutschland – den Anschein zu erwecken, es gebe in der französischen Bevölkerung so etwas wie eine antijüdische Pogromstimmung.[164] Als aber schon nach wenigen Tagen zweifelsfrei feststand, dass die Anschläge vom BdS selbst organisiert worden waren, kam es zum Bruch zwischen Militärverwaltung und Sicherheitspolizei, und Stülpnagel forderte kategorisch die sofortige Absetzung Knochens.[165] Da Heydrich dies ebenso kategorisch ablehnte, die Verantwortung für die Anschläge übernahm und ausdrücklich vermerkte, dass »aufgrund der bisherigen Erfahrungen in der Zusammenarbeit mit dem Herrn Militärbefehlshaber kaum mit dem erforderlichen Verständnis für die Notwendigkeit der Durchführung dieser Maßnahmen in der Auseinandersetzung mit weltanschaulichen Gegnern gerechnet werden konnte«[166], war nun also ein regelrechter Machtkampf entbrannt, und die Militärverwaltung hatte sich in der Geiselfrage mit Keitel und Hitler, in der Frage der Polizeikompetenzen mit Himmler und Heydrich auseinanderzusetzen – kein Zweifel, dass sie hier unterliegen musste.

Best hatte in der Auseinandersetzung um die Synagogenanschläge eine sehr zwielichtige Rolle gespielt. Ob er in die Aktion eingeweiht war, ist unklar; sie entsprach den von ihm bevorzugten Methoden allerdings gewiss nicht. Aber im Gegensatz zu allen anderen Mitarbeitern der Militärverwaltung hielt er sich nicht an Stülpnagels Weisung, jeden Kontakt mit der Dienststelle des BdS abzubrechen.[167] Ob in Absprache mit Knochen oder unabhängig davon – kurz nach den Synagogen-Anschlägen des BdS lancierte die Militärverwaltung den Vorschlag, in Zukunft auf Attentate nicht mehr mit Geiselerschießungen, sondern mit Massendeportationen französischer Juden zu reagieren, die von Stülpnagel nach dem Attentat vom 28. November erstmals in einem Schreiben an das OKH angekündigt wurden.[168] Dies löste jene von der Militärverwaltung angeordnete und auch von deutschen Exekutivkräften durchgeführte Aktion vom 12. Dezember 1941 aus, bei der 743 überwiegend wohlhabende männliche Juden, die meisten von ihnen französischer Staatsangehörigkeit, verhaftet und in das unter deutscher Aufsicht stehende Lager Compiègne gebracht wurden, von wo aus sie »in den Osten« transportiert werden sollten. Hinzu kamen, um die Zahl 1.000 zu erreichen, 300 Häftlinge aus dem Lager Drancy. Als Vergeltung für die Anschläge auf deutsche Soldaten, kündigte der Militärbefehlshaber kurz darauf an, werde nunmehr »eine große Anzahl verbrecherischer jüdisch-bolschewistischer Elemente ... zu Zwangsarbeiten nach dem Osten deportiert«. Bei weiteren Anschlägen erfolgten weitere Deportationen in noch größerem Umfang.[169]

Damit hatte sich der Kreis geschlossen. Die Militärverwaltung selbst hatte nicht nur die Internierung zunächst von ausländischen, dann im August 1941 auch von französischen Juden angeordnet und durchführen lassen, sondern auch die erste Massendeportation in den Osten. Am 24. März, nach dreimonatiger Wartezeit, fuhr der erste Transport mit 1.112 Juden aus Frankreich, darunter jenen, die bei der Razzia am 12. Dezember inhaftiert worden waren, nach Auschwitz ab. Dies war der Auftakt zu der nun allmählich systematisierten Deportation der französischen Juden insgesamt. Es waren Best und seine Mitarbeiter im Verwaltungsstab, die dieses Vorgehen gegenüber Stülpnagel vorgeschlagen hatten. Sie wählten die zu Deportierenden aus und mahnten mehrfach ihren Abtransport an. Sie errichteten eine besondere Abteilung »Judenlager« in Compiègne, in der die zur Deportation bestimmten Menschen untergebracht wurden; und auch die Kosten dieses ersten Eisenbahntransports nach Auschwitz wurden von der Militärverwaltung übernommen.[170]

Die Massendeportation von Juden erschien dabei der Militärverwaltung im Hotel Majestic wie ein rettender Ausweg aus dem Dilemma der Geiselerschießungen. Auf diese Weise glaubte man, zum einen auf die Attentate hart reagieren zu können, ohne dass dadurch »Franzosen« direkt betroffen würden; zum anderen hegte man die Hoffnung, auf diese Weise dem wachsenden Druck aus dem Führerhauptquartier und dem Verlangen nach »harten« Reaktionen auf die Anschläge der Widerstandsbewegung nachgeben zu können, ohne die Kollaborationspolitik insgesamt zu gefährden.

Walter Bargatzky stellte in seinen Aufzeichnungen Überlegungen darüber an, wieso die gleichen Militärs und Beamten, die gegenüber den angeordneten Geiselerschießungen eine so scharf ablehnende Haltung eingenommen hatten, sich gegenüber dem Schicksal der Juden so vollständig gleichgültig verhielten, und führte dies in Bezug auf Stülpnagel darauf zurück, dass dieser es wohl für aussichtslos gehalten habe, »neben dem Kampf gegen den Kunstraub, gegen die Geiselpraxis noch den gegen die Internierung der Juden aufzunehmen«.[171] Das ist gewiss einleuchtend, aus den erhaltenen Unterlagen wird aber auch deutlich, dass nicht einmal Ansätze zu Überlegungen in die Richtung bestanden, gegen die Internierung der Juden etwas zu unternehmen – sondern im Gegenteil alle Anstrengungen unternommen wurden, ihre Inhaftierung und schließliche Deportation zu befördern.

Dabei bestanden in der Militärverwaltung über das Schicksal der Juden »im Osten« spätestens seit Dezember 1941 wenig Illusionen. Denn durch einen von der Ostfront nach Paris abgeordneten Offizier erhielt Bälz, der Leiter der Gruppe Justiz, genaue Informationen über den Massenmord in Babi Jar und sorgte dafür, dass dies im Hause schnell bekannt wurde – »von da an gibt es auch im ›Majestic‹ kein Nichtwissen mehr«, notierte Bargatzky.[172] Bests Kenntnisstand war aufgrund seiner Erfahrungen und Kontakte im RSHA und seiner engen Beziehungen etwa zu Stuckart oder Klopfer noch weit höher, und in diesem Lichte sowie unter Berücksichtigung seiner zu dieser Zeit verfassten Schriften über die »Großraum-Ordnung« und die Legitimität der vollständigen Vernichtung widerstrebender Völker erscheint sein Verhalten doch als stringenter und in sich schlüssiger als auf den ersten Blick: Best war innerhalb der Militärverwaltung für die Lenkung der Judenpolitik zuständig und hatte ihre Radikalisierung stetig vorangetrieben; zugleich aber war er bestrebt, die so erfolgreich begonnene Methode der »Aufsichtsverwaltung« beizubehalten. Im Rahmen seiner ideologischen Postulate war die Deportation der Juden für ihn notwendig und unumgänglich; angesichts der Dimensionen des Projekts »völkische Großraumordnung« besaß jedoch die Frage, ob die Juden aus dem deutschen Einflussbereich total vertrieben oder ob sie total vernichtet würden, für ihn eine untergeordnete Bedeutung und war von den gegebenen Umständen abhängig.

Auch als einer der für den Beginn der Judendeportation in Frankreich Verantwortlichen aber war Best nicht zum »Judenhasser« geworden. Dem »gewöhnlichen Antisemitismus« stand er vielmehr distanzierter denn je gegenüber, und sein Auftreten gegenüber einzelnen Juden in seiner Umgebung war durchaus zurückhaltend – so, als sich herausstellte, dass der Dolmetscher der juristischen Abteilung seines Stabes ein Jude war. Er stufte diesen zwar zum Gefreiten herunter, beließ ihn aber in seiner nicht unwichtigen Stellung und hatte weiterhin häufig dienstlich mit ihm zu tun. Die leitenden Beamten und Militärs im Hotel Majestic waren schon ihrem Selbstverständnis nach keine radikalen Antisemiten, und Bargatzky betonte, er habe im Casino in all den Jahren auch nicht ein einziges Mal »gehässige Worte über die Juden« gehört.[173] Aber die Unterschiede zwischen beiden Haltungen sind doch bedeutsam: Für die konservativen Militärs standen die Juden, vergleichbar mit Kriminellen oder Kommunisten, außerhalb der als ehrenhafte Gegner Anzuerkennenden; sich gegen den illegalen Wegtransport von Kunstschätzen aufzulehnen war respektabel, gegen den Wegtransport ihrer ehemaligen Besitzer nicht. Für Best hingegen waren die Juden aufgrund ihrer Abstammung Teil eines den Deutschen feindlichen Volkstums, das zu bekämpfen, zu vertreiben, unter Umständen auch zu vernichten im Sinne seiner Vorstellungen von den völkischen »Lebensgesetzen« eine unumgängliche, von individuellen Gefühlen aber ganz unabhängige Notwendigkeit darstellte, die mit dem eigenen Verhalten gegenüber einem einzelnen Juden gar nicht in direkter Verbindung stand.

4. Umbruch in Paris

Revirement und Karrieresorgen

Der Rücktritt des Generals Otto von Stülpnagel am 15. Februar 1942 bedeutete eine Zäsur in der Geschichte der deutschen Besatzungsherrschaft in Frankreich. Zwar wurde schon zwei Tage später Carl-Heinrich von Stülpnagel, ein Vetter Ottos, der vordem eine Zeitlang Vorsitzender der Wiesbadener Waffenstillstandskommission gewesen war, zum neuen Militärbefehlshaber bestellt. Dessen Amtsübernahme aber wurde erst im Juni 1942 vollzogen, und die Berliner Führung nutzte dieses Interregnum zu einem umfassenden Revirement in der Pariser Militärverwaltung.[174] Dadurch sollte zum einen die eskalierende Auseinandersetzung zwischen Reichsführung und Militärbefehlshaber um die Frage der »Sühnemaßnahmen« beendet und die Politik in Frankreich wieder eng an die Vorgaben aus Berlin gebunden werden. Zum anderen aber setzten sich Himmler und Heydrich nun mit ihrer Forderung nach der Übernahme der Polizeibefugnisse durch die Vertreter von RSHA und SS gegen die Militärs durch. Schon am 9. März wurde per Führerbefehl die Einsetzung eines Höheren SS- und Polizeiführers im besetzten Frankreich bekanntgegeben, dem die Verantwortung für alle polizeilichen Maßnahmen übertragen und die Dienststelle des BdS in Paris zugeordnet werden sollte. Zu seinen Aufgaben gehörte in Zukunft auch, wie besonders hervorgehoben wurde, der Bereich der »Sühnemaßnahmen gegen Verbrecher, Juden und Kommunisten«.[175]

Mit Karl Oberg, jenem Mann, der zusammen mit Best im Juni 1934 die Mordaktionen gegen die SA in München geleitet hatte, wurde diese Position relativ prominent besetzt, so dass kein Zweifel daran bestehen konnte, dass SS und RSHA in Zukunft in Paris über erheblichen, wenn nicht den entscheidenden Einfluss verfügen würden.

Der Militärbefehlshaber war damit seiner im Konfliktfall wichtigsten Instrumente beraubt. Aber nach den zermürbenden Auseinandersetzungen um die Geiselfrage war man sowohl beim OKW wie im Stab des Militärbefehlshabers mittlerweile sogar erleichtert, die Verantwortung für dieses Problem abgeben zu können, und Heinrich von Stülpnagel stimmte dieser Neuregelung in einer Art von »realistischer Resignation« auch ausdrücklich zu.[176] Mit Wirkung vom 22. Mai 1942 wurden daraufhin alle Aufgaben der Gruppe Polizei des Verwaltungsstabs und die meisten der Gruppe Justiz dem HSSPF übertragen.[177] Dass dies mehr bedeutete als eine bloße Umorganisation und einen Wechsel der Verantwortung in der Geiselfrage, war den Eingeweihten in Paris aber sogleich klar, und Zeitschel hob es in einer Notiz für Schleier und Achenbach auch triumphierend hervor: »Die neue Regelung wird insbesondere für die Endlösung der Judenfrage sich sehr günstig auswirken.«[178]

Durch die Einsetzung Obergs war die Position Bests beim Militärbefehlshaber obsolet geworden, und Best bedauerte dies nicht, gibt es doch deutliche Hinweise darauf, dass er diese Kompetenzverschiebung zugunsten von SS und Sicherheitspolizei selbst befürwortet, wenn nicht befördert hatte.

Seine Stellung in Paris war mittlerweile – spätestens seit Knochens Synagogen-Anschlägen Anfang November – prekär. Der »Boykott« des BdS durch die Militärverwaltung und die heftigen Konflikte um die Frage der Geiselerschießungen hatten Korpsgeist und Solidaritätsempfinden der konservativen Beamten und Militärs im Hotel Majestic gestärkt, und dem SS-Brigadeführer Best wurde deutlich vor Augen geführt, dass er nicht dazugehörte. Auf der anderen Seite stand er weiterhin unter dem Bannstrahl Heydrichs, so dass Best in Paris auch bei SS und Sicherheitspolizei auf Distanz stieß. So waren die letzten Monate seiner Tätigkeit in Paris durch eine denkwürdige Verknüpfung dramatischer politischer Ereignisse und Entscheidungen mit den sehr privaten Karrieresorgen des Werner Best gekennzeichnet.

Bereits im Sommer 1941 hatte Best, im Zuge seiner Informationsreise für die Studie über die verschiedenen deutschen Besatzungsformen in Europa, über Stuckart und den Chef des Persönlichen Stabes des Reichsführers-SS Wolff versucht, von Himmler die Genehmigung zur Übernahme einer anderen Aufgabe zu erhalten; so war ihm die Position des Personalchefs im Innenministerium im Rang eines Staatssekretärs angeboten worden. Eine Rückkehr Bests nach Berlin aber wollte Heydrich in jedem Fall verhindern, sei es aus purem Rachegefühl, sei es, um seinen alten Konkurrenten nicht erneut in seinem Wirkungsfeld zu haben. Denn dass dieser nach wie vor ausgezeichnete Kontakte zur Berliner Ministerialbürokratie sowie zur Abwehr besaß und zudem durch seine theoretischen Arbeiten und die Zeitschrift »Reich – Volksordnung – Lebensraum« über nicht geringen Einfluss gerade auf die Intellektuellen in und um SS und SD verfügte, war ihm gewiss nicht entgangen. Als Heydrich von Bests Plänen erfuhr, übermittelte er dem Reichsführer-SS daher sogleich eine so scharf ablehnende Stellungnahme, dass dieser eine Versetzung Bests ins Innenministerium untersagte, aber doch nach weiteren Möglichkeiten für den von ihm nach wie vor sehr geschätzten Best suchte.[179]

Himmler und Ribbentrop waren zu dieser Zeit bestrebt, den Einfluss der traditionellen konservativen Diplomaten im Auswärtigen Dienst allmählich zu vermindern und in verstärktem Maße »bewährte SS-Führer« als Botschafter und Gesandte einzusetzen – wie dies im übrigen auch Hitler selbst seit längerer Zeit immer wieder angeregt hatte.[180] So schlug Himmler Anfang September dem Außenminister, der gebeten hatte, ihm »einige höhere SS-Führer, die als Gesandte in Frage kommen könnten, zu benennen«, neben dem Chef der Militärverwaltung in Belgrad, Turner, auch Werner Best vor und stieß damit im Auswärtigen Amt sogleich auf Zustimmung.[181] Anfang November übermittelte Wolff im Auftrage Himmlers dieses Angebot Ribbentrops in einem persönlichen und in »kameradschaftlichem Stil« gehaltenen Schreiben an Best und bat ihn, ein entsprechendes Gesuch an den Außenminister zu richten.[182]

Diese Mitteilung erreichte Best in den Tagen nach den Brandanschlägen auf die Pariser Synagogen und löste bei ihm eine heftige emotionale Reaktion aus. In einem langen, handgeschriebenen Brief an Wolff dankte er diesem überschwenglich und schilderte ihm in aller Ausführlichkeit seine Enttäuschung und Verbitterung ob der Zurücksetzungen, die er seit seinem Ausscheiden aus dem RSHA habe erdulden müssen. Nie zuvor in seiner Karriere im NS-Staat hatte Best seinen Gefühlen und Empfindungen in einem dienstlichen Schreiben so freien Lauf gelassen wie hier.

Ein Briefwechsel

Wolffs Brief, schrieb Best in bewegten Worten, habe »eine lange Isolierung erstmals durchbrochen« und an eine Wunde gerührt, die ihn seit seinem Ausscheiden aus dem RSHA schmerze, nämlich die »Gewißheit, daß der Reichsführer-SS als mein oberster Vorgesetzter ein unrichtiges Urteil über mich haben *mußte*. Denn mir wurde einerseits jede persönliche Berührung mit dem Reichsführer-SS grundsätzlich verwehrt, während mir andererseits immer wieder die deprimierendsten Urteile des Reichsführers-SS, die aus einer ihm über mich gegebenen Unterrichtung erwachsen sein mussten, mitgeteilt wurden.« Da er es aber generell ablehne, um persönliche Geltung zu kämpfen, sei er aus der Stellung in Berlin ausgeschieden und habe damit alles aufgegeben, was ihm wichtig gewesen sei – ohne eine Anerkennung dafür erhalten zu haben, dass er »mehr als 6 Jahre schweigend den undankbareren Teil des Aufbaus der Sicherheitspolizei« auf sich genommen habe. Er erwäge daher, nach dem Krieg eine Stellung in der Privatwirtschaft anzunehmen (»einem Gebiete, das mir gar nicht liegt«), um »endlich einmal ohne Hemmungen schöpferisch zu arbeiten und um im übrigen mein Leben dem Wohl meiner Familie und der Erziehung meiner 4 (bald 5) Kinder zu widmen. Das wäre ein ›stilvoller‹ Ausklang für den ›Boxheimer Best‹ von 1931 und den Rhein-Ruhr-Kämpfer von 1923/24!« Vom Gefühl her neige er dazu, in seiner Pariser Position zu bleiben, die ihn »so wohltuend von den quälenden Erinnerungen an Berlin und an die letzten Jahre« trenne. Dennoch wolle er »in knappster Form« eine sachliche Stellungnahme abgeben: »1. Wenn ich im öffentlichen Dienst bleibe, ist mein einziger Wunsch, einmal als selbständiger Chef über irgendein Gebiet – es sei eine Kolonie oder ein anderes Gebiet des Reiches oder seiner Nebenländer – zu walten ... 2. Ich bin bereit, sofort einen Botschafterposten anzutreten, wenn auf ihm Aufgaben zu erfüllen sind, die wichtiger sind als meine gegenwärtigen Kriegsaufgaben (die ich anders – nämlich politischer – auffasse, als die Dienstvorschriften des OKH bei oberflächlicher Auslegung vorsehen!). Um jedoch nicht ›den Käufer zu betrügen‹, würde ich mir ausdrücklich vorbehalten, mich zu gegebener Zeit für eine Verwendung als Gouverneur o.ä. zu melden.« Er wolle sich daher nicht an den Außenminister mit einem Gesuch richten, sondern dieser möge bitte an ihn herantreten.[183]

316

Der Brief macht deutlich, wie sehr sich Best verkannt und ungerecht behandelt fühlte, wie sehr er unter der Isolierung »seitens des vielleicht stärksten Faktors im Reiche – des Reichsführers SS« litt und in welchem Maße er sich nach wie vor als Mann Himmlers begriff – aber auch wie empfindlich, vor allem aber wie selbstmitleidig er war und welche Anstrengungen es ihn kosten musste, dies hinter seinem betont »sachlichen« und geschäftsmäßigen Auftreten zu verbergen. Dass er davon träumte, einmal »Gouverneur« in einer »Kolonie« des Reiches – offenbar in Europa gelegen – zu werden, klingt abseitig und abenteuerlich; aber es verdeutlicht doch, in wie starkem Maße er sich die Zukunft des von Deutschland dominierten europäischen Großraums in den Kategorien etwa des englischen Empire vorstellte. Und wieder tauchen hier auch jene Anflüge einer heroischen Pose des selbstgewählten Verzichts auf, die ihn schon seit seiner Jugendzeit charakterisierten – etwa, wenn er mit einem Wechsel in die Privatwirtschaft kokettierte oder mit einem Verbleib im selbstgewählten Exil Paris, um die »quälenden Erinnerungen« an bessere Zeiten verdrängen zu können.

Nun erhielt aber Heydrich von diesem Brief Kenntnis und wandte sich sogleich an Himmler, um auch diese Versetzung Bests in den Auswärtigen Dienst zu verhindern.[184] Da die Amtsübernahme des Höheren SS- und Polizeiführers bald bevorstand, wurde Best immer beunruhigter über seine weitere Zukunft und bestürmte Wolff erneut, sich für ihn einzusetzen. Ein Vorschlag, Best in München bei Reichsstatthalter von Epp und zuständig für »Kolonialfragen« einzustellen, war von Himmler abgelehnt worden, und Best musste befürchten, als Leiter einer entmachteten Rumpf-Verwaltung in Paris sitzenzubleiben.[185]

Anfang Mai sollte Oberg von Heydrich persönlich ins Amt eingeführt werden. Dies war nicht allein ein protokollarischer Vorgang, sondern von auch politischer Bedeutung: Mittlerweile waren im RSHA die Entscheidungen für die vollständige Deportation aller europäischen Juden in den Osten gefallen und auch für Frankreich die entsprechenden Vereinbarungen getroffen worden. Bei einer Besprechung der Judenreferenten am 4. März in Berlin unter Leitung Eichmanns war die Deportation der ersten tausend Juden nach Auschwitz für den 24. März und der weitere »Abschub« von 5.000 französischen Juden noch im Jahre 1942 beschlossen worden. Zugleich hatte Heydrich für das Jahr 1943 weitere, größere Abtransporte angekündigt.[186] Um die Stigmatisierung der Juden in der französischen Öffentlichkeit weiter zu verstärken, war zudem zwischen Best und Achenbach die sofortige Einführung des »Judensterns« im besetzten Gebiet vereinbart worden.[187] Alle Vorbereitungen waren also getroffen, und die Mitarbeiter beim Militärbefehlshaber, beim BdS und der Botschaft erwarteten nun von Heydrichs Besuch in Paris ein klärendes Wort über die weitere Aufgabenstellung und Zielsetzung der Tätigkeit der deutschen Sicherheitspolizei in Frankreich in Bezug auf die »Sühnemaßnahmen«, besonders aber im Hinblick auf die jetzt allenthalben so genannte »Endlösung der Judenfrage«.

Für Best stand diese Entwicklung, mit der er ja nun täglich befasst war, jedoch nahezu am Rande seines Interesses. Zu sehr war er mit sich selbst und seiner weiteren politischen und beruflichen Laufbahn beschäftigt, wusste er doch, dass ihm durch die unerbittliche Feindschaft Heydrichs, der als Chef des RSHA, als

Stellvertretender Reichsprotektor »Böhmen und Mähren« und, wie Dannecker es ausdrückte, als »Judenkommissar für Europa«[188] im Zenit seiner Macht stand, jedes weitere Fortkommen versperrt war. So entschloss sich Best, zwischen Depression und Panik schwankend, am 15. April zu dem ungewöhnlichen Schritt, sich in einem persönlichen Schreiben direkt an Heydrich zu wenden und ihn dabei um eine »Unterredung über das persönliche menschliche Verhältnis zwischen Ihnen und mir« anlässlich des kommenden Aufenthaltes Heydrichs in Paris zu bitten. Er verband dies mit ausführlichen, in Form und Inhalt ebenso irritierenden wie charakteristischen Betrachtungen über die Probleme in der persönlichen Beziehung zwischen Heydrich und ihm – ein Versuch, die Blockierung seiner Laufbahn durch Heydrich zu überwinden, indem er das Zerwürfnis zwischen ihnen als Ausdruck einer gescheiterten Männerfreundschaft interpretierte:

»Was mir in unseren vielen Besprechungen, in denen wir uns leider stets nur Teilwahrheiten sagten, nie über die Lippen kam, ist die folgende Erklärung über die letzten Gründe meiner Einstellung zu Ihnen. – Solange ich an Ihrer Seite stand als einer Ihrer nächsten – zeitweise als Ihr nächster – Mitarbeiter, hatte ich den Wunsch, nicht nur Ihr bester Kamerad zu sein, sondern auch Ihr persönlicher Freund zu werden. Ich glaubte, daß ein solches Verhältnis uns beiden Ausgleich und Halt geben könne. Ich habe auch einmal Ihrer Frau Gemahlin, die stets ein sehr feines Gefühl für die unausgesprochenen Dinge bewies, versprochen, Ihnen ein wirklicher Freund sein zu wollen. – Sie jedoch wollten den Freund nicht. Sie wollten den Untergebenen. Sie empfanden aber zugleich, daß Ihnen in diesem Untergebenen – bei aller Korrektheit, die ich doppelt bewußt wahrte – etwas anderes gegenübertrat als die übliche Haltung Ihrer Untergebenen. Sie suchten dieses Unbekannte zu deuten und deuteten es als Ehrgeiz, Auflehnung oder ähnliches, worauf Sie mit wachsendem Mißtrauen und mit kränkenden Maßnahmen reagierten. Von dieser Ihrer Reaktion aber wurde wieder meine weitere Entwicklung bestimmt. Verletztes Gefühl und gekränkter guter Wille weckten Verbitterung. Daß mir offenbar selbstsüchtiger Ehrgeiz unterstellt wurde, empörte mich noch mehr; denn es war mir wirklich ernst mit meiner mehrfach abgegebenen Erklärung, daß ich nur so lange, als Sie mich wirklich bräuchten, Ihr Mitarbeiter bleiben, dann aber mich anderen Aufgaben zuwenden wolle. – Da die wachsende Spannung zwischen uns – durch unser beider Schuld – nicht verborgen blieb, wurde sie von interessierten Kräften weidlich ausgenutzt, um durch Zwischenträgereien unsere Zusammenarbeit weiter zu erschweren. Hierauf habe ich Sie in bestimmten Abständen immer wieder hingewiesen. Ich habe auch Anlaß zu der Annahme, daß diese Zwischenträgereien bis heute fortgesetzt werden. – Ich sage Ihnen das alles nicht, um neu aufzurollen, was vor unserer Einigung vom Juli 1940 lag. Diese Einigung war notwendig und richtig, – nicht wegen der Äußerlichkeiten, mit denen wir beide sie begründeten, sondern weil unser persönliches Verhältnis nicht seine Erfüllung hatte finden können und deshalb zu einer steten Quelle störender Mißverständnisse und Spannungen werden mußte. – Ich hatte gehofft, die äußere Trennung werde genügen, um die Mißverständnisse und Spannungen der Vergangenheit abklingen zu lassen. Zwei Jahre, die für mich schwerer waren als alle vorangegangenen, haben mir gezeigt, daß sich so einfach die Knoten psychischer Verwicklungen nicht lösen lassen. Dies ist der Grund dafür, daß ich Ihnen heute diese Erklärungen übermittle, die – wie Sie nun verstehen werden – leichter schriftlich als mündlich abzugeben sind. Auf dieser Grundlage möchte ich mich mit Ihnen aussprechen und unser persönlich-menschliches Verhältnis in einer Weise klarstellen, die endlich einen würdigen Abschluß für unsere fast 7jährige – trotz allem schöne und erfolgreiche – Zusammenarbeit schaffen und unsere künftigen Beziehungen so gestalten soll, wie wir das unserer gemeinsamen Sache schuldig sind.«[189]

Versucht man einen Augenblick lang davon abzusehen, wer hier an wen schreibt, zu welchem Zeitpunkt und worauf sich die »schöne und erfolgreiche Zusammenarbeit« bezieht, so fällt zunächst die durchaus selbstbewusste und etwas gesucht noble Haltung des Schreibers auf, obwohl dieser doch (in den Kategorien dieser Haltung) seinen »Stolz« überwinden und »den ersten Schritt tun« musste. Dadurch wird aber von Beginn an eine Aussprache von gleich zu gleich, von Mann zu Mann, gesucht, die dem Selbstverständnis der SS vom »kameradschaftlichen« Umgang untereinander entsprach, zugleich aber den inzwischen erfolgten Aufstieg des Adressaten zu einem der mächtigsten Männer des Reiches und die dadurch entstandene hierarchische Kluft zwischen beiden ignorierte. Die Hervorhebung des gekränkten Ehrgefühls des Autors und das Bemühen, das Zerwürfnis auf das Fehlverhalten beider zurückzuführen, liegt auf der gleichen Ebene. Das Bestreben aber, die Entzweiung zwischen beiden auf das intrigante Verhalten Dritter zurückzuführen (gemeint sind wohl Müller, Schellenberg oder Streckenbach), verweist darauf, dass dieser Brief doch wohl kein Versuch war, »endlich einen würdigen Abschluss der Zusammenarbeit zu schaffen«, sondern eher ein Angebot zur Versöhnung, um ihre Beziehung doch noch »ihre Erfüllung« finden zu lassen.

Aber dies war eben nicht das Zerwürfnis zweier Ehrenmänner in großer Zeit, sondern hier schrieb Best an Heydrich im April 1942, als der eine dabei war, den Massenmord von Millionen europäischer Juden in Gang zu setzen und der andere die Vorbereitung der »Endlösung« in Frankreich organisierte – und das macht diesen Brief zu einem so monströsen Dokument. Vermutlich besteht jedoch zwischen Form und Inhalt dieses Schreibens und der Tätigkeit der beiden Männer zu dieser Zeit gar kein Widerspruch – sondern die edle Pose, die Best hier einnahm, war gerade Ausdruck des Bestrebens, trotz dieser so »schweren«, aber »unumgänglichen« Aufgaben die Form zu wahren und die Prinzipien eines »menschlich anständigen« Umgangs untereinander hochzuhalten. Insofern ist auch ein solches Schreiben nicht als Ausdruck von »Zynismus« zu bewerten, denn das setzte voraus, dass Best sich selbst im Stillen bewusst gewesen wäre und eingestanden hätte, dass es sich bei diesen »Aufgaben« um Verbrechen in bis dahin nicht gekannten Dimensionen handelte und dass er den »Ehrenmann« also nur spielte. Vielmehr drückt dieser Brief in zugespitzter Weise das »heroisch-realistische« Selbstverständnis eines Mannes aus, der davon überzeugt ist, im Bewusstsein der sich aus den »Lebensgesetzen« ergebenden Notwendigkeiten auch das Schrecklichste tun zu können, ohne daran »menschlich« Schaden zu nehmen. Dies ist jedoch kein Privileg Bests, der SS oder der Nationalsozialisten, sondern tritt vermutlich in

allen Weltanschauungsdiktaturen auf, in denen Mord und Massenmord von weltanschaulichen Elitekorps in radikaler Erfüllung der als Konsequenz der eigenen
ideologischen Postulate verstandenen »objektiven Notwendigkeiten« durchgeführt werden, ohne dass die einzelnen Täter gegenüber den Opfern in irgendeiner Weise persönliche, ablehnende Gefühle hegen müssten. Aber nirgendwo
sonst hat dies einen kalt durchgeführten Völkermord von solchen Ausmaßen zur
Folge gehabt; und wohl nirgendwo sonst auch verharrten die Täter so sehr in der
Pose kultivierten Umgangs und männlich-soldatischer Ehrenhaftigkeit.

Heydrich in Paris

Am 6. Mai kam Heydrich zur Amtseinführung Obergs nach Paris. Dabei legte er,
wie angekündigt, den versammelten höheren Dienstgraden der deutschen Behörden in Paris die Richtlinien der weiteren politisch-polizeilichen Tätigkeit in Frankreich dar. In Bezug auf die »Sühnemaßnahmen« folgte er darin ganz der Position
Bests und der Militärverwaltung – »in Frankreich müsse man eine andere Politik
treiben als im Osten. Insbesondere sei er der Auffassung, dass das System der
Geiselerschießungen in Frankreich fehl am Platze sei.«[190] In etwas kleinerem Kreis
gab er dann einen genauen Bericht über den Stand und die weiteren Pläne in
Bezug auf die »Endlösung der Judenfrage«. In den Erinnerungen Bargatzkys ist
näher beschrieben, wie Heydrich bei dieser Besprechung seine Massenmordpläne
enthüllte: Er informierte über die bei der Wannsee-Konferenz getroffenen Vereinbarungen mit den beteiligten Reichsressorts und gab, wie wiederum Bälz berichtete, auch Erläuterungen zu einzelnen Details: »Busse, die für den Transport von
Juden bestimmt sind, vom Bahnhof zum Lager, vom Lager zur Arbeitsstätte, und
in die man während der Fahrt tödliches Gas einströmen lässt. Ein Versuch, der
zum Leidwesen Heydrichs an unzureichender Technik scheitert. Die Busse sind
zu klein, die Todesraten zu gering, dazu kommen noch andere ärgerliche Män-
gel. Weshalb er zum Schluss größere, perfektere, zahlenmäßig ergiebigere Lösungen ankündigt ... Wie über die russischen Juden in Kiew, ist auch über die
Gesamtheit der europäischen Juden das Todesurteil gesprochen. Auch über die
französischen Juden, deren Deportation in diesen Wochen beginnt.«[191]
Für Best, der an allen Besprechungen teilnahm, waren diese von Heydrich vorgetragenen Berichte, über die er im Wesentlichen auch zuvor bereits informiert
war, keine Sensation. »Die dienstlichen Verhandlungen zwischen dem Obergrup-
penführer Heydrich und mir«, schrieb er an Wolff, »verliefen reibungslos und in
den besten Formen, jedoch ohne jede persönliche Note. Ich habe mich in jeder
Weise bemüht, den Interessen der SS und den Absichten des SS-Obergruppen-
führers Heydrich zu nutzen und hoffe, dass er dies auch erkannt hat.«[192] Persönlich war es ihm viel bedeutsamer, wie Heydrich auf seine Bitte um ein aussöh-
nendes Gespräch reagieren würde. Der aber wies ein solches Ansinnen schroff
zurück mit der Begründung, Best habe sich bei Wolff über ihn beschwert; daher
habe er sich in dieser Sache an den Reichsführer wenden müssen.[193] Best geriet
nun regelrecht in Panik und schrieb sogleich einen Brief nach dem anderen an
Wolff, an Heydrich, wieder an Wolff, um wortreich und beinahe verzweifelt

dieses »Mißverständnis« aufzuklären und für sein Verhalten um Verzeihung zu bitten. »Mein an Sie gerichteter Brief war ein Verzweiflungsausbruch, keine Beschwerde oder Eingabe«, beteuerte er gegenüber Wolff; er wisse, dass es heute auf ihn und seine Gefühle ja überhaupt nicht ankomme, und er werde in Zukunft über diese Dinge schweigen. Er habe, schrieb er an Heydrich, »der Depression, in der ich mich befand – und seit fast 2 Jahren ständig befinde – hemmungslos die Zügel schießen« lassen. »Wenn ich in meinem Briefe meiner ganzen Depression Ausdruck gab, konnten bittere Worte über Sie nicht fehlen«, er bedaure dies tief, usw.[194]

Viel demütigender konnte diese persönliche Unterwerfung Bests nicht sein; Heydrich hatte ihn bloßgestellt, und Best musste nun ernsthaft befürchten, von Himmler fallen gelassen zu werden. So richtete er an Wolff die inständige Bitte, doch vom Reichsführer-SS empfangen zu werden, um diesem die Versicherung abgeben zu können, »daß ich der alte Nationalsozialist und SS-Mann geblieben bin, an dessen Treue und gutem Willen er nicht zweifeln möge.«[195] Nichts schreckte ihn mehr, als die Gunst und das Vertrauen Himmlers zu verlieren, denn dies hätte bedeutet, aus dem weiteren Führungskreis der SS auszuscheiden. Seine gesamte berufliche, politische, weltanschauliche und persönliche Identität aber beruhte darauf, diesem elitären Kreis der Auserwählten anzugehören. Sein ganzes Selbstbewusstsein speiste sich daraus, als Mitglied dieses Ordens auf der Grundlage der »völkischen Weltanschauung« eine neue Weltordnung mit aufzubauen. Jede einzelne seiner Tätigkeiten, jeder Erlass und jede Denkschrift waren auf dieses Ziel und aus diesem Zusammenhalt bezogen. Würde er ihn verlieren, wäre er nur noch ein schriftstellernder Verwaltungsjurist und stünde der Wirklichkeit ohne die ordnende und integrierende Perspektive eines welterklärenden Gesamtentwurfs ungeschützt gegenüber.

Am 4. Juni 1942 starb Reinhard Heydrich an den Folgen der eine Woche zuvor bei dem Attentat in Prag erlittenen Verletzungen. Dadurch löste sich der Konflikt auf ganz unerwartete Weise, die Best gewiss als Befreiung empfunden haben mag. Nur wenige Tage nach der pompösen Beerdigung des in ganz Europa gefürchteten Chefs der Sicherheitspolizei, bei der die SS ihre ganze Machtentfaltung in einem düsteren Schauspiel demonstriert hatte, wurde Best zu Himmler gerufen – nach zweijähriger Isolation ein deutliches Signal dafür, dass der Bann gegen ihn aufgehoben war. »Er empfing mich außerordentlich freundlich«, notierte Best nach dem Krieg über dieses Zusammentreffen. »Sein erstes Anliegen war, mir klar zu machen, dass Heydrich gegen mich nicht so feindlich gesinnt gewesen sei, wie ich wohl geglaubt hätte. Dann versuchte er, mir zu begründen, warum er nicht mich, sondern Dr. Kaltenbrunner zum Nachfolger Heydrichs gemacht habe.«[196] Nun hatte Himmler nach dem Tode Heydrichs die Leitung des Reichssicherheitshauptamtes vorerst selbst übernommen, und es ist nicht eindeutig feststellbar, ob Kaltenbrunner bereits zu einem so frühen Zeitpunkt als Nachfolger gehandelt wurde. Gewiss lag es nahe, dass neben Streckenbach auch Best aufgrund seiner Erfahrung als Kandidat für diese Position zur Diskussion stand, zumal große Teile der Ministerialverwaltung, der militärischen Abwehr und des SS-Intellektuellenzirkels um Stuckart und Höhn dies gewiss befürwortet hätten. Es gibt aber deutliche Hinweise darauf, dass Himmler das RSHA zukünftig in den Händen eines weniger selbständigen Leiters, als Heydrich dies war, sehen wollte und zudem einen Mann von außen holte, um nicht in die heftigen Konkurrenz- und Positionskämpfe seiner Berliner SS- und Polizeiführung eingreifen zu müssen.[197] So schlug Himmler kurzerhand vor, Best solle nun doch das Angebot des Außenministers annehmen, auch um die Stellung der SS in der auswärtigen Politik auszubauen; er solle sich daher zunächst für einige Zeit im Berliner Ministerium einarbeiten, um dann einen verantwortungsvollen Posten als Gesandter oder Botschafter zu übernehmen.

Best sagte sofort zu. Sechs Wochen später trat er seine neue Stelle in Berlin an; sein erstes Schreiben ging an Himmler: »Ich darf Ihnen, Reichsführer, nochmals dafür danken, daß Sie mir eine neue Aufgabe gestellt haben, die ich in Ihrem Sinne erfüllen will.«[198]

V. Dänemark

1. Das »Musterprotektorat«

Best in Kopenhagen

Am 5. November 1942, ein halbes Jahr nach Heydrichs Tod und drei Monate nach seinem Wechsel in den Dienst des Auswärtigen Amtes, trat Werner Best das Amt des »Reichsbevollmächtigten« in Dänemark an, das er bis Kriegsende innehaben sollte. Sein sehnlicher Wunsch, »einmal als selbständiger Chef über irgendein Gebiet des Reiches oder seiner Nebenländer zu walten«, hatte sich erfüllt. Als Repräsentant des Reiches in einem Land, das für Deutschland in politischer, militärischer und wirtschaftlicher Hinsicht große Bedeutung besaß und dessen Stellung innerhalb des deutschen Einflussbereiches in Europa ebenso kompliziert wie einzigartig war, hatte er seine Position als Administrator und Ideologe in der zweiten Reihe verlassen und war an exponierter Stelle in das Rampenlicht der auch internationalen Aufmerksamkeit getreten. Dass es, wie Paul Kanstein später hervorhob, für Best eine große Genugtuung bedeutete, »nach einer Zeit, in der er sich vernachlässigt und übergangen fühlte, in einer so angesehenen und hervorragenden Stellung Verwendung zu finden«, war offensichtlich.[1]

Die Entwicklung in Dänemark unter der Ägide Bests unterschied sich von derjenigen in vergleichbaren von der Wehrmacht besetzten Ländern erheblich, ja grundsätzlich. Dass in einem von Deutschland besetzten Land mitten im Krieg freie Wahlen stattfanden (bei denen die Sozialdemokraten beinahe 45 Prozent der Stimmen erhielten), dass Industrie und Landwirtschaft florierten, dass – einzig in Europa – die dänischen Juden beinahe vollzählig vor der Deportation und Ermordung gerettet wurden, dass die Zahl der Opfer der nationalsozialistischen Polizeiherrschaft in Dänemark zwischen 200 und 500 lag – viel niedriger als in jedem anderen von Deutschland besetzten Land – und auch dass Dänemark bis zum Mai 1945 von Kampfhandlungen verschont blieb und den Krieg insgesamt ökonomisch und politisch relativ heil überstand: Alles dies steht in so auffallendem Kontrast zu den Begleitumständen und Auswirkungen der deutschen Herrschaft in anderen west- und nordeuropäischen Ländern, zu schweigen von denen Osteuropas, dass die Politik und Person des Reichsbevollmächtigten bereits während des Krieges und verstärkt danach auf verbreitetes, nicht selten verwundertes Interesse stießen und zu mannigfachen Deutungsversuchen Anlass gaben.

Nach Kriegsende wurde Best wegen seiner Politik in Dänemark von dänischen Gerichten zunächst zum Tode, dann zu fünf, schließlich zu zwölf Jahren Haft verurteilt – und schon darin spiegelte sich die äußerst widersprüchliche und kontroverse Beurteilung seiner Rolle während der 30 Monate seiner Amtsführung in Kopenhagen. Aber auch seine Beurteilung in der Geschichtsschreibung ist uneinheitlich und unscharf, wobei die Skala jedoch – untypisch für einen Repräsentanten des nationalsozialistischen Deutschlands – von milde-kritisch bis ausgesprochen positiv reicht. Während die ältere dänische Historiographie in der Tradition der dänischen Widerstandsbewegung Bests Politik als die nur geschicktere, zudem bald gescheiterte Variante der deutschen Terrorherrschaft ansah, wie sie auch in den anderen west- und nordeuropäischen Ländern ausgeübt wurde[2], interpretierte sie der dänische Historiker Hans Kirchhoff als Versuch einer längerfristig angelegten, auf Kooperation und Wahrung des Status quo zielenden Form der indirekten Herrschaft, die unter dem Druck der verschiedenen Machtgruppen des NS-Regimes aber bereits nach einem Jahr in sich zusammenbrach. Die Rolle Bests beurteilte er zwiespältig, er sprach ihm rationales Kalkül und Rücksichtnahme auch auf dänische Interessen nicht ab, hob aber zugleich seine Mitverantwortung für die dänischen Opfer der deutschen Terrorpolitik vor allem seit 1944 hervor.[3]

Auf deutscher Seite hingegen wurde Bests Politik in Dänemark sowohl in den Erinnerungsschriften der Beteiligten wie in der historischen Forschung durchweg positiv gewürdigt. Georg F. Duckwitz, bis 1945 als deutscher »Schiffahrtssachverständiger« in Kopenhagen einer der Mitarbeiter Bests, nach dem Krieg westdeutscher Botschafter in Dänemark und dort wegen seiner aktiven Beteiligung an der Rettung der dänischen Juden hochgeehrt, hatte schon Anfang der 50er Jahre mehrfach hervorgehoben, »daß es ein Glück für Dänemark war, einen Mann wie Best in den letzten Jahren des Krieges als Reichsbevollmächtigten gehabt zu haben«.[4] Bests Amtsführung, so fasste auch der Hamburger Historiker Erich Thomsen 1971 seine Untersuchung der deutschen Besatzungspolitik in Dänemark zusammen, »war ein Glücksfall, zugleich für die deutsche wie für die dänische Politik ... Die Politik des Reichsbevollmächtigten Dr. Best zeigte den Versuch, ohne ideologische Bedenken seine Mission auf einer sachlichen und vernünftigen Basis durchzuführen.«[5]

Bests politische Vorgeschichte wurde in solchen Interpretationen allerdings zumeist ausgeblendet – schien seine Tätigkeit als einer der ehemals führenden Männer der Gestapo doch in denkbar scharfem Kontrast zu seiner Haltung in Dänemark zu stehen. Oder sie wurde in den Kategorien der radikalen politischen Kehrtwendung erklärt, wie bei Helmut Allardt, dem späteren westdeutschen Botschafter in Moskau, der über ein Zusammentreffen mit Best in Kopenhagen im Frühjahr 1944 notierte, er habe diesen als »klugen, klar urteilenden Menschen« kennengelernt, »der sich längst vom überzeugten Hitler-Freund zum Hasser des Systems entwickelt hatte und auch kein Blatt vor den Mund nahm. Mit aller Schärfe verurteilte er Willkürhandlungen des Reichssicherheitshauptamtes und setzte sich mit dem ganzen Einfluss seiner hohen Parteiämter dafür ein, dass das Besatzungs- und Polizeiregime seinen Aufgaben in Dänemark wenigstens halbwegs mit politischem Takt und Mäßigung nachging. Die Saat, die auch er – Fanatiker, der er gewesen war – gesät hatte, war aufgegangen. Das Bewusstsein von Schuld und Verstrickung wühlte so stark in ihm, daß es herausgeschrien werden musste.«[6]

Zwar sind diese Beobachtungen Allardts einigermaßen abwegig – Best war nichts weniger als ein »Hasser des Systems« –, aber sie zeigen doch, welche Probleme es bereitete, zwischen der »vernünftigen« Politik Bests in Dänemark und seiner jahrelangen Betätigung als Organisator und Ideologe des nationalsozialistischen Terrorapparats eine direkte Verbindung zu ziehen.[7]

Nach seinem Wechsel ins Auswärtige Amt war Best – nach informatorischen Aufenthalten in verschiedenen Abteilungen – vor allem mit europa- und großraumpolitischen Grundsatzfragen beschäftigt und arbeitete dabei eng mit dem in dieser Frage ehrgeizigen Luther zusammen. Die Frage, wie nach einem deutschen Sieg die europäischen Nachbarländer völkerrechtlich und faktisch zu organisieren seien – ob in einem germanischen, also »rassisch« strukturierten Großreich mit »nichtgermanischen« Satellitenstaaten, ob in einer quasi-föderalen Struktur oder auf eine andere Weise –, war innerhalb der Regimeführung ungeklärt, wenngleich Hitler aus seiner Abneigung gegen jede Form supranationaler Zusammenschlüsse kein Hehl machte und die Gewalt als einzig wirksame Bindung der europäischen Nachbarstaaten an das siegreiche Deutschland ansah. Gleichwohl stand dieses Thema auf der Tagesordnung, und eine Unzahl von Instituten, Ämtern und Behörden beschäftigten sich mit der »Europa«-Frage und legten darüber Denkschriften und Bücher vor.[8]

Nun bot sich dem in der »Großraum«-Problematik als Experte geltenden Best die Gelegenheit, seine Vorstellungen von der »Völkischen Großraumordnung« innerhalb des Auswärtigen Amtes zu verbreiten. Er stieß hier damit insofern auf Interesse, als von vielen Ministerialbeamten die Überzeugung geteilt wurde, dass eine Perspektive für die von Deutschland nach dem Sieg angestrebte politische Ordnung in Europa dringend gebraucht wurde; wenngleich darüber hinausreichende, positive Konzepte auch im Außenministerium bislang nicht vorlagen. Um aber zunächst einmal für das Auswärtige Amt die Federführung in der »Europa«-Diskussion zu erlangen, erarbeitete Best ein umfängliches Konzept, wonach ein »Europaausschuß des Deutschen Reiches« als eine Art Clearingstelle der verschiedenen interessierten Behörden und Institutionen eingerichtet werden sollte, dem ein »Europa-Arbeitskreis« des Auswärtigen Amtes als Ideengeber und Umsetzungsinstanz vorzuschalten war. Zwar wurde dieser »Europa-Ausschuß« (nicht jedoch der Arbeitskreis des Außenministeriums) im April 1943 tatsächlich eingerichtet, aber doch nur als machtferner Debattierclub – die hier entwickelten Vorstellungen von einem »Europäischen Staatenbund« waren für die von der deutschen Führung verfolgte Politik von kaum mehr als propagandistischer Bedeutung.[9]

Bei der Frage nach der zukünftigen Ordnung eines deutsch dominierten Europas spielten die skandinavischen Länder und besonders das von deutschen Truppen besetzte Dänemark eine wichtige Rolle, denn hier kreuzten sich so unterschiedliche Aspekte wie »rassische« Verwandtschaft, militärstrategisches Kalkül und die von denen Deutschlands markant verschiedenen politisch-kulturellen Traditionen.

Best, der bereits im Sommer 1941 für seinen vergleichenden Bericht über die verschiedenen deutschen Besatzungsformen in Kopenhagen recherchiert hatte, war insofern mit der Entwicklung in Dänemark theoretisch bereits vertraut. Die Übernahme der Position des Reichsbevollmächtigten war daher für ihn so etwas wie die Probe aufs Exempel. Hier nun endlich schien die Gelegenheit gekommen, die im Kreise mit Stuckart, Höhn und anderen entwickelten Vorstellungen von der »völkischen Großraumordnung«, der Verbindung von weltanschaulichem Ideal und »rationaler« Besatzungsverwaltung und der Neuordnung Europas auf völkischer Grundlage, in die Praxis umzusetzen und damit ein Gegenmodell zu der von ihm so scharf als willkürlich und unsystematisch kritisierten deutschen Besatzungspolitik sowohl in den Gebieten, die der Partei und ihren Reichskommissaren unterstanden, als auch den von der Wehrmacht verwalteten Ländern zu errichten. Die im folgenden vorgenommene Untersuchung der Entwicklung in Dänemark zwischen dem Herbst 1942 und dem Frühjahr 1945 ist auf die Fragen gerichtet, inwieweit dieser Versuch praktisch wirksam wurde, wie weit er erfolgreich war und woran er scheiterte. Die Ereignisse in diesen 30 Monaten werden daher nicht vorrangig im Kontext der dänischen Zeitgeschichte oder der deutschen Kriegspolitik betrachtet, sondern aus der Perspektive Bests und den Widersprüchen, die sich aus dem Zusammenprall seiner völkischen und großraumpolitischen Entwürfe mit gegenläufigen Entwicklungen und Interessen ergaben.

Dänemark im deutschen Kalkül

Im Vergleich zu allen anderen von Deutschland besetzten Ländern Europas nahm Dänemark auch völkerrechtlich eine Sonderstellung ein. Nach dem Einmarsch deutscher Truppen im April 1940 hatte die deutsche Regierung betont, gegenüber Dänemark keine feindlichen Absichten zu hegen, sondern vielmehr eine loyale Zusammenarbeit mit der dänischen Regierung anzustreben. Die dänische Verfassung blieb in Kraft, König, Regierung und Verwaltung verblieben im Amt, und als Vertreter der deutschen Interessen trat der deutsche Gesandte auf, der Berufsdiplomat Cecil von Renthe-Fink.[10] Die deutschen militärischen Behörden besaßen keine ausübende Gewalt, ihr Auftrag war vielmehr auf die militärische Sicherung des strategisch so wichtigen Landes beschränkt. Somit entstand das völkerrechtliche Unikum, dass die Beziehungen des Reiches zu einem von seinen Truppen besetzten Land in diplomatischen Formen und über das deutsche Auswärtige Amt geregelt wurden, indem deutsche Wünsche an die dänische Regierung über den Gesandten in Kopenhagen übermittelt und deren Erfüllung von diesem überwacht wurden.

Diese Form der Besatzungsherrschaft, die Werner Best im, Sommer 1941 in seiner Studie über die verschiedenen Besatzungsformen als die reinste und effektivste Form der »Bündnisverwaltung« herausgestellt hatte, war zweifellos ein Experiment. In scharfem Kontrast zu der »Politik der harten Hand« des Essener Gauleiters und Reichskommissars Terboven in Norwegen und auch verschieden vom System einer Militärverwaltung wie in Frankreich oder Belgien sollte hier ein Modell erprobt werden, bei dem sich der Aufwand der deutschen Seite, abgesehen von den Besatzungstruppen selbst, auf einige Dutzend Verwaltungsbeamte und Diplomaten beschränkte. So war es von vornherein angelegt, dass zwischen diesen verschiedenen Besatzungsformen eine Art von Wettkampf darum entstand, welche sich als die im Sinne der deutschen Interessen »beste« Variante erwies – und damit zugleich ein Konkurrenzkampf der Machtgruppen innerhalb des Regimes, die hinter diesen Varianten standen: des Auswärtigen Amtes, der Parteikanzlei und der Wehrmacht. Unklar war allerdings, nach welchen Kriterien dieser Wettkampf entschieden würde – die militärische und innenpolitische Sicherheit war ein Kriterium, das Ausmaß der wirtschaftlichen Lieferungen ins Reich ein anderes, die politische Haltung der Bevölkerung zum Nationalsozialismus bzw. zum »Deutschtum« ein drittes.

Die Entwicklung in Dänemark während der ersten beiden Jahre der Besatzung war von fünf Faktoren gekennzeichnet:

1. Militärisch besaß Dänemark für das Deutsche Reich wegen seiner strategischen Lage als Verbindungsglied zu Norwegen und als Küstennachbar Englands einige Bedeutung, die auch ursächlich für die Besetzung des Landes im April 1940 gewesen war.

2. Außenpolitisch sollte Dänemark zu einer Art von Aushängeschild des Reiches werden, welches anzeigte, dass Deutschland bei loyaler Zusammenarbeit des besetzten Landes auch zu »weichen« und den Interessen des Landes förderlichen Formen der Besatzung imstande und bereit war. Zugleich signalisierten Dänemarks Austritt aus dem Völkerbund und sein Beitritt zum Anti-Kominternpakt auch eine außenpolitische Umorientierung, die sich bei entsprechender Entwicklung des Kriegsgeschehens zu einer festeren Bindung an Deutschland würde ausbauen lassen.

3. In wirtschaftlicher Hinsicht erwiesen sich die dänischen Agrarexporte nach Deutschland für die deutsche Seite als schlechthin unverzichtbar. Waren 1939 nur 23 Prozent der dänischen Ausfuhr landwirtschaftlicher Produkte ins Reich gegangen, so stieg dieser Anteil bis 1941 bereits auf 75 Prozent, womit zwischen zehn und 15 Prozent des deutschen Gesamtbedarfs an Lebensmitteln gedeckt wurden.[11]

4. Ideologisch bzw. »volkstumspolitisch« galt Dänemark vor allem bei Partei und SS als »germanisches« Land, das auf lange Sicht entweder Teil eines »großgermanischen Reiches« werden würde oder aber unter einem eigenen quasi-nationalsozialistischen Regime Teil eines deutsch dominierten, neu geordneten Europas – ohne dass sich solche Vorstellungen aber bereits in präzisierbare politische Planungen umgesetzt hätten. Gleichwohl beeinflussten sie die deutsche Politik in Dänemark zum Teil erheblich.

5. Die dänische Politik gegenüber der deutschen Besatzungsmacht war dabei von zurückhaltender Kooperationsbereitschaft und einem jederzeit spürbaren Attentismus gekennzeichnet; wobei die Haltung der demokratischen Parteien und der dänischen Regierung von dem Ziel geleitet war, das Land vor Zerstörungen und direkter Kriegsteilnahme möglichst zu bewahren, ohne deshalb aber politisch eindeutig für die deutsche Seite Partei zu ergreifen.

Diese verschiedenen Faktoren und Interessen ergänzten einander und hatten bis zum Sommer 1942 zu einer insgesamt ruhigen Entwicklung in Dänemark geführt; Voraussetzung dafür war jedoch, wie sich zeigte, die für Deutschland bis dahin günstige militärische Lage. Seit dem Winter 1941/42 begann sich diese Voraussetzung zu ändern, und damit gerieten auch die Grundlagen der »Zusammenarbeitspolitik« in Dänemark ins Wanken: Bei der Wehrmachtsführung nahmen Befürchtungen vor einer möglichen Landung alliierter Truppen in Jütland zu, so dass die Vorbereitungen für die militärische Abwehr einer solchen Invasion mit Bestrebungen nach einer Verschärfung des deutschen Besatzungsregiments in

Dänemark verknüpft wurden, die sich insbesondere gegen die als Unsicherheitsfaktor angesehene, nach wie vor in Waffen stehende dänische Wehrmacht richteten. Diese Befürchtungen wurden verstärkt durch einen Stimmungsumschwung in der dänischen Bevölkerung, die nun nicht mehr von einem sicheren deutschen Sieg ausging. Ausdruck dieser Tendenzwende waren vor allem die merklich zunehmende Deutschland-kritische Haltung der dänischen Presse und die Flucht des konservativen Politikers Christmas Moeller nach England, wo er bald zur Symbolfigur des dänischen Widerstandswillens wurde.

In Reaktion darauf und im Zuge der generellen Verschärfung der deutschen Besatzungspolitik in ganz Europa gab es in der deutschen Führung seit dem Sommer 1942 Überlegungen, in Dänemark einen »härteren Kurs« einzuschlagen, und Versuche von verschiedenen Seiten, dies mit einer Änderung der Besatzungsform zu verbinden. Dabei strebte die Wehrmachtsführung längerfristig eine Militärverwaltung wie in Frankreich an. Die Ersetzung des bisherigen Befehlshabers in Dänemark durch den als »hart« geltenden General von Hanneken, der bis dahin als Generalbevollmächtigter für die Eisen- und Stahlbewirtschaftung im Vierjahresplan an einer der Schaltstellen der Rüstungswirtschaftsbürokratie gesessen hatte und nun darauf drängte, sich »als Soldat« zu bewähren, sollte als Signal für diese Kursänderung dienen. Die Parteikanzlei hingegen sah hier die Gelegenheit, in Dänemark einen Gauleiter als Reichskommissar wie in Norwegen zu installieren. Terboven zeigte deutliches Interesse, neben Norwegen auch Dänemark für seinen Machtbereich zu gewinnen und für diesen Zweck, in Parallele zu Quisling in Oslo, eine dänische Marionettenregierung der kleinen dänischen Nazi-Partei, der DNSAP, unter Frits Clausen ins Amt zu bringen.[12] Und schließlich unternahmen das Reichssicherheitshauptamt und mit ihm einige Mitarbeiter im Auswärtigen Amt, vor allem Luther und Rademacher, den Versuch, auch in Dänemark mit der »Lösung der Judenfrage« zu beginnen, was bis dahin unter Hinweis auf die besondere Situation in Dänemark und vor allem auf die Bedeutung der dänischen Agrarexporte sowohl in der deutschen Gesandtschaft wie in der dänischen Regierung auf deutlichen Widerspruch gestoßen war.

Solche Bestrebungen riefen nun aber Reaktionen derjenigen Stellen hervor, die eher an einer Beibehaltung des bisherigen Status, jedenfalls im Grundsätzlichen, interessiert waren: zum einen des Auswärtigen Amtes, das seinen Einfluss auf das einzige besetzte Gebiet, das unter seiner Verantwortung stand, bedroht sah; dann der Ministerien für Landwirtschaft und Wirtschaft, für die die dänische »Lieferfreudigkeit« im Vordergrund stand, sowie der deutschen Gesandtschaft in Kopenhagen selbst, an ihrer Spitze von Renthe-Fink sowie sein Verwaltungschef Paul Kanstein.

Gewichtige und womöglich ausschlaggebende Unterstützung erhielt diese Gruppe seit dem Frühsommer 1942 von Wilhelm Stuckart, dem einflussreichen Staatssekretär im Innenministerium und SS-Gruppenführer, dessen vorrangiges Interesse der Rationalisierung und Effektivierung der Verwaltung im Allgemeinen und derjenigen in den besetzten Gebieten im Besonderen galt und der dabei die gegenwärtige Verwaltungspraxis und die zukünftige Gestaltung Europas in den Kategorien der »völkischen Großraumordnung« als miteinander eng verknüpft ansah. Für ihn war, wie für Best, Dänemark das Beispiel einer relativ effektiven und zudem auf lange Sicht orientierten Bündnis- oder Aufsichtsverwaltung, und eine Machtübernahme von Partei oder Wehrmacht hätte diese Ansätze zunichte gemacht. Stuckart, der als »Mann Himmlers« im Innenministerium galt, hatte die Unterstützung des Reichsführers-SS, und dies verlieh seinem Votum bei den Auseinandersetzungen um Dänemark zusätzliches Gewicht.

Sein Verbündeter in Kopenhagen war Paul Kanstein, Verwaltungschef und SS-Oberführer, der mit Stuckart sowohl in politischer und weltanschaulicher Hinsicht wie in Bezug auf dessen Vorstellungen von einer effektiven und »vernünftigen« Verwaltungspraxis in den besetzten Gebieten weitgehend übereinstimmte. Ende Juni 1942 hatte Stuckart Kanstein daher gebeten, einen Bericht über die Erfahrungen mit der deutschen Besatzungsverwaltung in Dänemark anzufertigen und dabei die Frage zu behandeln, »unter welchen Voraussetzungen es sich in einem Gebiet mit fremdem Volkstum – also gerade bei Wahrung der sich aus dem Vorhandensein dieses Volkstums ergebenden Aufgaben – empfiehlt, das Gebiet vollständig in eigene deutsche Verwaltung oder andererseits nur in Aufsichtsverwaltung ... zu nehmen«. Dies sei allerdings abhängig von der mit der Besatzung verbundenen langfristigen Zielsetzung – entweder als »Vorbereitung einer spätestens zu Kriegsende erfolgenden völligen Eingliederung des besetzten Gebietes in das Reich« (was in Analogie zur Verwaltungsstruktur des Reiches einen entsprechend hohen deutschen Verwaltungsaufwand bereits während des Krieges nach sich ziehen würde) oder im Hinblick auf die Errichtung »einer mehr oder weniger selbständig neben dem Reich stehenden, aber doch ausschließlich von diesem getragenen Hoheitsgewalt« (nach dem Muster des »Protektorats« oder auch des »Generalgouvernements«), oder lediglich als »Übergangsstadium zur Wiederaufrichtung einer zwar wesentlich vom Reich beeinflussten, aber doch eigenstaatlichen Verwaltung«.[13] Stuckart folgte mit dieser Einteilung dem von Best in der »RVL« entwickelten Schema einer deutschen Großraumordnung nach völkischen Prinzipien und verband dabei die Entscheidung für eine bestimmte Besatzungsform während des Krieges mit der Stellung des betreffenden Landes innerhalb eines künftigen deutsch dominierten Europas. Den Streit der verschiedenen Machtgruppen des NS-Regimes um die Form der Verwaltung in den besetzten Gebieten erkannte er daher als Ringen um die Vorherrschaft in der Zeit nach dem Krieg.

Kansteins Bericht fiel ganz im Sinne Stuckarts aus. Das in Dänemark angewandte Prinzip der »zurückhaltenden, die Landessouveränität im wesentlichen wahrenden Einflussnahme auf die Verwaltung«, schrieb er, habe sich sowohl im Hinblick auf die militärischen wie auf die politischen und wirtschaftlichen Interessen des Reiches bewährt. Voraussetzung dafür sei ein energisches Auftreten in den entscheidenden Fragen, das Vermeiden der Einmischung in Unwesentliches und das Angebot offener Zusammenarbeit. In weltanschaulicher Hinsicht sei »der Däne« zurückhaltend, ihn interessierten praktische Auswirkungen, nicht ideologische Konstrukte. Daher stoße die DNSAP auch auf beinahe vollständige Ablehnung; jeder Versuch, daran mit Gewalt etwas ändern zu wollen, müsse scheitern. Vielmehr könne man die Dänen nur »auf dem Wege der Überzeugung durch praktische Erfolge zu einer dem nationalsozialistischen Gedankengut gemäßen, dabei bodenständig dänischen, neuen, besseren Ideologie« führen. »Dieser Weg ist um so notwendiger, wenn es uns darauf ankommt, Dänemark nicht nur äußerlich in das neue Europa einzugliedern, sondern es auch innerlich für eine größere germanische Einheit zu gewinnen.«[14]

Das markierte recht präzise die Vorstellungen der SS-Intellektuellen von der richtigen Behandlung eines besetzten Landes mit »germanischer« Bevölkerung – keine Oktroyierung des Nationalsozialismus mit Gewalt, sondern eine abwartende, die »völkische Eigenart« der Dänen berücksichtigende Politik mit möglichst geringem Verwaltungsaufwand, in der Überzeugung, dass dies nach einem deutschen Sieg die besten Voraussetzungen zu einer »völkischen Großraumordnung« unter deutscher Führung bieten würde.

Stuckart, der im August nach Kopenhagen geflogen war und dort das weitere Vorgehen mit Kanstein abgesprochen hatte, verfasste nun auf dieser Grundlage seinerseits einen Bericht an Staatssekretär von Weizsäcker vom Auswärtigen Amt, in welchem er eine Fortsetzung der bisherigen Form der Besatzungsverwaltung in Dänemark empfahl, die insbesondere im Hinblick auf die dänischen Agrarexporte den günstigsten Weg darstelle (»Die uneingeschränkte Aufrechterhaltung und tunliche Erhöhung der Produktionstätigkeit Dänemarks ist das nächstliegende Kriegsinteresse Deutschlands«). Die DNSAP hingegen sei in der Bevölkerung isoliert und für deutsche Ziele nur sehr begrenzt einsetzbar. Auf der anderen Seite müsse gegenüber der dänischen Regierung, die eine stark abwartende Haltung einnehme und keine positiven Impulse gegenüber Deutschland setze, ein »schärferer Kurs« eingeschlagen werden; insbesondere im Hinblick auf die Pressepolitik und die Bekämpfung von Kommunisten und Saboteuren.[15] Diese Vorstellungen kamen den Interessen des Auswärtigen Amtes sehr entgegen, weil sie die Ansprüche von Wehrmacht und Partei auf Dänemark abwehrten. So war für Dänemark zwar mit einer gewissen Verstärkung des deutschen Drucks, aber mit einer Beibehaltung der bisherigen Besatzungsform zu rechnen.

Telegrammkrise

Ob bereits zu diesem Zeitpunkt auch ein personeller Wechsel in der Leitung der deutschen Gesandtschaft in Kopenhagen erwogen wurde und seit wann Werner Best dafür ins Gespräch kam, ist nicht eindeutig zu klären. Zunächst war Bests Verwendung als Gesandter in Spanien oder beim Vatikan diskutiert worden. Allerdings häuften sich in der zweiten September-Hälfte Bests Besprechungstermine mit Stuckart, Kanstein, dem im Auswärtigen Amt für Skandinavien zuständigen Gesandten von Grundherr sowie dem stark in den Handelsaustausch mit Dänemark involvierten Mülheimer Industriellen Hugo Stinnes jr., so dass man vermuten kann, dass bereits zu dieser Zeit gewisse Vorentscheidungen gefallen waren.[16]

Durch ein unerwartetes Ereignis wurde diese Entwicklung aber beschleunigt. Hitler, der mit der Lage in Dänemark zwar nur wenig vertraut, gleichwohl mit der als »anmaßend« empfundenen Haltung der Dänen gegenüber dem Reich bereits seit längerem unzufrieden war, hatte Ende September seine Verärgerung über ein Telegramm des dänischen Königs, in welchem sich dieser bei ihm lakonisch und denkbar knapp für erhaltene Geburtstagswünsche bedankte, zum Anlass genommen, die sofortige Rückberufung Renthe-Finks aus Kopenhagen anzuordnen, und damit eine Rückkehr zum alten Status praktisch unmöglich gemacht.[17] Eine Neubesetzung des Gesandtenpostens in Kopenhagen war mithin unumgänglich, und Best wurde sowohl vom Außenministerium wie von der SS sogleich als Kandidat für diesen Posten favorisiert. Als hoher SS-Führer und aufgrund seiner Tätigkeit in Frankreich und im Gestapa galt er als harte und politische Besetzung, als jemand, del für einen klareren und schärferen Kurs gegenüber der dänischen Regierung sorgen würde; aufgrund seiner Studien über die Praxis der Aufsichtsverwaltungen und seiner Beschäftigung mit »Europa«-Fragen im Außenamt war er mit den Verhältnissen in Dänemark vertraut, und seine Verwaltungskünste waren in Berlin wohlbekannt.

Für die SS-Führung bot sich damit zugleich die Gelegenheit, die Verwaltung eines »nordischen« Landes in die eigenen Hände zu bekommen, wobei für Himmler und Berger eher Vorstellungen von der Aufstellung »germanischer« Freiwilligenverbände als Vorhut für eine Integration Dänemarks in ein »großgermanisches« Reich im Vordergrund standen[18], während Stuckart, Kanstein und Best selbst die »Aufsichtsverwaltung« in Dänemark als ersten Schritt zu einer nach »rassischen« und politischen Kriterien hierarchisierten »völkischen Großraumordnung« ansahen. Die Frage, ob und in welcher Form es nach dem Krieg zu einem supranationalen Imperium kommen solle – ob als europäischer Staatenbund, als »großgermanisches Reich« oder als Großraumordnung mit differenzierten Formen deutscher Vorherrschaft – war nach wie vor ganz ungeklärt und in erster Linie abhängig vom Kriegsverlauf und einer entsprechenden Grundsatzentscheidung Hitlers. Die aber blieb aus.

In Bezug auf Dänemark wurde allerdings bald deutlich, dass Hitler mit seinem Zornausbruch mehr beabsichtigt hatte als nur ein personelles Revirement. Als der neue Befehlshaber der deutschen Truppen in Dänemark, von Hanneken, anlässlich seines Amtsantritts von Hitler empfangen wurde, erhielt er von diesem eingehende Instruktionen, die zu dem bisher verfolgten Kurs in schroffem Gegensatz standen: Für die Zukunft sei »ein Staatsgebilde mit demokratischer Regierung ... in einem unter deutscher Führung neu geordneten Europa« unmöglich; angesichts der strategischen Bedeutung Dänemarks müsse es »eine deutsche Provinz« werden, Königshaus und die jetzige Regierungsform müssten beseitigt werden. Dänemark sei als »Feindesland« zu behandeln, und das Ziel müsse sein, eine »Marionetten-Regierung« unter Führung der dänischen Nationalsozialisten einzusetzen, deren Chef jederzeit gewärtig sein müsse, »bei einem etwaigen Abmarsch der deutschen Truppen am nächsten Laternenpfahl aufgehängt« zu werden. Als neuer Bevollmächtigter werde zudem »ein Nationalsozialist mit harter Faust« nach Dänemark geschickt, der auch den geringsten Widerstand mit Gewalt unterdrücken werde.[19]

Das war das gerade Gegenteil der von Kanstein und Stuckart im Verein mit dem Außenministerium fein gesponnenen Pläne und ließ keinen Zweifel daran aufkommen, dass für Hitler Vorstellungen von »Aufsichtsverwaltung« und »völkischer Großraumordnung« höchst sekundär und im Grunde abwegig waren. Die Form der Besatzungsherrschaft in Nord- und Westeuropa war für ihn in erster

Linie abhängig von militärstrategischen und sicherheitspolitischen Erwägungen und letzten Endes eine Machtfrage – in diesen Fragen war der »Führer« den Vorstellungen von Partei und Wehrmacht viel näher als den Intellektuellen in der SS.

So war es nicht verwunderlich, dass von Hanneken, gestützt auf diesen »Führerbefehl«, bereits bei seinem Amtsantritt in Dänemark eine grundlegende Änderung der deutschen Politik ankündigte und erste Maßnahmen in diese Richtung anordnete. Auch Frits Clausen, der Führer der dänischen Nationalsozialisten, fühlte sich durch diese Weisungen Hitlers gestärkt und forderte von der deutschen Gesandtschaft in Kopenhagen die sofortige Machtübernahme seiner Partei in Dänemark. Und der Hamburger Gauleiter Kaufmann begann, unterstützt von Terboven, sogleich seinen Anspruch auf den Posten des deutschen Vertreters in Dänemark anzumelden.[20]

Diesen von Hitler in Gang gesetzten Prozess wieder zurückzudrehen war ein mühsames Geschäft, das Stuckart, Kanstein, Grundherr und andere beinahe den ganzen Oktober hindurch beschäftigte. Gegen die Umwandlung Dänemarks nach dem Vorbild Norwegens machte das Auswärtige Amt geltend, dass dies mit einem erheblich gesteigerten deutschen Aufwand in Verwaltung und Polizei verbunden wäre, dass durch die Beseitigung der dänischen Souveränität die längerfristigen deutschen Pläne gegenüber den »germanischen« Staaten »decouvriert« würden und mit Unruhen und zunehmender Sabotage in Dänemark zu rechnen sei. Zudem sei die Zeit für eine DNSAP-Regierung noch nicht reif, die Partei sei dazu auch weder personell noch politisch oder organisatorisch in der Lage. Als stärkstes Argument aber erwiesen sich die Hinweise auf die Bedeutung der dänischen Agrarexporte ins Reich, die durch die Änderung des Status quo in Dänemark gefährdet seien. Statt dessen solle man von der dänischen Seite fordern, eine neue, von den demokratischen Parteien unabhängige Regierung, etwa unter dem als deutschfreundlich geltenden Außenminister Scavenius, zu installieren, der auch einige Mitglieder der DNSAP angehörten. Diese Regierung sei dann mit einem Ermächtigungsgesetz zu versehen, das sie vom Parlament unabhängig mache, und habe für eine schärfere Bekämpfung des Widerstandes, für die »Angleichung der Behandlung der Judenfrage an die deutsche Gesetzgebung« und für eine deutschfreundliche Ausrichtung der Presse zu sorgen.[21]

In diesem Sinne intervenierten auch Stuckart und Kanstein bei Himmler und drängten darauf, dass Werner Best zum neuen Gesandten in Dänemark ernannt werde, da dies »den Belangen der SS am besten Rechnung tragen« würde – mit Erfolg:[22] Am 26. Oktober erhielt Best durch Ribbentrop seine Ernennung zum »Reichsbevollmächtigten« in Dänemark und wurde am Tage darauf nach Winniza ins Hauptquartier Hitlers gerufen. Die »Führerweisung«, die Hitler ihm dabei erteilte, wich von derjenigen an von Hanneken nun allerdings bereits deutlich ab: Aufgrund der strategischen Lage des Landes könne eine feindselige Haltung Dänemarks gegenüber Deutschland nicht geduldet werden; es müsse aber eine legale Regierung bestehen bleiben, an der die dänischen Nationalsozialisten als »Sicherheitsfaktor« jedoch zu beteiligen seien. Das Königshaus hingegen sei zu ignorieren.[23]

Durch diese unterschiedlichen Richtlinien an Best und von Hanneken war eine Inkongruenz und Rivalität in der jeweils zu verfolgenden Politik in Dänemark bereits präjudiziert; und ob man darin nun eine bewusst betriebene Herrschaftstechnik Hitlers oder eher einen Ausdruck der Abhängigkeit von Stimmungsschwankungen und der Beeinflussbarkeit des »Führers« sieht – die von Widersprüchlichkeit und Konkurrenzen geprägte deutsche Politik in Dänemark in den folgenden Jahren hatte hier ihren Ausgangspunkt.[24]

Auf Grundlage dieser Weisungen Hitlers an Best wurden die deutschen Interessen in Dänemark und der zu beschreitende Weg vom Außenministerium nunmehr neu festgelegt: »Ziel der deutschen Politik gegenüber Dänemark ist die innere Eroberung des Landes mit Hilfe der DNSAP ohne Beeinträchtigung anderer außenpolitischer Belange oder kriegswirtschaftlicher Notwendigkeiten des Reiches. Deshalb soll einerseits von einer Änderung des bestehenden staatsrechtlichen Zustandes – Beseitigung des Königtums, des Reichstags oder anderer Einrichtungen – und von der sofortigen Einsetzung einer nationalsozialistischen Regierung abgesehen werden. Andererseits soll die politische Entwicklung Dänemarks stärker vorangetrieben werden durch die Ernennung eines neuen Bevollmächtigten des Reiches in Dänemark, durch eine Regierungsumbildung mit prodeutscher Tendenz und durch eine stärkere Bindung der neuen Regierung an die Direktiven des Bevollmächtigten.« Zugleich wurde eine Liste mit Vorschlägen für die neuen Regierungsmitglieder erstellt, die auch die Namen dreier dänischer Nationalsozialisten enthielt.[25] Diese Instruktionen waren als kompliziert austarierter Kompromiss zwischen den Vorstellungen von einer »Marionetten-Regierung« und denen der »Aufsichtsverwaltung« ziemlich vage; andererseits ließen sie Best relativ viel Spielraum – und den gedachte er zu nutzen.

In Dänemark hingegen verursachte die Ankündigung eines »harten Kurses« und eines hohen SS-Führers als neuem Bevollmächtigten erhebliche Beunruhigung; doch war man nicht gewillt, den deutschen Forderungen nach einer Regierungsneubildung unter Einbeziehung der DNSAP zu entsprechen. Als Außenminister Scavenius am 2. November in Berlin mit Ribbentrop zusammentraf, lehnte er es daher sowohl ab, selbst Regierungschef zu werden, als auch, Nationalsozialisten in das Kabinett aufzunehmen. Den Vorhaltungen des deutschen Außenministers über die politischen »Verfehlungen« Dänemarks begegnete er mit einer langen Liste der wirtschaftlichen Leistungen seines Landes für das Reich.[26] Damit war das Muster der Auseinandersetzungen für die Folgezeit vorgegeben: Bei Konflikten drohte die deutsche Seite mit einer schärferen Gangart nach dem Vorbild Norwegens, und die dänische Seite verwies auf die negativen Auswirkungen einer solchen Maßnahme auf die für das Reich lebenswichtigen dänischen Agrarexporte.

In dieser Situation trat Best sein Amt an. Am 5. November flog er nach Kopenhagen; seine Aufträge waren ebenso weitreichend wie uneindeutig: Er sollte eine legale, jedoch ohne parlamentarische Grundlage operierende dänische Regierung installieren; den deutschen Druck auf Dänemark verstärken, ohne die »Lieferfreudigkeit« zu gefährden; die Souveränität des Landes wahren mit dem unausgesprochenen Ziel, sie ihm zu nehmen; in enger Abstimmung mit dem Wehrmachtsbefehlshaber in Dänemark vorgehen, obwohl der ganz andere Richtlinien erhalten hatte als er; und schließlich sollte er die dänischen Nationalsozialisten bzw. ihnen »nahestehende Personen« an der Macht beteiligen, obwohl die

DNSAP nach Auffassung sowohl der Gesandtschaft in Kopenhagen wie des deutschen Außenministeriums dazu weder geeignet noch in der Lage war – keine leichte Aufgabe, zumal Best zugleich und in erster Linie von seiner eigenen Sendung durchdrungen war, Dänemark zum praktischen Beweis für die »lebensgesetzliche Richtigkeit« und praktische Überlegenheit einer nach den Prinzipien der »völkischen Großraumordnung« organisierten Aufsichtsverwaltung zu machen – zum Musterbeispiel für eine wahrhaft nationalsozialistische Besatzungspolitik in einem »germanischen« Land.

Regierungsbildung und »Verhandlungspolitik«

Eine »legale« dänische Regierung unter Einschluss der dänischen Nationalsozialisten – diese Forderung Ribbentrops und Hitlers erwies sich schnell als undurchführbar, und bereits in den ersten Stunden nach seiner Ankunft in Kopenhagen stand Best vor einer eindeutigen Alternative: entweder eine vom Reichstag – und das hieß, von den demokratischen Parteien – bestätigte Regierung oder eine Regierung mit der DNSAP.[27] Nach den Maximen der »Aufsichtsverwaltung« fiel Best diese Entscheidung nicht schwer, zumal er in der DNSAP »nichts typisch Dänisches« fand; den Nationalsozialismus in Dänemark sah er nicht als Ausdruck der »völkischen Eigenart« des Landes an (wie etwa den italienischen Faschismus oder den spanischen Francismus), sondern nur als Nachahmung des deutschen Vorbilds.[28] Eine Entscheidung für eine »legale«, mithin demokratische Regierung ohne DNSAP aber widersprach den Führerweisungen. Um diesem Dilemma zu entgehen, entschloss sich Best, über seine Verhandlungen zunächst nichts nach Berlin verlauten zu lassen, auf die dänischen Politiker Druck auszuüben, um die Regierungsbildung möglichst schnell abzuschließen, und das erzielte Ergebnis schließlich gegenüber dem Auswärtigen Amt als strikte Ausführung des Führerbefehls darzustellen.

In diesem komplizierten, für die weitere Entwicklung in Dänemark aber ausschlaggebenden Prozess agierte Best, unterstützt von seinem Stellvertreter Barandon und Paul Kanstein, durchaus geschickt. Zunächst setzte er den Hebel an der schwächsten Stelle an, bei der DNSAP und ihrem »Führer« Frits Clausen.[29] Diesen vermochte er in relativ kurzer Zeit davon zu überzeugen, dass bei einer Regierungsbeteiligung der Nationalsozialisten die unumgänglichen Belastungen, die auf die Dänen in jedem Fall in nächster Zeit zukämen, von der Bevölkerung in erster Linie der DNSAP angekreidet würden, worauf Clausen sogleich erschrocken den Verzicht auf eine Regierungsbeteiligung erklärte. Durch diesen Rückzieher der dänischen Nationalsozialisten war der Weg frei für eine verfassungskonforme Regierung unter dem deutschen Wunschkandidaten, dem 65jährigen Außenminister Eric Scavenius. Nachdem Best das Problem Clausen gelöst und eine zurückhaltende, die dänische Verfassung respektierende Politik der deutschen Seite zugesagt hatte, gab Scavenius sein anfängliches Sträuben auf und war zur Übernahme der Regierungsgeschäfte bereit.

Die im deutschen Auswärtigen Amt ausgearbeitete neue Ministerliste allerdings war nun hinfällig geworden. Durch die Auswechslung des bisherigen sozialdemokratischen Regierungschefs Buhl und einiger Minister, die in Berlin auf besonderes Misstrauen gestoßen waren, konnten Scavenius und Best aber eine Kabinettsliste zusammenstellen, die zwar weiterhin beinahe ausschließlich die Namen von Vertretern der bisherigen Regierungsparteien (Sozialdemokraten, Venstre [liberale Bauernpartei], Radikale Venstre und Konservative) enthielt, mit einiger Mühe aber nach Berlin als mehrheitlich deutschfreundlich gemeldet werden konnte. Schließlich erreichte Best auch das von Hitler geforderte »Ermächtigungsgesetz« zur Ausschaltung des Parlaments; es bestimmte, dass die Regierung Gesetze und Anordnungen zur Aufrechterhaltung von Ruhe und Ordnung ohne Beteiligung des Reichstages erlassen konnte.[30] Allerdings war dieses dänische »Ermächtigungsgesetz« insofern eine recht kuriose Konstruktion, als die Regierung aus allen demokratischen Parteien des Reichstags gebildet war. Hier wurde in Wirklichkeit ein normaler parlamentarisch-demokratischer Vorgang pseudodiktatorial drapiert, so dass die mit dem Gesetz angestrebte Entdemokratisierung Dänemarks nicht wirklich eintrat, sondern die politische Entschlussbildung lediglich vom Reichstag in die informellen Koordinationsgremien der Parteien verlagert wurde.

Wie durchsichtig diese Konstruktion auch immer sein mochte, vier Tage nach seinem Amtsantritt meldete Best in seinem ersten Bericht an das Auswärtige Amt Vollzug: »Alle Maßnahmen sind völlig legal durchgeführt worden ... Die neue Regierung entspricht insofern voll den Richtlinien des Führers, als Scavenius (der sich übrigens bis heute gegen die Übernahme der Regierung wehrte und nur auf meinen moralischen Druck nachgab) keinen Rückhalt in Parlament und Öffentlichkeit besitzt und Regierungschef von des Reiches Gnaden bleiben wird. Von den Ministern kann gut die Hälfte als deutschfreundlich bezeichnet werden, während die übrigen als Vertreter des ›alten Systems‹ mir gegenüber durch schlechtes Gewissen und Furcht vor Beseitigung gehemmt und deshalb fügsam sein werden.«[31] – Das war, wenn nicht gelogen, so doch stark geschönt, denn die neue Regierung erfreute sich breiter Unterstützung bei den Parteien und bis zu einem gewissen Grad auch in der Bevölkerung. Im Auswärtigen Amt aber war man mit dem Erreichten durchaus zufrieden und wohl auch bereit, dem neuen Reichsbevollmächtigten einen größeren Spielraum zuzugestehen, als dies in den Weisungen Hitlers und Ribbentrops zunächst zum Ausdruck gekommen war.

Im Vergleich zu den seit der »Telegrammkrise« entstandenen Befürchtungen stellten die erzielten Vereinbarungen und das Ergebnis der Regierungsumbildung für die dänischen Sammlungsparteien und insbesondere für Scavenius selbst einen klaren Erfolg dar: Der direkte deutsche Einfluss blieb beschränkt, die verfassungspolitische Kontinuität gewahrt. Aber es war zugleich auch kein Zweifel daran möglich, dass das Kabinett Scavenius sowohl in Teilen der eigenen Bevölkerung wie bei den Alliierten unter dem Verdacht stand, kaum mehr als eine deutsche Marionetten-Regierung zu sein, und es war ebenso wenig zweifelhaft, dass sich diese Abhängigkeit der dänischen Regierung von Deutschland bei einer weiteren Veränderung der militärischen Lage zu ungunsten des Reiches als schwere innen- wie außenpolitische Belastung für Dänemark erweisen würde. Auf der anderen Seite gab es für die dänischen Politiker aber auch keine echten Alternativen. Angesichts der Form und der Folgen der deutschen Besatzungsherrschaft in

Norwegen oder den Niederlanden entschieden sich die führenden dänischen Politiker für das kleinere Übel einer begrenzten Kooperation mit den Deutschen, wobei der Besatzungsmacht immer anschaulich vor Augen zu führen war, wie hoch für sie die Kosten einer Ablösung der legalen Regierung sein würden. Politische, vor allem aber wirtschaftliche Zusammenarbeit mit dem Reich soweit wie nötig, um Dänemark den Krieg und die Besatzungszeit einigermaßen unversehrt überstehen zu lassen, einerseits – Zurückhaltung gegenüber Deutschland und dem Nationalsozialismus soweit wie möglich, um das Vertrauen der eigenen Bevölkerung, aber auch das der Alliierten, nicht gänzlich zu verspielen, andererseits; das etwa beschreibt die Linie der Regierung Scavenius bei ihrem Amtsantritt im November 1942.[32]

Auch für den neuen Reichsbevollmächtigten war das Ergebnis der Regierungsumbildung ein Erfolg. Das in Zusammenarbeit mit Stuckart und Kanstein entwickelte Konzept einer Fortsetzung der Kooperation mit einer verfassungsmäßigen Regierung hatte sich durchgesetzt, die Forderungen Hitlers nach einem scharfen Kurswechsel in Dänemark waren umgangen, und eine Beteiligung der dänischen Nationalsozialisten war vermieden worden – wenn auch. Best hinfort gezwungen war, über die Ereignisse in Dänemark nach Berlin durchgehend in geschönter Form zu berichten. Auch die Versuche Terbovens, Dänemark in seine Hand zu bekommen oder dort wenigstens eine harte Linie nach dem Vorbild Norwegens durchzusetzen, hatte er abwehren können – und zugleich hatten die drohenden Töne aus Oslo für Best den nicht unwillkommenen Nebeneffekt, dass er mit Hinweis darauf die dänischen Politiker beständig und nachhaltig unter Druck setzen konnte.[33]

Welche Linie Best in Zukunft in Dänemark verfolgen wollte, brachte er in seiner Ansprache an das neue Kabinett deutlich zum Ausdruck: auf der einen Seite eine pragmatische Kooperation »auf der Grundlage nüchterner Vernunft und Einsicht«; auf der anderen Seite das Bemühen, dass »in der Bevölkerung des Landes eine positive Einstellung zu der weiteren Entwicklung des dänisch-deutschen Verhältnisses ausgelöst werden möge«. Für Dänemark sei dabei ausschlaggebend, dass bei einer Niederlage des Reiches auch Dänemark in Mitleidenschaft gezogen werde: »Diese Erkenntnis wird jedem Dänen die Zusammenarbeit mit dem Reiche, die Ihrem Lande ja nicht durch menschliche Willkür, sondern durch geographisches und geschichtliches Schicksal vorgeschrieben ist, in seinem Gewissen erleichtern. Wenn es darüber hinaus gelingt, im persönlichen Verhältnis zwischen den Exponenten der dänisch-deutschen Zusammenarbeit gegenseitige Achtung und gegenseitiges Vertrauen zu pflanzen, so dürfte die Hoffnung berechtigt sein, dass aus der politischen ›Vernunft-Ehe‹ zwischen beiden Ländern doch noch einmal eine politische ›Neigungs-Ehe‹ werden möge.«[34] Auf diese Prinzipien – pragmatische Kooperation im Interesse beider Länder mit der Perspektive einer allmählichen politischen Annäherung – legte Best in einem ersten Rundschreiben auch die deutschen Dienststellen in Dänemark fest, womit er insbesondere bei seinem eigenen Stab im »Dagmarhaus« in Kopenhagen auf Zustimmung stieß.[35]

Das Fundament der deutsch-dänischen »Zusammenarbeitspolitik« in dieser Phase aber bildete das bereits nach kurzer Zeit ungewöhnlich enge und vertrauensvolle Verhältnis zwischen Best und Scavenius.[36] Durch regelmäßige, auch informelle Konsultationen gelang es beiden, Konflikte und mögliche Reibungspunkte schon im Vorfeld zu beseitigen und gegen Einwände von Seiten dänischer oder deutscher Kritiker abzusichern. Für Scavenius hatte dies den Vorteil, dass der deutsche Reichsbevollmächtigte nur in seltenen Fällen öffentlich in die dänische Politik eingriff und so der Eindruck einer weitgehenden politischen Selbständigkeit der Regierung erweckt wurde. Best hingegen hatte mit Scavenius vereinbart, dass alle Verordnungen, Gesetze und Erlasse vor der Veröffentlichung ihm zur Prüfung zugingen und auch alle wichtigen Personalentscheidungen mit ihm abgesprochen wurden. Dadurch war – ähnlich wie zuvor in Frankreich, aber in noch unauffälligerer Weise – gewährleistet, dass alle bedeutsamen Entscheidungen bereits im Vorfeld mit der deutschen Seite abgesprochen wurden und Best so über unmittelbaren Einfluss auf die Politik der dänischen Regierung verfügte, ohne nach außen hin allzu sichtbar in Erscheinung treten zu müssen.[37]

Um seiner Politik in Dänemark darüber hinaus eine breitere Grundlage zu verschaffen, nahm er auch Kontakte zu den führenden Politikern der dänischen Parteien und Gewerkschaften auf, um auch hier störende Einwirkungen bereits im Vorfeld auffangen zu können.[38] Am Ende des Jahres hatte Best sein Feld bestellt: Die innenpolitische Lage in Dänemark hatte sich beruhigt, »Ruhe und Ordnung« im Land waren wiederhergestellt, ohne dass die deutsche Seite ihre Verwaltungs- und Exekutivkräfte hatte verstärken müssen, die landwirtschaftlichen Exporte ins Reich stiegen weiter an, die neue Regierung entsprach der Verfassung und konnte doch von Best auf elegante Art gesteuert werden.[39]

Best genoss die Unterstützung des Auswärtigen Amtes und der mit Wirtschaftsfragen beschäftigten deutschen Dienststellen; sogar Goebbels, dessen politische Methoden und Vorstellungen sich von denen Bests doch beträchtlich unterschieden, äußerte sich enthusiastisch über die »beachtlichen Erfolge« Bests, der »sehr elegant und elastisch« vorgegangen sei: »Vor allem hat er es verstanden, die sozialistischen Kreise in Dänemark auf seine Seite zu bringen. Der Arbeitsminister und der Sozialminister gehen bei ihm ein und aus, was zu einer wesentlichen Entspannung in der Stimmung der Arbeiterschaft geführt hat. Es scheint mir, dass die junge Garde der SS auf politischen Posten Beachtliches zu leisten in der Lage ist. Hier macht sich doch die großartige Erziehung bemerkbar, die Himmler seiner unmittelbaren Umgebung hat angedeihen lassen.«[40]

Dass Best so »elegant und elastisch« hatte vorgehen können, verdankte er in der Tat zuallererst der Rückendeckung Himmlers. Er hatte den Reichsführer-SS seit seinem Amtsantritt laufend über die Entwicklung in Kopenhagen unterrichtet und ihm sogar seine Berichte an Ribbentrop am Auswärtigen Amt vorbei direkt zugeleitet.[41] Himmler war von Bests Vorgehen durchaus angetan: »Ich sehe von hier aus und von mir aus die Lage genauso wie Sie«, schrieb er im Januar 1943 an Best. »Mindestens muß die Chance wahrgenommen werden, den Attentismus der Dänen zu erhalten. Wirklich gewinnen werden wir die germanischen Völker erst, wenn der Machtkampf in Europa zu unseren Gunsten entschieden ist, was sicher sein wird ... Was ich tun kann, um Sie zu unterstützen, vor allem in Ihrem Wunsch, daß Ihnen nicht von außen hereinregiert wird, werde ich immer tun.«[42]

Angesichts dieser weitgehenden politischen Übereinstimmung mit Himmler war es daher nur folgerichtig, dass Best versuchte, auch die »Volkstumsarbeit« in Dänemark in die eigene Hand zu nehmen und die »Germanische Leitstelle« der

SS seiner Dienststelle anzugliedern, um auf diese Weise die Verzahnung von pragmatischer Augenblickspolitik und weltanschaulicher Perspektive auch organisatorisch zu verdeutlichen – schon seit langem ein Bestreben der SS, das aber von Seiten des Auswärtigen Amtes immer abgelehnt worden war. Nicht zu Unrecht befürchtete man in der hier vorgeschlagenen Integration parteibezogener und staatlicher Aufgaben den Beginn einer allmählichen Machtübernahme der SS, wie dies im Bereich der Sicherheitspolizei bereits – nicht zuletzt durch Best selbst – vorgeführt worden war. So war Best gezwungen, einen anderen Weg zu beschreiten, um die Position der SS in Dänemark zu stärken. Anfang Februar gründete er gemeinsam mit Berger das »Schalburg-Korps«, eine Organisation, die zur Rekrutierung und Ausbildung von dänischen Anwärtern für die Waffen-SS diente, darüber hinaus aber in Konkurrenz zur abgehalfterten DNSAP treten und als Keimzelle für eine »germanische« Politik in Dänemark fungieren sollte. Aber auch dieser Versuch blieb ohne große Resonanz, und so verliefen die Versuche der SS-Führung und Bests, in Dänemark eine »großgermanische« Politik zu betreiben, bald im Sande.[43] Die Unterstützung Himmlers für seinen Mann in Kopenhagen aber verstärkte sich eher noch, und nur mit dieser Rückendeckung konnte Best sein dänisches Modell nun weiter ausbauen.

Reichstagswahlen

Einer weiteren Normalisierung der Lage in Dänemark standen zwei Hindernisse im Wege, die sich auf längere Sicht zu einer Gefährdung des von Best eingeschlagenen Kurses entwickeln konnten: das Problem der Beziehungen zum dänischen Königshaus und die Frage nach der weiteren Rolle des Reichstags. Was den dänischen König betraf, so sah Best die Gefahr, dass bei einer Fortdauer der von Hitler während der »Telegrammkrise« angeordneten Isolierung des in der dänischen Bevölkerung sehr populären Monarchen dieser zum Orientierungspol des Widerstands gegen die deutsche Besatzungsmacht werden könnte. Bests Ziel war es daher, den König auf direkte oder indirekte Weise in die Struktur der »Zusammenarbeitspolitik« einzubauen und die deutsch-dänische Kooperation dadurch auch symbolisch zu legitimieren. Zwar stand einer Wiederaufnahme der offiziellen Beziehungen zwischen dem Reichsbevollmächtigten und dem Königshaus die explizite Führerweisung vom Herbst 1942 entgegen; es gelang Best aber, Außenminister Ribbentrop davon zu überzeugen, dass eine Kontaktaufnahme unterhalb der offiziellen Akkreditierung für die deutsche Seite äußerst vorteilhaft sei. Und bereits Anfang Februar traf Best, begleitet von Scavenius, mit dem dänischen Kronprinzen zusammen. Am 12. Mai 1943 wurde er schließlich vom dänischen König Christian X. empfangen. Zweifellos bedeutete dies innerhalb Dänemarks einen gewissen Prestigegewinn für die Politik des deutschen Reichsbevollmächtigten, und da Best keine formalrechtlichen Beziehungen zum Königshaus aufnahm, vermied er einen offenen Verstoß gegen die Weisungen Hitlers. Der politische Erfolg seiner Bemühungen wurde bereits wenige Tage später offenbar: Der dänische König bezog in einer öffentlichen Erklärung ausdrücklich Stellung gegen Sabotageaktionen dänischer Widerstandsgruppen; und Best zögerte nicht, dies dem Auswärtigen Amt sogleich in gebührender Ausführlichkeit als Bestätigung der Richtigkeit seines Vorgehens anzuzeigen.[44]

Das zweite Problem war wesentlich schwieriger. Nach der dänischen Verfassung mussten bis spätestens zum 3. April 1943 Reichstagswahlen stattfinden, und damit stand die zukünftige Rolle des dänischen Parlaments zur Entscheidung an. Mit dieser Frage war aber zwangsläufig eine Festlegung des verfassungsmäßigen Status der dänischen Regierung verbunden, darin lag die auch außenpolitische Bedeutung dieses Problems. Dass Best die Abhaltung freier Wahlen in Dänemark uneingeschränkt befürwortete, rief im Auswärtigen Amt einige Verblüffung hervor, zumal noch ein halbes Jahr zuvor von der gänzlichen Ausschaltung der demokratischen Parteien und des Parlaments die Rede gewesen war. Best begründete seine befürwortende Haltung mit juristischen, innen- und außenpolitischen Argumenten: Ohne Wahl würde in Dänemark kein verfassungsgemäßer Gesetzgeber mehr existieren, so dass die dänische Regierung ohne rechtliche Grundlage wäre. Da aus einer Wahl aber mit Sicherheit die Sammlungsparteien als Sieger hervorgehen würden, sei sie sowohl innenpolitisch als Vertrauenserklärung für die Regierung Scavenius als auch als außenpolitisches Signal durchaus im deutschen Interesse. Um eventuellen Störungen vorzubeugen, sollte allerdings der Wahlkampf auf eine kurze Zeitspanne beschränkt und öffentliche Wahlagitation ganz untersagt werden.[45]

Das Auswärtige Amt reagierte gleichwohl zurückhaltend, und insbesondere Staatssekretär von Weizsäcker blieb skeptisch. Man befürchtete nicht nur innenpolitische Unruhen und ein Anwachsen der »deutschfeindlichen« Konservativen bei der anstehenden Wahl, sondern auch eine Verstärkung der »Anhänglichkeit« der dänischen Bevölkerung an das parlamentarische System, und verwies darauf, dass sogar in England die Unterhaus-Wahlen ausgesetzt worden seien. Statt Wahlen abzuhalten, solle man lieber die Legislaturperiode des Reichstags verlängern, um einen Verfassungsbruch zu vermeiden. Best wies diese Bedenken zurück: Innenpolitische Unruhe werde eher das Verbot der Wahl als ihre Durchführung hervorrufen; ein Gleiches gelte für die »Anhänglichkeit« an das parlamentarische System. Die Konservativen seien als Sammlungspartei in die »Zusammenarbeitspolitik« integriert, und selbst deren Stimmenzuwachs sei weniger gefährlich als ihr Ausbrechen aus der Regierung. Eine Verlängerung der Legislaturperiode sei verfassungsrechtlich hingegen nicht möglich, sondern würde bedeuten, dass ein legaler Gesetzgeber in Dänemark nicht mehr vorhanden sei. Das aber widerspräche der eindeutigen »Weisung des Führers, die Legalität in Dänemark bis auf weiteres einzuhalten«.[46]

Nun hatte Hitler im Herbst allerdings das genaue Gegenteil von dem angeordnet, was Best mit der Befürwortung der Reichstagswahlen anstrebte; und dass Best noch im November hervorgehoben hatte, gemäß dem »Führerwillen« sei die Regierung Scavenius von Parlament und Öffentlichkeit unabhängig, während er nun argumentierte, die Wahlen würden die breite Unterstützung eben dieser Regierung in der dänischen Bevölkerung unter Beweis stellen und damit der »Führerweisung«, eine »legale« Regierung zu installieren, entsprechen, war ein allzu offenkundiger Widerspruch und führte allen Beteiligten vor Augen, wie hier mit der jeweils passenden Interpretation des »Führerbefehls« hantiert wurde. Zugleich führte Best lebhaft Beschwerde darüber, daß man im Auswärtigen Amt gegen die Wahlen opponiere, weil man ihm »einen Erfolg in der Sache nicht gönne« – was prompt zu einer scharfen Zurechtweisung durch Weizsäcker führte:[47]

Aber angesichts des militärischen Desasters an der Ostfront war die deutsche Führung im Frühjahr 1943 auf außenpolitische Erfolge dringend angewiesen. Im Zuge der politisch-propagandistischen Umorientierung auf die Parole vom »Europa gegen den Bolschewismus« kam daher die Abhaltung von freien Wahlen in Dänemark gerade zur rechten Zeit; könnte hier doch demonstriert werden, welchen Spielraum ein Land unter deutscher Besatzung besaß, um so die Perspektive eines unter deutscher Führung vereinten Europas als »Bollwerk gegen den Bolschewismus« in leuchtenden Farben zu propagieren.[48] Angesichts dieser Rahmenbedingungen steckten Weizsäcker und Ribbentrop ihre Bedenken zurück und stimmten der Abhaltung von Wahlen in Dänemark zu – nicht ohne vorher das ausdrückliche Einverständnis Hitlers eingeholt zu haben. Best hatte sich erneut durchgesetzt.[49]

Am 23. März fanden die Wahlen statt, und das Ergebnis entsprach den Erwartungen: Die Wahlbeteiligung lag bei über 90 Prozent, die vier Sammlungsparteien bauten ihre beherrschende Stellung noch a und erhielten 92 Prozent aller Stimmen, die Sozialdemokratie wurde mit mehr als 44 Prozent erneut stärkste Partei, die DNSAP blieb mit etwa 2 Prozent eine Randerscheinung, ebenso wie die »Dansk Samling«, eine konservative Gruppierung mit stark antideutscher Tendenz.[50]

Die Wahl war zweifellos ein bemerkenswerter politischer und propagandistischer Erfolg für die deutsche Seite und für Best geradezu ein Triumph. Seine Voraussagen hatten sich bewahrheitet, und die Befürchtungen des Auswärtigen Amtes hatten sich durchweg als unzutreffend erwiesen. Die Variante »DNSAP«, die von der Parteiführung, von Luther im Auswärtigen Amt und von Meissner in der Kopenhagener Gesandtschaft favorisiert worden war, hatte ausgedient; es war zu offensichtlich, dass eine Herrschaft der dänischen Nationalsozialisten sich nur auf die Bajonette der Besatzungsmacht würde stützen können.[51]

Innenpolitisch interpretierte Best das Wahlergebnis als eindrückliche Bestätigung für den Kurs der Regierung Scavenius und des Reichsbevollmächtigten. Zwar hatten die Sammlungsparteien in ihrem Wahlkampf die Wahl als Plebiszit für die dänische Selbstverwaltung (»Folke tyre«) herausgestellt und ihr damit indirekt eine Tendenz gegen Versuche der Besatzungsmacht, die dänische Verwaltungsautonomie anzugreifen, verliehen aber das war Best durchaus recht gewesen. Nun, nach der Wahl, ging er mit er dänischen Regierung darin überein, »daß – nachdem man während der Wahlkampagne absichtlich dem Stichwort ›Folkestyre‹ den Vorrang gelassen hatte – von nun an in der Presse die Wahl als eine überwältigende Bestätigung der bisherigen Regierungspolitik dargestellt werden soll«.[52]

Auch außenpolitisch wurde die dänische Reichstagswahl, der einige Wochen später noch Kommunalwahlen mit etwa den gleichen Ergebnissen folgten, groß herausgestellt – als Beleg für die Ernsthaftigkeit des deutschen Bestrebens, Europa gegen den Bolschewismus zu vereinen, als Beweis des Vertrauens der Dänen in die Politik der Zusammenarbeit und gegen die »Feinde dieses Kontinents« sowie als Beweis, welche Verfassungs- und Lebensverhältnisse in einem von Deutschland besetzten Land möglich seien.[53]

Und in der Tat verfehlten die relativ friedliche Entwicklung in Dänemark seit dem Amtsantritt Bests und insbesondere die Reichstagswahl nicht ihren Eindruck auf die Nachbarländer – nicht nur der schwedische König hatte sich öffentlich außerordentlich positiv über Bests Politik in Dänemark geäußert[54], auch in England riefen die Kopenhagener Ereignisse irritierte Reaktionen hervor, wenngleich man weder in der englischen Regierung noch in der Presse übersah, dass es sich bei »Dr. Bests Musterprotektorat« um einen im Hinblick auf den außenpolitischen Propagandaeffekt konzipierten Ausnahmefall handelte, um einen »rufmörderischen Kanarienvogel«, wie Churchill es genannt hatte. Aber was wäre, wenn das dänische Beispiel Schule machte?[55]

Werner Best stand auf dem Höhepunkt seiner politischen Karriere. Im Frühjahr 1943 war Dänemark das einzige Aushängeschild der deutschen Außen- und Besatzungspolitik, während ansonsten aus allen besetzten Ländern Krisen und von allen Fronten Niederlagen gemeldet wurden. Aber für Best war sein Erfolg in Dänemark mehr als das Ergebnis seiner, wie ihm von allen Seiten bestätigt wurde, geschickten und umsichtigen Verhandlungsweise. Vielmehr sah er ihn als ebenso zwangsläufigen wie unwiderleglichen Beweis für die Richtigkeit seiner weltanschaulichen Grundannahmen an: Wollte Deutschland als »echtes Führungsvolk« in Europa eine »völkische Großraumordnung« schaffen, musste es die Völker in seinem Einflussbereich so behandeln, dass diese aus Einsicht und eigenem Interesse die Integration in diese Ordnung akzeptierten. Da es in Dänemark bislang keinen bemerkenswerten Widerstand gegen die deutsche Besatzungsmacht gab, lag auch kein Grund vor, hier mit Gewalt vorzugehen. Die ruhige Lage im Land, die weiter ansteigenden Agrarexporte ins Reich und schließlich das Ergebnis der Wahlen waren insofern für ihn nur das folgerichtige Resultat einer konsequenten Umsetzung »völkischer« Prinzipien. Dass sich die Erfolge so schnell einstellten, war auch für ihn überraschend; aber um so mehr festigte sich seine Überzeugung, dass er mit seinen theoretischen Analysen und politisch-praktischen Schlussfolgerungen den richtigen, ja einzig möglichen, weil aus den völkischen Lebensgesetzen abgeleiteten Weg beschritten hatte, der auch für die anderen deutschen Besatzungsgebiete die Perspektive wies.

Anfang Mai 1943, ein halbes Jahr nach seinem Amtsantritt, verfertigte Best daher eine umfängliche Leistungsbilanz, in der er die Ergebnisse seiner Tätigkeit im Einzelnen auflistete. Nach der ausgiebigen Beschreibung seiner Erfolge im wirtschaftlichen und politischen Bereich, die, wie er hervorhob, mit ganzen 215 deutschen Beamten und Angestellten erreicht worden seien, entwarf er eine Prognose der weiteren Entwicklung Dänemarks im von Deutschland beherrschten Großraum: »Von dem Reichstag und von der Bevölkerung wird zu gegebener Zeit jede vorgeschlagene Regelung hinsichtlich einer außenpolitischen, wehrpolitischen und wirtschaftspolitischen Bindung Dänemarks an das Reich angenommen und anerkannt werden, wenn nur keine Eingriffe in die innere Verfassung Dänemarks erfolgen. Das ›Folkestyre‹, d.h. das Recht, die inneren Angelegenheiten des Landes in den hergebrachten Formen der dänischen ›Dorfdemokratie‹ zu regeln, und das zum verblassten Symbol einer tausendjährigen Geschichte gewordene Königtum sind den Dänen höhere Gefühlswerte als eine problematische außenpolitische Selbständigkeit. Innerlich werden die Dänen sich in die neue Ordnung Europas hineinfinden, wie einst die Isländer in das Christentum: nicht durch Gewalt gezwungen und nicht durch Propaganda gewonnen, sondern aus der nüchternen Erkenntnis, daß dieser Weg unvermeidbar ist und daß er auf weite Sicht auch den Dänen Vorteile bringen wird.«[56]

Das brachte Bests besatzungs- und großraumpolitische Grundauffassungen auf einen kurzen Begriff: Deutschland musste den Krieg gewinnen und bis dahin in den besetzten Gebieten, vor allem denen mit »germanischer« Bevölkerung, eine ruhige, zurückhaltende und die eigenen Kräfte schonende Politik betreiben, um die nach einem Sieg aus geopolitischen und wirtschaftlichen Gründen unvermeidliche Entwicklung hin zu einer europäischen Großraumordnung unter deutscher Führung nicht zu torpedieren. Nur auf diese Weise war nach seiner Überzeugung das Ziel eines deutsch dominierten, nach »völkischen« Prinzipien strukturierten Europas zu erreichen, während »Gewalt und Propaganda« diesem Ziel zuwiderlaufen und es gefährden würden. Die »sachliche Politik«, so Bests Credo, war zugleich die radikalste. Innerhalb der Begrenzungen seines weltanschaulichen Entwurfs, der auf der Unterjochung, Vertreibung und Ermordung ganzer Völker aufbaute, beharrte Best strikt auf den Prinzipien von Rationalität und Sachlichkeit. Die Perspektive dieser Politik blieb die Errichtung einer »organisch«, also nach »völkischen« Kriterien gegliederten und von Deutschland beherrschten Neuordnung in Europa – darin unterschied er sich von den traditionellen Kontinentalimperialisten bei den Konservativen. Aber er wollte dieses Fernziel mit einer längerfristig angelegten Politik erreichen, die die unterschiedlichen Interessen innerhalb der deutschen Führungsgruppen ausglich und auf diese Zielsetzung hin koordinierte. Darin aber unterschied er sich von der deutschen Regimeführung und vor allem von Hitler selbst; denn dies hätte eine Hierarchisierung der Kriegsziele und einen Zwang zum Kompromiss zwischen den divergierenden Interessen vorausgesetzt. Dazu aber war die Regimeführung, wie sich in den folgenden Monaten auch für Best zunehmend deutlicher offenbarte, nur noch begrenzt in der Lage.

2. »August-Aufruhr«

Widerstand und innere Machtkämpfe

Bests Erfolgsbericht vom Mai 1943 war eindrucksvoll, aber nur die halbe Wahrheit. In seinem Bestreben, sein dänisches Modell als Muster für die deutsche Besatzungspolitik insgesamt hinstellen zu können, hatte er die gegenläufigen Tendenzen, die schon seit seinem Amtsantritt spürbar und seit dem Frühjahr 1943 unübersehbar geworden waren, schlichtweg ausgeblendet: die Aktivität des dänischen Widerstandes, die zunehmend kollaborationsfeindliche Haltung in der Bevölkerung, die einsetzenden Aktionen englischer Sabotageagenten und die an

Schärfe zunehmenden Auseinandersetzungen zwischen den verschiedenen deutschen Machtträgern in Dänemark.

Die dänischen Widerstandsgruppen, die von der ein Jahr zuvor verbotenen Dänischen Kommunistischen Partei (DKP) dominiert wurden, waren Ende des Jahres 1942 in einer Krise. Zahlreiche Verhaftungen hatten die Führungsstruktur der einzelnen Gruppen geschwächt, und die Zahl der Sabotageakte war zurückgegangen. Erst seit dem Frühjahr 1943 und in gewisser Weise als Reaktion auf die Erfolge der Bestschen »Zusammenarbeitspolitik« änderte sich dies.

Da die Mehrheit der rechten dänischen Nationalisten bei den Konservativen und damit in die Politik der »Zusammenarbeit« eingebunden war, konnten die Kommunisten in zunehmendem Maße als die einzig eindeutigen Verfechter eines gegen die Besatzungsmacht und auf die Bewahrung der nationalen Unabhängigkeit abzielenden Kurses auftreten und durch die Kombination sozialer und nationaler Forderungen ihre weitgehende Isolation, in die sie seit dem Hitler-Stalin-Pakt auch bei der Arbeiterschaft geraten waren, überwinden.[57]

Zudem entwickelte sich in der dänischen Bevölkerung in dem Maße, wie die militärischen Misserfolge der Deutschen zunahmen, und vor allem seit dem Sturz Mussolinis die Hoffnung auf ein Kriegsende in nicht allzu ferner Zukunft – und damit auch die Befürchtung, durch die Kollaborationspolitik der Regierung Scavenius von den Alliierten nicht mehr als unterdrückte Nation, sondern womöglich als Partner Deutschlands angesehen zu werden. Dass die englische Luftwaffe nun vereinzelt auch dänische Fabriken bombardierte, in denen deutsche Rüstungsgüter gefertigt wurden, führte der dänischen Bevölkerung die Alternativen drastisch vor Augen. »Dänemark kann weiteren Bombardierungen nur entgehen, wenn wir den Alliierten zeigen, dass auch wir Deutschlands Feinde sind«, fasste eine der illegalen Zeitungen im Februar 1943 diese Situation zusammen. Zwar erzielten die Sammlungsparteien bei den Wahlen die Unterstützung der Bevölkerung, und ihre Führer trugen die Politik von Scavenius auch weiterhin, dennoch war kaum zu übersehen, dass zur gleichen Zeit die Haltung der dänischen Bevölkerung und auch die der großen dänischen Zeitungen gegenüber der Besatzungsmacht und dem Kooperationskurs der Regierung wirksam zu werden begann.

Dieser Zwiespalt wurde nicht nur im Land selbst, sondern auch von den dänischen Widerstandsorganisationen im Londoner Exil erkannt. »In Dänemark«, so hieß es in einer über BBC verbreiteten Ansprache eines ungenannten dänischen Exilpolitikers im Frühsommer 1943, »wurde nicht die Politik der Unterjochung praktiziert; statt dessen versuchte man, eine Politik der ›Verständigung‹ durchzuführen ... Das dänische Volk sollte betört werden. Ein Zuschauer wird bei einer näheren Betrachtung des dänischen Volkes zwei Gruppen herausstellen können. Die eine Gruppe sagt: Laßt uns noch, bevor es zu spät ist, der Welt unseren Widerstand zeigen, damit sie das wahre Gesicht Dänemarks rechtzeitig erkennt. Die andere Gruppe sagt: Laßt uns in der noch kurzen Zeit ausharren! – Diese kurze Zeit versucht Best auszunutzen. Darum ist dieser alte Teufel so gefährlich.«[58]

Zur gleichen Zeit begann auch die britische Sabotageorganisation SOE (Special Executive Organisation) ihre Aktivitäten zu verstärken. Dabei spielte die propagandistische Herausstellung des dänischen »Musterprotektorats« durch Best und das Auswärtige Amt als Paradebeispiel für die Neue Ordnung in Europa eine gewisse Rolle, weil die britische Seite befürchten musste, dass diese Suggestion einer »vernünftigen« Besatzungspolitik in den skandinavischen und einigen westeuropäischen Ländern womöglich Wirkung erzielen konnte – und sei es nur, allen Erfahrungen zum Trotz, als Hoffnungsschimmer. Auf der anderen Seite war man auch in London beunruhigt darüber, dass man in Dänemark zur Herstellung »norwegischer Zustände« beitragen könnte, so dass die englische Haltung gegenüber Dänemark zunächst eher zögerlich und uneinheitlich blieb und erst im Frühsommer 1943 auf einen klareren und härteren Kurs einschwenkte.[59] Allerdings landeten die ersten SOE-Agenten bereits im Frühjahr 1943 in Jütland, und einen Monat später wurde damit begonnen, die dänischen Widerstandsgruppen mit Waffen und Sprengstoff auszurüsten. In der Folge nahm die Zahl der Sabotagefälle merklich zu und stieg von 24 im Januar auf 80 im April. Auch vereinzelte Streiks wurden gemeldet, ebenso wie vermehrte Zusammenstöße zwischen deutschen Soldaten und dänischen Zivilisten.[60]

Dennoch, an der insgesamt weiterhin ruhigen Lage in Dänemark änderte dies nichts. Die Sabotageaktionen richteten sich vornehmlich gegen dänische Einrichtungen, der Schadensumfang blieb begrenzt, und weder die Lebensmittellieferungen ins Reich noch rüstungswichtige Betriebe wurden davon betroffen. Bei nüchterner Betrachtung entstand daraus weder eine ernsthafte Beeinträchtigung der deutschen Interessen noch eine Bedrohung der militärischen Sicherheit.

Dass aus diesen Nadelstichen des Widerstands gleichwohl eine manifeste Krise der deutschen Besatzungspolitik in Dänemark erwuchs, lag vielmehr an den Deutschen selbst und insbesondere an der widersprüchlichen und zum Teil gegensätzlichen Politik der deutschen Machtgruppen in Kopenhagen und Berlin. Ausschlaggebend waren dabei zunächst zwei Faktoren: In der deutschen Militärführung grassierten seit jeher Befürchtungen, dass die Alliierten eine Invasion auf dem Kontinent in Dänemark durchführen würden. Da die deutschen Verteidigungsanlagen an der dänischen Westküste höchst unzureichend waren, führten alle Anzeichen und Gerüchte von einer angeblich geplanten Landung der Engländer in Dänemark zu erheblicher Nervosität sowohl beim OKW wie beim Befehlshaber in Dänemark von Hanneken. Schon deshalb musste jeder Hinweis auf verstärkte Widerstands- und Sabotagetätigkeit im Land bei den Militärs größere Befürchtungen auslösen, als dies bei gesicherten äußeren Grenzen der Fall gewesen wäre.[61]

Das war in gewisser Weise systembedingt: Für die Militärs galt der Primat der Sicherheit, dem außen- und besatzungspolitische Interessen nachzuordnen waren. Für den Reichsbevollmächtigten stand die innere Befriedung des Landes im Hinblick auf die außen- und wirtschaftspolitischen Interessen des Reichs im Vordergrund, und die Aktionen der Militärs waren daraufhin abzustimmen. Diese Divergenzen wurden aber durch die institutionelle Rivalität zwischen Befehlshaber und Reichsbevollmächtigtem noch verstärkt, an deren Ausgangspunkt die widersprüchlichen Weisungen Hitlers vom Herbst 1942 gestanden hatten. Von Hanneken sah sich als militärischer Vertreter des Reiches neben, nicht unter dem Reichsbevollmächtigten und unternahm immer wieder Versuche, in Dänemark eine eigene Politik nach Hitlers Maßgabe vom »harten Durchgreifen« zu betreiben und jedenfalls unabhängig von Best zu agieren. Hinzu kam eine ausgeprägte persönliche Animosität zwischen dem poltrigen General, dessen politische Vorstellungskraft begrenzt und dem das Denken in weltanschaulichen Systemen und außenpolitischen Konzepten ganz fremd war, und dem zurückhaltend und höflich auftretenden Best, der in seiner Verbindung von pragmatisch handelndem Machttechniker und intellektuell gefärbtem SS-Ideologen einen neuen Typus des deutschen Machtträgers in Europa zu verkörpern schien.[62] Für Best war die Politik des Generals Ausdruck eines ungelenken, im Grunde unpolitischen und überholten Soldatentums. Umgekehrt hielt von Hanneken Bests Politik der »Zusammenarbeit« in Dänemark für ganz verfehlt und für einen Ausdruck von Schwäche. »Immer wenn er scharfe Maßnahmen gegenüber den Dänen treffen wolle«, so fasste er seinen Ärger über Best zusammen, komme »die Innere Verwaltung und scheiße in die Hosen«.[63]

Eine erste Kraftprobe stellte im Winter 1942/43 die Frage dar, vor welches Gericht ergriffene dänische Saboteure zu stellen seien.[64] Bislang waren auch die gegen die Wehrmacht gerichteten Anschläge von dänischen Gerichten abgeurteilt worden; aber mit der zunehmenden Widerstandtätigkeit ging der General dazu über, dänische Saboteure vor deutsche Kriegsgerichte zu stellen und nach der Verurteilung ins Reich überführen zu lassen. Zwar gelang es Best, die meisten Häftlinge wieder nach Dänemark zurückbringen zu lassen, die Tätigkeit der deutschen Kriegsgerichte bei Anschlägen gegen Wehrmachtseinrichtungen jedoch musste er widerwillig akzeptieren, wenngleich er sich bei der Strafzumessung ein Veto vorbehalten konnte.

In dem Maße aber, wie die Zahl der Sabotagefälle zunahm und die Furcht der Deutschen vor einer Landung der Alliierten wuchs, verstärkte sich die Position von Hannekens. So entwickelte sich ein ständiger Konflikt zwischen Befehlshaber und Reichsbevollmächtigtem, der das ganze erste Halbjahr 1943 hindurch andauerte und bei dem der General unter Hinweis auf Sabotage- und Invasionsgefahr beständig neue, verschärfte Maßnahmen forderte, während Best eben dies unter Hinweis auf die daraus erwachsenden negativen Folgen für die Politik der Zusammenarbeit und die dänischen Lebensmittellieferungen ins Reich zu verhindern trachtete. So wies von Hanneken seit Anfang Januar vermehrt darauf hin, dass das noch in Waffen stehende dänische Heer in hohem Maße »antideutsch« eingestellt sei, im Falle einer alliierten Landung daher eine Gefahr im Rücken der deutschen Truppen bedeuten würde und schleunigst aufzulösen sei. Best widersprach dem mit den bekannten Argumenten; und nach langen, aufgeregten Verhandlungen mit OKW und Auswärtigem Amt einigte man sich vorläufig auf eine »warnende Mitteilung« an die dänische Regierung.[65]

Wenige Tage später begann die gleiche Auseinandersetzung erneut. Von Hanneken teilte mit, er habe heimliche Mobilmachungsvorbereitungen des dänischen Heeres aufgedeckt, und forderte wiederum die gerade zurückgewiesene Auflösung des Heeres. Best konnte dies zwar sogleich entkräften – das dänische Heer hatte nicht einmal 6000 Mann unter Waffen –, gleichwohl gelangte die Angelegenheit bis zu Hitler, der, wie nicht anders zu erwarten, sofort eine erhebliche Verschärfung der Warnungen an die dänische Regierung befahl.[66] Aber Best hatte in seinem Bericht an das Auswärtige Amt auf die viel weitergehenden Motive des

Generals verwiesen, wonach dieser »darauf hinarbeitet, Militärbefehlshaber in Dänemark nach dem Vorbild der Militärbefehlshaber in Paris und Brüssel zu werden«, und verlangt, »daß von seiten des Auswärtigen Amtes jeweils energisch den tendenziös scharfmacherischen Vorstößen des Generals von Hanneken entgegengetreten wird.«[67] Daraufhin wurde von Hannekens Vorstoß erneut zurückgewiesen, und auf Veranlassung des OKW musste der General nach Bests Erfolg bei den Reichstagswahlen sogar einen Aufruf an seine Truppen ergehen lassen, wonach man sich als »Gast« im Land zu betrachten und verhalten habe und auf die Bedeutung der dänischen Lebensmittellieferungen Rücksicht zu nehmen sei. Die Verhandlungen mit der dänischen Regierung würden allein vom Reichsbevollmächtigten geführt, und die Aufgaben des Befehlshabers beschränkten sich auf Fragen der militärischen Verteidigung.[68]

Best hatte seine gegenüber dem General bevorrechtigte Stellung durchgesetzt, aber es war unschwer vorauszuahnen, dass die Versuche des Befehlshabers, in Dänemark »schärfer« vorzugehen und womöglich die Macht selbst in die Hand zu bekommen, bei der nächsten größeren Sabotagewelle wieder erneuert werden würden, zumal der Außenminister seit Hitlers Befehl, der dänischen Regierung eine »sehr scharfe Warnung« zukommen zu lassen, auf Distanz zu Bests Kurs in Dänemark zu gehen begann. Nach Hitlers und also auch seiner Überzeugung äußerte Ribbentrop am 10. April, gebe es nach militärischen Rückschlägen nur eine Methode, nämlich »energisch durchzugreifen«, wie dies Stalin nach seinen ersten Niederlagen »mit einer geradezu barbarischen Rücksichtslosigkeit« vorgeführt habe. Gerade anhand des Vergleiches zwischen Norwegen und Dänemark aber zeige sich, »daß man mit weichen Methoden oder dem Bemühen, einen Ausgleich zu finden, nicht weiterkomme«. Während man in Norwegen zu brutalen Maßnahmen gegriffen habe, habe man in Dänemark »mit Hilfe des zum deutschen Vertreter ernannten sehr geschickten Dr. Best ... ein Experiment versucht, um die Wirkung der Methode der leichten Hand und des Ausgleichs festzustellen. Das Ergebnis sei, daß in Norwegen keine Sabotageakte mehr stattfänden, sie in Dänemark dagegen zunähmen.«[69]

Das stand in offenkundigem, scharfem Gegensatz zu der seit 1940 vom Auswärtigen Amt vertretenen Politik in Dänemark und zeugte von der Instabilität der außenpolitischen Führung des Reiches. Von einer längerfristigen, gar über das Kriegsende hinausreichenden Perspektive war hier keine Rede, ebenso wenig wie von unterschiedlichen Formen der Behandlung eines »germanischen« und eines Landes etwa mit slawischer Bevölkerung. Dabei zählten für Hitler ebenso wie für Keitel und Ribbentrop auch nicht Faktoren wie der effektive durch die Sabotageaktionen entstandene Schaden oder das Maß an Unterstützung, das der Widerstand bei der Bevölkerung eines Landes erhielt. Je schlechter die militärische Lage, desto brutaler das Vorgehen– darauf reduzierte sich das besatzungspolitische Rezept des »Führers«; schon deshalb musste der von Kanstein, Best und Stuckart entworfene politische Kurs in Dänemark in dem Maße unter Beschuss geraten, wie er zu dieser Linie in Kontrast stand.

Gegen die drohende grundlegende Änderung des politischen Kurses gegenüber Dänemark ergriff Best nun verschiedene Maßnahmen, die helfen sollten, die Politik der »Zusammenarbeit« abzusichern. So versuchte er, den Berliner Stellen zu verdeutlichen, dass es sich bei der verstärkten Sabotagetätigkeit nicht um Aktionen der dänischen Bevölkerung handele, sondern um ein gezieltes Vorgehen des englischen Geheimdienstes in der Absicht, die deutsche Seite zu harten Reaktionen zu provozieren, um so das »dänische Modell«, das nicht in das von der englischen Propaganda gezeichnete Bild von deutscher Besatzungspolitik in Europa passe, zu torpedieren und »norwegische Verhältnisse« herbeizuführen. Es sei, analog zu den in Frankreich gemachten Erfahrungen, daher für die deutsche Seite viel günstiger, sich auf die Ermittlung der Täter zu konzentrieren und nicht durch übereilte Maßnahmen das Kalkül der Saboteure aufgehen zu lassen. Auch berichtete Best hinfort nur noch sehr verhalten über Sabotageaktionen nach Berlin und stellte die Fahndungserfolge stark heraus.[70] Zugleich aber verstärkte er seinen Druck auf Scavenius und die Führer der seine Regierung tragenden Parteien, die ihrerseits dringende Aufrufe gegen die Sabotageaktionen an die Bevölkerung erließen und auch die dänische Polizei zu verstärkten Ermittlungen aufforderten.[71]

Vor allem aber versuchte Best, seine eigene Machtbasis in Kopenhagen zu stärken; und zu diesem Zweck versicherte er sich insbesondere der weiteren Unterstützung durch die SS-Führung. Hier war man mit seinem Vorgehen nach wie vor sehr einverstanden und verteidigte Best gegen die Interventionen des OKVV und der Parteikanzlei, die weiterhin eine Stärkung der dänischen Nationalsozialisten durch die Besatzungsmacht durchzusetzen versuchten. Dabei stand für die SS-Führung allerdings die von Best stark herausgestrichene »großgermanische Zukunft« Dänemarks und Skandinaviens im Vordergrund; eine solche politische Langzeitperspektive wäre mit einem Militärbefehlshaber oder einem Gauleiter als Machtträger in Dänemark gefährdet worden. Ein »Abbruch der bis jetzt sehr gut verlaufenen Politik« oder gar die Errichtung einer Militärregierung, wie von Hanneken sie anstrebte, wurden von Himmler und Berger daher strikt abgelehnt.[72]

Bests Versuche, seine Machtbasis in Dänemark auch institutionell zu erweitern, waren hingegen nur teilweise erfolgreich. Am 13. Mai kam das Polizeibataillon »Cholm« in Kopenhagen an; damit verfügte Best über eine gewisse, allerdings ganz unzureichende deutsche Exekutive.[73] Sein Versuch hingegen, eine eigene Gerichtsbarkeit zu installieren, als »SS- und Polizeigericht« oder »Sondergericht des Reichsbevollmächtigten«, blieb dagegen im Gestrüpp der Kompetenzrivalitäten zwischen Auswärtigem Amt, OKW und RSHA stecken.[74] Schließlich schien eine akute Notwendigkeit dazu auch nicht zu bestehen, denn Best selbst berichtete unablässig über Fahndungserfolge und den Rückgang der Sabotage und hatte noch Anfang Mai 1943 stolz gemeldet, dass sogar der Feldpolizeichef der Wehrmacht bestätigt habe, Dänemark sei »das ruhigste Land Europas – das Reichsgebiet eingerechnet!«[75]

Seit den Wahlen im März hatte sich die Stimmung in der dänischen Bevölkerung vom Kurs der »Verhandlungspolitik« der Regierung Scavenius merklich abgewendet, so dass der Druck auf die Sammlungsparteien, die diese Politik trugen, beständig wuchs. Vor allem in der Konservativen Partei gewannen jene Kräfte an Bedeutung, die an einen Sturz der Regierung Scavenius bereits vor der sich abzeichnenden militärischen Niederlage der Deutschen und an eine frühzeitige, eindeutige Parteinahme Dänemarks zugunsten der Alliierten dachten. Das aber hätte mit hoher Wahrscheinlichkeit nicht nur die vielbeschworenen »norwegischen Zustände« nach sich gezogen, sondern auch das Risiko, dass Dänemark Kriegsschauplatz würde und mit starken Zerstörungen hätte rechnen müssen. Angesichts solcher Alternativen entschlossen sich die Parteiführungen, weiter bei der bisherigen Linie zu bleiben. Allerdings war das besonders bei den Sozialdemokraten mit der Gefahr verbunden, dass zwischen Parteiführung und Anhängerschaft eine zunehmende Spannung und Entfremdung entstand.

Seit Ende Juli 1943 wurde aus dieser Gefahr Wirklichkeit. Durch die Entmachtung Mussolinis, die Landung der Alliierten auf Sizilien sowie die Zerstörung Hamburgs durch die großen Bombenangriffe in der letzten Juliwoche wuchs in Dänemark die Überzeugung, dass die deutsche Niederlage unmittelbar bevorstehe; und dieser Friedensoptimismus erwies sich als einer der wichtigsten Faktoren in der nun einsetzenden Entwicklung, die sich im Verlauf des August in Massenstreiks und dem darauf folgenden Sturz der Regierung Scavenius entlud.

Auch die Vertreter der deutschen Besatzungsmacht blieben von den Ereignissen insbesondere in Italien nicht unbeeindruckt: Beim deutschen Befehlshaber in Dänemark und bei der deutschen Wehrmachtsführung wuchsen wieder Befürchtungen vor einer alliierten Invasion in Nordjütland, zumal nun sogar genauere Daten kursierten. Erst wurde Ende Juli, dann der 20. bis 22. August als angeblicher Landungstermin genannt.[76] Zugleich verstärkte der dänische Service der BBC seine Aktivitäten und forderte die dänische Bevölkerung unablässig zum Widerstand auf. Die Fallschirmagenten der SOE und die kommunistischen Widerstandsgruppen im Lande hatten ihre Logistik nun so weit ausgebaut, dass seit Anfang Juli beinahe täglich mehrere Sabotageakte oder -versuche gemeldet wurden.[77] Dabei stand hinter den Aktivitäten von Bevölkerung, Widerstand und SOE durchaus kein koordinierter Meisterplan. Denn während das englische Foreign Office und die englische Militärführung sich unzweideutig gegen die Anzettelung eines Volksaufstandes in Dänemark ausgesprochen hatten, versuchte die SOE zur gleichen Zeit zielbewusst, die »Zusammenarbeitspolitik« und Bests »Musterprotektorat« durch verstärkte Sprengstoffanschläge zu torpedieren. Aber dass sich die Dinge in Dänemark zuspitzen würden, war angesichts der Ausgangslage mit einiger Sicherheit anzunehmen, so dass es einer solchen Koordination gar nicht bedurfte.[78]

Auf diese Entwicklung reagierten die deutschen Stellen zunächst wie gewohnt. Von Hanneken ließ Vorbereitungen für eine Entwaffnung des dänischen Heeres anlaufen, während Best nach außen abwiegelte und nach innen mit dem Hinweis auf drohende Verschärfungen Druck auf Scavenius ausübte. Am 7. Juli flog er zu

Himmler in dessen Hauptquartier nach Ostpreußen, um sein weiteres Vorgehen abzustimmen. Himmler sprach sich deutlich für die Beibehaltung des bisherigen Kurses in Kopenhagen aus, und angesichts der von Best vorgetragenen Zielsetzung, die Dänen durch Großzügigkeit und Gerechtigkeit für Deutschland zu gewinnen und dadurch »das künftige Verhältnis der skandinavischen Germanen zu uns« ganz im Sinne der SS zu gestalten, geriet Himmler sogar, wie Best später notierte, »in eine gewisse Begeisterung für meine Politik und für Dänemark«. So beschrieb der Reichsführer-SS einige Tage später die Entwicklung in Dänemark auch Hitler gegenüber als ausgesprochen positiv. Bests Politik habe dazu geführt, »daß es rein sicherheitspolizeilich und sabotagemäßig z.Zt. das beste Land« sei.[79]

Spätestens seit Ende Juli aber war diese Beurteilung nicht mehr zutreffend. Die Zahl der Sabotageakte und -versuche stieg auf über 20 pro Woche an, wobei insbesondere die strategisch wichtige Eisenbahnlinie nach Nordjütland Ziel der Sprengstoffanschläge war. Wichtiger als die Zahl der Anschläge und die dadurch verursachten Schäden aber war der politische Effekt der neuen Sabotagewelle, denn sie führte durch Reaktion und Gegenreaktion zu einer sich steigernden Nervosität und Gewaltbereitschaft auf beiden Seiten. In Odense lösten die deutschen Sicherungsmaßnahmen einen ersten Großstreik aus – und die sich seither ausbreitenden Streiks, Demonstrationen und in ihrem Gefolge die sich mehrenden Zusammenstöße zwischen dänischen Zivilisten, meist Jugendlichen, und deutschen Soldaten schufen eine sich immer weiter aufheizende Atmosphäre. Zwar blieben die Streiks und die Sabotageakte nach wie vor ohne eine bemerkbare Wirkung auf die industrielle Produktion, den landwirtschaftlichen Export oder die Sicherheit der deutschen Besatzungsmacht. Sie erregten aber im Land ein so großes Aufsehen, dass sie nicht mehr ohne Reaktion der deutschen Seite bleiben konnten. Einen ersten Vorstoß Hannekens, die Todesstrafe für Saboteure einzuführen, konnte Best zunächst abwehren. Er schlug stattdessen vor, als Saboteure verurteilte Dänen in ein deutsches Gefängnis zu deportieren, zog diesen Vorschlag dann aber wieder zurück: Von der Wucht der antideutschen Unruhen im Land war auch er überrascht worden und versuchte nun, ohne ein klares Konzept weiter zu lavieren und zu beschwichtigen.[80]

Für die dänischen Sammlungsparteien wurde die Kluft zu den sich mittlerweile in hellem Aufruhr befindlichen Teilen der dänischen Bevölkerung – Unruhen gab es mittlerweile in zehn Städten und Provinzen – immer offensichtlicher. Bei dem Streik in Esbjerg (6. – 12. August) war unübersehbar, dass die Gewerkschaften und die Sozialdemokratie ihren Einfluss auf die Streikenden schon weitgehend verloren hatten und dass auch die dänischen Behörden, die beruhigend auf die Demonstranten einzuwirken versuchten, nichts mehr ausrichten konnten.[81] Um dieser Entwicklung entgegenzusteuern, teilte Scavenius daher am 9. August mit, er wolle nun zurücktreten, um einer parlamentarischen Regierung unter dem Sozialdemokraten Buhl, die größere Autorität im Volke besitzen werde, Platz zu machen. Best aber lehnte dies strikt ab, wäre es doch dem Ende der »Zusammenarbeitspolitik« gleichgekommen.[82] Es gelang ihm auch noch, die Regierung am 12. August zu weiteren Maßnahmen gegen Sabotage und Massenstreiks zu gewinnen. Aber die Basis, auf der diese Regierung stand, war schon weitgehend abgebröckelt.[83]

Best entschloss sich daher, sich über die großen Zeitungen des Landes direkt an die dänische Öffentlichkeit zu wenden und sie davon zu überzeugen, dass die verbreiteten Erwartungen, die Deutschen seien bereits besiegt und der Krieg bald zu Ende, falsch und die antideutschen Streiks und Sabotagen gegen die eigenen Interessen der Dänen gerichtet seien. Der Krieg werde noch sehr lange dauern, erklärte er den Chefredakteuren der dänischen Zeitungen am 11. August, und sein Ausgang sei durchaus noch nicht entschieden. Eine »Invasion« in Dänemark werde zudem schreckliche Folgen für dieses Land mit sich bringen, und selbst wenn Deutschland den Krieg verlieren würde, so wäre Dänemark von der dann folgenden Herrschaft des Bolschewismus und des Chaos betroffen. »Uns alte Nationalsozialisten würde man in diesem Augenblick wahrscheinlich totschlagen. Aber ich versichere Ihnen, daß ich als alter deutscher Nationalrevolutionär noch in meiner Sterbestunde bejahen würde, daß mein Volk ... das Chaos einer Unterwerfung vorzöge. Denn in dem Chaos Europas müßte sich nach einiger Zeit ja doch der härteste und schöpferischste Menschenschlag wieder durchsetzen, – und das ist nach meiner tiefsten Überzeugung mein deutsches Volk.«[84]

Den Gang der Ereignisse vermochte Best durch derartige Bekundungen seiner inneren Festigkeit nicht mehr zu beeinflussen; die Zahl der Streiks nahm weiter zu, ebenso wie die der Zusammenstöße zwischen Dänen und deutschen Soldaten. Als von Hanneken auf Bitten Bests daraufhin die Soldaten für einige Tage in den Kasernen hielt, um die Situation zu entspannen, galt dies in der dänischen Bevölkerung als Zeichen der Schwäche und als Bestätigung, dass es mit den Deutschen bald zu Ende ginge; was nun wiederum zur weiteren Eskalation führte.[85] Am 19. August wurde in Odense ein deutscher Offizier von einer Menschenmenge schwer misshandelt – damit war die deutsche Seite unter Handlungsdruck, und Best musste von seiner Droh- und Beschwichtigungstaktik abgehen. Von hier aus aber war der Weg zu einem »härteren Kurs« in Dänemark vorgezeichnet.

Best wusste nun, dass sein dänisches »Modell« ernsthaft gefährdet war, zumal, als in Odense als Reaktion auf die wieder verstärkte deutsche Truppenpräsenz der Generalstreik ausgerufen wurde. Aber es handelte sich nach wie vor um einen regional begrenzten Aufruhr, dem eine politische Führung fehlte. Gewerkschaften, Sozialdemokratie, die Spitzen der übrigen Sammlungsparteien, die Behörden und selbst die Hauptstadtpresse blieben angesichts der drohenden Gefahren durch eine Machtübernahme des Militärs zurückhaltend, und am 21. August ließen sich die Regierungsparteien von Best sogar noch einmal zu einem gemeinsamen Aufruf gegen die Streiks und Demonstrationen bewegen.[86] Als die Unruhen dennoch weitergingen und sogar auf das strategisch sensible Nordjütland übergriffen, war jederzeit mit einer massiven Aktion der Wehrmacht zu rechnen. Wollte Best die Errichtung einer Militärdiktatur durch von Hanneken noch vermeiden, musste er eine eigene Konzeption für eine Verschärfung des Vorgehens der deutschen Besatzungsmacht und für eine Veränderung der Besatzungsform in Dänemark entwickeln – und dies tat er auch.

In einem ausführlichen Schreiben an Himmler vom 22. August erläuterte Best seine Überzeugung, dass die Form der deutschen Herrschaft in Dänemark nun möglicherweise geändert werden müsse. Die Regierung Scavenius werde der Lage im Land nicht mehr Herr, weil nach den Ereignissen in Italien »die gesamte dänische Bevölkerung – einschließlich der meisten Staatsorgane – glaubt, dass der Endsieg der Westmächte nur noch eine Frage weniger Wochen sei«. Sollte die Regierung Scavenius scheitern, halte er es daher für »das Zweckmäßigste, daß ich mit einer unpolitischen dänischen Zivilverwaltung, die von mir gelenkt und beaufsichtigt wird, das Land, das ich in nunmehr 10 Monaten ausreichend kennengelernt habe, weiterverwalte«. Sein Ziel sei es dabei, »einerseits für die Erfüllung aller militärischen und kriegswirtschaftlichen Notwendigkeiten zu sorgen und andererseits doch nicht die germanischen Zukunftsaufgaben aus dem Auge zu verlieren. Ich halte an dem Ziel fest, daß die Dänen doch einmal in die germanische Gesellschaft eingehen sollen, ohne daß zuviel Bitterkeit zwischen ihnen und uns liegt.« Voraussetzung dafür sei allerdings der Aufbau einer eigenen deutschen Polizeitruppe im Lande, um Streiks und Unruhen wirksam unterdrücken zu können. Dazu benötige er entsprechende Sicherheitskräfte aus dem Reich sowie eine Gruppe dänischer Freiwilliger – gemeint war das Schalburg-Korps, das Best statt zu einem Rekrutierungsverband für die Waffen-SS zu einem Eingreifkommando zur eigenen Verfügung zu machen gedachte.[87]

Was Best hier vorschwebte, war eine Art von persönlichem Regiment, gestützt vor allem auf Himmler und die SS, wenngleich er seine formelle Unterstellung unter das Auswärtige Amt weiterhin für sinnvoll hielt. Dabei sollte am Prinzip der Aufsichtsverwaltung im Grundsatz festgehalten werden, aber ohne eine verfassungsmäßige dänische Regierung und mit umfassenden Befugnissen für den Reichsbevollmächtigten, der so zu einer Art von Gouverneur des Landes werden würde. Zweifellos wäre ein solches System, das sich in vielem an dem Vorgehen Heydrichs im »Reichsprotektorat Böhmen und Mähren« orientierte, im Hinblick auf seine außenpolitische Strahlkraft erheblich glanzloser als das bisher praktizierte »dänische Modell« gewesen. Es hätte aber, jedenfalls in der Vorstellung Bests, erlaubt, weiterhin mit relativ geringen, im Polizeibereich allerdings erheblich verstärkten deutschen Kräften sowohl die dänischen Lieferungen für das Reich zu sichern als auch die Stellung Dänemarks im deutsch dominierten Nachkriegseuropa offen zu halten. Vor allem aber hätte es die Kompetenzverlagerung zugunsten anderer Machtgruppen des NS-Regimes vermieden und die Rolle der SS in Skandinavien insgesamt stark aufgewertet. Insofern durfte sich Best auch der Unterstützung Himmlers sicher sein. Dass es zunächst anders kam, lag an einem Zufall.

Das Ende des »Musterprotektorats«

Best hatte Ausmaß und Anwachsen der Streik- und Sabotageaktionen bereits seit längerem gar nicht mehr oder nur in stark geschönter Form nach Berlin berichtet. Insbesondere im Führerhauptquartier war man seit Himmlers euphorischem Bericht über die vermeintlich ausgezeichnete Sicherheitslage in Dänemark der Überzeugung, dort stehe alles zum Besten. Am 21. August jedoch schilderte ein deutscher Militärfotograf, der über die Befestigungsbauten an der dänischen Westküste im Führerhauptquartier Bericht erstattete, auf die angelegentliche Frage Hitlers nach der allgemeinen Lage in dem Land die Ereignisse der vergangenen Tage und Wochen in so drastischen Farben, dass Hitler sich von Best und Himmler getäuscht sah und aufgebracht sofortige scharfe Maßnahmen verlangte. Das OKW forderte daraufhin bei von Hanneken einen genauen Bericht an, und dieser ließ die Gelegenheit nicht aus, die Sicherheitslage in Dänemark als außerordentlich besorgniserregend darzustellen und für den Fall, dass sich dies nicht in Kürze ändere, die Erklärung des Ausnahmezustandes und den Einsatz deutscher Truppen anzukündigen.[88]

Am folgenden Tag wurde daraufhin Best zu Ribbentrop ins Führerhauptquartier zitiert. Von dem Bericht von Hannekens hatte er keine Kenntnis, ebenso wenig wie von dem des Militärfotografen. Nachdem es Kanstein in Odense am gleichen Tag gelungen war, den Generalstreik zu beenden, und es in großen Teilen des Landes, vor allem in der Hauptstadt, nach wie vor ruhig war, flog Best am Abend des 24. August recht zuversichtlich zur »Wolfsschanze«, vermutlich in der Überzeugung, dass dort über seinen Vorschlag, die Macht in Dänemark selbst zu übernehmen, beraten werden sollte.[89]

Diese Erwartung wurde enttäuscht. Kaum eingetroffen, wurde er von Ribbentrop mit den klassischen Worten: »Der Führer ist rasend!« empfangen und mit heftigen Vorwürfen über seine Vorgehensweise und insbesondere über seine beschwichtigende Berichterstattung konfrontiert. Zwar versuchte Best, sein Vorgehen zu rechtfertigen und seine Vorstellungen über die Zukunft Dänemarks zu erläutern. Und er trug auch seine Vorschläge von der Errichtung eines persönlichen Regiments, gestützt auf deutsche Polizei und einen unpolitischen dänischen Verwaltungsausschuss vor. Hitler hatte sich aber bereits für einen vollständigen Kurswechsel in Dänemark entschieden und ließ Best am folgenden Tag seine Weisungen mitteilen. Danach sollte er der dänischen Regierung ein Ultimatum stellen, das so abgefasst war, dass sie es ablehnen musste; daraufhin sei der militärische Ausnahmezustand zu erklären.

Damit war das Ende des »dänischen Modells« besiegelt und Bests Rolle in Dänemark ausgespielt. Er bot daher dem Außenminister seinen Rücktritt an, den dieser aber ablehnte, da er den Einfluss des Auswärtigen Amtes auf die Entwicklung in Dänemark nicht gänzlich verlieren und das Land formell auch weiterhin als selbständigen Staat behandeln wolle.[90]

Mit diesem Bescheid flog Best nach Kopenhagen zurück, als »politisch toter Mann«, wie er es formulierte. Nur fünf Monate nach seinem Triumph bei den Reichstagswahlen war sein »Musterprotektorat« ans Ende gekommen, und weil er so hoch gestiegen war, empfand er persönlich jetzt die Ausrufung des Ausnahmezustands als einen Sturz in den Abgrund. Wie schon in anderen Krisenmomenten zuvor reagierte Best auf diese Niederlage mit einer Art von nervösem Zusammenbruch, mit Enttäuschung und Gefühlen der Rachsucht gegenüber jenen, die er für seine Niederlage als verantwortlich ansah.

Paul Kanstein hat später diese Reaktion Bests sehr genau beschrieben; seine Beobachtungen sind dabei nicht nur für die Persönlichkeit Bests kennzeichnend, sondern auch für die Analyse der weiteren Entwicklung im Spätsommer 1943 von Bedeutung: »Es machte sich bei Dr. Best schon vor dem 29.8.1943 eine sehr starke Verärgerung und Enttäuschung darüber bemerkbar, daß sein gutes Wollen vielfach verkannt wurde und sein moderates Auftreten und Handeln von gewissen

Kreisen in Dänemark als bloße Berechnung und raffinierte Tarnung aufgefaßt und als besonders gefährlich für das Land propagandiert (!) wurde. Dazu kamen später die Rückschläge, die sich für ihn und seine Tätigkeit aus der mehr und mehr verstärkt in Erscheinung tretenden Sabotage- und der Streikbewegung ergaben und die seine Stellung empfindlich schwächten. Er hatte auch, als er Ende August 1943 im Hauptquartier war, eine Behandlung erfahren, die seinen Ehrgeiz erheblich kränken mußte, hatte ernstliche Vorwürfe erhalten und war in bezug auf seine künftige Haltung Dänemark gegenüber mit den strengsten Weisungen versehen worden. Alle diese Momente mußten naturgemäß bei ihm zu einem starken innerlichen Konflikt führen, in welchem sein großer persönlicher Ehrgeiz, verletzte Eitelkeit, die große Enttäuschung, der Wille, die Dinge doch wieder in die Hand zu bekommen, die Furcht, Ansehen zu verlieren und auch ein gewisses Bedürfnis, sich an den vermeintlichen Urhebern seines Mißerfolgs zu rächen, eine Rolle gespielt haben dürften.«[91]

Gegen wen sich diese Enttäuschung Bests und sein Bedürfnis nach Rache richteten, war offensichtlich. Er sah sich selbst als Opfer eines Zusammenspiels zwischen dem von England gelenkten dänischen Widerstand, der, um das Modell der Zusammenarbeitspolitik in Dänemark zum Einsturz zu bringen, die deutsche Besatzungsmacht durch Sabotage und Streiks zu harten Reaktionen zwingen wollte, und denjenigen Kreisen in der deutschen Führung, die auf diese Provokation entsprechend reagierten und an deren Spitze er immer deutlicher Hitler selbst erkannte. »Die indirekte Zusammenarbeit zwischen Widerstand und Hitler war für das Scheitern meiner Politik nach dem 28. August 1943 verantwortlich«, schrieb er später. »Ich habe deshalb immer wieder erklärt: ›Die besten Verbündeten der dänischen Widerstandsbewegung saßen bei uns im Führerhauptquartier‹ ... Daß in Dänemark nunmehr ›durchgegriffen‹ und deutsche Macht fühlbar eingesetzt wurde, war politisch ein Sieg des Feindes.«[92]

Das war nicht ganz falsch. Spätestens seit den Reichstagswahlen vom März bestand eines der vorrangigen Ziele der dänischen Widerstandsgruppen in der Tat darin, die Dänemark bei den Alliierten kompromittierende Politik Bests scheitern zu lassen, und dabei konnten sie darauf vertrauen, dass die deutsche Führung von Hitler bis hinunter zu von Hanneken auf Unruhen, Streiks und Sabotage unflexibel und mit harten Gewaltmaßnahmen reagieren und so dem Bestschen »Musterprotektorat« ein Ende bereiten würde. Aber auch in den Führungsgremien der dänischen Regierungsparteien war das Ende der Belastbarkeit erreicht. Angesichts des Massencharakters des »August-Aufruhrs« hätte eine Fortsetzung der bisherigen Linie bedeutet, sich zur eigenen Bevölkerung in einen schroffen Gegensatz zu bringen. So richtete sich Bests Enttäuschung und Verärgerung auch gegen die dänischen Politiker, die nun, unter der Militärregierung des Generals, würden zu spüren bekommen, wovor er sie bislang hatte bewahren können.

Das an die dänische Regierung gerichtete Ultimatum war in der Tat unannehmbar. Es forderte nicht nur, dass die dänische Seite selbst den Ausnahmezustand erklären, die Unruhen und Streiks beenden und dabei sogar mit Waffengewalt vorgehen sollte, sondern war auch deutlich so abgefasst, dass eine Annahme die dänische Regierung in Frontstellung zum eigenen Volk gebracht hätte. Der frühere Staatsminister Buhl, als Führer der Sozialdemokraten mehr und mehr der bestimmende Faktor der dänischen Politik in dieser Phase, brachte es auf den Punkt: »Das Bild ist ganz klar. Wir sollen unter deutsche Herrschaft. Die dänische Regierung soll eine Schattenregierung werden; daher halte ich es für völlig ausgeschlossen, Forderungen der genannten Art durchzuführen.« Das Ultimatum wurde daher abgelehnt, und damit begann die Automatik des Ausnahmezustands zu greifen.

Diese Entscheidung der dänischen Regierung war von großer Tragweite, und die führenden Politiker des Landes waren sich dessen bewusst. Im Rückblick erweist sich der 29. August 1943 als ein Wendepunkt in der neueren dänischen Geschichte: Er markiert die Abkehr von der seit beinahe 70 Jahren strikt befolgten Neutralität Dänemarks und die Hinwendung zum Westen. Aber trotz der Gewissheit, dass nun mit harten Repressionen von Seiten der Besatzungsmacht zu rechnen war, war diese Entscheidung für die dänischen Politiker doch auch ein Befreiungsschlag – man war endlich aus dem Zwielicht der Kollaboration herausgetreten und hatte für klare Verhältnisse gesorgt. »Trotz des Ernstes des Beschlusses«, schrieb der sozialdemokratische Politiker Hartvig Frisch über die Sitzung seiner Partei, in der die Ablehnung der deutschen Forderungen beschlossen wurde, »war die Stimmung in der recht großen Versammlung beinahe heiter«.[93]

Ausnahmezustand

Die Ausrufung des militärischen Ausnahmezustands am 29. August brachte nun all jene Maßnahmen mit sich, die General von Hanneken schon seit längerem hatte vorbereiten lassen. Die dänische Wehrmacht wurde entwaffnet und interniert, Streiks und Demonstrationen wurden verboten, wichtige Gebäude besetzt, der Post- und Telefonverkehr unterbrochen, die königlichen Schlösser unter Bewachung gestellt, Standgerichte traten in Aktion. Am Abend konnte der General melden, die Lage sei unter Kontrolle.[94]

Aber schon zur gleichen Zeit stellte sich heraus, dass mit der Erklärung des Ausnahmezustands keinerlei politische Konzeption verbunden und von Hanneken mit den über die Militäraktionen selbst hinausgehenden Aufgaben auch völlig überfordert war. Die Entwaffnung der dänischen Truppen hatte an verschiedenen Stellen zu heftigen Kämpfen mit Toten und vielen Verletzten geführt – der General hatte es, wie Best konsterniert feststellte, unterlassen, zuvor die kampflose Übergabe zu fordern, die zweifellos hätte ausgehandelt werden können. Schlimmer noch war, dass sich die dänische Flotte, das für die Deutschen wichtigste dänische Kriegsgerät, vor Eintreffen der deutschen Truppen zum überwiegenden Teil selbst hatte versenken können – dadurch war die Küstenverteidigung ernsthaft gefährdet. Vor allem aber: Dem General war ganz unklar, wie denn nun in Dänemark weiter regiert werden sollte – zu einer Militärverwaltung wie in Frankreich fehlten ihm die Kräfte. Er besaß nicht einmal einen Verwaltungsstab und ernannte kurzerhand Paul Kanstein, den vielleicht entschiedensten Gegner einer Militärregierung in Dänemark, zum Verwaltungschef. Nur mit dänischer Beamtenschaft war das Land weiter regierbar, dazu bedurfte es aber einer Anordnung der dänischen Regierung. Aber – gab es eine solche noch?

Nach Beginn des Ausnahmezustands hatten sowohl Best wie von Hanneken die Regierung aufgefordert, zu demissionieren und als letzte Amtshandlung die dänische Beamtenschaft zur Weiterarbeit zu verpflichten. Scavenius war dazu bereit, wies allerdings darauf hin, dass die Aufforderung an die dänische Beamtenschaft durch den König zu erfolgen habe, und Best legte diese Frage daher dem deutschen Außenminister zur Entscheidung vor. Nun aber griff von Hanneken der Entwicklung vor und verfügte mit dem Hinweis, er sei schließlich Inhaber der vollziehenden Gewalt, als solcher souverän und nicht von einer Entscheidung des Außenministers abhängig, die Demission der dänischen Regierung.[95] Im Hinblick auf die tatsächlichen Machtverhältnisse schien dies eine formelle Nebensächlichkeit zu sein. Aber angesichts des kaum noch durchdringlichen diplomatischen und staatsrechtlichen Dickichts der deutsch-dänischen Beziehungen entpuppte sich das Vorpreschen des Generals als schwerwiegend und folgenreich: Die dänische Regierung war mangels einer rechtsgültigen Demission offiziell weiter im Amt, aber »außer Funktion«. Die Rolle des Königs war ungeklärt. Die Bereitschaft der dänischen Beamtenschaft zur Weiterarbeit war zweifelhaft, und die Machtbefugnisse der verschiedenen deutschen Stellen in Kopenhagen waren undefiniert: Der Versuch des Generals, den dänischen Knoten mit einem Gewalthieb zu zerschlagen, war im Grunde schon nach wenigen Stunden gescheitert, und von Hanneken hatte sich in dem Gewirr aus diplomatischen Rücksichten, staatsrechtlichen Vorschriften und machtpolitischen Rivalitäten heillos verfangen.

Die Fehler und Missgriffe von Hannekens waren unübersehbar; aber in Wirklichkeit waren es die Anordnungen Hitlers, die diese Situation heraufbeschworen hatten. Die aus aufwallender Verärgerung über die »unbotmäßigen« Dänen getroffenen »Führerentscheidungen« vom Herbst 1942 wie vom August 1943, nun endlich »keine Rücksichten« mehr zu nehmen und mit Gewalt vorzugehen, erwiesen sich jeweils bald als undurchdachte Schnellschüsse mit fatalen, aber vorhersehbaren Folgen – wollte man die dänischen Agrarexporte sichern und das Land weiterhin mit wenigen deutschen Kräften regieren, musste man sich mit den Dänen arrangieren. Wollte man mit Gewalt vorgehen, entwickelte sich daraus eine eigene Dynamik, die die übrigen Interessen des Reiches in Dänemark in Frage stellten. Hitlers Entschlüsse und Befehle aber intendierten das eine wie das andere und trugen so zur beständigen Eskalation bei.[96]

So wurde an dem Beispiel Dänemarks die Logik und die Agonie der Außen- und Besatzungspolitik der Nationalsozialisten insgesamt offenbar: Zu einer perspektivisch angelegten, auf die Gestaltung eines deutsch dominierten Europas orientierten Politik waren sie nicht in der Lage, sondern beschränkten sich auf die Eroberung und die Besatzung selbst – der einzige Versuch, eine Alternative zur bloßen Gewaltherrschaft auszuprobieren, scheiterte in Dänemark schon bei der ersten ernsthaften Belastungsprobe. Was übrig blieb, war die Kombination von Gewalt und Dilettantismus.[97]

Hier erwies sich aber zugleich, wie vergeblich und letztes Endes absurd der Versuch Bests und der ihn unterstützenden Gruppe in der SS war, die Besatzungsherrschaft des nationalsozialistischen Deutschlands auf eine »vernünftige« Basis zu stellen und auf lange Sicht – etwa auf ein wie immer geartetes »großgermanisches Reich« – zu planen: Denn wurde der Versuch einigermaßen konsequent durchgeführt, wurde entweder die deutsche Herrschaft in dem betreffenden Land gefährdet, oder es entwickelte sich ein politisches System, das dem des Nationalsozialismus fremd, ja konträr gegenüberstand – beides konnte auf die Dauer von der deutschen Regimeführung nicht toleriert werden. Das Bestreben, im Rahmen einer gewalttätigen Weltanschauungsdiktatur eine an »rationalen« und »sachlichen« Gesichtspunkten orientierte Besatzungspolitik zu etablieren, erwies sich als die Quadratur des Kreises.

Der Gewaltstreich des 29. August hatte zwar die Streiks und Demonstrationen in Dänemark schnell beendet, aber die innenpolitische Situation war schon wenige Stunden nach Ausrufung des Ausnahmezustands festgefahren. So kam Best – unverhofft schnell – wieder ins Spiel. Die Missgriffe des Generals hatten auch in Berlin deutlich werden lassen, dass die Militärherrschaft höchstens eine Übergangslösung sein konnte, und Best tat in seinen Telegrammen alles, um diesen Eindruck. zu verstärken. Gegenüber den Dänen trat er von nun an ganz kompromisslos und mit einem theatralischen Gestus von »Härte« und »enttäuschtem Vertrauen« auf. Von seinen Polizeikräften ließ er gleich am Morgen des 29. August fast 400 Personen verhaften, die er als verantwortlich für das Scheitern seiner Politik der »Zusammenarbeit« ansah – von konservativen Politikern bis zu Intellektuellen und Journalisten, darunter drei führende Persönlichkeiten der jüdischen Gemeinde Kopenhagens. In der Frage, was mit den gefangengenommenen Offizieren des dänischen Heeres geschehen solle – Hanneken wollte sie im Land selbst internieren –, plädierte Best sogleich für die Deportation nach Deutschland. Und vor den dänischen Chefredakteuren hielt er eine Strafrede, die allerhand über seinen Gemütszustand verriet: »Ihr tragt die Schuld dafür, dass sich im Volk eine falsche Auffassung von seiner Stellung verbreitet hat. In diesem lächerlich kleinen Land hat die Presse der Bevölkerung die Auffassung eingeimpft, Deutschland sei schwach. Man hat geglaubt, uns alles bieten zu können, von Bomben bis zum Gift. Die Quittung dafür haben Sie in dieser Nacht erhalten ... Jeder Redakteur wird mit seinem Kopf dafür haften, dass das Volk nicht länger vergiftet wird. Denken Sie daran, wenn Sie jetzt diesen Raum verlassen.«[98]

Gegenüber der Berliner Regimeführung aber machte Best deutlich, dass ohne die Wiedererrichtung einer dänischen Zentralinstanz, wie immer die aussehen würde, das Land hinfort nicht oder nur mit erheblich verstärkten deutschen Kräften zu regieren sei, und versuchte auf diese Weise seinen politischen Einfluss wiederzugewinnen – nun aber nicht mehr im Gewand der »Zusammenarbeitspolitik«, sondern in jener Form der direkten deutschen Einwirkung, die er eine Woche zuvor Himmler gegenüber schon konzipiert hatte. Für die Wiedererrichtung einer dänischen Zentralinstanz, schrieb er dem Außenminister daher am 30. August, gebe es zwei Möglichkeiten: »Entweder wird in den Formen der dänischen Verfassung ein unpolitisches Kabinett gebildet, das vom dänischen Reichstag mit umfassenden Ermächtigungen ausgestattet werden müsste, um auf deutsche Anordnungen alle notwendigen Maßnahmen (auch gesetzgeberischer Art) treffen zu können, oder aber es wird ohne Beteiligung des dänischen Königs und des dänischen Reichstags ein Verwaltungsausschuss eingesetzt, der nicht mehr aus dänischem Recht, sondern aus deutschem Besatzungsrecht alle ihm aufgetragenen Maßnahmen durchzuführen hätte; in diesem Fall wäre die Scheinsouveränität Dänemarks ausgelöscht ... In beiden Fällen halte ich es für erforderlich, in Dänemark eine ausreichende deutsche Exekutive zur wirksamen Bekämpfung aller Widerstandsbestrebungen aufzubauen, [wobei] alle Angriffe auf deutsche Interessen durch deutsche Polizei zu verfolgen und von einem deutschen Gericht (SS- und Polizeigericht) abzuurteilen sind.«[99]

Zugleich wandte er sich in einem privaten Schreiben an Himmler, um sich dessen Unterstützung zu sichern: »Nun ist also geschehen, worauf der General von Hanneken von Anfang an hingearbeitet hat, und es läßt sich nichts mehr rückgängig machen. Was künftig hier in Dänemark und was aus mir werden soll, weiß ich zur Zeit nicht ... Schließlich ist das politische Paradepferd Dänemark tot. Sollte ich von hier abberufen werden, so bitte ich in Ihren Dienst zurückzutreten zu dürfen. Im Auswärtigen Amt werde ich nicht bleiben.« Sollte er aber weiter mit der »Lenkung Dänemarks« beauftragt bleiben – und darauf zielte sein Schreiben ab –, so würden »zur folgerichtigen Durchführung des gestern begonnenen neuen Kurses von mir beträchtliche deutsche Kräfte angefordert werden müssen. In erster Linie werde ich beträchtliche deutsche Polizeikräfte brauchen.«[100]

Unter dem Eindruck des politischen Desasters, das von Hanneken innerhalb weniger Stunden in Dänemark angerichtet hatte, kam die Reaktion der deutschen Regimeführung auf die Vorschläge Bests schnell. Hitler revidierte seine eine Woche zuvor gefällten Entscheidungen erneut und setzte Best wieder ein, ja erweiterte dessen Kompetenzen noch. Als Reichsbevollmächtigter, teilte Ribbentrop Best bereits am 1. September mit, trage er laut Führerbefehl auch während des Ausnahmezustands die politische Verantwortung in Dänemark; es sei allein seine Aufgabe, eine »an die Stelle der bisherigen Regierung tretende neue Zentralinstanz zu bilden«, diese politisch anzuweisen, die Beziehungen zum Königshaus zu regeln, die Presse zu leiten und die dänische Wirtschaft im deutschen Interesse zu lenken. Bei Streitigkeiten mit dem General entscheide das Auswärtige Amt.[101] Durch diesen Führerentscheid, wurde später noch einmal hervorgehoben, sei ihm gegenüber dem General eine ausgesprochen starke Stellung eingeräumt worden, der auch das OKW zugestimmt habe. So bestand kein Zweifel daran: Zu einer Militärherrschaft würde es nicht kommen. Best würde entweder als Reichsbevollmächtigter oder als eine Art von Reichskommissar die Geschicke des Landes weiterhin bestimmen, und selbst während des Ausnahmezustands lag die politische Initiative wieder bei ihm.[102]

Auch in der Frage der dänischen Zentralinstanz fiel noch am 1. September eine Entscheidung – Ribbentrop sprach sich gegen einen »Verwaltungsausschuss« und für eine »legale« dänische Regierung aus, aber in der Form eines von den Parteien unabhängigen, »unpolitischen Kabinetts«.[103] Es war unübersehbar, dass eine solche scheinparlamentarische Regierung nicht anders als ein direktes deutsches Regiment nur gegen den Widerstand der dänischen Bevölkerung durchsetzbar wäre und auf deutscher Seite entsprechende Machtmittel voraussetzte, um eine solche Regierung zu stützen. Bis zur Regierungsbildung und vor Aufhebung des Ausnahmezustands musste also eine entsprechende deutsche Polizeimacht in Dänemark konzentriert sein, um Unruhen und Widerstand unterdrücken zu können. In diesem Sinne beschrieb Best als Antwort auf die Entscheidungen der deutschen Führung auch sein geplantes weiteres Vorgehen: So, »wie bisher die im November 1942 begonnene Politik, Dänemark mit Hilfe der. politischen Faktoren des Landes zu lenken, konsequent durchgeführt wurde, so muss nunmehr die am 29.8.1943 begonnene Politik der harten Hand und des fühlbaren Einsatzes deutscher Macht ebenfalls in eiserner Konsequenz durchgeführt werden.« Vor Aufhebung des Ausnahmezustands müssten daher zwei weitere Polizeibataillone und 300 Beamte der Sicherheitspolizei in Kopenhagen eintreffen; ein Sondergericht des Reichsbevollmächtigten müsse errichtet und die Geheime Feldpolizei ihm unterstellt werden.[104]

Best war also entschlossen, vor Ende des Ausnahmezustands vollendete Tatsachen zu schaffen, um danach gestützt auf eine eigene Exekutive gegenüber den Dänen seine »Politik der harten Hand« durchsetzen zu können. Daher eilte es ihm auch nicht mit der dänischen Regierungsbildung; zwar hatte er dem dänischen Unterhändler, dem Departementchef im Außenministerium Svenningsen, die beiden Möglichkeiten zur Bildung einer dänischen Zentralinstanz mitgeteilt, ihm die bereits gefällte Entscheidung Ribbentrops aber verschwiegen.[105]

Für die dänischen Politiker, allen voran Vilhelm Buhl, war jedoch von vornherein klar, dass an eine verfassungsgemäße Regierung nicht mehr zu denken war. Der Reichstag würde sich durch die erneute Bildung einer Regierung politisch kompromittieren und alle Autorität gegenüber der Bevölkerung verlieren. Eine Rückkehr zu den Verhältnissen vor dem August 1943 hätte Dänemark politisch zerrissen. Am 6. September setzte Svenningsen den Reichsbevollmächtigten darüber in Kenntnis: Eine verfassungsmäßige Regierung sei nicht mehr zu erwarten, weder König noch Reichstag würden einer solchen zustimmen; zumal die bisherigen Regierungsparteien befürchteten, durch eine Vollmacht an die Regierung eine Mitverantwortung für die von deutscher Seite befohlenen Maßnahmen übernehmen zu müssen. Die Verantwortung solle daher allein bei der Besatzungsmacht liegen, die dänische Verwaltungsspitze sei aber bereit, unter der direkten Leitung des Reichsbevollmächtigten und auf der Grundlage deutscher Verordnungen weiterzuarbeiten. Damit war die Position der dänischen Seite endgültig klar – keine Wiederauflage der »Verhandlungspolitik«, keine Rückkehr zu den Verhältnissen vor dem 29. August.

Aber es sollte noch einen ganzen Monat dauern, bis die sich hier bereits abzeichnende Lösung in die Praxis umgesetzt und der Ausnahmezustand aufgehoben wurde. Best reagierte auf die Mitteilung Svenningsens nicht, teilte ihm auch keine deutschen Wünsche oder Weisungen mit, sondern erklärte, dass man nun auf konkrete dänische Vorschläge warte. Vor der Etablierung einer deutschen Polizeimacht war er an der Bildung einer, wie auch immer genannten, dänischen Zentralinstanz gar nicht interessiert. Bis dahin jedoch, schrieb er nach Berlin, »bleibt noch eine gewisse Zeitspanne offen, in der dänische Vorschläge abgewartet werden können«.[106] Diese Zeitspanne aber, in der der Ausnahmezustand noch galt, gedachte Best ebenso wie von Hanneken nun zu nutzen, um, wie der General es ausdrückte, alles durchzusetzen, was man sonst nur auf langwierigem Verhandlungswege erreichen könnte.[107]

So wurden in den ersten Septembertagen zahlreiche scharfe Verordnungen zum Kampf gegen Sabotage und Streiks erlassen, die deutschen Standgerichte führten Schnellverfahren gegen Widerstandskämpfer durch, und am 8. September erging ein Todesurteil gegen einen der Sabotage angeklagten Dänen.[108] Dieses harte Vorgehen hatte für Best den erwünschten Nebeneffekt, dass dadurch Druck auf die dänischen Politiker ausgeübt wurde, die ein zunehmendes Interesse an der möglichst schnellen Aufhebung des Ausnahmezustands entwickeln sollten, um auf diese Weise zu weitgehenden Zugeständnissen gegenüber der deutschen Seite bereit zu sein, wenn dadurch nur die Militärherrschaft beendet würde. Denn durch den Ausnahmezustand war die Gefahr von Unruhen gebannt oder doch kalkulierbar; mit einer legalen dänischen Regierung war seit dem 6. September nicht mehr zu rechnen. Daher konnten nun auch solche Maßnahmen relativ reibungslos durchgeführt werden, die man auf deutscher Seite zwar schon seit langem gewünscht, aus politischer Rücksichtnahme auf die dänische Regierung und aus Angst vor Streiks und Unruhen aber immer zurückgestellt hatte. Vor diesem Hintergrund schickte Best dem Auswärtigen Amt am 8. September folgendes Telegramm:

»Bei folgerichtiger Durchführung des neuen Kurses in Dänemark muß nach meiner Auffassung nunmehr auch eine Lösung der Judenfrage und der Freimaurerfrage in Dänemark ins Auge gefasst werden. – Die hierfür erforderlichen Maßnahmen müßten noch während des gegenwärtigen Ausnahmezustands getroffen werden, weil sie in einem späteren Stadium Reaktionen im Lande hervorrufen würden, die zur erneuten Verhängung des allgemeinen Ausnahmezustandes unter wahrscheinlich ungünstigeren Verhältnissen als heute führen würden. Insbesondere würde, wie ich aus zahlreichen Informationen weiß, eine etwa bestehende verfassungsmäßige Regierung zurücktreten, ebenso würden der König und der Reichstag ihre weitere Mitarbeit an der Regierung des Landes einstellen. Außerdem wäre wohl mit einem Generalstreik zu rechnen, weil aufgrund dieser Maßnahmen die Gewerkschaften ihre Tätigkeit und damit ihre mäßigende Beeinflussung der Arbeiter einstellen werden.

Würden die Maßnahmen während des jetzigen Ausnahmezustands getroffen, so besteht allerdings die Möglichkeit, daß eine verfassungsmäßige Regierung nicht mehr gebildet werden kann, so daß ein Verwaltungsausschuß unter meiner Leitung gebildet und die Rechtssetzung von mir im Verordnungswege ausgeübt werden müßte. – Um etwa 6.000 Juden (einschließlich der Frauen und Kinder) schlagartig festzunehmen und abzutransportieren, wären die von mir ... angeforderten Polizeikräfte erforderlich, die fast ausschließlich in Groß-Kopenhagen, wo die weitaus meisten hiesigen Juden leben, eingesetzt werden müßten. Ergänzende Kräfte müßten vom Befehlshaber der deutschen Truppen in Dänemark bestellt werden. Zum Abtransport kämen wohl in erster Linie Schiffe in Frage, die rechtzeitig hierher beordert werden müßten ... Ich bitte um Entscheidung, welche Maßnahmen ich hinsichtlich der Judenfrage und der Freimaurerfrage treffen bzw. vorbereiten soll.«[109]

3. Die »Judenaktion«

Vorhaben und Rücksichten

Kein anderes Ereignis im Verlauf der politischen Tätigkeit Bests hat so ausführliche und kontroverse Debatten, so unterschiedliche Bewertungen, aber auch soviel Rätselraten ausgelöst wie die durch dieses Telegramm ausgelöste Entwicklung. Je nach der Bewertung der damit verbundenen Motive und Zielsetzungen Bests schwankte auch die Beurteilung seiner Person und die Glaubwürdigkeit seiner politischen Bekundungen, aber auch die der Haltung der anderen damit befassten deutschen Politiker und Beamten.

Die große Aufmerksamkeit, die die durch dieses Telegramm in Gang gesetzten Maßnahmen der Deutschen gegen die Juden in Dänemark erregten, ist insofern erstaunlich, als sie einem im Verhältnis zu den parallelen Vorgängen in anderen von Deutschland besetzten Ländern des Westens und insbesondere des Ostens nahezu marginalen Geschehen galt – in Dänemark lebten etwa 7.500 Juden, von denen etwa 480 in ein deutsches Konzentrationslager gebracht wurden und 52 dort starben. Aber anders als in den anderen von der Wehrmacht besetzten Ländern spielte sich das Geschehen hier unter den Augen der Weltöffentlichkeit ab. Die internationale Presse berichtete ausführlich darüber, und niemandem im Lande blieb das Vorgehen der Besatzungsmacht verborgen. Vor allem aber wurde die weit überwiegende Mehrzahl der dänischen Juden durch die Bevölkerung des Landes vor der Deportation gerettet; und dadurch wurde das dänische Beispiel zum Symbol, zu einer Metapher für die Courage und die Menschlichkeit der dänischen Bevölkerung, die sich den Anordnungen der Besatzungsmacht widersetzte und ihre jüdischen Mitbürger schützte.[110]

Zugleich aber entstanden bereits während des Krieges und verstärkt danach zahlreiche Gerüchte, Legenden und Spekulationen, ob und inwieweit die Rettung der dänischen Juden auch von deutschen Funktionsträgern, vor allem von Best und dem »Schiffahrtssachverständigen« Duckwitz, ermöglicht oder gar aktiv betrieben worden sei; und zuweilen hat es den Anschein, als ob diese Fragen größeres Interesse weckten als die Rettung der Juden selbst. Aber für Best war es nach dem Krieg von ausschlaggebender Bedeutung, wie seine Rolle bei der deutschen »Judenaktion« bewertet wurde – davon hing in den Nachkriegsprozessen gegen ihn sein Leben ab. Auch für die Geschichtsschreibung stand diese Frage im Vordergrund: Jemand, der auf eine – wenn auch unklare – Weise irgendwie an der »Rettung der dänischen Juden« beteiligt gewesen war, hatte Aussichten, auch insgesamt positiv beurteilt zu werden. Es ist Best tatsächlich gelungen, seine Lesart der Geschehnisse vom September 1943 nicht nur vor Gericht, sondern auch in der deutschsprachigen Historiographie in erstaunlichem Maße durchzusetzen. Auf der Grundlage der mittlerweile vorliegenden Quellen ist aber eine kritische Überprüfung dieser Darstellung vonnöten.

Die Zahl der Juden in Dänemark war seit jeher relativ gering; nicht einmal 6.000 lebten vor dem Krieg in diesem Land, 0,2 Prozent der Bevölkerung. Hinzu kamen seit 1933 etwa 4.500 jüdische Flüchtlinge, vor allem aus Deutschland, von denen etwa 1.500 im Land blieben. Dem dänischen Verfassungsverständnis und der Tradition in diesem Land entsprechend waren Antisemitismus und antijüdische Vorbehalte hier nur sehr wenig verbreitet. Auch die antisemitischen Bestrebungen der dänischen Nazipartei blieben ohne Resonanz. Die Versuche der Deutschen, den Antisemitismus in Dänemark zu beleben, so hatte im März 1941 die deutsche Zeitschrift »Die Judenfrage« resigniert bemerkt, würden von den Dänen als »undänisch« abgelehnt.[111] Bereits seit dem April 1940 fehlte es daher nicht an deutlichen Hinweisen, dass eventuelle deutsche Maßnahmen gegen die jüdischen Bürger in Dänemark massive Proteste von Seiten der Bevölkerung wie der Eliten des Landes nach sich ziehen würden.

Auf deutscher Seite kann man in Bezug auf die Judenpolitik in Dänemark zwei Gruppen deutlich voneinander unterscheiden. Auf der einen Seite die Befürworter und Betreiber der ausnahmslosen Deportationen und Vernichtung aller Juden im deutschen Machtbereich, unabhängig von den jeweiligen außenpolitischen oder sonstigen Interessen Deutschlands in diesen Ländern, wie sie seit Mitte 1941 insbesondere im Reichssicherheitshauptamt, im Auswärtigen Amt – vor allem bei Luther und Rademacher – sowie nicht zuletzt im Führerhauptquartier zu finden waren. Ihnen standen in Bezug auf die Entwicklung in Dänemark jene Machtgruppen gegenüber, die – zum Teil aus unterschiedlichen Gründen – an der Fortführung des dänischen Experiments festhalten und es nicht durch die Unwägbarkeiten einer »Judenaktion« gefährden wollten. Hier sind das deutsche Landwirtschaftsministerium, die deutsche Wehrmachtsführung in Dänemark sowie insbesondere die deutschen Reichsbevollmächtigten von Renthe-Fink und Best zu nennen.

Über das Vorgehen gegen die Juden in Dänemark war bei den deutschen Stellen seit 1941 und seit Beginn des Jahres 1943 immer wieder kontrovers verhandelt, aber keine Entscheidung gefällt worden. Die Vorstöße, nun doch auch in Dänemark gegen die Juden vorzugehen, kamen dabei vor allem aus dem Auswärtigen Amt von Luther und Rademacher. Sie stießen aber bei der deutschen Gesandtschaft in Kopenhagen stets auf Ablehnung: Erstens sei diese Frage in Dänemark angesichts der geringen Zahl der hier lebenden Juden nicht vordringlich, zweitens würde eine deutsche Aktion gegen die Juden zum Sturz der dänischen Regierung und zum Ende der deutsch-dänischen Kooperation auch in wirtschaftlicher Hinsicht führen und drittens würde es zu so starken Unruhen in der Bevölkerung kommen, dass die deutsche Seite gezwungen würde, ihre im Land befindlichen zivilen Kräfte erheblich zu verstärken. In diesem Sinne hatte bereits Renthe-Fink auf die Vorschläge Luthers und anderer stets abwehrend reagiert, und auch Best lehnte alle Initiativen zur »Lösung der Judenfrage« in Dänemark als verfrüht und für die deutschen Interessen derzeit eher schädlich ab.

Das erste Mal hatte er Anfang Januar 1943 ausführlicher dazu Stellung genommen. Nach einem Gespräch mit Luther und Rademacher begründete Best seine Ablehnung von Maßnahmen gegen die dänischen Juden im einzelnen: Eine »Judengesetzgebung« nach deutschem Vorbild würde von den Dänen als Verstoß gegen das Gleichheitsgebot der dänischen Verfassung angesehen; die Regierung Scavenius würde zurücktreten, eine neue Regierung könnte auf verfassungsgemäßem Wege nicht mehr gebildet werden, so dass die deutsche Seite die Verwaltung des Landes nach Art der Reichskommissariate mit entsprechend hohem Aufwand selbst in die Hand nehmen müsste. Andererseits sei es aber möglich, bereits jetzt bestimmte Maßnahmen zu ergreifen, die geeignet seien, für »eine spätere totale Lösung der Judenfrage in Dänemark« den Boden zu bereiten: die Entfernung aller Juden aus dem öffentlichen Leben und dem deutsch-dänischen Wirtschaftsverkehr, einzelne Zugriffe gegen Juden durch deutsche Polizeikräfte und die Erfassung der im Land ansässigen Juden.[112]

Diese Position Bests traf im Auswärtigen Amt auf Zustimmung, und so wurden zunächst nur gegen die im Ausland lebenden dänischen Juden »Maßnahmen« eingeleitet. Das Thema schwelte aber weiter, und schon am 19. April bat Ribbentrop Best erneut um einen zusammenfassenden Bericht über die »Judenfrage« in Dänemark und fragte an, ob nun – nach den Reichstagswahlen – nicht der Zeitpunkt gekommen sei, an dem man an die dänische Seite entsprechende Forderungen stellen könne, ohne die Regierung Scavenius in ernste Schwierigkeiten zu stürzen.[113] In seinem Bericht wiederholte Best seine bereits zuvor gegebenen Einschätzungen, fügte aber hinzu, dass durch die inzwischen in Gang gekommene Erfassung der Juden eine spätere »umfassende Regelung« leicht durchführbar sei. Auch könne man überlegen, die 1.351 staatenlosen Juden mit ehemals deutscher Staatsangehörigkeit wieder einzubürgern; dadurch wäre ein Zugriff auf diese Gruppe rechtlich und psychologisch einfacher. Danach blieben weitere Vorstöße in dieser Frage aus. Vielmehr erhielt Best in seinem Bestreben, sein »dänisches Modell« nicht durch eine Aktion gegen die Juden zu gefährden, ausdrückliche Unterstützung von Himmler, der Ende Juni 1943 noch einmal entschied, dass »Judenmaßnahmen« in Dänemark vorläufig unterbleiben sollten.[114]

Am 29. August aber wurden unmittelbar nach der Ausrufung des Ausnahmezustands auf Anordnung des durch von Hanneken zum »Verwaltungschef« ernannten Paul Kanstein, des engsten Vertrauten Bests, drei führende Vertreter der Jüdischen Gemeinde verhaftet – ein unmissverständliches Zeichen dafür, dass die Voraussetzungen für die Zurückhaltung der deutschen Seite gegenüber den dänischen Juden nun nicht mehr gegeben waren. In der Jüdischen Gemeinde führten diese Verhaftungen und die damit verbundenen Gerüchte über eine bevorstehende »Aktion« der Deutschen zu großer Nervosität, um so mehr, als am 31. August aus einem Kopenhagener Rechtsanwaltsbüro bei einem Einbruch Akten der Jüdischen Gemeinde gestohlen wurden. So begannen in Dänemark bereits seit Ende August Vorbereitungen, um von einem eventuellen Schlag der Deutschen gegen die Juden nicht überrascht zu werden.[115]

Das Telegramm vom 8. September

Am 1. September hatte Best die Nachricht erhalten, dass ihm die politische Verantwortung in Dänemark von Hitler wieder übertragen worden sei, und sofort damit begonnen, die Vorbereitungen für sein auf eine starke deutsche Exekutive gestütztes »persönliches Regiment« in die Wege zu leiten. Spätestens am 6. September, als Svenningsen ihm erklärte, dass eine verfassungsmäßige Regierung nicht mehr zustande kommen werde, verlangsamte Best den Verhandlungsprozess und machte ein Ende des Ausnahmezustands vom Eintreffen der deutschen Polizeieinheiten abhängig. Da es nunmehr einen Grund für eine Zurückhaltung – die Rücksicht auf die »legale« Regierung und den Erfolg der Bestschen »Zusammenarbeitspolitik« – nicht mehr gab, bot der Ausnahmezustand die Gelegenheit, auch die seit langem diskutierte »Lösung der Judenfrage« durchzuführen. Daraufhin diktierte Best das Telegramm vom 8. September, das dieser Situation in seinem Text genau Rechnung trug: Wenn überhaupt eine Aktion gegen die Juden, dann müsse sie jetzt während des Ausnahmezustands durchgeführt werden, später müsse mit Generalstreik und erneutem Ausnahmezustand gerechnet werden. Auch bei einer Aktion zum jetzigen Zeitpunkt könne zwar mit der Bildung einer verfassungsmäßigen Regierung nicht mehr gerechnet werden – aber eben dies hatte Svenningsen dem Reichsbevollmächtigten bereits zwei Tage zuvor mitgeteilt, und Best hatte diese Mitteilung nach Berlin weitergeleitet. Der zentrale Einwand gegen eine »Judenaktion« in Dänemark war somit entfallen.

Best selbst verbreitete hingegen über die Entstehungsgeschichte dieses Telegramms nach dem Krieg eine ganz andere Erklärung. Nach seiner Version hatte er bereits am Abend des 7. September einen Telefonanruf vom »Büro des Reichsaußenministers« erhalten. Dabei sei er von dem Gesandten Sonnleithner – oder von einem anderen Beamten des Auswärtigen Amtes – darüber informiert worden, dass Hitler tags zuvor auf Vorschlag Himmlers die Deportation der dänischen Juden angeordnet habe. Best habe daraufhin, so sagte Sonnleithner im Prozess gegen Best später aus, auf die »einzig zu dieser Zeit mögliche Weise« reagiert, um die Judendeportation zu verhindern: Er habe in seinem Telegramm die Aktion selbst vorgeschlagen; jedoch so viele schwerwiegende Bedenken dagegen geäußert und auf so gravierende Folgen hingewiesen, dass er damit rechnen konnte, dass die Entscheidung angesichts dieser Einwände zurückgenommen werden würde. Bests Telegramm mit dem Vorschlag, die Deportation der Juden jetzt durchzuführen, habe in Wirklichkeit also zum Ziel gehabt, die Aktion zu verhindern – »Dies war die übliche Weise, sich auszudrücken, wenn man etwas erreichen wollte«, betonte Sonnleithner.[116]

Gegen diese Interpretation sprechen mindestens drei Argumente: Erstens gibt es keinen einzigen, nicht einmal einen indirekten Quellenbeleg für die angebliche Entscheidung Hitlers vom 7. September und die telefonische Benachrichtigung Bests. Alle anderen, noch so marginalen Äußerungen des »Führerwillens« in Bezug auf Dänemark hingegen sind, meist sogar mehrfach, verbürgt. So stützt sich diese Version ausschließlich auf nach Kriegsende abgegebene Erklärungen bzw. auf Erinnerungsschriften der ehemaligen deutschen Funktionsträger, die für die »Judenaktion« direkt oder indirekt Verantwortung trugen, die – wie die Beamten des Außenministeriums – an dem Geschehen direkt beteiligt waren und durch eine Lesart, wonach die »Aktion« von Best ausgegangen und vom Auswärtigen Amt bestätigt worden sei, selbst belastet worden wären.[117]

Zweitens ist durch die Überprüfung des Informationsweges nachweisbar, dass eine »Entscheidung« Hitlers über die Deportation der dänischen Juden dem Auswärtigen Amt nicht vor dem 17. September bekannt geworden sein kann. Bests Behauptung, er sei vom Auswärtigen Amt informell vor dem 8. September über die »Führerentscheidung« informiert worden, ist von daher widerlegbar.[118]

Drittens: Die Einlassungen Sonnleithners und Bests werden durch den Text des Telegramms gar nicht gedeckt – denn dort wird, wie unschwer nachprüfbar, keineswegs vor den Folgen einer solchen Aktion gewarnt, sondern vor den Folgen, wenn die Aktion jetzt nicht durchgeführt würde.

Vor allem aber wird die Entwicklung vor dem 8. September so dargestellt, als habe sich Best stets und prinzipiell gegen die Deportation der dänischen Juden ausgesprochen und als habe eine solche Aktion auch seiner grundsätzlichen Haltung gegenüber den Juden widersprochen. Aus Kenntnis des Werdegangs Bests und seiner politischen Überzeugungen kann man diese Vermutung als widerlegt ansehen. Allerdings wusste man in Kopenhagen nicht viel über Bests Vorgeschichte noch über seine Schriften; so konnte dieser Eindruck entstehen und auch nach Kriegsende noch wirksam bleiben.

Dass die »Judenaktion« auf die Initiative Bests zurückging, bestätigte dann auch Himmler selbst, der vier Wochen später Bests Politik in Dänemark, wo es »in der letzten Zeit nicht übertrieben glücklich in jeder Weise gelaufen sei«, in einem persönlichen Schreiben an ihn beurteilte und Bests Vorgehen im einzelnen bewertete: »Das Vorantreiben des ›Schalburg-Korps‹ ist richtig. Ebenfalls ist richtig die Judenaktion. Sie wird für einige Zeit Wellen aufwerfen, jedoch insgesamt dann die Hauptsaboteure und Hauptthetzer hinwegbringen.«[119]

Fazit: Die Bestsche Version über die Entstehungsgeschichte des Telegramms vom 8. September ist insgesamt nicht nur zu bezweifeln, sondern in allen Punkten widerlegbar: das offenkundige Ergebnis einer – wahrscheinlich im April 1948 in Nürnberg – verabredeten Entlastungsstrategie der Beteiligten. Best hat die »Judenaktion« in Dänemark nicht vorgeschlagen, um sie zu verhindern, sondern um sie durchzuführen.

Auf der anderen Seite ist, besonders seit der grundlegenden Studie von Leni Yahil, immer wieder vermutet worden, Best habe die »Lösung der Judenfrage« in Dänemark zu diesem Zeitpunkt vor allem aus taktischen Gründen betrieben: Um sich auf diesem Wege eine deutsche Polizeitruppe in Kopenhagen zu sichern, um von Hanneken mit dem Stigma der Judenaktion zu belasten und (bzw. oder) um in Berlin seine Entschlossenheit, nun »hart« vorzugehen, zu demonstrieren und so seine Wiedereinsetzung als deutscher Machtträger in Dänemark zu befördern.[120]

Aber diesen Mutmaßungen ist doch entgegenzuhalten, dass niemand – weder im Auswärtigen Amt noch im Reichssicherheitshauptamt – dem Begehren Bests nach einer deutschen Polizeitruppe in Dänemark je widersprochen hatte, im Gegenteil: Bests Vorstellungen von einem Umschwenken auf einen »harten«, deutsche Polizeikräfte gestützten Kurs in Dänemark waren bei den deutschen Stellen und insbesondere bei Himmler auf ausdrückliche Zustimmung gestoßen. Es bestand also gar keine Notwendigkeit für Best, in dieser Sache Druck auf die Berliner Stellen auszuüben, noch weniger auf eine so abenteuerlich anmutende Methode wie durch eine »Judenaktion«.

Dass Best sich hingegen in Berlin nun als energischer Befürworter »harten Durchgreifens« profilieren und dass er den Dänen die für sie nachteiligen Folgen der Militärdiktatur drastisch vor Augen führen wollte, erweist sich in dem hier diskutierten Zusammenhang gewiss als wichtiger Faktor. Für Bests Entschluss jedoch, in dem Telegramm vom 8. September die Deportation der Juden zu fordern, war dies allein wohl nicht entscheidend. Denn in allen hier vorgestellten Interpretationen und Erklärungen für Bests Verhalten wird das Motiv für die Deportation der Juden in etwas Drittem – in taktischen Erwägungen, in macht-politischen Rivalitäten oder in persönlichem Ehrgeiz – gesehen. Für Best aber, wie für die meisten anderen SS-Führer, war die Entfernung der Juden aus dem deutschen Machtbereich ein politisches Ziel sui generis; es bedurfte dazu keiner anderweitigen Absichten, für die die »Aktion« gegen die Juden instrumentali-siert wurde. Vielmehr stand die Zielsetzung, die Juden aus dem deutschen Ein-flussbereich herauszudrängen, für Best seit den Tagen der völkischen Studenten-bewegung im Mittelpunkt seines Denkens – und in diesem Sinne hatte Best seit Mitte der 30er Jahre, zunächst in Berlin, dann in Paris, an jeweils zentraler und verantwortlicher Stelle auch gehandelt.

Das Problem für diejenigen, die nach Bests Motiven suchten – Beteiligte wie Historiker –, bestand immer darin, dass man bei Best keine Hinweise auf eine explizite Judenfeindschaft zu finden meinte. Daher, so wurde geschlossen, müsse Best andere, vorwiegend taktische Gründe für diesen Schritt gehabt haben. Aber Best hasste die Juden nicht; seine Vorgehensweise beruhte auch in Dänemark auf der seit jeher vertretenen und immer wieder erläuterten Überzeugung, dass die Juden als dem deutschen Volk fremdes und feindliches Volk aus dem deutschen Einflussbereich vertrieben und wenn nötig auch vernichtet werden müssten; von seinen persönlichen Gefühlen gegenüber den Juden war diese gleichsam objekti-ve Notwendigkeit in seiner Sicht ganz unabhängig.

Bests Verhalten weist zudem in vielem deutliche Parallelen zu seinem Vorge-hen gegen die Juden in Frankreich zwei Jahre zuvor auf. Dort hatte er mit der Führung der Militärverwaltung darauf hingewirkt, dass auf antideutsche Aus-schreitungen und Attentate nicht weiter mit Erschießungen wahllos genomme-ner französischer Geiseln reagiert wurde, sondern mit der Massendeportation von Juden und Kommunisten »in den Osten«. Dadurch wurde angestrebt, die antideutsche Haltung der Bevölkerung durch die Erschießung (nichtjüdischer) Franzosen nicht noch weiter zu forcieren. Zum anderen konnte auf diese Weise das langfristig angestrebte Ziel, die Juden aus Frankreich hinauszudrängen, mit dem kurzfristigen Vorteil verknüpft werden, auf die Attentate im Sinne des Füh-rerhauptquartiers »hart« zu reagieren.

Eben dieser Konstellation folgte Bests Vorgehen nun auch in Dänemark. Da die Zahl der Juden hier klein, ihr politischer Einfluss gering und – anders als in Frankreich – eine Verbindung zum Widerstand, wie er einige Wochen später ausdrücklich vermerkte[121], nicht nachweisbar war, hatte die »Lösung der Juden-frage« in Dänemark für ihn lange Zeit keine vorrangige Bedeutung besessen und musste hinter anderen, vordringlichen Zielsetzungen zurückstehen. Nun aber fielen diese Rücksichten weg. Die Politik der »Zusammenarbeit« war offenkun-dig ein gescheitertes Modell. Durch die Deportation der Juden konnte Best einer-seits ein Signal der Härte setzen, das in Kopenhagen und in Berlin zu vernehmen war. Zugleich aber konnte damit ein seit jeher angestrebtes, wenn auch lange Zeit nicht vordringliches Ziel realisiert werden.

Im Auswärtigen Amt löste das Telegramm Bests keine Überraschung aus. Zwar äußerte der für Skandinavien zuständige Gesandte von Grundherr pflichtgemäß seine Bedenken in Bezug auf mögliche politische Folgen einer solchen Aktion; aber in Übereinstimmung mit Eichmann im RSHA hielt man auch im Außenamt »den gegenwärtigen Zeitpunkt für den einzig möglichen, wenn eine Lösung der Juden- und Freimaurerfrage in Dänemark in absehbarer Zeit erzwungen werden soll«. Am 16.9., eine Woche nach Bests Telegramm, war der Einsatz bereits »im Prinzip beschlossen«, am Tag darauf gab auch Hitler seine Zustimmung; der Reichsbevollmächtigte sollte nur noch mitteilen, wie viele zusätzliche Polizeikräfte er für diese Aktion benötige.[122]

Best ließ daraufhin die konkreten Vorbereitungen für die Deportation anlaufen. Noch am 17. September wurden die Mitgliederverzeichnisse der Jüdischen Gemeinde von der deutschen Polizei beschlagnahmt – unter dem Vorwand, sie würden zu Ermittlungen gegen Straftäter benötigt.[123] Auch die weiteren Einzelheiten waren bereits geklärt; Best teilte dem Außenamt mit, dass er zum Abtransport der Juden aus Kopenhagen ein Schiff für etwa 5.000 Personen benötige. Da die seit längerem angeforderten Polizeikräfte nun in Kopenhagen einträfen, seien für die »Judenaktion« selbst weitere 50 Mann Sicherheitspolizei ausreichend. Weil aber nach der »Aktion« mit starken Unruhen im Lande zu rechnen sei, sollten diese Beamten auch nach der Aktion noch für einige Zeit in Kopenhagen bleiben. Insgesamt seien die Vorbereitungen für die Aktion in neun bis zehn Tagen abgeschlossen. Eine vorzeitige Beendigung des Ausnahmezustands hingegen, wie jetzt von Seiten des Generals von Hanneken gefordert, lehnte Best strikt ab. Erst nach Beendigung der Judenaktion, nach Eintreffen aller Polizeieinheiten und nach der Errichtung eines zivilen Sondergerichts sei dies möglich.[124]

In Kopenhagen hatten sich die Verhandlungen über die Form, in der dänische Stellen in Zukunft an der Regierung des Landes zu beteiligen seien, mittlerweile festgefahren. Die dänischen Politiker lehnten eine Mitverantwortung und eine parlamentarische Regierung weiter ab, während Best die Sache dilatorisch behandelte und weder eine Stellungnahme abgab noch deutsche Wünsche äußerte. Dass am Ende nichts anderes dabei herauskommen konnte als eine Fortdauer des undefinierten, rechtlichen Schwebezustands einer »Regierung« der Verwaltungschefs, war aber bereits seit längerem absehbar; und nach der Deportation der Juden, schrieb Best am 20. September an das Auswärtige Amt, sei mit einer solchen Lösung – die ihm angesichts seiner Pläne für ein »persönliches Regiment« durchaus zupass kam – fest zu rechnen. Intern legte er auch bereits detaillierte Vorstellungen über die künftige Art der Lenkung Dänemarks vor; dabei sollten alle wichtigen Befugnisse, die jetzt der General innehatte, auf ihn übergehen. Rechtsetzung, Verwaltungserlasse, polizeiliche und gerichtliche Gewalt sollten beim Reichsbevollmächtigten liegen, die dänische »Regierung« der Verwaltungschefs erhalte ihre Anordnungen direkt von ihm – jedoch solle »jede formale Klärung und Festlegung des neuen Systems vermieden werden«. Sobald die »Judenaktion« abgeschlossen sei, könnten daher der Ausnahmezustand aufgehoben werden und die vorgeschlagenen Regelungen in Kraft treten.[125]

Zugleich aber hatte in Kopenhagen mittlerweile eine ganz andere Entwicklung Platz gegriffen. Spätestens seitdem Best am 17. September die Akten der Jüdischen Gemeinde hatte beschlagnahmen lassen, war vielen dänischen Juden in der Hauptstadt und auf dem Land klar, dass eine »Aktion« der Deutschen unmittelbar bevorstand. Als weitere deutsche Polizisten aus Norwegen eintrafen, am helllichten Tag durch Kopenhagen marschierten und offen über den Grund für ihre Verlegung sprachen, verdichteten sich diese Gerüchte. Eine Reihe von Juden hatte ihre Wohnungen schon verlassen, viele trafen nun Vorsorge, im Falle einer deutschen »Aktion« über den Sund nach Schweden fliehen zu können.[126]

Auf deutscher Seite waren diese Entwicklungen nicht unbeobachtet geblieben und mittlerweile erhebliche Zweifel am »Erfolg« der »Judenaktion« aufgekommen. Als der neue Befehlshaber der Sicherheitspolizei und des SD in Kopenhagen, Mildner, am 20. September aus Kattowitz eintraf, stellte er schnell fest, dass die bevorstehenden antijüdischen Maßnahmen bereits in ganz Dänemark bekannt waren und zu entsprechenden Vorbereitungen geführt hatten. Auf der anderen Seite besaßen seine neu eingetroffenen Polizeieinheiten weder Ortskenntnisse, noch verfügten sie über eine entsprechende Mannschaftstärke, um eine Fahndung nach Tausenden, womöglich in der Stadt und auf dem Land verborgenen Juden durchführen zu können. An eine tatkräftige Unterstützung von Seiten der einheimischen Behörden, vor allem der Polizei, bei der Ergreifung der Juden aber – die in Frankreich die organisatorische Voraussetzung für die Aktionen der deutschen Seite gegen die Juden dargestellt hatte – wurde von Best und Mildner in Dänemark nicht einmal gedacht; die Ablehnung eines solchen Vorgehens durch die dänischen Beamten war unbezweifelbar. Ein jedenfalls teilweiser Misserfolg der geplanten Aktion war also absehbar. Daher sprach sich Mildner bereits einen Tag nach seiner Ankunft gegen die Durchführung der Judendeportation zum jetzigen Zeitpunkt aus – ausgerechnet Mildner, der bis zum Sommer 1943 als Polizeichef in Kattowitz der zuständige Gestapoleiter des Lagers Auschwitz gewesen war, der Tausende von Juden hatte deportieren und ermorden lassen und dem nichts ferner lag als politische Zurückhaltung bei dem Vorgehen gegen die jüdische Bevölkerung Dänemarks.[127]

Auch General von Hanneken stand der »Aktion« zu diesem Zeitpunkt skeptisch gegenüber und lehnte mit Rückendeckung der Wehrmachtsführung eine Beteiligung seiner Truppen an der Aktion ab. Seine zum Teil aus jungen Rekruten bestehende Mannschaft würde dadurch stark belastet, und die Folgen der Judendeportation für die weitere Zusammenarbeit mit den Dänen seien außerordentlich bedenklich.[128]

Daraufhin wurde die Frage der Judendeportation am 22. September noch einmal Hitler vorgelegt. Ribbentrop verwies dabei auch auf die möglichen innenpolitischen Folgen einer solchen Maßnahme: Unruhen oder Generalstreik, keine verfassungsmäßige Regierung mehr, womöglich Abdankung des Königs. Hitler aber wies solche Bedenken strikt zurück und entschied, dass die Aktion nunmehr trotz aller Einwände entsprechend den Vorschlägen Bests durchzuführen sei.[129] Um die zu erwartende Unruhen zu dämpfen, schlug Best daraufhin vor, dass zeitgleich mit der Internierung und Deportation der Juden die seit dem 29. August inhaftierten dänischen Soldaten ihre Freilassung erhielten – zwar hatte der Reichsführer-SS aus diesen Soldaten 4.000 »Freiwillige« für die Waffen-SS rekrutieren wollen, aber Bests Hinweise auf die dadurch zu erwartenden zusätzlichen Spannungen in Dänemark und auf die Möglichkeit, die Soldaten auch nach ihrer Entlassung noch für die SS werben zu können, setzten sich schließlich durch.[130]

Da Hitler die Judendeportation nun endgültig angeordnet hatte, musste Mildner seine Bedenken zurückstellen. Er flog am 25. September nach Berlin und empfing dort Anweisungen über die Einzelheiten der Aktion.[131] Die Aussichten auf einen »Erfolg« der geplanten Maßnahmen waren aber gering, zumal sich von Hanneken weiterhin weigerte, die Polizeitruppen mit eigenen Kräften zu unterstützen. Es bedurfte langwieriger Rücksprachen, bis ihm die Bereitstellung von Truppen für die Festnahmeaktion vom OKW befohlen wurde. In der Praxis aber erwiesen sich die Vorbereitungen der Besatzungsmacht als ganz unzureichend: Weder waren weitere Fahndungsnetze vorbereitet worden, noch hatte die Marineleitung Vorsorge getroffen, um Fluchten über den Oeresund zu verhindern – im Gegenteil: Der deutsche Hafenkommandant von Kopenhagen ließ die deutschen Schiffe zur Reparatur aufdocken, so dass die Küstenüberwachung nun allein von dänischen Schiffen gewährleistet wurde.[132]

Auch in Bests eigener Umgebung gab es Bedenken gegen die »Judenaktion«. Insbesondere der »Schiffahrtssachverständige« Duckwitz hatte sich dagegen ausgesprochen. Als dieser Ende September bei einer seiner in diesen Tagen häufigen Besprechungen mit Best das nunmehr festgelegte Datum der geplanten Polizeiaktion erfuhr, teilte er dieses den ihm seit längerem bekannten sozialdemokratischen Politikern Hans Hedtoft und H. C. Hansen mit, die ihrerseits die in höchstem Maße beunruhigten Vertreter der dänischen Juden informierten. Daraufhin wurde die Rettungsaktion über den Sund nun in Gang gesetzt.

Forschung und Legenden

Dass Duckwitz das Datum der geplanten »Judenaktion« an die dänischen Politiker weiterleitete, ist eindeutig belegt.[133] Die Rolle aber, die er bei diesen Vorgängen insgesamt spielte, ist nach wie vor nicht völlig zu klären. Dazu haben nicht zuletzt seine eigenen unveröffentlichten Erinnerungen beigetragen, die Anfang der 50er Jahre verfasst wurden. Das Kapitel über die Judendeportation schrieb er Anfang 1964 um und tauschte im Nachlass und den Archiven die neue gegen die alte Version aus. In beiden Versionen aber zeigt sich an den Punkten, an denen wir seine Aussagen anhand von Primärquellen überprüfen können, eine erstaunliche Unkenntnis nicht nur über die Hintergründe der »Judenaktion«, sondern auch über die politische Struktur des NS-Regimes insgesamt und die Vorgeschichte der einzelnen Personen.[134] So ist auch Duckwitz' Schilderung der Rolle Bests bei der Vorbereitung der Judendeportation nicht überzeugend. Unter Berufung auf diese Aussagen aber – wiederum liegt dazu keine Primärquelle vor – hat Best nach dem Krieg über die Durchführung der »Aktion« und die Rettung der dänischen Juden folgende Version lanciert: Nachdem er gemerkt habe, dass sein ursprünglicher

Plan (die Judendeportation zu verhindern, indem er sie forderte) fehlgeschlagen war, habe er Duckwitz, der sein enger politischer Berater geworden sei, gebeten, »nun die schon früher geplante Warnung der Juden zu veranlassen« und dem mit ihm befreundeten sozialdemokratischen Politiker Hans Hedtoft den Termin der Aktion mitzuteilen. In anderen Worten: Er, Best, habe die »Rettung« der dänischen Juden bereits seit längerem im Auge gehabt und nunmehr veranlasst. Es ist Best gelungen, auch diese These in der deutschsprachigen Forschungsliteratur zu etablieren.[135]

Aber diese Darstellung ist unglaubwürdig und widerspricht den feststellbaren Tatsachen. Zum gleichen Zeitpunkt, als Best die »Warnung der Juden« bereits geplant haben will, ließ er nicht nur die Akten der Jüdischen Gemeinde beschlagnahmen, sondern lehnte auch den Vorschlag von Hannekens, den Ausnahmezustand zu beenden, mit der Begründung ab, erst müsse die Judendeportation durchgeführt werden. Als Svenningsen ihn am 29. September auf die allenthalben umlaufenden Gerüchte ansprach, wonach eine »Judenaktion« unmittelbar bevorstehe, die Schiffe lägen schon im Hafen bereit, antwortete Best ausweichend, er wisse von nichts, wolle aber in Berlin nachfragen, um diese Gerüchte offiziell dementieren zu können. Das war beileibe keine »Warnung«, aber auch kein klares Dementi: Best wollte die dänische Seite offenbar im Dunkeln tappen lassen.[136]

Spätestens durch die exakten Hinweise Svenningsens aber war auch für Best unübersehbar, dass die geplante Aktion im Land bekannt war und in den nächsten Tagen oder Stunden erwartet wurde, so dass ein »Misserfolg« der Aktion immer wahrscheinlicher wurde. Best wies daher das Auswärtige Amt auf die »Gerüchte über bevorstehende Judenaktionen« hin, »die hier unmittelbar nach Verhängung des Ausnahmezustands entstanden und die sich bis zu einer Panikstimmung gesteigert haben«. Zwar habe er versucht, die bevorstehende Aktion zu tarnen, aber ohne Erfolg. Zahlreiche Juden hielten sich nicht mehr in ihren Wohnungen auf, mit einem teilweisen Fehlschlag der Aktion müsse gerechnet werden.[137]

Die Organisation der Flucht der Juden nach Schweden lief mittlerweile auf vollen Touren. Die Regierung Schwedens, die von ihrem Botschafter in Kopenhagen von den bevorstehenden »Aktionen« in Kenntnis gesetzt worden war, hatte daraufhin der deutschen Regimeführung in Berlin angeboten, die dänischen Juden aufzunehmen, allerdings erfolglos. Daraufhin ließ die schwedische Regierung die Nachricht von diesem Angebot über Rundfunk verbreiten, so dass nunmehr die dänischen Juden nicht nur den Termin der geplanten »Aktion« kannten, sondern auch wussten, dass sie jenseits des Sunds mit offenen Armen empfangen würden. Auf dänischer Seite standen Tausende von Helfern bereit, die Juden nach Schweden zu bringen – die erste große Bewährungsprobe des Wochen zuvor neu organisierten dänischen »Freiheitsrats«. Insgesamt wurden 7.900 Menschen über den Sund gebracht, darunter einige hundert nichtjüdische Ehepartner.[138]

So war es kein Wunder, dass die deutschen Polizeieinheiten in der Nacht zum 2. Oktober dann tatsächlich nur wenige Juden ergreifen konnten – zumal Mildner, um die antideutsche Stimmung nicht noch mehr anzuheizen, den deutschen Polizeieinheiten das gewaltsame Eindringen in Wohnungen untersagt hatte.[139] Insgesamt wurden in dieser Nacht 202 Juden verhaftet; in den darauffolgenden Tagen und Nächten stieg diese Zahl auf insgesamt 481. Sie wurden zusammen mit 150 dänischen Kommunisten, die seit längerer Zeit im Lager Horseroed interniert waren, per Schiff nach Deutschland gebracht. Den anderen war die Flucht gelungen, oder sie hielten sich noch versteckt.[140]

Aus deutscher Sicht handelte es sich zweifellos um einen Misserfolg, wenngleich Verlauf und Ergebnis der Aktion nicht überraschend waren. Im Gegenteil, Best stellte die nächtliche Polizeiaktion in seinem Bericht an das Auswärtige Amt sogar als Erfolg heraus, da alle Juden das Land verlassen hätten: »Vom heutigen Tage an kann Dänemark als entjudet bezeichnet werden.«[141] Als daraufhin aus dem Reichssicherheitshauptamt irritierte Rückfragen wegen der geringen Zahl der Ergriffenen aufkamen, verfasste Best eine ausführliche und in scharfem Ton gehaltene Rechtfertigung. Er habe dieses Ergebnis vorausgesehen und angekündigt; da die Juden mehr als einen Monat Zeit gehabt hätten, sich vorzubereiten, und mit den vorhandenen Kräften weder eine Überwachung der Küste noch des Sunds möglich sei, sei die Flucht nicht zu verhindern gewesen. »Da das sachliche Ziel der Judenaktion in Dänemark die Entjudung des Landes und nicht eine möglichst erfolgreiche Kopfjagd war, muß festgestellt werden, daß die Judenaktion ihr Ziel erreicht hat: Dänemark ist entjudet.«[142]

Sechs Wochen später hat Best diese Entwicklung in einem vertraulichen Gespräch mit Franz-Alfred Six, der jetzt als Leiter der kulturpolitischen Abteilung des Auswärtigen Amtes tätig und mit dem Best seit der gemeinsamen Tätigkeit im Gestapa, SD und RSHA gut bekannt war, näher erläutert: Als er erkannt habe, »daß der am 29.8.43 verhängte militärische Ausnahmezustand nicht – wie er zunächst erwartet hatte – nur wenige Tage aufrechterhalten wurde, wies er in einem Telegramm vom 8.9.43 den Reichsaußenminister darauf hin, daß unter den veränderten Verhältnissen auch eine Entscheidung über die Judenfrage in Dänemark getroffen und daß eine etwa gewollte Lösung unbedingt noch während des derzeitigen Ausnahmezustands durchgeführt werden müsse ... Die Juden in Dänemark haben, wie die Vernehmung festgenommener Juden ergab, von der Verhängung des militärischen Ausnahmezustands ab mit einer Judenaktion gerechnet und zum größten Teil ihre Wohnungen bzw. durch illegale Überfahrt .nach Schweden das Land verlassen. Die Erwartung einer Judenaktion steigerte sich im Laufe des Monats September zu einer wahren Panik ... Wenn also den Juden ein ganzer Monat zur Verfügung stand, um der erwarteten Aktion auszuweichen, so ist nicht verwunderlich, daß ... von den etwa 3.000 namentlich erfaßten jüdischen Familien nur ein Bruchteil – und zwar vor allem alte und mittellose Menschen – festgenommen und deportiert werden konnte ...

Zusammenfassend ist festzustellen, daß seit der Judenaktion am 1./2.10.43 das Land Dänemark entjudet ist und daß damit die Judenfrage künftig konstruktive Lösungen des dänisch-deutschen Verhältnisses nicht mehr belasten wird. Gegenüber dieser Tatsache dürfte das zahlenmäßig geringe Ergebnis der Festnahmen und Deportationen, das nach der vorstehend umrissenen Vorgeschichte der Judenaktion unvermeidlich war, weniger ins Gewicht fallen.«[143]

Es gibt keinen Grund, an *dieser* Darstellung Bests zu zweifeln, die er nicht, wie in seinen Nachkriegsprozessen, unter dem Druck einer möglichen Verurteilung abgab, sondern im privaten Gespräch mit seinem langjährigen politischen Weggefährten Six wenige Wochen nach den Ereignissen. Sie deckt sich sowohl mit den aufgrund der Primärquellen und der Aussagen der dänischen Beteiligten rekonstruierbaren Abläufen als auch mit den politischen Vorstellungen Bests und seinem Vorgehen bei vergleichbaren Situationen in den Jahren zuvor.

Betrachtet man den Ablauf des Geschehens zwischen dem 29. August und dem 1. Oktober nun insgesamt, ergibt sich das folgende, im Wesentlichen doch recht eindeutige Bild: Was die Ingangsetzung der »Judenaktion« betrifft, so klärt sich Bests vermeintlich rätselhafte und widersprüchliche Handlungsweise, die zuweilen als eine Art von politischer Schizophrenie interpretiert worden ist – dass er nämlich am 8. September die Deportation der dänischen Juden zunächst gefordert, dann aber durch Preisgabe des geplanten Deportationstermins zu ihrer Rettung beigetragen habe –, auf, wenn man seine politischen Vorstellungen und seine in den Jahren zuvor in Berlin und Paris praktizierte Politik in Bezug auf die Juden in die Analyse einbezieht. Sie erweist sich dann weder als rätselhaft noch als schizophren, sondern als einigermaßen konsequent. Voraussetzung dafür ist allerdings die Erkenntnis, dass für Best die Verfolgung und Vertreibung der Juden und gegebenenfalls auch ihre Ermordung weder taktische Maßnahmen zur Erreichung ganz anderer Ziele noch Ausdruck eines »irrationalen«, sich in individuellem Hass entladenen Fanatismus waren, sondern ein selbst als »rational« angesehenes politisches Ziel, welches in Dänemark allerdings nicht die gleiche Priorität besaß wie in Osteuropa und auch in Frankreich.

Das schließt nicht aus, dass Best mit der Ingangsetzung der »Judenaktion« auch noch weitere Absichten verknüpft hat. In Parallele zur Entwicklung in Frankreich zwei Jahre zuvor bot die Deportation der Juden aus Dänemark für Best die Möglichkeit, die von Hitler verlangte Politik der »harten Hand« gegenüber den aufsässigen Dänen zu betreiben, ohne zu Repressionsformen wie etwa Geiselerschießungen greifen zu müssen, die er selbst immer wieder als nutzlos und schädlich bezeichnet hatte. Aber auch dies verweist nur darauf, dass taktische Überlegungen bei der Wahl des Zeitpunkts auch eine Rolle gespielt haben könnten, nicht dass sie das ausschlaggebende Moment für die radikale antijüdische Politik Bests darstellten. Entscheidend war vielmehr Bests grundsätzliche Überzeugung, dass es notwendig und richtig sei, die Juden aus dem deutschen Machtbereich zu vertreiben oder sie zu vernichten – eine Überzeugung, die er seit Jahren nicht nur ausführlich vertreten und theoretisch begründet, sondern seit 1935 auch bei jeder sich bietenden Gelegenheit mit großer Energie in die Praxis umgesetzt hatte.

Da jedoch die bei der Vorbereitung von Judendeportationen in den anderen europäischen Ländern üblichen Schritte der Erfassung und Internierung und Konzentration der Juden in Dänemark aus zeitlichen und aus politischen Gründen nicht durchgeführt worden waren, wurde den deutschen Behörden in Dänemark spätestens seit Mitte September offenbar, dass ein wachsender Teil der dänischen Juden über die bevorstehenden Maßnahmen der Deutschen bereits informiert war und begonnen hatte, sich auf eine Flucht vorzubereiten. Zu diesem Zeitpunkt war also bereits absehbar, dass es den Deutschen wohl nicht gelingen werde, alle dänischen Juden aufzuspüren und festzunehmen, zumal die Wehrmacht weder genügend Schiffe zur Überwachung besaß noch zu einer solchen Unterstützung bereit war. Als Mildner am 20. September in Kopenhagen mit diesem Sachstand vertraut gemacht wurde, sprach er sich daher folgerichtig gegen die Durchführung der Polizeiaktion zu diesem Zeitpunkt aus. Erst nach Hitlers erneuter Bestätigung seines Befehls zur Durchführung der Judendeportation vom 23. September flog er nach Berlin, um die Einzelheiten der geplanten Aktion zu besprechen. In Kopenhagen wurde Best nun laufend darüber informiert (vermutlich von dem über die Entwicklung im Land aufgrund seiner Kontakte gut unterrichteten Duckwitz, was die unüblich häufigen Gesprächstermine zwischen Best und dem Schifffahrtssachverständigen erklärt), wie weit die Vorbereitungen der dänischen Juden für den Fall einer deutschen Aktion bereits gediehen waren. Best musste mittlerweile fest damit rechnen, dass vermutlich nur eine Minderheit der Juden ergriffen werden würde. Dies aber hätte bedeutet, dass Razzien und Durchkämmungen zur Festnahme der versteckten Juden ebenso wie eine intensive Bewachung der dänischen Küste doch über Wochen oder Monate hätten durchgeführt werden müssen. Eine Rückkehr zu ruhigeren Verhältnissen wäre dadurch auf lange Sicht nicht möglich geworden; ganz abgesehen davon, dass dadurch der offenkundige Fehlschlag der »Aktion« gegenüber den Berliner Stellen eingestanden worden wäre. Indem nun Best über Duckwitz den geplanten Termin durchsickern ließ und auch zuließ, dass die Ankunft der Polizeieinheiten und die Bereitstellung der Schiffe in Kopenhagen in aller Öffentlichkeit geschahen, wurden auf diese Weise die Panik unter den dänischen Juden noch gesteigert und die bereits angelaufenen Fluchtbewegungen noch forciert. Auf diese Weise trug Best entscheidend dazu bei, dass die Juden das Land in kürzester Zeit verließen und Dänemark, wie er in seinem Bericht an das Auswärtige Amt am 4. Oktober schrieb, dadurch »entjudet« wurde.

Angesichts der Vorgeschichte Bests sind Spekulationen, Best habe die Juden »retten« wollen, wohl als abwegig anzusehen. Vielmehr wird deutlich, dass Best – als sich herausstellte, dass es nicht mehr möglich oder zu aufwendig war, die dänischen Juden zu ergreifen – dazu beitrug, die Juden aus Dänemark zu vertreiben: angesichts der politischen Verhältnisse im Land und der Situation in der letzten Septemberwoche 1943 für ihn der einfachste Ausweg aus der komplizierten Lage, die er durch sein Telegramm vom 8. September selbst herbeigeführt hatte.

In den folgenden Wochen und Monaten setzte sich die dänische Seite kompromisslos und engagiert für die Deportierten ein, und Best musste schnell erkennen, dass die weitere Entwicklung in Dänemark in erheblichem Maße davon beeinflusst werden würde, wie es den dänischen Juden weiterhin erging. Von den insgesamt 481 Deportierten waren 454 nach Theresienstadt gebracht worden, 20 nach Ravensbrück und Sachsenhausen. Drei jungen Männern gelang die Flucht. Nach massiven Interventionen der dänischen Seite reiste Eichmann am 2. November zur Verhandlung darüber nach Kopenhagen und sagte gegenüber Best zu, dass dänische Juden über 60 Jahre nicht mehr festgenommen würden, dass deportierte Halbjuden und Juden in Mischehen nach Dänemark zurückkehren könnten und dass die dänischen Juden in Theresienstadt bleiben sollten und von dort nicht »in den Osten«, wie es hieß, weiterdeportiert würden – diese Zusage erwies sich als lebensrettend.[144] Ausschlaggebend für diese ganz ungewöhnlichen Zugeständnisse des Reichssicherheitshauptamtes war aber nicht allein und nicht in erster Linie die Rücksicht auf die inneren Verhältnisse in Dänemark oder die dänischen Exporte ins Reich. Die »Judenaktion« des 2. Oktober hatte im Gegensatz zu dem sonst üblichen Vorgehen von SS und Sicherheitspolizei unter den Augen der internationalen Öffentlichkeit in einem de jure autonomen Land stattgefunden. So war ausgerechnet das Schicksal der kleinsten Jüdischen Gemeinde der von der Wehrmacht besetzten Länder weltweit zum Symbol für die antijüdische Politik des nationalsozialistischen Deutschlands geworden und hatte die Aufmerksamkeit der ganzen westlichen Welt auf sich gezogen.

Schließlich erklärte sich das Reichssicherheitshauptamt sogar bereit, die in Theresienstadt eingesperrten dänischen Juden von Vertretern des Internationalen Roten Kreuzes besuchen zu lassen, was am 23. Juni 1944 auch tatsächlich geschah. Diesen Besuch nutzte die deutsche Seite zu einem großen Propaganda-Coup und führte die dänischen Juden in guter Verfassung und das KZ Theresienstadt als »Musterlager« vor. Um den Inspekteuren des Roten Kreuzes das gewünschte Bild zu vermitteln, war zuvor nach einer monatelangen sogenannten »Verschönerungsaktion« eine Art Potemkinsches KZ entstanden. Auch der Film »Der Führer schenkt den Juden eine Stadt« entstand in diesem Zusammenhang. Der Hintergrund dieser Propagandaaktion allerdings war denkbar schrecklich: Vor dem Besuch der Kommission wurden im Rahmen der »Verschönerungsaktion«, um die Belegungszahl des Lagers zu verringern, etwa 7.500 nicht-dänische Häftlinge nach Auschwitz deportiert und dort umgebracht; im Herbst des Jahres übrigens auch alle an dem Film Beteiligten. Die Zahl der Toten unter den dänischen Juden in Theresienstadt blieb hingegen bis Kriegsende vergleichsweise gering.[145]

4. Widerstand und »Gegenterror«

In der Schwebe

Die Entscheidung der führenden dänischen Politiker von Anfang September, keine Neuauflage der Zusammenarbeitspolitik und keine legale dänische Regierung mehr zu akzeptieren, war durch die deutsche Judenaktion bestätigt und verfestigt worden. Die Aktion wurde, wie Svenningsen unmissverständlich betonte, »von den Dänen als der bisher schwerste Eingriff in ihre inneren Verhältnisse aufs Schärfste abgelehnt«. Den bisherigen Befürwortern einer Zusammenarbeit mit Deutschland sei nun die weitere Verfolgung ihrer Linie völlig unmöglich gemacht worden.[146]

Der Zusammenschluss der großen, ideologisch ganz unterschiedlich ausgerichteten dänischen Widerstandsorganisationen zum dänischen »Freiheitsrat«, der sich zur zentralen Koordinationsstelle der gesamten dänischen Widerstandstätigkeit und bald zu einer Art von Untergrundregierung herausbildete, war der sichtbare Ausdruck der durch die Ereignisse der vergangenen Monate, veränderten politischen Konstellation in Dänemark. Der »Freiheitsrat«, der sowohl in direkter Verbindung zur englischen Regierung stand als auch der Unterstützung durch den überwiegenden Teil der dänischen Bevölkerung sicher war, steuerte einen scharfen Konfliktkurs und setzte insbesondere auf die Ausweitung der Sabotageakte, um auf diese Weise von den Westmächten als de-facto-Alliierter anerkannt zu werden.[147]

Auf der anderen Seite stand mit der »Regierung« der Staatssekretäre (Departementchefs) ein Gremium, das zwar die Geschicke des Landes lenkte und dabei bemüht war, eine Politik »til landets bedste« zu betreiben, zum Besten des Landes, wie es in seinen Erklärungen mehrfach hieß, zugleich aber jede eigene politische Verantwortung ablehnte und ausschließlich auf Befehl und Verantwortung der Besatzungsmacht agierte. So war das Verhältnis zwischen Freiheitsrat und Departementschefs durch eine eigentümliche Kombination aus Ergänzung und Spannung gekennzeichnet: Während die Verwaltungschefs danach trachteten, das Land heil über den Krieg zu retten und Zerstörungen durch Widerstandsgruppen, Besatzungsmacht oder alliierte Luftangriffe tunlichst zu vermeiden, um so die wirtschaftliche und soziale Basis für die Zeit nach dem Krieg zu erhalten, forcierte der Freiheitsrat den Widerstand und die Sabotageunternehmen, um auf diese Weise die politische Zukunft des Landes an der Seite der Alliierten zu sichern. Dabei spielten die führenden Politiker der ehemaligen Regierungsparteien eine verbindende Rolle, da sie mit beiden Instanzen in Kontakt standen und versuchten, die aus der Ausgangskonstellation notwendig erwachsenen Konflikte auszutarieren. Dies gelang, vor allem in der Frage der Sabotageakte, nicht völlig – während Svenningsen das Ende der Sabotage forderte, weil er es für falsch hielt anzunehmen, »daß für Englands Haltung gegenüber Dänemark nach der deutschen Niederlage entscheidend sein sollte, ob wir unsere Fabriken in die Luft gesprengt haben«, entschied sich der Freiheitsrat für eine Fortsetzung der Sabotagepolitik und nahm die daraus zu erwartenden Repressalien der Deutschen bewusst in Kauf.[148] Gleichwohl kann man die Politik von Freiheitsrat und »Departementchefsstyre« ebenso sehr als Auseinandersetzung zwischen zwei kontroversen Grundpositionen ansehen wie als ein einander ergänzendes, zweigleisiges Vorgehen mit dem gemeinsamen Ziel, sowohl die politische Zukunft zu sichern als auch den Krieg einigermaßen unversehrt zu überstehen.

Die Situation der deutschen Besatzungsmacht war dieser Konstellation nicht unähnlich. Dass es hier aber nicht wie auf dänischer Seite zu einer Koordinierung oder Parallelisierung der unterschiedlichen Ansätze kam, lag zum einen daran, dass die politischen Vorstellungen der verschiedenen Machtgruppen des NS-Regimes keine gemeinsame, integrierende Perspektive einer politischen und sozialen Nachkriegsordnung in Europa besaßen und die Kompetenzkämpfe der Ressorts und Institutionen sich zunehmend verabsolutierten, zum anderen daran, dass Deutschland diesen Krieg eben verlor und in dem Maße, wie sich dies abzeichnete, längerfristige politische Strategien gar nicht mehr möglich waren – es sei denn, man plante auf der Grundlage einer deutschen Niederlage; und hier lag der neuralgische Punkt der innerdeutschen Auseinandersetzungen.

Unter den deutschen Machtträgern in Dänemark war Best zwar geschwächt hervorgegangen, aber doch stärker, als es zu Beginn der Krise den Anschein gehabt hatte. Auf der einen Seite besaß er gewiss nicht mehr den gleichen Spielraum wie vor dem August 1943; die Einflussmöglichkeiten des Wehrmachtsbefehlshabers waren gestiegen und wurden in dem Maße noch größer, wie die innenpolitische Situation in Dänemark sich verschärfte und die militärische Lage des Reiches zum Ende des Krieges hin immer schwieriger wurde. Auf der anderen Seite hatte die Wehrmacht ihren Wunsch, Dänemark fürderhin selbst zu regieren, nicht durchsetzen können, und auch Hitlers ursprünglich geäußerte Absichten, Dänemark nun »wie Feindesland« zu behandeln, konnten nicht in die Praxis umgesetzt werden. Diese Wendung war gewiss Ausdruck der taktischen Raffinesse Bests, seiner guten Verbindungen und seines Verhandlungsgeschicks. Aber vor allem gab dieser Wandel Auskunft über den sehr begrenzten Spielraum der deutschen Dänemark-Politik. Eine »härtere Gangart« gegenüber den Dänen wurde zwar von vielen in der deutschen Führung, nicht zuletzt von Hitler selbst, prinzipiell befürwortet. Aber nach den ersten Erfahrungen während des Ausnahmezustands waren so viele Nachteile eines solchen Vorgehens deutlich geworden, dass man ernüchtert wieder mit dem Status quo vorliebzunehmen bereit war.

Nun war die Wiederherstellung der Situation von vor dem 29. August, das wusste auch Best, weder möglich noch wünschenswert. Doch aus deutscher Sicht hatte sich so sehr viel nicht geändert – statt mit einer verfassungsgemäßen Regierung hatte man es nun mit einer juristisch nicht genau definierten dänischen Zentralinstanz der Verwaltungschefs zu tun. Aber obwohl die Zahl der deutschen Kräfte durch die Polizeieinheiten nun doch angewachsen war, konnte das Land auch weiterhin nur von den dänischen Behörden verwaltet werden. Das Prinzip der deutschen »Aufsichtsverwaltung« blieb bestehen, und die Position Bests war dabei noch gestärkt. Lediglich die außenpolitische Bedeutung des dänischen »Modells« für die deutsche Propaganda war nun verblasst, angesichts der Ereignisse in Italien und an der Ostfront aber war dies von untergeordneter Bedeutung. Die gefundene Lösung entsprach also im Wesentlichen der von Best dem Reichsführer SS vor dem Ausnahmezustand vorgeschlagenen Neuordnung.

Die Interessen der deutschen Seite konzentrierten sich in Dänemark nun allein auf zwei Punkte: die landwirtschaftlichen Lieferungen einerseits, die militärische Sicherheit andererseits. Dänemark lieferte um zehn Prozent des deutschen Gesamtbedarfs an Fleisch, Butter und Zucker sowie 90 Prozent des deutschen Frischfischbedarfs – so war es kein Wunder, dass der Ernährungsminister Backe sich immer wieder und in geradezu massiver Weise dafür einsetzte, dass die »dänische Lieferfreudigkeit« das Leitziel aller deutschen Politik in Dänemark sein musste. Da die »Lebensmittelversorgung Deutschlands im fünften Kriegswirtschaftsjahr zu wesentlichen Teilen davon abhängt, dass die Zufuhren aus Dänemark in der vorgesehenen Höhe weitergehen«, hieß es in einer Aufzeichnung für Ribbentrop Ende Dezember, sei die »Steuerung der dänischen Wirtschaft ... eine der wichtigsten Aufgaben des Reichsbevollmächtigten ... Bei voller Wahrung vordringlicher militärischer Belange wird der Reichsbevollmächtigte immer wieder darauf bedacht sein müssen, überflüssige Eingriffe militärischer Stellen in das Gefüge der dänischen Wirtschaft abzuwehren.«[149] Aber genau darin lag das Problem; denn die militärischen und polizeilichen Sicherheitsinteressen standen zu den wirtschaftlichen Zielsetzungen in deutlicher Konkurrenz, und Bests eigentliche Aufgabe bestand bis Kriegsende vornehmlich darin, diese beiden Interessen, hinter denen auch verschiedene Interessengruppen standen, durch pragmatische Kompromisse miteinander zu koordinieren und offene Zusammenstöße zu vermeiden.

Wie schwierig das war, zeigte sich schon kurz nach Aufhebung des Ausnahmezustands, als im Zuge der deutschen Vorbereitungen auf eine alliierte Landung in Jütland der Bau umfangreicher Verteidigungsanlagen angeordnet wurde. Das OKW bezog sich dabei auf eine Anordnung Hitlers und verlangte, dass Hunderttausende von dänischen Arbeitskräften, wenn nötig zwangsweise, zu Schanz- und Bauarbeiten heranzuziehen seien. Nun war jedem Kenner der Verhältnisse in Dänemark klar, dass »Hunderttausende« schon aus Gründen der Ausrüstung und Organisation gar nicht eingesetzt werden könnten und Zwangsrekrutierungen nicht nur zu weiteren Unruhen, sondern auch zu einem schnellen und schroffen Abfall der Exportleistungen für das Reich führen würden. Aber es brauchte Wochen, bis Best die Militärs überzeugt hatte, dass die Schanzarbeiten am besten von der Organisation Todt und von dänischen Baufirmen übernommen würden, dass mehr als 30.000 Mann dazu nicht nötig seien und dass man von Zwangsmaßnahmen ganz absehen sollte.[150]

Die politische Zielsetzung, mit der Best nach Ende des Ausnahmezustands die Lenkung der Geschicke des Landes wieder übernahm, kann man also in drei Punkten zusammenfassen: Erstens Beibehaltung des Prinzips der »Aufsichtsverwaltung« mit selbständiger dänischer Verwaltung und geringen deutschen Kräften, aber ohne »legale« Regierung und ohne klare staats- und völkerrechtliche Definition der inner- und zwischenstaatlichen Verhältnisse; zweitens eine deutlich stärkere Position des Reichsbevollmächtigten, der mit eigenem Gericht und starken Polizeikräften als eine Art von Gouverneur regierte; und drittens ein vorsichtiges Austarieren der beiden vordringlichen deutschen Interessen, Agrarexporte und militärische Sicherheit. Insgesamt sollte die Lage Dänemarks weiter in der Schwebe gehalten werden, weder wollte Best die Nachkriegsentwicklung des Landes präjudizieren noch durch falsche Härte die nach wie vor erhoffte großgermanische Zukunft beider Länder vorbelasten. Zugleich aber sollten Widerstand, Aufruhr und Sabotage durch gezielten polizeilichen Zugriff, nicht durch kollektive Repressionen bekämpft werden.

Angesichts der politischen Verhältnisse in Dänemark und der Entwicklung der Kriegslage insgesamt war dieses Programm in den Relationen der Besatzungsmacht durchaus realistisch und politisch nicht ungeschickt. Und betrachtet man die Entwicklung in Dänemark vom Ausgang des Krieges her, so muss man konzedieren, dass es Best gelang, seine Vorstellungen in bestimmten Umfang auch umzusetzen: Die Bedeutung des Landes für die deutsche Versorgung stieg sogar noch an, Dänemark wurde nicht zum Kriegsschauplatz, und das Ausmaß der Kämpfe zwischen Widerstandsbewegung und Besatzungsmacht wurde zwar immer größer, je länger der Krieg dauerte, blieb aber dennoch viel geringer als in beinahe allen anderen von Deutschland besetzten Ländern am Ende des Krieges.

Bests Vorstellungen von einem »persönlichen Regiment«, wie er sie Himmler im Spätsommer 1943 zugeleitet hatte, waren darauf gegründet, dass er selbst sowohl Chef der deutschen Polizeikräfte im Land als auch »Gerichtsherr« eines deutschen Sondergerichts, etwa als SS- und Polizeigericht, würde. Himmler hatte diesen Wünschen Bests auch durchaus positiv gegenübergestanden; und dass im Auswärtigen Amt der Vorschlag aufkam, Best könne doch zugleich Höherer SS- und Polizeiführer Dänemark werden, kam den Interessen der SS nach Verquickung von staatlichen und SS-Funktionen sehr entgegen. Als allerdings Ribbentrop von diesen Plänen erfuhr, ließ er sie sofort stoppen – er lehne es »grundsätzlich und kategorisch ab, dass ein dem Auswärtigen Amt unterstehender Missionschef noch eine weitere Funktion übernimmt, die zur Folge hätte, daß er auch noch von einer anderen Stelle Weisungen entgegenzunehmen hätte«. Vielmehr sei der Höhere SS- und Polizeiführer (HSSPF) dem Reichsbevollmächtigten eindeutig zu unterstellen.[151]

Damit hatte der Außenminister die Kompetenzfrage angeschnitten, und folgerichtig setzte nun eine wochenlange Fehde um Unterstellungsverhältnisse und Weisungsbefugnisse ein, die mit einem Kompromiss endeten: Wie der Außenminister gefordert hatte, wurden die Funktionen des Reichsbevollmächtigten und des HSSPF getrennt, Himmler hingegen erreichte, dass sein neuer Mann, Günter Pancke, dem Vertreter des Außenministeriums nicht unterstellt, sondern »beigegeben« wurde. Er unterstand »fachlich« dem Reichsführer SS und »politisch« dem Reichsbevollmächtigten.[152] Damit aber war Bests ursprüngliche Vorstellung von der einheitlichen deutschen Führung in Dänemark erneut gescheitert. Neben Best und von Hanneken war Pancke nun »der dritte Mann in Skat«, wie Himmler es nannte, und die internen Widerstände nahmen eher zu als ab, zumal Pancke sich persönlich wie politisch als schwache Figur erwies und der ihm eigentlich unterstellte BdS Mildner, mehr noch dessen im Januar 1944 eingesetzter Nachfolger Otto Bovensiepen, daher eine ziemlich selbständige Politik betreiben konnte.

Mit der Trennung der Ämter des HSSPF und des Reichsbevollmächtigten war aber auch vorweggenommen, dass sich Best in dem Verlangen nach einem eigenen deutschen Sondergericht ebenfalls nicht würde durchsetzen können, denn ein SS-und Polizeigericht unterstand dem Höheren SS- und Polizeiführer. Und selbst Bests Bitte, dass ihm eine Art Begnadigungsrecht zugebilligt wurde, stieß im RSHA auf Ablehnung. In der Sache stimmte man Best durchaus zu; aber hier stand Höheres auf dem Spiel – die Wahrung der Machtbefugnisse Himmlers und des RSHA gegenüber dem Außenministerium.[153] So nahmen die Kompetenzrivalitäten zwischen den deutschen Machtgruppen in Dänemark und in Berlin in dem Maße immer weiter zu, wie sich die militärische Lage des Reiches verschlechterte; und Bests Amtsführung in den letzten 18 Monaten des Krieges wurde vor allem durch diese Konkurrenzen der verschiedenen Institutionen geprägt. Im gleichen Maße aber rückte auch Hitler als letzte und bald einzige Schlichtungsinstanz der Regimeführung stärker in den Mittelpunkt der deutschen Politik in Dänemark.

Der dänische »Freiheitsrat« hatte sich gegen die Politik der Departementchefs und für die Fortsetzung und Ausweitung der Sabotagetätigkeit, insbesondere der Sprengstoffanschläge, entschieden – mit der zutreffenden Erwartung, dass dies auf deutscher Seite zu massiven Reaktionen führen würde und so die Ansätze des Reichsbevollmächtigten, die Lage in Dänemark wieder zu »normalisieren«, zunichte gemacht würden.[154]

Schon Mitte Oktober 1943 nahm die Sabotagetätigkeit wieder stark zu und erreichte seit November ein bis dahin unbekanntes Ausmaß. Fast täglich mussten die deutschen Behörden in Dänemark nun von Sprengstoffanschlägen auf Fabriken oder Gleisanlagen nach Berlin berichten. Zudem war der Freiheitsrat dazu übergegangen, für die deutsche Sicherheitspolizei arbeitende dänische Spitzel »liquidieren« zu lassen, so dass sich die Lage bereits wenige Wochen nach Ende des Ausnahmezustands wieder zuzuspitzen begann.

Nun war Best durch die in Dänemark stationierten deutschen Polizeieinheiten und insbesondere durch die Gestapo-Spezialisten anders als vordem in der Lage, die Widerstandsorganisationen wirksamer zu bekämpfen. Die Zahl der ergriffenen Saboteure stieg stark an, und Best verwies gegenüber Berlin auf diese Fahndungserfolge, auf die weiterhin ungestört fließenden Lebensmittellieferungen ins Reich und auf die militärische Bedeutungslosigkeit der Attentate und Anschläge. Aber die Absichten des Freiheitsrats waren nicht nur militärische, sondern vor allem politische, und so wirkten sie auch – als am 19. November im Führerhauptquartier die »Sicherheitslage« in Dänemark zur Sprache kam, wurden umgehend und empört »schärfste Maßnahmen« angeordnet. Durch die Invasionsgefahr war Dänemark ein besonders sensibles Gebiet, und das erforderte harte Reaktionen. Die Aburteilung von 15 gefassten Saboteuren war als Antwort auf die Anschläge auf deutsche Soldaten nach Überzeugung Hitlers und Keitels bei weitem nicht ausreichend. So drohte hier erneut jenes radikalisierende Wechselspiel von Attentat und Geiselnahme zu beginnen, das Best schon aus Frankreich kannte und das, wie er wusste, in nahezu allen besetzten Gebieten zu Misserfolgen im Sinne der Besatzungsmacht geführt hatte. Gleichwohl erhielt von Hanneken Befehl, in Dänemark nun umgehend »Sühnemaßnahmen« durchzuführen. 24 Saboteure seien sofort zu erschießen.[155]

Best jedoch gedachte die ihm von Hitler eingeräumte »sehr starke Stellung« auch zu nutzen, denn er wusste, dass eine Geiselkrise wie in Frankreich in Dänemark binnen kurzer Zeit zu einer Explosion führen könnte; und so stand er wieder mitten in jenem »Zweifrontenkampf« gegen den dänischen Widerstand auf der einen und die deutsche Führung auf der anderen Seite. Aber die Aktionen der dänischen Freiheitskämpfer sah er zumindest als folgerichtig, wenn auch als im dänischen Interesse unklug, an; und heimlich schien er die jungen Saboteure sogar zu bewundern – die Parallelen zu seinem eigenen Aktivismus gegen die Besatzungsmacht 20 Jahre zuvor waren auch unübersehbar. Mit den aus dem Führerhauptquartier kommenden Befehlen hingegen konnte Best immer weniger anfangen: Was sollte es für einen Sinn machen, jetzt in Dänemark wieder Geiselnahmen und -erschießungen anzuordnen, nachdem diese Methode überall in Europa gescheitert war und die Widerstandsbereitschaft der Bevölkerung stets nur vergrößert hatte? So diktierte er dem überforderten Pancke ein längliches

Schreiben an den Reichsführer-SS und schickte dem Auswärtigen Amt eine mit einem geharnischten Kommentar versehene Abschrift davon, worin alle mittlerweile sattsam bekannten Argumente gegen die Geiselnahme zusammengefasst waren. »›Sühnemaßnahmen‹ gegen die Bevölkerung für die Handlungen einzelner Personen oder geheimer Sabotage- und Terrorgruppen haben sich in allen besetzten Gebieten als zwecklos erwiesen und sind überall wieder aufgegeben worden. Es ist nicht einzusehen, warum in Dänemark die gleiche Methode noch einmal durchexerziert werden soll.«[156] Das Schreiben erzielte Wirkung, denn von der Durchführung des an von Hanneken gerichteten Befehls wurde abgesehen. Auf der anderen Seite gingen die Beratungen zwischen Keitel, Himmler und Hitler, auf welche Weise man am wirkungsvollsten auf Aktionen der Widerstandsbewegung sowohl in Dänemark als auch prinzipiell reagieren könne, weiter und führten schließlich zu einem bemerkenswerten Ergebnis.

Anfang Dezember wurde Pancke zu Himmler zitiert, wegen seiner »Schlappheit« in Dänemark zunächst gehörig gerügt und dann mit der neuen, von Hitler selbst befohlenen Taktik bekannt gemacht: Nunmehr sollten nach Attentaten oder Sabotageakten nicht mehr Geiseln genommen noch die ergriffenen Täter gerichtlich abgeurteilt werden. Vielmehr seien geheime, in Zivil gekleidete Kommandos aufzustellen, die für jede Aktion des Widerstands im gleichen Umfang Vergeltung übten – aber auf eine Weise, dass nicht bekannt würde, von wem dieser »Gegenterror« ausgegangen sei. Hier also war jene Idee des »Clearing-Mordes« aufgekommen, die am 30. Juli 1944 in Form des »Terror- und Sabotage-Erlasses« in allgemeinerer Weise auf den gesamten deutschen Einflussbereich ausgeweitet wurde. Es war die gewissermaßen klassische Form des »terreur«; Widerstand und »Gegenterror« sollten wie ein undurchsichtiger »Kampf im Untergrund« wirken und die Bevölkerung auf diese Weise in Angst und Schrecken versetzen.[157]

Als Best davon erfuhr, weigerte er sich kategorisch, diese Weisungen Himmlers zu befolgen. Er wusste, dass er bei Himmler im Geruch des zu »weichen« Vorgehens stand, seit der Reichsführer-SS im Sommer 1943 aufgrund der Berichte Bests die Sicherheitslage in Dänemark Hitler gegenüber als ausgezeichnet dargestellt hatte und durch den kurz darauf losbrechenden »August-Aufruhr« blamiert worden war. Auf die jederzeitige Unterstützung durch Himmler und die SS konnte sich Best seither nicht mehr verlassen.

So holte Best sich zunächst von Ribbentrop, der über die neuen Entwicklungen im Führerhauptquartier nicht informiert war, Rückendeckung und ließ sich bestätigen, dass die Zuständigkeit für die Anordnung derartiger Maßnahmen allein bei ihm lag. Daraufhin untersagte Best die Durchführung des »Gegenterror«-Befehls durch die deutschen Polizeieinheiten in Dänemark.[158] Zugleich aber verschärfte er die Maßnahmen gegen die Widerstandskämpfer gemäß seiner eigenen Methoden: Am 22. November wurden vor dem deutschen Kriegsgericht zwei Todesurteile gegen dänische Saboteure verhängt und 31 Widerstandskämpfer in deutsche Konzentrationslager deportiert; am 4. Dezember wurden fünf Dänen hingerichtet, am 18. und 21. Dezember folgten weitere Deportationen. Zudem hielt Best einige scharfe Drohreden an die dänische Führung und berichtete ausführlich nach Berlin über die Fahndungserfolge der Sicherheitspolizei.[159] Den

»Gegenterror« aber lehnte er ebenso wie Geiselerschießungen weiterhin als sinnlos und kontraproduktiv ab.

Daraufhin wurden Best; Pancke und von Hanneken nach Ostpreußen ins Führerhauptquartier gerufen, um über das weitere Vorgehen in Dänemark grundsätzliche Weisungen einzuholen. Diese Besprechung am 30. Dezember in der »Wolfsschanze« war in vieler Hinsicht aufschlussreich – sie bedeutete den Beginn des »Gegenterrors« in Dänemark, die unterschiedlichen Konzeptionen über die Bekämpfung der Widerstandsbewegung prallten direkt aufeinander, und überdies war diese Begegnung für Best der Anlass, sich nun noch weiter von dem Einfluss Hitlers zu lösen.[160]

Hitler machte auf Best, wie er später schrieb, den Eindruck eines »müden, gebrochenen, alten Mannes«; er schien ihm stark gealtert und unkonzentriert. Wie meist bei solchen Konferenzen sprach zunächst nur Hitler selbst – über Knäckebrot und Karies, über die Wetterstation auf Grönland, über den englischen Kriegsschiffbau: über alles, was ihm zum Thema Dänemark im weitesten Sinne einfiel. Erst danach bekam Best Gelegenheit, seine Auffassungen kurz vorzutragen: Er verwies auf den »allein kriegswichtigen Gesichtspunkt des ernährungswirtschaftlichen Ertrages Dänemarks«, erklärte die Sabotageaktionen als Kriegsmittel des englischen Geheimdienstes, die militärisch bedeutungslos seien und lediglich auf die Provokation deutscher Gegenmaßnahmen abzielten, und betonte, dass allein polizeiliche Ermittlungen und kriegsgerichtliche Aburteilungen der Saboteure zu Erfolgen führen könnten.

Dann aber erläuterte Hitler seine grundsätzlichen Auffassungen zur Frage der »Terrorbekämpfung«: »Er behauptete, daß alle Terroristen, die aufgrund gerichtlicher Verurteilung hingerichtet werden, Märtyrer ihres Volkes würden. Als Beispiele nannte er die deutschen Märtyrer Andreas Hofer, Johann Philip Palm und Albert Leo Schlageter; diese seien für alle Zeiten bekannt, während die Hunderte von Deutschen, die von den Franzosen vor den Befreiungskriegen und nach 1918 getötet wurden, ohne gerichtlich verurteilt zu sein, vergessen seien. Er wünsche und befehle deshalb, daß der gegnerische Terror in Dänemark durch Gegenterror, d. h. mit genau den gleichen Mitteln bekämpft würde. Jeder Terrorakt solle fünffach durch Gegenterrorakte gegen Personen und Sachobjekte, die den Terroristen nahestünden, vergolten werden. Dies allein könne die Terroristen abschrecken. Und dieser Zustand des beiderseitigen Krieges im Dunkel werde auch der Bevölkerung ein solches Grauen einflößen, daß sie die deutsche Besatzungsmacht kniefällig bitten werde, für Ruhe im Lande zu sorgen.«[161] Best setzte sich demgegenüber erneut für eine Bekämpfung des Widerstands durch kriegsgerichtliche Aburteilungen ein. Diese Methode, individuell gegen die einzelnen Täter vorzugehen und sie vor Gericht zu stellen, sei in Dänemark die einzige Möglichkeit, um eine Solidarität zwischen Bevölkerung und Untergrund zu verhindern. Hitler aber bekräftigte seine historischen Argumente und bestätigte seinen Befehl, in Dänemark mit dem »Gegenterror« zu beginnen.

Best musste sich beugen, wenn auch gegen seine Überzeugung. Aber persönlich bedeutete diese Kontroverse für ihn einen Einschnitt. Den Nimbus als »Führer« hatte Hitler für ihn nun ganz verloren: nicht so sehr, weil ein ausgebrannter alter Mann geworden war, sondern weil seine historisch-politische Begründung für den »Gegenterror« in den Augen Bests so offensichtlich falsch und unsinnig war und zugleich zu den »völkischen« Grundsätzen des Nationalsozialismus in so eklatantem Gegensatz stand, dass Hitler und der im »völkischen« Sinne verstandene Nationalsozialismus für Best nun endgültig zwei verschiedene Kategorien waren.[162]

Auch Bests politisches Vorgehen im Verlauf des Jahres 1944 machte deutlich, dass er den Anordnungen Hitlers nun ausgesprochen kritisch gegenüberstand; insofern sind seine Bemerkungen über Hitlers Auftreten bei der Konferenz am 30. Dezember durchaus glaubwürdig. Zudem ist aber zu betonen, dass Best mit seiner Ablehnung des »Gegenterrors« beileibe nicht für eine mildere Behandlung der Dänen, nicht einmal für eine geringere Zahl von Hinrichtungen plädierte – im Gegenteil. »Die konsequente Anwendung dieser Methode«, schrieb er selbst über die von ihm befürwortete gerichtliche Aburteilung von Saboteuren, hätte »beträchtlich mehr Blut gekostet als der Gegenterror, dem nach den dänischen Feststellungen in dem nach Kriegsende durchgeführten Prozess gegen die deutschen Exponenten 127 Personen zum Opfer fielen. Denn es befanden sich viele hundert Attentäter und Saboteure in deutscher Haft, die jederzeit abgeurteilt werden konnten.«[163] Nicht um Milde ging es ihm, sondern um politische Effektivität und weltanschauliche Stringenz.

Nach seiner Rückkehr aus Berlin war Best gezwungen, den »Gegenterror«-Befehl Hitlers durchzuführen. Der deutsche »Kleinkriegsexperte« Schwerdt war mit seinen Männern kurz zuvor in Kopenhagen eingetroffen; zwei Anschläge auf konservative Abgeordnete waren bereits, allerdings ohne Todesfolgen, verübt worden. Einige Tage später kam auch der durch den Überfall auf den Sender Gleiwitz bekannt gewordene SS-Sturmbannführer Naujocks nach Dänemark und baute mit einigen Männern aus dem Kommando Skorzeny eine »Gegenterror«-Einheit auf, die unter dem Decknamen »Peter-Gruppe« nun mit ihrem Handwerk begann, für das sich die Bezeichnung »Clearing-Morde« einbürgern sollte.[164]

»Zweifrontenkampf«

Am 4. Januar wurde als Vergeltung für den Tod des DNSAP-Mitgliedes Petersen (der wegen seiner Tätigkeit als Spitzel [»stikker«] vom dänischen Widerstand »liquidiert« worden war) der bekannte Priester und Dramatiker Kaj Munk durch deutsche SS-Leute in Zivil ermordet.[165] Damit setzte nun eine Dynamik der Gewalt ein, der in kurzer Zeit zahlreiche Menschen zum Opfer fielen. Auf jeden Sabotageanschlag des Widerstands erfolgte postwendend ein Anschlag der Peter-Gruppe oder des von Best zu einer Art von Bürgerkriegstruppe ausgebauten dänischen Schalburg-Korps. Jedes Attentat auf einen deutschen Polizisten oder einen dänischen Nazi wurde mit der Ermordung eines dänischen Politikers, Journalisten oder Wissenschaftlers beantwortet, wenngleich, wie Ulrich von Hassell nach einem Besuch in Dänemark im Frühjahr 1944 vermerkte, es Best gelungen war durchzusetzen, dass nicht, wie von Hitler verlangt, für jeden Mordanschlag der Widerstandsbewegung fünf Dänen umgebracht, sondern das Verhältnis auf 2 : 1 gesenkt wurde.[166]

Bemühungen um eine politische Lösung der Krise blieben hingegen zunächst ohne Erfolg. Auf der einen Seite hatte Best zwar insoweit mit Bovensiepen und Schwerdt kooperiert, als er sich bei der Auswahl der Objekte von Vergeltungsanschlägen das letzte Wort vorbehalten hatte und so die Zerstörung kriegswichtiger Einrichtungen zu verhindern trachtete. Aber schon bald gewannen die »Gegenterror«-Aktionen ihre eigene Dynamik und reduzierten sich auf einen verbissenen Konkurrenzkampf der Attentate.[167] Auf der anderen Seite hatten die dänischen Parteiführer nach dem Attentat auf Munk mit der Genehmigung Bests einen Aufruf veröffentlicht, in dem sie sich gegen Anschläge schlechthin aussprachen. Dies stieß aber beim Freiheitsrat und auch in der dänischen Bevölkerung auf scharfe Kritik, weil dadurch die Aktionen der Widerstandskämpfer mit denen der Besatzungsmacht auf eine Stufe gestellt wurden. Die Widerstandsorganisationen, nicht die Parteien oder die Departementschefs, bestimmten auf dänischer Seite das Gesetz des Handelns.[168]

Best suchte daher nach Wegen, wie dieser Krieg der Attentate auf eine politische Ebene zurückgeführt werden konnte. Nun hatte der Freiheitsrat im Januar eine gewisse Einschränkung der Sabotagetätigkeit angeordnet, um die Organisation der Widerstandsgruppen verbessern und die Voraussetzungen für den Aufbau einer »zweiten Front« im Falle einer Invasion schaffen zu können.[169] Zugleich war Dänemark am 12. Januar von Anthony Eden zur »befreundeten Nation« erklärt und damit inoffiziell in den Kreis der Alliierten aufgenommen worden. Hier schien sich für Best ein Ansatzpunkt für eine Repolitisierung des Konflikts zu bieten.[170] Zum einen unternahm er Versuche, mit den dänischen Widerstandsorganisationen eine Art von Gentlemen's Agreement zu vereinbaren. Da das Hauptziel des dänischen Widerstands nun erreicht sei – die Anerkennung Dänemarks als Alliierter – solle man die auch in dänischem Interesse schädlichen Sabotagen nun ganz abbrechen. Die deutsche Seite wolle dann ihrerseits Zurückhaltung üben, »während gleichzeitig anerkannt werde, dass man für eine gewisse demonstrative Sabotagetätigkeit – ›for show‹ gegenüber den Alliierten – Verständnis habe.«[171] Als Zeichen seiner Bereitschaft zu einer Art von Stillhalteabkommen ließ Best Anfang Januar die Vollstreckung aller bereits gefällten Todesurteile aussetzen, um die Auswirkungen von »Clearing-Morden« und Hinrichtungen nicht zu multiplizieren.

Zum anderen versuchte Best, auch propagandistisch wieder in die Offensive zu kommen; in Zeitungsartikeln ließ er die Vorzüge seines »elastischen Besatzungsregimes« für die Dänen hervorheben, das »alle Forderungen der Gegenwart erfülle, ohne die Lösungen der Zukunft zu präjudizieren«.[172] Anfang April veröffentlichte er selbst einen längeren Beitrag in der dänischen Presse, »Offene Worte über Dänemarks Stellung«, in dem er seine Politik erläuterte und die Widerstandsbewegung scharf angriff: Dänemark sei in der glücklichen Lage, nach wie vor kein Kriegsschauplatz zu sein; sowohl in politischer wie in wirtschaftlicher Hinsicht seien die Bedingungen für die Nachkriegszeit günstig, »mit Ausnahme der Fälle, in denen herostratische Saboteure dem dänischen Produktionsapparat Schaden zugefügt haben«. Die deutsche Seite verteidige sich lediglich gegen Angriffe, es bestehe jedoch nicht die Absicht, »dänischen Interessen zu schaden, dänische Gefühle zu kränken oder Dänemarks politische Zukunft zu präjudizieren«.[173] Dass die Zahl der Sabotagen seit Januar zurückging, nahm Best, der von den Hintergründen der Entscheidung des Freiheitsrates nichts wusste, für einen ersten Erfolg dieser Bemühungen und war dadurch in Bezug auf die weitere Entwicklung durchaus hoffnungsfroh.

Von der Richtigkeit seines Kurses war er nach wie vor fest überzeugt, und auch in Bezug auf seine längerfristigen Vorstellungen hatte sich nichts geändert. Im März 1944 erläuterte er in einem längeren Gespräch zwei Abgesandten des Einsatzstabes Rosenberg seine Vorstellungen im einzelnen, und besser als die offiziellen Verlautbarungen erlauben die Aufzeichnungen über diese Unterredung Aufschlüsse über Bests Beurteilungen der politischen und militärischen Lage und seiner politischen Zukunftsvorstellungen: »Zu der inneren Lage in Dänemark erklärte Dr. Best, dass er das Lavieren der Dänen zwischen der deutschen und der englischen Seite durchaus verstehen könne, da einem so kleinen Volke nichts anderes übrig bliebe. Nach dem Krieg löse sich diese Frage sowieso von selbst. Die Kunst sei es, Dänemark bis zu diesem Zeitpunkt in der jetzigen Lage zu erhalten, und er hoffe, dass ihm dies gelingen werde, falls nicht in Dänemark selbst eine Invasion kommt. Nach Beendigung des Krieges sei ihm die Aufgabe in Dänemark uninteressant, und er möchte dann gern als Generalgouverneur nach Frankreich gehen, um dort an der Germanisierung des Landes bis zur Loire mitzuwirken. Er verkenne zwar nicht, dass dies eine Arbeit für mindestens drei Generationen sei, aber sie müsse gelöst werden, da eine Ausdehnung nach Osten nach den jetzigen Ereignissen nicht mehr möglich sei. Dr. Best betonte in aller Offenheit, dass er als Westdeutscher immer eine gewisse Abneigung gegen die Weiträumigkeit des Ostens gehabt habe. Er schilderte die Schwierigkeiten seiner persönlichen Lage zwischen den 3 Machtgruppen Auswärtiges Amt, Wirtschaft und Wehrmacht. Seinen eigentlichen Auftraggeber, die SS, vergaß er allerdings dabei zu erwähnen.«[174]

Hier sind Bests Überzeugungen noch einmal in konzentrierter Form zusammengefasst: Es wird deutlich, wie sehr seine politische Handlungsweise nach wie vor auf volkstumspolitischen Großraumvorstellungen basierten; und dass er sich selbst als zukünftigen Generalgouverneur von Frankreich sah, zeigt, wie stark er seine Position trotz seiner Dauerfehden mit den Berliner Zentralstellen einschätzte. Es ist müßig zu überlegen, wie realistisch diese Beurteilungen noch waren; sie prägten jedenfalls Bests Haltung und Horizont.

Am gleichen Tag, als Best seine »Offenen Worte« in der dänischen Presse veröffentlichte, am 9. April, beschloss der Freiheitsrat, die Sabotageaktionen im vollen Umfang wiederaufzunehmen. Eine Welle von Anschlägen erschütterte das Land. Am 18. April wurde eine Maschinenfabrik gesprengt, am 19. wurden zwei Menschen erschossen, darunter als unmissverständliches Signal auch Bests Chauffeur. Weitere »Stikker« wurden »liquidiert«; am 23. April wurde schließlich ein deutscher Unteroffizier umgebracht – und die Mord- und Terroraktionen der »Peter-Gruppe« und des Schalburg-Korps folgten auf dem Fuße. Damit war für Best endgültig bewiesen, dass die von Hitler befohlene Taktik des »Gegenterrors« nicht nur die damit angestrebten Ziele verfehlt hatte, sondern vielmehr zur beständigen Eskalation der gewalttätigen Auseinandersetzung beitrug und »die bisherige Kulturstadt Kopenhagen in ein europäisches Chicago« verwandelte.[175]

Best beschloss daher, auf die neue Sabotagewelle nicht mehr mit »Gegenterror« zu reagieren, sondern Hitlers Anordnungen hinfort einfach zu ignorieren und Saboteure wieder gerichtlich aburteilen zu lassen. Am 24. April wurde die Hinrichtung eines zum Tode verurteilten Saboteurs bekanntgegeben; zugleich erließ Best eine vorläufige Gerichtsordnung, in der er sich selbst das Gnadenrecht vorbehielt, und kündigte in der dänischen Presse an, dass in Zukunft nach jedem Attentat ein verurteilter dänischer Saboteur hingerichtet werde. Dass sich Best dabei ausgerechnet auf den »Führerbefehl« vom 30. Dezember als Rechtsgrundlage bezog – dem er mit dieser Anordnung exakt zuwiderhandelte – war schon recht kühn.[176] Aber er war nun entschlossen, seinen eigenen Kurs zu fahren und Interventionen aus Berlin soweit wie möglich abzuwehren; zumal er die erneut bestätigte Führerweisung, dass ihm im Interesse der Aufrechterhaltung der dänischen Agrarexporte ins Reich in allen politischen und wirtschaftlichen Fragen die »letzte Entscheidung« zustehe, als Bestätigung seines Vorgehens interpretierte. Selbst als Ribbentrop die Errichtung eines solchen Gerichtes beanstandete (mit der – falschen – Begründung, ein SS- und Polizeigericht könne nur für SS-Angehörige zuständig sein), berichtete Best weiter über die Verhängung von Todesurteilen durch »sein« Gericht, und auch die Aufforderung des Auswärtigen Amtes, er habe vor Vollstreckung der Urteile in jedem Fall Weisung einzuholen, lehnte er strikt ab. Die Lage in Kopenhagen sei angespannt und erfordere »schnellste Entschlüsse«, Rückfragen seien daher nicht möglich.

Tatsächlich setzte er sich mit dieser Haltung fürs erste auch durch. Weder Himmler noch Ribbentrop intervenierten, Best ließ vielmehr das SS- und Polizeigericht weiter tätig sein und unablässig harte Urteile fällen. Zum Tode verurteilte Saboteure wurden nach dem jeweils nächsten Mordanschlag der dänischen Widerstandsbewegung hingerichtet; die zu Haftstrafen Verurteilten wurden in das Lager in Fröslev an der deutschen Grenze gebracht, dessen Errichtung die dänische Seite zugestimmt hatte, um die Deportation der Verurteilten in Konzentrationslager im Reich oder »im Osten« zu verhindern.[177]

Nun mutet dieser Streit über die »richtige« Art der Bekämpfung des Widerstands als ebenso absurd wie makaber an, weil es schließlich einigermaßen unwichtig erscheint, ob die dänischen Delinquenten von SS-Leuten in Uniform oder in Zivil erschossen wurden. Aber für Best war dieser Unterschied deswegen von Bedeutung, weil er sich seit jeher dafür eingesetzt hatte, dass die nationalsozialistische Terrorpolitik in legalistische Formen gekleidet war und dadurch einen gewissermaßen »ordentlichen« Charakter annahm. Ähnlich wie die deutsche Bevölkerung nach 1934, so sein Kalkül, würden auch die Dänen gegen »ordnungsgemäße« Hinrichtungen weniger einzuwenden haben als gegen die wilden Vergeltungsmorde von Schalburg-Korps und Peter-Gruppe. Für die dänische Seite waren solche Unterscheidungen jedoch ganz irrelevant, und auch die Widerstandsbereitschaft der Bevölkerung wurde durch den Übergang zu Gerichtsverfahren nicht beeinträchtigt.

Die Invasion der Alliierten in der Normandie veränderte die politische Lage auch in Dänemark beinahe vollständig. Statt sich auf einen noch lang dauernden Krieg einstellen zu müssen, wie von Best ständig vorausgesagt, waren die meisten Dänen nun überzeugt, dass ein Ende von Krieg und Besatzung in sichtbare Nähe gerückt sei. Das verstärkte auf dänischer Seite die Euphorie und das selbstbewusste Auftreten gegenüber der deutschen Besatzungsmacht ebenso, wie es auf deutscher Seite Nervosität und die Bereitschaft zum »rücksichtslosen Vorgehen« anwachsen ließ. Anschläge und Sabotageakte nahmen weiter zu; und nun wagten die Widerstandsorganisationen nach Vorbild der Partisanen sogar regelrechte Angriffe, die von größeren Gruppen am hellen Tag gegen schwerbewachte Kopenhagener Industrieanlagen durchgeführt wurden und beträchtlichen Schaden anrichteten.

Best reagierte darauf mit der Hinrichtung verurteilter Saboteure, schickte aber zugleich beruhigende Telegramme nach Berlin, um sich nicht wie ein Jahr zuvor durch entsprechende »Führerweisungen« die Entwicklung aus der Hand nehmen zu lassen. Einige Wochen lang konnte er so die Berliner Zentralstellen über das Ausmaß der Sabotageaktionen auch im Unklaren lassen. Am 15. Juni aber schaltete sich Himmler ein. Seit dem Sommer 1943 war dessen Vertrauen in Bests Methoden bei der Bekämpfung des dänischen Widerstands geschwunden, und »politische« Strategien gegenüber nationalen Widerstandsbewegungen hielt Himmler nun auch in West- und Nordeuropa nicht mehr für opportun. Hinzu kam noch, dass sich das SS-Hauptamt mehrfach heftig über Best beschwert hatte, unter dem die »großgermanische Arbeit« nicht vorankomme und der das Schalburg-Korps zu einer Art von Bürgerkriegstruppe zur eigenen Verfügung statt zur Keimzelle der SS in Skandinavien ausgebaut habe.[178] Da sich Best nicht mehr auf Himmler und die SS als die eigentlichen Stützen seines Kurses beziehen konnte, war er isoliert und angreifbar geworden.

Himmler forderte nun von Best und Pancke »rücksichtslosestes und brutalstes Durchgreifen«, sonst sei die »Geduld des Führers« erschöpft. Best hoffte zwar nach wie vor, durch Hirtrichtungsdrohungen und verstärkte Polizeitätigkeit einerseits, enge Konsultationen mit den dänischen Führungsgruppen andererseits, die Lage im Lot halten zu können. Er geriet nun aber in immer stärkerem Maße unter den Druck von Pancke, Bovensiepen und von Hanneken, die entsprechend den Anordnungen Hitlers, Himmlers und Keitels auf eine rapide Verschärfung des Kurses drängten.[179]

Im Verlauf des Frühsommers zeigte sich zudem, dass neben den drei politischen Führungskreisen in Dänemark – Departementschefs, Parteiführer, Freiheitsrat – noch ein viertes, davon relativ unabhängiges Kraftfeld existierte, mit dem Best, der den dänischen Widerstand im wesentlichen als das Werk der militärischen Gegner Deutschlands ansah, nicht gerechnet hatte: die dänische Bevölkerung selbst und insbesondere die Kopenhagener Industriearbeiterschaft, welche an den August-Streiks im Vorjahr nicht beteiligt gewesen war und sich nun als besonders kampffreudig erwies. Die Geschichte des »Volksstreiks« der letzten Juni-Tage 1944 ist in Dänemark ausführlich, ja beinahe Stunde für Stunde beschrieben, erforscht und immer wieder diskutiert worden – und in der Tat handelte es sich um ein in dieser Form seltenes Stück autonomen Massenwiderstandes, in dem große Entschlossenheit und Risikobereitschaft sich mit Kreativität, Witz und Spottlust paarten und bei dem der deutschen Seite eine Niederlage beigebracht wurde, die um so bemerkenswerter war, als hier eine unbewaffnete Bevölkerung einem hochgerüsteten Besatzungsapparat gegenüberstand.[180]

Ausgangspunkt war auch diesmal ein massiver Sabotageangriff auf eine Waffenfabrik als Höhepunkt einer Kette von Anschlägen, die eine massive Reaktion von deutscher Seite nach sich zogen: Das Schalburg-Korps sprengte einen Teil des Kopenhagener Tivolis, acht verurteilte Saboteure wurden hingerichtet, der zivile Ausnahmezustand in Svendberg verhängt, der nächtliche LKW-Verkehr in Kopenhagen verboten und schließlich ein Ausgehverbot in der Hauptstadt eingeführt – das brachte das Fass zum Überlaufen. Die Arbeiter verschiedener Kopenhagener Betriebe traten in den Streik und erklärten – da Streiks ja verboten waren –, dies sei gar kein Streik, aber wegen des Ausgehverbots müssten sie früher nach Hause gehen, um in ihren Schrebergärten Lebensmittel zu ernten.[181] Dieser in der dänischen Geschichte berühmt gewordene »Schrebergarten-Streik« verrät viel über den Charakter dieses Aufruhrs, der sich bald zu einer Art von Volksstreik ausweitete, aber die Grenze zum gewalttätigen Aufstand, bei dem die Dänen nur verlieren konnten, nie überschritt.

Best hatte zunächst gar nicht reagiert und gehofft, die Sache würde sich nach einigen Tagen beruhigen. Denn eine offene Auseinandersetzung hätte nicht nur die wirtschaftlichen Interessen des Reiches in Dänemark beeinträchtigt, sondern auch die militärischen, weil große Truppenteile, die zur Abwehr der befürchteten Jütland-Invasion dringlich gebraucht wurden, für längere Zeit in der Stadt gebunden worden wären. So war die Reaktion der deutschen Führung zunächst zurückhaltend und dann – da man über eine klare Einschätzung der Lage und des eigenen Vorgehens nicht verfügte – uneinheitlich. Best nahm am 28. Juni den Stein des Anstoßes, die Anordnung der Sperrstunde, weitgehend zurück, ließ aber am folgenden Tag die Hinrichtung von acht weiteren Widerstandskämpfern bekanntgeben. Am gleichen Tag erschoss die deutsche Polizei auf offener Straße elf Demonstranten. Als sich Streiks und Aufruhr daraufhin noch ausweiteten und erste Verhandlungen mit den Departementchefs zu keinen greifbaren Ergebnissen führten, wurde am 30. Juni der militärische Belagerungszustand über Kopenhagen verhängt, die Versorgungsbetriebe der Stadt wurden stillgelegt, die Militärpatrouillen erhielten Schießbefehl und – darin lag die größte Gefahr – deutsche Kampfflugzeuge wurden mit Brandbomben bestückt. Das Wort vom »zweiten Warschau« machte die Runde.[182]

Wie Bests dänische Gesprächspartner später berichteten, war Best an diesen Tagen außerordentlich erregt. Wie schon häufig in zugespitzten Krisensituationen verlor er zunächst die Übersicht und empfand die Streikaktionen als persönliche Herausforderung, auf die er rächend und strafend reagieren müsse – durch die Verhängung des Belagerungszustands, die Stilllegung der Versorgungsbetriebe und die anderen Maßnahmen des 30. Juni. Selbst über eine Bombardierung der »aufsässigen« Stadtviertel Kopenhagens wurde nachgedacht – ob nur zur Einschüchterung der Dänen, als Demonstration deutscher Machtfülle gegenüber den

Streikenden, die durch ihre Aktionen die deutschen Soldaten zuweilen lächerlich gemacht hatten, oder als ernsthaft ins Kalkül gezogene Möglichkeit, ist nicht ganz deutlich.

Aber schon am 1. Juli war abzusehen, dass der Streik zu Ende ging; er wäre auch von Seiten der dänischen Arbeiterschaft nicht weiter durchzuhalten gewesen. Und auch Best schwenkte nun um und erkannte, dass er mit seinen »harten« Reaktionen nur eine Verschärfung und Verlängerung des Konflikts provozierte. Er avisierte Svenningsen daher die weitgehende Konzessionsbereitschaft der deutschen Seite, wenn die dänische Führung ihrerseits die Bevölkerung zur Wiederaufnahme der Arbeit aufriefe. Dies war der Durchbruch. Am 3. Juli wurden die Streiks beendet.[183]

Konfrontation mit Hitler

Der »Volksstreik« vom Sommer 1944 war zweifellos ein großer und international beachteter Erfolg der Dänen gegenüber der deutschen Besatzungsmacht. Er hatte vor den Augen der Welt gezeigt, dass die Deutschen politisch und militärisch auch hier bereits in der Defensive waren, und brachte den Dänen de facto die Anerkennung als Bündnispartner der Westmächte ein.[184] Aber es war auch nicht zu übersehen, dass in der dänischen Bevölkerung wie bei den Politikern die eigene Stärke im Rausch des Erfolges wohl überschätzt und dabei verdrängt wurde, dass Dänemark nur um weniges einer Katastrophe entgangen und der Krieg noch lange nicht zu Ende war.

Auf der anderen Seite war es Best zwar mit knapper Not gelungen, Aufruhr und Streiks »mit politischen Mitteln« – durch Rückzug auf der ganzen Linie – zu beenden. Aber die Prestigeeinbußen für die deutsche Seite waren erheblich. Dass darauf Reaktionen aus Berlin folgen würden, war vorauszusehen; woran sie sich dann jedoch entzündeten, war überraschend.

Am 1. Juli erhielt Best einen Anruf aus dem Feldquartier des Außenministers, in welchem ihm vorgeworfen wurde, den Ausbruch des Streiks durch die gerichtliche Aburteilung und Hinrichtung von Saboteuren am 29. Juni selbst heraufbeschworen zu haben. Zwar stellte Best sogleich richtig, dass nicht diese Hinrichtungen, die am 30. Juni bekanntgegeben wurden, für den Streikausbruch am Tag zuvor ursächlich gewesen sein konnten, sondern die Verhängung des Ausgehverbots. Im Führerhauptquartier jedoch hatte sich diese Sichtweise bereits festgesetzt, und Best sah sich mit schweren Vorwürfen konfrontiert: Er trage durch sein Vorgehen die Schuld am Ausbruch der Unruhen, habe den Außenminister nicht ausreichend informiert und einen Führerbefehl missachtet.[185]

Bests Reaktion auf diese schwerwiegenden und, was die Weisungen Hitlers anbetraf, nicht ganz falschen Beschuldigungen war weiterhin selbstbewusst und ließ zudem durchscheinen, dass er diese Anordnungen aus dem Führerhauptquartier allesamt für ziemlich unsinnig hielt. Die Befehle Hitlers zum 30. Dezember stellte er nun so dar, als sei »lediglich die Exekution unbeteiligter Geiseln« verboten worden, während »verurteilte Saboteure als Geiseln zu behandeln« seien und der »Gegenterror« nur als zusätzliche Maßnahme befohlen worden sei.

Wie er, Best, aber immer vorausgesagt habe, seien durch Gegenterror und Sperr-stundenverordnung Unruhen und Streiks erst provoziert worden. Im Übrigen müsse er sich dagegen verwehren, dass »immer wieder von höheren Stellen bei jedem Vorfall gefordert [werde], dass ›rücksichtslos und brutal‹ durchgegriffen wird ... Ich bitte dringend um Herbeiführung einer klaren Entscheidung, ob der Abwehrkampf unserer Sicherheitsorgane ausschließlich gegen die Werkzeuge des Feindes geführt werden soll, oder ob weiterhin Maßnahmen gegen andere Personen und Objekte getroffen werden sollen, deren Rückwirkungen in der hiesigen Bevölkerung im Ausland und in der Feindpropaganda dann bewusst in Kauf genommen werden müssen. Auf jeden Fall aber müssen die hiesigen Ver-antwortungsträger davor geschützt werden, daß sie aus jedem konkreten Anlass Befehle zu ›harten Maßnahmen‹ erhalten, deren Durchführung ihnen dann spä-ter wieder zum Vorwurf gemacht wird.«[186] Daraufhin erhielt Best von Ribben-trop die Mitteilung, dass »der Führer sehr scharfe Kritik an Ihrer bisherigen Poli-tik gegenüber den Dänen geübt« habe; am Ausbruch des Streiks trage allein die Einrichtung von Gerichten schuld, durch die Hinrichtungen seien Märtyrer ge-schaffen worden, und dies wäre durch Gegenterror zu vermeiden gewesen. Das richtige Verfahren nach einem Attentat sei, »daß ein Auto vorfahre und die Sabo-teure einfach umlege«. Die Gerichtstätigkeit sei daher sofort einzustellen.[187] Best habe zudem eine Führerweisung missachtet und darüber Rechenschaft abzule-gen. Am 5. Juli habe er sich im »Berghof« bei Hitler einzufinden.

Dort sah sich Best erneut einem tobenden »Führer« gegenüber, der ihm in hef-tiger Form vorhielt, die Anordnung vom 30. Dezember missachtet zu haben, und dabei seine Argumente für den »Gegenterror« – Hofer, Palm, Schlageter – beina-he wörtlich wiederholte.[188]

Was für eine absurde Szenerie! Wer konnte ernsthaft daran glauben, dass der »Volksstreik« in Kopenhagen verhindert worden wäre, wenn die ergriffenen Saboteure von der deutschen Besatzungsmacht nicht nach Gerichtsurteil, son-dern ohne ein solches erschossen worden wären? Aber diese Überzeugung hatte sich bei Hitler so sehr festgesetzt, dass er nun die Anwendung von »Gegenter-ror« in allen von Deutschland besetzten Gebieten als einzig zulässige Form des Kampfes gegen Saboteure und Attentäter anordnete. Dieser »Terror- und Sabo-tage-Erlass« vom 30. Juli 1944 beendete die Möglichkeit einer gerichtlichen Ver-folgung der Widerstandskämpfer auch in Dänemark.[189]

Der Zusammenstoß mit Hitler am 5. Juli bedeutete für Best das Ende seines trotz aller Widrigkeiten noch bestehenden politischen Handlungsspielraums in Dänemark. Zwar brachte ihm, nachdem sich herumgesprochen hatte, was auf dem »Berghof« vorgefallen war, seine feste Haltung gegenüber den Anordnun-gen Hitlers nicht nur Feinde ein, sondern wohl auch ein gewisses Maß an Re-spekt. In der Parteiführung, im Wehrmachtsführungsstab und nun auch im RSHA aber war Bests Ruf als in Krisensituationen zu »weich« jetzt zementiert.

Da nun auf alle Äußerungen von Widerstand in den besetzten Ländern nur noch mit massiver Gewalt geantwortet werden durfte, ohne dass die politischen Rahmenbedingungen Berücksichtigung finden konnten, war eine längerfristig orientierte Besatzungspolitik endgültig an ihr Ende gekommen. So waren auch Bests hochfliegende Pläne, in Dänemark den praktischen Beweis für die Überlegenheit der theoretischen Entwürfe von der »völkischen Großraumordnung« zu führen, nun endgültig unrealistisch geworden, ebenso wie die Vorstellung, eine solche Großraumordnung unter deutscher Herrschaft überhaupt errichten zu können. Nicht die Neuordnung Europas, die in den Jahren zuvor die Hirne und Gemüter der deutschen Führung und der Intellektuellen erhitzt hatte, stand nun für Best auf der Tagesordnung, sondern die Schadensbegrenzung. Um so wichtiger war es für ihn, dass in dieser kritischen Phase des Krieges kein Scherbenhaufen angerichtet wurde, durch den die Entwicklung nach einem deutschen Sieg stark vorbelastet würde.

Im Übrigen galt dies nach Bests Überzeugung auch für den Fall einer deutschen Niederlage. Da in seinem Weltbild die Völker unabhängig von ihrer politischen Verfasstheit als »primäre Erscheinungsformen des Lebens« weiter existierten, würde es auch nach einer deutschen Niederlage eine politische Zukunft geben, und auch die Beziehungen zwischen dem deutschen und dem dänischen Volk würden weiter bestehen. »Wer diese Tatsache nicht erkennen und nicht aus ihr die praktischen Folgerungen ziehen will, treibt keine Realpolitik«, betonte Best noch im November, deutlich auch nach Berlin weisend, in einem Zeitungsinterview.[190] Dass er sich eine solche Zukunft auch nach einer Niederlage des nationalsozialistischen »Dritten Reiches« vorstellen konnte, diese Zukunft aber in den Kategorien des »völkisch-organischen« Denkens antizipierte und so seine weltanschaulichen Grundüberzeugungen von der Existenz des NS-Regimes zu lösen imstande war – darin bestand das eigentlich Bemerkenswerte an seiner Haltung während des letzten Kriegsjahres. Hier lag der Schlüssel sowohl für seine Politik in Dänemark in dieser Zeit als auch für seine Konflikte mit der deutschen Führung.

Zwanzigster Juli

Zwei Wochen nach der »Berghof-Audienz« Bests explodierte die Bombe Stauffenbergs; und bald wurde bekannt, wie viele namhafte Funktionsträger des »Dritten Reiches« in diese Verschwörung eingeweiht gewesen waren. Fast der ganze Stab des Militärbefehlshabers in Frankreich war darunter, Bests engste Mitarbeiter bis zum Frühjahr 1942; Nebe, einer seiner Mit-Amtsleiter im RSHA; Ulrich von Hassell, mit dem Best seit Anfang 1941 in gutem Kontakt stand; Schulenburg, mit dem er im Frühjahr 1943 in Kopenhagen ein »offenes Gespräch« über die politische Entwicklung geführt und in vielem übereingestimmt hatte;[191] auch Canaris, seit den 30er Jahren einer der wenigen engeren Freunde Bests; und auf etwas unklare Weise sogar Kanstein, den Stuckart allerdings kurz darauf herauspaukte.[192] Warum nicht Best?

Best hat dies nach dem Krieg in einer Charakterisierung Canaris' erläutert, die unschwer als Beschreibung seiner eigenen Haltung zu erkennen ist. Die Auseinandersetzungen des Abwehrchefs mit den konkurrierenden Machtgruppen des NS-Regimes, schrieb Best dort, »war ein Kampf um den nationalsozialistischen Staat, nicht ein Kampf gegen diesen«, und es sei ganz falsch, so zu tun, als sei Canaris »schon immer dagegen« oder gar das Haupt der Verschwörung gewesen.

»Die Wirklichkeit ist viel einfacher und anständiger. Ein fähiger, pflichtbewußter und vaterlandsliebender Offizier wurde in eine wichtige Stellung berufen, machte das Beste aus seiner Aufgabe, geriet in einen durch das System und die Materie bedingten Konkurrenzkampf mit einer anderen mächtigen Institution, mußte dazu in steigendem Maße gegen schwere Fehler von oben ankämpfen, hielt es aber für seine Pflicht, auf dem Posten zu bleiben, um ... ›Unrecht und Unsinn in Einzelfällen abzuwenden‹. Insoweit steht Canaris vollständig an der Seite zahlreicher anderer deutscher Männer, die das Beste wollten und ihre Pflicht so taten, wie sie sie auffaßten.«

Hier wird die Parallelisierung der Entwicklung von Canaris zu derjenigen Bests ganz offensichtlich: Ein Kampf um, nicht gegen den Nationalsozialismus; und in diesem Kampf ausharren auf dem Posten, um seine Pflicht zu tun und »Unsinn« abzuwenden – so verstand auch Best seine eigene Rolle, und deswegen war ihm auch nichts ferner als der Verschwörerkreis des 20. Juli. »Das Besondere und Einzigartige an Canaris' Schicksal ist, dass er am Rande von der ›Verschwörertätigkeit‹ einiger Mitarbeiter berührt wurde, die er teils aus Überlegenheit und später aus Fatalismus nicht ernst nahm und aus persönlicher Anständigkeit gegenüber den Kameraden nach außen abschirmte. Und das Tragische ist, dass gerade Canaris dieser ›Berührung am Rande‹ mit den Dilettanten des 20. Juli zum Opfer fallen musste.«[193]

Die national-konservativen Vorstellungen der an der Verschwörung beteiligten Offiziere waren für Best keine Alternative, noch viel weniger galt dies für monarchistische oder gar demokratische Ideale, wie sie anderen Beteiligten des 20. Juli vorschwebten: allesamt für Best überholte und zu bekämpfende Erscheinungen, denen gegenüber er den Nationalsozialismus als epochalen Fortschritt verstand, weil hier zum ersten Mal versucht worden war, einen Staat, ja einen Kontinent, »auf völkischer Grundlage« neu zu ordnen. Wenn Best hingegen selbst ein zunehmend kritisches Verhältnis zu Hitler und dem real existierenden Nationalsozialismus entwickelt hatte, so deswegen, weil er dessen »Fehler« als Abirrungen von dem eigentlichen, dem völkischen Nationalsozialismus verstand, so wie er von ihm selbst und seinen Gesinnungsgenossen in der SS vertreten wurde. Selbst wenn das nationalsozialistische Deutsche Reich diesen Krieg verlieren sollte, und diese Möglichkeit wurde Best immer bewusster, so war das nur ein Beweis dafür, dass es Fehler, Abirrungen von der völkischen Lehre gegeben hatte, dass, wie er später formulierte, Hitler »gegen die völkische Weltanschauung gehandelt hat« und es daher zu Katastrophen kommen musste.[194] Wer vom richtigen Weg abging und sich gegen die »völkischen Lebensgesetze« verging, hatte er schon 1940 geschrieben, wird »vom Schicksal selbst nach den verletzten ›Lebensgesetzen‹ mit Unglück und Umsturz und Scheitern vor der Geschichte bestraft«.[195] So war in den Augen Bests selbst der Untergang der nationalsozialistischen Diktatur ein Beweis für die Richtigkeit der »völkischen Lehre«.

5. Kriegsende

Aktion Taifun

Dass in Dänemark, unmittelbar jenseits der nördlichen Grenzen des Reiches, allen Sabotage- und »Gegenterror«-Aktionen zum Trotze weiterhin unter beinahe »friedensmäßigen« Bedingungen gelebt und gearbeitet wurde, während Deutschland durch die alliierten Bombenangriffe und die sich nähernden Fronten im Chaos zu versinken begann, war für zahlreiche nationalsozialistische Funktionsträger ein Ärgernis, ja geradezu eine Provokation. Viele Maßnahmen deutscher Stellen gegenüber Dänemark im Verlauf der letzten acht bis zehn Kriegsmonate sind mit nachvollziehbaren militärischen, wirtschaftlichen oder politischen Interessen daher auch kaum mehr erklärbar, sondern resultierten eher aus dem Verlangen, dass nun endlich auch die Dänen den Krieg zu spüren bekommen sollten. Zwar hielt Best dem immer wieder erneut entgegen, dass der Nutzen für Deutschland unter den gegenwärtigen Bedingungen am größten sei, konnte sich damit aber jeweils nur für kurze Zeit durchsetzen. »Die Bevölkerung Dänemarks hält zwar den Sieg der Alliierten für sicher und erhofft von ihm die Befreiung von der deutschen Besetzung, aber sie verhält sich absolut ruhig und leistet keinerlei Widerstand«, berichtete er Ende Juli 1944 nach Berlin. »Sie arbeitet außer für die unmittelbare Versorgung ihrer 3,8 Millionen Menschen ausschließlich für deutsche Zwecke: bei den umfangreichen Wehrmachtsarbeiten, in der Landwirtschaft und in der mit deutschen Aufträgen versehenen gewerblichen Wirtschaft. Hervorzuheben ist, daß die Landwirtschaft trotz fehlender etwa 35.000 Arbeitskräfte, die zu den Wehrmachtsarbeiten abgezweigt werden, sich mit Erfolg bemüht, ihre dem Reich zugute kommende Erzeugung auf der bisherigen Höhe zu halten. In dem Bewußtsein, daß ihre gesamte Arbeit für Deutschland geleistet wird, reagiert die Bevölkerung sehr empfindlich gegen Maßnahmen, durch die sie sich zu Unrecht getroffen fühlt. Jede Repressalie gegen die Bevölkerung wirkt deshalb unmittelbar auf die Arbeitsfreudigkeit und auf ihre Arbeitsleistung zurück.«[196]
Gerade die Frage der Arbeitskräfte aber wurde von Deutschland aus zum Teil ganz anders beurteilt. Im »Großdeutschen Reich« befanden sich im Sommer 1944 7,8 Millionen ausländische Zivilarbeiter und Kriegsgefangene aus 22 Ländern, vorwiegend aber aus der Sowjetunion, Frankreich, Polen und Italien. Die Zahl der dänischen Zivilarbeiter im Reich beschränkte sich hingegen auf wenige Tausend Freiwillige. Zwangsarbeiter-Rekrutierungen wie mittlerweile in fast allen von Deutschland besetzten Ländern gab es hier nicht, war es doch wirkungsvoller, die dänische Wirtschaft mitsamt all ihren Beschäftigten für deutsche Zwecke arbeiten zu lassen, als die Arbeiter in deutsche Fabriken zu verbringen.[197] Da aber der stete Zustrom von sowjetischen Zwangsarbeitern ins Reich allmählich versiegte, ging der Generalbevollmächtigte für den Arbeitseinsatz, Sauckel, seit dem Frühjahr 1944 verstärkt dazu über, die benötigten Arbeiter aus anderen, bislang verschonten Ländern zu holen, und schlug im Juli 1944 vor, nun auch in Dänemark Arbeitskräfte in großer Zahl zwangsweise für den Einsatz im Reich zu rekrutieren. Nun war es für Best nicht ausnehmend schwierig, solche Initiativen abzuwehren. Er musste nur den deutschen Ernährungsminister alarmieren und darauf hin-

weisen, dass in der dänischen Landwirtschaft sowieso schon mehr als 30.000 Arbeitskräfte fehlten und eine Zwangsrekrutierung von Arbeitern nach Deutschland die Agrarexporte in kürzester Zeit rapide senken würde. Gegen das Argument der drohenden Rationenkürzung im Reich war selbst Sauckel machtlos und musste seine Anordnungen zurücknehmen.[198]

Viel schwerwiegender waren hingegen die Vorstöße der Sicherheitspolizei, denn seit Bests Konfrontation mit Hitler ruchbar geworden war, gingen Pancke und Bovensiepen in wachsendem Maße auf eigene Faust vor; und dabei gewann die Auseinandersetzung mit der dänischen Widerstandsbewegung eine sich von den ursprünglichen politischen Zielsetzungen mehr und mehr ablösende Eigendynamik.

So wurde am 11. August durch schwedische Radioberichte bekannt, dass die deutsche Sicherheitspolizei in Kopenhagen im Keller ihres Hauptquartiers elf der Sabotage verdächtigte Dänen umgebracht hatte. Best ließ diese Meldung sogleich dementieren, wurde dann aber wenig später von einer Pressemitteilung des HSSPF überrascht, die die Berichte im Grundsatz bestätigte. Die Sicherheitspolizei hatte jenseits des Streits um Gerichtsbarkeit oder Gegenterror längst eigene Wege bei der Verfolgung und Liquidierung des dänischen Widerstands beschritten und scherte sich wenig um das Pochen des Reichsbevollmächtigten auf seine alleinige politische Verantwortung. Niemand hätte davon weniger überrascht sein dürfen als Best, der die Autonomisierung der Politischen Polizei des »Dritten Reiches« schließlich juristisch und politisch selbst durchgesetzt hatte. Nun aber wurde ihm deutlich vor Augen geführt, dass dies vor allem eine Machtfrage war: Best war von Hitler gemaßregelt worden, hatte auch die Unterstützung Himmlers verloren und wurde nur noch von dem vergleichsweise einflussarmen Auswärtigen Amt unterstützt – also gewannen Pancke und Bovensiepen an Boden.

Eine Woche später kam es zu einem weiteren Eklat. Dass es Best Anfang Juli durch relativ weitgehende Konzessionen gelungen war, die Streiks in Kopenhagen und dadurch auch den Belagerungszustand zu beenden, war bei Pancke und Bovensiepen auf Verstimmung gestoßen, die darauf spekuliert hatten, die dänische Widerstandsbewegung aus der Deckung herauslocken und dann zerschlagen zu können. Am 29. August, dem Jahrestag der Ausrufung des militärischen Ausnahmezustands, waren neuerliche Unruhen zu erwarten; und um die dänische Bevölkerung nicht ins schon geöffnete Messer der deutschen Polizei rennen zu lassen, warnten die dänischen Partei- und Gewerkschaftsführer die dänische Arbeiterschaft in Artikeln und Aufrufen dringlich vor Protestdemonstrationen und Streiks an diesem Tag. Die deutsche Sicherheitspolizei hingegen ließ gefälschte Flugblätter und Plakate in Umlauf bringen, in denen im Namen des Freiheitsrats zu Generalstreik und Gewalttaten aufgerufen wurde. Auch darüber war Best nicht informiert, und nur mit Mühe gelang es ihm, zusammen mit den Departementchefs, die auf diese Weise künstlich aufgeputschte Lage unter Kontrolle zu behalten.[199]

Daraufhin ging Pancke noch einen Schritt weiter und legte Himmler Anfang September einen Plan zur Entwaffnung und Deportation der mehr als 10.000 dänischen Polizeibeamten vor. Schon seit dem Sommer 1943 war von deutscher Seite darauf gedrängt worden, dass die dänische Polizei aktiver gegen Sabotage und Attentate vorgehe. Die dänischen Behörden hatten darauf jedoch immer sehr zurückhaltend und dilatorisch reagiert; und auch Bests ultimative Forderungen im Mai 1944, die dänische Polizei solle umgehend Sabotagewachen an gefährdeten Fabriken und öffentlichen Gebäuden aufstellen, stießen auf sehr verhaltene Bereitschaft.[200] Auf der anderen Seite gab es Hinweise auf eine Kooperation einzelner Polizeibeamter mit dem Freiheitsrat, und Wehrmachtbefehlshaber und Sicherheitspolizei hatten die dänischen Polizisten sogar insgesamt im Verdacht, den Sabotageaktionen Vorschub und Hilfe zu leisten. Angesichts der weiterhin befürchteten »Nord-Invasion« sahen Wehrmacht und Sicherheitspolizei die dänischen Polizisten ähnlich wie ein Jahr zuvor die dänische »Restwehrmacht« als potentielle Fünfte Kolonne im Hinterland an und drangen daher auf ihre Ausschaltung. Aber der Vorschlag Panckes, alle dänischen Polizeibeamten zu entwaffnen und einen großen Teil von, ihnen nach Deutschland zu deportieren, hatte nicht nur präventive Ziele. Vielmehr verband er damit erneut die Hoffnung, auf diese Weise die dänische Widerstandsbewegung zu offenem Auftreten provozieren und in Reaktion darauf aufreiben zu können.

Am 12. September stimmten Hitler und Himmler der geplanten Aktion zu, wiesen jedoch Polizei und Wehrmacht ausdrücklich an, dass der Reichsbevollmächtigte von diesem Vorhaben nicht unterrichtet werden dürfe. »Bei Best kommt alles heraus«, begründete Hitler diese Maßgabe einige Tage später gegenüber Ribbentrop und spielte damit auf die »Judenaktion« ein Jahr zuvor an. Am 19. September begann daraufhin die vorbereitete Aktion »Taifun«. Die beinahe 10.000 dänischen Polizeibeamten und Grenzpolizisten wurden schlagartig entwaffnet, 2.235 von ihnen wurden verhaftet, auf ein bereitgestelltes Schiff verbracht, nach Deutschland deportiert und in das Konzentrationslager Buchenwald eingeliefert.[201]

Best befand sich an diesem Tag auf einer Inspektionsreise bei den Befestigungsarbeiten in Jütland. Als er am Morgen des 19. September über die bevorstehende Aktion informiert wurde, war er vollständig überrumpelt. Er fuhr sogleich zurück nach Kopenhagen, aber dort sah er sich schon vor vollendete Tatsachen gestellt: Seine Dienststelle im »Dagmarhaus« in Kopenhagen war von deutschen Sipo-Einheiten abgesperrt, seine Telefonleitungen waren unterbrochen worden. Zudem hatte Pancke den »polizeilichen Ausnahmezustand« erklärt, um den sofort aufflammenden Generalstreik niederschlagen zu können.

Best hatte zunächst geglaubt, es handele sich um eine Eigenmächtigkeit der Sicherheitspolizei, die er durch entsprechende Protestnoten hätte womöglich rückgängig machen können. Nun aber erfuhr er von Pancke noch am gleichen Abend, dass die Aktion auf direkte Weisungen Himmlers und Hitlers zurückging – viel deutlicher konnte die Brüskierung des Reichsbevollmächtigten nicht sein. Noch am 21. September flog Best daher zunächst nach Berlin, dann nach Ostpreußen ins »Feldquartier« Ribbentrops. Der Außenminister unterstützte Best in dieser Sache und hatte sich bei Hitler bereits schriftlich über die Polizeiaktion in Dänemark beschwert, stellte das Vorgehen Himmlers und Panckes doch einen Einbruch in seinen Einflussbereich dar. Best aber war entschlossen, bei Hitler selbst zu protestieren und seinen Rücktritt einzureichen, da er das Vertrauen des »Führers« offensichtlich nicht mehr besaß. Gemeinsam mit Ribbentrop fuhr er daher ins

Führerhauptquartier; aber Hitler ließ sich weder sprechen, noch war er bereit, sich Bests Proteste anzuhören. Er lehnte auch Bests Rücktrittsgesuch ab und ließ ihm lediglich mitteilen, es habe sich bei der Entwaffnung und Deportation der dänischen Polizei um eine »aus militärischen Gründen angeordnete Sonderaktion« gehandelt, die Bests Stellung als Reichsbevollmächtigter und seine politische Verantwortung nicht berühre. Pancke sei ihm weiterhin politisch unterstellt.[202]

Mit diesem Bescheid kehrte Best nach Kopenhagen zurück; da er sowohl von Ribbentrop wie von Svenningsen als Vertreter der dänischen Departementchefs gedrängt wurde, im Amt zu bleiben, nahm er die Geschäfte wieder auf – etwas anderes wäre ihm angesichts der eindeutigen Weisung Hitlers freilich auch nicht übrig geblieben.

Bests Augenmerk galt nun zunächst in erster Linie den deportierten dänischen Polizisten, die als Gefangene nach Buchenwald gebracht worden waren. Erneut wies er gegenüber den Berliner Stellen auf die Auswirkungen der Polizeiaktion auf die dänische »Lieferfreudigkeit« hin; aber auch dieses Argument begann sich nun abzunutzen, obwohl die dänischen Agrarexporte für das Reich weiterhin unentbehrlich blieben. Zwar stimmte Hitler einer Überprüfung der Internierung der Polizisten zu, betonte aber, »daß man dabei sehr vorsichtig sein müsse, denn die Dänen könnten durch den Hinweis darauf, daß sonst ihre Lieferungen an uns zurückgehen würden, letztenendes alles von uns erpressen«. Erst im Dezember 1944 wurden die dänischen Polizeibeamten aus Buchenwald entlassen und in Kriegsgefangenenlager überführt. 117 von ihnen starben in deutscher Haft.[203]

Fahrräder und Sippenhaft

Der endlose und zermürbende Kompetenzstreit zwischen den deutschen Dienststellen ging weiter. Nach jeder Krise wurde das Unterstellungsverhältnis zwischen Reichsbevollmächtigtem und HSSPF »endgültig« geregelt, um bei der nächsten wieder in Frage gestellt zu werden, und Best machte in immer schärfer gehaltenen Telegrammen auf den »Pluralismus der hier eingesetzten Gewalten« aufmerksam, »die von drei verschiedenen Reichszentralstellen (einander häufig widersprechende) Weisungen erhalten«. Eine einheitliche deutsche Politik sei aber nur möglich, wenn »alle deutschen Maßnahmen von einer über den Einzelinteressen stehenden Warte aus beurteilt und koordiniert werden«. Derzeit aber sei es dem Wehrmachtsbefehlshaber und der Sicherheitspolizei ganz gleichgültig, »ob andere deutsche Interessen durch ihre Maßnahmen entscheidend beeinträchtigt werden. Extrem ausgedrückt erstrebt die Wehrmacht ein Ausschlachten des ganzen Landes für Verteidigungszwecke und die Polizei die Ruhe eines Kirchhofes im Lande.« Wolle man aber in Dänemark eine »nicht auf eine nahe bevorstehende Katastrophe, sondern auf langfristige positive Ausnutzung des Landes« abgestellte Politik betreiben, so könne keinem Einzelinteresse der alleinige Vorrang zugestanden werden. Da er also der Wehrmacht und der Polizei in den Einzelfragen jeweils nicht das gewünschte Maximum zugestehen könne, werde er »in wachsendem Maße als ›weich‹ und ›schlapp‹ diffamiert«. Daher müsse nun endlich eine klare Entscheidung über die in Dänemark durchzuführende Politik gefällt werden.[204]

Diese Analyse und Beurteilung waren zweifellos zutreffend, und Best sah deutlich, dass das Auseinanderdriften der nationalsozialistischen Machtgruppen durch das politische Vakuum in der deutschen Führungsspitze hervorgerufen wurde. Aber zugleich war Bests Kritik auch anachronistisch, denn nicht nur in Dänemark war die deutsche Politik schon seit geraumer Zeit eben nicht mehr auf längerfristige Zielsetzungen gerichtet, sondern auf die nahe bevorstehende Katastrophe.

So wurden die Anordnungen der verschiedenen deutschen Dienststellen zur »Verschärfung« des Kurses in Dänemark gegenüber dem weiter anwachsenden Druck der Widerstandsorganisationen immer kurzatmiger und skurriler. Anfang Oktober ordnete das, OKW an, dass, um die Fortbewegungsmöglichkeiten der Saboteure zu behindern und die Mobilität der deutschen Truppen zu verbessern, alle Fahrräder in Dänemark beschlagnahmt werden sollten, was, wie Best sogleich bemerkte, »zu einer völligen Paralyse des gesamten dänischen Wirtschaftslebens« führen würde, »weil bei weitem der größte Teil der Arbeiter und Angestellten der Möglichkeit beraubt würde, ihre Arbeitsstätten zu erreichen«. Aber es bedurfte dennoch eines »Führerbefehls«, um dies abzuwenden. Hitler entschied nach langer Beratung, dass nicht alle, sondern nur die Fahrräder aus der laufenden Produktion an die Wehrmacht abzugeben seien – die Kompetenzrivalitäten der verschiedenen mit Dänemark befassten Behörden hatten sich so festgefahren, dass selbst in einer derart lächerlichen Angelegenheit eine Entscheidung nur noch durch Führerbefehl herbeizuführen war.[205]

Einen Monat später erreichten diese Auseinandersetzungen ihren Höhepunkt. Nach erneuten Sprengstoffanschlägen in den deutschen Häfen forderte Himmler »durchgreifendste Handlungen« gegen die Werftsabotagen. In der Tat waren vor allem die in den Häfen liegenden Schiffe bevorzugte Angriffsziele der dänischen Widerstandsgruppen, die dabei sogar bewaffnete Überfälle am Tag wagten und die Schiffe sprengten oder schwer beschädigten. Kurze Zeit später erging dann vom OKW aus die Anordnung, dass nach neuerlichen Sabotageanschlägen auf dänische Werften ab sofort die Werftarbeiter mitsamt ihren Familien zur Verantwortung zu ziehen seien. Reichskommissar Terboven, der diesen Vorschlag unterstützte, schlug sogar vor, aus den Belegschaften und den Familienangehörigen Geiseln zu nehmen und diese nach Sabotageattentaten zu erschießen.[206] Best war über solche Vorschläge einigermaßen fassungslos und kommentierte sie mit dem Hinweis, dass dies »der sicherste Weg wäre, die dänischen Werften in kürzester Frist stillzulegen. Denn der Feind würde sich die Gelegenheit nicht entgehen lassen, schleunigst durch ›Präzisionssabotage‹ uns zur Anwendung dieser Verordnung zu zwingen.« Da man nach den Vorschlägen des OKW die Arbeiter nach einem Sabotageakt mindestens in ein Konzentrationslager deportieren müsste, wären schon nach wenigen Anschlägen kaum mehr Werftarbeiter zur Verfügung. »Mit der durch uns selbst durchgeführten Stilllegung der Werke wäre allerdings die Werftsabotage im dänischen Raum beendet«, fügte Best sarkastisch hinzu. Statt dessen sei es vernünftiger, die Werften von Militär und Polizei besetzen zu lassen und so dauernd unter Bewachung zu halten – was, auch geschah; die Zahl der Werftsabotagen sank daraufhin schnell ab.

Bald aber stellte sich heraus, dass hinter dieser Idee, die dänischen Werftarbeiter und ihre Familien in »Sippenhaftung« zu nehmen, nicht nur Himmler und Keitel standen, sondern erneut Hitler selbst. Die dänische Bevölkerung war nach seiner Auffassung nämlich direkt und indirekt an den Sabotageakten beteiligt; deshalb müssten sich auch die Repressalien gegen sie richten. Nur auf diese Weise seien die Saboteure von weiteren Anschlägen abzuhalten. Am 9. Dezember wurde Best von Ribbentrop daher angewiesen, entsprechende Verordnungen in Kraft zu setzen.[207]

Aber nun weigerte sich Best. »Ich stelle ausdrücklich fest, dass ich eine solche Verordnung nur auf Befehl erlassen und dass ich jede Verantwortung für die Auswirkungen der Verordnung und ihrer Anwendung ablehnen würde«, betonte er in seiner Stellungnahme. Auf diese Weise würde man selbst die schnellstmögliche Stilllegung der Werften betreiben, denn wenn man derartige Repressalien auch nur in einem einzigen Betrieb anwende, werde sofort eine Massenflucht aus allen anderen einsetzen. Zudem hätten solche Maßnahmen erhebliche und für Deutschland womöglich katastrophale Auswirkungen auf die Lebensmittelexporte.[208] Tatsächlich konnte Best auf diese Weise die Durchführung der Sippenhaft für Werftarbeiter noch verhindern; aber nicht deswegen, weil es in dieser Frage bei Hitler und Keitel zu einem Sinneswandel gekommen wäre. Vielmehr erhielt Best auf seine Intervention gar keine Antwort mehr und verfuhr daher nach eigenem Gutdünken.

Nicht nur an dieser Frage, sondern an den Verhältnissen in Dänemark insgesamt nahm das Interesse der deutschen Führung seit der Jahreswende und dem Scheitern der deutschen Westoffensive in rapidem Tempo ab. Kurz vor Toresschluss konnte Best sogar noch ein unter seinem Befehl stehendes Sondergericht gegen dänische Saboteure einrichten, was ihm doch im Sommer noch in aller Schärfe untersagt worden war. Als Hitler davon erfuhr, nahm er es achselzuckend und mit der Bemerkung zur Kenntnis, Best solle doch machen, was er wolle.[209] Der Diktator und seine engste Umgebung waren in eine Art politischer Agonie verfallen, die das nahe Ende des Regimes schon ankündigte.

Flüchtlinge

Die größte Gefahr während der letzten sechs Monate der deutschen Herrschaft in Dänemark lag darin, dass es in letzter Minute doch noch zu Kämpfen kommen könnte – sei es zwischen den Widerstandsorganisationen und den Besatzungstruppen oder im Rahmen der Endkämpfe der Wehrmacht gegen die vorrückenden Truppen der Alliierten. Letzteres konnte von Dänemark aus erst in den letzten Tagen des »Dritten Reiches« beeinflusst werden; aber die Gefahr bewaffneter Zusammenstöße zwischen den dänischen Widerstandskämpfern und insbesondere den deutschen SS- und Polizeitruppen in Dänemark, die nichts mehr zu verlieren hatten, wuchs seit der Jahreswende ständig. Auf der anderen Seite war durch die Ankunft zunächst Tausender, dann Zehntausender ostdeutscher Flüchtlinge seit Februar 1945 eine ganz neue Lage entstanden. Es lag daher sowohl im Interesse der deutschen wie der dänischen Administration, die letzte

Phase des Krieges in Dänemark ohne Kampfhandlungen zu überstehen und im Land soweit wie möglich geregelte Verhältnisse zu bewahren.

In seinem zur Jahreswende erstellten Bericht hatte Best die Situation in Dänemark nüchtern, aber in den gegebenen Relationen doch auch positiv beurteilt. Die landwirtschaftliche Ausfuhr in das Reich war nach wie vor hoch und im Verlauf des Jahres 1944 sogar noch angestiegen; die Lieferungen hielten bis wenige Wochen vor Kriegsende an. Durch das von den Deutschen durchgesetzte System der Finanzierung über ein »Clearing-Konto« wurden diese Lieferungen de facto von den Dänen selbst bezahlt. Bis Ende des Jahres 1944 hatte Dänemark, dessen Staatshaushalt bei einer Milliarde Kronen lag, dem Reich auf diese Weise 6,5 Milliarden Kronen zur Verfügung gestellt. Zudem waren von dänischen Firmen umfangreiche Befestigungsarbeiten, vor allem in Jütland, zur Abwehr von alliierten Landungsversuchen ausgeführt worden. Insgesamt also war die Bilanz auch des Jahres 1944 trotz Sabotage und »Gegenterror« aus Sicht Bests zufriedenstellend.[210] Die für Deutschland nach wie vor so bedeutsamen Lebensmittellieferungen aber boten einen gewissen Schutz gegen eine Explosion der Gewalttätigkeit der deutschen SS- und Polizeitruppen in Dänemark – ebenso wie der allmählich anschwellende Flüchtlingsstrom aus Ostpreußen.

Am 4. Februar war von Hitler angeordnet worden, dass die »aus dem Osten des Reiches vorübergehend rückgeführten Volksgenossen« auch nach Dänemark zu bringen seien.[211] Zwar war das genaue Ausmaß der Fluchtbewegung aus dem Osten zu diesem Zeitpunkt noch nicht absehbar, sicher war aber, dass etliche tausend Flüchtlinge in das Land kommen würden. So waren die letzten Monate der Tätigkeit Bests in Kopenhagen ganz von dieser Problematik beherrscht. Zwar stieß die Evakuierung der deutschen Flüchtlinge nach Dänemark auf scharfe Ablehnung sowohl bei den dänischen Behörden wie bei der Bevölkerung und wurde als »zweite Besetzung« angesehen; ernstere Übergriffe aber blieben aus. Da das Versorgungsniveau in Dänemark um etliches höher war als in den deutschen Aufnahmegebieten und hier sowohl eine funktionierende deutsche wie dänische Verwaltung für die Unterbringung und Verpflegung sorgte, war die Lage der Flüchtlinge in Dänemark besser als irgendwo anders. Nicht zuletzt hier bewährten sich die eingespielten Kontakte zwischen der Behörde des Reichsbevollmächtigten und den Departementchefs. Nicht von den Dänen gingen die schwersten Bedrohungen für das Leben und die Sicherheit der Geflüchteten aus, sondern von den zum »Endkampf« bereiten deutschen Militärs und den Einheiten der Sicherheitspolizei.

Entgegen den Vorstellungen der NSV-Reichsleitung, die für Dänemark Anordnungen zur Unterbringung der Flüchtlinge erlassen hatte, »als ob es sich um einen deutschen Gau handele«, entschied Best zunächst, dass die Flüchtlinge ausschließlich bei volksdeutschen Familien sowie in großen Lagern unterzubringen seien. Eine Zwangseinquartierung in den Wohnungen der dänischen Bevölkerung hingegen hätte nach seiner Einschätzung angesichts der feindseligen Haltung der meisten Dänen zu »schwersten Komplikationen« geführt; zumal sowohl die Verpflegung der Flüchtlinge als auch der zu diesem Zeitpunkt etwa 20.000 in Dänemark liegenden deutschen Verwundeten über Clearing-Mittel von den Dänen finanziert werden mußten.[212] Schon am 12. Februar aber war absehbar, dass mindestens 150.000 Flüchtlinge ins Land kommen würden, allein in diesem Monat brachten die überladenen deutschen Schiffe etwa 30.000 Menschen von den deutschen Brückenköpfen in Ostpreußen nach Dänemark; mit einer weiteren Steigerung war nun zu rechnen. Am 6. März fand daher in Berlin eine Staatssekretär-Konferenz über das Flüchtlingsproblem statt, an der Best teilnahm und auf der vorgeschlagen wurde, beinahe alle Flüchtlinge aus dem Osten, etwa 1,5 bis 2 Millionen, hinfort nach Dänemark zu bringen und dort in den Häusern der Dänen zwangsweise einzuquartieren.[213] Solche Zahlen waren aber nicht nur angesichts der zur Verfügung stehenden Transportkapazitäten, sondern auch der Verhältnisse in Dänemark selbst ganz unrealistisch. Weder wäre es möglich gewesen, so viele Menschen dort unterzubringen, noch sie zu verpflegen, ganz abgesehen von den zu erwartenden Unruhen, die eine solche Überschwemmung des Landes mit bis zu zwei Millionen Deutschen bei den nur vier Millionen Dänen auslösen würde.

Bests Berechnungen, wonach lediglich etwa 100.000 Flüchtlinge würden aufgenommen werden können, erwiesen sich jedoch ebenfalls bald als unrealistisch, denn der Flüchtlingsdruck wurde immer stärker, und alle Vorausberechnungen und Rücksichtnahmen mussten revidiert werden. Insgesamt flohen etwa eine halbe Million Menschen aus dem Osten über Dänemark, darunter viele Soldaten. Etwa 250.000 von ihnen blieben für längere Zeit im Land und wurden in Behelfsunterkünften untergebracht. Schon bald waren aber auch die Lager viel zu klein, und entgegen den ursprünglichen Absichten requirierten die deutschen Behörden nun doch Häuser und Wohnungen in ganz Dänemark. Am Ende des Krieges waren die Flüchtlinge auf mehr als 1.000 dänische Dörfer und Städte verteilt.[214]

Endkampf im Norden?

Durch die Flüchtlingsmassen in Dänemark hatte sich aber auch eine strategisch neue Situation ergeben. Anfang Januar 1945 hatte das OKW die Parole von der Verteidigung Kopenhagens »bis zur letzten Patrone« ausgegeben; entsprechend waren Vorbereitungen zu umfangreichen Sprengungen und Zerstörungen in Dänemark getroffen worden.[215] Da seit März 1945 allein im nordwestdeutschen Raum sowie in Dänemark und Norwegen noch funktionsfähige deutsche Einheiten standen, rückte der Gedanke eines »Endkampfes im Norden« immer näher. Das aber hätte zur Folge gehabt, dass nicht nur Norddeutschland und Dänemark zerstört und die eingesessene Bevölkerung in diesem Raum stark gefährdet, sondern nun auch das Leben einer Viertelmillion deutscher Flüchtlinge und Verwundeter in Dänemark aufs Spiel gesetzt worden wäre.

Am 13. April erhielt Best über Duckwitz Kenntnis von der Absicht des Hamburger Gauleiters Kaufmann, Hamburg im Falle eines alliierten Durchbruchs nicht zu verteidigen, sondern auf eine vorzeitige Kapitulation der Stadt hinzuarbeiten, um ihre gänzliche Zerstörung zu vermeiden. Es war klar, dass ein solcher Schritt Auswirkungen auf den ganzen norddeutschen Raum sowie auf Dänemark und Norwegen haben würde. Wollte man eine Schlacht an der Ostsee vermeiden, musste man versuchen, zu einem einheitlichen Vorgehen in diesem Raum zu gelangen. Best versuchte daher zunächst, mit dem Nachfolger des zur Jahreswende abgelösten Generals von Hanneken, Lindemann, zu vereinbaren, die erteilten Befehle zur Zerstörung der dänischen Versorgungswerke, Häfen und Schiffe im gegebenen Fall zu ignorieren – allerdings umsonst. Lindemann bestand auf einer Durchführung der Befehle, und wie die meisten Militärs sprach er sich für eine Fortsetzung des Krieges und eine Ausweitung auch auf Dänemark aus.

Ein solches Vorgehen war in den Augen Bests sowohl militärisch wie politisch unsinnig. Es spiegelte aber die in der nationalsozialistischen Führung verbreitete Haltung, wonach eine Zukunft nach dem Untergang des nationalsozialistischen »Dritten Reiches« als unvorstellbar und schon darüber zu reden als defätistisch galt. Ein solches Denken war insoweit bis zu einem gewissen Punkt nachvollziehbar, als ostentative Zuversicht und die Zurückdrängung jedes Gedankens an die Niederlage eine Voraussetzung zur Stabilisierung der Durchhaltemoral in der Bevölkerung und in der Truppe darstellten. Nun aber war jeder Gedanke an einen deutschen Sieg so offenkundig abwegig, dass Durchhalte- und Opferparolen nurmehr Ausdruck einer Endzeitstimmung unter den Verantwortlichen waren, die für sich selbst keine Zukunft mehr sahen und eine solche auch niemand anderem zugestehen wollten.

Am 15. April traf Best dann in Flensburg mit Kaufmann, dem Gauleiter von Schleswig-Holstein, Lohse, und dem Flensburger Oberbürgermeister Kracht zusammen. Dabei wurde vereinbart, dass ein Schlusskampf im Norden in jedem Falle vermieden werden solle. Wenn die Alliierten zur Ostsee durchstießen, sollte Hamburg nicht verteidigt, sondern zur offenen Stadt erklärt und kampflos übergeben werden. Best, der für den 20. April, Hitlers Geburtstag, zu einem Vortrag nach Oslo eingeladen war, übernahm es, auch Terboven für ein solches Vorgehen zu gewinnen, was allerdings – nicht überraschend – ergebnislos endete: Terboven wies Bests Vorschlag brüsk zurück und zeigte sich ebenfalls fest entschlossen, bis zum buchstäblich letzten Mann kämpfen zu lassen und dabei auch auf die Flüchtlinge und Verwundeten in Dänemark keine Rücksicht zu nehmen.[216]

Damit war die Gefahr einer Schlacht im Norden weiterhin gegeben, und Best konzentrierte sich zunächst darauf, in Verbindung mit den Departementchefs in Kopenhagen bewaffnete Auseinandersetzungen in Dänemark selbst zu verhüten. Auf seine Vorschläge zu einer Regierungsumbildung allerdings reagierten die Dänen bereits in einer Mischung aus Schroffheit und milder Ironie – die Zeiten waren schon vorbei, in denen der deutsche Reichsbevollmächtigte in die dänischen Regierungsverhandlungen eingreifen konnte. .

Mit dem Tod Hitlers am 30. April hatte das Ende des »Dritten Reiches« auch seinen symbolischen Ausdruck erhalten, und die einzige Frage von Bedeutung, die der als Staatsoberhaupt fungierende Dönitz noch zu entscheiden hatte, war die nach dem Zeitpunkt der Kapitulation – insbesondere der Truppen in Norddeutschland, Norwegen und Dänemark. Am Donnerstag, dem 3. Mai 1945, versammelte er die noch erreichbaren Würdenträger seines Restreiches in Flensburg-Mürwik, um darüber zu befinden.[217] Graf Schwerin v. Krosigk, jetzt »Außenminister«, Speer, Keitel und Jodl nahmen an diesem Treffen teil, außerdem der letzte Parteichef Paul Wegener, Terboven, die Wehrmachtsbefehlshaber Lindemann für Dänemark und Böhme für Norwegen sowie Best, der von Plön aus mit

Himmler nach Flensburg gefahren war. Nur noch in Norwegen und Dänemark verfüge man über einsatzfähige Truppen, konstatierte Dönitz zu Beginn; es sei nun die Frage, ob man in diesen Ländern eine Kapitulation hinauszögern und den Kampf aufnehmen solle, um dadurch den vor den Russen flüchtenden Ostdeutschen Gelegenheit zu geben, in den Westen zu gelangen. Jodl, Keitel, die Wehrmachtsbefehlshaber und Terboven sprachen sich für eine Fortsetzung des Kampfes im Norden aus. Best – nur unterstützt von Schwerin-Krosigk – war dagegen: Sollte es zu einer militärischen Auseinandersetzung auf dänischem Boden kommen, argumentierte er, würde ein Aufstand Zehntausender von dänischen Widerstandskämpfern losbrechen, dem die etwa 300.000 Flüchtlinge und Verwundeten schutzlos ausgesetzt wären. Zudem sei in diesem Fall mit einer militärischen Intervention Schwedens zu rechnen. Eine Entscheidung fiel bei dieser Besprechung zunächst aber nicht.

Dass Best nach Kopenhagen zurückkehrte, war für ihn keine Frage. Zum einen lebte seine Familie dort, zum anderen war die Lage in Dänemark nach wie vor bedrohlich, je nachdem, ob Dönitz für oder gegen eine Fortführung des Krieges im Norden entscheiden würde. Er gehe nach Dänemark zurück, »um dort abzuwickeln«, erklärte Best gegenüber Schwerin-Krosigk, der ihm angeboten hatte, in Flensburg zu bleiben. Auch an eine Flucht, wie Himmler, oder an Selbstmord, wie Hitler und Goebbels, dachte Best nicht. »Eine Flucht zu diesem Zeitpunkt? Wenn ich dann irgendwo gefaßt worden wäre, hätte ich mich geschämt«, schrieb er nach dem Krieg. »Und Selbstmord? Nein, es wäre lächerlich gewesen, aus Angst vor dem Tode zu sterben.«[218]

Am Abend des 3. Mai erreichten die Engländer Lübeck und schnitten Nordwestdeutschland vom übrigen Reichsgebiet ab. Kurz darauf erklärte Kaufmann die Kapitulation Hamburgs – das war die Entscheidung, und Dönitz entschloss sich nun, die Kämpfe im Norden zu beenden.

Am Freitag, dem 4. Mai, abends um 20.30 Uhr, gab der Sprecher des dänischen Programms von BBC die deutsche Kapitulation in Nordwestdeutschland, Holland und Dänemark bekannt. Überall in Dänemark kam es sogleich zu Freudenkundgebungen; die Angehörigen der in der Illegalität aufgestellten dänischen Widerstandsarmee traten mit blau-weiß-roten Armbinden an die Öffentlichkeit – mehr als 43.000 Mann. Noch in der Nacht wurden die Vorbereitungen zur Bildung der neuen dänischen Regierung unter Vilhelm Buhl bekanntgegeben, eine Koalition aus Freiheitsrat und Sammlungsparteien.

Am Morgen des 5. Mai wandte sich Werner Best an das dänische Außenministerium und bat um Schutz. Er blieb mit seiner Familie zunächst unter Bewachung in seinem Wohnhaus; am 21. Mai wurde er verhaftet und in das Gefängnis in der Kopenhagener Festung eingeliefert.

Dritter Teil

VI. Fall und Wiederaufstieg

1. Prozesse und Urteile

Dänemark und die »Kriegsverbrecherfrage«

Dass es nach dem Krieg in Dänemark eine strafrechtliche Ahndung der während der deutschen Besatzung begangenen Verbrechen sowie eine Abrechnung mit den dänischen Kollaborateuren geben müsse, war seit jeher eine der wichtigsten Zielsetzungen des dänischen Widerstands gewesen. Kollaborateure – in der Sprache der Zeit meist: »Landesverräter« – in der Regierung, der Beamtenschaft, in den Bereichen der Presse, der Kultur und der Wirtschaft sollten neben denen, die in deutschen Wehrmachts- oder Polizei-Einheiten gedient oder als Spitzel und Denunzianten fungiert hatten, nach dem Krieg zur Verantwortung gezogen werden – und zwar, um jede Form der Selbstjustiz zu vermeiden, auf gesetzlicher Grundlage und vor ordentlichen Gerichten.[1] Unmittelbar nach Kriegsende wurden zwischen 20.000 und 40.000 der Kollaboration verdächtige dänische Staatsbürger in Internierungslager gebracht, um gegen sie ermitteln, aber auch um sie vor Lynchjustiz schützen zu können. Zugleich formulierte der Justizminister einen Gesetzentwurf, der auf den vom dänischen »Freiheitsrat« entwickelten Prinzipien basierte und von allen Reichstagsparteien gebilligt wurde. Das Gesetz galt rückwirkend seit Beginn der deutschen Besatzung und enthielt scharfe Strafvorschriften bis hin zur ansonsten in Dänemark lange abgeschafften Todesstrafe.[2]

Die bei diesem Vorgehen entstehenden Widersprüche waren offensichtlich – und beileibe nicht allein auf Dänemark beschränkt; sie markierten vielmehr in nahezu allen von Deutschland besetzt gewesenen Ländern Nord- und Westeuropas das Dilemma der Nachkriegsregierungen: Denn was sollte nun als zu bestrafender Akt der »Kollaboration« und was als kluge Maßnahme zur Bewahrung des Landes vor Zerstörung und Terror durch die Besatzungsmacht angesehen werden, zumal nach diesem Gesetz auch solche Handlungen bestraft werden würden, die in Einklang mit der Politik der politischen Führung des Landes gestanden hatten – jener Führung, die nun nach dem Krieg auch dieses Gesetz mit verabschiedet hatte? Gleichwohl setzte auf der Basis dieser Vorschriften eine umfangreiche Strafverfolgung ein, in deren Verlauf mehr als 13.000 Dänen verurteilt wurden, mehr als 10.000 davon allerdings wegen Dienstes in deutschen Wehrmachts- und Polizei-Einheiten sowie wegen schwerer Gewalttaten. Das Strafmaß war durchweg hoch – im Durchschnitt lag es bei zwei Jahren Gefängnis. Insgesamt wurden 78 Todesurteile ausgesprochen, vor allem gegen Beteiligte an den sogenannten »Clearing-Morden«; 46 Todesurteile wurden vollstreckt. Erst im Jahre 1947 setzte hier eine allmähliche Wandlung ein, die zu einer Begnadigungswelle führte, aufgrund derer die Verurteilten bis auf wenige Ausnahmen in den Jahren bis 1950 freigelassen wurden.[3]

Die strafrechtliche Ahndung der Kollaboration in Dänemark zeichnete sich im Vergleich zur Praxis der »Säuberungen« in anderen westeuropäischen Ländern durch drei Faktoren aus: durch das weitgehende Ausbleiben jener ersten »wilden« Phase der Rache und der Vergeltung unmittelbar nach Kriegsende, wie sie etwa für Frankreich oder – besonders exzessiv – für Jugoslawien kennzeichnend war; durch das hohe Maß an Rechtsstaatlichkeit der Verfahren sowie die nahezu ungeteilte Befürwortung des Vorgehens der Justizbehörden durch die Bevölkerung und fast alle politische Gruppierungen des Landes.[4] Lediglich die Verfolgung der wirtschaftlichen Kollaboration und der Anzeige von Sabotageakten, zu der die dänische Regierung seit dem April 1940 ja mehrfach aufgerufen hatte, waren umstritten. Trotz dieser beinahe einhelligen Zustimmung zogen die Gerichtsverfahren gegen dänische Kollaborateure eine jahrzehntelange Debatte in der dänischen Öffentlichkeit darüber nach sich, ob angesichts der Haltung der dänischen politischen Führung gegenüber den Deutschen eine so umfassende strafrechtliche Verfolgung gerechtfertigt gewesen sei.

Wenn aber schon das juristische Vorgehen gegen die Dänen selbst so schwerwiegende Probleme mit sich brachte, um wie viel komplizierter lagen die Verhältnisse gegenüber den Angehörigen der deutschen Besatzungsmacht! Denn die deutsche Besatzung in Dänemark hatte so viele Opfer gekostet – die Hunderte von Toten der »Clearing-Morde«, die in deutsche Konzentrationslager verschleppten dänischen Juden, Kommunisten, Polizisten und Widerstandskämpfer –, dass sowohl im Freiheitsrat wie in der dänischen Bevölkerung das Verlangen nach Bestrafung der deutschen Verantwortlichen für diese Taten sehr stark war. Da die dänische Justiz nun zahlreiche Dänen wegen ihrer Beteiligung an den »Clearing-Morden« und Sprengungen vor Gericht stellte und dabei auch Todesurteile verhängte, war es nachgerade undenkbar, die für diese Maßnahmen Verantwortlichen in der deutschen Führung ungeschoren zu lassen. Nun konnte sich ein gerichtliches Vorgehen gegen die Deutschen aber nicht auf Leute wie Pancke oder Bovensiepen, den Kopenhagener Gestapo-Chef Hoffmann oder die »Gegenterror«-Spezialisten Schwerdt und Naujocks als die Vollstrecker der deutschen Terrormaßnahmen beschränken. Wollte man die Untaten der deutschen Besatzungsmacht juristisch verfolgen und bestrafen, so musste man vor allen anderen den Reichsbevollmächtigten als den für die deutsche Politik in Dänemark Verantwortlichen vor Gericht stellen.

Das aber brachte erhebliche Schwierigkeiten mit sich. Denn zum einen bestand unmittelbar nach dem Krieg auch völkerrechtlich keine Klarheit, auf welcher juristischen Grundlage ein solches Verfahren insbesondere gegen den durch seinen diplomatischen Status geschützt scheinenden Best geführt werden sollte. Zum anderen war jedermann in Dänemark bewusst, dass die deutsche Besatzung in diesem Land viel glimpflicher verlaufen war als in vermutlich allen anderen von der deutschen Wehrmacht besetzten Ländern und dass dies nicht zuletzt auch auf die Politik des Reichsbevollmächtigten zurückzuführen war. Strengte man gegen Best also ein Verfahren nach den gleichen rechtsstaatlichen Grundsätzen wie gegenüber den dänischen Kollaborateuren an, so war es, wie der dänische Rechtshistoriker Ditlev Tamm formuliert hat, durchaus offen, »ob ein Kriegsverbrecherprozess mit Best als Hauptperson eine Strafe zeitigen würde, die streng genug wäre, um die Erwartungen des Volkes und des Auslandes an die Intensität der Abrechnung mit dem Kriegsverbrecher zu befriedigen.«[5]

Die Ungewissheit über die völkerrechtliche Grundlage wie über den möglichen Ausgang eines solchen Verfahrens war wohl auch einer der Gründe dafür, warum der Freiheitsrat vor Kriegsende zwar entsprechende juristische Vorbereitungen für ein Gesetz zur Bestrafung von dänischen Kollaborateuren, nicht aber von deutschen »Kriegsverbrechern« getroffen hatte. Als Best am 5. Mai 1945 in seinem Haus am Strandvej unter Arrest gestellt und zwei Wochen später in das Gefängnis in der Kopenhagener Festung überführt wurde, gab es daher in der dänischen Führung keine Klarheit darüber, wie denn nun mit dem ehemaligen Reichsbevollmächtigten verfahren werden sollte; daran änderte sich auch im Verlauf der nun folgenden Monate zunächst wenig. Im September 1945 allerdings trat Dänemark dem Londoner »Kriegsverbrecherabkommen« bei, das auf dem Territorialprinzip beruhte, wonach die der Kriegsverbrechen verdächtigen Deutschen in dem Land vor Gericht gestellt werden sollten, in dem sie die Taten begangen hatten. Nur diejenigen, gegen die gleichzeitig aus mehreren Ländern Vorwürfe erhoben wurden, und insbesondere die Hauptverantwortlichen für die deutsche Kriegs- und Vernichtungspolitik, deren Betätigungsfeld geographisch nicht eingrenzbar war, sollten in Nürnberg vor das Internationale Tribunal gestellt werden.[6]

Daraus ergab sich für die Dänen die Verpflichtung, die strafrechtliche Verfolgung von Kriegsverbrechen, die in ihrem Land begangen worden waren, auch in Dänemark durchführen zu lassen, wie es wohl auch. dem Wunsch eines großen, vermutlich des überwiegenden Teils der dänischen Bevölkerung entsprach. In der dänischen Führung hingegen, vor allem im Justizministerium, nahmen die Bedenken gegen die Durchführung von Kriegsverbrecherprozessen in Dänemark im Verlauf des Jahres eher noch zu.[7] Zum einen fürchtete man die möglicherweise notwendig werdenden langwierigen und komplizierten Beweiserhebungsverfahren in einem für die dänische Justiz neuartigen Feld, in dem man weder auf Vorläufer noch auf Erfahrungen aufbauen konnte. Zweitens verwies das Justizministerium auf die mangelhaften Rechtsgrundlagen für solche Verfahren: Für die Bestrafung von Verbrechen, die während der Kriegsjahre von Organen und Beauftragten der Besatzungsmacht begangen worden waren und die den Rahmen der völkerrechtlich zulässigen Repressionen überschritten, gab es in den dänischen Strafgesetzen keine Basis. Entsprechende Gesetzesvorschriften, etwa angelehnt an die zu dieser Zeit in Vorbereitung befindlichen Nürnberger Statuten, mussten also noch geschaffen werden, wenngleich dadurch das Prinzip des Verbots rückwirkender Gesetze verletzt würde. Andererseits waren auch die begangenen und zu sühnenden Verbrechen historisch ohne Beispiel.

Der Haupteinwand des Justizministeriums gegen die Durchführung von Kriegsverbrecherprozessen in Dänemark aber war weniger juristischer als politischer Natur. Denn offensichtlich würden bei Verfahren gegen die an »Clearing-Morden« oder der Artwendung von Foltermethoden bei Verhören beteiligten Deutschen weder die Probleme der Rechtsgrundlage noch solche der Beweiserhebung ernsthafte Hürden darstellen. Aber wie konnte man nachgeordnete Gestapobeamte vor Gericht stellen, bevor man den Verantwortlichen für die deutsche Politik in Dänemark nicht abgeurteilt hatte? Eine Verurteilung Bests jedoch war angesichts der Beweislage nach wie vor keineswegs sicher. Auf der anderen Seite konnte man schon aus außenpolitischen Gründen nicht auf Verfahren gegen deutsche Kriegsverbrecher verzichten. Ansonsten würden, so warnte das Außenministerium im Dezember 1945, vor allem bei den westlichen Alliierten womöglich Zweifel an der eindeutigen prowestlichen Haltung Dänemarks entstehen, abgesehen davon, dass ein solcher Verzicht vermutlich innenpolitische Unruhen in Dänemark nach sich ziehen würde.[8]

Angesichts dieser verwickelten Situation entschloss sich die dänische Führung im Spätherbst 1945 zu einem mehrgleisigen Vorgehen: Einerseits sollten nun die gesetzlichen Grundlagen für Strafverfahren gegen deutsche Kriegsverbrecher vor dänischen Gerichten geschaffen werden. Andererseits aber wollte man prüfen, ob man nicht einen Prozess gegen Best vermeiden konnte, indem man ihn an eine andere Macht auslieferte.

Vor allem der dänische Vertreter in der Kriegsverbrecherkommission der UN, Hurwitz, der im Rahmen seiner Tätigkeit recht gut beurteilen konnte, wie unsicher die Beweislage gegen Best in Dänemark war, entfaltete daraufhin eine rege diplomatische Aktivität.[9] Mit dem britischen Justizministerium nahm er Gespräche darüber auf, ob das Verfahren gegen Best nicht vor einem englischen Militärgericht stattfinden könne. Die englische Seite, die den kleinen alliierten Staaten Prozesshilfe für Verfahren gegen deutsche Kriegsverbrecher angeboten hatte, schloss das nicht aus, verlangte aber für einen solchen Fall eine eindeutige und eine Verurteilung sicherstellende Beweislage – aber eben damit konnten die Dänen nicht dienen. Das dänische Justizministerium nahm daraufhin mit dem amerikanischen Chefankläger in Nürnberg Kontakt auf, ob Best in einem der geplanten Nürnberger Nachfolgeverfahren – sei es wegen seiner Tätigkeit in Dänemark, sei es wegen seiner Rolle in der Gestapo – vor Gericht gestellt werden könnte. Allerdings waren die Kenntnisse der amerikanischen Staatsanwälte über Struktur, Kompetenzverteilung und Aufgabenbereich der Politischen Polizei im NS-Regime, wie sich dann auch im Hauptkriegsverbrecherprozess herausstellte, durchaus lückenhaft.[10] Zwar war Bests hohe Stellung in Gestapo und RSHA bekannt, aber es bestanden offenbar erhebliche Unklarheiten darüber, was man ihm im einzelnen und konkret würde vorwerfen können. Zudem – warum sollte man sich mit einem offenkundig so schwierigen Fall wie Best beschäftigen, wo die alliierten Camps und Gefängnisse voll waren von deutschen NS-Verbrechern, deren Verantwortung für die Ermordung von Tausenden und Zehntausenden von Menschen vielfach und widerspruchsfrei belegt war?

So bot sich als dritter Weg der Kontakt zu den Franzosen an, um Best wegen seiner Tätigkeit in Paris vor Gericht zu stellen. Der französische Ankläger in Nürnberg signalisierte gegenüber Hurwitz zunächst auch ein lebhaftes Interesse der französischen Justizbehörden, Best in Paris anzuklagen. Einige Wochen später allerdings wurde dies dementiert – man habe Best mit dem gleichnamigen deutschen Polizeichef in Tunis verwechselt, den man zur Verantwortung ziehen wolle.[11] Über Werner Best hingegen schien man in Frankreich nichts zu wissen.

Diese Auskunft war nun sehr bezweifelbar; denn dass die französischen Justizbehörden sich im Frühjahr 1946 an den ehemaligen Kriegsverwaltungschef nicht mehr erinnern konnten, der noch vier Jahre zuvor der oberste deutsche Aufsichtsbeamte der französischen Verwaltung – damit auch der Justizorgane – gewesen war und dabei die reibungslose Kooperation zwischen deutschen und französischen Dienststellen in Gang gebracht und gehalten hatte, war ganz unwahrscheinlich. Aber ein Prozess gegen Best in Paris hätte die Franzosen gewiss vor noch größere Probleme gestellt als die Dänen ein Verfahren in Kopenhagen. Denn im Mittelpunkt eines solchen Tribunals gegen den deutschen Regisseur der Verwaltungskollaboration in Frankreich hätte – von den Geiselmorden über die Bekämpfung des Widerstands bis zur Deportation von Kommunisten und Juden – die weitgehend problemlose Indienstnahme des gesamten französischen Verwaltungsapparats für die deutsche Besatzungspolitik gestanden. Hier mag der Grund für die ostentative Zurückhaltung der französischen Seite gegenüber einem Gerichtsverfahren gegen Best gelegen haben.[12]

Nach diesem Bescheid aus Paris war für die dänische Seite nun aber klar, dass ihre Versuche, Best zur Aburteilung in ein anderes Land zu überführen, gescheitert waren und Dänemark das Verfahren gegen den ehemaligen Reichsbevollmächtigten selbst würde führen müssen. Bei der Ausarbeitung der gesetzlichen Basis für die Prozesse gegen deutsche Kriegsverbrecher orientierten sich die dänischen Juristen stark an dem norwegischen Beispiel, wo solche Verfahren bereits unmittelbar nach Kriegsende eingeleitet worden waren und wo sowohl ein entsprechendes juristisches Reglementarium als auch erste Erfahrungen mit der Praxis solcher Kriegsverbrecherprozesse vorlagen.[13] Angelehnt an das norwegische Vorbild sowie an die Statuten des Internationalen Militärtribunals in Nürnberg verfasste eine von Hurwitz geleitete Kornmission im Frühjahr 1946 einen entsprechenden Entwurf, den der Dänische Reichstag im Juli 1946 als Gesetz verabschiedete. Er enthielt eine an das Nürnberger Statut angelehnte Erweiterung der im Strafrecht sonst üblichen Tatbestände (»Verbrechen gegen den Frieden« und »Verbrechen gegen die Menschheit«), einen differenzierten Katalog der durch dieses Gesetz zu bestrafenden Verbrechen sowie die Möglichkeit der Verhängung der Todesstrafe und galt rückwirkend vom ersten Tag der deutschen Besatzung an.[14] Abweichend aber vom Vorschlag der Kommission bestimmte der Reichstag, dass diese Verfahren nicht – wie etwa in Frankreich oder in den Niederlanden – von Sondergerichten ohne Revisionsmöglichkeit durchzuführen seien, sondern – wie in Norwegen – von der normalen, dreizügigen Strafgerichtsbarkeit in Dänemark.

Auf der Grundlage dieses Gesetzes wurden nun seit dem Sommer 1946 Untersuchungsverfahren gegen 250 Deutsche eingeleitet; gegen 72 von ihnen sollte schließlich Anklage erhoben werden. Auftakt und Grundlage dieser Verfahren sollte als Leitverfahren der Prozess gegen die vier Hauptverantwortlichen für die deutsche Besatzungspolitik und die dabei begangenen Verbrechen sein: Best, von Hanneken, Pancke und Bovensiepen.

Best hatte auf seine Inhaftierung am 21. Mai mit einem Nervenzusammenbruch reagiert, der sich in jenen weinerlichen Depressionen äußerte, die bereits am Ende seiner Dienstzeit in Frankreich, während der Auseinandersetzungen mit Heydrich oder während des »August-Aufstands« 1943 aufgetreten waren und für Bests Verhalten in Krisensituationen während der nun folgenden Jahre der Haft geradezu kennzeichnend werden sollten.

Diese erste Phase der Niedergeschlagenheit überwand er jedoch schnell, als deutlich zu werden schien, dass er offenkundig weder spontane Racheakte etwa von Seiten der dänischen Widerstandsbewegung noch ein Gerichtsverfahren zu befürchten hatte. Vielmehr wähnte sich Best in sicherem diplomatischen Status und sah seinen Aufenthalt im Kopenhagener Festungsgefängnis offenbar als eine Art vorübergehender Ehrenhaft an. So wichen seine Depressionen schnell einer heroischen Hochstimmung, die sowohl in den von Anfang August bis Mitte September 1945 andauernden ersten Verhören zum Ausdruck kam[15] als auch in den umfangreichen Notizen und Aufzeichnungen über seinen eigenen Werdegang sowie über verschiedene Führungsfiguren und politische Aspekte des NS-Regimes, die er nun anfertigte – teilweise für die ihn vernehmenden dänischen Beamten, teilweise »für später«, als Vorarbeiten für seine projektierten politischen Memoiren.

Dabei stand Best objektiv vor einem schwierigen Problem: Zum einen musste er bestrebt sein, ein Bild von seiner eigenen Entwicklung zu entwerfen, das als Grundlage für in sich stimmige und widerspruchsfreie Aussagen dienen konnte, und dabei zugleich versuchen, seine eigene Verantwortlichkeit innerhalb des nationalsozialistischen Polizeiapparats, während der deutschen Besatzung in Frankreich und Dänemark sowie seine Verstrickung etwa in die Einsatzgruppenmorde, die Judendeportationen oder den »Gegenterror« möglichst auszublenden. Zum anderen aber war Best darauf fixiert, seine eigene Bedeutung und seinen historischen Rang möglichst umfassend herauszustellen. Und drittens sollte dies in eine sinnstiftende Perspektive integriert sein, die seinen Lebensweg bis 1945 nicht als Produkt von Ehrgeiz und Zufall, sondern als schlüssigen, ideengeleiteten Aufstieg erscheinen ließ und noch die Niederlage und das Ende des »Dritten Reiches« als Bestätigung seiner weltanschaulichen Grundannahmen, seiner Kritik und seiner Warnungen wertete.

Von diesen Anforderungen sind vor allem die Aufzeichnungen, die Best seit dem Sommer 1945 in dänischer Haft anfertigte, gekennzeichnet – eine Mischung aus Mythenbildung und minutiöser Beschreibung, aus Kolportage, gezieltem Verschweigen und bisweilen erstaunlich präziser Analyse, aus eitler Selbststilisierung und pathetischem Kitsch. Das erste, was Best in der Haft überhaupt zu Papier brachte, waren zwei hymnische Gedichte, die er Anfang August, während der ersten Verhörwoche, schrieb und dem dänischen König Christian X. (»Du König mit der Märtyrerkrone!«) sowie den von der deutschen Besatzungsmacht getöteten dänischen Widerstandskämpfern widmete.

Den gefallenen dänischen Freiheitskämpfern.

Ihr habt nun recht behalten, tote Streiter!
Nachdem der Weltgeschichte Spruch gefällt,
wart zu der Sieger Sitz, der Herrn der Welt,
Ihr wirklich Eures Landes Wegbereiter!

Das deutsche Reich, das mit des Kleinkriegs Waffen
Ihr scharf bekämpft habt, es besteht nicht mehr,
nachdem Millionen tot in seinem Heer
und Bomben alle Städte schrecklich trafen.

Wenn drüben die gefallenen Soldaten
aus allen Heeren weilen, werden Haß
und Groll nicht mehr bestehn nach irdschem Maß.
Bei Gott sind alle Toten – Kameraden!

So seid Ihr unsrer toten Kameraden,
dänische Freiheitskämpfer Ihr im Grab!
Und Ihr seid Sieger, blicket stolz herab
auf helle Früchte Eurer nächt'gen Taten!

Seid deshalb nicht des ewigen Hasses Hüter,
der unsre Völker heut' zu trennen droht,
damit einst neu erblühn nach dieser Not
des Friedens und der Freundschaft edle Güter!

Kopenhagen, 9.8.1945   Dr. Werner Best[16]

Von Form und Inhalt an Heroen- und Totengedichte des 19. Jahrhunderts ange-lehnt, wie Best sie in seiner Schüler- und Studentenzeit rezitiert haben mochte, entbehren diese Verse nicht einer unfreiwilligen, bizarren Komik – und doch muss man sie wohl als durchaus ernstgemeinten Versuch einer noblen Geste ansehen, als Ausdruck der Pose des hochgemuten Verlierers, in die sich Best hineinsteiger-te. Vor allem aber sind sie Dokumente einer makaberromantischen Stilisierung der Besatzungszeit als Auseinandersetzung zweier edler Kämpfer, wobei die Anerkennung des Siegers durch den Verlierer deren auch moralische Gleichran-gigkeit hervorheben sollte – stellte Best doch auf diese Weise sein eigenes politi-sches Handeln, vom »Rheinischen Abwehrkampf« bis zur Tätigkeit in Dänemark, als dem Kampf des dänischen Widerstands gegen die deutschen Besatzer eben-bürtiges und gleichsam innerlich verwandtes Tun heraus. Die Anklänge an den »heroischen Realismus« der frühen 30er Jahre sind unübersehbar: Nicht an der »moralischen« Berechtigung des Kampfes oder am Kampfziel sei der Wert des Kämpfers zu messen, sondern dass und auf welche Weise er für sein Volk kämp-fe.[17] Der Sieg der dänischen Freiheitskämpfer gebe ihnen vor der Geschichte recht – nicht Völkerrecht und moralische Grundlage rechtfertigten ihr Handeln, son-dern allein das Ergebnis des Kampfes; so wie auf der anderen Seite die Deutschen den Kampf eben nur verloren hatten – hätten sie ihn gewonnen, wären auch die Mittel und Ziele der Politik des NS-Regimes in Dänemark und Europa gerechtfertigt.

Diese Betrachtung des Krieges und der deutschen Besatzungspolitik als Ausdruck des »naturgegebenen« Strebens, für die Interessen des eigenen Volkes zu kämpfen, und der damit verbundene moralische Relativismus erwiesen sich nun, nach dem Zusammenbruch des »Dritten Reiches«, als überaus geeignete Grundlage zur Legitimation der nationalsozialistischen Eroberungs- und Besatzungspolitik insgesamt. Zugleich aber enthoben sie die einzelnen Beteiligten jeglicher Verantwortung für die Ziele des Krieges und die dabei angewandten Mittel. Denn da der einzelne unentrinnbar seinem Schicksal – für die Interessen des eigenen Volkes zu kämpfen – folgen muss, fehlt es an einer Instanz, die über die Rechtfertigung des Zieles oder der Mittel urteilen könnte: Nur »die Geschichte« kann über Recht und Unrecht richten, die somit gleichbedeutend sind mit Erfolg und Misserfolg.

Diese Ausgangsposition prägte in den nun folgenden Monaten und Jahren seiner Haft das sich allmählich festigende Bild Bests von seiner eigenen und der deutschen Geschichte nach dem Ersten Weltkrieg, die für ihn in enger Parallele zueinander standen, ja miteinander verschmolzen. Schon in seiner ersten autobiographischen Notiz vom 21. August 1945, die er für die ihn vernehmenden dänischen Beamten anfertigte, nahmen die Jahre vor 1933 mehr als die Hälfte des Umfangs ein. Best zeichnete sich hier ganz als der in dem von Askese und Pflichterfüllung bestimmten Klima einer deutschen Beamtenfamilie aufgewachsene, durch harte Kindheit und die Wirren der Kriegs- und Nachkriegsjahre geprägte Verwaltungsbeamte, für den .seine von Fichte abgeleiteten weltanschaulichen Glaubensgrundlagen jederzeit und auch später gegenüber der nationalsozialistischen Regimeführung oberste Richtschnur seines Handelns gewesen seien.[18]

Die hier deutlich werdende Stilisierung und Reduktion auf den im Grunde unpolitischen deutschen Pflicht- und Beamtenmenschen, der zur »Politik« gleichsam widerwillig durch den Druck der äußeren Ereignisse getrieben wurde, setzte sich in der Beschreibung seiner Karriere nach 1933 fort: Im Geheimen Staatspolizeiamt sei er als »Verwaltungsspezialist« mit Personal- und Finanzfragen beschäftigt gewesen und mit polizeilichen Maßnahmen nicht in Berührung gekommen. Auch in Frankreich habe er als Militärverwaltungschef ausschließlich Verwaltungsfragen bearbeitet und, wann immer es ging, gegen die Versuche von Partei- und Reichskanzlei zur Verschärfung des politischen Kurses Stellung bezogen.

Mit dieser Darstellung korrespondierte eine überschwengliche Charakterisierung Graf Schwerin von Krosigks, den er als das »Idealbild eines deutschen Beamten«, als seinen engen Vertrauten und als innig verehrtes Vorbild bezeichnete, dem nachzueifern sein ganzes Bestreben gewesen sei. (»Immer wieder stärkte mich sein hohes Ethos der Pflicht und des Staatsdienstes. Seine altpreußische Adels- und Beamtenauffassung, dass Staatsdienst wichtiger ist als Politik, entsprach meinen ererbten Instinkten«).[19] Diese weit überzogene Darstellung – Best war laut seiner eigenen Kalendernotizen nur wenige Male mit Graf Krosig zusammengetroffen – diente erkennbar der putativen Entlastung von möglichen Vorwürfen, indem er sich als idealistischen und pflichttreuen Staatsdiener ohne politische

Ambitionen und Einflussmöglichkeiten zeichnete. Aber diese Selbststilisierung zum Inbegriff des preußisch-deutschen Beamten entsprach doch wohl auch einem rückblickend entstandenen Wunsch nach seiner Rolle im »Dritten Reich«, der in seiner Vorstellung in zunehmendem Maße an die Stelle seiner während der NS-Diktatur tatsächlich eingenommenen Funktionen und begangenen Handlungen trat – bis er durch neu auftauchende Dokumente oder Aussagen wieder gezwungen war, dieses Bild immer erneut zu korrigieren.

Außer den Gedichten und seinen ersten autobiographischen Notizen verfasste Best im Herbst 1945 eine Reihe von biographischen Skizzen (»Nationalsozialistische Führer, wie ich sie heute sehe«) über Hitler, Himmler, Ribbentrop, Schwerin von Krosigk, Göring und Terboven.[20] Diese Aufzeichnungen, die er 1949 überarbeitete und um weitere ergänzte, nahmen im Rahmen der Versuche Bests, ein zugleich entlastendes und legitimierendes wie seine eigene Bedeutung hervorhebendes Bild seiner politischen und beruflichen Entwicklung zu entwerfen, eine besondere Stellung ein. Denn zum einen bezeugten sie seinen engen und häufigen Umgang mit den Mächtigen des untergegangenen Regimes und hoben so seine politische Bedeutung und seinen historischen Rang heraus. Zum anderen unterstrichen sie aber durch die historisierend-kritische Darstellung seine distanzierte Haltung gegenüber diesen NS-Führern – mit Ausnahme Graf von Krosigks – und hoben so sein eigenes Denken und Handeln von demjenigen der Beschriebenen ab.

Darüber hinaus aber beinhalten diese Skizzen eine Reihe von genauen Beobachtungen und treffenden Einschätzungen der nationalsozialistischen Protagonisten, wie man sie in den Darstellungen und Analysen aus der unmittelbaren Nachkriegszeit nur schwer und aus der Feder einstmals führender Nationalsozialisten wohl sonst nicht findet. Besonders Bests Bemerkungen über Hitler verdienen nähere Aufmerksamkeit.[21] Er beschrieb den »Führer« hier als den politischen Typus des »Propheten«, der eine Lehre verkündete, nach den darin enthaltenen Maximen die Welt umzugestalten trachtete und nur »totale« Lösungen akzeptierte – im Gegensatz zum Typen des »Staatsmannes«, der seine Maximen aus der Wirklichkeit gewann und versuchte, elastisch und undogmatisch pragmatische Problemlösungen ins Werk zu setzen. Gerade weil Hitler Kompromisse und Teillösungen verabscheue, sei er gegenüber den »Staatsmännern« Weimars sowie nach 1933 denen anderer Staaten, die Risiken und Erfolgsaussichten abzuwägen gezwungen und gewohnt waren, im Vorteil gewesen. Zudem habe das seiner »Lehre« entsprechende schlichte und »priesterliche« Auftreten sowie seine große Rede- und Überzeugungsgabe seine Suggestionskraft noch gesteigert, während seine politischen Auffassungen – im Wesentlichen »nationaler Sozialismus, Antisemitismus und großdeutscher Gedanke« – nicht originell gewesen seien. Seine originäre Leistung habe vielmehr darin bestanden, diese Elemente zu einer »Lehre« zusammenzufassen und gegenüber den Massen zu verkünden. Nach der Machtübernahme aber habe sich – zunächst nur in Ansätzen, seit 1939 aber in stetig zunehmendem Maße – erwiesen, dass der arbeitsteilige Prozess des Regierens und Verwaltens und insbesondere der Umgang mit dem Staatsapparat Hitlers Vorstellungen von der möglichst totalen und möglichst schnellen Umsetzung seiner Lehre in die Praxis zuwiderliefen. Dabei hätten sich die großen Erfolge des NS-Regimes in den Vorkriegsjahren – in der Wirtschafts- und Sozialpolitik sowie in dem Bestreben nach der Revision von Versailles – insofern kontraproduktiv ausgewirkt, als sie Hitler in seinem Streben nach totalen Lösungen und seiner Dogmatisierung der angewendeten Mittel noch bestärkten. In seinem Misstrauen gegenüber dem herkömmlichen Verwaltungsapparat habe er daher im wachsenden Maße entweder alle Befehlsbefugnisse an sich gezogen und versucht, jeden Einzelfall durch eigenen Befehl zu regeln – »oder er setzte neben die normalen staatlichen Organe besondere Beauftragte, Kommissare und dergleichen, wodurch Doppelarbeit und Konkurrenz entstand und bei Konflikten Hitlers Entscheidung eingeholt werden mußte. Die Folge war, daß Hitler ständig mit unzähligen Einzelentscheidungen belastet war, deren sachliche Voraussetzung er keineswegs immer wissen konnte.« Im Verlauf des Krieges habe sich diese Entwicklung immer weiter zugespitzt, forciert durch die sich abzeichnende Niederlage und Hitlers Überzeugung, die Verwirklichung seiner Ziele könne nur zu seinen Lebzeiten erreicht werden. Diese sich allmählich pathologisch auswirkende Verkrampfung sei mit der Neigung einhergegangen, »politisch und militärisch alle Brücken hinter sich abzubrechen ..., um den Glaubenskrieg des ›Propheten‹ ohne Kompromißmöglichkeit auf die Spitze zu treiben«.[22]

Man mag darüber streiten, ob die Unterscheidung zwischen den Idealtypen des Propheten und des Staatsmannes wirklich erklärungskräftig ist – dass viele der hier vorgestellten Beobachtungen und Interpretationen durchaus präzise und plausibel sind, ist hingegen nicht zu bezweifeln. Vor allem die in dieser Skizze entwickelte Verbindung aus dem ideologischen Dogmatismus Hitlers und seinem Hang zu selbst unter höchsten Risiken anzustrebenden »totalen« Lösungen, aus Führerdiktatur einerseits und dem aus der Unfähigkeit zur Delegation und zur Lenkung des traditionellen Staatsapparats erwachsenden rivalisierenden Nebeneinander einer Vielzahl von Sonderbehörden andererseits zeugen von analytischem Niveau, insbesondere wenn man den Zeitpunkt der Niederschrift dieser Skizzen ebenso berücksichtigt wie die Tatsache, dass Best keinerlei Hilfsmittel zur Verfügung standen und er zu diesem Zeitpunkt in Einzelhaft auch noch keine Gelegenheit zur rückblickenden Diskussion mit anderen ehemaligen NS-Größen besaß. Indem er Faktoren der Persönlichkeit Hitlers, seines ideologischen Dogmatismus und der Herrschaftsstruktur des Regimes miteinander verknüpfte, gelangen ihm Einsichten über die innere Entwicklung der NS-Diktatur, wie sie in Deutschland zum Teil erst erheblich später diskutiert wurden, die aber auch zeigen, zu welchem Reflexionsniveau in Bezug auf das eigene Regime hohe NS-Führer in der letzten Kriegsphase in der Lage waren.

Demgegenüber fielen Bests Aufzeichnungen über Himmler, Göring und Ribbentrop in Bezug auf Genauigkeit und analytische Durchdringung deutlich ab. Insbesondere gegenüber Himmler – den er als den Typus des »Schulmeisters« und als nationalsozialistisches Pendant zu Robespierre charakterisierte – besaß Best offenkundig auch bei Kriegsende noch nicht die für eine genauere Analyse notwendige innere Distanz. Best war seit 1933 und mindestens bis Ende 1943 vor allem der Mann Himmlers gewesen; ihm und der SS als ideologisch-politischem und rassischem Eliteverband hatte er aller beamtenmäßigen Attitüde zum Trotz immer am nächsten gestanden zu einer kritischen Betrachtung der SS und ihres

Reichsführers war er daher weder im Herbst 1945 noch jemals später in der Lage. Denn eine solche Betrachtung hätte vor allem die unmittelbare Verantwortung Himmlers und der SS-Führung insgesamt für die nationalsozialistischen Massenverbrechen zur Sprache bringen müssen; aber davon war Best nach dem Krieg weit entfernt. Nicht nur, dass er sich dadurch womöglich selbst belastet hätte; die von der SS begangenen Massenverbrechen des NS-Regimes hätten auch das von Best in diesen frühen Skizzen entworfene und in der Folgezeit stetig ausgebaute Bild von der NS-Diktatur zerstört. Indem er das Exzeptionelle der Herrschaft des NS-Regimes – den gewaltsamen Versuch einer imperialen »völkischen« Neuordnung Europas mit den Mitteln des Völkermords – und die Rolle der SS dabei ausblendete, imaginierte er eine Art von irrealer Vergangenheit, die zwar in der Schlussphase von »Fehlern« und Auswüchsen gekennzeichnet, von ihrem Ansatz her und in der ersten Phase auch praktisch als durchaus erfolgreich und jedenfalls nicht als verbrecherisch zu erkennen gewesen sei. Damit aber erschien auch eine politisch führende Stellung innerhalb des Regimes gewissermaßen biographisch integrationsfähig. Man müsse heute feststellen, formulierte er als Fazit seiner Ausführungen über Graf von Krosigk, »daß die Jahre 1933 – 1945 doch nicht nur zwölf Jahre Politik des exaltierten ›Propheten‹ Hitler waren, sondern auch zugleich 12 Jahre deutscher Staatstätigkeit und pflichttreuen Staatsdienstes deutscher Beamten und daß sich in den ersten 6 Jahren bis zum Krieg das deutsche Volk dabei sehr wohl befand«.[23]

Nürnberg

Im März 1946 wurde Best von Kopenhagen zunächst nach Paris gebracht, wo überprüft werden sollte, ob gegen ihn ein Verfahren zu eröffnen sei. Aber bereits nach zwei Tagen wurde er ohne konkretes Ergebnis aus französischem Gewahrsam entlassen und nach Deutschland in das Interrogationcamp des amerikanischen CIC in Oberursel bei Frankfurt am Main überführt, um dort von den Vertretern der Nürnberger Anklagebehörden und den Verteidigern im Rahmen des Hauptkriegsverbrecherprozesses ausführlich vernommen zu werden.[24] Diese Periode der Vernehmungen und Aussagen vor Gericht dauerte exakt ein Jahr und erwies sich als prägend für den im Mai 1945 begonnenen zweiten Lebensabschnitt Bests: Auf der einen Seite musste er hier angesichts der zahlreichen, sich thematisch oftmals wiederholenden Verhöre vor allem auf Geschlossenheit und Widerspruchsfreiheit seiner Aussagen achten, was im Laufe der Zeit zu einer Kodifizierung seiner Darstellung führte, die bis zu wortgleichen Formulierungen längerer Aussagepassagen selbst bei zeitlich weit auseinanderliegenden Befragungen reichte. Auf diese Weise entstand allmählich eine Art von zweiter, verteidigungsgeleiteter Ebene der Erinnerung Bests an das Geschehen während der NS-Diktatur, die sich im Laufe der Zeit verfestigte und vor die unmittelbare Erinnerung zu schieben schien. In dem Maße, in dem die unmittelbare Erinnerung belastende oder das in immer neuen Aussagen entstandene und geglättete Bild störende Passagen enthielt, setzte sich diese zweite, artifizielle Erinnerungsebene durch.

Auf der anderen Seite bot bereits die Internierung in Oberursel zwischen März und Juni 1946, vor allem aber dann die Unterbringung im Zeugenflügel des Nürnberger Gefängnisses für Best eine Vielfalt von Kontakten zu ehemals führenden Vertretern des NS-Regimes und der gesellschaftlichen Eliten, wie er sie seit seinen Berliner Jahren nicht mehr erlebt hatte. Dadurch ergab sich hier die Möglichkeit, Erinnerungen, Sichtweisen und Aussagen untereinander im Hinblick auf die anstehenden Vernehmungen zu koordinieren, was diese zweite Erinnerungsebene weiter festigte.

Seine Eindrücke und Erlebnisse in Nürnberg hat Best ein gutes Jahr später, im Juni 1947, in leicht verschlüsselter Weise beschrieben:[25] »Der Empfang war nicht übermäßig liebenswürdig: Ausziehen und Durchsuchung durch einen Halbneger und einen Halbchinesen mit vielen ›fucking German‹ und ›fucking Nazi‹ gewürzt ... Aber andererseits ist der Aufenthalt hier gerade in diesem Zeitpunkt außerordentlich interessant. Der große Prozeß vor dem Internationalen Militärgerichtshof nähert sich seinem Höhepunkt. Sowohl von der Anklage wie von der Verteidigung werden die meistgenannten Leute der letzten 10 Jahre als Zeugen herangeholt. Da sind so viele Feldmarschälle, wie ich bisher noch nie auf einem Haufen sah ... Mehrere Reichsminister, ein Haufen Staatssekretäre, fast alle noch lebenden Gauleiter (von ihnen hat sich ein erstaunlich hoher Prozentsatz selbst getötet) und andere interessante Leute. Der Durchschnitt scheint mir – wenn ich diese Sammlung vor mir sehe – an sich intellektuell und moralisch nicht schlechter zu sein als der Durchschnitt der Leute, die manchen anderen Staat regieren, wenn nur nicht an der Spitze ein Wahnsinniger gestanden hätte.« – »Göring, in dessen Gesicht die Katastrophe tiefe Furchen gezeichnet hat, bleibt ein ›Herr‹ im besten Sinne des Wortes – in jeder Bewegung und in jedem Wort, wo er erscheint, beherrscht er die Situation. Das scheint selbst der letzte Mulatte oder Mestize in USA-Uniform zu fühlen.« – »Der hiesige Prozeß ist ein politischer Zweckprozeß, dessen Ergebnis schon feststeht, wir haben nur die Möglichkeit und die Pflicht, unseren Standpunkt aktenkundig zu machen, damit er für eine spätere Zeit fixiert ist.« Insgesamt aber sei dieser Prozess »so sinnlos in einem Augenblick, in dem die sogenannte Weltgeschichte längst über diese Männer und ihre Taten hinweggeschritten ist und vor ganz neuen, nicht weniger unheilvollen Problemen steht.«

Anders als in der Vielzahl seiner »Aufzeichnungen« und Aussagen, bei denen er sich stets um »Sachlichkeit« und Zurückhaltung bemühte, traten in diesen Passagen auch sprachlich direkter formulierte Einschätzungen und Haltungen Bests zutage: Formulierungen wie »Halbneger« oder »der letzte Mulatte« findet man bei Best sonst nie. Zugleich wird in dieser Schilderung deutlich, wie wohl sich Best im Grunde während seines Aufenthalts in Nürnberg gefühlt haben mag. Der Stolz, mit so vielen Berühmtheiten zusammen eingesperrt zu sein, ist ebenso unverkennbar, wie der Enthusiasmus für das offensive Auftreten Görings. Vor allem aber klingen hier zwei Elemente der Rechtfertigung an – die These von der Instrumentalisierung einer intellektuell und moralisch intakten Führungsgruppe in Staat und Verwaltung durch einen Wahnsinnigen und die Klage über »die Sinnlosigkeit« der strafrechtlichen Verfolgung der in der Vergangenheit liegenden NS-Verbrechen, über die die Geschichte bald »hinweggeschritten« sei –, die in der

Folgezeit Bests Darstellung seiner eigenen Handlungen wie Leitmotive durchzogen.

Im Frühjahr 1946 war noch nicht geklärt, in welcher Funktion Best im Rahmen der Nürnberger Verfahren auftreten würde – ob als Angeklagter in einem der vorzubereitenden Nachfolgeprozesse (wegen seiner Tätigkeit in Berlin, Paris oder Kopenhagen), ob als Zeuge der Verteidigung oder der Anklage. Zunächst konzentrierten sich die Verhöre auf Entstehung, Struktur und Kompetenz der Gestapo. Denn für die Nürnberger Ankläger, denen eine Fülle von Unterlagen über die mörderische Praxis von Einheiten der Sicherheitspolizei und des SD in den besetzten Ländern, vor allem in Osteuropa, vorlagen, war die Verbindung zwischen staatlichem Apparat und SS, die Verknüpfung von Beamtenstatus und weltanschaulicher Eliteformation, nicht leicht zu durchschauen.[26]

Bests Argumentationsstrategie bei diesen Vernehmungen hob daher auf die Einbindung des Gestapa in die staatliche Innenverwaltung ab und zeichnete die Politische Polizei als Instrument in den Händen anderer ohne eigene weltanschauliche oder politische Intention. Angesichts des in der Tat komplizierten Aufbaus der Sicherheitspolizei und der vergleichsweise reibungslosen Indienstnahme des überwiegenden Teils der Polizeikräfte aus der Weimarer Republik gelang es ihm auf diese Weise, die Verwirrung eines Teils seiner Vernehmer eher noch zu vergrößern, die sich die Gestapo als direktes Vollzugsorgan der Parteiherrschaft und in den Nürnberger Kategorien der »verbrecherischen Organisation« vorgestellt hatten. Demgegenüber apostrophierte Best solche Handlungen von Beamten der Sicherheitspolizei, die unzweifelhaft verbrecherischen Charakter trugen, als »polizeifremde Aufträge«, so etwa die Festnahme der 20.000 Juden nach dem 9. November 1938: »Das war keine polizeiliche Maßnahme, sondern eine politische Maßnahme der Staatsführung, zu deren Ausführung die Gestapo lediglich verwendet worden ist, wie etwa in früheren Zeiten die Fürsten für solche Zwecke das Militär verwendet haben. Auf der gleichen Linie liegen dann zahlreiche polizeifremde Aufträge späterer Zeit.«[27]

Angesichts der Bedeutung der Masseninhaftierung von Juden im Herbst 1938 für die Übernahme der »Federführung« in der Judenpolitik durch Sicherheitspolizei und SD und der treibenden Rolle Bests und Heydrichs bei der Durchsetzung des neuen Kurses gegenüber den anderen Machtträgern im Reich war dies eine nachgerade abenteuerliche Darstellung. Aber mangels genauerer Kenntnisse gelang es der Anklagebehörde auch nicht, sie zu widerlegen, so dass Best mit dieser Argumentationslinie den Verteidigern für Gestapo und SD in Nürnberg, Merkel und Gawlik, die Grundlage für ihre Strategie im Hauptkriegsverbrecherprozess an die Hand gegeben hatte; er »dirigierte unsere ganze Verteidigung, weil die kleinen Provinzanwälte und die anderen Zeugen dazu unfähig waren«.[28] Es war daher folgerichtig, dass Best neben seinem Kopenhagener Gestapo-Chef Hoffmann als einziger Zeuge der Verteidigung für diesen Komplex im Nürnberger Hauptverfahren auftrat, als »Vertreter der Gestapo vor diesem Gerichtshof«, wie es einer der Ankläger formulierte.[29]

Indem er die »beamtenmäßige« Struktur des Apparats und die juristischen Grundlagen seiner Tätigkeit hervorhob, die Verbindungen zum System der Konzentrationslager, die Entwicklung der Einsatzgruppen oder die Rolle der Sicherheitspolizei bei der Verfolgung der Juden seit dem Herbst 1938 aber ausblendete, bestritt oder marginalisierte, gelang es ihm tatsächlich, das Augenmerk des Gerichts von den für die Beamten der Gestapo gefährlichen Punkten abzubringen. Zwar wurde die Gestapo im Nürnberger Urteil dennoch zur verbrecherischen Organisation erklärt; Struktur, Aufgaben- und Kompetenzbereiche sowie politische Verantwortlichkeit der Führungsebene von Sicherheitspolizei und SD blieben jedoch weithin ungeklärt, was sich im Hinblick auf die spätere Entwicklung der strafrechtlichen Auseinandersetzung mit der Gestapo in Westdeutschland als bedeutsam erwies. Best hatte hier einen Weg aufgezeigt, wie die ehemaligen Gestapo-Beamten sich in Zukunft bei Beschuldigungen und in Strafverfahren würden verteidigen können, der sich in den kommenden Jahren und Jahrzehnten als gangbar und vielfach erfolgreich erweisen sollte.

Nach seinem Auftritt im Hauptkriegsverbrecherprozess wurden die Verhöre Bests, wohl entgegen seiner Erwartung, fortgeführt, nun aber mit erweitertem Themenspektrum, das von den Boxheimer Dokumenten bis zur letzten Kriegsphase in Dänemark reichte. Für diese intensiven Vernehmungen gab es verschiedene Gründe: Zum einen waren seit dem Sommer 1946 bei der amerikanischen Anklagebehörde Vorbereitungen im Gang, einen der geplanten Nachfolgeprozesse gegen die Gestapo zu führen – mit Best als einem der Hauptangeklagten; ein Gedanke, der aber im Oktober 1946 fallengelassen wurde, nicht zuletzt aufgrund der Aussagen Bests, wie dieser selbst meinte.[30] Zweitens wurden, ohne dass Best davon wusste, mit diesen Vernehmungen auch die Vorbereitungen für ein mögliches dänisches Verfahren gegen ihn begonnen. Zum dritten aber erwies sich Best für die Interrogators des CIC als außergewöhnlich gut informierter und eben auch aussagebereiter Zeuge. Denn im Gegensatz zu der überwiegenden Mehrzahl der von den Untersuchungsbehörden befragten ehemaligen NS-Größen verweigerte er nicht die Aussage und beschränkte sich auch nicht auf Ausflüchte oder Erinnerungsdefizite – vielmehr wähnte er sich stark genug, auf alle Fragen in sich stimmige und zu anderen Aussagen nicht in Widerspruch stehende Antworten geben zu können.

Um auf diese langen und weitreichenden Befragungen vorbereitet zu sein, hatte Best im Mai 1946, noch in Oberursel, einen weiteren umfangreichen und detaillierten Lebenslauf verfasst, in dem er seinen persönlichen, beruflichen und politischen Werdegang eingehend schilderte – eine Art von selbstauferlegter Sprachregelung, auf die er bis in die Formulierung ganzer Sätze hinein bei den Verhören immer wieder zurückgriff. Da mittlerweile seine Selbstdarstellung als ganz vom preußischen Beamtenethos getragener, unpolitischer Verwaltungsspezialist angesichts der über ihn vorliegenden Informationen unglaubwürdig geworden war, rückte Best von dieser Version, wie er sie ein Jahr zuvor noch formuliert hatte, ab und zeichnete nunmehr von sich das Bild des von den Gedanken Fichtes getragenen politischen Idealisten, der im Gestapa wie in Paris oder Dänemark den unvernünftigen Kurs der radikalen Nationalsozialisten bekämpft habe, wo er nur konnte.[31]

Diese Glättung und Vereinheitlichung seines politischen und persönlichen Werdeganges kam Best bei den Verhören zwischen Sommer 1946 und Februar 1947 sehr zustatten; es gelang den Vernehmern nicht, bis zu den von Best sorgfältig ausgesparten Gefährdungspunkten vorzudringen. Allerdings zeugten die Fragen der Vernehmer auch bis auf wenige Ausnahmen von geringen Kenntnissen der inneren Struktur des NS-Regimes, vor allem nach 1939, sowie der weltanschaulichen Grundvorstellungen insbesondere in der Führungsgruppe von SS und RSHA. Viele der amerikanischen Vernehmungsoffiziere waren linke deutsche Emigranten, die Deutschland vor oder kurz nach 1933 verlassen hatten; diese Perspektive bestimmte ihre Fragen.

Ein Beispiel mag dies verdeutlichen: Am 19. September 1946 wurde Best von zwei deutschen Emigranten, Peiser und Fehl, verhört. Sie versuchten, von ihm Näheres über seine Tätigkeit im Gestapa und in Dänemark zu erfahren, insbesondere aber über sein Verhältnis zu den Juden. Für die beiden Vernehmer war Best vor allem der »Boxheim-Best«, an dessen Schriften sie sich genau erinnerten, weil sie ihnen im Nachhinein wie ein Menetekel der nach 1933 tatsächlich eingetretenen Entwicklung erschienen. Von Bests umständlichen und weit ausholenden Erläuterungen von Fichtes Volkstheorie bis zu seinen Auseinandersetzungen mit Hitler nach 1943 waren sie ganz überrascht, wohl aber auch beeindruckt:

»F: Die Juden waren Ihre Feinde. Der Gedanke ihrer Exterminierung hat Ihnen wohl nicht viel Kopfzerbrechen gemacht?.

A: Ich habe nie an die Vernichtung der Juden gedacht. In zahlreichen Gesprächen habe ich stets den Standpunkt vertreten, dass sie für mich Volkstum wie jedes andere Volkstum bedeuteten, dass an sich kein Mensch besser oder schlechter als der andere sei, dass niemand für des anderen Werte kann.

F: Bei allem Respekt für Ihre Ansichten, es ist, Verzeihung, reichlich naiv zu sagen, daß Sie nie[32] die Frage als Problem aufgerollt hätten, wer besser wäre, Jude oder Deutscher. Wer immer die Grundsätze der Partei unterschrieb, anerkannte damit ihre Haltung zur Judenfrage, und es ist mir kein Fall bekannt, daß die Partei gegen die Ermordung der Juden Protest erhoben hat. Wie haben Sie dagegen demonstriert? Was haben Sie getan, um die Tötung von 5 – 6 Millionen Juden zu verhüten? Wie sind die Probleme entschieden worden, von denen Sie sagen, daß Sie sie angeschnitten hätten? Ich bin Beamter in der Weimarer Republik gewesen, ich bin im Bilde.

A: Im Programm der Partei steht nichts von Vernichtung der Juden. F: Wie stellen Sie sich zur Tötung von 5 – 6 Millionen Juden?

A: Davon habe ich erst hier erfahren.

F: Können Sie diesen offensichtlichen Stellungswechsel in Ihrer Haltung zur Judenfrage seit dem Jahre 1931 bis zu jenem Jahre [1943] psychologisch erklären? Dieser Wechsel ist doch merkwürdig. Ihre Anschauung stimmte doch mit Hitlers Politik überein. Wie erklären Sie sich diesen merkwürdigen Umschwung?

A: Eine Wandlung trat bei mir nur hinsichtlich der Gehorsamsverpflichtung gegen Hitler ein. Nicht hinsichtlich meiner grundsätzlichen Einstellung, Volk vor Partei, auf der Grundlage von Fichtes Definition des Volkes, Richtschnur und Leitstern, daß sich der Schöpfungswille in den Völkern repräsentiert und konkretisiert, daß die Völker die letzten Werte der Menschheit sind.

F: Ich glaube, Fichte würde sich im Grabe umdrehen, wenn er diese Verwirrung hätte sehen können.

A: Was Hitler seit 1938 tat, war eine Abwendung vom völkischen Prinzip.

F: ... Sie würden sagen, daß, ohne daß sich Ihre nationalsozialistische Weltanschauung änderte, Sie in persönlicher Opposition zu Hitler standen?

A: Nationalsozialismus, was ist das? Es wird so verschieden aufgefaßt von Menschen, die später dazugetreten sind. Als ich 1930 beitrat, hatte ich mir meine Meinung schon gebildet. Ich bin nicht von Hitler gewonnen worden, war nicht beeinflußt, nicht mitgerissen. Ich hatte mir meine bestimmte Meinung gebildet, versuchte mich auf andere Weise politisch zu betätigen, war Mitglied der Deutsch-nationalen Partei, empfand eine allgemeine Abneigung gegen die propagandistischen Formen der Nationalsozialisten, wollte auf andere Weise, auf anderen Wegen Lösungen suchen ... Ich war schon fertig in meinen Überzeugungen, es ist heute so schwer zu sagen, das nationalsozialistische Programm, die Weltanschauung, es ist ja mehr ein Konglomerat. Das einzig Eindeutige war der Glaube an Hitler. Die alten Hitlerianer haben keine Probleme. Für jeden anderen mußten die Probleme wieder auftauchen. Bei mir entstand der Eindruck, daß Hitler von bestimmten Prinzipien abzuweichen schien.«[33]

Für die beiden deutschen Emigranten in amerikanischen Uniformen mussten solche Aussagen unverständlich, ja widersinnig klingen. Dass einer der einstigen Spitzenfunktionäre von Gestapo und SS behauptete, er habe die Juden nicht als »minderwertig« betrachtet, kam ihnen angesichts der Resultate der nationalsozialistischen »Judenpolitik« besonders absurd vor, obwohl Best und andere seinerzeit solche Überlegungen, wonach es keine Instanz gebe, die über die Höher- oder Minderwertigkeit von Völkern urteilen könne, und das Verhältnis von Völkern untereinander allein von Interessen und den Fähigkeiten, diese durchzusetzen, bestimmt sei, tatsächlich angestellt hatten. Aber selbst der einstmals vorhanden gewesene legitimatorische Kern solcher Gedankenspiele war nun kaum noch verständlich; ebenso wenig wie Bests Thesen, dass nicht seine Haltung gegenüber den Juden sich verändert habe, sondern diejenige gegenüber Hitler, oder dass nicht die ursprünglichen Ziele des Nationalsozialismus, sondern Hitlers Abweichung davon Ursache der Verbrechen des NS-Regimes gewesen seien. Und selbst Bests Erläuterung, der Nationalsozialismus habe weder ein Programm noch eine einheitliche Weltanschauung besessen, sondern sei allein durch die charismatische Führerfigur zusammengehalten worden, wirkte auf die beiden Vernehmer ganz unglaubwürdig, die von der Vorstellung von der nationalsozialistischen Partei als einer ideologisch geschlossenen Gesinnungsgemeinschaft ausgingen und sich anders die nur durch die geballte Kraft von vier Großmächten niederzuringende Mobilisierungsfähigkeit der NS-Diktatur nicht erklären konnten.

Aber Bests Ziel war es auch weniger, die ihn verhörenden CIC-Offiziere zu überzeugen, sondern »unsern Standpunkt aktenkundig zu machen, damit er für eine spätere Zeit fixiert ist«, wie er es selbst formulierte.[34] Er richtete sich damit gegen jene Auffassungen unter den einstigen NS-Größen, wonach substantielle Äußerungen gegenüber alliierten, später auch deutschen Vernehmern oder Gerichten im Geruch von Kollaboration und Verrat standen. Best hingegen verstand solche Verhöre, solange es nicht um ihn direkt belastende Fragen ging, auch als Ringen um die Interpretation des Nationalsozialismus insgesamt – und als Gelegenheit, seine eigene Sichtweise ausführlich darzulegen und als Grundlage für eine dereinst erfolgende Revision des Geschichtsbildes zu dokumentieren. So lesen sich die Vernehmungsprotokolle aus diesen Monaten über weite Strecken wie der unermüdliche Nachweis Bests, recht behalten zu haben.

Heroismus und Selbstmitleid

Am 27. Februar 1947 wurde Best aus dem Nürnberger Landgerichtsgefängnis, in dem er fast ein Jahr verbracht hatte, von zwei dänischen Polizeibeamten abgeholt. Die acht Tage dauernde beschwerliche Reise nach Dänemark, die ihn durch verschiedene Gefängniszellen von Frankfurt bis Hamburg führte, erlebte er gleichwohl in erwartungsvoller Freude. Zum einen hoffte er, in Dänemark seine Frau sowie seine fünf Kinder, die seit Kriegsende in einem dänischen Internierungslager lebten, nach zweijähriger Trennung wiederzusehen. Zum anderen sah er seiner Rückkehr in der festen Erwartung entgegen, dass er in Dänemark schnell freigelassen und von den Dänen womöglich bald die ihm zukommende Anerkennung erfahren werde. Auch ging er, nach den Andeutungen der beiden Begleitungsbeamten, noch davon aus, dass er in Dänemark als Zeuge gegen Frits Clausen, den Führer der dänischen Nazi-Partei, aussagen solle und dazu als privilegierter Gefangener in der Festung »Tre Kroner« untergebracht werde.

Als er statt dessen ins Kopenhagener Hauptgefängnis eingeliefert, dort in Einzelhaft genommen und dem gleichen Reglement unterstellt wurde wie alle anderen Häftlinge, brach Best erneut zusammen. Hatte er bis dahin in Nürnberg im Kreise der ehemaligen NS-Führer weiterhin Arterkennung als politisch und historisch bedeutsame Persönlichkeit erfahren und bei Verhören, als Zeuge vor Gericht und Koordinator von Aussagen geradezu glänzen können, so stürzte diese Fassade des Bedeutsamen nun ein. Wochenlang andauernde Depressionen waren die Folge, verbunden mit heftigen, oft stundenlangen Weinkrämpfen, so dass der Gefängnisarzt Dr. Max Schmidt hinzugezogen wurde, der mit Best von nun an häufig zusammentraf und über seine Begegnungen und Beobachtungen Aufzeichnungen anfertigte.

»Best weinte die meiste Zeit, so daß ihm die Tränen die Wangen hinunterliefen«, notierte er am 12. März in sein Tagebuch über das erste Gespräch mit dem prominenten Gefangenen. Nach einigen Tagen verabreichte er ihm Psychopharmaka in relativ starken Dosen, die jedoch nur vorübergehend zur Besserung beitrugen. Best, so schrieb der Arzt, beklage fortwährend sowohl sein Schicksal als auch die widrigen Umstände, unter denen er zu leben gezwungen sei. Er klage über das »unritterliche« Vorgehen des dänischen Staates, über die unwürdige Behandlung wie ein gemeiner Gefangener, über das Gefängnisreglement, über das Essen, über die Unterbringung: »Er ist ohne Unterbrechung selbstmitleidig; man quäle und peinige ihn ... Er versicherte mir weinend, ich sei der einzige, der ihn verstehe, zeigte sich außerordentlich dankbar; aber einen tieferen persönlicheren Kontakt zu ihm habe ich nie erreicht. Er war insgesamt sehr steif und formell, schlug sowohl bei meiner Ankunft als auch beim Abschied die Hacken zusammen und verbeugte sich demütig, sogar gegenüber dem Büropersonal verneigte er sich mehrfach übertrieben höflich, fast selbstverneinend. Ertragreichere Gespräche waren unter diesen Verhältnissen selten; zum einen entschuldigte er sich damit, daß es ihm zu schlecht gehe, um sich zu konzentrieren; zum anderen wollte er lieber schreiben als erzählen. Wenn man dann jedoch das Geschriebene zu vertiefen suchte, hielt er sich trotzdem eng und ängstlich an das, was er aufgeschrieben hatte.«[35]

Diese sich offenkundig pathologisch verstärkenden Depressionen veranlassten den Gefängnisarzt, ein Treffen Bests mit seiner Frau zu arrangieren, die er seit zwei Jahren nicht mehr gesehen hatte, um vielleicht auf diese Weise eine Stabilisierung des Zustands des Patienten herbeiführen zu können. Das Gegenteil traf jedoch ein: »Während der ganzen Fahrt weinte er trotz des strahlenden Sonnenscheins und beklagte, daß seine Frau nun ein solches Wrack zu Gesicht bekommen solle. Seiner Frau hingegen merkte man ihre Erlebnisse im Internierungslager nicht an; ruhig, mit einer distanzierten Würde und unaufdringlicher Überlegenheit saß sie da. Best hingegen ... weinte während des ganzen Besuches, als sei er ausgepeitscht worden. Er klammerte sich an seinen Zettel, auf dem er alles aufgeschrieben hatte, um ja alles zu sagen, was er hatte sagen wollen.«[36]

Angesichts des niedergeschlagenen und von überwältigendem Selbstmitleid gekennzeichneten Auftreten Bests verhielt sich seine Frau ihm gegenüber kühldistanziert und deutete Kritik an seiner zu wenig »straffen« Haltung, wohl auch an seiner Aussagebereitschaft in Nürnberg all.[37] Best reagierte darauf geradezu panisch; seine Weinkrämpfe verschärften sich noch, und in den nächsten Tagen war sein ganzes Verhalten von dem Versuch gekennzeichnet, sich vor seiner Frau zu rechtfertigen. »Die Verachtung ist unberechtigt, soweit sie meine sachliche Haltung anzweifelt«, schrieb er in einem Brief an seine Frau unmittelbar nach dem ersten Besuch. »Denn ich habe sachlich meinen Mann gestanden und tue es weiter bis zum letzten Augenblick ... Ob Du mich wegen eines Mangels an psychisch-physischer Kraft verachten darfst, muß ich Dir anheimstellen. Ich darf hierzu immerhin geltend machen, daß an mir ein Rekord an Quälerei vollzogen worden ist« – habe er doch seit Kriegsende länger in Gefängniszellen gesessen als alle anderen ehemaligen NS-Größen, die er im Nürnberger Zeugenflügel kennengelernt habe. Schließlich kündigte er – da seine Frau ihn verachte und er niemandem im Wege sein wolle – seinen Selbstmord an. »Ist es da nicht für alle Beteiligten eine ideale Lösung, wenn ich nächstens sanft einschlafe und nicht wieder aufwache? Den Dänen bliebe ein Prozeß erspart, der für sie unangenehme Wahrheiten zutag brächte (deshalb wollen sie mich wohl auch zum Wahnsinn treiben). Für die Nachkommen wird zwar ›im Gefängnis gestorben‹ (richtiger ›im Gefängnis totgequält‹) nicht so gut klingen wie ›gefallen‹, aber vielleicht wird einmal irgendeine Geschichtsschreibung auch uns noch gerecht werden.« Beigelegt war ein Testament.[38]

Dass ein Gefangener in Einzelhaft, dem ein Gerichtsverfahren und womöglich die Todesstrafe droht, psychische Zusammenbrüche erleidet, an Selbstmord denkt und auf Kritik überreagiert, ist nachvollziehbar und gewiss keine Besonderheit Bests. Dass aber der von seiner Frau gemachte Vorwurf mangelnder Härte und Entschlossenheit ihn so tief traf, ist erklärungsbedürftig. Die hier zum

Ausdruck kommende Furcht Bests, von seiner Frau »verachtet« zu werden, weil sein Verhalten ihren Anforderungen nicht. genügte, war hinfort ein wichtiger und immer wiederkehrender Faktor in Bests Auftreten, solange er in dänischer Haft saß. Von seinem Naturell her eher weich veranlagt und zwischen Pathos und Selbstmitleid schwankend, fiel es ihm unter den Bedingungen der Einzelhaft und der häufigen Verhöre sehr schwer, diesen Erwartungen nach Härte und Unbeugsamkeit zu entsprechen. »Ich werde mit allen Kräften gegen die Gefahr des Minderwertigwerdens in der Einzelhaft ankämpfen«, versicherte er seiner Frau nach dem nächsten Besuch entschuldigend und versprach, seine Haftzeit nunmehr durchzustehen, »wie ein Soldat seine Dienstzeit abdient« und wie seine Frau es von ihm verlangt habe: »Hart und biegsam wie Stahl«.[39]

Dass Best, der viele hundert, vermutlich tausende von »Schutzhaftbefehlen« unterzeichnet hatte, der die Einsatzgruppen aufgestellt und in Frankreich die Polizei gelenkt hatte, zwei Jahre nach Ende des Krieges davon überzeugt schien, an ihm sei durch 22 Monate Haft ein »Rekord an Quälerei« vollzogen worden, man sei dabei, ihn »totzuquälen«, zeugt aber auch davon, wie weit die Vergangenheit schon zurückzuliegen schien. Die Opfer seiner eigenen Politik tauchen in seinen Gedanken nicht einmal mehr am Rande auf. »Jedes Konzentrationslager«, hatte er im März seinen Vernehmern geschrieben, »war humaner als die grausame Gefängnismaschinerie, die den isolierten Häftling höllischen Nervenqualen ausliefert«.[40] Diese geradezu groteske Relationsverschiebung mochte aber auch darauf zurückzuführen sein, dass die Vergrößerung der tatsächlich oder vermeintlich selbst erlittenen Qualen ins Überdimensionale als eine Art von Kompensationsprozess herbeigewünscht wurde, ein Ausgleich zwischen an ihm und von ihm begangenem Unrecht, so dass auch die moralische Grundlage für Vorwürfe gegen ihn entfiel – ein Vorgang, den man zur gleichen Zeit in Deutschland auch auf kollektiver Ebene beobachten konnte.[41]

Es ist wohl in erster Linie auf diese Auseinandersetzungen mit seiner Frau und die Konfrontation mit seinem täglich aufs neue beschworenen Elend zurückzuführen, dass Best in den Sommermonaten des Jahres 1947 auf Anregung seines Rechtsanwalts damit begann, seine Erlebnisse während der NS-Ära auf eine sehr bezeichnende Art niederzuschreiben: Er verfasste eine Reihe von novellenartigen Erzählungen, die erstaunliche Begebenheiten aus der Welt der großen Politik während des »Dritten Reiches« in launig-anekdotenhafter Form darstellten. »Die Sekretärin des Gestapo-Chefs« (Heydrichs Vorzimmerdame verhilft einem ihr bekannten Sozialdemokraten zur Flucht); »Die Spionin des Admirals Canaris« (über eine Agentin, die für die Wehrmacht und das RSHA zugleich arbeitete); »Sein Opfergang« (ein deutscher General will nach seiner Entlassung aus der Haft in Nürnberg seiner Frau nicht im Wege stehen und geht in die SBZ); »Kroaten in Berlin. Eine Novelle um Göring, Gestapo und Königsmörder« (eine Gruppe von jungen Ustascha-Anhängern wird auf Geheiß Görings verhaftet und wieder freigelassen); »Ribbentrops Kurier« sowie »Die Umwege der Baronne de la Bougliere« (über Geiselerschießungen in Frankreich) – alle diese Geschichten verknüpften eine menschlich anrührende Begebenheit nach Kolportageart mit Einblicken in das politische und private Leben der nationalsozialistischen Führer.[42]

Diese deutlich an Schulaufsätze gemahnenden Stücke bestätigten nicht nur das Bild von Best als einem in vielem durchaus weltfremd und unerwachsen gebliebenen Mann; sie waren auch Ausdruck seiner Versuche nach formalen Vorbildern für die rückblickende Auseinandersetzung mit vergangener geschichtlicher Größe. Dass Best hierzu die Form der »Novelle« wählte, die in Themenwahl und Erzählhaltung deutlich an verzopfte Friedrich-der-Große-Anekdoten anknüpfte, zeigt die Richtung, in die er sich dabei orientierte: Während die Führungspersonen des Regimes als entrückte Mächtige erschienen, ermöglichten diese »Novellen« kurze Blicke durchs Schlüsselloch. Die Geschichte der NS-Diktatur insgesamt wirkte hier wie schon lange vergangene Vorzeit, die mit der Gegenwart kaum – noch in direkter Verbindung zu stehen schien. »Die Weltgeschichte aber geht, nein, rast weiter«, endet die Geschichte über die kroatischen Verschwörer; längst stehe »die sogenannte Weltgeschichte vor ganz neuen, nicht weniger unheilvollen Problemen«, heißt es in einer anderen.[43] Hier deutete sich der Kalte Krieg als rettender Ausweg aus der moralischen Aporie, in die Best geraten war, bereits an. Angesichts der neuen Herausforderungen durch die Ost-West-Konfrontation erschien die Beschäftigung mit einer längst untergegangenen Epoche wie der NS-Herrschaft als geradezu widersinniges, jedenfalls aber bereits historiographisches Unterfangen.

Im Mittelpunkt dieser Versuche Bests, seiner Vergangenheit eine für ihn handhabbare Gestalt zu verleihen, stand jedoch immer er selbst; in fast allen »Novellen« war Best unverkennbar selbst einer der Protagonisten und wurde in denkbar positiver Manier beschrieben: als »eine Art Diplomat ..., ein vielseitig interessierter Mann, der nicht nur Verstand, sondern auch Herz hat«; als »der ruhige und verständnisvolle Dr. Berg«. Je trostloser seine Gegenwart in der dänischen Gefängniszelle und je schlechter seine Zukunftsaussichten waren, desto heller und reiner wurde das Bild, das Best von sich selbst zeichnete: zurückhaltend, klug, menschenfreundlich, in zähem Kampf mit den Mächtigen in Berlin und jetzt, nach dem Krieg, von milder Resignation über den Sinn des Lebens erfüllt: »Seine Philosophie ist pessimistisch«, schrieb er über sich selbst; »er meint, das sinnlose Leiden Unschuldiger, das ja nur erst in dieser Massenhaftigkeit sichtbar geworden, aber in der Geschichte immer vorhanden gewesen sei, widerlege jede Auffassung von einer sinnvollen, gütigen Weltenlenkung.«[44]

»Konstitutioneller Psychopath«

Im Juni 1947 begannen die Untersuchungen und Verhöre für das gegen Best eingeleitete Verfahren. Dabei erwies sich der ihm zunächst gegen seinen Willen zugeordnete dänische Pflichtverteidiger Poul Christiansen als ausgesprochener Glücksfall, weil er seine Aufgabe mit Engagement und Sachkenntnis vertrat und zugleich die sich häufenden depressiven Stimmungen seines Mandanten ebenso wie dessen sich zuweilen überschlagenden Rechtfertigungseifer mit Ruhe und Pragmatismus zu überstehen wußte.[45] Best hatte zunächst versucht, sein Verfahren von dem gegen die anderen drei Hauptangeklagten abzutrennen; in Nürnberg hatte er verfolgen können, wie sich die um ihr Leben ringenden Angeklagten zum Teil gegenseitig belasteten. Zudem fürchtete er, dass der politische Charakter des Verfahrens in einem Sammelprozess weniger deutlich zum Ausdruck gebracht werden könnte als in einem Prozess allein gegen den ehemaligen Reichsbevollmächtigten: »Dann schwebt meine Erklärung, daß es sich um Handlungen eines Staates handle, die nur symbolisch an einem Repräsentanten, nicht aber an den ausführenden Organen bestraft werden können, als Motto über allen weiteren Prozessen«, schrieb er an Christiansen. Das sah die Anklagebehörde wohl auch so und lehnte ab.[46]

Daraufhin beschloss Best nach längerem Überlegen, sich in dem anstehenden Verfahren überhaupt nicht zu verteidigen und zur Sache nichts auszusagen.[47] Dadurch vermied er es einerseits, sich bei Verhören in Widersprüche verwickeln zu lassen und auf Beschuldigungen direkt antworten zu müssen; vielmehr konnte er durch diese Zurückhaltung den politischen Charakter des Verfahrens gegen ihn stärker herausstellen und immer wieder auf den für Dänemark glimpflichen Ausgang von Krieg und Besatzung verweisen. Zudem setzte er sich auf diese Weise nicht der Gefahr aus, bei kritischen Rückfragen erneut die Nerven zu verlieren und durch Weinkrämpfe seine Schwäche und innere Instabilität zu verraten.

Aber auf der anderen Seite wurde durch diesen Entschluss die Isolation, in der er sich befand, nur noch größer. Denn zweifellos hätte das Kopenhagener Verfahren für ihn auch eine Chance geboten, sich aus dem starren Korsett von Weltanschauung, Heroismus und Selbstmitleid zu befreien und eine kritische Auseinandersetzung mit seiner Vergangenheit zu beginnen, wenngleich nicht zuletzt der Einfluss seiner Frau eine solche Möglichkeit nahezu ausschloss. So aber war er auf seine eigene Unbeugsamkeit zurückgeworfen und reagierte auf jede ihn entlastende Aussage euphorisch, auf jede Belastung mit schierer Verzweiflung, die sich insbesondere in den Briefen an seine Frau und seinen Verteidiger niederschlug – Briefe, deren Ton und Inhalt zugleich aber auch deutlich auf den Gefängniszensor und damit auf die Dänen als eigentliche Adressaten der Klagen Bests hindeuten. »Ich werde niemals ein Gnadengesuch machen, denn ich will keine ›Gnade‹ von einem Staat, der mir das größte rechtliche, moralische und politische Unrecht antut, das überhaupt denkbar ist«, schrieb er am 28. Oktober, nachdem er von den ihn stark belastenden Aussagen Bovensiepens über den »Gegenterror« informiert worden war.[48] Eher wolle er sich umbringen: »Ehe ich meine Familie viele Jahre unter dem Druck leiden lasse, daß ihr Mann und Vater irgendwo in einem Zuchthaus verfault und verblödet, mache ich Schluß«, hieß es wenige Tage später[49] – die Drohung, er werde sich selber töten, wurde nun zur geradezu stereotypen Reaktion Bests auf schlechte Nachrichten; ebenso wie das sich im Laufe seiner Haftzeit noch steigernde Klagen über das an ihm begangene, mit nichts zu vergleichende Unrecht: »Wie vielen habe ich geholfen! Mir hilft niemand!«[50]

In dem Verfahren gegen Best konzentrierte sich die dänische Staatsanwaltschaft vor allem auf drei Bereiche: Auf Bests Gesamtverantwortung für die deutsche Besatzungspolitik in Dänemark zwischen November 1942 und Kriegsende – und damit für sämtliche völkerrechtswidrige bzw. von den dänischen Kriegsverbrechergesetzen erfasste Handlungen deutscher Funktionsträger auf dänischem

Boden; auf die Politik des »Gegenterrors« und der »Clearing-Morde« sowie auf die »Judenaktion«.

Da Best sich nicht direkt verteidigen wollte und Verhöre durch dänische Stellen ablehnte, legte er in den Monaten zwischen Herbst 1947 und Frühjahr 1948 seinem Verteidiger in umfänglichen Schriftsätzen die Linie der Entlastungsargumentation vor, die dieser wiederum gegenüber der Staatsanwaltschaft sowie bei den Vorverhören der anderen Angeklagten oder von Zeugen berücksichtigen sollte.

Ziel seiner Politik, so hob Best hervor, sei gewesen, die dänische Souveränität ebenso wie die territoriale Integrität des Landes zu schützen, um Dänemark ohne größere Schäden über den Krieg zu retten. Dieses Bestreben sei jedoch von Seiten Englands und des kommunistisch dominierten dänischen Widerstands durch Terror- und Sabotageakte bekämpft worden, die zwar die deutschen Interessen nicht ernsthaft beeinträchtigt, aber doch zu den gewünschten massiven Gegenreaktionen von Seiten der deutschen Führung, namentlich der Wehrmacht und Hitlers selbst, geführt hätten.[51]

Diese Argumentation entsprach exakt jenen Befürchtungen, die auf dänischer Seite vor Eröffnung des Verfahrens gegen Best geäußert worden waren; ihre jedenfalls teilweise Berechtigung und, viel wichtiger, ihre mögliche politische Wirksamkeit waren nicht zu übersehen. Auf der anderen Seite war Best als Vertreter des Deutschen Reiches politisch und juristisch zweifellos auch für solche Handlungen verantwortlich, die er persönlich implizit oder explizit nicht gutgeheißen haben mochte. Da er im August 1943 nicht zurückgetreten war, hatte er seine Bereitschaft bekundet, diese Verantwortung auch zu tragen; im Grunde also wirkte diese Argumentation potentiell zwar als politische Belastung Dänemarks, aber nicht als juristische Entlastung Bests.

Etwas anders verhielt es sich im zweiten Falle, dem »Gegenterror«. Hier berief sich Best darauf, das Konzept der »Clearingmorde« ebenso wie das der Geiselnahme und -erschießungen als Instrumente zur Eindämmung von Sabotage und Widerstand, wie vordem in Frankreich, so auch in Dänemark, stets abgelehnt zu haben; der »Gegenterror« sei von Hitler selbst befohlen und von speziellen, dem Reichsbevollmächtigten nicht unterstellten Terrorkommandos durchgeführt worden.[52] Diese zunächst sehr stimmig wirkende Darstellung wurde allerdings durch Aussagen der direkt Beteiligten, vor allem Bovensiepens, erschüttert, die nicht nur Bests Verantwortlichkeit, sondern auch seine direkte Mitwirkung bei der Auswahl von Objekten des »Gegenterrors« bekundeten.[53] Als im Januar 1948 diese Angaben auch von einem der Mittäterschaft unverdächtigen Zeugen bestätigt und sogar noch ausgeweitet wurden, war die Argumentationslinie Bests in diesem Punkt widerlegt und die Wahrscheinlichkeit seiner Verurteilung bedeutend größer geworden.[54]

Dass er durch Aussagen deutscher Zeugen belastet worden war, traf Best wohl nicht alleine wegen der sich verschlechternden Prozesschancen, sondern auch, weil dadurch das Bild von sich und seinem Wirken in Dänemark unstimmig wurde, an dem er seit nunmehr fast drei Jahren gearbeitet hatte. Bests Reaktion auf diese Aussagen bestand ein weiteres Mal in einem psychischen Zusammenbruch, dem schwersten und langwierigsten seiner gesamten Haftzeit. Doch anders als vordem versuchte Best diesmal, durch gesucht absurde Brieftexte, durch exaltiert krakelige Schrift oder falsche und unsinnige Datierungen (»35.1.1984«) den Eindruck zu erwecken, als sei er dabei, wahnsinnig zu werden: »In mir tobt die Hölle! Das Herz jagt, meine Nerven beben, die Seele windet sich in Schmerzen und der Geist wird von Wahn- und Zwangsvorstellungen gepeinigt«, schrieb er an seinen Rechtsanwalt Christiansen, und immer neue Briefe solchen Inhalts folgten.[55]

Diese halb gespielte, halb ernstzunehmende Verrücktheit Bests war zum einen gewiss Ausdruck seiner tatsächlichen Verzweiflung über eine ungünstige Prozesswendung, über seine Haft und seine Einsamkeit. Andererseits erkennt man aber auch sein Kalkül, als »wahnsinnig« zu gelten, um das Mitleid und die verstärkte Zuwendung derer zu erlangen, mit denen er noch in Kontakt stand – der dänischen Justiz, seines Rechtsanwalts, seiner Frau und Duckwitz. Vor allem Duckwitz gegenüber war sein Verhalten zwiespältig; auf der einen Seite suchte er den Kontakt zu dem ehemaligen Schifffahrtssachverständigen, denn zweifellos würde sein eigenes Schicksal zuallererst von dessen Aussage über die Umstände der »Judenaktion« abhängen. Auf der anderen Seite deutete er zuweilen drohend an, er verfüge über Informationen, die den nun nach Kriegsende in Dänemark und darüber hinaus als »Judenretter« geehrten Duckwitz in massive Schwierigkeiten bringen könnten. Gewiss wolle er davon keinen Gebrauch machen, aber wer könne wissen, wie lange er diese Zurückhaltung psychisch noch durchhalten könne ...[56]

Diese Mischung aus Berechnung und Verzweiflung, aus autoritär-geducktem Gehabe und dominierendem Selbstmitleid kennzeichnete Bests Verhalten um so stärker, je näher das Datum des Prozeßbeginns rückte. Seine »Depressionsphase« hielt den ganzen Januar über an und fand immer neue, teilweise geradezu infantile Ausdrucksformen. So schickte er seiner Frau, nachdem diese ihn wegen seines »unwürdigen« und »schwächlichen« Verhaltens erneut scharf kritisiert hatte, einen mehrseitigen »Abschiedsbrief«, den er mit seinem eigenen Blut geschrieben hatte – voller Anklagen und schwülstiger Andeutungen über sein bevorstehendes Ende. Ein anderes Mal formulierte er ein Schreiben, in welchem sein Verhalten während der Haftzeit als überaus selbstbeherrscht und mutig, ja vorbildhaft, geschildert wurde; diesen Brief sollte Duckwitz unter dessen eigenem Namen an Hilde Best senden, um diese von der »straffen Haltung« ihres Mannes zu überzeugen. Und schließlich verfasste er sein Testament, ebenfalls mit Blut unterzeichnet, in dem er sich vor seiner Frau rechtfertigte: »Bis 1945 habe ich mehr Kraft und Mut bewiesen als irgendein anderer ›Prominenter‹ unseres Staates! 1946 habe ich in Nürnberg eisern gestanden und den gefährlichen Kampf mit den amerikanisch-jüdischen Racheengeln an erster Stelle mutig ausgefochten! Seit 1947 habe ich in Dänemark gezeigt, daß ich kein Schwächling und Feigling bin, indem ich als erster und einziger ›Kriegsverbrecher‹ abgelehnt habe, Aussagen zu machen und mich zu verteidigen, um dadurch vor der Weltgeschichte gegen das rechtlich unzulässige, politisch wahnsinnige und moralisch ungerechte Verfahren zu protestieren und zu demonstrieren.«[57]

Nichts schreckte Best mehr, als für einen »Schwächling« gehalten zu werden, und je skurriler die Versuche wurden, diesen Vorwurf zu entkräften, desto deutlicher trat zum Vorschein, wie haltlos Bests Existenz ohne Teilhabe an der Macht, ohne schützend-legitimatorische »Weltanschauung« und ohne öffentliche Bestätigung tatsächlich war. Insofern war die zusammenfassende Charakterisierung Bests als »konstitutioneller Psychopath«, wie sie der Gefängnisarzt Dr. Schmidt in seinem Gutachten an das Kopenhagener Stadtgericht formuliert hatte, nicht übertrieben. Schmidt beschrieb den einstigen Reichsbevollmächtigten als zwar begabten, in seiner intellektuellen Entwicklung und seiner Persönlichkeit aber einseitigen und unreif gebliebenen Mann. Sein Gefühlsleben sei labil und stark neurotisch geprägt; vom Charakter sei er der Typus des »schizoiden Einzelgängers – sensitiv und verletzlich, egoistisch und selbstmitleidig«.[58] Charakteristisch aber war auch, wie Best auf dieses Gutachten reagierte: Schmidt habe den Kern seines Wesens nicht erkannt – und aus dänischer Mentalität heraus auch nicht erkennen können. Das, was Schmidt für individuelle Eigenschaften Bests halte, sei vielmehr Ausdruck dessen, »daß ich als Berufsbeamter und als Beamtensohn und -enkel vollständig von dem strengen Pflichtbegriff des preußisch-deutschen Berufsbeamtentums beherrscht war«, dessen Ethos von Friedrich dem Großen, Kant, Fichte und Bismarck geprägt worden sei.[59]

Dass man immer nur seine Pflicht getan habe, entwickelte sich in diesen Jahren zur oft gebrauchten Standardentschuldigung deutscher NS-Täter. Aber Best ging es hierbei nicht um die abstrakte Bindung an Befehl und Gehorsam; vielmehr habe er seine Pflicht erfüllt, sich für die Interessen seines Volkes einzusetzen – jenseits derer es keine Bewertungskategorien gäbe, die über Recht und Unrecht entschieden. Ein Däne also könne diese Form der Pflichterfüllung nicht nur nicht akzeptieren, sondern nicht einmal verstehen. So war selbst für Best das psychiatrische Gutachten des Dänen Schmidt Ausdruck von dessen völkischer Gebundenheit.

Drei Urteile

Erst nach mehreren Wochen stabilisierte sich Bests psychischer Zustand wieder, gestärkt wohl vor allem durch die Aussicht auf einen erneuten Auftritt in Nürnberg, wohin er im April 1948 als Zeuge im »Wilhelmstraßen-Prozess« gegen Beamte des Auswärtigen Amtes gebracht werden sollte. Bislang war das größte Problem seiner Prozessvorbereitung noch nicht gelöst: der Komplex der »Judenaktion«. Durch die angekündigte Reise nach Nürnberg bot sich ihm nun unverhofft die Aussicht, die Beurteilung dieser Frage womöglich in seinem Sinne beeinflussen zu können.

In den drei Jahren seit Ende des Krieges waren die Aussagen Bests und der einschlägigen Zeugen auf dänischer wie auf deutscher Seite in den entscheidenden Punkten durchaus widersprüchlich gewesen. In seiner ersten Aussage zu dieser Frage am 31. August 1945 hatte Best noch eine Version des Geschehens zu Protokoll gegeben, wonach er im September 1943 von dem Leiter der Politischen Polizei im RSHA, Müller, telegrafisch darüber informiert worden sei, dass »gewisse aggressive deutsche Kreise« – vermutlich Rosenberg und andere – planten, in Dänemark »einen Pogrom ins Werk zu setzen«. Er habe dagegen beim Auswärtigen Amt protestiert und auf die geringe Bedeutung der »Judenfrage« in

Dänemark hingewiesen. Schließlich habe er über Mitarbeiter eine Warnung an die dänischen Juden kanalisiert.[60]

Beinahe nichts davon erwies sich in der Folgezeit als wahr; aber Best war zu jener Zeit noch davon ausgegangen, dass die Dänemark-Akten des Auswärtigen Amtes vernichtet worden seien, und lancierte daher eine Version, die ihn selbst und alle tatsächlich an der »Aktion« beteiligt Gewesenen entlastete oder gar nicht erwähnte. Insbesondere aber fehlte in dieser Aussage vom August 1945 der Hinweis auf jenen ominösen Anruf vom 7. September 1943 aus der Verbindungsstelle des Außenministeriums im Führerhauptquartier, durch den Best von einer bereits getroffenen Entscheidung Hitlers über die »Judenaktion« informiert worden sei – obwohl ihn ein solcher Hinweis bereits zu dieser Zeit außerordentlich entlastet hätte. Von einem solchen Anruf sprach Best erstmals in seinem Verhör Februar 1947 – allerdings ohne sich an den Namen des Informanten erinnern zu können. Erstmals im Oktober des gleichen Jahres erwähnte Best dann den Namen »Dr. Brenner« als den des geheimnisvollen Anrufers.[61]

Die Aussagen seiner ehemaligen Mitarbeiter waren nicht weniger widersprüchlich. Kanstein gab zu Protokoll, Best habe die »Judenaktion« zwar selbst vorgeschlagen, aber aus rein taktischen Gründen, um dadurch seine politische Position gegenüber von Hanneken zu stärken – von einer »Warnung« wusste Kanstein, der engste Mitarbeiter Bests und einer seiner wenigen Freunde, nach dem Krieg nichts.[62] So war es lediglich Duckwitz, der Bests Version über die »Warnung« bis dahin, jedenfalls zum Teil, mitgetragen hatte. Weder lagen aus dem Auswärtigen Amt entsprechende Aussagen vor noch gar Dokumente, die Bests Darstellungen gestützt hätten.

In Vorbereitung auf seine Verhöre beim Nürnberger »Wilhelmstraßen-Prozess« verfasste Best daher nun eine längere Darstellung über »Die Einwirkungen des Auswärtigen Amtes auf die Lage in Dänemark«, in der er die in Nürnberg vor Gericht stehenden ehemaligen Spitzenbeamten des Ministeriums in umfassender Weise entlastete. Lediglich Luther und Ribbentrop, beide mittlerweile tot, wurden für deutsche Gewaltmaßnahmen in Dänemark mitverantwortlich gemacht. Dies entsprach dem üblichen Verfahren der Angeklagten und der NS-Zeugen in den Nürnberger Prozessen – die Verantwortung für Verbrechen jeweils auf diejenigen zu verlagern, die bereits verstorben waren. In dieser Niederschrift, die vor allem dazu diente, seine Aussagen widerspruchsfrei zu machen und zu vereinheitlichen, legte Best nun auch seine Darstellung der »Judenaktion« fest. Anfang September sei er telefonisch von der bevorstehenden »Aktion« in Kenntnis gesetzt worden, und zwar durch Dr. Brenner, einen Beamten des Ministerbüros Ribbentrops beim Führerhauptquartier. Durch sein Telegramm vom 8. September habe Best daraufhin diese Aktion verhindern wollen – allerdings vergeblich. Daraufhin habe er mit Duckwitz, der enge Beziehungen zu den führenden Politikern der dänischen Sozialdemokratie besaß, vereinbart, dass dieser den Termin zur Warnung der Juden mitteilen solle.[63]

Mit dieser Darstellung entlastete Best nicht nur sich selbst, sondern auch die gesamte Führungsgruppe des Auswärtigen Amtes, die in Nürnberg vor Gericht stand. Denn da Dänemark das einzige Land in Hitlers Europa gewesen war, dessen innere Entwicklung in der Verantwortung des Außenministeriums gestanden hatte, kam der »Judenaktion« in Dänemark für die Anklage wie für die Verteidigung einige Bedeutung zu. Wenn nun der ehemalige Reichsbevollmächtigte bekundete, »daß das AA an der Herbeiführung und der Durchführung der Judenaktion in Dänemark nicht beteiligt war«, sondern im Gegenteil mitgeholfen habe, sie zu verhindern, so konnte dies für die Angeklagten durchaus von einigem Gewicht sein.[64] Im Gegenzug hatten diese Aussagen für Bests eigenen Fall die erstrebten, bis dahin aber ausgebliebenen Reaktionen der einstigen Führungsgruppe des Auswärtigen Amtes zur Folge: Zwei Tage später wurde seine Version durch von Thadden, mit dem Best zu dieser Zeit im Zeugentrakt des Nürnberger Gefängnisses einsaß, sowie durch Steengracht und später durch Sonnleithner in allen Einzelheiten bestätigt: Best sei vorab telefonisch über die beschlossene »Judenaktion« informiert worden und habe diese dann vorgeschlagen, um sie zu verhindern – eine gegenseitige Entlastungsaktion, die sich zwar auf kein einziges Dokument stützen konnte, sich aber dennoch als sehr erfolgreich erwies.[65]

Auf der anderen Seite lagen den dänischen Ermittlern nur spärliche Unterlagen über Bests Rolle bei der Formulierung und Umsetzung der antijüdischen Politik von Gestapa und RSHA vor, und insbesondere wusste man nicht, dass Best in Frankreich der Verantwortliche für die Ingangsetzung der Deportation der französischen Juden gewesen war. Diese Reduktion auf Bests Judenpolitik in Dänemark bewirkte eine Entkontextualisierung, die Bests – aus der Distanz doch reichlich absurd anmutender – Verteidigungsargumentation sehr zugute kam.

Der Prozess gegen die vier deutschen Hauptkriegsverbrecher, der am 16. Juni vor dem Kopenhagener Stadtgericht eröffnet wurde, traf in der dänischen Öffentlichkeit auf ein außerordentliches Interesse und wurde in seinem gesamten Verlauf intensiv begleitet und debattiert.[66] Best hatte das Verfahren, wie angekündigt, mit einer Erklärung eröffnet, wonach er weder Aussagen machen noch sich verteidigen werde, da der Prozess auf politischen und rechtswidrigen Grundlagen beruhe. Solle jedoch »symbolische Vergeltung« geübt werden, so solle man ihn allein aburteilen.[67] Tatsächlich schwieg Best sowohl im Verlauf des gesamten, drei Monate dauernden ersten Prozesses als auch während der Revisionsverfahren, während seine Mitangeklagten sich in ihren eigenen Aussagen nicht nur mehrfach in Widersprüche verwickelten, sondern auch gegenseitig belasteten.

Die Anklageschrift hatte insgesamt sieben Punkte enthalten, zwei davon richteten sich auch gegen Best – die Deportation der dänischen Juden und die Anschläge und Morde des »Gegenterrors«.[68] Die Beschuldigungen waren massiv und im Einzelnen substantiiert. Das Schicksal Bests hing letztlich davon ab, wie Bovensiepen in der »Gegenterror«-Frage und Duckwitz in Bezug auf die »Judenaktion« aussagen würden und wie das Gericht diese Angaben bewertete.

Tatsächlich zeigte sich schon früh, dass Bovensiepen versuchen würde, Best als den Verantwortlichen für die Politik des »Gegenterrors« darzustellen. Zwar war dies als Entlastungsstrategie des einzigen Befehlshabers der Sicherheitspolizei in Dänemark leicht durchschaubar, aber Bests jedenfalls partielle Verantwortung war nicht leicht zu widerlegen.[69] Komplizierter war die Situation im Falle Duckwitz' – der hatte in der einen entscheidenden Frage vor Prozeßbeginn erneut

Widersprüchliches ausgesagt, nämlich dass er die dänischen Sozialdemokraten ohne Bests Beteiligung von dem geplanten Deportationstermin informiert habe, während er in seiner Aussage vor Gericht Best wiederum entlastete.[70] Insofern war der Urteilsspruch in diesem Punkt relativ offen.

Am 20. September 1948 verkündete das Kopenhagener Stadtgericht das Urteil: Best und Bovensiepen wurden zum Tode, Pancke zu 20 Jahren, von Hanneken zu dreieinhalb Jahren Haft verurteilt. Aber schon die Urteilsbegründung zeigte die Schwierigkeiten, die bei einer ins einzelne gehenden rechtlichen Bewertung der Handlungen der deutschen Hauptkriegsverbrecher entstanden, und ließ ahnen, dass dieses Urteil der ersten Instanz, das zweifellos einen stark symbolischen, politischen Charakter trug, bei einer zweitinstanzlichen Prüfung womöglich deutlich anders ausfallen würde. In Bezug auf die »Judenaktion« ging das Urteil zwar davon aus, dass durch Bests Telegramm vom 8.9.1943 die Deportationsaktion in Gang gebracht worden sei und dass es nicht dazu dienen sollte, eine angeblich bereits von Hitler vorab befohlene Aktion zu konterkarieren. Insoweit hatten sich Bests Bemühungen in diesem Punkt zunächst als vergeblich erwiesen. Dann aber hieß es: »Es muß hier zwar angenommen werden, daß der Angeklagte versuchte, die unangenehmen Folgen der Unternehmung soweit wie möglich einzuschränken, und das gelang ihm auch, aber seine Überlegungen wurden wahrscheinlich dadurch motiviert, daß er fürchtete, die Unternehmung könnte für seine Politik in Dänemark schlechte Folgen haben. Aus diesen Gründen wurde der Angeklagte in dieser Hinsicht schuldig befunden«.[71]

Das war nun eine denkbar schwache Grundlage für ein Todesurteil; denn Spekulationen über die Motive Bests für seine Bemühungen, die »negativen Folgen der Unternehmung« – also die tatsächliche Deportation der Juden – einzuschränken, waren als Beleg für ein Verschulden nicht sehr tragfähig, zumal wenn angenommen wurde, dass Best in diesem Bemühen auch noch erfolgreich gewesen war. Es erwies sich, dass das in der Tat schwer zu durchschauende Verhalten Bests in dieser Frage dem Gericht rätselhaft geblieben war.

In Bezug auf »Clearing-Morde« und »Gegensabotage« räumte das Gericht ein, dass Best zwar von Beginn an »grundsätzlich dagegen war« und versucht habe, den Gegenterror einzuschränken, und konzedierte auch, dass er gegenüber dem mit den Sabotageaktionen beauftragten Bovensiepen nicht weisungsberechtigt gewesen sei. Andererseits habe Best die politische Verantwortung getragen und dadurch, dass er in die Auswahl der zu sprengenden Einrichtungen eingriff (um deutsche Interessen möglichst zu schützen), auch eine aktive Rolle bei diesem Geschehen gespielt.

Schließlich wurde auch Bests Bemühen hervorgehoben, in Dänemark insgesamt eine geschickte, zurückhaltende und Konfrontationen vermeidende Politik zu betreiben. Best habe »viele deutsche Forderungen zurückgewiesen und damit dänischen Interessen gedient«. Am Ende hieß es jedoch: »Bei den Angeklagten Best und Bovensiepen muß außerdem betont werden, daß beide als sehr fähig betrachtet wurden und eine gute juristische Ausbildung genossen hatten und daß sie deshalb wohl in der Lage waren, ihre Handlungen im Lichte des Völkerrechts zu überprüfen. Die Angeklagten Best und Bovensiepen wurden deshalb zum Tode verurteilt ...« Auch dies war unter juristischen Gesichtspunkten zumindest fragwürdig und jedenfalls als Begründung für zwei Todesurteile wohl auch nicht haltbar.[72]

Das Urteil entsprach in hohem Maße den Erwartungen der dänischen Öffentlichkeit, insbesondere des Umfelds der dänischen Widerstandsbewegung; zugleich konnte man es mit Blick auf die Westmächte auch als abermalige Demonstration des antikollaborationistischen Kurses Dänemarks während des Krieges interpretieren. Juristisch hingegen war absehbar, dass insbesondere das Strafmaß gegen Best auf relativ schwachen Füßen stand und in der zweiten Instanz wohl würde modifiziert werden müssen. Als entscheidend erwies sich dabei der relativ späte Zeitpunkt des Urteilspruches. Denn hätte der Prozess gegen Best und die anderen Hauptangeklagten ein oder zwei Jahre früher stattgefunden, wäre das Urteil – getragen von der nachgerade hegemonialen Autorität der Widerstandsbewegung im Land nach Ende des Krieges – wohl nicht nur auf einhellige Zustimmung gestoßen, sondern vermutlich auch vollstreckt worden. Mittlerweile aber begann nicht nur in Dänemark das Interesse an der deutschen Besatzungszeit zu sinken. Auch die Aufmerksamkeit des Westens hatte sich zwar nicht von Deutschland, wohl aber von dessen NS-Vergangenheit ab- und der Gegenwart zugewendet. Nicht die zur gleichen Zeit stattfindenden Nürnberger Nachfolgeverfahren, in denen die nationalsozialistischen Ärzte und Juristen abgeurteilt wurden, standen in diesen Monaten im Mittelpunkt der Berichterstattung in Deutschland, sondern die Berliner Blockade, der sich in der deutschen Hauptstadt zuspitzende Kalte Krieg und die Vorbereitungen zur Gründung eines westdeutschen Teilstaats. Es traf daher nun mehr und mehr tatsächlich zu, was Best schon 1946 postuliert hatte, nämlich dass die NS-Diktatur und die deutsche Besatzungsherrschaft in Europa in um so schnellerem Tempo als überwunden und damit als weniger brennende Probleme angesehen würden, als neue, aktuelle Bedrohungen entstünden. Zwar wurden in Kopenhagen weitere Verfahren gegen deutsche Kriegsverbrecher – vom Gestapochef Hoffmann bis zu den Exekutoren der »Clearing-Morde« – eröffnet[73], aber seit der Jahreswende 1948/49 standen diese Prozesse und der sich ankündigende Revisionsprozess gegen Best und die anderen drei Hauptangeklagten doch zunehmend unter dem Eindruck der sich rapide wandelnden weltpolitischen Konstellation.

Diese Entwicklung war Best natürlich nicht entgangen. Nachdem noch während der ersten Prozessphase jeder für ihn ungünstigen Aussage eine Nervenkrise gefolgt war, wurde sein Zustand nach dem Todesurteil paradoxerweise stabiler als zuvor, war es doch offenkundig, dass seine Aussichten in einem zweiten Verfahren viel günstiger stünden als im ersten. Nicht weniger bedeutsam aber war für Best, dass sein Eingangsstatement und sein anschließendes eisernes Schweigen während des gesamten Verfahrens einigen Eindruck in der dänischen und deutschen Öffentlichkeit und nicht zuletzt bei seiner Frau hinterlassen zu haben schienen.[74] Auch dass Best es abgelehnt hatte, selbst Berufung einzulegen, da er die Rechtmäßigkeit des Urteils bestritt, zielte auf Wirkung ab: Es zeigte ihn als unbeugsamen, mannhaften Verfechter seiner Sache; und in dem Maße, wie diese Haltung gewisse Erfolge zu zeitigen schien, fand Best zu sich zurück: »Im Trotz gegen das Geschehende wurde ich gesund!« schrieb er einem alten politischen Weggefährten Anfang 1949.[75]

Das Revisionsverfahren vor dem Landgericht begann am 9. Mai und wurde ebenso wie der erste Prozess mit einer Erklärung Bests eröffnet, dass er keine Aussagen machen werde.[76] Es endete mit einer Sensation: Best wurde zu fünf Jahren Gefängnis verurteilt, von denen vier Jahre als verbüßt galten, so dass er nach einem Jahr ein freier Mann sein würde. Bovensiepens Strafmaß wurde von der Todesstrafe auf lebenslänglich abgeändert, Panckes Strafe bestätigt, von Hanneken wurde freigesprochen.[77] Nicht weniger bemerkenswert als das Strafmaß, das im Falle Best einem Freispruch nahekam, war die Urteilsbegründung: Beim Anklagepunkt »Judenaktion« hatte sich die im Verlauf des Revisionsverfahrens von Duckwitz und Sonnleithner gestützte Version Bests nun durchgesetzt: Weder erschien es dem Gericht beweisbar, dass die Initiative zur Deportation von Best ausgegangen war, noch dass er sie vorbereiten half.[78] In Bezug auf den »Gegenterror« entschied das Gericht, dass es sich dabei im wesentlichen um völkerrechtlich zulässige und auch quantitativ nicht unangemessene Repressalien gehandelt habe – lediglich die Tatsache, dass die deutschen Aktionen der dänischen Bevölkerung nicht als Gegenmaßnahmen gegen Aktionen des dänischen Widerstands angekündigt worden waren, wurde als völkerrechtswidrig eingestuft.[79] Hierauf bezog sich auch Bests Verurteilung.

In Dänemark stieß das Urteil auf empörte Ablehnung, und zwar nicht nur im Kreis der Widerstandsbewegung. Denn aus diesem Richterspruch ließen sich politisch brisante Schlussfolgerungen ableiten: Wenn der deutsche Reichsbevollmächtigte, der die Deportation der Juden in einem an sich nicht missinterpretierbaren Telegramm gefordert hatte, für diese Aktion nicht verantwortlich zu machen war, dann reduzierte sich die Schuld an diesem Verbrechen – und womöglich an der Politik des Judenmords insgesamt – auf wenige Spitzenpolitiker, im Grunde nur auf Hitler, Himmler und das Judenreferat des RSHA. Wenn zum zweiten der oberste Repräsentant der deutschen Besatzungsmacht zu einer dem Freispruch nahekommenden Strafe verurteilt wurde, wie konnte man dann die zum Teil weitaus schärferen Urteile gegen die unter seiner Verantwortung agierenden deutschen Exekutoren der Besatzungspolitik und die dänischen Kollaborateure rechtfertigen? Und drittens, wenn die Politik des »Gegenterrors«, solange sie sich quantitativ auf die von der Widerstandsbewegung vorgegebenen Größenordnungen beschränkte, als völkerrechtlich zulässig angesehen wurde (mit Ausnahme der Geheimhaltung), dann wurden hier der dänische Widerstand und die nationalsozialistische Besatzungsmacht als rechtlich gleich zu bewertende Kampfgegner angesehen und damit auch die politisch-moralische Legitimation des Widerstands in Frage gestellt.

Der Protest gegen das Urteil in der dänischen Öffentlichkeit nahm solche Ausmaße an, dass sich der dänische Justizminister schließlich gezwungen sah, das Verfahren zur erneuten Revision an das dänische Höchstgericht weiterzuleiten.[80] Das Urteil gegen Best »widerspreche dem Rechtsempfinden der dänischen Bevölkerung«, hieß es etwa in einem Aufruf der Tageszeitung »Politiken«. Als Affront gegen all jene, die im Kampf gegen die nationalsozialistischen Besatzer ihr Leben gelassen oder riskiert hatten, wurde es in den linken ebenso wie in nationalkonservativen Zeitungen kritisiert.[81]- Nun konnte man dieses Urteil auch, wie es vor allem in Schweden geschah, als Versuch bewerten, moralische und juristische Schuld voneinander zu trennen, sowie als »Schritt Zur Wiederherstellung normaler Verhältnisse auch im Rechtswesen Dänemarks«.[82]

Tatsächlich aber kam das Urteil – weniger das Strafmaß als die Urteilsbegründung – einer auch moralischen Rehabilitierung sowohl Bests wie auch der Politik der dänischen Regierungsparteien gleich. Denn dadurch, dass die Aussage Svenningsens, ein Rücktritt Bests würde »zu einer ernstlichen Verschärfung der Verhältnisse hier im Lande geführt haben«, in der Urteilsbegründung zustimmend zitiert wurde, nahm das Gericht den Ansatzpunkt der dänischen »Zusammenarbeitspolitik« – es gelte, Dänemark möglichst unbeschädigt durch Krieg und – Besatzung hindurchzuführen, und hierfür sei Best ein Garant und Verbündeter – zur Grundlage auch seiner eigenen Beurteilung.

Dies, so schrieb Best in einem Privatbrief an einen alten Bekannten, »die Anerkennung und Rehabilitierung meiner Politik ... ist das Wertvollste, ist ein Erfolg für Deutschland, nicht nur für mich!« – und zwar ohne dass er sich etwas vergeben oder auch nur ein Wort gesprochen habe. »Meine Befriedigung über den politischen Wert des Urteils«, beeilte er sich hinzuzufügen, »ist also wirklich selbstlos-sachlicher Art.«[83]

So spiegelten die beiden Urteile gegen Best die schon seit April 1940 und verstärkt seit 1942/43 zutage getretenen politischen Alternativen im Verhalten Dänemarks: Zusammenarbeitspolitik (mit dem Ziel, das Land heil über den Krieg zu retten) und Widerstand (mit dem Ziel, das Land als Verbündeten des Westens auszuweisen). Insofern deutete das zweite Urteil gegen Best an, dass die politische Nachkriegshegemonie der dänischen Widerstandsbewegung nunmehr überwunden war und eine jedenfalls partielle Rehabilitierung der Regierungspolitik während der Kriegsjahre begonnen hatte – dies aber in der für dieses Land so charakteristischen Weise eher neben der weiterwirkenden Hochschätzung von Freiheitsrat und Widerstandsgruppen als an deren Stelle.

Ein halbes Jahr später, im März 1950, verkündete das dänische Höchstgericht dann das dritte, abschließende Urteil, dem keine Verhandlung mehr vorausgegangen und keine Begründung beigefügt war. Lediglich das Strafmaß war geprüft worden: Best wurde nun zu zwölf statt zu fünf Jahren Haft verurteilt, Bovensiepens Strafmaß (»lebenslänglich«) bestätigt.[84] Dieser Richterspruch war ersichtlich ein politisch motivierter Kompromiss zwischen dem ersten und dem zweiten Urteil. Die Beurteilung der Politik Bests und seiner inkriminierten Handlungen durch die zweite Instanz war beibehalten, das die dänische Öffentlichkeit empörende, weil einem Freispruch gleichkommende Strafmaß hingegen heraufgesetzt worden. Dadurch wurde zum einen die Relation zu dem harten Vorgehen gegen die dänischen Kollaborateure gewahrt, zum zweiten Bests Politik in Dänemark gewürdigt und schließlich dem Verlangen der dänischen Öffentlichkeit nach einer Bestrafung der deutschen Hauptkriegsverbrecher Genüge getan, die auch die Opfer und Entbehrungen Dänemarks während der Besatzungsjahre widerspiegelte. Entsprechend wurde das Höchstgerichtsurteil in der dänischen Presse auch überwiegend zustimmend aufgenommen. Für den größten Teil der dänischen Bevölkerung allerdings begann das Problem der deutschen Kriegsverbrecher angesichts der neuen Herausforderungen der Nachkriegszeit seine einstmals so überragende Bedeutung allmählich zu verlieren.[85]

Aber auch von Seiten Bests kam wenig Widerspruch gegen das Urteil. Obwohl er nun weitere sieben Jahre im Gefängnis zubringen sollte, war seine Reaktion ausgesprochen gefasst und zuversichtlich. Dies rührte zum einen daher, dass seine Politik als Reichsbevollmächtigter jetzt auch höchstrichterlich als besonnen und für Dänemark hilfreich anerkannt worden war. Schon jetzt zeichnete sich zudem ab, dass Bests Jahre in Dänemark für seine auch historische Beurteilung ausschlaggebend und seine Tätigkeit in der Gestapo und in Frankreich demgegenüber in den Hintergrund rücken würden. Zum anderen aber beruhte seine Zuversicht auf der realistischen Hoffnung, dass er diese Strafe wohl nicht würde absitzen müssen – die Zeiten hatten sich geändert, und der sich verschärfende Kalte Krieg ebenso wie die Entwicklung in Deutschland seit dem 8. Mai 1949 beeinflussten auch das Geschehen in Dänemark in zunehmendem Maße; und keiner unter den deutschen Häftlingen in Dänemark war darüber so gut informiert wie Best.

So veränderte sich auch seine argumentative Strategie gegenüber den dänischen Kriegsverbrecherprozessen. Nicht mehr der Nachweis seiner Unschuld und seines guten Willens stand im Vordergrund, sondern die Forderung nach Amnestie. »Diese Strafen sind ja so unlogisch!« schrieb Best in einem Privatbrief an seinen einstigen Weggefährten Neuroth. »Entweder sind wir persönlich ›Verbrecher‹ – dann müßten wir bei der objektiven Schwere der Tatsachen ausgetilgt werden. Wenn wir aber keine ›Verbrecher‹ sind, also nicht aus ›verbrecherischen Motiven‹ gehandelt haben, welchen Sinn hat dann die Vollstreckung von Freiheitsstrafen? Dann ist es doch nicht notwendig, uns an weiteren ›Verbrechen‹ zu hindern oder von solchen abzuschrecken oder uns ›bessern‹ zu wollen! Und daß Generalprävention gegenüber Anderen nicht erzielt wird, zeigen doch schon jetzt die Vorgänge östlich des ›Eisernen Vorhangs‹! Warum also werden wir immer weiter gequält? Doch nur, weil man nicht zugeben will, daß man sich mit der Theorie der ›Kriegsverbrecher-Prozesse‹ geirrt hat!«[86]

Die hier bereits anklingende Theorie vom politischen Überzeugungstäter, der nicht aus persönlichen, sondern aus »höheren« Motiven gehandelt habe, bildete die Grundlage für jene in den kommenden Jahren und Jahrzehnten in Westdeutschland immer wieder vorgetragene Forderung nach Amnestie für alle NS-Täter, deren einflussreichster Propagandist Best werden sollte. Auf seine Tätigkeit in Dänemark bezogen, schienen solche Überlegungen nicht ohne eine gewisse Plausibilität. Aber Best bezog sich hier auf alle NS-Kriegsverbrecher, und insofern werden bei genauerer Betrachtung aufschlussreiche Verbindungen zu jenen Formeln der Begründung und Legitimation der nationalsozialistischen Vernichtungspolitik deutlich, wie sie in der Führung von Sicherheitspolizei und SS allgemein und von Best im Besonderen seit den späten dreißiger Jahren vertreten worden waren: Das Schreckliche und explizit die Verfolgung und Ermordung der Juden müsse aus Einsicht in die historische und naturgesetzliche Notwendigkeit getan werden, nicht aus persönlichem, privatem Antrieb, wie dies die »Radau-Antisemiten« taten. Dieses Credo, das Himmler in seiner Posener Rede vom Oktober 1943 explizit und zugespitzt formuliert hatte – der Ruhm der SS liege darin begründet, den Massenmord aus Einsicht in das Unumgängliche begangen zu haben und dabei »anständig« geblieben zu sein, ohne sich daran also individuell emotional beteiligt zu haben –, wurde nun zur Grundlage der Ablehnung des Nürnberger Prozesses und seiner Nachfolgeverfahren insgesamt: Verbrechen, die aus politischen und ideologischen Gründen und mit der Zustimmung der Staatsführung begangen wurden, seien keine Verbrechen, selbst wenn es sich um einen Völkermord handelte.

»Richtig interpretiert«, hieß es in Bests Schreiben abschließend, »sind die ›Kriegsverbrecher-Prozesse‹ eigentlich ein Ruhmesblatt für unser Volk. Denn nach meiner Kenntnis ist für keinen einzigen Angeklagten festgestellt worden, daß er aus persönlichen, ›verbrecherischen‹ Motiven gehandelt hat. Alle handelten nur entweder aus Überzeugung oder auf Befehl (im Gegensatz zu den Plünderern, Schändern usw. von 1945!)«.

2. Westdeutschland und die »Kriegsverurteilten«

Ausschaltung der NS-Eliten

Eineinhalb Jahre später, im August 1951, wurde Best aus dänischer Haft entlassen und in die Bundesrepublik abgeschoben. Diese vorzeitige Begnadigung war in engerem Sinne das Ergebnis der stetigen Bemühungen der westdeutschen Behörden um die Freilassung des einstigen Reichsbevollmächtigten. Im weiteren Sinne aber war sie Ausdruck einer etwa zwischen 1947 und 1950 fundamental veränderten politischen Konstellation in Bezug auf den Umgang der westlichen Siegermächte mit dem besiegten Deutschland im Allgemeinen und den nationalsozialistischen Kriegsverbrechern im Besonderen. Damit eng verbunden war ein ebenso rapider Umschwung in der öffentlichen Meinung in Westdeutschland, wo das Schicksal der von den Alliierten verurteilten einstigen NS-Größen stetig an Bedeutung gewann.

Dass die politische Elite der NS-Diktatur vollständig zu ergreifen, zu internieren und zu bestrafen sei, war eine der vordringlichen Zielsetzungen der Alliierten nach der militärischen Niederwerfung und Besetzung Deutschlands gewesen. Zwar gab es auch unter den Westalliierten keine volle Einigung darüber, wer zu dieser politischen Elite im einzelnen zu zählen sei; aber etwa die Praxis der britischen Besatzungsadministration, wer dem Verfahren der Spruchgerichtsbarkeit zu unterziehen sei, markierte hier doch eine gewisse Übereinstimmung. Danach galt im Sinne konzentrischer Kreise die Nähe zu und die Verantwortung für die Terror- und Vernichtungspolitik des Regimes als Maßstab, so dass als spezifische NS-Eliten neben der obersten politischen Führungsgruppe vor allem die Angehörigen der Führungsebenen in den Gauleitungen und der Parteiorganisation galten sowie jene Männer, die in der SS, im Reichssicherheitshauptamt, Wirtschafts- und Verwaltungshauptamt, bei Sicherheitspolizei, Einsatzgruppen und in Konzentrationslagern sowie bei den deutschen Besatzungsbehörden in den besetzten Ländern vor allem des Ostens führende Positionen eingenommen hatten.[87]

Entnazifizierungsverfahren und Nürnberger Nachfolgeprozesse hingegen basierten auf anderen Ausgangspunkten. In den Nachfolgeprozessen kam die Verantwortung der gesellschaftlichen Eliten Deutschlands, von Industriellen über Ärzte bis zu den Diplomaten des Außenamts, für die Verbrechen des NS-Regimes zum Ausdruck; während der Ansatz des Entnazifizierungsverfahrens auf der Annahme einer breiten Zustimmung und Trägerschaft der NS-Diktatur in der gesamten deutschen Bevölkerung beruhte. So spiegelten sich in den Maßnahmen der Westalliierten zur »Denazification« Deutschlands die drei wichtigsten Ansätze zur historischen Erklärung der nationalsozialistischen Diktatur: der Rekurs auf die spezifisch nationalsozialistische Regimeführung und die Spitzen des Polizeiapparats, auf die gesellschaftlichen Eliten oder auf die Unterstützung in der deutschen Bevölkerung.

Was den Werdegang der in diesem Sinne spezifischen NS-Eliten nach Kriegsende betrifft, so kann man hierbei fünf Gruppen unterscheiden:

– Ein offenbar nicht unerheblicher, aber nicht genau zu bemessender Teil starb kurz vor oder nach dem Einmarsch der Alliierten durch Selbstmord, darunter nicht nur die weltweit bekannten Repräsentanten der NS-Diktatur, sondern auch zahlreiche hohe und mittlere Funktionsträger des Regimes, darunter überproportional viele Gauleiter. Der Anteil der führenden Angehörigen von SS und Sicherheitspolizei unter den Selbstmördern allerdings war überraschend gering, sei es aus politischer Naivität oder, wie bei Best, aus jener Mischung von Heroismus und fatalistischem Abenteurertum, die den »Selbstmord aus Angst vor dem Tode« als gewissermaßen unsportlich empfand und ablehnte.

– Eine zweite, ebenfalls nicht kleine Gruppe, befand sich bei Kriegsende im Einflussbereich der Roten Armee und wurde dort abgeurteilt und hingerichtet. Wie groß deren Zahl war, ist nicht genau bekannt und auf der Grundlage des derzeitigen Aktenzugangs auch nicht genau zu schätzen.[88]

– Eine dritte Gruppe, bei weitem nicht die größte, emigrierte und entfaltete, meist von Südamerika aus, rege und eine Zeitlang auch in die Bundesrepublik hineinreichende politische Aktivitäten.[89]

– Eine vierte Gruppe blieb durchgängig unbehelligt, wobei dies offenbar vor allem jenen gelang, deren Namen und Funktionen innerhalb des NS-Regimes den Alliierten bei Kriegsende nicht recht bekannt gewesen waren, wie dies insbesondere für die leitenden Mitarbeiter in den deutschen Besatzungsbehörden vor allem Osteuropas zutraf.

– Die in diesem Zusammenhang bedeutsamste und größte Gruppe hingegen sah sich seit Beginn der Nachkriegszeit und für viele Jahre massiven und differenziert gestaffelten Repressionen von Seiten der Besatzungsmacht ausgesetzt, deren Ausmaß und Intensität in der jüngeren Geschichte ohne Beispiel waren. »Automatical Arrest«, Internierungslager, Spruchgerichtsverfahren, zivile und militärische Strafprozesse, Entnazifizierungsverfahren sowie ein ganzer Katalog von Buß- und Strafmaßnahmen waren die wichtigsten Instrumente bei dem Versuch der westlichen Besatzungsmächte, die Kern- und Führungsgruppen des NS-Regimes, über deren Zusammensetzung, Größe und ideologische Konsistenz eher Vermutungen als exakte Kenntnisse bestanden, so vollständig wie möglich auszuschalten und politisch zu neutralisieren. Insgesamt betrachtet, gelang dies in bemerkenswertem Maße: Die weit überwiegende Anzahl derjenigen, die im »Dritten Reich« führende Positionen innegehabt hatten oder in einer der im Nürnberger Hauptverfahren als »verbrecherisch« eingestuften Organisationen oder Behörden tätig gewesen waren, verbrachte die ersten Monate oder Jahre nach Kriegsende in einem Internierungslager der drei Westalliierten – insgesamt etwa 250.000 Menschen, im Sommer 1946 noch etwa die Hälfte, nach zwei Jahren immer noch ungefähr 40.000.[90]

Etwa 6.000 Belastete wurden von den Westmächten an Drittstaaten ausgeliefert, davon etwa die Hälfte an solche des sich herausbildenden Ostblocks, vor allem an Polen. Gegen 5.200 Personen wurden Strafverfahren vor alliierten Militärtribunalen eröffnet, 4.000 von ihnen wurden verurteilt, davon 668 zum Tode. In der englischen Zone wurden die meisten der längerfristig in den Internierungslagern Festgehaltenen, etwa 25.000, zudem vor ein Spruchgericht gestellt, das Strafen verhängen konnte (wenn auch nur selten tatsächlich verhängte).

Hinzu kam, dass die deutschen Justizbehörden, deren Kompetenzen sich auf den Verfolgungszeitraum bis 1939 beschränkten, bis 1949 mehrere Tausend Strafverfahren wegen NS-Verbrechen eröffneten und etwa 4.000 Personen verurteilten.

Berücksichtigt man nun noch, dass die aus den Internierungslagern Entlassenen anschließend ein Entnazifizierungsverfahren durchlaufen und zum Teil massive Beeinträchtigungen im täglichen Leben, vor allem bei der Berufstätigkeit, in Kauf nehmen mussten, und dass von den höheren und mittleren Beamten ein sehr hoher Prozentsatz nach 1945 aus politischen Gründen entlassen worden war, so wird deutlich, dass bei allen Lücken, Fehlern und Versäumnissen die Westmächte in ihrem Bestreben, die NS-Eliten auszuschalten und auf Jahre hinaus vom öffentlichen und zumal vom politischen Leben in Westdeutschland fernzuhalten, in den Jahren nach Kriegsende ganze Arbeit geleistet hatten.

Allerdings gewann diese Entwicklung längerfristige Bedeutung nicht so sehr durch die in Prozessstatistiken messbaren Ergebnisse, sondern eher durch die den ehemaligen NS-Eliten dabei zugemuteten Erfahrungen. Denn für die meisten größeren und großen Nazis ging das Ganze vom Ende her gesehen doch recht glimpflich aus; aber um welchen Preis! In den Internierungslagern, so berichteten die »Intelligence Branches« übereinstimmend, herrschte geradezu ein Wettbewerb des Opportunismus, des Abstreitens und Nichtwahrhabenwollens. Aus Neuengamme wurde vor 1947 gemeldet, dass 95 Prozent der Internierten den Nationalsozialismus, so wie er praktiziert worden sei, für falsch hielten.[91] Verbitterung, Enttäuschung und Trotz, die anfangs vorgeherrscht hatten, wichen einem von den Verhältnissen erzwungenen und bald internalisierten Anpassungsdruck, der den einzelnen zwar das Leben und bald auch die Freiheit brachte, aber mit dem Verlust der politischen Identität und auch der persönlichen Geschichte verbunden war.[92]

Nun hatte es bereits seit 1946 von deutscher Seite und hier vor allem von Seiten der Kirchen Ansätze gegeben, das alliierte Denazification-Programm insgesamt und die Maßnahmen zur Ausschaltung der NS-Eliten im Besonderen als falsch und schädlich zu kritisieren und seine schleunigste Beendigung zu fordern. Aber erst mit der schrittweisen Verschärfung des Kalten Krieges und der damit verbundenen Lockerung der alliierten Säuberungsmaßnahmen verbreitete sich diese Kritik und verstärkte sich in Westdeutschland seit 1948 zu einer an Lautstärke und Einfluss beständig zunehmenden Kampagne, die ihren Höhepunkt in den ersten vier Jahren der Bundesrepublik erreichte und von einer breiten gesellschaftlichen Zustimmung getragen wurde.[93] »Diese Kampagne«, so hieß es in einem amerikanischen Intelligence-Report vom April 1948, »setzt erfolgreich den Mythos in die Welt, daß die Entnazifizierung eine grausame Verfolgung sei, die selbst naziähnliche Methoden anwende, indem sie Menschen den Prozeß mache und sie in ›Konzentrationslagern‹ gefangen halte.«[94]

Das in Reaktion auf diese Kampagne eingeleitete, überstürzte Ende des Entnazifizierungsverfahrens in den Westzonen zog nun besonders groteske Auswirkungen nach sich. Der zunächst von den Besatzungsbehörden selbst durchgeführte und dann den Deutschen übertragene Versuch, alle NS-Belasteten zu überprüfen und notfalls zu bestrafen, blieb schon angesichts des schieren Umfangs auf halbem Wege stecken, so dass die aus Praktikabilitätsgründen vorgezogenen »leichten Fälle« zwar erledigt wurden, die zurückgestellten Fälle der Schwer- und Schwerstbelasteten aber entweder nicht mehr zur Verhandlung kamen oder mit lächerlich niedrigen Einstufungen versehen wurden.[95] Das Verfahren hatte sich in sein Gegenteil verkehrt: Aus einer Prozedur zur Entfernung der Nationalsozialisten aus einflussreichen Positionen im politischen, wirtschaftlichen und kulturellen Leben war ein Verfahren geworden, durch das die einstigen Nazis das Stigma ihrer früheren Tätigkeit verloren. Nicht anders war die Entwicklung bei den Spruchgerichten in der englischen Zone. Die Angehörigen der Führungsspitzen der NSDAP, der SS und der Sicherheitspolizei – vom stellvertretenden Gauleiter, Kriminaldirektor und Standartenführer an aufwärts – wurden im Durchschnitt zu 4.000 Mark Geldstrafe bzw. zwei Jahren Haft verurteilt, die auf die Internierungszeit angerechnet wurden.[96]

Die Reaktionen der Betroffenen auf diese Entwicklung schienen auf den ersten Blick paradox zu sein. Bereits in den Internierungslagern hatte sich gezeigt, dass diese über alle Erwartungen milde Behandlung selbst von Schwerstbelasteten nicht etwa zu Erleichterung oder sogar Dankbarkeit gegenüber den so gnädig gesonnenen Besatzern führte, sondern im Gegenteil: Unruhe und Empörung nahmen in dem Maße zu, wie sogar hochrangige NS-Funktionäre mit geringfügigen Strafen davonkamen. Denn wenn selbst diese praktisch straffrei blieben – war dies nicht ebenso wie das unrühmliche Ende des Entnazifizierungsverfahrens ein Beweis dafür, dass ihnen nichts Schwerwiegendes hatte nachgewiesen werden können? Und war damit nicht die Widersinnigkeit und Widerrechtlichkeit des gesamten Verfahrens geradezu bestätigt worden?

Mit solchen Überlegungen wuchs in der westdeutschen Öffentlichkeit auch das

Gefühl, dass Entnazifizierung, Internierungslager und Spruchgerichtsverfahren als Ausweis bereits empfangener Strafe und Sühne zu gelten hätten, wobei die offensichtlichen Ungerechtigkeiten, vor allem des Entnazifizierungsverfahrens, als Beleg für die Verfehltheit des gesamten Unterfangens dienten und das dabei begangene »Unrecht« mit den Verbrechen des Nationalsozialismus gewissermaßen verrechnet werden konnte. Es war daher folgerichtig, dass sich die Kritik am alliierten »Denazification«-Programm bald auch auf die gerichtliche Aburteilung von NS-Verbrechern ausweitete.

Hatten 1946 noch über 70 Prozent der Westdeutschen die Kriegsverbrecherprozesse bejaht, so wurden diese vier Jahre später von ebenso vielen abgelehnt.[97] Die ursprüngliche Zustimmung allerdings hatte sich vornehmlich auf das Nürnberger Hauptverfahren gerichtet, kam darin doch die Schuldzuweisung an eine sehr kleine Gruppe hochgestellter Nationalsozialisten von Göring bis Streicher zum Ausdruck. Die Nürnberger Nachfolgeverfahren hingegen richteten sich gegen Angehörige solcher gesellschaftlicher Gruppen, die man gemeinhin in Deutschland mit »Kriegsverbrechen« nicht in Verbindung brachte – Juristen, Diplomaten, Ärzte, Wissenschaftler und Wehrmachtsgeneräle. Die darin zum Ausdruck kommende Zumutung, die Schuld für begangene Untaten nicht allein bei den Henkern, sondern auch bei jenen zu suchen, die dafür Verantwortung trugen, und somit den Kreis der NS-Verbrecher auf die Vertreter der gesellschaftlichen Eliten des Landes auszudehnen, verlieh der gegen diese Verfahren entfachten Kampagne bald ihre so bemerkenswerte Schubkraft.

Auch hier war die evangelische Kirche Vorreiter, die ihre ablehnende Haltung gegenüber den Nürnberger Nachfolgeverfahren vorwiegend so drapierte, dass der Eindruck entstand, hier würden deutsche Soldaten für die Ausübung des Kriegshandwerks bestraft. »Siegerjustiz« wurde nun zum zentralen Begriff dieser Kampagne, und dahinter offenbarte sich ein Geschichtsbild, das den Zweiten Weltkrieg und damit auch die von den Deutschen begangenen Massenverbrechen in den Kategorien des gewissermaßen »normalen Krieges« auszudeuten versuchte. Nicht exzeptionelle Verbrechen, sondern die militärische Niederlage der Deutschen gebe die Grundlage für die Strafverfahren ab, lautete die sich verbreitende Überzeugung, die sich über die Nürnberger Verfahren hinaus bald auch auf die Militärprozesse in der britischen und der französischen Besatzungszone (mit insgesamt etwa 3.000 Angeklagten) und sogar auf die amerikanischen Verfahren gegen das SS-Personal in den deutschen Konzentrationslagern, die sogenannten Dachauer Prozesse, ausdehnte und auch im Ton an Schärfe zunahm.[98] Der Tenor all dieser Eingaben war stets der gleiche: Kriegsverbrechen seien nicht allein von Deutschen begangen worden; die Prozesse seien mithin durch nichts anderes als durch die Willkür der Sieger begründet.

Kritik und Revision Nürnbergs

Durch die sich ankündigende Gründung des westdeutschen Teilstaats erhielt die Auseinandersetzung um die Kriegsverbrecherprozesse seit Anfang 1949 zusätzliche Brisanz, zumal absehbar war, dass die hierbei verhängten Todesstrafen dem

Thema auf längere Sicht ein breites Echo in der westdeutschen Öffentlichkeit sichern würden.

So verstärkte sich der Druck vornehmlich auf die amerikanische Militäradministration; vor allem seit sich im Frühjahr 1949 die wichtigsten Verteidiger der Angeklagten in den Nürnberger Verfahren mit einigen Universitätsprofessoren im »Heidelberger Kreis« zu einer einflussreichen Pressure-group zusammengeschlossen hatten und teils mit, teils anstelle der neuen Bundesregierung bei den Hohen Kommissaren für eine generelle Überprüfung der Urteile in den Verfahren gegen NS-Täter sowie für Strafmilderungen und Begnadigungen in Einzelfällen warben.[99]

Wie erfolgreich dieses Werben war und welchen Rang die Frage der Kriegsverbrecher-Prozesse in der westdeutschen Öffentlichkeit mittlerweile einnahm, ließ sich zugespitzt bereits an der Regierungserklärung des frisch gewählten Bundeskanzlers Konrad Adenauer am 20. September 1949 ablesen, der dazu erklärte: »Die wirklich Schuldigen an den Verbrechen, die in der nationalsozialistischen Zeit und im Krieg begangen worden sind, sollen mit aller Strenge bestraft werden ... Der Krieg und auch die Wirren der Nachkriegszeit haben eine so hohe Prüfung für viele gebracht und solche Versuchungen, daß man für manche Verfehlungen Verständnis aufbringen muß. Es wird daher die Frage von einer Amnestie von der Bundesregierung geprüft werden; und es wird weiter die Frage geprüft werden, auch bei den Hohen Kommissaren vorstellig zu werden, daß entsprechend für von alliierten Militärgerichten verhängte Strafen Amnestie gewährt wird.«[100]

Diese Bemerkungen Adenauers waren gewiss auch als Konzession gegenüber einer angestauten Erwartungshaltung in der deutschen Öffentlichkeit zu verstehen, gaben aber in der Tat die Grundlinien der westdeutschen Politik in der Kriegsverbrecher-Frage für die kommenden Jahre an: Zum einen die Differenzierung der verurteilten NS-Kriegsverbrecher in Nichtschuldige und »wirklich Schuldige« – dies einerseits als frühzeitige Absage gegen eine Forderung nach einer vollständigen Amnestie für alle NS-Täter, wie sie zu dieser Zeit aufkam und rasch an Unterstützung gewann. Darin eingeschlossen war andererseits die Überzeugung, dass ein offenbar erheblicher Teil der in Nürnberg, Dachau und an anderen Orten Verurteilten zu Unrecht bestraft worden sei. Zweitens enthielt Adenauers Statement die Zusage, sich bei den Alliierten für die Amnestie der verurteilten Kriegsverbrecher einzusetzen, und drittens die Ankündigung, ein eigenes Amnestiegesetz für den Verantwortungsbereich der deutschen Gerichte aufzulegen – verbunden mit einer eigentümlichen Verknüpfung der Straftaten vor und nach dem 8. Mai 1945, worin eine Sichtweise zum Ausdruck kam, nach der die Ursachen für diese Straftaten in den besonderen Umständen, im »Chaos« der Kriegsund Nachkriegsjahre zu suchen seien.

Diese deutsche Amnestie wurde noch zu Weihnachten 1949 beschlossen und zählte zu den ersten gesetzgeberischen Maßnahmen des jungen Staates überhaupt.[101] Sie bezog sich allein auf verhängte Haftstrafen von bis zu sechs Monaten – immerhin aber waren davon mehr als 700.000 Einzelfälle betroffen, darunter vermutlich mehrere zehntausend NS-Täter. Und angesichts der zum Teil außerordentlich milden Urteile wurden hier z. B. auch solche Straftäter amnestiert, die aktiv an den Pogromen im November 1938 teilgenommen hatten.

Offenbar waren es aber weniger die direkten als die indirekten Auswirkungen dieses Gesetzes, die seine politische Brisanz ausmachten. Denn durch die Art und den Zeitpunkt der Amnestie wurde sowohl in der Öffentlichkeit wie bei den deutschen Staatsanwaltschaften der Eindruck verstärkt, dass die Zeit der strafrechtlichen Verfolgung von NS-Verbrechen nun zu einem Ende gekommen sei – und dieser Eindruck war verständlich, wenn selbst der freidemokratische Bundesjustizminister im Bundestag sein Plädoyer für ein Ende der NS-Prozesse mit den Worten beschloss: »Es ist in dieser schauerlichen Zeit, die hinter uns liegt, viel gefehlt worden. Ich meine, man sollte mit diesen Dingen zu Ende kommen. Es sollte Wahrheit werden, was in einer ähnlichen Zeitlage vor 300 Jahren festgestellt worden ist als man am 24. Oktober 1648 den Westfälischen Frieden schloss. Dort hat man gesagt: ›Ewiges Vergessen all dessen, was seit Beginn der Unruhen geschehen ist‹.«[102]

Die Hauptrichtung der Kampagne gegen die »Siegerjustiz« richtete sich aber nicht auf die deutschen Verfahren, sondern auf die alliierten Kriegsverbrecher-Prozesse. Die Hohen Kommissare, besonders John McCloy, sahen sich einer wachsenden Flut von Eingaben, Stellungnahmen und Forderungen von deutscher Seite gegenüber, die alle in den Ruf nach Revision der gefällten Urteile gegen deutsche Kriegsverbrecher mündeten und insbesondere nach der deutschen »Weihnachtsamnestie« einen noch gesteigerten Erwartungsdruck in der deutschen Öffentlichkeit hervorriefen.[103] Durch die Freilassung von etwa 60 Inhaftierten zum Jahreswechsel und die Einsetzung eines Prüfungsausschusses im März 1950 versuchten die Amerikaner, diesen Druck etwas abzumildern.[104] Tatsächlich aber verstärkte sich dadurch der Eindruck in der deutschen Öffentlichkeit noch, dass die Alliierten hier durch fortwährendes Insistieren zur gänzlichen Kapitulation in der Kriegsverbrecher-Frage würden gebracht werden können. Und als im Verlauf des Jahres deutlich wurde, dass angesichts der sich zuspitzenden Ost-West-Konfrontation von den Westdeutschen ein »Wehrbeitrag« erwartet wurde, wurden die Stellungnahmen von deutscher Seite immer selbstbewusster und fordernder.[105]

Zwischen 1950 und dem Frühjahr 1951 erreichte diese Kampagne einen ersten Höhepunkt. Am 14. November verabschiedete der Bundestag eine von allen Parteien außer der KPD unterstützte Interpellation zugunsten der verurteilten Kriegsverbrecher, und auch Bundeskanzler Adenauer setzte sich gegenüber den Hohen Kommissaren zwei Tage später ziemlich massiv dafür ein, sämtliche Kriegsverbrecher-Prozesse schnellstmöglich auszusetzen oder zu beenden, alle Todesurteile umzuwandeln und weitreichende Begnadigungen auszusprechen.[106]

Besonders die verhängten Todesstrafen standen nun im Mittelpunkt der Auseinandersetzung, im Verlauf derer auf Seiten der deutschen Kritiker die den Verurteilten zur Last gelegten Taten in den Hintergrund gerieten und die nationalsozialistische Vernichtungspolitik rhetorisch auf die Ebene von »Ausschreitungen« und »Übergriffen« – oder, wie bei Dehler, von »Unruhen« – transferiert wurde. Anfang Januar hob etwa der Auswärtige Ausschuss des Bundestages in einer einstimmig verabschiedeten Erklärung gegen die befürchteten Hinrichtungen hervor, die Betroffenen seien »wegen Handlungen zum Tode verurteilt worden, die mit Kriegsereignissen in Zusammenhang stehen ... Das Recht, das in Nürnberg und Dachau gesprochen worden ist, hat sich nur gegen Deutsche gewandt. Diese Tatsache hat das Rechtsgefühl des deutschen Volkes tief verletzt und ist von ihm nie und nirgends gebilligt worden.«[107]

Diese Auseinandersetzungen auf der politischen Bühne wurden vom lärmenden Aktivismus der Interessengruppen und der aufblühenden nationalistischen Kleinparteien begleitet, die sich an Radikalität der Wortwahl gegen die Kriegsverbrecher-Prozesse gegenseitig zu überbieten trachteten. Bei einer Demonstration mit 3.000 Teilnehmern gegen die drohenden Hinrichtungen am 7. Januar 1951 in Landsberg wurde dabei von dem Bundestagsabgeordneten der Bayernpartei, Seelos, zweifellos ein Gipfelpunkt erreicht, als er erklärte, im »Kampf für Gerechtigkeit, Frieden und Völkerversöhnung« müsse sich das deutsche Volk in gleicher Weise »gegen die von den Nationalsozialisten an 5 Millionen Juden begangenen Verbrechen und gegen das unmenschliche Hinhalten der zum Tode verurteilten Nazis« wenden.[108]

All diese Bemühungen und Interventionen der Gegner der alliierten Kriegsverbrecher-Prozesse – denen auf deutscher Seite kein einziges vernehmbares Wort für die juristische Aburteilung der nationalsozialistischen Massenverbrechen entgegenstand – zielten darauf ab, das zu dieser Zeit stattfindende Überprüfungsverfahren aller Urteile der Kriegsverbrecher-Prozesse durch die US-Armee und den amerikanischen Hochkommissar zu beeinflussen. Das Ergebnis dieser Überprüfung wurde Ende Januar 1951 bekanntgegeben. Es war als weitreichender, wenn auch nicht vollständiger Erfolg dieser Kampagne zu bewerten: Von den insgesamt 28 Todesurteilen waren 21 in Haftstrafen umgewandelt worden; von den übrigen 74 zur Überprüfung anstehenden Haftstrafen wurden 69 herabgesenkt. 32 Häftlinge waren sofort frei.[109]

Angesichts der hierbei in Rede stehenden Untaten – der Massaker der Einsatzgruppen, der Partisanen-Erschießungen, den Massentötungen in den Konzentrationslagern – war das Ausmaß der Strafsenkung geradezu atemberaubend. Im Grunde hatte die amerikanische Besatzungsadministration damit die Idee einer gerichtlichen Aburteilung der NS-Täter selbst schwer beschädigt, wenn nicht zerstört. In der öffentlichen Wahrnehmung dieser Urteile in Westdeutschland jedoch stand nicht die auf die politische Zukunft des jungen westdeutschen Staates gerichtete Milde der Amerikaner gegenüber dem einstigen Kriegsgegner an Vordergrund, sondern das damit vermeintlich verbundene Eingeständnis, dass die Kriegsverbrecher-Prozesse auf einer unzureichenden juristischen, historischen und moralischen Grundlage gestanden hätten.[110] So überwogen auf deutscher Seite auch die ablehnenden Stimmen; drei Viertel der Deutschen hielten die Urteilsrevisionen für nicht ausreichend, und noch mehr sahen die sieben bestätigten Todesurteile als nicht gerechtfertigt an.[111]

Die Vollstreckung der Todesurteile am 8. Juni 1951 im Landsberger Gefängnis markierte einen Wendepunkt in der politischen Auseinandersetzung um die NS-Täter. Zwar reagierte die westdeutsche Öffentlichkeit erwartungsgemäß ablehnend – aber doch auch erleichtert. Nun seien die »eigentlich Schuldigen« ja tot, lautete jetzt die verbreitete Auffassung. Daher sei der Weg für eine baldige Freilassung der übrigen Verurteilten und mithin eine schnelle Bereinigung des gesamten Kriegsverbrecher-Problems nun frei.[112]

Die Voraussetzungen, schon recht bald eine jedenfalls sehr weitreichende Begnadigungspraxis für alle verurteilten NS-Täter politisch durchsetzen zu können, schienen seit dem Frühjahr 1951 günstiger denn je: Die Amerikaner hatten bereits sehr weitgehende Zugeständnisse gemacht, weitere waren zu erwarten. Die bevorstehenden Verhandlungen mit den Alliierten über die Beendigung der Besatzungszeit gaben der deutschen Seite ein nutzbares Druckmittel in die Hand; und in der westdeutschen Öffentlichkeit gab es eine starke Stimmung gegen die Kriegsverbrecher-Prozesse – so stark, dass auch die beiden Volksparteien und namentlich die SPD diese Stimmung und dieses Thema nicht den deutschnationalen Kleinparteien überlassen mochten. Im April 1951 richtete die SPD-Fraktion daher eine Anfrage an die Bundesregierung nach dem Schicksal der »deutschen Kriegsgefangenen im Westen«.[113] Aufschlussreich war daran nicht nur der vor allem gegenüber Frankreich ausgesprochen schroffe Ton, sondern auch die Übernahme der im Sprachgebrauch der nationalistischen Verbände schon lange üblichen Vermengung von Kriegsverbrechern und Kriegsgefangenen, die dort mittlerweile gleichermaßen mit dem neugeschaffenen Kunstbegriff »Kriegsverurteilte« bezeichnet wurden. Damit war die Aufmerksamkeit auf jene im Frühjahr 1951 noch etwa 800 in Gefängnissen in den westlichen Ländern Europas wegen des Vorwurfs der Kriegsverbrechen einsitzenden Deutschen gelenkt, die bis dahin im Vergleich zu den in den Haltanstalten der Alliierten in Deutschland gefangengehaltenen NS-Täter (im Juni 1951 noch 991) viel weniger Interesse erregt hatten. Die Antwort der Bundesregierung an die SPD machte jedoch deutlich, wie delikat diese Angelegenheit war, bezogen sich diese Prozesse doch auf in den jeweiligen Ländern von Angehörigen der deutschen Besatzungsmacht begangene und nach dem Krieg von Gerichten dieser Länder abgeurteilte Strafen. Eine Einwirkung von westdeutscher Seite aus war daher nur auf direkte und höchst diskrete Weise möglich, seit Gründung der Bundesrepublik auch auf diplomatischem Wege sowie durch Gewährung von Rechtshilfe. Dementsprechend hatte die Bundesregierung alles Interesse daran, diese Frage weiterhin leise und ohne öffentliche Debatte zu verhandeln.[114]

Was den Rechtsschutz anbetraf, so war die Betreuung der im westlichen Ausland wegen NS-Verbrechen angeklagten oder verurteilten Deutschen vor Gründung der Bundesrepublik vom Deutschen Roten Kreuz und den Kirchen, insbesondere der Rechtsschutzstelle des Evangelischen Hilfswerks in Stuttgart, geleistet worden. Anfang 1950 wurde nun dafür eine Zentrale Rechtsschutzstelle (ZRS) im Justizministerium eingerichtet, die 17 Mitarbeiter beschäftigte und im Sommer des Jahres beinahe 3.000 Einzelfälle bearbeitete. Die ZRS diente vor allem als Koordinationsstelle für die einzelnen Verfahren und finanzierte die Rechtsanwälte der Beschuldigten bzw. der Verurteilten.[115] Ihr Leiter war Dr. Gawlik, der als Verteidiger des SD und eines Einsatzgruppenkommandeurs in Nürnberg sowie als Mitglied des »Heidelberger Kreises« über einschlägige Erfahrungen wie über beste Kontakte sowohl zu Anwälten als auch zu zahlreichen Verurteilten verfügte.

Dieses stille Vorgehen der westdeutschen Stellen hatte sich bislang als relativ effektiv erwiesen; in fast allen Ländern waren seit 1949 die Strafen eines Großteils der deutschen Gefangenen abgemildert und zahlreiche Freilassungen verfügt worden. »Die Tendenz in den meisten Feindstaaten«(!), wurde im Auswärtigen Amt im Juli 1951 vermerkt, »geht dahin, das Kriegsverbrecher-Problem durch Einzelbegnadigungen und Entlassungen allmählich zu bereinigen.« Wenngleich die Verhältnisse in den einzelnen Ländern des westlichen Auslands sehr unterschiedlich beurteilt wurden, so war man in der Bundesregierung doch zuversichtlich, dass man in absehbarer Zeit das Gros der »Kriegsverurteilten« würde freibekommen können.[116]

Sechs Jahre nach Kriegsende war von dem alliierten Denazification-Programm nicht mehr viel übrig geblieben. Die Entnazifizierung war als gescheitert abgebrochen, die Nürnberger und Dachauer Verfahren ebenso wie die Kriegsverbrecher-Prozesse der Franzosen und Engländer waren in weitreichendem Maße revidiert worden. Hinsichtlich der Prozesse in den westlichen Nachbarländern war ein Gleiches zu erwarten. Dadurch, dass nun nahezu allein die östlichen, im Einflussbereich der Sowjetunion liegenden Länder solche Revisionen ablehnten, geriet eine historisch oder juristisch motivierte Befürwortung der Kriegsverbrecher-Prozesse mehr und mehr in den Geruch des Kommunistischen und damit in den Strudel des Kalten Krieges.

Die junge Bundesrepublik hatte in den zwei Jahren ihres Bestehens ihrerseits die politische und juristische Rehabilitation der einstigen NS-Größen in erheblichem Maße gefördert: durch die Beendigung der Entnazifizierung, durch die Weihnachtsamnestie, durch die Handhabung des Artikels 131 des Grundgesetzes, aus dem die Pflicht zur Wiedereinstellung der nach 1945 wegen NS-Belastung entlassenen Beamten abgeleitet wurde, und durch den einem Moratorium gleichkommenden Rückgang der von den deutschen Justizbehörden angestrengten NS-Verfahren. Damit eng verbunden war schließlich ein von den Amerikanern durch demoskopische Untersuchungen laufend verfolgter, markanter Einstellungswandel in der westdeutschen Bevölkerung gegenüber dem NS-Regime und der Verfolgung der NS-Täter. Während sich der Anteil jener, die dem Nationalsozialismus auch oder ausschließlich Gutes zubilligten, stetig erhöhte, war aus der anfänglichen Zustimmung zu den NS-Prozessen eine weitreichende, geradezu wütende Ablehnung geworden, die von den politischen Parteien von Gewicht einhellig, wenn auch in je modifiziertem Maße mitgetragen wurde.

An den realen Machtverhältnissen in der Bundesrepublik änderte dies alles nichts. Und obwohl gerade Konrad Adenauer auf Hinweise über nationalistische Tendenzen bei seinen Koalitionspartnern und die Versuche zur Schaffung einer rechten Sammlungspartei aufmerksam und kritisch reagierte, so waren doch Westbindung und politische Stabilität des westdeutschen Teilstaats mittlerweile schon weit fester entwickelt, als man zuvor hatte annehmen können. Der politisch so entscheidende Vergleich mit den Verhältnissen nach dem Ersten Weltkrieg ließ daran keinen Zweifel. Aber es fehlte – außer vielleicht bei den Tätern selbst – doch ein Bewusstsein für Ausmaß und Exzeptionalität der nationalsozialistischen Verbrechen und auch für die Zahl und Verbreitung der daran Beteiligten, welches die eigene Haltung gegenüber den Kriegsverbrecher-Prozessen und den einstigen Nationalsozialisten hätte problematisieren können. Nüchternes politisches Kalkül kam hinzu: Die weitere Stabilisierung der Bundesrepublik bedurfte einer Beruhigung der politischen Flügel und einer Integration sowohl der nach Tausenden zählenden ehemaligen NS-Größen als auch ihres einstigen, nach Millionen zählenden Anhangs.

Für die ehemaligen NS-Eliten allerdings hatten sich die Perspektiven in kurzer Zeit auf dramatische Weise verändert. Während ein Großteil von ihnen noch 1947 im Gefängnis oder Internierungslager einer ungewissen, aber jedenfalls düsteren Zukunft entgegenblickte, schienen sich nun, kaum drei Jahre später, Chancen zur politischen Rehabilitation und auch zur sozialen Reintegration abzuzeichnen, mit denen sie nach dem Krieg nicht mehr hatten rechnen können.

3. Rückkehr in die Politik

Vom Todesurteil zur Freilassung

Am frühen Morgen des 29. August 1951 wurde Werner Best aus dem Gefängnis in Horsens entlassen und in die Bundesrepublik überstellt. Nach mehr als sechs Jahren nun wieder ein freier Mann, begab sich Best nach Rumeln bei Moers am Niederrhein, wo seine Frau mit den fünf Kindern in mittlerweile materiell wieder stabilisierten Verhältnissen lebte, und erholte sich von den Strapazen der langen Haft. Dass die Freilassung des einstigen Reichsbevollmächtigten ausgerechnet am Jahrestag des dänischen August-Aufstands von 1943 erfolgte, war purer Zufall, aber für die dänischen Zeitungen, die darüber in großer Aufmachung berichteten, doch eine Geschmacklosigkeit. Die Freilassung selbst hingegen, die sich in den vorangegangenen Wochen und Monaten bereits abgezeichnet hatte, stieß auf keinen Widerspruch. In der Bundesrepublik wurde davon öffentlich kaum Notiz genommen.[117]

Die am Ende geradezu hastig erfolgte Freilassung Bests stand zum einen im Kontext der allgemeinen Begnadigungspraxis gegenüber den deutschen Kriegsverbrechern in den westlichen Ländern seit 1949/50. Sie war aber auch das Ergebnis des seit dem Mai 1949 verstärkten Drucks der westdeutschen Politik auf die dänische Regierung, die in Dänemark »einsitzenden deutschen Gefangenen« möglichst bald freizulassen. Und es war nicht zuletzt Best selbst, der diese Einflussnahme dirigierte.

Dass gute Aussichten für eine Freilassung in nicht allzu ferner Zukunft bestanden, mochte Best spätestens Anfang 1949 – also noch vor dem zweiten Verfahren, in welchem das Todesurteil revidiert wurde – klargeworden sein, als er im Gefängnis Besuch von dem Mülheimer Industriellen Hugo Stinnes jr. erhielt. Best kannte Stinnes schon seit den 30er Jahren, und durch die umfangreichen Transportaufträge, die die Reederei Stinnes während der Besatzungsjahre aus Dänemark erhalten hatte, mochten sich diese Kontakte noch verfestigt haben. Seit den frühen Nachkriegsjahren war Stinnes in Westdeutschland im Umfeld der nordrheinwestfälischen FDP für die Freilassung der deutschen Kriegsverbrecher auch politisch aktiv, wenngleich im Hintergrund agierend, nicht zuletzt durch finanzielle Unterstützung entsprechender Initiativen. Nach seinem Besuch in Kopenhagen beauftragte er den ihm eng vertrauten Rechtsanwalt Ernst Achenbach aus Essen, Best und seinen dänischen Verteidiger anwaltlich zu unterstützen.[118]

Auch Achenbach war für Best ein alter Bekannter. Er war während der Kriegsjahre an der Deutschen Botschaft in Paris tätig gewesen; beide hatten während dieser gemeinsamen Jahre in Frankreich eng und offenbar in gutem Einvernehmen kooperiert. Für Best war dieser Kontakt zu Achenbach nun ein großer Vorteil, denn dieser verfügte mittlerweile über gute Verbindungen zu den sich formierenden Verbänden und Interessengruppen ehemaliger Beamter und Soldaten der NS-Zeit sowie zur westdeutschen Industrie und war als einflussreiches Mitglied der nordrhein-westfälischen FDP auch in engem Kontakt zu seinem Parteifreund, dem Bundesjustizminister Dehler.

Für das individuelle Schicksal der in den Gefängnissen der einstigen westlichen Kriegsgegner einsitzenden Deutschen war es seit Gründung der Bundesrepublik von ausschlaggebender Bedeutung, über welche Beziehungen zu den jetzt einflussreichen Politikern und Spitzenbeamten in Bonn sie verfügten und wie sie dort angesehen waren. Hier wirkten alte Verbindungen und Feindschaften weiter nach, wohl aber auch die verbreiteten Kenntnisse über die Haltung und die Taten der einzelnen vor und nach 1945. Insofern waren die Voraussetzungen für Best besonders günstig. Denn er war nicht nur mit den leitenden Beamten des gerade im Aufbau befindlichen Auswärtigen Amtes eng vertraut, bei dem die personelle Kontinuität zum Außenamt des »Dritten Reiches« nahezu total war[119], sondern auch mit der Innen- und der Justiz-Verwaltung.

So waren zahlreiche, wenn nicht die meisten der für die deutschen NS-Verbrecher in alliierten Gefängnissen zuständigen Beamten in Bonn alte Bekannte Bests; vor allem der Leiter der Zentralen Rechtsschutzstelle (ZRS), Gawlik, den Best noch als SD-Verteidiger aus Nürnberg kannte, der Ministerialrat Kanter im Bundesjustizministerium, der bis 1945 oberster Wehrmachtsrichter in Dänemark gewesen war und der Best seit jener Zeit zutiefst bewunderte[120], oder die im Auswärtigen Amt für die »Kriegsverbrecher-Frage« zuständigen Ministerialbeamten Trützschler, von Falkenstein und Dittmann, mit denen er bis 1945 in direkter Verbindung gestanden hatte. Nicht anders war dies im Innenministerium und nicht zuletzt bei der Deutschen Botschaft in Kopenhagen, in der Ferdinand Duckwitz nun als Wirtschaftsattaché (und später als Botschafter) fungierte.

Beinahe überall stand Best im Rufe eines brillanten Juristen und »sachlichen« Organisationsgenies. Dass er zudem zu der Politik des Massenmords in Osteuropa in keiner direkten Beziehung stand und spätestens seit dem zweiten dänischen Urteil weithin als »Judenretter« angesehen wurde, erwies sich darüber hinaus als ausgesprochen hilfreich.

Seit dem Frühjahr 1949 nahmen die Verbindungsleute des Evangelischen Hilfswerks, ein Jahr später auch die der Zentralen Rechtsschutzstelle, Kontakt zu den deutschen Häftlingen in Dänemark auf und versuchten, bei den dänischen Behörden Hafterleichterungen und Straferlasse zu erwirken. Wie sich die politische Situation in Dänemark in dieser Zeit den Deutschen darstellte, verdeutlicht ein Bericht vom Sommer 1949, in dem es hieß, »daß sich in dänischen Kreisen, insbesondere auch den Wirtschaftskreisen, dringend der Wunsch nach einer näheren Zusammenarbeit mit Deutschland und einer Wiedereröffnung des Marktes und damit auch eine Bereinigung der noch schwebenden Kriegsverbrecher-Frage zeigt. Andererseits darf man nicht verkennen, daß die allgemeine dänische Volksstimmung noch außerordentlich scharf gegen Deutschland eingestellt ist.«[121] »Die antideutsche Stimmung«, hieß es aber schon ein knappes Jahr später, »weicht besonders in den Kreisen des Handels und der Landwirtschaft allmählich einer mehr nüchternen Betrachtung der Lage.«[122] Hier, so gab Best dem ihn besuchenden Vertreter der ZRS im Juni 1950 zu verstehen, müsse nun auch politisch angesetzt werden, um die Freilassung der Deutschen aus den dänischen Gefängnissen zu erreichen. Überhaupt glichen seine Ausführungen gegenüber dem aus Bonn entsandten Rechtsanwalt eher Anweisungen als Wünschen. Die Bundesregierung müsse gegenüber der dänischen Regierung deutlich schärfer auf eine baldige Freilassung der deutschen Gefangenen hinwirken, forderte Best mit einigem Nachdruck und hob hervor, »daß in dieser Frage direkte Verhandlungen mit dem Ministerpräsidenten Hedtoft erwünscht seien und daß er die Gelegenheit zu solchen Verhandlungen herbeiführen könne«. Da die dänische Regierung aber viel Rücksicht auf die Stimmung in der Öffentlichkeit nähme, sei »ein starker Gegendruck erforderlich, der in den kommenden Verhandlungen in geeigneter Weise zum Ausdruck gebracht werden müsse. Als letzte Stärkung ihrer Verhandlungen müsse dann später die Bundesregierung ihre wirtschaftliche Zusammenarbeit mit Dänemark – andeutungsweise oder praktisch – von der Freilassung der deutschen Gefangenen abhängig machen.«[123]

Für die dänische Regierung wurden die deutschen Kriegsverbrecher mehr und mehr zu einer Last. Auf der einen Seite standen sie der vor allem aus wirtschaftlichen Gründen erwünschten Verbesserung der Beziehungen zur Bundesrepublik offenkundig im Wege. Auf der anderen Seite war an eine schnelle Entlassung aller oder auch nur des Großteils der deutschen Gefangenen aus innenpolitischen Gründen nicht zu denken. So war man in Kopenhagen schon früh auf den naheliegenden Gedanken gekommen, die deutschen Häftlinge dem britischen Hochkommissar zu übergeben und sie in ein alliiertes Gefängnis in Deutschland zu überstellen. Dies konnte einerseits als humanitäre Geste gegenüber den Deutschen verstanden werden, ohne andererseits zu Protesten der dänischen Widerstandsbewegung zu führen.[124] Allerdings stieß dieser Vorschlag auf den heftigen Widerspruch der deutschen Häftlinge und vor allem Bests, der sich gegen eine »Deportation« in die britische Zone in Westdeutschland deswegen wehrte, weil dadurch die mittlerweile fortgeschrittenen Bemühungen um seine Begnadigung in Dänemark ins Leere laufen würden.[125] »Auf längere Sicht« hieß es auch in Bonn, würde man »mit Dänemark schneller zu einer befriedigenden Lösung des Problems der deutschen Gefangenen kommen als mit den Besatzungsmächten«.[126]

Für Best, der sich plötzlich erneut in Gefahr wähnte, nun noch jahrelang in einem englischen Kriegsverbrecher-Gefängnis unter sehr viel schlechteren äußeren Bedingungen als in Dänemark einsitzen zu müssen, war dies Anlass zu einem erneuten psychischen Zusammenbruch – dem vierten während seiner Haftzeit -, in dessen Verlauf er erneut mit Selbstmord (oder gar mit dem Verlangen nach Auslieferung in die SBZ!) drohte. »Es ist bereits dafür gesorgt, dass in diesem Fall die Gründe meines Selbstmords in Deutschland publiziert werden«, schrieb er seinem dänischen Anwalt. »Es ist auch dafür gesorgt, daß dann alles – aber auch alles – publiziert wird, was ich zur Schonung gewisser Leute bisher verschwiegen habe.«[127]

Der Ton auf deutscher Seite gegenüber den Dänen war nicht nur bei Best deutlich schärfer und drohender geworden; aus der Position des Bittenden jedenfalls war man heraus. So kritisierte auch Rechtsanwalt Achenbach Bests dänischen Anwalt Christiansen und belehrte ihn ziemlich unverblümt über die politischen Zusammenhänge des Urteils gegen ,Best: »Herr Dr. Best hätte freigesprochen werden müssen. Wenn er nicht freigesprochen ist, so ist trotz aller korrekten juristischen Form das Urteil letzten Endes ein politisches Urteil.« Eine Auslieferung Bests an die britische Besatzungsmacht in Deutschland wäre daher »eindeutig eine Kränkung unserer nationalen Würde«; schließlich hätte man in Deutschland wie in Dänemark wirklich »allen Anlaß, sich um andere Dinge, wie z. B. die Verteidigung Westeuropas gegen den Bolschewismus, zu kümmern ... Darum muß in Europa unter die Vergangenheit ein radikaler Schlußstrich gezogen werden, wenn sich nicht eines Tages dänische Widerstandskämpfer und deutsche Nationalsozialisten vor dasselbe Schicksal gestellt sehen wollen, nämlich gemeinsam im Ural Sklavenarbeit zu verrichten.«[128] Inwieweit Achenbach mit derartigen, im Stil deutscher Besatzungsoffiziere gehaltenen Schreiben die Dänen zu beeindrucken vermochte, ist nicht zu überprüfen. In Bonn allerdings stieß man damit auf viel Zustimmung; und schließlich intervenierte das Bundeskanzleramt offiziell bei dem englischen Hochkommissar gegen die geplante Überführung der deutschen Gefangenen aus Dänemark in britischen Gewahrsam.[129]

Nachdem sich im Frühjahr 1951 abzeichnete, dass die deutschen Kriegsverbrecher nicht an die Engländer ausgeliefert werden würden, wurde der Druck auf die dänische Regierung wieder verstärkt.[130] Gegenüber den Emissären aus Bonn drang Best weiter darauf, dass vor allem die wirtschaftliche Abhängigkeit Dänemarks von Deutschland als Druckmittel in dieser Sache benutzt werde. Zudem solle man gegenüber der dänischen Regierung darauf hinweisen, dass Dänemark »weniger alliierter Sieger als vielmehr ehemaliger deutscher Kollaborateur« gewesen sei, und Best deutete erneut an, dass er gegebenenfalls über Kenntnisse verfüge, »durch die gewisse dänische Politiker von heute kompromittiert würden«.[131]

Die Initialzündung zur Freilassung Bests ging dann allerdings eher von den umfänglichen Urteilsrevisionen McCloys im Januar 1951 als von solchen durchsichtigen Erpressungsmanövern aus. Denn da nun im Februar 1951 zahlreiche in Nürnberg zu hohen Haftstrafen Verurteilte von den Amerikanern freigelassen worden waren – darunter hohe und höchste Würdenträger des NS-Staates, Generäle, KZ-Wächter, Industrielle und SS-Ärzte – wurde es für die Dänen sehr schwierig, den viel weniger schwer belasteten Best länger in Haft zu halten.[132]

Achenbach, der Auszüge aus den Urteilen gegen Best mit entsprechender Kommentierung mittlerweile in der Bundesrepublik weit gestreut hatte, intervenierte dann auch sogleich sowohl bei den deutschen wie bei den dänischen Stellen: Best habe nun mit sechs Jahren Haft die Hälfte seiner Strafe abgesessen; analog zu dem Vorgehen der Amerikaner und zur Praxis der Dänen gegenüber den dänischen Gefangenen müsse er nun freigelassen werden.[133] Ende Mai 1951 wurde Ernst Kanter nach Kopenhagen entsandt, um mit der dänischen Regierung über die Begnadigung der »verurteilten deutschen Kriegsgefangenen in Dänemark«, wie der in den Bonner Ministerien mittlerweile gebräuchliche Terminus lautete, zu verhandeln.[134] Das erwies sich schließlich als erfolgreich. Im dänischen Justizministerium war man nunmehr damit einverstanden, Best ebenso wie die dänischen und andere deutsche NS-Gefangene nach Verbüßung der Hälfte der Strafe aus der Haft zu entlassen. Nachdem am 24. August auch der dänische König zugestimmt hatte, war Best frei.[135]

Die Morde in München

Es stand außer Frage, dass Best mit seiner Familie in Westdeutschland bleiben würde. Zwar hatte seine Frau wohl eine Zeitlang dafür plädiert, mit der Familie nach Südamerika zu gehen – aber das war für Best keine ernsthafte Alternative. Nicht nur, dass dies nach außen einem Schuldeingeständnis gleichgekommen wäre, Best war auch überzeugt davon, in den nächsten Jahren in Deutschland erneut einer politisch-historischen Verpflichtung zu unterliegen, der er sich nicht durch Flucht nach Buenos Aires entziehen durfte.

Während der vergangenen Gefängnisjahre war die Problematik der »Kriegsverbrecher-Prozesse« mittlerweile ganz ins Zentrum seines Interesses und Engagements gerückt. Die Abwehr der politischen, rechtlichen und moralischen Vorwürfe der westlichen Siegermächte, die Ausarbeitung einer historischen und juristischen Verteidigungslinie war zu seinem Lebensmittelpunkt geworden – und sollte es von nun an fast vierzig Jahre lang, bis zu seinem Tod im Sommer 1989, bleiben. Damit stand Best nicht allein. Der ganz außerordentliche Erfolg des Buches »Der Fragebogen« seines zwischenzeitlichen politischen Weggefährten Ernst von Salomon – es war eines der meistverkauften Bücher der frühen fünfziger Jahre in der Bundesrepublik – deutete an, welcher Bedarf zumindest im bücherlesenden Teil der westdeutschen Bevölkerung nach Entlastungsargumentation bestand, vor allem wenn sie, wie bei Salomon, gegenüber den westlichen Siegermächten in so selbstbewusst-herablassendem Ton verfasst war.[136] Auch von Salomon argumentierte wie Best ganz aus der Perspektive der »Kriegsjugendgeneration«, die an der moralischen Berechtigung ihres politischen »Aufbruches« in den zwanziger Jahren festhalten, das NS-Regime als zwar in manchem missglückte, aber doch im Grunde verständliche Reaktion auf das Syndrom von Novemberrevolution und Versailles apostrophieren und die Untaten der Nationalsozialisten als Ausschreitungen, wie sie in Kriegen seit jeher und auf allen Seiten zu beklagen seien, verstehen wollte. Für beide, von Salomon wie Best, war hierbei die historische Analogie, ja Parallelisierung der ersten und zweiten Nachkriegszeit eine der Grundlagen ihrer legitimatorischen Bemühungen: damals wie heute die ungezügelte Arroganz der Sieger, das Diktat der Friedensbedingungen, der Anspruch auch auf bessere Moral; und 1951 ebenso wie 1921 das Recht, ja die Pflicht der verantwortungsbewussten Deutschen, diese Anmaßung zurückzuweisen.

Das Streben nach Rehabilitation der Deutschen ging dabei einher mit dem Streben nach der eigenen, auch beruflichen Rehabilitation. Best bemühte sich um seine Wiedereinstellung in den Dienst des Auswärtigen Amtes oder um eine andere hohe Position in der Ministerialverwaltung, um hier seine reichen Erfahrungen in Verwaltung und Politik wieder einbringen zu können. Sollte sich dies nicht realisieren lassen, wollte er seine Zulassung als Rechtsanwalt beantragen; vorerst aber trat er ohne offizielle Funktion in die Essener Kanzlei Achenbachs ein. Es war wohl schon frühzeitig vereinbart worden, dass Best von hier aus die Kampagne für eine Generalamnestie führen und die Maßnahmen zur Freilassung der »Kriegsverurteilten« koordinieren sollte, die bis dahin von Achenbach von seiner Kanzlei aus betrieben worden waren. Nach einem kurzen Erholungsurlaub psychisch und physisch wieder ganz auf der Höhe, warf sich Best im Herbst 1951 mit Feuereifer auf sein neues Aufgabenfeld.[137] Aber zunächst musste er erst einmal wieder in eigener Sache tätig werden.

Dass es ausgerechnet der Fall Schäfer aus dem Jahre 1933 war, der Best nach seiner Entlassung aus dänischer Haft erneut zu Fall zu bringen drohte, mochte nach allem, was zwischenzeitlich geschehen und worin Best verwickelt war, geradezu komisch wirken. Aber in Teilen der deutschen Öffentlichkeit und zumal in Hessen erinnerte man sich noch genau an den Boxheim-Skandal, schon allein weil darüber seinerzeit in der Presse so ausführlich berichtet worden war, und an die Ermordung des »Verräters« Schäfer im Sommer 1933. Die Frankfurter Staatsanwaltschaft, die ihre Ermittlungen damals auf Druck hatte abbrechen müssen, rollte den Fall nun wieder auf. Dass Best der Initiator des Mords gewesen war, galt ihnen bald als sicher; aber es gab kaum noch Zeugen, und schriftliche Unterlagen fehlten ebenso. Bests Einlassungen zu den Vorwürfen waren im Übrigen bemerkenswert: Er, Best, sei vertraulich darüber informiert worden, dass der Gauleiter Sprenger den Schäfer ermorden lassen wolle; daraufhin habe er Schäfer per Auto außer Landes bringen lassen – um ihn zu schützen. Dies habe Sprenger jedoch erfahren und Schäfer bei dieser Autofahrt umbringen lassen. Bests Darstellung war zwar unglaubwürdig, aber nicht widerlegbar. Im Juli 1950 wurde das Verfahren schließlich eingestellt.[138]

Wesentlich gefährlicher waren für Best jedoch die Ermittlungen wegen seiner Beteiligung an der Mordwelle der sogenannten »Röhm-Aktion«.

In Juni 1951 hatte die Staatsanwaltschaft München im Rahmen ihrer Ermittlungen über die Morde des 30. Juni 1934 ein Verfahren gegen Best eröffnet. Nach dem weit fortgeschrittenen Erkenntnisstand der Ermittlungsbeamten galt Best neben Oberg als einer der Hauptverantwortlichen für die Morde von München und wurde daher aufgefordert, dazu ausführlich Stellung zu nehmen.[139] Artgesichts der Belastungsmaterialien war nicht auszuschließen, dass Best in diesem Verfahren zu einer langjährigen Haftstrafe verurteilt werden würde, zumal in diesem Fall eben auch einstige NS- und SA-Führer darauf brannten, die Drahtzieher der Röhm-Morde vor Gericht zu bringen, und dementsprechend bei den Verfahren auch aussagten.

Achenbach hatte daher sogleich nach Wegen gesucht, wie man dieses Verfahren noch würde stoppen können. Der mittlerweile in Freiburg im Ruhestand lebende einstige Rechtsprofessor und Anwalt Friedrich Grimm, der schon im

Zusammenhang mit den Amnestien der zwanziger Jahre gegenüber Rheinland-Kämpfern und Freikorps-Mördern eine wichtige Rolle gespielt hatte, war noch im September 1951 mit einer juristischen Expertise zur Hand, wonach der Führererlass über die Straffreiheit der Verantwortlichen des 30. Juni auch in der Bundesrepublik als »legale Amnestie« zu respektieren sei, ansonsten würde die Justiz erneut zu politischen Zwecken mißbraucht.[140] Gegenüber dem Bundesjustizminister Dehler ging Achenbach noch einen Schritt weiter. Seine Argumentation war nachgerade atemberaubend: Zum einen verwies er auf das Schreiben Grimms und hob hervor, dass die Nichtbeachtung der »Amnestie« von 1934 aus politischen Gründen alle künftigen Amnestien in Deutschland entwerten würde. Zweitens habe das »Aufrühren« dieser Vorgänge über ein Jahrzehnt lang zum »Repertoire der Auslandspropaganda gegen Deutschland« gehört, ein solches Verfahren verbiete sich daher schon aus Gründen der »Staatsräson«. Würde drittens der gerade aus dänischer Haft entlassene Best nun von einem deutschen Gericht angeklagt, werde im »Ausland« der Eindruck erweckt, als seien die in alliierten Gefängnissen einsitzenden deutschen »Kriegsverbrecher« tatsächlich schuldig; die Bemühungen der Bundesregierung um Begnadigung aller Kriegsverbrecher würden so torpediert. Viertens sähe man in Dänemark Best mittlerweile als »höchst anständigen« Politiker an; wenn nun Best im Zusammenhang mit dem Münchner Prozess als ›Bluthund‹ o. ä. hingestellt würde, werde dies die deutsch-dänischen Beziehungen empfindlich beeinträchtigen; fünftens schließlich sähe er, Achenbach, in der Weiterverfolgung von Straftaten im Umfeld der »Röhm-Affäre« keinen anderen Zweck mehr als »die reine Rache«, was juristisch und ethisch selbstverständlich strikt abzulehnen sei. Wie Justizminister Dehler ihm mündlich bereits bestätigt habe, werde die Durchführung des in München geplanten Prozesses gegen Best »die gemeinsamen Bemühungen der Herbeiführung einer Generalamnestie« daher stark beeinträchtigen. Dieses Schreiben, das beinahe alle rhetorischen Versatzstücke postnationalsozialistischer Apologie enthielt, endete mit der unverblümten Aufforderung, Dehler möge nun dafür sorgen, »daß das Bayerische Justizministerium von der Münchner Staatsanwaltschaft die Akten anfordert und sie im Ministerium lediglich unter historischen Gesichtspunkten weiterbearbeiten läßt«.[141]

Dieser Vorschlag Achenbachs war nichts weiter als eine Aufforderung zum Rechtsbruch. Gleichwohl wurde der von der Argumentation seines Parteifreundes sichtlich beeindruckte Dehler in dieser Sache sogleich tätig und ließ sowohl im eigenen Ministerium nach Wegen einer Niederschlagung des Verfahrens suchen als auch im Bayerischen Justizministerium in dieser Sache nachfragen. Aus München kam dann auch der geeignete Hinweis: Zwar sei Best wohl der »örtliche Leiter der Mordaktion in München« und »allein im Besitz der sog. Mordliste« gewesen. Gleichwohl sei eine Einstellung des Verfahrens aus Rechtsgründen oder wegen unüberwindbarer Beweisschwierigkeiten möglich, da ohne ein Geständnis Bests eine Verurteilung angesichts der Beweislage nicht ganz sicher sei; eine Anklage jedoch, »die auch nur mit halber Wahrscheinlichkeit ein freisprechendes Urteil befürchten ließe, wäre kaum gerechtfertigt«.[142]

So konnte Dehler an Achenbach schon wenige Tage später frohe Nachricht übermitteln. Er sehe nun doch »die Möglichkeit einer Einstellung des Verfahrens«, und zwar »unter Annahme eines Nötigungsnotstandes«. Best solle allerdings bei der Münchner Staatsanwaltschaft zur Sache aussagen – was dieser auch tat. Nach einer Verfahrenseröffnung Anfang Februar 1953 und einer erneuten Einvernahme Bests wurde das Verfahren gegen ihn schließlich eingestellt.[143]

Best hatte nun allen Grund, sich sicher zu fühlen. Wenn ein weit vorangeschrittenes Ermittlungsverfahren wegen mehrfachen dringenden Mordverdachts durch Intervention beim Bundesjustizminister in so kurzer Zeit einfach niedergeschlagen werden konnte, dann hatte er von Seiten der deutschen Justizbehörden offenbar nichts zu befürchten und wohl auch keinen Anlass, sich politisch so weit zurückzunehmen, wie er es ursprünglich vorgehabt hatte. Seit Ende 1951 agierte Best daher auch wieder auf der politischen Bühne.

»Allmähliche Bereinigung« oder »Generalamnestie«?

Dass die Kriegsverbrecher-Verfahren auf schnellstem Wege zu Ende gebracht werden und die noch einsitzenden NS-Täter bald freigelassen werden sollten, war innerhalb der politischen Öffentlichkeit der Bundesrepublik im Sommer 1951 unumstritten. Wie eine solche »Bereinigung« aber aussehen könne, darüber bildeten sich im Spektrum der Meinungen allmählich zwei Grundlinien heraus. Die eine, auf die sich die Haltung der Bundesregierung und der beiden großen Bundestagsfraktionen, CDU und SPD, bei Abweichungen in Einzelfragen allmählich doch recht einhellig zubewegte und die schließlich auch vom Heidelberger Juristenkreis unterstützt wurde, ging davon aus, dass zwar die Kriegsverbrecher-Prozesse insgesamt »Unrecht« dargestellt hätten, dass sich unter den Verurteilten aber doch auch – wenige – tatsächlich Schuldige befänden. Dementsprechend zielte man hier darauf ab, differenzierte und schrittweise, allerdings beschleunigt durchgeführte Strafminderungen und Freilassungen, mit Hilfe einer aus Vertretern der Alliierten, der Westdeutschen und womöglich einer neutral zusammengesetzten Prüfungskommission zu erreichen. Dieses Ziel sollte allerdings auf dem Weg stiller Verhandlungen mit den Alliierten angestrebt werden, schon um zu vermeiden, dass die Öffentlichkeit in den westlichen Ländern auf diese Vorgänge allzu aufmerksam würde.

Die Alternative dazu wurde vor allem von den kleinen Koalitionsparteien, insonderheit von FDP und DP, sowie von den diversen Interessengruppen unterstützt: eine Generalamnestie für alle NS-Täter ohne Unterschiede des Strafmaßes oder des Tatvorwurfs. Eine derartige Lösung hätte voraussehbar zu Konflikten mit den westlichen Alliierten geführt, zumal eine solche Forderung einer öffentlichkeitswirksamen und lautstarken Kampagne bedurfte. Aber angesichts der beständig zurückweichenden Haltung der Amerikaner in der Kriegsverbrecher-Frage kalkulierten die Befürworter der »Generalamnestie« die Erfolgschancen in einem solchen Konflikt als relativ hoch ein – eine Konfrontation mit dem Westen an diesem Punkt mochte zudem vielen von ihnen als Schritt hin zu einer größeren politischen Distanz der Bundesrepublik zu den Westmächten durchaus willkommen sein.

Ihren Ausgangspunkt hatte die Forderung nach »Generalamnestie« in einer im Herbst 1949 vorgelegten Denkschrift Friedrich Grimms gehabt. Das Zentrum der politischen Unterstützung dieser Forderung lag in der nordrhein-westfälischen FDP, an ihrer Spitze deren Landesvorsitzender Middelhauve sowie Ernst Achenbach.

Grimm hatte sich bereits in den zwanziger Jahren als Verteidiger Thyssens vor dem französischen Gericht und als einer der deutschen Vertreter bei den Verhandlungen um die Londoner Amnestie von 1924 einen Namen gemacht, war während der NS-Zeit unter anderem auch der Anwalt Konrad Adenauers gewesen und genoss in den konservativen und nationalistischen Kreisen in Westdeutschland und darüber hinaus einen guten Ruf. In seiner Denkschrift vom September 1949 hatte er nun eine Argumentation entwickelt, in der eine vollständige »gegenseitige« Amnestie aller während des Ausnahme- oder Kriegszustandes begangenen Untaten als Voraussetzung einer wirklichen Befriedung herausgehoben wurde.[144]

Die intellektuelle Schlichtheit dieser kleinen Schrift war verblüffend, sie beruhte nur auf einem einzigen Gedanken, der Übertragung der Verhältnisse in Deutschland nach 1918 auf die während des Zweiten Weltkrieges. So wie nach 1918 die Fememörder, Kommunisten, Separatisten und Rheinland-Kämpfer amnestiert worden seien, um den inneren Rechtsfrieden in Deutschland wiederherzustellen, so müssten heute die während des Zweiten Weltkrieges begangenen Taten amnestiert werden: »Heute nach dem zweiten Zusammenbruch kehren alle Probleme von 1919 wieder. Sie sind nur noch schlimmer und dringlicher geworden ... Die Verfolgung aller Schuldigen ist gar nicht möglich. Sie verstößt auch gegen die Vernunft und Billigkeit, weil sie sich einseitig gegen die Besiegten richtet.« Es gebe daher nur einen Ausweg: die Generalamnestie!

Die hier wie selbstverständlich vorausgesetzte Gleichsetzung der Toten der Nachkriegsunruhen der frühen zwanziger Jahre in Deutschland mit den Millionen Opfern der nationalsozialistischen Politik des Massenmords in ganz Europa während des Zweiten Weltkriegs blendete die Frage nach dem tatsächlichen Geschehen während der NS-Zeit vollständig aus und formulierte ein fiktives Rechtsprinzip, durch das die nationalsozialistische Vernichtungspolitik auf die Ebene von Demonstrationen und Straßenunruhen reduziert wurde. Zugleich wurde die Besatzungspolitik der Franzosen im Rheinland und im Ruhrgebiet der zwanziger Jahre mit jener der Deutschen in Europa zwischen 1939 und 1945 auf eine Stufe gestellt, so dass diese als zwar verschärfte, aber doch im Grunde gleichwertige Reaktion auf jene angesehen werden konnte. Darin steckte ein offenbar außerordentlich attraktiver Gedanke, der zudem mit jener legitimierenden Wahrnehmung des Zweiten Weltkriegs als irgendwie missglückte, aber doch verständliche Revanche für Versailles korrespondierte, die sich in Westdeutschland so großer Zustimmung erfreute. Hierin lag wohl auch der Grund, warum Grimms Schrift schnell auf solches Interesse und auf Zustimmung weit über das enge rechtsnationalistische Lager hinaus stieß.

Spiritus Rector der seit 1950 initiierten und seit dem Sommer 1951 intensivierten politischen Anstrengungen für eine »Generalamnestie« aber war Ernst Achenbach, der in der nordrhein-westfälischen FDP und als Vorsitzender des außenpolitischen Ausschusses der Bundespartei mittlerweile schon über beträchtlichen politischen Einfluss verfügte und dem eine große politische Zukunft vorausgesagt wurde. Achenbach war aber auch ein Mann mit Vergangenheit: Er hatte seit 1940 zu den jungen Leuten von Otto Abetz in der Deutschen Botschaft in Paris gehört und war als Leiter der Politischen Abteilung dort sehr einflussreich gewesen, nicht zuletzt bei der Ingangsetzung der Deportation der französischen Juden. Im Zusammenhang mit der Ausschaltung des Ribbentrop-Opponenten Luther war auch Achenbach im Jahre 1944 aus dem Auswärtigen Amt ausgeschieden, worauf allein sich die von ihm in die Welt gebrachte Legende vom »Regimegegner« nach 1945 stützte. Nach dem Krieg trat Achenbach als Rechtsanwalt bei den Nürnberger Verfahren auf – beim »IG-Farben-Fall« und im »Wilhelmstraßen-Prozess« –, legte aber beide Mandate bald nieder, vermutlich im Zusammenhang mit seiner politischen Vorgeschichte.[145] Daraufhin eröffnete Achenbach in Essen, unterstützt von Friedrich Grimm, eine Rechtsanwaltspraxis und wurde, wie die »Zeit« schrieb, »in wenigen Monaten der Modeanwalt der Ruhrmetropole und paukte die einstigen Verantwortlichen der Industrie vor den Entnazifizierungsausschüssen durch«.[146] Zur gleichen Zeit begann er seine politische Karriere in der FDP, in der er nicht zuletzt wegen seiner »unentbehrlichen Parteidienste bei der Erschließung von Geldquellen in der Schwerindustrie des Ruhrgebiets«[147] schnell aufstieg. Insbesondere zu Hugo Stinnes jr. besaß er enge Kontakte, der seinerseits darauf hinzuwirken versuchte, dass der von Achenbach vertretene strikte Rechtskurs in der FDP Nordrhein-Westfalens weiter an Boden gewann.[148]

Die FDP hatte in der Frage des Umgangs mit den ehemaligen Nationalsozialisten und vor allem mit den verurteilten Kriegsverbrechern schon vor Gründung der Bundesrepublik eine härtere Position eingenommen als SPD und CDU. Nach dem Mai 1949 radikalisierte sich diese Haltung, und der nationalistische Flügel der Partei um die Landesvorsitzenden von Hessen und Nordrhein-Westfalen, Euler und Middelhauve, begann an Bedeutung zuzunehmen. Hier trat man für eine vollständige und sofortige Beendigung des alliierten Denazification-Programms ein und ermunterte auch einst führende Nationalsozialisten ausdrücklich, in der Partei mitzuarbeiten, da, wie Euler es ausdrückte, »die ehemaligen Nazis oft bessere Mitkämpfer gegen den Totalitarismus von der anderen Seite sind als diejenigen, die sich einbilden, schon immer Demokraten gewesen zu sein«.[149] In Bezug auf die Entnazifizierung vertrat die FDP insgesamt die Forderung nach Beendigung der Verfahren auch gegen Hauptschuldige und nach dem Ende der »Kollektivschuld«:Vermutung gegenüber SS- und Gestapo-Angehörigen.[150] In Bezug auf die NS-Prozesse zielte nun der rechte FDP-Flügel mehr und mehr auf eine Generalamnestie, auf die »tabula rasa«, ab und bediente sich dabei der Grimmschen Denkschrift als argumentativer Grundlage.[151]

Grimm hatte im Februar 1951 seine Überlegungen in erweiterter Form vor dem Düsseldorfer Industrie-Club vorgetragen und in diesem einflussreichen und finanzstarken Kreis, der mit dem rechten FDP-Flügel politisch eng verbunden war, sowohl viel Beifall geerntet als auch die Bereitschaft zu finanziellem Engagement in dieser Sache gefördert.[152] Mit dem Eintreten für eine Generalamnestie verknüpft war die Vorstellung des nordrhein-westfälischen FDP-Vorsitzenden Middelhauve, zusammen mit anderen nationalistisch orientierten Parteien und Gruppierungen und unter Einschluss vor allem der jungen einstmals führenden

Nationalsozialisten die FDP zu einer nationalen Sammlungspartei auszubauen, einer dritten Kraft neben Sozialdemokraten und Christen-Union.[153]

Seit die nordrhein-westfälische FDP auf ihrem Parteitag im Sommer 1951 eine Entschließung für die Generalamnestie verabschiedet und vor dem Bundesparteitag eingereicht hatte, spitzte sich die Frage der deutschen Kriegsverbrecherpolitik immer mehr auf den Konflikt in der Linie der »Generalamnestie« und der von der Bundesregierung und den Volksparteien vertretenen Politik einer differenzierten Begnadigungspraxis zu.[154]

Die Amnestie-Kampagne

In dieser Situation hatte Werner Best in seinem Büro in der Essener Anwaltskanzlei Achenbachs die Koordination der Kampagne für die »Generalamnestie« übernommen. Das wichtigste Instrument der nun auf Touren gebrachten Kampagne war dabei der am 4. Oktober im Essener Saalbau mit einigem Pomp ins Leben gerufene »Vorbereitende Ausschuss zur Herbeiführung der Generalamnestie«. In strenger Symmetrie zur Nachkriegszeit des Ersten Weltkrieges war er dem 1929 an gleicher Stelle gegründeten Amnestie-Ausschuss nachgebildet, dem seinerzeit neben Luther, Janes, Cuno und von Seeckt auch Konrad Adenauer (und der gerade ernannte neue Bundesinnenminister) Lehr angehört hatten. Schon dadurch sollte die argumentative Parallelführung mit der deutschen Besatzungspolitik des Zweiten Weltkrieges versinnbildlicht werden. Dem Ausschuss von 1951 gehörten neben FDP-Politikern auch Kirchenleute, Unternehmer sowie für die CDU Josef Hermann Dufhues und der Essener Oberbürgermeister Touissant an.[155]

Sehr eindrucksvoll war diese Namensliste nicht, aber Best und Achenbach entfachten in den nun folgenden Monaten einen solchen Pressewirbel, dass durchaus der Eindruck entstehen konnte, hier seien stärkere Bataillone aufgefahren. Zudem wurden die Gründungsmitglieder, denen sich bald die gesamte Szenerie der postnationalsozialistischen Interessenverbände anschloss, nur als Aushängeschilder gebraucht; die Politik machten Best und Achenbach alleine.[156] Sie bestand fortan zum einen darin, etwa im Monatsabstand Aufrufe und Erklärungen herauszugeben und in hoher Auflage direkt sowie über die Presse zu verbreiten – der Gründungsaufruf ging angeblich an mehr als 600 Redaktionen. Dabei vermieden diese Erklärungen strikt jeden Bezug auf einzelne inhaftierte NS-Verbrecher und deren Taten. Während die konservative und auch die liberale Publizistik anhand von Einzelfällen nachzuweisen trachtete, dieser oder jener »Landsberger« sei zu hart oder ganz zu Unrecht bestraft worden[157], fand man solches in den von Best formulierten Aufrufen nie. Die Erklärungen des Ausschusses pflegten eher den hohen Ton des abendländisch-melancholischen Räsonnements und bezogen sich auf Rechtsfragen, Staatsräson und Gemeinwohl. »Es liegt im Begriff und Wesen der Amnestie, daß sie nicht im Interesse der von ihr erfaßten Personen und Taten erlassen wird, sondern um eines von ihnen völlig selbständigen Gemeininteresses willen, um ›tabula rasa‹ – reinen Tisch – mit Vorgängen und Auseinandersetzungen der Vergangenheit zu machen und freie Bahn zu schaffen für die gemeinsame Erfüllung positiver Aufgaben.«[158] Je konkreter das Interesse, desto huldvoller der Stil; und der rastlos aktive, weil seine große Zeit der zwanziger Jahre wiedererlebende Friedrich Grimm ging, als er in Darmstadt als Verteidiger der Judenreferenten der Weimarer Gestapo auftrat, sogar so weit, die Anklage gegen die beiden Männer als »Verstoß gegen das Naturrecht« zu brandmarken: Dass »nach solchen Kriegen, wie wir sie jetzt erlebt hätten, ein Schlußstrich unter alle Vorgänge ..., die mit dem Krieg zusammenhingen, gezogen werde«, sei ein seit Jahrhunderten »anerkannter Rechtssatz des Völkerrechts und Naturrechtes«, ja »das oberste Prinzip der Völker und des Völker- und Naturrechts« und »längst die allgemeine Rechtsauffassung aller rechtsdenkenden (!) Menschen«.[159]

Neben der Öffentlichkeit waren aber vor allem die mit diesen Fragen befassten Abteilungen in den Bonner Ministerien die Adressaten der Generalamnestie-Kampagne. Best konnte dabei seine eigenen Kontakte insbesondere zum Bundesjustizministerium, zur ZRS und zum Auswärtigen Amt nutzen und gewann hier schnell an Einfluss. Schon seit Oktober 1951 fungierte er als Berater der ZRS, insbesondere für die Kontakte mit Dänemark; und für die zuständigen Abteilungen im Außen- und Justizministerium entwarf er auf deren Bitte ausführliche »Vorschläge für die publizistische Behandlung der ›Kriegsverbrecher-Frage‹«, die dann als »Sprachregelung für die westdeutsche Presse« Verwendung finden sollten.[160] Vor allem unterhalb der Ebene von Ministern und Staatssekretären, wo der Widerwille gegenüber einer auch nur symbolischen Anerkennung der alliierten »Siegerjustiz« gegen die einstigen Kollegen durch die westdeutsche Regierung besonders ausgeprägt war, traf die Bestsche Agitation durchaus auf Zustimmung. Der naheliegende Gedanke bei den Verhandlungen über die »Kriegsverbrecher-Frage«, so formulierte etwa die ZRS im Frühjahr 1952, sei es an sich, »den Alliierten eine Generalamnestie vorzuschlagen und hierbei darauf hinzuweisen, daß bis zum Beginn dieses Jahrhunderts Friedensverträge häufig eine Amnestie-Klausel enthalten haben«, – diese Aussage markierte etwa den hier weithin geteilten Überzeugungsstand. Allerdings sah man angesichts der Haltung der Alliierten und auch des Bundeskanzlers realistisch, »daß der Vorschlag einer Generalamnestie auf erheblichen Widerstand stoßen dürfte«.[161] Wie weit die Zustimmung aber reichte, zeigte eine im Februar 1952 mit großer Mehrheit verabschiedete Erklärung des Bundestages, in der – zum Auftakt der Gespräche Adenauers mit den Westmächten über diese Frage – gefordert wurde, »daß die Deutschen, die unter der Beschuldigung des Kriegsverbrechens entweder von alliierten Gerichten bereits verurteilt oder noch ohne Urteil festgehalten sind, freigelassen werden, soweit es sich nicht um von den einzelnen zu verantwortende Verbrechen im hergebrachten Sinne des Wortes handelt«. Der Unterschied zur Forderung nach »Generalamnestie« war hier kaum noch zu bemerken.[162]

»Wirkliche Verbrecher«

Auf der anderen Seite hatte sich mittlerweile auch die Gegenposition geklärt. Da die Verhandlungen mit den Alliierten über einen Generalvertrag anstanden, in welchem auch das Kriegsverbrecher-Problem zu regeln war, einigte sich die von CDU und SPD gestellte Mehrheit im Bundestagsunterausschuss »Kriegsgefangene« im Verlauf des Herbstes 1951 auf eine vom Heidelberger Juristenkreis vorgeschlagene Linie, die weitgehende Begnadigungen, die Einrichtung eines von den Deutschen mitgetragenen Gemischten Gnadenausschusses und die Einstellung aller laufenden Verfahren beinhaltete.[163] Im Effekt kamen die hier vorgesehenen Maßnahmen einer Generalamnestie schon recht nahe. Den entscheidenden Unterschied zwischen beiden Positionen aber hatte Konrad Adenauer im November vor der Presse so formuliert: Man habe zu berücksichtigen, »daß unter den Verurteilten sicher ein gewisser Prozentsatz ist, auf die das Wort ›Kriegsverbrecher‹ absolut paßt, und die ihre Strafe zu Recht erhalten haben. Ich möchte Ihnen ungezwungen meine Meinung dazu sagen, daß die Bundesregierung diese Verurteilungen als zu Recht bestehend anerkennt.« Es seien darunter, äußerte er an gleicher Stelle im März 1952, auch »ganz schwere, richtiggehende Verbrecher, meist Leute, die deutsche Vorstrafen haben«.[164]

Hinter dieser Auffassung stand die Vorstellung, wonach es neben der überwiegenden Zahl der von den Alliierten allein aus politischen Gründen Verurteilten auch einen kleinen Prozentsatz »wirklicher Verbrecher«, »Asozialer«, gebe, für die man sich natürlich nicht einsetze. Das Justizministerium wurde sogar beauftragt, eine Liste mit den Namen solcher »gemeiner Straftäter« aufzustellen – was dieses erschreckt zurückwies; eine solche Unterscheidung sei ernsthaft nicht zu treffen, hieß es intern.[165] Gleichwohl blieb die Fiktion von den »normalen, asozialen Verbrechern« in der gesamten, bis in den Herbst 1953 hineinreichenden Kriegsverbrecher-Debatte erhalten. Mit der Wirklichkeit hatte sie nicht viel zu tun; und Best und Achenbach forderten denn auch Adenauer mehrfach genüsslich auf, auch nur einen einzigen »Asozialen« unter den verurteilten NS-Verbrechern zu benennen.[166]

Aber für Adenauer und die seine Linie unterstützende Mehrheit im Bundestag war die Argumentationsfigur des »vorbestraften Asozialen« nicht nur eine Formel, um den Alliierten bei den Verhandlungen über die Deutschland-Verträge in der Kriegsschuldfrage entgegenzukommen, indem man das Kriegsverbrecher-Programm als jedenfalls zu einem kleinen Teil für berechtigt erklärte. Es handelte sich hierbei auch um eine Form von Wahrnehmungsbrechung, die die während der NS-Zeit begangenen Verbrechen im Grunde auf den plebejischen Charakter des Nationalsozialismus zurückführte. Nicht der Gestapo-Chef oder der Einsatzgruppen-Kommandant, sondern der SA-Schläger und KZ-Bewacher standen hier für das Bild des NS-Verbrechers; und als konkrete Beispiele für solche »wirklichen Verbrechen« wurden dann auch eher die antijüdischen Ausschreitungen während der »Kristallnacht« verstanden als die im herkömmlichen Vorstellungsvermögen kaum konkretisierbare massenhafte Ermordung der Juden vier Jahre später. Dem promovierten Juristen aber, dem Massenerschießungen »im Osten« vorgeworfen wurden, fehlten ebenso alle Eigenschaften, die hier zum vorherrschenden Bild eines »Verbrechers« gehörten, wie dem wegen Geiselmord verurteilten General oder dem wegen Mitwirkung an Menschenversuchen verurteilten Sanitätsrat.

Dieses ebenso bedeutsame wie irritierende Phänomen fand seinen zugespitzten Ausdruck in. dem Bemühen zahlreicher, selbst ausgesprochen integrer Persönlichkeiten für die Freilassung von Dr. Martin Sandberger im Jahre 1953, welcher als Führer des Einsatzkommandos Ia für die Ermordung von mehr als 5.000 Menschen verantwortlich war und Estland in den Jahren 1941/42 »judenfrei« gemacht hatte. Um Sandbergers Freilassung zu erreichen, schrieb dessen württembergischer Landsmann, der SPD-Politiker Carlo Schmid, an den amerikanischen Hochkommissar: Er kenne Sandberger, seit dieser seine Referendarzeit bei ihm, Schmid, absolviert habe. Es handele sich bei diesem gewiss nicht um einen »blindwütigen Fanatiker«; vielmehr sei er ein »fleißiger, intelligenter und begabter Jurist«, der ohne den Nationalsozialismus gewiss »ein ordentlicher, tüchtiger, strebsamer Beamter« geworden wäre und nur durch übergroßen Ehrgeiz zum SD gekommen sei. Er bitte daher um die baldige Freilassung Sandbergers, damit diesem die Chance gegeben werde, sich im Leben neu zu bewähren.[167] Neben vielen anderen setzte sich schließlich sogar Bundespräsident Heuß schriftlich bei den Amerikanern für den Schwaben Sandberger ein, der dann aber doch erst 1958 entlassen wurde und als Justitiar in einem baden-württembergischen Unternehmen wieder Anschluss an das bürgerliche Leben fand.[168]

Die hier auftretende Form der Abstoßung von Verantwortung und der spezifischen Wahrnehmung der nationalsozialistischen Verbrechen, die insbesondere bei den traditionellen Eliten in Deutschland verbreitet war, war durchaus nicht mit einer größeren oder geringeren politischen Nähe zu den Nationalsozialisten verknüpft. Selbst für Menschen, deren Ablehnung und Verabscheuung des NS-Regimes außer Frage stand, war die Verbindung zwischen den als abnorm und jeder Erfahrung fern wahrgenommenen NS-Verbrechen und dem als einstigen Gestapo-Stellenleiter enttarnten Kollegen oder Nachbarn nicht einfach zu ziehen, weil die Ruchlosigkeit der Verbrechen und die Wohlanständigkeit des einstigen Kollegen oder Bekannten nicht zueinander in Beziehung gebracht werden konnten.

Demgegenüber war das von Best und Achenbach jetzt so lautstark vertretene Konzept der Generalamnestie im Grunde von größerer innerer Geschlossenheit – und darauf beruhte auch ein Teil ihres Erfolgs. Denn da sie nur zu gut wussten, dass die Vorwürfe, die zu den Verurteilungen geführt hatten, in der Regel zutrafen, lehnten sie eine Auseinandersetzung mit den Einzelfällen überhaupt ab. Nicht die Differenzierung in vermeintliche oder wirkliche Verbrecher, sondern die Forderung, dass die unter dem NS-Regime begangenen Taten nicht anders zu beurteilen seien, als »Kriegshandlungen« seit jeher bewertet würden, und sie also pauschal amnestiert werden müssten, war ihr Ansatzpunkt.

Jenseits der Beurteilung durch »das Ausland« aber konnte man dahinter auch die Überzeugung bewahren, dass die nationalsozialistischen Massenverbrechen im Kontext des Krieges verständlich, ja berechtigt gewesen waren.

»Endlösung des Kriegsverbrecher-Problems«

Als der von Adenauer mit den Westmächten vereinbarte Modus zur »Bereinigung« der Kriegsverbrecher-Frage im März 1952 in Bonn durchsickerte, war denn auch die Enttäuschung groß, dass vor allem die Amerikaner sich nicht auf mehr hatten einlassen wollen als auf die Einrichtung von Gemischten Ausschüssen zur Überprüfung aller Einzelfälle. Vor allem gegen die darin enthaltene »Anerkennung der Urteile« der alliierten Gerichte durch die Bundesrepublik liefen selbst »Wohlmeinende« Sturm.[169] Die dadurch ausgelöste Debatte über die im »Überleitungsvertrag« vereinbarte Regelung der »Kriegsverbrecher-Problematik«[170] und die damit einhergehende Protestwelle vor allem der Soldatenverbände nahm nun solche Formen an, dass die von Adenauer bis dahin doch eher als Problem zweiter Ordnung angesehene »Kriegsverbrecher-Frage« nunmehr sogar die Ratifizierung der Westverträge in Gefahr zu bringen drohte.[171] Diese Gefahr drohte vor allem von Seiten der FDP, insbesondere nachdem der einstige Wehrmachtsoffizier und Bundestagsabgeordnete Erich Mende in einem effektvollen Auftritt seine Zustimmung zu den Verträgen von der baldigen Befreiung »der noch festgehaltenen ehemaligen Soldaten in und auch außerhalb Deutschlands« abhängig machte und Ernst Achenbach im FDP-Bundesvorstand gegen die Kriegsverbrecher-Regelung und die Westbindung gleichermaßen agitierte und schließlich nicht ohne Resonanz vorschlug, die Zustimmung der Liberalen zu den Westverträgen an eine »umfassende Befriedungsamnestie zu binden«.[172]

In dieser Situation erarbeitete Best im Sommer 1952, insbesondere um in den zuständigen Ministerialbehörden zu werben, aber auch um in den zahlreichen NS-Verfahren, in denen Achenbach als Verteidiger auftrat, die Richter zu beeindrucken, eine lange Denkschrift (»Gesichtspunkte zur Liquidation der politischen Strafsachen einer abgeschlossenen Epoche«), die er nun zirkulieren ließ.[173] Er ging dabei aus von einem Begriff der »politischen Straftat«, die durch »das Fehlen privater Motive und egoistischer Zwecke« definiert und dadurch »vom gemeinen Verbrechen« unterschieden werde. Daraus leitete er ab, dass die Verfolgung von NS-Verbrechen weder der »Generalprävention« noch der »Spezialprävention« diene – weder würden dadurch potentielle Nachahmer noch der Täter selbst von der Wiederholung solcher politisch motivierter Straftaten abgeschreckt. Dadurch aber werde die Bestrafung »unvernünftig und unsittlich. Unvernünftige und unsittliche Strafleiden zu verhüten oder mindestens unverzüglich nach gewonnener Erkenntnis zu beenden, ist das nobile officium der Gnadenbehörden«. Zudem seien all diese Handlungen entweder im Befehlsnotstand oder aus politischen Motiven begangen worden – auch hier könne Bestrafung nicht bessernd wirken, da die Rechtsordnung, für die diese Taten begangen worden waren, untergegangen sei. Auch von daher sei eine weitere Strafverfolgung abzulehnen; hier müsse dafür eine Generalamnestie erlassen werden, die als »naturrechtliches Postulat« zu begreifen sei. Zudem wirke die »nachtragende Unversöhnlichkeit« der Alliierten verbitternd und radikalisierend, so dass ein vertrauensvolles Verhältnis der Bürger zum Staat erst entstehen könne, »wenn mit dem zwecklosen Bohren in der Vergangenheit und den daraus erwachsenen Auseinandersetzungen Schluss und tabula rasa mit den politischen Strafsachen dieser Zeit gemacht wird«.

So ambitiös und durch zahlreiche lateinische Zitate Gelehrsamkeit suggerierend diese Bestsche Denkschrift auch daherkam – in der Sache war doch nicht zu übersehen, dass es sich hier um ein durch aufwendige Diktion kaum verhülltes interessenpolitisches Pamphlet handelte. Nicht nur, dass mit einer solchen Begründung jede aus politisch-weltanschaulichen Motiven begangene Straftat amnestiert werden müsste (also auch z. B. die in der Sowjetunion oder der »SBZ«, was Best in der Folgezeit in sichtliche Argumentationsschwierigkeiten brachte); auch die von Grimm übernommene naturrechtliche Begrifflichkeit war nichts weiter als pseudojuristische Rabulistik, was der Wirksamkeit des Papiers sowohl vor Gericht als auch in der politischen Amnestiedebatte allerdings nicht im Wege stand.

Je länger die zum großen Verdruss Konrad Adenauers aus Urnenpolitischen Gründen immer weiter verzögerte Ratifizierung der Westverträge durch den Bundestag auf sich warten ließ, desto stärker konnten Best und Achenbach ihre Kampagne, jetzt unter dem Motto »Kein Generalvertrag ohne Generalamnestie«, voranbringen. Denn hier bestand eine einmalige und in dieser zugespitzten Weise vermutlich nicht mehr wiederkehrende Möglichkeit, auf die Bundesregierung Druck auszuüben, die, um die Zustimmung der kleinen Koalitionspartner zu den Verträgen nicht zu gefährden, in dieser Sache weitere Zugeständnisse von den Alliierten zu erreichen versuchte. »Aus dem ›Volksbegehren‹ der bis jetzt eingegangenen Zustimmungserklärungen zu dem Vorschlag einer Generalamnestie«, schrieb Best 1952, um den Eindruck einer Massenbewegung über die Generalamnestie zu erwecken und so den Druck auf die Bundesregierung zu vergrößern, »muß ein ›imposanter Volksentscheid‹ der deutschen öffentlichen Meinung werden, der – wofür es auch jetzt und in Zukunft nicht zu spät ist – die regierenden Faktoren der Bundesrepublik und mit ihrer Hilfe die fremden Regierungen überzeugt, daß erst die Befriedungsamnestie den erstrebten Frieden perfekt macht.«[174]

Der vom Essener Amnestie-Ausschuss und den ihm angeschlossenen rechtsorientierten politischen Interessenverbänden erzeugte politische Druck wurde schließlich so groß, dass John McCloy sich im Juli 1952 gezwungen sah, vor der versammelten Presse in gebotener Unmissverständlichkeit klarzustellen, dass es eine Generalamnestie auf keinen Fall geben werde. Die Ratifizierung der Verträge durch den Bundestag könne nicht gegen Zugeständnisse in der Amnestiefrage erkauft werden.[175] Mit diesem Machtwort, das in der deutschen Öffentlichkeit großes Aufsehen erregte – obwohl McCloy hier eine schon häufig geäußerte Position der Amerikaner nur noch einmal bestätigte –, wurden die Erfolgschancen des Essener Ausschusses nun doch merklich reduziert. »Angesichts dieser kategorischen Ablehnung einer Generalamnestie durch McCloy in einem Augenblick, in dem er mit Ehrungen von deutscher Seite überschüttet wurde«, konstatierte man illusionslos, bestehe die Gefahr, dass mit den weiteren geplanten Aktivitäten des Ausschusses »nur ein geringer Einfluss auf die zwischenzeitliche Entwicklung der Dinge genommen werden kann.«[176] Ein Kompromiss mit den Alliierten, das war nun unübersehbar, würde jedenfalls unterhalb der Marge »Generalamnestie« gefunden werden müssen.

Dies war auch das Ergebnis der mit Spannung erwarteten Bundestags-Debatte über die »Kriegsverbrecherfrage« im September 1952, in deren Verlaufe eine explizite Generalamnestie schließlich überwiegend abgelehnt wurde, weil, wie die Vertreter von CDU und SPD übereinstimmend betonten, man »wirklich Schuldige« nicht wieder in Freiheit setzen wolle. Stattdessen sollten weitgehende und schnelle Begnadigungen durch die Gemischten Ausschüsse ausgesprochen werden. Zwar kam dies in der Praxis einer Generalamnestie sehr nahe, aber dennoch wurde dieses Ergebnis der Bundestags-Debatte in der Öffentlichkeit als bedeutende Richtungsentscheidung gewertet. Nun endlich, so die »Neue Zeitung«, könne man gegen jene Propaganda vorgehen, »die auf nichts anderes hinausläuft, als im Hinblick auf die noch ausstehende Entscheidung über die Ratifizierung der deutsch-alliierten Verträge eine Generalamnestie zu erpressen«.[177]

Spätestens seit der Erklärung McCloys war auch Best davon überzeugt, dass eine auch so genannte Generalamnestie wohl nicht erreichbar sein würde. »In welcher Form die Gefangenen-Frage gelöst wird«, hieß es im nächsten Aufruf des Amnestie-Ausschusses daher bereits einräumend, »ist gleichgültig. Es bedarf nicht der Form und des Namens der Generalamnestie, wenn nur im Geiste der tabula rasa alle noch unerledigten Fälle liquidiert werden ... Das deutsche Volk will alle seine Gefangenen zurückhaben, die seit sieben Jahren als ›Blitzableiter‹ für ihr Volk gelitten haben.«[178] Auf diese Weise wurde die unentwegt weiter betriebene Amnestie-Agitation zu einem in doppelter Hinsicht wirksamen politischen Instrument: Einerseits sollte in der Amnestie-Frage selbst soviel wie irgend möglich herausgeholt werden. Andererseits würde aber auch dann, wenn das große Ziel nicht erreicht werden konnte, die nationalistische Glut umso stärker geschürt.

Nachdem in der Frage der alliierten Kriegsverbrecher-Urteile die Entscheidung gefallen zu sein schien, richtete sich die Amnestie-Kampagne seit dem Spätherbst 1952 wieder stärker auf die vor deutschen Gerichten verhandelten Fälle. Im Bundesjustizministerium gab es Überlegungen, nach der Weihnachtsamnestie von 1949 nun einen zweiten Amnestieschub in Gang zu bringen, der dann mit dem Straffreiheitsgesetz von 1954 auch tatsächlich wirksam wurde.[179] Um mit einer , solchen innerdeutschen Amnestie möglichst das endgültige Ende aller NS-Verfahren in der Bundesrepublik zu erreichen, wandten sich Best und Achenbach direkt an die für ein solches Vorgehen vermutlich besonders aufgeschlossenen Bundesminister Blücher und Dehler. In einem Schreiben an Vizekanzler Blücher hieß es daher geradezu ultimativ, dass die deutschen NS-Verfahren doch nun möglichst sofort eingestellt werden sollten; denn solange noch NS-Prozesse vor deutschen Gerichten stattfänden, sei die Bundesrepublik gegenüber den Alliierten in ihrem Verlangen nach Amnestie ganz unglaubwürdig. Auch bei den vor deutschen Gerichten verhandelten Fällen gehe es durchweg nicht um Handlungen aus persönlichen Motiven oder zum eigenen Vorteil, sondern auf Befehl oder aus politischer Überzeugung. Dies habe man in den von Achenbach vertretenen Fällen konkret erlebt, ob es sich um Anklage wegen »Juden-Verhaftungen« handele »gegen Leute, die diese abzulehnenden Maßnahmen beim besten Willen nicht verhindern konnten« (gemeint waren regionale Gestapostellenleiter), oder um »›verschärfte Vernehmungen‹, wie sie auch von den Polizeien anderer Länder vorgenommen werden« (gemeint war Folter zur Geständniserzwingung). Minister Blücher möge doch auf den Justizminister einwirken, dass alle diese Verfahren unverzüglich »durch entsprechende Weisungen an die Staatsanwaltschaft gestoppt und ›auf Eis gelegt‹ werden«.[180] Ein gleiches Schreiben ging an den Justizminister Dehler, versehen mit der »Artregung, die Länderjustizverwaltungen zum Kurztreten hinsichtlich der fraglichen Prozesse zu veranlassen«.[181]

Dehler stimmte in seinem Antwortschreiben dem an ihn hier gerichteten Ansinnen weitgehend zu. Die Kritik an den Verfahren der Alliierten als überwiegend

»nicht fair« teile er, insbesondere wegen der Einführung neuer Tatbestände, die im deutschen Recht nicht vorgesehen seien. Auf die Verfahren vor deutschen Gerichten treffe dies aber gerade nicht zu, insofern müsse er in diesem Punkte widersprechen. In der Praxis aber komme man sich doch sehr nahe, wenn erreicht werde, »Strafen in fraglichen Fällen nur noch vollstrecken zu lassen, falls eine Tat auch heute noch nach allgemeinem Rechtsbewusstsein Sühne verlangt, im übrigen weitgehende Gnadenbeweise zu erteilen«. Allerdings sei man sich hinsichtlich der juristischen und allgemein-politischen Schwierigkeiten, die der Forderung nach Generalamnestie entgegenstehen, weitgehend einig.[182]

Damit war die sich immer deutlicher abzeichnende Kompromisslinie zwischen der – an sich für richtig erachteten – Forderung nach Generalamnestie und der aus außenpolitischen Rücksichtnahmen gebotenen Zurückhaltung in dieser Frage deutlich markiert: In der Frage der Alliierten-Prozesse eine differenzierte, in der Praxis knapp unterhalb der Generalamnestie stehende Überprüfungs- und Gnadenpraxis; bei den deutschen Verfahren Strafvollstreckung nur noch in Fällen, in denen auch heute noch »nach allgemeinem Rechtsbewußtsein« Sühne verlangt werde – was, wie Best sogleich replizierte, »dann der Fall ist, wenn die Tat aus persönlichem Motiv und zu eigenem Vorteil begangen wurde«.[183]

Vom Ergebnis her betrachtet, war der Erfolg der Amnestie-Kampagne Bests und Achenbachs insgesamt als doch sehr weitgehend anzusehen. Zwar wurde eine »Generalamnestie« nicht erreicht, und es gelang auch nicht, alle deutschen Kriegsverbrecher aus deutschen und alliierten Gefängnissen sofort aus der Haft zu befreien. Aber durch die Entscheidungen der im Herbst 1953 eingerichteten drei Gemischten Ausschüsse zur Überprüfung der alliierten Kriegsverbrecher-Urteile wurden doch alle in den Gefängnissen der Westmächte in Deutschland einsitzenden Kriegsverbrecher innerhalb sehr kurzer Zeit begnadigt; während im gleichen Zeitraum die Ermittlungen der deutschen Justizbehörden in NS-Verfahren nahezu zum Erliegen kamen. Der »Endlösung des Kriegsverbrecher-Problems«, wie der im Auswärtigen Amt gebrauchte Terminus nun lautete[184], war man auf diese Weise doch sehr nahe gekommen.

4. Naumann oder Das Ende der Analogie

Die »Ehemaligen« in der FDP

Die lange Phase der Unsicherheit über die Regelungen der »Kriegsverbrecher-Frage« und die seit Anfang 1952 beinahe überbordende »Amnestie-Kampagne« hatten dem nach der Gründung des Weststaates ohnehin aufstrebenden Neo-Nationalismus in der Bundesrepublik starken Zulauf beschert. Angesichts der Revision der Nürnberger Urteile durch die Amerikaner und der nach rechts. überaus weitgesteckten Integrationspolitik der Bundesregierung hatten auch viele einstige Nationalsozialisten ihre bis dahin geübte Zurückhaltung bei öffentlicher politischer Tätigkeit wieder aufgegeben. Und spätestens im Sommer 1952 hatten radikalnationalistische Tendenzen einen solchen Auftrieb, dass sowohl bei den alliierten Hochkommissaren wie in der in solchen Fragen ansonsten eher cool reagierenden Umgebung Adenauers ernsthafte Besorgnisse aufkamen.[185]

Dabei waren zwei Entwicklungen voneinander zu unterscheiden: Auf der einen Seite die außerparlamentarische Rechte mit den zahlreichen Soldaten- und Interessenverbänden, Hilfsorganisationen und Jugendbünden bis hin zur neonationalsozialistischen SRP, der im Mai 1951 sogar der Einzug in den niedersächsischen Landtag gelungen war.[186] In den neonazistischen Parteien und Organisationen waren Personen aus den Führungsgruppen des NS-Regimes allerdings nur selten zu finden – Bests einstiger enger Weggefährte Stuckart, der in der SRP aktiv war und 1952 mit dem Auto verunglückte, war eine der Ausnahmen. In der Regel aber waren dies eher Auffangbecken und Betätigungsfelder für untere und mittlere NS-Chargen, von denen nicht wenige in den neuen Verhältnissen beruflich und sozial noch keinen Anschluss hatten finden können. Für einstige Führungskräfte hätte ein offenes Mitwirken in solchen Zusammenhängen nicht nur einen unübersehbaren sozialen Abstieg bedeutet und sie aus den Chefetagen der Macht und dem Umgang auch mit den gesellschaftlichen Eliten des Reiches in die Niederungen des kleinbürgerlichen Radau-Faschismus gestoßen. Für sie war mit einer ostentativen neonazistischen Aktivität auch die Gefahr verbunden, womöglich doch die Aufmerksamkeit der deutschen Justiz oder gar der Alliierten auf sich zu ziehen und ein Interesse an ihrer politischen Vergangenheit hervorzurufen. Von daher war es gerade für die einstigen NS-Eliten attraktiver, sich im Windschatten der kleinen Regierungsparteien in »Kreisen«, »Clubs« und »Stammtischen« zu assoziieren und so ohne den Umweg über neonazistische Kleinparteien direkten Kontakt untereinander sowie zu wirtschaftlich und politisch einflussreichen Institutionen der Bundesrepublik zu gewinnen.

Es ist dabei durchaus zweifelhaft, ob in solchen Kreisen über Ideen von einer erneuten »Machtergreifung« oder ähnlichem auch nur ernsthaft diskutiert wurde. Das Streben nach juristischer, politischer und historischer Rehabilitation des Nationalsozialismus im Allgemeinen, der eigenen Person im Besonderen einerseits, die Vorstellung vom deutschen Wiederaufstieg in einem neutralen, autoritär geführten starken Machtstaat andererseits – das kennzeichnete eher die hier vorherrschenden Vorstellungen, womit allerdings die Frage, auf welche Weise diese Kreise in Zeiten politischer und sozialer Krisenlagen in Deutschland agieren würden, nicht zu beantworten war.

Vor allem im Umfeld der nordrhein-westfälischen FDP waren die Bemühungen einstiger NS-Eliten um auch politische Einflussnahme sehr weit gediehen. »Middelhauve, der mit seinem Landesverband seit langem eigene Wege geht, hat eine Reihe ehemals prominenter Nationalsozialisten um sich versammelt«, schrieb die »Welt« Anfang Oktober 1952 über die sich in der Partei anbahnende Auseinandersetzung zwischen demokratisch-liberalem Flügel und den Befürwortern eines scharfen Rechtskurses. Ein Mann wie Wolfgang Diewerge aus dem Propaganda-Ministerium gehöre dazu, ebenso der bekannte NS-Rundfunkjournalist Hans Fritzsche sowie »der Verfasser der berüchtigten Boxheimer Dokumente«.[187] Die Besorgnisse über den zunehmend radikaleren Kurs der nordrhein-westfälischen FDP waren auch im Bundesvorstand der Partei verbreitet – und das zu Recht, wie sich erweisen sollte. Denn weit hinausgehend über das, was bis zum

Jahresende 1952 an die Öffentlichkeit drang, hatte sich innerhalb des Landesverbandes mittlerweile eine feste Struktur ehemaliger Nationalsozialisten meist aus der jüngeren Generation und der mittleren Führungsebene herausgebildet, die die FDP als Ausgangspunkt für eine neue, auf Massenanhang zielende rechtsnationalistische Partei zu nutzen trachteten und dabei schon weit vorangeschritten waren.

Im Mittelpunkt stand hierbei der ehemalige Staatssekretär im Reichspropaganda-Ministerium Naumann, der zuvor schon mit anderen geheimbündlerisch agierenden Verbindungen ehemaliger Nationalsozialisten, so der »Bruderschaft« um den ehemaligen Hamburger Gauleiter Kaufmann, in Kontakt getreten war und nun einen damit teilidentischen. Kreis ehemaliger nationalsozialistischer Studenten- und HJ-Führer und einiger Gauleiter um sich geschart hatte.[188] Naumann machte keinen Hehl daraus, dass er sich weiterhin als Nationalsozialist verstand; politische Brisanz allerdings erhielt dieser zunächst noch durchaus kuriose Herrenclub erst durch Verbindungen zur Düsseldorfer FDP, die vor allem über Ernst Achenbach liefen. Achenbach war schon im Sommer 1950 mit Naumann zusammengetroffen und hatte diesen, wie Naumann in seinem Tagebuch penibel notierte, zu enger politischer Zusammenarbeit eingeladen. Für ein Volk in dieser Lage, so Achenbach zu Naumann, »ohne nationale Souveränität, von Hohen Kommissaren regiert«, sei Adenauer »derzeit nicht die schlechteste Lösung«, und traf damit bei Naumann auf Zustimmung. »Um den Nationalsozialisten unter diesen Umständen trotzdem einen Einfluss auf das politische Geschehen zu ermöglichen«, so Achenbach weiter, »sollen sie in die FDP eintreten, sie unterwandern und ihre Führung in die Hand nehmen. An Einzelbeispielen erläuterte er, wie leicht das zu machen wäre. Mit nur 200 Mitgliedern können wir den ganzen Landesvorstand erben. Mich will er als Generalsekretär o.ä. engagieren.«[189]

Seither nahm der Einfluss ehemaliger Nationalsozialisten im nordrhein-westfälischen Landesverband der FDP stetig zu – vermittelt zumeist durch Achenbach und stark begünstigt durch Middelhauves Politik der »Pflicht nach rechts«. Insbesondere die Auswahl der hauptamtlichen Mitarbeiter des Landesverbandes war davon beeinflusst. Es sei schwer zu verstehen, hieß es dazu im Bericht der Untersuchungskommission des Parteivorstands im Sommer 1953, warum unter den Mitarbeitern des Landesverbandes »ausgerechnet alle Schlüsselpositionen nicht politisch erprobten Persönlichkeiten, sondern früheren prominenten Nationalsozialisten anvertraut worden sind«.[190]

Der auf Vermittlung Achenbachs angestellte Landesgeschäftsführer Wilke war einstiger hauptamtlicher HJ-Führer und Chefredakteur der HJ-Zeitung »Wille und Macht«. Der »Schriftleiter« der von Middelhauve herausgegebenen stark rechtslastigen Wochenzeitschrift »Die deutsche Zukunft«, Zoglmann, war SS-Obersturmführer und Mitglied der Reichsjugendführung gewesen; und Middelhauves persönlicher Referent Diewerge hatte bis 1945 die Abteilung Rundfunk im Propaganda-Ministerium geleitet und sich zudem als einer der radikalsten antijüdischen Publizisten des »Dritten Reiches« profiliert.[191] Hinter Achenbach und Middelhauve agierte der Mülheimer Industrielle Hugo Stinnes, dem es Wilke in einem Schreiben zuallererst dankte, dass die »jungen und fortschrittlichen Elemente im Landesverband der FDP« sich mittlerweile durchgesetzt hatten; ebenso sei die Herausgabe der »Deutschen Zukunft« in erster Linie durch die finanzielle Unterstützung von Seiten Stinnes ermöglicht worden.[192] Auch Achenbachs starke Stellung in der Partei gründete vor allem darauf, dass Stinnes und andere Ruhrindustrielle ihre Parteispenden für die FDP über ihn fließen ließen, so dass der Landesverband Nordrhein-Westfalen drei Viertel aller Parteieinnahmen der Bundespartei einbrachte und in der FDP schon von daher eine Vorrangstellung einnahm.[193]

Werner Best war diesem Kreis auf besondere Weise verbunden. Seit dem Oktober 1951 stand er mit der nordrhein-westfälischen FDP in engem Kontakt; nicht nur über die Generalamnestie-Kampagne, sondern auch als Mitglied des von der Partei eingerichteten Arbeitskreises Entnazifizierung im nordrhein-westfälischen Landtag. Er gehörte zu dem ausgewählten Kreis der Empfänger des für Parteiaktivisten bestimmten und von Diewerge herausgegebenen »Rednerschnellbriefs« der Partei und fungierte schließlich sogar als »Rechtsberater des Landesverbandes«. In dieser Funktion wurde Best von der nordrhein-westfälischen FDP auch finanziert und erstellte vor allem in Bezug auf Entnazifizierungsfragen, Gesetzesvorhaben und einzelne NS-Verfahren Gutachten, Denkschriften und Eingaben, was natürlich einen regelmäßigen und engen Kontakt zur Düsseldorfer FDP-Spitze nach sich zog.[194] Auf der anderen Seite aber deutete diese von Best selbst gewählte Bezeichnung eine biographische Analogie an, die über Bests persönliche Befindlichkeit einiges aussagte – denn »Rechtsberater« eines regionalen Parteiverbandes war er auch schon 1930 bei der NSDAP-Gauleitung in Darmstadt gewesen, als er als junger Mann in dieser eher informellen Position schnell zum führenden Kopf der rheinhessischen NSDAP aufgestiegen war. Ähnlich mochte er seine Rolle jetzt auch in der FDP betrachten – so wie auch sein Engagement für die Amnestie unübersehbar die historischen und biographischen Parallelen zu den zwanziger Jahren beschwor.

Aber den gewichtigsten Einfluss auf die Partei verschaffte ihm doch seine mittlerweile weit ausgreifende Funktion als Kopf und Organisator der Generalamnestie-Kampagne. In seinem Büro in der Kanzlei Achenbach liefen viele Fäden zusammen. Er hielt nicht nur Kontakt zu den Soldatenverbänden und zahlreichen rechten und rechtsradikalen Organisationen, zu dem vom einstigen Flieger-Heroen Rudel geführten »Kameradenwerk« in Buenos Aires, zur Naumann-Gruppe oder zum extrem-nationalistischen »Hilfswerk« der Prinzessin zu Isenburg, sondern auch zu den verschiedenen Beamtenbünden, darunter dem Bund deutscher Polizeibeamter, »der sich ganz nach meinen Vorschlägen richtet«, wie Best einem. einstigen Gestapo-Beamten schrieb. Auch hatten sich mittlerweile im westdeutschen Raum zahlreiche einstige Gestapo- und SD-Leute eingefunden, angelockt vor allem durch die hier offenbar günstigen Möglichkeiten, durch entsprechende Vermittlung eine berufliche Position in der Ruhr-Industrie zu finden. Zahlreiche ehemalige Kollegen und Untergebene aus Gestapo und SD wandten sich aber auch mit der Bitte an Best, er möge eine Erklärung über ihre früheren Dienstverhältnisse abgeben, damit sie wieder in den öffentlichen Dienst eintreten könnten. Viele Kameraden, schrieb Best einem einstigen Gestapo-Kollegen, seien »in der hiesigen Gegend gelandet« und hätten »mehr oder weniger wieder Fuß gefaßt. Auch sonst melden sich Kameraden aus allen Teilen Deutschlands nach und nach bei mir. Man könnte schon einen ziemlich umfassenden Verein aufmachen«, fügte er, bezogen auf einen Verband ehemaliger Gestapo-Beamter, hinzu, »aber ich bin gegen jeden organisatorischen Zusammenschluß.«[195]

Nationale Sammlung

Vielmehr unterstützte Best, obwohl kein formelles Parteimitglied, die von Middelhauve, Achenbach und anderen verfolgte Linie, durch einen scharfen Rechtsruck der FDP die Stimmen der ehemaligen Nationalsozialisten für die Partei zu gewinnen, um sie dann durch Zusammenschlüsse mit anderen rechten und nationalistischen Gruppierungen zu einer deutschnationalen Sammlungspartei auszudehnen. Angesichts der außenpolitisch noch ungefestigten Situation der Bundesrepublik war dieser Gedanke im Sommer 1952 durchaus nicht so abwegig und schien viel erfolgversprechender zu sein, als dies ein Jahr später nach dem Erdrutschsieg Konrad Adenauers in den Bundestagswahlen von 1953 erscheinen mochte. Ein wichtiger Schritt in diese Richtung war das auf dem Landesparteitag in Bielefeld vorgelegte »Deutsche Programm«, eine klare Absage an den demokratischen Liberalismus. Es war, wie bald kolportiert wurde, von Diewerge und Hans Fritzsche formuliert und von Naumann und Best überarbeitet worden.[196] Neonazistische Tendenzen fanden sich darin freilich nicht. »Wir fordern Wiedergutmachung des Unrechts, das Nationalsozialismus, Siegerwillkür und Entnazifizierung schufen. Wir sagen uns los von den Urteilen der Alliierten, mit denen unser Volk und insbesondere sein Soldatentum diskriminiert werden sollte«, hieß noch die ausgeprägteste Passage, aber das hatte man in den Kampagnen des Amnestie-Ausschusses schon viel schärfer formuliert gesehen. Das »Deutsche Programm« war vielmehr erneut eine im hohen Ton gehaltene Phrasensammlung, gekennzeichnet vor allem durch ein eher ständisch-organisches Staats- und Gesellschaftsmodell sowie einen sich fast überschlagenden Antimarxismus.[197] Dieses Programm, das weder die Begriffe »demokratisch« und »liberal« noch den Parteinamen enthielt, sollte in erster Linie als Plattform für die »Nationale Sammlung« dienen, um, wie Middelhauve erklärte, »den grundsätzlich gleichgerichteten politischen Gruppen und Kräften die Möglichkeit zu geben, sich zu sammeln ... Was wir wollen, ist die Nationale Sammlung in Form einer Holding-Gesellschaft.«[198]

Der FDP-Bundesparteitag in Bad Ems im November 1952, auf dem über diesen Programm-Entwurf verhandelt wurde, kann sicherlich als Höhepunkt der nationalistischen Renaissance in der FDP und darüber hinaus bezeichnet werden. Allerdings waren die konträren Flügel der Partei etwa gleich stark und die Gefahr einer Spaltung mittlerweile so groß geworden, dass, um die Partei zu retten, die tiefgreifenden Widersprüche am Ende durch Formelkompromisse überdeckt wurden. Es gelang der Rechten zwar nicht, das »Deutsche Programm« gegen das aus Hamburg vorgelegte »Liberale Manifest« durchzusetzen. Aber Middelhauve wurde stellvertretender Parteivorsitzender, und die politischen Erklärungen des

Parteitags waren ebenso wie der äußere Rahmen so sehr von nationalistischem Geist durchtränkt, dass der Schweizer Journalist Fritz René Allemann diese Entwicklung mit der Bemerkung kommentierte, die »nationalsozialistische Unterwanderung der FDP« komme weniger »durch die Argumente als den Stil der siegreichen Rechtsgruppe« zum Ausdruck.[199]

Vor allem die internationale Reaktion auf den Parteitag in Bad Ems war nachgerade verheerend und machte deutlich, dass man im westlichen Ausland den Wiederaufstieg des Nationalsozialismus in der Bundesrepublik mittlerweile zumindest potentiell als ernsthafte Bedrohung der westdeutschen Demokratie ansah. Die FDP sei dabei, hieß es in »Le Monde«, sich in eine »nationalistische und reaktionäre Bewegung der äußersten Rechten« umzuwandeln, »um angeblich auf diese Weise die verstockten Nazis und die ehemaligen Militärs für den neuen Staat zu gewinnen. In Wirklichkeit ist der Geist, der sie beseelt, nur in Nuancen unterschieden von demjenigen der Spukgestalten des Dritten Reiches, die sie angeblich bekehren möchten.«[200] Am präzisesten und schärfsten urteilte wiederum der Schweizer Allemann in der Züricher »Tat«: »Der rechte Flügel, zahlenmäßig eine Minderheit, hat dank der Dynamik und Bedenkenlosigkeit seiner Führung die Altliberalen glatt überwunden und an die Wand drücken können.« Middelhauve habe nun die Gelegenheit, die Parteizentrale »mit jenen bewährten alten Nazis zu durchsetzen, aus denen er bisher schon seinen persönlichen ›Gehirntrust‹ rekrutiert hat ... Großindustrielle Finanzkraft vereinigt sich in dem Middelhauve-Kreis mit erprobter nationalsozialistischer Propagandatechnik ... Was sich da vollzogen hat, ist nichts anderes als eine ›kalte‹ Machtübernahme nicht irgendwelcher Neonazis, sondern der alten nationalsozialistischen Equipe.«[201]

Spätestens der Emser Parteitag der FDP ließ auch bei den Alliierten die Alarmglocken klingeln. Das Treiben im Umfeld des nationalistischen Flügels der Partei war schon seit längerem vom britischen Geheimdienst (und wohl auch vom nordrhein-westfälischen Verfassungsschutz) beobachtet worden. Bereits im November hatte ein in der Bundesrepublik unbeachtet gebliebener, ›aber offenbar von den Engländern gut informierter Artikel des Berliner Korrespondenten der schwedischen Zeitung »Dagens Nyheter« detailliert über Naumann und die Tendenzen in der FDP zur Bildung einer »neuen Harzburger Front« berichtet und war dabei insbesondere auf Achenbach eingegangen, den »spiritus rector« dieser Entwicklung: »In seinem Essener Büro für eine Generalamnestie sind der frühere Reichskommissar in Dänemark, Dr. Werner Best, und der frühere SS-Obergruppenführer Prof. Franz Alfred Six tätig. Außenpolitisch lehrten die Nazis den Generalvertrag und die Europa-Armee ab, weil sie Deutschland nicht genügend nationale Unabhängigkeit geben. Sie streben ein wiedervereinigtes Deutschland mit einer Armee an, das im Spannungsfeld zwischen Ost und West die Situation zu Zugeständnissen von beiden Seiten ausnützen könnte. Auf diese Parole hofft man, alle Neutralisten und Anhänger des dritten Standpunktes in Deutschland sammeln zu können.«[202]

Best war also schort zu einem sehr frühen Zeitpunkt mit der »Unterwanderung« des Düsseldorfer Landesverbandes der FDP in Verbindung gebracht worden. Über seinen tatsächlichen Einfluss dort hinausreichend, erweckte Bests Name in der Öffentlichkeit seither eine im Einzelnen unklare, im Ganzen aber doch etwas schaudernd-geheimnisvolle Assoziation von Gestapo, Boxheim-Affäre und dänischem Todesurteil. Die Eingeweihten hingegen, zu denen jedenfalls der englische Geheimdienst und der mit ihm verbundene nordrhein-westfälische Verfassungsschutz zählten, sahen die mit dem Wiedereinstieg Bests in die Politik verbundenen Gefahren etwas genauer: Nach dem Tod Himmlers, Heydrichs und Kaltenbrunners war Best als einstiger Stellvertreter Heydrichs der ranghöchste in Westdeutschland lebende Vertreter von Gestapo und RSHA. Wenn nun selbst Best als integer und politisch integrationsfähig galt – von wem aus der einstigen NS-Spitze wollte man sich dann noch absetzen?

Die Verhaftungsaktion

Anfang Dezember informierte der britische Hochkommissar die Bundesregierung über diese Entwicklung, und einige Wochen später wurde ihr eine Zusammenstellung der Erkenntnisse des britischen Geheimdienstes zugänglich gemacht, aus der hervorging, wie weit die Tätigkeit des »Naumann-Kreises« mittlerweile vorangeschritten war und welches Stadium die Unterwanderung der FDP bereits angenommen hatte.[203] Am 15. und 16. Januar 1953 schließlich verhaftete die britische Militärpolizei Naumann sowie sieben weitere Angehörige seines »Kreises«, darunter Gustav Scheel, den einstigen Reichsstudentenführer und Salzburger Gauleiter, Karl Kaufmann, einst Gauleiter in Hamburg, sowie Paul Zimmermann, ehemals Brigadeführer im Wirtschafts- und Verwaltungshauptamt der SS – nicht aber Werner Best, der zu der Naumann-Gruppe zwar über Achenbach und auch direkt in Kontakt gestanden, eine unmittelbare Beteiligung an den politischen Verabredungen aber offenkundig vermieden hatte. Zudem stand Naumanns geheimbündlerischer Stil auch im Widerspruch zu Bests Postulat von Legalität und »Sachlichkeit«. Für einen ernsthaften politischen Partner hielt Best den einstigen Staatssekretär wohl nicht, obwohl er die hier verfolgte Zielsetzung – Aufbau einer rechten Sammelpartei auf der Grundlage der FDP, unter Einschluss des einstigen NS-Führungspersonals – unterstützte. Jedenfalls lag gegen Best nichts vor, das eine Verhaftung gerechtfertigt hätte.

Mit dieser Verhaftungsaktion war etwas eingetreten, womit die westdeutsche Öffentlichkeit schon überhaupt nicht mehr gerechnet hatte: Die alliierten Besatzungsmächte machten von ihrem Interventionsvorbehalt in spektakulärer Art und Weise Gebrauch und demonstrierten der darob konsternierten westdeutschen Öffentlichkeit, dass die Hochkommissare allen quasi-diplomatischen Gepflogenheiten im Umgang mit der Bundesrepublik zum Trotz nach wie vor die eigentlichen Machthaber in diesem Land waren und auch keine Scheu zeigten, diese Macht einzusetzen, wenn auf deutscher Seite die verlangte Distanz zum Nationalsozialismus nicht eingehalten wurde – und genau das war, jedenfalls in den Augen der Engländer, um die Jahreswende 1952/53 der Fall.[204]

Dass sie mit dieser Einschätzung nicht ganz falsch lagen, wurde ein paar Tage später auch von amerikanischer Seite bestätigt, als der Hochkommissar die neuesten demoskopischen Daten über die politische Einstellung der westdeutschen Bevölkerung veröffentlichte. Danach hatte sich die Zahl derer, die am Nationalsozialismus mehr Gutes als Schlechtes erblickten, vom Mai 1951 bis Dezember 1952 von 34 auf 44 Prozent erhöht; und unter den Jugendlichen zwischen 18 und 24 Jahren befürworteten 56 Prozent der Befragten, dass es nur eine einzige starke und nationale Partei geben solle.[205]

Die Reaktionen in der Bundesrepublik auf die britische Verhaftungsaktion waren nahezu ausnahmslos ablehnend. Kennzeichnend war allerdings, dass man nicht die Geheimbündeleien einstiger NS-Spitzenfunktionäre, sondern die vermeintliche Verletzung der deutschen Souveränität durch die Aktion der britischen Besatzungsmacht beklagte und weitreichende Spekulationen darüber anstellte, was die Engländer bloß zu einem solchen Vorgehen und die Amerikaner zur Veröffentlichung solcher Umfragen veranlasst haben könnte – selbst die SPD sah darin in erster Linie den Versuch, die Deutschen bei der Vertretung »ihres Standpunktes, ihrer Wünsche und Forderungen« gegenüber den Westmächten zu behindern und »von außen her deutsche Innenpolitik machen zu wollen«.[206]

Eine vom Mainstream der öffentlichen Meinung auf bemerkenswerte Weise abweichende Position zu dem Vorgehen der Engländer vertrat hingegen Konrad Adenauer. Er sei »alles andere als traurig« über die Naumann-Aktion, bekannte er im CDU-Bundesvorstand, und sei darüber vom britischen Hohen Kommissar Kirkpatrick auch frühzeitig informiert worden. Aufgrund der ihm vorgelegten Dokumente sei er von der Richtigkeit des englischen Vorgehens durchaus überzeugt. »Ich glaube, diese Aktion wird wirklich dazu beitragen, dass diese rechtsradikalen Elemente zurückgedrängt werden«, fügte er hinzu, und da »dieses Geschwür im Entstehen ausgelöffelt« worden sei, glaube er auch, dass in den nächsten Jahren »keine derartigen Dinge« mehr zu befürchten seien. Vielmehr werde die weitere Stabilisierung der Bundesrepublik schon bald dazu führen, »daß die Rudimente der nationalsozialistischen Zeit so verkümmert sind, daß wir dann nichts mehr zu befürchten haben werden ... Also, dieser Fall Naumann verspricht eine Aktion von großer innenpolitischer Bedeutung auch für die Zukunft zu werden.«[207]

Gleichwohl machte sich Adenauer über die verbreiteten Auffassungen bezüglich der NS-Vergangenheit in der bundesrepublikanischen Bevölkerung und deren Wahrnehmung vor allem im westlichen Ausland keine Illusionen. Die Deutschen überschätzten sich maßlos, erklärte er in einem Pressegespräch am 12. Januar: »Es ist wahrhaftig nicht so, daß die anderen Völler vergessen haben ... was der Nationalsozialismus nicht nur über Deutschland, sondern über die Welt gebracht hat ... Die Deutschen meinen, wir seien von den anderen Völkern wieder aufgenommen, als auch moralisch gleichberechtigte Par1ner, sogar als Freund. Das aber ist ein Irrtum.«[208]

Die große – und insgesamt positive – Bedeutung, die Adenauer der englischen Verhaftungsaktion beimaß, rührte aber vor allem daher, dass er das Vorhaben Middelhauves und seines Umfelds, auf Basis des rechten FDP-Flügels eine große Partei der nationalen Sammlung ins Leben zu rufen, insbesondere im Hinblick auf die anstehende Bundestagswahl als ernsthafte Gefahr angesehen hatte. Dieser Versuch sei nun aber durch die Verhaftungsaktion als gescheitert anzusehen, was sich, wie Adenauer immer wieder hervorhob, im Hinblick auf die in der Weimarer Republik mit den Deutschnationalen gemachten Erfahrungen nur positiv auswirken könne.[209] Von einer ernsthaften Gefährdung der Demokratie in der Bundesrepublik durch nationalistische Gruppierungen hingegen könne keine Rede sein, und insofern würde durch die amerikanischen Umfrageergebnisse auch ein ganz falsches Bild entstehen. Vergleiche man die jetzige Situation in der Bundesrepublik nämlich mit derjenigen in der Weimarer Republik wenige Jahre nach dem Ersten Weltkrieg – und das allein war die für Adenauer hier ausschlaggebende Perspektive –, so sehe man, um wie viel stabiler die innenpolitische Situation in der Bundesrepublik bereits sei.[210]

Mit dieser kühlen Analyse unterschied sich Adenauer von beinah allen anderen führenden Bonner Politikern der Koalition wie der Opposition. Aber es erwies sich, dass er mit seiner Einschätzung der politischen Bedeutung der Affäre durchweg richtig lag: Durch die Demonstration der Interventionsbereitschaft von Seiten der Alliierten, aber auch durch das im Oktober des Vorjahres erfolgte Verbot der neonazistischen SRP durch die deutsche Justiz, war entgegen allen neonationalistischen Eruptionen die offene Bekundung von Sympathien für den Nationalsozialismus aus dem Feld des politisch Akzeptierbaren hinausgedrängt worden. Spätestens bei den Bundestagswahlen im Herbst 1953 wurde endgültig sichtbar, dass der Rechtsradikalismus in der Bundesrepublik jedenfalls als Parteiformation vorerst und offenkundig auf lange Sicht gescheitert war. Zwar wurden Naumann und die übrigen Verhafteten bald wieder aus dem Gefängnis entlassen und schließlich sogar vor Gericht freigesprochen, aber politische Bedeutung erlangten sie nicht mehr. Naumann machte noch eine Zeitlang in der neonazistischen DRP Furore und geriet dann in Vergessenheit.[211]

Achenbach

In der FDP allerdings zogen sich die Auseinandersetzungen um die Naumann-Affäre noch das ganze Jahr über hin, immer wieder gefördert durch die nun allmählich durchsickernden Einzelinformationen über das Ausmaß der Infiltration der nordrhein-westfälischen FDP durch ehemalige Nationalsozialisten. Diese Auseinandersetzungen verbanden sich mit jenem schon seit längerem schwelenden Richtungsstreit zwischen dem nationalistischen Flügel und den liberalen Demokraten in der Partei.[212] Sie führten gleichwohl zu einem relativ eindeutigen Ergebnis: Der Versuch, eine nationalistische Sammlungspartei auf Grundlage einer scharf nach rechts verlagerten FDP zu schaffen, war gescheitert; der Vormarsch einstmals führender Nationalsozialisten innerhalb der Partei und in ihrem Umfeld war zumindest gebremst, wenn nicht gestoppt worden. Das Konzept der politischen Integration einstiger NS-Anhänger und auch ehemaliger NS-Funktionäre hingegen wurde weiter befördert – nun aber unter veränderten Ausgangsbedingungen.

Im Mittelpunkt dieser die Partei bis an den Rand der Spaltung führenden Debatte stand Ernst Achenbach. Seit die Kanzlei Achenbach zusammen mit Friedrich Grimm auch noch die Verteidigung Naumanns übernommen hatte, wuchs die Zahl der innerparteilichen Kritiker, die nun forderten, Achenbach müsse seine Parteiämter, vor allem den Vorsitz im Außenpolitischen Ausschuss, niederlegen.

Nun wurde auch in der Parteiführung intern unverblümt ausgesprochen, was bis dahin offiziell meist übergangen worden war. »Es herrscht eine Methode unter den Leuten«, berichtete das Mitglied des Gesamtvorstands, Ilg, über gemachte Erfahrungen mit ehemaligen NS-Führern in der FDP, »die erschütternd ist. Wenn Herr Zoglmann auf die Frage, warum er sich vor Verbrecher in seiner Zeitung stelle, antworte, man müsse vergeben können und man könne ruhig einen SS-Mann trotz Umlegung von 3.000 Juden aus der Haft entlassen, steht mir der Verstand still, wieso er nur eine Minute länger geduldet werden kann.« Dass Leute wie Fritsche oder Best im nordrhein-westfälischen Landesverband über einigen Einfluss verfügten, war seit längerem bekannt gewesen; aber als Middelhauve dies als Akt der notwendigen politischen Reintegration verteidigte, wurde ihm nun entgegengehalten: »Kommen Sie eigentlich nicht im Lande herum? Hören Sie nicht jeden Tag: Wartet noch zwei Jahre, dann kommen wir wieder?«[213]

Als dann Thomas Dehler – offenbar von Adenauer mit englischem Geheimdienstmaterial vertraut gemacht – im Bundesvorstand eingehender über Achenbachs Kontakte zu Naumann, seine Einwirkungen auf die Personalentscheidungen im Landesverband und über seine Verbindungen zu Best und Diewerge berichtete, war die Parteirechte endgültig in die Defensive geraten.[214] Allerdings hatte sich Achenbach zwischenzeitlich in den Landesvorstand der nordrhein-westfälischen Partei wählen lassen und zudem im Ruhrgebiet mit einer propagandistischen Gegenoffensive begonnen, so dass die Forderungen nach Rücktritt oder gar Ausschluss aus der Partei zunächst nicht wirksam wurden.[215] Erst nachdem Dehler weiteres Material, darunter Briefe und abgehörte Telefonate Naumanns, die Achenbach schwer belasteten, vorlegte, beschloss der Bundesvorstand, das Ausschlussverfahren gegen ihn zu eröffnen.[216] Aber auch das wurde vom Düsseldorfer Landesverband abgewehrt. Vielmehr war Achenbach in Essen sogar zum Direktkandidaten für den Bundestag aufgestellt worden, was den Parteivorsitzenden Blücher zur Androhung seines Rückzugs und damit der Parteispaltung bewog.[217] Damit aber hatte Achenbach sein Konto überzogen. Als die Belege, wonach Achenbach als Initiator der neonazistischen Unterwanderung der Partei gelten musste, unabweisbar geworden waren, verlor er seine wichtigsten Parteifunktionen; er wurde nicht auf die Landesliste gesetzt und musste auch sein Amt als Vorsitzender des Auswärtigen Ausschusses aufgeben.

In der FDP war er außerhalb Nordrhein-Westfalens, ja des Ruhrgebiets, mittlerweile ziemlich isoliert und hatte dadurch auch einen Großteil seiner politischen Verbindungen, etwa ins Justizministerium, verloren. Eingänge von Achenbach und Best wurden hier nurmehr dilatorisch behandelt; vor einem Kontakt mit Best wurde im Justizministerium schließlich sogar ausdrücklich gewarnt.[218] Ende Juli verweigerten die Gewerkschaften sogar Achenbachs Wiederwahl zum Aufsichtsrat der größten Ruhrzeche. Die Nichtwahl Achenbachs, hieß es in der Presse, sei politisch vor allem deshalb bedeutsam, »weil die mit diesem Aufsichtsratsposten verbundenen Einkünfte einen wichtigen Rückhalt für die politische Tätigkeit Dr. Achenbachs darstellen«. Am gleichen Tag verlor er den Aufsichtsratsposten bei Feldmühle, einer Firma von Hugo Stinnes.[219] Man nahm Achenbach offenbar übel, dass durch ihn auch die Namen von Stinnes und anderen Industriellen in der politischen Öffentlichkeit in Zusammenhang mit Naumann und anderen Nazi-

Größen gebracht worden waren. »Gerade die alten Geldgeber«, hieß es in der »Zeit«, die »als Kaufleute klug und vorsichtig zu disponieren pflegen, sehen die FDP Nordrhein-Westfalens nicht mehr als ein solventes politisches Unternehmen an.« Jedenfalls vorerst, musste man hinzufügen.[220]

Achenbachs rasanter politischer Aufstieg schien damit beendet; und nach der verlorenen Bundestagswahl vom September, die in der FDP nicht ganz zu Unrecht auch auf das Naumann-Debakel zurückgeführt wurde, zog er sich für eine Weile zurück. Aber schon ein Jahr später gelang ihm ein Comeback. Achenbach hatte im Frühjahr 1954 in der westdeutschen Industrie die für die Zeit durchaus erhebliche Summe von 35.000,– DM an Spendengeldern für die Partei gesammelt, welche jedoch mit Auflagen versehen waren: Allein er selbst hatte über die Verwendung der Gelder zu bestimmen. Dies allein schon festigte seine Position in der Partei in wieder zunehmendem Maße, und Middelhauve nahm die Gelegenheit gern wahr, Achenbachs Begehren um Rehabilitation zu unterstützen. Er sei »einst kein Nazi gewesen und sei jetzt kein Neo-Nazi«, betonte Achenbach in einem Gespräch mit dem Landesvorsitzenden und wies die parteiinterne Kritik an seinem politischen Gebaren hochfahrend als »selbstgerechtes Pharisäertum einer Art bekennender liberaler Hochkirche« zurück, die mit wahrem Liberalismus nichts zu tun habe.[221]

Es half Achenbach in diesem Zusammenhang sehr, dass einer seiner schärfsten Kritiker der aus dem Umfeld des 20. Juli stammende Verfassungsschutzpräsident John gewesen war. Denn nachdem John auf eine bis heute etwas mysteriöse Weise in die DDR gewechselt war, konnte Achenbach die Kritik an seinen Verbindungen zum Naumann-Kreis jetzt pauschal als kommunistisch gesteuert hinstellen. Johns Verrat, so schrieb er an Middelhauve triumphierend, »dürfte manche Dinge des vorigen Jahres in eine sonderbare Beleuchtung rücken ... Der Unterschied zwischen Herrn John und mir besteht nicht darin, dass er Widerstandskämpfer und ich Neo-Nazi wäre – ich habe sicher mehr möglichen Widerstand geleistet als er –, sondern darin, dass er unanständig und ich anständig bin.«[222]

Diese bemerkenswerten Äußerungen Achenbachs beleuchten den Kontext seines politischen Wiederaufstiegs – zum einen war die Auseinandersetzung mit der NS-Vergangenheit nun endgültig in den Strudel des Kalten Krieges geraten, und so wie die DDR in den Folgejahren den Antifaschismus als Instrument des Kalten Krieges gegen die Bundesrepublik ebenso virtuos wie skrupellos einsetzte, konnte die Kritik an der Eliten-Kontinuität oder an der faktischen Einstellung der Strafverfolgung von NS-Verbrechen in der Bundesrepublik nun mehr und mehr als kommunistisch oder den Kommunisten dienend denunziert werden.[223]

Zum anderen verweist der in dem Schreiben Achenbachs so apodiktisch gebrauchte Terminus der »Anständigkeit« auf eine charakteristische Rechtfertigungsargumentation: Man sei, unabhängig von den Handlungen, in die man – kriegsbedingt – verwickelt worden sei, auch in solchen extremen Situationen »anständig« geblieben.[224] Hierbei spielte Achenbach auf die laut gewordene – und auch von John geäußerte – Kritik an seiner Beteiligung bei den Judendeportationen aus Frankreich an. In diesem Begriff der »Anständigkeit« klingt einerseits noch mit, was während der NS-Zeit zum Teil nur künstlich stilisiertes, zum Teil echtes und insgeheimes Verständigungskriterium der Eingeweihten gewesen war: Die Unterscheidung nach »Anständigkeit« gab an, ob sich jemand hatte tatsächlich verbiegen lassen oder unterhalb der unvermeidlichen Pflichterfüllung einen geraden Sinn, Hilfsbereitschaft oder Menschenfreundlichkeit hatte erhalten können. Aber weil solche Unterscheidungen in Diktaturen eben nur innerhalb von Gruppen mit klarem, wenn auch nicht unbedingt explizitem Ehrenkodex präzise funktionieren, boten sie sich nach dem Krieg als preiswerte Selbsterhöhung förmlich an. Zudem schwingt in der hier von Achenbach gebrauchten Formel auch noch etwas anderes mit: das Motto der inneren Distanz – der emotionalen Unbeteiligtheit an dem Schrecklichen, an dem man mittat –, das in dieser Generation eine so große Rolle spielte und insinuierte, selbst der an Verbrechen Beteiligte könne, wenn er nur die bürgerlichen Sekundärtugenden bewahre, »anständig« bleiben. In dieser Begrifflichkeit spiegelt sich einerseits die Abgrenzung vom »wirklichen Verbrecher« wider, die in der Amnestie-Kampagne so stark im Vordergrund stand. Andererseits sind aber auch die Verbindungen zum Postulat der »Anständigkeit« im Selbstverständnis der SS oder zu Bests Formel von der politischen Straftat ohne persönliche Motive des Täters unübersehbar.

Achenbach forderte nun ein Gespräch mit Dehler, bei dem jener die gegen ihn erhobenen Vorwürfe zurückziehen solle. Dies geschah, und Achenbachs politischem Wiederaufstieg stand nichts mehr im Wege. Seit 1957 im Bundestag und seit 1964 im Europäischen Parlament, wurde er zu einem der einflussreichsten Außenpolitiker der FDP, vor allem während der Ära Brandt.[225] Ob Achenbachs Einpassung in die neuen Verhältnisse aus bloßem Opportunismus oder sich wandelnder Überzeugung geschah, ist kaum voneinander zu unterscheiden. Indem man seinen Opportunismus akzeptierte, wurde wohl auch die Grundlage zu einem tatsächlichen Einstellungswandel gelegt.

Ausgrenzung in den Wohlstand

Eine der Voraussetzungen für Achenbachs Comeback im Sommer 1954 hatte darin bestanden, dass er sich von seinem politisch belasteten Umfeld distanzierte – und das bezog sich erkennbar zuerst auf Werner Best. Dass Bests Name im Kontext des Naumann-Skandals mehrfach genannt worden war, erwies sich für den Prozess seiner stillen Reintegration nun als sehr schädlich. Nicht, dass ihm mehr hätte vorgeworfen werden können als anderen, die in hohen NS-Positionen gestanden hatten – aber Best war nun im politischen Zusammenhang erwähnt und dabei seine nationalsozialistische Vorgeschichte in der Öffentlichkeit angesprochen worden.[226] Dass sich dies nun nachteilig auszuwirken begann, verdeutlicht die Veränderungen, die im Verlaufe des Jahres 1953 in Westdeutschland einzutreten begannen.

Best hatte schon frühzeitig bemerkt, dass sich ein solcher Wandel vollzog. Bereits unmittelbar nach der Bundestagswahl äußerte er sich öffentlich scharf kritisch über Naumann – ein überaus eitler, geradezu infantiler Politiker sei dieser, der politisch viel Porzellan zerschlagen habe und zu dem er jeden Kontakt ablehne. Gleichwohl sei nicht zu übersehen, fuhr er fort, dass die FDP nach wie vor der beste Weg sei, »um das Problem der ehemaligen nationalsozialistischen Politiker in Deutschland zu lösen«.[227] Und in einer nach den Bundestagswahlen revidierten Fassung seiner weiterhin emsig verbreiteten Denkschrift über die Generalamnestie hieß es nun wie selbstverständlich, dass die Bundesregierung bei den stattgehabten Wahlen einen großen Sieg »gegen die erfreulich schwachen Spuren eines Radikalismus von links und rechts errungen« habe – und daher nun stark genug sei, um alle Straftaten aus der NS-Zeit, die nicht aus persönlichen Motiven begangen worden seien, zu amnestieren.[228]

Angesichts der realen Machtverhältnisse, wie sie sich in der Naumann-Aktion und in der Bundestagswahl ausgedrückt hatten, gab es für Best vorerst keine Alternativen mehr zur bestehenden politischen Struktur, und nie wäre es ihm eingefallen, nun etwa wie Naumann im Umfeld des Bierhallen-Faschismus als politischer Obstrukteur aufzutreten; zumal er sich gute Chancen ausgerechnet hatte, in naher Zukunft wieder in den öffentlichen Dienst – womöglich ins Auswärtige Amt, vielleicht als Europa-Spezialist? – zurückzukehren. Aber dies war nun, – nachdem die deutsche und, wichtiger noch, die Öffentlichkeit des westlichen Auslands auf ihn aufmerksam geworden war, kaum mehr möglich. Nach längerem Verfahren, das für ihn zunächst günstig gestanden hatte, wurde sein Antrag auf Wiedereinstellung in den Dienst des Auswärtigen Amtes ebenso abgelehnt wie derjenige auf Zahlung von Übergangsgeld nach Artikel 131.[229]

Mit dieser Entscheidung war Bests weiterer Werdegang völlig offen; denn auch in seiner Funktion in der Essener Anwaltskanzlei konnte er nicht mehr lange bleiben. Einerseits war Best für den um seinen Wiederaufstieg bemühten Achenbach mittlerweile zu einer politischen Belastung geworden, zum anderen waren diesem nach dem Verlust der Aufsichtsratsmandate auch die Mittel knapp geworden. Bis zum Herbst 1953 hatte die Landesgeschäftsstelle der FDP noch einen Zuschuss für Best gezahlt, aber auch der fiel nun weg.[230] Schließlich wurde auch Bests Antrag, als Rechtsanwalt zugelassen zu werden, unter Hinweis auf seine politische Vergangenheit und sein fehlendes Entnazifizierungsverfahren abschlägig beschieden.[231]

Innerhalb von kaum zwei Jahren waren damit Bests zunächst durchaus realistisch scheinenden Hoffnungen auf eine Fortsetzung seiner Karriere als Diplomat oder Verwaltungsjurist zerstoben, und auch die von ihm wie von anderen stets bemühte historische Parallelisierung der gegenwärtigen Entwicklung mit jener der frühen zwanziger Jahre hatte sich als Schimäre erwiesen. Die neuen Ausgrenzungsmechanismen begannen wirksam zu werden, und anders als Achenbach galt Best sowohl aufgrund seiner Vorgeschichte in Gestapo und SS als auch wegen seiner politischen Nachkriegsverbindungen als weder in der Politik noch in der Ministerialverwaltung tolerierbar.

Das bedeutete nicht, dass seine berufliche Karriere beendet war – die Wirtschaft stand ihm offen und bot gute Aufstiegschancen, und auch seine weiterhin guten privaten Kontakte in die Ministerien rissen nicht ab. Aber von der respektierten politischen Öffentlichkeit Westdeutschlands war Best fortan ausgeschlossen.

Während der ersten vier Jahre der Bundesrepublik hatte der Aufschwung des Nationalismus, die Revision des mit dem Nürnberger Tribunal verbundenen

Denazification-Programms der Alliierten und die Rehabilitierung und Reintegration der einstigen NS-Eliten ein Ausmaß angenommen, das man in den ersten Jahren nach dem Krieg nicht hätte für möglich halten können. Diese Entwicklung hatte Best die Freiheit gebracht und ihn schließlich zurück in die politische Arena geführt. Zugleich aber und in Reaktion darauf bildeten sich – auf Druck vor allem der Westalliierten, aber doch wohl auch des Bundeskanzleramtes – seit 1952/53 klare Grenzen der Integrations- und Toleranzbereitschaft des neuen Staates gegenüber der postnationalsozialistischen Rechten heraus: Durch das Verbot der SRP war die explizite und vor allem öffentliche Zustimmung zur Politik und Ideologie des NS-Regimes ausgegrenzt worden. Die Verhaftung der Naumann-Gruppe hatte die stets vorhanden gewesene, aber mittlerweile beinahe schon verblasste Interventionsdrohung der Westmächte nachhaltig in Erinnerung gerufen und deutlich gemacht, dass die politische Betätigung ehemals führender Nationalsozialisten in offen oder verkappt neonationalsozialistischem Sinne als nicht toleranzfähig diskriminiert wurde. Das wichtigste Signal aber waren die Bundestagswahlen vom September 1953, in denen die rechtsradikalen Parteien in die Bedeutungslosigkeit abgedrängt worden waren und die christlich-bürgerliche CDU die absolute Mehrheit gewonnen hatte. Die Politik Adenauers gegenüber den ehemaligen Nationalsozialisten hatte sich insofern bestätigt, als eine beinahe vollständige soziale Reintegration unter der Voraussetzung der jedenfalls öffentlichen Bejahung der demokratischen Republik und des Verzichts auf neonationalsozialistische Betätigung erreicht worden war.

Wer die hier festgelegten Grenzen beachtete, konnte in den nun folgenden Jahren relativ ungestört seine Geschäfte betreiben, ohne dass die politische Vergangenheit während der NS-Zeit dabei hinderlich wurde. Diese Grenzen zu ignorieren wurde hingegen fortan mit dem Verlust der politischen, nicht selten auch persönlichen und sozialen Reputation bestraft. Der hiervon ausgehende, stets spürbare Anpassungsdruck fiel jedoch allmählich um so leichter, als die Bonner Republik nicht nur äußerst großzügig mit den einstigen Nationalsozialisten umging, sondern sich, wie seit 1953 zunehmend bemerkbar, auch als ausgesprochen erfolgreiches, weil politisch stabiles und wirtschaftlich erstarkendes Unternehmen zu erweisen begann. Warum sollte man sich also weiterhin mit jenem gescheiterten Regime identifizieren, das den einzelnen auch persönlich die größte Niederlage ihres Lebens beigefügt hatte?

Das Interesse der meisten einstmals führenden Nationalsozialisten an öffentlicher politischer Aktivität in der Bundesrepublik, soweit diese über juristische und historische Rehabilitierungsbestrebungen hinausging, war daher spätestens seit den Wahlen vom Herbst 1953 sehr gering und nahm weiter ab. Um so bedeutender wurde seither die Frage, welche sozialen Perspektiven den ehemals führenden Nationalsozialisten offenstanden. Für die Spitzen der Verwaltung, der Justiz und der Ministerialbürokratie war diese Frage relativ einfach zu beantworten. Unterhalb der Staatssekretärsebene bildete sich eine beinahe vollständige personelle Kontinuität heraus, die von der westdeutschen Regierungsspitze und den Westalliierten akzeptiert wurde, solange der Comment der – jedenfalls öffentlichen – Verdammung des Nationalsozialismus und der Bejahung der westdeutschen Demokratie nicht durchbrochen wurde.[232]

Für die ersten Reihen der NS-Eliten hingegen blieben Spitzenpositionen in der Politik und der Ministerialverwaltung in der Regel verschlossen; wichtige Ausnahmen bildeten dabei zum einen die nur Eingeweihten in ihrer Funktion bekannten einstigen führenden Beamten der deutschen Besatzungsbehörden im Osten und weite Bereiche der westdeutschen Justiz. Wo diese – gewiss nicht hinreichend trennscharfen, aber wirksamen – Grenzen überschritten wurden, bildete sich jenes Skandalpotential heraus, das mit Namen wie Globke und Oberländer oder später eben auch Achenbach die westdeutsche Öffentlichkeit seit den frühen sechziger Jahren in zunehmendem Maße zu beschäftigen begann.

Für die von Politik und Verwaltung Ausgeschlossenen hingegen blieben die freien Berufe und die Wirtschaft, meist vermittelt durch alte, nicht selten bis in die Studienzeit zurückreichende Kontakte. Im Ganzen zeigt sich dabei, etwas vergröbert, dass die einst führenden Nationalsozialisten nach einiger Zeit etwa diejenige soziale Position wieder erreicht hatten, die ihrem Ausgangspunkt vor Beginn des »Dritten Reiches« – ihrer sozialen Herkunft und ihrer Ausbildung vor allem – entsprach.[233]

Während die sich vorwiegend aus dem Milieu der ungebundenen Arbeiterschaft und dem Kleinbürgertum rekrutierenden mittleren und zum Teil auch hohen Ränge von Partei und SA, wohl auch der Waffen-SS, offenbar häufig noch bis in die späten 50er Jahre hinein keine stabile wirtschaftliche Grundlage für sich erreichen konnten und ihr Auskommen im übrigen auf höchstens mittlerem sozialen Niveau fanden, gelang außer den leitenden Ministerial- und Justizbeamten auch den ehemaligen Spitzen von Sicherheitspolizei und SD, in denen der Typus des, meist juristisch ausgebildeten, Akademikers aus der Mittel- und Oberschicht überwog, die Rückkehr in die Bürgerlichkeit auf zum Teil sehr hohem Niveau. Die Industrie an Rhein und Ruhr bot dabei für viele ein neues Betätigungsfeld. Neben Best fand auch Wilke, zuvor FDP-Geschäftsführer, Beschäftigung bei Stinnes; Rudolf Rahn, der einstige Botschafter in Italien, wurde Generalsekretär von Coca-Cola in Essen (und fand ebenfalls Kontakt zum FDP-Umfeld); in Duisburg wurde Bernhard Baatz, der einstige Ausländer-Referent im RSHA und Einsatzgruppenführer, Direktor bei Mannesmann; der Befehlshaber der Sicherheitspolizei in Belgien, Canaris, fand Stellung bei den Henkel-Werken in Düsseldorf. Nahezu alle, die aus der Führungsgruppe von Gestapo und RSHA stammten und in den Folgejahren mit Best wieder Kontakt aufnahmen, lebten in guten und sehr guten sozialen Verhältnissen.[234]

Dieser politische Ausgrenzungsprozess der einstigen NS-Eliten war mithin ein Abdrängen in den Wohlstand. Da nun die politische und wirtschaftliche Aufwärtsentwicklung in Westdeutschland ihnen die Möglichkeit zum sozialen Wiederaufstieg bot und die juristische Verfolgung von NS-Verbrechen praktisch zum Stillstand gekommen war, wurde ihr Interesse an erneuter politischer Betätigung, vor allem im Umfeld der Rechtsradikalen, immer geringer. Je länger aber diese Entwicklung dauerte und je besser die eigene soziale Lage wurde, desto unwirklicher und ferner wurde die Vergangenheit, die mit der behäbigen bürgerlichen Sekurität, die die einstigen NS-Größen nun bald umgab, kaum mehr in Verbindung zu bringen war: ein Prozess der Abstraktion und Entsinnlichung der NS-Diktatur, der die Geschichte in zunehmendem Maße ihres Personals und ihrer

Orte beraubte, so dass man sich in der Öffentlichkeit mit einigem Pathos gegen die vergangene Gewaltherrschaft aussprechen konnte, ohne sich mit konkreten Orten und wirklichen Menschen – weder den Tätern noch den Opfern – befassen zu müssen.

VII. Vergangenheit und Gegenwart

1. Sinngebung und Entlastung

Im Dezember 1953 schied Werner Best aus der Kanzlei Achenbach aus. Damit endete für ihn die Verbindung von Politik und Beruf, die 23 Jahre zuvor mit seiner Suspendierung vom Richteramt nach der Boxheim-Affäre begonnen hatte. Nachdem nun alle anderen Wege vorerst versperrt schienen, entschloss sich Best, ein Angebot von Hugo Stinnes anzunehmen und als Justitiar und Mitglied des Direktoriums in dessen Unternehmen einzutreten. Die Dachgesellschaft dieser verschachtelten und etwas unübersichtlichen Firmengruppe, zu der u. a. die Bremer Atlas-Werke, eine Reederei sowie verschiedene Handelsgesellschaften gehörten, war die Hugo Stinnes Industrie- und Handel GmbH in Mülheim an der Ruhr; als Justitiar der Zentrale wurde Best nun zunächst vor allem für die steuerlichen und steuerrechtlichen Fragen zuständig und zudem Mitgeschäftsführer einer Reihe von Einzelfirmen.[1]

Schon nach kurzer Zeit hatte sich Best mit der ihm eigenen Energie in das neue Sachgebiet eingearbeitet und fand in seiner neuen Position schnell Zugang zur Geschäftswelt des Ruhrgebiets; zumal er fast überall in den Unternehmen der Ruhr-Industrie, in den Justizverwaltungen, Ministerien und Rechtsanwaltskanzleien auf Männer traf, die er von früher her kannte und die dort, wie er selbst, meist sehr erfolgreich agierten.[2]

Best war mittlerweile 50 Jahre alt. Nach so langer Zeit lebte er nun mit seiner Familie wieder in sicheren, bald sogar in sehr guten wirtschaftlichen Verhältnissen. 1956 verlegte er den Familienwohnsitz aus dem niederrheinischen Dorf Rumeln nach Mülheim. Seine älteste Tochter heiratete wenig später; der älteste Sohn studierte in München Maschinenbau, die drei anderen Kinder besuchten das Gymnasium. Drei Jahre nach seiner Entlassung aus dänischer Haft hatte Best Anschluss an das bürgerliche Leben gefunden, und es war nicht absehbar, dass sich dieser Zustand je wieder ändern sollte.

Es war Best selbst, der dieses Areal der gutbürgerlichen Sekurität und Amnesie immer wieder verließ – und darin unterschied er sich doch erheblich von den meisten ehemaligen NS-Spitzenleuten, welche heilfroh waren, noch einmal auf die sichere Seite geklettert zu sein. Zwar blieben auch sie häufig auf die Jahre des NS-Regimes fixiert und suchten nach Rechtfertigungselementen und nach Entlastung – aber doch eher im privaten Bereich, im kleinen Zirkel oder im »lunatic fringe« von Traditionsverbänden und Soldatenzeitungen. Nicht so Best, ihn trieb es weiter um; die von ihm gesuchte Bühne war die informierte Öffentlichkeit außerhalb der alten Nazi-Kreise. Und obwohl er noch 36 Jahre zu leben hatte, gewann er doch nie mehr ein wirklich vertrautes Verhältnis zur Gegenwart. Die Vergangenheit, die zwölf Jahre zwischen 1933 und 1945 blieben der Bezugspunkt seines Lebens.

Noch im dänischen Gefängnis und dann nach seiner Entlassung hatte sich Best vor allem darum bemüht, seinem Leben wieder einen »Sinn«, eine philosophische Grundierung zu geben und zu einer bündigen Darstellung und Wertung seiner Tätigkeiten und Erfahrungen während der NS-Zeit zu gelangen. Das bloße Eingeständnis des Scheiterns war für ihn nicht ausreichend. Es musste ein Element der Tragik, der Tiefe, der Größe hinzukommen, das zu seinen Anstrengungen ebenso wie zum Ausmaß der herbeigeführten Katastrophe in Relation stand.

Es war von daher erklärlich, dass Best während seiner beiden letzten Jahre in dänischer Haft zunächst darangegangen war, eine vollständige Nacherzählung und historische Ausdeutung des »Nibelungenliedes« anzufertigen;[3] vermittelte es doch die rechte Grundstimmung von melancholischer Größe und düsterer Tragik, die dann auch seine zur gleichen Zeit und später entstandenen großen Rechtfertigungsmanuskripte durchwehte: einen noch handgeschriebenen Aufsatz »Was wollten wir als Nationalsozialisten?« vom August 1950, eine umfängliche Erinnerungsschrift über die Jahre in Frankreich vom Sommer 1951, eine angestrengt ehrgeizige Ausarbeitung mit dem Titel »Die Philosophie des Dennoch. Grundzüge einer zeitgemäßen ›Philosophie‹« aus dem Jahre 1953, sowie eine Verteidigungsschrift über »Die Gestapo« aus dem gleichen Jahr.[4]

Die Schrift »Was wollten wir als Nationalsozialisten?« unterschied sich nicht nur durch den Titel von den üblichen Rechtfertigungsschriften ehemaliger Nationalsozialisten. Es handelte sich vielmehr um den Versuch einer bündigen Zusammenstellung seiner historischen Interpretation des Nationalsozialismus, gekennzeichnet durch jene für Best typische Mischung aus präzisen Beobachtungen und Einsichten und einem verschroben-legitimatorischen Theoriegebäude, das gleichwohl vorhandenen und unter ehemaligen Nationalsozialisten wohl auch verbreiteten Überzeugungen eine Art von historisch-philosophischem Fundament zu geben versuchte.

Best fasste hierin zunächst seine Auffassungen von der »völkischen Weltanschauung als Grundlage des Nationalsozialismus« zusammen und hob sie ab vom Überzeugungsgut jener »reinen Hitler-Anhänger«, deren politische Vorstellungskraft sich auf die Befolgung von Führer-Befehlen beschränkt habe. Ausgehend wie immer von Fichte und dem Postulat vom »Volk« als Subjekt der Geschichte, leitete er davon die Ablehnung des Individualismus und der Hervorhebung des Werts des Einzelmenschen ab. Einen Wert, so Best, besitze der Einzelmensch nur insoweit, als er für sein Volk zu leben und zu wirken gewillt sei. Schade er hingegen seinem Volk – in eigenem Interesse oder in dem einer »volksfremden Macht« –, müsse er »als eine kranke und schädliche Zelle« angesehen werden, »die aus dem Volkskörper ausgeschieden werden muß, sei es durch Vernichtung oder durch Isolierung«. Das waren vertraute Passagen aus den während seiner Gestapo-Jahre entstandenen Manuskripten, aber in einer Verteidigungsschrift aus der Nachkriegszeit mussten solche blutrünstigen Bekenntnisse doch überraschen.

Das hier entwickelte Paradigma weitete Best dann aus und skizzierte die völkischen Prinzipien im Hinblick auf die Außenpolitik, die »Judenfrage«, das Verhältnis zu den Kirchen, die Wirtschafts- und die Rechtsordnung – wobei deutlich sein stetes Bemühen durchschien, so etwas wie ein einigermaßen geschlossenes Lehrgebäude der »völkisch-organischen Weltanschauung« zu errichten, eine Synthese seiner zahlreichen politisch-theoretischen Veröffentlichungen seit den frühen dreißiger Jahren. Bis 1939, so der zweite Teil seiner Darlegungen, habe die praktische Politik der NS-Regierung auch im Wesentlichen im Einklang mit den völkischen Lebensgesetzen gestanden, und die außerordentlichen Erfolge dieser Politik seien nicht zuletzt darauf zurückzuführen gewesen. Auch die »Röhm-Aktion«, die Konzentrationslager und die »Behandlung der Juden« vor dem Krieg hob er explizit als im »völkischen« Sinne notwendig und richtig heraus. Zweifellos habe es auch bis 1939 viel Kritisierenswertes im nationalsozialistischen System gegeben – vor allem die Ämtervielfalt und Konkurrenz zwischen staatlichen Behörden und Parteiinstitutionen. Aber im Vergleich etwa mit der Situation in der französischen Republik sechs Jahre nach der Revolution von 1789/92 oder in der Sowjetunion des Jahres 1923 seien die Fehler des NS-Staates im Verhältnis zu seinen Erfolgen bis 1939 ganz nachrangig gewesen. Seit 1939 jedoch, genau seit der Inkorporation der »Resttschechei« unter deutsche Herrschaft, habe sich Hitler in seinem »Prophetenwahn« von den völkischen Lebensgesetzen abgewandt und durch die Behandlung der besetzten Länder, die »Helotisierung« der Ostvölker und vor allem die »Behandlung der Juden nach 1939« Verrat an den »richtigen und erfolgreichen« Ideen der völkischen Weltanschauung begangen. Indem Hitler im Osten, statt »das völkische Selbstbewußtsein und den völkischen Freiheitswillen dieser Völker zu heller Flamme zu entfachen«, eine undifferenzierte Unterdrückungspolitik betrieben habe, seien diese Völker in die Arme Stalins zurückgetrieben worden: »Selten hat sich in der Weltgeschichte eine Mißachtung der völkischen Grundsätze so bitter gerächt wie Hitlers Verhalten gegenüber den slawischen Völkern.«

So weit beinhaltete dieser Text keine neuen Überlegungen, wohl aber eine in dieser Form neuartige Zusammenfassung des Bestschen Weltbilds. Die Überlegenheit des »westlichen Individualismus« allerdings mochte Best mit der erlittenen Niederlage Deutschlands ebenso wenig anerkennen wie das Scheitern des weltanschaulichen Entwurfs. Daher griff er zunächst zum klassischen Rechtfertigungsmuster gescheiterter politisch-utopischer Theorien: Ihre eigentliche »geschichtliche Feuerprobe« habe die völkische Weltanschauung noch gar nicht ablegen dürfen, »denn sie ist noch nie und nirgends bewußt und folgerichtig zur Ordnung innervölkischer oder zwischenvölkischer Verhältnisse verwendet worden«. Freilich sah auch Best, dass sie »durch Hitlers Verrat am völkischen Nationalsozialismus heillos kompromittiert« sei. Einen »Sinn« jedoch konnte Best dem Weltgeschehen seit dieser Niederlage nicht mehr entlocken. Die Suche nach Sinn, die für ihn in die Vorstellung vom »Volk« als überparteilichem Wesen gemündet sei, habe ihren Ursprung vielmehr in dem Wunsch des Menschen nach der Vernünftigkeit und Geordnetheit des Geschehens. Tatsächlich aber habe ihn die Erfahrung der vergangenen Jahre gelehrt, dass es eine solche Sinnhaftigkeit nicht gebe und dass dementsprechend teleologische Weltanschauungen als Richtschnur des Handelns und auch der Politik nicht taugten: »Weder das Volk noch der Einzelmensch ist Zweck und ›Sinn‹ der Politik, sondern allein die Abwehr von Not und Gefahr. Was hierfür dienlich ist, ist politisch richtig.«

Das Postulat, dass mit dem Untergang der eigenen Ideen die Ideen überhaupt diskreditiert seien, dass mit dem eigenen Scheitern gleich die ganze Menschheit gescheitert und die Geschichte nunmehr zu Ende sei, fand unter Aufnahme älterer Vorbilder in der gedanklichen Figur des Posthistoire nach dem Krieg bei vielen, vor allem rechten Intellektuellen, einige Verbreitung.[5] Es reduzierte die weitere Entwicklung der Menschheit nach dem eigenen Scheitern auf ein sinnloses und im Grunde verächtliches Dahinleben. Aber auch der »Pessimismus eines nicht teleologischen Weltbildes«, so Best, sei von philosophischer Bedeutung – da der Kampf des »in ein sinnloses Dasein geschleuderten Menschen« gegen das »über ihn hinweg schreitende, ›sinn‹-lose Weltgeschehen« nicht gewonnen werden könne: »Im klaren Bewußtsein, daß dieser Kampf hoffnungslos bleiben muß, ihn dennoch zu kämpfen bis zum unentrinnbaren Unterliegen, das ist Größe und Würde!«

Damit hatte Best wieder Anschluss gefunden an seine vornationalsozialistischen Überzeugungen vom »heroischen Realismus«, wie er sie im Umfeld Jüngers in den späten zwanziger Jahren für sich entwickelt hatte. Das den beiden Lebensphasen Gemeinsame war das Gefühl der aussichtslosen politischen Defensive, des Kampfes auf verlorenem Posten, das nun aber durch die melancholische Larmoyanz, die in der Sinngebung des Sinnlosen lag, kompensiert wurde.

»Philosophie des Dennoch«

Diese Kombination aus »heroischem Realismus« und Posthistoire baute Best anschließend zu einem umfänglichen Traktat über die »Philosophie des Dennoch« aus, indem er weit ausholend dieses »pessimistische Weltbild« als das den »optimistischen« und teleologisch ausgerichteten Erlösungsphilosophien auch ethisch überlegene Konzept erläuterte: »Diejenigen Menschen, deren Wesen dieses ›Dennoch‹ gegen das Weltgeschehen auszusprechen vermag, wählen bewußt das ›pessimistische‹ Weltbild des zweckfreien Weltgeschehens, um sich selbst zu dem ›Dennoch‹ herauszufordern ... Sie wählen es um dieses Zweckes willen, obwohl sie wissen, daß die ›Optimisten‹ es zwar nicht ›besser haben‹ aber es sich oft ›leichter machen‹ können als die ›Pessimisten‹, indem sie die Angst vor den Gefahren des Weltgeschehens durch irgendwelche Geborgenheits- und Hoffnungsvorstellungen beschwichtigen.«

Vom Nationalsozialismus ist in diesem Manuskript Bests schon nicht mehr die Rede. Vielmehr wird dieser ebenso wie Christentum, Bolschewismus und »Individualismus« unter die teleologisch-optimistischen Heilslehren subsumiert. Dem gegenüber steht der einsame, aufgrund seiner Erfahrungen am Heil der Menschheit schon verzweifelte, aber zur Hilfe dennoch bereite Kämpfer. Die »Menschen des Dennoch«, so Best weiter, könnten »nicht als ›Glaubensgemeinschaft‹ zusammengeschlossen und zu bestimmten Zielen geführt werden«; sie setzten sich vielmehr selbstverantwortlich jene Ziele, die sie von Fall zu Fall als notwendig ansähen. Überall »werden die ›Menschen des Dennoch‹ das Äußerste tun, um Unduldsamkeit und Fanatismus auszurotten, Sachlichkeit der Auseinandersetzungen über die jeweiligen Bedürfnisse (›Interessen‹) durchzusetzen und jede Möglichkeit von Glaubenskämpfen und Weltanschauungskriegen zu verhindern. Von dem Maße, in dem die ›Menschen des Dennoch‹ in allen Lagern ihres eigenen Wesens bewußt werden und sich durchsetzen, wird es abhängen, ob und wie lange noch das ›fortgesetzte Morden in metaphysischen Angelegenheiten‹ die Tragödie der Menschheit bleiben wird.«

Es ist unübersehbar, wie Best sich hier darum bemühte, einen neuen Elite-Anspruch zu formulieren. Nur wer also aufgrund eigener Erfahrungen die Sinnlosigkeit des Lebens bereits entdeckt und die strukturelle Gemeinsamkeit aller politischen Heilslehren erkannt habe, sei zur Rettung der Welt vor Weltanschauungskriegen und Untergang in der Lage. Durch die Parallelisierung von Nationalsozialismus, Kommunismus und westlichem Liberalismus sowie des Christentums wurde zugleich auch eine moralische Gleichrangigkeit der Verfechter solcher – jetzt allesamt als überholt anzusehender – Vorstellungen postuliert. Zugleich fänden sich die Vernünftigen aller Lager in Erkenntnis ihrer Fehleinschätzung in der »Philosophie des Dennoch«; ob jemand zuvor Stalinist, SS-Führer oder Demokrat gewesen war, spielte dabei keine Rolle. Ob er in Verfolgung seiner jeweiligen Heilslehre nur nachgedacht oder Massenmorde begangen hatte, war ohne Bedeutung. Eine moralische Kategorie zur Beurteilung des vorherigen Tuns der einzelnen gab es nicht.

Es war nun in der Tat eine absonderliche Vorstellung, dass ausgerechnet die NS-Führer, die einen halben Kontinent verwüstet und seine Bevölkerung ausgerottet hatten, nun aufgrund ihres Scheiterns besonders geeignet sein sollten, die Welt vor Krieg und Vernichtung zu retten. Aber diese Idee entsprach Bests Bedürfnis, den Zusammenbruch und die vollständige Diskreditierung seines Lebensinhalts auf irgendeine Weise einen Sinn machen zu lassen, um genau das zu vermeiden, was er in seiner Philosophie postulierte: das einfache, unheroische bloße Herumleben. Zugleich wurde aber auch deutlich, daß Best sich der von vielen seiner einstigen Weggenossen in diesen Jahren vollzogenen Wendung zum Christlich-Abendländischen, die sich bald zur mehrheitlich, ja geradezu einheitlich vertretenen Interpretationsgrundlage der jüngsten deutschen Geschichte unter den deutschen Rechtsintellektuellen entwickelte, verweigerte; darin Schmitt und Jünger ähnlicher als den Adepten des »Abendland«-Rekurses.

Best schickte diesen Entwurf einer »zeitgemäßen Philosophie«, an der er auch nach der Rückkehr aus der Haft noch gearbeitet hatte, nun an verschiedene Bekannte, vornehmlich außerhalb der höheren NS-Kreise. Eine geradezu enthusiastische Rückmeldung erhielt er von Ernst Jünger und dessen Sekretär Armin Mohler: »Mich hat diese philosophische Grundlegung des ›heroischen Realismus‹ (denn darum handelt es sich ja!) nicht weniger gefesselt als Jünger«, schrieb Mohler, »und ich bin wie er der Meinung, daß es Ihnen in diesem Manuskript gelungen ist, in strenger Begriffssprache auszudrücken, was heute instinktiv politische Überzeugung so vieler ist.«[6] Helmut Krausnick vom Institut für Zeitgeschichte in München, zu dem Best seit längerem in Kontakt stand, und sein Mitarbeiter Hans Buchheim hingegen beurteilten das Manuskript viel kritischer, hielten es aber intensiver Auseinandersetzung allemal für wert.

Ihre Kritik bezog sich daher auch nicht auf die im Rückblick so auffällige Verstiegenheit des Bestschen Textes, seine interessengeleitete Künstlichkeit und formelhaften Ableitungsprozeduren, sondern auf inhaltliche Differenzen im Einzelnen, insbesondere auf Bests ostentative Verweigerung der Hinwendung zum Christentum als Ausweg aus der Aporie des völkischen Radikalismus. Buchheim, der sich bereits zu dieser Zeit intensiv mit der Rolle von SS und Polizei im NS-Staat beschäftigte und das bis heute gültige Standardwerk zu diesem Thema schreiben sollte, verfasste dazu eine zwölfseitige Entgegnung, »Kritische Anmerkungen zu Werner Bests ›Philosophie des Dennoch‹«, deren Kern eine Verteidigung der christlichen Lehre gegen deren Darstellung im Manuskript Bests darstellte.[7] Auch hier, in der Entgegnung des Instituts für Zeitgeschichte auf Bests »Philosophie«, spielte der biographische Hintergrund des Autors keine Rolle und wurde nicht einmal erwähnt, wie überhaupt alle Bezüge zur NS-Vergangenheit fehlten. Dass der einstige Stellvertreter Heydrichs acht Jahre nach Kriegsende eine Philosophie von der Sinnlosigkeit des Lebens verfasst hatte, war hier nur insoweit interessant, als die darin verwendeten Begriffe von Idealismus und Realismus aus der Perspektive einer christlichen Ethik als angreifbar galten. Insofern hatte Mohler mit seiner Aussage, Best habe hier »die instinktive philosophische Überzeugung so vieler« zum Ausdruck gebracht, nicht ganz unrecht. Das Verlangen nach zugleich historisch entlastender wie abstrakt formulierter Sinngebung des Vergangenen war in Deutschland zu dieser Zeit so groß, dass die dem Bestschen Versuch innewohnende Frivolität selbst den kritischen Zeitgenossen gar nicht mehr bewusst wurde.

Gegenüber diesen hochfahrenden philosophischen Versuchen verband Best mit seinen »Erinnerungen aus dem besetzten Frankreich« und vor allem mit seinem Gestapo-Manuskript konkretere Absichten. Zum einen dienten sie der unmittelbaren Entlastung der Protagonisten gegenüber den Vorwürfen der »alliierten Siegerjustiz«; zum anderen waren sie schon unübersehbar mit Blick auf die spätere Geschichtsschreibung verfasst. Hatte Best in »Was wollten wir als Nationalsozialisten?« die weltanschauliche Motivation und politische Zielsetzung des »reinen Nationalsozialismus« gegen die politische Praxis Hitlers seit 1939 verteidigt, so hob er jetzt die lauteren und vor allem »sachlichen« Beweggründe der Angehörigen der von ihm seinerzeit geleiteten Verwaltungsapparate hervor. Mit dem Frankreich-Manuskript hatte Best anfangs auch noch die Absicht verknüpft, dem inhaftierten ehemaligen Deutschen Botschafter in Paris, Otto Abetz, beizustehen, für dessen Freilassung er sich zusammen mit Achenbach bei Politikern der Regierungskoalition einsetzte. Aber nachdem dieser und bald auch die meisten anderen wegen NS-Verbrechen verurteilten prominenten Deutschen aus französischer Haft entlassen worden waren, verlor der Text seine unmittelbare tagespolitische Bedeutung, und der Versuch der historiographischen Einflussnahme stand im Vordergrund.

Dabei ging es Best vorrangig darum, ein Interpretament jener besonders belastenden Vorgänge – Geiselerschießungen, Internierungslager, Elsass-Lothringen – zu entwickeln, wonach das Handeln der deutschen Stellen in Paris nicht nur als gerechtfertigte Reaktion auf die Provokationen des französischen Widerstands anzusehen war, sondern auch als Versuch, gegenüber den weitreichenden Forderungen Hitlers das Schlimmste zu verhüten. Damit verbunden waren ausführliche Darlegungen über Aufbau, Arbeitsweise und Personal der deutschen Militärverwaltung in Frankreich, die in Bezug auf Genauigkeit und Anschaulichkeit vergleichbare Erinnerungsschriften deutlich übertrafen und später schon deshalb bei vielen deutschen Historikern zur viel und gern genutzten Quelle über die deutsche Besatzungspolitik in Frankreich wurden.[8]

Die Gestapo und der Artikel 131

Ganz anders verhielt es sich mit dem Gestapo-Manuskript. Best schrieb es 1953 in der Absicht, unmittelbar auf den in Gang befindlichen politischen Prozess der Reintegration der NS-belasteten Beamten in den Staatsdienst Einfluss zu nehmen.[9]

Mit dem Zusammenbruch des Deutschen Reiches hatte ein erheblicher Teil der deutschen Beamtenschaft seinen Dienstherrn verloren. Viele Dienststellen des Reiches und des Landes Preußen waren aufgelöst worden, und die in den Westen geflohenen einstigen Beamten aus den Ostgebieten und der SBZ, die jetzt »verdrängte Beamte« genannt wurden, waren hier stellungslos. Ihre Rechtsverhältnisse, so bestimmte der Artikel 131 des Grundgesetzes, waren durch Bundesgesetz noch im einzelnen zu regeln.[10] Zu dieser Gruppe der »verdrängten« Beamten wurden im Zuge der Gesetzvorbereitung dann jedoch auch jene gezählt, die nach 1945 im Westen im Entnazifizierungsverfahren aufgrund ihrer NS-Belastung ihre Stellungen verloren hatten, und erst dadurch gewannen die nun erlassenen Bestimmungen ihre politische Brisanz; waren doch, wie kürzlich errechnet wurde, unter den durch das 1951 verabschiedete Bundesgesetz zum Artikel 131 Begünstigten mindestens 100.000 Beamte, mithin etwa ein Drittel, die im Entnazifizierungsverfahren als belastet eingestuft worden waren.[11] Das Gesetz, unter massiver Einwirkung der Interessenverbände der Beamten entstanden, verlieh allen dienstfähigen Beamten nunmehr einen Rechtsanspruch auf Rückkehr in den Staatsdienst. Bis zu ihrer Unterbringung in den öffentlichen Dienst durften sie die alte Amtsbezeichnung mit dem Zusatz »z. Wv.« – »zur Wiederverwendung« – führen und ein Übergangsgeld empfangen. Die öffentlichen Arbeitgeber wurden zudem gezwungen, mindestens 20 Prozent der Planstellen für die »131er« bereitzuhalten.[12]

Das Gesetz, das in den Folgejahren (bis 1965) laufend Ergänzungen und Novellierungen zugunsten der Beamten erfuhr, enthielt allerdings auch zwei wichtige Ausnahmebestimmungen, die sich auf die politisch Belasteten bezogen: Zum einen wurde den in den Entnazifizierungsverfahren als Hauptschuldige (Kategorie I und II) Eingestuften, die auf Dauer aus dem öffentlichen Dienst ausgeschlossen worden waren, sowohl der Rechtsanspruch auf Wiedereinstellung wie auf Zahlung von Übergangsgeld verwehrt. Das aber bezog sich lediglich auf 1.227 von knapp 345.000 ehemaligen Bediensteten; zudem bestand auch hier die Möglichkeit der Herabstufung des Entnazifizierungsbescheids durch Landesrecht und der anschließende Wiedereintritt in den öffentlichen Dienst bzw. der Empfang von Ruhegeldern. Von dieser Möglichkeit der Herabstufung war bereits seit

1946/47 so intensiv Gebrauch gemacht worden, dass sich selbst Gauleiter und SD-Führer schließlich in den unteren Kategorien der »Mitläufer« und »Unbelasteten« hatten wiederfinden können.[13]

Die zweite Ausnahmeregelung betraf diejenigen Beamten, die im Zuge des Entnazifizierungsverfahrens auf Zeit vom Dienst suspendiert worden waren, aber nicht zu den Hauptbelasteten gehörten. Diese besaßen zwar das Recht, in den öffentlichen Dienst zurückzukehren, wenn sie eine Stelle fanden, aber ihnen stand nach dem 131er-Gesetz kein Rechtsanspruch auf Wiedereinstellung zu; sie wurden daher auch nicht auf die 20-Prozent-Quote bei den öffentlichen Arbeitgebern angerechnet. Durch diese Bestimmung sollte in der deutschen Öffentlichkeit und vor allem gegenüber dem westlichen Ausland demonstriert werden, dass der öffentliche Dienst vorrangig den politisch Unbelasteten offenstand und Belastete nicht oder nur in Ausnahmefällen wieder eingestellt werden würden. Tatsächlich aber wurde diese vermeintliche Benachteiligung der NS-belasteten Beamten in den Durchführungsbestimmungen ins Gegenteil verkehrt, und zwar durch folgende listenreiche Regelung: Auch den politisch belasteten Beamten stand ein Übergangsgeld zu; das aber wurde nicht, wie bei den anderen Gruppen, vom Bund bezahlt, sondern musste von früheren Dienststellen getragen werden – mit der Folge, dass die Länder und Gemeinden, da sie für die politisch Belasteten ohnehin zahlen mussten, diese nun bevorzugt und nahezu vollständig wieder einstellten; ein Umstand, der, wie sich feststellen lässt, ganz im Sinne der Initiatoren des Gesetzes gelegen hatte.[14]

Eine Sonderregelung enthielt das Gesetz schließlich auch für die Angehörigen von Gestapo und Waffen-SS. Sie waren von dem Anrecht auf Wiedereinstellung in den öffentlichen Dienst ausgeschlossen, auch wenn sie im Entnazifizierungsverfahren nicht in die Kategorien I oder II eingestuft worden waren.[15] Auch damit sollte die politische Stoßrichtung des Gesetzes nach außen dokumentiert werden. Im Abschlussteil des umfangreichen Gesetzestextes jedoch wurde diese politisch motivierte Absicht wieder weitgehend zurückgenommen. Denn von der Ausschlussregelung wurde ausgenommen, wer seinerzeit »von Amts wegen« zur Gestapo versetzt worden war. Weil aber die Gestapo eine 1933 neu errichtete Behörde gewesen war, traf diese Regelung auf alle Beamten zu, die vor ihrer Tätigkeit bei der Gestapo schon bei einer anderen Dienststelle beschäftigt gewesen waren. Da zudem allen Mitarbeitern der 1936 mit der Gestapo zur »Sicherheitspolizei« vereinten Kriminalpolizei ebenfalls das Unterbringungsrecht zugestanden wurde, bezog sich der dekorativ an den Anfang des Gesetzes gestellte Ausschluss-Paragraph nurmehr auf jene Beamten, die bei der Gestapo ihre berufliche Laufbahn begonnen hatten.

Über diese Regelungen hinaus blieb es jedoch allen Beamten, so auch denen der Gestapo, unbenommen, unabhängig vom »131er-Gesetz« eine »Neueinstellung« in den öffentlichen Dienst zu versuchen; denn in dem Gesetz war nur der Umgang mit den erworbenen Rechten auf Wiedereinstellung geregelt. Ein Verbot der Betätigung ehemaliger Gestapo-Beamter im öffentlichen Dienst enthielt es nicht.

Seit seiner Rückkehr aus dänischer Haft war Best als ehemaliger Personalchef und Justitiar der Gestapo mit Bitten seiner einstigen Untergebenen um Hilfe bei dem Bemühen um Wiedereinstellung in den öffentlichen Dienst geradezu bombardiert worden. Nicht zuletzt die Vertreter der verschiedenen Interessenverbände und der Beamten allgemein sowie der Polizeibeamten im Besonderen, zu denen er auch im Rahmen der Amnestie-Kampagne in engem Kontakt stand, wandten sich an Best. Dabei waren zwei Gruppen zu unterscheiden: Die einen, vor allem älteren ehemaligen Gestapo-Beamten, die Best um Bestätigung baten, dass sie einstens »von Amts wegen« zur Gestapo versetzt worden waren – was übrigens mitnichten »zwangsweise« bedeutet hatte, wie im Bundestag insinuiert worden war. Bis in die frühen 60er Jahre hinein gab Best daher Hunderte von eidesstattlichen Erklärungen ab, die zumeist ad personam, zuweilen aber auch auf allgemeine Weise bestätigten, dass die Versetzung zum Gestapa »von Amts wegen« vorgenommen worden sei und keinesfalls mit irgendwelchen politischen Überzeugungen des Beamten in Verbindung gestanden hätte – was ja, wie niemand besser wusste als Best, in der Regel auch zugetroffen hatte.[16]

Die zweite Gruppe umfasste die jüngeren Beamten, für die die Gestapo die erste Dienststelle gewesen war; darunter vor allem jene jungen Juristen, die nach Studium und Zweitem Staatsexamen von Best ins Gestapa geholt worden waren und dort bald enorme Karrieren gemacht hatten. Für sie gab es nach der 1951 verabschiedeten Fassung des Gesetzes kein Anrecht auf Wiedereinstellung. Außerdem war dazu auch eine mindestens zehnjährige Dienstzeit Voraussetzung, die nur wenige der jüngeren Gestapo-Beamten hätten erfüllen können; so dass man entweder auf eine Novellierung dieser Bestimmungen drängen musste oder auf dem Wege der Neueinstellung den Weg in den Staatsdienst fand. Zu beidem war eine Revision des Bildes von der Gestapo in der Öffentlichkeit die Voraussetzung; und eben hier setzte Best mit seinem Manuskript über »Die Gestapo« an.

Bests langer Text richtete sich vor allem gegen das Diktum des Nürnberger Tribunals, wonach die Gestapo als »verbrecherische Organisation« anzusehen und ihre Angehörigen entsprechend einzustufen seien, weil es die politisch-juristische Grundlage auch für den Ausschluss der Gestapo-Beamten vom öffentlichen Dienst darstellte. Demgegenüber hob Best nun heraus, dass die Gestapo eine »normale Fachbehörde« der inneren Verwaltung gewesen sei, allein nach dem Fachbeamten-Prinzip zusammengesetzt und nach Gesetz und Dienstvorschrift agierend. Soweit ihre Aufgabe. n über die üblichen kriminalpolizeilichen Zwecke hinausreichten, seien diese in nichts von denen anderer Politischer Polizeien wie des FBI oder der französischen Sûreté unterschieden gewesen. Es sei, so Best nach ausführlichen Einlassungen über die Grundlagen der völkischen Weltanschauung, die Pflicht der Gestapo-Beamten gewesen, die Unversehrtheit und Freiheit des nationalsozialistischen Staates gegen die Staatsfeinde, die »bewußten oder unbewußten Werkzeuge fremder Staaten, mit allen Mitteln zu sichern«, sei es gegen die Kommunisten als Instrumente der Sowjetunion oder gegen die »Vertreter der westlich-individualistischen Ideologie, die – zur Macht gelangt – Deutschland wieder zu einem schwachen, handlungsunfähigen Staat gemacht und in die militärische, politische und wirtschaftliche Abhängigkeit der ›Westmächte‹ gebracht hätten«.

Insofern könne die Gestapo auch nicht als verbrecherisch bezeichnet werden, und das Gegenargument, »daß es ein ›verbrecherischer‹ Zweck gewesen sei, den nationalsozialistischen Staat politisch-polizeilich zu schützen, während der gleiche Schutz anderer Staaten verdienstvoll sei, darf wohl in einem Zeitpunkt, in dem die eine Hälfte der Welt die andere Hälfte als ›verbrecherisch‹ erklärt et vice versa, als überholt und lächerlich beiseite geschoben werden« – dies ein Argument, das in dem Text beständig wiederholt wurde. So habe auch die »administrative Haft« (gemeint war die »Schutzhaft« in den Konzentrationslagern) der überall üblichen »Sicherungsverwahrung« entsprochen und sei zudem im Vergleich zur gerichtlich verfügten Haftstrafe meist kürzer und insofern durchaus im Sinne der Delinquenten gewesen. Und selbst die »verschärfte Vernehmung« zur Geständniserpressung sei bis heute in vielen Ländern üblich – nicht zuletzt seien auf diese Weise auch Geständnisse zur Beschaffung von Belastungsmaterial gegen die Gestapo vor dem Nürnberger Gerichtshof erpresst worden – eine seit 1946/47 trotz aller Widerlegungen beständig wiederholte Behauptung von deutscher Seite.

Die Mithilfe bei der Deportation der Juden hingegen sei, wie andere Maßnahmen der Reichsregierung, als »polizeifremder Auftrag« anzusehen. Die Gestapo sei hierbei nicht aus eigenem Antrieb, sondern nur in Amtshilfe tätig geworden. Mit der Verwaltung der Konzentrationslager sei sie ebenso wenig befasst gewesen wie mit der Ermordung der Juden in den Vernichtungslagern. Bei den Einsatzgruppen schließlich habe es sich um ständige Einheiten gehandelt; die Gestapo sei hiervon direkt gar nicht berührt gewesen. Davon abgesehen seien die Vorgehensweisen der Einsatzgruppen im Osten als »Abwehrmaßnahmen gegen die völkerrechtswidrigen Angriffe ziviler Terroristen und Provokateure auf die Besatzung« gerechtfertigt gewesen. Soweit hierbei völkerrechtswidrige Handlungen begangen worden seien, etwa die Massenerschießungen von Juden, sei dies, wie etwa bei den amerikanischen Piloten, die die Atombomben auf Nagasaki abwarfen, durchweg im »Befehlsnotstand« geschehen.

Insgesamt habe die Gestapo also ihre Aufgabe, die territoriale Unversehrtheit und die politische und wirtschaftliche Handlungsfreiheit des deutschen Staates gegenüber allen anderen Staaten zu wahren, erfüllt und sich dabei außerordentlich bewährt; und zwar sowohl hinsichtlich ihres Aufbaus und ihres Personals sowie im Hinblick »auf den sachlichen Erfolg«. Wenn aber die Gestapo als »verbrecherische Organisation« behandelt werde, dann werde in Zukunft die Politische Polizei jedes Staates, der einen Krieg verloren habe, als »verbrecherisch« bezeichnet »und ihre Angehörigen gehängt, in Zuchthäusern begraben und diffamiert werden«.

Von allen Texten, die Best nach dem Krieg verfasste, war dieses Manuskript über die Gestapo der aggressivste und am wenigsten von philosophischer Schminke verdeckte. In ihm drückt sich nicht nur Bests eigene politische und persönliche Haltung gegenüber den nationalsozialistischen Massenverbrechen, sondern auch das politische Klima des Jahres 1953 aus, in dem der Text entstand: Die Nachkriegshegemonie des Nürnberger Urteils schien bereits gebrochen, und die politisch-moralische Gleichsetzung des NS-Regimes mit den demokratischen Staaten des Westens bereits durchgesetzt; so dass nun auch, kaum dass die Massengräber zugeschüttet waren, die Gestapo und die polizeilichen Einsatzgruppen zu »normalen Fachbehörden« uminterpretiert werden konnten.

Auch diesen Text schickte Best als Argumentationshilfe an zahlreiche Parlamentarier, Ministerialbeamte und Interessenverbände; und abgesehen von Bests stetem Bestreben nach philosophischer Grundierung und juristischer Auskleidung seiner Argumentation finden sich zahlreiche der hier zusammengefassten Postulate in den Stellungnahmen der Interessenverbände der Beamten zu den geforderten Novellierungen des »131er-Gesetzes« wieder. Insbesondere der »Bund Deutscher Polizeibeamter«, den Best fachlich beriet, übernahm die Bestsche Argumentation in vielen Punkten.[17]

Nun wird man berücksichtigen müssen, dass in Deutschland über genauere Kenntnisse der tatsächlichen Handlungen der »Gestapo«, sei es im Reichsgebiet, sei es in den besetzten Ländern Europas, vor allem diejenigen verfügten, die daran direkt oder indirekt beteiligt gewesen und also interessiert waren, sie für sich zu behalten; während die 1953 in der Bundesrepublik vorliegenden Veröffentlichungen über die Gestapo von geringer Zahl und zudem meist entweder reißerisch oder apologetisch gefärbt waren. Insofern konnten die zum Teil abenteuerlichen Auslassungen Bests auch bei solchen Menschen Verwirrung stiften, die nichts mit den Nationalsozialisten gemein haben wollten.[18] Aber bei den meisten der damit beschäftigten Ministerialbeamten traf dies gar nicht zu. Sie kannten Aufbau und Aufgaben der Gestapo sehr wohl. Aber hier verschlug Bests Hauptargument – die Gestapo habe nicht anders gehandelt als die politischen Polizeien in aller Welt auch –, weil es dem alles überstrahlenden Bedürfnis nach der moralischen Gleichwertigkeit der Kriegsgegner entgegenkam.

Die von Best auf diese Weise beeinflussten, wohl auch von ihm koordinierten Interventionen der Interessenverbände (Best hatte den Versuch, einen eigenständigen Verband der Gestapo-Beamten zu gründen, als politisch untunlich abgelehnt)[19], zeitigten durchaus Erfolge. Zwar blieben die Gestapo-Angehörigen weiterhin vom Wiedereinstiegs-Automatismus des »131er Gesetzes« ausgeschlossen. Aber schon in der ersten Novellierung im Sommer 1953 wurden auch die Dienstjahre bei der Gestapo und der Waffen-SS auf Übergangsgehalt und Ruhebezüge angerechnet, wenn dies »nach dem beruflichen Werdegang, der Tätigkeit und der persönlichen Haltung des Beamten gerechtfertigt erscheint«; weitere Verbesserungen folgten. Vor allem aber erzwangen viele einstige Gestapo-Beamte ihre Wiedereinstellung auf dem Klageweg.[20]

Sei es über den Artikel 131, per gerichtlicher Verfügung oder auf dem Wege der »Neueinstellung« – seit 1953/54 gelang es einem erheblichen Teil der ehemaligen Gestapo-Beamten, im öffentlichen und dabei vor allem im Polizeidienst wieder Planstellen zu besetzen. Wie weit dieser Reintegrationsprozess vorangeschritten war, wurde dann Anfang der sechziger Jahre offenbar, als die ersten Verfahren gegen die Einsatzgruppen-Kommandeure und Judenmörder begannen, unter denen die jetzt wieder aktiven und zum Teil hohe und höchste Positionen besetzenden Polizeibeamten überdurchschnittlich vertreten waren.[21]

Dass Best die Bestimmungen des Gesetzes zum Artikel 131 auch in seinem eigenen Interesse würde nutzen wollen, war noch vor seiner Haftentlassung in Dänemark deutlich geworden. Über einen Bonner Anwalt hatte er rückwirkend Versorgungsbezüge für die Zeit seiner Haft, seine Anerkennung als Beamter »z. Wv.«, die Zahlung von Übergangsgeld und die Wiedereinstellung in den Dienst des Auswärtigen Amtes beantragt.[22] Nun kam dieses Ersuchen Bests im Sommer 1952 genau zu einem Zeitpunkt, als das Außenministerium wegen seiner Personalpolitik im Mittelpunkt der öffentlichen Kritik stand. Schon im Sommer 1950 hatte der SPD-Politiker Adolf Arndt den »stillschweigenden Zusammenschluß ehemaliger Angehöriger der NSDAP« im sich neu formierenden Auswärtigen Dienst kritisiert, »die von einem Ressentiment gegen alle Unbelasteten oder Verfolgten erfüllt« und bestrebt seien, solche Personen von der Übernahme wichtiger Funktionen im Außenamt auszuschließen.[23] Im Sommer 1951 berichtete die »Frankfurter Rundschau« detailliert und sehr ausführlich über die Besetzung nahezu aller wichtigen Positionen im Auswärtigen Amt mit »Beamten des Ribbentrop-Ministeriums«. Der daraufhin schließlich eingesetzte parlamentarische Untersuchungsausschuss, der im Juni 1952 seinen Bericht vorlegte, kritisierte die Zeitungsmeldungen zwar als überzogen, bestätigte sie aber der Sache nach: Der Personalchef des AA war der gleiche wie vor 1945, und es konnte auch nachgewiesen werden, dass die ehemaligen Nationalsozialisten im Auswärtigen Amt sich mit einigem Erfolg darum bemüht hatten, besonders belastete ehemalige Beamte des Ministeriums »zu reaktivieren«. Zwei Drittel der höheren Beamten waren ehemalige NS-Parteimitglieder, 64 der 82 Referatsleiter waren auch schon vor 1945 im Außenamt tätig gewesen.[24]

In dieser Situation hätte eine Wiedereinstellung Werner Bests in den Auswärtigen Dienst – als Ministerialdirektor oder höher – vor allem international zu erheblichem Aufsehen, ja vermutlich zu einem von Dänemark ausgehenden Sturm der Entrüstung geführt, so dass man im Außenministerium nach einem Weg suchte, um Bests Begehren fürs erste unauffällig abzuweisen, schien dessen Antrag doch angesichts der Rechtslage und des politischen Binnenklimas in der Bundesrepublik zu diesem Zeitpunkt nicht ganz aussichtslos zu sein. Einen Ansatzpunkt bot hier aber der Umstand, dass Best bislang nicht entnazifiziert worden war; und mit dieser Begründung wurde sein Antrag denn auch vorerst abgelehnt. Darauf reichte Best Klage ein.[25] Dass er dies tat, zeugte vor allem davon, wie sicher er sich mittlerweile fühlte; denn es war abzusehen, dass in einem solchen Verfahren sein gesamtes politisches Vorleben zur Sprache kommen würde. Aber anders als erwartet wurde das Verfahren zunächst nicht eröffnet. Denn zu Bests nicht geringer Überraschung wurde gegen ihn nun doch ein Entnazifizierungsverfahren eröffnet, und zwar in Berlin.

Entgegen der Praxis in den übrigen Bundesländern war nämlich in Berlin die Entnazifizierung noch nicht vollständig beendet worden. Vielmehr konnten dort die Spruchkammern gegen besonders Belastete auch weiterhin tätig werden, vorausgesetzt, die Betroffenen hatten ihren Wohnsitz in Berlin oder besaßen hier noch Vermögen – und das letzte traf auf Best zu, der in Berlin noch zwei, allerdings unbedeutende Altkonten besaß. Solange aber das Berliner Spruchkammerverfahren nicht abgeschlossen war, wurde Bests Klage nach Artikel 131 nicht behandelt; und mit dieser Begründung wurden ihm sowohl Übergangsgeld wie »Unterbringung« vorläufig verwehrt.[26]

Die Angelegenheit wurde noch komplizierter dadurch, dass Best unter Hinweis auf das Kriegsgefangenen-Entschädigungsgesetz von 1954 Entschädigungszahlungen für seine in Dänemark erlittene Haft und die vorübergehende Internierung seiner Familie beantragte[27], was in Dänemark sogleich, wie der Deutsche Botschafter aus Kopenhagen berichtete, auf gespannte Aufmerksamkeit stieß. Allerdings hatte auch dieses Ansinnen Bests durchaus Aussicht auf Erfolg, wie das Auswärtige Amt per Rundschreiben den diplomatischen Vertretungen mitteilte: Die »aus westlichem Gewahrsam entlassenen Kriegsverurteilten«, hieß es darin in sorgfältiger Formulierung, besäßen in der Tat einen solchen Anspruch auf Entschädigung, weil auch die im westlichen Ausland durchgeführten NS-Prozesse gegen Deutsche »von unvoreingenommenen juristischen Persönlichkeiten« in der Bundesrepublik als »angreifbar« und die Urteile als zu hoch angesehen würden. Um aber »unerfreuliche Erörterungen in dem früheren Gewahrsamsland« zu vermeiden, werde man darauf achten, die Prozedur des Entschädigungsverfahrens für einstige »Kriegsverurteilte« in Deutschland auf einen langen Zeitraum zu verteilen, so dass die (jetzt »Wiedergutmachung« genannte) Entschädigung für im westlichen Ausland verurteilte NS-Täter »im Ausland schon aus diesem Grunde nicht allzu sehr in Erscheinung treten« würde.[28]

Hier wurde das Vorgehen des Auswärtigen Amtes wie das anderer Behörden und Ministerien in solchen Fällen ausnahmsweise explizit formuliert. Zeit gewinnen und abwarten, bis sich die Aufregung gelegt hatte, um dann auch in prominenten Fällen »nach Rechtslage« zu entscheiden. Nach einigen Jahren, so kalkulierte auch Best, würde sich niemand mehr für solche Fragen interessieren.

Bests Antrag auf Entschädigungszahlungen für die erlittene Haft in Dänemark wurde 1958 aber schließlich abschlägig beschieden, der Nachweis einer rechtlich »angreifbaren« Prozessführung der dänischen Gerichte oder einer unangemessen hohen Strafe ließ sich in seinem Fall nicht erbringen. Ausschlaggebend war hierbei aber in erster Linie die Rücksicht auf mögliche Reaktionen in Dänemark, denn die Hoffnung des Auswärtigen Amtes, dass sich dort das Interesse an Best mit der Zeit verflüchtigen würde, trog.

Das Berliner Spruchkammerverfahren hingegen wurde für Best bedrohlicher, als die Berliner Richter, die für nicht in Berlin lebende Beschuldigte nur Geldstrafen aussprechen durften, dazu übergingen, diese Strafen per Amtshilfe über die Finanzverwaltungen am Wohnsitz des Verurteilten einzuziehen. Dadurch war auch bei sehr hohen Geldbußen – im Falle des einstigen Schriftleiters der SS-Zeitung »Schwarzes Korps«, Gunther d'Alquen, waren es über 60.000 DM – möglich, die Strafen direkt auf das Vermögen oder das tatsächliche Einkommen der Verurteilten zu beziehen; ein Vorgang, der Best außerordentlich beunruhigte.

Es erwies sich daher als großer Vorteil, dass er mittlerweile über sehr gute Kontakte zur neuen nordrhein-westfälischen Landesregierung und insbesondere zu dem Fraktionsvorsitzenden der FDP, Wolfgang Döring, verfügte, einem der sogenannten »Jungtürken«, die im Frühjahr 1956 den Koalitionswechsel der FDP von der CDU zur SPD durchgesetzt hatten. Bests Beziehungen zu Döring waren so gut, dass Marion Gräfin Dönhoff in der »Zeit« Best sowie Achenbach und Rahn als die »eigentlichen Drahtzieher« des Koalitionswechsels bezeichnet hatte: »In Wirklichkeit sind sie die bedrohlichen Gestalten, obgleich sie in zweiter Reihe stehen und daher ein Stück weit vom Schuß sind.«[29]

Vermutlich überschätzte Frau Dönhoff die politischen Einflussmöglichkeiten Bests in dieser Frage; und Bests aufgeregte Vorschläge gegenüber Döring, er wolle »gegen das lügnerische Frauenzimmer« Privatklage erheben oder es solle gar die ganze Landesregierung gegen diese Behauptungen »einschreiten«, führten zu nichts.[30] Aber dass Best zu Döring und anderen Vertretern der jungen FDP-Generation auf vertrautem Fuß stand, war unübersehbar. Als er von d'Alquen über das Vorgehen der Berliner Spruchkammer informiert wurde, bat er daher Döring um Hilfe gegen die Praxis der nordrhein-westfälischen Finanzverwaltung und schlug vor, der FDP-Finanzminister Weyer möge doch bitte per Erlass dagegen vorgehen, dass seine Finanzbehörden »Bütteldienste für die Berliner Amokläufer« leisteten. Damit hatte Best Erfolg. Auf Weisung des Finanzministeriums wurde es wenig später den nordrhein-westfälischen Finanzämtern verwehrt, weiterhin Amtshilfe in Entnazifizierungssachen zu leisten.[31]

Zwei Jahre später, im September 1958, wurde Best in dem Berliner Verfahren als »Hauptschuldiger« eingestuft und zu einer Geldstrafe von DM 70.000,– verurteilt. Aufgrund der ergangenen Weisung des nordrhein-westfälischen Finanzministeriums konnte diese Summe nun tatsächlich nicht eingetrieben werden, so dass sich die Strafe auf das in Berlin liegende Altvermögen Bests begrenzte: 2.369 Reichsmark, umgerechnet 118,45 DM.[32]

Nun lag die vorrangige Bedeutung des Urteils, wie auch die Richter selbst betonten, in der damit verbundenen Abweisung des Antrags Bests auf Übergangsgeld und Wiedereinstellung in den öffentlichen Dienst. Aber dass der einstige Stellvertreter Heydrichs, gegen den weder im Mordfall Schäfer noch wegen seiner Beteiligung an den Morden der »Röhm-Aktion« Anklage erhoben, noch wegen seiner Tätigkeit im Gestapa oder in Frankreich überhaupt ermittelt worden war, nun eine »Sühneleistung« von 118,45 DM zu erbringen hatte, war doch auch unübersehbar von symbolischer Bedeutung.

Best, der gegen das Urteil Berufung einlegte, bot denn auch der Kammer voller Spott art, sein in Berlin befindliches »Vermögen« freiwillig an das Land Berlin »abzutreten«, und ermahnte die Richter zudem, das Verfahren doch nun endlich abzuschließen »und dadurch mir und meiner Familie – ich habe 5 Kinder, darunter 2 wehrpflichtige Söhne – die innere Möglichkeit zu geben, freudiger für die Freiheit Berlins einzutreten, deren gemeinsame Verteidigung heute doch wichtiger sein sollte als der Vollzug einer späten Vergeltung gegenüber einzelnen«.[33]

Erst im Februar 1962 wurde das Verfahren endgültig abgeschlossen; auf seinen Berliner Konten wurden die jetzt noch vorhandenen 104,– DM eingezogen. Im Gegensatz zu allen vorherigen Verfahren allerdings stieß dieser Urteilsspruch der Berliner Berufungskammern nun bereits auf reges Interesse einer mittlerweile aufmerksamer gewordenen Öffentlichkeit. »Der einstige Gestapo-Vize«, schrieb etwa der »Spiegel«, »ist damit zum dritten Male der Strafjustiz nahezu ungerupft entschlüpft.«[34] Anders als noch wenige Jahre zuvor wurde dieser Umstand in der westdeutschen Öffentlichkeit nun mehrheitlich bedauert.

2. Kameradenhilfe

Nebenkanzlei Best

»Gegenwärtig«, so las man in dem erwähnten »Spiegel«-Artikel weiter, »kann Manager Best seine Arbeitskraft als Direktor und Justitiar jedoch nicht ungeteilt der Firma Hugo Stinnes widmen; er ist vielgefragter Zeuge bei den deutschen Staatsanwälten.« Tatsächlich nahm die vorwiegend juristische Auseinandersetzung mit der NS-Vergangenheit seit Mitte der 50er Jahre einen wachsenden und seit Beginn der 60er Jahre den allmählich überwiegenden Anteil seiner Arbeitszeit und -kraft in Anspruch, ein Umstand, der von Stinnes akzeptiert und wohl auch Gegenstand der Vereinbarungen bei Bests Einstellung gewesen war. Aus dem anfangs noch vereinzelten Erteilen von Auskünften, der Abgabe von eidesstattlichen Erklärungen und dem Entwurf von Gutachten wurde so allmählich eine »Nebenkanzlei«, wie Best es selbst nannte, die vor allem ehemaligen Angehörigen der Sicherheitspolizei sowie der deutschen Besatzungsorgane in Dänemark historische und juristische Hilfe leistete.

Bis zum Ende der fünfziger Jahre überwogen dabei die »131er-Fälle«, in denen es, wie bei Best selbst, um Wiedereinstellungen, Pensions- oder Übergangszahlungen ging. Dass Best in ebenso großzügiger wie kompetenter Weise »Kameradenhilfe« zu leisten bereit war, sprach sich schnell herum, und Best selbst machte auch gar keinen Hehl daraus; so dass sich nach und nach beinahe alle in Westdeutschland lebenden ehemaligen höherrangigen Angehörigen der Sicherheitspolizei in der ein oder anderen Sache an ihn wandten. Es war daher kein Wunder, dass Best, was die zivil- und strafrechtlichen Verfahren der einstigen Gestapo-Beamten anbetraf, schon seit Mitte der fünfziger Jahre als der juristisch und historisch am besten Informierte unter den ehemaligen NS-Führungsleuten galt. Auch die organisierten Hilfsvereinigungen, so die »Stille Hilfe« in Wuppertal, suchten immer wieder seinen Rat – wenngleich Best zu diesem vollständig zerstrittenen und ineffektiven Verein zunehmend auf Distanz ging; nicht anders die verschiedenen Polizeiverbände oder die »Hilfsgemeinschaft auf Gegenseitigkeit« (HIAG) der Waffen-SS, für die Best häufiger auch als Gastredner bei den Jahrestreffen auftrat und deren »Sozialwerk« ebenfalls in Mülheim an der Ruhr seinen Sitz hatte.[35]

Die überwiegende Tätigkeit Bests aber bezog sich auf Artfragen von ehemaligen Gestapo-Mitarbeitern und ihren Rechtsanwälten. Aus der schier unübersehbaren Korrespondenz sei hier nur ein typisches Beispiel vorgestellt: Im Oktober 1957 antwortete Best auf ein Schreiben des jetzt als Rechtsanwalt tätigen ehemaligen Referatsleiters im Berliner Gestapa, Thorn, der einen Frankfurter Gestapo-Beamten, Mohndorf, in einem »131er-Verfahren« vertrat. Best prüfte den Schriftsatz, gab zu bedenken, dass eine Anrechnung der Dienstzeit bei der Gestapostelle wohl nicht würde erreicht werden können, und stellte Kontakte zu weiteren ehemaligen Beamten her. Mohndorf war nach dem Krieg von einem tschechischen Gericht wegen Mordes in Abwesenheit zum Tode verurteilt worden. Eine Berufung des Amtsgerichts auf dieses Urteil sei strikt abzulehnen, empfahl Best und gab Hinweise, seit wann in der Tschechoslowakei der kommunistische Einfluss entscheidend wurde. »›Deportierungen und Selektionen für die KZ‹ würde ich bestreiten, da nach unserem Wissen stets Einzeleinweisungen in die KZ erfolgten. Von ›Deportationen‹ sprach man wohl nur bei der Verbringung von Juden nach dem Osten.«

Im Falle eines weiteren von Thorn vertretenen Gestapo-Beamten aus der Abteilung III des Gestapa, Ausland-Abwehr, schlug Best als Argumentation gegenüber dem Gericht vor, dass Beamte der polizeilichen Abwehr, die, wie das Gericht fordere, »›Verfolgte‹ unterstützt hätten, sich der Beihilfe zum Landesverrat schuldig gemacht hätten«. Die Beurteilung von Hochverrat könne sich im Laufe der Zeiten womöglich ändern, fügte Best hinzu, Landesverrat hingegen sei »stets gleich zu beurteilen – und zwar in dem Sinne, daß Landesverrat eben zu bekämpfen und nicht zu unterstützen« sei, und gab zugleich Hinweise auf Verfahren, in denen Beamte mit dieser Argumentation vor Gericht bereits durchgedrungen waren.[36]

Ludwigsburg

Solche und zahlreiche weitere Fälle, in denen Best helfend im Hintergrund stand, machten auch deutlich, wie selbstbewusst selbst diejenigen einstigen Gestapo-Beamten mittlerweile auftraten, die in den Nachkriegsjahren nur mit großem Glück einer Verurteilung zum Tode oder zu langjährigen Haftstrafen hatten entgehen können und nun unter Berufung auf das »131er-Gesetz« ihre Wiedereinstellung in den Staatsdienst forderten, wohl wissend, dass dabei ihre Tätigkeit während des Krieges zur Sprache kommen würde. Je länger aber diese Verfahren andauerten und je mehr auch schwer belastete einstige Angehörige von Polizei und Einsatzgruppen auf Wiedereinstellung klagten, desto größer wurden auch allmählich die Aufmerksamkeit in der Öffentlichkeit und die Kenntnisse bei den Strafverfolgungsbehörden.

Ein solcher Fall war der des einstigen Polizeichefs von Memel, Fischer-Schweder, der auf Einstellung in den Staatsdienst klagte und dabei auf Anfrage auch über seine Tätigkeit im Einsatzkommando Tilsit der Einsatzgruppe A Auskunft gab. Dies war der Ausgangspunkt für den Ulmer Einsatzgruppenprozess 1957/58, der von dem Staatsanwalt Schüle, selbst einstiges Parteimitglied, mit großem Engagement betrieben wurde.[37] Über diesen Prozess wurde in der westdeutschen Presse nun allerdings ausführlich und im großen Stile berichtet; und es muss auf Insider wie Best ausgesprochen verblüffend gewirkt haben, wie die gleiche Gesellschaft, die noch fünf Jahre zuvor angesichts der Vollstreckung der Nürnberger Todesurteile gegen Einsatzgruppenkommandeure vor Empörung geradezu gebebt hatte, nun angesichts der in dem Ulmer Verfahren zutage tretenden Berichte über Massenmorde der Einsatzgruppen erstaunt und nachgerade fassungslos war. Die gleichen Zeitschriften, die, wie der »Stern«, nach 1953 deftige Geschichten über die furchtbare Verfolgung der deutschen Landser in den »alliierten Kerkern« wie Landsberg oder Werl veröffentlicht hatten, druckten nun in großer Aufmachung Berichte über die Taten der Massenmörder von Tilsit.[38]

Aber der hier sichtbar werdende Wandlungsprozess in der Einstellung von Teilen der westdeutschen Bevölkerung gegenüber der NS-Diktatur und den nationalsozialistischen Massenverbrechen verdeutlichte, dass sich die Westdeutschen in ihrem Selbstbewusstsein mittlerweile tatsächlich von der nationalsozialistischen Volksgemeinschaft in die Gesellschaft der Bundesrepublik verwandelt hatten, wie Hermann Lübbe dies ausgedrückt hat, und die »gewisse Stille« des Jahrzehnts zwischen 1949 und 1958 dabei als Transformationsmedium gedient hatte.[39] Die nationalsozialistische Vorgeschichte dieser sich selbst nun als bereits einigermaßen gefestigt ansehenden Westgesellschaft wirkte daher, wurde sie in Personen wie Fischer-Schweder präsent, als Skandalon, und die Distanzierung davon wurde nun zum Nachweis wie zum Konstitutionsmerkmal der westdeutschen Demokratie.

Weitere Elemente der Skandalisierung der nationalsozialistischen Vorgeschichte der Bundesrepublik traten hinzu: die Hakenkreuz-Schmierereien an der Kölner Synagoge im Dezember 1959 – und dann einige Wochen lang überall in Westdeutschland –, die im Ausland wie im Land selbst erhebliche Empörung auslösten, oder auch die Propaganda-Kampagnen der DDR-Regierung, die durch ihre »Braunbücher« über einstige Nationalsozialisten in Spitzenpositionen westdeutscher Behörden die Bundesregierung massiv unter Druck setzte. Hinzu kam die sich allmählich zur Gewissheit verdichtende Vermutung, dass die Behauptung der sowjetischen Führung, es handele sich bei den letzten etwa 9.700 deutschen Kriegsgefangenen, die Adenauer unter erheblicher öffentlicher Anteilnahme 1956 aus der UdSSR nach Hause gebracht hatte, zu einem großen Teil um Kriegsverbrecher, nicht so abwegig war wie anfangs dargestellt.[40] Alles zusammen mündete Anfang 1959 in die Gründung der Ludwigsburger Zentralstelle zur Aufklärung nationalsozialistischer Verbrechen unter Leitung des Ulmer Staatsanwalts Schule, die nun damit begann, die Kenntnisse der Justiz über die NS-Verbrechen zu systematisieren und die Einleitung von Hunderten, bald Tausenden von Verfahren wegen »NS-Gewaltverbrechen« zu koordinieren.[41]

Die Auswirkungen dieses vor allem rechtspolitischen Kurswechsels in der Bundesrepublik am Ende der fünfziger Jahre waren in Bests »Nebenkanzlei« bald spürbar. Seit Anfang 1960 mehrten sich die Hilferufe einstiger Kollegen und Untergebener Bests, gegen die Ermittlungsverfahren eröffnet worden waren. Überblickt man die dabei angefallene Korrespondenz Bests, die Vielzahl seiner Erklärungen, Stellungnahmen, Zeugenaussagen, Schriftsatzentwürfe, historischen und juristischen Begutachtungen sowie die zahlreichen Rücksprachen mit Rechtsanwälten, Ministerialbeamten und Politikern, so wird deutlich, dass Best seither, und vor allem in den Jahren zwischen 1964 und 1969, nicht mehr viel anderes hat tun können, als die »Abwehr gegen die Ludwigsburger Verfolgungswelle«, wie er es selbst formulierte, zu koordinieren.

Dabei entwickelte sich bald so etwas wie ein spezielles Wissensgebiet, das nur noch den Insidern auf Seiten der Staatsanwaltschaften wie ihren Gegenspielern auf Seiten der Beschuldigten zugänglich war, eine Wissenschaft der »NSG-Verfahren«. Das bezog sich zum einen auf die juristische Seite. Schon nach kurzer Zeit übersahen nurmehr wenige die komplizierte Rechtslage und die ein neuartiges Rechtsfeld konstituierenden, bald überaus zahlreichen Einzelverfahren und Urteile. Auf der anderen Seite wurde hier aber auch historisches Neuland betreten, denn die zeithistorische Forschung hatte zur weit überwiegenden Zahl der hier konkret angesprochenen Themen noch gar keine Ergebnisse vorgelegt. Die jetzt anstehenden Verfahren gegen NS-Verbrecher waren vielmehr erst der Anlass für die westdeutsche Geschichtswissenschaft, sich damit eingehender zu beschäftigen. Die hierbei entstandenen Gutachten bilden denn auch bis heute den Grundbestand der zeithistorischen Forschung über die nationalsozialistischen Massenverbrechen.[42]

Wie Bests Hilfeleistung für »verfolgte Kameraden«, wie der Terminus jetzt lautete, im Rahmen der »Abwehr der Ludwigsburger Verfolgungswelle« im einzelnen vor sich ging, sei an einem Beispiel näher erläutert, ohne dass in diesem Zusammenhang auf die rechtlichen Einzelheiten der NS-Verfahren eingegangen werden soll.

Eines der frühesten Verfahren war gegen Heinz Jost eingeleitet worden, einst Amtschef Ausland-Abwehr im RSHA, Kommandeur der Einsatzgruppe A im Baltikum, Befehlshaber der Sicherheitspolizei (BdS) Ostland. Jost war im Nürnberger Einsatzgruppenprozess zu lebenslänglicher Haft verurteilt und dann im Dezember 1951 aus dem Gefängnis entlassen worden. Als die Düsseldorfer Staatsanwaltschaft 1959 gegen ihn ein Verfahren wegen der Beteiligung an der Ermordung von Juden im Rahmen seiner Tätigkeit als BdS eröffnete, wandte er sich hilfesuchend an Best, mit dem er seit langem (Jost hatte im Jahre 1933 als Polizeipräsident in Worms fungiert) freundschaftlich verbunden war. Hier wie in anderen Fällen dieser frühen Phase setzte Best darauf, dass bereits in den Nürnberger Prozessen Verurteilte nicht von den deutschen Justizbehörden erneut angeklagt werden durften. Zwar war im Überleitungsvertrag lediglich vereinbart worden, es dürfe nicht in der gleichen Sache erneut verhandelt werden (um eine befürchtete Revision der Urteile der alliierten Gerichte durch deutsche Stellen zu verhindern), und es ging bei Jost in diesem Fall nicht um die Einsatzgruppen-Morde. Aber hier sah Best einen Ansatzpunkt, um Druck auf die Staatsanwaltschaften ausüben zu können. Eine zweite Strafverfolgung, schrieb er an Achenbach, zu dem sich sein Kontakt wieder zu intensivieren begann, widerspreche dem Rechtsgrundsatz des »ne bis in idem«. »Können Sie beim Justizministerium in Düsseldorf dafür sorgen, dass diese Rechtsfragen richtig gesehen und daß Strafverfahren, welche den zitierten Bestimmungen widersprechen, unterbunden werden?«[43] Erfolg hatte Best mit dieser Initiative allerdings nicht: Das Verfolgungsverbot beschränkte sich hinfort nur auf die Straftat, deretwegen ein Beschuldigter bereits vor alliierten Gerichten gestanden hatte, und bezog sich nicht auf den Täter selbst.

Da die Beweislage in den jetzt aufgerollten Verfahren immer dichter wurde und ein schlichtes Abstreiten nicht mehr aussichtsreich schien, verlegte sich Best stärker auf das bereits vielfach strapazierte Argument des »Befehlsnotstands«. Nahezu alle Beschuldigten, denen eine Tatbeteiligung hatte hinreichend nachgewiesen werden können, suchten hier ihre Zuflucht – allerdings mit abnehmendem Erfolg, weil niemand von ihnen hatte plausibel nachweisen können, dass sie bei einer Weigerung, etwa an Massenerschießungen teilzunehmen, mit strengen Strafen hätten rechnen müssen. Sie wandten sich daher an Best mit der Bitte um Auskunft und Unterstützung. Best schrieb daraufhin zahlreiche einstige Beteiligte an, vor allem Wehrmachts- und SS-Richter, mit der Bitte, ihm Fälle mitzuteilen, »in denen während des Krieges wegen Befehlsverweigerung Todesurteile gefällt und vollstreckt worden sind«. Die Antworten waren jedoch durchweg und ausnahmslos negativ: Leider könne er nicht helfen, schrieb ihm ein ehemaliger SS-Richter zurück. »Mir ist nicht ein einziger Fall bekannt, wo die Nichtbefolgung eines rechtswidrigen Befehls zu einem Gerichtsverfahren vor einem unserer Gerichte geführt hätte.«[44]

Best, der nun regelmäßig bei NS-Verfahren als Zeuge aussagte, führte daraufhin notgedrungen den »Putativ-Notstand« in seine Argumentationsstrategie ein. Da es ihm im Verlauf seiner Recherchen nicht gelungen sei, auch nur einen einzigen brauchbaren Fall festzustellen, schrieb er an einen Strafverteidiger in Recklinghausen über sein übliches Vorgehen als Zeuge vor Gericht, »drehte ich den Spieß um und stellte an die Spitze meiner Aussage über den Befehlsnotstand die Feststellung, daß nach meiner Überzeugung Fälle der Bestrafung von Befehlsverweigerungen nur deshalb nicht bekannt geworden seien, weil wir alle damals der Überzeugung waren, daß eine Befehlsverweigerung unmöglich sei, und weil deshalb solche Fälle nicht oder kaum vorkamen«.[45]

Aber auch diese Argumentation verlor bald ihre Wirksamkeit; nicht zuletzt, weil die Staatsanwaltschaften nicht wenige Fälle vortragen konnten, wo die Weigerung, an Massenerschießungen teilzunehmen, zu nichts weiter als zu einer Versetzung geführt hatte.

Teilamnestie für »Beihilfe«?

Die NS-Verfahren gerieten zudem immer stärker in die Aufmerksamkeit der Öffentlichkeit, so dass nunmehr damit zu rechnen war, dass Freisprüche wegen »Befehlsnotstand« der öffentlichen Kritik ausgesetzt worden wären. Insbesondere seit dem Eichmann-Prozess in Jerusalem entwickelte sich auch in der Bundesrepublik ein zunehmendes Interesse an den nationalsozialistischen Massenverbrechen, das sich mit einem wachsenden Druck auf die Justizbehörden verband, die sich nun dem Vorwurf ausgesetzt sahen, die Mörder jahrelang unbehelligt gelassen zu haben.[46] In der Folge wurden seit Beginn der 60er Jahre zahlreiche Gerichtsverfahren gegen NS-Täter angestrengt. Allerdings wurde dabei schon früh deutlich, dass die westdeutsche Justiz hierbei Neuland betreten musste und vor allem bei der Frage, wer für die nationalsozialistischen Massenverbrechen verantwortlich gewesen sei, über weite Spielräume verfügte.

Als entscheidende Weichenstellung musste in diesem Zusammenhang das sogenannte »Staschynskij-Urteil« des Bundesgerichtshofes von 1963 angesehen werden. In diesem Entscheid wurde der KGB-Agent Staschynskij, der im Jahre 1956 in München zwei ukrainische Nationalisten ermordet hatte, lediglich als »Gehilfe« des Moskauer KGB-Chefs angesehen. Daraus entwickelte sich die bald durch zahlreiche Urteile gefestigte Rechtspraxis, dass in den NS-Verfahren lediglich Hitler, Himmler und Heydrich als »nationalsozialistische Haupttäter« betrachtet wurden, während die Angehörigen der SS, der Sicherheitspolizei und des SD, der Waffen-SS oder der allgemeinen Polizei, die im Osten die Massenvernich-

tungsaktionen durchgeführt hatten, lediglich als »Gehilfen« angesehen wurden –
und zwar nicht nur die unmittelbar an den Massenmorden Beteiligten, sondern
auch die Offiziere und Befehlshaber, die Gestapo-Chefs und Leiter der Einsatzkommandos. Dadurch, dass ihre Taten lediglich als »Beihilfe zum Mord« klassi-
fiziert wurden, entgingen sie der ansonsten unvermeidlichen lebenslänglichen
Freiheitsstrafe und wurden zu sehr viel milderen Strafen verurteilt.[47]

Allerdings war abzusehen, dass auch unter diesen sehr viel günstigeren Ausgangsbedingungen der überwiegende Teil der einstigen Führungsgruppe von
Sipo und SD in den nun kommenden Jahren mit einer gerichtlichen Verurteilung
würde rechnen müssen. In diesem Zusammenhang wurden daher von verschiedenen Seiten die Rufe nach der Generalamnestie wieder laut, die in indirekter
Form auch die nun anhebenden Diskussionen um die Verjährung von NS-
Verbrechen bestimmte.[48] Da aber abzusehen war, dass die nationale wie die internationale Öffentlichkeit auf jede Form der »Amnestie« von NS-Tätern mittlerweile allergisch reagieren und sich dies angesichts des bevorstehenden Auschwitz-
Prozesses in Frankfurt gewiss noch weiter verstärken würde, war davon auszugehen, dass die Zielrichtung »Generalamnestie« wenig oder gar keine Aussicht
auf Erfolg besaß. Um die Frage, wie dennoch eine möglichst weitreichende Amnestieregelung, insbesondere für die oberen Befehlsränge in der Sicherheitspolizei, zu erreichen wäre, ohne dass dies von außen auch so wahrgenommen werden könnte, kreisten daher offenbar bereits seit längerer Zeit die Diskussionen
vor allem im Umfeld der Verteidiger in den NS-Verfahren.

Anfang Januar 1963 wandte sich der Bonner Rechtsanwalt Lohmann im Auftrag einer Reihe seiner Kollegen, allesamt Verteidiger in NSG-Verfahren, in einem Schreiben an Best, in dem er hierzu einen konkreten und offenbar seit langem mit Best besprochenen Plan entwickelte.[49] Lohmann wies zunächst auf das
gerade ergangene Urteil des Bundesgerichtshofes im Fall Staschynskij hin, aufgrund dessen »in Abweichung von den verschiedenen Urteilen deutscher Straf-
gerichte aus der jüngsten Vergangenheit auch die sogenannten ›NS-Täter‹ nur
einer Beihilfe beschuldigt werden (können), soweit sie nicht aus eigener Initiative
Unrecht begangen haben. Es wäre nunmehr ein Akt der politischen Klugheit,
wenn die zuständigen Gremien eine Teil-Amnestie für alle ›NS-Täter‹ erlassen
würden, die auf Befehl gehandelt haben und deren Handlungen rechtlich als
Beihilfe zu qualifizieren wären ... Zugleich könnte man einen etwaigen Vorwurf
des Auslandes, durch eine General-Amnestie die Vergangenheit ›unbewältigt‹ zu
lassen, mit dem Hinweis auf den Charakter einer Teil-Amnestie abfangen.« Auf
diesem Weg, so das Kalkül, sei eine nahezu vollständige Amnestie erreichbar,
ohne dass sie allerdings als solche von außen wahrnehmbar würde. Da sich dies,
von wenigen »Exzess-Tätern« abgesehen, auf alle an den Vernichtungsaktionen
Beteiligten und dafür Verantwortlichen beziehen würde, war die Teil-Amnestie
für »Beihilfe« in Wirklichkeit eine Generalamnestie unter neuem Titel.

Nun war es allerdings absehbar, dass auch eine solche »Teil-Amnestie« politisch
nur schwer durchsetzbar sein würde. Auch hierzu enthielt das Schreiben Loh-
manns jedoch einen konkreten und offenbar auch bereits seit längerem mit Best
diskutierten Vorschlag: In den NS-Verfahren der vergangenen Jahre sei doch sehr
deutlich geworden, hob Lohmann hervor, in welchem Ausmaß auch die Wehr-

macht an den nationalsozialistischen Massenmorden beteiligt gewesen sei. Die von den Verteidigern in NS-Verfahren gesammelten Unterlagen zeigten nämlich, »daß die Befehle über die Vernichtung von Juden und Partisanen auch über die Wehrmacht gelaufen sind. Legte man die Ludwigsburger Maßstäbe auch gegenüber den ehemaligen Wehrmachts- und heutigen Bundeswehr-Angehörigen an, so müßten zahllose Verfahren eingeleitet werden, durch die die gesamte Bundeswehr im In- und Ausland erheblich diskreditiert würde.« Hier sahen die Anwälte der NS-Täter nun einen Weg, um Druck auf die Bundesregierung auszuüben. Denn die vorgeschlagene »Teil-Amnestie« werde auch die bevorstehende »Prozess-Lawine« gegen Bundeswehr-Angehörige vermeiden helfen; und dies werde von politisch einflussreichen Persönlichkeiten ebenso gesehen: »Das Büro Gehlen hat die ›Befehls-Sammlung‹ als sensationell empfunden. G. selbst soll vorhaben, den Bundeskanzler zu unterrichten und vorzuschlagen, die Ludwigsburger Aktion einzustellen.« Auch der frühere Verteidigungsminister Strauß habe sich vertraulich und sehr scharf gegen die NS-Prozesse ausgesprochen; weitere Unterstützung sei gewiss. Das lange Schreiben endete mit den Worten: »Da Sie, sehr geehrter Herr Dr. Best, sich seit langem um den Erlaß einer Amnestie bemüht haben, wäre ich Ihnen dankbar, wenn Sie die strategische Führung in dieser Sache übernehmen würden.«

Dass ein solches Schreiben erhalten ist, ist ein seltener Zufall. In der Regel wurden solche Fragen nicht schriftlich erörtert, und Best schlug in seiner Antwort denn auch gleich vor, sich über dieses interessante Thema »ausführlich zu unterhalten«, statt darüber Briefe auszutauschen. In jedem Fall war unübersehbar, dass ein solches Vorhaben möglichst jenseits der öffentlichen Aufmerksamkeit in Gang gebracht werden musste, um wirksam zu sein. Es kam also nun darauf an, einen Weg zu finden, an der in- und ausländischen Öffentlichkeit und den politischen Gegnern einer Amnestie vorbei eine solche »Teil-Amnestie« zu installieren, um die von Ludwigsburg ausgehende Prozesswelle ins Leere laufen zu lassen.

In dem Maße, wie sich die Verfolgung von NS-Verbrechen durch die westdeutschen Staatsanwaltschaften systematisierte, wuchs die Nervosität bei den davon Betroffenen. Angesichts von mehr als 50.000 Deutschen, gegen die seit 1958 wegen NS-Verbrechen ermittelt wurde, wird verständlich, welche Aufregungen und Befürchtungen dies vor allem bei jenen auslöste, die ja wussten, an welch monströsen Verbrechen sie beteiligt gewesen waren.[50]

Allerdings zeigten bereits die ersten Urteile in NS-Prozessen und die sich daraus entwickelnde ständige Rechtsprechung, dass die in den frühen 50er Jahren forcierte Argumentationsfigur von der »politischen Straftat«, die von den aus eigenem, nicht aus politisch-weltanschaulichem Antrieb oder nur auf Befehl begangenen Untaten der »asozialen«, »wirklichen Verbrecher« strikt zu unterscheiden sei, nicht ohne Wirkung geblieben war. Denn die Höchststrafen wurden nahezu ausschließlich gegen die unteren Chargen der NS-Hierarchie ausgesprochen, die in den Einsatzgruppen, in den Lagern und Vernichtungsstationen unmittelbar mit dem Geschäft des Massenmords befasst gewesen waren und dabei auf irgendeine Weise zu erkennen gegeben hatten, dass sie dies auch aus eigenem Antrieb, mit besonderer Genugtuung oder das normale Maß übersteigendem Sadismus taten.[51]

Demgegenüber profitierten die Offiziere und Kommandeure von der Beihilfe-Konstruktion und wurden zu erheblich niedrigeren Strafen verurteilt.

Vor allem bei den ermittelnden Staatsanwälten war diese Ungleichgewichtigkeit schon bald auf Kritik gestoßen; insbesondere wurde dabei die Reduktion der nationalsozialistischen »Haupttäter« auf Hitler, Himmler und Heydrich moniert. Denn die zuständigen Amts- und Referatsleiter in der Zentrale der Vernichtungspolitik, dem Reichssicherheitshauptamt, waren dabei ignoriert worden. Wer diese Männer waren, die in der Öffentlichkeit bald als »Schreibtischtäter« bezeichnet wurden, welche Kompetenzen sie besessen hatten und welche Bedeutung das RSHA innerhalb der NS-Führungsebene insgesamt besessen hatte, darüber war allerdings zunächst nur wenig Genaues bekannt.

Die RSHA-Verfahren

1963 begann die Berliner Staatsanwaltschaft daher, auch gegen die leitenden Angehörigen des Reichssicherheitshauptamtes zentral zu ermitteln. Diese staatsanwaltlichen Voruntersuchungen, die sich vor allem auf die Massenmorde der Einsatzgruppen, die »Endlösung der Judenfrage« und die Verbrechen an sowjetischen Kriegsgefangenen konzentrierten, übertrafen in Bezug auf Breite und Intensität der Recherchen das bis dahin Gekannte erheblich.[52] Die aus elf Staatsanwälten bestehende Berliner Ermittlungsgruppe eröffnete auf der Grundlage der Geschäftsverteilungspläne des RSHA Verfahren gegen Hunderte von Verdächtigen und befragte mehr als 2.000 Zeugen, bis schließlich im Jahre 1967 18 Verfahren gegen 300 Beschuldigte vor der Anklageerhebung standen. Außerdem wurde im Jahr 1965 die Zuständigkeit der Zentralen Stelle in Ludwigsburg auch auf die Aufklärung der in Deutschland selbst begangenen NS-Verbrechen erweitert, so dass nun auch systematisch gegen die Gestapostellenleiter und die zuständigen Referenten im RSHA wegen der Deportation der deutschen Juden, der Mordtaten an ausländischen Zwangsarbeitern und anderen ermittelt werden konnte.

Da es sich bei fast allen Beschuldigten und auch bei vielen Zeugen um Bests einstige Kollegen und Untergebene handelte, insbesondere um jene jungen Juristen, die er seit 1935/ 36 systematisch in Führungspositionen der Sicherheitspolizei gehievt hatte, sah er sich seit Beginn der RSHA-Verfahren einer Flut von Anfragen und Hilferufen gegenüber. Fast jeder, der sich an Best wandte, war als Zeuge oder Beschuldigter in mehrere Verfahren verwickelt, so dass eine Koordination der Fälle und eine Absprache der Aussagen zu einer dringenden Notwendigkeit wurde.

Wie Best hierbei vorging, kann beispielhaft an dem Verfahren gegen Otto Bovensiepen betrachtet werden, der als Leiter der Berliner Gestapo von 1941 bis 1943 die Deportation der Berliner Juden »in den Osten« organisiert hatte.[53] Best nahm sich dieses Falles aus mehreren Gründen besonders an. Zum einen hatte er mit Bovensiepen, den er schon seit dessen Dienstantritt bei der Gestapo kannte, viele Jahre gemeinsam in dänischer Haft verbracht. Beide standen seit 1954, als Bovensiepen nicht zuletzt dank Bests Hilfe aus dem dänischen Gefängnis entlassen worden war, in engem Kontakt zueinander. Wie Best selbst lebte Bovensiepen in Mülheim an der Ruhr und war dort als Geschäftsführer in einem Versicherungsunternehmen tätig. Zum anderen war absehbar, dass diesem Fall insofern erhebliche allgemeine Bedeutung zukam, als ein Schuld- oder Freispruch Bovensiepens Auswirkungen auf alle Verfahren gegen die einstigen Gestapostellenleiter in Deutschland und Europa nach sich ziehen würde.

Die Umstände der Deportation der Berliner Juden selbst waren nicht umstritten, ebenso wenig Bovensiepens Verantwortung dafür. Für die Verteidigung kam es daher entscheidend darauf an, nachzuweisen, dass der Berliner Gestapo-Chef keine Kenntnis davon gehabt habe, was mit den unter seinem Befehl zusammengetriebenen und »in den Osten« deportierten etwa 40.000 Juden anschließend geschehen würde. Dann nämlich hätte er den »nationalsozialistischen Haupttätern« lediglich »Amtshilfe« geleistet, ohne zu wissen, was diese in Wirklichkeit im Schilde führten, und könnte so nur zu relativ geringfügigen Strafen verurteilt werden.

Nun war es nicht einfach, einem Gericht plausibel zu machen, dass der Chef der größten Gestapostelle in Deutschland nichts von den Massenmorden im Osten gewusst haben sollte. Es musste also versucht werden nachzuweisen, dass dies kein Einzel-, sondern der Normalfall gewesen sei. Um hier also zu möglichst großer Einheitlichkeit zu gelangen, wandte sich Best schriftlich an zahlreiche ehemalige Gestapostellenleiter, mit denen er auf vertrautem Fuß stand, und bat sie, hierzu Stellung zu nehmen. »Vor zehn Tagen wurde Bovensiepen geholt und nach Berlin gebracht – wegen der Juden-Deportation von 1942«, schrieb er an einen. »In dieser Sache scheint es mir wichtig zu sein, daß möglichst viele ehemalige Stapoleiter bestätigen können, daß ihnen in jener Zeit nichts von der ›Endlösung‹ bekannt war. Können Sie dies ggf. auch bestätigen?«[54] »Es liegt im gemeinsamen Interesse«, schrieb er an einen anderen, »daß möglichst viele Zeugen, welche zur gleichen Zeit in gleicher Position die gleichen Maßnahmen durchgeführt haben, aussagen, daß ihnen von der ›Endlösung‹ nichts bekannt war, und daß sie an die Konzentration der Juden in einem östlichen Reservat zum Zwecke späterer Umsiedlung glaubten.«[55]

Die eingehenden Antworten entsprachen den Erwartungen. »Wir haben geglaubt, daß die Juden zum Arbeitseinsatz nach dem Osten gebracht werden sollten. Von der sogenannten Endlösung haben wir nichts gewußt und haben keine Ahnung davon gehabt«, hieß es darin[56], oder: »Bei mir ist es tatsächlich so, daß ich wirklich von den Judendeportationen und von der Endlösung erst nach dem Krieg erfahren habe.«[57]

Die Aussagen derjenigen, die in diesem Sinne geantwortet hatten, wurden dann vor Gericht präsentiert. Allerdings hatte es auch andere Rückmeldungen auf Bests Rundfrage gegeben. »Nach meinen Erfahrungen«, gab einer der Angeschriebenen zu bedenken, »wird sich nirgendwo ein deutsches Gericht mehr finden, welches dem Angeklagten die Behauptung des Nichtwissens um die ›Endlösung‹ mehr abnimmt.«[58] Noch klarer nahm der einstige Gestapo-Chef in den Niederlanden, Harster, Stellung: Bereits seit Juli 1941 habe er laufend Meldungen über »Todesfälle aus Mauthausen bezüglich kurz vorher hereingebrachten Juden« erhalten; schon angesichts der hohen Zahl von Deportierten habe er daran gezweifelt, dass alle Personen »im Arbeitseinsatz« verwendet werden würden. Spätestens 1942 sei er auch durch die Berichte der feindlichen Rundfunksender sowie vor allem durch die »durchgesickerten Nachrichten« davon überzeugt gewesen, dass die deportierten Juden »doch über kurz oder lang ihrer Vernichtung entgegengehen«.[59] Jemand wie Harster, schrieb Best daraufhin an die Anwälte, käme daher »leider als Zeuge nicht in Frage«.[60]

Ob diese Absprachen nun vor Gericht standhielten oder nicht, sollte bereits vor dem Bovensiepen-Verfahren in einer »kleinen Generalprobe«, wie Best formulierte, überprüft werden – bei dem Baden-Badener-Prozess gegen den einstigen Gestapo-Chef in Oslo, Patschke, im Juni 1967. Mit den ehemaligen Gestapo-Chefs Knochen – den er aus Paris gut kannte –, Albath und Oldach hatte Best die ihm am zuverlässigsten scheinenden Zeugen der Verteidigung vorgeschlagen; und tatsächlich glaubte das Gericht dem Angeklagten Patschke, dass er nichts von der eigentlichen Bestimmung der von ihm deportierten norwegischen Juden gewusst habe. Allerdings, teilte Best anschließend den Verteidigern mit, habe sich das Gericht seinerzeit in erster Linie auf seine, Bests, eigene Aussage, gestützt, »daß ich – da ich bis zum Kriegsende die gute Behandlung der aus Dänemark deportierten Juden vor Augen hatte – nichts von der angeordneten Endlösung gewußt habe«. Nun hatte Best damals mit Eichmann die Verschonung der dänischen Juden vor dem Abtransport aus Theresienstadt »in den Osten« eigens vereinbart, weil deren Schicksal im Blickpunkt der internationalen Öffentlichkeit stand.[61] Aber es war Best durch unentwegten Hinweis auf sein Verhalten in Dänemark und insbesondere auf die von ihm als sein Werk ausgegebene Rettung der Juden mittlerweile gelungen, sich nicht nur in Teilen der Öffentlichkeit, sondern auch bei vielen Gerichten den »Nimbus eines ›Widerstandskämpfers‹« zu verschaffen, wie die Berliner Staatsanwälte später formulierten; so dass seinen Aussagen, wie auch in diesem Fall, besonderes Gewicht beigemessen wurde.[62] Den anderen Zeugen hatte das Baden-Badener Gericht hingegen nicht geglaubt. Gegen Knochen wurde sogar ein Verfahren wegen Meineids eröffnet, weil man ihm seine damaligen Kenntnisse über das Schicksal der Deportierten auf Grundlage der Akten genau nachweisen konnte. Hinfort, so Best, sei es daher notwendig, die Aussagen vorab mit jedem einzelnen Zeugen zu erörtern und dabei ein Bild davon zu gewinnen, »was von dem Zeugen zu erwarten ist und wie er in der Vernehmung geführt werden muß«. Bests Bestreben, das Verfahren gegen Bovensiepen auf diese Weise zum Einsturz zu bringen, erwies sich gleichwohl als vergeblich. Die Berliner Staatsanwaltschaft ermittelte weiter und erhob schließlich Anklage.[63]

Das Bovensiepen-Verfahren war nur ein Beispiel unter vielen, in denen Best seinen einstigen Mitarbeitern beistand – so in zahlreichen Einzelfragen des RSHA-Komplexes, in den Verfahren der wegen Beteiligung an den »Clearing-Morden« in Dänemark belasteten Gestapo- und SS-Männer oder gegen einstige Gestapo- und SD-Leute, die als Befehlshaber der Sicherheitspolizei in den besetzten Gebieten fungiert hatten. In all diesen Fällen informierte er sich zunächst eingehend über die Beschuldigungen, über den historischen und juristischen Hintergrund, nahm zu den Anwälten in vergleichbaren Fällen Kontakt auf, koordinierte die notwendigen Zeugenaussagen, intervenierte bei »falschen«, d. h. belastenden Aussagen einzelner, unterrichtete die Anwälte über das sinnvollste Vorgehen und war, wenn es notwendig erschien, jederzeit mit eigenen Zeugenaussagen oder eidesstattlichen Erklärungen zur Stelle. Best, so schrieb die Berliner Staatsanwaltschaft im Jahre 1972 als Resümee ihrer Ermittlungen gegen ihn, sei »als ›Zentralfigur‹ in einer Vielzahl von NSG-Verfahren« anzusehen, die den dort Beschuldigten »jede nur erdenkliche Hilfe leistete, Entlastungszeugen zu finden suchte und sich in einer Vielzahl von Fällen sogar selbst als sachverständiger Entlastungszeuge zur Verfügung stellte«. »Wie eine Spinne im Netz« habe er die Verfahren gegen einstige Beamte der Sicherheitspolizei koordiniert und den Beschuldigten dabei ›»Kameradenhilfe‹ geleistet«.[64]

Best und die Historiker

Im Grunde tat Best aber nichts anderes, als das, was engagierte Verteidiger auch taten. Anders als für diese, die zu einem nicht geringen Teil ebenfalls eine Vergangenheit in SS oder Gestapo hatten, waren jedoch für Best bei seinen »alten« Kameraden fast alle Türen offen. Das Vertrauen, das die einstigen Gestapo-Gewaltigen zu ihm hegten, war enorm. Zudem aber, und das erwies sich in den Einzelfällen oft als das Entscheidende, besaß Best mittlerweile fast 20 Jahre Erfahrung in der legitimatorisch-defensiven Auseinandersetzung mit der NS-Vergangenheit, hatte die auf die Geschichte der NS-Diktatur bezogenen Debatten in Deutschland und im westlichen Ausland seit Kriegsende ebenso verfolgt wie die strafrechtlich Diskussion und konnte die argumentative Verteidigungslinie im Einzelfall aus den apologetischen Gesamtentwürfen heraus ableiten, die er während der vergangenen zwei Jahrzehnte erarbeitet hatte. Zudem kannte sich Best in den vor Gericht verhandelten Gegenständen – vom Aufbau der Sicherheitspolizei über das Procedere der Judendeportationen bis zum Befehlsweg der Einsatzgruppen – außerordentlich gut aus und besaß so gegenüber den Staatsanwaltschaften und Gerichten einen Informationsvorsprung, den diese mit Hilfe mühsamer Recherchen und mit Hilfe historischer Gutachten nur langsam, wenn überhaupt, auszugleichen imstande waren. .Wie stets, so beruhte auch hierbei Bests Glaubwürdigkeit vor Gericht darauf, daß seine Stellungnahmen und Aussagen sich, solange sie nicht belastende Bereiche berührten, in der Regel als zutreffend und präzise erwiesen.

Es war daher naheliegend, dass Best auch für die sich entfaltende Disziplin der Zeitgeschichte in Westdeutschland eine interessante Figur war. Da er wie kein zweiter – jedenfalls von denen, die mit Historikern in Kontakt zu treten bereit waren – detaillierte Kenntnisse über Genese und Struktur der Gestapo, der deutschen Politik im besetzten Frankreich sowie in Dänemark besaß und auch in der Lage war, diese auf intellegible Weise zu vermitteln, stand er schon seit den 50er Jahren zu verschiedenen deutschen und ausländischen Zeithistorikern in Kontakt.[65] Bereits im Sommer 1955 hatte er dem für die Geschichte von SS und Polizei zuständigen Spezialisten des Instituts für Zeitgeschichte, Hans Buchheim, ausführliche Informationen über den Aufbau von Gestapo und Sicherheitspolizei sowie über seine Erfahrungen in Dänemark gegeben. Seit den 60er Jahren stand er dann vor allem mit dem »Spiegel«-Redakteur Heinz Höhne und dem israelischen

Historiker Shlomo Aronson in Kontakt; schließlich auch mit Eberhard Jäckel und Hans Umbreit über seine Zeit in Frankreich, mit Erich Thomsen über Dänemark sowie mit zahlreichen anderen Historikern.[66]

Insbesondere in den Arbeiten von Höhne und Aronson haben sich Bests Informationen, zum Teil auch seine Sichtweisen, deutlich niedergeschlagen; so etwa, wenn Höhne in seinem lange Zeit sehr einflussreichen Standardwerk zur Geschichte der SS, in dem Best eine prominente Rolle spielt, über die diesen besonders belastenden Komplexe – vom 30. Juni 1934 über die Judenverfolgung bis zu den Einsatzgruppen in Polen – viel weniger genaue Kenntnisse vermitteln konnte als über jene, in denen Best als juristisch denkender und noch »normativgebundener« Organisationsfachmann und Justitiar beschrieben wurde. Allerdings haben offenkundig auch Bests Überlegungen über die zunehmend unübersichtlicher und chaotischer werdende »polykratische« Herrschaftsweise des NS-Staates, die dann später im Mittelpunkt der historiographischen Debatte über den Charakter der NS-Diktatur standen, ihren Niederschlag in Höhnes Darstellungen gefunden.[67]

Auch in der Studie Aronsons über die Frühphase des SD beruhen wichtige Abschnitte und Kapitel zu nicht geringem Teil auf den Informationen Bests. Dieser arbeitete das Manuskript auf Aronsons Wunsch sogar vollständig durch, bemängelte eine Reihe von Fehlern und vereinbarte mit dem Autor, dass die von Aronson verfasste, mehrseitige Charakterisierung Bests durch einen von diesem selbst eigens für diesen Zweck angefertigten, umfänglichen Lebenslauf ersetzt wurde, der in die Dissertationsfassung noch als Zitat, in die Buchversion hingegen schon ohne solche Kennzeichnung einging.[68]

All dies tat der wissenschaftlichen Bedeutung dieser kritischen Studien im Wesentlichen keinen Abbruch, wenngleich Bests Rolle in der NS-Diktatur seither gewiss zu milde beurteilt wurde. Bests bis zu seinem Tod nicht erlahmender Eifer, den an ihn herantretenden Historikern soweit wie möglich behilflich zu sein, verdeutlichte vielmehr, wie sehr ihm daran gelegen war, seine Sichtweisen, seine Informationsfülle, aber nicht zuletzt auch die Erinnerung an seine einstige politische Bedeutsamkeit zu tradieren – und damit lässt sich, wenigstens zum Teil, auch sein stetes Engagement in der »Kameradenhilfe« erklären. Denn es konnte Best nicht entgehen, dass er durch seine prominente Rolle in den wichtigen Darstellungen über Polizei und Gestapo ebenso wie durch seine Dauerpräsenz vor den westdeutschen Gerichten und seine dort offenbarten detaillierten Kenntnisse die Aufmerksamkeit der Staatsanwaltschaften zunehmend auch auf sich selbst zog.

Der rege Kontakt zur zeitgeschichtlichen Profession besaß für Best allerdings noch einen weiteren bedeutenden Vorteil: Er wurde auf diese Weise frühzeitig über neue Forschungsergebnisse unterrichtet und konnte daraus Rückschlüsse auf mögliche drohende Belastungen einstiger Gestapo- und RSHA-Angehöriger ziehen.

Durch die seit Mitte der 60er Jahre angekündigte allmähliche Rückgabe der nach dem Krieg in die USA gebrachten deutschen Archivalien über die NS-Zeit drohte sich die Informationsgrundlage der westdeutschen Staatsanwaltschaften und Historiker mit einem Schlag beträchtlich zu erweitern.[69] Die mittlerweile vor der Anklageerhebung stehenden RSHA-Verfahren, die sich ankündigende Absicht des neuen Bundesjustizministers Heinemann, die Verjährung bei Mord generell aufzuheben, und die Berichte über Ausmaß und Qualität der in Alexandria (USA) liegenden NS-Akten ließen bei Best und seinem Umfeld die Alarmglocken schrillen. Insbesondere über Art und Inhalt der amerikanischen Akten musste man bald Näheres erfahren, um entsprechende argumentative und politische Gegenstrategien vorbereiten zu können.

Da traf es sich gut, dass Best über Gunther d'Alquen mit einer jungen amerikanischen Historikerin, Dr. Judith W., in Kontakt gekommen war, die an einer Heydrich-Biographie arbeitete und im Verlauf der sich ausdehnenden Korrespondenz auch politisch eine gewisse Nähe zu ihrem Gegenstand offenbart hatte. Sie war mehrmals mit Best zusammengetroffen und hatte von diesem zahlreiche Informationen erhalten. Im Gegenzug war sie nun bereit, für d'Alquen und Best NS-Dokumente im amerikanischen National Archive zu suchen und zu übermitteln.[70]

Die ersten Erfahrungen mit der angehenden Heydrich-Biographin waren durchaus erfolgreich, zumal sie ein von Best langgesuchtes Dokument hatte aufspüren können. Der Inhalt dieses Dokuments allerdings zerstörte manche Hoffnungen. In dem Kreis der einstigen Gestapo- und NS-Führer um Best hatte nämlich die Tatsache, dass der frühere Referent in der Propaganda-Abteilung des Auswärtigen Amtes, Kiesinger, zum Bundeskanzler gewählt worden war, erhebliche Verärgerung, ja Wut ausgelöst – einerseits weil offenbar gehegte Erwartungen, dass man nun über besseren Zugang bei Hofe verfügen würde, jäh enttäuscht worden waren, andererseits weil sie es als höchst ungerecht empfanden, dass ihr einstiger Parteigenosse Kanzler werden konnte, während ihnen der Zugang zu öffentlichen und politischen Ämtern verwehrt wurde. (»Die Politik der Regierung beurteile ich sehr kritisch, aber Leute wie ich dürfen ja in der heutigen Politik nicht mehr mitsprechen«, schrieb Best im Oktober 1968 an Miss W.[71] Mit Hilfe der in den USA lagernden Dokumente wollten Best und andere nun den Beweis führen, dass Kiesinger während des Krieges im Auswärtigen Amt ebenfalls tief in die NS-Politik gegen die Juden verstrickt gewesen sei. Das langgesuchte und von Miss W. schließlich gefundene Dokument allerdings gab dazu nichts her, im Gegenteil: Es handelte sich um das Protokoll einer finsteren Denunziation zweier Mitarbeiter des Auswärtigen Amtes, Ahrens und Dörries, an das RSHA vom November 1944. Darin wurde der Abteilungsleiter Kiesinger beschuldigt, geplante antijüdische Propaganda-Maßnahmen des Auswärtigen Amtes stets zu hemmen; wahrscheinlich habe er auch Kontakte zu den Widerstandskreisen des 20. Juli und sei darüber hinaus womöglich »Träger politischer Tendenzen ..., die der Außenpolitik des Führers entgegengesetzt sein könnten«.[72]

Dokumentenhilfe

Insoweit wurde aus der gegen Kiesinger gerichteten Kampagne nichts; aber der Kontakt zu der amerikanischen Historikerin hatte sich bewährt und ließ sich möglicherweise auch für wichtigere Aufgaben nutzen. Einer der beiden Denunzianten, der jetzt in Essen lebende »Public-Relations-Berater« Hanns-Dietrich Ahrens, stand zu Best seit längerem in gutem Kontakt und hatte wohl auch die Kiesinger-Aktion angeregt. Er schlug Best nun vor, aus der Zusammenarbeit mit Miss W. nun so etwas wie eine ständige Einrichtung, »Informationsdienst« oder »Dokumentenhilfe« genannt, werden zu lassen, um angesichts der anlaufenden Prozesswelle den Informationsvorsprung der »Gegenseite« hinsichtlich der Kenntnisse noch vorhandener NS-Akten auszugleichen. Bei Best traf dieser Vorschlag auf großes Interesse, zumal Miss W. sich für diesen Zweck eigens für einige Jahre von ihrer Universität beurlauben lassen wollte, um hauptamtlich für Best und seinen Kreis in amerikanischen und deutschen Archiven die Bestände mit NS-Akten durchzuarbeiten und auf dieser Grundlage eine entsprechende Dokumentation aufzubauen.

Nach ersten Sondierungen über die Erfolgsaussichten dieses Projekts im politischen Umfeld während der Sommermonate 1968 berichtete Ahrens, daß nach allgemeiner Auffassung ein solcher Informationsdienst dringlich geworden sei: Eine Generalamnestie sei mittlerweile doch wohl als unwahrscheinlich anzusehen, zumal auch Achenbach in nunmehr 17 Jahren trotz seiner herausgehobenen politischen Positionen nichts habe erreichen können. Angesichts der fortdauernden und immer bedrohlicher werdenden »Verfolgungswelle« seien nun die folgenden vier Zielsetzungen vordringlich: Erstens müsse man im Hinblick »auf die kommenden Prozeß-Serien verschiedener Kategorien informationsmäßig gewappnet sein«. Zweitens müsse man der Bundesregierung die Gefahren für ihren Bestand und das Ansehen Deutschlands im Ausland darlegen, »wenn die erwähnten Pläne der Gegenseite Erfolg haben sollten«. Drittens solle »der Fluß der sogenannten Kriegsverbrecher-Informationen nach Karlshorst und Tel-Aviv« eingedämmt werden; und viertens wolle man in den USA »Verbündete gegen die Pläne des linken Flügels des State-Departments (zur endlosen Fortsetzung und Verlängerung und Verstärkung der Kriegsverbrecher-Prozesse mit dem Ziel der außenpolitischen, prestigemäßigen und außenwirtschaftlichen Schwächung der Bundesrepublik)« gewinnen. Dazu sei der Aufbau der »Dokumentenhilfe« eine wichtige Voraussetzung; allerdings sei die Finanzierung noch unklar. Erste Gespräche mit »industrieller Seite« hätten gezeigt, dass diese Aufgabe ein Einzelunternehmen wohl überfordern würde, es käme daher nur der BDI infrage, wenngleich es dort leider »viele unsichere Kantonisten« gebe. Allerdings könne der Plan nur gelingen, wenn bei den »Betroffenen« die »gruppenmäßigen und persönlichen Einzelinteressen« zurückgestellt würden, die sich »in einer Distanzierung der Waffen-SS vom SD, beider von den betroffenen Kreisen des alten AA (Inland)« usw. äußerten.[73]

Dass die Sache eilte, bestätigte ein Schreiben von Miss W., die, um die Aussichten für ein solches Vorhaben zu erkunden, zahlreiche verschiedene Archive in Deutschland sowie eine Reihe von NS-Interessenverbänden aufgesucht hatte. Sie bestätigte die Vermutung, dass über die bereits bekannten Verfahren hinaus »eine ganze Welle neuer Prozesse in Vorbereitung ist, ... die sogenannten ›Schreibtischmörder-Prozesse‹«, und dass auch deutsche Archive, insbesondere das Politische Archiv des Auswärtigen Amtes, sich einem regen Interesse an den dort lagernden und noch nicht freigegebenen NS-Akten gegenübersähen und nach Wegen suchten, dem zu widerstehen.[74]

504

Daraufhin erarbeiteten Best und Ahrens ein umfangreiches Exposé, in dem das Vorhaben näher beschrieben wurde und das potentiellen Geldgebern zur Erläuterung des Vorhabens überreicht werden sollte.[75] Dieses Expose, in Bezug auf Sprache, Aufbau und Inhalt ein bemerkenswertes Dokument, enthielt nun neben dem eigentlichen Anliegen der Autoren eine kaum entwirrbare Mixtur aus Meinungen, Gerüchten und Insinuationen, deren Wahrheitsgehalt im Einzelnen kaum zu überprüfen war. Aber darauf kam es auch nicht an; vielmehr waren hier diejenigen Argumente und Behauptungen versammelt, von denen die Autoren glaubten, dass sie bei den möglichen Unterstützern des Vorhabens auf besonderen Anklang stoßen würden.

Die bevorstehende Prozesswelle gegen die »Schreibtischmörder« in Berlin, so der Tenor des Exposes, sei erst als Anfang einer umfassenden Verfolgungskampagne anzusehen, die sich insbesondere gegen einstige Angehörige des Auswärtigen Amtes richten werde; ob auch gegen solche Personen, die seinerzeit antisemitische Propaganda betrieben hätten wie Bundeskanzler Kiesinger, sei nicht sicher. Als Initiatoren seien außer dem »linken, zum Teil mit Emigranten arbeitenden Flügel des State-Departments« sowie »Moskau und Tel Aviv« vor allem Bundesjustizminister Heinemann und Bundesinnenminister Benda anzusehen. Demgegenüber zeigten »Briten und Franzosen, die zudem nicht unter gleichem zionistischen Druck stehen wie die USA, nicht das gleiche Interesse bezüglich neuer Verfahren«. Bei den anstehenden Verfahren seien vor allem Dokumente aus deutschen und amerikanischen Archiven von Bedeutung.

Bedauerlicherweise müssten die von den USA an die Bundesrepublik bereits zurückgegebenen Akten nach vertraglicher Vereinbarung der Öffentlichkeit zugänglich gemacht werden; auch beanspruchten die Amerikaner den Zugang zu den deutschen Akten: »Das Politische Archiv des Auswärtigen Amtes ... wehrt sich gegen die Versuche der National Archives, insbesondere des zuständigen Ressort-Chefs, Chefarchivar Wolf (Ju.) die noch nicht bearbeiteten bzw. nicht ausgewerteten politischen Akten des alten AA, die sich in den ausgedehnten Kellerräumen befinden, filmen zu lassen.«[76] Das Politische Archiv sei daher in einer sehr schwierigen Lage. Seinem Leiter, Dr. S., noch ein Mann aus dem »Archiv des alten AA«, stünden lediglich zwei qualifizierte Mitarbeiter zur Seite, Dr. W. und Dr. G., »die quasi eine ›Dokumentations-Abwehr-Aufgabe‹ zu bewältigen haben ... Insbesondere der junge, national gesonnene Dr. G. leistet fast Übermenschliches.« Seit neuestem versuche »eine jüdische Weltorganisation«, Zugang zu den im Keller unter Verschluss lagernden Akten zu erhalten. Ebenso könnten »tschechische und rumänische ›Professoren‹« dort Akten einsehen; nicht anders das Institut für Zeitgeschichte, das vermutlich Spionage-Arbeit für die Israelis leiste. »Dr. G., die Seele des Betriebs, bremst, wo er kann«, aber lange könne auch er dem Druck nicht mehr standhalten. Es sei also damit zu rechnen, dass die in deutschen Archiven lagernden NS-Dokumente bald für die vorbereiteten NS-Verfahren genutzt und insbesondere die Angehörigen des Auswärtigen Amtes belasten würden. »An einem Non-Stop von Kriegsverbrecher-Prozessen und der Verhinderung einer Generalamnestie ist neben bestimmten amerikanischen Kreisen insbesondere Israel und der Weltzionismus sowie der Ostblock, insbesondere die DDR (wahrscheinlich noch stärker als Moskau) interessiert.

Hierbei ist es für die Beurteilung der Gefahr ziemlich gleichgültig, ob die Hauptmotive Haß, diplomatische Strategie oder die Suche nach Begründungen für Reparationsforderungen sind.«

Demgegenüber stünden der Bundesrepublik und den einzelnen »Betroffenen« nur beschränkte Informationsmöglichkeiten zur Verfügung. Der Augenblick für eine politische Generalamnestie scheine verpasst, zumal sich nur noch NPD und »Deutsche National-Zeitung« dafür einsetzten, was der Sache eher schade. Angesichts dieser Ausgangsbedingungen sei es daher vordringlich, den von der neuen Welle von NS-Verfahren Betroffenen »baldmöglichst Dokumentations- und Informationshilfe« zu leisten. »Das Wissen um die Dokumente, die Formen der Zusammenarbeit der Verfahrens-Befürworter, die Argumente und Gesamtstrategie der Gegenseite ist Voraussetzung für echte Assistenz.« Erst dann folgte der eigentliche Vorschlag: Finanzierung eines Historikers, um diese Aufgabe zu übernehmen; jährliche Kosten: 40.000,– DM.

Dieses Exposé versammelte in gedrängter Form die gängigen Stereotypen des Rechtsradikalismus, wie er sich in diesen Jahren in der Bundesrepublik erneut auszubreiten begann, mit der Hauptstoßrichtung, dass die NS-Verfahren vom Ostblock, der amerikanischen Linken und dem Weltjudentum in Gang gesetzt würden, um Deutschland zu schaden. Kennzeichnend war auch, dass Best und Ahrens nicht die in den vorbereiteten Verfahren tatsächlich bedrohten Spitzenleute von RSHA, Gestapo und Einsatzgruppen in den Vordergrund stellten, sondern die ehemaligen Beamten des Auswärtigen Amtes bis hin zu Kiesinger; wurde auf diese Weise doch suggeriert, es gehe nicht um Verfahren gegen Massenmörder, sondern um die Verfolgung der gesamten politischen Elite Deutschlands, um einen »Rachefeldzug« gegen »Deutschland«. Zum anderen klang hierbei unterschwellig die Drohung mit, dass, wenn die derzeit Regierenden nicht bald für das Ende der Prozesse gegen SS- und Gestapo-Leute sorgten, bald alle NS-Verbrechen vor Gericht verhandelt würden – und dann würden auch jene einstigen Kameraden davon erreicht, die heute noch in wichtigen Positionen im Auswärtigen Amt säßen und sich sicher wähnten. »Ich habe früher immer behauptet«, antwortete einer der um Unterstützung Gebetenen, »an der verpaßten Generalamnestie würde unser Staat noch einmal zugrunde gehen ... Begreifen denn die Regierungspolitiker in Bonn nicht, daß sie sich damit nur selbst den Ast absägen, auf dem sie sitzen? Die heutige Verfolgungswelle kann doch nur letzten Endes diesen Staat als ›Rechtsnachfolger‹ des III. Reiches treffen.«[77]

Ob dieser Vorstoß Bests und Ahrens' erfolgreich war, ist, wie in der überlieferten »Kameradenhilfe«-Korrespondenz Bests generell, nicht genau erkennbar. Im Oktober 1968 vermerkte Ahrens, dass der Plan angesichts der finanziellen Probleme vermutlich nicht realisierbar sei.[78] Aber das Projekt zeigte doch, in welch desolater Situation sich Best und sein Umfeld mittlerweile befanden. Zwar waren die einstigen Führer von Gestapo, SS und SD zum größten Teil weiterhin auf freiem Fuß, aber seit nunmehr zehn Jahren ständig in Furcht und Bangen, doch noch vor Gericht gestellt und verurteilt zu werden. Aus den schneidig auftretenden SS-Größen von einst waren mittlerweile ältere Herren der besseren Gesellschaft geworden, die erregt telegrafierten, Best möge doch seine Briefe bitte an die Postfach-Adresse schicken, da die Kinder von der Vergangenheit des Vaters nicht wüssten. Zwar offenbarte dieses Exposé wie fest das alte Welt- und vor allem Feindbild nach wie vor gefügt war – die Trias aus Judentum, linken US-Demokraten und Weltkommunismus hatte die Zeitläufe unversehrt überstanden –, und Bests unerschöpfliche Kontakte zeigten auch, wie weitverzweigt dieses juste milieu der alten Kameraden war; aber es war nicht einmal in der Lage, 40.000,– DM für eine Archivrecherche aufzubringen (wohl aber in kürzester Zeit 80.000,– DM für eine Reithalle, wie bitter vermerkt wurde).[79]

Gleichwohl waren die Hindernisse, die den an einer gerichtlichen wie historischen Auseinandersetzung mit der NS-Vergangenheit interessierten Historikern wie Juristen in den Weg gelegt wurden, nach wie vor beträchtlich. Davon zeugten nicht nur jene in dem Exposé erwähnten Versuche der »Dokumentations-Abwehr« im Politischen Archiv des Auswärtigen Amtes. Vielmehr standen auch die Berliner Staatsanwälte, die seit Jahren die ebenso bedeutenden wie aufwendigen RSHA-Verfahren vorbereiteten, plötzlich auf ganz unerwartete Weise vor dem Scheitern.

»Strategische Führung«

Mit den vor der Anklage stehenden RSHA-Verfahren war die bundesdeutsche Justiz im Jahre 1968 nun endlich in den inneren Kreis der für die nationalsozialistischen Massenmorde Verantwortlichen vorgestoßen; zugleich erreichte auch die Zahl der angestrengten oder in Vorbereitung befindlichen NSG-Verfahren ihren Höhepunkt. Zwar hatte die Rechtskonstruktion der »Beihilfe«, wonach selbst Führungskräfte von Sicherheitspolizei, SD und Einsatzgruppen lediglich als »Gehilfen« der Haupttäter Hitler, Himmler, Heydrich anzusehen waren, bis dahin durchweg zu außerordentlich milden Urteilen geführt; in den RSHA-Verfahren jedoch musste selbst bei Verurteilungen wegen »Beihilfe« mit erheblich schärferen Strafen gerechnet werden.

An diese Konstruktion der »Beihilfe« hatte fünf Jahre zuvor auch jene Gruppe von Verteidigern in NS-Verfahren angeknüpft, die Best gebeten hatte, bei einem Vorstoß für eine nach außen hin getarnte »Teilamnestie«, die »strategische Führung« zu übernehmen. Über die einzelnen Schritte, die Best in diesem Zusammenhang daraufhin einleitete, sind wir nicht im Einzelnen informiert. Es ist aber möglich, vom Ergebnis her die verschlungenen gedanklichen und institutionellen Wege zurückzuverfolgen, die dieses Vorhaben genommen hat.

Angesichts der die öffentliche Diskussion in der Bundesrepublik seit Beginn der 60er Jahre mehr und mehr prägenden Debatte über die »unbewältigte Vergangenheit« – dieser in den späten 50er Jahren geprägte Terminus begann sich nun durchzusetzen – musste jeder Gedanke an eine explizit verkündete Amnestie für NS-Verbrechen mittlerweile als unrealistisch angesehen werden. Um ein solches Ziel dennoch anzusteuern, war daher ein erheblich subtileres Vorgehen notwendig. Hier hatte sich zunächst der Weg über die Verjährungsfristen angeboten – der aber war durch das Ergebnis der ersten Verjährungsdebatte im Bundestag im Jahre 1965 verlegt worden, wonach die Verjährungszeit für Mord bis 1969 verlängert worden war.[80] Zugleich wurde hierbei offenbar, dass sich im Bundestag wohl auch keine Mehrheit mehr für eine »stille« Amnestie würde finden lassen, die – auf juristisch verschlungene Weise konstruiert und unter harmlosem Firmenzeichen verabschiedet – hätte wirksam werden können, ohne dass der Öffentlichkeit bewusst geworden wäre, um was es hier ging. Vielmehr war das politische Terrain durch den Eintritt der deutlich gegen die Verjährung von NS-Verbrechen eingestellten Sozialdemokraten in die Regierung der Großen Koalition noch schwieriger geworden. Wollte man das Ende eines Großteils der NS-Verfahren herbeiführen, hätte man eine Konstruktion finden müssen, die es ermöglichte, dass weder die Bundestagsmehrheit noch die sozialdemokratische Führung des Bundesjustizministeriums gewahr werden würde, um was es wirklich ging.

Nachdem nun sowohl der Weg über die explizite Amnestie als auch derjenige über die Verjährung von Mord verbaut war, blieb nur noch die Möglichkeit, eine de-facto-Amnestie für »Beihilfe« dadurch herbeizuführen, dass die Beihilfe zum Mord vom Mord selbst strafrechtlich stärker abgekoppelt würde. Nach geltendem Recht war nämlich die Beihilfe zum Mord ebenso mit der Höchststrafe »lebenslänglich« bedroht wie Mord, wenn auch die Urteile wegen Beihilfe in der Praxis meist viel niedriger ausfielen, insbesondere bei den NSG-Verfahren. Dadurch aber lag auch die Verjährungszeit bei Beihilfe ebenso hoch wie bei Mord, nämlich bei 20 Jahren. Würde man nun aber die Beihilfe von vornherein mit geringeren Strafen bedrohen als Mord, wäre die Verjährungsfrist nicht erst bei 20, sondern schon bei 15 Jahren abgelaufen. Fand man nun weiter einen Weg, eine solche Gesetzesänderung an entlegener und von jeglichem Bezug zu NS-Verfahren entfernter Stelle zu platzieren und aussehen zu lassen wie eine strafprozessurale Formalie ohne konkrete Relevanz, so war vielleicht auf diesem Weg die ersehnte »Teilamnestie« erreichbar.

Seit Mitte der 50er Jahre war in Bonn eine noch von Dehler einberufene Große Strafrechtskommission damit beschäftigt, das in weiten Teilen veraltete Strafrecht einer vollständigen Überarbeitung zu unterziehen. »Generalreferent« und treibende Kraft dieses Ausschusses war der Leiter der Strafrechtsabteilung im Bundesjustizministerium, der Ministerialdirigent Dr. Eduard Dreher – jener Dreher, der im Justizministerium in den frühen 50er Jahren der für Amnestiesachen zuständige Referatsleiter gewesen war und mit Achenbach und dem Essener Amnestieausschuss in stetem Kontakt gestanden hatte.[81] Die Ergebnisse der Arbeit der Strafrechtskommission wurden erst 1970 im Bundestag beraten und beschlossen und traten 1975 in Kraft. Nur ein einziges, ganz unscheinbares Nebenprodukt wurde aus dem Gesamtpaket herausgelöst und schon 1968 dem Bundestag zugeleitet: das Einführungsgesetz zum Ordnungswidrigkeiten-Gesetz (EGOWiG). Es bezog sich in der Mehrheit seiner insgesamt 167 Artikel auf die Neuregelung der Behandlung von Ordnungswidrigkeiten, vor allem auf dem Verkehrssektor. Der Artikel 1, Ziffer 6 allerdings enthielt entgegen dem irreführenden Titel, der eher auf prozedurale Vorabregelungen hinwies, eine substantielle Neufassung des § 50, Abs. 2 des Strafgesetzbuches, in dem die Frage der Schuld bei der Beihilfe zum Mord geregelt wurde. Der jetzt neu eingeführte Abs. 2 lautete: »Fehlen besondere persönliche Eigenschaften, Verhältnisse oder Umstände (besondere persönliche Merkmale), welche die Strafbarkeit des Täters begründen, beim Teilnehmer [an der Mordtat], so ist dessen Strafe nach den Vorschriften über die Bestrafung des Versuchs zu mildern.«

Bei der Beratung im Bundestag gab es zu diesem Gesetz keinen Diskussionsbedarf; nicht einmal eine Nachfrage, warum die doch so wenig dringlich scheinende Novellierung dieses Abschnitts aus dem großen Gesamtpaket der Strafrechtsreform herausgenommen und dem Parlament vorab vorgelegt worden war. Von der Sache her gab es hier auch keinen Dissens zwischen den Bundestagsfraktionen, denn es war unter den Strafrechtlern jeder Couleur unumstritten, dass in einem modernen Strafrecht ein jeder Beteiligter an einer Straftat nach dem Maß seiner eigenen Schuld zu bestrafen – und mithin Beihilfe geringer zu ahnden war als Mord. Tatsächlich aber enthielt dieser Abs. 2 rechtspolitischen Sprengstoff. Denn nunmehr war es in einer »juristischen Kettenreaktion« nicht mehr nur möglich, sondern zwingend geboten, dass der Mordgehilfe – waren ihm keine »niederen Beweggründe« nachzuweisen – nicht nach den Strafvorschriften für Mord, sondern jenen für Mordversuch, maximal 15 Jahre Haft, bestraft wurde. Dadurch aber veränderte sich auch automatisch die Verjährungsfrist für Beihilfe zum Mord: Nicht mehr 20 Jahre wie bei Mord, sondern nur noch 15 Jahre, wie bei versuchtem Mord, dauerte die Verjährungszeit. Und damit waren alle Taten während der NS-Zeit, die in diesem Sinne als Beihilfe anzusehen waren, verjährt, wenn nicht vor dem 1. Januar 1965 ein Verfahren eröffnet worden war. Vor allem die RSHA-Verfahren jedoch und in ihrem Gefolge ein Großteil der Verfahren gegen Gestapo- und SD-Führer, waren erst seit 1965 in Gang gebracht worden.[82]

Es waren weder politische Gremien noch Juristen, die die Auswirkungen dieser Novellierung als erste bemerkten, sondern der »Spiegel«, das in dieser Phase über die Hintergründe von NS-Verbrechen und NSG-Prozessen am besten informierte Presseorgan.[83] Durch das neue Gesetz, schrieb er im Januar 1969 unter dem Titel »Kalte Verjährung«, würden vor allem die großen Nazis begünstigt, »diejenigen, die an den Schreibtischen des Reichssicherheitshauptamtes und anderer oberster Reichsbehörden saßen und tausendfach Mord dekretierten«. Es handele sich um eine »Panne«, hieß es vor allem bei der SPD, die den Justizminister der Großen Koalition stellte; zudem sei auch gar nicht sicher, dass der Bundesgerichtshof die Artwendung dieser Neuregelung auf die NS-Täter gutheiße. Fachleute wie der Leiter der Ludwigsburger Zentralstelle, Rückerl, hingegen sahen sofort, was hier – durch das Verbot rückwirkenden Rechts irreparabel – beschlossen worden war: »Die Großen, die die Morde ja nicht eigenhändig begangen haben, sind nur zu belangen wegen Beihilfe zum Mord aus niedrigen Beweggründen. Da man ihnen diese Beweggründe selbst aber heute kaum nachweisen kann, sind sie es, die jetzt am besten dran sind.« Diese Einschätzung wurde vom Bundesgerichtshof auch bald bestätigt, der im Mai 1969 Verjährung der Mordbeihilfe nach 15 Jahren festschrieb.[84] Es sei allerdings, so hieß es in diesem Urteil, »in der Tat nicht einzusehen, ›weshalb derjenige, der als Gehilfe bei einer aus Rassenhass begangenen Tötung mitwirkt und dabei weiß, dass sie ein Beitrag zur Ausrottung einer ganzen Volksgruppe ist, bessergestellt werden soll als der Teilnehmer z. B. am heimtückisch begangenen Mord‹ ... Das ungereimte Ergebnis hat seinen Grund darin, dass ›bei den Vorarbeiten zum EGOWiG offensichtlich übersehen worden ist, welche Konsequenzen die Neugestaltung des § 50 für die Verjährung hat, insbesondere für das Problem der Verjährung der Teilnahme am Mord‹.«

Damit war die Version, es habe sich bei der Gesetzesnovellierung um eine »Panne« gehandelt, gewissermaßen offiziell geworden. Alle Indizien indes sprechen dagegen: die zeitlich weit vorgezogene Vorlage im Parlament unter irreführendem Titel und eingepackt in eine Unzahl von differierenden Einzelartikeln, die Herkunft des Referentenentwurfs aus der Strafrechtsabteilung des BMJ unter Leitung von jenem Dr. Dreher, der seit jeher in Fragen der Amnestie für NS-Täter ebenso aufmerksam wie engagiert war; und auch die Tatsache, dass die Presse wenige Wochen nach der Verabschiedung des Gesetzes sofort bemerkte, was zuvor alle jahrelang übersehen hatten.

Damit waren die meisten NSG-Verfahren mit einem Schlag an ihr Ende gekommen. »Viele hundert der zur Zeit noch verfolgten NS-Täter«, schrieb Bovensiepens Anwalt Meurin noch im Januar 1969 triumphierend an Best, müssten nun außer Verfolgung gesetzt werden. »Wenn sich unsere Auffassung durchsetzt bzw. bestätigt, könnte kein nur der Beihilfe Beschuldigter noch bestraft werden, wenn bei ihnen selbst nicht niedrige Beweggründe nachgewiesen werden können.«[85] Damit sollte Meurin Recht behalten. »Staatsanwälte, die mit der Verfolgung dieser Straftaten befaßt sind, schätzen den Anteil der durch Heinemanns Versehen straflos ausgehenden Schergen auf annähernd neunzig Prozent aller NS-Mordtaten«, hieß es dazu in dem besonderen Engagements für die NSG-Verfahren unverdächtigen »Bayernkurier«.[86] Selbst wenn diese Zahl als spekulativ und wohl zu hoch anzusehen ist, so hat doch kein anderes Gesetz oder Amnestiegebot in der Nachkriegszeit so weitreichende Folgen für die Straffreiheit von hochrangigen NS-Tätern gehabt wie dieses.

Noch vor dem BGH-Urteil waren die ersten Beschuldigten in RSHA-Verfahren aufgrund der neuen Gesetzeslage aus der U-Haft entlassen worden, darunter Baatz und Deumling, die einem Verfahren wegen der Tötung polnischer Zivilarbeiter entgegensahen. Zwar versuchten die Staatsanwaltschaften, die Prozesse gegen die Hauptbeschuldigten in den NS-Verfahren dennoch durchzuführen, um die Fragen nach Täterschaft oder Beihilfe sowie nach den »niedrigen Beweggründen« von den Gerichten selbst und nicht im Vorweg entscheiden zu lassen. Gleichwohl wurde die überwiegende Zahl der eingeleiteten Verfahren gegen führende Mitarbeiter von Gestapo, SD und RSHA eingestellt. Zwar war damit keine öffentliche politische und historische Rehabilitierung verbunden, wie sie von Best und Achenbach seit den frühen 50er Jahren angestrebt worden war, aber für die meisten NS-Täter aus Sicherheitspolizei und SD war nun doch das Ende der Bedrohung durch weitere Verfahren erreicht. Nicht die politischen Kampagnen für die Generalamnestie, sondern ein Verfahrenstrick hatte zum Ziel geführt.

3. Das Best-Verfahren

Verhaftung und Verhöre

Am 11. März 1969 wurde Werner Best in Mülheim an der Ruhr verhaftet und nach Berlin in das Untersuchungsgefängnis gebracht. Ihm wurde vorgeworfen, als Amtschef I des Reichssicherheitshauptamtes die Einsatzgruppen und –kommandos während der ersten Wochen und Monate des Krieges gegen Polen organisiert, aufgestellt und angeleitet zu haben und für die von diesen durchgeführten Morde an mehr als 10.000 Menschen verantwortlich zu sein. Anders als viele seiner einstigen Untergebenen, die in diesen Wochen durch die Neufassung des § 50 (2) StGB außer Verfolgung gestellt wurden, galt Best nicht als Gehilfe, sondern als Haupt- bzw. Mittäter und Verantwortlicher für die Morde in Polen, so dass die »kalte Verjährung« in seinem Fall nicht griff. Damit war Best wiederum in Haft – 18 Jahre nach seiner Entlassung aus dem dänischen Gefängnis.

Das gegen ihn eröffnete Verfahren stand im Zusammenhang mit der von der Berliner Staatsanwaltschaft im Rahmen des RSHA-Komplexes seit April 1965 vorbereiteten, umfänglichen Voruntersuchung über die Tätigkeit der Einsatzgruppen in Polen. Bis zum März 1969 waren hierbei mehr als 200 Zeugen und 38 Beschuldigte gehört bzw. vernommen worden, umfangreiche archivalische Recherchen angestellt und nicht zuletzt in mühevoller Kleinarbeit die Mordtaten der Einsatzgruppen in Polen in Hunderten von Einzelfällen rekonstruiert worden, vor allem auf der Grundlage von polnischen Unterlagen. Darüber hinaus hatten die ermittelnden Staatsanwälte Aufbau und Struktur der Einsatzgruppen, des RSHA, der Abwehrpolizei sowie des Gestapa minutiös nachverfolgt, um über die internen Hierarchien und Befehlswege genau informiert zu sein. Hieran hatte es in vorangegangenen Verfahren gemangelt, so dass es den Beschuldigten oft nicht schwergefallen war, die Fehler und Unkenntnisse der Staatsanwaltschaften für sich zu nutzen. Im Dezember 1968 wurde der Kenntnisstand der Ermittlungsgruppe in einem 750seitigen Sachstandsvermerk zusammengefasst, in dessen Ergebnis Best als Hauptverantwortlicher für die Mordtaten und Hauptbeschuldigter in diesem Verfahren bezeichnet wurde.[87]

Best war mit diesem Verfahren im Rahmen seiner »Nebenkanzlei« schon seit Anbeginn vertraut. Einer der anfänglich Beschuldigten, Ernst Gehrke, hatte sich im Oktober 1965 hilfesuchend an ihn gewandt; ebenso wie Rechtsanwalt Meurin, der einen weiteren Beschuldigten vertrat. Dabei ging es um eine von Gehrke bei seiner Vernehmung gemachte Aussage, wonach im August und September 1939 mehrere Besprechungen im RSHA mit den Amtschefs und den Einsatzgruppenleitern stattgefunden hätten, bei denen entsprechende Weisungen für das Vorgehen in Polen, insbesondere die »Ausrottung der polnischen Intelligenz« betreffend, erteilt worden seien. Von einer solchen Einsatzbesprechung im August, antwortete Best, sei ihm nichts bekannt. »Nach meiner Erinnerung haben sich diese Maßnahmen erst nach und nach in den folgenden Monaten entwickelt, sind aber nicht in der behaupteten Weise vorgeplant gewesen.«[88] Best begann daraufhin, wie auch in anderen Fällen, eine Rundfrage bei ehemaligen Beteiligten, darunter Streckenbach und Huppenkothen, die wunschgemäß bestätigten, dass im

August eine solche Besprechung nicht stattgefunden habe. Dies war vor allem wichtig, weil sonst bewiesen worden wäre, dass die Morde in Polen von langer Hand vorbereitet gewesen seien; während die höherrangigen Beschuldigten, wie Best selbst, in diesen und allen ähnlichen Fällen hervorhoben, dies habe sich – gewissermaßen in Reaktion auf die Umstände des Krieges – erst »nach und nach« entwickelt.[89]

In der Folgezeit wurde Best nun über die Entwicklung des Mammutverfahrens durch die Beschuldigten und ihre Anwälte detailliert unterrichtet, und es konnte ihm dabei nicht verborgen bleiben, dass sich die Sache, je genauer die Kenntnisse der Staatsanwälte wurden, um so stärker auf ihn selbst konzentrieren würde. Als Leiter der im RSHA unter dem Aktionstitel »Tannenberg« firmierenden Organisation und Lenkung der in Polen agierenden Einsatzgruppen trat immer deutlicher Best selbst hervor. Jedoch vermochten sich nur wenige der einstigen RSHA-Mitarbeiter an den Tarnnamen »Tannenberg« zu erinnern, der in den Akten in der Tat auch nur selten auftauchte. Hier setzte Best an. »Es ist offensichtlich ein reiner Nacht-Bereitschaftsdienst gewesen, zu welchem damals die Verwaltungsbeamten herangezogen wurden, um die Exekutive – das Amt Müller – zu entlasten«, schrieb er an die ehemaligen Beteiligten zur Sprachregelung.[90]

Allerdings kamen, seit der Wissensstand der Staatsanwaltschaft detaillierter und die Belastung der Beschuldigten entsprechend schwerwiegender wurde, auch die Widersprüche und Konkurrenzen unter den einstigen RSHA-Mitarbeitern deutlich zum Tragen, insbesondere zwischen Angehörigen der Gestapo und solchen des SD. »Unter Männern: Ich weiß aus der Erinnerung natürlich nur, ohne ein Sterbenswörtchen verlautet zu haben, dass ein Meyer und Bilfinger damit zu tun haben«, schrieb Thorn, einst Referent in der Verwaltungsabteilung des RSHA, über seine erfolgte staatsanwaltliche Vernehmung vertraulich an Best. »Über Meyer ließ ich kein Sterbenswörtchen ... Er täte gut daran, nicht die Erlasse über die Einsatzgruppen meinem Referat zuzuschieben. Ich weiß genau, und dies vertraulich ganz nur für Sie, ... dass Bilfinger diesen Einsatz organisiert hatte unter Zindel, Hilfsreferent Meyer (übrigens ein mir unsympathischer Angeber, der sich mit seiner großen Erfahrung brüstete – offenbar kam er aus der inneren Verwaltung, oder vielleicht vom SD ...) Sollte er mich belasten, werde ich scharf zurückschlagen.« Korpsgeist und Gruppenloyalität wirkten auch noch 30 Jahre später nach, und wenn es den Staatsanwälten gelang, auch nur einen einzigen SD-Mann zur Belastung eines ehemaligen Gestapo-Beamten (oder andersherum) zu bewegen, so konnten sie mit einer Welle von Gegenbelastungen rechnen. »Nun schließe ich und glaube, Sie im einzelnen unterrichtet zu haben«, endete das Schreiben Thorns an Best, »Sie werden das Ruder jetzt legen können.«[91] Dies tat Best, indem er weiter die Aussagen koordinierte, Beweismittel suchte und mögliche Entlastungszeugen befragte.[92] Den Fortgang der Ermittlungen konnte er dadurch jedoch nicht mehr aufhalten.

Es war aber doch erstaunlich, dass Best über Jahre hinweg von der Staatsanwaltschaft weder als Zeuge noch als Beschuldigter gehört worden war, bis er dann, vier Jahre nach Eröffnung der Voruntersuchung, verhaftet wurde. Der Grund dafür war jedoch einsichtig: Best galt bei den Staatsanwaltschaften als der juristisch versierteste und historisch am besten informierte unter den »Schreibtischtätern«; seine guten Verbindungen zu Politikern und Ministerialbeamten waren bekannt. Zudem war Best als ehemaliger Stellvertreter Heydrichs und SS-Obergruppenführer der höchstrangige noch lebende RSHA-Mann, so dass ein Scheitern des Verfahrens schon aus Gründen der Optik und der Auswirkungen auf andere laufende NS-Prozesse und -Verfahren ein Desaster gewesen wäre und unbedingt vermieden werden musste.

Der Berliner Staatsanwaltschaft waren die bis in die Formulierungen reichenden Übereinstimmungen bei den Aussagen der Beschuldigten zuvor natürlich aufgefallen, und bald war man auch auf die Quelle der Vereinheitlichung gestoßen. Aus diesem Grund ließ der zuständige Staatsanwalt Filipiak, der auch die Ermittlungen gegen Best geleitet hatte, am 11. und 20. März 1969 in der Wohnung und im Büro Bests Hausdurchsuchungen durchführen und die dort liegende »Nebenkanzlei«-Korrespondenz beschlagnahmen. Das Ausmaß der darin zum Ausdruck kommenden Koordinationstätigkeit Bests überraschte jedoch auch die Berliner Ermittlungsgruppe. Aus den Unterlagen ergebe sich, schrieb Filipiak am 3. Juli an den Untersuchungsrichter, dass sich Best »in den letzten Jahren ständig damit beschäftigt hat, im Wege der sogenannten ›Kameradenhilfe‹ in zahlreichen anderen NSG-Verfahren in Berlin und in Westdeutschland Zeugenaussagen ›zu steuern‹. Als ehemaliger Personalchef der Sicherheitspolizei verfügt der Angeschuldigte über Verbindungen zu fast allen noch lebenden ehemals leitenden Angehörigen der Sicherheitspolizei und des SD ..., an die er sich in zahlreichen Fällen gerichtet hat, um durch ›günstige‹ Zeugenaussagen den Ausgang der NS-Verfahren ... zu ›beeinflussen‹.«[93]

Die Staatsanwaltschaft war mit Hilfe dieser bei der Hausdurchsuchung gefundenen Unterlagen jetzt in der Lage, die in der internen Korrespondenz der Beschuldigten gemachten freimütigen Äußerungen über Befehlswege und Verantwortlichkeiten aufzunehmen und durch weitere Zeugenaussagen zu belegen, so dass Bests Verteidigungsstellung bei den im Sommer 1969 einsetzenden und sich über fast zwei Jahre erstreckenden Verhören von vornherein relativ schwach war. Aus den vorliegenden Akten konnte einwandfrei belegt werden, dass Best die Aufstellung und Organisation der Einsatzgruppen geleitet hatte, dass er ihre Marschwege und Einsatzorte bestimmt und zudem als Stellvertreter Heydrichs zwischen September und Dezember 1939 die überwiegende Zeit als Chef des RSHA fungiert hatte. Demgegenüber waren Bests Einlassungen, er habe mit »Tannenberg« nichts zu tun gehabt und Müller sei dafür verantwortlich gewesen, wenig substantiell und leicht widerlegbar.

Allerdings – Best war nicht selbst in Polen gewesen; ein direkter, expliziter, gar schriftlicher Mordbefehl war von ihm nicht überliefert und, wie wir heute wissen, auch nicht ergangen. Hier lag das Problem, aber auch die übergreifende Bedeutung des Verfahrens gegen Best. Denn auf der einen Seite hatte man nahezu alle, die bei den Mordzügen der Einsatzgruppen in Polen oder später in der Sowjetunion unmittelbar dabei gewesen waren, als Gehilfen der »Haupttäter« eingestuft und entsprechend milde beurteilt bzw. außer Verfolgung gestellt. Diejenigen, die man als »Haupttäter« bezeichnet hatte und die sich während der Mordtaten in Berlin oder in ihren Feldbefehlsstellen aufgehalten hatten, waren zumeist tot. Nun

aber hatte man in Person des stellvertretenden Leiters des RSHA einen »Haupttäter« verhaftet – wenn man dem nun aber zugute halten wollte, dass er nicht direkt gemordet und auch keine direkten Mordbefehle gegeben habe, so wäre die
gesamte Konstruktion zusammengebrochen: Die »Gehilfen« würden dann damit
entschuldigt, dass sie keine »Haupt«- oder »Mittäter«, die »Haupttäter«, dass sie
keine »Gehilfen« gewesen seien.

Hieraus erklärt sich, warum die Staatsanwälte sowohl bei den Vernehmungen
Bests wie bei der Sammlung von schriftlichen Unterlagen so außerordentlich
weit ausholten. Das Verfahren gegen Best war zur Nagelprobe auf die Bereitschaft und Fähigkeit der bundesdeutschen Justiz geworden, auch nur einen einzigen der bedeutenderen »Schreibtischtäter« des RSHA vor Gericht zu bringen
und wegen seiner Verantwortung für die von ihm im Rahmen seiner dienstlichen Tätigkeit und seines politischen Engagements organisierten und befürworteten Massenmorde zu verurteilen. Aus dieser Ausgangslage resultierte, dass
Bests Schriften, sein politischer Werdegang, sein Aufstieg innerhalb der Gestapo,
der Aufbau der Sicherheitspolizei, die Funktionsweise des Verwaltungsapparates des RSHA, Bests Tätigkeit in Frankreich und in Dänemark ebensoviel Raum
einnahmen wie das »Referat Tannenberg«, die Aufstellung der Einsatzgruppen
und die Morde in Polen.[94]

Besondere Probleme bereitete es für Bests Verteidigung, dass die Staatsanwälte
zu lesen verstanden und seine theoretischen Schriften und sein Handeln in unmittelbaren Bezug zueinander setzten. Bests ausführliche Entgegnungen, er habe
sich stets für »Sachlichkeit«, verwaltungsgerechtes und juristisch abgesichertes
Vorgehen eingesetzt, verloren auf diese Weise ihre Wirkungskraft, ebenso wie
der Versuch, Duckwitz und Sonnleithner bezeugen zu lassen, dass Best die dänischen Juden gerettet habe – sonst ein unfehlbares Instrument, Dritte von den
lauteren Absichten Bests zu überzeugen. Vor allem die Aussage des mittlerweile
zum Staatssekretär im Auswärtigen Amt aufgestiegenen Duckwitz, wonach
»durch die Warnung des Dr. Best im Jahre 1943 rund 6.000 dänische Juden vor
der Deportation gerettet« worden seien, sollte zeigen, dass Best »seiner Persönlichkeit nach« nicht als »Mörder« angesehen werden könne – so das Kalkül. Allerdings konnte die Berliner Ermittlungsgruppe aufgrund der mittlerweile besorgten dänischen Unterlagen doch erhebliche Zweifel an dieser Darstellung
begründen. Wenn Duckwitz allerdings unbedingt aussagen wolle, entgegnete
die Staatsanwaltschaft dem Vorschlag der Verteidigung in einem Schriftsatz,
dann könnte der Herr Staatssekretär »bei dieser Gelegenheit gleich befragt werden, ob ihm – entsprechend dem bei dem Angeschuldigten Dr. Best vorgefunde-
nen und beschlagnahmten Memorandum vom August 1968 – bekannt ist, daß
einige seiner Mitarbeiter im Politischen Archiv des Auswärtigen Amtes im Verdacht der sogenannten ›Kameradenhilfe‹ stehen.«[95] Daraufhin verzichtete die
Verteidigung auf die Zeugenvernehmung von Duckwitz.

In der Sache war sich die Anklagebehörde mittlerweile ganz sicher. Sie kannte
aus den polnischen Akten die Einzelheiten der Erschießungen von Tausenden
von Polen, vor allem von Angehörigen der polnischen Führungsschichten sowie
von Juden; sie konnte die Vorbereitungen zu den »Umsiedlungen« im einzelnen
rekonstruieren; sie wusste über die Kompetenzen und Hierarchien bei Sicher-

heitspolizei und SD sowie insbesondere über Bests Funktion in diesen Kontexten genauestens Bescheid und war seit 1971 dabei, die umfangreiche Anklageschrift zu formulieren Angesichts der Beweislage war die Eröffnung eines Hauptverfahrens und die hiernach erfolgende Verurteilung Bests als ziemlich wahrscheinlich anzusehen – vorausgesetzt allerdings, dass die Richter überhaupt bereit waren, einen nationalsozialistischen »Haupttäter« wegen seiner dienstlichen und politischen Verantwortlichkeit für Massenverbrechen zu verurteilen, obwohl er an der Durchführung der Verbrechen nicht unmittelbar beteiligt gewesen war. Seit Bests Verhaftung jedoch war diese Frage bei den Haftprüfungsterminen von Seiten des Untersuchungsrichters regelmäßig bejaht worden.

Gutachterkrieg

Im Frühjahr 1971 geschah allerdings etwas Unerwartetes. Abweichend von den Geschäftsverteilungsplänen wurde der Untersuchungsrichter am Berliner Landgericht abgelöst und durch einen neuen ersetzt, der kurz darauf den Haftbefehl gegen Best aufhob. Die Staatsanwaltschaft hegte keinen Zweifel an einer politisch motivierten Intervention zugunsten Bests; allerdings lassen sich die Hintergründe dieses überraschenden und an Berliner Gerichten ansonsten unüblichen Personalwechsels nicht mehr exakt rekonstruieren. Anders als sein abgelöster Vorgänger folgte der neue Untersuchungsrichter in der Begründung für die Aufhebung des Haftbefehls den Einlassungen Bests und seines Verteidigers Meurin: Die Tätigkeit des »Sonderreferats Tannenberg« habe nach Kriegsbeginn keinen »ursächlichen Tatbeitrag« zu den Morden in Polen dargestellt. Zwar sei bewiesen, dass Best von den Mordaktionen mindestens seit November 1939 Kenntnis gehabt habe, aber dies sei lediglich als »Beihilfe ohne eigene niedere Beweggründe« zu bewerten und also nach § 50 (2) StGB verjährt. Aus dem amtierenden Chef des RSHA war damit ein »Gehilfe« der ihm untergebenen Einsatzgruppenkommandeure geworden. Sollte diese Sichtweise bestätigt werden, war die historische und rechtliche Grundlage der verbliebenen RSHA-Verfahren insgesamt zerstört, und kein leitender RSHA-Mitarbeiter wäre fortan noch anklagbar gewesen. Dies vor Augen, gab das Kammergericht der Beschwerde der Anklagebehörde gegen die Aufhebung des Haftbefehls statt. Nach vierwöchiger Unterbrechung kehrte Best daraufhin wieder in Untersuchungshaft zurück.[96]

Nun änderten Best und Meurin ihre Strategie. Aufgrund der Beweislage war mit Anklage und Verurteilung einigermaßen sicher zu rechnen. Der Weg über den »Beihilfeparagraphen« war versperrt. Unmittelbar nach Bests Rückkehr in die Berliner Haftanstalt stellte der Verteidiger daher den Antrag, Best aufgrund seines angegriffenen Gesundheitszustands für haftunfähig zu erklären und zu entlassen.

Best war mittlerweile 67 Jahre alt und bis zu seiner Verhaftung voll berufstätig gewesen, ganz abgesehen von dem immer unfangreicher gewordenen Engagement in seiner »Nebenkanzlei« Nicht anders als nach dem Krieg in dänischer Haft hatte er jedoch nach einiger Zeit im Untersuchungsgefängnis heftige Anzeichen von Depression und Labilität gezeigt, die zusammen mit den altersbedingten Beschwerden zum Gesamteindruck eines geradezu hinfälligen Mannes beitrugen. Bereits seit seiner Verhaftung im März 1969 hatte er daher immer wieder auf seine angegriffene Gesundheit und insbesondere sein zerrüttetes Nervenkostüm hingewiesen – Nervosität, Angstzustände, Schweißausbrüche – und zudem sein nachlassendes Erinnerungsvermögen beklagt, das ihn an einer effektiven Verteidigung behindere.

Der Antrag auf Haftverschonung hatte Erfolg. Zwei Tage nach seiner erneuten Inhaftierung wurde der Haftbefehl gegen Best wieder aufgehoben, bis die Frage seiner Haftfähigkeit durch ärztliche Gutachten geklärt worden sei.[97]

Daraufhin begann ein Streit der medizinischen Gutachter um die Frage, ob Best haft- und verhandlungsfähig sei oder nicht, der beinahe zwanzig Jahre lang andauern sollte. Best leide unter allgemeiner Ateriosklerose und beginnender Cerebralsklerose, urteilte der erste Gutachter, ein Internist; einen beginnenden Hirnabbauprozess, dessen Auswirkungen »durch seelische Belastungen der Haft« kompliziert worden seien, diagnostizierte ein Psychiater. Beide hielten Best für haftunfähig.[98] Ein dritter Gutachter kam zu einem abweichenden Ergebnis. Zwar sei bei Best ein altersbedingter Abbau der Leistungs- und Konzentrationsfähigkeit festzustellen, er verfüge aber über eine überdurchschnittliche Intelligenz; seine Fähigkeit, komplexe Sachverhalte akzentuiert darzulegen, liege weit über dem üblicherweise anzutreffenden Niveau, wenngleich deutliche Defizite in Bezug auf soziale Wahrnehmung und die Fähigkeit zur selbstkritischen Beobachtung feststellbar seien. Ihn plage jedoch die Vorstellung, sich in dem anstehenden Gerichtsverfahren nicht richtig verteidigen zu können, und die »geradezu anakastisch anmutende Sorge, irgendetwas vergessen zu haben«. Zwar trete Best höflich und beherrscht auf, neige aber zu Niedergeschlagenheit und Verzagtheit. Haftunfähig sei er deshalb aber nicht. Daraufhin wurde der Haftbefehl wieder in Vollzug gesetzt, und Best kam nach halbjähriger Unterbrechung am 27. Oktober 1971 erneut in Untersuchungshaft.[99]

Diesem Versuch Bests, seinem drohenden Prozess durch gutachterliche Bestätigung seiner Haft- und Verhandlungsunfähigkeit entgehen zu wollen, entsprach das Vorgehen der meisten NS-Täter, die trotz der »kalten Verjährung« weiterhin von Gerichtsverfahren bedroht waren, in dieser Phase. Vor allem die durch bürgerliche Situiertheit und akademische Bildung auffallenden Beschuldigten aus den Führungspositionen von RSHA und Sicherheitspolizei hatten damit auch häufiger Erfolg. Otto Bovensiepen etwa, gegen den im Februar 1969 Anklage erhoben worden war, wurde im August 1971 für dauernd verhandlungsfähig erklärt. Das Verfahren gegen Helmut Bischoff, Leiter des Einsatzkommandos I der Einsatzgruppe IV in Polen, wurde eingestellt, weil das Gericht der Auffassung war, es sei als sicher anzunehmen, dass dem Angeklagten »bei Fortsetzung der Hauptverhandlung der Vorwurf, sich des Mordes schuldig gemacht zu haben, in einer Form wird gemacht werden müssen, die die von dem Sachverständigen B. in seinem Gutachten prognostizierte exzessive Blutsteigerung erwarten läßt«.[100] Und auch Bests Nachfolger im RSHA, Bruno Streckenbach, kam nicht vor Gericht. Die bei ihm durch Koronarinsuffizienz und Kreislaufschwäche nur bedingt gegebene Verhandlungsfähigkeit sei, so das Hamburger Landgericht, mit der Menschenwürde des Angeklagten nicht vereinbar; am 30. April 1974 wurde das Verfahren – es ging immerhin um den Vorwurf, Streckenbach sei als Organisator der Einsatzgruppen in Russland für den Tod von mindestens einer Million Menschen mitverantwortlich – eingestellt.[101]

Nun war mindestens der schwer herzkranke Streckenbach ohne Zweifel tatsächlich verhandlungsunfähig, und aufkommende Verdachtsmomente, die für die Beschuldigten positiven Gutachten seien von den Ärzten etwa aus politisch motivierter Sympathie entstanden, lassen sich nicht belegen. Wohl aber fällt auf, dass gegenüber diesen der Mittäterschaft an der Ermordung von Tausenden von Menschen beschuldigten, hochrangigen NS-Tätern die Berücksichtigung ihres Gesundheitszustandes doch weitaus fürsorglicher gehandhabt wurde, als dies bei gewöhnlichen Kriminellen der Fall zu sein pflegte.

Vor allem bei Best, dessen Beschwerden mit der Haftsituation und den Beschuldigungen selbst in direkter Verbindung standen, war nicht zu übersehen, dass der klägliche Zustand, den er vor allem in psychischer Hinsicht bot, in besonders scharfem Kontrast zu seinem bürgerlich-intellektuellen Habitus stand. Diesem höflichen, gebildeten und über sein Schicksal ganz verzweifelten alten Herrn mochte man eine Verbindung zu den ihm vorgeworfenen ruchlosen Taten noch weniger zutrauen als dies bei anderen, einfacher gebauten NS-Beschuldigten der Fall war. Zwar hatte sich in der Bundesrepublik mittlerweile ein durchaus verbreitetes Bewusstsein vom Ausmaß und der Schrecklichkeit der nationalsozialistischen Mordpolitik herausgebildet. Allerdings stand die hierbei gewonnene Vorstellung von dieser Mordpolitik und den dafür verantwortlichen Tätern, in Sonderheit der SS, in schier unüberbrückbarem Widerspruch zu dem Erscheinungsbild von Männern wie Best, die nun wegen dieser Taten vor Gericht gestellt werden sollten.

Am 10. Februar 1972 schließlich erhob die Staatsanwaltschaft beim Kammergericht in Berlin Anklage gegen Werner Best wegen »gemeinschaftlich mit Hitler, Göring, Himmler, Heydrich und Müller« begangenen Mordes an mindestens 8.723 Menschen in Polen während der ersten Wochen nach Beginn des Zweiten Weltkrieges. Die vorgelegte Anklageschrift war mit 1.032 Seiten nicht nur eine der umfangreichsten ihrer Art in der bundesdeutschen Justizgeschichte, sondern auch inhaltlich ein sehr bemerkenswertes Dokument. Die Hinzufügung von Müller bei der Liste der Haupttäter war hierbei kein Zufall. Denn Müller stand in Bezug auf Dienstalter, SS-Rang und Dienstfunktion im RSHA unter Best, war aber vom BGH bereits als »Haupttäter« apostrophiert worden. Die weit ausholende Anklageschrift war dementsprechend darauf angelegt zu zeigen, dass Best, wie es am Ende hieß, »seinem Wesen und seiner Stellung nach einer der bedeutendsten Nationalsozialisten überhaupt« gewesen sei, das »Muster‹ eines sogenannten ›Schreibtischtäters‹«.[102] Sie umfasste nicht nur einen 250seitigen Lebenslauf Bests, lange Kapitel über Polizei, SS und RSHA, sondern auch eine detaillierte Schilderung des Vorgehens der Einsatzgruppen, des »Volksdeutschen Selbstschutzes«, der dann eingerichteten regionalen Gestapo-Stellen, der Verbreitung und Durchführung der »Umsiedlungen« von Polen und Juden, sowie in minutiöser Auflistung die einzelnen Best zur Last gelegten Exekutionen in Polen von September 1939 bis zum Frühjahr 1940. Die gesammelten und zur Untermauerung der Anklage herangezogenen Dokumente und Verhörprotokolle füllten mehr als 300 Aktenordner. Wenn das Berliner Kammergericht der Rechtsprechung des BGH folgte und den seinerzeit von Berlin aus operierenden Organisator der Einsatzgruppen als Mittäter an den von den Mordkommandos durchgeführten Massenmorden ansah, musste Best mit lebenslänglicher oder jedenfalls langjähriger Haftstrafe rechnen.

Das Hauptverfahren wurde jedoch nicht eröffnet. Neue Gutachten hatten die Verhandlungsfähigkeit Bests erneut in Frage gestellt. Bests depressiver Verstimmungszustand, so der gutachtende Psychiater, sei eindeutig als Reaktion auf seine Inhaftierung zu bewerten: »Dr. B. erklärte, ... er befinde sich in einem ›furchtbaren Zustand‹, der von Unruhe und Angst gekennzeichnet werde ... Unter Tränen berichtete er, sein Zustand verschlechtere sich fortlaufend, [und] verfiel mehrfach in einen äußerst larmoyanten Ton, indem er mit den Worten: ›Ich kann doch nicht, was soll aus mir werden!‹ seine bedrückte Lage zum Ausdruck bringen wollte.« Die Verhandlungsunfähigkeit ausschließende Symptome seien dies jedoch nicht; eine Verhandlungsdauer von drei Stunden, zweimal pro Woche, seien ihm zuzumuten. Auch der Internist hielt Best für verhandlungsfähig, allerdings höchstens zweimal zwei Stunden pro Woche; länger als ein halbes Jahr werde Best einem solchen Prozess aber gewiss nicht folgen können.[103]

Das Gericht beschloss daraufhin am 2. August 1972[104], das Verfahren gegen Best vorläufig einzustellen, da absehbar sei, dass das Hauptverfahren länger als ein halbes Jahr andauern werde und mithin nicht auszuschließen sei, dass Best nach diesem Zeitraum nicht mehr verhandlungsfähig sein würde. Damit war der Prozess gegen Best, eines der größten und ehrgeizigsten NSG-Verfahren der bundesdeutschen Justizgeschichte, geplatzt. Best wurde noch am gleichen Tag aus der Haft entlassen. In den ihm verbleibenden 17 Lebensjahren bis zu seinem Tode im Sommer 1989 blieb er ein freier Mann.

Dass die vorläufige Einstellung einer endgültigen gleichkam, ergab sich schon aus der Tatsache, dass Bests altersbedingte Beschwerden mit fortschreitender Zeit gewiss nicht abnehmen würden. Zwar wurde eine erneute Überprüfung seines Gesundheitszustands im Abstand von jeweils zwei Jahren festgelegt, aber an eine mögliche Wiederaufnahme des Verfahrens glaubte nicht einmal die Staatsanwaltschaft. Das Ende des Best-Verfahrens wurde in der Öffentlichkeit kaum beachtet; in den Zeitungen fanden sich nicht mehr als kurze Notizen.[105]

Das Bemühen der Staatsanwaltschaft um Wiederaufnahme des Verfahrens gegen Best blieb bis Ende der 70er Jahre erfolglos und wurde wohl auch ohne viel Verve vorgebracht. Erst im Oktober 1979 und vor dem Hintergrund einer durch die Ausstrahlung des Fernsehfilms »Holocaust« wieder intensiver und aufmerksamer gewordenen öffentlichen Diskussion über die NS-Verbrechen wurde das Verfahren plötzlich wieder aufgenommen und dem Landgericht Duisburg übertragen. Neue Gutachten wurden erstellt, bis schließlich im April 1982 die Wiederaufnahme verworfen und nunmehr die dauernde Verhandlungsunfähigkeit Bests, mittlerweile fast 80 Jahre alt, festgestellt wurde.[106]

Seit der Entlassung aus der Haft im August 1974 lebte Best zusammen mit seiner Frau zurückgezogen in seinem Haus in Mülheim an der Ruhr. Eine berufliche Tätigkeit übte er nicht mehr aus. Das Firmenkonsortium von Hugo Stinnes jr. war schon seit Mitte der 60er Jahre in erhebliche Schwierigkeiten geraten und hatte sich beständig verkleinern müssen. Schließlich war von der einst weltbekannten Firma nicht mehr übriggeblieben als zwei kleine Einzelunternehmen, die sich als vollständig überschuldet erwiesen. Als Best im März 1971 zwischenzeitlich für einige Wochen aus der Haft entlassen wurde, fand er einen handlungsunfähigen Hugo Stinnes vor, der den längst überfälligen Konkurs immer weiter hinausgezögert hatte, so dass Best in der Zeit bis zu seiner Wiederinhaftnahme den Konkurs einreichen und die Firma liquidieren musste.[107]

So war Best am Ende auch die berufliche Grundlage unter den Füßen zerronnen, und seine ganze Geschichte nach dem Untergang des »Dritten Reiches« hatte sich, allen zwischenzeitlichen Erfolgen zum Trotz, als Geschichte eines weitgehenden Scheiterns erwiesen. Während alte Weggefährten wie Kanter Richter am Bundesgerichtshof oder wie Duckwitz sogar Staatssekretär im Auswärtigen Amt hatten werden können, war er nun zwar einem Prozess und der Verurteilung zu einer langjährigen Haftstrafe glücklich entronnen, aber am Ende hatte er doch sowohl politisch wie geschäftlich Konkurs gemacht. So blieb ihm nur die Geschichte, oder besser: jene formatierte Erinnerung an seinen Lebensweg, wie er sie sich seit nunmehr dreißig Jahren beständig erarbeitet hatte. Diese Erinnerung stand nun ganz im Mittelpunkt seines langen Lebens im Ruhestand.

Zwar betätigte sich Best auch bis in die späten 70er Jahre hinein noch gelegentlich als Unternehmensberater im Ruhrgebiet. In erster Linie aber setzte er sich mit der, mit seiner Geschichte auseinander. Er gab weiterhin zahlreichen bei ihm anfragenden Historikern ausführliche Auskunft – nun allerdings nur noch schriftlich, um nicht womöglich seine geistige Frische und damit seine Verhandlungsfähigkeit unter Beweis zu stellen. Er trat weiterhin als Entlastungszeuge in zahlreichen NSG-Verfahren auf und verfasste weiterhin Erinnerungsschriften und Manuskripte über seine Tätigkeit und Erfahrungen in der Zeit bis 1945, insbesondere über seine Jahre in Dänemark – so im Jahre 1978 eine biographische Skizze über Erik Scavenius, 1984 über Nils Svenningsen.[108]

Seit Ende der 70er Jahre stand er mit dem Chefredakteur der Zeitung der deutschen Minderheit in Dänemark, Siegfried Matlok, in enger Verbindung und bereitete mit diesem zusammen eine größere Buchveröffentlichung vor, die im Jahre 1988 in Matloks »Husum-Verlag« unter dem Titel »Dänemark in Hitlers Hand« erschien. Dieses Buch, in der Bundesrepublik zwar durchaus beachtet, aber doch eher als kuriose Randerscheinung bewertet, erschien in Übersetzung auch bald in Dänemark und sorgte dort für erhebliches Aufsehen und massive Kritik.[109] Das Buch beinhaltete vor allem Bests Dänemark-Manuskript, das er 1952 in erster und 1960 in zweiter Fassung geschrieben hatte und das neben einigen Entlastungsdokumenten eine Zusammenfassung der von ihm während der Kopenhagener Verfahren entwickelten Darstellung seiner Tätigkeit als Reichsbevollmächtigter enthielt. Insbesondere Bests Version von seiner Rolle bei der Rettung der dänischen Juden war hier ausführlich und in den bekannten Sichtweisen hervorgehoben. Das Buch enthielt zudem einige seiner in dänischer Haft geschriebenen biographischen Skizzen über Hitler, Himmler, Heydrich und andere sowie ein ausführliches Interview mit dem Herausgeber Matlok, in welchem der jetzt 85jährige ein weiteres Mal seine »völkisch-organische Weltsicht« in gegenüber früheren Fassungen nahezu wortgleichen Formulierungen vortrug. Es endete mit der selbstbewussten Betonung Bests, er brauche sich bei den Dänen für das, was geschehen sei, beileibe nicht zu entschuldigen, und seine seinerzeitige Verurteilung in Kopenhagen sei ein Unrecht gewesen. Gleichwohl wünsche er dem dänischen Volke »eine glückliche Zukunft und eine stets gute Nachbarschaft mit meinem deutschen Volke«.[110]

Nun war es an sich schon verwunderlich, dass der von einer Anklage wegen vieltausendfachen Mordes nur aus Gesundheitsgründen verschonte einstige Stellvertreter Heydrichs im Jahre 1988 ein umfängliches und von Seiten des Herausgebers mit unverhohlener Sympathie, ja Bewunderung für Best ediertes Buch in einem zwar kleinen, aber gewiss nicht rechtsradikalen Verlag herausbringen konnte. Aber dieses Buch bildete doch nur den sichtbaren Höhe- und Endpunkt des jahrzehntelangen Bemühens Bests, seine Geschichte und seine Taten als richtig, vernünftig, an sachlichen Gesichtspunkten orientiert, einer veritablen und vertretbaren Weltanschauung folgend und insgesamt auch als erfolgreich darzustellen – und einer möglichst großen Öffentlichkeit dies auch mitzuteilen. Über die Röhm-Morde, die Judenverfolgung in Deutschland und Frankreich, die Einsatzgruppen, die Konzentrationslager findet sich in diesem Buch kaum ein und jedenfalls kein wahres Wort. Die Texte dokumentieren insofern nicht nur und nicht so sehr eine »kaum glaubliche Verdrängungsarbeit«, wie es in einer Rezension hieß, sondern ein wider besseres und sehr genaues Wissen seit Jahrzehnten immer wiederholtes legitimatorisches Geschichtsbild, das vor allem darauf ausgerichtet war, das Lebenswerk Bests und seiner politischen Generation, der »Generation der Sachlichkeit«, gegen alle Anfechtungen der historischen Realität zu verteidigen.

Aber zweifellos war das Erscheinen und die vor allem in Dänemark große Beachtung seines Buches, das er ein Jahr vor seinem Tod wie ein Vermächtnis hinterließ, eine große Genugtuung für Best, die Erfüllung jenes seit jeher bei ihm so ausgeprägten Bedürfnisses, letztlich doch Recht behalten zu haben.

Im September 1987 war Best ein weiteres Mal als Zeuge in einem der späten NSG-Verfahren geladen – gegen Modest Graf Korff, einst Kommandeur der Sicherheitspolizei in Chalons-sur-Marne, nach dem Krieg Ministerialrat im Bundeswirtschaftsministerium. Dieser Prozess war aus einem Sammelverfahren abgetrennt worden, das bei der Staatsanwaltschaft Köln seit 1966 wegen der Beteiligung deutscher Dienststellen in Frankreich an der Deportation der französischen Juden anhängig war. Einer der Hauptbeschuldigten war (neben Lischka, Hagen und Heinrichsohn, die schließlich verurteilt wurden) ursprünglich auch Werner Best gewesen, gegen den die Ermittlungen aber wegen seiner vom Berliner Kammergericht festgestellten Verhandlungsunfähigkeit eingestellt worden waren.[111] In dem Bonner Korff-Prozess ging es wiederum um die Frage, ob und was die regio-

nalen Gestapoleiter über die Bestimmung der von ihnen zur Deportation gebrachten Juden gewusst hatten; und wiederum funktionierte das Aussagekartell
der einstigen Gestapo-Kollegen beinahe reibungslos. »An einem besonders
schlechten Gedächtnis«, hieß es in einem Prozessbericht in der Presse, habe der
Zeuge Best gelitten: »Erst als Serge Klarsfeld die entsprechenden Dokumente
vorlegt, kann er sich erinnern. Er beendet seinen Auftritt mit einem angedeuteten
Hackenschlag und einem Diener in Richtung Richterbank.«[112]

Dieser Auftritt, der in der Presse einiges Aufsehen erregte, hatte Nachwirkungen. Der Sitzungsvertreter der Staatsanwaltschaft notierte über Best, dass dieser
bei der insgesamt über zweistündigen Vernehmung »einen erstaunlich frischen
Eindruck – sowohl geistig als auch körperlich« gemacht habe. Aufgrund dieses
Hinweises wurde von der Duisburger Staatsanwaltschaft die erneute Begutach-
tung der Verhandlungsfähigkeit Bests angeordnet. Am 13. April 1989 erklärte der
als Gutachter bestellte Arzt Best – wenn auch mit zeitlichen Einschränkungen –
für verhandlungsfähig.

Daraufhin legte die Staatsanwaltschaft Düsseldorf am 5. Juli 1989 dem Landgericht Duisburg die leicht erweiterte Anklageschrift vor und stellte den Antrag
auf Eröffnung des Hauptverfahrens gegen den Angeschuldigten Best wegen
Mordes an 8.723 Menschen.[113]

Best war jedoch zwei Wochen zuvor, am 23. Juni 1989, bereits gestorben.

Schluss

Werner Best gehörte einer Generation an, die während des Ersten Weltkrieges aufgewachsen war, ihre politisch prägenden Erfahrungen aber in den Wirren der Nachkriegsjahre gemacht hatte. Diese erwiesen sich als so eindrücklich, dass daraus vor allem in der männlichen bürgerlichen Jugend das weithin verbreitete Selbstverständnis einer von anderen Generationen scharf abgegrenzten Altersgruppe erwuchs. Die individuellen Lebenswege wurden mit einer kollektiven Sinngebung verknüpft, welche die Erlebnisse der einzelnen einband in die Kategorien und Wertemuster ihrer »politischen Generation«.

Nun waren die politischen Grundvorstellungen der nationalistischen Rechten in Deutschland insgesamt und zumal in der bürgerlichen Jugend gewiss bereits vor dem Ersten Weltkrieg und mehr noch während dessen weit verbreitet. Aber erst durch die Erfahrungen der Jahre zwischen 1917/18 und 1923 erhielten sie in der Wahrnehmung so etwas wie eine empirische Validierung. Denn die Besetzung des Rheinlandes, die Bestimmungen des Versailler Vertrages, Spartakusaufstand und Separatistenputsche, die Einfälle der Polen in Ostdeutschland und die Unterdrückung deutscher Minderheiten in den neu geschaffenen Staaten Ostmitteleuropas schienen eben nicht die Kategorien des Westens, Menschenrechte und Demokratie, wie sie noch von dem amerikanischen Präsidenten Wilson verkündet worden waren, zu bestätigen, sondern die Voraussagen der deutschen Rechten.

Die langfristige Bedeutung der sich ausbreitenden völkisch-radikalen Jugendbewegung der frühen Weimarer Jahre lag insbesondere darin, dass sie die politische Wahrnehmung der Entwicklung im Deutschland der Nachkriegsjahre in ein ideologisch fixiertes Weltbild integrierte und zugleich zum exklusiven Erlebnis einer Generation stilisierte. Diese Verbindung verlieh den hier gewachsenen Überzeugungen jene Dynamik, Prägekraft und langfristige Wirksamkeit, die bei Best über beinahe 70 Jahre hinweg verfolgt werden konnten. Der radikale Nationalismus, die Absage an Republik und Demokratie sowie vor allem der rassenbiologisch motivierte Antisemitismus erschienen auf diese Weise nicht als eine politische Meinung unter anderen. Sie wurden vielmehr zugleich als Elemente eines Lebensgefühls, eines generationellen Stils empfunden, dessen vorherrschende Kennzeichen Kühle, Härte und »Sachlichkeit« als Abgrenzungsmerkmale zu der Gruppe der Älteren waren, die als zu emotional und zu sehr auf Personen statt auf »die Sache« konzentriert empfunden wurde. Zugleich aber ruhte dieser »generationelle Stil« auf der Grundlage eines als in sich geschlossen verstandenen Welterklärungssystems des völkischen Nationalismus.

Diese Verknüpfung fand in den frühen 20er Jahren insbesondere im akademischen Bereich seinen Ausdruck, als sich die Völkisch-Radikalen – und im Kontext der heftigen Auseinandersetzungen um die Frage der Zugehörigkeit jüdischer Studenten zur Deutschen Studentenschaft bedeutete das vor allem: die radikalen Antisemiten – an den Hochschulen in einem wahren Siegeszug durchsetzten. In den Begriffen der politischen Generationenlehre bedeutete dies, dass sich mit dem

Austausch der jungen Frontgeneration, also der Jahrgänge bis etwa 1900, durch die »Kriegsjugendgeneration« der politische Radikalisierungsprozess beschleunigte.

Die ideologischen Grundvorstellungen der radikalen Rechten in Weimar waren in der Tat eklektisch und gewissermaßen nicht originär. Dies aber ist das Kennzeichen moderner weltanschaulicher Großentwürfe insgesamt und spricht nicht gegen ihre Wirksamkeit. Es ist daher zum Verständnis dieses Prozesses hilfreich, wenn man die Entwicklung des Radikalnationalismus in Deutschland zwischen den 80er Jahren des 19. und den 20er Jahren des 20. Jahrhunderts als allmähliche Konsolidierung begreift und nicht einer fiktiven Norm der philosophischen Originalität oder Geschlossenheit unterwirft.

Die politischen Vorstellungen der radikalen Rechten der Weimarer Republik sind insgesamt und zugespitzt als Projekt der Revision von 1789, 1848 und 1918/19 zu verstehen und mit den Begriffen antiliberal, antiuniversalistisch, antisemitisch zusammenzufassen, wobei die Gewichtung dieser drei Elemente bei den einzelnen Gruppen unterschiedlich (und auch im Wandel begriffen), der Bezug auf diese drei Essentials aber nahezu durchgängig war. Hierbei war die Verbindung von äußerem und innerem Feind ausschlaggebend: der Geist des Universalismus und des Internationalismus als Bindeglied zwischen innerer und äußerer Bedrohung; das »völkische« Denken als Gegenpol zu Individualismus und supranationalen Kategorien; »Volk« als Bluts- und Kulturgemeinschaft statt des modernen Staatsbürgerprinzips. Schon früh, wenn auch nicht durchgängig, verbanden sich diese Vorstellungen zudem eng mit Elementen der Rassenhygiene und -anthropologie, wie dies etwa in den Schriften Edgar Jungs zum Ausdruck kam – und in populärerer Form in denen Adolf Hitlers.

Die politische Radikalisierung bezog sich durchgängig auf den westlichen Universalismus als Hauptgegner. Die Bedrohung durch den Kommunismus wurde demgegenüber als Variante, als zugespitzter Ausdruck des westlichen, internationalistischen Denkens wahrgenommen, welchem der Bezug auf potentiell für alle Menschen, unabhängig von ihrem Volkstum, gleichermaßen gültige Kategorien zugrunde lag und das in diametralem Gegensatz zu einem Ordnungsdenken der völkischen Radikalen stand, das allein auf die Wahrung und Durchsetzung der Interessen des jeweils eigenen Volkes gerichtet war.

In diesem Zusammenhang sind die verschiedenartigen Versuche rechter Intellektueller zu verstehen, sich von den Bindungen des Völkerrechts vollständig zu lösen und die rechtlich und moralisch ungebundene Durchsetzung der Interessen des eigenen Volkes an deren Stelle zu setzen. Hier liegt auch die Bedeutung der ersten politischen Schriften Werner Bests. Im Zusammenschnitt völkischer, lebensphilosophischer und sozialdarwinistischer Ideen mit den generationellen Idealen von Sachlichkeit und Heroismus und anknüpfend an die gegen die menschen- und völkerrechtlichen Ideale des Westens gerichteten Schriften Carl Schmitts hob er hierin die von Regeln jedweder Art befreite Durchsetzung der Interessen eines Volkes als naturgesetzliche Konstante heraus. Aus diesem lebensgesetzlich hergeleiteten Begriff von »Völkerrecht«, der jeden Ansatz zur Formulierung allgemeiner Menschheitsziele ablehnte und die Beziehungen zwischen Staaten und »Völkern« allein von Interessen und der Macht, diese Interessen auch durchzusetzen, gekennzeichnet sah, wurde die Berechtigung zur vollständigen Vernichtung der Gegner hergeleitet. Die sich daraus ergebende Ethik des »Kämpfers« negierte konsequenterweise alle moralischen Bindungen und legitimierte sich allein durch den Bezug auf die Interessen des eigenen Volkes. Der Kampf bis zur Vernichtung als Ausdruck der Natur und der Lebensgesetze implizierte zugleich, dass individuelle Gefühle des Hasses gegenüber dem Gegner zu vernachlässigen, ja illegitim waren. Das formulierte Ideal bestand vielmehr darin, den Gegner, den man bekämpfte und zu vernichten trachtete, als Kämpfer für die Interessen seines eigenen Volkes zu akzeptieren, ja zu achten. Der hieraus formulierte Begriff vom »Heroischen Realismus« ist als Schlüsselbegriff zum Verständnis der Gedankenwelt und Handlungsperspektive der jungen akademischen Rechten der Weimarer Jahre erkennbar.

Es ist hierbei von Bedeutung, die sich radikalisierende politische Rechte der Nachkriegsjahre des Ersten Weltkrieges als eine in sich stark differenzierte und zersplitterte, häufig eher durch Personen als durch klare programmatische Trennungen gekennzeichnete »Bewegung« zu begreifen, die sich gleichwohl als einheitliches »Lager« verstand, verknüpft durch eine Unzahl von informellen Kontakten und Mehrfachmitgliedschaften, ideologisch oszillierend und vor allem in Bezug auf die politische Form noch ganz unfertig. Dabei ist es irreführend, jene intellektuellen Gruppen, die nach dem Zweiten Weltkrieg von einem der ihren nicht ohne Hintersinn unter dem Begriff »konservative Revolution« versammelt worden sind, etwa den Deutschvölkischen, den Nationalsozialisten oder anderen völkisch-extremen Gruppen im Sinne klar definierbarer Trennlinien gegenüberzustellen. Vielmehr waren die Grenzen fließend und die Zugehörigkeiten zu einer oder zu mehreren dieser Gruppierungen ebenso häufig wechselnd wie die Neu- und Wiedergründungen dieser Gruppen vor allem in der ersten Hälfte der Weimarer Republik. Ernst Jüngers Diktum, wonach sich schließlich von den zahlreichen Gruppen des nationalistischen Lagers die »Münchener Richtung« (und mit ihr die flachste und plebejischste) durchgesetzt habe, erhellt diesen Zusammenhang.

Nicht durch ihre spezifisch ideologische Ausrichtung unterschied sich die nationalsozialistische von den vielen anderen Strömungen der »nationalen Bewegung«, sondern durch ihre Orientierung auf Organisation, Massenpropaganda und Aktionismus – statt auf Theorie, Eliten und Debatte. Die Vorbehalte der rechten Intellektuellen der »Konservativen Revolution« gegenüber der NSDAP, die die Hitlerpartei in den Worten Jungs als das »Referat Volksbewegung« der nationalen Revolution verstehen wollten, bezogen sich auf diese Defizite. Diese Bedenken wurden aber von den meisten fallengelassen, als sich die Nationalsozialisten durchgesetzt und ihre Überlegenheit praktisch demonstriert hatten und als deutlich geworden war, dass es der Partei an einer politisch-intellektuellen Führungsschicht durchaus mangelte. Bests rasanter Aufstieg in der hessischen NSDAP und seine Niederlage gegenüber den »proletarischen« Kräften in der Partei verdeutlichen dieses vielfältige und widersprüchliche Spannungsfeld zwischen der jungen akademischen Rechten und der plebejischen NS-Massenbewegung in den Anfangsjahren des Regimes. Auch dass Best, wie viele andere seiner Herkunft, seine Zuflucht und seine Aufgabe im Bereich des sich herausbildenden Machtkonglomerats Himmlers und Heydrichs fand, bezeichnet eine offenbar typische Entwicklung: Hier bot sich jener Handlungsraum, der es erlaubte, die entwickelten Vorstellungen von weltanschaulich fixierter Radikalität, »Sachlichkeit« und elitärem Führertum politisch und praktisch an entscheidender Stelle umzusetzen und zugleich für das eigene Fortkommen zu sorgen.

Bests Aufstieg zum Organisator, Personalchef, Justitiar und Ideologen der Gestapo nahm seinen Ausgang in der Vorbereitung der Mordserie an der SA-Führung im Juli 1934. Die »Röhm-Aktion« ist in diesem Zusammenhang in mehrerer Hinsicht als Weichenstellung anzusehen. Für Himmlers Organisationsimperium bedeutete sie den Durchbruch zum Status einer selbständigen und an Einfluss beständig zunehmenden Machtgruppe innerhalb des Regimes. Für die Führungsgruppe von Gestapo und SD erwuchsen aus der Beteiligung an der Mordaktion ein Korpsgeist, eine enge Verbindung untereinander und zugleich das Empfinden, die Bindungen an die bürgerliche Gesellschaft und ihre Werte, in deren Rahmen die meisten von ihnen doch aufgewachsen waren, gelockert, wenn nicht schon zertrennt und sich unauflöslich mit dem NS-Regime verbunden zu haben. Für die meist sehr jungen Führer vor allem in der SS und im SD bestätigte die Mordaktion, die als Sieg über »Reaktion und braunen Bolschewismus« angesehen wurde, die Selbstwahrnehmung als politisch-weltanschauliche Avantgarde der jungen revolutionären Generation, deren überlegener Dynamik, Selbstgewissheit und politischer Radikalität auf Dauer niemand gewachsen sein würde. Zugleich offenbarte sich zum ersten Mal die zugleich legitimatorische wie motivierende Bedeutung der weltanschaulichen Überzeugung: Um den wahrhaft völkischen Staat und die Herrschaft der völkischen Elite zu sichern, musste der Machtanspruch der (die »Massen« statt das »Volk« repräsentierenden) Parteiarmee zurückgewiesen und die SA-Führung ausgeschaltet werden. Für den bestehenden Staat als die dem Volke nützlichste Ordnung und somit »höchsten Wert« mussten alle anderen Werte – »Menschen und Gesetze« – geopfert werden.

In der Phase des organisatorischen und politischen Aufbaus der Politischen Polizei des »Dritten Reiches« erwies sich neben der exekutiven Tätigkeit der Gestapo – der Ausschaltung der politischen Gegner des NS-Regimes – ihre vollständige Herauslösung aus der Sphäre der normgebundenen, rechtlich kontrollierbaren öffentlichen Verwaltung als entscheidend. Im Verlauf dieses bis Ende 1936 im wesentlichen abgeschlossenen Prozesses entwickelte Best einen mit den tradierten Vorstellungen von öffentlicher Verwaltung brechenden Begriff von der Autonomie der Polizei: die Konstituierung eines rechtsfreien Bereichs staatlichen Handelns, das allein vom Willen der das »Volksinteresse« repräsentierenden Regimeführung zu bestimmen war. Die Parallelisierung der den äußeren Feind bekämpfenden Wehrmacht und der den inneren Feind bekämpfenden Polizei war dabei verbunden mit der eigentümlichen Verschränkung von willkürlicher, normativ nicht geregelter Polizeitätigkeit einerseits und der Kontinuität bürgerlicher Rechtssicherheit in weiten Teilen der Rechtsordnung andererseits als Kennzeichen der nationalsozialistischen Diktatur insgesamt. Die Trennung in normativ gebundene und normenfreie Bereiche staatlicher Tätigkeit entsprach der Trennung zwischen den »positiven« und den »negativen« Kräften innerhalb des eigenen Volkes. Die Definitionsmacht darüber kennzeichnete den Kern der Diktatur.

Die Übernahme der gesamten Polizei durch den Reichsführer SS und die Zusammenfassung von Kriminalpolizei und Gestapo zur »Sicherheitspolizei« markierte den Übergang von der Bekämpfung der politischen Gegner hin zu einer generalpräventiven und »gesellschaftsbiologischen« Konzeption von Polizei, in den Worten Bests: der »Polizei als Arzt des deutschen Volkskörpers«. Diese Ausweitung der polizeilichen Tätigkeit auf ein umfassendes, gesellschaftssanitäres Programm der Bekämpfung der sozial und erbbiologisch Unerwünschten, fand ihren Ausdruck darin, dass die »politischen« deutschen Häftlinge in den nationalsozialistischen Konzentrationslagern bald eine Minderheit darstellten. Sie ist einerseits als radikale Konsequenz der in der »völkisch-organischen Weltanschauung« angelegten Grundannahmen zu erkennen und andererseits als qualitativ wie quantitativ neue Dimension politisch-polizeilicher Tätigkeit zu verstehen, die ohne historische Vorbilder war und auf die Utopie einer Gesellschaft abzielte, welche tendenziell keine Konflikte mehr kannte, weil die Träger gesellschaftlich »schädlicher« Anlagen ausgesondert, von der Fortpflanzung ausgeschlossen, schließlich »ausgemerzt« wurden.

Die von Heydrich und Best in den Jahren vor Kriegsbeginn betriebene systematische Politik der Heranziehung eines jungen, gleichermaßen nach politischen wie nach fachlichen Gesichtspunkten ausgewählten Nachwuchses in der Leitungsebene der Sicherheitspolizei und des SD hatte die Herausbildung eines generationell, sozial und politisch relativ homogenen Führungskorps zur Folge: erheblich jünger als die Führungsgruppen in Verwaltung, Wirtschaft und Wehrmacht und deutlich besser ausgebildet als diejenigen der Partei. Zu einem erheblichen Teil wie Heydrich und Best selbst der »politischen Generation« der Kriegsjugend angehörend, waren sie in den Zirkeln der nationalistischen Rechten inner- und außerhalb der Universitäten und unter dem Eindruck der politischen Entwicklung der Nachkriegsjahre sozialisiert worden. Hier hatten sie jenes ausgeprägte und stark stilisierte Selbstbewusstsein entwickelt, das durch radikalvölkisches Denken, einen elitären Idealismus sowie die Attitüde der Kühle, »Sachlichkeit« und der unbedingten Leistungsbereitschaft gekennzeichnet war. Vor allem der ausschließlich aus Absolventen der juristischen Fakultäten bestehende Führungskader der Gestapo war dadurch gekennzeichnet, dass hier politischer Radikalismus und fachlicher Professionalismus miteinander vereint wurden. Die Heranziehung und Ausbildung dieses Führungsnachwuchses, aus dem nach Kriegsbeginn die Kerngruppe der Verantwortlichen und Exekutoren der nationalsozialistischen Massenmorde in ganz Europa hervorging, ist im Nachhinein als längerfristig vermutlich folgenreichste Tätigkeit Bests in der Sicherheitspolizei anzusehen. Die Zusammenfügung der sonst so getrennt scheinenden Bereiche von »Sachlichkeit« und »Weltanschauung« erwies sich hierbei als entscheidende Voraussetzung: Professionalität und fachliche Qualifizierung, kühle Zweckorientierung, Nutzung moderner technischer Hilfsmittel, strikte Einbindung in staatliches Verwaltungshandeln einerseits – radikale, von persönlichen Motiven und Emotionen befreite Orientierung auf ein ideologisch legitimiertes Ziel, auf der Grundlage einer als umfassend angesehenen Welterklärungslehre, durchgeführt von Angehörigen eines nationalsozialistischen Eliteordens andererseits.

Dieses Selbstverständnis war eingebettet in ein Weltbild, das alle Widersprüche der Wirklichkeit auf ein dahinterstehendes, aus der »Natur« und dem »Leben« selbst abgeleitetes Prinzip zurückführte und das Handeln auf eine politische Perspektive bezog. Auf diese Perspektive der Neuordnung Deutschlands und Europas, ja der Welt, nach »völkischen« Grundsätzen waren die Aussonderung und Ausmerzung alles Abweichenden und »Degenerierten« und die Förderung alles »Gesunden« im Inneren ebenso bezogen wie die gigantischen Pläne der Bevölkerungsverschiebungen im Osten, der »völkischen Flurbereinigung« in Mittel- und Osteuropa, vor allem in Polen und anschließend in der Sowjetunion, durch Deportation und Massenmord und insbesondere die sich rapide radikalisierende Politik gegen die Juden.

Diese von Best vor allem für den Führungsnachwuchs der Polizei autoritativ formulierte weltanschauliche Grundlage zeichnete sich indes durch einen vollständigen Mangel an positiven, normativen Werten aus, auf die sich das Handeln und Streben hätte orientieren können. An die Stelle der Grundwerte oder der Menschenrechte traten »Interessen« und machtpolitische Ziele. Die Durchsetzung der Interessen des eigenen Volkes gegenüber den Individuen wie gegenüber den Völkern fungierte als »Wertmaßstab der Sittlichkeit«, nicht wertbezogene Zielsetzungen wie Frieden, Gerechtigkeit oder das Wohlergehen der Menschen. Von hier aus ergaben sich keinerlei Beschränkungen mehr für das Handeln derer, die aufgrund welcher Eigenschaften auch immer diese Interessen allein zu erkennen in der Lage waren.

Über Machterweiterung und Herrschaftssicherung hinausreichende positive Zielsetzungen waren mit einem solchen legitimatorischen Modell nicht formulierbar. Zielbilder wie die einer konfliktfreien, »gesunden« Volksgemeinschaft oder der Neuordnung des Kontinents nach »völkischen« Prinzipien konstituierten sich vielmehr durch die Definition der »feindlichen« und »degenerativen« Elemente innerhalb des eigenen Volkes bzw. derjenigen Völker, die der Erreichung dieser Ziele im Wege standen und mithin »auszuschalten« waren. Hieraus entstand, da sich der angestrebte, wenngleich nicht exakt definierbare Zustand nicht einstellen mochte, eine Dynamik, immer weitere Gruppen für dieses Scheitern verantwortlich zu machen und ihre »Ausschaltung« zu betreiben. So erwiesen sich die Bestschen Entwürfe als Legitimationsgerüst ohne gestaltende Kraft. Als solche waren sie gleichwohl historisch wirkungsmächtig, weil sie dem Streben nach Herrschaftssicherung und Machterweiterung, der Liquidierung politisch missliebiger oder als »entartet« angesehener Menschen, ja selbst der Vertreibung und Ermordung ganzer Völker eine ideologische Absicherung und Perspektive verliehen und das Handeln der einzelnen auf die Erfahrungen der Geschichte und die »Gesetze des Lebens« zurückbezogen.

Die bereits seit 1935 in der Führung von SD und Gestapo entwickelte, auf vollständige Vertreibung aus Deutschland abzielende Politik gegen die Juden war explizit gegen die in Partei und SA verbreiteten Formen des als »unseriös« angesehenen »Radauantisemitismus« gerichtet. Sie verknüpfte auf spezifische Weise rassenhygienische und rassenanthropologische Vorstellungen – von der »inneren« und der »äußeren« Gefährdung des deutschen Volkstums – miteinander und verlieh dem tradierten Antisemitismus damit eine radikale, gleichwohl in legalistischen, vor allem aber nichtöffentlichen Formen durchzusetzende Perspektive. Insbesondere die Entwicklung im Oktober und November 1938 markierte den Übergang von der zwischen Straßenkrawallen und verschiedenartig motivierten Rücksichtnahmen schwankenden »Judenpolitik« des Regimes zu der von Heydrich und Best schon früh formulierten Linie, wonach eine »rationalere«, in rechtsförmigem Gewand und außerhalb der Öffentlichkeit durchzuführende antijüdische Politik mit einem Höchstmaß an Entschlossenheit, Radikalität und organisatorischer Effizienz zu verbinden war.

Die Maximen des Heroischen Realismus – die Stilisierung des weltanschaulichen Kämpfers als Vollstrecker der Interessen seines Volkes, für den jenseits dieser Interessen keine Werte und kein Recht existierten, der aber auch keine persönliche Feindschaft gegenüber dem Gegner hegte, selbst wenn er ihn vernichtete – erhielten seit dem Beginn des Krieges für die Führung von Sipo und SD eine unerhörte Aktualität und bezeichneten eine Art von legitimatorischer Selbststilisierung der Führer der Einsatzkommandos und der Organisatoren der Massendeportationen, die in den Kategorien von Härte und »Sachlichkeit« sozialisiert worden waren und nun vor ihrer »Bewährungsprobe« standen. Dieser Rückbezug des eigenen Handelns sicherte nicht nur gegenüber intervenierenden Stellen ab, sondern diente als Enthemmungs- und Entlastungsdiskurs auch der eigenen Rechtfertigung, indem das eigene Tun als notwendiges Mittel zu einem höheren Ziel erklärt wurde, dessen Berechtigung nicht mehr der Gegenstand der Reflexion war, sondern vorausgesetzt wurde und so die anerzogenen humanitären Prinzipien außer Kraft setzte. Hier zeigte sich, dass die weltanschauliche Aufladung einerseits, die mangelnde Konsistenz und das Fehlen wertbezogener Bindungen der ideologischen Doktrin andererseits eng verknüpft waren mit der symbolischen Verdichtung der Überzeugung zu einer »Haltung«, einer »Mentalität«, die es den einzelnen erlaubte, ohne Reflexion oder Diskussion, aber auch ohne Befehl im Moment der »Bewährung« das »Richtige« zu tun und dabei unter den sich bietenden Handlungsalternativen möglichst die jeweils radikalste zu wählen.

Als Best im Sommer 1940 das Reichssicherheitshauptamt verließ, das er in Bezug auf organisatorischen Aufbau, politische Orientierung, juristische Absicherung und personelle Besetzung der Führungskader nicht zu Unrecht in weiten Teilen als sein Werk ansah, stand die Phase der Massenmorde noch bevor. Best war ein Konzepteur, kein Exekutor der Vernichtungspolitik; und man ginge fehl, wollte man Bests Weggang aus dem RSHA als Voraussetzung für die dann folgende Phase der Politik des Völkermords apostrophieren. Die Niederlage Bests gegenüber Heydrich war nicht Ausdruck konzeptioneller, sondern institutioneller und in nicht geringem Maße auch individueller Rivalität.

Die knapp zweijährige Tätigkeit Bests in Frankreich ist in Fortsetzung seines politischen Agierens in Deutschland in den sechs Jahren zuvor als Versuch zu verstehen, die Maximen des völkischen Radikalismus und einer an Kriterien der »Sachlichkeit« und des Professionalismus orientierten Besatzungspolitik miteinander zu vereinbaren. Grundlage der deutschen Besatzungsverwaltung in Frankreich war dabei das von Best später »Aufsichtsverwaltung« genannte und von ihm konzeptuell wie praktisch stark beeinflusste Prinzip, wonach die gesamte französische Verwaltung einschließlich der Polizei im Wesentlichen selbständig funktionieren und von den Deutschen dabei möglichst lautlos kontrolliert werden sollte. Dass dieser Versuch glückte, lag zum einen an der französischen politischen Führung und den Spitzen des Verwaltungsapparats selbst, welche die Politik der Verwaltungskollaboration bereitwillig und angesichts des deutschen Vorgehens etwa in Polen geradezu erleichtert mittrugen. Es lag zum anderen an der französischen Bevölkerung, aus der heraus jedenfalls in der ersten Phase der Besatzung kein massengestützter Widerstand erwuchs. Und es lag schließlich auch an der deutschen Besatzungsadministration selbst, in der vor allem nationalkonservative Kräfte das Sagen hatten, welche die Bevölkerung in Frankreich anders als die Völker im besetzten Ost- und Südosteuropa als kulturell bzw. zivilisatorisch »hochstehend« akzeptierten und die politischen Maßnahmen der deutschen Besatzung darauf hin abstimmten.

In unübersehbarer Parallele zu den Entwicklungen in Deutschland nach der nationalsozialistischen Machtübernahme wurden von der deutschen Besatzungsadministration in Frankreich vor allem zwei wesentliche Entwicklungen frühzeitig in Gang gesetzt: zum einen die Etablierung eines Systems der rechtsungebundenen Sphäre der polizeilichen Exekutive, insbesondere des Instruments der »Schutzhaft«, zum anderen die scharfe, von Anfang an explizit auf die vollständige Vertreibung aus Frankreich abzielende Politik gegen die Juden. Beides wurde maßgeblich von Best veranlasst, von den nationalkonservativen Offizieren in der Pariser Militäradministration aber in vollem Umfang mitgetragen. Demgegenüber kam es im Zusammenhang mit dem Raub von Kunstgegenständen oder den Vertreibungen aus Elsass-Lothringen zu scharfen Konfrontationen mit NS-Parteistellen, weil derartiges dem Ehrenkodex der Militärs widersprach. Für Best hingegen – wie für andere SS-Intellektuelle – waren Kunstraub und Vertreibungen »deutscher« Bevölkerungsgruppen zu verurteilen, weil sie ein solches Vorgehen als schädlich für eine längerfristige und an den ideologischen Prinzipien des völkischen Radikalismus orientierte Besatzungs- und Europapolitik ansahen. Bei diesen Auseinandersetzungen wurde offenbar, dass eine auf lange Sicht konzipierte, auf die Neuordnung Europas abzielende, spezifisch nationalsozialistische Perspektive in der Außen- und Besatzungspolitik gar nicht existierte.

In Erkenntnis dieses Defizits versuchte eine Gruppe von SS-Intellektuellen um Best, Stuckart und Höhn seit Kriegsbeginn, in Auseinandersetzung mit den völkerrechtlichen Schriften Carl Schmitts eine großraumpolitische Theorie zu entwickeln, die eine radikal völkische Grundhaltung einerseits und das Streben nach einem damit verknüpften Höchstmaß an Effektivität und langfristiger Stabilität deutscher Vorherrschaft in Europa andererseits miteinander vereinbarte. Dies richtete sich zum einen gegen die konservativen Großmachtpolitiker alten Stils, wie sie in Wirtschaft, Verwaltung und Militär dominierend waren und auf theoretischer Ebene von Carl Schmitt repräsentiert wurden, die zwar im Hinblick auf Professionalität und Effektivität die Maßstäbe setzten, denen aber die Orientierung auf den völkischen Radikalismus als Richtschnur des Handelns fehlte. Zum anderen attackierte man die Befürworter einer plumpen Gewaltherrschaft, wie sie insbesondere in der NSDAP und in den deutschen Besatzungsbehörden in Osteuropa anzutreffen waren, in welchen – aus Sicht der Großraumtheoretiker um Best – der Bezug zum weltanschaulichen Radikalismus lediglich zur Kaschierung des eigenen Vorteils diente, während Effektivität und Professionalität der Besatzungsverwaltungen gering und der politische Horizont begrenzt waren. Das Kennzeichnende der dem entgegengesetzten und von Best besonders einprägsam und extrem formulierten Besatzungstheorie war die Verbindung des Postulats einer »vernünftigen«, wenngleich rassistisch hierarchisierten Großraumverwaltung mit einer Theorie zur Legitimation der deutschen Vertreibungs- und Ausrottungspolitik in ganz Europa. Anknüpfend an die bereits in der Weimarer Zeit und früher entwickelten Vorstellungen von einer jeder Rechtsbeziehung entkleideten, allein auf Machterweiterung und -stabilisierung des jeweils stärkeren »Volkes« bezogenen Theorie vom »Völkerrecht« wurden hier zum einen Kategorien, für eine sparsame, effizientere und auf lange Dauer ausgerichtete Besatzungsverwaltung entwickelt, zum anderen die Notwendigkeit und Berechtigung der »Neuordnung« des von Deutschland beherrschten »Großraums« durch Vertreibung, »Umvolkung« und Völkermord ausdrücklich hervorgehoben.

Die zunächst theoretisch entwickelten Postulate wurden in Frankreich von der deutschen Besatzungsverwaltung in die Praxis umgesetzt, obwohl dafür nur vergleichsweise wenige Kräfte zur Verfügung standen. Die sich zuspitzende Konfrontation zwischen der Pariser Militäradministration und Hitler in der Frage der Bekämpfung des nach wie vor schwachen, sich nun aber durch Attentate bemerkbar machenden französischen Widerstands hatte hier ihren Ausgangspunkt: Während für Hitler die brutale Unterdrückung des Widerstands um jeden Preis – unabhängig »von den politischen Beziehungen zwischen Deutschland und dem betreffenden Lande« – im Vordergrund stand, stellte für die deutsche Administration in Paris die relative Wertschätzung der Länder und Völker West- und Nordeuropas den Maßstab für das eigene Verhalten gegenüber dem Widerstand dar. Während in Polen, der Sowjetunion und Jugoslawien von Seiten der nationalkonservativen Militärs gegen Massenerschießungen der Bevölkerung nichts eingewendet wurde, stieß die Anordnung von Geiselerschießungen in Frankreich und das damit potentiell verknüpfte Ende der relativ zurückhaltenden und effektiven Herrschaftsform der »Aufsichtsverwaltung« auf massive Proteste.

Der Beginn der Judendeportation aus Frankreich steht in direkter Verbindung zu den Auseinandersetzungen um die Geiselfrage. Indem die Militärverwaltung darauf einwirkte, dass auf antideutsche Ausschreitungen und Attentate nicht weiter mit der Erschießung wahllos genommener Geiseln reagiert und so die Grundlage der »Aufsichtsverwaltung« in Frankreich zerstört wurde, sondern mit der Massendeportation von Juden und Kommunisten »in den Osten«, wurde das Bestreben, auf die Attentate im Sinne des Führerhauptquartiers »hart« zu reagieren, mit der von Best und anderen seit langem und mit großer Konsequenz verfolgten Absicht verknüpft, die Juden aus Frankreich zu deportieren. Für die konservativen Militärs standen die Juden, vergleichbar mit Kriminellen und Kommunisten, außerhalb der Gruppe ehrenhafter Gegner. Ergab ihre Unterdrückung oder Deportation sichtbare Vorteile, war dagegen nichts einzuwenden. Für Best wie für die Sipo-Führung in Paris hingegen waren die Juden als solche Teil eines dem deutschen feindlichen Volkstums, das zu bekämpfen, zu vertreiben, unter

Umständen auch zu vernichten eine im Sinne der »völkischen Lebensgesetze« unumgängliche, von individuellen Gefühlen ganz unabhängige Notwendigkeit darstellte.

Mit Bests Wechsel ins Außenministerium im Sommer 1942 verband sich zunächst die Absicht, die in Frankreich erprobten Prinzipien einer völkischen Großraum- und Besatzungspolitik zu verallgemeinern und in eine Gesamtkonzeption deutscher Besatzungs- und Europapolitik zu integrieren. Die Frage, wie nach einem deutschen Sieg die deutsche Herrschaft in Europa völkerrechtlich und faktisch zu organisieren sei – ob in einem germanischen, also »rassisch« strukturierten Großreich mit »nichtgermanischen« Satellitenstaaten, ob in einer quasi föderalen Struktur oder auf eine andere Weise – war innerhalb der Regimeführung nach wie vor ungeklärt. Allerdings schien Hitler jede Form supranationaler Zusammenschlüsse abzulehnen und die Gewalt als einzig wirksames Bindemittel der europäischen Nachbarstaaten an das siegreiche Deutschland anzusehen – eine Politik, der angesichts der allmählich einsetzenden militärischen Rückschläge Deutschlands ein machtpolitischer Realismus ebenso wenig abzusprechen war wie ihre absehbare Erfolglosigkeit, da die Kollaborationsbereitschaft der Führungen der von Deutschland besetzten Länder seit 1940 in erkennbarer Wechselbeziehung zur militärischen Hegemonie Deutschlands gestanden hatte. Demgegenüber versuchte Best, dabei von verschiedenen Seiten tatkräftig unterstützt, nun als Reichsbevollmächtigter in Dänemark nachzuweisen, dass eine »vernünftige« Besatzungsverwaltung auf der Basis der Neuordnung Europas auf völkischer Grundlage sich gegenüber den als willkürlich und unsystematisch kritisierten deutschen Besatzungsregimes als in jeder Hinsicht überlegenes Modell erweisen werde – sowohl in den Gebieten, die der Partei und ihren Reichskommissaren unterstanden, als auch in den von der Wehrmacht verwalteten Ländern.

Die dabei im ersten halben Jahr erzielten Erfolge – das »dänische Musterprotektorat« – schienen die Richtigkeit dieser Annahme zu bestätigen. Aber bereits bei der ersten ernsthaften Belastungsprobe, dem Anwachsen des Widerstandes und den Streiks und Demonstrationen im August 1943, scheiterte das Modell der »Zusammenarbeitspolitik«, und die Agonie der nationalsozialistischen Außen- und Besatzungspolitik insgesamt wurde offenbar: Zu einer perspektivisch angelegten, auf die Gestaltung einer längerfristig stabilen, auf ein deutsch dominiertes Europa ausgerichteten Strategie war sie nicht in der Lage. Die Vorstellung, die nationalsozialistische Besatzungspolitik könne auf eine »vernünftige« Basis gestellt und – etwa mit der Perspektive eines »großgermanischen Reiches« – auf lange Sicht geplant werden, erwies sich als ebenso vergeblich wie absurd. Wurde der Versuch einigermaßen konsequent durchgeführt, wurde entweder die deutsche Herrschaft in dem betreffenden Land gefährdet, oder es entwickelte sich ein politisches System, das zum Nationalsozialismus zunehmend im Widerspruch stand. Über die Eroberung und die Besatzung der Länder Europas hinaus entwickelte der Nationalsozialismus keine tragfähige Konzeption; eine praktikable Alternative zur bloßen Gewaltherrschaft existierte nicht. Was blieb, war die Kombination von Gewalt und Dilettantismus.

Entgegen der von Best und anderen nach dem Krieg verbreiteten Darstellung stand auch die »Judenaktion« in Dänemark und die Rettung der dänischen Juden in der Kontinuität dieser Entwicklung. In enger Parallele zu seinem Vorgehen in Frankreich drang Best auch in Dänemark gegenüber den Berliner Stellen darauf, dass auf die antideutschen Ausschreitungen und Sabotageakte nicht mit einer massiven Terrorpolitik gegenüber der gesamten Bevölkerung geantwortet werde, um die Möglichkeiten einer Kooperation mit Dänemark nicht auf lange Zeit zu erschweren. Bests Vorschlag von Anfang September 1943, statt dessen die dänischen Juden »in den Osten« zu deportieren, sollte daher als harte Reaktion auf die Unruhen ein Signal der Entschlossenheit und des »scharfen Durchgreifens« gegenüber den Berliner Stellen wie der dänischen Führung setzen, ohne die Perspektive der Zusammenarbeit mit Dänemark vollständig zu zerstören. Zugleich konnte dabei ein seit jeher verfolgtes, angesichts der inneren Verhältnisse in Dänemark und der geringen Zahl der Juden aber bislang nachrangiges Ziel in die Praxis umgesetzt werden.

Angesichts der raschen Verbreitung der Nachricht über die Deportationsabsicht unter den dänischen Juden und der damit verbundenen Einsicht bei der Führung der Besatzungsverwaltung, dass es nicht mehr möglich oder jedenfalls zu aufwendig sei, alle Juden zu ergreifen, ließ Best den Termin der Deportation durchsickern – oder unternahm jedenfalls nichts gegen das Bekanntwerden des Termins – und trug so dazu bei, dass die Panik unter den Juden noch gesteigert und die bereits angelaufene Fluchtorganisation noch forciert wurde. Auf diese Weise trug Best entscheidend dazu bei, dass die Juden Dänemark in kürzester Zeit verließen und Dänemark dadurch, wie Best formulierte, »entjudet« wurde.

Der Versuch, in Dänemark eine Besatzungspolitik zu betreiben, welche tagespolitische und wirtschaftliche Vorteile, eine langfristige Sicherung der deutschen Vorherrschaft in Nordeuropa und die Perspektive einer rassistisch hierarchisierten deutschen Großraumpolitik miteinander verband, war früh gescheitert und wurde nun von dem Bestreben Bests abgelöst, Dänemark ohne allzu große Erschütterungen über den Krieg zu bringen. Dem standen jedoch die einander zunehmend widersprechenden politischen Ansätze der verschiedenen Machtgruppen des NS-Regimes entgegen. Dies hatte seinen Grund zum einen darin, dass die konkurrierenden Machtträger eine gemeinsame, integrierende Perspektive einer politischen und sozialen Nachkriegsordnung in Europa gar nicht besaßen, so dass sich die Kompetenzkämpfe der Ressorts und Institutionen des NS-Staates zunehmend verabsolutierten. Zum anderen lag es daran, dass Deutschland diesen Krieg eben verlor und in dem Maße, wie sich dies abzeichnete, längerfristige politische Strategien gar nicht mehr möglich waren – es sei denn, man plante auf der Grundlage einer deutschen Niederlage; und hier lag der neuralgische Punkt der innerdeutschen Auseinandersetzungen.

Vor allem anhand der Konflikte um den »Gegenterror« offenbarten sich die Widersprüche. Da nun nach Hitlers Anweisung auf alle Äußerungen von Widerstand – zunächst in Dänemark, dann ausgeweitet auf alle besetzten Gebiete – nurmehr mit massiver Gewalt geantwortet werden durfte, ohne dass die Effizienz dieser Maßnahmen und ihre Auswirkung auf die politischen Verhältnisse und Perspektiven Berücksichtigung finden sollten, war eine längerfristig orientierte

Besatzungspolitik endgültig gescheitert. Zugleich standen die hier angeordneten Maßnahmen für Best auch in so eklatantem Gegensatz zu den »völkischen« Grundsätzen des Nationalsozialismus, dass er sich nun von Hitler politisch abzuwenden begann. Als ausschlaggebend erwies sich hierbei, dass für Best eine »völkische« Perspektive Deutschlands auch nach einer militärischen Niederlage denkbar war, dass er diese Zukunft aber in den Kategorien des »völkisch-organischen« Denkens antizipierte und so seine weltanschaulichen Grundüberzeugungen von der Existenz des NS-Regimes zu lösen imstande war. Wie die Protagonisten des 20. Juli, zu denen er persönlich in zum Teil enger Verbindung gestanden hatte und mit denen er zahlreiche Kritikpunkte an der Politik des NS-Regimes teilte, war Best imstande, sich persönlich und politisch von Hitler zu lösen und auch eine deutsche Niederlage ins Kalkül zu ziehen – ohne dabei allerdings den Grundsätzen des Nationalsozialismus abzuschwören. Denn anders als die Männer des 20. Juli verstand Best den Nationalsozialismus weiterhin als epochalen Fortschritt, weil hier zum ersten Mal versucht worden sei, einen Staat und einen Kontinent auf »völkischer Grundlage« neu zu ordnen. Seine zunehmend ablehnende Haltung gegenüber Hitler und dem real existierenden Nationalsozialismus beruhte vielmehr darauf, dass er dessen offenkundiges Scheitern auf »Fehler«, auf Abirrungen vom eigentlichen, dem völkischen Nationalsozialismus zurückführte, so wie er von ihm selbst und seinen Gesinnungsgenossen in der SS entwickelt und vertreten worden war. Selbst der bevorstehende Untergang des »Dritten Reiches« war daher in den Augen des Ideologen noch ein Beweis für die Richtigkeit seiner völkischen Lehre.

Vom Beginn der Nachkriegszeit an bis zu seinem Lebensende an Jahre 1989 waren für Best die Bemühungen, das NS-Regime unbeschadet aller Kritik ebenso wie sein eigenes Handeln und seine theoretischen Entwürfe zu rechtfertigen, darauf fixiert, seine eigene Entwicklung in eine sinnstiftende Perspektive zu integrieren, die seinen Lebensweg als in sich schlüssig und ideengeleitet erscheinen ließ und noch die Niederlage und das Ende des NS-Regimes als Bestätigung seiner weltanschaulichen Grundannahmen, seiner Kritik und seiner Warnungen auswies.

Dabei bot zunächst der »Heroische Realismus« die Grundlage zur Betrachtung des Krieges und der deutschen Besatzungspolitik als Ausdruck des aus den »Lebensgesetzen« selbst abgeleiteten Strebens, jenseits aller moralischen oder rechtlichen Bindungen und mit allen Mitteln für die Interessen des eigenen Volkes zu kämpfen. Der damit verbundene moralische Relativismus erwies sich nun als geeignete theoretische Grundlage zur Legitimation der nationalsozialistischen Eroberungs- und Besatzungspolitik und enthob die daran Beteiligten jeglicher Verantwortung für die Ziele des Krieges und die dabei angewendeten Mittel. Da der einzelne unentrinnbar seinem Schicksal – für die Interessen des eigenen Volkes zu kämpfen – folgen musste, fehlte es an einer Instanz, die über die Rechtfertigung des Zieles oder der Mittel urteilen konnte. Recht und Unrecht waren somit gleichbedeutend mit Erfolg und Misserfolg.

Zugleich zeichnete Best ein Bild vom Nationalsozialismus, in dem das Exzeptionelle der Herrschaft – der gewaltsame Versuch einer imperialen »völkischen« Neuordnung Europas mit den Mitteln des Völkermords – ausgeblendet war. Er

imaginierte so eine Art von irrealer Vergangenheit, die vor allem in der Schlussphase der NS-Herrschaft von »Fehlern« und »Auswüchsen« gekennzeichnet, von
ihrem Ansatz her (und in der ersten Hälfte der Herrschaftszeit auch praktisch)
aber als durchaus erfolgreich und jedenfalls nicht als verbrecherisch zu erkennen
gewesen sei. Damit aber erschien auch eine politisch führende Stellung innerhalb
des Regimes als gewissermaßen biographisch integrationsfähig.

Der dänische Hauptkriegsverbrecherprozess gegen Best und andere verdeutlichte das Dilemma, vor dem die von Deutschland besetzt gewesenen Länder des
Westens und des Nordens nach dem Krieg standen, in besonderem Maße. Denn
die politische und soziale Führungsschicht des Landes, die nun die gerichtliche
Auseinandersetzung mit den dänischen Kollaborateuren sowie mit den Verantwortlichen in der deutschen Besatzungsadministration befürwortete, war auch
für den politischen Kurs der Zusammenarbeitspolitik verantwortlich gewesen –
jene Politik, die den dänischen Staat zwar hart an den Rand der Regierungskol-
laboration geführt, aber auch dazu beigetragen hatte, dass Dänemark den Krieg
und die Besatzungszeit relativ glimpflich überstanden hatte. Auf der anderen
Seite war eine scharfe, auch juristisch bekräftigte Distanzierung von den dänischen Kollaborateuren und der deutschen Besatzungsadministration schon deshalb nötig, um bei den Westalliierten keinen Zweifel an der Haltung Dänemarks
aufkommen zu lassen, aber auch um dem Anliegen der Widerstandsbewegung
und der Opfer des deutschen Besatzungsregimes gerecht zu werden. Aus diesem
Zwiespalt heraus sind die im Strafmaß so verschiedenen Urteile gegen Best zu
verstehen, die zudem seit 1947 zunehmend von der sich verändernden weltpolitischen Konstellation beeinflusst wurden, in welcher die Notwendigkeit einer
scharfen und reinigenden Auseinandersetzung mit Nazis und Kollaborateuren
auch in Dänemark an Bedeutung und Aktualität zu verlieren begann.

Mit der Veränderung des politischen Klimas wandelte sich auch Bests Rechts-
fertigungs- und Verteidigungsstrategie. An die Stelle der Betonung der Unschuld
trat allmählich die viel aggressivere und selbstbewusstere Theorie vom »politischen Überzeugungstäter«, der nicht aus persönlichen, sondern aus »höheren«,
nämlich weltanschaulich induzierten Motiven gehandelt habe – die Grundlage
für die seit Gründung der Bundesrepublik immer wieder vorgetragene Forderung nach Amnestie für ausnahmslos alle NS-Täter, welche nicht aus individuellen Antrieben gehandelt hatten. Dieses Postulat war eng mit Bests vielfach formulierter Überzeugung verknüpft, wonach auch die Vertreibung und Vernichtung ganzer Völker aus Einsicht in die historische und naturgesetzliche Notwendigkeit richtig und unvermeidlich gewesen sei. Verbrechen, die aus politischen
und weltanschaulichen Gründen und mit Zustimmung der Staatsführung begangen wurden, seien daher keine Verbrechen, selbst wenn es sich um Völkermord handelte.

Die Ausschaltung, Internierung und Bestrafung der NS-Eliten – eine der vordringlichen Zielsetzungen der Westalliierten nach der Niederwerfung und Besetzung Deutschlands – sind, betrachtet man Ergebnis und Folgen der verschiedenen
Maßnahmen insgesamt, bis 1947/48 trotz aller Lücken, Fehler und Versäumnisse
doch in einem erstaunlichen Maße tatsächlich erreicht worden. Sie wurden aller-

dings angesichts der bedrohlichen neuen Konfrontation mit der Sowjetunion von zunehmenden politischen Rücksichtnahmen gegenüber Westdeutschland konterkariert. In dem Maße, wie dies in Westdeutschland spürbar wurde, entfaltete sich eine seit 1948 an Durchschlagskraft gewinnende und bald massenhaft unterstützte Kampagne gegen die »Siegerjustiz«, die sich gegen Entnazifizierung und Kriegsverbrecher-Prozesse richtete, in den Nürnberger Nachfolgeverfahren ihren Hauptangriffspunkt fand und einherging mit einem markanten Einstellungswandel in der westdeutschen Bevölkerung gegenüber dem NS-Regime und der Verfolgung der NS-Täter. Diese Kampagne, von allen politischen Parteien der jungen Bundesrepublik gleichermaßen, wenn auch in verschiedener Ausprägung und Schärfe mitgetragen, fand ihre Höhepunkte in dem Bemühen um die Verhinderung der Vollstreckung der Todesurteile von in Nürnberg Verurteilten sowie in dem Versuch von Teilen der FDP, die Forderung nach Generalamnestie für NS-Täter mit der Zustimmung zu den Westverträgen zu verknüpfen. Der hastige Abschluss der Entnazifizierung, frühzeitige Teilamnestien gegenüber NS-Tätern sowie die Handhabung des Artikels 131 des Grundgesetzes und die nahezu vollständige Einstellung von Ermittlungsverfahren gegen NS-Täter seit den frühen 50er Jahren waren die wichtigsten Ergebnisse dieses politischen Rollbacks, das wesentliche Teile des alliierten Denazification-Programms aus der frühen Nachkriegszeit rückgängig machte.

Der Kampf gegen die Kriegsverbrecher-Prozesse war für Best schon seit seiner Verurteilung in Dänemark ganz ins Zentrum seines Interesses und Engagements gerückt. Ähnlich wie etwa Ernst von Salomon argumentierte Best hierbei ganz aus der Perspektive der Kriegsjugendgeneration, die an der moralischen Berechtigung ihres politischen »Aufbruchs« in den 20er Jahren festhalten, das NS-Regime als zwar in manchem missglückte, aber doch im Grunde verständliche Reaktion auf das Syndrom von November-Revolution um Versailles apostrophieren und die Untaten der Nationalsozialisten als Ausschreitungen, wie sie in Kriegen seit jeher und auf allen Seiten zu beklagen seien, verstehen wollte. Argumentative Grundlage dieser Haltung war die Analogie, ja Parallelisierung der ersten und zweiten Nachkriegszeit, woraus die Berechtigung hergeleitet wurde, sich 1951 wie 1921 gegen die Arroganz der Sieger, das Diktat der Friedensbedingungen und den Anspruch auf die bessere Moral zu verwahren.

Diese Parallelisierung war auch die Basis der seit 1952 von Best organisierten Kampagne für die »Generalamnestie«. Die Übertragung der Verhältnisse in Deutschland nach 1918 auf diejenigen des Zweiten Weltkriegs bildete den Ausgangspunkt für die Forderung nach Amnestierung allen – und »von allen Seiten begangenen« – Unrechts und die damit verbundene Gleichsetzung der Toten der Nachkriegsunruhen der frühen 20er Jahre in Deutschland mit den Millionen von Opfern der nationalsozialistischen Politik des Massenmords in ganz Europa während des Zweiten Weltkriegs. Auf diese Weise wurde die Frage nach dem tatsächlichen Geschehen während der NS-Zeit, insbesondere während der Kriegsjahre, vollständig ausgeblendet und ein fiktives Rechtsprinzip formuliert, durch das die nationalsozialistische Vernichtungspolitik auf die Ebene von Demonstrationen und Straßenunruhen reduziert wurde.

Die von den Gegnern der Generalamnestie, nicht zuletzt von Konrad Adenauer selbst, entwickelte Gegenstrategie beruhte auf der Überlegung, man könne nicht alle »Kriegsverurteilten« entlassen, da sich darunter auch einige wenige »wirkliche Verbrecher«, »Asoziale« zumeist, befänden. Hier offenbarte sich eine Wahrnehmungsbrechung, welche die während der NS-Zeit begangenen Verbrechen im Grunde auf den »plebejischen« Charakter des Nationalsozialismus zurückführte. Als spezifische NS-Verbrecher wurden denn auch eher SA-Schläger oder KZ-Bewacher angesehen als promovierte Juristen, die als Einsatzgruppenkommandanten oder Polizeichefs im Osten tätig gewesen waren, weil diesen alle Eigenschaften, die hier zum vorherrschenden Bild eines »Verbrechers« gehörten, fehlten. Diese besonders bei den traditionellen Eliten in Deutschland verbreitete spezifische Perzeption der NS-Verbrechen war durchaus nicht notwendig mit einer politischen Sympathie für den Nationalsozialismus verbunden. Vielmehr war auch für Menschen, deren Abscheu des NS-Regimes außer Frage stand, die Verbindung zwischen den als abnorm und jeder sozialen Erfahrung fern wahrgenommenen NS-Verbrechen und dem als dafür mitverantwortlichen enttarnten Kollegen oder einstigen Studienfreund nur schwer zu ziehen, weil die Ruchlosigkeit der Verbrechen und die offenkundige Wohlanständigkeit des Betreffenden nicht zueinander in Beziehung gebracht werden konnten.

Seit 1952 hatte die Revision des alliierten Denazification-Programms, damit verbunden der Aufschwung eines vor allem in der FDP und den verschiedenen Interessenverbänden eskalierenden Nationalismus und die Rehabilitierung und Reintegration der einstigen NS-Eliten ein vor 1949 nicht für möglich gehaltenes Ausmaß angenommen. An dieser Entwicklung war Best insbesondere als Organisator der Generalamnestie-Kampagne in wichtiger Funktion beteiligt. In Reaktion auf diese Entwicklung aber bildeten sich seit Ende 1952 vor allem bei den Westalliierten sowie wohl im Bundeskanzleramt klare Grenzen der Integrations- und Toleranzbereitschaft gegenüber der postnationalsozialistischen Rechten heraus. Diese veränderte Haltung erreichte in der Verhaftung der Naumann-Gruppe ihren Kulminationspunkt und erfuhr in den Bundestagswahlen von 1953 ihre Bestätigung. Die hierbei durchgesetzte Ablehnung der Forderung nach Generalamnestie war jedoch verbunden mit einer außerordentlich großzügigen Regelung zur schnellen Entlassung aller inhaftierten NS-Kriegsverbrecher aus den alliierten Gefängnissen innerhalb weniger Jahre.

Die beinahe vollständige soziale Reintegration der ehemaligen führenden Nationalsozialisten war allerdings an die Voraussetzung des Verzichts auf neonationalsozialistische Betätigung und der jedenfalls öffentlichen Bejahung der demokratischen Republik gebunden. In der Folge sank das Interesse der einstigen NS-Eliten an erneuter politischer Betätigung, sobald sich die eigene soziale Lage verbesserte. Zugleich wurde die NS-Vergangenheit mit einer Aura des Unwirklichen und Fernen umgeben, die mit der sich entfaltenden wirtschaftlichen und politischen Sekurität und Stabilität in der westdeutschen Gegenwart kaum mehr in Verbindung zu bringen war.

Seit Ende der 50er Jahre wurde jedoch ein Wandlungsprozess in der Einstellung von Teilen der westdeutschen Bevölkerung gegenüber der NS-Diktatur deutlich, der die bis dahin bereits weit fortgeschrittene Reintegration selbst von unmittelbar an den Massenverbrechen Beteiligten in zum Teil hohe Positionen nun in Frage zu stellen begann. Hier wurde offenbar, dass sich die Westdeutschen in ihrem Selbstbewusstsein mittlerweile tatsächlich von der nationalsozialistischen Volksgemeinschaft in die Gesellschaft der Bundesrepublik zu verwandeln begonnen hatten. Die nationalsozialistische Vorgeschichte dieser sich selbst nun als bereits einigermaßen gefestigt ansehenden Westgesellschaft wirkte daher zunehmend als Skandalon, und die Distanzierung davon begann nun sowohl zum Nachweis wie zum Konstitutionsmerkmal der westdeutschen Demokratie zu werden.

Bests rastlose Tätigkeit der juristisch-historischen Rechtfertigung und konkreten Unterstützung der ehemaligen führenden Nationalsozialisten im Allgemeinen, der Gestapo-Führungskräfte im Besonderen, erhielt durch die seit Anfang der 60er Jahre allmählich einsetzenden Ermittlungsverfahren der westdeutschen Staatsanwaltschaften eine rasch wachsende Bedeutung, so dass er bald die Funktion des juristischen Organisators und Koordinators der anstehenden NSG-Verfahren auf Seiten der Beschuldigten übernahm. Neben der Vereinheitlichung der Aussagen und der Entwicklung einer historisch und ideologisch abgestützten Rechtfertigungsstrategie stand hierbei seit Anfang der 60er Jahre die Suche nach einem Ausweg aus der drohenden, massenhaften Verurteilung der höheren Beamten der Sicherheitspolizei im Vordergrund, was – im Verbund mit einstigen Weggefährten in- und außerhalb der Ministerien – in Form der unbemerkten Neuregelung der »Beihilfe«-Verjährung im Jahre 1968 schließlich auch gelang. Dies war die umfänglichste, wenn auch nur durch einen Verfahrenstrick erreichte Amnestie für NS-Täter der bundesdeutschen Geschichte, die zudem vorwiegend die kurz vor der Anklageerhebung stehenden Verfahren gegen die Hauptverantwortlichen für die nationalsozialistischen Massenverbrechen in Sicherheitspolizei und RSHA betraf.

Das Verfahren gegen Best wegen der Einsatzgruppenmorde in Polen führte – nicht anders als zwanzig Jahre zuvor dasjenige wegen der Röhm-Morde – nicht zu einem Prozess und zur Verurteilung; und auch die Ermittlungen wegen seiner maßgeblichen Verantwortung für die Ingangsetzung der Deportation der französischen Juden wurden schon zu einem frühen Zeitpunkt eingestellt. Beides ist als Ausdruck sowohl der Unfähigkeit wie auch der Unwilligkeit von Teilen der westdeutschen Politik und Justiz zu bewerten, die Hauptverantwortlichen für die nationalsozialistischen Massenverbrechen für ihre Taten zu bestrafen.

Zugleich aber hatte sich das politische und persönliche Bestreben der einstigen NS-Eliten im Verlauf der Jahrzehnte nahezu vollständig auf den Versuch beschränkt, ungeschoren davonzukommen, so dass eine ernsthafte politische Gefährdung, die über die Verdunkelung des deutschen Ansehens in der Welt hinausreichte, von hier aus nicht festzustellen war. Die Strahlkraft der weltanschaulichen Aufladung der frühen 20er Jahre, die die erfahrene Wirklichkeit einer privilegierten, aus den »Naturgesetzen« selbst extrahierten ideologischen Interpretation unterzogen und so gleichermaßen als Motivation wie als Legitimation des Handelns gewirkt hatte, hatte sich nach dem Ende des Krieges nicht mehr restituieren lassen. Die Totalität der eigenen Niederlage und die Dynamik des

Erfolgs der westdeutschen Nachkriegsgesellschaft hatten den Nationalsozialisten die quasi empirische Validierung ihrer weltanschaulichen Grundannahmen entzogen und reduzierte ihren Argumentationsbereich auf die Abwehr politischer und juristischer Vorwürfe.

Darin lag auch bis zu seinem Lebensende Bests Domäne. Sein bis zu seinem Tod nicht erlahmender Eifer, sich und seine Rolle in der NS-Diktatur ebenso wie seine Interpretation der jüngeren Geschichte gegenüber Historikern, vor Gericht, in Artikeln und Denkschriften darzulegen, zeugte schließlich nur noch von Bests Bestreben, die Erinnerung an seine einstige Bedeutsamkeit wachzuhalten – und von jenem trotzigen Beharren des Ideologen, das ihn zeit seines Lebens ausgezeichnet hatte: doch recht behalten zu haben.

Nachwort zur 5. Auflage

Mit der Arbeit an diesem Buch wurde 1987, während eines längeren Aufenthalts am Institut für Deutsche Geschichte in Tel Aviv, begonnen. Es wurde 1992 in Essen in der ersten, 1995 in Hamburg in erweiterter Fassung abgeschlossen und im Herbst 1996 erstmals publiziert. Dass es nun in fünfter Auflage neu erscheint, gibt Anlass, über den Entstehungszusammenhang dieses Buches, die Reaktionen darauf, die Impulse, die von ihm ausgingen, sowie über Leerstellen und Defizite einige Anmerkungen zu notieren.

Das Jahr 1987 war das Jahr des Historikerstreits, in dessen Kontext auch der berühmte, ein Jahr später veröffentlichte Briefwechsel zwischen Saul Friedländer und Martin Broszat stand. Dabei hatte Broszat, der Direktor des Münchner Instituts für Zeitgeschichte, betont, die Erforschung des NS-Regimes habe wie bei jedem anderen Thema streng nach wissenschaftlichen Maßstäben zu geschehen. Eine vorwiegend der Erinnerung an die Opfer verpflichtete Perspektive stehe zu einer solchen wissenschaftlichen Erforschung aber im Widerspruch. Friedländer kritisierte in seiner Entgegnung, dass eine solche Sichtweise den Nachkommen der jüdischen Opfer des NS-Regimes Befangenheit vorwerfe, während die Nachkommen der deutschen Täter offenbar zu Distanz und Nüchternheit befähigt seien.[1] Im Kontext dieser Debatte wurde darauf hingewiesen, dass vor allem in der deutschen Holocaust-Geschichtsschreibung sowohl Opfer als auch Täter weitgehend gesichtslos blieben, während das Geschehen wie ein automatisierter Ablauf, gesteuert von Machtkonstellationen und Interessen, beschrieben wurde. Unklar war auch, wer und was mit dem Begriff »NS-Täter« eigentlich gemeint sei, denn eine systematische Erforschung der verschiedenen Gruppen von NS-Funktionsträgern, die in direkter oder indirekter Weise an den Massenverbrechen des Regimes beteiligt gewesen waren, hatte es bis dahin nicht gegeben. Es galt vielmehr durchaus als etwas unfein, sich mit den Protagonisten aus der NS-Zeit näher zu beschäftigen. Während Hitler eine gewisse diabolische Größe zugestanden wurde, galten die NS-Funktionäre aus dem zweiten und dritten Glied als Emporkömmlinge ohne persönliche Bedeutung und gewissermaßen als nicht geschichtsfähig.

In diese Haltung mischten sich verschiedene Motive: zum einen die Kritik an der personalisierenden Geschichtsschreibung der 1950er- und 1960er-Jahre, die die NS-Diktatur auf ein knappes Personal von »Hitler und seinen Paladinen« reduziert hatte und von der Gesellschaft und den Eliten nichts wissen wollte. Gegen solche reduktionistischen Ansätze hatten sich Historiker wie Hans Mommsen und Martin Broszat zur Wehr gesetzt und die Untersuchung übergreifender Strukturen und Konstellationen in den Mittelpunkt gerückt. Zugleich aber, manchmal damit verbunden, gab es auch eine merkliche Scheu, sich mit Personen, die in der NS-Zeit Karriere gemacht hatten, näher zu beschäftigen; insbesondere dann, wenn die Betroffenen noch lebten und sich in den Nachkriegsjahrzehnten womöglich von einer anderen, positiveren Seite gezeigt hatten. Dieses Bild stand dann in so offenkundiger Spannung zu jenem aus den Jahren der NS-Zeit, dass selbst bei dicht belegtem Nachweis von Schuld und Verantwortung kritische Anwürfe als Verdächtigungen und Verunglimpfungen zurückgewiesen wurden. Das traf in Sonderheit auf hochrangige Persönlichkeiten aus Wirtschaft, Wissenschaft und Verwaltung zu, deren Mitarbeiter oder Schüler, mit den Vorwürfen über das Vorleben ihres Meisters konfrontiert, jegliche Verstrickung in Abrede stellten oder doch nach Wegen suchten, sie zu beschönigen. Nun ist die Forderung, dass jemand, der sich dreißig oder vierzig Jahre lang als Demokrat bewährt habe, einen Anspruch darauf besitze, dass seine Taten oder Schriften aus der NS-Zeit anders bewertet würden, nicht abwegig. Andererseits steht – jenseits strafrechtlicher Aspekte – für Historiker hierbei aber nicht die moralische Bewertung einer Person und ihres Verhaltens im Vordergrund, sondern für die Nachkriegsphase vor allem die Frage, wie eine solche Persönlichkeitsveränderung vor sich ging und was zu dieser Veränderung beitrug.

Über die biographische Entwicklung der einstigen NS-Protagonisten nach 1945 gab es allerdings seit Jahren und Jahrzehnten eher Gerüchte als Kenntnisse. Kamen die Hinweise aus der DDR, galten sie als Teil der Strategie des Ostens im Kalten Krieg – was gewiss zutraf, am Wahrheitsgehalt der Beschuldigungen meist nichts änderte, aber den Betroffenen doch als Schutzschild diente. In den 1960er-Jahren waren einstige NS-Täter oft Gegenstand reißerischer Reportagen und Agentenromane, was dazu führte, dass diese Thematik in der Geschichtswissenschaft lange Jahre noch weniger ernst genommen und verfolgt wurde.

Mit dem Zusammenbruch des Sowjetimperiums und insbesondere der DDR begann sich das aber zu verändern – denn nun gewann die Problematik des Fortlebens der Führungsgruppen einer untergegangenen Diktatur in einer westlichen Demokratie neue Aktualität. Auch war die NS-Zeit nun nicht mehr die unmittelbare Vergangenheit, sondern gewissermaßen die vorletzte. Das schaffte Distanz und die Möglichkeit, die Fragen an die NS-Zeit neu und schärfer zu stellen.

Dass die NS-Forschung und insbesondere die Erforschung der nationalsozialistischen Massenverbrechen seit Mitte der 1990er-Jahre einen so enormen Aufschwung nahm, ist indes mit der Revolution von 1989 nicht oder nur am Rande zu erklären; übrigens auch nicht mit der Öffnung osteuropäischer Archive. Hier stand eher im Vordergrund, dass in der Bundesrepublik, ähnlich wie in den USA, in Israel und Großbritannien, vor allem in der jüngeren Generation ein gewisser Überdruss an theoretischen Debatten und moralischen Betroffenheitsbekundungen über die NS-Zeit entstanden und der Bedarf an solider, quellengestützter Forschung über die NS-Massenverbrechen gestiegen war. Schon seit Mitte der 1980er-Jahre hatte die Zahl solcher Forschungsarbeiten zugenommen, die nun sukzessive publiziert wurden. Deren Ergebnisse schlugen sich in der Folgezeit nicht nur in den Fachdebatten, sondern auch in den öffentlichen Diskussionen nieder, etwa über die Neugestaltung der auf dem Gebiet der einstigen DDR gelegenen KZ-Gedenkstätten, über die Verbrechen der Wehrmacht oder über die Entschädigung für Zwangsarbeiter. Dabei weiteten die großen empirischen Studien unsere Kenntnisse über die NS-Massenverbrechen erheblich aus und ließen Fachwelt wie Öffentlichkeit erst jetzt erahnen, wie viel sie zuvor nicht gewusst hatten – obwohl der verbreitete Gestus im Umgang mit der Geschichte des Judenmords und der anderen Massenverbrechen der NS-Zeit eher suggerierte, darüber wisse man doch längst alles.[2]

Durch diese Studien wurden aber auch die verschiedenen Tätergruppen und ihre unterschiedlichen Funktionen und Verantwortlichkeiten erkennbar – ebenso wie die Tatsache, dass die Kenntnisse der westdeutschen Ermittlungsbehörden über das Mordgeschehen vor allem in Osteuropa an Differenziertheit und Präzision jenen der Geschichtswissenschaft überlegen waren. Zugleich wurde nun auch die Nachgeschichte des Nationalsozialismus erstmals intensiver erforscht und bis in die 1960er-Jahre hinein verfolgt. Die ausgeprägte Abschottung der Geschichte der Bundesrepublik gegenüber ihrer Vorgeschichte wurde dadurch durchbrochen, so dass sich politische und vor allem biografische Kontinuitäten zeigten und diachrone Perspektiven eröffneten.[3]

In diesem öffentlichen und wissenschaftlichen Kontext entstand auch dieses Buch, das in der Wissenschaft wie in der Presse freundlich aufgenommen wurde, aber von der plötzlich einsetzenden Diskussion über Daniel Goldhagens zur gleichen Zeit erschienenen Band »Hitlers willige Vollstrecker« zunächst vollständig überschattet wurde – einer Diskussion, die jedenfalls in Bezug auf Aufwand und Publizität alles übertraf, was es bis dahin an öffentlichen Debatten über die NS-Zeit in Deutschland gegeben hatte. Im Rückblick erweist sich die Goldhagen-Debatte als mehrfach verschobene, von Projektionen vermuteter Schuld und der Abwehr vermuteter Vorwürfe gekennzeichnete, öffentliche Auseinandersetzung, während das Buch selbst weltweit von nahezu allen Fachhistorikern ziemlich einhellig kritisiert wurde.[4] Allerdings kam Goldhagens Buch, trotz einer Großzahl polemischer, deterministischer und spekulativer Ausführungen das Verdienst zu, jene Frage wieder in den Mittelpunkt der Diskussion gerückt zu haben, die lange verdrängt, kaum mehr diskutiert und eben auch nicht hinreichend erforscht worden war, nämlich die nach der Rolle der Deutschen bei der nationalsozialistischen Judenverfolgung.

Mit der Biografie des NS-Funktionärs und -Ideologen Best wurde insofern eine Teilantwort gegeben, als der hier vorgestellte Tätertyp weder ein »gewöhnlicher Deutscher« war noch den verbreiteten Typenanforderungen des NS-Täters entsprach: Er war kein überzeugungsloser Technokrat, kein »asozialer Verbrecher« und auch kein Irrer. Durch seine Positionen in den Führungsebenen des NS-Terrorapparats und der Besatzungsadministrationen gehörte er zum engen Kreis der für nationalsozialistischen Massenverbrechen Mitverantwortlichen. In Bezug auf seine bürgerliche Sozialisation, den akademischen Habitus, die Zugehörigkeit zu den nationalistischen Studentenzirkeln der 1920er-Jahre und seine schnelle Rückkehr in das bürgerliche Umfeld nach dem Krieg sowie seine zweite Karriere als Jurist entsprach sein Werdegang aber der biografischen Entwicklung eines Großteils der etwa gleichaltrigen deutschen Akademiker, sodass die Fragen nach Zustand und Entwicklung dieser Gruppe auf der Hand lagen.

In den Reaktionen auf dieses Buch standen vor allem vier Aspekte im Mittelpunkt: erstens die Frage nach den NS-Tätern, die sich rasch in einen breiteren Forschungszusammenhang ausdehnte, der bald »Täterforschung« genannt wurde; zweitens die Frage nach der Bedeutung ideologischer beziehungsweise »weltanschaulicher« Faktoren bei den NS-Tätern und bei der Ingangsetzung der NS-Verbrechen insgesamt, insbesondere das Verhältnis von nützlichkeitsbezogenen und ideologischen Aspekten bei der Judenverfolgung; drittens das Fortleben der NS-Täter in der Bundesrepublik und die Frage, was es worüber aussagte, dass viele von ihnen nach 1949 in der Bundesrepublik so bemerkenswerte Karieren machen konnten; und schließlich viertens die Frage nach der Bedeutung von Generation und generationeller Prägung.

Diese Fragen wurden in unserer Arbeitsgruppe in Hamburg und Freiburg seit 1993 weiter diskutiert und forscherisch vertieft. Dabei nahm Michael Wildt die anhand der Biografie Bests entwickelten Thesen zum Ausgangspunkt seiner breit angelegten und 2002 vorgelegten Untersuchung über die Angehörigen des Reichssicherheitshauptamts. Seine Ergebnisse bestätigten die Grundannahmen, gingen jedoch weit darüber hinaus: Er zeigte, dass die in Bezug auf politische Sozialisation, generationellen Habitus und radikalisierenden Aktivismus in den 1920er-Jahren in vielen Punkten erstaunlich homogene Führungsgruppe des Reichssicherheitshauptamts tatsächlich so etwas wie die Kerngruppe des nationalsozialistischen Massenmords war – und zwar sowohl in Bezug auf die Herstellung von politischer, rechtlicher und ideologischer Legitimation wie bei der organisatorischen Vorbereitung und der praktischen Durchführung als Leiter der Einsatzgruppen oder der stationären Einheiten des RSHA.

Karin Orth konnte dann in ihrer Studie über die Kommandanten der Konzentrationslager nachweisen, dass hier – anders als bei Gestapo und SD – zunächst der Typus des »alten Kämpfers« vorgeherrscht hatte, der durch den Straßenkampf der Weimarer Jahre geprägt worden war und sich durch persönlich ausgeübte körperliche Gewalt gegenüber den Häftlingen hervortat. Seit Kriegsbeginn aber rückte ein neuer, jüngerer Typ in den Vordergrund, der auch über Organisationserfahrung und Verwaltungskenntnisse verfügte. Dieser zweite Typ, der seit der Umstellung auf den Primat des Arbeitseinsatzes seit 1942 vorherrschte, zeigte weniger Interesse an der direkten körperlichen Misshandlung von Häftlingen. Aber es waren eben auch die Kommandanten dieses zweiten Typus, die für den Tod des weit überwiegenden Teils der insgesamt in den Lagern umgekommenen KZ-Häftlinge verantwortlich waren.

In der 2003 publizierten Studie von Isabel Heinemann schließlich wurde anhand der Leiter des Rasse- und Siedlungshauptamtes die enge Verbindung von politisch-ideologischer Überzeugung, wissenschaftlicher Expertise und praktischer Umsetzung der NS-Rassepolitik herausgearbeitet, wobei auch hier der Typus des jungen, akademisch ausgebildeten Funktionärs im Vordergrund stand.[5]

Diese Studien zogen dann eine ganze Reihe weiterer Untersuchungen nach sich, die weitere Gruppen deutscher NS-Täter analysierten und differenzierten. Mittlerweile ist dieses Feld gut, wenn auch noch nicht vollständig erforscht. Die Angehörigen der Führungsebene des RSHA, zu der Best gehörte, haben sich hierbei als ebenso einflussreiche wie spezifische Gruppe herausgestellt, deren Kennzeichen – bürgerliche Sozialisation, akademische Ausbildung, frühe völkisch-nationalistische Aktivität, ideologischer Radikalismus in Verbindung mit pragmatischer, »sachlicher« Praxis – sie von anderen Tätergruppen deutlich unterschied.

Andere Gruppen, etwa die KZ-Lagerkommandanten oder die Kreishauptleute in Polen, waren in Bezug auf Herkunft und Ausbildung anders zusammengesetzt, in Bezug auf Nationalismus und Tatbereitschaft aber nicht weniger radikal. Je weiter man den Kreis zog, desto unspezifischer wurde das Bild; Kontingenzen und biografische Zufälligkeiten erschwerten einen kategorisierenden Zugriff.[6]

Gleichwohl ermöglichte es die Erforschung von Täterbiografien, einen engeren und differenzierteren Zusammenhang zwischen der deutschen Gesellschaft und den NS-Tätern herzustellen, als das zuvor der Fall gewesen war. Dabei stand der eskalierende Radikalnationalismus seit der Jahrhundertwende und im Besonderen seit Ende des Ersten Weltkriegs im Mittelpunkt. Seine Botschaften wurden in den zahllosen völkischen Gruppen und Bünden propagiert und praktisch umgesetzt und reichten weit über das Ausstrahlungsfeld der NSDAP hinaus. Damit wurden aber zugleich auch die Grenzen eines solchen Ansatzes erkennbar. Die biografische Analyse eines NS-Protagonisten oder eine Gruppe solcher ermöglicht neue Einsichten in Kontexte und Zusammenhänge, lässt Verbindungen erkennen und zeigt, welche Ereignisse oder Entwicklungen bei den Einzelnen besonders markante Auswirkungen zeigten. Aber sie ersetzt die Analyse der Kontexte und Zusammenhänge nicht, sondern hat ihre wichtigste Bedeutung vermutlich im Auffinden neuer Spuren, denen dann in traditioneller, systematischer Forschung nachzugehen ist.

Es ist auch früh eingewandt worden, dass diese Konzentration auf die Täter, so sehr sie unsere bisherigen Kenntnisse des NS-Regimes und seiner Führungsgruppen erweiterte und präzisierte, auch Gefahren mit sich brachte. So gehe auf diese Weise der Blick für den systemischen Charakter, für die sich aus der Struktur der spezifischen Herrschaftsform des Nationalsozialismus ergebenden Zwänge und Dynamisierungen verloren, es entstehe stattdessen durch die Betrachtung der einzelnen Protagonisten die Vorstellung eines unmittelbaren Verhältnisses von Motiv und Tat. Diese Gefahr ist nicht von der Hand zu weisen, aber angesichts des empirischen und theoretischen Settings, in das diese Studien eingebunden sind, ist sie gering. Gerade die Studien von Wildt, Orth, Heinemann, Hachmeister oder Roth zeigen ja, in welchem Maße die Protagonisten, so mächtig sie in ihren Besatzungsregionen auch sein mochten, eingebunden waren in ein Netz von Abhängigkeiten, Sachzwängen und Eigendynamiken, die sie zum Teil selbst mit in Gang gebracht hatten, dann aber nicht mehr vollständig zu beherrschen in der Lage waren.[7]

Was die Ideologie als Antriebskraft angeht, so sind darüber in der Tat simplifizierende Modelle oder Imaginationen verbreitet. Schon der Begriff ist kompliziert: Ideologien haben andere – man selbst hat Überzeugungen. »Weltanschauung« ist ein Quellenbegriff und zu nah am Religiösen gelagert, als dass man ihn neutral verwenden könnte. Gemeint ist aber ein von dem Einzelnen als stimmig und plausibel empfundenes Überzeugungsgebäude, das durch einen Zugriff aufs Ganze sehr verschiedene Fragen und Probleme zugleich sowohl einzuordnen wie zu beantworten scheint. Offenkundig spielen hierbei aber nicht nur und nicht einmal in erster Linie individuelle Antriebe eine Rolle, es geht vielmehr um kollektive Dispositionen und Denkstile. Das ist anhand der politischen Werdegänge Bests und der von Wildt untersuchten Mitglieder der RSHA-Führung im Einzelnen nachzuvollziehen: Die Herausbildung der für die Führer in Gestapo, SD und dann im RSHA so kennzeichnenden Verbindung von Pragmatismus und ideologischem Radikalismus ist ja nicht auf die zufällige Kongruenz von Einzelüberzeugungen zurückzuführen, sondern auf ein schon in der völkischen Bewegung der 1920er-Jahre allmählich entwickeltes, seit der NS-Machtergreifung dann von hemmenden Gegenströmungen gewaltsam befreites Ideenkonglomerat, das bei Abweichungen im Einzelnen doch ein sehr hohes Maß an Überzeugungsgemeinsamkeiten vermittelte und durch die Führerbindung sowohl homogenisiert wie verbindlich gemacht wurde. Gleichwohl bot es den Einzelnen eine Art Grundvorrat an Überzeugungen, auf die man in Zeiten von Gefahr und eigener Entscheidung zurückgreifen konnte, sodass auch in Situationen ohne expliziten Befehl in der Regel ähnliches oder gleiches Verhalten generiert wurde.

Der absichernde Rückbezug des eigenen Handelns auf ein solches Überzeugungsgebäude fand in der NS-Zeit häufig die Form des »Was würde der Führer tun?«. Damit war zugleich ein Radikalisierungs-Automatismus verbunden, denn Hitlers Bild bei seinen Anhängern war vor allem dadurch geprägt, dass dieser unter den bestehenden Möglichkeiten die jeweils denkbar radikalste wählte, vor allem wenn es gegen die weltanschaulich definierten Gegner ging. Der Bezug auf die nationalsozialistische Weltanschauung oder den Willen des Führers diente so als Enthemmungs- und Entlastungsdiskurs, aber auch der eigenen Rechtfertigung. Das eigene Tun wurde dadurch legitimiert: als notwendiges Mittel für ein höheres Ziel, dessen Berechtigung nicht mehr der Gegenstand der Reflexion war, sondern vorausgesetzt wurde, sodass die womöglich anerzogenen humanitären Prinzipien hier außer Kraft gesetzt werden konnten. Weltanschauliche Bindung war dadurch eng verknüpft mit der symbolischen Verdichtung der Überzeugung zu einer »Haltung«, einer »Mentalität«, die es den Einzelnen erlaubte, ohne Befehl oder Diskussion im Moment der »Bewährung« das »Richtige« zu tun und dabei unter den sich bietenden Handlungsalternativen möglichst die jeweils radikalste zu wählen.

Fatal ist dabei eine ausschließende Gegenüberstellung von »Ideologie« einerseits und »sachlichen«, also utilitaristischen, Zielsetzungen andererseits – diese Entgegensetzung prägt einen nicht kleinen Teil der Literatur. Denn die Begründungen für den Massenmord standen jeweils im Zusammenhang mit Gefahren oder Bedrohungen, die durch die Vernichtung der Gegner abgewendet werden könnten – klassisch schon bei Hitler am 30. Januar 1939, als er seine Drohung aussprach: »Wenn es dem internationalen Finanzjudentum in und außerhalb Europas gelingen sollte, die Völker noch einmal in einen Weltkrieg zu stürzen, dann wird das Ergebnis nicht die Bolschewisierung der Erde und damit der Sieg des Judentums sein, sondern die Vernichtung der jüdischen Rasse in Europa.« In dieser »Prophezeiung«, auf die er in den folgenden Jahren immer wieder bestätigend Bezug nahm, erklärte Hitler zum einen den Ausbruch des Ersten Weltkriegs als das Werk der Juden, zum anderen seien die Juden auch verantwortlich, wenn es einen weiteren Weltkrieg geben werde (den Deutschland seit fünf Jahren intensiv vorbereitete). Aus diesem Grund müssten die Juden verfolgt werden – nicht aus Gemeinheit oder individuellem Judenhass.[8] Wenn dann später argumentiert wurde, die sowjetischen Kriegsgefangenen seien verhungert, weil die Wehrmacht sie nicht habe ernähren können, so werden analog dazu auch hier die Bezüge vertauscht. Tatsächlich sollte der Krieg gegen die Sowjetunion so geführt werden, dass sich die Wehrmacht aus dem Lande ernähren konnte und die einheimische Bevölkerung und die Kriegsgefangenen hungern mussten: Der vermeintliche Sachzwang war politisch und ideologisch konstituiert worden – im Westen gab es ein solches Vorgehen nicht. Zugleich löste das Regime tatsächliche Sachzwänge so, dass auf die politischen oder rassischen Gegner keine Rücksicht genommen wurde. Waren die Lebensmittel knapp, so erhielten Juden und sowjetische Kriegsgefangene als erste nichts mehr zu essen und verhungerten.

So fand auch der Antisemitismus seinen spezifischen Ausdruck darin, dass die Verfolgung, die Unterdrückung, die Ermordung der Juden mit jeweils utilitaristischen Zielsetzungen begründet wurde: die Beseitigung von Schwarzhandel oder von Krankheiten, die Bestrafung von Sabotagemaßnahmen, von Attentaten auf deutsche Soldaten oder eben die Ausrottung des Bolschewismus, die »Säuberung des Hinterlandes« der Ostfront etwa oder die »Aushebung von Partisanennestern«. Entscheidend war, dass die Protagonisten diesen Zusammenhang für überzeugend hielten: die Juden als Träger des Bolschewismus, als Verbreiter von Krankheiten, als Spione, als Partisanen. Auf diese Weise wurde der Genozid mit politischen, militärischen, polizeilichen, bevölkerungs-, gesundheits- oder ernährungspolitischen Zielen verknüpft. In dieser Verknüpfung liegt das Wesen des Rassismus: Der Rassist sucht die Ursache für die Verbreitung ansteckender Krankheiten oder für politische Subversion in der rassischen Prädisposition des Gegners. Wenn er dann die Juden mit der Begründung bekämpft, sie verbreiteten Krankheiten oder seien politisch subversiv tätig, tut er dies, weil er ein antisemitischer Rassist ist. Wer dann postuliert, seine Motive seien pragmatischer Art, übersieht diesen Zusammenhang.

Ohne die Berücksichtigung und genaue Analyse dieser Überzeugungsgebäude und ihrer Wirkungsweise kann man die modernen Massendiktaturen, insbesondere – bei aller Unterschiedlichkeit – das NS-Regime und die kommunistischen Diktaturen, weder angemessen analysieren noch die Beweggründe ihrer Protagonisten erfassen.

Besonders breiten Raum nahmen in den Besprechungen des Buches die Passagen über Bests Nachkriegsbiografie ein. Die in diesem Buch enthaltenen Hinweise, wonach zahlreiche Angehörige der NS-Eliten und insbesondere der Schreibtischtäter in Sicherheitspolizei und SD nicht nur Nachkriegszeit und Entnazifizierung beinahe unversehrt überstanden hatten, sondern ihnen in der Bundesrepublik auch die »Rückkehr in die Bürgerlichkeit« gelang und sie für lange Jahre zum Teil hohe Positionen in Wirtschaft, Verwaltung oder Wissenschaft bekleideten, trafen vielfach auf Verwunderung und Bestürzung.

Die hier gemachten Beobachtungen wurden in der Folgezeit in mehreren Studien bestätigt und noch ausgeweitet. Danach erweist sich das Ausmaß der Belastung der Bundesrepublik durch die einstigen NS-Eliten in den 1950er- bis 1970er-Jahren noch als erheblich größer als vermutet; man kann geradezu umgekehrt vermuten, dass bei deutschen Akademikern der Jahrgänge zwischen 1895 und

1915 ein NS-Engagement eher die Regel als die Ausnahme war und ein – enger oder weiter – Bezug zu den NS-Verbrechen eher häufig als selten. Ohne die einstigen NS-Führungsgruppen insbesondere in den Verwaltungen wäre die Konstituierung des westdeutschen Staates als bürgerliche Republik offenkundig auch gar nicht möglich gewesen – auf der Grundlage eben dieser Auffassung basierte auch die Personalpolitik Konrad Adenauers, der es intern an Kritik an den alten Nazis durchaus nicht fehlen ließ. Damit verbunden war die Reduktion der Verantwortung für Massenmord und Genozid auf wenige, in der Regel bereits gestorbene Galionsfiguren. Das ermöglichte seit den frühen 1950er-Jahren die putative Pauschalentlastung nahezu aller überlebenden Ex-Nationalsozialisten, selbst solcher, die einst führende Stellungen innegehabt hatten.[9]

Auf der anderen Seite ist aber angesichts des tatsächlichen Ausmaßes der Verbrechen und der Zahl der daran direkt oder vermittelt Beteiligten und dafür Verantwortlichen wohl weniger die Zahl der in der Bundesrepublik reüssierenden vormaligen NS-Protagonisten das Überraschende an dieser Entwicklung, sondern eher die Frage, wie angesichts einer so immensen Belastung aus der Bundesrepublik im Laufe der Zeit dennoch eine sich stabilisierende Demokratie werden konnte. Dabei ist zum einen die rasche Entwirklichung der NS-Vergangenheit in der (ost- wie west-) deutschen Gesellschaft in Anschlag zu bringen, die schon wenige Jahre nach Kriegsende den Krieg und die Diktatur als weit entfernte, zur Gegenwart kaum mehr in Bezug stehende Vergangenheiten stilisierte. Zum anderen ist der geduckte Opportunismus, der mit der schnellen Reintegration der NS-Eliten verbunden war, als Ausdruck und Voraussetzung für die politische Neutralisierung dieser Gruppe zu erkennen. Und drittens: Nicht wenige von denen, die im Westen diese Gelegenheit wahrnahmen und ihren Opportunismus belohnt sahen, wandelten sich womöglich tatsächlich zu guten und überzeugten Demokraten. Indem man ihren Opportunismus akzeptierte, wurde auch die Grundlage zu einem Einstellungswandel gelegt – nicht bei allen, aber doch bei vielen. Insofern muss, wer die Geschichte der NS-Eliten in der Bundesrepublik erforscht, nicht allein nach Kontinuität und Subversion suchen, sondern auch und vor allem nach Opportunismus und dadurch hervorgerufene Formen der politischen Konversion – die strafrechtlich gewiss ganz bedeutungslos, aber zur Erklärung der hier waltenden Mechanismen doch von Bedeutung sind.

Umgekehrt stellen sich damit aber neue Fragen: Wie tief verwurzelt waren Radikalnationalismus und Antisemitismus vor 1945 denn, wenn ein nicht geringer Teil der NS-Eliten sie nach 1945 schneller oder langsamer abstreifen und neue politische Identitäten annehmen konnte? Die Vermutung »einmal Nazi, immer Nazi« ist offenbar ebenso revisionsbedürftig wie die Vorstellung, einstige Kommunisten oder gar Stalinisten könnten sich nicht zu Demokraten wandeln. Nur dass eine solche Wandlung auch mit der fortwirkenden Verantwortung für Hunderte oder gar Tausende von Morden möglich war, sprengt herkömmliche Vorstellungen von Integrität und Moral. Jedoch gibt es Hinweise darauf, dass bereits während des Krieges die Unterschiede zwischen Kriegshandlungen und Tötung von Zivilisten verwischt worden sind. Mehrfach etwa ist belegt, dass SS- und Polizeieinheiten nach Massakern, bei denen Tausende von Juden erschossen worden waren, »Siegesfeiern« veranstaltet haben. Es liegt nahe, dass diese Einebnungen und Verschleifungen auch nach 1945 zur nachträglichen Legitimierung und Gewissensberuhigung beigetragen haben.

Schließlich wird in der Umkehrung auch ein bedeutsamer, wenn auch verquerer Wirkungsmechanismus erkennbar: Die unter dem Begriff der »Verdrängung« prominent gewordene Distanzierung der westdeutschen Gesellschaft sowohl von der NS-Vergangenheit wie der Beschäftigung damit wurde spätestens seit den 1960er-Jahren zu einem nicht länger aushaltbaren Widerspruch, der seinerseits die dann einsetzende intensive Beschäftigung mit der NS-Vergangenheit in besonderer Weise herausgefordert und geradezu provozierte. Dies gilt auch für den Umgang mit der personellen Kontinuität der NS-Eliten: Denn die allmähliche Aufdeckung immer neuer Personalskandale in der Bundesrepublik – von Globke bis zu Sandberger –, die bis in die jüngste Gegenwart reicht und den Deutschen immer wieder erneut die Versäumnisse in diesem Feld vor Augen führten, trugen ja in erheblichem Maße zu jener heftigen und lang anhaltenden politischen Auseinandersetzung mit der NS-Vergangenheit bei, deren Bedeutung für die Identität und Stabilität der westdeutschen Demokratie doch als sehr hoch zu bewerten ist.

Besondere Aufmerksamkeit fand in den Reaktionen auf dieses Buch schließlich auch die generationelle Konstellation, auf die sich Best mit großer Energie immer wieder bezog. Dabei verbreiteten sich die Kategorien der »Generation« und der »Generationalität« in der Zeitgeschichte und wirkten zwischenzeitlich wie ein Passepartout für zahlreiche Fragen. Allerdings wurde dabei nicht immer hinreichend klar, was mit »Generation« gemeint und welche Aussagekraft damit verbunden war. In Bezug auf die »Kriegsjugendgeneration« wandte etwa Bernd Weisbrod ein, dass es sich bei dieser »behaupteten Erlebnisgemeinschaft [...] in der Regel um Expost-Konstrukte einer politischen Erinnerungsgemeinschaft« handelte, »deren Erfolgsbedingungen sich keineswegs automatisch aus der Bewusstseinsprägung im [Ersten Welt-] Krieg selber erschließen [...] Die spezifische Weltanschauungselite des ‚Dritten Reiches' erklärt sich in ihrer Handlungslogik jedenfalls nicht direkt aus dem Sinnhorizont der studentischen Sozialisationsgemeinschaft, sondern sie folgte kollektiven und institutionellen Regeln [...]. Eher ist zu fragen, warum es sich offenbar bezahlt machte, seine eigenen Erfahrungen zu generationalisieren.«[10] Das ist insoweit zutreffend, als der sich festigende Rückbezug auf die eigene »Generation« in den 1930er-Jahren unübersehbar einen legitimierenden Charakter besaß, weil auf diese Weise das eigene Handeln einerseits als Vollendung des jugendlichen Idealismus stilisiert und andererseits zum Ausdruck nicht nur des individuellen, sondern eben generationellen Wollens verklärt wurde. Gleichzeitig besaß der Jugendmythos aber bereits in den 1920er-Jahren eine stilbildende Kraft, und das Einpassen des eigenen Denkens und Fühlens in ein solches kollektives Angebot der Sinnstiftung verlieh den einzelnen nicht erst rückblickend Sicherheit und Perspektive. Vielmehr war das Kollektivitätsempfinden in der nationalistischen Jugendbewegung der 1920er-Jahre bereits zeitgenössisch stark ausgeprägt, und das retrospektive Postulat der RSHA-Funktionäre, aus dem Denken und Fühlen dieser Generation heraus zu agieren, bezog ihre Überzeugungskraft ja aus der seinerzeitigen Wirkmacht dieser Bewegung.

Darüber hinaus gab es weitere Einwände; so der Hinweis, dass ja nur eine kleine Minderheit der Angehörigen der Geburtsjahrgänge der »Kriegsjugendgeneration« mit den NS-Verbrechen etwas zu tun gehabt habe, die Mehrheit aber nicht –; schon dies zeige die mangelnde Erklärungskraft des Generationenansatzes. Nun gilt dieses Argument aber für alle Kollektivsubjekte dieser Art. Wer würde behaupten, mit den Kategorien Klasse, Schicht, Religion, ethnische Zugehörigkeit oder auch Geschlecht beschreiben, begründen oder gar vorhersagen zu können, wie sich die Mehrheit oder gar alle Angehörigen einer solchen Gruppe verhalten, wie sie denken, fühlen oder agieren? Gleichwohl lebt die gesamte Sozialforschung, auch die Geschichtswissenschaft, davon, weitgreifende Aussagen über solche Kollektive zu machen: über die Arbeiter in England, über die Katholiken in Nordirland, über die Frauen in der französischen Gesellschaft, über das Bildungsbürgertum in Deutschland. Es geht dabei um Trends und um kulturelle Hegemonien, nicht um statistische Messbarkeit.

Insofern ist auch die Aussage, die Versuche, mit Hilfe der Generation »den an den NS-Verbrechen Beteiligten einen mehr oder minder typischen Sozialisationsverlauf zuzuschreiben«, kämen einer »täterbiographischen Reduktion der deutschen Bürde« gleich, nicht überzeugend.[11] Die Behauptung, das eine führe immer oder notwendig zum anderen, ist offenkundig abwegig. Nicht jeder Siebzehnjährige, der arm, elternlos und im Umfeld von Drogengangs aufwächst, wird kriminell; die Frage nach den Herkunftsfaktoren kriminell gewordener Jugendlicher bleibt aber plausibel. Nicht jeder, der die politische Sozialisation der nationalistischen Jugendbewegung der 1920er-Jahre durchlief, wurde ein NS-Verbrecher. Und doch bleibt als Tatsache bestehen, dass der überwiegende Teil des Führungskorps des Reichssicherheitshauptamtes in Bezug auf Alter, soziale Herkunft, Ausbildung und politische Sozialisation eine erstaunliche Homogenität aufweist. Es ist also naheliegend, hier nach frühen Prägungen, persönlichen Weichenstellungen und politischen Weichenstellungen zu suchen. Kurz: Als Prädestinationskategorie ist die Kategorie der Generation in der Tat wenig hilfreich. Stärker als ethnische Herkunft, soziale Schicht oder Geschlecht ist »Generation« auch eine selbstgewählte Kategorie, Ausdruck von Wunsch und Willen. Nutzt man sie indes »als Schlüssel für die kollektive Mobilisierung solcher Deutungsprozesse von biographischer Gefühlslage und lebenszeitlicher Vergemeinschaftung« (Weisbrod), so ist es in vielen Fällen möglich, kulturelle und politische Entwicklungen präziser zu analysieren und längerfristig wirksame intellektuelle und affektive Orientierungen in spezifischen Alterskohorten genauer zu erkennen.

Die Figur des intellektuellen SS-Führers hat schließlich auch in der Belletristik eine gewisse Aufmerksamkeit gefunden. In Sonderheit der Roman von Jonathan Littell, »Die Wohlgesinnten«, ist vor allem in Frankreich und in Deutschland auf großes Interesse, wenngleich auf zwiespältige Reaktionen gestoßen.[12] Das Buch enthält die fiktiven Erinnerungen eines SS-Obersturmführers – Jahrgang 1913, promovierter Jurist, frühes Mitglied von NSDAP und SS – an seine Tätigkeit im Reichssicherheitshauptamt in Berlin, an die Massenhinrichtungen von Juden durch die Einsatzkommandos der SS in der Ukraine und im Kaukasus, denen er beiwohnte, sowie an Paris in der Zeit der deutschen Besatzung. Zudem schildert der Erzähler seine Begegnungen mit Himmler, Heydrich, Best und Speer und beschreibt ausführlich seine homosexuellen Praktiken sowie inzestuöse Sexualerfahrungen. In diese Hauptfigur, die manche Elemente der Best-Biografie sowie des belgischen SS-Führers Degrelle aufnimmt und sich in vielen Punkten an Theweleits »Männerphantasien« anlehnt, hat der Autor, wie Lutz Hachmeister bemerkte, »so ziemlich alles hineingesteckt, was einem durch den Kopf gehen kann, wenn man an die intelligenten Planer und Technokraten der SS denkt – für die sich ja in der deutschen Geschichtswissenschaft bis in die neunziger Jahre kaum jemand interessiert hat.«[13]

Nun ist ein Roman keine historische Forschungsarbeit, sondern folgt eigenen Gesetzen. Als Anstoß für eine intellektuell herausfordernde Diskussion über die NS-Zeit ist Littells Buch, wie sich gezeigt hat, aber wenig tauglich. Es nimmt die analytischen Herausforderungen der Widersprüchlichkeit der intellektuellen NS-Täter nicht auf: Littell glaubt, ein Tabu zu zerstören, weil er es wagt, die Organisatoren und Konzepteure des Holocaust als intelligente Personen darzustellen, mit bürgerlichem Hintergrund und akademischer Ausbildung. Auf dem Hintergrund der »Banalität des Bösen«, also dem Diskussionsstand der 1960er-Jahre, ist das nachvollziehbar. Wer Eichmann für einen irren Technokraten ohne Überzeugung, ohne eigene politische Vorstellungen und Ziele hält, wird es für einen Tabubruch halten, einen SD-Mann mit Hochschulabschluss und klarem Verstand zu schildern.[14]

Tatsächlich aber war das Denken und Handeln dieser Männer viel näher am Mainstream des durchschnittlichen, verbreiteten Nationalismus in Deutschland verortet – von dem es sich vor allem durch Radikalität und die exzessive Tatbereitschaft unterschied. Die Wahrnehmung des eigenen Handelns, selbst des Massenmords, als Einsatz für das eigene Volk und in den Kategorien des traditionellen Radikalnationalismus ermöglichte es diesen Männern aber auch, nach dem Kriege in die Bürgerlichkeit zurückzukehren und ein Leben als Anwalt, Prokurist oder Unternehmer zu führen, ohne in der Umgebung weiter aufzufallen und ohne das Empfinden zu haben, dass an der eigenen Vergangenheit etwas sei, das aufgearbeitet werden müsste. So bleibt in Littells Buch ganz unklar, was diese Männer trieb. Die expressionistische Darstellung von Massakern, die Verbindung von Sexualität und Gewaltphantasien suggerieren, dass im Unbürgerlichen, in der zynischen und kalten Auslebung von Gewalt- und Sexualitätsphantasien die Zugänge zum Verständnis dieser Männer lägen. Das ist aber wohl doch ein allzu beruhigender Gedanke, weil er zurückführt in die Residualkategorien des Abnormen, wo die SS seit jeher geortet wurde.

Vierzehn Jahre nach der Erstveröffentlichung liest man dieses Buch über das Leben des Dr. Werner Best in verändertem Kontext. An unmittelbarer Aktualität hat die Analyse dieser und anderer Täterbiografien der NS-Zeit, da keiner der Protagonisten mehr lebt, verloren – in der ersten Phase der Arbeit waren die Nachforschungen zu diesem Buch ja noch indirekt mit dem ausstehenden Prozess gegen Best verknüpft. Auch das Sensationelle, das dieses und andere Bücher bei ihrem Erscheinen umgab, ist verflogen, was den Zugang aber vermutlich eher erleichtert. Denn über den Werdegang Bests hinaus enthält diese »Biografie in symptomatischer Absicht«, wie das Buch in einer Rezension genannt wurde, auch den Entwurf einer deutschen Geschichte im 20. Jahrhundert aus einer spezifischen, aber eben auch bedeutsamen Perspektive. Wenn das Buch in dieser Funktion weiterhin hilfreich ist, hat es seine Aufgabe erfüllt.

Freiburg, 9. August 2010   Ulrich Herbert

Anhang

Anmerkungen

Einleitung

1 Siehe Kap. III.4 (»Vierte Säule im völkischen Staat«).
2 IMT, Fall IX, BA, All. Proz. 1/XXVII, Bl. 131, 148; zu Ohlendorf s. Herbst, Der Totale Krieg, S. 182 ff.
3 Die KL-Kommandanten waren, ähnlich wie die Höheren SS- und Polizeiführer, im Durchschnitt deutlich älter als die Führungsebene der RSHA-Zentrale, vgl. Segev, The Commanders, S. 318; Birn, Die Höheren SS- und Polizeiführer.
4 Überblick über die Forschungsliteratur in Kap. III. 1, Anm. 1 u. 8; vgl. die Forschungsüberblicke bei Tuchel, Konzentrationslager, S. 15-27; und Browder, Foundations, S. 1-8 und 324-326.
5 Vgl. aber zu Himmler: Breitman, Architect; Ackermann, Heinrich Himmler; Smith, Heinrich Himmler 1900 – 1926; Fraenkel u. Manvell, Himmler; sowie Heiber (Hrsg.), Reichsführer!; Smith u. Peterson (Hrsg.), Himmler, Geheimreden; zu Kaltenbrunner: Black, Ernst Kaltenbrunner; zu Heydrich s. Anm. III/8; zu Streckenbach: Wildt, Streckenbach.
6 Ein interessanter Versuch jetzt aber bei Pohlmann, Ideologie und Terror. »Die ideologische Ausrichtung jener Gruppen, die die nationalsozialistische Rassenpolitik ins Werk setzten«, schrieb dazu kürzlich der englische Medizinhistoriker Paul Weindling, sei bislang »kaum beachtet worden. Einer der Gründe dafür war, dass gerade im Bereich der Rassenideologie wenig Erklärungsbedarf zu bestehen schien: konnte man sich doch stets auf Hitlers offen zutage liegende Vorstellungen von der Einzigartigkeit der arischen Rasse auf seinen extremen Antisemitismus berufen, der schließlich im Holocaust kulminierte. Zwar wurde untersucht, welche Elemente der NS-Ideologie die größte Anziehungskraft auf die Bevölkerung ausübten; der Frage, durch welche Elemente sich die Rassenideologie konstituierte, widmete sich die Forschung jedoch nur selten.« Paul Weindling: »Mustergau« Thüringen. Rassenhygiene zwischen Ideologie und Machtpolitik, in: Frei (Hrsg.), Medizin und Gesundheitspolitik, S. 81-98, hier S. 81.
7 Arendt, Eichmann.
8 Bracher, Die deutsche Diktatur; Buchheim, Broszat, Jacobsen, Krausnick, Anatomie des SS-Staates; Schulz, Der Aufstieg des Nationalsozialismus; Sontheimer, Antidemokratisches Denken.
9 Dazu die Darstellung und Analyse dieser Forschungskontroversen bei Kershaw, Der NS-Staat, S. 125 ff., 165 ff.
10 Vgl. dazu, statt zahlreicher Einzelverweise, die Aufsatzeditionen von Broszat, Nach Hitler; sowie von Mommsen, Der Nationalsozialismus und die deutsche Gesellschaft.
11 Buchheim, Die SS; ders., Befehl und Gehorsam; Aronson, Reinhard Heydrich; Höhne, Der Orden unter dem Totenkopf.
12 Für die Frühphase vgl. etwa Bracher, Die deutsche Diktatur; für die weitere Entwicklung ders., Zeitgeschichtliche Kontroversen.
13 V. a. Jäckel, Hitlers Weltanschauung; ders., Hitlers Herrschaft; sowie Kershaw, Der NS-Staat, S. 132 ff.
14 Diese Herangehensweise ist jüngst in einem neueren Interpretationsansatz wieder aufgegriffen worden, der die nationalsozialistische Genozidpolitik als Instrument einer gezielt betriebenen »Modernisierung durch Vernichtung« betrachtet, die auf die Forcierung kapitalistischer Rationalisierung durch die »Ausmerzung« sozial unerwünschter Bevölkerungsteile in Deutschland und Europa abzielte und für die ideologische Antriebe, Rassismus und Antisemitismus unbedeutend gewesen seien; vielmehr sei die »Nazi-Ideologie« ebenso wie die Mordmaschinerie des RSHA von den technokratischen Modernisierungsexperten lediglich für ihre Zwecke benutzt worden. Vgl. Aly u. Heim, Vordenker der Vernichtung; zur Kritik s. Herbert, Rassismus; Frei, Wie modern. Jetzt aber überzeugend Aly, Endlösung, wo auch

dem Zusammenhang zwischen ideologischer Perspektive und mörderischer Handlung der Sipo- und SD-Führung größere Aufmerksamkeit gewidmet wird.

15 Niethammer (Hrsg.), Lebensgeschichte und Sozialkultur; darin Ulrich Herbert: Die guten und die schlechten Zeiten. Überlegungen zur diachronen Analyse lebensgeschichtlicher Interviews, Bd. 1, S. 67-96; vgl. Dan Diner: Zwischen Apologie und Aporie. Über Grenzen der Historisierbarkeit des Nationalsozialismus, in: ders. (Hrsg.), Nationalsozialismus, S. 62-63.

16 Vgl. Peukert, Weimarer Republik; zur Literatur s. Anm. I/ 2 u.3

17 Herbert, Fremdarbeiter.

18 Die hier skizzierten Überlegungen bildeten auch den Ausgangspunkt für das an der Hamburger Forschungsstelle für die Geschichte des Nationalsozialismus entwickelte Forschungsprojekt »Weltanschauung und Diktatur«. Michael Wildt arbeitet in diesem Kontext an einer Kollektivbiographie der Führungsgruppe des Reichssicherheitshauptamtes, Karin Orth an einer gruppenbiographischen Studie über das Führungspersonal der Konzentrationslager-SS und Christoph Dieckmann über die deutsche Besatzungs- und Vernichtungspolitik in Litauen.

19 Zur Diskussion um den Erkenntniswert biographischer Studien im sozialgeschichtlichen Zusammenhang vgl. Wehler, Zum Verhältnis von Geschichtswissenschaft und Psychoanalyse, mit seiner einflussreichen Wendung gegen die Biographie, »der letzten Auffangstellung des Historismus«; Süssmuth (Hrsg.), Historische Anthropologie; Gestrich u.a.(Hrsg.), Biographie – sozialgeschichtlich; Berlepsch, Die Wiederentdeckung des »wirklichen Menschen« in der Geschichte; Oelkers, Biographik; Hartmut Soell: Zur Bedeutung der politischen Biographie für die zeitgeschichtliche Forschung, in: ders., Fritz Erler, Bd. 2, S. 987-1023; vgl. auch Diner, Perspektivenwahl. Nicht überzeugt hat mich der Versuch einer theoretischen Neubestimmung der Bedeutung und Leistungskraft historischer Biographien, s. Engelberg u. Schleier, Zur Geschichte und Theorie der historischen Biographie. Für die Neuentdeckung der Biographie – bzw. des »biographischen Materials« – in der Sozialgeschichtsschreibung waren die Anregungen aus der soziologischen Lebenslaufforschung wichtig, s. etwa Kohli (Hrsg.), Soziologie des Lebenslaufs.

20 Matlok, Dänemark.

21 BA, NL 23.

Prolog

1 Wilhelm Best, Unter französischer Herrschaft, S. 89 (Wilhelm Best war mit Werner Best nicht verwandt).

2 Vgl. Adelung, Sein und Werden, S. 170 ff.; hier die detaillierteste Schilderung der November-Ereignisse in Mainz; vgl. Faber, Die südlichen Rheinlande.

3 Mainzer Volkszeitung, 10. November 1928; Adelung, Sein und Werden, S. 174.

4 Mainzer Volkszeitung, 9. November 1928, zit. nach: Adelung, Sein und Werden, S. 176.

5 Wilhelm Best, Unter französischer Herrschaft, S. 94.; vgl. Schreiber, Die Stadt Mainz; ders., Kampf um den Rhein.

6 Mainzer Anzeiger, 28.11.1918; vgl. Süss, Rheinhessen, S. 3.

7 Ehrhard, Mainz im Kampf, S. 127.

8 Mainzer Anzeiger vom 16.12.1918; vgl. Schreiber, Die Stadt Mainz, S. 97; Süss, Rheinhessen, S. 7. »Während dieser Ansprache«, empörte sich Provinzialdirektor Wilhelm Best noch zwölf Jahre später, »die wir mit Gefühlen des Abscheus und der Empörung schweigend über uns ergehen lassen mußten, schritt der großsprecherische General, den Säbel auf dem Rücken haltend, im Empfangssaale auf und ab. Dabei war uns zum Bewußtsein gekommen, was wir nach Niederlegung der Waffen von unseren Kriegsgegnern zu erwarten hatten.« Wilhelm Best, Unter französischer Herrschaft, S. 90; vgl. Adelung, Sein und Werden, S. 190.

9 Dazu im einzelnen Köhler, Novemberrevolution, S. 189 ff.; Mac Dougall, France's Rhineland Diplomacy; Süss, Rheinhessen, S. 3-63; Dülffer, Die französische Deutschlandpolitik. Kritische Auseinandersetzung mit der neueren Literatur zum Charakter der französischen Besatzungs- und Reparationspolitik bei Krüger, Das Reparationsproblem.

10 Im Waffenstillstandsabkommen war in Artikel 26 festgelegt worden, dass die Blockade der Alliierten gegenüber dem Reich andauern werde; infolgedessen wurden nach dem Einmarsch der Besatzungstruppen die Verbindungen zwischen besetztem und unbesetztem Gebiet unterbrochen, der Reise- und Güterverkehr ebenso wie die Post- und Telegraphenverbindungen erschwert; die Zeitungen aus dem neubesetzten Gebiet wurden verboten, die örtliche Presse strenger Zensur unterstellt. Zudem erhielt Rheinhessen eigene behördliche Zentralinstanzen, was den Eindruck der Abgeschnittenheit und Isolation in der Bevölkerung noch verstärkte. Süss, Rheinhessen, S. 10-30; Schreiber, Die Stadt Mainz, S. 97-100; Wilhelm Best, Unter französischer Herrschaft, S. 90 ff.

11 Adelung etwa berichtete: »Das Auftreten, besonders der Offiziere war das des Siegers. Beim Gang durch die Straßen trugen sie meistens ein Reitstöckchen. Es kam vor, daß sie sich damit bei etwas Gedränge freien Fußsteig schafften. Man ging ihnen deshalb aus dem Wege. An manchen Straßenteilen gingen die Mainzer nur auf der Fahrbahn. Selbst Reiterpatrouillen benutzten die Fußsteige und zwangen so die Bevölkerung auf die Fahrbahn, die ›sûreté‹ war eifrig am Werk, um Äußerungen des Mißfallens als Widerstand festzustellen. Die Verhafteten wurden mißhandelt.« Adelung, Sein und Werden, S. 196; die »sûreté« war der Sicherheitsdienst der französischen Armee.

12 Vgl. etwa die Aufzeichnungen des amerikanischen Besatzungsoffiziers Henry T. Allen, Mein Rheinland-Tagebuch; dagegen als Beispiel für die überbordende Zahl der Pamphlete und Schriften gegen die französische Besatzungspolitik: »Dritte Denkschrift über die Ausschreitungen der Besatzungstruppen im besetzten Gebiet«. Zusammengestellt im Reichsministerium für die besetzten Gebiete (Berlin 1925). Die deutsche Rheinland-Kampfliteratur ist verzeichnet in: Reismüller u. Hofmann, Zehn Jahre; allein zu den französischen Besatzungsmethoden sind dort 508 Titel genannt.

13 Dazu ausf.: Pommerin, »Sterilisierung der Rheinlandbastarde«; Lebzelter, Die »Schwarze Schmach«; Süss, Rheinhessen, S. 164-172.

14 »Es liegt kein vernünftiger Grund vor«, schrieb Carl Zuckmayer 1930, »ihre militärische Verwendung mit einem anderen Wort als Sklaverei zu bezeichnen.« Zuckmayer, Franzosenzeit, S. 23.

15 Wilhelm Best, Unter französischer Herrschaft, S. 91 f.

16 Ebert, Schriften, Aufzeichnungen, Reden, Bd. 2, S. 290.

17 Zur »pénétration pacifique« vgl. Süss, Rheinhessen, S. 41 ff., 134 ff., 197 ff., sowie die gründliche Arbeit von Wein, Deutschlands Strom – Frankreichs Grenze. Vgl. auch Voss, Die »Revue Rhénane«; zeitgenössisch Hartmann (d. i. Paul Rühlmann), Französische Kulturarbeit; zur Frage der »Reichsreform« s. Kahlenberg, Großhessenpläne und Separatismus.

18 Süss, Rheinhessen, S. 45 f.; Schreiber, Die Stadt Mainz, S. 100.

19 Wilhelm Best, Unter französischer Besatzung, S. 92; vgl. H. van Ham: Kulturpolitik und Kultur, in: Kampf um den Rhein, S. 37-44.

20 Schreiben Fayolles an Marschall Petain, 9.12.1918, zit. b. Süss, Rheinhessen, S. 50; vgl. ausf. Heinemann, Die verdrängte Niederlage.

21 Im hessischen Landtag hielt Landtagspräsident Adelung eine flammende Rede, in der er die Versailler Bestimmungen als »dauernde Vergewaltigung und Unterdrückung Deutschlands«, als »politische und wirtschaftliche Erdrosselung« bezeichnete. »Große Gebiete deutschen Landes sollen vom Mutterlande losgerissen und Millionen Deutsche unter das Joch der Fremdherrschaft gezwungen werden. Fremde Fronvögte sollen ins Land gesendet werden, um die Frondienste zu überwachen. Helle Empörung ist im Lande erwacht bei allen Deutschen und bei allen Parteien ohne Ausnahme. Wir sind bereit, schwere Opfer zu tragen, aber wir wehren uns dagegen, in die Sklaverei zu gehen.« Adelung, Sein und Werden, S. 200.

22 Dazu i. e. Reimer, Rheinlandfrage und Rheinlandbewegung, S. 127 ff.; Süss, Rheinhessen, S. 81 ff.; Becker, Beiträge.

23 Adelung, Sein und Werden, S. 205.

24 Süss, Rheinhessen, S. 82.

25 Vgl. Ruck, Die Freien Gewerkschaften im Ruhrkampf, S. 103-123.

26 Die Situation im Westen Deutschlands wurde beispielsweise in einer populären Schrift über »Das Volkstum an der Westgrenze« mit Bemerkungen über das »Ringen der Gegenwart« so zusammengefasst: »Je bäuerlicher die Lebensverhältnisse geblieben sind, umso mehr ist das alte Volkstum erhalten geblieben, je bourgeoiser die Lebensverhältnisse wurden, umso stärker ist das Französische hereingedrungen ... Aber Volkstum ist auch von gewaltiger Beharrungskraft. Das geschieht auch in unseren Westlanden immer wieder. Die Natur empört sich gegen die fremde Zivilisation, sie will sich im eigenen Wachstum organisch von innen her entfalten können. Wir melden daher gegenüber den Ansprüchen des Staates die Ansprüche des Volkstums als Menschenrechte von ursprünglicher Gestaltungskraft an ..., das Recht der Menschen auf ihr Volkstum.« Friedrich König: Das Volkstum an der Westgrenze, in: Kampf um den Rhein, S. 45-50, hier S. 49.

27 Dazu Süss, Rheinhessen, S. 109 f., der über einen Fall berichtet, bei dem ein Mainzer Straßenbahnschaffner zu einer Geldstrafe verurteilt wurde, weil er einen bewaffneten französischen Offizier durch Klingelzeichen darauf aufmerksam machte, dass er die Schienen blockiere (S. 276, Anm. 54). Durch »politische Ordonnanzen« der HCITR wurde am 2. April 1922 die Erörterung der Kriegsschuldfrage in der Presse verboten; am 13.6.1924 jede öffentliche Aufführung der Komödie »Schneider Wibbel«, ZStAPo, 15.01/13557,167.

28 Süss, Rheinhessen S. 125 ff; HStAWi, 405/45680,20; in diesen Akten finden sich zahlreiche derartige Beispiele. Das Absingen des Deutschlandliedes war von der HCITR am 22.8.1922 verboten worden, ZStAPo, 15.01/13557,162.

29 Reimer, Rheinlandfrage, S. 174-182; Wein, Deutschlands Strom – Frankreichs Grenze, S. 90-122; Faber, Die südlichen Rheinlande, S. 433; vgl. Wippermann, Politische Propaganda; sowie Pohl, Der »Rheinlandkommissar«.

30 Reimer, Rheinlandfrage, S. 174 ff.; Wippermann, Politische Propaganda.

31 Reimer, Rheinlandfrage, S. 180, 211-295.

32 Mainzer Anzeiger, 28.6.1920; Volkszeitung, 26.6.1920; Süss, Rheinhessen, S. 108.

33 Reichsvertretung in Hessen an das Auswärtige Amt, 21.5.1921, zit. n. Süss, Rheinhessen, S. 114.

34 Dazu hieß es in der offiziellen Broschüre der Stadt Mainz zur Feier der Rheinlandräumung im Jahre 1930 rückblickend: »Die Kaufkraft der einheimischen Bevölkerung nähert sich dem Nullpunkt. Der finanzkräftige Ausländer dominierte im Geschäftsleben; von Frankreich strömten sie in Scharen herbei, arm wie eine Kirchenmaus, dürftig und schäbig gekleidet. Von Kopf bis Fuß neu ausgestattet, mit Kisten und Kasten schwer beladen kehrten sie unserer Stadt den Rücken.« Schreiber, Die Stadt Mainz, S. 106.

35 Hatte der Anteil der Parteien der Weimarer Koalition bei den Wahlen zur Nationalversammlung in Rheinhessen noch 84,4 % betragen (Hessen: 80,3 %, Reich: 74,8 %), so war er bei den Kommunalwahlen vom November 1922 auf 66,3 % gesunken (Hessen: 60,2 %); während die Anteile der Rechtsparteien (DVP, DNVP – die hier als »Hessische Volkspartei« kandidierte –, »Hessischer Bauernbund« und »Freie Bauernschaft«) von 15,1 % im Jahre 1919 auf 30,6 % im Jahre 1922 angestiegen waren.

Wahlergebnisse in Rheinhessen, 1919 -1927

	National- versammlung 19.1.1919	RT 6.6.1920	LT 27.11.1921	Kommunalwahl 19.11.1923
KPD	–	0,1	2,0	3,1
USPD	0,4	9,3	2,7	–
SPD	35,5	27,1	28,6	32,5
DDP	19,7	14,7	10,7	8,1
Z	29,2	27,7	30,4	25,7
DVP	14,8	20,1	19,0	15,8
HVP	0,3	1,0	2,5	3,8
Hess. Bauernbund	–	–	4,1	–
Freie Bauernschaft	–	–	–	11,0

Süss, Rheinhessen, S. 131.

36 Dazu Faber, Die südlichen Rheinlande, S. 434.

37 Bericht der »Rheinischen Volkspflege«, vom 25.10.1920; Bericht des Vertrauensmannes vom 3.10.1920, ZStAPo, 15.01/2882,249 f.

38 Eine neuere Untersuchung des Ruhrkampfes, insbesondere der Aktivitäten unterhalb der Regierungsebene, fehlt; vgl. aber Ruck, Die Freien Gewerkschaften; Winkler, Von der Revolution zur Stabilisierung, S. 553-640; Wulf, Hugo Stinnes, S. 344-424; Hinweise bei Schwabe (Hrsg.), Die Ruhrkrise 1923; Zimmermann, Frankreichs Ruhrpolitik; ausführlich, aber problematisch die älteren Darstellungen von Spethmann, Der Ruhrkampf; ders., Zwölf Jahre Ruhrbergbau; Wentzke, Ruhrkampf; Kamper, Die Rheinlandkrise.

39 Winkler, Revolution, S. 556; vgl. Ruck, Die Freien Gewerkschaften, S. 85 ff.; Horkenbach, Das Deutsche Reich, Bd. 2 (1931), S. 175.

40 Friedrich Grimm: Lebenserinnerungen eines deutschen Rechtsanwalts, Bd. 3: Der Ruhrkampf 1923 (BA, NL 120/3 – Grimm –, Bd. 3, S. 89). Anklage, Erklärungen und Plädoyers in: Grimm, Der Mainzer Kriegsgerichtsprozeß.

41 »Alles sang, war begeistert, manche weinten«, berichtete Bernhard Adelung. »Wir erfuhren dann, daß plötzlich, aus der Volksmenge vor dem Gerichtsgebäude hinaus, erst einzeln, dann zum Orkan anschwellend, das Lied ›Die Wacht am Rhein‹ gesungen wurde, daß das Lied wie ein Sturmwind durch die Straßen von Mainz flog. Wer es angestimmt hatte, wußte niemand, in elementarem Ausbruch hatten sich die Mainzer Luft gemacht, hatten ihre Bedrückung und Not, ihre Liebe und ihr Bekenntnis zu Deutschland zum dunklen Abendhimmel hinaufgesungen.« Adelung, Sein und Werden, S. 240; vgl. den Bericht des Reichsvertreters in Hessen, David, vom 26.1.1923, in: Kahlenberg (Hrsg.), Die Berichte Eduard Davids, Nr. 48, S. 73-75.

42 Bericht v. Biegeleben, 25.1.1923, AdR, Das Kabinett Cuno, Nr. 54, S. 194.

43 Schr. Meyers an den Reichskanzler, 27.1.1923, AdR, Das Kabinett Cuno, S. 188 f.; dazu ausf. Ruck, Die Freien Gewerkschaften, S. 124-136; ders., Bollwerk gegen Hitler?, v. a. S. 61-73.

44 Grimm, Vom Ruhrkrieg zur Rheinlandräumung, S. 41, 48; ders., Mit offenem Visier, S. 54 ff. Die Berichterstatter des Reichskommissars für die Überwachung der öffentlichen Ordnung gingen noch weiter: »Auf der Rechten hat nicht nur in Kreisen, die bisher den Rechtsradikalen nahestanden, sondern auch in solchen, die bisher zu den Gemäßigten zu rechnen waren, die neue Gewalttat Frankreichs den Gedanken an Selbsthilfe durch Gewalt, den Wunsch, der aufmarschierten Kriegsmacht gegenüber an die Waffen zu appellieren, populär gemacht. Es ist nicht zu verkennen, daß eine tiefgehende Bewegung in diesem Sinn durch das Volk geht, die, an historische Vorgänge anknüpfend, einen neuen Freiheitskrieg herbeisehnt.« Meldung v. 24.1.1923, BA, R 134/19, 14-16.

45 Karl Radek: »Schlageter – ein Wanderer ins Nichts«, Protokoll der Konferenz der Erweiterten Exekutive der Kommunistischen Internationale, Moskau, 12. – 23.6.1923, Hamburg 1923, Ndr. Mailand 1967, S. 240-245; vgl. Goldbach, Karl Radek.

46 David, 26.1.1923, Nr. 48, und 20.4.1923, Nr. 63.

47 David (Anm. 41), 19.7.1923, Nr. 76; Adelung, Sein und Werden, S. 244 ff.; Süss, Rheinhessen, S. 176 ff.; Faber, Die südlichen Rheinlande, S. 434.

48 Vgl. Reimer, Rheinlandfrage, S. 267-377, auch zum Folgenden; Süss, Rheinhessen S. 203-204; Faber, Die südlichen Rheinlande, S. 434; Adelung, Sein und Werden, S. 261 ff.; Schreiber, Die Stadt Mainz, S. 113 ff.; zur Entwicklung in Wiesbaden ausf. Müller-Werth, Der Separatistenputsch in Nassau.

49 Becker, Hinter den Kulissen des Separatismus, S. 15, 17.

50 Adelung am Abend des 30.6.1930, zit. b. Adelung, Sein und Werden, S. 345.

51 Faber, Die südlichen Rheinlande, S. 435; s. Kap. I.2.

Kapitel I

1 Mir liegen – von den zahlreichen Kurzbiographien bei Verhören, Aussagen etc. abgesehen – insgesamt zehn solche Aufzeichnungen vor:
1. »Aufzeichnungen betreffend meinen Lebenslauf« (12 S.), Kopenhagen, 21.8.1945 (Archiv des Instituts für Zeitgeschichte an der Universität Kopenhagen, Slg. Kirchhoff).
2. »Lebenslauf des Dr. Werner Best« (14 S.), Oberursel, Mai 1946 (ebd.).
3. »Fragebogen des Psychiatrischen Chefarztes der Polizei« (5 S.), Kopenhagen 1947 (ebd.).
4. »Daten betreffend Dr. Werner Best« (4 S.), etwa 1948 (HStAD, Rep. 242, Dok.O 29).
5. »Mein Leben und Erleben – Ahnen« (4 S. hdschr.), Kopenhagen, 15.10.1949 (Slg. Kirchhoff).
6. »Unterlagen zur Selbstbiographie. Notizen betr. meine Kindheit«, 1949 (5 S. hdschr.) (ebd.).
7. Niederschrift einer Unterredung von Hans Buchheim mit Dr. Werner Best, 3.7.1955, IfZ, Zs 207/II.
8. »Mein Berufsweg«, 10.2.1964 (HStAD, Rep. 242, Dok.O 29).
9. Betr.: Lebenslauf des Karl Rudolf Werner Best, ca. 1965 (ebd., teilw. abgedruckt bei Shlomo Aronson, Reinhard Heydrich, S. 145-253).
10. Aussage zur Person, staatsanwaltliches Verhör beim Generalstaatsanwalt bei dem Kammergericht Berlin, 20.3.1969 (HStAD, Rep. 242, PId-2, S. 53-71).
2 Vgl. Mannheim, Das Problem der Generationen, S. 329 f.; Spitzer, The Historical Problem of Generations; Jaeger, Generationen.
3 Mommsen, Generationskonflikt. Zur Geschichte von Jugendbewegung, Jugendmythos und der »Generation von 1914« ist die Literatur sehr breit. Die besten Überblicke fand ich bei Stambolis, Der Mythos der jungen Generation, und Götz von Olenhusen, Jugendreich, Gottesreich, Deutsches Reich; während mir die Ansätze von Struve, Elites, und Wohl, The Generation of 1914, v. a. S. 42-84, die den »Mythos Jugend« auf die »Verstiegenheit Intellektueller mit mangelndem politischen Instinkt« (Stambolis, S. 14) bzw. auf ein Manipulationsinstrument zur Abwendung des drohenden Statusverlusts der Mittelschichten reduzieren, den Zusammenhang funktionalistisch zu verzerren scheinen. Weiterführende analytische Ansätze bei Domansky, Politische Dimensionen, und Fiedler, Jugend im Krieg. Zusammenfassung der soziologischen Generationenforschung bei Jaide, Generationen. Zum weiteren Kontext vgl. auch Stachura, Nazi Youth; Merkl, Political Violence; Loewenberg, Psychohistorical Origins; Kater, Generationskonflikt; vgl. auch Bude, Bilanz der Nachfolge, darin: »Generationen«, S. 80 ff.
4 Gründel, Die Sendung der Jungen Generation, S. 23. Zum Folgenden vgl. jetzt die eindrucksvolle Analyse bei Lethen, Verhaltenslehren der Kälte.
5 Ebd., S. 43.
6 Ebd., S. 31-35; S. 81-83; als Stichworte des Kults der »Sachlichkeit« zählt Lethen auf: das »Verbot des Rituals der Klage, die Disziplinierung der Affekte, die Kunstgriffe der Manipulation, die List der Anpassung, die Verfahren des physiognomischen Urteils und die Reflexion in einem Parallelogramm der Kräfte.« Lethen, Verhaltenslehren der Kälte, S. 57.
7 Etwa Matzke, Jugend bekennt: So sind wir! (1930); Dingräve, Wo steht die junge Generation? (1931); von Unruh: Nationalistische Jugend (1932); von Elterlein, Absage an den Jahrgang 1902? (1930/31); Wechssler, Die Generation der Jugendgemeinschaft. Ein guter Überblick über die zeitgenössische Diskussion bei Stambolis, Mythos der jungen Generation, v. a. S. 196 ff., 274 ff.; als Beispiel für die seit Ende der 20er Jahre anschwellende autobiographische und Romanliteratur vgl. v. a. von Salomon, Die Geächteten (1930); Glaeser, Jahrgang 1902 (1928); Süskind, Jugend (1930). Dazu die präzise Einführung bei Prümm, Jugend ohne Väter.
8 Niekisch, Die Tragödie deutscher Jugend.
9 Suhrkamp, Söhne ohne Väter und Lehrer.
10 Diese Notizen dienten aber wohl nicht der juristischen Rechtfertigung, denn die Urteile gegen Best waren zu dieser Zeit bereits gesprochen.
11 Best, Lebenslauf (1945), Bl. 1.

12 Das Folgende nach Best, Kindheit (1949); es handelt sich dabei um ein handgeschriebenes Manuskript, »Unterlagen zur Selbstbiographie«, das er im Jahre 1949 im Gefängnis in Dänemark verfasste und das, wie andere Teile seiner »Unterlagensammlung«, der Vorbereitung auf eine später zu verfassende Autobiographie dienen sollte; es besteht i. w. aus Stichworten.

13 Best, Kindheit (1949), S. 2.

14 Best, Fragebogen (1947), S. 4.

15 Best, Kindheit (1949), S. 2, auch für das Folgende.

16 Best, Fragebogen (1947), S. 5.

17 Best, Lebenslauf (1946), S. 7.

18 Best, Berufsweg (1964), S. 1.

19 Best, Lebenslauf (1965), S. 1; Aronson hat diese Aufzeichnungen Bests weitgehend wörtlich in seinen Text übernommen; Aronson, Reinhard Heydrich, S. 144 f.

20 Best, Lebenslauf (1965), S. 2; Aussage Rudolf Kröning, 3.11.1970, HStAD, Rep. 242, ZgO Kröning, Bl. 2; sein Studienkollege und langjähriger Freund, Dr. Gerhard Klopfer, bemerkte über das Wesen Bests, »daß er sich wohl immer und zu jeder Stunde gedrängt fühlte, etwas tun zu müssen, um irgendwelchen von ihm empfundenen und auf ihm lastenden Pflichten gerecht zu werden«. Aussage Klopfer, 9.9.1970, ebd., ZgO Klopfer.

21 Best, Lebenslauf (1965), S. 2.

22 Ebd., S. 3; Best, Kindheit (1949), S. 5; Aussage Best v. 20.3.1969, HStAD, Rep. 242, Pld-2, S. 53-71.

23 Best, Kindheit (1949), S. 5. Best an Roth, 26.1.1939; zit. b. Lohalm, Völkischer Radikalismus, S. 444; Aussage Best, 20.3.1969, HStAD, Rep. 242, Pld-2, S. 53-71; Best, Lebenslauf (1965), S. 3. Zum Aufbau des Deutschvölkischen Schutz- und Trutzbundes in Hessen s. Schön, Entstehung, S. 16, 23 f.; zur regionalen Verbreitung Lohalm, Völkischer Radikalismus, S. 118 f.; Jochmann, Ausbreitung des Antisemitismus.

24 Noch 25 Jahre später hieß es im »Mainzer Anzeiger« vom 29.3.1946 in einem Artikel über die (vermeintliche) Auslieferung Bests an Frankreich unter dem Titel »Der Henker von Paris« anerkennend: »Die ältere politische Generation von Mainz kann sich noch gut des jungen und aufgeweckten Werner Best (geb. 10.7.1903) erinnern, der hier die Schule besuchte und sehr früh für politische Dinge interessiert war. Zuerst wirkte er in der Deutschnationalen Volkspartei als Redner und unermüdlicher Organisator. Er war einer jener gar nicht seltenen jungen Leute, die, ursprünglich von reinem Idealismus beseelt, sich der NSDAP anschlossen und in ihren Reihen korrumpiert und verdorben wurden.«

25 Wilhelm Best, Unter französischer Herrschaft, S. 92.

26 Salomon, Die Geächteten, S. 144.

27 Best, Berufsweg (1964), S. 1.

28 Schreiben Werner Bests an den Verf., 31.3.1989.

29 Salomon, Die Geächteten, S. 151; vgl. Schön, Entstehung, S. 17-33, auch für das Folgende. Die (neben Mommsens Weimar-Buch) nach wie vor beste Analyse der rechtsradikalen Szenerie der Nachkriegsjahre bei Schulz, Aufstieg des Nationalsozialismus, v. a. S. 274-354 (»Widersacher der Republik«), der die Querverbindungen, die gemeinsamen und die umstrittenen Überzeugungen sowie die Atmosphäre in den Kreisen des neuen Nationalsozialismus dieser Jahre ebenso präzise wie anschaulich beschreibt und analysiert; sowie bei Lohalm, Völkischer Radikalismus, passim. Nachdem in den 50er und 60er Jahren zahlreiche bemerkenswerte Arbeiten zu diesem Komplex erschienen waren, riss die Kontinuität der Forschung hier ab; das Niveau dieser Diskussion ist bislang kaum wieder erreicht worden.

30 Schön, Entstehung, S. 25; Sabrow, Rathenaumord. S. 86 ff.

31 In einem Bericht des Landeskriminalpolizeiamts Darmstadt vom 8.2.1932 über Best (im Zusammenhang mit der Boxheim-Affäre) war davon die Rede, dass Best in den Jahren 1922 bis 1924 Mitglied der »aktiven Widerstandsgruppe in Frankfurt a. M.« gewesen sei; BA, NL 263/421.

32 Mommsen, Die Auflösung des Bürgertums, S. 292 f.; ders., Die verspielte Freiheit, S. 202 ff., 240 ff. u. ö.

33 Zum Folgenden v. a. Schwarz, Studenten in der Weimarer Republik; Zorn, Politische Entwicklung; Fließ u. John, Deutscher Hochschulring, Bd. 2, S. 116-127; sowie jetzt Ströle-Bühler, Studentischer Antisemitismus; Leisen, Ausbreitung des völkischen Gedankens; Nipperdey, Die deutsche Studentenschaft; Seier, Radikalisierung; Heiber, Universität, Teil 1, S. 42 ff., dessen These, wonach sich »die Studentenschaft als Organisation in der ersten Hälfte der Weimarer Republik dieser gegenüber durchaus loyal und relativ positiv verhielt«, allerdings nicht recht einleuchten will. Als Beispiel für die funktionalistische Sichtweise, die politische Überzeugung und weltanschauliche Prägungen als Nebenlinien sozialer Verwerfungen ansieht, vgl. Kater, Studentenschaft und Rechtsradikalismus; sowie Jarausch, Deutsche Studenten. Zum völkischen Flügel der Jugendbewegung s. Laqueur, Die deutsche Jugendbewegung; einige repräsentative Schriften bei Kindt, Grundschriften der deutschen Jugendbewegung. Zur nationalsozialistischen Studentenbewegung v. a. Faust, Der Nationalsozialistische Studentenbund, v. a. S. 19-35; Steinberg, Sabers and Brown Shirts, S. 48- 60.

34 Schulz, Die Hochschulring-Bewegung, S. 23.

35 Nipperdey, Deutsche Geschichte 1866 – 1918, Bd. 1, S. 832.

36 Aufruf des Hochschulrings Deutscher Art, Berlin, Anfang Juni 1919, abgedr. in: Schulz, Hochschulring-Bewegung, S. 26 f.; nun VDSt vgl. Kampe, Studenten und »Judenfrage«, S. 125-151.

37 RdSchr. Otto de la Chevalleries, Ostern 1920, abgedr. in: Schulz, Hochschulring-Bewegung, S. 32-37.

38 Schulz, Hochschulring-Bewegung, S. 42 f.; zur politischen Entwicklung der Studentenschaft an der Universität Frankfurt bis 1922 Hinweise bei Kluke, Stiftungsuniversität, S. 423-447; die von Kluke genannte »deutschnationale Studentengruppe« war vermutlich mit der »Vaterländisch-christlichen Studentengruppe« identisch, aus der der Frankfurter Hochschulring hervorging; im November 1921 erreichte er 65 % der Stimmen bei den AStA-Wahlen (ebd., S. 440).

39 Martin Doerne: Die Hochschulringwoche auf der Elgersburg, in: Die deutsche Hochschule, 3, Nr. 1, 3.5.1921; Werner Pankow: Die Hochschulringwoche auf der Elgersburg, in: Akademische Blätter, 36, Nr. 314, 1./16.5.1921, S. 28 ff.

40 Viktor Franzius beschrieb in der »Weltbühne« v. 7.9.1922 (18. Jg., 1922, Nr. 36, S. 258-261) das Wirken der »Alten Herren« des Coleur-Studententums und betonte, »daß sich hinter dem Aushängeschild des Patriotismus eine Stellenjägerei und Geschäfteschieberei schlimmster Sorte verbirgt ... Alles Erreichbare, einflußreiche Stellen und einträgliche Geschäfte, wird dem Verbindungsbruder zugeschanzt.« In gewisser Weise handelte es sich bei den Aktivitäten der Alten Herren des DHR um die Ausweitung der seit jeher ausgeprägten Promotion der Verbindungsstudenten durch die Alten Herren vom wirtschaftlichen auf den politischen Bereich.

41 Hier »begegnen wir immer denselben Namen«, betonte Walther Schulz 1927, »die sich mit unermüdlicher Hingabe der Bewegung zur Verfügung stellten und es heute noch tun: die Hochschullehrer Seeberg, Martin Spahn, Ottmar Spann, Brunstäd, Max Wundt, Zische, Leut, Gerber, Karo, Haushofer, um nur die Meistbeteiligten zu nennen.« Schulz, Hochschulring-Bewegung, S. 53.

42 Best an Rühlmann, RVP, 27.10.1922, ZStAPo, 16.03/2748,119. Über den Juni-Club und das Politische Kolleg informieren Boehm, Ruf der Jungen, S. 25 ff.; Stadler, Als Antibolschewist, S. 120 ff.; Petzoldt, Wegbereiter, S. 108 ff., 126 ff.; ders.: Juni-Club; Schwierskott, Arthur Moeller van den Bruck, S. 54 ff.; von Gleichen, Das Politische Kolleg; Holzbach, Das »System Hugenberg«, S. 158-164.

43 Schulz, Hochschulring-Bewegung, S. 154. Neben Vögler, Reusch, Klöckner, Stinnes und von Borsig war es vor allem Hugenberg, der den Hochschulring massiv subventionierte, wobei seine eigenen Zuschüsse und die der anderen schwerindustriellen Förderer über Flügge und die Altherrenschaft des DHR sowie über den ersten Vorsitzenden des Hochschulrings, Otto de la Chevallerie, der 1922 als leitender Angestellter in den Hugenberg-Konzern eintrat, flossen. Insbesondere aber war es Martin Spahn, der sich um die Finanzierung des DHR kümmerte und sich selbst als »Vermittler zu den Geldgebern« bezeichnete. Holzbach, Das

»System Hugenberg«, S. 162 f.; Petzoldt, Wegbereiter, S. 131 f.; Schwierskott, Arthur Moeller van den Bruck, S. 69 f.; BA, R 118/56, 119.

44 Vgl. Martin Spahn: Tatsachen, in: Gewissen, 2, 1920, Nr. 12, 31.3.1920 (Beilage); ders.: Wiedergeburt, ebd., Nr. 11, 17.3.1920; ausf. zu Spahn s. Clemens, Martin Spahn, S. 144-168.

45 Forell, Die Dekadenz des völkischen Gedankens.

46 Best, Lebenslauf (1965), S. 4 f.; in einer Aufzählung der Autoren, deren Werke für ihn von Bedeutung gewesen seien, nannte Best als Beispiele: Alfred Beumler, Werner Bäumelburg, Herbert Blank, Hans Blüher, Max H. Boehm, Heinz Brauweiler, Ulrich Graf Brockdorff-Rantzau, Edwin Erich Dwinger, Ernst Wilhelm Eschmann, Walter Flex, Ferdinand Fried, Heinrich Freiherr von Gleichen, Hans Grimm, Friedrich Hielscher, Edgar J. Jung, Ernst Jünger, Paul Krannhals, Ernst Wieck, Friedrich Lenz, Arthur Moeller van den Bruck, Ernst Niekisch, Hermann Oncken, Karl Otto Paetel, Georg Quabbe, Graf Ernst zu Reventlow, Ernst von Salomon, Franz Schauwecker, Max Scheler, Carl Schmitt, Hans Schwarz, Werner Sombart, Martin Spahn, Othmar Spann, Oswald Spengler, Wilhelm Stapel, Hermann Ullmann, Herbert Volck, August Winnig, Hans Zehrer, Leopold Ziegler (ebd.).

47 de la Chevallerie, Die völkische Bewegung; vgl. ders.: Volk und Volksgemeinschaft, in: Deutsche Corpszeitung, 39. Jg., Nr. 1, 5.4.1922, S. 6; ders.: Der Deutsche Hochschulring, in: Süddeutsche Akademische Stimmen Nr. 4, 12.2.1921.

48 Zit. in: Karl H. Erb: Deutscher Hochschulring, in: Burschenschaftliche Blätter, 35. Jg., 1920, Nr. 6, 3.9.1920, S. 95-97.

49 Sontheimer, Antidemokratisches Denken, S. 314. Zum Begriff des »Volkes« und seiner Geschichte grundlegend Koselleck, Volk, Nation, vor allem S. 389 ff.: »Kaum ein Begriff hat für den politischen Sprachhaushalt zwischen 1914 und 1945 eine so zentrale Rolle gespielt wie ›Volk‹. Der Begriff indizierte eine sittlich-religiöse, politisch-soziale und geschichtliche Letztinstanz, die scheinbar nicht überboten werden konnte ... ›Volk‹ war ein Allgemeinbegriff, an dem alle politischen Lager partizipieren mußten, wenn sie sich legitimieren wollten.« Vgl. auch Hoffmann: Das ›Volk‹; Kaschuba, Volk und Nation. Aus der älteren Literatur s. Sontheimer, Antidemokratisches Denken, (S. 308-315); Bracher, Die deutsche Diktatur, S. 22-28 (»Deutsches und völkisches Sonderbewusstsein«); Greiffenhagen, Das Dilemma des Konservatismus, S. 278 ff. (»Mythos und Volk«); Plessner, Die verspätete Nation, S. 47 ff.; Pross, Zerstörung, S. 247 ff.; sowie Lenk, Deutscher Konservatismus, S. 146 ff., der sich vor allem auf Freyer bezieht, ohne aber auf die längeren Traditionen des Volks-Begriffs als Zentralkategorie der Gegenrevolution einzugehen. Zur Einordnung der völkischen Bewegung vgl. auch Broszat, Die völkische Ideologie; Hermand, Der alte Traum vom neuen Reich; sowie Mosse, Ein Volk, ein Reich, ein Führer; Stern, Kulturpessimismus.

50 In diesem Sinne hat vor allem Armin Mohler, Die konservative Revolution, die »Völkischen« behandelt, S. 131-138. Mohlers penible Aufteilung der radikalen Rechten der Nachkriegszeit in »Völkische«, »Jungkonservative« und »Nationalrevolutionäre« ist zur Orientierung zunächst hilfreich, vernachlässigt aber nicht nur die erheblichen Schnittflächen dieser drei Richtungen, sondern vor allem das Selbstverständnis der Rechtsradikalen als um richtige inhaltliche Positionen und organisatorische Formen ringende »Bewegung«. Demgegenüber zeigt die Studie von Stefan Breuer, Anatomie der konservativen Revolution, die konzeptionellen und theoretischen Berührungspunkte und Unterschiede bei den führenden Vertretern der jungen intellektuellen Rechten Weimars. Sein Vorschlag, vom »Neuen Nationalismus« statt von »konservativer Revolution« zu sprechen, überzeugt mich jedoch nicht, weil er die Nationalsozialisten nicht unter diese Bezeichnung mit einbezieht. Dadurch wird aber der spezifische. Charakter des jungen Radikalnationalismus der Nachkriegszeit als ein politisch-generationelles Milieu mit unscharfen Begrenzungen und vielfältigen Überschneidungen nicht deutlich. Vielmehr wird ein prinzipieller Unterschied zwischen Nationalsozialisten und dem Rest der jungen Rechten der Weimarer Republik suggeriert, der in dieser Schärfe jedoch erst für die Spätphase der Weimarer Republik, seit den nationalsozialistischen Wahlerfolgen von 1929/30, festzustellen ist. Das legen im Übrigen auch die Ergebnisse Breuers selbst dar, die auf die unterschiedliche Affinität einzelner rechtsintellektueller Protagonisten zu den Nationalsozialisten verweisen. Noch deutlicher ausgeprägt als bei den wenigen herausragenden Schriftstellern und Theoretikern war die Einbindung der

gesamten jungen Rechten in eine Art von politischem Lager oder Milieu hingegen bei der jungen Anhängerschaft, wie sich nicht zuletzt am Beispiel der Studentenschaft zeigen lässt. Dagegen zeigt Hans Mommsen, in welcher Weise sich die Gruppierungen der radikalen Rechten neben bzw. um die traditionellen Rechtsparteien und die Funktionseliten der Weimarer Republik platzierten, auf diese einwirkten und in beständigem personellem Austausch standen; Mommsen, Die verspielte Freiheit, v. a. S. 101 ff., 226 ff.

51 Stapel, Volksbürgerliche Erziehung; ders.: Volk und Volkstum; ders., Antisemitismus und Antigermanismus. Über Stapel vgl. Kessler, Wilhelm Stapel; Gerstenberger, Der revolutionäre Konservatismus, S. 79-95; Hamel, Völkischer Verband.

52 Stapel, Volk und Volkstum, S. 80 ff.

53 Vgl. Boehm, Das eigenständige Volk; ders.: Volkstheorie als politische Wissenschaft; ders.: Volkstheorie und Volkstumspolitik der Gegenwart; Moeller van den Bruck, Das dritte Reich, Berlin ³1931 (¹1923), S. 252 ff.; vgl. auch Freyer, Revolution von rechts, der »Volk« zum revolutionären Subjekt in der Krise der industriellen Gesellschaft erklärte (S. 37 ff.); ders., Der politische Begriff des Volkes; Jung, Die Herrschaft der Minderwertigen, S. 110 ff.; dazu ausf. Jenschke, Zur Kritik der konservativ-revolutionären Ideologie, S. 92-99. Jung bezog sich dabei stark auf Stapels Volkstheorie.

54 Vgl. Koselleck; Volk, Nation, v. a. S. 412 ff. (»Volk« und »Rasse«); demgegenüber ist der Artikel von Conze, Rasse, in Bezug auf die Entwicklung des »Rasse«-Begriffs nach dem Ersten Weltkrieg wenig aussagekräftig. Nach Richard Wagner folgt hier unmittelbar Adolf Hitler, und die Verbindung zum »Volks«-Begriff, der für Conzes intellektuelle Entwicklung selbst von einiger Bedeutung war, ist ausgespart. Zum Folgenden s. Schmuhl, Rassismus; Herbert, Traditionen des Rassismus, sowie i. e. Kap. III.3: »Von der Gegnerbekämpfung zur rassischen Generalprävention«.

55 Best, Lebenslauf (1946), S. 5 f.

56 Fichte, Reden an die deutsche Nation (Berlin 1808), (»Achte Rede: Was ein Volk sei, in der höheren Bedeutung des Worts, und was Vaterlandsliebe«).

57 Als prominente und einflussreiche Beispiele: Jung, Herrschaft der Minderwertigen, 3. Aufl., Berlin 1930, S. 112-128, Zitat S. 118; Gehlen, Der Staat und die Philosophie (»Nicht nur ist das Volk und die konkrete Daseinsordnung, die es sich gibt, in der es sich ebenso ausdrückt wie selbst erst hervorbringt, der zentrale Ansatzpunkt derjenigen philosophischen Bemühungen, die die Zusammenhänge des Daseienden in ihren Brennpunkten fassen will – auch die höheren existenziellen Erfahrungen, die eine Philosophie beleben müssen, können heute nicht unpolitisch sein, so wenig wie sie etwa im 13. Jahrhundert religiös indifferent sein konnten.«, S. 26); vgl. ders., Reden über Fichte; Batscha, Gesellschaft und Staat; Lübbe, Politische Philosophie, S. 173-238, v. a. S. 196 ff.; zur zeitgenössischen Rezeption vgl. Janson, Fichtes Reden an die deutsche Nation (1911); zur Stein-Renaissance vgl. Epstein, Stein in German Historiography.

58 Vgl. Koselleck, Volk, Nation, S. 410; Broszat, Völkische Ideologie; dazu Pieper, Die Minderheitenfrage.

59 Dazu i. e. Kampe, Studenten, S. 205 ff.; Jochmann, Akademische Führungsschichten; ders., Antisemitismus im Deutschen Kaiserreich; Mosse, Die deutsche Rechte.

60 Schulz, Der Deutsche Hochschulring, S. 11 f., 24. Die Haltung der »völkischen« Intellektuellen zur Judenfrage war ebenfalls stark beeinflusst durch Stapels Schriften im »Deutschen Volkstum«, zusammengefasst in Stapel, Antisemitismus und Antigermanismus; vgl. auch Kutscha, Hochschule und Judenfrage. Grundlegend zum Antisemitismus in der Frühphase der Weimarer Republik ist Jochmann, Die Ausbreitung des Antisemitismus; ders.: Der Antisemitismus und seine Bedeutung für den Untergang der Weimarer Republik; Winkler, Die deutsche Gesellschaft; zum studentischen Antisemitismus vgl. auch die Hinweise bei Ströle-Bühler, Studentischer Antisemitismus.

61 Wilhelm Mommsen, Die jüdische Frage.

62 Vgl. Volkov, Kontinuität.

63 Scheuer, Burschenschaft und Judenfrage, S. 53; ähnlich Goldmann, Hochschulantisemitismus; Braubach, Jugend und Antisemitismus; Foerder, Antisemitismus, Jugend und Erzieher. Der »Allgemeine Deutsche Burschenbund« etwa hatte schon im Oktober 1919 festgelegt,

keine jüdischen Studenten mehr aufzunehmen; die Deutsche Burschenschaft beschloss im August 1920, unmittelbar nach Gründung des DHR, dass man »in der Judenfrage auf dem Rassestandpunkt stehe, d.h. der Überzeugung ist, daß die ererbten Rasseeigenschaften der Juden durch die Taufe nicht berührt werden«; daher lehne man »die Aufnahme von Juden und Judenstämmlingen grundsätzlich ab. Es bleibt der einzelnen Burschenschaft überlassen, in welcher Weise sie feststellt, inwieweit die Aufzunehmenden frei von jüdischem oder farbigem Blute sind«. Zudem seien die Burschenschaftler »so zu erziehen, daß eine Heirat mit einem jüdischen oder farbigen Weib ausgeschlossen ist, oder daß bei solcher Heirat der Betreffende ausscheidet«, ebenso wie »Mitglieder, die internationale oder separatistische Parteien unterstützen, nicht mehr Angehörige der Burschenschaft sein können«. Burschenschaftliche Blätter, 24. Bd., 1920, S. 93; Scheuer, Burschenschaft, S. 55 f.; Zorn, Politische Entwicklung, S. 267; Schwarz, Studenten, S. 239 ff. Die Turnerschaften des VC bekannten sich 1920 zum »völkischen Gedanken« und damit »zu schärfstem, unerbittlichem Kampf gegen alle international gerichteten Strömungen und gegen die Machtgelüste des volksfremden Judentums, sowie zu einem nie verlöschenden Hass gegen unsere Feinde, der nicht auf Unversöhnlichkeit beruht, sondern auf dem Bewusstsein seiner geschichtlichen Notwendigkeit«; zit. n. Schwarz, Studenten, S. 240 f. Der Kösener SC beschloss 1921, keine Juden mehr aufzunehmen; als Kriterium wurde festgelegt: »Ein Mischling soll als Jude gelten, wenn ein Teil seiner vier Großeltern getaufter Jude war, oder sich sonst herausstellte, daß er jüdischer Abkunft ist.« Zit. n. Scheuer, Burschenschaft, S. 57. Auch die »Vereine Deutscher Studenten«, der sogenannte Kyffhäuser Verband, verlangten seit 1921 von neuen Mitgliedern einen »Ahnennachweis«; und selbst der »Cartellverband der katholischen farbentragenden deutschen Studentenverbindungen« (C.V.) legte 1920 fest: »Hinderungsgrund für die Aufnahme in den C.V. bildet semitische Abstammung, nachwirkbar bis auf die Großeltern.« Academia, XXXIII, 1920, Nr. 6, S. 147; Scheuer, Burschenschaft, S. 58.

64 Schwarz, Studenten, S. 174-187; Zorn, Politische Entwicklung, S. 260 ff.; Schulz, Die Deutsche Studentenschaft, S. 24; Das erste Jahr der deutschen Studentenschaft 1919 – 1920, Göttingen 1921; Steinberg, Sabers and Brown Shirts, S. 61-71.

65 Schulz, Hochschulring-Bewegung, S. 43; zum Göttinger Studententag vgl. Das erste Jahr, S. 38 ff.; Zorn, Politische Entwicklung S. 267; Schwarz, Studenten, S. 232-244.

66 Meinecke, Der Geist der akademischen Jugend.

67 Schulz, Hochschulring-Bewegung, S. 40.

68 Meinecke, Der Geist der akademischen Jugend, S. 341.

69 Bei den AStA-Wahlen des Jahres 1921 gewann der Hochschulring in Berlin 66 % der Sitze in der Studentenvertretung, in Breslau 80 %, in Darmstadt 70,3 %, in Erlangen 88 %, in Göttingen 75 %, in Greifswald 96 %, in Heidelberg 65,2 %, in Hamburg 90,9 %, in Karlsruhe 95,4 %, in Kiel 83,3 %; die Wahlbeteiligung lag, soweit ermittelbar, durchweg über 70 %; nach J. H. Mitgau: Studentische Demokratie, in: Süddeutsche Akademische Stimmen, 16.3.1921; Nachrichtenblatt des DHR, Februar/März 1921, ZStAPo 16.03/2747, 16-31.

70 Martin Doerne: Probleme der Hochschulring-Bewegung, in: Die deutsche Hochschule, 4. Jg., Nr. 1, 25.10.1921, S. 5-6, 18-19; Frank Glatzel, Alma de l'Aigles, S. 81 ff.

71 Mitgliedsformel des HDA, zit. in: Werner Pankow: Hochschulringwoche in München, in: Akademische Blätter, 36. Jg., Nr. 1/2, 1./16.4.1921, S. 10 ff.

72 Best, Würzburg 1927, S. 309. Best bezog diese Ausführungen hier auf seine Tätigkeit als »Alter Herr« im DHR während des Würzburger Studententages 1927, im weiteren Sinne aber auf das Wirken der radikalen »Vorhut« unter den Studenten während der Zeit zwischen 1921 und 1925 insgesamt; vgl. auch Best, Kesseltreiben gegen die Deutsche Studentenschaft.

73 Zum Erlanger Studententag: Schwarz, Studenten, S. 245 ff.; Zorn, Politische Entwicklung, S. 267 ff., Volkmann, Die Deutsche Studentenschaft, S. 90; Schulz, Hochschulring-Bewegung, S. 48; Die Deutsche Studentenschaft, S. 41 ff.

74 Zu Göttinger Notverfassung und Würzburger Studententag: Schwarz, Studenten, S. 259 ff.; Zorn, Politische Entwicklung, S. 276 f.; Volkmann, Die Deutsche Studentenschaft, S. 110 ff.; Schulz, Hochschulring-Bewegung, S. 53 ff. A. Selzer: Die Lage nach Würzburg, in: Akademi-

sche Monatsblätter, Nr. 11/12, 25.9.1922; zum Mord an Erzberger s. Sabrow, Rathenaumord, S. 49 ff.

75 Zum Verfassungsstreit der Deutschen Studentenschaft vgl. Zorn, Politische Entwicklung, S. 282-294; Bergmann: Erinnerungen an den Becker-Kampf, in: Landsmannschaftliche Zeitung, 51. Jg., Nr. 8/9 (Dezember 1937), S. 101 ff.; Bitter u. a., Der Streit um das preußische Studentenrecht.

76 Bericht des hessischen Landeskriminalpolizeiamts vom 8.2.1932 über das politische Vorleben Bests, HStAD, Rep. 242, PIa-A.

77 Salomon, Die Geächteten, S. 160.

78 Politische Ordonnanzen des HCITR, Stand vom 20.7.1924, ZStAPo, 15.01/13557,162.

79 Dazu Wippermann, Reichszentrale; Reimer, Rheinlandfrage, S. 174 ff.; Wein, Deutschlands Strom, S. 97-107; ZStAPo, 16.01 und 16.03: ausführliche organisationsgeschichtliche Darstellung in den Findbücher-Einleitungen.

80 Im März 1921 hatte es hierüber zwischen DHR und RVP erste Kontakte gegeben, wobei vereinbart worden war, Vertrauensleute aus den Universitäten ins besetzte Gebiet zu Tagungen und Kursen zusammenzurufen und studentische »Wandertrupps durch das Gebiet ziehen zu lassen, die sich dann musikalisch und künstlerisch an Veranstaltungen beteiligten«; auch ein »Nachrichtendienst« sollte aufgebaut werden. Vorbild für diese Aktivitäten im Rheinland war das unter dem Einfluss von Max Hildebert Boehm in der Berliner Mozartstraße aufgebaute »Amt für Grenz- und Auslandsdeutschtum« des DHR, das in die »gefährdeten Grenzmarken« im Osten und Südosten hineinwirkte und durch organisierte Fahrten, Patenschaften zu »auslandsdeutschen« Gemeinden und völkische Propaganda dort für den »großdeutschen« Gedanken warb. Aufzeichnung der RVP v. 11.3.1921, ZStAPo, 16.03/2747, 13 ff.; Denkschrift des DHR, Amt für Grenz- und Auslandsdeutschtum, März 1921, ebd., 35-40; Aufz. über Bespr. Rühlmann (RVP) mit Martin Ehrenfort, Leiter des Grenz- und Auslandsamts, am 9.4.1921, 12.4.1921, ebd., 61-64.

81 Allerdings wurde nach der Ermordung Erzbergers im August 1921 eine direkte Kooperation dieser Stelle mit dem Hochschulring vom Innenministerium zunächst untersagt. Erst als die Rheinische Volkspflege den DHR gegenüber dem Ministerium als eher harmlosen Zusammenschluss von Studenten aus Kreisen der »Großen Rechten« bezeichnete, dem »eine ausgesprochen politische, d.h. parteipolitische Tendenz nicht zugesprochen werden« könne, wurde von Seiten des Innenministeriums auch eine direkte Kooperation sowie die laufende finanzielle Unterstützung der Rheinlandarbeit des Hochschulrings akzeptiert. DHR an RVP, 20.7.1921 (Dank für monatlichen Zuschuss von zunächst 1.000 M.), ZStAPo, 16.03/2747,144; DHR an RVP, 30.5.1921, ebd./2284, 281f.; RVP an RMdI, Abt. 4, 6.6.1921, ZStaPo 16.01 alt/739,7-9; Arbeitsamt der »Fichte-Gesellschaft«, 20.6.1921, ZStAPo, 16.03/2762,7f.; DHR an RVP, 25.6.1921, ebd./2747,133; Bericht über Abwehrarbeit im besetzten Gebiet und über die Gerichtstätigkeit, RVP, Juli 1921, ZStAPo, 16.01 alt/739,13-17; RVP an RMdI, 1.10.1921, ZStAPo, 16.01 alt/739,5-6. Die Hochschulringführung in Berlin intensivierte daraufhin ihre »rheinlandpolitischen« Aktivitäten. So unterstützten die örtlichen Hochschulringe die Gründung von sogenannten »Rheinlandausschüssen« an den einzelnen Universitäten, in denen sich Dozenten und Studenten zusammenschlossen, um die Aufklärungsarbeit über das besetzte Rheinland zu verstärken, und die in den Folgejahren an einigen Hochschulen, so in Heidelberg, wo der Historiker Hermann Oncken zu den aktivsten Förderern gehörte, eine emsige Tätigkeit entfalteten. Fürsorgestelle für das besetzte Gebiet, Abtlg. Bayern, an Staatskommissar für die Pfalz, München 27.7.1921, über Gründung des Rheinland-Ausschusses an der Universität Heidelberg, ZStAPo, 16.03/2749, 32 f.; RVP an RMdI, 1.10.1921, ZStaPo, 16.03/2747,155 ff.; Baumgarten, Rheinlandamt, an RVP, 8.3.1922, ebd., 334 f.

82 DHR an RVP, 3.11.1921, ZStAPo, 16.03/2747, 186.

83 ZStAPo, 16.03/2747, 291-297.

84 DHR an RVP 22.6.1922, ZStAPo, 16.03/2748, 51 f.; RVP an DHR, 22.7.1922, ebd., 61. Tagungsbericht über die »Studentische Kriegsschuld- und Rheinlandwoche in Würzburg«, 21. – 23.9.1922, ebd., 97; Bericht des Akademischen Rheinlandausschusses Berlin v. 27.9.1923, ebd., 104; v. 17.10.1922, ebd., 107 f.

85 Ob Best von Spahn in Würzburg zu den Kursen in Spandau eingeladen wurde, ist nicht ganz klar; jedenfalls nahm er im Oktober an einem solchen Kurs teil, s. Petzold, Wegbereiter, S. 128; Best an RVP (Rühlmann), 27.10.1922, ZStAPo, 16.03/2748, 119; Best an Rühlmann, 16.10.1922, ebd., 117.

86 Aufzeichnung RVP über Gespräch mit Best am 22.10., v. 26.10.1922, ZStAPo, 16.03/2748, 111.

87 Best an Rühlmann, RVP, 4.12.1922, ebd., 142; ähnlich das Schreiben v. 27.10.1922, ebd., 119; Best an Rühlmann, RVP, 4.1.1923, ebd., 142 f.; Best an Schriftleitung des »Rheinischen Beobachters«, 7.2.1923, ebd., 165; kurze Zeit darauf gab Best einen ersten Tätigkeitsbericht, in dem er seine Verdienste so sehr in den Vordergrund rückte, daß er schließlich selbst bemerkte, es sei ihm »eigentlich etwas peinlich, so alles aufzählen müssen, was ich bisher getan habe«; aber: »Die Wichtigkeit der Sache geht aus dem Inhalt hervor; sie entschuldigt wohl auch die ultimative Form.« Im einzelnen führte er z. B. aus: »Ich habe an einer Reihe von Hochschulen Rheinlandreferenten, die in ihrem Bereich nach meinen Anweisungen arbeiten« – »Für den gesamten Deutschen Hochschulring gebe ich vierzehntägig eine Rheinlandumschau heraus« – »Um mir im besetzten Gebiete Stützpunkte zu schaffen, veranlasse ich die Gründung von akademischen Zusammenschlüssen, deren Vorbild der Jungakademische Verein Mainz ist, den ich Anfang Januar gegründet habe.« – »Über meine Tätigkeit im Mainzer Bezirk kann ich nur berichten, daß ich eine Anzahl Verbände und Einzelpersonen an der Hand habe, die von mir Material erhofften«, etc. Best an Rühlmann, RVP, 13.2.1923, ebd., 168.

88 »Die Abwehrarbeit soll nicht bürokratisch noch schematisch betrieben werden«, betonte er in einer vertraulichen »Denkschrift« im April 1923; »sie verlangt aber unter allen Umständen Einheitlichkeit, Arbeitsgemeinschaft aller mitarbeitenden Stellen« und Mitarbeiter, »die selbständig denken und handeln, den Sinn ihrer Aufgabe ermessen und somit größere Wirkung erreichen. Auf Auslese muß dabei großes Gewicht gelegt werden.« Im Anschluss daran listete er in mehr als 40 Punkten auf, wie die Abwehrarbeit zu intensivieren und zu koordinieren sei. »Denkschrift über studentische Abwehrarbeit im besetzten Gebiet«, verf. v. Rheinlandamt und Pfalzarbeit des DHR, 25.4.1923, ebd., 199-202.

89 Siehe Prolog: »Rheinhessen nach dem Krieg«.

90 Aussage Werner Best, 20.3.1969, HStAD, Rep. 242, PId-2, 53-71.

91 Die Ausgaben der »Rheinlandumschau« vom November 1922 bis September 1923 sind erhalten: ZStAPo, 16.03/2748 und 70 Re 8/577.

92 Rheinlandumschau, Nr. 6, 10. – 25. Januar 1923, ZStAPo, 16.03/27,48, 64.

93 Jungakademischer Pressedienst (JAP), 29.1.1923, ebd., 160; Orthographie i. 0.

94 Rheinlandumschau, Nr. 7, 25.1. – 8.2.1923, ZStAPo, 70 Re 8/577, 39.

95 Die effektive Verbreitung solcher Ideen ist schwer zu bemessen, in der Berichterstattung des »Reichskommissars für die öffentliche Ordnung« wurde sie jedenfalls als relativ groß angesehen: »Auf der Rechten«, hieß es dort in einem Lagebericht vom 24. Januar, habe der erfolgte Einmarsch der Franzosen und Belgier im Ruhrgebiet selbst in gemäßigten Kreisen »den Gedanken an Selbsthilfe durch Gewalt, den Wunsch, der aufmarschierten Kriegsmacht gegenüber mit der Waffe zu appellieren«, populär gemacht, so dass eine »tiefgehende Bewegung in diesem Sinne durch das Volk geht, die, an historische Vorgänge anknüpfend, einen neuen Freiheitskrieg herbeisehnt ... In manchen abenteuerlustigen Köpfen spukt der Gedanke, auf eigene Faust in kleinen Abteilungen gegen die fremden Besatzungskräfte vorzugehen und einen Bandenkrieg zu beginnen.« RKfdö0, Bericht v. 24.1.1923, BA, R 134/19, 15.

96 Zu den Sabotageakten und bewaffneten Anschlägen s. Favez, Le Reich, S. 203 ff.; Ruck, Die Freien Gewerkschaften, S. 395 ff.

97 Rheinlandumschau Nr. 8, 9. – 22.2.1923, ZStAPo, 70 Re 8/577, 38.

98 Zum »aktiven Widerstand« insgesamt neben Ruck, Die Freien Gewerkschaften, Wentzke: Ruhrkampf, Bd. 1, S. 430 ff., Bd. 2, S. 122 ff. Zur Haltung der KPD und zu Radeks »Schlageter-Rede« v. a. Dupeux, »Nationalbolschewismus«, S. 178-205.

99 BDC, SS-Stammrolle Best; allgemein s. Fließ u. John, Deutscher Hochschulring, S. 121; Zorn, Politische Entwicklung, S. 275.

100 Rheinlandumschau, Nr. 10, 10.7.1923, ZStAPo, 16.03/2748, 216.

101 Meinecke, Vor den Reichstagswahlen.

102 Rheinlandumschau, Nr. 9, 12.4.1923, ZStAPo, 16.03/2748, 188. Auch die RVP rückte auf Druck des Innenministeriums vom Rheinlandamt des Hochschulringes wegen dessen offener Befürwortung von Gewalt und »bewaffnetem Kampf« etwas ab. RVP an RMdI, 26.5.1923, ebd., 203.

103 Gerlach: Waffenstillstand – Wiederaufbau, in: VC-Rundschau, 40, 1923, Nr. 1, S. 5 f.; vgl. Zorn, Politische Entwicklung, S. 277; Schwarz, Studenten, S. 267.

104 ZStaPo, 70 Re 8/578, 37; dazu Erich Müller: Vertretertag des Deutschen Hochschulrings 1923, in: Deutsche Akademische Stimmen (DASt), 4. Jg., Nr. 7, 15.8.1923; Werner Grimrath: Die Entschließungen des Vertretertages des Deutschen Hochschulrings 1923, in: DASt, 4. Jg., Nr. 9, 15.9.1923; J. Bachmann: Der Vertretertag des Deutschen Hochschulrings in Würzburg, in: VC-Rundschau, 40, Nr. 26, 1.11.1923, S. 131 f.; Schwarz, Studenten, S. 270 f.; Zorn, Politische Entwicklung, S. 278 f.

105 Zit. in: Grimrath, Entschließungen (s. Anm. 104); vgl. Erich Müller: Wir und der Ruhrkampf, in: DASt, 4. Jg., Nr. 7, 15.8.1923.

106 Vgl. dazu Bests persönliche Erklärung vor dem Hessischen Landtag am 24.2.1932; er hatte Tage zuvor in einem Zwischenruf im Parlament bemerkt, man habe Schmitz-Epper damals beinahe »umgelegt«. Als die Abgeordneten der KPD ihn daraufhin beständig »Umleger« zu titulieren begannen, erklärte er, er identifiziere sich mit den »ihm wohl bekannten Männern, die seinerzeit in Speyer den entscheidenden Schlag gegen den landesverräterischen Separatismus geführt haben ... Ich persönlich war dabei leider nicht beteiligt, aber ich bekenne mich rückhaltlos zu den Helden, die damals das Rheinland von dieser Plage befreit haben.« Verhandlungen des Landtages des Volksstaates Hessen im Jahre 1931/32. Fünfter Landtag, 5. Sitzung, 18.2.1932, S. 214.

107 Vgl. die Darstellung der Ereignisse im Prolog. Bericht des hessischen Landeskriminalpolizeiamts, 8.2.1932, HStAD, Rep. 242, PIa-A; Vernehmung Bests, 20.3.1969, ebd., PId-2, S. 53-71; vgl. auch von Salomon, Die Geächteten, S. 160.

108 Aufruf des DHR »Deutsche Studenten!«, o. D. (Mitte Oktober 1923), ZStAPo, 70 Re 8/578, 31; vgl. Zorn, Politische Entwicklung, S. 279; Leisen, Ausbreitung, S. 63.

109 Dazu zusammenfassend Mommsen, Die verspielte Freiheit, S. 141-182.

110 Schulz, Hochschulring-Bewegung, S. 56; vgl. Kleo Pleyer: Die völkische Akademikerbewegung, in: DASt, 4, 1923 (29.9.1923), Nr. 10, sowie Frank u. Pleyer, Ein Kampf um das Reich. Pleyer wurde 1935 Mitglied des Reichsinstituts für Geschichte des neuen Deutschlands.

111 Vgl. Schwierskott, Arthur Moeller van den Bruck, S. 143 ff., der in seiner Darstellung den Erinnerungen Rudolf Pechels folgt. »Hitler ist an seiner proletarischen Primitivität gescheitert. Er verstand nicht, seinen Nationalsozialismus geistig zu unterbauen. Er verkörperte Leidenschaft, aber ganz ohne Abstand und Augenmaß«, schrieb Moeller im »Gewissen«, 5, 1923, Nr. 45, 26.11.1923.

112 Horn, Der Marsch zur Machtergreifung, S. 101.

113 Hitler habe es abgelehnt, hieß es in einem Behördenbericht dazu, »sich von seiner antisemitischen und antisozialistischen, also rein innenpolitischen Einstellung umzustellen auf eine Notwendigkeit, die sich aus der außenpolitischen Lage des Reichs ergab ... Der Kampf gegen das Judentum spielt bei ihm und seinen Anhängern eine wesentlichere Rolle als der Kampf gegen äußere Bedränger des Reiches.« Ber. d. RKfdÖO, 24.1.1923, BA, R134/19, 27 f.; vgl. d. Rede Hitlers, 15.1.1923, abgedr. in: Hitler. Sämtliche Aufzeichnungen 1905 – 1924, Nr. 460, S. 791 ff.; ähnlich im Tenor Hitlers Aufsatz am 25.1.1923, VB v. 27.1.1923, ebd., Nr. 463, S. 798 ff.

114 RdSchr. d. DHR-Führerrats an die Ortsverbände, 14.1.1923, zit. bei Schulz, Hochschulring-Bewegung, S. 57.

115 Zorn, Politische Entwicklung, S. 280 f.; Schwarz, Studenten, S. 272 f.; Deuerlein, Der Hitler-Putsch, S. 350 f.; Horn, Marsch zur Machtergreifung, S. 108 f.; zur Rolle Spahns s. Clemens, Martin Spahn, S. 160 f.

116 Die November-Vorgänge an der Münchner Universität, in: Academia, 36, 1923, Nr. 5 – 8, S. 17 f.; Deuerlein, Hitler-Putsch, S. 357 f.; Schulz, Hochschulring-Bewegung, S. 58 f.

117 Deuerlein, Hitler-Putsch, S. 554; Zorn, Politische Entwicklung, S. 281; vgl. Kleo Pleyer: Der Keulenschlag gegen die völkische Bewegung, in: DASt, 3. Jg., Nr. 16, 10.11.1923, S. 1.

118 Meinecke, Die deutschen Universitäten, S. 20.

119 Robert Oberhauser: Der Kampf um die Rheinpfalz, Neustadt/W. 1933 (urspr. Diss. Leipzig); Jenschke, Zur Kritik, S. 9 ff.; Graß, Edgar Jung, S. 8.

120 Zu Jungs Leben und Werk v. a. Jenschke, Zur Kritik; hier auch (S. 9 ff.) nähere Angaben zu seiner Frühphase. Die Darstellung bei Graß konzentriert sich auf die Rolle Jungs im Kontext der »Röhm-Revolte« im Jahre 1934 und im Umfeld Papens; die Analyse der weltanschaulichen Positionen Jungs, insbesondere seines Hauptwerkes »Die Herrschaft der Minderwertigen« ist bei Graß, der auch den Nachlass Jungs (sehr restriktiv) verwaltet, verzeichnet.

121 Nachweisung der durch Militärgerichte der Besatzung erfolgten Bestrafungen Deutscher, März/April 1924, HStAWi, 405/5399, 151 f.; Reichsminister für die besetzten Gebiete an RM d. Auswärtigen, betr. politische Gefangene im besetzten Gebiet, 27.3.1924, ZStAPo, 16.01 Abt. I neu/2477, 216 f.; Schreiben des Rechtsanwalts Dr. Grimm, Essen, an das Reichsministerium für die besetzten Gebiete, 14.1.1924, ZStAPo, 16.01 Abt. I neu/7-9; Süss, Rheinhessen, S. 233 f.

122 Hans-Otto Wagner: Westmarkenwoche des DHR in Gießen (Lahn) im Februar 1924, ZStAPo, 16.01 alt/739, 53 f.

123 Bericht Rühlmanns über die Westmarkenwoche des DHR, 10. – 14.2.1924, ZStAPo, 16.01 Abt. I neu/1612, 132 f.

124 RVP an Best, 16.4.1924, ZStAPo, 16.03/2711, 79.

125 Dazu i. e. Fließ u. John, Deutscher Hochschulring.

126 RdSchr. d. RMdI, 3.5.1924, betr. Verhaftungswelle im besetzten Gebiet mit Abschr. d. Ber. d. RegPräs., ZStAPo, 16.01 neu/2306, 157-162; Schr. d. cand. iur. R. Schultze an RVP betr. Verhaftung Bests, 12.5.1924, ZStAPo, 16.03/2711, 84; RdSchr. d. RMdI, 23.5.1924, betr. militärische Übungen, ZStAPo, 15.01/13313, 57-58; Ber. d. Landeskriminalpolizeiamtes Hessen, 8.2.1932, HStAD Rep. 242, PIa-A; Vernehmung Best 20.3.1969, ebd., PId-2, 53 f.; vgl. Grimm, Vom Ruhrkrieg, S. 208 ff.

127 Gemeint ist der Leiter der Darmstädter Abwehrstelle, Wilhelm Schneider, ein ehemaliger Handelsschiffahrtskapitän.

128 Unsichere Lesart, vielleicht auch »angerechnet«.

129 Best an Rühlmann, 1.7.1924, ZStAPo, 16.03/2281, 70 (4 S.).

130 Vossische Zeitung, 12.7.1924; Schr. d. RA Dr. Führ an Reichsminister für die besetzten Gebiete, 31.7.1924, ZStAPo, 16.01/Abt. I neu/2422, 263 f.

131 Müller, DHR, an Reichsminister für die besetzten Gebiete, 11.7.1924, ZStAPo, 16.01 neu/2423, 60 f.

132 Arbeitsgemeinschaft Vaterländischer Verbände an den Reichstagsabgeordneten Pfarrer Mumm, 2.8.1924, ZStAPo, 16.01 Abt. I neu/2422, 265.

133 RA Führ an Reichsminister für die besetzten Gebiete, 27.7.1924, ZStAPo, 16.01 neu/2423, Bl. 62.

134 »Sein Fall läge ganz besonders«, zitierte der von der Regierung bestellte Rechtsanwalt seinen Klienten, »weil er seit drei Jahren mit den Besatzungsbehörden im Kampf liege. Er sei beschuldigt gewesen, den passiven Widerstand unterstützt und Gegenspionage betrieben zu haben. Die Franzosen hätten bei vielen von seinen Freunden Haussuchungen gehalten, hätten sie aber nicht nach ihrer Zugehörigkeit zum Hochschulring gefragt, sondern immer nur nach ihren Beziehungen zu ihm, Best.« Es ging um ihn, nicht um den Hochschulring – das wollte Best unter allen Umständen hervorgehoben wissen; er forderte daher auch die DHR-Leitung in Berlin auf, sich bei den französischen Behörden weder für ihn persönlich noch für den Hochschulring als solchen einzusetzen. RA Führ an Reichsminister für die besetzten Gebiete, 31.7.1924, ZStAPo, 16.01 neu/2422, 263; Reichsminister für die besetzten Gebiete an Karl Veidt, MdR, 6.8.1924, ebd., 266; RVP an Reichsminister für die besetzten Gebiete, 11.8.1924, ZStAPo, 16.03/2281, 72 f.

135 Auch diese Entwicklung hatte in Bezug auf Best eine Vor- und eine Nachgeschichte: Der Essener Rechtsanwalt Friedrich Grimm, der in zahlreichen Verfahren die wegen politischer Vergehen während des »Ruhrkampfs« von den französischen Behörden verhafteten und

angeklagten Deutschen vertreten und sich dabei als energisch und in »nationalem« Sinne zuverlässig erwiesen hatte, hatte schon seit dem Sommer 1923 mit verschiedenen französischen Stellen Kontakt aufgenommen und in Paris Druckschriften verteilt, in denen er eine »Generalamnestie« als einzigen Weg propagierte, um die weiteren Beziehungen zwischen Frankreich und Deutschland von der Belastung sowohl durch die überaus zahlreichen deutschen politischen Gefangenen in französischen Gefängnissen als auch durch die Strafandrohungen von deutscher Seite gegen die Separatisten zu entlasten. Als bei den Wahlen zur französischen Nationalversammlung im Mai 1924 die Regierung Poincaré eine überraschende Niederlage erlitt und von der verständigungsbereiten Regierung Harriot abgelöst wurde, war der Weg frei. Bei den Londoner Verhandlungen um den Dawes-Plan, an denen Grimm teilnahm, wurde eine beiderseitige Generalamnestie für die im Zusammenhang mit den Auseinandersetzungen um Rhein und Ruhr Verhafteten oder Verurteilten beider Seiten vereinbart, eine »tabula rasa«, die für alle gelten sollte, wobei in Streitfällen eine »gemischte Kommission« aus Vertretern beider Seiten zu entscheiden hatte. Diese Amnestieregelung, die in der deutschen Öffentlichkeit angesichts der weitreichenden wirtschafts- und reparationspolitischen Beschlüsse der Londoner Konferenz nahezu unterging, wäre nicht weiter bemerkenswert. Sie bildete aber ein Muster für die Bereinigung politisch-juristischer Auseinandersetzungen innerhalb eines Staates und zwischen verschiedenen Staaten und wurde nach dem Zweiten Weltkrieg von der Rechten in der Bundesrepublik als Vorbild für die Behandlung der »Kriegsverbrecherfrage« propagiert, insonderheit von dem bis dahin zum Professor aufgestiegenen Friedrich Grimm – und von Werner Best; vgl. dazu i.E. Kap. VI.3. AdR, Kabinette Marx I und II, S. 1283-1342; Grimm, Amnestie; ders.: Leitsätze über einen diplomatischen Schritt bei den alliierten Regierungen, betreffend die Amnestie der Gefangenen im Rhein- und Ruhrgebiet, in: Schreiben des Reichsministers für die besetzten Gebiete an AA, 23.6.1924, ZStAPo, 16.01 Abt. I neu/2477, 274-278; ders.: Denkschrift über die Amnestiefrage, in: Schr. Grimm an Reichsminister für die besetzten Gebiete, 25.6.1924, ebd., 280-283; ders.: Abwesenheitsurteile und Amnestie. Die Behandlung der Zweifelsfragen, in: Kölnische Zeitung, 23.9.1924; Schr. d. RMdJ an RegPräs., Durchführung der Amnestievereinbarung, 16.9.1924, ZStAPo, 15.01/13555, 61; Grimm, Ruhrkrieg, S. 239 ff.; ders., Mit offenem Visier, S. 77 ff.; sowie jetzt Christoph, Die politischen Reichsamnestien.

136 Aufz. RVP, 29.9.1924, ZStAPo, 16.03/2711, 109.

137 Denkschrift v. 1.10.1924, ebd., 126 ff.; Best an Rühlmann, RVP, 10.10.1924, ebd., 125; 31.10.1924, ebd., 131; 6.11.1924, ebd., 132; 9.11.1924, ebd., 115.

138 Der Leiter der Darmstädter Abwehrstelle, Schneider, wies gegenüber der RVP fühlbar verärgert darauf hin, dass er Best nunmehr »ersucht habe, in den besetzten Gebieten nichts ohne meine Stellungnahme zu unternehmen. Wenn seine Arbeit unter sachkundiger Führung steht, so kann sie nutzbringend wirken. Jedenfalls bitte ich, ihm von dort aus keinerlei Mittel zur Verfügung stellen zu wollen, das ist von hier aus geschehen, dadurch aber auch die Möglichkeit der Kontrolle gegeben. Ich habe Herrn Best geraten, sich zunächst etwas zurückzuhalten, sein Examen endlich zu machen und nur solche Dinge im besetzten Gebiet zur Durchführung zu bringen, zu denen ich ihn bitte.« Schneider an RVP, 27.10.1924, ZStAPo, 16.03/2281, 81; RVP an Schneider, 23.10.1924, ZStaPo, 16.03/2711, 130.

139 RVP an Best, 22.11.1924, ebd., 133; Best an RVP, 1.12.1924, ebd., 147; 8.12.1924, ebd., 152; 15.12.1924, ebd., 161; 2.1.1925, ebd., 162.

Kapitel II

1 Bericht o. D. (vermutlich Juli 1925) für den RMdI, ZStAPo, 15.07/325, 66-74; aus der ausufernden Sekundärliteratur zu den Bünden und Verbänden der Weimarer Republik seien hier nur genannt Keßler, Der Jungdeutsche Orden; Berghahn, Der Stahlhelm; Diehl, Von der »Vaterlandspartei«; Holzbach, Das »System Hugenberg«, v. a. S. 138 ff., 192 ff.; zusammenfassend Mommsen, Auflösung des Bürgertums; ders., Die verspielte Freiheit, S. 202 ff., 241 ff., 262 ff.; Schulz, Aufstieg, S. 274 ff.

2 Bericht RMdI, ZStAPo, 15.07/325, 736.

3 Zehrer, Ein Vorschlag der Verbände; vgl. Fritzsche, Politische Romantik; Sontheimer, Der Tat-Kreis.

4 Dazu Schön, Entstehung, S. 54 ff., 74 ff.; Rebentisch, Zwei Beiträge; Schmahl u. Seipel, Entwicklung der völkischen Bewegung. Zur territorialen Zersplitterung und den »Reichsreformbestrebungen« s. Schulz: Zwischen Demokratie und Diktatur, S. 451 ff.

5 Prüfungskommission für das Justiz- und Verwaltungsfach Darmstadt, 21.9.1978, HStADa, Innenministerium; Best, Zur Frage der gewollten Tarifunfähigkeit.

6 Best, Lebenslauf (1945), S. 2; ders., Lebenslauf (1946), S. 8; ders., Lebenslauf (1965), S. 8; Schreiben Bests an den Verf., 31.3.1989; Ber. d. Hessischen Landeskriminalpolizeiamts, 8.2.1932, BDC, Stammrolle Best; Best, So kannte ich Adolf Hitler, Kopenhagen 17.3.1949, HStAD, Rep. 242, Dok.O 32 a; jetzt in: Matlok (Hrsg.), Dänemark, S. 120-132, hier S. 120. Ber. (o. D., etwa 1936, verfasst v. d. Gauleitung Hessen der NSDAP) »in Personalangelegenheiten des Dr. Karl Rudolf Werner Best«, BA, NL 239/129. Dieser umfangreiche Bericht, den Sprenger selbst oder einer seiner Mitarbeiter verfasst hat, ist eine einzige Sammlung von Vorwürfen gegen Best, vermutlich, um sich vor Angriffen des mächtig gewordenen Stellvertreters von Heydrich prophylaktisch zu schützen; es bleibt aber unklar, für wen dieser Bericht gedacht war.

7 Best, Würzburg 1927.

8 Best, Lebenslauf (1965), S. 8 f.; Schreiben an den Verf., 31.3.1989; Unterredung Buchheim (1955), S. 2.; Bericht des LKPA vom 6.2.1926, HStAD, Rep. 242, PIa-A.

9 BDC, Personalakte Best, Lebenslauf 1.8.1937; spätere Aussagen Bests, er sei erst 1929 wegen der Haltung der DNVP in der Frage des Young-Planes aus der Partei ausgetreten, sind nicht zutreffend.

10 Jenschke, Zur Kritik, S. 9-29; Graß, Edgar Jung, S. 6 ff.

11 Dazu Kap. III.1.

12 Edgar Jung, Die Herrschaft der Minderwertigen, im Folgenden zitiert nach der 2. Aufl., Berlin 1929 – ein »Wälzer in Lexikonformat, der eine Zusammenfassung aller Einzelheiten des neuen Weltbildes versucht« (Mohler).

13 Jung, Herrschaft der Minderwertigen, S. 112-128 (»Volk, Rasse, Reich«); dazu Jenschke, Zur Kritik, S. 92 ff., 106 ff.

14 Best, Reichsreform.

15 Jung, Herrschaft der Minderwertigen, S. 514-598, v. a. 586 ff.; in der Sekundärliteratur über Jung wird dieser zentrale Aspekt kaum thematisiert.

16 Jung bezog sich dabei explizit auf die Schriften von Schallmayer, Ploetz, von Gruber, Siemens, Harmsen und Burgdörfer; zur neueren Forschung vgl. zusammenfassend Schmuhl, Rassenhygiene, Nationalsozialismus, Euthanasie; Weingart u. a., Rasse, Blut und Gene.

17 Best, Reichsreform, S. 100.

18 Am deutlichsten tritt dies bei Ernst Jünger auf in: Der Kampf als inneres Erlebnis, und ders., Die totale Mobilmachung, in: ders., Krieg und Krieger; dazu von Krockow, Die Entscheidung, v. a. S. 44 ff.; Geißler, Dekadenz und Heroismus, v. a. S. 121 ff.; Schwarz, Der konservative Anarchist, v. a. S. 95 ff., 110 ff.; Hietala, Der neue Nationalismus, S. 29 ff.; Prümm, Literatur des soldatischen Nationalismus, 1974; Petzoldt, Wegbereiter, S. 280 ff.

19 Best, Internationale Politik der Nationalisten.

20 Best, Krisis der Legislative; ders., Der Fall Opel; ders., Reichsreform.

21 Nähere Angaben zum Kreis um die Gebrüder Jünger in Hietala, Der neue Nationalismus, S. 29 ff.; der Begriff »Neuer Nationalismus« ist wie alle diese Bezeichnungen unscharf und wurde auf verschiedene rechtsradikale Gruppen der Zeit angewandt.

22 Berthold, Nationalistische Splitter. Eine anschauliche und vermutlich recht präzise Schilderung des Klimas im Kreis um Ernst Jünger bei Ernst von Salomon, Der Fragebogen, S. 241 ff., der ebenfalls auf die sehr begrenzte politische Wirksamkeit des Kreises hinweist; die Auflage des »Vormarsch« lag bei etwa 4.000; vgl. auch Hielscher, Fünfzig Jahre, S. 111 ff.; Sauer, Mobilmachung der Gewalt, S. 233.

23 Ernst Jünger (Hrsg.): Krieg und Krieger; die einzelnen Beiträge: ders.: Die totale Mobilmachung; Wilhelm von Schramm (Jg. 1898, Kriegsfreiwilliger 1914; Dr. phil., nach dem Kriege Redakteur, Theaterkritiker, Verfasser von Kriegserzählungen): Schöpferische Kritik des Krieges; Friedrich Georg Jünger (Jg. 1898, Kriegsfreiwilliger, Dr. jur., nach dem Krieg freier Schriftsteller): Krieg und Krieger; Albrecht Erich Günther (Jg. 1893, Kriegsfreiwilliger, nach dem Krieg Schriftsteller, zusammen mit Stapel ab 1956 Mitherausgeber des »Deutschen Volkstums«): Die Intelligenz und der Krieg; Ernst von Salomon (Jg. 1902, Kadettenanstalt, Freikorpskämpfer, 1922–1928 Zuchthaus wegen Beteiligung an der Ermordung Rathenaus, Schriftsteller): Der verlorene Haufe; Friedrich Hielscher (Jg. 1902, 1919 Freikorps, Dr. jur., Schriftsteller, Mitherausgeber der Zeitschriften »Vormarsch« und »Das Reich«): Die große Verwandlung; Werner Best: Der Krieg und das Recht (S. 135-161); Gerhard Günther (Jg. 1889, freier Schriftsteller): Die Bändigung des Krieges durch den Staat. Angaben nach Mohler, Konservative Revolution; Hietala, Der neue Nationalismus, S. 30 f.; Schüddekopf, Linke Leute von rechts. Zum »heroischen Realismus« s. Sontheimer, Antidemokratisches Denken, S. 128 ff.; Schwarz, Der konservative Anarchist, S. 83 ff.; Dupeux, Nationalbolschewismus, S. 255 ff.; Buchheim, Befehl und Gehorsam, S. 235-246; Sauer, Mobilmachung, S. 233; sowie Mohler, Konservative Revolution, S. 123-126.

24 Insbesondere von Ernst Jünger selbst, vgl. ders., Der heroische Realismus; v. a. aber ders., Der Arbeiter; dazu v. a. Schwarz, Der konservative Anarchist. Der Begriff ist v. a. in literaturhistorischen Arbeiten näher untersucht worden, s. Geißler, Dekadenz und Heroismus; Ketelsen, Von heroischem Sein; Hof, Der Weg zum heroischen Realismus, v. a. S. 240-294; vgl. auch Traugott, Heroischer Realismus. Die neuere germanistische Literatur hingegen fällt gegenüber diesen älteren Werken zurück; vielmehr werden Jüngers politische Kampfschriften zu »journalistischen Versuchen« verkleinert, denen »eine einheitliche gedankliche Absicht abzugewinnen« schwerfalle, da es bei diesen »literarisch wenig ergiebigen Manifesten politischen Inhalts« vorwiegend um das »Durchspielen verschiedener politischer Theorien«, nicht aber um politisch eindeutiges Handeln gegangen sei, so Meyer, Ernst Jünger, S. 102 f. Diese Ausblendung der politischen Kampfschriften der 20er Jahre aus dem Gesamtwerk Ernst Jüngers ist schon früh, etwa von Mohler, kritisiert worden; eine historisch-kritische Auseinandersetzung mit Ernst Jünger als völkisch-nationalrevolutionärem Aktivisten und mit seinen über 140 politischen Artikeln aus dieser Zeit steht nach wie vor aus. Zur Bedeutung Jüngers für die Herausbildung des durch »Heroismus« und »Sachlichkeit« geprägten Typus vgl. Lethen, Verhaltenslehre der Kälte, S. 187 ff. u. ö.

25 Schmitt, Völkerrechtliche Formen der modernen Imperialismus (1932, ersch. 1933), in: ders., Positionen und Begriffe, S. 162-179; s. ders., Die Rheinlande als Objekt internationaler Politik (1923), ebd., S. 26-32; ders.: Der Begriff des Politischen (1927), ebd., S. 67-74.

26 Best, Lebenslauf (1965), S. 9 f; dieser »Überschuß« an ›Heroismus‹ in einem Gestus, der vermeidet, sich an einem eigentlichen Wert zu orientieren« (Lethen, Verhaltenslehren der Kälte, S. 66) kann als Signum des »sachlichen« Lebensstils insgesamt gelten.

27 Best, Internationale Politik, S. 1.

28 Jünger, Schließt Euch zusammen!; ders., Nationalismus und Nationalsozialismus.

29 Best, Krisis der Legislative, S. 344.

30 Best, Einleitung des Herausgebers, in: Gottfried Flügge: Arbeitsdienstpflicht?, S. 4; vgl. auch ders., Der Fall Opel, S. 204.

31 Best, Lebenslauf (1965), S. 13.

32 Salomon, Der Fragebogen.

33 Ein allgemeiner Überblick zum Verhältnis der rechtsradikalen Intellektuellen zur NSDAP seit den 30er Jahren bei Schulz, Aufstieg, S. 560-577; sowie jetzt bei Breuer, Anatomie, S. 135 ff., 116 ff.

34 Jung, Neubelebung; s. Jenschke, Zur Kritik, S. 158 ff.

35 Best, Aussage zur Person, 1969, HStAD, Rep. 242, PId-2, 53-71, hier 68; ähnlich – z. T. wortgleich – in Best, Lebenslauf (1945), S. 2 f.; ders., Lebenslauf (1946), S. 8; ders., Lebenslauf (1965), S. 13.

36 Best, betr. Adolf Hitler (Kopenhagen 17.3.1949), gedr. in: Matlok (Hrsg.), Dänemark, S. 120-132, hier S. 120, 124.

37 Best, Was wollten wir Nationalsozialisten? (MS., 1950), S. 3 f.

38 Best, Lebenslauf (1946), S. 8; ders., Lebenslauf (1965), S. 12 f.

39 Best, Lebenslauf (1965), S. 13; Graß, Edgar Jung, Anhang, S. 6; Schreiben Bests an den Verf., 31.3.1989. Jünger schrieb darüber 60 Jahre später: »Wir waren befreundet gewesen und entfremdeten uns, als sich die Nationalsozialisten von den Nationalisten abzweigten.« Jünger, Siebzig verweht III, Stuttgart 1993, S. 558.

40 Schön, Entstehung, S. 145 ff.; zur Entwicklung in Hessen in der Endphase der Weimarer Zeit s. neben Schön die (qualitativ allerdings sehr unterschiedlichen) Beiträge in Hennig (Hrsg.), Hessen; sowie Knöpp, Der Volksstaat Hessen; Rebentisch, Nationalsozialistische Revolution; ders.: Persönlichkeitsprofil; Pingel-Rollmann, Widerstand; vgl. auch Leithäuser, Wilhelm Leuschner. Die für die Nachkriegsjahre so wichtigen Memoiren Adelungs geben über die frühen 30er Jahre nur wenig Aufschluss.

41 Schön, Entstehung S. 1982; Rebentisch, Persönlichkeitsprofil, S. 307 ff.

42 »Zwei Parteien stehen sich mit unvermindertem Haß gegenüber«, berichtete Reichsorganisationsleiter Robert Ley der Münchner Zentrale über seinen Eindruck bei einer Inspektionsreise, »und versuchen sich gegenseitig Fallen und Ungelegenheiten zu stellen, die ein gedeihliches Zusammenarbeiten unmöglich machen«; die eine sei die »Gruppe der alten Parteigenossen« aus Hessen-Darmstadt; ihr gegenüber stehe »die sogenannte Wiesbadener Invasion«. Bericht des Reichsorganisations-Inspekteurs an die Reichsleitung der NSDAP, 17.12.1931, BA, NS 22,1053, 50 f.

43 Rebentisch, Persönlichkeitsprofil, S. 328 ff.

44 Best, Lebenslauf (1945); ders.: Vernehmung 1969, HStAD, Rep. 242, PIa-A.

45 Bericht der hessischen Landesregierung (o. D., verm. 1935/36), BA, NL 239/129; Graß, Edgar Jung, Anhang, S. 6.

46 Bericht der hessischen Landesregierung (Anm. II/6); vgl. Kap. II.3.

47 »Die Formulierung propagandistisch oder ernst gemeinter Gesetzesvorschläge in den parlamentarischen Fraktionen, die Beantwortung zahlloser Beschwerden und Auskunftsersuchen, die Rechtsberatung der Angehörigen der Bewegung im weitesten Sinne, die Verteidigung angeklagter Kämpfer, die Anfertigung von Gnadengesuchen«, darin bestanden die vorwiegenden Aufgaben der Gau-Rechtsberater, schrieb Best später; Best, Kameradschaftliches Treffen, S. 818.

48 Frankfurter Zeitung: »Legal bis zum Tage ...«, 27.11.1931; zu Lenz s. Rebentisch, Persönlichkeitsprofil, S. 310; BDC, Personalakte Karl Lenz.

49 Graß, Edgar Jung, S. 51, und Anhang S. 16, Anm. 106.

50 Best, Adolf Hitler, in: Matlok (Hrsg.), Dänemark, S. 124. Best datiert hier das Harzburger Treffen fälschlicherweise auf das Frühjahr 1932.

51 Best, Staatsfeinde?

52 Best, Katholische Kirche und NSDAP.

53 Vgl. Schön, Entstehung, S. 188 ff.; Müller, Katholische Kirche, S. 33 ff.

54 Best, Katholische Kirche, S. 3.

55 Bericht der hessischen Landesregierung, 1935/36, BA, NL 239/129.

56 Frankfurter Zeitung: »Legal bis zum Tage ... «, 27.11.1931.

57 Nach Schön, Entstehung, S. 192 ff.; sowie der Berichterstattung im »Hessenhammer« und der »Frankfurter Zeitung«, November 1931.

58 Winkler, Weg in die Katastrophe, S. 446 ff.; Brüning, Memoiren, S. 449 ff.; Bracher, Auflösung, S. 374; Severing, Mein Lebensweg, Bd. 2, S. 321 ff.; Mommsen, Die verspielte Freiheit, S. 421 ff.; Schulz, Aufstieg, S. 599; Junker, Die Deutsche Zentrumspartei, S. 51 ff.

59 Brüning, Memoiren, S. 391; vgl. Schulz, Aufstieg, S. 601 f.; Winkler, Weg in die Katastrophe, S. 450; Bericht des bayerischen Gesandten in Berlin v. 13.11.1931, in: Staat und NSDAP, S. 212 f.

60 *Wahlergebnis in Hessen, 15.11.1931*

	LTW 15.11.1931	RTW 14.09.1930	LTW 13.11.1927	LT-Mandate 1931	LT-Mandate 1927
SPD	168.299	215.747	157.293	15	24
Zentrum	112.440	104.246	85.460	10	13
KPD	106.775	84.513	41.280	10	6
KPO	14.954	–	–	1	2
DVP	18.325	49.929	51.654	1	7
Staatspartei	10.793	38.829	37.789	1	5
Chr.soz.Volksbd.	16.172	19.086	–	1	0
Hess. Landbd.	20.766	57.575	61.109	2	9
DNVP	10.857	11.902	23.998	1	3
SAP	8.177	–	–	1	0
NSDAP	291.189	137.981	–	27	0

nach: Mainzer Tageszeitung, 16.11.1931; zur Hessenwahl s. Schön, Entstehung, S. 185 ff.; Horkenbach, Das Deutsche Reich, Bd. 2 (1931), S. 351; Winkler, Weg in die Katastrophe, S. 446; Huber, Deutsche Verfassungsgeschichte, Bd. 6, S. 801 f.

61 Brüning, Memoiren, S. 492; s. Winkler, Weg in die Katastrophe, S. 453; Becker, Brüning.

62 Ebd.; »Das Hessische Programm«, in: Hessenhammer, 30.10.1931; vgl. »Manifest der hessischen Nationalsozialisten zur Landtagswahl«, in: Hessenhammer, 6.11.1931.

63 18.11.1931, AdR, Kabinette Brüning, Bd. 3, Nr. 556, 572, 593; Winkler, Weg in die Katastrophe, S. 447 f.

64 Abgedr. in Horkenbach, Das Deutsche Reich, Bd. 2 (1931), S. 364 f.; sowie in Best, »... wird erschossen«; und in zahlreichen Tageszeitungen (Vorwärts, 26.11.1931; VZ, 28.11.1931 u. a.). Zum Folgenden s. Schulz, Von Brüning zu Hitler, S. 604-610 (»Ein verworrenes Dokument, das allenfalls als Utopie einer totalen Zwangsordnung mit geringen Realdualrechten der Bevölkerung greifbare Gedanken aufwies«, entsprungen »einem merkwürdigen, vom historischen Katastrophenfall und dem Ausnahmezustand ausgehenden offensiven Rechtsdenken, das auch zur Aufhellung der Rolle der Ideologie in der nationalsozialistischen Machtergreifung von 1933 beiträgt.« [S. 606]); vgl. Bracher, Auflösung, S. 381 ff.; Staat und NSDAP, S. 213 ff.; Brüning, Memoiren, S. 463 f.; Severing, Mein Lebensweg, Bd. 2, S. 311 ff., 371 ff.; Winkler, Weg in die Katastrophe, S. 448 f.; Mommsen, Freiheit, S. 422 ff., der auf die engen Verbindungen zu durchaus ähnlichen Vorstellungen in der Reichswehrführung (»Planspiel Ott«) hinweist, ebd., S. 492 ff.; Huber, Verfassungsgeschichte, Bd. VII, S. 895 ff.; Martin Loiperdinger: Das Blutnest vom Boxheimer Hof, in: Hennig (Hrsg.), Hessen, S. 433-468, der allerdings den reichspolitischen Kontext der Boxheim-Affäre ganz vernachlässigt; zur zeitgenössischen Bewertung vgl. auch Radbruch, Der Boxheimer Hochverrat, in: Die Justiz, 7, 1932, S. 195-197.

65 Best, »... wird erschossen«, S. 20; die Originalunterlagen des Reichsgerichts befinden sich im »Sonderarchiv« in Moskau.

66 NSDAP Gau Hessen, Rechtsabteilung (Best) an Reichsleitung der NSDAP, 6.9.1931, BA, NS 22/1053; das Schreiben befindet sich im Bestand der NSDAP-Reichsleitung und ist also von Best dorthin abgesandt worden, so dass seine Auslassungen, er habe den Brief nie abgeschickt, falsch waren und dem Zweck dienten, die Reichsleitung vom Vorwurf der Mitwisserschaft zu entlasten; vgl. Best, »... wird erschossen«, S. 33 f.

67 Bericht der hessischen Landesregierung über Best (o. D., BA, NL 239/129); RdSchr. d. OSAF betr. Parteidisziplin v. 9.12.1931, ZStAPo, 15.01/26140, 255.

68 Berliner Tageblatt: »Der Ungeist von Boxheim«, 27.11.1931; vgl. Schulz, Brüning, S. 605 f.

69 Zu Legalitätstaktik und Putschplänen innerhalb der NSDAP ausf. Schulz, Aufstieg, S. 577 ff.; Horn, Marsch zur Machtergreifung S. 330 ff.; Bucher, Der Reichswehrprozeß, S. 237 ff.

70 »Zur Frage der Legalität oder Illegalität der NSDAP«, Denkschrift o. D. (Ende 1931), zit. n. Horn, Marsch zur Machtergreifung, S. 335, Anm. 19.

71 Mommsen, Die verspielte Freiheit, S. 422.

72 Hessischer Volksfreund, 23.11.1931; Vorwärts, 24.11.1931; Best,»... wird erschossen«, S. 20 f.; Leithäuser, Wilhelm Leuschner, S. 33 ff.

73 Brüning, Memoiren, S. 489 f.; dazu Aktenvermerk des Ministerialrats Wienstein v. 26.11.1931 über Beratung mit Minister Dr. Joël über die Boxheimer Dokumente – als strafbares Delikt komme nur Hochverrat in Frage, dazu fehle der Vorsatz, denn der Entwurf einer Notverordnung als solcher sei noch keine strafbare Handlung, in: Staat und NSDAP, S. 229; Verm. über Telefongespräch RMdI mit dem hess. Innenministerium, 27.11.1931, ZStAPo, 15.01/26140, 196; vgl. Vossische Zeitung v. 28.11.1931 (Kritik an Werner).

74 Vorwärts, 27.11.1931; Martin Loiperdinger: Das Blutnest vom Boxheimer Hof, in: Hennig (Hrsg.), Hessen, S. 433-468, hier S. 440 f.; Winkler, Weg in die Katastrophe, S. 448.

75 Göring an Groener, 26.11.1931, in: Frankfurter Zeitung v. 28.11.1931, zit. n. Staat und NSDAP, S. 259; Pressemitteilung der Gaupressestelle der NSDAP Hessen/Darmstadt, in: »Hessenhammer«, 27.11.1931; RdSchr. Hitlers v. 27.11.1931, ZStAPo, 15.01/26140, 193.

76 Best, Hitler, S. 122 f.

77 Best, Mein Hochverrat, in: Mainzer Tageszeitung, 28.11.1931, auch in: Hessenhammer, 4.12.1931; vgl. Der Jungdeutsche, 27.11.1931 (»Koalitions-Sprengmittel«); Völkischer Beobachter, 28.11.1931.

78 Erklärung des Leiters der Pressestelle der hessischen NSDAP, Berger, zit. in: »Verhöhnung des Reichsgerichts. Wie steht es um Boxheim?«, VZ, 8.1.1932; vgl. Volkszeitung, v. 1.2.1932 (»Wann kommt die Anklage gegen Best?«), Frankfurter Zeitung v. 21.4.1932 (»Die Organisierung des Bürgerkrieges«).

79 Beschluss des 4. Strafsenats des Reichsgerichts v. 12.10.1932, ZStAPo, 15.01/26140, 273, 276-278; Frankfurter Zeitung v. 21.10.1932 (»Die Boxheimer Dokumente. Das Reichsgericht stellt das Verfahren ein«); zur Vorgeschichte des SA-Verbots v. 13.4.1932 vgl. ausf. Bracher, Auflösung, S. 424-431; Schulz, Aufstieg, S. 672.

80 Brüning, Memoiren, S. 492; Winkler, Weg in die Katastrophe, S. 453; Aktenvermerk Meißner v. 11.12.1931 über Empfang Görings beim Reichspräsidenten, in: Staat und NSDAP, S. 259; Bericht über Nachrichtenkonferenz im RMJ v. 14.12.1931, ebd., S. 261 f.; RdSchr. d. OSAF v. 9.12.1931, betr. Parteidisziplin, ZStAPo, 15.01/26140, 255.

81 »Die Antwort des Zentrums«, Berliner Tageblatt v. 11.12.1931.

82 Best, Himmler, S. 153; Best, Lebenslauf (1946), S. 10. In dem gegen Best gerichteten Bericht der hessischen Landesregierung unter Sprenger (aus dem Jahre 1935 oder 1936) wird dazu bemerkt:»Seine Sympathien in Mainz gehörten z.B. keineswegs der alten SS, sondern dem damals neu entstandenen SS-Motorsturm; zu damaliger Zeit dünkte sich der größte Teil der Autobesitzer meist noch als etwas Besseres als derjenige, der kein Fahrzeug besaß«, BA, NL 239/129, 5; s. Anm. II/6.

83 Zur Lenkung der parlamentarischen Tätigkeit der Fraktion durch die Reichsleitung vgl. Schriftwechsel zwischen G. Strasser und Lenz, in BA, NS 22/vorl., 370; Verhandlungen Landtag Hessen 1931/32, Drucks. 7, 8, 9; zum Folgenden Schön, Entstehung, S. 194 ff.; Rebentisch, Revolution, S. 236 f.; Pingel-Rollmann, Widerstand, S. 38 ff.; sowie »Der Kampf um Hessen. Bildreportage von der Arbeit der Nationalsozialisten in Hessen«, in: Illustrierter Beobachter, 6.2.1932.

84 So stellte die NSDAP-Fraktion unablässig Anträge auf Erhöhung der sozialen Leistungen für Erwerbslose und vor allem für Landwirte, deren beantragter Umfang die finanziellen Möglichkeiten des Landes jedoch bei weitem übers티eg. Allein die beantragte Erhöhung der Erwerbslosen-Winterhilfe hätte ein Volumen von 30 % des hessischen Gesamtetats beansprucht. Hess. Landtag, Prot. v. 11.12.1931, S. 24 ff., 63 ff.

85 Hess. Landtag, Protokoll v. 19.2.1932, S. 193 ff.; »Die Nazis blamieren sich weiter«, Volkszeitung v. 20.2.1932, S. 10.

86 Ernst Klein: Großkampf im Wasserglas. Wie in Hessen Konvent gespielt wird, VZ, v. 23.2.1932.

87 Ebd.; scharfe Debatten gipfelten häufig in unverhüllten Morddrohungen – »Sei ruhig, du kommst auch noch dran«, »Erzberger ist auch abgeknallt worden«; Schön, Entstehung, S. 197 f.; Hess. Landtag, Prot. v. 19.2.1932, S. 193.

88 Beim zweiten Wahlgang zur Reichspräsidentenwahl am 10. April 1932 entfielen im Land Hessen auf Hitler 38,3 % der Stimmen (Reich: 36,8 %); bei den aufgrund eines Formfehlers am 19.6.1932 wiederholten hessischen Landtagswahlen gewann die NSDAP 44 %, bei den Juli-Wahlen zum Reichstag 43 % (Reich: 37,4 %) und im November 40,4 % (Reich: 33,1 %). Rebentisch, Revolution, S. 235; Schön, Entstehung, S. 200 f.

89 Über die Gespräche mit Bockius am 6. August berichtete Best an Gauleiter Lenz, Bockius wolle nun »unbedingt zu einer Einigung« mit der NSDAP gelangen. »Er könne von der Zentrumspartei sagen, daß der Wille zu einer Koalition mit der NSDAP vorhanden sei. Das sei auch die Meinung Dr. Brünings, der allerdings selbst in einer solchen Regierung nicht mitwirken könne, da er durch die Politik Hugenbergs im letzten Reichstag gegen seinen Willen auf die Tolerierung der SPD festgelegt worden sei. Auch die Reichsleitung der NSDAP sei nach seiner – Dr. Bests – Information geneigt, mit der Zentrumspartei sich zu einigen. In einer kürzlich im Braunen Haus erfolgten Aussprache habe sich, wie man erfahre, die – wie Dr. Best sich ausdrückte – ›soziale‹ Richtung Hitler/Strasser gegen die ›radikale‹ Richtung (etwa Dr. Goebbels) durchgesetzt. Er halte es für das Beste, wenn Hitler Reichskanzler würde. Mit dem Verbleiben Schleichers, der ja von der NSDAP anerkannt werde, sei man auch einverstanden. Der Zentrumspartei liege vor allem daran, – dieser Satz kehrte öfter wieder – daß ein verfassungsmäßiges parlamentarisches Weiterregieren im Reiche sichergestellt werde. Auch in Hessen könne man sich deshalb jetzt einigen. Es wäre sogar für beide Parteien wünschenswert, daß in Hessen die Koalition Zentrum/NSDAP einmal vorexerziert werde, da ein Scheitern des Versuches beiden Parteien hier nicht schaden könne. Er habe von seiner Reichsleitung alle Vollmachten, die erforderlichen Vereinbarungen mit der NSDAP zu treffen. Dr. Brüning habe ihm gesagt: ›Du kannst den Versuch machen und bist mir für Deine Handlungen verantwortlich.‹ Es gelte nun für beide Parteien, beim Abschluß der Koalition ihr Prestige zu wahren. Auf seiner Seite – d.h. in der Zentrumspartei – gebe das Problem der ›Hilfspolizei‹ im Wesentlichen zu Bedenken Anlaß. Die Einstellung von SA-Leuten als Hilfspolizei in Oldenburg usw. lasse befürchten, daß die NSDAP, wenn sie das hessische Innenministerium in der Hand habe, in Hessen das Gleiche unternehme. Sonst gebe es kaum Streitfragen erster Ordnung, die eine Einigung erschweren könnten. (...) Ich erwiderte zunächst, daß die vorgeschlagene Regelung der Regierungsfrage dazu führen würde, daß die Zentrumspartei trotz der entgegengesetzten Kräfteverschiebung besser gestellt werde, als in der Koalition mit der SPD. (...) Hinsichtlich der ›Hilfspolizei‹ könne ich nur sagen, daß diese Frage bei uns bis jetzt noch nicht erörtert worden sei. Es dürfe aber kein Zweifel gelassen werden, daß wir in der hessischen Polizei ganz gründlich aufräumen und säubern würden. Dr. B. erwiderte darauf sinngemäß, daß er hinsichtlich des Gesamtministeriums nur einen Lösungsvorschlag habe machen wollen, der nicht unbedingt Forderung sein müsse. Veränderungen in der Polizei seien nicht zu beanstanden, falls nicht eine ausgesprochene nationalsozialistische Durchsetzung der Polizei beabsichtigt werde.« Berichte Bests über Gespräche mit Bockius am 6. u. 8.8.1932, sowie Bericht Lenz' an Reichsleitung München v. 11.8.1932, BA, NS 22/1053, 248 ff.; Schulz, Aufstieg, S. 726; 897 f.; ders., Brüning S. 945 f.; Junker, Zentrumspartei, S. 86.

90 Zur Absetzung Lenz' ausf. Unterlagen in PA Lenz, BDC; Lenz hatte sich öffentlich gegen Hitler und für Strasser ausgesprochen und sich einer als »Notgemeinschaft« bezeichneten Oppositionsgruppe angeschlossen, er trat Ende November 1932 auf Druck der Reichsorganisationsleitung zurück; vgl. Kissenkoetter, Gregor Straßer, S. 175, 185 ff.; Rebentisch, Führungskader, S. 310 ff. Kissenkoetters Darstellung, auch Best habe bei der »Notgemeinschaft« eine wichtige Rolle gespielt, lässt sich aus den Akten des Parteiverfahrens gegen Lenz, das im Sommer 1933 angestrengt wurde, nicht bestätigen; Best hat es gegenüber dem Verf. auch bestritten.

91 Schreiben Bests an Schön, 22.10.1968, zit. b. Schön, Entstehung, S. 187; Rebentisch, Führungskader, S. 313; dort auch biographische Hinweise zu Sprenger, Müller, Werner, Lenz.
92 Best: »Sieg der Vernunft«, in: Mainzer Warte, 4.2.1933, ders.: »Klarheit auch für Hessen«, in: Mainzer Tageszeitung, 6.2.1933; ders.: »Die Angst der Linken«, in: Mainzer Tageszeitung, 7.2.1933; ders.: »Letzte Wahl«, in: Mainzer Warte, 11.2.1933. Zum Folgenden v. a. Broszat, Der Staat Hitlers, S. 130-140; Schulz, Anfänge, S. 80 ff.
93 Bericht des Beauftragten des RMdI v. 11.2.1933, ZStAPo, 15.01/25735, S. 217-221; zum Folgenden Schön, Entstehung, S. 202 ff.; Pingel-Rollmann, Widerstand, S. 50; Rebentisch, Revolution, S. 237 ff.; ders., Führungskader, S. 313 ff.; Adelung, Sein und Werden, S. 368 ff.; Broszat, Der Staat Hitlers, S. 105 ff., v. a. 136; Schulz, Anfänge, S. 119-183.
94 RMdI an Hess. Staatspräs. 13.2.1933, ZStAPo, 15.01/25735, 224; Hess. Staatspräs. an RMdI, 16.2.1933, ebd., S. 226; Leithäuser, Wilhelm Leuschner, S. 92; Schön, Entstehung, S. 204; Adelung, Sein und Werden, S. 368.
95 Best: »Durchgreifen!«, in: Mainzer Warte, 4.3.1933; vgl. ders.: »Verrückte Fronten«, in: Mainzer Warte, 25.2.1933; ders.: »Die Säuberung«, in: Mainzer Warte, 18.2.1933.
96 Jung an RMdI, 21.2.1933, ZStAPo, 15.01/25735, 229 (»... daß die hessische Polizei an eine objektive Einstellung der NSDAP gegenüber immer noch nicht denkt«)
97 Broszat, Der Staat Hitlers, S. 136.
98 Bericht Dr. Heinz Müllers über die Vorgänge am 6./7.3.1933, zit. in: Gimbel (Hrsg.), So kämpften wir. Die Angabe, etwa ein Drittel der hessischen Polizeibeamten sei beurlaubt worden, ist möglicherweise irreführend, denn zur Entlassung kamen bis Ende März lediglich 86 Beamte. Der Bericht Müllers stammt aus dem Jahre 1941; er war zu dieser Zeit Präsident des Rechnungshof es des Deutschen Reiches; vgl. den ausf. Bericht Müllers an Frick über die Übernahme der Polizeigewalt in Hessen, 8.3.1933, ZStAPo, 15.01/25736, 17-19. Die Bestellung Müllers zum Reichskommissar im Telegramm d. RMdI an den Hess. Staatspräs. und an Müller, 6.3.1933, ZStAPo, 15.01/25736, 2; ergänzende AO v. 6.3.1933, ebd., 3; vgl. Volkszeitung, 7.3.1933 (»Reichsregierung greift in Hessen ein«); Mainzer Tageszeitung, 7.3.1933 (»Frick säubert Hessen«).
99 Hessischer Landtag, 13.3.1933, S. 257 ff.; VZ, 14.3.1933 (»Maiordnung in Hessen«); Frankfurter Zeitung, 14.3.1933 (»Hessens neue Regierung«); Mainzer Tageszeitung, 14.3.1933 (»Hessens historische Stunde«).
100 Müller, zit. in Gimbel (Hrsg.), So kämpften wir, S. 165; Aufruf Müllers v. 6.3.1933, Mainzer Tageszeitung, 7.3.1933; Hilfspolizeierlaß v. 7.3.1922, ZStAPo, 15.01/25736, 22 f.; Durchführungsbestimmungen v. 7.3.1933, ebd.; Bericht Müllers an Frick, 8.3.1933, ebd., 17 f.; Mainzer Tageszeitung, 8.3.1933.
101 Best, Unterredung Buchheim (1955), S. 2; mit gleichem Tenor auch Müller in seinem Bericht an Frick v. 8.3. und in seinem Erinnerungsbericht, zit. b. Gimbel (Hrsg.), So kämpften wir.
102 Vgl. Bericht des Darmstädter Polizeipräsidenten (Kriminalpolizei) über die Tätigkeit der Darmstädter Gestapo, Mai 1946, BA, R 58/1112; zit. b. Pingel-Rollmann, Widerstand, S. 69 f.
103 Einleitung zum Findbuch G 12 in HStADa, S. 13; bis 29.3.1933 waren 86 Entlassungen gezählt worden. Die Angaben Bests und Müllers, sie hätten zehrt- bis zwanzigtausend Hilfspolizisten vereidigt, sind weit übertrieben.
104 Rede Bests am 4.4.1933, in: Mainzer Tageszeitung, 5.4.1933; am 8.4.1933 (vor der Führertagung des Gaues Hessen), in: Mainzer Tageszeitung, 9.4.1933.
105 HStADa, Findbuch G 12, Polizei, S. 13 f.; AO des Staatskommissars für das Polizeiwesen v. 6.4.1933 (»Warnung vor Provokateuren in den nationalen Verbänden«), abgedr. in Mainzer Tageszeitung, v. 8.4.1933; vgl. Mainzer Tageszeitung v. 8.4.1933 (»Der Einsatz der Sonderkommandos gegen Spitzel und Provokateure«).
106 Ber. d. Polizeipräsidenten v. Darmstadt 1946, zit. b. Pingel-Rollmann, Widerstand, S. 345, Anm. 14; Ber. d. Hessischen Landesregierung über Best, BA, NL 239/129; im Anhang zu diesem Bericht befinden sich Personalunterlagen über Fendel-Satorius, Schneider u. a.; Erlaß des Staatskommissars für das Polizeiwesen, 28.3.1933, HStADa, G 12, A/39-1, s. Pingel-Rollmann, Widerstand, S. 68 ff. In Bayern wurde die entsprechende Regelung am 1.4.1933

durchgeführt, in Baden am 22.8., in Bremen am 16.6., in Hamburg am 6.10.; Buchheim, Die SS, S. 15-214, hier S. 39 ff.

107 Anordnung betr. Durchführung der VO zum Schutze von Volk und Staat, 13.3.1933, HStADa, G 24/360; RdSchr. d. Staatskommissars für das Polizeiwesen, 30.3.1933, HStADa, R 1M. Der Erlass selbst ist nicht erhalten.

108 Grünewald, Das KZ Osthofen; Pingel-Rollmann, Widerstand, S. 74 ff., 281 ff.; Ende Juli 1933 gab es in Hessen 145 Schutzhäftlinge. Zum weiteren Zusammenhang s. Schulz, Anfänge, S. 128 ff. Der Zeitpunkt der Errichtung des KL Osthofen muss aus den Erinnerungen ehemaliger Häftlinge erschlossen werden, schriftliche Unterlagen liegen dazu nicht vor; die erste öffentliche Erwähnung im Oppenheimer Kreisblatt »Landskrone« am 3.4.1933, in der auf das offenbar bereits seit einiger Zeit bestehende KL Bezug genommen wird, s. Grünewald, KZ Osthofen, S. 59. Offiziell wurde das KL erst am 1.5.1933 per Erlass eingerichtet (HStADa, G 21 A /K 1709,5); Einweisungen und Inschutzhaftnahmen hatte sich Best persönlich vorbehalten (Erl. v. 13.4.1933, HStADa, G 24/360); vgl. die Presseberichte in der Mainzer Tageszeitung v. 6.4.1933, 2.4.1933, 6.5.1933.

109 Anna Seghers, Das siebte Kreuz (1942); vgl. die Berichterstattung in der »Landskrone« und anderen Regionalzeitungen seit Anfang April 1933, in: Grünewald, KZ Osthofen, S. 54 ff.; allerdings ist darauf hinzuweisen, dass die Beschreibung eines Konzentrationslagers der Frühphase der NS-Herrschaft, in dem vorwiegend deutsche SPD- und KPD-Mitglieder im Durchschnitt einige Wochen lang inhaftiert waren, im Jahre 1942 in gar keiner Weise als symptomatisch für die Lage in Deutschland oder gar für die Verhältnisse in den nationalsozialistischen Konzentrations- und Vernichtungslagern seit 1940/41 gelten konnten. Insofern ist die verbreitete Perzeption des »Siebten Kreuzes« als des bedeutendsten Romans über die Konzentrationslager auch verhängnisvoll gewesen, weil er für lange Jahre das Augenmerk auf die Frühphase der nationalsozialistischen Konzentrationslager-Politik legte, die sich im nachhinein und im Vergleich zu der während des Krieges erfahrenen Entwicklung als geradezu harmlos ausnimmt.

110 Mierendorff wurde im November 1933 ins KZ Börgermoor gebracht, von dort nach Lichtenburg, 1937 nach Buchenwald. Im Dezember 1937 wurde er ins Hausgefängnis des Gestapa nach Berlin verlegt; dort mehrfach – auch von Best – verhört, der bei den prominenten Häftlingen einen »grundsätzlichen Gesinnungswandel« festzustellen meinte und offenbar Mierendorffs Entlassung sowie dessen Einstellung bei dem Chemieunternehmen Brabag beförderte. Best blieb zu Mierendorff im losen Kontakt; 1942 besuchte ihn Mierendorff gemeinsam mit Henrik de Man in Paris, wobei Mierendorff gegenüber de Man bestätigte, Best habe sich mehrfach für ihn eingesetzt. »Vielleicht rührte es von einer gewissen Affinität zwischen diesen beiden Draufgängern, jedenfalls aber von gegenseitiger Achtung her, daß die politische Gegnerschaft mit der Zeit so etwas wie eine persönliche Sympathie aufkommen ließ.« De Man, Gegen den Strom, S. 268; zu Mierendorff s. Albrecht, Der militante Sozialdemokrat, S. 158 ff.

111 Bericht der Hessischen Landesregierung, BA, NL 239/129, 17; auch mit der Reichsleitung des »Stahlhelm«, zu dem er alte Verbindungen besaß, nahm Best Kontakte auf, um Sprengers Ernennung zu verhindern; Schr. Seckers an Duesterberg, 15.6.1949, BA, NL Duesterberg; zum Folgenden Diehl-Thiele, Partei und Staat, S. 43 ff.; Rebentisch, Führungskader, S. 314 f.; ders.: Der Gau Hessen-Nassau; vgl. auch Mainzer Tageszeitung v. 17.5.1933 (»Der Tag Sprengers«).

112 Diehl-Thiele, Partei und Staat, S. 43 f.; HStADa, G 5, E. G. Franz: Einleitung zum Findbuch, S. 3.

113 Bericht der Hessischen Landesregierung, BA, NL 239/129, 26 f.; Erl. v. 26.6.1933, Warnung vor unberechtigten »Verhaftungen«, HStADa, G 12 A-39/1.

114 Während Best den Gauleiter vor Zeugen einen »Lump« zu nennen beliebte, stand die Beschreibung der Persönlichkeit Bests durch das Büro des Reichsstatthalters dem an Deutlichkeit nicht nach: »Es war Dr. Best lediglich darum zu tun, in einem erbitterten Kampf seinen Ehrgeiz zu befriedigen und obsiegen zu lassen, wobei er allerdings jegliches Gefühl sowohl für persönlichen wie für dienstlichen Anstand verlor ... Die kindliche Harmlosigkeit des Dr. Best im Verein mit seiner völlig zu vermissenden Menschenkenntnis lassen ihn selbst für

das unscheinbarste Regierungs- oder Verwaltungsamt, sei es der Partei oder des Staates, ungeeignet erscheinen. Es ist unglaublich, wie Dr. Best, um sein geradezu krankhaftes Geltungsbedürfnis nach außen hin keinen Schaden erleiden zu lassen, sich immer wieder zu solchen unmöglichen, ja strafbaren Handlungen verleiten läßt ... Auf der anderen Seite besitzt Dr. Best ein ausgeprägtes Rachegefühl, das zusammen mit seinem verderblichen Ehrgeiz die eigentliche Triebfeder all seiner Handlungen bildet ... Sein gesamtes Denken und Handeln scheint beherrscht von einem ›Prinzip des Bösen‹, dem er auf die Dauer selbst zum Opfer fallen wird.« Diese sich im Ton beinahe überschlagenden Vorwürfe gegen Best waren gewiß Verzerrungen; aber ganz falsch war die Heraushebung der Verbindung aus Ehrgeiz, Machtstreben und »kindlicher Harmlosigkeit« als hervorstechende Charaktereigenschaften Bests wohl nicht. Bericht der Hessischen Landesregierung, o. D. (ca. 1936), BA, NL 239/129, 27 ff. Welche aberwitzigen Formen diese hasserfüllte Rivalität zwischen Sprenger und Best annahm, machte die weitere Entwicklung deutlich. Als Best zwei Jahre später im Gestapa Himmlers Karriere machte, fürchtete die hessische Führung die Rache Bests so sehr, dass sie sich mit dem hier zitierten »Bericht« über die Tätigkeit Bests in Hessen, der offenbar an die Parteiführung ging, gegen befürchtete Maßnahmen Bests prophylaktisch zur Wehr zu setzen versuchte. Darin hieß es am Ende:»Es war eindeutig klar, daß anstelle aller bisher vorhanden gewesenen anderen Motive seines Handelns nur noch das eine vorherrschend war: Die Befriedigung seiner unstillbaren Rache an allen denjenigen Parteigenossen innerhalb der Hess. Regierung mit dem Reichsstatthalter an der Spitze, die auf seine ehrgeizigen Pläne innerhalb Hessens aufmerksam geworden waren und diese im Interesse der Partei und des Staates vereitelten ... Es gibt kaum einen schlagkräftigeren Beweis für die Richtigkeit vorstehender Behauptung als die Abfassung einer Geburtsanzeige des Sohnes von Dr. Best vom 18.7.1934, die Dr. Best in einer Reihe nationalsozialistischer Zeitungen erscheinen ließ. Er stellt dieser Anzeige den lateinischen Satz voran: ›Exoriare aliquis nostris exessibus ultori!‹, zu deutsch: ›Möge aus unseren Gebeinen dereinst der Rächer entstehen!‹ Es stellt einen unfaßlichen Vorgang dar, wenn Dr. Best die Geburt eines unschuldigen Kindes zum Anlaß nimmt, dieses vor aller Öffentlichkeit als Werkzeug seiner persönlichen Rache auszuersehen, ein Umstand, der besonders augenfällig die Maßlosigkeit und Sinnesverrohung des Dr. Best kennzeichnet.« Nun hatte Best mit jenem martialischen Merkspruch in der Geburtsanzeige gewiss andere Objekte der Rache im Sinne als Sprenger und seine Mitarbeiter; aber dieser Vorgang, der einer bizarren Komik nicht entbehrt, zeigt doch, welche Formen die Privatfehden führender Nationalsozialisten annehmen konnten. Diese fast 90seitige Schmähschrift Sprengers fand nach dem Kriege noch einmal Verwendung. Als Best nach 1951 seine Wiedereinstellung in den Dienst des Auswärtigen Amtes beantragte, wurde diese Akte aus dem Jahre 1936 aus der Ministerialbürokratie dem Außenministerium zugespielt, wohl um Bests Rückkehr in das Amt zu konterkarieren – daher fand sich die Akte auch im Privatnachlass des ehemaligen Bundesaußenministers von Brentano (BA, NL 239).

115 Vm. d. Staatsanwalts beim Landgericht Frankfurt, 21.9.1948, HStAD, Rep. 242, Dok.O 21, 33 f.; s. Frankfurter Nachrichten v. 18.7.1933 (»Tot am Bahndamm aufgefunden«); Schreiben des Sächsischen Ministers des Innern, 11.2.1932, ZStAPo, 15.01/26140, 259; Franz Schilling: Saß der Mörder im Polizeipräsidium?, in: Polizei in Frankfurt am Main '88, 23. Folge, S. 51 f. Die Witwe Schäfers erhielt eine monatliche Rente von 150,– RM von der Partei – immerhin eine Art Schuldeingeständnis.

116 Da ihm vertraulich eine Äußerung Sprengers hinterbracht worden sei,»der Verräter Schäfer müsse beseitigt werden«, habe er die Landesverweisung heimlich durchführen müssen, um Schäfer vor Nachstellungen durch Sprenger und seine Leute zu schützen – diese Absicht sei aber offenbar vom Vertrauten des Gauleiters in Erfahrung gebracht worden, so dass der von Sprenger beauftragte Herbert dem Schäfer aufgelauert und ihn erschossen habe. Diese Einwände waren offensichtlich nicht widerlegbar; trotz erheblicher Verdachtsmomente wurde das Verfahren gegen Best und Herbert 1956 erneut eingestellt. Stellungnahme Bests zu dem Vermerk der Staatsanwaltschaft Frankfurt vom 21.9.1948, 2.11.1948 (Kopenhagen), HStAD, Rep 242, Dok.O 21, 35 ff.; Aussage Bests, 19.4.1952, ZStL, 104 AR-Z, 1670/61, Bd. 3; Beschluss des Landgerichts Frankfurt v. 11.7.1956 (53/6 Js 769/47); Aussage Bests, 20.3.1969, HStAD, Rep. 242, PId-2, 53-71; Dok.O 21, J 104 ff. Vgl. Kap. VII.1.

117 Sprenger zu Werner, Sitzung des Ministerrats am 18.9.1933, HStADa, G 5/65, 315; im Bericht über Best an die Parteiführung ist der Verdacht etwas zurückhaltender formuliert: »Der Verdacht einer Mitwisserschaft des Dr. Best in irgendeiner Form tritt immer wieder zu Tage.« Best, der zum Zeitpunkt der Tat in Berlin gewesen war, kehrte am 18.7. nach Frankfurt zurück und ließ sich vom Frankfurter Polizeipräsidenten von Westram über die Ermittlungen unterrichten. Von Westram gab später an, er habe »nach diesem Gespräch den bestimmten Eindruck gehabt, daß Dr. Best von der geplanten Beseitigung des Schäfer schon vorher gewußt haben muß«. Vm. StA. Frankfurt, 21.9.1948, HStAD, Rep. 242, Dok.O 21.

118 Best habe, rechtfertigte sich der Gauleiter in einem Schreiben an Hitler, direkt mit den Regierungen anderer Länder – gemeint war Thüringen – verkehrt und sich gröber Disziplinverstöße schuldig gemacht. Im Gespräch mit Werner wurde Sprenger deutlicher: Best habe eine ihm ergebene Clique um sich gesammelt, die gegen den Reichsstatthalter intrigiere, er sei Mitglied des Herrenclubs, verhindere systematisch die Beförderung nationalsozialistischer Beamter und habe eindeutige Anordnungen des ihm vorgesetzten Staatssekretärs Jung ignoriert. »Zu diesem Fall kommt noch ein anderer. Er besaß die Ungeschicklichkeit, SA-Leute, die eine Dummheit gemacht hatten, vor Gericht zu schleppen.« Besprechung Sprengers mit Werner, 11.9.1933, HStADa, G 5/43, 130-135; Bericht des Personalamts der Hessischen Regierung, 13.9.1933, HStADa, G5/57, 345; Personalamt an Staatssekretär über »Lage der Verhältnisse innerhalb der Hessischen Landespolizei«, 13.9.1933, HStADa, G5/43, unpag.; Protokoll des Ministerrats, 18.9.1933, HStADa, G5/65, 304-319; Besprechung Sprengers mit den Führern von Partei, SA und SS, 18.9.1933, ebd., 268-277; Schreiben Sprengers an Hitler, 18.9.1933, HStADa, G5/59, 293-295; Personalamt an Sprenger, 22.9.1933, HStADa, G5/63, 258-160; Sprenger an Heß, 27.9.1933, HStADa, G5/66, 128 f.; Rebentisch, Gau Hessen-Nassau, S. 130 ff.; ders., Führungskader, S. 315 f.; ders., Revolution, S. 238 ff.

119 Best, Daten (1948), S. 2; ders., Lebenslauf (1945), S. 6.

120 Hessischer Ministerrat, 18.9.1933, HStADa, G5/65, 315; Personalamt an Reichsstatthalter, 22.9.1933, ebd., G5/63, 258 ff.; Best, Lebenslauf (1945), S. 6; Best hatte Himmler bereits einige Monate zuvor einmal in Berlin getroffen und ihm dabei über seine Politik als hessischer Polizeipräsident und die zunehmenden Spannungen mit Sprenger berichtet. Schon bei diesen ersten Zusammentreffen kam es offenbar zu ersten Vorabsprachen und zu weitgehender Übereinstimmung in Bezug auf die weitere Entwicklung der Politischen Polizei des »Dritten Reiches«: »Mein erster Eindruck von Himmler war sehr günstig. Er schien politisch vernünftig zu sein und sich in großzügigen Gedanken und Planungen zu bewegen.« Best, Heinrich Himmler.

Kapitel III

1 Zur Literatur: Nach wie vor unentbehrlich sind die älteren Darstellungen von Buchheim, Die SS, sowie seine Einzelaufsätze, die in dem Gutachten für den Auschwitz-Prozess zusammenflossen; und Broszat, Nationalsozialistische Konzentrationslager. Grundlegend, wenn auch sehr personalistisch orientiert und in etwas willkürlicher zeitlicher Begrenzung auf 1934/35, ist Aronson, Reinhard Heydrich. Zur »Ära Diels« s. Graf, Politische Polizei. Für die amerikanische Literatur, die sich ausgiebig mit diesem Komplex beschäftigt hat, s. Browder, Sipo and SD; sowie Browders neue Arbeit, Foundations of the Nazi Police State – die in Bezug auf Materialbasis und analytische Durchdringung beste neuere Untersuchung. Daneben (mit Abstrichen) Koehl, The Black Corps. Einen neuen und ertragreichen Weg hat in den vergangenen Jahren Robert Gellately eingeschlagen, indem er von der Praxis der Gestapo (auf der Grundlage der Würzburger und Düsseldorfer Gestapo-Akten) ausging und dabei den außerordentlichen Umfang des Denunziantenwesens herausarbeitete, das man geradezu als tragende Säule der NS-Verfolgungspraxis bezeichnen kann; Gellately, Die Gestapo und die deutsche Gesellschaft; ders., Gestapo und Terror. Andererseits sind Denunziationen

auch für die Herrschaftspraxis anderer Diktaturen, insbesondere das Stalin-Regime, kennzeichnend. Die Frage, was wir denn über die deutsche Gesellschaft wissen, wenn wir über die Verbreitung des Denunziantenwesens informiert sind, wird bei Gellately nicht beantwortet. Ein ähnlicher, diesen Aspekt zuweilen etwas überpointierender Ansatz in der eindrucksvollen und breit angelegten Regionalstudie von Mallmann und Paul, Herrschaft und Alltag, S. 164-326 (»Der improvisierte Ausnahmezustand«), in der die organisatorischen und personellen Defizite der Gestapo am saarländischen Beispiel herausgearbeitet werden. Einen knappen, aber gut informierten, in der Analyse präzisen Überblick bieten Tuchel u. Schattenfroh, Zentrale des Terrors, S. 63-160; sowie jetzt vor allem die Dissertation von Tuchel, Konzentrationslager. Ich bin Johannes Tuchel für die Überlassung seiner Arbeit noch vor Drucklegung sehr dankbar. Die auf eine Serie im »Spiegel« zurückgehende Gesamtdarstellung von Höhne, Der Orden unter dem Totenkopf, ist zwar in manchen Teilen mittlerweile überholt und von der publizistischen Ausrichtung her auf Effekte hin angelegt, aber mangels neuerer Gesamtdarstellungen nach wie vor wichtig – auch deshalb, weil Höhne stark von Best als seinem Hauptinformanten beeinflusst war und das Buch (bis 1940) in gewisser Weise die Bestsche Lesart der Geschichte der SS wiedergibt. Die älteren Darstellungen von Delarue, Geschichte der Gestapo, und Crankshaw, Die Gestapo, sind weitgehend überholt; dies gilt z. T. auch für Zipfel, Gestapo und SD. Zur Ideologie und Organisation der SS grundlegend ist neben Buchheim Wegner, Hitlers Politische Soldaten; ebenso für das Verhältnis Polizei/Justiz Gruchmann, Justiz, v. a. S. 405 ff.; 433-484; 535-745, 1111 ff.

2 Ansprache Hitlers vor den Reichsstatthaltern, 6.7.1933, in: Ursachen und Folgen, Bd. 9, Nr. 2077; RdSchr. d. RMdI Frick v. 10.7.1933 an Landesregierungen und Reichsstatthalter, ebd., Nr. 2102; Auflösung der »wilden« Konzentrationslager: RdErl. d. pr. MdI v. 14.10.1933, BA, R 58/264, 1 ff.; dazu Broszat, Konzentrationslager, S. 26; Aronson, Reinhard Heydrich, S. 93; Graf, Politische Polizei, S. 265.

3 RdErl. d. kommiss. pr. MdI, Göring, v. 3.3.1933 (Durchführungs-VO zur Reichstagsbrand-VO), MBliV I, 233; Erstes Gestapo-Gesetz v. 26.4.1933: PrGes., S. 122. Mit RdSchr. v. 22.8.1933 an alle Reichs- und preußischen Ministerien verwahrte sich der Leiter des Gestapa, Diels, dagegen, dass andere Dienststellen sich beim Gestapa nach dem Verbleib von Schutzhäftlingen erkundigten und sich somit in die Dienstgeschäfte der Politischen Polizei einmischten; GStAB, Rep 84a/3715, 218, abgedr. b. Graf, Politische Polizei, S. 430; Grafs in vielem eindrucksvolle Untersuchung leidet doch sehr unter dem selbst gesetzten Druck, die politische Bedenkenlosigkeit und Brutalität der Gestapo bereits vor der Übernahme durch Himmler und Heydrich unter Beweis zu stellen, um auf diese Weise die These von der Täterschaft nationalsozialistischer Stellen, wenn nicht des Gestapa selbst, bei der Inbrandsetzung des Reichstags zu stützen; vgl. S. 222 f. Davon abgesehen ist die stärkere Betonung der Kontinuität zwischen der Gestapo-Führung unter Diels und unter Heydrich/Best sowie Grafs Beschreibung des Zustands der Behörde im Sommer 1933 als einer »zwar noch nicht allmächtigen, aber doch bereits unzugänglichen, mit dem Mantel der Verschwiegenheit und des Geheimnishaften umgebenen Spezialbehörde« (Graf, Politische Polizei, S. 138) einleuchtend.

4 Notiz Grauert, 20.10.1933, BA, R 18/5642, 21 ff.; hier auch weitere Konzepte verschiedener Ministerien über die Neuorganisation der Politischen Polizei; vgl. Graf, Politische Polizei, S. 142; sowie Plum, Staatspolizei, S. 193.

5 Gesetz über die Geheime Staatspolizei v. 30.11.1933, PrGes., S. 413, abgedr. b. Graf, Politische Polizei, Dok. 13, S. 417 f.; Durchf.VO d. PrMpr. zum Zweiten Gestapo-Gesetz, 8. u. 14.3.1934, PrGes., S. 143; MBliV, S. 469, 471; Graf, Politische Polizei, S. 418 f.; vgl. ders., S. 139 ff., 145, 150; Buchheim, Die SS, S. 36; Tuchel u. Schattenfroh, Zentrale, S. 76.

6 Dazu ausf. Aronson, Reinhard Heydrich, S. 89-133; präziser und auf breiterer Quellenbasis jetzt Tuchel, Konzentrationslager, S. 121-158; aus Gruchmann, Justiz, S. 405-411. Die 1990 erstmals veröffentlichte Rede Himmlers bei der Amtseinführung Kaltenbrunners am 30.1.1943, in der Himmler die Entwicklung von Staatspolizei und SD seit 1932 in idealisierter Form Revue passieren lässt, bestätigte das bereits Bekannte; Breitmann u. Aronson, Eine unbekannte Himmler-Rede.

7 Best, Himmler, S. 149; nach Bests Aufzeichnungen hatte Himmler sich bereits im Juli 1933 so geäußert.

8 Zum Folgenden Aronson, Reinhard Heydrich, S. 34 ff., 60 ff., 106 ff., 152 ff.; Buchheim, Die SS, S. 59 ff.; sowie v. a. die Arbeiten von Browder, Sipo and SD, S. 29 ff., 98 ff.; insbesondere ders., The SD; ders., Foundations, S. 21 ff., 91 ff.; und ders., Die Anfänge des SD; daneben mit Abstrichen Höhne, Orden, S. 198 f. Die Arbeit von Ramme, Der Sicherheitsdienst, ist hingegen in Bezug auf Materialgrundlage und -analyse wenig hilfreich. Die vorliegenden Biographien über Heydrich sind nur teilweise brauchbar, weil in diesen z. T. mehr popu-lärwissenschaftlichen Darstellungen das Hauptaugenmerk auf den persönlichen Eigen-schaften und weniger auf der politischen Konzeption und Entwicklung Heydrichs liegt und sie zudem in der Analyse der Politischen Polizei, der SS und des SD oft stark ver-zeichnet sind; in vielem dennoch aufschlussreich ist Deschner, Reinhard Heydrich. Statt-halter der totalen Macht; ders., Reinhard Heydrich – Technokrat der Sicherheit. (Beide Ti-tel Deschners sind auf charakteristische Weise unzutreffend, Heydrich war weder ein Statthalter der totalen Macht noch ein Technokrat; zur Stilisierung Heydrichs: »Hätte der Nationalsozialismus in einen Spiegel geblickt, Reinhard Heydrich hätte herausgeschaut«, ders., Technokrat, S. 100.) Deschner ist übrigens stark von der Bestschen Sichtweise auf Heydrich beeinflusst, wie Best 1983 in einem Schreiben an Ernst Jünger bestätigte:»Mei-ner Beurteilung Heydrichs folgt übrigens auch im Wesentlichen sein Biograph Günther Deschner« (Jünger, Siebzig verweht S. 239). Jünger hatte an Best geschrieben:»Wichtig wäre ein Beitrag zur Physiognomik und Charakteristik dieses unheilvollen Geistes aus Ih-rer Sicht. Wenn ich es recht beurteile, trafen sich in Ihnen Beiden der Beamte und der reine Ideologe innerhalb der Polizei.« (S. 238) Nun war gewisslich eher Best als Heydrich der »reine Ideologe«; Jüngers Aussagen über Best wie über Personal und Struktur des NS-Regimes insgesamt sind kein Ausweis genauer Beobachtungsgabe und analytischer Schär-fe des Dichters. Mit stilisierend-apologetischen Tendenzen hingegen: Calic, Reinhard Heydrich, und Wykes, Reinhard Heydrich. Der Mann im Schatten der SS (auch hier ist schon der Titel eine Irreführung); ähnlich Graber, The Life and Times of Reinhard Heyd-rich. Die Erinnerungen von Heydrichs Frau Lina (Leben mit einem Kriegsverbrecher) ent-halten zwar anschauliche Passagen, sind aber insgesamt ein sensationsorientiertes und nachgerade frivoles Dokument. Im Übrigen ist es aufschlussreich, dass die Stilisierung Heydrichs zur nationalsozialistischen Heldenfigur bereits von Himmler selbst angelegt wurde; vgl. Breitmann u. Aronson, Eine unbekannte Himmler-Rede.

9 Best, Unterredung Buchheim (1955), S. 4 f. Es ist allerdings zu berücksichtigen, dass Best diese Bemerkungen gegenüber Hans Buchheim zu einem Zeitpunkt machte, als ihm die größte Gefahr durch die Untersuchungsverfahren wegen seiner Beteiligung an den Morden des 30. Juni 1934 drohte, nicht wegen seiner anderen Tätigkeiten, wegen derer er erst später mit Ermittlungsverfahren überzogen wurde. Sein Interesse ging also dahin, die Rolle des SD, in dem er 1934 eine führende Stellung innehatte, möglichst generell herunterzuspielen; an-dererseits decken sich die hier gemachten Äußerungen auch mit den Ergebnissen von Aron-son und Browder über den frühen SD.

10 Best, Himmler, S. 149 f; ders.: So kannte ich Reinhard Heydrich, in: Matlok (Hg.), Dänemark, S. 160-170, hier S. 160; Unterredung Buchheim (1955), S. 2 f.; Beantwortung des Fragebogens der Generalstaatsanwaltschaft München v. 18.6.1951 (1JsGen. 1 ff./49; IfZ, Zs 207, S. 2 f.).

11 Best, Himmler, S. 150; Best, Unterredung Buchheim (1955), S. 4; Aronson, Reinhard Heyd-rich, S. 169 ff.; Buchheim, Die SS, S. 39 ff.

12 Aronson, Reinhard Heydrich, S. 185 f.; er stützt sich dabei jedoch in den entscheidenden Punkten vor allem auf Diels selbst sowie auf Lina Heydrich. Die mysteriöse Entlassung und Wiedereinstellung von Diels im Dezember 1933 allerdings hat bisher keine befriedigende Erklärung erfahren; vgl. Browder, Foundations, S. 76 ff.; 117 ff.

13 Graf, Politische Polizei, S. 266 f.; Aronson, Reinhard Heydrich, S. 125, 183; Gruchmann, Justiz, S. 547 ff.; Broszat, Konzentrationslager, S. 30. Zur Entwicklung der »Schutzhaft«- Pra-xis ausf. Kap III 2

14 Rede Himmlers vor den preußischen Staatsräten, 5.3.1936, BA, NS19, Himmler-Reden III; vgl. Gruchmann, Justiz, S. 546.

15 Ernst Roehm: SA und deutsche Revolution, in: Nationalsozialistische Monatshefte 4, Juni 1933 (H. 39), S. 11-14. Zur SA in den Jahren 1933/34 s. die neueren Zusammenfassungen von Longerich, Die braunen Bataillone, S. 165-205; Höhne, Mordsache Rühm; sowie vor allem bei Frei, Der Führerstaat, S. 9-37; von den älteren Darstellungen v. a. Sauer, Mobilmachung, S. 276-364; zur Rolle von Himmler und Heydrich bei der »Röhm-Affäre« s. Browder, Foundations, S. 132 ff., 139 ff.

16 Müller, Armee, Politik und Gesellschaft; ders.: Das Heer und Hitler; Geyer, Aufrüstung oder Sicherheit.

17 Aronson, Reinhard Heydrich, S. 191 ff.; Gruchmann, Justiz, S. 433 ff.; Tuchel u. Schattenfroh, Zentrale, S. 79 f.

18 Zu den genauen Umständen der Ernennung Himmlers und Heydrichs s. Graf, Politische Polizei, S. 216; Aronson, Reinhard Heydrich, S. 95 f.; Browder, Foundations, S. 124 ff.

19 Best, Lebenslauf (1965), S. 18; ders., Berufsweg (1964), S. 2. Das genaue Datum des Wechsels nach. München war nicht zu ermitteln; das erste von Best gezeichnete Schriftstück als Leiter des SD-Süd (Bericht über kommunistische Tätigkeit bei der Reichsbahn) stammt vom 28.4.1934 (IML, St. 3/60 I, 1). Bests eigene Auskünfte über seine Tätigkeit in München vor dem 30. Juni 1934 sind außerordentlich spärlich und, soweit nachprüfbar, nahezu ausnahmslos falsch oder irreführend. Das ist verständlich, wenn man bedenkt, dass ihm nach dem Krieg als einem der Hauptverdächtigen wegen der zahlreichen Morde im Zusammenhang mit der Zerschlagung der SA der Prozess gemacht werden sollte. Die Dienststelle des SD in München, so Best, habe »aus weniger als einem Dutzend meist sehr junger Menschen« bestanden, »die eigentlich nicht recht wußten, was sie tun sollten. Im Lande Bayern bestanden auch kaum Stützpunkte des SD.« Er sei daher »meist in Bayern unterwegs« gewesen, »um die Organisation des SD ein wenig auszubauen. Mich interessierte auch an dieser Einrichtung in »erster Linie die organisatorische Seite, während ich den sachlichen Ergebnissen dieses embryonalen Nachrichtendienstes kein Interesse entgegenbrachte.« (Beantwortung des Fragebogens der Generalstaatsanwaltschaft in München v. 18.6.1951, 1JsGen1ff/49), Essen, 1.10.1951, IfZ Zs 207). Und über seine Tätigkeit als Organisationschef des SD schrieb er: »Gleichzeitig wurde ich mit der Bearbeitung der Organisationsfragen im SD-Hauptamt in München beauftragt und entwarf dort einige Organisations-Pläne und Dienstanweisungen für den SD.« (Best, Lebenslauf [1965], S. 18)

20 Browder, Die Anfänge des SD, Dok. 1; vgl. ders., Foundations, S. 132.

21 Während Referat II für die technische Verwaltung zuständig war, war die »Gegnerbeobachtung« im Referat III konzentriert, mit den Hauptsachgebieten »Völkische Opposition«, Katholizismus, KPD, SPD und Judentum; Referat IV war für Pressebeobachtung, V für Freimaurer zuständig, hinzu kam ein »Referat Ausland«; Browder, Die Anfänge des SD, Dok. 3, u. S. 309.

22 Zur Personalrekrutierung in der Frühphase s. ausführlich Aronson, Reinhard Heydrich, passim; s. Kap. III.4.

23 Best, Unterredung Buchheim (1955), S. 4.

24 Höhne, Mordsache Röhm, S. 226 f.

25 Tuchel, Konzentrationslager, S. 176; ähnlich Höhne, der davon ausgeht, dass Heydrich, »der schon bald eine mörderische Lösung der Röhm-Krise ins Auge gefaßt« habe, mit Hilfe einer »Lawine von Gerüchten, Falschmeldungen und manipulierten Röhm-Befehlen« der SA eine Putschabsicht zu unterschieben versucht habe; Höhne, Mordsache Röhm, S. 224 ff. Mit einer solchen Betrachtungsweise wird die intentionale Interpretation, die Höhne in Bezug auf Hitler stark kritisiert, eine Etage tiefer auf den weidlich dämonisierten Heydrich wieder angewandt; dagegen Longerich, der zu Recht betont: »Die Gegner der SA waren alsbald wohl nicht mehr in der Lage, zwischen konstruierter und realer Aufstandsgefahr zu unterscheiden«; Longerich, Die braunen Bataillone, S. 139 ff.

26 Vernehmung Bests v. 11.3.1953, GStA München, 1JsGen. 1 ff /49, HStAD, Rep. 242, PIa-C,2.

27 Graß, Edgar Jung, S. 50 ff.; Forschbach, Edgar J. Jung (dort S. 154 ff., Die »Marburger Rede« von Papens).

28 Longerich, Die braunen Bataillone, S. 215; ähnlich Frei, Führerstaat, S. 27 ff.

29 Tuchel zitiert aus einer Führerbesprechung vom 12. August 1934, in der für den Bereich Chemnitz die Rolle des SD beschrieben wird: »Der Befehlsgang war folgender: Auf der ersten Besprechung wegen der bevorstehenden Revolte wurde verlangt, daß vom SD Listen einzureichen seien über die Personen, die beseitigt bzw. verhaftet werden sollten. Diese Listen wurden dann vom SD Chemnitz mit Zeichen versehen, die die Art der Behandlung der einzelnen Fälle angaben.« Der Befehlsweg erfolgte von den einzelnen SD-Abschnitten zum SD-Oberabschnitt und von dort nach Berlin; Tuchel, Konzentrationslager (Dissertationsfassung, S. 163). Tuchel weist auch nach, dass die verschiedentlich aufgestellten Behauptungen, der Kommandeur des KL Dachau, Eicke, habe solche »Todeslisten« aufgestellt, nicht zutreffen. Vielmehr waren dafür allein die SD-Oberabschnitte zuständig, für Süddeutschland (Bayern, Württemberg und Baden) also Best.

30 Bayerisches Staatsministerium der Justiz (Staatssekretär Dr. Koch) an Dehler, 18.9.1951, ADL, N1/1054; vgl. Kap. VI.2.

31 Werner Best: Beantwortung des Fragebogens des GStA München v. 18. Juni 1951, 1JsGen. 1ff/49 (IfZ Zs 207), S. 4; das Folgende danach sowie nach dem Fragebogen des GStA v. 18.6.1951, ebd.; Antrag auf gerichtliche Voruntersuchung, 9.2.1953, ebd.

32 Best, Beantwortung des Fragebogens (Anm. 31), S. 9 f.

33 Sauer, Mobilmachung, S. 349; Paetel, Reise ohne Uhrzeit, S. 139 ff., 198. Best hat diese Begebenheit nie erwähnt, sie hätte ihn nach dem Kriege allerdings auch nicht entlastet, sondern vielmehr seinen Einfluss auf die Zusammenstellung der Mordlisten belegt. Vgl. Bests Schreiben an Jünger, 12.11.1982, gedr. in: Jünger, Siebzig verweht III, S. 231 ff. Hingegen hat er sein Eintreten für Schneidhuber bestätigt – da jener dennoch umgebracht wurde, konnte diese Geschichte seine Einflusslosigkeit illustrieren. Hier wie an anderen Beispielen zeigt sich, dass Bests biographische Äußerungen durchweg als Konstruktion zur eigenen strafrechtlichen Entlastung zu lesen sind, sobald sie Bereiche berühren, die für ihn gefährlich sein mussten; s. auch die Schilderung Bests durch seinen alten Freund aus nationalrevolutionären Tagen, Friedrich Hielscher, die allerdings stark stilisiert und in Bezug auf die Rolle Bests verzeichnet ist (50 Jahre unter den Deutschen, S. 286 f.).

34 BDC, PA Best; Best, Himmler, S. 149.

35 AO d. StdF v. 9.6.1934, betr. SD, zit. b. Buchheim, Die SS, S. 63 f.; s. Aronson, Reinhard Heydrich, S. 196; Verfügung Hitlers v. 20.7.1934, VB, Nr. 207 v. 26.7.1934; zur SS-VT s. Buchheim, Die SS, S. 162; Wegner, Hitlers Politische Soldaten, S. 95 ff.; zu den Konzentrationslagern s. Tuchel, Konzentrationslager, S. 205 ff.; zur Errichtung des »Politischen Polizeikommandeurs« am 2.5.1934 s. Buchheim, Die SS, S. 44 ff.; Tuchel u. Schattenfroh, Zentrale, S. 83.

36 Dies war auch der Eindruck der neutralen zeitgenössischen Beobachter; vgl. die erstaunlich gut informierte Darstellung in der »Neuen Züricher Zeitung« vom 18. Juli 1934, S. 1 (»Himmler und die SS«); nach den Vorgängen des 30. Juni, heißt es hier, könne die »Bedeutung der SS und ihres Reichsführers Himmler kaum überschätzt werden, da ihr Einfluß in der Geheimen Staatspolizei maßgebend geworden ist«.

37 Geschäftsverteilungsplan des Geheimen Staatspolizeiamts, Stand: 1. Oktober 1935, GStAB, Rep. 90 P/2-3, 29-43.

38 DurchführungsVO zum Gestapo-Gesetz v. 30.11.1933, 8.3.1934, PrGes., S. 31 f.; RdErl. v. 8.3.1934, MBliV, S. 469; RdErl. v. 14.3.1934, MBliV, S. 471; s. Graf, S. 148 f.; Aronson, Reinhard Heydrich, S. 188 f., 217 ff.; Tuchel u. Schattenfroh, Zentrale, S. 83 ff.; Plum, Staatspolizei, S. 196 ff.; Browder, Foundations, S. 148 ff.

39 Erl. d. RMdI v. 22.6.1934, zit. b. Aronson, Reinhard Heydrich, S. 218; RMdI an Gestapa/Göring, 3.7.1934, GStAB, Rep. 90P/1-1, 183.

40 »Die Staatspolizeistellen haben Ersuchen der Regierungspräsidenten um Durchführung bestimmter Maßnahmen zu entsprechen, es sei denn, daß ausdrückliche Anweisungen von mir oder dem Inspekteur der Geheimen Staatspolizei der Erfüllung des Ersuchens entgegenstehen ... Das scharfe Instrument der Geheimen Staatspolizei, welches ich für den neuen Staat geschaffen habe, hat gewisse Eingriffe in den Behördenaufbau erfordert.« PrMpr., Ch. d. Geh. Staatspolizei an Ober- und RegPräs., 6.7.1934, abgedr. b. Plum, Staatspolizei, S. 208 ff.; Göring an RMdI, 5.7.1934, zit. b. Aronson, Reinhard Heydrich, S. 218; Begleitschreiben an

RMdI, 9.7.1934, GStAB, Rep. 90P/1-1, S. 184 f.; sowie Geschäftsordnung für die Geheime Staatspolizei v. 15.10.1934, GStAB, Rep. 90P/1, 120-160; RMdI an Göring, 13.7.1934, ebd., Rep. 90P/1-1, 171-182; am 16.7.1934 unterrichtete der RMdI die RegPräs. von dieser Vereinbarung als »Übergangslösung«, s. Plum, Staatspolizei S. 212 f.

41 RdErl. d. PrMpr., 20.11.1934, GStAB, Rep. 90P/1-2, 112-114.

42 Schmitt, Politische Theologie, S. 13.

43 Zum Folgenden detailliert Gruchmann, Justiz, S. 535-632, 694-702; sowie Graf, Politische Polizei, S. 255-284; Aronson, Reinhard Heydrich, S. 90 ff., Broszat, Konzentrationslager, S. 13 ff.; dazu Geigenmüller, Die politische Schutzhaft (1937); Tesmer, Die Schutzhaft (1936); Spohr, Das Recht der Schutzhaft (1937).

44 Erl. d. PrMpr. v. 11.3.1934, BA R58/264, 16-18; Übersicht über die einschlägigen Erlasse und RdSchr. mit dieser Tendenz b. Graf, Politische Polizei, S. 266 f.; s. Gruchmann, Justiz, S. 545 f.

45 RdErl. d. RMdI v. 12./26.4.1934, GStAB, Rep. 90/64-2. Dieser Erlass wurde bemerkenswerterweise in Hitlers Amnestie-Erlass v. 7.8.1937, durch den die Mörder des 30. Juni straffrei ausgingen, wie zum Ausgleich ausdrücklich bestätigt, s. Broszat, Konzentrationslager, S. 38.

46 Erl. Hitlers an RMdI, RStH u. Landesreg. v. 7.8.1934, IfZ Fa 183/1, 334; zu den Auseinandersetzungen in Bayern s. Gruchmann, Justiz, S. 550 f.; Aronson, Reinhard Heydrich, S. 125 ff.

47 Denkschrift Gisevius, o. D. (Frühjahr 1935), IMT, Dok. PS- 775, s. Gruchmann, Justiz, S. 552; Broszat, Konzentrationslager, S. 35.

48 Bei schriftlichen Gesuchen sei die Hilfe von Rechtsanwälten zugestanden; Akteneinsicht sei unzulässig, ebenso die Sprecherlaubnis, »wenn dadurch der politisch-polizeiliche Zweck der Schutzhaft gefährdet wird«. RdSchr. Gestapo (Best) an pr. Stapo-Stellen, 11.4.1935, GStAB, Rep. 90P/76-4, 242; Erl. d. Politischen Polizeikommandeurs der Länder v. 28.1.1935, erwähnt in Schr. d. BNSDJ an RJM, 10.5.1935; GStAB, Rep. 90P/66-4, 206-208; RdSchr. Gestapo (Best) an Politische Polizeien der Länder, 11.4.1935, HStAD, Rep. 242, 372.

49 Stv. Reichsrechtsführer an RJM, 22.8.1935, BA, R 22/1059; s. auch die Beschwerde d. RA Dix an RJM, 10.5.1935, GStAB, Rep. 90P/66-4, 217-222; BNSDJ an RJM, Juli 1935, ebd., 207 f.; dazu Gruchmann, Justiz, S. 568 f.

50 Ministerrat, 27.6.1935, GStAB, Rep. 90P/2-3, 17-19; RJM an PrMpr., 4.7.1935, GStAB, Rep. 90P/66-4, 206; Gruchmann, Justiz, S. 554.

51 Gestapa (Best) an PrMpr., 2.8.1935, GStAB, Rep. 90P/66-4, 239 ff. Da gegen die Schutzhaft lediglich Dienstaufsichtsbeschwerde zulässig sei, könne »der Schutzhäftling oder sein Beauftragter also zwar bei der die Schutzhaft anordnenden Behörde vorstellig werden; sie ist aber nicht verpflichtet, auf die Beschwerde einen Bescheid zu erteilen. Vom staatspolitischen Standpunkt aus ist es geradezu unmöglich, auch nur in Erwägung zu ziehen, daß die Geheime Staatspolizei allgemein Angehörigen des in seiner politischen Zusammensetzung noch recht uneinheitlichen Rechtsanwaltsstandes – z.B. jüdischen Rechtsanwälten – über die Gründe ihrer Maßnahmen Rechenschaft schuldig wäre ... Insbesondere muß ich mit aller Bestimmtheit dagegen Verwahrung einlegen, als ob der Rechtssicherheit dadurch Abbruch geschehe, daß die Geheime Staatspolizei den Rechtsanwälten keine Verhandlungsmöglichkeit in Schutzhaftsachen gebe.«

52 Entwurf Gestapa für Sitzung d. Pr. Ministerrats (Best) v. 22.10.1935, GStAB, Rep. 90P/66-4, 247 ff.; s. Schr. d. RMdJ an PrMpr. v. 24.9.1935, ebd., 243-245; Vorlage d. RJM (Marotzke) für Sitzung des Ministerrats am 11.10.1935, ebd., S. 262 f.; die Sitzung des Pr. Ministerrats fiel aus.

53 Vm. Kritzinger über Telefongespräch mit Best am 5.11.1935, Nbg. Dok. NG-359.

54 Himmler an RJM, 6.11.1935, zit. Schr. d. RJM an Pr. Staatsmin., 14.11.1935, GStAB, Rep. 90P/66-4, 262.

55 Scheuner, Die Gerichte, S. 437 ff.

56 Vgl. Gruchmann, Justiz, S. 538 ff.

57 Pr. OVG, Entsch. v. 2.5.1935, RVerwBl, 1935, S. 577; von Best per RdSchr. den Stapo-Stellen am 5.8.1935 mit zustimmendem Kommentar zugeleitet, HStAD, Rep. 242, Plc; dazu ausf. Gruchmann, Justiz, S. 537 f.; Fraenkel, Der Doppelstaat , S. 50 ff., der besonders auf den Ein-

fluss Carl Schmitts auf diesen Wandel der Rechtsauffassung abhebt; s. Plum, Staatspolizei, S. 201 f.; vgl. auch Spohr, Recht der Schutzhaft, S. 37 ff.

58 Hamb. VerwGer. v. 7.10.1935, zit. n. Gruchmann, Justiz, S. 538.

59 RdSchr. Gestapa (Best) an Stapo-Stellen, 3.4.1935, HStAD, Rep. 242, PIc; Hamel, Die Polizei im nationalsozialistischen Staat, S. 326-332. Best monierte in diesem Schreiben jedoch Hamels Auffassung, dass die Preußischen Stapo-Stellen den Regierungspräsidenten unterstellt seien.

60 Von Spohr wurde diese Auffassung bereits Anfang 1934 in einem Aufsatz vertreten (Spohr, Das Recht der Schutzhaft). Nach dieser Argumentation war die Schutzhaft »nicht nur gegen aktive Staatsfeinde, sondern z.b. auch aus erzieherischen Gründen, gegen Kritiker der Regierung der nationalen Erhebung, gegen Miesmacher usw. zulässig, auch wenn sie nicht die Sicherheit gefährden«.

61 Lagerordnung des KL Dachau, 31.10.1933, BA, R22/1167, 62 ff.; dazu Tuchel, Konzentrationslager, S. 141 ff.; Gruchmann, Justiz, S. 634 f.; Pingel, Häftlinge, S. 39 ff.

62 Himmler an die PrMdI und PrMdF, 18.8.1934, GStAB, Rep 90P/104, 67 f.; PrMdF an PrMpr., 25.8.1934, ebd., 65 f.; Geschäftsanweisung für die Geheime Staatspolizei v. 15.10.1934, BA, R 58/239, 57 f.; Erl. Himmlers betr. »Inspektion der Konzentrationslager« v. 10.12.1934, BA, R 22/1265, 32.

63 Tuchel, Konzentrationslager, S. 205 ff., weist schlüssig nach, dass Aronsons (Reinhard Heydrich, S. 221 ff.) These, Eicke sei kein Angehöriger der Gestapo gewesen, sondern habe Himmler nur in dessen Eigenschaft als RFSS unterstanden, falsch ist. Diese These ist vermutlich auch auf den Einfluss Bests auf Aronson zurückzuführen; nach dem Krieg behauptete Best konsequent, die Gestapo und die KL-Inspektion hätten nichts miteinander zu tun gehabt, weil er sich selbst und seine ehemaligen Mitarbeiter im Gestapa entlasten wollte.

64 Gestapa an RJM, 28.3.1935, GStAB, Rep. 90P/104, 154-164. Das Schreiben ist unterzeichnet von Himmler; Sprachstil und Argumentationsweise verweisen neben der sachlichen Zuständigkeit aber darauf, dass es, jedenfalls in den ersten sechs der elf Seiten, von Best verfasst worden ist; Teil 2 über die kommunistische Bewegung dürfte von Heydrich oder Müller stammen; vgl. Aronson, Reinhard Heydrich, S. 238 ff., der allerdings die Theorien Bests als an »autoritären Staatsvorstellungen« orientiert in Gegensatz treten lässt zur »Gleichsetzung von Volks- und Rassegemeinschaft«, wie sie Hitler und Himmler verstanden hätten. Best hingegen habe zwar den Anschauungen Hitlers, Himmlers und Heydrichs gegenüber den Ministerien (unwissentlich) zum Durchbruch verholfen, sei aber von jenen »benutzt« worden, während er selbst kein Rassist gewesen sei. Aronson, dessen Charakterisierung Bests auf S. 146 ff. von Best selbst verfasst worden ist (in der Dissertationsfassung des Buches sind diese Passagen auch noch als Zitat Bests ausgewiesen), unterliegt hier einem Irrtum in Bezug auf die theoretische Fundierung des »Rassismus« und des Antisemitismus.

65 RJM an RMdI, 14.5.1935, GStAB, Rep. 90P/104, 149-153, s. Aronson, Reinhard Heydrich, S. 233; Gruchmann, Justiz, S. 706.

66 »Aus einem Konzentrationslager«, dem Pr. Staatsmin. von Lichtenberg am 18.7.1935 zugeleitet, GStAB, Rep. 90P/104, 167-170; dem Gestapa vom PrMpr. zugeleitet am 7.8.1935.

67 Best an den PrMpr., 11.4.1935, zit. n. Aronson, Reinhard Heydrich, S. 233 ff.

68 Der Vorgang (Juli – Oktober 1935) ist nach den Akten des RJM (BA, R 22/1059) ausf. b. Gruchmann, Justiz, S. 708 f., dargestellt.

69 Gestapo (Best) an PrMpr., 27.9.1935, GStAB, Rep. 90P/104, 172-177.

70 Best hat wohl auch später an Eickes Gebaren Kritik geübt, so dass Eicke sich am 10. August 1936 an Himmler mit der Beschwerde wandte, dass im Gestapa Gerüchte kursierten, »wonach die SS-Totenkopfverbände im Herbst 1936 meiner Führung entzogen und den SS-Oberabschnitten unterstellt werden sollen. Diese Gerüchte gehen vom Büro des Dr. Best aus. SS-Standartenführer Best hat an gewisser Stelle erklärt, daß in den Konzentrationslagern eine Schweinerei herrsche; es sei an der Zeit, daß man die Lager wieder der Gestapo unterstellte.« (BA, NS 19/1925). Tuchel verweist mit Recht auf die Singularität dieser Äußerung, der die jahrelange enge und vertrauensvolle Zusammenarbeit zwischen Best und Eicke entgegensteht, und kritisiert die in der Tat bei weitem überzogenen Interpretationen dieses Schreibens in der Literatur, in der aufgrund dieser Zeilen Eickes ein grundsätzlicher Konflikt zwischen

Best und Eicke konstruiert wird; s. Tuchel, Konzentrationslager, S. 213 ff.; dagegen Höhne, Orden, S. 188 ff.; Aronson, Reinhard Heydrich, S. 111; Broszat, Konzentrationslager, S. 64; Buchheim, Die SS, S. 171.

71 Wiedergabe eines Briefes von Best an RJM, 24.10.1935, BA, R 22/1089, 24.

72 Vm. d. RJM über ein Schreiben Bests, 21.10.1935, BA, R 22/1089, 11; Tuchel, Konzentrationslager, S. 214.

73 Himmler an RJM, 6.11.1935, zit. n. Broszat, Konzentrationslager, S. 41.

74 OStA Halle an Gestapa, 27.1.1936, IML, St. 3/280, S. 134 ff., 200 ff., 214 ff., 225 ff. Zahlreiche weitere derartige Fälle in den Akten des Gestapa im IML, St. 3/280, die beinahe durchweg nach dem in diesem Beispiel gezeigten Muster ablaufen.

75 RdErl. d. Gestapa (Heydrich), 28.5.1936, BA, R 58/243, 1549.

76 Ber. d. OStA Düsseldorf an den GStA Düsseldorf, betr. Bespr. am 4.6., 8.6.1937, HStAD, Rep. 242, Dok.O 29; s. Gruchmann, Justiz, S. 703-719, v. a. 715 f. Der Erlass des RMdI v. 1.7.1937, betr. Verschärfte Vernehmung, ist nicht erhalten, vgl. RdErl. d. CdS (Müller) v. 12.6.1942, PS-1531, IMT, Bd. 27, S. 326 f., der den Erlass vom 1.7.1937 ablöste; dazu Interrogation Best v. 13.3.1946, HStAD, Rep. 242, PIa-B, S. 12 ff. Nach dem Krieg rechtfertigte sich Best damit, die »Verschärfte Vernehmung« habe der allgemein üblichen Polizeitaktik zur Herbeiführung von schnellen Aussagen entsprochen und sei in anderen Ländern schärfer und härter gehandhabt worden als in Deutschland; Best, Die Gestapo, S. 8.

77 Adam, Judenpolitik, S. 68.

78 RJM an RFSS, 22.8.1936, BA, R 22/1467; Antwort Bests: Schr. d. RFSSuChdDtP an RJM, 7.10.1936, ebd.; Erl. d. RMdI, betr. Schutzhaft, v. 25.1.1938, PA, Inl. IIg, 60/406394-98; vgl. Gruchmann, Justiz, S. 561, Broszat, Konzentrationslager, S. 74.

79 RdSchr. Gestapa (Best), 14.9.1935, HStAD, Rep. 242, PIc.

80 RdSchr. Gestapa (Heydrich), 17.12.1936, IML, St. 3/459, 52 f.; vgl. RdSchr. Gestapa (Best), 28.7.1938, HStAD, Rep. 242, PIc 1938, in dem moniert wurde, dass die Häftlinge oft im »übermüdeten und überanstrengten Zustand, unrasiert und in unordentlichem Zustand« fotografiert würden, wodurch womöglich eine Beeinflussung zu ihrem Nachteil herbeigeführt werde.

81 Vm. RMdI v. 11.3.1935, GStAB, Rep. 90P/1-2, 135 f.; Vm. Büro PrMpr., 9.4.1935, ebd., 138; PrMpr. an PrStMin., betr. Gesetzesvorlage, 3.5.1935, BA, R 22/1462.

82 Stellungnahme d. RJM, 3.6.1935, BA, R 22/1462; Gruchmann, Justiz, S. 554 ff.; Tuchel u. Schattenfroh, S. 89 f.

83 Preußischer Ministerrat, 27.6.1935, GStAB, Rep. 90P/2-3, 17-19; RJM an Pr. Min., 4.7.1935, GStAB, Rep. 90P/66-4, 206; Entwurf des Gestapa u. RMdI über Gestapo-Gesetz v. 27.7.1935, BA, R 22/1462; zu den Einwänden des RJM und des Wirtschaftsministeriums (Schacht) s. Gruchmann, Justiz, S. 556.

84 Gesetz über die Geheime Staatspolizei v. 10.2.1936, PrGes. 1936, S. 21 ff.; s. Buchheim, Die SS, S. 46 ff.; Broszat, Konzentrationslager, S. 43; ders., Staat Hitlers, S. 341 f.; Plum, Staatspolizei, S. 201 ff.; Neufeldt, Huck, Tessin, Geschichte der Ordnungspolizei, S. 12 ff.; Schlierbach, Die politische Polizei, S. 54 f.

85 RdSchr. d. PrMpr. an RegPräs., 29.2.1936, BA, R 58/243, 115.

86 Gisevius, Bis zum bitteren Ende, S. 123.

87 Best, Die Geheime Staatspolizei, in: DR, 6, 1936 (15.4.1936); im gleichen Heft veröffentlichten auch Heydrich (»Die Bekämpfung der Staatsfeinde«) und Daluege (»Der nationalsozialistische Kampf gegen das Verbrechertum«) Beiträge aus Anlass des 3. Gestapo-Gesetzes. Eine ausführlichere Version der Bestschen Polizeitheorie dann in Best, Die Politische Polizei des Dritten Reiches; auch in: DAZ, 1.7.1937.

88 Best, Die Politische Polizei des Dritten Reiches, S. 424.

89 Best, Die Geheime Staatspolizei, S. 126 f. Zur Polizeitheorie vgl. auch die plausible Analyse bei Meyer, Großraumpolitik, der hervorhebt, dass Bests Polizei- und Verwaltungskonzept seine historischen Wurzeln im Spätabsolutismus habe und Züge eines »frühbürgerlichen ›Polizey‹-Wesens« trage, »das sich in der staatlichen Gesamtaufsicht über die Wohlfahrt, in der Regulierung der Bevölkerung usw. manifestierte.« Zugleich sieht Meyer Best als einen der »Ziehväter moderner Vorstellungen ..., die auf eine ›gesellschaftssanitäre Aufgabe‹ der Polizei abzielen«. (S. 31).

90 Schlierbach, Die politische Polizei, S. 77; vgl. mit z. T. unterschiedlichen Ansätzen Franzen, Die Polizei im neuen Staat; Lauer, Die Polizei im nationalsozialistischen Staat; Hamel, Die Polizei im nationalsozialistischen Staat; Dackweiler, Die Polizei im neuen Staat; Ermert, Die Preußische Geheime Staatspolizei; Höhn, Wandlung im Polizeirecht; Lehmann, Der alte und der neue Polizeibegriff; Schweder, Politische Polizei (v. a. S. 141 ff.); Steeger, Polizei und Staatsidee; Köttgen, Polizei und Gesetz; Haensch, Der organisatorische Weg. Theodor Maunz baute im Jahre 1941 seinen zusammenfassenden Aufsatz über »Die Polizei im Rechtsgefüge«, in: Deutsche Verwaltung, 18, 1941, S. 93-97, vollständig auf den Ausführungen Bests auf.

91 Himmler, Aufgaben und Aufbau der Polizei.

92 Best, Rechtsbegriff und Begriff des Rechtswahrers.

93 Himmler, Aufgaben, S. 127 f.; s. Tuchel, Konzentrationslager, S. 305 ff.; Wegner, S. 68 ff.; Josef Ackermann, Heinrich Himmler, Göttingen 1970, S. 79 ff.; die naheliegende Vermutung, dass Best der Verfasser dieser Himmler-Rede gewesen sei, hat er 1988 bestritten (Schr. an den Verf. v. 1.9.1988).

94 Heydrich, Wandlungen unseres Kampfes, München/Berlin 1935 (Nachdruck eines Artikels im »Schwarzen Korps«).

95 Heydrich, Die Bekämpfung der Staatsfeinde.

96 Heydrich, Aufgaben und Aufbau der Sicherheitspolizei.

97 Dazu statt ausf. Einzelverweise Bracher, Zeit der Ideologien, v. a. S. 150 ff. (»Die Diktatur denken: Faschismus, Nationalsozialismus, Kommunismus im Vergleich«).

98 RMdI, Denkschr. v. 12.10.1935, BA, R 18/5627, 247; vgl. den Entwurf eines Gesetzes zur Überleitung der Polizei der Länder auf das Reich, RMdI v. 26.7.1935, BA, R 22/1457. Mit Schr. v. 21.9.1935 (BA, NS 19/3581) hatte Frick gefordert, dass die gesamte Polizei »von reichswegen einheitlich organisiert und die politische Polizei wieder mit der übrigen Polizei vereinigt wird«. Dies führte offenbar zu der Initiative Himmlers bei Hitler. Dazu i. e. Neufeldt, Huck, Tessin, Ordnungspolizei, S. 12 ff.; Gruchmann, Justiz, S. 558; Buchheim, Die SS in der Verfassung des Dritten Reiches; ders., Die SS, S. 49 ff.; sowie v. a. Tuchel u. Schattenfroh, Zentrale, S. 89 f., und Tuchel, Konzentrationslager, S. 307 ff., 346 ff.

99 Zahlen der KL-Häftlinge nach Tuchel, Konzentrationslager, S. 307 ff.

100 Aus den Gesprächsnotizen Himmlers ist seine Argumentationsfolge noch rekonstruierbar: »1. Behandlung der Kommunisten, 2. Abtreibungen, 3. Asoziale Elemente, 4. Wachverbände, 5. Gestapa-Erlaß v. Frick.« BA, NS 19/1447, 17; dieser Unterredung Himmlers beim »Führer« am 18.10. folgte zwei Wochen später, am 1.11.1935, das Gespräch über »Schutzhaft«, Hinzuziehung von Rechtsanwälten, Todesfällen in Konzentrationslagern, bei denen die Autonomie und Machtbefugnisse des Gestapa von Hitler bestätigt wurden. Beide Entscheidungen stehen in offensichtlicher Verbindung zueinander; s. Tuchel, Konzentrationslager, S. 323.

101 Aus einer Notiz Himmlers über das Gespräch mit Hitler geht hervor, dass hier vermutlich die Entscheidung gefallen ist: »Über die Frage der Führerschulen, inneren Unruhen und der Verfügungstruppe und über die Frage der asozialen Elemente und ihrer Sicherstellung in besonderen Erziehungslagern sowie über das schärfere Vorgehen gegen die Kommunisten wurde lange gesprochen. Die Führerschulen wurden vom Führer grundsätzlich genehmigt und sollen im Rahmen der Zusammenfassung der Gesamtpolizei unter den Reichsführer-SS, entweder als Staatssekretär im Innenministerium oder unmittelbar unter den Führer gestellt werden.« Aktennotiz Himmlers v. 18.10.1935, BA, NS 19/3582.

102 Neufeldt, Huck, Tessin, Ordnungspolizei, S. 13; Buchheim, Die SS, S. 132 ff.

103 RGBl 1936 I, S. 487.

104 Best, Der Reichsführer-SS und Chef der Deutschen Polizei.

105 Erl. d. RFSSuChdDtPol. zur Neuordnung der Polizei, RMBliV, S. 940 ff.; Geschäftsverteilung im HA Sicherheitspolizei (Himmler, i.V. Best), 2.3.1936, HStAD, Rep. 242, PIc 1936, 211; Erl. d. RFSSuChdDtPol., 20.9.1936, RMBliV 1343; zu Bests Funktion als Chef der Abwehrpolizei s. Kap. III.4.

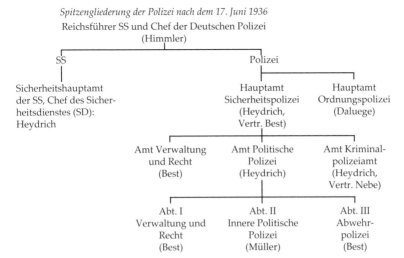

Spitzengliederung der Polizei nach dem 17. Juni 1936
Reichsführer SS und Chef der Deutschen Polizei
(Himmler)

SS — Polizei

Sicherheitshauptamt der SS, Chef des Sicherheitsdienstes (SD): Heydrich

Hauptamt Sicherheitspolizei (Heydrich, Vertr. Best)

Hauptamt Ordnungspolizei (Daluege)

Amt Verwaltung und Recht (Best)

Amt Politische Polizei (Heydrich)

Amt Kriminalpolizeiamt (Heydrich, Vertr. Nebe)

Abt. I Verwaltung und Recht (Best)

Abt. II Innere Politische Polizei (Müller)

Abt. III Abwehrpolizei (Best)

106   Best, Die Deutsche Polizei [1]1940, [2]1941), S. 31 f.; vgl. ders., Die Behandlung der Kriminellen im Kriege; sowie Bests Rezension zu F. Extier: Kriminalbiologie in ihren Grundzügen, S. 1499 f. Hierzu und zum Folgenden s. Wagner, Feindbild »Berufsverbrecher«, S. 226-252.

107   Schallmayer, Vererbung und Auslese ([2]1910). Die Forschungsliteratur zu dem im Folgenden behandelten Komplex ist in den letzten Jahren stark angestiegen – grundlegend: Bock, Zwangssterilisierung, sowie Weingart u. a., Rasse, Blut und Gene, S. 367-561. Zum politisch-ideologischen Kontext s. Peukert, Volksgenossen und Gemeinschaftsfremde, S. 219-288, v. a. S. 246 ff. (»Rassismus als Gesellschaftspolitik«); einen zusammenfassenden, ausführlichen Überblick bietet Schmuhl, Rassenhygiene; vgl. Herbert, Traditionen des Rassismus; konzentrierte und die Verbindungen zwischen Politik, Weltanschauung und Wissenschaft herausarbeitende Analysen bei Frei, Einleitung, in: ders. (Hg.), Medizin und Gesundheitspolitik; Schmuhl, Rassismus, sowie Burleigh/Wippermann, The Racial State; allerdings wird dieser in vielem aufschlussreiche Versuch, das NS-Regime insgesamt als »Rassenstaat« zu definieren, insofern überzogen, als er die komplexe Struktur der NS-Diktatur auf den Rassismus reduziert.

108   Etwa Rath, Über die Vererbung von Dispositionen zum Verbrechen; Lenz, Grundriß der Kriminalbiologie; Lange, Verbrechen als Schicksal; Riedl, Studien über Verbrecherstämmlinge; Mezger, Die Arbeitsmethoden und die Bedeutung der kriminalbiologischen Untersuchungsstellen; Stumpft Erbanlage und Verbrechen; Ritter, Ein Menschenschlag; Exner, Kriminalbiologie in ihren Grundzügen. Zusammenfassender Überblick bei Terhorst, Polizeiliche planmäßige Überwachung, s. 33 ff., dort auch ausf. Literaturhinweise.

109   Jung, Herrschaft, S. 112-128, s. Kap. II.1.

110   Ausgangspunkt war hier die unter dem Eindruck des Krieges entstandene Schrift von Binding und Hoche, Die Freigabe der Vernichtung lebensunwerten Lebens (1920); zu der sich daran anschließenden Diskussion in Deutschland s. Schmuhl, S. 115 ff.

111   Der Berliner Kammergerichtsrat Karl Klee hatte bereits 1920 die »Ausschließung parasitärhafter Existenzen« und der »aktiv schädlichen Mitglieder der Gesellschaft«, nämlich der »Gewohnheitsverbrecher«, »unter dem höheren Gesichtspunkt des Menschheitshaushaltes« gefordert; Klee, Die Freigabe der Vernichtung lebensunwerten Lebens; vgl. auch die Schriften von Elster, Sozialbiologie, Bevölkerungswissenschaft und Gesellschaftshygiene ; ders.: Freigabe lebensunwerten Lebens.

112   Dies kann am Beispiel des »Sterilisationsgesetzes« gut nachverfolgt werden, s. Bock, Zwangssterilisierung, S. 42-58; die entsprechenden Initiativen vor 1933 sind durchweg abgeblockt worden. »In einem parlamentarisch regierten Deutschland hätte das Sterilisations-

gesetz kaum eine Chance gehabt«, betont Gisela Bock daher zu Recht (S. 52). Zur zeitgenössischen Kritik an der »Kriminalbiologie« s. Vierenstein, Über Typen des verbesserlichen und unverbesserlichen Verbrechers.

113 Die »Aufbauarbeit« im neuen Staate, so fasste es der Führer des NS-Ärztebundes und spätere »Reichsgesundheitsführer« Gerhard Wagner im Frühsommer 1933 zusammen, müsse auf der Grundlage der »auf reinem wissenschaftlichen Wege« gewonnenen »Erkenntnisse der Rassenhygiene und Erbbiologie« erfolgen: »Sie haben die weltanschauliche Gestaltung des Staatsbildes maßgeblich beeinflußt und verkörpern geradezu die Grundlage der heutigen Staatsraison.« Gerhard Wagner: Reden und Aufrufe, hrsg. von Leonhard Conti, Berlin, Wien 1943, S. 14 f., zit. n. Frei, Medizin, S. 8.

114 Gesetz zur Verhütung erbkranken Nachwuchses (GzVeN) v. 14.7.1933, RGBl I 1933, S. 529; zur Entstehung s. Bock, Zwangssterilisierung, S. 80-103. Gesetz gegen gefährliche Gewohnheitsverbrecher und über Maßregeln der Sicherung und Besserung, 24.11.1933, RGBl I 1933, S. 995; in Kraft getreten am 24.11.1933; vgl. Schäfer, Wagner, Schafheutle, Gesetz gegen gefährliche Gewohnheitsverbrecher; zur Entstehung s. Gruchmann, Justiz, S. 838 ff.; Hellmer, Der Gewohnheitsverbrecher; Terhorst, Polizeiliche planmäßige Überwachung, S. 61-108.

115 Gütt, Rüdin, Ruttke, Gesetz zur Verhütung erbkranken Nachwuchses, S. 62.

116 Davon 1.804 nachträglich, s. Gruchmann, Justiz, S. 723.

117 Geheimer Erlaß des PrMdI (gez. Göring) v. 13.11.1933, GStAB, Rep. 84a/3715, 227; Gruchmann, Justiz, S. 719 ff.

118 Höhn, Altes und neues Polizeirecht, S. 277.

119 Werner Best: Wie schützt sich das Dritte Reich vor Verbrechern und asozialen Elementen? in: HStAD, Rep. 242, PIc 1936. Veröffentlichungsdaten und -ort des Artikels, der in Kopie vorliegt, sind nicht ermittelbar; die Angabe »1936« ist bezweifelbar, weil Best hier als »Brigadeführer« bezeichnet wird, zu dem er aber erst im April 1939 ernannt wurde.

120 »Asozialität«, so hat vor allem Gisela Bock in ihren Untersuchungen über den Zusammenhang von »hygienischem« und »anthropologischem« Rassismus betont, war nun »zu einer zentralen Kategorie« geworden. »Der Begriff ›Asozialität‹ und die von ihm gemeinten sozialen Phänomene wurden zum Inbegriff von ›Biologischem‹, von ›Erbe‹, ›Abstammung‹, ›Fortpflanzung‹, 41.1n-)Wert‹.« Bock, Zwangssterilisierung, S. 363.

121 Dazu grundlegend Zimmermann, Verfolgt, vertrieben, vernichtet; Kürzinger, Asozialität und Kriminalität (mit umfangreichem Literaturnachweis); Terhorst, Polizeiliche planmäßige Überwachung, S. 33 ff. Als die einflussreichsten Kriminologen der Zeit, die den Zusammenhang zwischen »Anlage« und »Asozialität« heraushoben, müssen Mezger und Exner betrachtet werden; vgl. Mezger, Die Arbeitsmethoden; Exner, Kriminalbiologie (4. Aufl. 1949 wieder als »Kriminalistik«).

122 »›Asozialität‹ war die umfassendste Wertkategorie des Rassismus: Selbsternannte ›Wertvolle‹ bestimmten kraft ihrer Definitionsmacht, was ›Gemeinschaft‹ und wer ›gemeinschaftsfremd‹, was ›sozial‹ und was ›biologisch‹ sei. In der Kategorie der ›Asozialen‹ und deren Behandlung fielen rassistische ›Biologie‹ und rassistische ›Soziologie‹ zusammen.« Bock, Zwangssterilisierung, S. 367; vgl. Kürzinger, Asozialität, S. 3 ff.; Peukert, Arbeitslager und Jugend-KZ; Terhorst, Polizeiliche planmäßige Überwachung, S. 138 ff.; Ayaß, »Ein Gebot der nationalen Arbeitsdisziplin«; zur weiteren Entwicklung hin zum (dann aber nicht erlassenen) »Gemeinschaftsfremdengesetz« s. Wagner, Das Gesetz über die Behandlung Gemeinschaftsfremder; sowie Scherer, »Asozial« im Dritten Reich.

123 RdSchr. d. Pr. LKPA v. 27.1.1937, in: Vorbeugende Verbrechensbekämpfung. Erlaßsammlung (Schriftenreihe d. RKPA, Nr. 15) BA, Rd 19/2815, S. 27; Erl. d. RFSSuChdDtPol., 23.2.1937, ebd., S. 28; vgl. Broszat, Konzentrationslager, S. 68 f.; Terhorst, Polizeiliche planmäßige Überwachung, S. 109; Pingel, Häftlinge, S. 70 f.; Siegert, Das Konzentrationslager Flossenbürg, S. 429 ff.; Gruchmann, Justiz, S. 724 f.

124 Erl. d. PrMdI v. 14.12.1937, BA, R 22/1469, 39 ff.; in der Erlaßsammlung »Vorbeugende Verbrechensbekämpfung« findet sich nur die veränderte Fassung von 1942; Richtlinien d. RKPA v. 4.4.1938, Erlaßsammlung »Vorbeugende Verbrechensbekämpfung«, S. 65 ff.; dazu Terhorst, Polizeiliche planmäßige Überwachung, S. 115 ff; Gruchmann, Justiz, S. 719 ff.

125 Werner, Die vorbeugende Verbrechensbekämpfung.

126 Zur Aktion »Arbeitsscheu Reich« s. Erlaßsammlung »Vorbeugende Verbrechensbekämpfung«, 26.1.1938, S. 46; 24.2.1938, S. 58; 31.3.1938, S. 64; 20.4.1938, S. 79; vgl. Broszat, Konzentrationslager, S. 71 f.; Ayaß, Gebot, S. 45 ff.; Hans Buchheim: Die Aktion »Arbeitsscheu Reich«, in: Gutachten des Instituts für Zeitgeschichte, Bd. 2, Stuttgart 1966, Bd. 2, S. 189- 195; Pingel, Häftlinge, S. 71. Zur Juni-Aktion gegen »Asoziale« s. Erlaßsammlung »Vorbeugende Verbrechensbekämpfung«, 1.6.1938, S. 81; 23.6.1938, S. 85; 18.6.1940, S. 190; Terhorst, Polizeiliche planmäßige Überwachung, S. 143 ff.; Ayaß, Gebot, S. 53 ff.

127 Tuchel, Konzentrationslager, S. 361.

128 Frank u. a., Grundfragen der deutschen Polizei; darin Best: Die Aufgaben des Ausschusses für Polizeirecht der Akademie für Deutsches Recht, S. 17 ff.; vgl. Dennis L. Anderson: The Academy for German Law, S. 214 ff.

129 Stellungnahmen von Froböß, Müller, Nebe, Best; Zusammenfassung von Höhn v. 3.3.1937, in: BA, R 61/253, 251 ff.

130 Vorschlag Best, 3.3.1937, ebd., 211; über die Diskussion dieses Vorschlags der Bericht Höhns v. 2.6.1937, ebd., S. 350-388.

131 Bericht Bests über die 2. Arbeitssitzung des Ausschusses am 2.6.1937, 1.8.1937, ebd., S. 389-392.

132 Dabei ist zu berücksichtigen, dass diese Verhandlungen sich mit den ersten Maßnahmen zur »rassischen Generalprävention« überschnitten; beide Diskussionen um die Ausweitung des polizeilichen Aufgabenfelds und um die »Definition« der polizeilichen Aufgaben standen also von vornherein in zeitlichem Zusammenhang und inhaltlichem Widerspruch zueinander.

133 Bericht Bests v. 1.8.1937, S. 389 f.

134 Best, Neubegründung des Polizeirechts.

135 Best, Die Geheime Staatspolizei, (Anm. 131) S. 126.

136 Best, Neuordnung des Polizeirechts; ders.: Werdendes Polizeirecht.

137 Fraenkel, Doppelstaat, S. 93 f.; er bezieht sich dabei auf Bests »Neubegründung des Polizeirechts«. Fraenkel hatte in den 60er Jahren Kontakt zu Best und diesen in Mülheim/Ruhr mehrfach besucht; Auss. Best, 4.7.1969, HStAD, Rep. 242/Verhörbände, S. 480.

138 Ebd., Vorwort zur deutschen Ausgabe (1974), S. 17.

139 Die zahlreichen Arbeiten zur »Abwehr« des NS-Staates sind zum überwiegenden Teil stark von der Geheimdienstromantik geprägt und daher unbrauchbar. Eine gewisse Grundlage bietet, obwohl nicht frei von kolportagehaften Passagen, Höhne, Canaris; zu-verlässiger dagegen Kahn, Hitlers Spies; und Browder, Foundations, S. 172 ff. Best selbst hat (etwa 1952) eine umfangreiche Darstellung verfasst, die wie ein »Lehrbuch« angelegt ist (und wohl auch so genutzt werden sollte), Best, Die deutsche Abwehrpolizei bis 1945, die für die Einzelheiten ergiebig, in Bezug auf die damit verbundenen politischen Wertungen aber nur mit erheblicher Vorsicht zu benutzen ist; sie wurde in den genannten Darstellungen z. T. ausführlich verwendet. Aufschlussreich daneben Best, Wilhelm Canaris (Kopenhagen 1949). Man muss konzedieren, dass die Skizzierung des Werdegangs von Canaris durch Best weitaus zutreffender und nüchterner ist als im größten Teil der Nachkriegsliteratur. Zur Entwicklung der Abwehrpolizei s. auch den Sachbericht des Kriminaldirektors Dr. Karl Schäfer über die Abwehrpolizei (o. D., nach 1945), IfZ, Zs 372, der die Angaben Bests in den Einzelheiten bestätigt.

140 Ansprache Hitlers in der Preußischen Staatsoper, 3.1.1935, n. Browder, Foundations, S. 179; Höhne, Canaris, S. 170 f.

141 Besprechung über Abwehrfragen im Reichswehrministerium, 17.1.1935, GStAB, Rep. 90P/1-2, 203 ff.; anwesend waren Canaris und sein Amtschef Bamler; für das Gestapa Heydrich, Best, Patschkowsky und für den SD Jost; s. Browder, Foundations, S. 178 ff.; Höhne, Canaris, S. 177. Die enge Kooperation wurde bestätigt im Schreiben des Reichswehrministeriums an RMdI v. 21.1.1935, GStAB, Rep. 90P/1-2, 199 f; und bestätigt durch RdSchr. Bests an Stapo-Stellen betr. Richtlinien f. d. Zusammenarbeit zwischen Polizei u. Wehrmacht v. 10.5.1935, HStAD, Rep. 242, PIc 1935.

142 Buchheim, Die SS, S. 145-153; Best, Die Deutsche Polizei, S. 48; Best, Unterredung Buchheim (1955). Ursprünglich hatte Himmler die Grenzpolizei der SS-Verfügungstruppe

übertragen wollen, um diese Truppe vergrößern zu können, konnte sich aber gegenüber der Wehrmacht mit diesem Vorschlag nicht durchsetzen; vgl. Tagebuchnotiz Jodls v. 22.3.1937, IMT, Dok. PS-1780.

143 Best, Abwehrpolizei; ders., Die Deutsche Polizei, S. 47; zur Ausländerpolizei s. Herbert, Fremdarbeiter, S. 63 ff.; Wolff, Motive und Absichten; zu Werkschutz und betrieblichen Abwehrbeauftragten s. Herbert, Fremdarbeiter, S. 195 f., 204 ff.; Mallmann u. Paul, Herrschaft und Alltag, S. 291-298; sowie Drobisch, Der Werkschutz.

144 Best, Abwehrpolizei, S. 35 f. Als Beispiel für die Schulungen etwa der Lehrplan 1936 für die zweimonatigen Grenzpolizei-Kurse in der Grenzpolizeischule in Pretzsch an der Elbe mit den Lehrbereichen »Rechtskunde, Kriminalwissenschaft, Stapo-Dienstkunde, Grepo-Dienstkunde, Staatskunde, Weltanschauung, Polizei-Truppendienst, Körperschulung, Waffenschulung«, IML, St. 3/354, 2-25.

145 Best, Abwehrpolizei, S. 35, 37, 51.

146 Bests Kalendernotizen zwischen 1935 und 1939 zufolge war Canaris in diesen Jahren sein häufigster dienstlicher Gesprächspartner außerhalb der Sicherheitspolizei und auch privat der häufigste Gast in seinem Haus (HStAD, Rep. 242, PI/f).

147 Vereinbarung zwischen CSSD und OKW, 21.12.1936, Dienstanweisung der Gestapo zur Bekämpfung des Landesverrats, IfZ 1720/55; Höhne, Canaris, S. 203.

148 Sachbericht Schäfer (Anm. 139), S. 6.

149 Best, Canaris, S. 176.

150 »Stellungnahme zu dem Fall des Generaloberst Freiherr von Fritsch (Verf.: Canaris und Hoßbach), o. D., zit. n. Deutsch, Das Komplott; zur Fritsch/Blomberg-Krise s. Müller, Das Heer und Hitler, S. 255 ff.; Höhne, Canaris, S. 244 ff.; sowie jetzt Janßen/Tobias, Der Sturz der Generäle.

151 Darstellung der Vorgänge um Blomberg und von Fritsch durch Best gegenüber Hermann Foertsch vom Institut für Zeitgeschichte, 13.9.1952, IfZ, Zs 207; Best, Hermann Göring (4.4.1949), hier S. 137.

152 Müller, Deutsche Militär-Elite, hier S. 277.

153 Aufbau des SD 1936/37

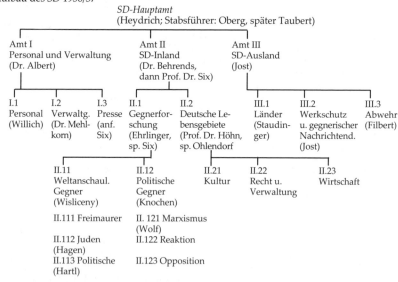

SD-Hauptamt
(Heydrich; Stabsführer: Oberg, später Taubert)

Amt I — Personal und Verwaltung (Dr. Albert)
Amt II — SD-Inland (Dr. Behrends, dann Prof. Dr. Six)
Amt III — SD-Ausland (Jost)

I.1 Personal (Willich)
I.2 Verwaltg. (Dr. Mehlkorn)
I.3 Presse (anf. Six)
II.1 Gegnerforschung (Ehrlinger, sp. Six)
II.2 Deutsche Lebensgebiete (Prof. Dr. Höhn, sp. Ohlendorf)
III.1 Länder (Staudinger)
III.2 Werkschutz u. gegnerischer Nachrichtend. (Jost)
III.3 Abwehr (Filbert)

II.11 Weltanschaul. Gegner (Wisliceny)
II.12 Politische Gegner (Knochen)
II.21 Kultur
II.22 Recht u. Verwaltung
II.23 Wirtschaft

II.111 Freimaurer
II.112 Juden (Hagen)
II.113 Politische (Hartl)
II. 121 Marxismus (Wolf)
II.122 Reaktion
II.123 Opposition

Die Übersicht gibt etwa den Stand von 1936/37 wieder, wie er nach schriftlichen Unterlagen und Zeugenaussagen von der ermittelnden Staatsanwaltschaft Berlin im Verfahren gegen Best zusammengestellt worden ist; s. Anklageschrift GStA Berlin 1Js12/1965, S. 278 ff.;

sowie die Angaben bei Aronson und Browder, Foundations. Wegen der hohen Fluktuation in den einzelnen Abteilungen ist die Dauer der Amtsausübung nicht in allen Fällen bestimmbar. Ein Geschäftsverteilungsplan ist nicht überliefert.

154 Aronson, Reinhard Heydrich S. 195-216; Browder, Foundations, S. 132 ff.; Höhne, Orden, S. 183-209; Buchheim, Die SS, S. 59 ff.; Mallmann u. Paul, Herrschaft, S. 269-277; sowie Herbst, Der Totale Krieg, S. 104 ff.

155 Leopold von Caprivi: Erinnerungen (ungedr. MS., Teile als Zs 307 im IfZ), S. 16. Ich bin Frau von Caprivi für die Überlassung der Erinnerungen ihres Mannes sehr dankbar.

156 Dazu i. e. Aronson, Reinhard Heydrich, und Browder, Foundations, passim.

157 Heinz Höhne hat diese Männer als Anhänger »einer im Grunde doktrinlosen Dynamik, ... einer Technologie des Herrschens, die nur noch auf eine allgemein verbindliche Potenz fixiert war, den Staat oder genauer: den charismatischen Führer«, beschrieben; »das Herrschen, die Macht an sich ... wurde zur Pflichtübung einer selbsternannten Elite«. Eine solche Charakterisierung greift aber zu kurz, weil sie die weltanschaulich begründete Motivation dieser Gruppe vernachlässigt oder als zynische Verkleidung eines ideologisch ungebundenen Machtstrebens begreift. Höhne, Orden, S. 197; dagegen aber Browder, The SD, der Elitenbewusstsein und weltanschaulichen Radikalismus als wesentliche Kennzeichen der SD-Führer beschreibt; sowie Herbst, Totaler Krieg, S. 182 ff. (über Ohlendorf).

158 Auch Hans Buchheim unterschätzt in seiner im Wesentlichen bis heute gültigen Analyse der »Mentalität der SS« die weltanschauliche Aufladung der SD-Führer, wenn von ihm »der Einsatz als solcher« als der »wirkliche Angelpunkt der SS-Ideologie« hervorgehoben wurde. Buchheim, Befehl und Gehorsam, S. 239.

159 Ebd., S. 232. Buchheims Kritik daran, dass viele Autoren »die Zusammenhänge zwischen dem Nationalsozialismus und bestimmten philosophischen Lehren zu theoretisch zu explizieren und zu lückenlos nachzuweisen« versuchten, ist nach wie vor zutreffend. Sein Urteil, wonach in der SS das »theoretische Element eine Nebenrolle« gespielt habe – »das eigentlich Tragende und Verbindende war stattdessen eine Mentalität« – ist in dieser Zuspitzung für die SS insgesamt vielleicht richtig, für die Führung von SD und Politischer Polizei gewiss nicht. Die Tatsache, dass eine Weltanschauung als widersprüchlich und inkonsistent zu erkennen ist, sagt zudem nichts über ihre Wirkungsmächtigkeit aus. Vielmehr ist dies ein Kennzeichen aller weltanschaulichen Doktrinen, die sich mit gesellschaftlicher Praxis verbinden. Diese ex post als intellektuell unbefriedigend und nicht tragfähig zu bezeichnen, ist insofern ein leichter Sieg. Vielmehr kommt es darauf an zu erklären, warum sie auf die Protagonisten eine solche Anziehungskraft ausübten, warum sie deren Erklärungsbedarf befriedigten und in welcher Weise sie sich symbolisch – zu »Mentalitäten« – verdichteten. Hierzu einleuchtend Graml, Wer bestimmte die Außenpolitik; sowie ders., Zur Genesis der »Endlösung«.

160 Heydrich, Wandlungen unseres Kampfes.

161 Best, Unterredung Buchheim (1955), S. 9 f.

162 Best, Reinhard Heydrich, S. 163.

163 Best, Die Deutsche Polizei, S. 107; vgl. ders., Die Schutzstaffel der NSDAP, S. 44-48.

164 Ausf.: Buchheim, Die SS, S. 101 ff.; Best, Die Deutsche Polizei, S. 95 f.; ders.: Eidesstattliche Erklärung v. 14.5.1949, HStAD, Rep. 242, Dok.O 29.

165 Best, Unterredung Buchheim (1955), S. 10. Im Februar 1940 waren z. B. der Chef der Ausländerpolizei, Dr. Wetz (Amt I A(d)7), der Leiter der Abteilung Abwehr und Wehrmacht, Blaesing (IV F1) und die Mehrheit der Abteilungsleiter im Amt VI (Verbrechensbekämpfung) nicht Mitglieder der SS; Geschäftsverteilungsplan des RSHA, 1.2.1940, HStAD, Rep. 242/169.

166 Best, Unterredung Buchheim (1955), S. 10.

167 Himmler beschrieb es als Aufgabe des SD, regelmäßige und repräsentative Lageberichte zur »Unterrichtung des RFSS, der Staatsführung und der Leitung der Partei über die politische Lage im Reiche und über die Stimmung der Bevölkerung« zu erstellen, wobei den SD »nur die großen weltanschaulichen Fragen« interessieren sollten, die »wissenschaftlich und« – hier passt das Wort wirklich – »generalstabsmäßig studiert werden«. (Himmler vor einem nationalpolitischen Lehrgang der Wehrmacht, Januar 1937, IMT, PS-1992A, zit.

n. Buchheim, Die SS, S. 61; Befehl Heydrichs v. 4.1.1937, BA, R 58/990.) Diese eindeutigere Aufgabenstellung wurde im Juni 1937 durch Erlass fixiert, im Jahr darauf wurde der SD in seiner Monopolstellung als Nachrichtendienst der Partei bestätigt und durch den Reichsinnenminister auch von staatlicher Seite offiziell sanktioniert. Gemeinsamer Erlass des RFSS u. CSSD v. 1.7.1937 (sog. »Funktionsbefehl«), BA, R 58/239, in dem die Arbeitsgebiete zwischen Sipo und SD abgegrenzt, zugleich aber auch die wechselseitige Kooperation angemahnt wurde; AO d. Stv. d. Führers v. 14.12.1938, Buchheim, Die SS, S. 64; Erl. d. RMdI v. 11.11.1938, RMBliV 1938/1906; s. Herbst, Totaler Krieg, S. 105 f.

168 Dazu i. e. Kap. III.5.

169 Rürup (Hg.), Topographie des Terrors, S. 70.

170 Durch RdErl. d. PrMpr. v. 15.5.1937, RMBliV, S. 788; s. Gruchmann, Justiz, S. 560; Buchheim, Die SS, S. 53.

171 Geschäftsverteilungsplan, 1.7.1939, HStAD, Rep. 242/168.

Aufbau des Hauptamtes Sicherheitspolizei, Stand: Juli 1939

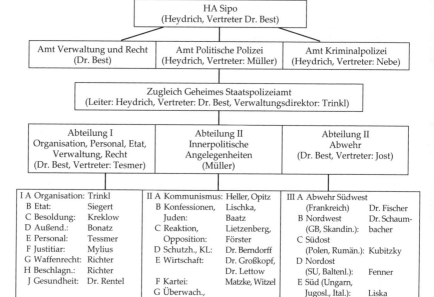

172 »Dr. Best hatte bei diesen Besprechungen zu jedem grundsätzlichen Thema Stellung genommen«, bemerkte der Leiter der Stapo-Stelle Elbing, Dr. Gerke, über diese Tagungen, »er hatte hierzu immer etwas zu sagen. Dr. Best war ein vielseitig begabter Mann. Er galt bei den jungen Stapo-Leitern als Vorbild, vor allem bei den jungen Juristen.« Aussage Dr. Gerke, 24.6.1970, ebd., ZgO Gerke.

173 Vm. Dieckhoff (AA), v. 9.10.1936, HStAD, Rep 242, PIc.

174 Best, Berufsweg (1964), S. 2.

175 Vgl. dazu am saarländischen Beispiel Mallmann u. Paul, Herrschaft, v. a. S. 175-290. Der Ansatz der beiden Autoren und ihre Beschreibungen der regionalen Wirksamkeit der Gestapo sind durchaus überzeugend; allerdings ist zu berücksichtigen, dass die Beantwortung der Frage, wie mächtig die Gestapo im örtlichen und regionalen Bereich wirklich gewesen ist, in erster Linie davon abhängt, welche Vorerwartungen hierbei bestehen. Die vermeintliche Allgegenwart der Gestapo ist in Deutschland nach 1945 insbesondere im Rahmen der Entnazifizierung nachgerade zur Kollektiventschuldigung geworden. Dahingegen und auch verglichen mit der Allgegenwart der Geheimdienste in den Ländern des »realen Sozialismus« war die Präsenz der Gestapo innerhalb der deutschen Gesellschaft tatsächlich nicht sehr hoch. In Relation zum Erwartungshorizont der Zeitgenossen und den Erfahrungen der Deutschen mit der Polizei in der Weimarer Republik und im Kaiserreich aber mussten die Ausdehnung und Gegenwärtigkeit der Politischen Polizei im nationalsozialistischen Deutschland doch als sehr erheblich angesehen werden. Die Tatsache, dass die Gestapo bei ihrer Tätigkeit auf ein verbreitetes Denunziantenwesen unter der deutschen Bevölkerung zurückgreifen konnte, ist zudem ein Diktaturen generell kennzeichnendes Moment und keine Besonderheit der NS-Gesellschaft. Vermutlich ist nicht die Verbreitung des Denunziantenwesens und ihre Nutzung durch die Politische Polizei das hierbei Kennzeichnende, sondern das fehlende Verbot ihrer Bestrafung. Vor allem in der Frühphase des NS-Regimes wurde zur Denunziation politischer Gegner in regelrechten Kampagnen sogar öffentlich aufgefordert und dabei die Wahrung der Anonymität garantiert. Insofern ist ein direkter Rückschluss vom Ausmaß der Denunziationen auf das Maß an Zustimmung der Bevölkerung zum Regime problematisch. Best hat übrigens in Nürnberg selbst auf die relative organisatorische Schwäche der Gestapo und die Bedeutung des Denunziantenwesens hingewiesen. Auf die Frage, auf welcher Grundlage die Behörden der Politischen Polizei Tatbestände aufgriffen, erklärte er:»Fast ausschließlich aufgrund von Anzeigen, die entweder von Privatpersonen oder von irgendwelchen Stellen außerhalb der Polizei an sie gerichtet wurden ... Diese Anzeigen sind auf allen Gebieten, die überhaupt die Politische Polizei interessierten, erstattet worden. Die Polizei war deshalb gar nicht in der Lage, selbst auf die Suche zu gehen, ob solche Fälle irgendwo vorlagen. Ein eigener Nachrichtendienst ist überhaupt nur da entwickelt worden, wo man organisierte Gruppen vermutete, z.B. bei der illegalen Kommunistischen Partei ... Es ist nicht so, wie häufig dargestellt wurde und wird, als ob die Gestapo ein Netz von Nachrichtenagenten und Spitzeln unterhalten habe, um das ganze Volk zu beobachten. Das hätte mit dem kleinen Beamtenstand, der voll mit den laufenden Dingen beschäftigt war, gar nicht geleistet werden können.« Aussage vor dem IMT, 31.7.1946. Bd. 20, S. 144 f.

176 Vgl. Best, Die Nachwuchsfrage; als Prinzipien der Ausbildung des juristischen Nachwuchses zählte Best hier auf: hohe Anforderungen und scharfe Prüfungen; eine positive Einstellung zum Beruf des Juristen als »Ordner in der Volksordnung«; volle körperliche Gesundheit; abgeschlossene und gründliche Ausbildung inklusive Weltanschauung, Rassenkunde, Geschichte, Wirtschaftskunde; verstärkte praktische Ausbildung im Vorbereitungsdienst; Einheit von persönlicher und fachlicher Erziehung.

177 Gestapo an RMdI, 21.8.1936, GStAB, Rep. 90P/951; das Schreiben diente dem Antrag auf vorzeitige Beförderung von Hartmann, Mylius, Bovensiepen und Seetzen zu Regierungsräten.

178 Paul Kanstein: Niederschrift über Dr. Werner Best, Dänemark, 3.12.1947, Archiv des Instituts für Zeitgeschichte an der Universität Kopenhagen, Slg. Kirchhoff. Kanstein, Jahrgang 1899, Jurist, seit Ende 1931 Regierungsassessor und -rat beim Regierungspräsidenten in Königsberg, Leiter der Stapo-Stellen Königsberg, Osnabrück, Hannover, Düsseldorf, seit Oktober 1937 Berlin; 1939 Polizeivizepräsident in Berlin als Nachfolger seines Jugendfreundes Graf von der Schulenburg; 1940 bis Juni 1943 Beauftragter der inneren Verwaltung in Dänemark, seit 1942 unter Best, mit dem er seit der Berliner Zeit gut bekannt war. Von Oktober 1943 bis Kriegsende Militärverwaltungschef in Italien; im Zusammenhang mit dem 20. Juli verdächtigt und verhört, aber nicht belangt.

179 Max Drahein, Aussage v. 27.10.1970, HStAD, Rep. 242, ZgO Drahein. Karl Neumann, Aussage v. 31.7.1970, ebd., ZgO Neumann.

180 Vgl. Höhne, Orden, S. 196 ff.
181 Zipfel, Gestapo und SD, S. 288. Zipfel hat, soweit ich sehe, als erster genauer auf die Tatsache des bemerkenswert niedrigen Altersdurchschnitts der Sipo-Referenten und Stapostellen-Leiter sowie auf die Bedeutung der generationellen Erfahrung der Kriegsjugend generell hingewiesen. Den entscheidenden Faktor für die Bereitschaft zum weltanschaulich motivierten Massenmord sah er aber in der »antichristlichen Haltung der Gestapo-›Elite‹« Hinweise auf den generationellen Aspekt aber auch bereits bei Paetel, Die SS, S. 22 ff.
182 Jamin, Zwischen den Klassen; Bessel, Political Violence, S. 33 ff.
183 Herbert F. Ziegler hat die soziographischen Daten für das SS-Führerkorps (Standartenführer aufwärts) erhoben; danach waren von den von 1933 Eingetretenen im Jahre 1938 44 % unter 35 Jahre alt, von den später Eingetretenen nur 35 %. Insgesamt ist die Aussagekraft seiner Datenreihen sehr begrenzt, und auch sein Fazit ist nur begrenzt hilfreich: »Die mangelnde soziale Homogenität stellte sicher, daß Menschen unterschiedlicher Herkunft und Erfahrung – und womöglich auch unterschiedlicher Weltanschauung – die entscheidenden Positionen der SS besetzten.« Ziegler, The SS Fuehrerkorps, S. 49, 162. Eine soziographische Analyse der Führung von Sipo und SD fehlt. In einer eigenen Erhebung ergab sich das folgende, unvollständige Bild: Von 96 insgesamt untersuchten Personen (RSHA, 1940: Amtsleiter, Referatsleiter sowie Stapostellenleiter und -vertreter, nur Gestapo und SD) waren

bis 30 Jahre alt:	14 =	14,5 %
31 bis 35:	21 =	43,7 %
36 bis 40:	13 =	27,0 %
über 40:	14 =	14,5 %.

In den Kategorien der »politischen Generationen« ist die Verteilung noch aufschlussreicher:

Jgg. 1901 und älter:	22 =	23,0 %
Jgg. 1902 – 1909:	60 =	62,5 %
Jgg. 1910 und jünger:	14 =	14,5 %.

Diese Erhebung ist nicht repräsentativ; aber die Tendenzen sind hier gewiss zutreffend beschrieben. Ein repräsentatives Bild hingegen lässt sich aus den Statistiken der Spruchgerichtsverfahren in der englischen Besatzungszone gewinnen. Die jahrgangsmäßige Gliederung der Spruchgerichtsverfahren auf der Basis von 19.126 Fällen zeigt folgendes Ergebnis (in %):

	Jahrgänge vor 1900	1900 – 1909	1910 – 1918	nach 1918
Politisches Führerkorps der NSDAP	66	31	3	—
Gestapo und SD	24	49	27	0,4
SS	16	40	32	11

(Statistik über die Tätigkeit der Spruchgerichte, Stand 31.10.1949, BA Z 421/82, S. 290 ff., zit. n. Wember, Umerziehung, S. 339.)
Drei Viertel der Angehörigen von Gestapo und SD waren also bei Kriegsbeginn jünger als 39, ein Viertel jünger als 29 Jahre. Allerdings sind die Angaben nicht nach Dienstrang unterschieden und umfassen alle Mitarbeiter der Sicherheitspolizei. Zudem sind die Mitarbeiter des RSHA hier unter »SS« gefasst. Eine soziale Analyse der Sipo-Führung auf umfänglicher Datenbasis demnächst von Jens Banach aus Hamburg.
184 Schorn, Der Richter im Dritten Reich, zit. n. Zipfel, Gestapo und SD, S. 288.
185 Personalunterlagen Braune, BDC; IMT, Fall IX, Prot. v. 25.11.1947; u. Dok. NO-4234.
186 Personalunterlagen Lischka, BDC, vgl. Robert Wistrich, Wer war wer im Dritten Reich, München 1983, S. 176.
187 Personalunterlagen Nosske, BDC; IMT, Fall IX, Affid. v. 29.6.1947, Dok. NO-4146.
188 Personalunterlagen Gerke, BDC; Aussage Gerke v. 24.6.1970, HStAD, Rep. 242, ZgO Gerke.
189 Best, Heydrich, S. 163.
190 Das ist gegen Friedrich Zipfel zu betonen, der postulierte, dass »nur von ganz bestimmten, gegen andere Arbeitsgebiete sorgfältig abgeschirmten Stellen des RSHA lediglich die Direktiven für die Massenvernichtungsaktionen kamen, während die Ausführung bei anderen

Organen der SS lag« (Gestapo und SD in Berlin, S. 289). Dagegen kann von einer »sorgfältigen Abschirmung« jedenfalls auf der Ebene der Referenten und Stapostellen-Leiter nicht nur keine Rede sein, wie schon die Protokolle der Amtsleiterbesprechungen belegen. Diese Beamten waren als Einsatzgruppenkommandeure und -leiter, als IdS, KdS und BdS in den besetzten Ostgebieten vielmehr selbst die Verantwortlichen etwa für die Räumung der Gettos, die Massenerschießungen der Einsatzgruppen und andere Massenverbrechen.

191 Best, Die Deutsche Polizei, S. 14 ff. Das Buch geht auf einen Schulungsvortrag Bests aus dem Jahre 1939 zurück, den er im Gestapa und zu anderen Gelegenheiten hielt.

192 Larenz, Über Gegenstand und Methode des völkischen Rechtsdenkens; vgl. ders., Rechtsperson und subjektives Recht; Koellreuter, Volk und Staat. Zu den Diskussionen um die »völkische Rechtsordnung« in der juristischen Wissenschaft s. Rüthers, Entartetes Recht, S. 59 ff.; vgl. auch ders., Die unbegrenzte Auslegung; ders., »Wir denken die Rechtsbegriffe um ...« Ausführlich dazu auch Majer, Fremdvölkische, S. 82 ff.; sie betont zu Recht die Unterschiede und Widersprüche zwischen den Begriffen »Volk« und »Rasse« in der nationalsozialistischen Ideologie und insbesondere in der Rechtslehre. Nach ihrer Auffassung sei der Begriff des »Völkischen« allerdings von den Juristen lediglich zur »Tarnung« und »Verschlüsselung« eingeführt worden, da im Bereich des Staates und des Rechts der Rassenbegriff nicht habe benutzt werden sollen nach können, so dass man »für das Rassenprinzip irgendeine pseudowissenschaftliche, jedenfalls juristisch-technisch akzeptable Umschreibung« habe finden müssen. Das kann nicht überzeugen; die Einführung des Volksbegriffs als Instrument der Tarnung und Manipulation ist historisch nicht haltbar – ebenso wie Majers These, Hitler habe schon früh nicht mehr an seine eigenen Rassenideen »geglaubt« und sie lediglich als »politisches Mittel« eingesetzt, »als Verschleierung seiner außenpolitischen Herrschaftsansprüche« (S. 85). Auch bleibt offen, wieso die Verwendung des Volksbegriffs durch die nationalsozialistische Rechtswissenschaft »auf einer gründlichen Verkennung der Rassenidee des Nationalsozialismus« (S. 91) beruhen soll. Tatsächlich waren die Begrenzungen zwischen »politischen« und »biologischen« Auslegungen des Volksbegriffs fließend, wobei der Begriff des »Volkes« eher als derjenige der »Rasse« geeignet war, neben »Blut« und »Herkunft« auch Elemente wie Geschichte, Kultur und Selbstverständnis als konstitutiv für die Identität der Deutschen herauszustellen; vor allem darin lag der Grund, warum er sich gegenüber der »Rasse« durchsetzte.

193 Rüthers, Entartetes Recht, S. 185.

194 Ebd., S. 191 f.

195 Bests Selbstverständnis und »Anspruch« war aber noch weitreichender. Die NSDAP sei als eine Art von Sammelbecken der Rechten durch verschiedene Richtungen bestimmt und programmatisch mithin unpräzise gewesen, betonte er nach dem Kriege: Da die »offiziellen Parteiäußerungen immer durch konkrete Zwecke, propagandistische Absichten, Rücksichten der aktuellen Taktik, der Allgemeinverständlichkeit usw. bestimmt gewesen« seien, habe er versucht, die »völkisch-organische« Weltanschauung als Kern national-sozialistischen Denkens zu formulieren und immer weiter zu systematisieren. Bei den Schulungskursen der Parteikanzlei in Tutzing am Starnberger See, bei denen er »fast ausnahmslos in jedem Kursus« einen Vortrag gehalten habe, sei dies bestätigt worden: »Nie sind meine Ausführungen von der Parteikanzlei beanstandet worden«, vielmehr hätte die Parteikanzlei »ihre ausdrückliche Zustimmung ausgesprochen«. Best, Was wollten wir Nationalsozialisten, S. 2. Am Ende des Jahres 1937 trug Best die Grundgedanken dieses Aufsatzes im Lager »Hans Kerrl« in Jüterborg vor juristischen Referendaren vor; über die Reaktionen darauf berichtete einer der Referendare, H. Hebberling, nach dem Kriege. Es hatte in diesem Lager zuvor Unzufriedenheit und Unruhe unter den Lehrgangsteilnehmern gegeben, die sich in Pfiffen und Unmutsäußerungen bei Vorträgen und Parteirednern geäußert hatten; danach sprach Best: »Inhaltlich ging es ... um das uns alle so bedrückende Problem der Rechtsstaatlichkeit im Dritten Reich. Dr. Best hat sich in seinem Vortrag ganz rückhaltlos zur Rechtsstaatlichkeit bekannt und diese als die tragende Säule des Staates überhaupt bezeichnet ... Diese Rede von Dr. Werner Best mag etwa eine Stunde gedauert haben. Sie wurde an ihren markantesten Stellen von tosendem Beifall begleitet.

Am Schluß kam es zu spontanen Ovationen für ihn ... Dr. Best hatte uns das Vertrauen in die Reform des Nationalsozialismus wiedergegeben.« Eidesstattliche Erklärung v. H. H. Hebberling, 12.3.1971, HStAD, Rep. 242, ZgO Hebberling.

196 Best, Rechtsstaat?; dazu Bests Kommentar in seiner schriftlichen Aussage v. 30.4.1971, HStAD, Rep. 242, PId, 640 ff.

197 Lübbe, Rationalität.

198 Best, Lebenslauf (1946), S. 10 f.

199 Vm. v. 27.8. über die Chefbesprechung vom 20.8.1935 im RWM, Handakten Lösener, IfZ, F 71/2; Gruchmann, Justiz, S. 872.

200 Das Schwarze Korps, 5.6.1935.

201 Zum Folgenden s. Graml, Reichskristallnacht; Adam, Judenpolitik; Adler, Der verwaltete Mensch; Schleunes, The Twisted Road to Auschwitz; Mommsen u. Obst, Reaktion der deutschen Bevölkerung; Benz (Hg.), Die Juden in Deutschland. Neuere Untersuchungen zum Antisemitismus während der Weimarer Zeit, insbesondere zur Verbreitung der Judenfeindschaft in den deutschen gesellschaftlichen Führungsgruppen, fehlen nach wie vor; vgl. Winkler, Die deutsche Gesellschaft; Baum, The Holocaust; sowie die Aufsätze von Werner Jochmann: Die Ausbreitung des Antisemitismus; ders.: Der Antisemitismus; und G. L. Mosse, Die deutsche Rechte.

202 Schulz, Hochschulring-Bewegung, S. 11, vgl. Kap. I.3.

203 Best, Katholische Kirche, vgl. Kap. II.2.

204 Das Verhältnis der Juden zu den anderen Völkern, schrieb Best 1950, sei in Anlehnung an Oswald Spengler am besten mit dem Begriff »magische Nation« zu erläutern, womit jene Völker des Nahen Ostens zu bezeichnen seien, die nach ihrer Auflösung über viele Jahrhunderte »ohne Bindung an ein Land durch ihre religiöse Organisation, die auch die wichtigsten staatlichen Aufgaben – wie die Gerichtsbarkeit – wahrnahm, zusammengehalten wurden und – über zahlreiche Länder verstreut – durch strenge Verbote sich mit ›Ungläubigen‹ zu vermischen, zu echten Völkern ›gezüchtet‹ worden seien.« Während alle anderen »magischen Nationen« jedoch untergegangen seien, hätten die Juden diese Form über zweitausend Jahre hinweg beibehalten und als »in sich geschlossenes Volk mit aus-geprägter völkischer Eigenart unter den Menschen ihrer Wirtsvölker« gelebt; »ein von den anderen, bodenständigen Völkern deutlich unterschiedenes Volk, das nirgends sein eigenes Land und seinen eigenen Staat hatte, das aber überall – in allen Ländern bodenständiger Völker – vertreten war und über alle Volks- und Landesgrenzen hinweg eine Einheit bildete – ein solches Volk mußte den bodenständigen Völkern über die zwischen allen Völkern bestehende völkische Fremdheit hinaus als etwas auch in seiner Lebensform von allen zwischenvölkischen Erfahrungen Abweichendes und Unheimliches erscheinen.« Best, Was wollten wir als Nationalsozialisten (August 1950), HStAD, Rep. 242/329; ähnlich schon Interrogation Best, 19.9.1946, BA, All. Proz. 2.

205 Vgl. etwa Jünger, Über Nationalismus und Judenfrage (1930); Jung, Herrschaft der Minderwertigen; Wilhelm Stapel: Antisemitismus? in: Deutsche Volksstimme Nr. 17, 1922; ders., Antisemitismus und Antigermanismus.

206 Groß, Rassenpolitische Erziehung; Staatssekretär Pfundtner hatte am 4. Juli 1933 zwei Gesetze im Zusammenhang angekündigt – das Reichsangehörigkeitsgesetz und das Gesetz über »Erbgesundheit« und die Sterilisierung von »Erbkranken«; Hans Pfundtner: Die neue Stellung des Reichs. Vortrag, gehalten in der Verwaltungs-Akademie zu Berlin am 4. Juli 1933 (öffentliche Verwaltung im neuen Reich, hrsg. v. d. Verwaltungs-Akademie Berlin, Heft 1), Berlin 1933, S: 32 f. Die enge Verbindung zwischen »eugenischem« und »anthropologischem« Rassismus wurde besonders augenfällig bei der Nürnberger Ärztefachtagung über »Rassehygienische und Erbbiologische Tagesfragen« am 1. und 2.12.1934, die zu einer Kundgebung gegen »jede weitere jüdisch-rassische Vergiftung und Verseuchung des deutschen Blutes« geriet und deren Teilnehmer den Innenminister aufforderten, das Erbgesundheitsgesetz vom Juli 1933 auf Juden auszudehnen; s. Gruchmann, Justiz, S. 870. Vgl. Kap. IV, Anm. 94.

207 Staatssekretär im RWM, Bang, an Staatssekretär d. Reichskanzlei, Lammers, 6.3.1933, BA, 4311/137; zum weiteren Fortgang s. Adam, S. 44 ff.

208 AO d. bayerischen Politischen Polizei v. 30.3.1934, gedr. in: Mommsen, Der nationalsozialistische Polizeistaat, S. 77 (Dok. 1); v. 28.1.1935, ebd., S. 78 (Dok. 2); RdSchr. Gestapa (Heydrich) an Stapo-Stellen v. 10.2.1935, ebd., S. 78 f. (Dok. 3).

209 »Von der völkischen Weltanschauung aus«, betonte Best 1950, »mußte ... der ›Zionismus‹ als der Weg begrüßt werden, auf dem die ›magische Nation‹ des Judentums wieder oder endlich zu einem bodenständigen Volk wie alle anderen Völker werden konnte ... Ich jedenfalls habe mich stets – sobald von der Judenfrage gesprochen wurde – zum ›Zionismus‹ als der wahrhaft völkischen Lösung der Judenfrage bekannt.« Best, Was wollten wir als Nationalsozialisten, S. 20.

210 Lang (Hg.), Das Eichmann-Protokoll, S. 29 ff.

211 Bericht d. Abt. II.112 d. SD v. 28.8.1936, BA, R 58/991; abgedr. b. Aronson, Reinhard Heydrich, S. 327 f., Dok. 21. Dazu jetzt auf der Grundlage neuer Quellen, die das Engagement und die Bedeutung des SD in der »Judenfrage« noch schärfer profilieren, Wildt, Die Judenpolitik des SD; vgl. auch Heim, Deutschland, die die Forcierung der »Vertreibungspolitik« und die Rolle von Gestapa und SD plausibel herausarbeitet. Dass die »Judenpolitik« seit dem November 1938 aber tatsächlich bei der Vierjahresplanbehörde zentralisiert worden sei, wie die Autorin hervorhebt, steht in gewissem Gegensatz auch zu den von ihr erstmals herangezogenen, in Moskau aufgespürten Quellen.

212 Lang (Hg.), Eichmann-Protokoll, S. 33.

213 Zu den pogromähnlichen Ausschreitungen gegen Juden in Berlin im Juli 1935 s. Adam, Judenpolitik, S. 120 ff., sowie Graml, Reichskristallnacht, S. 141; vgl. auch Mommsen u. Obst, Reaktion, S. 376 ff.

214 AO d. StdF, Nr. 63/35, 11.4.1935, zit. n. Gruchmann, Justiz, S. 875; vgl. RdErl. d. RMdI v. 20.8.1935, GStAB, Rep. 90P/584, 9, in dem auf einen »Führererlaß« gegen Einzelaktionen gegen Juden durch Beamte oder NSDAP-Mitglieder Bezug genommen und scharfe Strafe angedroht wird; oder den Aufruf des schlesischen Gauleiters Wagner, der die individuellen Aktionen gegen Juden als unzutreffend als Maßnahmen »wildgewordener Spießer« bezeichnete und mit scharfen Strafen drohte (zit. in: Berliner Tageblatt, 1.9.1935).

215 Vm. v. 27.8. über die Chefbesprechung am 20.8.1935 im RWM, Handakten Lösener, IfZ, F 71/2, auch BA, R 18/5513; Adam, Judenpolitik, S. 123 f.; Gruchmann, Justiz, S. 872.

216 Am 9.9. sandte Heydrich den an der Besprechung vom 20.8. beteiligten Ministerien die dort von Best vorgestellten »Vorschläge« schriftlich zu. Schr. d. Gestapa Heydrich, an RJM, 9.9.1935, BA, R 22/1088; an RWM, BA-Potsdam, 36.01, RMEL, Nr. 1860. Mit ähnlichem Tenor schon Gestapa an RJM, 31.7.1935, BA, R 22/1059. Ich bin Wolf Gruner, Berlin, für den Hinweis auf dieses Schreiben sehr dankbar. Zum Kontext jetzt Wildt, Judenpolitik; dort auch Abdruck des Schreibens (Dok. 3).

217 Vgl. AO d. Gestapo Karlsruhe an Bezirksämter u. Polizeidirektionen v. 6.9.1935, zit. b. Adam, Judenpolitik, S. 155.

218 RGBl I 1935, S. 1046 f.; zur Entstehung s. Lösener, Als Rassereferent; Gruchmann, »Blutschutzgesetz«; ders., Justiz, S. 874 ff.

219 HStAD, Reg. Aachen, Nr. 1032, zit. n. Mommsen u. Obst, Reaktion, S. 384.

220 RdSchr. Gestapa (Best), 13.12.1935, BA, R 58/243, 76.

221 »Das Judentum in der deutschen Rechtswissenschaft.« Ansprachen, Vorträge und Ergebnisse der Tagung der Reichsgruppe Hochschullehrer im NSRB am 3. und 4. Oktober 1936, H. 1-8, Berlin 1936; Schmitts Eröffnungsrede in H. 1, hier S. 14; vgl. Göppinger u. Reißmüller, Die Verfolgung der Juristen jüdischer Abstammung, S. 72 ff.; Rüthers, Carl Schmitt, S. 74 ff.

222 Anwesend waren bei dieser Eröffnung außer den Vertretern von Ministerien und Parteiinstitutionen die Rektoren von acht deutschen Universitäten, s. Heiber, Walter Frank, S. 416 ff.; die Eröffnungsreden in Frank, Deutsche Wissenschaft und Judenfrage. »Die Forschungsabteilung zur Judenfrage«, so Heiber bezüglich jener Abteilung des »Reichsinstituts für Geschichte des neuen Deutschlands« unter Berufung auf Gerhard Ritter, »war nicht nur die bei weitem produktivste Sparte des Instituts, sondern selbst dezidierte Gegner des Nationalsozialismus haben anerkannt, daß sich unter ihren zahlreichen Veröffentlichungen sachlich einwandfreie und brauchbare befunden haben.« (S. 420). Der SD, Abt.

II.112, nahm mit dem Institut zwecks »einheitlicher Erforschung und Bekämpfung des Judentums« sogleich Kontakt auf, s. ebd., S. 663.

223 Bericht d. Abt. II.112 d. SD v. 29.8.1936, BA, R 58/991.

224 Bericht d. Abt. II.112 d. SD v. 7.12.1937 u. v. 18.12.1937, ebd.

225 Dazu v. a. Safrian, Die Eichmann-Männer, S. 23-68 (»Eichmann und die Entwicklung des ›Wiener Modells‹«). Zusammenfassend Moser, Österreichs Juden, S. 185-198; Witek, »Arisierungen«, S. 199-216; zur Auswanderung aus Sicht der Betroffenen s. die eindrückliche Darstellung von Juliane Wetzel: Auswanderung aus Deutschland, in: Benz (Hg.), Juden, S. 412-498.

226 RKPA (Heydrich), Erl. v. 1.6.1938, Erlaßsammlung »Vorbeugende Verbrechensbekämpfung«, S. 81.

227 Moser, Österreichs Juden, S. 188.

228 Hitler am 16.9.1919, in: Hitler. Sämtliche Aufzeichnungen 1905 – 1924, S. 88-90. Am 13. August 1920: »Der Antisemitismus aus rein gefühlsmäßigen Gründen wird seinen letzten Ausdruck finden in der Form von Progromen (!). Der Antisemitismus der Vernunft jedoch muß führen zur planmäßigen gesetzlichen Bekämpfung und Beseitigung des Vorrechts des Juden, die er zum Unterschied der anderen unter uns lebenden Fremden besitzt (Fremdengesetzgebung). Sein letztes Ziel aber muß unverrückbar die Entfernung der Juden überhaupt sein.« Adolf Hitler: Warum sind wir Antisemiten, Rede am 13. August 1920, ebd., S. 184-204, Zit. S. 201; dazu Jäckel, Hitlers Weltanschauung.

229 Bericht d. Abt. II.112 d. SD, o. D. (Ende 1936), IfZ, MA 557.

230 Zum Folgenden Adam, Judenpolitik, S. 172-215; sowie Adams knappe Skizze, Wie spontan war der Pogrom?, S. 74-93; Barkai, Vom Boykott zur »Entjudung«; ders., »Schicksalsjahr 1938«. Allerdings suggeriert Barkais These, das Attentat von Paris sei »zum rechten«, von den Nationalsozialisten für die Durchführung ihrer wirtschaftlichen geplanten und durch die politischen Ereignisse begünstigten Zeitpunkt« geschehen, eine Planung des Pogroms, für die es keine Belege gibt. Daneben ist die ältere Studie von Genschel, Die Verdrängung der Juden, nach wie vor bedeutsam; vgl. auch Kwiet, Nach dem Pogrom, S. 545-573 (»Die Vernichtung der wirtschaftlichen Existenz«).

231 RMdI an den Beauftragten für den Vierjahresplan, 14.6.1938, BA, R 18/5519, 153-163; RMdF an RMdI, 30.8.1938, GStAB, Rep. 335/11, 481; Präsident der Reichsbank, Schacht, an RMdI, 7.7.1938, zit. b. Barkai, Boykott, S. 130.

232 Bericht d. SD, September 1938, zit. n. Adam, Wie spontan war der Pogrom?, S. 87.

233 Der Chef der Polizeiabteilung im eidgenössischen Justiz- und Polizeidepartement, Rothermund, an die Deutsche Gesandtschaft in Bern, Bericht der Deutschen Gesandtschaft v. 24.6.1938, zit. in: ADAP, D V, Dok. 642, Anm. 2.

234 RFSS an AA, 3.10.1938, betr. Aufz. über Verhandlungen v. 27. – 29.9.1938, ADAP, D V, 643; VO d. RMdI (Best) über Reisepässe von Juden, 5.10.1938, RGBl I, S. 1342; RMdI (Best) an AA, 5.10.1938, Nbg. Dok. NG-3366; RdErl. d. AA, ADAP, D V, 644; s. Adam, Judenpolitik, S. 199.

235 Ges. v. 31.3.1938, Nbg. Dok. NG-2896; zum Folgenden s. Milton, The Expulsion of Polish Jews; Melzer, Relation between Poland and Germany, v. a. S. 215 ff.; Maurer, Abschiebung; sowie Adler, Der verwaltete Mensch, S. 91-105.

236 Ausländerpolizeiverordnung v. 22.8.1938, RGBl I, S. 1053 ff.; s. Herbert, Fremdarbeiter, S. 62. Die APVO war aber seit längerem vorbereitet worden und ist nicht im Zusammenhang mit den polnischen Juden entstanden (so etwa Adler, Der verwaltete Mensch, S. 93). Wichtig ist aber in diesem Kontext, dass die Durchführung der Ausweisung nicht mehr davon abhängig war, dass ein ausländischer Staat seine Übernahmebereitschaft erklärte. Bei einer Konferenz im Gestapa am 20.9.1938 wurde zudem vereinbart, polnische Juden selbst bei Verstößen gegen die Straßenverkehrsordnung auszuweisen und sie durch verstärkte Verfolgung zum »freiwilligen« Verlassen des Deutschen Reiches zu bringen; s. Maurer, Abschiebung, S. 60; Best, Kalendernotizen, 20.9.1938.

237 AA (Gaus) an Deutsche Botschaft in Warschau, 26.10.1938, ADAP, D V, 84; Antwort des polnischen Außenministeriums v. 27.10.1938, ebd., Nr. 88.

238 RdSchr. d. RFSSuChdDtPol. v. 26.10.1938 (Nbg. Dok. Ps-1941); RdSchr. d. CdS (Best) an Stapo-Stellen v. 27.10.1938, gedr. in: Dokumente zur Geschichte der Frankfurter Juden 1933 – 1945, Frankfurt/M. 1963, S. 422 f.

239 Vgl. die Augenzeugenberichte bei Benz, Der November-Pogrom, S. 499 ff.; Maurer, Abschiebung, S. 62 ff.; Deutschland-Berichte der Sopade, Band 6, Februar 1939, S. 213 ff.

240 Best an den Chef der Reichskanzlei, Lammers, 29.10.1938, ADAP, D V, 91; die Zahl 12.000 ist zu hoch; nach polnischer Auskunft sind etwa 7.000 Juden nach Polen gelangt; Vm. Woermann v. 29.10.1938, ebd., Nr. 92.

241 Aufz. Woermann, AA, v. 28.10.1938, ebd., Nr. 89; Vm. Woermann, 29.10.1938, ebd., Nr. 92; RdErl. d. RFSSuChdDtPol. (Best), 29.10.1938, Nbg. Dok. PS-1941; zu den weiteren Verhandlungen, die Best sowie das AA mit den polnischen Stellen führte, und zu den mit Polen getroffenen Vereinbarungen s. Adler, Der verwaltete Mensch, S. 96 ff.; ADAP D V, Dok. 95 ff.

242 Die klarste Analyse der politischen Konstellation des 9. November bei Adam, Wie spontan war der Pogrom?, S. 88 ff., und ders., Judenpolitik, S. 204 ff.; s. auch Benz, Der November-Pogrom; sowie, mit anderem Akzent, Mommsen, Die Funktion des Antisemitismus. Döscher,»Reichskristallnacht«, S. 77 ff., zielt im Impetus hingegen stark darauf ab, die Motivation Grynszpans für seinen Anschlag im Umfeld der homosexuellen Betätigung vom Raths zu suchen, was insgesamt nicht überzeugt und zudem an der politischen Bedeutung des Attentats vorbeigeht; vgl. auch Höhne, Orden, S. 313 ff., der die Beweggründe Goebbels' für die Ingangsetzung der Pogrome vorwiegend in der Bekämpfung der SD-Konzeption sieht; was Adam, Judenpolitik, S. 208, unter Hinweis auf die wirtschaftspolitischen Aspekte zu Recht als überzogen zurückweist.

243 Best,»Bemerkungen zu den Kalendernotizen«, Anlage zum Verhörprotokoll v. 1.6.1970, HStAD, Rep. 242, PId; Interrogation Best, 13.3.1946, ebd., PIa-B; die zeitliche Abfolge der einzelnen Unterredungen und Befehle b. Höhne, Orden, S. 315 f.; Fernschreiben Gestapa (Müller) an Stapo(leit)stellen, 9.10.1938 (23.55 h), abgedr. b. Döscher, Reichskristallnacht, S. 89; Fernschreiben Heydrich an Stapo(leit)stellen und SD-OA u. -UA, 10.11.1938 (1.20 h), ebd., S. 86 ff.; s. auch von Hassen, Aufzeichnungen, S. 77 ff., Eire. v. 27.11.1938:»Himmler habe erst am 9. abends von der bevorstehenden Aktion gegen die Juden ... gehört, sie mißbilligt und deshalb der Verfügungstruppe für zwei Tage Kasernenarrest befohlen.«

244 Fs. Heydrich, 10.11.1938, wie Anm. 243.

245 »Eine so einmütige und offene Ablehnung der nationalsozialistischen Methoden hat es seit Bestehen des Dritten Reiches noch nicht gegeben«, berichteten die Korrespondenten der Exil-SPD im Dezember 1938, Deutschland-Berichte der Sopade, Bd. 5, Dezember 1938, S. 1353 f. Dazu ausf. Mommsen u. Obst, Reaktion, S. 392 ff.; Wiesemann, Judenverfolgung; Kershaw, Antisemitismus.

246 Monatsbericht d. RegPräs. v. Niederbayern und der Niederpfalz, 8.12.1938, Bayern in der NS-Zeit, Bd. 1, S. 473.

247 Best,»Bemerkungen zu den Kalendernotizen«, HStAD, Rep. 242, PId.

248 Niederschrift d. Besprechung am 12.11.1938, Nbg. Dok. PS- 1816, IMT, Bd. 28, S. 499 ff.; Aufzeichnung d. UStS Woermann, AA, ADAP, D V, 649; ob Best an der Konferenz teilgenommen hat, war nicht zu ermitteln. Das Hitler-Zitat v. 10.11.1938 nach der Aussage Görings, 14.3.1946, IMT, Bd. 9, S. 313.

249 Die Versuche Himmlers und Heydrichs, Goebbels' Absetzung zu erreichen, blieben erfolglos; die politische Stellung des Propagandaministers war aber stark geschwächt, s. Mommsen u. Obst, Reaktion, S. 394.

250 Drei Wochen später gab Göring den anwesenden Gauleitern, Oberpräsidenten und Reichsstatthaltern nach Absprache mit Hitler die Generallinie zur»Behandlung der Judenfrage« im einzelnen bekannt. Im Mittelpunkt aller Anstrengungen, so Göring, habe in der nächsten Zeit das Ziel zu liegen, »die Juden so rasch und effektiv wie möglich ins Ausland abzuschieben, die Auswanderung mit allem Nachdruck zu forcieren, und hierbei all das wegzunehmen, was die Auswanderung hindert«. Diese Abschiebung der Juden ins Ausland sollte mit Hilfe einer Anleihe finanziert werden, um dem deutschen Devisenhandel zu begegnen. Kennzeichnung und Gettoisierung der Juden hingegen, wie von Heydrich

am 12. November gefordert, seien zunächst zurückzustellen. Im Übrigen müsse der Druck auf die Juden weiter verschärft werden – wobei Göring unverhüllt damit drohte, dass bei einem nächsten Anschlag gegen deutsche Repräsentanten durch »den« Juden »es dann noch ganz anders über ihn dahinrasen würde. Wenn er dann nichts mehr an Gütern zu verlieren hat, weiß er, wo er dann gepackt werden kann.« Göring am 6.12.1938 zu den Gauleitern, Oberpräsidenten und Reichsstatthaltern über die Judenfrage, gedr. in: Heim u. Aly, Staatliche Ordnung.

251 Dazu i. e. Kwiet, Nach dem Pogrom, S. 545 ff.

252 Döscher, Reichskristallnacht, S. 110 ff.; Benz, November-Pogrom, S. 528 ff.

253 RFSSuChdDtPol. (Best) an RMdF, 26.11.1938, BA, R 12/12164, 25 f.; vgl. Haushaltsaufstellung RMdF v. 1.12.1938, ebd., 37 ff.; daraus geht hervor, dass Finanzmittel nur zum Ausbau der Lager bis 35.000 Häftlinge zur Verfügung standen (»Entscheidend ist und bleibt, wie die Frage der Judenhäftlinge gelöst wird«). Zur langfristigen Inhaftierung von Zehn-tausenden von Juden waren SS und Gestapa finanziell nicht in der Lage. Nach dem Kriege hob Best hervor, dass sich »bei Kriegsausbruch in allen Konzentrationslagern nur etwa 20.000 Internierte [!]« befunden hätten, »von denen mehr als die Hälfte unpolitische Kriminelle waren«. Best, Himmler, S. 154.

254 Kalendernotizen Best: 14.11.1938: »Bespr. b. Heydrich wegen der Judenfrage«, »Essen mit Heydrich«, »Bespr. mit Dr. Stuckart, Dr. Zindel, Lösener über Judenfragen« (Zindel war der für die Zusammenarbeit des CdS mit obersten Reichsbehörden zuständige Referent in Bests Abteilung Verwaltung und Recht; Lösener Judenreferent bei Stuckart. 17.11.: »Bespr. b. Heydrich über Judenfragen; Bespr. über die Judenauswanderungsstelle«; 6.12.: »Sitzung bei Göring (RLM) mit den Gauleitern über die Judenfrage« (s. Anm. 250). »Bespr. mit Heydrich«; »Bespr. mit Heydrich, Albert, Schellenberg«; 9.12.: »Arbeitsbesprechung rillt den Gaurichtern und Stapo-Leitern im Haus der Flieger über Judenfragen«; 16.12.: »Eichmann. Dr. Stahlecker«; »Tagung der Regierungspräsidenten, Oberpräsidenten, Reichsstatthalter usw. im RMdI (Judenfrage)«; »Bespr. mit Heydrich«. »Bemerkungen zu den Kalendernotizen«, HStAD, Rep. 242, Pld.

255 Göring an RMdI, 24.1.1939, BA, R 58/276; »Gesetz über Mietverhältnisse mit Juden« v. 30.4.1939, RGBl I, S. 8464; 10. VO nun Reichsbürgergesetz v. 4.7.1939, RGBl I, S. 1079.

256 Das Schwarze Korps, 24.11.1938. Zur Sozialstruktur der im Reich verbliebenen Juden s. Juliane Wetzel: Auswanderung aus Deutschland, in: Benz (Hg.), Juden, S. 413 ff. In Reaktion auf die zunächst von den Nationalsozialisten behauptete, dann durch ihre Pauperisierungspolitik tatsächlich vermehrt festzustellende Arbeitslosigkeit unter den Juden wurde, ebenfalls im Herbst 1938 beginnend, der Zwangsarbeitseinsatz von »beschäftigungslosen« Juden und ihre Verbringung in Arbeitslager eingeleitet. Allg. s. Gruner, Terra incognita?; ders.: Arbeitseinsatz und Zwangsarbeit.

257 Paul Kanstein, Schriftliche Aussage v. 3.12.1947, Universität Kopenhagen, Institut für Zeitgeschichte, Sammlung Kirchhoff; im Tenor ähnlich, aber deutlicher von dem Bemühen gekennzeichnet, Best zu entlasten, ist Kansteins Aussage vom 30.6.1970, HStAD, Rep. 242, ZgO Kanstein.

258 Siehe Kap. I.1.

259 Aussage Werner H., 13.2.1968, HStAD, Rep. 242, ZgO. »Mit Dr. Best konnte man sich jederzeit unterhalten, er war kein Emporkömmling, und ein Vergleich mit Heydrich oder Himmler ist gar nicht möglich, ganz zu schweigen von Müller, der ein Bachulke war. Himmler und Heydrich waren unnahbar und von oben herab, Dr. Best zeigte sich immer von der menschlichen Seite.«

260 Aussage Ursula T., 31.3.1971, ebd., ZgO. Aussage Lieselotte M., 31.3.1971, ebd., ZgO.

261 Mit diesen Überlegungen stimmen in überraschender Weise die Ergebnisse einer graphologischen Untersuchung überein, die die israelische Historikerin Leni Yahil 1962 von der angesehenen Graphologin Herta Isay von der Universität Haifa anhand von zwei Schriftproben Bests anfertigen ließ. Frau Isay, die weder den Namen des Verfassers noch etwas über Bests Werdegang wusste, charakterisierte den Schreiber folgendermaßen: »Alles ist einem eisernen Willen unterworfen, dem Gehorsam, der Selbstdisziplin und der Disziplin nach außen. Dazu besitzt er hohes Pflichtgefühl, Verantwortlichkeit, Grundsätzlichkeit,

Vervollkommnungsdrang und Konsequenz. Nicht zu übersehen die vitale Spannkraft, die ihm ein Reservekapital und Arbeits- und Leistungsfähigkeit sichert. In dieser Leistung sind eingeschlossen logisches Denken, Kombination, Überlegenheit, Folgerichtigkeit und Berechnung sowie eine Art Verbindlichkeit, die allerdings nicht im inneren Wesen bedingt ist, sondern besteht aufgrund seiner Denkungsart ... In der Grundartlage sind die Richtlinien dieses Charakters ständige und scharfe Kontrolle des Verstandes gegenüber der Gefühlswelt sowie die bewußte Haltung; ein Mann mit harten Ecken und Kanten, der Widerständen und Reibungen nicht aus dem Wege geht, sondern sie quasi sucht in Steigerung seines Lebensgefühls durch Kampf und Gegnerschaft ... Trotzdem besitzt der Schreiber ein instinktives Kontaktbedürfnis, ein Bedürfnis nach menschlicher Nähe und Anschluß. Er möchte gut und nah mit seinen Kollegen stehen und leidet unter Distanzgefühlen – aber es ist schwer mit ihm auszukommen, weil es ihm nicht gelingt, sich wahrhaft verständlich zu machen. Er ist ein Widerspruchsgeist und hat nach all dem Geschilderten nicht die Möglichkeit der leichten Verständigung, der Einfühlung in die Mitmenschen, der natürlichen Lösung durch Kompromisse. Er staut Ressentiments auf gegen die, die reibungsloser, müheloser, ohne diesen Kraftaufwand wie er Höheres erreichen. Seine Eitelkeit, sein höchst empfindliches Selbstgefühl, die Energie seines Ehrgeizes reizen und belasten ihn ständig. Und nun kommen wir zu dem auffallendsten Punkt dieses schwierigen Charakters: Er könnte ja zufrieden sein mit sehr guten Leistungen und Erfolgen im Rahmen seiner Befugnisse – aber er will weitaus mehr. Er besitzt einen ungewöhnlich starken Geltungsdrang. Der Mann hat Forderungen für seine Person; aufgebauschte, phantasiegeschwängerte Forderungen: wie groß und bedeutend er sein könnte, wenn man ihm nur Raum gäbe! Er ist tief überzeugt von der Bedeutung seiner Person, seiner höchsten Leistungsfähigkeit. Er möchte nicht nur Instrument sein, sondern selber dirigieren. Es ist fast grotesk, wie dieser gebundene Mensch schwelgt in Vorstellung 'künftiger Größe und Selbstherrlichkeit.« Das hier etwas gekürzt zitierte Gutachten vom 12.11.1962 ist vollständig wiedergegeben in der hebräischen Ausgabe von Yahil, Test of a Democracy, S. 293-295.

262 Aussage Alfred Six, 29.3.1971, HStAD, Rep. 242, ZgO Six. Auch alle anderen Befragten aus der Führung von Sipo und SD schwiegen bei den Ermittlungen zu dem Einsatzgruppenprozess gegen Best in den späten 60er Jahren oder verwiesen allgemein auf »Meinungsunterschiede« zwischen Best und Heydrich in puncto SD, was darauf hindeutet, dass die Erläuterung des unmittelbaren Anlasses für diesen Bruch sich für Best womöglich hätte juristisch nachteilig auswirken können; denn in der von Best organisierten Sichtweise war der Streit zwischen Heydrich und ihm eine Auseinandersetzung zwischen Unrecht und Moral.

263 Kanstein, 3.12.1947, (Anm. 257).

264 Heydrich an Daluege, 30.10.1941, zit. n. Buchheim, Die SS, S. 90. Auch Best äußerte sich nach dem Krieg über die Gründe für den Bruch zwischen Heydrich und ihm und bestätigte dabei, dass die Frage der Besetzung der Führungspositionen in der Sicherheitspolizei den mittelbaren Grund für die Spannungen und sein schließliches Ausscheiden darstellte. Anlass sei jedoch etwas anderes gewesen: »Die Behördenleiter, die Heydrich nicht erreichen konnten oder mit ihm nicht sprechen wollten, kamen zu mir auch mit Sorgen, die außerhalb meines Zuständigkeitsbereiches ... lagen. Dadurch wurde ich gezwungen, Heydrich auf diese Dinge anzusprechen, was er mir als Überschreitung der Grenze meines Ressorts übelnahm ... Gelegentliche Auseinandersetzungen zwischen mir und Heydrich blieben nicht verborgen, und Heydrich übte selbst keinerlei Zurückhaltung in der Äußerung seines Ärgers und seiner Animosität gegen mich. Dadurch verstärkte er selbst den intra muros et extra bestehenden Eindruck, daß ich sein ›Gegenspieler‹ in der Sicherheitspolizei wäre. Der Reflex dieser Auffassung aber löste in ihm einen Komplex aus, der zutiefst in seinem Wesen begründet war: das Mißtrauen gegen einen potentiellen Konkurrenten ... Daß ›seine‹ Beamten weitgehend zu mir mehr Vertrauen hatten als zu ihm, war mehr, als er mir verzeihen konnte. Daß aber auch außerhalb der Sicherheitspolizei in anderen Ressorts ... über unseren Gegensatz gesprochen wurde und ich gegebenenfalls gegen ihn ausgespielt werden könnte, das schlug dem Faß den Boden aus. Und Heydrich ... zweifelte nicht daran, daß ich mit Raffinement diese Entwicklung betrieben hätte und nur auf

die Gelegenheit lauerte, mich mit Hilfe der ›Ministerialbürokratie‹, Dr. Fricks, Görings, Canaris' – und wo er noch seine Feinde und meine Freunde sehen mochte – an seine Stelle zu setzen.« Best, Heydrich, S. 163 f.; diese Skizze hat Best 1949 in dänischer Haft nach seiner Verurteilung geschrieben. In den späteren Lebensläufen, vor allem denen aus den 60er Jahren, und bei den Verhören durch die Berliner Staatsanwaltschaft hat Best diese Aspekte stets verschwiegen und sein Ausscheiden aus dem RSHA allein auf die »sachlichen Gegensätze« und seine angebliche Rolle als »Bremser« im RSHA zurückgeführt. In seinem 1988 erschienenen Buch äußerte Best, er sei aus dem Amt ausgeschieden, weil er ständig genötigt gewesen sei, mit Heydrich »um die richtigen Maßnahmen der Behörde zu ringen«. »Als dann aber mein Ausscheiden Aufsehen erregte und von den Gegnern Heydrichs – z.B. in der Wehrmacht – ich als möglicher Nachfolger Heydrichs genormt wurde, verfolgte er mich mit seinem Haß.« Matlok (Hg.), Dänemark, S. 202.

265 Dass der Grund für den Bruch zwischen Heydrich und Best in dem Argwohn Heydrichs lag, der zunehmend einflussreiche Best – unterstützt von den Gegenspielern Heydrichs in den Ministerialverwaltungen und bei der Wehrmacht – spekuliere auf seine Nachfolge, wird auch durch ein späteres privates Schreiben Bests an Heydrich vom April 1942 belegt, das in Kapitel IV.4 abgedruckt und näher erläutert ist. Best an Heydrich, 15.4.1942, BDC, Personalunterlagen Best.

266 »Der Jurist Best hatte die Sicherheitspolizei verlassen. Fast wirkte es wie ein Symbol: Selbst die völkisch verkürzte, des liberalen Freiheitsbegriffs beraubte, aber wenigstens noch einigen schwachen Normen und Haltepunkten zugeordnete Rechtsauffassung des Werner Best galt nicht mehr – der Machtapparat Reinhard Heydrichs hatte jede Bremse verloren. Die Ära der Kriege und Massenmorde begann.« Höhne, Orden, S. 239. Ähnlich z. B. Jakob Lölgen, stellvertretender Abwehrleiter in Königsberg und Chef eines Einsatzgruppenkommandos in Polen, der in seiner Aussage am 7.1.1970 hervorhob, dass »bei den Abwehrleitern allgemein die Auffassung vertreten wurde, daß bei dem Verbleiben von Dr. Best im RSHA diese ungeheuren Schweinereien, die passiert sind, dann nicht passiert wären. Ich meine damit später die Judenverfolgung, Geiselerschießung und Kirchenverfolgung, speziell im Generalgouvernement, aber auch im Reich.« HStAD, Rep. 242, ZgO Lölgen; s. auch Anm. III/351.

267 Es ist bemerkenswert, dass Höhne seine Konstruktion von Best als rechtlich denkenden »Bremser« Heydrichs so weit ausdehnt, dass er Bests Rolle als Organisator und Koordinator der Einsatzgruppen in Polen ganz ausblendet (S. 270 ff.) – ebenso wie Bests Funktion bei der Niederschlagung der »Röhm-Revolte«.

268 Vm. Schellenbergs, SD 1.11, 5.7.1938, BA, R 58/827, 18 ff.

269 RdErl. d. RFSSuChdDtPol. v. 23.6.1938, RMBliV, S. 1089; s. Buchheim, Die SS, S. 108; dazu e. Kap. III.4.

270 Vm. Schellenbergs für Heydrich v. 4.4.1939, HStAD, Rep. 242, PIc; Vm. v. 5.7.1938 (wie Anm. 268).

271 Vm. Schellenbergs v. 24.2.1939, betr. »Reorganisation des Sicherheitsdienstes des Reichsführers SS im Hinblick auf eine organisatorische und personelle Angleichung mit der Sicherheitspolizei«, BA, R 58/826, 2-30.

272 Aussage Bests v. 6.6.1970, HStAD, Rep. 242, PId, 323 ff.; sowie Memoiren Schellenbergs, unveröffentlichter Teil, Kap. VI, ebd., PIc, 671, a-c. Schellenberg betont, Best habe »ständiger Vertreter« Heydrichs zu werden versucht, dies habe nun Bruch geführt. Best war aber längst »ständiger Vertreter«, wie aus den offiziellen Geschäftsverteilungsplänen hervorgeht. Geschäftsverteilungsplan HA Sicherheitspolizei, Stand v. 1.1.1938, HStAD, Rep. 242/167: »Der Chef der Sicherheitspolizei: SS-Gruppenführer Heydrich. Vertreter: SS-Oberführer Ministerialdirigent Dr. Best«. 1.7.1939: »Geheimes Staatspolizeiamt. Leiter: SS-Gruppenführer Heydrich. Vertreter: SS-Brigadeführer Ministerialdirigent Dr. Best«.

273 Denkschrift Bests, 1.3.1939, HStAD, Rep. 242, PIc (an Heydrich und Schellenberg).

274 Vm. Schellenbergs v. 4.4.1939, ebd.

275 Best, Kritik und Apologie des »Juristen«; ders.: »Der ›politischste‹ Beruf«, in: DAZ, Nr. 173, v. 12.4.1939; ein paar Wochen später erschien ders., Die Nachwuchsfrage.

276 Vm. Schellenbergs für Heydrich, 25.4.1939, HStAD, Rep. 242, PIc, 295-305; Besprechungs-
vermerk v. 15.4.1939 zwischen Heydrich, Albert, Schellenberg, 25.4.1939, ebd.
277 Von Hassell, Die Hassell-Tagebücher, S. 51; es handelt sich um die erste Eintragung vom
17.9.1938.
278 Entwürfe betr. »Laufbahn des einheitlichen Reichssicherheitsdienstes«, Best an Schellenberg, 25.5.1939, ebd., 400-413; Erlaßentwurf SD 1.11 (Schellenberg), v. 21.6.1939, betr. »Neuorganisation der Sicherheitspolizei und des Sicherheitsdienstes«, ebd.; Vm. Schellenbergs
betr. »Stellungnahme zum letzten Entwurf der Laufbahnrichtlinien durch SS-Brigadeführer
Dr. Best«, v. 28.8.1939, ebd., 654-663; Vm. Schellenbergs betr. »Reichssicherheitshauptamt«
v. 2.9.1939, IfZ, MA 438, 2251-2256.
279 Schr. Aussage Bests v. 6.6.1969 (Stellungnahme zu den vorgelegten Dokumenten), HStAD,
Rep. 242, PId, 323 ff.
280 Erlaß d. RFSSuChdDtPol. v. 27.9.1939, betr. »Zusammenfassung der zentralen Ämter der
Sicherheitspolizei und des SD« mit Wirkung v. 1.10.1939, HStAD, Rep. 242, PIc.
281 Heydrich an RMdF, 7.6.1939, BA, R 22/12172; die Etatverhandlungen Bests mit dem Finanzminister betr. die KL und die Wachmannschaften in BA, R 22/12164.

Organisationsaufbau des RSHA, Stand: 1.2.1940

Der Chef der Sicherheitspolizei und des SD (Heydrich)					
Amt I Verwaltg. u. Recht	Amt II Gegner-forschung	Amt III Deutsche Lebensgebiete	Amt IV Gegner-bekämpfung	Amt V Verbrechens-bekämpfung	Amt VI Ausland
(Dr. Best)	(Prof. Dr. Six)	(Ohlendorf)	(Müller)	(Nebe)	(Jost)

282 Grundlegend zum Folgenden: Krausnick u. Wilhelm, Die Truppe des Weltanschauungskrieges (Teil I von Krausnick unter dem Titel »Hitlers Einsatzgruppen« auch: Frankfurt/M.
1985, danach im Folgenden zitiert; sowie Frank Golczewski: Polen, in: Benz (Hg.), Dimension des Völkermords, S. 411-497; Eisenblätter, Grundlinien; Umbreit, Die deutschen Militärverwaltungen 1938/39; ders.: Auf dem Weg zur Kontinentalherrschaft; sowie Buchheim,
Die SS, S. 71 ff.; Broszat, Polenpolitik, S. 57 ff.; Madajczyk, Die Okkupationspolitik, S. 3 ff.;
auch die Zusammenstellung der Zentralen Stelle der Landesjustizverwaltungen, »Einsatzgruppen in Polen«, ZStL 1963, ist nach wie vor bedeutsam.
283 Schr. d. CdS (Best) v. 11.3.1938 (»Sonderaufgabe der Sicherheitspolizei«), HStAD, Rep. 242,
PIg, 1; Schr. d. Gestapa (Best) v. 11.3.1938 (»Einrichtung eines Sonderdienstes, der mir für
besondere Exekutivaufgaben zur Verfügung steht«), ebd., Rep .242, PIg2; CdS (Heydrich)
an Sicherheitspolizei Wien (»Staatspolizeilich notwendige Maßnahmen«), ebd., Rep 242,
PIg, 4-5.
284 Nach dem Bericht von Groscurth, Tagebücher, S. 126.
285 Ob daneben auch noch besondere »Einsatzkommandos« des Gestapa existierten, ist nicht
feststellbar, s. Krausnick, Hitlers Einsatzgruppen, S. 16 f.; Vorschläge und Pläne des SD v.
28. u. 29.6., 13.9., 22.9.1938, betr. Bildung von Einsatzgruppen, Dok. 509-USSR, IMT, Bd. 39,
S. 536 ff.
286 Gestapa (Best): »Richtlinien für die Tätigkeit der Einsatzkommandos des Gestapa in den
sudetendeutschen Gebieten«, o. D., den Stapostellen am 5.10.1938 zugesandt, BA, R 58/241.
287 RdErl. Gestapa (Heydrich) v. 24.12.1938, BA, R 58/1027; s. Groscurth, Tagebücher, S. 132.
288 Eintr. KTB d. H. Gr. Kdo. 3 zum 5.10.1938, nach Umbreit, Militärverwaltungen, S. 48; s.
Krausnick, Hitlers Einsatzgruppen, S. 22 f.
289 Erl. d. CdS v. 30.9.1938, zit. n. Umbreit, Militärverwaltungen, S. 43.
290 Canaris zu Keitel, 27.9.1938, Jodl-Tgb., S. 287, s. Krausnick, Hitlers Einsatzgruppen, S. 21.
291 RdSchr. CdS (Best), betr. Verkehr des Hauptamts Sicherheitspolizei und des Gestapo mit
Prag, 15.3.1939, HStAD, Rep. 242, PIg 54 (jedes Schreiben an Prag und nach Prag nur durch
Bests Hände!); RdSchr. CdS (Best) betr. Standorte der Einsatzgruppen und Kommandos der
Sicherheitspolizei in Böhmen und Mähren, BA, R 58/241.

292 Erl. d. RFSSuChdDtPol., betr. Organisation der Gestapo in Böhmen und Mähren, HStAD, Rep. 242, PIg, 68 f.; der Erlass wurde von Bests Abteilung I entworfen.

293 Erl. d. Führers und Reichskanzlers über das Protektorat Böhmen und Mähren v. 16.3.1939, RGBl I, S. 485 ff. (ADAP, D IV, Nr. 246); s. Brandes, Die Tschechen, S. 20 f.

294 Hildebrand, Hitler.

295 Diese »Denkschrift« ist nicht erhalten; Best erwähnt sie bereits bei den Interrogations in Nürnberg, 19.9.1946, BA, All. Proz. 2. Heinz Jost, »Auslandschef« des SD, später Amtsleiter 111 im RSHA, hat dies am 10.1.1948 in Nürnberg bestätigt: Best habe eine Denkschrift verfasst, in der er die »Vergewaltigung des tschechischen Volkes« als unvereinbar mit den völkischen Prinzipien bezeichnet habe, die »die Achtung vor jedem Volkstum als einem selbständigen Schöpfungszweck« forderten. (IMT, Fall 9, L 2)

296 Zustimmend zitiert bei Höhne, Orden, S. 454; Höhn konnte sich an diese Äußerung Bests in den 60er Jahren allerdings nicht mehr erinnern.

297 Erl. d. CdS (Best), v. 8.7.1939, HStAD, Rep. 242, PIg, 90 ff.

298 Gesammelt in HStAD, Rep. 242, PIc, 1936-1939; vgl. Borodziej, Terror i polityka, S. 21 f.

299 Übersicht (Namensaufstellungen) über Einrichtungen der polnischen Minderheit in Oberschlesien nach dem Stande v. 1. Juli 1938, HStAD, Rep. 242, PIc, 224-270.

300 Graml, Europas Weg, S. 304 (gegen die von Mason und anderen vertretene These, Hitler sei vorwiegend aus wirtschaftlichen Gründen zum Raubzug gegen Polen gezwungen worden).

301 RFSS (Best) an Lammers, 3.2.1939, betr. polnische Juden, ADAP, D V, Nr. 127 (was mit den restlichen polnischen Juden zu geschehen 'habe, sei unklar, es werde versucht, diese mit »ausländerpolizeilichen Mitteln« zur Ausreise zu veranlassen); s. Adler, Der verwaltete Mensch, S. 98 ff.

302 Ber. d. Ref. IIIJ v. 24.3.1939, HStAD, Rep. 242, PIc, 238; v. 12.6.1939, ebd., PIc, 434 ff.; v. 17.6.1939, ebd., PIc, 449 f.; Fs. d. Stapoleitstelle Breslau v. 19.6.1939, ebd., PIc 451.

303 Schr. d. dt. Generalkonsulats in Thorn an CdS, Abteilung III, v. 18.8.1939, betr. »Aufstellung deutschfeindlicher Personen in Pommerellen«, HStaD, Rep. 242, PIc, 622 ff.; Erl. d. RFSS (Best) v. 2.6.1939, betr. »Ausländerpolizeiliche Erfassung aller polnischen Staatsangehörigen zum 31. Juli 1939«, ebd., PIc, 420.

304 Aktenvermerk SD 11.112, 8.7.1939, HStAD, Rep. 242, Bd. LXXXII, 84 f.

305 Best, Kalendernotizen, 14.7.1939 (»Besprechung über Großeinsatz«); in den folgenden Wochen sind Gespräche mit den Einsatzgruppenleitern und einigen Einsatzkommandoführern verzeichnet; s. Aussage Tesmer, 15.5.1970, ebd., ZgO Tesmer; Aussage Melzer v. 24.1.1967, ebd., ZgO Melzer.

306 »Richtlinien für den auswärtigen Einsatz der Sicherheitspolizei und des SD«, o. D. (nach dem 31.7.1939), BA, R 58/241, 169-195.

307 Erl. d. CdS (Best) v. 8.8.1939, betr. Böhmen und Mähren, HStAD, Rep. 242, PIg, 93 ff.

308 Best, Kalendernotiz v. 8.8.1939: »Unterweisung der Führer eines Großeinsatzes der Sicherheitspolizei«; zuvor hatte es »Besprechungen über Großeinsatz« im Gestapa am 3.8., 10.8. und 15.8. gegeben; am 14.8. hatte Best mit Beutel (Einsatzgruppe IV), Dr. Fischer (Einsatzgruppe III), Dr. Dr. Rasch (Einsatzgruppe ZBV) eingehende Einzelbesprechungen abgehalten.

309 Über diese Sitzung berichtete Lothar Beutel, SS-Brigadeführer und Leiter der Einsatzgruppe IV, nach dem Krieg: »Uns wurde damals mitgeteilt, daß unsere Aufgabe in erster Linie die Absicherung des Gebietes im Rücken der kämpfenden Truppe sein sollte, daß wir ferner Widerstandsbewegungen zu verhindern und zu bekämpfen hätten (und) daß im Rahmen der Bekämpfung von Widerstandsbewegungen und -gruppen alles erlaubt sei, also sowohl Erschießungen als auch Verhaftungen ... Es wurde aber darauf hingewiesen und lag ja an sich auch auf der Hand, daß der Motor der Widerstandsbewegungen in der polnischen Intelligenz zu suchen war.« Aussage Beutel, 20.7.1965, HStAD, Rep. 242, ZgO Beutel, 204 ff. Auch der schon erwähnte Dr. Gehrke nahm an dieser Sitzung teil: »Sicherung des rückwärtigen Armeegebietes, insbesondere die Bekämpfung von Saboteuren, Partisanen, des Judentums, der polnischen Intelligenz und die Bestrafung von Übergriffen gegen die volksdeutsche Minderheit in Polen« seien hier als Ziel des Einsatzes genannt

worden. Ein »genereller Liquidierungsbefehl« sei hingegen nicht erteilt worden. »Denn damals war es nicht Methode, derartige Dinge so klar auszudrücken. Es wurde vielmehr allgemein von der ›Ausschaltung‹ der polnischen Intelligenz und des polnischen Widerstandes gesprochen. In welcher Form die ›Ausschaltung‹ geschehen sollte, wurde nicht klar ausgedrückt. Derartige Wege blieben der eigenen Initiative des Ausführenden überlassen.« (Aussage Gehrke, 2.11.1960, ebd., ZgO Gehrke, 45 ff.) Wie alle Aussagen im Rahmen von Strafverfahren sind auch diese in Bezug auf ihren Wahrheitsgehalt mit einiger Vorsicht aufzunehmen. Da sich beide aber bei diesen Aussagen selbst belasteten (indem sie auf die Eigenverantwortlichkeit der Einsatzgruppenleiter verwiesen) und später versuchten, diese Aussagen zurückzunehmen, ist die Glaubwürdigkeit dieser Angaben doch größer als üblicherweise.

310 Der Generalquartiermeister, S. 103.
311 Halder, Kriegstagebuch, Bd. 1, S. 44 (30.8.1939); s. Krausnick, Hitlers Einsatzgruppen, S. 33.

312

Einsatzgruppe I	*Einsatzgruppe II*	*Einsatzgruppe III*
(Wien) b. 14. Armee	(Oppeln), b. 10. Armee	(Breslau), b. 8. Armee
Generaloberst List.	General der Artillerie	General der Infanterie
	von Reichenau	von Blaskowitz
Führer: Bruno	Führer: Emanuel	Führer: Dr. Herbert
Streckenbach	Schaefer	Fischer
Vertr. Walter	Vertr. Dr. Günter	
Huppenkothen	Knobloch	
Gotthard Schubert		
EK 1: Dr. Ludwig Hahn	EK 1: Otto Sens	EK 1: Dr. Wilhelm Scharpwinkel
EK 2: Dr. Bruno Müller	EK 2: Karl-Heinz Rux	EK 2: Dr. Fritz Liphardt
EK 3: Dr. Alfred Hasselberg		
EK 4: Dr. Carl Friedrich Brunner		

Einsatzgruppe IV	*Einsatzgruppe V*
(Dramburg) b. 4. Armee	(Allenstein) b. 3. Armee
General der Artillerie v. Kluge	General der Artillerie Küchler
Führer: Lothar Beutel	Führer: Ernst Damzog
Vertr. Josef Meisinger	
EK 1: Helmut Bischoff	EK 1: Dr. Heinrich Graefe
EK 2: Dr. Walter Hammer	EK 2: Dr. Robert Schefe
	Ekdo. 3: Dr. Walter Albath

313 Erl. CdS (Best) v. 25.8.1939, betr. »Einrichtung eines Sonderdienstes« (»Unternehmen Tannenberg«), HStAD, Rep. 242, PIc, 638 f.
314 Erl. CSSD (Heydrich), v. 1.9.1939, BDC, Personalunterlagen Best.
315 Die Einsatzgruppenberichte im Folgenden nach der Sammlung in HStAD, Rep. 242, PIc.
316 Zum »Bromberger Blutsonntag« s. Krausnick, Hitlers Einsatzgruppen, S. 45 ff.; Madajczyk, Okkupationspolitik, S. 12 ff. Bemerkenswert ist, dass dieses Massaker u. a. auf in Bromberg kursierende Gerüchte, die »Volksdeutschen« seien als Spione für Deutschland tätig, zurückzuführen war. In der Tat waren zahlreiche Volksdeutsche von der militärischen Abwehr und der Abwehrpolizei als V-Leute angeworben worden, s. Umbreit, Militärverwaltungen, S. 74.
317 Der Erlass liegt nicht vor; auf ihn wird in einem Fernschreiben Dalueges an den Bd0 beim AOK IV v. 16.9.1939 Bezug genommen. Der Erlass des RFSS v. 3.9.1939 sei »den Chefs der Einsatzgruppen der Sicherheitspolizei bereits mitgeteilt«, zit. nach Krausnick, Hitlers Einsatzgruppen, S. 36.
318 Fernschreiben Himmlers an von Woyrsch, 3.9.1939, IMT, Dok. NOKW-1006.
319 Siehe Krausnick, Hitlers Einsatzgruppen, S. 48.
320 Halder, KTB I, S. 65, 79; Umbreit, Militärverwaltungen, S. 93.

321 Wie aus der Unterredung zwischen Canaris und Keitel am 12.9.1939 hervorgeht, s. Anm. 324.

322 Protokoll der Amtschefsbesprechung am 7.9.1939, v. 8.9.1939, BA, R 58/825. Anwesend: Heydrich, Best, Nebe, Müller, Filbert, Six, Ohlendorf, Naumann, Kanstein, Rauff (Protokollant).

323 Mitteilung Canaris v. 8.9.1939, zit. n. Groscurth, Tagebücher, S. 201; zur Forcierung der antijüdischen Politik während der ersten Phase des Polenfeldzugs s. die Studie von Pohl, Von der »Judenpolitik« zum Judenmord, S. 22 ff.

324 Aktenvermerk von Lahousen v. 14.9.1939 über die Besprechung im Führerzug am 12.9.1939 in Illnau, zit. b. Groscurth, Tagebücher, S. 357 ff.; vgl. Aussage von Lahousen bei der Vernehmung durch das IMT Nürnberg, 30.11.1945, HStAD, Rep. 242, Dok.O II, A 26 a-c. Heydrich hat das später bestätigt: Die »Weisungen, nach denen der polizeiliche Einsatz handelte«, schrieb er im Juli 1940, waren »außerordentlich radikal (z.B. Liquidierungsbefehl für zahlreiche polnische Führungskreise, der in die Tausende ging), daß den gesamten führenden Heeresbefehlsstellen und selbstverständlich auch ihren Stabsmitgliedern dieser Befehl nicht mitgeteilt werden konnte, so daß nach außen hin das Handeln der Polizei und SS als willkürliche, brutale Eigenmächtigkeit in Erscheinung trat.« Vm. Heydrichs v. 2.7.1940, HStAD, Rep. 242/312.

325 Im unveröffentlichten Teil seiner Memoiren hat Schellenberg nach dem Krieg die Arbeit in der Zentrale von SD und Sicherheitspolizei während jener Monate beschrieben und insbesondere die rastlose Tätigkeit Bests, »der von seinem Stehpult aus oder im Zimmer auf- und abschreitend Personalverfügungen, Einsatzbefehle, Anweisungen für den bevorstehenden Einsatz von Sipo und SD diktierte ... Immerhin war es eine uns ungewohnte Arbeit, denn letztlich waren es generalstabsähnliche Aufgaben mit allen Problemen der Bildung von Spezialtruppen, motorisierter Beförderung der Verpflegung, des Nachschubs, neben den vielgestaltigen zusätzlichen Aufgaben. Zeitweise waren bis zu drei Sekretärinnen mit der Fülle der Diktate ... beschäftigt.« Schellenberg, betr. August/September 1939, HStAD, Rep. 242, PIc; in seinen veröffentlichten Memoiren Schellenberg, Aufzeichnungen, fehlen diese Passagen, wohl wegen der Erwähnung der Einsatzgruppen.

326 Erl. d. CdS (Best) v. 12.9.1939, BA, R 58/241.

327 Vortragsnotiz des Oberquartiermeisters IV v. 17.9.1939, zit b. Groscurth, Tagebücher, S. 260; am 15.9. hatte Best gegenüber dem Heeresfeldpolizeichef darüber Beschwerde geführt, dass die Geheime Feldpolizei zahlreiche Polen zur Exekution an die Einsatzgruppen übergeben und darum gebeten habe, diese möge in Zukunft ihre Gefangenen selbst erschießen. Schi.. CSSD (Best) v. 15.9.1939, HStAD, Rep. 242, PIc, 884/39.

328 Fs. d. OBdH v. 18.9.1939, zit. n. Krausnick, Hitlers Einsatzgruppen, S. 40.

329 Besprechung Wagner/Heydrich am 18.9.1939, s. Der Generalquartiermeister, S. 134, und Halder, KTB I, S. 79; Protokoll der Amtschefsbesprechung am 19.9.1939, BA, R 58/825.

330 Bespr. v. Brauchitsch/Hitler n. Halder, KTB I, S. 81 f.; Rdschr. d. OBdH v. 21.9.1939, BA, R 70/Polen 11.

331 Vm. über Einsatzgruppenleiterbesprechung am 3.10.1939, v. 5.10.1939, BA, R 58/825.

332 Schr. d. OBOst. an OBdH v. 27.11.1939, IfZ, MA-261. Zur Rolle des »Volksdeutschen Selbstschutzes« s. Jansen/Weckbecker, Der »Volksdeutsche Selbstschutz«.

333 Aussage Wüst v. 13.1.1967, HStAD, Rep 242, ZgO Wüst. Wüst, Jahrgang 1908, stammte aus München und kam nach dem Ersten juristischen Staatsexamen zur Sicherheitspolizei; 1936 zunächst bei der Stapo Breslau, dann zur Grenzpolizeistelle Glogau, nach dem »Poleneinsatz« Leiter der Stapo-Stelle Mährisch-Ostrau, dann in Troppau; 1943 wegen »militärischen Ungehorsams« zu Gefängnis verurteilt, aus der SS und dem Staatsdienst entlassen; erlebte das Kriegsende in Haft.

334 Best, Internationale Politik der Nationalisten, s. Kap. II.1.

335 Es gibt für die Zeit vor Kriegsbeginn keine Unterlagen, die auf irgendeine Form der Vorbereitung im RSHA auf die Behandlung der in dem zu erobernden Polen lebenden Juden hindeuten. Auch im Kontext der Verhandlungen über die im Reich lebenden polnischen Juden, die sich seit den Aktionen vom Oktober 1938 hinzogen, sowie in den Kalendernotizen Bests fehlen solche Hinweise; vgl. Pohl, Von der Judenpolitik«, S. 30 f.

336 Vm. über Amtschefbesprechung am 14.9.1939, v. 15.9.1939, BA, R 58/825.

337 Vm. über Amtschef- und Einsatzgruppenleiterbesprechung am 21.9.1939, v. 27.9.1939, BA, R 58/825. Einige Wochen später wurde Hitler gegenüber den Spitzen von Regierung, Partei und Wehrmacht noch deutlicher: »Niederer Lebensstandard. Unser einziges Interesse, daß Dichte der Bevölkerung uns billige Arbeitskräfte liefert. Zusammengefaßt: ungeheuer harter, aber bewußter Volkstumskampf , der keine gesetzlichen Bindungen gestattet. Die Methoden werden mit unseren sonstigen Methoden unvereinbar sein.« Vortrag Hitlers am 17.10.1939. Die verschiedenen Versionen der Niederschriften und Protokolle in IMT, Bd. 26, S. 378 ff.; s. Krausnick, Hitlers Einsatzgruppen, S. 70.

338 Schnellbrief des CdS an Einsatzgruppenchefs, 21.9.1939, IMT, Dok. PS-3363; zum Folgenden Broszat, Polen, S. 176; Krausnick, Hitlers Einsatzgruppen, S. 59 ff. Am Tag darauf wurde vereinbarungsgemäß die Wehrmacht in Kenntnis gesetzt: Vm. über Unterredung OBdH mit Heydrich am 22.9.1939, HStAD, Rep. 242/171.

339 Siehe Adam, Judenpolitik, S. 239; Lang (Hg.), Eichmann-Protokoll, S. 56 ff.; dazu i. e. Pohl, Von der »Judenpolitik«, S. 47-51.

340 Als Wagner am 1.10. den Kommandeuren den Erlass Heydrichs vom 21.9. zustellte, betonte er, dass die geplanten Maßnahmen gegen die Juden »zunächst nur vorbereitender Art« sein sollten und zudem nach Absprache mit dem RSHA erst nach Einsetzung einer zivilen Besatzungsbehörde beginnen würden; Schr. Wagners v. 1.10.1939, BA/MA-Wi/I.347.

341 Die Aussiedlungsaktionen wurden von Himmler in seiner Eigenschaft als »Reichskommissar für die Festigung Deutschen Volkstums« durchgeführt, zu dem er inoffiziell am 28.9., offiziell am 7.10.1939 ernannt wurde (s. Broszat, Polenpolitik, S. 19; Krausnick, Hitlers Einsatzgruppen, S. 69). Der grundlegende Erlass über die Umsiedlungen erfolgte am 30.10.1939 sowie – geteilt in »Nahplan« und »Fernplan« – am 28.11.1939; s. Broszat, Polenpolitik, S. 86. Die »Umsiedlungen« begannen zunächst unorganisiert bereits Mitte November; bis zum 17.12.1939 waren etwa 87.000 Menschen vertrieben worden. Hierzu jetzt die neue Studie von Götz Aly, »Endlösung«; vor allem der von Aly herausgearbeitete Zusammenhang zwischen den »Umsiedlungen« der deutschstämmigen Minderheiten aus den Baltenstaaten und der Sowjetunion und den Deportationen von Juden und Polen aus den an das »Reich« angegliederten westpolnischen Gebieten ist hierbei von erheblicher Bedeutung – auch im Hinblick auf die Radikalisierung der »Judenpolitik«.

342 Dazu i.e. Herbert, Arbeit und Vernichtung; vgl. auch Scheffler, Wege zur »Endlösung«; Pohl, Von der »Judenpolitik«, S. 30 f. sowie jetzt Aly, »Endlösung«, S. 163 ff., 317 ff., s. auch Kap. IV.3.

343 Erl. d. CdS (Best) v. 6.10.1939 über Einstellung der täglichen Berichterstattung und Einrichtung des Ref. 11.0, HStAD, Rep. 242, PIc; Erl. Heydrichs v. 17.10.1939.« betr. Auflösung des Referats Tannenberg, BA, R 58/240; Einsetzung von Befehlshabern der Sicherheitspolizei in Polen durch Erlass des CdS (Best) am 23.10.1939, HStAD, Rep. 242, PIc, 1191; Auflösung der Einsatzgruppen und Errichtung stationärer Dienststellen des SD am 14.11.1939, ebd./128d; der Sipo am 20.11.1939 (ebd./1299).

344 Denkschrift d. RMdI über Aufgaben der Zivilverwaltung in den besetzten polnischen Gebieten v. 2.10.1939, s. Broszat, Polenpolitik, S. 21; am 23.10. wurden in einer Staatssekretärbesprechung über den »Verwaltungsaufbau im ehemaligen Polen« die wesentlichen Beschlüsse gefasst (Best, Kalendernotizen zum 23.10.1939).

345 RFSS (Best) an Partei, 30.10.1939, betr. Unterkunftsgerät für Umsiedler, HStAD, Rep. 242/362; Erl. d. CdS (Best) v. 31.10.1939, betr. Einrichtung eines Einwanderungs- und Siedlungsreferats beim Amt III des RSHA, HStAD, Rep. 242, PIc 1235. Die »Einwanderungszentralstelle Nordost in Posen mit Nebenstellen in Posen und Lodsch« wurde am 22. Dezember eingerichtet, ebd./1387; dazu i. E. Aly, »Endlösung«, S. 35 ff.

346 Best, Die bisherige polnische Verwaltung; ders., Das Deutsche Kriegsrecht. Kriegs-Verwaltungsrecht; ders.: Die Verwaltung in Polen vor und nach dem Zusammenbruch der Polnischen Republik (1940) (»Neben drängender Tagesarbeit aufgrund des z.Zt. erreichbaren Materials verfaßt«).

347 Besprechung am 30.1.1940 im RSHA unter Leitung von Heydrich und Seyß-Inquart, IMT, Dok. NO-5322; s. Adler, Der verwaltete Mensch, S. 116, Aly, »Endlösung«, S. 82 f.

348 Best, Kalendernotiz v. 6., 7.2.1940; dazu schriftl. Erläuterungen Bests, HStAD, Rep. 242, PId.
349 Erl. d. RFSS (Best) v. 23.12.1939, betr. Behandlung arbeitsunwilliger polnischer Arbeiter, HStAD, Rep. 242, PIc; s. Herbert, Fremdarbeiter, S. 70 ff.; Best, Kalendernotiz v. 5.3.1940 (Besprechung über die polnischen Arbeiter mit Heydrich, Ohlendorf, Schellenberg, Baatz).
350 Best, Kalendernotiz v. 22. u. 24.4. u. 24.5.1940; Erl. d. RSHA (Best) v. 17.5.1940, HStAD, Rep. 242, PIc, 399.
351 »Die ›Staatsauffassung‹ Best ließ ihn und mehrere seiner Freunde – wie die ›NS-Intellektuellen‹ – sich zwischen zwei Stühle setzen«, beschrieb etwa W. Hagen nach dem Krieg die Hintergründe dieses Streites; »Himmler und Heydrich benutzten sie daher nur so lange, als ihr Wortschatz und ihr akademisches Prestige für den Kampf mit Gürtner und anderen Bürokraten alter Schule benötigt wurde, dann galten sie selbst als ›hindernde Juristen‹.« Hagen (= Willi Höttl), Die Geheime Front, S. 17. Dem ist jedoch entgegenzuhalten, dass auch nach Bests Ausscheiden die Mehrzahl der Amts- und Referatsleiter im RSHA und der weit überwiegende Teil der Leiter der Einsatzgruppen und der Stapostellen Juristen waren, die beinahe durchweg durch die Schule Bests gegangen und auch von ihm ausgesucht worden waren.
352 Best hatte am 29. Januar im RSHA einen längeren Vertrag über den »Aufbau der Sicherheitspolizei« gehalten, der von Heydrich per Erlass zur grundlegenden Aussage in Funktionsfragen der Polizei erklärt worden war und der von Best zu dem Buch ausgearbeitet wurde; Vortrag vom 29.1.1940, HStAD, Rep. 242, PId; der Aufsatz wurde in der Beilage der »Kriminalistik«, dem Mitteilungsblatt des RKPA, im Juni 1940 veröffentlicht; Rdschr. CSSD (Heydrich) v. 14.3.1940, ebd., PIc.
353 Best, Lebenslauf (1964); Vernehmung am 20.3.1969, HStAD, Rep. 242, PId-2, 53 ff.; Best, Kalendernotizen, 12. u. 13.6.1940. Letzte Gäste im Amt waren bezeichnenderweise Canaris und von Bentivegni, also die Vertreter der militärischen Abwehr.

Kapitel IV

1 Zum Folgenden v. a. Jäckel, Frankreich in Hitlers Europa; Umbreit, Der Militärbefehlshaber; ders., Auf dem Weg zur Kontinentalherrschaft; Paxton, Vichy France; Steinberg, Les Allemands en France; Michel, Paris allemand; Pryce-Jones, Paris. La France et l'Allemagne en guerre; sowie Kasten, »Gute Franzosen«; Meyer, Großraumpolitik; ders., Fremde Elemente; sowie die Dokumentenedition»Die faschistische Okkupationspolitik in Frankreich«.
2 Über die Erfahrungen der deutschen Besatzungspolitik in Frankreich aus Sicht der deutschen Besatzungsstäbe s. die umfangreichen Tätigkeitsberichte der Militärverwaltung, die im Bundesarchiv/Militärarchiv in Freiburg unter RW 35/243-247 abgelegt sind; systematisierter Überblick bei Best, Die deutsche Militärverwaltung.
3 Bargatzky, Hotel Majestic, S. 40; Bargatzkys schmales Bändchen bietet die eindrucksvollste und präziseste, zugleich aber auch kritischste Schilderung der Entwicklung beim Militärbefehlshaber in Frankreich unter den zahlreichen Erinnerungsschriften der Beteiligten. Die Erinnerungen Speidels, Aus unserer Zeit, behandeln die Zeit nur recht oberflächlich; die Erinnerungsschriften der meisten anderen Beteiligten sind stark apologetisch, so vor allem Abetz, Das offene Problem; Grimm, Frankreich-Berichte; Rahn, Ruheloses Leben.
4 Es entstand »das Gefühl, Mitglied eines Teams zu sein, eines Kreises, der sich in ordensähnlicher Gemeinschaft verbunden weiß. Das Vertrauen untereinander ist mit der Zeit so groß, daß man sich auch offen über diejenigen aussprechen kann, die als überzeugte Nazis gelten ... Meistens gelingt es, dank der Homogenität unter uns, auch diese Andersdenkenden einzuschmelzen, wo nicht, werden sie isoliert«; Bargatzky, Hotel Majestic, S. 50.
5 Ebd., S. 52 f.
6 Ebd., S. 45.
7 Bemerkenswerterweise hatte sich auch Stuckart im Mai 1940 an Hitler mit der Bitte gewandt, »von seinen Dienstgeschäften alsbald entbunden und für den Dienst mit der Waffe in der Wehrmacht freigegeben zu werden«, Schr. v. 24.5.1940, n. Rebentisch, Führerstaat, S. 110.

Ausschlaggebend war dafür wohl weniger militärische Ruhmsucht oder politische Resignation, wie Dieter Rebentisch vermutet, sondern die den SS-Führer kennzeichnende heroische Geste, zumal auch Stuckart aus dem Rheinischen stammte und daraus eine besondere Motivation für den Einsatz im Westen ziehen konnte.

8 Best, Erinnerungen aus dem besetzten Frankreich (Frühjahr 1951), S. 58.

9 »Zu der Runde gehörten meine vertrauten Begleitoffiziere Horst Grüninger und Rolf Pauls – vor seiner Versetzung an die Ostfront –, der große Frankreich-Kenner Friedrich Sieburg und als Gäste die Journalisten und Schriftsteller Nicky von Grote, Clemens Graf Podewils, Dolf Sternberger, Gerhard Nebel u.a. ... Ernst Jünger schrieb später: ›Unter seiner (Speidels) Ägide bilden wir hier im Innern der Militärmaschine eine Art von Farbzelle von geistiger Ritterschaft; wir tagen im Bauche des Leviathans und suchen noch den Blick, das Herz zu wahren für die Schwachen und Schutzlosen!‹ (Speidel, Aus unserer Zeit, S. 117). Das Zitat Bests nach Best, Erinnerungen aus dem besetzten Frankreich, S. 43; einen Niederschlag in Jüngers Tagebuchnotizen haben diese Begegnungen nicht gefunden. Auf Anfrage des Verf. hat Jünger 1987 nähere Auskünfte über Best, mit dem er sechs Jahrzehnte lang bekannt war und in Verbindung stand, von Bests Zustimmung abhängig gemacht, die jener offenbar bis zu seinem Tode nicht erteilt hat. In den 80er Jahren teilte Best dem anfragenden Jünger mit, er, Best, habe sich während seiner Zeit in Paris für Jünger eingesetzt, als dieser wegen seines Buches »Marmorklippen« in der NS-Führung angegriffen worden sei. »Werner Best nahm also, um im Stil der ›Marmorklippen‹ zu bleiben, als alter Mauretanier mich in Schutz. Das blieb mir unbekannt. Wir waren befreundet gewesen und entfremdeten uns, als sich' die Nationalsozialisten von den Nationalisten abzweigten.« (Jünger, Siebzig verweht III. S. 558). Insgesamt sind die Bemerkungen Jüngers über Best in seinen 1993 veröffentlichten Aufzeichnungen wenig aufschlussreich und folgen weithin den Bestschen Selbststilisierungen; vgl. S. 231 ff., 557 f., 559.

10 »Ein ganz interessanter Kopf«, notierte Ulrich von Hassen über ein Gespräch mit Best am 27. Januar 1941; »mit etwas fanatischem Ausdruck, historisch gebildeter Mann, kommt vom Alldeutschen Verband (Class) und Antisemitismus (Werner) her, seit 1930 Partei. Ich hatte schon von Welczek und anderen gehört, daß er etwas weiter sehe als die meisten und ein Haar in mancher Suppe gefunden habe.« Von Hassell, Die Hassell-Tagebücher, Eintr. v. 3.2.1941, S. 250 f.

11 Organisation des Militärbefehlshabers in Frankreich, Stand: 1940 – 1942

Militärbefehlshaber

Kommandostab (Speidel) Verwaltungsstab (Dr. Schmid)

Abteilung Verwaltung (Dr. Best; zugl. Vertreter des Leiters des Verwaltungsstabs) Abteilung Wirtschaft (Dr. Michel)

Gruppe 1:	Allgemeine und innere Verwaltung	Gruppe 1: Allg. Wirtschaftsfragen und Organisation
Gruppe 2:	Polizei	Gruppe 2: Gewerbliche Wirtschaft
Gruppe 3:	Kommunalwesen	Gruppe 3: Ernährung und Landwirtschaft
Gruppe 4:	Schule und Kultur	Gruppe 4: Forst- und Holzwirtschaft
Gruppe 5:	Finanzwesen	Gruppe 5: Auswärtiger Waren- u. Zahlungsverkehr
Gruppe 6:	Medizinalwesen	Gruppe 6: Wirtschaftlicher Transportbedarf
Gruppe 7:	Veterinärwesen	
Gruppe 8:	Justiz	Gruppe 7: Sozialwesen und Arbeitseinsatz
Gruppe 9:	Propaganda	
Gruppe 10:	Verkehr	Gruppe 8: Währungen, Geld- und Kreditwesen
Gruppe 11:	Straßenbau	
Gruppe 12:	Post	Gruppe 9: Finanz- und Zollpolitik
Gruppe 13:	Archivwesen	
Gruppe 14:	Kunstschutz	Gruppe 10: Preisregelung
Gruppe 15:	Deutsches Vermögen	

12 Das bezog sich, wie es in einem der Abschluss- und Erfahrungsberichte des Verwaltungs-
    stabs am Ende des Krieges hieß, vor allem auf »Justiz, Finanzen und das Schulwesen; fer-
    ner die Beschlagnahme- und Räumungsmaßnahmen, alle Eingriffe in die Rechts- und Ei-
    gentumsverhältnisse, die aus militärischen Bedürfnissen vorgenommen werden mußten;
    das Flüchtlingswesen; die Rückführung der Volksdeutschen in die Heimat; die Aufsicht
    über den Straßen- und Brückenbau; Schutz der Kunst- und Baudenkmäler und vieles an-
    dere.« Bericht über die Bewährung und Haltung der Militärverwaltungsbeamten in
    Frankreich, o. D. (Ende 1944), BA/MA, RW 35/244, Bl. 7; diese Berichte sind für die Analy-
    se der deutschen Besatzungspolitik von einigem Interesse, wenn auch stark von Rechtfer-
    tigungsgesichtspunkten gekennzeichnet. Siehe »Allgemeiner Rückblick«, BA/MA, RW
    35/246; »Abschlußbericht der Abt. V I. – Allgemeine Verwaltung«, ebd.; »Abschlußbericht
    – Allgemeine und innere Verwaltung«, BA/MA, RW 35/247. Im Einzelnen s. Umbreit, Mi-
    litärbefehlshaber, dessen Darstellung sich (S. 118-258) überwiegend mit der Tätigkeit der
    Abt. Verwaltung beschäftigt.
13 Best, Erinnerungen aus dem besetzten Frankreich, S. 20. Henry Rousso spricht zusammen-
    fassend von der französischen Verwaltung als dem »Transmissionsriemen der Besatzung«,
    Rousso, L'Epuration.
14 Die Bedeutung dieses Bereichs wird von Umbreit und auch von Jäckel etwas vernachlässigt,
    die zu sehr das Augenmerk auf den BdS lenken; vgl. aber Klarsfeld, Vichy – Auschwitz, S. 20
    ff., 55 ff. u. ö.; Meyer, Großraumpolitik.
15 »Die Polizeiverwaltung unter dem Militärbefehlshaber in Frankreich«, o. D. (Anfang
    1945), BA/MA, RW 35/338, S. 16; s. auch Lagebericht d. Verw.stabs f. d. Monat Oktober
    1940, BA/MA, RW 35/285; f. d. Monate Dezember 1940/Januar 1941: ebd. RW 35/286;
    RdErl. d. MBF/Verw.stab (Best) v. 19.11.1941: Zusammenfassende Übersicht über den
    Sachstand und die geltenden Anordnungen betr. Aufsicht über die französische Polizei im
    besetzten Gebiet, HStAD, Rep. 242/PIc (41); Vm. d. MBF/Verw.stab (Best) v. 26.2.1942,
    betr. Aufsicht über die französische Sicherheitspolizei, ebd.; Vm. d. MBF/Verw.stab (Best)
    v. 14.3.1942, betr. Aufsicht über die französische Polizei im besetzten Gebiet: Zusammen-
    fassung der allgemeinen Grundsätze, BA, R 70 (Frankreich)/13, Bl. 93-101.
16 Die Polizeiverwaltung (Anm. 15), S. 35.
17 Umbreit, Militärverwaltung, S. 26; Umbreit betont »die bedeutende Rolle, die Best innerhalb
    der Militärverwaltung für zwei Jahre spielte, wodurch auch der Eindruck entstehen konnte,
    er sei eigentlich der Chef des Verwaltungsstabes«, wie dies von Joseph Billig irrtümlich an-
    genommen wurde; Billig, Le commissariat général, Bd. 1, S. 347 u. 353.
18 Bargatzky, Hotel Majestic, S. 50.
19 Vm. Best für Verw.Gr. 2, 16.8.1940, BA/MA, MBF/75606.
20 Vm. Gr. 2 (Baumheuer) für Best, 23.8.1940, ebd.
21 Vm. Gr. 8 (Bargatzky u. Bälz) für Best, 24.8.1940, ebd.
22 RdErl. d. MBF/Verw.stab, Abt. Verw. (Best) v. 12.12.1940, erw. in RdErl. v. 13.1.1941 betr. die
    Anordnung von Sicherungshaft (Ausführungsbestimmung) HStAD, Rep. 242, PIc (40); s.
    Umbreit, Militärbefehlshaber, S. 125, 236; ders., Auf dem Weg zur Kontinentalherrschaft, S.
    191, der diesen Punkt allerdings nur streift; vgl. Luther, Der französische Widerstand, S. 142
    ff., der (für das Tübinger »Institut für Besatzungsfragen«) eine materialreiche, aber durch-
    weg apologetische Darstellung aus Sicht der NS-Behörden enthält. Neufassung der Bestim-
    mungen durch Erl. MBF/Verw.stab, Abt. Verw. (Best) v. 31.3.1942, zit. b. Luther, Der franzö-
    sische Widerstand, S. 146.
23 Die Polizeiverwaltung (Anm. 15), S. 22. Im Erlass vom 31.3.1942 hieß es, Sicherungshaft sei
    zu verhängen, »um die Begehung und Wiederholung von Handlungen zu verhindern, die
    gegen das Deutsche Reich oder die Wehrmacht gerichtet oder geeignet sind, indirekt deut-
    sche Interessen zu gefährden«, Luther, Der französische Widerstand, S. 146.
24 Ebd.; im Erlass vom 31.3.1942 waren als Zielgruppe der Polizeihaft genannt: »Personen, die
    wegen ihrer kommunistischen, anarchistischen, gaullistischen oder sonstwie revolutionären
    Betätigung als so gefährlich erscheinen«, dass ihre Inhaftierung geboten erschien, Luther,
    Der französische Widerstand, S. 146.

25 Die Frage des »Kunstschutzes« in Frankreich ist oft beschrieben und gut erforscht worden; das große Interesse an dieser Frage reflektiert die Bedeutung, die ihr beim Militärbefehlshaber beigemessen wurde, und steht in merklichem Kontrast zur unzureichenden Erforschung anderer Bereiche, die sich von heute aus doch als sehr viel bedeutsamer darstellen, wie die Verfolgung politischer Gegner und der Juden in Frankreich oder auch der wirtschaftlichen Ausbeutung des Landes durch die deutsche Besatzungsmacht; siehe dazu v. a. Umbreit, Militärverwaltung, S. 184-195; ders., Auf dem Weg zur Kontinentalherrschaft, S. 316 ff.; Jäckel, Frankreich, S. 307 ff. Die wichtigste Quelle ist ediert worden: Bargatzky, Bericht über die Wegnahme französischer Kunstschätze; vgl. Bargatzky, Hotel Majestic, S. 64-81.

26 Schr. Ribbentrop an Chef OKW, 3.8.1940, BA /MA, RW 4/v. 299.

27 RdSchr. Lammers v. 13.8.1940, BA, R 43 11/671.

28 Schr. d. Chef OKW an OBdH, 5.7.1940, IMT, Dok. 137-PS; Aktennotiz Rosenberg v. 16.9.1940, betr. Sicherstellung von Kunstgut in Frankreich und anderen besetzten Gebieten, IMT, Dok. 013-PS.

29 Vm. Schnath (MBF/Verw.stab) über Aussprache mit Einsatzstab Rosenberg, 28.8.1940, zit. n. Umbreit, Militärbefehlshaber, S. 189.

30 Bargatzky-Bericht (Anm. 25), S. 307.

31 Befehl Görings v. 5.11.1940, zit. n. Bargatzky, Hotel Majestic, S. 71.

32 Best an Stülpnagel, 29.1.1941, BA/MA, RW 35-1, Bl. 7-11.

33 Insofern ist Umbreits Urteil, Bests Haltung in der Frage des »Kunstschutzes« hätten »unbedingt weitsichtige und ehrenhafte Motive« zugrunde gelegen, zu relativieren (Umbreit, Militärbefehlshaber, S. 27).

34 Stülpnagel an Brauchitsch, 31.1.1941, Bargatzky-Bericht (Anm. 25).

35 Marrus u. Paxton, Vichy France, S. 3-21; Klarsfeld, Vichy – Auschwitz, S. 20 ff.; zum Folgenden außer diesen Titeln sowie Jäckel, Umbreit und den Aufsätzen von Meyer v. a. Hilberg, Die Vernichtung, S. 641-701; Juliane Wetzel: Frankreich und Belgien, in: Benz (Hg.), Dimension des Völkermords, S. 105-135; Klarsfeld (Hg.), Die Endlösung; Billig, Die Endlösung; ders., Le commissariat générale; Kasten, »Gute Franzosen«, S. 95 ff.; sowie »Ermittlungsvermerk der Zentralen Stelle der Landesjustizverwaltungen betr. Endlösung der Judenfrage in Frankreich« (Vorermittlung Best u. a.), ZStL, 104 AR-Z, 1670/61, Bd. 4 u. 5.

36 Vm. MBF/Verw.stab, Abt. Verw. (Best) v. 19.8.1940, gedr. in: Klarsfeld, Vichy – Auschwitz, S. 356.

37 Nach Angaben von Abetz hatte ihn Hitler am 3. August von seinen Plänen unterrichtet, die Juden aus Europa zu entfernen, IMT, Dok. NG-1893. Die Pläne Rademachers, des zuständigen Referenten in der Abt. Deutschland im AA, bezüglich des Madagaskar-Projekts stammten vom 3.7.1940 (1MT, Dok. NG-2586-B), 5.8. (Dok. NG-5764) und 12.8.1940 (Dok. NG-2596-B).

38 Abetz an AA, 20.8.1940, ADAP, D 10/368; Sonnleithner teilte am 21.8.1940 die grundsätzlich positive Reaktion des AA mit, die Frage werde aber »höheren Orts entschieden werden«; am 26.8.1940 gab Hitler seine Zustimmung (Halder, KTB S. 77; s. auch Vm. Best v. 30.8.1940, HStAD, Rep. 242, PIc (40).

39 Aktennotiz Mahnke, Verw.stab /Abt. Verw. (Gr. 1), v. 22.8.1940, gedr. in: Klarsfeld, Vichy – Auschwitz, S. 356 f.

40 Aktennotiz Storz, o. D. (letzte August-Woche), gedr. in: Klarsfeld, Vichy – Auschwitz, S. 358 f. (dort aber fälschlich mit »Abetz« unterschrieben, s. Umbreit, Militärbefehlshaber, S. 262.)

41 Aktennotiz Bargatzky, 26.8.1940, zit. n. Umbreit, Militärbefehlshaber, S. 262.

42 Heydrich an AA (Luther), 20.9.1940, PA/AA, Inl. II geh./189, 83; das OKW stimmte der Bitte Heydrichs, den BdS in Paris mit der Zuständigkeit für Judenfragen zu betrauen, am 4.10.1940 zu; dies bezog sich allerdings auf die politische Zuständigkeit, nicht auf exekutive Befugnisse; s. Klarsfeld, Vichy – Auschwitz, S. 21.

43 VO betr. Maßnahmen gegen Juden, 27.9.1940, in: Verordnungsblatt des Militärbefehlshabers in Frankreich v. 30.9.1940; DVO: RdSchr. d. Ch. d. MVerw., Verw.stab /Abt. Verw., betr. Maßnahmen gegen Juden, BA/MA, RW 35/772.

44 S. Aufzeichnung Luther (AA), betr. Judenpolitik seit 1939, v. 21.8.1942, ADAP, E X/209; Umbreit, Auf dem Weg zur Kontinentalherrschaft, S. 294.

611

45 2. VO über Maßnahmen gegen Juden v. 16.10.1940, VOBl. MBF v. 18.10.1940; verbreitet von der Abt. Wirtschaft im Verw.stab, s. Vm. v. 14.10.1940, BA /MA, RW 35/772.

46 Brauchitsch hatte schon am 16.10. um die »Beschleunigung der Maßnahmen« gebeten; Aktennotiz über Bespr. bei v. Brauchitsch in Paris am 16.10.1940, BA/MA, RW 35/772; ebenso gegenüber Stülpnagel am 12.11.1940 (» ... daß der Gesichtspunkt schleunigen Handelns energisch in den Vordergrund gerückt wird«), BA/MA, RW 35/255; Stülpnagel ordnete daraufhin noch am gleichen Tag an, sofort mit der Arisierung des jüdischen Besitzes in Frankreich zu beginnen; s. Umbreit, Militärbefehlshaber, S. 262, Anm. 11. Zum Fortgang und Ergebnis der Arisierung s. Abschlußbericht der Abt. Wirtschaft/Wi I1 o. D. (Ende 1944): Die Entjudung der französischen Wirtschaft, BA/MA, RW 35/255; sowie ausf. Hilberg, Die Vernichtung, S. 649 ff.

47 Jäckel, Frankreich, S. 46 f.; die sehr weitreichenden Vorschläge Stuckarts fanden sich in einer Karte der Waffenstillstandskommission wieder, die bei Umbreit, Auf dem Weg zur Kontinentalherrschaft, S. 66, abgedruckt ist; s. auch ebd., S. 129 f.

48 Lagebericht d. Ch. d. MVerw./Verw.stab für August 1940, BA/MA, RW 35/4.

49 Zum Folgenden s. Kettenacker, Nationalsozialistische Volkstumspolitik, v. a. S. 207 ff., 249 ff. Wolfanger, Die nationalsozialistische Politik in Lothringen, S. 80 ff.; Jäckel, Frankreich, S. 75 ff.; Umbreit, Auf dem Weg zur Kontinentalherrschaft, S. 136 ff.; Hans Fenske, Josef Bürckel und die Verwaltung der Pfalz ; Wiehn (Hg.), Oktober-Deportation 1940.

50 »Bericht über die Verschickung von Juden deutscher Staatsangehörigkeit nach Südfrankreich«, o. Verf., 30.10.1940, PA/AA, Inl. II geh./189, 4 f.; Heydrich an Luther/AA, 29.10.1940, ebd., 14 f.; General Doyen an Waffenstillstandskommission, 18.11.1940, ebd., 28; Waffenstillstandskommission an AA, 19.11.1940, ebd., 27 f., vgl. Hilberg, Die Vernichtung, S. 647 f.; Klarsfeld, Vichy – Auschwitz, S. 33.

51 Wolfanger, Die nationalsozialistische Politik, S. 160 f.; Kettenacker, Nationalsozialistische Volkstumspolitik, S. 249 ff.; die Aktion war deutlich als Revanche für die Ausweisung von über 100.000 Deutschen aus Elsaß-Lothringen nach dem Ersten Weltkrieg inszeniert.

52 Hitler am 12.5.1942, in: Picker (Hg.), Hitlers Tischgespräche, S. 285.

53 Botschafter Paris an AA, 1.11.1940, PA/ AA, Inl. II geh./189; Bürckel hatte eine Option der Ausgewiesenen für Frankreich vorgetäuscht, in Wirklichkeit aber recht wahllose Namenslisten in aller Eile anfertigen lassen. Gegenüber Abetz rechtfertigte er die Maßnahme mit der Frage: »Haben die Franzosen oder wir den Krieg gewonnen?«; vgl. die Schilderung bei Abetz, Das offene Problem, S. 166 ff.

54 MBF/Verw.stab an OKH/Gen.Qu. 28.4.1941, BA/R 43 II, 1339; die Kritik wurde am 29.5.1941 von der Reichskanzlei zurückgewiesen, ebd.; s. Kettenacker, Nationalsozialistische Volkstumspolitik, S. 254.

55 Best, Erinnerungen aus dem besetzten Frankreich, S. 28.

56 Schr. Bürckels an Frick, 20.12.1940, BA, R 43 11/1339; Bürckel setzte sich hier in heftigen Worten mit der von Frick geäußerten Kritik auseinander.

57 Ebd.; s. Kettenacker, Nationalsozialistische Volkstumspolitik, S. 253 ff.

58 Best an CdZ Elsaß, 17.2.1942, PA/ AA deutsche Botschaft Paris, Kult. 3a; vgl. Kettenacker, Nationalsozialistische Volkstumspolitik, S. 256, der die Denkschrift als »klassisches Dokument der deutschen Volkstumspolitik« bewertet; s. auch Vernehmung Best, 20.3.1969, HStAD, Rep. 242, PId-2, 53-71.

59 Am 16.3.1942 übersandte der Ministerialdirektor Berndt vom Propagandaministerium Bests Denkschrift an Himmler und unterstützte Bests Bitte um Aussetzung des Schlusstermins (»mehr als die Hälfte der führenden Franzosen der letzten Jahrhunderte waren blutsmäßig Germanen«); am 20.5.1942 bat er in dieser Sache bei Wolff erneut um Entscheidung (... »können wir doch nicht im gleichen Augenblick Hunderttausende an ein fremdes Volk verschenken, sondern müssen sie zunächst unschädlich machen«), beides HStAD, Rep. 242/362.

60 Prot. d. Bespr. MBF/Verw. mit dem CdZ Elsaß, Lothringen u. Luxemburg über Flüchtlings- und Rückwanderungsfragen, 20.3.1941, HStAD, Rep. 242, PIc (41); Kettenacker, Nationalsozialistische Volkstumspolitik, S. 255.

61 Hierzu Umbreit, Zur Behandlung der Bretonen-Bewegung; ders., Auf dem Weg zur Kontinentalherrschaft, S. 267; Jäckel, Frankreich, S. 48 ff.

62 Best, Erinnerungen aus dem besetzten Frankreich, S. 50 ff.

63 Best, Die Bedeutung der bretonischen Bewegung. Nachdem die Wehrmachtsführung auf Geheiß Hitlers weitere Kontakte zu bretonischen Separatisten untersagt hatte, schrieb Best an das OKH, er hoffe, dass sich der Führer zu gegebener Zeit doch noch zur Unterstützung der Bretonen entschließen werde, MBF/Verw.stab an OKH, 13.9.1940, zit. b. Umbreit, Auf dem Weg zur Kontinentalherrschaft, S. 268.

64 Bargatzky, Hotel Majestic, S. 50; Carlo Schmid an S. Aronson, 22.10.1964, FES, NL Carlo Schmid, Sign. 782; Schmids Charakterisierung Bests ist ansonsten wenig zuverlässig.

65 Dazu grundlegend Umbreit, Auf dem Weg zur Kontinentalherrschaft; vgl. auch Rich, Hitler's War Aims; sowie die einführenden Überlegungen von Maier, Ideen.

66 Schmitt, Völkerrechtliche Großraum-Ordnung mit Interventionsverbot für raumfremde Mächte ([1]1939, [2]1940, [3]1941, [4]1941; die dritte und vierte Auflage sind erweitert und erhalten z. T. Repliken auf vorangegangene Kritik, so auf Best, s. u.); zum thematischen Umkreis dieses Vortrags Schmitts gehören seine (in »Positionen und Begriffe« versammelten) Beiträge: Totaler Feind, totaler Krieg, totaler Staat (1937); Das neue Vae Neutris! (1938); Völkerrechtliche Neutralität und völkische Totalität (1938); Großraum gegen Universalismus (1939); Der Reichsbegriff im Völkerrecht (1939); sowie ders.: Die Wendung zum diskriminierenden Kriegsbegriff (1938); Inter pacem et bellum nihil medium (1939); Reich und Raum (1940).

67 Zit. n. Kaiser, Europäisches Großraumdenken; s. auch Bendersky, Carl Schmitt, S. 257 f.; Quaritsch, Positionen und Begriffe, S. 17 ff.

68 Schmitt, Großraumordnung (1. Aufl.), S. 69; zur nationalsozialistischen Debatte um die deutsche Herrschaft im europäischen Großraum ist nach wie vor die ältere Studie von Gruchmann, Nationalsozialistische Großraumordnung, grundlegend. Die Untersuchung von Diner, Rassistisches Völkerrecht, ist informativ, in Bezug auf die Differenzen zwischen der Position Schmitts und seinen völkischen Kritikern jedoch ungenau und bleibt hinsichtlich der Analyse der völkischen Position im Ansatz stecken; Hinweise auch bei Messerschmidt, Revision; Majer, Die Perversion des Völkerrechts; Meyer, Großraumpolitik; Rüthers, Carl Schmitt, S. 109 ff.; ders., Entartetes Recht, S. 141 ff.; Bendersky, Carl Schmitt, S. 243 ff.; Kaiser, Europäisches Großraumdenken; sowie bei van Laak, Gespräche, S. 23-31. Zur Diskussion um den deutsch dominierten europäischen Großraum in wirtschaftlicher Hinsicht s. Volkmann, Die NS-Wirtschaft.

69 Schmitt, Großraumordnung, S. 64.

70 Ebd., S. 81.

71 Ebd., S. 87 f.

72 S. etwa Spanner, Großraum und Reich; Kaiser, Europäisches Großraumdenken.

73 Dazu ausf. Bendersky, Carl Schmitt, S. 219 ff.; Rüthers, Carl Schmitt, S. 81 ff.; Rüthers nennt vor allem Koellreuter, Eckhardt und Höhn als Gegner Schmitts; vgl. auch Gross, Politische Polykratie.

74 Rüthers, Carl Schmitt, S. 88; Das Schwarze Korps, 3.12.1936 (»Eine peinliche Ehrenrettung«); ebd., 10.12.1936 (»Es wird immer noch peinlicher«). Rüthers Darstellung konzentriert sich bei der Untersuchung der Motive für die Kritik Höhns und anderer an Schmitt sehr stark auf Karriere und Intrigen; die sachlichen Differenzen – in Zeiten radikaler Weltanschauungsdiktaturen von überragender, oft im Wortsinne lebenswichtiger Bedeutung – behandelt er nur am Rande, während akademische Verteidiger Schmitts dazu neigen, diese Differenzen zu einem Gegensatz zwischen Schmitt und »dem« Nationalsozialismus auszubauen. Tatsächlich aber handelte es sich eher um ideologische Differenzen innerhalb des Nationalsozialismus, weil SS und SD nur einen Teil, und zwar in bestimmten ideologischen Aspekten radikale Fraktion des Nationalsozialismus darstellten, die zu Beginn des Krieges noch bei weitem nicht die allein dominierende war; während Schmitt von anderen Teilen der Führung des NS-Regimes, etwa Frank und Göring, unterstützt wurde. Dazu einleuchtend Gross, Politische Polykratie; vgl. auch Mehring, Vom Umgang mit Carl Schmitt; in beiden Arbeiten auch kritische Sichtungen der neueren Literatur.

75 Gürke, Volk und Völkerrecht; vgl. Raschhofer, Volk, Nation und Völkerrecht; Walz, Nationalsozialismus und Völkerrecht.

76 Höhn, Großraumordnung und völkisches Rechtsdenken; zur zeitgenössischen Auseinandersetzung mit Schmitts Großraum-Thesen s. Daitz, Echte und unechte Lebensräume; ders.: Lebensraum und gerechte Weltordnung; Huber, Positionen und Begriffe; Küchenhoff, Großraumgedanke und völkische Idee; Wolgast, Großraum und Reich.

77 Höhn, Reich, Großraum, Großmacht, S. 104.

78 Best, Der Krieger und das Recht, s. dazu Kap. II.1.

79 Best, Rechtsbegriff und »Völkerrecht« (12.8.1939); zur nationalsozialistischen Großraum-Theorie und der Bedeutung der Ansätze von Schmitt und Best in diesem Kontext s. Neumann, Behemoth, S. 191-215, 586 ff. Neumann hat die Unterschiede zwischen konservativer und »völkischer« Position in Bezug auf die Großraum-Theorie klar erkannt und herausgearbeitet; ähnlich wie für Fraenkel sind es auch für Neumann vor allem die (in den im Ausland erhältlichen Zeitschriften veröffentlichten) Aufsätze Bests, anhand derer er seine Analyse der rassistischen »Völkerrechts«-Lehre (sowie der Funktion von Polizei und SS, S. 572 ff.) entwickelt; s. ebd., S. 215 f. Zum Folgenden auch die Aussagen Bests vom 20.3.1969, HStAD, Rep. 242, PId-2, S. 53 ff.; Anlage zum Protokoll vom 30.4.1971, ebd./PId-2, S. 640 ff.; sowie Adler, Der verwaltete Mensch, S. 1066 ff.; Höhne, Orden, S. 457; Meyer, Großraumpolitik, S. 30 ff.

80 Schmitt, Großraum-Ordnung (1941), S. 47; s. auch ders.: Raum und Großraum.

81 Best, Nochmals: Völkische Großraum-Ordnung statt: »Völkerrechtliche« Großraum-Ordnung s. Spanner, Großraum und Reich, S. 47 ff.

82 Festgabe für Heinrich Himmler, mit Beiträgen von Wilhelm Stuckart, Werner Best u. a., Darmstadt 1941 (» ... für den Reichsführer-SS und Chef der deutschen Polizei Heinrich Himmler zu seinem 40. Geburtstag verfaßt und ihm am fünften Jahrestag der Übernahme der Deutschen Polizei am 17. Juni 1941 überreicht«).

83 Wilhelm Stuckart: Zentralgewalt, Dezentralisation und Verwaltungseinheit, in: ebd., S. 1-32.

84 Rebentisch, Führerstaat, S. 368; zu Stuckart s. S. 107 ff.; vgl. aber die (überaus positive) Rezension des Aufsatzes von Stuckart durch den SS-Obersturmführer Dr. Eberhard Mäding, Mitarbeiter beim RKFDV, in: RVL, Bd. 3, 1942, S. 391 ff. In einer biographischen Skizze (Wilhelm Stuckart, 1902 – 1953) zeichnete Rebentisch Stuckart als »die charakterlich und fachlich qualifizierteste Persönlichkeit« im RMdI, die sich durch »forsches Auftreten und das Deklamieren ideologischer Bekenntnisformeln des Nationalsozialismus« den Raum verschafft habe, um gegen die Übergriffe der Partei eine vernünftige Verwaltungspolitik betreiben zu können. Seine Aufsätze seien »lediglich mit ideologiekonformem Vokabular verkleidet« gewesen, wenngleich er mit den Zwangsumsiedlungen und Massendeportationen in enge Berührung« gekommen sei. Rebentischs Postulat, Stuckarts NS-ideologische Aussagen seien lediglich als formelles Ritual zu bewerten, während er ansonsten ein sachkundiger Verwaltungsmann gewesen sei, lassen sich nicht halten (s. dazu Anm. 93). Sie reflektieren aber die verbreitete Annahme, dass sich rationales Verwaltungshandeln und radikale, rassenideologische Überzeugungen ausschlössen. Aus Sicht der Bests und Stuckarts aber rührten die Probleme des Regimes insbesondere im Bereich der Verwaltung nicht daher, dass zu viele Ideologen in der Verwaltung dilettierten, sondern dass die politische Praxis zahlreicher Regimevertreter zu sehr durch eigene Interessen und Großmannssucht und zu wenig durch die Prinzipien der völkisch-organischen Weltanschauung bestimmt wurde.

85 Ulrich von Hassel notierte sich über ein Gespräch mit dem ehemaligen deutschen Botschafter in Paris, Graf Welczek, dass in der Führung von SS und SD Kritik an der deutschen Kriegsführung aufgekommen sei: »Sein Aktionskreis sind Leute der obersten SS-Führung – Stuckart und Höhn –, von denen er behauptet, daß sie im Grunde so dächten wie wir und besonders schon erwägen, ob man Ribbentrop der Gegenseite zum Fraß hinwerfen solle. Man überlege dort schon die Zusammensetzung eines neuen Ministeriums.« Von Hassell, Die Hassell-Tagebücher, Eintr. v. 22.10.1939, s. 144. In diesem Zusammenhang hörte von Hassell auch zum ersten Mal von Best, s. ebd., S. 251.

86 Best, Grundfragen einer deutschen Großraumverwaltung, in: Festgabe für Heinrich Himmler.

87 Wie Schellenberg nach dem Krieg berichtete, hatte Best es bereits im Herbst 1939 – etwa Ende September – als »den größten Fehler, den Hitler mache«, bezeichnet, »ein so freiheits-

liebendes Volk wie die Polen zu Heloten machen zu wollen. Es sei eine Erkenntnis der Geschichte, daß solche Staatsentwicklungen den Keim des Zerfalls in sich trügen. Best machte diese Bemerkung auch offen bei Heydrich, den dies an sich kalt ließ, der nur Sorge hatte, daß solche Bemerkungen seiner Umgebung ihm noch nach Jahren schaden könnten.« Unveröffentlichter Teil der Memoiren Schellenbergs, Kap. VI, HStAD, Rep. 242/PIc (39).

88 Best, Großraumordnung und Großraumverwaltung; Hervorhebungen i. O.

89 Ebd.; das Zitat von Bargatzky, Interview, in: Pryce-Jones, Paris, S. 241:»Er war ein Theoretiker der Vernichtung, aber er gab Befehle, er führte die Taten nicht selbst aus. Ich verglich ihn oft mit Robespierre.«

90 Neumann, Behemoth, S. 215, 588 ff. Hans Umbreit diskutiert 13ests Aufsatz im Kontext verschiedener Analysen der deutschen Besatzungspolitik und bezeichnet seine Ausführung als »sehr detaillierte Vorschläge für zweckmäßige Verwaltungsorganisation im künftigen Großraum« – ebenfalls ohne die »Vernichtungs«-Passagen zu erwähnen (Umbreit, Auf dem Weg zur Kontinentalherrschaft, S. 97). Leni Yahil allerdings weist in ihrer Untersuchung über die Rettung der dänischen Juden auf diese Passagen hin, The Rescue, S. 414. Vgl. aber die Darstellung bei Höhne, Orden, S. 454 ff.; er zitiert Bests Aufsätze ebenfalls, lässt die Ausführungen über die »totale Vernichtung« von Völkern aus und stilisiert Best zum »nüchternen Machttechniker«. Dennoch sind Höhnes Auffassungen aufschlussreich, weil sie auf Widersprüche zwischen Vorstellungen Hitlers von der Beherrschung der eroberten Räume und den dazu angestellten Überlegungen in der SS verweisen. Der dabei konstruierte Widerspruch zwischen »Ideologie« und »Sachlichkeit« aber führt zur Aporie; vgl. auch Meyer, Großraumpolitik, S. 35 ff.

91 Aussage Best, 20.3.1969, HStAD, Rep. 242, PId-2, 53-71.

92 Geleitwort der Herausgeber, RVL, Bd. 1, 1941. Zu den wichtigeren Beiträgen der Zeitschrift gehören: Wilhelm Stuckart: Die Neuordnung der Kontinente und die Zusammenarbeit auf dem Gebiete der Verwaltung (RVL, Bd. 1, 1941, S. 3-28); Reinhard Höhn: Großraumordnung und völkisches Rechtsdenken (ebd., S. 256-290); Werner Daitz: Echte und unechte Großräume (RVL, Bd. 2, 1942, S. 75-96); Reinhard Höhn: Reich – Großraum – Großmacht (ebd., S. 97-226); Heinrich Muth: Der Staat als Anstalt (RVL, Bd. 3, 1942, S. 142-294, Bd. 4, S. 201-244); Rudolf Thierfelder: Die Verwaltung der besetzten französischen Gebiete 1870/71 (RVL, Bd. 4, S. 367-417); Wilhelm Stuckart: Staatsangehörigkeit und Reichsgestaltung (RVL, Bd. 5, 1943, S. 57-91).

93 Über Stuckarts Auftreten bei der Wannseekonferenz berichtete Eichmann in Jerusalem:» ich weiß, daß die Herren beisammen gestanden und beisammen gesessen sind und da haben sie eben in sehr unverblümten Worten die Sache genannt – ohne sie zu kleiden. Ich könnte mich dessen auch bestimmt nicht mehr erinnern, wenn ich nicht wüßte, daß ich mir damals gesagt hatte: schau, schau der Stuckart, den man immer als einen sehr genauen und sehr heiklen Gesetzesonkel betrachtete, und da hier wars eben der Ton und die ganzen Formulierungen waren hier sehr unparagraphenmäßig gewesen ... [Auf Nachfrage, worum es dabei ging:] Es wurde von Töten und Eliminieren und Vernichten gesprochen.« Protokoll v. 24.7.1961, zit. n. Longerich (Hg.), Die Ermordung, S. 92.

94 Wilhelm Stuckart u. Rolf Schiedermair: Rassen- und Erbpflege in der Gesetzgebung des Reiches, Leipzig ²1940, ³1942, ⁴1943.

95 Best, Mitarbeit am Reiche. Gedanken zum Geburtstag des Führers.

96 Auf diese Tradition der SS bezogen sich in der Nachkriegszeit verschiedene Einlassungen von höheren SS-Führern, so vor allem die des Chefs des Rasse- und Siedlungshauptamtes der SS, Richard Hildebrandt, in Nürnberg vom 21.9.1947, der berichtete, seit dem Herbst 1942 habe sich in der höheren SS-Führung auf der Basis der seit langem latent vorhandenen Bereitschaft, grundlegende Änderungen herbeizuführen, eine zunehmende Opposition gegen die vorherrschenden Entwicklungen in Partei und Staat herausgebildet. (Eidesstattliche Erklärung v. 21.9.1947, IfZ, Zs 928).

97 Herrenschicht oder Führungsvolk?, in: RVL, Bd. 3, 1942, S. 122-141; dass Best der Autor war, geht nicht nur aus Duktus und Begrifflichkeit eindeutig hervor, sondern wurde nach dem Kriege von Best und Höhn auch mehrfach bestätigt (Best an Höhn, 16.2.1967, HStAD, Rep. 242/308; Höhn an Best, 1.3.1967, ebd.).

98 Hans Buchheim etwa nahm diese Bemerkungen Bests als Beleg dafür, »daß Menschen, über deren nationalsozialistische Gesinnung kein Zweifel besteht, sehr wohl in der Lage waren, das Abgleiten ins Verbrecherische zu bemerken«, und als Widerlegung der These, »daß Menschen, die durch und durch überzeugte Nationalsozialisten waren, nicht in der Lage gewesen seien, das Verbrecherische gewisser Maßnahmen und Befehle zu erkennen, und daß sie deshalb nicht schuldhaft gehandelt hätten«. Buchheim, Befehl und Gehorsam, S. 285. Rebentisch nannte den Aufsatz das Beispiel »einer fundamentalen, durch ideologiekonformes Vokabular nur notdürftig verkleideten ›Systemkritik‹, die bei konsequenter Weiterverfolgung von der Herrschaft Hitlers und den Methoden seiner Paladine wegführen mußte.« Rebentisch, Führerstaat, S. 110; dass es sich beim Verfasser um Best handelte, war Rebentisch aber unbekannt. Best selbst hat den Aufsatz nach dem Kriege als »wohl die schärfste publizistische Kritik an Hitlers Handeln« bezeichnet, »die in Deutschland während des Krieges veröffentlicht wurde«; Best, Was wollten wir Nationalsozialisten, S. 53.

99 Best zitiert hier (S. 135 f.) nacheinander Bismarck (Rede am 28.1.1886 zum preußischen Aussiedlungsgesetz) und das »Posener Tageblatt« vom 26.5.1908; beides nach Höhn u. Seydel, Der Kampf um die Wiedergewinnung des deutschen Ostens, in: Festgabe für Heinrich Himmler.

100 Best, Die deutsche Polizei, S. 20.

101 Denkschrift Eggeling, 3.8.1940, BA, NS 6/322, Bl. 24-33; weitere Belege für die Kritik an der »Herrenvolktheorie« s. bei Herbert, Fremdarbeiter, S. 105 f., 387.

102 Best, Aufzeichnungen über Vidkun Quisling (Kopenhagen, 15.12.1948), BA, NL 23; Kalendernotizen Best, August bis Oktober 1941.

103 Best, Die deutschen Aufsichtsverwaltungen in Frankreich, Belgien, den Niederlanden, Dänemark und im Protektorat Böhmen und Mähren; die Teile über Frankreich veröffentlichte er in erweiterter Form auch in der RVL; Best, Die deutsche Militärverwaltung in Frankreich, in: RVL, Bd. 1, 1941, S. 29-76 (abgeschlossen im Juni 1941).

104 Best, Frankreich. Schuld und Schicksal, in: RVL, Bd. 1, 1941, S. 291-313; ders.: Frankreichs Schicksal im Jahre ..., in: RVL, Bd. 2, 1942, S. 307-338; Rezension zu Reinhard Höhn: Frankreichs Demokratie und ihr geistiger Zusammenbruch , S. 1561.

105 Best, Frankreich. Schuld und Schicksal, und ders., Frankreichs Schicksal im Jahre ...; Höhn, Frankreichs demokratische Mission.

106 Best, Frankreich. Schuld und Schicksal.

107 Best, Frankreichs Schicksal im Jahre ...

108 Best, Völkische Neuordnung West-Europas.

109 Best an Klopfer, 11.11.1941 (Abschrift), ebd.

110 Best an Stuckart, 15.11.1941 (Abschrift), ebd.

111 S. Anm. IV, 62-64; Carlo Schmid vermutete sogar, Best sei im Sommer 1942 auf Betreiben des AA wegen seiner Vorliebe für die westeuropäischen »Kleinvölker« abgelöst worden, was aber sicher nicht zutrifft; Schr. Schmid, 23.10.1964, FES, NL Carlo Schmid, Sign. 782.

112 Best, Die Bedeutung der bretonischen Bewegung; s. Kap. IV.1.

113 Vgl. dazu Salewski, Ideas; Hinweise auch in dem in vielem problematischen Band von Neulen, Europa und das Dritte Reich. Zu den »bevölkerungs-« bzw. »volkstumspolitisch« motivierten Plänen deutscher Institute, Behörden und Unternehmen in Osteuropa s. Aly u. Heim, Vordenker der Vernichtung, v. a. S. 331 ff., 365 ff. und 394 ff.; wenngleich man mit den globalen Interpretationsansätzen der Autoren nicht übereinstimmen muss, sind doch die hier untersuchten »Neuordnungspläne« für den Osten, wie sie vor allem im Jahre 1941 bei zahlreichen Behörden und Dienststellen entwickelt wurden, überaus aufschlussreich.

114 Eine Untersuchung über die außenpolitischen bzw. »großgermanischen« Vorstellungen der SS fehlt noch. Himmlers steht aus; Hinweise bei Loock, Zur »großgermanischen Politik«; ders.: Nordeuropa; s. auch Neulen, Europa, S. 61-68. Das Zitat Himmlers v. 28.11.1940, zit. n. Loock, Zur »großgermanischen Politik«, S. 40. Siehe auch Kap. V.1.

115 Dazu Salewski, Ideas, und Neulen, Europa, passim; zu Bests Tätigkeit in der »Europa-Abteilung« des Auswärtigen Amts s. Kap. V, 1.

116 Siehe von Schramm, Aufstand der Generale; Bargatzky, Hotel Majestic, S. 118 ff.; ders.: Die letzte Runde – in Paris; Jäckel, Frankreich, S. 331 ff.

117 Zum Folgenden s. die Berichte der Mitarbeiter des Verwaltungsstabs: »Das Geiselverfahren im Bereich des Militärbefehlshabers in Frankreich vom August 1941 bis Mai 1942«, BA, MA, RW 35/524; und »Vorbeugungs- und Sühnemaßnahmen des Militärbefehlshabers in Frankreich zur Bekämpfung der Sabotage in Frankreich«, o. D., BA/MA, RW 35/308, Bl. 109 ff. Über den Verfasser (George), die Umstände der Entstehung und Überlieferung s. Bargatzky, Hotel Majestic, S. 82 ff.; Luther, Widerstand, S. 160 ff.; Jäckel, Frankreich, S. 180 ff.; Umbreit, Militärbefehlshaber, S. 124 ff.; ders., Auf dem Weg zur Kontinentalherrschaft, S. 196 ff.; Meyer, Fremde Elemente; Kasten, »Gute Franzosen«, S. 55 ff., 67 ff. Best, Erinnerungen aus dem besetzten Frankreich, S. 22; Vm. d. ZStL betr. Durchführung von Sühnemaßnahmen durch mobile Verbände in Frankreich, 104 AR-Z, 1670/61, Bd. 10, Bl. 2035- 2040; Vernehmung Best am 30.11.1946 in Nürnberg, ZStL, 301 AAM, 382-397.

118 Richtlinien d. Verw.stabs (Justiz) v. 12.9.1940, Luther, Der französische Widerstand, S. 163 f.; Umbreit, Militärbefehlshaber, S. 124.

119 Jäckel, Frankreich, S. 186.

120 Erl. d. MBF/Verw.stab 26.3.1941, BA/MA, RW 35/548, 16 ff.; Hervorh. 0. MBF/ Verw.stab (Best), 7.5.1941, BA/MA, RW 35/308, 1.

121 Erl. d. MBF/Verw.stab (Best), v. 23.5.1941 u. 26.6.1941, HStAD, Rep. 242, PIc (41).

122 Luther, Der französische Widerstand, S. 173.

123 S. dazu weiter unten den Abschnitt »Verschärfung der Judenpolitik(«.

124 Bekanntmachung d. MBF v. 22.8.1941, Dok. PS-1588, IMT, Bd. 27, S. 365.

125 Luther, Der französische Widerstand, S. 174; Jäckel, Frankreich, S. 188.

126 »Das Geiselverfahren« (Anm. 117), S. 41; Umbreit, Militärbefehlshaber, S. 126.

127 OKH (Wagner) an MBF, 7.9.1941, BA/MA, RW 35/543, 18.

128 MBF an OKH, 11.9.1941, BA/MA, RW 35/543, 23 f.

129 Chef OKW, 16.9.1941, 13A/MA, RW 35/543, 19 ff.

130 Browning, Wehrmacht Reprisal Policy; Umbreit, Auf dem Weg zur Kontinentalherrschaft, S. 198 ff.

131 MBF/Verw. u. Kdo.stab, 28.9.1941, BA/MA, RW 35/548, 35-42. Dieser sogenannte »Geiselkodex« spielte dann beim Nürnberger Hauptkriegsverbrecherprozess eine bedeutende Rolle.

132 MBF an OKH, 24.10.1941, b. Luther, Der französische Widerstand, S. 206 f.; bei Umbreit, Militärbefehlshaber, S. 128-132, sind die Tagebuchaufzeichnungen Stülpnagels vom 20. bis 26.10.1941 wiedergegeben, die einen anschaulichen Eindruck von der Hektik dieser Tage vermitteln.

133 Bargatzky, Hotel Majestic, S. 87.

134 Hier zit. n. Best, Erinnerungen aus dem besetzten Frankreich, S. 26 f.; ähnlich Best, Lebenslauf (1965), S. 29 f. Die Ausarbeitungen selbst sind nicht erhalten; Bests Nachkriegsaufzeichnungen werden aber durch den Schriftverkehr der folgenden Wochen bestätigt.

135 Vgl. RdSchr. Verw.stab (Best) v. 31.10.1941 (Sicherungshaft und Geiselauswahl), HStAD, Rep. 242, PIc (41); ders., 24.11.1941 (Erschießung von Geiseln nach Attentat in Nantes), BA /MA, RW 35/1, 66; Kdo.stab an Best, 24.11.1941 (Auswahl der zu erschießenden Geiseln), 24.11.1941, BA /MA, RW 35/548, 63 f.

136 MBF an OKH, 1.11.1941, in: »Das Geiselverfahren« (Anm. 117), S. 77.

137 Luther, Der französische Widerstand, S. 184 f.; »Das Geiselverfahren« (Anm. 117), S. 81; Jäckel, Frankreich, S. 193 f.

138 Vm. Verw.stab über Erfahrungsbericht Bests, 6.1.1942, HStAD, Rep. 242/312; Best an Verw.stab/Gr. 8, 7.1.1942, BA /MA, RW 35/308, 47 u. 52 f.; Verw.stab (Justiz) an Best, 8.1.1942, BA/MA, RW 35/v. 308, 48 f.

139 MBF an OKH, 15.1.1942, BA/MA, RW 35/543, 51 ff.; Luther, Der französische Widerstand, S. 211.

140 OKH an MBF, 3.2.1942, BA /MA, RW 35/543, 58; MBF an OKH, 15.2.1942, s. Umbreit, Militärbefehlshaber, S. 138 f. Zur Charakterisierung Stülpnagels in diesem Zusammenhang vgl. Ernst Jünger, Strahlungen, S. 98 ff.: »Im Angesicht der großen Überlegenheit der Gegner erschien ihm wohl der Rückzug auf den taktischen Standpunkt als der einzig mögliche. Daher versuchte er vor allem zu betonen, daß man durch Kollektivmaßnahmen der Widerstandsbewegung in Frankreich den größten Gefallen tut ... In solchen Gestalten of-

fenbart sich die allgemeine Schwäche des Bürgertums und der Aristokratie. Sie haben Blick genug, den Gang der Dinge zu erkennen, doch fehlt es ihnen an Kraft und Mitteln gegenüber Geistern, die keine anderen Gründe kennen als die Gewalt.« Jünger hatte von Speidel die Aufgabe erhalten, über die Auseinandersetzungen zwischen dem MBF und dem FHQ in der Geiselfrage Aufzeichnungen anzufertigen, s. Speidel, Aus unserer Zeit, S. 110; Umbreit, Militärbefehlshaber, S. 13, 22. Best hat später, in Koordination mit Klopfer, ausgesagt, er habe Anfang 1942 eine Denkschrift zur Beendigung der Geiselerschießungen verfasst und diese über Klopfer an Bormann gelangen lassen, welcher daraufhin für die Beendigung der Geiselerschießungen gesorgt habe (Best, Lebenslauf, [1965], S. 29 f.; Aussage Klopfer im Ermittlungsverfahren gegen Best, 9.9.1970, HStAD, Rep. 242, ZgO Klopfer). Diese Behauptungen sind wahrscheinlich übertrieben, zum einen gab es eine wahre Fülle von Interventionen gegen die Geiselerschießungen, z. T. von sehr viel einflussreicheren Personen als dem noch in Ungnade befindlichen Best, und es ist nicht einsichtig, warum gerade Bests Einlassungen Wirkung gezeigt haben sollen. Zum anderen gibt es für die Existenz einer solchen Denkschrift, anders als im Falle der (ebenfalls nicht aufgefundenen) Denkschrift Bests über die deutsche Politik im »Protektorat«, keinen weiteren, von Best unabhängigen Hinweis.

141 Stülpnagel an Keitel, 15.2.1942, s. Umbreit, Militärbefehlshaber, S. 139.

142 Erl. d. MBF v. 10.4.1942, IMT, Dok. RF-1241; auch Schr. Schleiers (Botschaft Paris) an AA, 11.4.1942, ADAP, E II, 128; Grundlage für die Deportation von Franzosen, deren Verurteilung und Inhaftierung in Frankreich selbst nicht zu erwarten oder nicht erwünscht war, war hingegen der »Nacht-und-Nebel«-Erlass Keitels vom 7.12.1941 (IMT, Dok. NG-3571); die Zahl der aufgrund des »NN«-Erlasses in deutsche Konzentrationslager gebrachten Franzosen lag bis Kriegsende insgesamt bei etwa 5.000; Umbreit, Militärbefehlshaber, S. 145.

143 »Das Geiselverfahren« (Anm. 117), S. 40 ff.; Luther, Der französische Widerstand, S. 186.

144 Diese Verbindung wird bei Klarsfeld, Vichy – Auschwitz, S. 28 ff., richtig herausgearbeitet; dagegen aber Umbreit, Militärbefehlshaber, S. 139 u. 263, und Jäckel, Frankreich, S. 227.

145 S. Kap. IV.1 (Anm. 36).

146 Aufz. Danneckers v. 21.1.1941, b. Klarsfeld, Vichy – Auschwitz, S. 361 f.

147 BdS (Knochen) an Verw.stab/Abt. Verw. (Best) v. 28.1.1941, S. 363 f. Das Aktenzeichen (1182, Dan/Wa) lässt erkennen, dass dieses Schreiben ebenfalls von Dannecker entworfen worden ist. Zu dem sich auf die ausländischen Juden in Frankreich konzentrierenden Antisemitismus und dem großen Anteil der aus Osteuropa nach dem Ersten Weltkrieg nach Frankreich emigrierten Juden am Widerstand s. Meyer, Fremde Elemente.

148 Vm. über Ergebnis der Besprechung am 30.1.1941 über die weitere Behandlung der Judenfrage in Frankreich, 3.2.1941, b. Klarsfeld, Vichy – Auschwitz, S. 364; Best, Kalendernotizen, 30.1.1941.

149 Dazu i. e. Marrus u. Paxton, Vichy France, S. 73 ff.

150 Besprechungsplan Bests für Stülpnagel, 4.4.1941, b. Klarsfeld, Vichy – Auschwitz, S. 366 ff.

151 Vm. Best über Besprechung mit Vallat, 5.4.1941, BA, R 70 (Frankreich), 23.

152 Vm. Zeitschel über Besprechung mit Best, 5.4.1941, ebd. Vallat wurde dann auf Veranlassung Bests und Achenbachs im März 1942 abgelöst. Best beklagte sich bei Botschafter de Brinon darüber, dass »Vallat anscheinend mehr den Schutz der Juden als die Durchführung der Maßnahmen gegen sie« als seine Aufgabe ansähe; Bespr. v. 19.2.1942, HStAD, Rep. 242, Dok.O 29. Neuer Judenkommissar wurde auf Vorschlag Achenbachs dann Darquier de Pellepoix.

153 Vm. über Besprechung zwischen Abetz, Dannecker, Achenbach und Zeitschel am 28.2.1941, b. Klarsfeld, Vichy – Auschwitz, S. 365 f.

154 Verw.stab /Abt. Verw. (Best) an Kommandanten der Militärbezirke, 27.3.1941, HStAD, Rep. 242, PIc (41); vorausgegangen war die Zustimmung Ingrands am 26.3.1941, s. Klarsfeld, Vichy – Auschwitz, S. 24.

155 Marrus u. Paxton, Vichy France, S. 223; Klarsfeld, Vichy – Auschwitz, S. 25.

156 Best, Kalendernotizen, 6.8.1941.

157 So der Tenor bei Jäckel, Umbreit sowie Marrus u. Paxton.

158 Ingrand, der bei Innenminister Pucheu Beschwerde gegen dieses Vorgehen führte, hob in seinem Bericht ausdrücklich hervor, dass die deutschen Behörden bei dieser Aktion zum ersten Mal die kollektive Verhaftung von Juden französischer Staatsangehörigkeit angeordnet hatten und dass »diese antijüdischen Maßnahmen von General Stülpnagel beschlossen und vom Kommandanten von Paris mit Hilfe der Polizeipräfektur durchgeführt worden seien«; es sei also nicht, wie angenommen, Dannecker gewesen, der diese Verhaftungen angeordnet habe. Polizeipräfektur an den Delegierten des französischen Innenministers (Ingrand), v. 21.8.1941; Schreiben Ingrands an Innenminister Pucheu v. 21.8.1941, b. Klarsfeld, Vichy – Auschwitz, S. 29 f.; Best, Kalendernotizen, 19. u. 20.8.1941; Luther, Der französische Widerstand, S. 173; Billig, Commissariat général, Bd. 2, S. 17 f.; Marrus u. Paxton, Vichy France, S. 223.

159 Zeitschel an Abetz, 22.8.1941, b. Klarsfeld, Vichy – Auschwitz, S. 367.

160 Ebd.

161 Vgl. Herbert, Arbeit und Vernichtung.

162 Marrus u. Paxton, Vichy France, S. 252 ff.

163 Aufz. Zeitschels für Abetz, 10.9.1941; Zeitschel an Dannecker, 8.10.1941, zit. nach: Klarsfeld, Vichy – Auschwitz, S. 33.

164 Schriftwechsel zwischen BdS (Knochen) und MBF, 3.-6.10.1941: IfZ, MA 280; Interview Speidel, in: Pryce-Jones, Paris, S. 236; Bargatzky, Hotel Majestic, S. 104 f.; Umbreit, Militärbefehlshaber, S. 109 ff.

165 MBF an Keitel, 8.10.1941, IfZ, MA 280.

166 CdS an OKH, 6.11.1941, b. Klarsfeld, Vichy – Auschwitz, S. 369 f. Daraufhin wiederholte Stülpnagel seine Forderung, Knochen abzuberufen und wurde darin vom OKH unterstützt; MBF an OKH, 8.11.1941; OKH an CdS, 2.12.1941, beides: IfZ, MA 280.

167 Bargatzky, Hotel Majestic, S. 105; Interview Bargatzky, in: Pryce-Jones, Paris, S, 241.

168 MBF an OKH, 1.12.1941, in: »Das Geiselverfahren« (Anm. 117), S. 77.

169 Bekanntmachung des MBF v. 14.12.1941, b. »Okkupationspolitik in Frankreich«, S. 192. Am 5.12.1941 hatte Best Weisung gegeben, welche Personen für die Deportation in Frage kamen, und dem Kommandanten von Groß-Paris die Weisung erteilt, 1.000 Juden zu diesem Zwecke zu verhaften, erw. in: Vm. Verw.stab (Bälz) v. 16.12.1941, in: ZStL, 104 ARZ 1670/61, Bd. 10, S. 34; Bekanntmachung d. MBF am 14.12.1941, b. Klarsfeld, Vichy – Auschwitz, S. 34.

170 MBF/Verw. (Best) an BdS, 2.1.1942 (Verschiebung des Transports), BA, R 70 (Frankreich)/23, Bl. 8 f.; ders. an BdS, 4.2., 23.2., 26.2.1942 Judenaktion in Rouen), HStAD, Rep. 242, PIc (42); Vm. Best v. 20.2.1942 (Abt. »Judenlager« in Compiègne), ZStL 104 ARZ 1670/61, Bd. 10; ders., 28.2.1942 (»Überführung der Deportationsjuden« aus Compiègne nach Drancy), ebd.; zur weiteren Entwicklung der Judendeportationen in Frankreich s. Marrus u. Paxton, Vichy France, S. 215 ff.; Klarsfeld, Vichy – Auschwitz, S. 44.

171 Bargatzky, Hotel Majestic, S. 99.

172 Ebd., S. 103.

173 Ebd., S. 51, 99; Bargatzky schildert aber auch eine in diesem Zusammenhang bezeichnende Begebenheit aus dem Winter 1941: Bälz hatte einem hohen Ministerialbeamten aus Berlin, der sich in Paris aufhielt, beim Abendessen von dem Bericht eines von der Ostfront nach Frankreich abkommandierten deutschen Offiziers über die Massenerschießungen in Babi Jar erzählt, »mit allen Einzelheiten des Exekutionsvorgangs ...; wie die Opfer zusammengetrieben, wie ein Jude nach dem anderen erschossen und in die Grube gestoßen wird. ›Entsetzlich, Herr Bälz‹, sagt der Gast. Bedrücktes Schweigen. ›Sagen Sie, hätte man das nicht mit Gas machen können?‹« (ebd., S. 107).

174 Umbreit, Militärbefehlshaber, S. 14 f., 107 ff.; Jäckel, Frankreich, S. 194 ff.; zu Carl-Heinrich von Stülpnagel s. die Biographie von Bücheler, Carl-Heinrich von Stülpnagel, der allerdings über die politischen Zusammenhänge nur wenig informiert ist.

175 »Führerbefehl« vom 9.3.1942, BA, R 70 (Frankreich)/13; zu den HSSPF s. ausf. Birn, Die Höheren SS- und Polizeiführer, zu Frankreich S. 250-258.

176 Aufz. über Besprechung b. Chef OKW, 30.1.1942, BA/MA, RW 5/690; Keitel hob hier hervor, dass er die Verantwortung für die Geiselerschießungen lieber Himmler und Hey-

drich überlassen wolle, um nicht weiter in Schwierigkeiten mit dem Führer gebracht zu werden; s. auch Jäckel, Frankreich, S. 196.

177 Zum Übergang der Zuständigkeiten i. e. s. Birn, Die Höheren SS- und Polizeiführer, S. 253 f.

178 Aufz. Zeitschel für Schleier und Achenbach, 18.3.1942, b. Klarsfeld (Hg.), Endlösung, Dok. Nr. 32.

179 Aussage Berger in Nürnberg, 27.4.1947, Universität Kopenhagen, Institut für Zeitgeschichte, Sammlung Kirchhoff; Best, Himmler, S. 154.

180 Dazu i. e. Döscher, Das Auswärtige Amt, S. 84 ff.

181 Pers.stab RFSS an SS-Personalhauptamt (SS-PHA), 1.9.1941, BDC, PA Best; SS-PHA an AA, 3.9.1941, HStAD, Rep. 242/362; Pers.stab RFSS an SS-PHA, 16.(?)9.1941, BDC, PA Best; SS-PHA an Pers. Stab RFSS (Wolff), 14.10.1941, ebd.; hier die Mitteilung, dass der Außenminister beabsichtige, Best »in baldiger Zeit im auswärtigen Dienst zu verwenden, da in Kürze ein Gesandten-Posten frei werde«.

182 Wolff an Best, 5.11.1941, BDC, PA Best.

183 Best an Wolff, 15.11.1941, BA, NS 19/3302, u. BDC, PA Best, Herv. i. O.

184 SS-PHA an Pers.stab RFSS, 27.1.1942, BDC, PA Best; Heydrich an Wolff, 14.4.1942, ebd.; Wolff an Heydrich, ebd.

185 Best an Wolff, 5.4.1942, BDC, PA Best. Auch dass Best 1940 nach seiner Ernennung zum Ministerialdirektor nicht, wie üblich, zum SS-Gruppenführer ernannt wurde, war ein Zeichen dafür, dass er beim Reichsführer-SS in Ungnade stand.

186 Vm. Danneckers über die Besprechung der Judenreferenten am 4.2.1942 in Berlin, b. Klarsfeld, Vichy – Auschwitz, S. 374; Schr. Danneckers an Knochen und Lischka, 10.3.1942, b. Klarsfeld (Hg.), Endlösung, Dok. Nr. 28; Aufz. Zeitschel v. 11.3.1942, BA, R 70 (Frankreich)/23; AA an Botschaft Paris, 13.3.1942, PA /AA, Inl. II geh./189, 149; Dannecker an MBF, Kdo.stab (Speidel), 17.3.1942, b. Klarsfeld (Hg.), Endlösung, Dok. Nr. 31; Rademacher (./(A), an RSHA, 20.3.1942, ADAP, E 11, 56.

187 MBF, Verw.stab (Best), 31.3.1942, betr. Erl. zur Kennzeichnung der Juden, ZStL/Sühneverfahren Best, S. 418 f.; Bespr. zw. Botschaft Paris und BdS, 17.4.1942, IfZ, Dok. Eichmann Nr. 444; Vm. Darmecker v. 4.5:1942, b. Klarsfeld (Hg.), Endlösung, Dok. Nr. 35.

188 Vm. Dannecker, betr. »Juden«, vom 22.2.1942, zit. b. Klarsfeld, Vichy – Auschwitz, S. 371.

189 Best an Heydrich, 15.4.1942, BDC, PA Best.

190 Auss. d. Chefrichters beim MBF, 29.10.1949, zit. n. Luther, Der französische Widerstand, S. 214.

191 Bargatzky, Hotel Majestic, S. 103 f.; Pryce-Jones, Paris, S. 127.

192 Best an Wolff, 13.5.1942, BDC, PA Best.

193 Heydrich an Wolff, 14.4.1942, ebd.; am 4. Mai übersandte Heydrich die Korrespondenz Bests an Himmler und bat um Weisung.»Ich habe zu diesem Brief Best nichts zu sagen«, fügte er handschriftlich hinzu (4.5.1942, ebd.).

194 Best an Wolff, 6.5. und 13.5.1942; Best an Heydrich, 7.5.1942; ebd.

195 Am 12. Mai teilte Heydrich Best mit, er habe in dieser Sache den Reichsführer um Entscheidung gebeten, und werde ihm dann mitteilen lassen, wann und wo er mit Best sprechen werde. »Ich bin stets zu menschlicher Aussprache und Klärung bereit, wenn sie menschlich wie auch sachlich von der richtigen Schau aus geführt werden.« (BDC, PA Best).

196 Best, Himmler, S. 115.

197 Dazu und zu den verschiedenen Motiven Himmlers für die Ernennung Kaltenbrunners s. Black, Ernst Kaltenbrunner, S. 127 ff. Dass er bereits in Paris als Nachfolger Heydrichs im Gespräch gewesen sei, bestätigte Best in seinen Erinnerungen an Himmler, die er 1949 in dänischer Haft niederschrieb (Best, Himmler, S. 155) und bei seinem Verhör im April 1969 (HStAD, Rep. 242/PId-2). Da er sich durch diese Aussage, die im Gegensatz zu seinem ständigen Bestreben stand, seine Rolle bei der SS und Polizei herunterzuspielen, indirekt belastete, erscheint sie auch glaubhaft. Von Hassell notierte im September, es seien auch Stuckart und Schellenberg als Nachfolger Heydrichs im Gespräch, von Hassell, Die Hassell-Tagebücher, Eintr. v. 4.9.1942, S. 367.

198 Best an Himmler, 10.8.1942, BDC, PA Best.

Kapitel V

1 Best an Wulff, 15.11.1941, BDC, PA Best; Aufz. Kanstein, 3.12.1947, Slg. Kirchhoff.
2 Etwa: Frisch, Danmark besat og befriet; la Cour (Hrsg.), Danmark under Besaettelsen; vgl. den Literaturüberblick von Straede, Dänemark.
3 Kirchhoff, Augustoproret 1943; s. auch ders., Kamp eller tilpasning; Rosengreen, Dr. Werner Best; sowie Haestrup, ... til landets bedste. Übersichten in: Haestrup u. a. (Hrsg.), Besaettelsen 1940 – 1945; s. auch Nissen, (Hrsg.), Scandinavia.
4 Georg F. Duckwitz: Erinnerungen (MS.), PA-AA, NL Duckwitz/29, Kap. VI, S. 7.
5 Thomsen, Deutsche Besatzungspolitik, S. 222, 225; s. auch Umbreit, Auf dem Weg zur Kontinentalherrschaft. 46 ff.; dagegen aber jetzt Weiß, Dänemark, S. 167-186, mit einer umsichtigen Darstellung auf der Basis des neueren Forschungsstandes.
6 Allardt, Politik, S. 152.
7 Noch schwieriger war es z. B. für Duckwitz, einen Zusammenhang zu erkennen zwischen Bests politischem Kurs in Dänemark und seinen weltanschaulichen Auffassungen, jenen »romantischen, unrealen Ideen«, den »unklaren und verschwommenen Vorstellungen des Tausendjährigen Reiches-Mystizismus und der Idee eines großgermanischen Reiches«. Duckwitz erklärte sich diesen offensichtlichen Widerspruch, indem er Bests weltanschauliche Theorien als eine Art privater Liebhaberei verstand; Duckwitz, Erinnerungen (Anm. 4), Kap. VI, S. 6.
8 Hierbei konnte man zwei Hauptrichtungen voneinander unterscheiden: Im Außerministerium wurde, wie Best später notierte, die Errichtung eines »europäischen Staatenbundes auf völkerrechtlicher Grundlage« favorisiert, wobei »auf bestimmten Gebieten – Verteidigungsfragen, Zoll- und Währungsfragen und dergleichen – ... eine enge Verbindung zwischen den Staaten geschaffen werden« sollte. »Neue ›Protektorate‹ und ähnliche Abhängigkeitsverhältnisse sollten nicht geschaffen werden.« In der SS hingegen, und hier vor allem in der von Berger und Riedweg geführten »Germanischen Leitstelle«, habe die Idee eines »Großgermanischen Reiches« dominiert, ohne dass diese jedoch juristisch oder organisatorisch je konkretisiert worden sei. »Da aber Himmler und seine Leute immer den höheren Wert der Germanen gegenüber den Slawen betont haben, hätten sie sicher nicht für germanische Völker das ›Protektorats-Statut‹ der Tschechei gewünscht; sie wären für den ›urgermanischen Genossenschaftsgedanken‹ eines völkerrechtlichen Staatenbundes wohl zu gewinnen gewesen«, fasste Best seinen Eindruck zusammen. Notiz Bests betr. »Deutsche Pläne für die Neugestaltung Europas nach dem Kriege«, Kopenhagen 26.12.1947, RA-K, PA Poul Christiansen, PK 14. Zur nationalsozialistischen »Europapolitik« und ihrer »antibolschewistischen« Umorientierung s. Krüger, Hitlers Europapolitik; Salewski, Europa.; ders., Ideas; Deutschland im Zweiten Weltkrieg, Bd. 3, S. 409-417; Kluke, Nationalsozialistische Europa-Ideologie; sowie in einigen Passagen die Arbeit von Neulen, Europa, die jedoch den zu untersuchenden Gegenständen zuweilen distanzlos gegenübersteht.
9 Entwurf Dr. Best u. Dr. Kieser, PA-AA, Inl. IIg, 17 e.
10 Hubatsch, »Weserübung«; Nissen, 1940; Thomsen, Deutsche Besatzungspolitik, S. 11 ff. Hier und zum Folgenden außer den in den Anmerkungen 3 und 5 genannten Titeln auch Best, Die deutsche Politik in Dänemark während der letzten 2 1/2 Kriegsjahre (MS., Horsens 1950), gedr. in: Matlok (Hrsg.), Dänemark, S. 19-119; sowie die Berichte Kansteins (Anm. 1) und Duckwitz' (Anm. 4).
11 Siehe Winkel, Die wirtschaftlichen Beziehungen. Wenig ergiebig hingegen Köller, Der deutsche Imperialismus und Dänemark; Zusf. bei Thomsen, Deutsche Besatzungspolitik, S. 53-60, 195. Bis August 1943 lieferte Dänemark zehn Prozent des deutschen Gesamtbedarfs an Fleisch, zehn Prozent der Butter, 18 Prozent des Seefisches, elf Prozent des Zuckers.
12 Siehe Poulsen, Besaettelsesmagten; Thomsen, Deutsche Besatzungspolitik, S. 63-79; zu Clausen s. Best, Bericht betreffend Dr. Frits Clausen und die DNSAP (MS., Kopenhagen 1946).
13 Stuckart an Kanstein, 22.6.1942, PA-AA, NL Renthe-Fink/4.
14 »Zur zukünftigen Gestaltung der deutschen Einflußnahme auf die dänische Verwaltung« (Paul Kanstein, o. D. [Sommer 1942]), PA-AA NL Renthe-Fink/4.

15 Stuckart an von Weizsäcker, 1.9.1942, PA-AA, Büro Staatssekretär, Dänemark/3; über den Besuch Stuckarts und Ohlendorfs in Kopenhagen vgl. Ber. v. Renthe-Fink an AA, 28.8.1942, PA-AA, NL Renthe-Fink/4; sowie die Notiz des Presseattachés Meissner für Ribbentrop v. 22.8.1942 über diesen Besuch (PA-AA, NL. Renthe-Fink/6), der sich für die Stärkung der DNSAP stark machte und eng mit Luther kooperierte. Meissner war in Kopenhagen eine Art Gegenspieler Kansteins und setzte sich massiv für eine DNSAP-Regierung sowie für eine »Judenaktion« zum frühestmöglichen Zeitpunkt ein; seine kürzlich veröffentlichten Memoiren sind unergiebig und apologetisch, sie fallen weit hinter die Aufzeichnungen Bests oder Duckwitz' zurück; Meissner, Dänemark.

16 Laut Bests Kalendernotizen traf er am 13.8.1942 mit Stuckart, am 26.8. mit von Weizsäcker, am 17.9. mit Kanstein und Stuckart, am 18.9. mit Grundherr, am 20.9. erneut mit Kanstein und am 23.9. mit Stinnes zusammen.

17 Zur »Telegrammkrise« s. ausf. Kirchhoff, Augustoproret, Bd. 1, S. 33-85; ders., Kamp, S. 480 ff.; Thomsen, Deutsche Besatzungspolitik, S. 110-128; Best, Die deutsche Politik in Dänemark, S. 22 ff.

18 Vgl. Schr. Bergers an Himmler, 8.10.1942, Slg. Kirchhoff; s. Thomsen, Deutsche Besatzungspolitik, S. 129.

19 Aufz. Grundherr, 3.10.1942, ADAP, E IV, Nr. 5; Aufz. Kanstein, 3.12.1947, Slg. Kirchhoff.

20 Tel. Barandon, Nr. 1459, 5.10.1942, PK XIII, Nr. 311; Schr. Kansteins an Berger, 16.10.1942, BDC, SS-HO; Berger an Himmler, 24.11.1942, IMT, Dok. NO-2215; vgl. Kirchhoff, Augustoproret, Bd. 1, S. 49.

21 Notiz Gaus für Ribbentrop, 25.10.1942, PA-AA, Büro Staatssekretär, Dänemark/3; Aufz. Weizsäcker, 6.10.1942, ebd.; Aufz. Renthe-Fink, 8.10.1942, ebd.; vgl. Thomsen, Deutsche Besatzungspolitik, S. 117; Kirchhoff, Augustoproret, Bd. 1, S. 50 f.

22 Kartstein an Berger, 16.10.1942, Slg. Kirchhoff; Aufz. Kanstein v. 3.10.1947, BDC, SS-HO. Nach einem Gespräch mit Hitler über die Lage in Dänemark teilte Himmler am 25.10.1942 Berger mit, »daß wohl mit einer akuten Änderung in irgendeiner Richtung dort nicht zu rechnen ist.« Die Entscheidung über den neuen Bevollmächtigten sei noch nicht gefällt; Himmler plädierte dafür, einen Gesandten im bisherigen Sinne nicht mehr zu ernennen (Himmler an Berger, 25.10.1942, BDC, SS-HO). Wie Kanstein berichtete, hatte Himmler – »offenbar immer noch unter dem Einfluß des inzwischen verstorbenen Heydrich« – zunächst Bedenken gegen die Ernennung Bests, stellte diese dann aber zurück; Aufz. Kanstein v. 3.12.1947, Slg. Kirchhoff. Best unterrichtete Himmler am 28.10.1942 von seiner erfolgten Ernennung und bat um einen Gesprächstermin, BA-NL 263/421.

23 Best, Die deutsche Politik in Dänemark, S. 24; ders., Die Einwirkungen des Auswärtigen Amtes; ders., Hitler, S. 129; ders., Ribbentrop, S. 143; Aussage Best am 17.2.1947, ZStL, AAM in das AA zurück und wurde dort einer der engagiertesten »Europa-Befürworter«.

24 In einem Bericht des Admirals Bürckners für Keitel über die Lage in Dänemark vom März 1943 wurde von Hanneken mit der Feststellung zitiert, dass die ihm »vom Führer erteilte Weisung über scharfes Vorgehen in Dänemark schwer mit der von Dr. Best innegehaltenen Linie in Einklang zu bringen sei.« Keitel bemerkte dazu: »Soll auch nicht in Einklang stehen, jeder arbeitet nach seinem Maßstab – das will der Führer so!« Ber. Bürckners 23.3.1943, zit. n. Kirchhoff, Augustoproret, Bd. 1, S. 117.

25 Aufz. Grundherr, 27.10.1942, PK XIII, Nr. 345; Aufz. Lohmann, AA, 28.10.1942, ADAP, E IV, Nr. 108.

26 Aufz. Hvass, 2.11.1942, PK IV, 191, Anl. 91; Aufz. Schmidt, 4.11.1942, PK XIII, Nr. 352; Best, Die deutsche Politik in Dänemark, S. 24 f.; ders., Ribbentrop, S. 143; Thomsen, Deutsche Besatzungspolitik, S. 121 f.; Kirchhoff, Augustoproret, Bd. 1, S. 48 ff., dort auch eine präzise Analyse der Diskussionen innerhalb der dänischen Regierung und der Regierungsparteien; Bests Ernennungsurkunde vom 4.11.1942, IMT, Dok. MG 5335.

27 Zu den Verhandlungen über die Regierungsbildung s. Kirchhoff, Augustoproret, Bd. 1, S. 72 ff.; Thomsen, Deutsche Besatzungspolitik, S. 123 ff.; Best, Die deutsche Politik in Dänemark, S. 27 ff.; Aufz. Kartstein, 3.12.1947, Slg. Kirchhoff; Auss. Duckwitz, 7.9.1944, Slg. Kirchhoff.

28 Interview Best in: Matlok (Hrsg.), Dänemark, S. 195.

29 Best an AA, 11.11.1942, PK XIII, Nr. 361; Best, Dr. Frits Clausen; ders., Die deutsche Politik in Dänemark, S. 31 f.
30 Ermächtigungsgesetz v. 11.11.1942, PK ›all, Nr. 361/Anh.
31 Best an AA, Nr. 1657, 8.11.1942, ADAP, E IV, Nr. 147.
32 Kirchhoff, Augustoproret, Bd. 1, S. 75-85; Scavenius, Forhandlingspolitiken, S. 161 ff.; vgl. auch Sjoequist, Erik Scavenius; sowie Interview Best in: Matlok (Hrsg.), Dänemark, S. 191 ff.; Best, Erik Scavenius.
33 Terboven hatte sich noch im November 1942 in scharfer Form bei Himmler über die Ernennung Bests beschwert, s. Schr. Bergers an Himmler, 24.11.1942, BDC, PA Best.
34 Ansprache Bests am 14.11.1942, PK IV, Nr. 91, Beilage 20; Regierungserklärung Scavenius' v. 10.11.1942, s. Best an AA, 10.11.1942, ADAP, E IV, Nr. 157.
35 Thomsen, Deutsche Besatzungspolitik, S. 127. Der Stab des Reichsbevollmächtigten in Dänemark, 1942/43:

Der Reichsbevollmächtigte: Dr. Werner Best
Stellvertreter: Dr. Paul Barandon
Zentralabteilung

I Auswärtige Angelegenheiten: Dr. Paul Barandon	II Verwaltung und Innenpolitik: Paul Kanstein	III Wirtschaft: Dr. Ebner	IV Kultur, Presse, Radio: Gustav Meissner
A. Auswärtiges: Dr. Barandon	A. Verwaltung und Recht: Dr. Stalmann	A. Landwirtschaft: Dr. Hemmersam	A. Kultur und Information: Schacht
B. Konsularwesen: Dr. Machowetz	B. Innenpolitik: Chantré	B. Industrie u. Handwerk: Dr. Meulemann	B. Presse: Schröder
C. Deutsche Volksgruppe: Dr. Kassler	C. Polizei: Dr. Fest	C. Forstwesen: Dr. Wiedemann	C. Radio: Lohmann
	D. Sicherheitsdienst: Pahl	D. Außenhandel: Dr. Wunder	
	Germanische Leitst./Waffen-SS: Boysen	E. Finanzen: Korff	
	Arbeitsdienst: Schefarth	F. Geld-, Kredit-, Bankwesen: Sattler	

Dem RBV direkt unterstellt: Arbeitseinsatz: Dr. Heise, Handelsattaché Dr. Krüger; Schiffahrtssachverständiger Duckwitz.
36 Siehe Kirchhoff, Augustoproret, Bd. 1, S. 84; zu Scavenius s. ders.: Erik Scavenius, in: Haestrup u. a. (Hrsg.), Besaettelsen, S. 334 f.
37 Best an AA, Nr. 1824, 3.12.1942, ADAP, E IV, Nr. 253.
38 Kirchhoff, Augustoproret, Bd. 1, S. 142 ff.; Meissner, Dänemark, S. 294.
39 Angesichts dieser Erfolge, bemerkte der dänische Verkehrsminister Gunnar Larsen über die Stimmung in der deutschen Regimeführung, »stünde Werner Best im Augenblick sehr stark, weil er eine gute Zusammenarbeit und den geringstmöglichen deutschen Druck bevorzugte«. Tagebuchnotiz Gunnar Larsen, 13.2.1943, RA-K, S. 1990.
40 Tagebuch Goebbels, Eintragung v. Frühjahr 1943, HStAD, Rep. 242, PIc (43/2), 777.
41 Das führte im März 1943 zu einer schweren Rüge des AA an Best, so dass dieser Himmler bitten musste, er möge dem Außenminister nicht zu erkennen geben, dass er von Best direkt informiert worden war; Best an Himmler, 3.4.1943, BDC, PA Best; s. Thomsen, Deutsche Besatzungspolitik, S. 130.
42 Himmler an Best, 14.1.1943, BDC, PA Best; Thomsen, Deutsche Besatzungspolitik, S. 131. Am 9.11.1942 war Best zum SS-Gruppenführer befördert worden. Allerdings durfte Best auf Geheiß Ribbentrops den SS-Rang als Reichsbevollmächtigter nicht offiziell führen; Best an Wolf, 19.12.1944, BDC, PA Best. Gegen die Vorhaltungen Terbovens, Best sei sehr

formal und wenig wendig, betonte Berger, dass sich Best in Frankreich außerordentlich bewährt habe; zwar hätte die SS Best lieber noch in Schweden oder der Schweiz eingesetzt, wo wichtigere Aufgaben vor allem in volkstumspolitischer Hinsicht zu erfüllen seien, das AA habe aber auf Dänemark bestanden; Berger und Himmler, 24.11.1942, BDC, PA Best; s. Best an AA, Nr. 1864, 14.12.1942, ADAP, E IV, Nr. 287, über den Antrittsbesuch Bests in Oslo, bei dem es zu Kontroversen zwischen Terboven und Best gekommen war; vgl. Best, Reichskommissar Josef Terboven: »Er begann, alsbald meine Politik in jeder möglichen Weise anzugreifen. Er bezeichnete sie als schlapp und illusionistisch und prophezeite, dass mein Entgegenkommen gegenüber den Dänen nur mit Aufsässigkeit und Widerstand quittiert werden würde.«

43 Dazu s. i. e. Poulsen, Besaettelsesmagten; Best, Bericht betr. das Schalburg-Korps; Thomsen, Deutsche Besatzungspolitik, S. 140 ff.

44 Best an AA, Nr. 598, 15.5.1943, PK XIII, Nr. 406; Best, Die deutsche Politik in Dänemark, S. 35 f.; Interview Best in: Matlok (Hrsg.), Dänemark, S. 189 f., dort auch eine Schilderung des Empfangs bei König Christian; Thomsen, Deutsche Besatzungspolitik, S. 132-135.

45 Best an AA, Nr. 91, 26.1.1943, ADAP, E V, Nr. 74.

46 Best an AA, Nr. 103, 29.1.1943, PA-AA, Büro Staatssekretär, Dänemark/3; er reagierte damit auf die Einwände des AA vom 28.1.1943 (nicht erhalten); s. Best an Ribbentrop, Nr. 148, 13.2.1943, ADAP, E V, Nr. 129; Aufz. Grundherr, 15.2.1943, PA-AA, Büro Staatssekretär, Dänemark/3.

47 Weizsäcker an Best, Februar 1943 (etwa 15.2.), PK XIII, Nr. 388.

48 Vgl. Neulen, Europa, S. 37 ff., Herbert, Fremdarbeiter, S. 238 ff.

49 Weizsäcker an Best, 5.3.1943, PK XIII, Nr. 732; Best an AA, Nr. 281, PA-AA, Büro Staatssekretär, Dänemark/3.

50 *Wahlergebnis Reichstagswahl, 23.3.1943:*

	1943			1939		
	Stimmen	%	Mandate	Stimmen	%	Mandate
Sozialdemokraten	895.000	44,5	66	730.000	42,9	64
Radikale Venstre	175.000	8,7	13	162.000	9,5	14
Konservative	422.000	21,0	31	302.000	17,8	26
Venstre	377.000	18,7	28	309.000	18,2	30
Rechtsverbund	31.000	1,6	2	34.000	2,0	3
Bauernpartei	25.000	1,2	2	51.000	3,0	4
DNSAP	43.000	2,1	3	31.000	1,8	3
Dansk Samling	43.000	2,2	3	9.000	0,5	0

Nach: Kirchhoff, Augustoproret, Bd. 1, S. 197; Best an AA, Nr. 329, 24.3.1943, HStAD, Rep. 242, DIc (43/1) 10.

51 Gerade das traf auf Seiten der Dänen auf Zustimmung. Gegenüber Ulrich von Hassell betonte der dänische Legationsrat Steensen-Leth im Juni 1943, wie wenig er die Fehler der deutschen Politik begreifen könne; während Best in Dänemark »geschickt sei, Verständnis für die Lage in Dänemark zeige, die gänzlich unbrauchbaren dänischen Nazis entschlossen liquidiere und die Fehler vermeide, die Renthe-Fink aus zitternder Angst vor der Partei begangen habe«. Von Hassell, Die Hassell-Tagebücher, 9.6.1943, S. 411.

52 Best an AA, Nr. 331, 24.3.1943, PK XIII, Nr. 396.

53 Auswärtige Politik, 10, 1943, S. 334; Thomsen, Deutsche Besatzungspolitik, S. 139; Kirchhoff, Augustoproret, Bd. 1, S. 208. In diesem Sinne hatte sich auch Goebbels in einem Interview mit der dänischen Zeitung »Berlinske Tidende« am 13. März 1943 geäußert. Die europäische Neuordnung werde im Wesentlichen auf freiwilligem Handeln, nicht auf Diktatur beruhen; das individuelle Gepräge der einzelnen Staaten bliebe erhalten; die künftige staatliche Struktur Europas könne nicht von heute auf morgen geregelt werden. »Der Nationalsozialismus sei keine Exportware. Jeder Staat könne seine eigene Verfassung aufrechterhalten.« Politische Übersicht der Seekriegsleitung, 16.3.1943, zit. b. Neulen, Europa, S. 105.

54 Bericht des deutschen Gesandten in Stockholm, Thomsen, an AA, Nr. 580, 2.3.1943, ADAP, E V, Nr. 168, S. 330.

55 Siehe dazu i. e. Seymour, Anglo-Danish Relations, S. 171 ff.; das Churchill-Zitat bei Poch, Der dänische Widerstand, S. 126.
56 Bericht über die Entwicklung der Lage in Dänemark vom 5.11.1942 bis 5.5.1943, Kopenhagen 5.5.1943, HStAD, Rep. 242, PIaA; Best übersandte den Bericht auch Himmler, der postwendend antwortete: »Ich kann Ihnen für die zweifellos vorhandenen Erfolge Ihrer Tätigkeit in diesem ersten halben Jahr nur meine Glückwünsche und meine Anerkennung aussprechen.« Zugleich lud er Best zu einem Privatbesuch bei sich ein und kündigte einen Besuch in Kopenhagen an; Himmler an Best, 14.5.1943, ebd.
57 Dazu ausf. Kirchhoff, Augustoproret, Bd. 1, S. 218-263; Haestrup, Secret Alliance; sowie Poch, Der dänische Widerstand, passim.
58 »Politische Informationen für die deutschen Dienststellen in Dänemark«, hg. v. Reichsbevollmächtigten in Dänemark, 1.7.1943; in diesen Informationen zur Lage waren regelmäßig Berichte über die dänischen Sendungen der BBC enthalten; zur Haltung der Gruppe »Freies Dänemark« in London um Christinas Moeller s. Seymour, Anglo-Danish Relations, S. 180 ff.
59 Cruickshank, SOE in Scandinavia; Bennett, British Broadcasting; sowie Haestrup, Secret Alliance.
60 Überblick über die Sabotageaktivitäten im einzelnen bei Kirchhoff, Augustoproret, Bd. 1, S. 277-287.
61 Thomsen, Deutsche Besatzungspolitik, S. 151-157; Kirchhoff, Augustoproret, Bd. 1, S. 287 ff.
62 Siehe die präzise Charakterisierung bei Kirchhoff, Augustoproret, Bd. 1, S. 114. Über Best heißt es dort: »Sein Lebensstil war puritanisch und hatte keinen Raum für Alkohol oder Tabak, und nur selten entspannte er. Im Dagmarhaus war er wohl angesehen und populär. Aber hinter der strahlenden Fassade von Charme und Geschmeidigkeit verbarg er eine kontaktgehemmte Natur. Außerhalb seiner engsten Umgebung war er mißtrauisch, unsicher und ohne Freunde. Intellektuell war er dem General weit überlegen und bei Verhandlungen verlor er nie den Überblick; aber er war anfällig für Streß und hatte im Laufe seiner Karriere mehrere Nervenzusammenbrüche, die ihm bei harthäutigen Nazis den Ruf der ›Weichheit‹ einbrachten.«
63 Best an AA, 6.12.1942, PK XIII, Nr. 365.
64 Kirchhoff, Augustoproret, Bd. 1, S. 160-173; vgl. Moritz, Die Gerichtsbarkeit.
65 Hanneken an OKW, 22.1.1943, PK XIII, Nr. 374; Best an AA, 25.1.1943, PK XIII, Nr. 375; Best an Scavenius, 11.2.1943, HStAD, Rep. 242, PIc (43/1), 41-45; Aufz. AA (Schnurre), v. 17.2.1943, PK XIII, Nr. 389; Best an AA, Nr. 171, 19.2.1943, ebd., Nr. 390; Aufz. AA (Schnurre) v. 20.2.1943, ebd., Nr. 391; Best an AA, Nr. 277, 5.3.1943, ebd., Nr. 393.
66 Best an RAM, Nr. 245, 8.3.1943, PA-AA, Büro Staatssekretär, Dänemark/3; Vm. AA v. 8.3.1943, ADAP, E V, Nr. 185.
67 Best an AA, Nr. 277, 13.3.1943, PA-AA, Büro Staatssekretär, Dänemark/3.
68 Ber. von Hannekens v. 25.3.1943; Vortrag von Hannekens am 13.4.1943, n. Thomsen, Deutsche Besatzungspolitik, S. 149-150; Best an AA, Nr. 373, 2.4.1943, PA-AA, Büro Staatssekretär, Dänemark/3; Aufz. AA, 2.4.1943, ebd.
69 Ribbentrop zu dem italienischen Staatssekretär Bastianini am 8.4.1943, Aufz. Schmidt, 10.4.1943, ADAP, E V, Nr. 286; Ribbentrop an Best, 10.4.1943, ebd., Nr. 287.
70 S. Bests Bericht vom 5.5.1943 (Anm. 56); zusammengefaßt: Best, Die deutsche Politik in Dänemark, S. 37 ff.
71 Best an AA, Nr. 382, 3.4.1943, PA-AA, Büro Staatssekretär, Dänemark/3; Thomsen, Deutsche Besatzungspolitik, S. 156; Scavenius, Forhandlingspolitiken, S. 173 f.; Poch, Der dänische Widerstand, S. 56 f.
72 Berger an Himmler, 25.3.1943, IfZ, MA 300, 3301.
73 Best an AA, Nr. 326, 23.3.1943, PA-AA, Büro Staatssekretär, Dänemark/3; Best an Himmler, 3.4.1943, BDC, PA Best; der gesamte Vorgang in: PA-AA, Büro Staatssekretär, Dänemark/3, 43043 ff.; und PA-AA, Inl. IIg/78 und 352, 3.4. – 11.5.1943. Kirchhoff, Augustoproret, Bd. 1, S. 131 f.
74 Best an AA, 3.6.1943, IMT, Dok. NG 5114.
75 Bericht Bests vom 5.5.1943 (Anm. 56).

76 Thomsen, Deutsche Besatzungspolitik, S. 156; Best bezog sich in einer Ansprache an die Chefredakteure der Kopenhagener Zeitungen am 18. August 1943 auf diese Gerüchte:»Ein Termin der britischen ›Invasion‹ nach dem anderen wird erfunden und im ganzen Land kolportiert, obwohl noch jede derartige Voraussage sich als unrichtig erwiesen hat.« (Slg. Kirchhof).

77 Übersichten über die Sabotageakte bei Kirchhoff, Augustoproret, Bd. 1, S. 173 ff.

78 Seymour, Anglo-Danish Relations, S. 173-180, zusammenfassend Kirchhoff, Augustoproret, Bd. 1, S. 277-286.

79 Best, Himmler, S. 356; Himmler an Berger, 15.7.1943, HZ, MA 300.

80 Die Streikbewegung ist von Kirchhoff umfassend und bis in alle Einzelheiten untersucht, Augustoproret, Bd. II, S. 9-290.

81 Bericht des Heeresarchivars Goes beim Befehlshaber der deutschen Truppen in Dänemark (Goes-Bericht), PK XIII, Nr. 416; zur»Deportationskrise« s. Kirchhoff, Augustoproret, Bd. 2, S. 291-296; vgl. auch Poch, Der dänische Widerstand, S. 59-84.

82 Auss. Scavenius, 8.8.1945, PK IV, Nr. 92; Poch, Der dänische Widerstand, S. 90.

83 Über die Konferenz am 12. August, bei der Best alle Register seiner Überredungskunst zog„ s. Kirchhof, Augustoproret, Bd. 2, S. 317 f.

84 Ansprache Bests an die Hauptschriftleiter der Kopenhagener Presse, 11.8.1943, Slg. Kirchhoff.

85 Goes-Bericht (s. Anm. 81); Kirchhoff, Augustoproret, Bd. 2, S. 37 ff., auch zum Folgenden.

86 Best an AA, 21.8.1943, PA-AA, Büro Staatssekretär, Dänemark/4; Text der Erklärung in PK XIII, S. 889; Best hob gegenüber dem AA die Bedeutung dieser Erklärung stark hervor, wohl als Beleg dafür, dass die Regierung Scavenius handlungswillig sei. Über die langwierigen Debatten um den Text der Erklärung auf dänischer Seite s. Kirchhoff, Augustoproret, Bd. 2, S. 338 ff.

87 Best an Himmler, 22.8.1943, BA, NS 19/3302; Best bezog sich dabei auch auf einen Bericht an den Außenminister vom 18.8.1943, in dem er eine solche Änderung bereits vorgeschlagen hatte. Dieses Schreiben ist nicht erhalten.

88 Hanneken an OKW, 23.3.1943, zit. b. Thomsen, Deutsche Besatzungspolitik, S. 159; Auss. Duckwitz, 17.9.1947; Best, Die Einwirkungen des Auswärtigen Amtes, Bl. 6 f.; e. s. Kirchhoff, Augustoproret, Bd. 2, S. 394-396.

89 Notiz Svenningsen, 25.8.1943, PK IV, Nr. 93, Anl. 4; der Admiral Dänemark teilte dem 01CM mit:»Reichsbevollmächtigter heute zur Berichterstattung FHQ unterstreicht anhaltendes Bemühen Sozialdemokraten, Massen zu beruhigen.«

90 Best, Die deutsche Politik in Dänemark, S. 41 f.; Best, Ribbentrop, S. 144 f.; von Hanneken notierte in seinem Tagebuch:»Meine Haltung hat die besondere Anerkennung des Führers im Gegenteil zur Haltung Bests gefunden ... Aber im scharfen Zupacken liegt der Erfolg«, zit. n. Kirchhoff, Augustoproret, Bd. 2, S. 435.

91 Auss. Kanstein, 3.12.1947, Slg. Kirchhoff; ähnlich Duckwitz in seinen Erinnerungen:»Der aus dem Hauptquartier zurückkehrende Best war ein gebrochener Mann. Er hatte nicht nur erleben müssen, daß man seine Politik in Grund und Boden verdammte, sondern er war auch selbst persönlichen Demütigungen ausgesetzt gewesen, die ihn sehr in seiner Eitelkeit trafen.« Duckwitz, Erinnerungen (Anm. 4), Kap. VI, S. 6.

92 Interview Best in: Matlok (Hrsg.), Dänemark, S. 198; Best, Die deutsche Politik in Dänemark, S. 43.

93 Das Ultimatum vom 28.8.1943: PK IV, Nr. 93, Anl. 19; die Ablehnung in: Best an AA, Nr. 983, 28.8.1943, ADAP, E VI, Nr. 203; Scavenius, Forhandlingspolitiken, S. 188 f.; Best, Die deutsche Politik in Dänemark, S. 42 f.; die internen Verhandlungen auf dänischer Seite bei Poch, Der dänische Widerstand, S. 96 ff.; dort auch die Zitate von Buhl und Frisch (S. 99). Zur historischen Bedeutung des»August-Aufruhrs« s. Kirchhoff, Augustoproret, Bd. 2, S. 492 f.; ders., Kamp, S. 137 ff.

94 Best an AA, Nr. 988-991, 29.8.1943, PA-AA, Büro Staatssekretär, Dänemark/4; die Ereignisse am 29. August und der Tage davor und danach sind vor allem in der dänischen Literatur bis in alle Einzelheiten rekonstruiert, ich verweise daher für das Folgende pauschal auf Kirchhoff, Augustoproret, Bd. 2, S. 291-494, und auf die entsprechenden Abschnitte in: Haestrup u. a. (Hrsg.), Besaettelsen, S. 50 ff. und 76 ff.; sowie Rosengreen, Dr. Werner Best, S. 24-46.

95 Best an AA, 30.8.1943, Nr. 996 und 997, ADAP, E VI, Nr. 264.

96 So ist bemerkenswert, dass Hitler, nachdem am Abend des 28. August gemeldet wurde, dass die Unruhen abgeebbt seien, seinen Außenminister fragte, wozu denn dann »das ganze Theater« in Dänemark notwendig sei; die Gegenfrage Ribbentrops, ob man den Ausnahmezustand nun doch abblasen solle, verneinte Hitler jedoch, weil er den einmal gegebenen Befehl nicht mehr rückgängig machen wollte; es gehe nicht an, nach dem Grundsatz »rein in die Kartoffeln, raus aus den Kartoffeln« zu verfahren; s. Kirchhoff, Augustoproret, Bd. 2, S. 455.

97 Ulrich von Hassell, als ehemaliger Gesandter in Kopenhagen (1926 – 1930) mit den dänischen Verhältnissen gut vertraut, war außerordentlich bestürzt über die »geradezu blödsinnige Politik in Dänemark, bei der Hitler, Ribbentrop und Hanneken den vernünftigen Best überspielt haben. Nun ist auch diese verhältnismäßige Oase im Kreise der besetzten Gebiete verschwunden.« Von Hassell, Die Hassell-Tagebücher, 4.9.1943, S. 431.

98 Zit. b. Best, Die deutsche Politik in Dänemark, S. 85.

99 Best an RAM, Nr. 995, 30.8.1943, ADAP, E VI, Nr. 259.

100 Best an Himmler, 30.8.1943, BA, MS. 19/3302.

101 RAM an Best, Nr. 1296, 31.8./1.9.1943, ADAP, E VI, Nr. 268.

102 RAM an Best, Nr. 1543, 26.9.1943, PA-AA, Büro Staatssekretär, Dänemark/4.

103 RAM an Best, Nr. 1294, 1.9.1943, PK XIII, Nr. 426.

104 Best an RAM, Nr. 1001, 1.9.1943, ADAP, E VI, Nr. 271; am 3.9. bat er das AA, dass der ihm zuzuteilende BdS nach Kopenhagen entsandt werde, um die Organisation der Polizei vorzubereiten, Nr. 1010, PA-AA, Büro Staatssekretär, Dänemark/4.

105 Aufz. Svenningsen, August 1945, PK IV, Nr. 95.

106 Best an AA, Nr. 1023, 6.9.1943, ADAP, E VI, Nr. 282; zu den Verhandlungen auf dänischer Seite s. Aufz. Svenningsen, August 1945, PK IV, Nr. 95; Poch, Der dänische Widerstand, S. 112 ff.

107 Befehl von Hannekens, 2.9.1943, zit. n. Thomsen, Deutsche Besatzungspolitik, S. 172.

108 Goes-Bericht, PK XIII, Nr. 416; zu den zahlreichen drakonischen Maßnahmen des Befehlshabers s. PK IV, Nr. 100, Anl. 27-40. Im Gegensatz zur Darstellung bei Thomsen (Deutsche Besatzungspolitik, S. 173), der meint, die Maßnahmen des Generals seien dem Reichsbevollmächtigten »ein Hindernis« gewesen, ist hervorzuheben, dass dieser »scharfe Kurs« von Best ausdrücklich gebilligt und auch selbst mitgetragen wurde.

109 Best an AA, Nr. 1032, 8.9.1943, ADAP, E VI, Nr. 287.

110 Die Literatur über die deutsche Judenpolitik in Dänemark und die Rettung der dänischen Juden ist sehr umfassend; ein Überblick über die in englischer Sprache vorliegenden neueren Untersuchungen und die Erinnerungsschriften dänischer Juden findet sich bei Goldberger (Hrsg.), The Rescue of the Danish Jews. Für die ältere dänische Forschung steht die Darstellung von Haestrup, ... til landets bedste, Bd. 1, S. 128-197, die sich noch stark auf die Erinnerungen Duckwitz' und die von Best lancierte Lesart (in: ders., Die deutsche Politik in Dänemark, S. 46 ff., 113-119) stützt, der im entscheidenden Punkt auch die Revisionsurteile der dänischen Gerichte aus dem Jahre 1949 und 1950 folgten. Die wichtigste Untersuchung ist die von Yahil, The Rescue of the Danish Jewry, ihrer Analyse folgt die internationale Forschung seither weitgehend; s. Friedman, Their Brother's Keepers; Barfod, The Holocaust Failed in Denmark; Gilbert, The Holocaust; Hilberg, Die Vernichtung, S. 586-596; Rosengreen, Dr. Werner Best, S. 47 ff.; Haestrup u. a. (Hrsg.), Besaettelsen, S. 55 ff., 159 ff.; sowie die Beiträge in Goldberger (Hrsg.), The Rescue. Dagegen aber Rosengreen, der gegen Yahil die These vertritt, Best habe die Judenaktion in Gang gesetzt, um zu verhindern, dass noch einmal eine verfassungsgemäße Regierung gebildet werde (S. 47-55); sowie Brustin-Berenstein, The Historiographic Treatment. Die neueste, analytisch überzeugende Darstellung auf breiter (die hier vorgelegte Untersuchung z. T. bereits miteinbeziehender) Grundlage ist die von Hans Kirchhoff, Endlösung over Danmark, S. 57-107. Die Darstellung in der deutschen Literatur weicht davon ab und propagiert weiterhin die auf Best und Duckwitz gestützte Version, Best habe die Rettung der dänischen Juden gemeinsam mit Duckwitz Mitfiert; s. Thomsen, Deutsche Besatzungspolitik, S. 178 ff., und Höhne, Orden, S. 366 f.; die Dokumentenedition »Die Okkupationspolitik des deutschen

Faschismus in Dänemark und Norwegen (1940 – 1945)« hingegen bietet wenig Neues und steht noch in der Tradition der älteren DDR-Literatur. Demgegenüber aber die solide Darstellung bei Weiß, Dänemark.

111 »Die Judenfrage«, 10.3.1941, S. 1, zum Folgenden zusammenfassend Yahil, The Rescue, S. 31-38; Thomsen, Deutsche Besatzungspolitik, S. 178-180; Weiß, Dänemark, S. 168-173.

112 Best an AA, 13.1.1943, ADAP, E V, Nr. 39; CSSD an AA, 4.11.1942, PA-AA, Inl. IIg/184, 32 (das RSHA bitte um Benachrichtigung, wenn das AA die Zeit für eine Judenaktion in Dänemark gekommen sehe); Notiz AA über Unterredung Rademachers und Bests über Judenfrage in Dänemark, 23.12.1942, PA-AA, Inl. IIg/184, 38. Laut Best, Die deutsche Politik in Dänemark, S. 114, war Best am 7.1.1943 erneut in Berlin und hatte dort eine Besprechung mit Luther und Rademacher über »die Judenfrage«.

113 RAM an Best, Nr. 482, 19.4.1943, PA-AA, In'. IIg/184,71; Vm. AA, Luther an Gaus, 20.1.1943 (vorläufige Zurückstellung der Judenfrage), ADAP, E V, Nr. 64; AA (Luther) an Best, Nr. 115, 22.1.1943, PA-AA Inl. IIg/184, 39 f. (Maßnahmen gegen dänische Juden im Ausland); Luther an RAM, 28.1.1943, PA-AA, Inl. IIg/184, 51 ff. (Zustimmung zu Bericht Bests vom 13.1.); Vm. RAM v. 1.2.1943, ebd. Am 1.3.1943 übersandte Best die von Weizsäcker erbetenen Unterlagen über die Entwicklung der französischen Judengesetzgebung, die als Vorbild für weitere Maßnahmen in Nord- und Westeuropa dienen sollte.

114 Best an AA, Bericht »Die Judenfrage in Dänemark« v. 24.4.1943, ADAP, E V, Nr. 344; s. Best, Dänemark, S. 115; die Entscheidung Himmlers ist mitgeteilt im Schr. Wagners an Kaltenbrunner, 30.6.1943, ADAP, E V, Nr. 344, Anm. 4.

115 Jewish Chronicle v. 3.9.1943: »The Danish Crisis: Nazis Begin Anti-Jewish Drive«; s. Yahil, The Rescue S. 113 ff., auch zum Folgenden.

116 Alle Aussagen, die der Version folgen, Best sei am 7. oder 8.9.1943 von Sonnleithner oder einem anderen Mitarbeiter des AA über die angebliche »Führerentscheidung« in Kenntnis gesetzt worden, sind während oder nach Bests Aufenthalt im Zeugentrakt des Nürnberger Gefängnisses im April 1948 gemacht worden: Auss. von Thadden, 16.4.1948, IfZ, Dok. Eichmann Nr. 816; Auss. Wagner, 1948, IIVIT, Dok. Steengracht 134; Auss. Sonnleithner, zweiter Prozeß gegen Best in Kopenhagen, 23.6.1949, in: Matlok (Hrsg.), Dänemark, S. 286- 288. Bei seinem ersten Verhör, im August 1945 in Kopenhagen, hatte Best von einer solchen »Warnung« noch nichts berichtet und eine andere Version erzählt – er habe befürchtet, »aggressive deutsche Kreise« würden, angeleitet von Müller im RSHA, sonst in Dänemark antijüdische Pogrome inszenieren. Aussage Best vom 31.8.1945, Hovedrapporter, RA-K, Privatarkivet Poul Christiansen, PK1, S. 120. Thomsen, Deutsche Besatzungspolitik, S. 178 ff., und Höhne, Orden, S. 366; aber auch Haestrup, ... til landets bedste, Bd. 1, .S. 134, folgen dieser von Duckwitz abgesicherten Version Bests. Dagegen Yahil, The Rescue, S. 127 ff.; Weiß, Dänemark, S. 174-179, sowie Brustin-Berenstein, The Historiographic Treatment, passim. Vgl. Kap. VI.

117 Auss. von Sonnleithner, Thadden, Wagner, Duckwitz, Jodl und Best; auf die Widersprüche in den Terminangaben bei Duckwitz verweist Brustin-Berenstein, The Historiographic Treatment, S. 188 ff. (»Duckwitz's portrayal contains factual untruth and most of his dates seem to be wrong.«)

118 Notiz Sonnleithner vom 18.9.1943, Abzeichnung durch Büro RAM (Seeher) am gleichen Tag; PK XIII, Bd. 3, Nr. 738, S. 1377; vgl. Weiß, Dänemark, S. 174, Anm. 39.

119 Himmler an Best, (verm. 12.) 10.1943, BA NS 19/3302.

120 Yahil, The Rescue, S. 126 ff.; Brustin-Berenstein, The Historiographic Treatment, S. 207; ebenso Rosengreen, Dr. Werner Best.

121 Best an AA, Nr. 1272, 18.10.1943, IMT, Dok. NG 5092; er berichtete, daß keine Fälle jüdischer Spionage und Sabotage festgestellt worden seien; dies sei am 2. Oktober zur Begründung der Judenaktion lediglich »um des Zweckes willen« verbreitet worden.

122 Vm. AA, Inl. II, von Thadden, 14.9.1943, PA-AA, IIg/184, 98; s. Yahil, The Rescue, S. 131 ff., und Brustin-Berenstein, The Historiographic Treatment, die den Entscheidungsprozeß im Einzelnen verfolgen. AA (Hencke) an Best, Nr. 1266, 17.9.1943, PA-AA, IIg/184, 114; Vm. Büro RAM, Sonnleithner, 18.9.1943, ebd.

123 Es handele sich nicht um eine »rassemäßig begründete Maßnahme«, teilte Best dem besorgten Svenningsen mit; Notiz Svenningsen v. 25.9.1943, IMT, Dok. NG 5208; Svenningsen wies den anfragenden Vertreter der Jüdischen Gemeinde, Henriques, ausdrücklich darauf hin, dass die Verantwortung für diese Beschlagnahme nicht bei dem General von Hanneken, sondern bei den deutschen Behörden im »Dagmarhaus« liege. Der formal dafür Zuständige war Kanstein, der wiederum Best untergeben war.

124 Best an AA, Nr. 1094, 18.9.1943, PA-AA, Büro Staatssekretär, Dänemark/4; am 16.9. hatte Best die Ankunft von 120 Beamten Sicherheitspolizei und einer Kompanie Ordnungspolizei gemeldet und gebeten, nun auch die Frage des Sondergerichts zu klären; Best an AA, Nr. 1071 und 1072, 16.9.1943, PA-AA, Büro Staatssekretär, Dänemark/4. Am 19.9. wurde im AA mitgeteilt, der RFSS sei zur Abstellung von zwei Polizeibataillonen und 300 Sipo-Beamten bereit; die Frage des Sondergerichts sei noch unklar; Geiger an Sonnleithner, 19.9.1943, PA-AA, Inl. 11g/78. Betr. die vorzeitige Beendigung des Ausnahmezustandes: Best an AA, Nr. 1081, 17.9.1943, PA-AA, Büro Staatssekretär, Dänemark/4; zwei Tage später erklärte sich Hitler damit einverstanden, OKW an AA, 20.9.1943 (0.15 Uhr), ADAP, E VI, Nr. 330.

125 Best an AA, Nr. 1102, 20.9.1943, ADAP, E VI, Nr. 332.

126 Zum »Scheitern« der Judendeportation siehe i. e. Yahil, The Rescue, S. 147 ff.; Barfod, The Holocaust; s. auch die Beiträge in Goldberger (Hrsg.), The Rescue S. 75-170.

127 Vm. AA, Mittlg. Barandon v. 21.9.1943, PA-AA, Büro Staatssekretär, Dänemark/4. Im Gegensatz zu Yahil und Brustin-Berenstein ist aber darauf hinzuweisen, dass die »Judenaktion« nicht dadurch gefährdet war, dass die versprochenen Polizeieinheiten nicht vollzählig angekommen waren. Die vorhandenen Polizeikräfte hätten in jedem Fall ausgereicht, die in Kopenhagen lebenden Juden festzunehmen, wenn die Aktion überraschend gekommen wäre. Dadurch aber, dass die dänischen Juden bereits seit längerem auf eine solche Aktion vorbereitet waren und zu einem Teil bereits ihre Wohnungen verlassen hatten, hätte bei einer Festnahmeaktion das halbe Land »durchkämmt« werden müssen. Damit aber wären Tausende von Polizisten und Soldaten viele Tage beschäftigt gewesen. Best hat gegenüber dem RSHA auch nie die zu geringe Mannschaftsstärke der Polizeieinheiten beklagt; s. auch Aufzeichnung Six, 25.10.1943, PA-AA, Büro Staatssekretär, Dänemark/4. Über Mildners Vorgeschichte s. Czech, Kalendarium, S. 130, 530, 667; vgl. die Aussage Höß vom 5.4.1946, IMT, Dok. PS-3868, darin:»Rudolf Mildner war in der Zeit von ungefähr März 1941 bis September 1943 Chef der Gestapo in Kattowitz, und als solcher Leiter der politischen Abteilung in Auschwitz, die die Verhöre dritten Grades leitete. In dieser Eigenschaft sandte er häufig Gefangene nach Auschwitz zur Einkerkerung und Hinrichtung. Er besuchte Auschwitz bei verschiedenen Gelegenheiten. Der Gestapo-Gerichtshof, das SS-Standgericht, die Personen verhörten, die verschiedener Verbrechen beschuldigt wurden, wie Kriegsgefangene, die geflüchtet waren, etc. kamen häufig in Auschwitz zusammen und Mildner wohnte dem Verhör solcher Personen oft bei, die gewöhnlich gemäß dem Urteilsspruch in Auschwitz hingerichtet wurden. Ich zeigte Mildner die Vernichtungsanlage in Auschwitz in ihrem ganzen Umfang und er war sehr interessiert, da er Juden aus seinem Gebiet zur Hinrichtung nach Auschwitz senden mußte.«

128 Von Hanneken an OKW, 20.9.1943, PK XIII, Nr. 738.

129 Vm. Ribbentrop »für den Führer«, 23.9.1943, ADAP, E VI, Nr. 344; Jodl an AA, 22.9.1943, ebd., Nr. 341.

130 Hitler hatte dem Vorschlag des OKW, die Soldaten bis 15.11. freizulassen, am 16.9. zugestimmt. Am 21.9. kam Himmler auf die Idee, 4.000 Soldaten für die Waffen-SS zu werben, dazu schickte Berger seinen Mitarbeiter Riedweg nach Kopenhagen; am 22.9. stimmte Hitler dem Vorschlag Himmlers zu. Jodl an AA, 22.9.1943, ADAP, E VI, Nr. 341; s. Best, Die deutsche Politik in Dänemark, S. 45 f. Um bei Himmler die Revision dieses Vorschlags zu erreichen, flog Kanstein anschließend zum Reichsführer-SS; am 29.9. teilte Best dem AA mit, dass die Überführung der internierten dänischen Soldaten ins Reich die Gefahr von Unruhen stark vergrößern und eine Verdreifachung der bereitgestellten deutschen Polizeikräfte in Dänemark nötig machen würde; Best an AA, Nr. 1156, 29.9.1943, PA-AA, Büro Staatssekretär, Dänemark/4. Am 1.10., unmittelbar vor der Aktion, schlug Best vor, die Soldaten im Gegenzug zur Judenaktion freizulassen; der RFSS stimmte zu, Best an AA, Nr. 1176,

1.10.1943, PA-AA, Büro Staatssekretär, Dänemark/4. Mittlg. von Hanneken, 1.10.1943, IMT, Dok. NG 5208; zur Reise Kansteins s. Brustin-Berenstein, The Historiographic Treatment, passim; Auss. Kanstein, 29.4.1947, IMT, Dok. NG 5208.

131 Mildners spätere Einlassungen, er habe sich in Berlin gegen die Aktion ausgesprochen, sind nicht glaubwürdig, s. Brustin-Berenstein, The Historiographic Treatment, S. 193.

132 Yahil, The Rescue, S. 488, Anm. 112; Weir, Dänemark, S. 178 f.; Best an AA, Nr. 1163, 29.9. 1943, PA-AA, Büro Staatssekretär, Dänemark/4: Der General habe Unterstützung der Judenaktion durch Geheime Feldpolizei nach Befehl des OKW untersagt, dadurch sei die Aktion in Jütland und Fünen nicht durchführbar; AA an CSSD, 30.9.1943, IfZ, Dok. Eichmann, Nr. 39; Vm. AA, 30.9.1943, PA-AA, Inl. IIg/184; Vm. RAM v. 30.9.1943, ebd.; AA an Best, Nr. 1549, 30.9.1943, PA-AA, Büro Staatssekretär, Dänemark/4; Best an AA, Nr. 1175, 1.10.1943, ebd.

133 Auss. Hedtoft und Hansen, 14.4.1947, EVIT, Dok. NG 5208; Duckwitz hatte beiden den Termin der geplanten Festnahmeaktion genannt, ebenso Vilhem Buhl und dem Außenministerium.

134 Beispiele aus der Version von 1952: Best habe sich Anfang September, nachdem »gewisse Kreise« Hitler die Judendeportation in Dänemark vorgeschlagen hatten, davon überzeugt, dass das Reichssicherheitshauptamt ein Gegner dieser Maßnahme sei. (!) Best habe ihn am 13.9.1943 nach Berlin geschickt, um dem Auswärtigen Amt die wahren Gründe für die Absendung des Telegramms zu erläutern; er sei aber zu spät gekommen, das Telegramm sei schon bei Hitler gewesen. Tatsächlich lag es bis zum 16. in der politischen Abteilung des AA; die Unterredung Ribbentrops mit Hitler fand erst am 17. statt. Best habe sich daran geklammert, dass in der Antwort vom 19.9. nur davon gesprochen worden sei, die Aktion sei »im Prinzip« beschlossen. Tatsächlich ist davon in der Benachrichtigung vom 17. die Rede; am 18. wurde Best informiert, dass der Führer endgültig zugestimmt habe. Der BdS Mildner sei gegen die Aktion gewesen, weil er die neue deutsche Sicherheitspolizei in Kopenhagen nicht durch eine solche Aktion habe »belasten« wollen; in der zweiten Version ist diese Passage gestrichen, nachdem Duckwitz Welterweile von dem Wüten Mildners in Kattowitz und Auschwitz in der Zeit vor seiner Abordnung nach Dänemark erfahren hatte. Nunmehr behauptete Duckwitz, Mildner habe sich gegen eine Judenaktion ausgesprochen, weil der Aufbau seiner Sicherheitspolizei noch nicht abgeschlossen gewesen sei. Anhand der Aufzeichnungen von Duckwitz wird deutlich, dass er weder gut informiert war noch über besondere Drähte zu Best verfügte, noch die politische Situation übersah. Es entsteht vielmehr der Eindruck, dass Duckwitz die »milde« Politik Bests vor dem 29. August als Ausdruck einer politischen Distanz zum Nationalsozialismus insgesamt bewertete von daher den Interpretationskünsten Bests nach dem Kriege folgte. Vermutlich hat Duckwitz mit seinen diesbezüglichen Aussagen vor Gericht Best vor der Hinrichtung bewahrt; das erklärt, warum er zeit seines Lebens bei dieser Darstellung blieb, obwohl diese sich im Lichte der zugänglich werdenden Quellen zunehmend als unhaltbar erwies und sein sonst so strahlendes Bild als einer der wenigen deutschen Funktionsträger, die tatsächlich aktiv an der Rettung von bedrohten Juden beteiligt gewesen waren, zu beschädigen drohte (PA-AA, NL Duckwitz).

135 Best, Die deutsche Politik in Dänemark, S. 118; s. Anm. 110. Duckwitz hat nach dem Kriege zwar bestätigt, dass er den geplanten Termin der Judenaktion von Best erfahren habe, aber bestritten, dass dieser ihm das Datum mit dem Auftrag mitgeteilt habe, die dänische Seite darüber zu informieren.

136 Notiz Svenningsen, 30.9. und 2.10.1943, IMT, Dok. NG 5208; Best an AA, Nr. 1162, 29.9.1943, ADAP, E VI, Nr. 358.

137 Best an RAM, Nr. 1187, 1.10.1943, PA-AA, Büro Staatssekretär, Dänemark/4.

138 Yahil, The Rescue, S. 244; Weiß, Dänemark, S. 178.

139 Aussage Hoffmann, 9.4.1947, vor der Kopenhagener Polizei; Eichmann-Prozess, Dok. 755; bestätigt durch Telegramm d. AA, Hencke, und Best 4.10.1943, und Best an RAM, Nr. 1208, 5.10.1943, PA-AA, Büro Staatssekretär, Dänemark/4.

140 Zum Ablauf der »Aktion« und der Massenflucht der Juden s. Yahil, The Rescue, S. 147 ff. und 223 ff.; Haestrup, ... til landets bedste, Bd. 1, S. 166-197; Weiß, Dänemark, S. 174 ff.; sowie Thomsen, Deutsche Besatzungspolitik, S. 180 ff., mit einer jedoch verzeichnenden Dar-

stellung der Entscheidungsbildung und Zielsetzungen der deutschen Funktionsträger in Dänemark. Am 3.10. wurde gemeldet, es seien 232 Juden festgenommen worden (Best an OKW, 3.10.1943, IMT, Dok. NG 5208). Am 4. und 5.10. war von 284 die Rede (AA an Best, 4.10.1943; Best an AA, Nr. 1208, 5.10.1943, PA-AA, Büro Staatssekretär, Dänemark/4). Insgesamt wurden 481 dänische Juden deportiert.

141 Best an AA, Nr. 1188, 2.10.1943, PA-AA, Büro Staatssekretär, Dänemark/4; Nr. 1189, 2.10.1943, ADAP, E VII, Nr. 7; Nr. 1191, 2.10.1943, PA-AA, Ilg/184; Best an AA und RSHA, IVI34, 2.10.1943, PA-AA, Büro Staatssekretär, Dänemark/4.

142 AA an Best, 4.10.1943, PA-AA, Büro Staatssekretär, Dänemark/4; Best an RAM, Nr. 1208, 5.10.1943, ebd.; Vm. AA, von Thadden, Inl. II, 6.10.1943, gedr. in: Matlok (Hrsg.), Dänemark, S. 303.

143 Aufz. Six für Staatssekretär, 25.10.1943, PA-AA, Büro Staatssekretär, Dänemark/4.

144 Best an AA, 3.11.1943, ADAP, E VII, S. 144; vgl. Yahil, The Rescue, S. 300 f.; Weiß, Dänemark, S. 179-182. In den Tagen nach dem 2. Oktober hatte es insgesamt noch 275 weitere Verhaftungen gegeben.

145 Dazu Adler, Theresienstadt, S. 162-184, S. 716 ff. Als wirklicher Titel des Films muss nach neueren Forschungsergebnissen »Theresienstadt. Ein Dokumentarfilm aus dem jüdischen Siedlungsgebiet« angesehen werden, vgl. dazu: Karel Margry: Der Nazi-Film über Theresienstadt, in: Miroslav Kárny u. a. (Hrsg.): Theresienstadt in der »Endlösung der Judenfrage«, Prag 1992, S. 285-306.

146 Aufz. Scherpenberg, AA, für Staatssekretär, 4.10.1943, PA-AA, Büro Staatssekretär, Dänemark/4; zum Folgenden v. a. Haestrup, ... til landets bedste, Bd. 1, S. 73 ff.; und Kirchhoff, Kamp, S. 117 ff.; daneben auch Poch, Der dänische Widerstand, S. 131 ff., und Thomsen, Deutsche Besatzungspolitik, S. 191 ff. Die Darstellung von Thomsen ist vor allem für die Zeit nach dem Ausnahmezustand so stark auf die von Best gegebene Lesart zugeschnitten, dass sie nur mit einiger Distanz zu benutzen ist. Vgl. Best, Die deutsche Politik in Dänemark, S. 50 ff.; Interview Best in: Matlok (Hrsg.), Dänemark, passim, und Best, Die Einwirkungen des Auswärtigen Amtes.

147 Zum »Freiheitsrat« s. Haestrup, Secret Alliance; ders., ... til landets bedste; Bd. 1; knappe Zusammenfassung in ders.: Frihedsradet, in: ders. u. a. (Hrsg.), Besaettelsen, S. 123-126.

148 Svenningsen am 4.1.1944, zit. n. Haestrup, ... til landets bedste, Bd. 1, S. 341.

149 Aufz. Schnurre, AA, 16.12.1943, ADAP, E VII, Nr. 146; s. Aufz. Backe, RMEL, 2.9.1943, PA-AA, Büro Staatssekretär, Dänemark/4; Backe an Steengracht, 22.9.1943, ebd.; Scherpenberg an RAM, 28.9.1943, ebd.; Aufz. Schnurre v. 3.10.1943, ebd.

150 KTB/OKW, Bd. 3, S. 1226, Eintragung v. 28.10.1943; OKW, Keitel, an AA, 1.11.1943, AD-AP, E VII, Nr. 71; Best an AA, Nr. 1351, 3.11.1943; Nr. 1374, 6.11.1943; Nr. 1423, 18.11.1943; Nr. 1490, 27.11.1943; Nr. 1529, 25.12.1943, PA-AA, Büro Staatssekretär, Dänemark/5; s. Haestrup, ... til landets bedste, Bd. 1, S. 220-261.

151 Vm. Ritter über AO d. RAM v. 2.10.1943, PA-AA, Inl. Ilg/78; s. Vm. AA v. 19.9. u. 29.9.1943, ebd. Die Entscheidung für Packe fiel vermutlich bei der Tagung der SS-Gruppenführer in Posen am 3.10.1943, zu der Best eingeladen war, an welcher er aber wegen der bevorstehenden Judendeportation aber nicht teilnehmen konnte; Vm. AA, 9.10.1943, ebd.; Vm. AA v. 16.10.1943, PA-AA, Büro Staatssekretär, Dänemark/4.

152 Notiz über Gespräch zwischen Kaltenbrunner, CSSD u. AA, 7.11.1943, PA-AA, Inl. IIg/78. Himmler teilte Best die Entscheidung für Pancke in dem persönlichen Schreiben mit, in dem er auch Bests Vorgehen in der Judenfrage lobte und ihn über die Ernennung des HSSPF mit Bedauern in Kenntnis setzte: »Haben Sie die Größe, darüber nicht traurig zu sein. Die Form der Organisation ist so eine bessere.« Himmler an Best, Oktober 1943 (etwa 12.10.), BA, NS 19/3302. Am 6. November wurde Pancke ernannt; die Position Kansteins wurde damit obsolet, er verließ Kopenhagen und wurde Kriegsverwaltungschef in Italien, als Nachfolger wurde Stalmann, sein bisheriger Stellvertreter, eingesetzt. Best verwies gegenüber dem AA mehrfach auf die unklare Kompetenzverteilung zwischen Pancke und ihm und bat am 7.1.1944 erneut um Klärung des Unterstellungsverhältnisses; Best an AA, Nr. 32, PA-AA, Büro Staatssekretär, Dänemark/5. Da dies aber zum Gegenstand einer Kompetenzrivalität zwischen RAM und RFSS geworden war, blieb der Status quo zemen-

tiert. Zum Gesamtvorgang s. Birn, Die Höheren SS- und Polizeiführer; Rosengreen, Dr. Werner Best, S. 56-61; Thomsen, Deutsche Besatzungspolitik, S. 192 f.; Best, Die deutsche Politik in Dänemark, S. 53 f.

153 Best an AA, Nr. 1139, 27.9.1943, PA-AA, Büro Staatssekretär, Dänemark/4; Nr. 1305, 26.10. 1943, ebd.; Nr. 1474, 24.11.1943, ebd.; Vm. Ohlendorf, RSHA, 9.4.1944, PA-AA, Inl. IIg/78.

154 Zu den innerdänischen Auseinandersetzungen am Ende des Jahres s. Haestrup, ... til landets bedste, Bd. 1, S. 304 ff.; Poch, Der dänische Widerstand, S. 171-177.

155 Heiber, Hitlers Lagebesprechungen, S. 425 f.; Best an AA, Nr. 1438, 20.11.1943, ADAP, E VII, Nr. 100. Zum Folgenden Rosengreen, Dr. Werner Best, S. 67 ff., Thomsen, Deutsche Besatzungspolitik, S. 201 ff.

156 Best an AA, Nr. 1438, 20.11.1943, ADAP, E VII, Nr. 100.

157 Pancke war am 5.12.1943 bei Himmler; s. Auss. Pancke, 14.8.1945, IfZ, Zs 432; Best, Die deutsche Politik in Dänemark, S. 56; die Darstellung Bests in seiner Aufzeichnung über Himmler, S. 156 f., ist in der Datierung (Anfang September 1943) falsch.

158 RAM an Best, 26.11.1943, PA-AA, Büro Staatssekretär, Dänemark/5.

159 Best an AA, Nr. 1538, ADAP, E VII, Nr. 130.

160 Gründliche Untersuchung der Konferenz am 30.12.1943 bei Rosengreen, Dr. Werner Best, S. 80 ff.; Schilderungen des Verlaufs bei Best, Hitler, S. 130 f.; ders., Ribbentrop, S. 145; ders., Himmler, S. 157; ders., Die deutsche Politik in Dänemark, S. 56 ff.; ders., Einwirkungen des AA; Auss. Best v. 18.12.1946, HStAD, Rep. 242, PIc (46), 138 ff.; Auss. Best v. 15.2.1947, ZStL, 301 AAM, 423-425; Best, Unterredung Buchheim, 3.7.1955, IfZ, Zs 207 II; Auss. Pancke, 14.8.1945, IfZ, Zs 432; Auss. Jodl, IMT, Prot. v. 4.6.1946. Teilnehmer an der Konferenz waren Hitler, Himmler, Keitel, Jodl, Kaltenbrunner, von Hanneken, Pancke, Schmidt, Scherff und Best.

161 Best, Hitler, S. 130.

162 Hitlers Weltbild, so schrieb er 1949, sei in diesem Punkt ebenso simpel wie naiv gewesen und habe mit den politischen Erwägungen der Großraumtheoretiker nicht viel gemein gehabt: »Er sah grundsätzlich jeden Widerstand gegen ihn und seine Maßnahmen als rechtlich und moralisch unberechtigt, als Sakrileg gegen die rechtgläubige Sache an. Er glaubte, alle Gegner durch Gewalt und Härte abschrecken und einschüchtern zu können, weil er ihnen – da sie für keine oder für eine falsche ›Idee‹ kämpften – nicht ebensoviel Charakter, Mut und Opferwillen zutraute wie sich und seinen rechtgläubigen Getreuen. Schließlich hat er nach meiner Überzeugung in harten, extremen Maßnahmen ein Mittel gesehen, sich selbst und allen Deutschen jeden Weg zu einem Rückzug, zu einem Kompromiß abzuschneiden.« Best, Hitler, S. 131.

163 Best, Die deutsche Politik in Dänemark, S. 60.

164 Auss. Bovensiepen, 30.3.1948, HStAD, Rep. 242, PIc (48), 7-9; Auss. Pancke, 14.8.1945, IfZ, Zs 432; Auss. Schwerdt, 23.3.1948, IMT, Dok. MG 5419; Auss. Naujocks, November 1945, IMT, Dok. PS 4035; Auss. Best, 15.2.1947, IMT, Dok. NO 2225; vgl. die laufenden Berichte Bests über Anschläge und »Gegenterror« an AA in PA-AA, Büro Staatssekretär, Däne-mark/5, 43269 ff.

165 Best an AA, Nr. 18, 5.1.1944, PA-AA, Büro Staatssekretär, Dänemark/5; Thomsen, Deutsche Besatzungspolitik, S. 200.

166 Nach einem Gespräch mit von Grundherr am 10.7.1944; weiter schrieb von Hassell: »Best ist ganz vernünftig, kommt aber gegen die halb teuflischen, halb dummen Direktiven ›von oben‹ nicht auf, und der General, Hanneken, ist ein rauher, verständnisloser Prätorianerhäuptling. Best selbst sitzt im Dagmarhaus, in dessen mittleren Stockwerken die SS-Polizei ihr Wesen treibt, während unten das deutsche Gefängnis untergebracht ist. Eine geschickte Kombination! Jede Sabotage gegen Munitionsfabriken usw. wird von den Schalburgleuten, die sich hauptsächlich aus Gesindel rekrutieren, mit sinnlosen Attentaten gegen Kinos, Theater, Restaurants beantwortet. Für Morde an Soldaten oder deutschfeindlichen Dänen wird nicht gestraft oder eine Geisel erschossen, sondern ›wieder‹ gemordet, d.h. irgendwelche harmlosen Dänen umgebracht. Hitler wollte 5:1, Best hat das Verhältnis auf 2:1 heruntergedrückt.« Von Hassell, Die Hassell-Tagebücher, 10.7.1945, S. 485. Für Bests in seinen Nachkriegsberichten aufgestellte Behauptung, er habe mit dem am 5. Januar 1944 in

Kopenhagen eingetroffenen neuen BdS Bovensiepen sogleich vereinbart, das Verhältnis auf 1:1 zu reduzieren, gibt es keinen Beleg, s. Rosengreen, Dr. Werner Best, S. 80 ff. Zur parallelen Entwicklung in Norwegen, wo seit dem Sommer 1944 ebenfalls mit »Gegenterror«-Methoden versucht wurde, den Widerstand in der Bevölkerung durch Verbreitung von Schrecken einzudämmen, s. Bohn, Schuld und Sühne.

167 So beklagte Best mehrfach gegenüber dem AA, dass die von der deutschen Sipo verübten Anschläge über das von ihm gebilligte Maß hinausgingen; vgl. Best an AA, Nr. 413, PA-AA, Büro Staatssekretär, Dänemark/5.

168 Haestrup, ... til landets bedste, Bd. 1, S. 336 f.; Poch, Der dänische Widerstand, S. 184 f.; »Politische Informationen für die deutschen Dienststellen im Reich«, hg. v. Reichsbevollmächtigten in Dänemark, 1.2.1944, HStAD, Rep. 242, Plc (44).

169 Zum Folgenden Haestrup, ... til landets bedste, Bd. 1, S. 431 ff.; Poch, Der dänische Widerstand, S. 187 ff.; Best, Die deutsche Politik in Dänemark, S. 62 f.; »Politische Informationen«, 1.2.1944.

170 Vgl. die Mitschrift der Meldung der BBC vom 12.1.1944, in: »Politische Informationen« 1.2.1944, S. 15 u. 16.

171 Best, Die deutsche Politik in Dänemark, S. 62; Interview Best in: Matlok (Hrsg.), Dänemark, S. 198 f.; Best an AA, Nr. 412, »Politischer Kurzbericht zur Lage in Dänemark«, 1.4.1944, ADAP, E VII, Nr. 311. Diese Hinweise sind nur von Best selbst bestätigt, es finden sich weder in den Quellen noch in den Memoiren dänischer Politiker Bestätigungen dafür. Von der Logik des Bestschen Denkens her sind sie aber nicht unglaubwürdig.

172 »Elastisches Besatzungsregime. Verfassung und Leben in Dänemark«, in: DAZ, 26.2.1944; dieser von Paul Baumgart unterzeichnete Artikel war von Best inspiriert worden, s. Haestrup, ... til landets bedste, Bd. 1, S. 434.

173 »Offene Worte über Dänemarks Stellung«, von Best ohne Namensnennung in dänischen Zeitungen am 9.4.1944 veröffentlicht; zit. b. Best, Die deutsche Politik in Dänemark, S. 86 f.

174 Bericht Dr. Koeppen über die Reise nach Kopenhagen, 24.3.1944, HZ, MA 300; im Original ist offenbar versehentlich statt von »SS« von »Waffen-SS« die Rede.

175 Best vor der dänischen Presse am 24. April 1944, gedr. in Best, Die deutsche Politik in Dänemark, S. 63; s. Best an AA, Nr. 524, 24./25.4.1944, PA-AA, Büro Staatssekretär, Dänemark/5; zur »April-Krise« s. Haestrup, ... til landets bedste, Bd. 1, S. 431 ff.; Rosengreen, Dr. Werner Best, S. 91 ff.

176 Am 3.1.1944 hatte Best Hitlers Weisungen vom 30. Dezember so ausgelegt, dass er als Reichsbevollmächtigter Recht setzen könne, Best an AA, Nr. 3, 3.1.1944, PA-AA, Büro Staatssekretär, Dänemark/5; s. Best an AA, Nr. 238, 23.2.1944, PA-AA, Inl. IIg/78; die VO über die Erweiterung der Zuständigkeit des SS- und Polizeigerichts Kopenhagen in: Best an RAM, Nr. 510, 24.4.1944, ADAP, E VII, Nr. 358; Nr. 508 und Nr. 511, 25.4.1944, PA-AA, Büro Staatssekretär, Dänemark/5, s. Thomsen, Deutsche Besatzungspolitik, S. 201 ff.; Best, Die deutsche Politik in Dänemark, S. 60 ff.

177 RAM an Best, 29.4.1944, PA-AA, Büro Staatssekretär, Dänemark/5; AA an OKVV, 2.5.1944 (Bedenken gegen Gerichtsbarkeit), ebd.; RAM an Steengracht, v. Nr. 998, 15.5.1944, ADAP, E VIII, Nr. 26; Aufz. d. AA über Gerichtsbarkeit in Dänemark v. 17.5.1941, PA-AA, Büro Staatssekretär, Dänemark/5; Best an AA, Nr. 632, 18.5.1944, ebd. Zu den Diskussionen über die Errichtung des Lagers Fröslev s. Haestrup, ... til landets bedste, Bd. 1, S. 343 ff.; Best an RAM, Nr. 707, 6.6.1944, PA-AA, Büro Staatssekretär, Dänemark/5.

178 Berger an Himmler, 16.4.1944, IfZ, MA 300; Berger an Brandt, 28.4.1944, s. Thomsen, Deutsche Besatzungspolitik, S. 144.

179 Himmler hatte geschrieben: »Nach dem großen Sabotageakt auf die Schiffswerft in Svendborg erwartet der Führer rücksichtslosestes und brutalstes Durchgreifen. Ich fürchte sehr, daß beim Ausbleiben harter Maßnahmen und damit schärfsten Drosselns neuer Sabotageakte die Geduld des Führers erschöpft sein wird.« Zit. in: Best an RAM, Nr. S4, 2.7.1944, ADAP E VIII, Nr. 90.

180 Die grundlegenden Darstellungen des Volksstreiks sind Haestrup, ... til landets bedste, Bd. 1, und ders., Secret Alliance; konzise Zusammenfassung bei Kirchhoff, Kamp, S. 135-146; s. auch Rosengreen, Dr. Werner Best, S. 98-107, und Thomsen, Deutsche Besatzungs-

politik, S. 203 ff.; Poch, Der dänische Widerstand, S. 213 ff.; Best, Die deutsche Politik in Dänemark, S. 64 ff.; Erinnerungen Duckwitz, Kap. »Volksstreik«.

181 Best an RAM, Nr. 773, 26.6.1944, ADAP, E VII, Nr. 79; Vm. AA über Mitteilung Barandon, 27.6.1944, PA-AA, Büro Staatssekretär, Dänemark/5.

182 Bericht Barandon, 30.6.1944, PA-AA, Büro Staatssekretär, Dänemark/5, ders. 1.7.1944, ebd.; Best an AA, Nr. S1 und S2, ebd.; Ber. WFSt, 1.7.1944, BA-MA, RW 4/v. 754, 59 f; Barandon an AA, 2.7.1944, HStAD, Rep. 242, PIc (44), 282.

183 Best an AA, Nr. 793, 3.7.1944, PA-AA, Büro Staatssekretär, Dänemark/5; Nr. 796, ebd.; Ber. Svenningsen, 13.7.1944, PK VII, Nr. 455; über die Verhandlungen zwischen Best und den Departementschefs, die hier nicht im einzelnen geschildert werden, gibt der »Svenningsen-Bericht« erschöpfend Auskunft, s. Haestrup, ... til landets bedste, Bd. 1, S. 518 ff.

184 Am 10. Juli traf ein Vertreter des dänischen, »Freiheitsrats« als »freier dänischer Gesandter« in Moskau ein; am 12. Juli hob der britische Außenminister im Parlament die bedeutende Rolle des dänischen »Freiheitsrates« im Kampf gegen Deutschland hervor, am gleichen Tag tat der amerikanische Außenminister in Washington das gleiche; s. Poch, Der dänische Widerstand, S. 272.

185 Best, Die deutsche Politik in Dänemark, S. 66; der Wehrmachtsführungsstab hatte in seinen Berichten die Verbindung zwischen den Hinrichtungen und dem Volksstreik hergestellt, Ber. WFSt v. 1.7.1944, BA-MA, RW 4/v. 754, 59 f.

186 Best an RAM, Nr. S6, 2.7.1944, ADAP, E VIII, Nr. 91; s. Best an RAM, Nr. S 4, ebd., Nr. 90; Best an RAM, Nr. S 5, PA-AA, 1111. IIg/78; Nr. S 7, PA-AA, Büro Staatssekretär, Dänemark/5; sowie Vm. AA über Anruf Barandon, PA, Inl. IIg/78.

187 RAM an Best, Nr. 1432, 3.7.1944, ADAP, E VIII, Nr. 93, s. Nr. 1430-u. 1431, PA-AA, Büro Staatssekretär, Dänemark/5. Bests Rechtfertigung in: Best an AA, Nr. 802 u. 803, 4.7.1944, ebd.

188 »In steigender Erregung warf er mir Ungehorsam gegen seine Befehle vor«, notierte Best später, »und schrie wiederholt, er werde mich abberufen und einsperren. Als Hitler schließlich einmal eine Atempause machte, frage ich brüsk: ›Darf ich nun auch etwas sagen?‹ Da starrte er mich einen Augenblick verblüfft und wütend an – dann schrie er: ›Ich will nichts hören. Raus!‹« Best fuhr nach Salzburg, wo Ribbentrop mit seinem Stab residierte. Dort wiederholte sich die Szene. Ribbentrop, »in allen Nerven bebend«, war außer sich, dass Best den Zorn des Führers wachgerufen habe, und Best antwortete in gleicher Lautstärke; Best, Hitler, S. 131; s. Best, Die deutsche Politik in Dänemark, S. 67; Best, Ribbentrop, S. 146; s. auch Vm. Steengracht über Gespräch mit Best, 30.7.1944, PA-AA, Inl. IIg/78.

189 »Terror- und Sabotageerlaß«, 30.7.1944, IIVIT, Dok. 762 D, Ausführungsbestimmungen: Dok. 763 D-770 D.

190 Nordschleswigsche Zeitung, 5.11.1944, zit. n. Best, Die deutsche Politik in Dänemark, S. 92.

191 Von Hassell, Die Hassell-Tagebücher, 3.2.1941, S. 250.

192 Siehe Interview Kanstein (B. Richter), 24.6.1971, IfZ, Zs 552; Heinemann, Ein konservativer Rebell, S. 158. Schulenburgs Auffassungen waren in vielem denjenigen Bests nicht unähnlich; viele Beiträge in der RVL, schreibt Heinemann zusammenfassend, lasen sich »wie Paraphrasen der Denkschriften und Artikel Schulenburgs«; Bests Fazit in seinem Aufsatz »Herrenschicht oder Führungsvolk« »hätte auch von Schulenburg stammen können«; ebd., S. 85, 111.

193 Best, Canaris, S. 178. Drei Jahre später, in dänischer Haft, formulierte Best anhand des ihm bekannt gewordenen Buches von Ulrich von Hassell, Vom anderen Deutschland, seine Sichtweise des 20. Juli explizit, die sich zugleich wie eine Grundlegung jener herablassend-verächtlichen Haltung vieler ehemaliger NS- und vor allem SS-Größen gegenüber dem Widerstand ausmachte: »Die berechtigte Kritik, die von Hassell an bestimmten Personen, Maßnahmen und Zuständen geübt hat, ist ebenso scharf und zum Teil infolge besserer Sachkenntnis noch schärfer von verantwortungsbewussten Beamten und sogar von Parteileuten und SS-Führern geübt worden (ich denke zum Beispiel an die Staatssekretäre und SS-Führer Dr. Stuckart, Dr. Klopfer, den Gauleiter und SS-Führer Kaufmann und andere). Im Großen und Ganzen haben beide Gruppen nichts erreicht: weder die amtlosen Ver-

schwörer noch die kritischen Männer im öffentlichen Dienst. Immerhin haben die Letzteren noch bis zum Kriegsende für die Bedürfnisse des Volkes gearbeitet und dabei viele unsinnige Befehle in der Praxis korrigiert, während die Verschwörer nur frühstückten, redeten und Tagebücher schrieben.« Durch ihren Misserfolg sei zudem der Nachweis erbracht worden, dass ein gewaltsamer Umsturz zu dieser Zeit nicht möglich gewesen sei – es sei denn, der Attentäter hätte sich zusammen mit Hitler in die Luft gejagt. Da die Verschwörer dazu aber zu feige gewesen wären, sei ihnen auch die moralische Berechtigung zur Kritik an denen abzusprechen, die als »kritische Verantwortungsträger« im Dienst geblieben seien. Hätte von Hassell sich zusammen mit Hitler getötet, wäre er wirklich ein »Märtyrer seiner Sache« geworden – »anders als dadurch, daß er ›die Gestapo sitzend an seinem Schreibtisch empfing‹. Ich hätte ihm das schönere Ende statt des schrecklichen in Plötzensee am 8.9.1944 aufrichtig gegönnt!« Best, Bemerkungen zu dem Buche »Vom anderen Deutschland«, Kopenhagen, 8.11.1947, RA-K, PA Christiansen, PK 15.

194 Interview Best in: Matlok (Hrsg.), Dänemark, S. 204.
195 Best, Die deutsche Polizei, S. 27.
196 Best an AA, »Allgemeine Berichterstattung«, 27.7.1944, IMT, Dok. MG 4880.
197 Vgl. Straede, »Deutschlandarbeiter«.
198 Best an AA, Nr. 947, 11.8.1944, PK XIII, Nr. 820; s. Thomsen, Deutsche Besatzungspolitik, S. 195; Straede, »Deutschlandarbeiter«, S. 165 f.
199 Vm. Haemcke, AA, über Bericht Barandon, 31.8.1944, ADAP, E VIII, Nr. 198; s. Haestrup, ... til landets bedste, Bd. 2, S. 9 ff.
200 Zur Vorgeschichte s. Haestrup, ... til landets bedste, Bd. 1, S. 460-496; Thomsen, Deutsche Besatzungspolitik, S. 208 ff.; sowie den Bericht Bests (Nr. 1243) v. 3.11.1944, PA-AA, 1111. IIg/353. Zur »Polizeiaktion« (»Aktion Taifun«) s. Auss. Duckwitz, 7.9.1945, Slg. Kirchhoff, Auss. Pancke, 14.8.1945, IfZ, Zs 432; Auss. Best, 15.2.1947, ZStL, AAM 422; Best, Die deutsche Politik in Dänemark, S. 69-71; Best, Hitler, S. 132. Haestrup, ... til landets bedste, Bd. 2, S. 55-82; Rosengreen, Dr. Werner Best, S. 118-140.
201 Best an RAM, Nr. 1100, 19.9.1944, PA, IIg/352; Nr. S 14, 19.9.1944, IMT, Dok. MG 5244; Bericht des Wehrmachtsbefehlshabers Dänemark v. 22.9.1944, BA-MA, RW 4/v. 754, 87; Vm. AA über Bericht Barandon, 23.9.1944, PA-AA, Inl. IIg/352; Vm. AA, Bericht Dr. Reichel 25.9.1944, IMT, Dok. MG 5244; KN Best, September 1944.
202 RAM an Best, Nr. 2091, 26.9.1944, ADAP, E VIII, Nr. 252.
203 Best an RAM, Nr. 1120, 27.9.1944, IMT, Dok. MG 5812; RAM an RFSS, 28.9.1944, PA 11g/6a; Best an AA, Nr. 1136, 5.10.1944, PA, Inl. IIg/353; Vm. AA v. 7.10.1944, PK XIII, Nr. 78; Vm. AA über Ber. Barandon, 9.10.1944, PA-AA, Inl. IIg/353; Best an AA, Nr. 1151, 9.10.1944, ebd.; RAM an AA, 12.10.1944, ebd.; Vm. AA über Führerentscheid, 13.10.1944, ebd.; Best an AA, Nr. 1193, 21.10.1944, ebd.; Vm. AA, Inl. II, 4.12.1944, ebd.
204 Best art RAM, Nr. 1189, 19.10.1944, PA-AA, Inl. IIg/353; das AA vermerkte dazu, Best habe doch alle Vollmachten, er müsse sich nur durchsetzen, Vm. v. 20.10.1944, ebd.
205 Vm. AA über Bericht Best, 11.10.1944, PA-AA, lig/353; Best an AA, Nr. 1151, 9.10.1944, u. 1162, 10.10.1942, ebd.; Vm. AA über Führerbefehl v. 13.10.1944, ebd.
206 Brandt (RFSS) an AA, 11.11.1944, ADAP, E VIII, Nr. 295; RFSS an AA, 13.11.1944, PA-AA, Inl. Ilg/353; Best an AA, Nr. 1268, 15.11.1944, ebd.; OKW an OBdM, 13.11.1944, HStAD, Rep. 242 PIc (44); CSSD an BdS Kopenhagen und Oslo, 4.12.1944, BA-MA, RW 4/v. 754, 33-87.
207 Best an RAM, Nr. 1347, 1.12.1944, PA-AA, IIg/353; Nr. 1304, 23.11.1944, PA-AA, Inl. IIg/342; RAIYI an Best, Nr. 1182, 9.12.1944 (Hinweis auf Weisung Hitlers), PA-AA, Inl. IIg/353.
208 Best an RAM, Nr. 1, 1.1.1945, PK XIII, Nr. 776; CSSD an BdS Kopenhagen und Oslo, 4.12.1944, BA-MA, RW 4/v. 754, 33-37; RKS Kaufmann an RAM, 14.11.1944, HStAD, Rep. 242, PIc (44).
209 Best an RAM, Nr. 97, 26.1.1944, PK XIII, Nr. 777; Vm. WFSt, 6.3.1945, betr. Genehmigung für Reichsbevollmächtigten Dänemark, gegen Saboteure gerichtlich vorzugehen, BA-MA, RW 4/v. 754, 50; Best, Die deutsche Politik in Dänemark, S. 69.
210 Best an AA, 31.12.1944, »Entwicklung in Dänemark 1944«, ADAP, E VIII, Nr. 327.

211 Führerbefehl v. 4.2.1945, BA-MA, RW 4/v. 754, 124; zum Folgenden s. Havrehed, De tyske flygtninge; Haestrup, ... til landets bedste, Bd. 2, S. 214-233; Thomsen, Deutsche Besatzungspolitik, S. 217, Best, Die deutsche Politik in Dänemark, S. 96; Erinnerungen Duckwitz, Kap. »Dem Ende entgegen«.
212 Best an AA, Nr. 145, 9.2.1945, BA-MA, RW 4/v. 754, Nr. 132 f.; Vm. Bespr. im AA am 13.2.1945, ebd., 127 f.; Vm. WFSt, 21.2.1945, ebd., 138 f.
213 Best, Die deutsche Politik in Dänemark, S. 96.
214 Havrehed, De tyske flygtninge, S. 300.
215 KTB/OKW, Bd. IV, S. 1339.
216 Duckwitz, Erinnerungen, Kap. »Die Kapitulation Hamburgs«; Thomsen, Deutsche Besatzungspolitik, S. 218; Best, Die deutsche Politik in Dänemark, S. 97 f.; Best, Unterredung Buchheim; Best, Reichskommissar Josef Terboven, Slg. Kirchhoff.
217 Die »Mürwik«-Konferenz ist oft geschildert worden, s. zusf. Steinert, Die 23 Tage; sowie Best, Himmler, S. 157 f.
218 Interview Best in: Matlok (Hrsg.), Dänemark, S. 204.

Kapitel VI

1 »Nar Danmark atter er frit« (Wenn Dänemark wieder frei ist), herausgegeben vom Dänischen Freiheitsrat, November 1943, in: Besaettelsestidens Fakta I, 1945, S. 225 f. Zum Folgenden v. a. Tamm, Retsopgoret ; ders., Kollaboration. Zum allgemeinen Hintergrund v. a. Henke u. Woller (Hg.), Politische Säuberung; Larsen u. Hagtvet (Hg.), Modern Europe; vgl. auch Sérant, Die politischen Säuberungen in Westeuropa, sowie Rings, Leben mit dem Feind.
2 Gesetz Nr. 259 vom 1.6.1945, gedr. b. Tamm, Retsopgoret, S. 755 ff.
3 Tamm, Retsopgoret, S. 718 f; ders., Kollaboration, S. 58 f.
4 Zur Entwicklung in den Niederlanden vgl. Peter Romijn u. Gerhard Hirschfeld, Die Ahndung der Kollaboration in den Niederlanden, in: Henke u. Woller (Hg.), Politische Säuberung, S. 281-310; zu Frankreich: Rousso, L'Epuration, ebd., S. 192-240; zu dem in vieler Hinsicht ähnlich gelagerten Fall Norwegens s. Stein U. Larsen: Die Ausschaltung der Quislinge in Norwegen, ebd., S. 240-280, sowie Bohn, Schuld und Sühne.
5 Tamm, Kollaboration, S. 71.
6 Abkommen der vier Potsdamer Mächte »Über die Verfolgung und Bestrafung der Hauptkriegsverbrecher der Europäischen Achse«, London 8.8.1945, gedr. in: Smith, The American Road to Nuremberg, S. 212 f.; s. Tamm, Retsopgoret, S. 623-655, auch zum Folgenden. Vgl. »Amtliche Denkschrift der dänischen Regierung über die von den Deutschen während der Besatzung der dänischen Gebiete begangenen Verbrechen«, 25.10.1945, IMT, Dok. RS 901, Bd. 28, S. 600 ff.; Protokoll des Hauptkriegsverbrecherprozesses vom 4.2.1946, betr. die deutsche Besetzung Dänemarks, IMT.
7 Vm. des dänischen Justizministeriums, 29.11.1945, nach Tamm, Retsopgoret, S. 627.
8 Vm. des dän. Außenministeriums, 3.12.1945, ebd.
9 Das Folgende nach Tamm, Retsopgoret, S. 631 ff.; ders., Kollaboration S. 71.
10 Best war zur Zeit der dänischen Anfrage Zeuge der Verteidigung für den Komplex »Gestapo« in Nürnberg. Zu den Verhören und seinen Aussagen vor dem IMT s. u.
11 Tamm, Retsopgoret, S. 633 f.
12 Eine Gesamtdarstellung der französischen Prozesse gegen die deutschen Kriegsverbrecher liegt bislang nicht vor; zu der »Säuberung« nach 1944 gegenüber den französischen Kollaborateuren s. Rousso, L'Epuration.
13 Dazu Bohn, Schuld und Sühne, S. 110 f.; Tamm, Retsopgoret, S. 624, 628 f. »Das norwegische Gerichtsmaterial wird nahezu mit Gier verschlungen, nicht zuletzt von den Richtern am Kopenhagener Stadtgericht, wo die Kriegsverbrecher in erster Instanz abgeurteilt werden«, schrieb ein Beamter des dänischen Justizministeriums kurz vor Beginn des Prozesses gegen Best und andere an einen norwegischen Staatsanwalt, zit. n. Tamm, ebd.
14 Gesetz Nr. 395 vom 12.7.1946, gedr. b. Tamm, Retsopgoret, S. 773.

15 Das Folgende im Wesentlichen nach den Unterlagen im Nachlass des späteren Verteidigers Bests, Poul Christiansen; hier: Bericht über das Verhör Dr. Bests im Kastell, 1. – 31.8.1945, l'extraordinaere Statsadvokat for Kobenhavn: Hovedrapporter vedroerende Werner Best, RA-K, PA Christiansen, PK 2, Bl. 70-126; sowie im PA Best, RA-K.

16 RA-K, PA Christiansen, PK 3.

17 Best, Der Krieg und das Recht, s. dazu Kapitel II.1.

18 Best, Aufzeichnungen betr. meinen Lebenslauf, 21.8.1945.

19 »Aufzeichnungen betr. NS-Führer, wie ich sie heute sehe«, Oktober 1945, RA-K, PA Best; 4. Reichsminister Graf Schwerin von Krosigk. Die Reduktion des eigenen Handelns auf die Kategorie des Beamtenethos (oder des Preußentums) ist als eine Variante der Abwehr tatsächlicher oder vermeintlicher Schuldabwehr sowohl bei NS-belasteten Intellektuellen als auch bei ehemaligen Gestapo- und SD-Führern in den Jahren nach 1945 häufig anzutreffen; vgl. van Laak, Gespräche, S. 123 ff.

20 »Aufzeichnung betr. Nationalsozialistische Führer, wie ich sie heute sehe«, 7. – 10.10.1945, RA-K, PA Best; im Januar 1946 kamen Aufzeichnungen über Frits Clausen sowie das Schalburg-Korps hinzu; 1948/Anfang 1949 über Quisling, Canaris und Heydrich. Die überarbeiteten und erweiterten Skizzen über Hitler, Himmler, Heydrich, Göring, Canaris, Ribbentrop, Quisling sowie Scavenius (1978) gedr. in: Matlok (Hg.), Dänemark, S. 120-186.

21 Aufzeichnungen v. 7.10.1945; die in Matlok (Hg.), Dänemark, S. 120 ff., abgedruckte Version ist weniger theoretisch und zielt mehr auf die Schilderung der persönlichen Begegnungen Bests mit Hitler ab.

22 Best, Nationalsozialistische Führer, 1. Adolf Hitler, S. 4; ähnlich »Fragen über die Persönlichkeit Adolf Hitlers« vom 9.8.1946, in denen Best diese Charakteristik in Beantwortung eines Fragebogens eines Nürnberger Verteidigers wiederholt, HStAD, Rep. 242, Dok.O 32a.

23 Best, Nationalsozialistische Führer, 4. Schwerin von Krosigk.

24 Dr. Max Schmidt: Overlaegens-Notater om Dr. Werner Best, April – Juni 1947, RA-K, PA Christiansen, PK 14, S. 1; Mainzer Anzeiger, 29.3.1945: »Der Henker von Paris«.

25 Best, Sein Opfergang (Juni 1947).

26 Aussage Bests vor der Kommission II des IMT, 6.7.1946, HStAD, Rep 242, PIaB; vgl. Smith, Der Jahrhundert-Prozeß, S. 162-189.

27 Auss. Best, 6.7.1946, Bl. 3164.

28 »Laß Dir später einmal von Dr. Karl-Heinz Hoffmann erzählen, daß ich in Nürnberg (wohin man mich ohne mein Zutun geholt hatte) eisern stand und unsere ganze Verteidigung dirigierte, weil die kleinen Provinzanwälte und die anderen Zeugen dazu unfähig waren.« Privatschreiben Bests an seine Frau, 7.4.1947 RA-K, PA Best, S. 1. Das Schreiben wurde zusammen mit anderen Briefen von der dänischen Polizei bei Best entdeckt.

29 Aussage Best vor dem IMT, 31.7. und 1.8.1946, IMT, Bd. 20, S. 139-175. W. H. Harris, einer der amerikanischen Ankläger, hob während des Verfahrens heraus, dass Best einer der beiden Zeugen sei, »die aus einer Zahl von möglicherweise vielen Hundert vorgeladen werden, um die Gestapo vor diesem Gerichtshof zu vertreten«. Ebd., S. 159.

30 »Auch in den Vernehmungen der letzten Monate, insbesondere als man (wie die Zeitungen im September/Oktober berichteten) mir selbst an den Hals wollte, glaube ich nicht schlecht abgeschnitten zu haben.« Best an seine Frau, 7.4.1947, RA-K, PA Best, S. 1.

31 Best, Lebenslauf (1946). Best betonte vor Gericht, er habe versucht, »die gesamte Polizeiarbeit im Sinne einer sachlichen und gerechten Staatsverwaltung zu beeinflussen ... Ich bemühte mich um die Schaffung eines neuen Polizeirechts, das in neuen Formen wieder eine Stabilität und Rechtsgarantien in die Polizeipraxis bringen sollte ... Ich stand in meinem Kampf um eine vernünftige Entwicklung der deutschen Reichspolizei völlig allein« (S. 4 f.).

32 Im Protokoll »je«; offenkundig ein Schreibfehler.

33 Vernehmung Bests 19.9.1946, BA, All. Proz. 2, auch ZStL 301 AAM, Schreibfehler des stenographischen Protokolls berichtigt. Vgl. Vernehmung Bests am 18.9.1946, RA-K, PA Christiansen, PK 1/2, S. 143 ff;. am 31.10.1946 (über »Judenfrage«, Hitler, »Rußlandfeldzug«), BA, All. Proz. 2, 1-22; am 30.11.1946 (über Einsatzgruppen und Besatzungspolitik in Frankreich), ZStL 301 AAM, 382 ff.; am 28.12.1946 (über Gegenterror und »Clearing-Morde« in Däne-

mark), HStAD, Rep. 242. PIc 1946, 138 ff.; am 21.1.1947 (über die Germanische Leitstelle in Dänemark), ZStL 3o1 AAM, 407-421; am 17.2.1947 (über die deutsche Politik in Dänemark insgesamt), ebd., 426 ff.

34 Best, Sein Opfergang.

35 Dr. Max Schmidt: Overlaegens Notater om Dr. Werner Best (April und Juni 1947), RA-K, PA Christiansen, PK 14; ders.: Observationserklaering for Karl Rudolf Werner Best fra Over laegen i psykriatri ved politiet, 4.9.1948, RA-K, PA Christiansen, PK 14.

36 Overlaegens Notater (Anm. 35), S. 7.

37 Best an seine Frau, 7.4.1947, RA-K, PA Best.

38 Best an seine Frau, 7.4.1947, ebd. Auf Anraten Dr. Schmidts schickte Best diesen Brief dann nicht ab.

39 Best an seine Frau, 16.4.1947, ebd.

40 Best, »Gesundheitsgeschichtliche Ergänzung zum Lebenslauf«, 20.3.1947, RA-K, PA Best. Die Konzentrationslager, notierte Dr. Schmidt, beurteile Best allein aus theoretischer Sicht, wonach sie »Kuranstalten« gewesen seien und eine fortschrittsfreundliche, moderne Ausformung des sonst so barbarischen Gefängniswesens darstellten. Über Misshandlungen in den Konzentrationslagern wollte er nichts hören. Die hohen Todesraten unter dänischen KZ-Häftlingen seien auf deren mangelhafte Resistenz gegen Infektionen zurückzuführen; die amerikanischen Filmaufnahmen von den Leichenbergen in den Konzentrationslagern bei Kriegsende seien reine Propaganda. Overlaegens Notater (Anm. 34), S. 4 f.

41 Vgl. Wember, Umerziehung, S. 181 ff, 358 ff; Josef Foschepoth: Zur deutschen Reaktion auf Niederlage und Besatzung, in: Herbst (Hg.), Westdeutschland, S. 151-165.

42 Alle »Novellen« Bests in RA-K, PA Best. Best war davon überzeugt, dass es ein Leichtes sein müsste, diese Novellen (etwa über Duckwitz) in Schweden an einen Verleger für viel Geld zu verkaufen; mit dem Erlös wollte er seine Familie finanziell unterstützen; Overlaegens Notater (Anm. 34), S. 14.

43 Best, Sein Opfergang, S. 17 f.

44 Ebd., S. 4. Zur »Anthropologisierung« der Geschichte des NS-Regimes vgl. van Laak, Gespräche, S. 102 ff.: »Der transzendierende Gestus, der die eigene Niederlage in eine welthistorische Bewegung einzugliedern erlaubte, kam dem Übermaß an Deutungsbedarf einer zeitweilig orientierungslosen Generation entgegen.« Die Deutschen, so fasst Rolf Schörken diese Vorstellungen rückblickend zusammen, seien, da grundsätzlich alle Völker fähig seien, der Dämonie des Schrecklichen anheimzufallen, nur ein exemplarischer Fall und aufgrund dieser Erfahrungen in gewisser Weise sogar »weiter als die anderen«. Schörken, Jugend 1945, S. 141 f.; zit. n. van Laak, Gespräche, ebd.

45 Best wollte zunächst weiterhin von dem Rechtsanwalt Klerk vertreten werden, der das Mandat jedoch zurückgab, da er einer Kanzlei angehörte, in der auch jüdische Anwälte tätig waren. Best hingegen forderte Klerk, gerade weil »die Firma jüdisch sei, weil er wisse, daß man in diesem Fall besondere Anstrengungen unternehmen würde«, notierte Schmidt. Als Best dies nicht durchsetzen konnte, »weinte er wie ausgepeitscht und benahm sich wie ein unartiges Kind ... Man könne ihn ebenso gut gleich zum Tode verurteilen.« Overlaegens Notater (Anm. 34), S. 14.

46 Best an Rechtsanwalt Christiansen, 29.6.1947, RA-K, PA Christiansen, PK 14.

47 Notiz Best 18.7.1947, ebd. Die Konsequenz dieses frühen Entschlusses lag darin, dass Best seine Verteidigung ganz in die Hände seines Rechtsanwalts legte und diesen von nun an mit Notizen, Niederschriften und Vermerken von zum Teil erheblichem Umfang geradezu überschüttete, in denen er seine Version der bei den Voruntersuchungen und Vernehmungen der anderen Angeklagten und Zeugen jeweils zur Verhandlung stehenden Einzelfragen ausführlich darlegte. Auf diese Weise setzte er seinen Verteidiger in die Lage, gegen Aussagen, die Best belasteten, entlastende Unterlagen zu beschaffen.

48 Best an Christiansen, 28.10.1947, RA-K, PA Christiansen, PK 14.

49 Best an Christiansen, 1.11.1947, RA-K, PK 15.

50 Best, »Betr. Dr. Carl Mierendorff«, 1.11.1947, RA-K, PK 14.

51 »Mit Hilfe dieser beiden Bundesgenossen haben die Terroristen meine Politik, die sich in zehn Monaten bewährt und als durchführbar erwiesen hatte, in die Luft gesprengt und ih-

ren politischen Erfolg erzielt, dass vor der Welt Dänemark seit dem 29.8.1943 als von der ›Kollaboration‹ mit Deutschland abgesprungen hingestellt werden konnte (während der dänische Staat de facto die ›Kollaboration‹ bis Kriegsende fortsetzte!)«. Best, Die Grundgedanken meiner Politik in Dänemark, 5.11.1947, RA-K, PA Christiansen, PK 14.

52 Best, »Betrifft den Gegenterror in Dänemark«, 20.10.1947, RA-K, PA Christiansen, PK 14; 1.11.1947 ebd.; 24.11.1947, ebd.; 2.12.1947, ebd.; »Betrifft meinen Kampf gegen die Geiselerschießungen in Frankreich 1941/42«, 15.11.1947, ebd.

53 Aussage Bovensiepen, Rapport der dänischen Polizei v. 20.9.1945, ebd.; Affid. Best (Nürnberg) v. 26. u. 28.4.1948, RA-K, PA Christiansen, PK 2.

54 Aussage Stier v. 17.1.1948, RA-K, PA Christiansen, PK 14.

55 »Ich leide so furchtbar, daß ich Sie ernsthaft bitte: Beraten Sie mich, welche ›Verbrechen‹ ich ›gestehen‹ muß, damit bestimmt bald ein Todesurteil gegen mich gefällt wird... Es wäre doch für alle Beteiligten das angenehmste, wenn ich bald ausgelöscht würde! Ich bin doch allen nur lästig!« Best an Christiansen, 19.1.1948, ebd.

56 »Herr Duckwitz muß mich hassen, weil er – das fühle ich – ständig in der Sorge lebt, der verrückte Narr im Nytorvs Faengsel werde ihn irgendwie als seinen Freund kompromittieren (was nie geschehen wird, solange ich noch klar denken und wollen kann)«, Best an Christiansen, 22.1.1948, ebd.

57 Best an seine Frau, 21.1.1948; Best an Duckwitz, 26.1.1948, Best an Christiansen, ca. 6.2.1948, alle ebd.

58 Gutachten Dr. Schmidt, schriftliche Vorlage vom 4.9.1948, ebd.

59 Best an Christiansen, o. D.(ca. 1.9.1948); Best an Christiansen, 8.9.1948 (»Betr. das Gutachten des Giftmischers Schmidt«), ebd.

60 Aussage Best, 31.8.1945, Bericht des Staatsanwalts, RA-K, PK 1-2, Bl. 120 ff., § 17.

61 Interrogation Best, Nr. 814, Nürnberg, 17.2.1947, ZStL, AAM 301, 426 ff., hier 443; Best an Christiansen, 25.10.1947, RA-K, PA Christiansen, PK 14.

62 Aussage Kanstein, 29.4.1947, IMT, Dok. NG 5208; im Kern die gleiche Aussage machte von Hanneken, der allerdings potentiell selbst von Bestrafung bedroht war, Aussage von Hanneken 10.12.1947.

63 Best, Die Einwirkungen des Auswärtigen Amtes.

64 Ebd.; entsprechend auch seine eidesstattliche Erklärung in Nürnberg vom 14.4.1948 in: Polizeibericht, RA-K, PA Christiansen, PK 1, Bl. 290-295, die vor allem zur Entlastung Staatssekretär von Steengrachts abgegeben wurde: »... habe ich diesem mit ziemlicher Offenheit angedeutet, daß ich den Erfolg der Judenaktion selbst durch eine Warnung sabotiert hatte. Seine Reaktion war eine durchaus billigende.«

65 Eidesstattliche Erklärung von Thadden, 16.4.1948, in: Polizeibericht, RA-K, PA Christiansen, PK 1, Bl. 296 ff.; von Steengracht, 3.5.1948, ebd., Bl. 329 f.; Erklärung Sonnleithner, 15.5.1949, ebd., Bl. 412; Aussage Sonnleithner vor dem dänischen Gericht, 23.6.1949, in: Matlok (Hg.), Dänemark, S. 116.

66 Vgl. Tamm, Retsopgoret, S. 631 ff.; die deutsche Presse berichtete nur wenig darüber; der »Berliner Telegraf« überschrieb seinen Artikel charakteristischerweise: »Bluthund von Boxheim. Prozeß gegen Best in Dänemark« (20.6.1948).

67 Erklärung Bests vor dem Stadtgericht Kopenhagen, 16.6.1948, RA-K, PA Christiansen, PK 1. Bests Einwände: Rückwirkende Gesetzesgrundlage; völkerrechtliche Staatsdelikte statt individueller Handlungen; Verfolgung völkerrechtswidriger Handlungen nur einer, der deutschen Seite; Exterritorialität der Angehörigen der deutschen diplomatischen Vertretung. »Insoweit für die Handlungen des Deutschen Reiches symbolische Vergeltung geübt werden soll, wünsche ich – ohne eine persönliche Schuld für die eigentlichen Handlungen anzuerkennen – daß diese Vergeltung an mir als dem ehemaligen politischen Repräsentanten des Deutschen Reiches in Dänemark vollzogen werde und daß dafür alle anderen angeklagten Deutschen außer Verfolgung gesetzt werden.«

68 RA-K, PA Christiansen, PK 1; betr. die »Judenaktion«; weil Best »am 8. Sept. 1943 dem deutschen Außenamt gegenüber die Initiative ergriffen hat zur Deportation der dänischen Juden und die Aktion vorbereitet, indem er sich ein Verzeichnis über dieselben verschafft hat, worauf am 2. Oktober 1943 mit einem Schiff vor Kopenhagen 477 von der Besatzungsmacht am

vorhergehenden Abend festgenommene Juden nach Deutschland deportiert wurden, von denen 54 während ihres dortigen Aufenthalts gestorben sind«; wegen des »Gegenterrors«, weil Best als Verantwortlicher für die deutsche Politik in Dänemark einzelnen Maßnahmen der »Antisabotage« zugestimmt, bestimmte Objekte für Anschläge selbst vorgeschlagen habe und ein Verzeichnis über solche Objekte habe anfertigen lassen.

69 Aussagebogen 7 vor dem Stadtgericht, 23.6. und 2.7.1948, RA-K, PA Christiansen, PK 15.

70 Best an Christiansen, 16. und 25.5.1948, ebd.; Best hatte zur Absicherung seines Verteidigers alle die »Judenaktion« betreffenden Dokumente mit ausführlichen Kommentaren im Sinne der Nürnberger Übereinkunft mit von Thadden versehen: Best an Christiansen, 29.5.1948, ebd., PK 14; vgl. auch Bests schriftliche Bemerkungen zur Anklagerede, Best an Christiansen, 7.9.1948, ebd. Entlastend für Best auch die Aussage Kansteins in seinem Spruchkammerverfahren am 7.6.1948, BA, Z 42, IV/6576.

71 Urteil des Kopenhagener Stadtgerichts vom 20.9.1948, HStAD, Rep. 242, PIc48, 27-120 (Nbg. Dok. NG 5887).

72 Diese Urteilspassage stand auch in gewissem Gegensatz zu dem Gutachten des Gefängnisarztes Dr. Schmidt, das dieser am 17.8.1948 dem Gericht vorgetragen hatte; darin wurde vor allem Bests Verhalten während der Haftzeit ausführlich geschildert und zur Grundlage für den Gesamteindruck genommen, der ehemalige Reichsbevollmächtigte sei ein »mittelschwerer Psychopath«. Schriftliche Fassung Schmidts vom 4.9.1948, RA-K, PA Christiansen, PK 14.

73 Vgl. Tamm, Retsopgoret, S. 639 ff.

74 Z. B. »Der Schweiger in der Todeszelle« (Neuer Westfälischer Kurier v. 22.8.1949): »Er hatte noch unter dem Galgen geschwiegen wie während der langen Verhandlungsmonate ... als Mitangeklagte ihn belasteten und dänische Staatsmänner in den Zeugenstand traten, um seine Haltung zu verteidigen.« Zum Sinngehalt des »Schweigens« in diesem Kontext am Beispiel Carl Schmitts vgl. van Laak, Gespräche, S. 126-133; er unterscheidet zwischen vier Aspekten: »Schweigen als Entsagung«, als »christlich motiviertes Innehalten«; als Auskunftverweigerung, um die Legitimität der Rechtsprechung zu bestreiten; als Antwort auf vermeintliche Kränkungen sowie als »Ausdruck der Beziehungslosigkeit zwischen der geistreichen Persönlichkeit und der Gesellschaft«. Für Best wäre hinzuzufügen: Schweigen als Ausdruck des heroischen Kämpfers auf verlorenem Posten.

75 Best an Neuroth 15.1.1949, HStAD, Rep. 242, Dok.O 27. Neuroth war als Leiter der Justizabteilung in der hessischen Landesregierung im Sommer 1933 einer der engen Kooperanden Bests und mit diesem zusammen von Gauleiter Sprenger im September 1933 entlassen worden.

76 Erklärung vom 9.5.1949, RA-K, PA Christiansen, PK 16. Best hatte seinem Verteidiger eine umfangreiche Namensliste übermittelt, an wen diese Erklärung zu schicken sei; darunter finden sich außer seinen Verwandten und anderen folgende Namen: Ernst Achenbach, Ernst Jünger, Heinz Jost, Hans H. Neumann (ehemaliger Adjutant Heydrichs), Martin Fälschlein (Abteilungsleiter im Gestapa), Paul Barandon, Rudolf Merkel (Verteidiger des SD in Nürnberg), Karl Kaufmann (Gauleiter Hamburg), Erik Scavenius, Werner von Grundherr, Eberhard von Thadden (beide AA), Wilhelm Stuckart. Best an Christiansen, 21.5.1945, RA-K, PK 14.

77 Urteil des Landgerichts vom 18.7.1949, BA, All. Proz. 21/185.

78 »Durch die dem Landgericht vorgelegten Aufklärungen – darunter die Zeugenaussagen des ehemaligen Schiffahrtssachverständigen bei der Deutschen Gesandtschaft, Duckwitz, und des Dr. Franz von Sonnleithner, der 1943 der stellv. Chef des Ministerbüros des deutschen Reichsaußenministers war –, wird die Erklärung des Angeklagten, er habe vor der Absendung des Telegramms vom 8. Sept. 1943 Nachricht erhalten, daß die Judenaktion beschlossen war, so bestätigt, daß sie nicht verworfen werden kann.«(Ebd., S. 6)

79 »Es ist für das Gericht auch geklärt, daß den einzelnen deutschen Aktionen Aktionen von dänischer Seite vorangegangen sind, welche nach den für Besatzung und Krieg geltenden Gesetzen und Gebräuchen die Besatzungsmacht berechtigen, Repressalien vorzunehmen.«(Ebd., S. 8)

80 Tamm, Retsopgoret, S. 637 f.

81 »Politiken«, 22.7.1949.

82 Die Tat, Zürich, 20.7.1949: »Sensationelle Milderung der dänischen Kriegsverbrecher-Urteile«. Über die Reaktionen in Dänemark hieß es dort: »Die drastische Milderung der Urteile gegen die vier bestgehaßten Männer der deutschen Okkupationszeit vor dem dänischen Landgericht hat in weiten dänischen Kreisen Befremden ausgelöst. Am kritischsten sind die Stimmen aus den Reihen der ehemaligen Widerstandsbewegung. Aber auch gemäßigtere politische Richtungen begegnen der Umwandlung des Todesurteils gegen Best in fünfjährige Gefängnisstrafe, wovon noch dazu vier Jahre als bereits abgebüßt gelten, mit befremdetem Kopfschütteln. Man hatte eine Milderung des Urteils gegen Best erwartet, doch keine, die einem Freispruch gleichkommt.«

83 Best an Neuroth, Datum unleserlich (nach dem 25.7.1949), HStAD, Rep. 242, Dok.O 27.

84 Urteil des dänischen Höchstgerichts v. 17.3.1950. BA, All. Proz. 21/184; Tamm Retsopgoret, S. 638.

85 Zu der Reaktion in der dänischen Presse s. RA-K, PA Christiansen, PK 17.

86 Best an Neuroth, 20.1.1950, HStAD, Rep. 242, Dok.O. 27; ausführlich und in juristischer Diktion dann in Bests Niederschrift »Gesichtspunkte für meine Begnadigung«, 7.5.1950, RA-K, PA Christiansen, PK 17.

87 Zum Folgenden grundlegend Frei, Vergangenheitspolitik. Ich verdanke der Arbeit Norbert Freis zahlreiche wichtige Einsichten und viele Informationen. Aufschlussreich und auf breiter empirischer Grundlage, wenngleich analytisch uneinheitlich Brochhagen, Nach Nürnberg, der vor allem die Reaktionen der Westmächte auf den westdeutschen Umgang mit der NS-Vergangenheit verfolgt. Methodisch problematisch und von politischen Prädispositionen überformt hingegen die Arbeit von Kittel, Legende, eine eher polemische Antwort auf das Buch von Giordano, Die zweite Schuld; ähnlich schon Hoffmann, Stunde Null, und Wolffsohn, Ewige Schuld. Als Beispiel für die »linke« Perzeption in der Bundesrepublik vgl. Friedrich, Die kalte Amnestie, eine informationsreiche, vom Ansatz aber eher zynisch-sarkastische als analytische Arbeit. Vgl. demgegenüber die umsichtige Einordnung in dem Aufriss von Kielmannsegg, Lange Schatten; sowie Eberhard Jäc.kel: Die doppelte Vergangenheit, in: Der Spiegel, 23.12.1991; Graml, Die verdrängte Auseinandersetzung; Herbert, Zweierlei Bewältigung. Überblick über die ältere Diskussion bei Steinbach, Nationalsozialistische Gewaltverbrechen; ders., Die Zeitschrift Tribüne; sowie Broszat, Siegerjustiz; Rückerl, Strafverfolgung; ders., NS-Verbrechen.

88 Vgl. Brochhagen, Nach Nürnberg, S. 240 ff.

89 Zu diesem Komplex gibt es eine Reihe neuerer und interessanter, wenngleich eher journalistisch angelegter Arbeiten; vor allem Bower, The Pledge Betrayed; Klee, Persilscheine; ders., Was sie taten; Aarons u. Loftus, Ratlines.

90 Dies und das Folgende nach der präzisen Zusammenfassung des Forschungsstandes von Klaus-Dietmar Henke: Die Trennung vom Nationalsozialismus. Selbstzerstörung, politische Säuberung, »Entnazifizierung«, Strafverfolgung, in: ders. u. Woller (Hg.), Politische Säuberung, S. 21-83; Helga A. Welsh: »Antifaschistisch-demokratische Umwälzung« und politische Säuberung in der sowjetischen Besatzungszone Deutschlands, ebd., S. 84-106; sowie Wember, Umerziehung.

91 Wember, Umerziehung, S. 190; positiv besetzt blieb hingegen die »Idee« des Nationalsozialismus als »deutscher Sozialismus«.

92 »Wer als Faschist ein Rückgrat gehabt hätte, hier wäre es gebrochen worden, weil der aufrechte Gang ins Aus geführt hätte und nur derjenige seine privilegierte Stelle behalten oder wiedererlangen konnte, der zu Kreuze kroch.« Lutz Niethammer: Zum Wandel der Kontinuitätsdiskussion, in: Herbst (Hg.), Westdeutschland, S. 65-84, hier S. 78.

93 Dazu, für die Zeit bis 1949, vor allem die Arbeiten von Vollnhals, Evangelische Kirche; ders.: Einleitung, in: ders. (Hg.), Entnazifizierung, S. 7-64; zeitlich weiter ausgreifend Schildt, Die öffentliche Schulddebatte.

94 Office of Intelligence Research, Report No. 4626, 15.4.1948: »Der gegenwärtige Stand der Entnazifizierung in Westdeutschland und Berlin«, gedr. in: Söllner (Hg.), Zur Archäologie, Bd. 2, S. 217-249, hier S. 230.

95 In der amerikanischen Zone wurden bis zum April 1948 bei 631.427 abgeschlossenen Fällen lediglich 2,1 % als Belastete und 0,1 % (907 Personen) als Hauptschuldige eingestuft, die in den Berufungsverfahren jedoch zu einem überwiegenden Teil wiederum herabgestuft wurden. Dazu außer den Arbeiten von Vollnhals vor allem Niethammer, Die Mitläuferfabrik; Klaus-Dietmar Henke: Die Trennung vom Nationalsozialismus. Selbstzerstörung, politische Säuberung, »Entnazifizierung«, Strafverfolgung, in: ders. u. Woller (Hg.), Politische Säuberung, S. 21-83; sowie Fürstenau, Entnazifizierung. Danach sind bis Ende 1950 in 3,6 Millionen Einzelverfahren 25.000 Personen in die Kategorien I und II eingestuft worden (0,7 %).

96 Wember, Umerziehung, S. 317 ff., auch zum Folgenden.

97 Noelle u. Neumann (Hg.), Jahrbuch der öffentlichen Meinung 1947 – 1955, S. 140; vgl. auch Merritt u. Merritt (Hg.), Public Opinion.

98 Dazu Frei, Vergangenheitspolitik, S. 204 ff.; Brochhagen, Nach Nürnberg, S. 21 ff.; zu den Dachauer Prozessen Siegel, Im Interesse der Gerechtigkeit.

99 Zum »Heidelberger Kreis« vgl. Buscher, The U.S. War Crimes Trial Program, S. 201-204; Frei, Vergangenheitspolitik, S. 252 ff.

100 Dt.BT-Prot. v. 20.9.1949.

101 Zum ersten Amnestie-Gesetz von 1949 erstmals ausführlich Frei, Vergangenheitspolitik, S. 45 ff.; auch zum Folgenden.

102 Dt.BT-Prot. v. 11.1.1950, S. 783. Die Zahl der Verurteilungen wegen NS-Verbrechen durch westdeutsche Gerichte betrug im Jahre 1948: 1.819 und 1949: 1.523. Die weitere Entwicklung (1950 – 1958): 809, 259, 191, 123, 44, 21, 23, 43, 21; n. Brochhagen, Nach Nürnberg, S. 165.

103 Besonders herausgehoben dabei die Denkschrift der Evangelischen Kirche Deutschlands, die im Februar 1950 McCloy übergeben wurde und in der alle gängigen Kritikpunkte an den Kriegsverbrecher-Prozessen enthalten waren:»Denkschrift der Evangelischen Kirche in Deutschland über die Frage der Kriegsverbrecher-Prozesse vor dem amerikanischen Militär-Tribunal«, o. O. 1950; zum Folgenden vgl. v. a. Schwartz, Begnadigung; ders., Atlantik-Brücke, S. 277 ff.; Buscher, The U.S. War Crimes Trial Program; Brochhagen, Nach Nürnberg, S. 32-56; Frei, Vergangenheitspolitik, S. 205-469.

104 Buscher, Trial Program, S. 60 f.; Schwartz, Begnadigung, S. 355 f., ders., Atlantik-Brücke, S. 233 f.; weitere Straferlasse und Begnadigungen wurden in den folgenden Monaten bekanntgegeben, darunter im Oktober die Freilassung von Weizsäckers.

105 Vgl. Buscher, The U.S. War Crimes Trial Program, S. 69 f.

106 AAPD, Bd. 1, 16.11.1950, S. 264 ff.

107 Auswärtiger Ausschuß, 5.1.1951, PA-AA, II 515-015.

108 FAZ, 8.1.1953, S. 3; vgl. Brochhagen, Nach Nürnberg, S. 32.

109 Wortlaut in Sigel, Im Interesse der Gerechtigkeit, S. 176-182; vgl. ausführlich Schwartz, Begnadigung; dort S. 406 f., auch Übersicht über die Einzelfälle.

110 In der »Welt« bedauerte der Weizsäcker-Anwalt Hellmut Becker, einer der führenden Kräfte des Heidelberger Kreises, in einem längeren Artikel, dass McCloy auch jetzt »noch keinen reinen Tisch gemacht habe«. Auch die sieben bestätigten Todesurteile seien nicht akzeptabel, da Deutschland sich von der Todesstrafe losgesagt habe und feststehe, »daß die zum Tode Verurteilten nicht aus persönlicher Gewinnsucht, sondern aus der nihilistischen Situation ihrer Zeit heraus gehandelt haben«. Hellmut Becker: Recht, Macht und Gnade, in: Die Welt, 1.2.1951.

111 Merritt u. Merritt (Hg.), Public Opinion, S. 106 ff.; zu den Reaktionen in Deutschland s. Schwartz, Begnadigung, S. 401 ff.; Brochhagen, Nach Nürnberg, S. 44 ff.; Frei, Vergangenheitspolitik, S. 340 ff. Die sieben bestätigten Todesurteile betrafen fünf Einsatzgruppenkommandeure und zwei KZ-Aufseher.

112 Vgl. FAZ v. 8.6.1951 (»Landsberg«); zu den Reaktionen auf die Hinrichtungen s. Brochhagen, Nach Nürnberg, S. 53 ff.; Frei, Vergangenheitspolitik, S. 356 ff.

113 Anfrage der Fraktion der SPD, 25.4.1951, Bundestag, WP I, Drs. Nr. 2187.

114 Daher wurde die Behandlung der SPD-Anfrage auch vom Plenum in den zuständigen Ausschuss verlegt, vgl. Antwort der Bundesregierung v. 12.6.1951, PA-AA, II 515-00a, Bd. 1, sowie die vertrauliche Aufzeichnung des Bundestags-Abgeordneten Herbert Wehner, SPD,

vom 8.7.1951, ebd.; Vm. d. AA über den »Stand der Kriegsverbrecher-Prozesse« v. 10.7.1951, PA-AA, II 515-00d.

115 Vgl. den Bericht des Bundesjustizministers Dehler vor dem Bundestag, 11.1.1950, Dt.BT-Prot., S. 781 ff.; zur ZRS reiches Material in BA, B 305.

116 Vm. im AA, 1.7.1951, PA-AA, II 515-00d.

117 Bericht des Deutschen Botschafters in Dänemark, Nöldeke, v. 31.8.1951, PA-AA, IIIb 210-01-17, Bd. 1/2.

118 Achenbach an Christiansen, 22.2.1949, RA-K, PA Christiansen, PK 17; zu Stinnes vgl. Best, Kalendernotizen, 19.4.1940: »Besichtigung der medizinisch-chemischen Forschungsstätte des Hugo Stinnes (persönlich bekannt)«.

119 Vgl. den Bericht des Untersuchungsausschusses des Deutschen Bundestages über die Personalpolitik des Auswärtigen Amtes, gedr. bei Haas, Beitrag, S. 282 ff. Die für die »Kriegs-verbrecher-Frage« zuständigen AA-Beamten Dittmann und Trützschler waren danach wegen ihrer NS-Vergangenheit besonders belastet. Zu diesem Komplex demnächst eine Studie von Döscher; vgl. auch Brochhagen, Nach Nürnberg, S. 191 ff.

120 Dr. Best, schrieb Kanter in seinen Erinnerungsnotizen, habe ihm Anfang 1945 »durch seine Berichte an das Auswärtige Amt vielleicht sogar das Leben gerettet.« Ernst Kanter, Meine Erlebnisse als Chefrichter in Dänemark, IfZ, Zs. 1991/1. Kanter wurde später Senatspräsident beim BGH.

121 Bericht RA Sieg, 30.6.1949, BA, B 305/256.

122 Bericht RA Hirsch an Bundeskanzleramt, 3.4.1950, PA-AA, IIIb 210-02/17.

123 Bericht RA Ehlers, 20.6.1950, BA, B 305/256 (auch PA-AA, 515-10a Bd. 1).

124 Erste Überlegungen in diese Richtungen waren bereits 1948 angestellt worden, vgl., auch zum Folgenden, Tamm, Retsopgoret, S. 642 ff.

125 Best an Christiansen: »Meine Gesichtspunkte zur Deportationsfrage«, 16.9.1950, RA-K, PA Christiansen, PK 17; im BMJ wurde eine solche Überstellung nach Deutschland zunächst positiv beurteilt, BMJ an ZRS, 14.11.1950, PA-AA, II 515-10a, Bd. 1; dagegen Bests kritische Stellungnahme, in der er dann von der ZRS und vom BMJ eingenommenen Standpunkt vorformulierte, in RA-K, PA Christiansen, PK 17; Aufz. BMJ, betr. deutsche Gefangene in Dänemark, 29.1.1951, BA, B 305/257 und Best, »Argumente gegen die rechtliche Zulässigkeit der Deportation«, 1.4.1951, RA-K, PA Christiansen, PK 16.

126 Vm. AA, Trützschler, 30.10.1950, PA-AA, 515-10A, Bd. 1.

127 Best an Christiansen, 2.10.1950, RA-K, PA Christiansen, PK 17; hier in BA', B 350 und in PA-AA, II 515-10A, umfängliche Korrespondenzen zur »Deportationsfrage«. Vgl. Hilde Best an Christiansen, 28.10.1950, ebd.

128 Achenbach an Christiansen, 16.12.1950, PA-AA, II 515-10A, Bd. 1.

129 Schr. d. AA v. 15.2.1951, BA, B 305/257.

130 Bericht RA Ehlers, 13.6.1951, BA-B 305/257; vgl. »Die Welt« v. 19.5.1951.

131 Vm. ZRS v. 11.4.1951, BA, B 305/257.

132 Unmittelbar nach der Entscheidung McCloys vom 31. Januar 1951 wurden 38 bei den Nürn-berger Nachfolgeverfahren Verurteilte entlassen; davon 13, die zu zwölf Jahren oder mehr verurteilt worden waren.

133 Achenbach an Christiansen, 2.4. und 12.5. 1951, RA-K, PA Christiansen, PK 16.

134 Aufz. AA, 26.5.1951, PA-AA, II 515-10A, Bd. 2.

135 Berichte der Deutschen Botschaft in Kopenhagen vom 16.7. und 11.8.1951, ebd; vom 31.8.1951, PA-AA, IIIb, 210-01-17, Bd. 1/2.

136 Von Salomon, Der Fragebogen (Erstauflage Hamburg 1951).

137 Best, Berufsweg (1964). Auss. L. M., ehemalige Sekretärin Bests, 31.3.1971, HStAD, Rep. 242, ZgO Mencke.

138 Vm. d. StA Frankfurt/Main v. 21.9.1948; Stellungnahme Bests v. 2.11.1948, HStAD, Rep. 242, Dok.O 21, 35 ff.; Aussage Bests v. 19.4.1952, ZStL, 104 AR-Z, 1670/61; vgl. Kap. II. 2 u. 3.

139 Fragebogen der Staatsanwaltschaft für Best (1Js Gen 1ff/49) vom 18.6.1951, HStAD, Rep. 242, Dok.O. 34; bereits am 19. Mai 1949 war erstmals versucht worden, Best in dänischer Haft zu dieser Sache zu vernehmen, was dieser allerdings abgelehnt hatte.

140 Grimm an Achenbach, 2.9.1951, AdL, N1, 1054. Die Argumentation Grimms wurde im BMJ unter Hinweis auf die Kontrollratsgesetze widerlegt, Vm. BMJ, 22.9.1951, AdL, N1/1054.

141 Achenbach an Dehler, 6.9.1951, AdL, N1/1054.

142 Schr. des Staatssekretärs vom Bayerischen Justizministerium, Koch, an Dehler, 18.9.1951, AdL, N1/1054. Antwort auf Schr. Dehlers an Koch (»Lieber Fritz!«), 7.9.1951, ebd. Vm. Dehlers für BMJ, Abt. II, 7.9.1951, über die Frage der Gültigkeit der »Amnestie« vom 3.7.1934; Antwort (Kanter) vom 22.9.1951, ebd.

143 Schreiben Dehlers an Achenbach, 26.9.1951, IfZ, Zs. 207; Beantwortung des Fragebogens durch Best am 1.10.1951, ebd. Antrag auf Eröffnung der gerichtlichen Voruntersuchung vom 9.2.1953; Anhörung Bests als Beschuldigter, 11.3.1953, HStAD, Rep. 242, Dok.O. 21. Einstellung des Verfahrens gegen Best und Oberg am 4.7.1956, ZStL, Sühneverfahren Best, S. 436-438.

144 Friedrich Grimm: Denkschrift über die Notwendigkeit einer Generalamnestie, 3.9.1949, BA, NL 263/74, 24-27. Vgl. Grimm, Visier; ders., Unrecht; zu Grimm auch Tauber, Beyond Eagle and Swastika, S. 524. Vgl. auch die von Carl Schmitt verfasste und anonym veröffentlichte Schrift »Amnestie – Urform des Rechts«, in: Christ und Welt 10, Nov. 1949, S. 2.

145 Zu Achenbachs Rolle bei den Deportationen der Juden vgl. Klarsfeld, Vichy – Auschwitz, S. 24-32; Hilberg, Die Vernichtung, S. 646, 1148; sowie hier, Kap. IV.3. Der ehemalige Chef der Abteilung Wirtschaft beim Verwaltungsstab des MBF in Frankreich, Michel, gab Vizekanzler Blücher im März 1953 vertraulich folgende Hinweise: Dass Achenbach 1944 aus Paris abberufen worden sei, sei auf seine Opposition gegen Ribbentrop zurückzuführen gewesen – nicht auf Opposition gegen das NS-Regime, wie Achenbach nach dem Kriege kolportierte. Es sei allgemein bekannt gewesen, dass es Achenbach gewesen sei, der jenes von Abetz unterzeichnete Telegramm verfasst habe, wonach gegen die Deportation von 4.000 französischen Juden nach Auschwitz keine Bedenken bestünden. Auf dieses Telegramm, so Michel, sei »auch die Tatsache zurückzuführen, dass sich A. seinerzeit schleunigst aus Nürnberg zurückgezogen habe«. Vm. für Blücher, 11.3.1953, BA, NL 80/267.

146 Die Zeit, 4.6.1953 (»Ein Spuk in der politischen Landschaft des Ruhr«).

147 Munzinger-Archiv, 11.2.1978, dort auch ein Überblick über die steile Karriere Achenbachs seit 1957, und dann vor allem in der Zeit der sozialliberalen Koalition. Eine kurz bevorstehende Ernennung Achenbachs zum EG-Kommissar konnte durch Einspruch der Franzosen verhindert werden. Vgl. Anm. VI/225.

148 Vgl. Anm. 192.

149 FDP-Bundesvorstand, 1949 – 1954, 12./13.2.1949, S. 55; vgl. »Der Spiegel«, 11.5.1950, S. 5 (»Viel zu klare Augen«).

150 Vgl. Dt.BT-Prot. v. 14./15.12.1950, S. 4054 ff.

151 Schon auf dem Bremer Parteitag der FDP 1949 war die Generalamnestie gefordert worden, um, wie Euler es ausdrückte, »die staatsbürgerliche Gleichberechtigung herzustellen«, FDP-Bundesvorstand, 1949 – 1954, 9.6.1949, S. 58.

152 Friedrich Grimm: »Generalamnestie als völkerrechtliches Postulat«, Köln/Opladen 1951 (Vortrag vor dem Düsseldorfer Industrieclub, 12.2.1951), HStAD, RWV 357/47.

153 Zur FDP vgl. Udo Wengst: Einleitung, in: FDP-Bundesvorstand, 1949 – 1954, S. IX-CVII; Gutscher, Die Entwicklung der FDP, vor allem S. 120 ff.; Hein, Milieupartei, v. a. S. 202 ff.; Rütten, Liberalismus, S. 226 ff.; Jenke, Verschwörung, S. 111 ff.; Jürgen Dittberner: Die Freie Demokratische Partei, in Stöß (Hg.), Parteienhandbuch, S. 1311-1381; sowie für Niedersachsen Marten, FDP.

154 Entschließung des Parteitags des LV NRW der FDP in Münster, 20. – 22.7.1951, HStAD, RWV 49/137.

155 »Aufruf zur Unterstützung der überparteilichen Aktion zur Herbeiführung der Generalamnestie«, 4.10.1951, BA, B 141/4338.

156 Darunter die DP, der Verband der Heimkehrer, der Verband deutscher Soldaten, die Kampfgruppe gegen Unmenschlichkeit, der Bund der Kriegsgeschädigten, der Deutsche Beamtenbund und der Allgemeine Beamtenschutzbund.

157 Z. B. »Die Zeit« vom 7.12.1951 (Marion Gräfin Dönhoff: Was man auf dem Petersberg nicht hören will«); FAZ vom 7.1.1952 (Thilo Bode: »Die Gloriole der Kriegsverbrecher«).

158 Aufruf vom 12.3.1952, BA, B 305/49.

159 FAZ, 17.4.1952 (»Gegen das Naturrecht«).

160 Aktenvermerk ZRS über Gespräch mit Best vom 2.10.1951, BA, B305/257; Best an AA, Hoppe, 14.10.1951, PA-AA, 515/10A/2.

161 ZRS: Die Behandlung der in Deutschland wegen Kriegsverbrechen verurteilten deutschen Staatsangehörigen bei den Verhandlungen zur Ablösung des Besatzungsstatuts, o. D. (Frühjahr 1952), BA, B 305/60.

162 8.2.1952, Bundestag, I. WP, Drs. Nr. 2845.

163 Aufzeichnung Trützschler, AA, über die Sitzung des Bundestags-Unterausschusses »Kriegsgefangene« am 26.10.1951, PA-AA, II 515-00h, Bd. 4; ZRS: Vm. über die Behandlung von Kriegsverbrecher-Fragen, 29.10.1951, BA, B 305/12; vgl. Frei, Vergangenheitspolitik, S. 364 ff., auch zum Folgenden.

164 Adenauer, Teegespräche, 1950 – 1954, November 1951, S. 161 f.; März 1952, S. 219. Unter den Gefangenen, so Adenauer im Bundestag am 17.9.1952, sei »ein kleiner Prozentsatz von absolut asozialen Elementen«, der »wirkliche Verbrechen« begangen habe, Dt.BT-Prot. S. 10492 ff.; ähnlich schon auf der Londoner Außenminister-Konferenz im Februar 1942, s. AAPD, Adenauer und die Hohen Kommissare, Bd. 2, 1952, S. 317-322. Im Bundestags-Unterausschuss Kriegsgefangene hatte es schon im Oktober 1951 geheißen, höchstens 10 % der Landsberger seien »wirklich straffällig« geworden; unter den Nicht-Lebenslänglichen hingegen gebe es bereits jetzt »keine wirklich Schuldigen mehr«; Prot. des Bundestags-Unterausschusses Kriegsgefangene Ni. 15, 26.10.1951, Dt.BT-PA.

165 BMJ, Staatssekretär, an CDU-Fraktion, 13.6.1952, BA, B 305/49.

166 Achenbach an Adenauer, 6.10.1952; Gawlik benannte gegenüber Staatssekretär Lenz Best als vermeintlichen Autor des Schreibens; Antwort BMJ vom 17.10.1952, BA, B 136/1881. Friedrich Grimm hatte schon im Februar 1952 eine Entgegnung verfasst (»Keine Verbrecher-Begnadigung? Einwendungen gegen die Generalamnestie«), in der er ausführte: »Der Gedanke der Generalamnestie beruht nicht auf der Unterscheidung zwischen Recht und Unrecht. Er will ja gerade die Erörterung über den einzelnen Fall ausscheiden ... Es ist nun einmal das Wesentliche an jeder Amnestie, daß davon auch wirkliche Verbrecher betroffen werden.« HStAD, RWN 172/69, 61-64.

167 FES/NL Schmid, 635; dazu ausf. Frei, Vergangenheitspolitik, S. 459 f.

168 Schreiben Heuß vom 25.8.1955, bei Frei, Vergangenheitspolitik, S. 459.

169 Vgl. die Stellungnahme der ZRS zum Überleitungsvertrag vom 28.2.1952, BA, B 305/60.

170 Vertrag über Regelung aus Krieg und Besatzung entstandener Fragen (Überleitungsvertrag) vom 26. Mai 1952, in: Die Vertragswerke von Bonn und Paris vom Mai 1952, Frankfurt/M. 1952, S. 95-102.

171 Dazu die klare und überzeugende Darstellung bei Frei, Vergangenheitspolitik, S. 409 ff.

172 Erklärung Mendes vom 19.6.1952, Freie demokratische Korrespondenz, S. 2-6, BA, B 305/49. Achenbach vor dem FDP-Bundesvorstand, 1. u. 8.5.1952, FDP-Bundesvorstand, 1949 – 1952, S. 288-307; 29.9.1952, S. 485.

173 Vgl. BA, B 141/4338; das Papier trägt kein Datum, ist aber vermutlich im August oder September 1952 in Umlauf gebracht worden. Dass Best der Verfasser ist, geht aus einem Schreiben Bests an Kanter hervor; man wolle die »Gesichtspunkte« demnächst (»unter dem Namen Dr. Achenbachs, da ich mit meinem Namen nicht hervortreten will«), veröffentlichen, Best an Kanter, BMJ, 15.11.1952, ebd.

174 Aufruf des Essener Ausschusses vom 30.5.1952 (»Nun erst recht: verstärkte Amnestie-Bewegung!«), BA, B 305/49 (handschriftlich: »Zur Unterrichtung Best«); zu den Umständen, die zu einer Verzögerung der Ratifizierung führten, vgl. Schwarz, Adenauer II, S. 9 ff.

175 McCloy am 16.7.1952, Rheinische Post vom 17.7.1952 (»Ratifizierung der Verträge kann nicht erkauft werden«).

176 Presseschau, FDP-Landesverband NRW, 17.7.1952, HStAD, RWN 172/73.

177 Dt.BT-Prot. v. 17.9.1952; Neue Zeitung, 19.9.1952 (»Respektgewinn«).

178 Aufruf des Essener Ausschusses vom 9.8.1952 (»Klare Linie in der Gefangenen-Frage!«), HStAD, RWN 172/108.

179 Gesetz über den Erlaß von Strafen und Geldbußen und die Niederschlagung von Strafverfahren und Bußgeldverfahren vom 17.7.1954, BGBl. I 1954, S. 203-209; zur Vorgeschichte ausf. Frei, Vergangenheitspolitik, S. 156 ff.

180 Achenbach an Blücher, 3.11.1952, BA, NL 80/77 und BA, B 141/4388. In dem in den Akten des Justizministeriums enthaltenen Exemplar ist die Unterschrift »gez. Dr. Ernst Achenbach« von Best handschriftlich eingefügt. Der Briefwechsel zwischen Achenbach und Dehler, teilte Best seinem alten Vertrauten Kanter mit, werde »auf unserer Seite von mir« bearbeitet, Schreiben vom 15.11.1952, BA, B 141/4338.

181 Achenbach an Dehler, 3.11.1952, BA, B 141/4338; beigelegt die Kopie des Schreibens an Blücher.

182 Dehler an Achenbach, 12.11.1952, ebd.; die in dem Antwortentwurf seines Ministeriums enthaltene Passage, wonach »das deutsche Volk die Bestrafung der Kriegsverbrecher selbst gewünscht habe«, ließ Dehler weg; Vm. v. 6.11.1952, ebd. Ein mit Dehler abgestimmtes Antwortschreiben Blüchers ging am 25.11.1952 ab, BA, NL 80/77. Vgl. auch die entsprechenden Stellungnahmen in der Abteilung des BMJ vom 1.12. (ZRS, Bitter) vom 27.12.1952 (Jeschek) zu den Bestschen »Gesichtspunkten«, BA, B 141/4338.

183 Achenbach an Dehler, 15.11.1952, BA, B 141/4338.

184 »Vorschläge für die Endlösung des sog. Kriegsverbrecher-Problems« mitsamt Erläuterungen, AA, Abteilung III (Hoppe), 13.2.1952, PA-AA, H 515-00h, Bd. 4.

185 Otto Lenz z.B., der den »allenthalben wiedererwachenden Nationalismus« kritisierte, welcher so tue, »als gebe es die Verbrechen des Nationalsozialismus nicht«, Lenz vor Pressevertretern, 22.5.1952, zit. nach Frei, Vergangenheitspolitik, S. 411; vgl. auch den Artikel in der als Sprachrohr der Amerikaner geltenden »Neue Zeitung« vom 9./10.8.1952 (»Notwendige Klärung«).

186 Am 8. Mai 1951 hatte die SRP in Niedersachsen 11 % und 16 Abgeordneten-Sitze errungen; vgl. Horst W. Schmollinger, Die Sozialistische Reichspartei, in: Stöß (Hg.), Parteienhandbuch, S. 2274-2336; Jenke, Verschwörung, S. 73-114; sowie Tauber, Beyond Eagle and Swastika, und Niethammer, Angepaßter Faschismus; auch zum Folgenden.

187 Die Welt, 7.10.1952 (»Freie Demokraten in der Krise«); sehr bekannt scheint der Verfasser der Boxheimer Papiere dem Journalisten aber nicht gewesen zu sein, nannte er doch »Ottmar Pest« als dessen Namen.

188 Werner Naumann – Jahrgang 1909, Dr. rer. nat., NSDAP seit 1928, 1934 SA-Brigadeführer, im Umfeld der »Röhm-Affäre« vorübergehend festgenommen, seit 1938 Reichspropagandaminister-ium, 1944 Staatssekretär, seit 1943 SS-Brigadeführer – gehörte zu den in letzter Stunde im »Führerbunker« ausharrenden Getreuen Hitlers, in dessen Testament er als Nachfolger von Goebbels benannt wurde. Naunann floh zusammen mit Bormann aus Berlin und tauchte bei Düsseldorf unter; BPA, Abteilung Inland, 18.8.1953, BA, NL 80/272. Die sog. »Naumann-Affäre« ist gut erforscht (allerdings bislang ohne Hinzuziehung der englischen Akten); vgl. ausf. Tauber, Beyond Eagle and Swastika, S. 132-146; Jenke, Verschwörung, S. 155-198; Frei, Vergangenheitspolitik, S. 553-605, der die Affäre erstmals in die innenpolitischen Zusammenhänge einordnet; Udo Wengst: Einleitung, in: FDP-Bundesvorstand, 1949-1954, S. LVIII-LXX; Gutscher, Die Entwicklung der FDP, S. 151-158; sowie der um die Jahreswende 1952/53 vermutlich vom britischen Geheimdienst verfasste Bericht »Der ›Gauleiter-Kreis‹«, BA, NL 80/272. Die Darstellung bei Papke, Unser Ziel, S. 85 ff., ist hingegen wenig einleuchtend; nicht weil Papke zu Recht die zum Teil überzeichneten und sensationsgierigen Darstellungen in der Literatur kritisiert, sondern weil er die »Naumann-Affäre« aus dem Kontext der nationalistischen Welle dieser Jahre löst und insbesondere die Rolle Achenbachs völlig verzeichnet. Grimm und Naumann traten übrigens noch im gleichen Jahr selbst mit apologetischen Schriften hervor: Grimm, Unrecht, und Naumann, Nau-Nau gefährdet das Empire.

189 AdL N1/815: Naumann-Tagebuch (Abschrift), Faksimile in Grimm, Unrecht, S. 256 f. Dass Naumanns Tagebuch-Notizen sehr präzise Erinnerungen an die gehabten Gespräche enthielten, bestätigte Vizekanzler Blücher später anhand der Aufzeichnungen über die mit ihm geführten Gespräche. Die Tagebuch-Notizen wurden dann im Juni 1953 publik: in einer

Dokumentationsreihe der »Frankfurter Rundschau« vom 9.6.1953 ff (»Die Totengräber sind unter uns«) sowie im NWDR (»Der Fall Naumann«), 9.6.1953.

190 Bericht der Untersuchungskommission des FDP-Bundesvorstands (Neumayer, Dehler, Onnen), 5.6.1953, BA, NL 80/267, 17.

191 Über Diewerge hieß es in einem auf Hinweise ehemaliger Mitarbeiter des RMVP gestützten persönlichen Vermerk für Blücher im Februar 1953: Goebbels habe seit 1939 »die neue Judenpolitik« des RSHA nicht unterstützt. »Er und seine leitenden Mitarbeiter vertraten die Auffassung, die Juden sollten nicht vernichtet, sondern zu produktiver Arbeit eingesetzt werden. Demgegenüber war Diewerge bis zum Zusammenbruch ein Vertreter der vom RSHA vertretenen Linie«, BA, NL 80/260. Vgl. auch die Übersicht über die Mitglieder der Geschäftsführung im Landesverband NRW der FDP, o. D. (Dez. 1952), AdL, N1/830, in der die politischen und beruflichen Funktionen der einzelnen während der NS-Zeit aufgeführt werden.

192 Wilke an Else Stinnes, 6.2.1952, HStAD, RWV 357/40-41. Ende August schrieb Wilke an Hugo Stinnes: »Sie haben mir im November des vorigen Jahres gesagt, daß es unsere Aufgabe sein müsse, eine Sammlung aller Kräfte rechts der CDU durchzuführen« und informierte ihn über die in diese Richtung getanen Schritte, Wilke an Stinnes, 29.8.1952, ebd.

193 NZZ, 26.11.1952.

194 Bericht eines Mitarbeiters d. nordrhein-westfälischen Amtes für Verfassungsschutz, o. D. (Herbst 1953), Mittlg. des MdI-NRW an den Verf., November 1988; Protokoll des Arbeitskreises zum Gesetzentwurf des Entnazifizierungsschlußgesetzes im Landtag in Düsseldorf, 28.12.1951, HStAD, RWV 357/37; Fragebogen der Bundesgeschäftsstelle der FDP, Best, 11.11.1952, BA, NL 80/260. In einem Vermerk für Blücher wurde festgestellt, dass Best beim Landesverband mitgewirkt habe, ohne Mitglied der FDP gewesen zu sein, 26.2.1952, BA, NL 80/260.

195 Best an Usenbinz, Berlin, 7.8.1952, ZStL, Sühneverfahren Best; Bests Vortrag vor der HIAG am 9.8.1952, in Mülheim an der Ruhr: mündliche Mitteilung des MdI/NRW; am 7.5.1953: dpa-Meldung vom 9.5.1953, PA-AA, 515/11. Best an Renken, Kiel, 22.8.1952, HStAD, Rep. 242, Dok.O. 23. Zur gleichen Zeit kamen in der Presse Gerüchte darüber auf, für Best sei im Amt für Verfassungsschutz eine höhere Position vorgesehen, was die Bundesregierung am 31.5.1952 jedoch dementierte: HStAD, Rep. 242, Dok.O. 21.

196 Vgl. Udo Wengst: Einleitung, in: FDP-Bundesvorstand, 1949 – 1954, S. XL; »Das wahre Gesicht der FDP«, ein ausführlicher Bericht aus dem Umfeld von DGB und SPD, o. D., (April 1953), HStAD, RWN 172/162.

197 »Auftrag zur nationalen Sammlung. Das Deutsche Programm«; gedr. (Faks.) in: Gutscher, Die Entwicklung der FDP, S. 309-315.

198 Middelhauve vor dem FDP-Bundesvorstand, 5.6.1952, FDP-Bundesvorstand 1949 – 1952, S. 467. Eine »Neue Harzburger Front« nannte der Hamburger Rademacher die Bestrebungen Middelhauves und trat aus Protest aus der Programm-Kommission aus. Schreiben Rademachers vom 20.10.1952, AdL A1/29; vgl. Udo Wengst Einleitung, in: FDP-Bundesvorstand, 1949-1954, S. XLI.

199 Allemann, Das deutsche Parteiensystem, S. 381.

200 Le Monde, 25.11.1952 (Alain Clément).

201 Die Tat, 24.11.1952 (Fritz René Allemann: »›Kalte‹ Machtübernahme der Nazis in der FDP«).

202 Dagens Nyheter, 17.11.1952; zit. nach der Übersetzung der »Vertraulichen Informationen« von dpa, Inf. 2038, 17.11.1952, AdL N1/2038. Ähnlich dann ein ausführlicher Bericht des sozialdemokratischen Pressedienstes vom 27.11.1952, »Von der Partei zur Bewegung«, BA, NL 80/222; sowie das »Informationsmaterial«, das von einer »Gruppe fortschrittlicher FDP-Mitglieder« Ende des Jahres 1952 verbreitet wurde (HStAD, RWN 172/3, 59-63), was den Verfassern prompt ein Ehrengerichtsverfahren einbrachte. In den Unterlagen der nordrhein-westfälischen FDP findet sich ein vermutlich vom Verfassungsschutz des Bundeslandes stammender Bericht aus dem gleichen Zeitraum, der weitere, zum Teil sehr genaue Informationen über die Aktivitäten einstiger NS-Größen in Nordrhein-Westfalen enthält und ebenfalls aus dem Artikel von »Dagens Nyheter« zitiert und ihn kommentiert:

»Der Artikel enthält einige Unrichtigkeiten, gibt im großen und ganzen richtige Information«. Informationsmaterial in Stichworten, o. D. (ca. 18.12.1952), HStAD, RWN 172/3. Offenbar lagen diese Informationen auch bereits bei der Landesausschuss-Sitzung der nordrhein-westfälischen FDP am 6.1.1953 vor, in der es heftige Auseinandersetzungen um die Kritik am Rechtskurs des Landesverbandes gab, HStAD, RWV 49/414.

203 »Der Gauleiter-Kreis«, BA, NL 80/272; Blücher wurde am 7.1.1953 auch durch das Presse-Informationsamt der Bundesregierung unterrichtet, Aufz. vom 7.1.1953, ebd.

204 Der britische Außenminister Eden, der die Aktion autorisiert hatte, erklärte am 20.1. vor dem Unterhaus: Ob diese »kleine Minorität reueloser Nazis« als unmittelbare Bedrohung der demokratischen Ordnung in Deutschland anzusehen sei, könne man noch nicht übersehen; jedoch »könne ihre potentielle Gefahr in der Zukunft nicht ignoriert werden«; zit. nach KAdG, 21.3.1953, S. 3831.

205 Die Welt, 19.1.1953; Bericht in KAdG, ebd.

206 Sozialdemokratischer Pressedienst, 20.1.1953, KAdG, S. 3831. Carlo Schmid kritisierte die Aktion mit den Worten, es könne der Eindruck entstehen, »Demokratie sei das, was die Besatzungsmächte ihren Interessen für zuträglich halten«, FAZ, 30.1.1953, S. 1.

207 Adenauer am 26.1.1953, CDU-Bundesvorstand, 1950 – 1953, S. 308 f., dazu Frei, Vergangenheitspolitik, S. 571 ff., auch zum Folgenden.

208 Weiter hieß es: »Seien wir uns doch völlig darüber klar, wenn nicht Sowjet-Rußland, wenn nicht Stalin diese Politik getrieben hätte, die getrieben wurde, hätten wir nie so schnell einen Marshallplan bekommen, nicht die Bundesrepublik und nicht diese Verträge, die unterzeichnet worden sind. Das alles geschah nicht uns zuliebe.« Bulletin dpa Nr. 31/53, 12.1.1953; Adenauer nahm hierbei zum beginnenden Oradour-Prozess in Bordeaux Stellung.

209 CDU-Bundesvorstand, 1950 – 1953, 22.5.1953, S. 529; am 15. Juli hob er hervor, es sei ihm lieber, »einen gewissen Prozentsatz solcher nationalsozialistischer Elemente in der FDP oder DP zu sehen, der aber nur so groß sein darf, daß er von den anderen in Schach gehalten werden kann, als wenn wir eine große nationalistische Partei bekämen im Bundestag. Das ist doch der große Vorteil, den wir haben, gegenüber den Leuten nach 1918«, ebd., S. 606. Ebenso am 10.9.1953, CDU-Bundesvorstand 1953 – 1957, S. 6.

210 Adenauer im Rundfunk am 19.1.1953 über die Verhaftungsaktion und die amerikanische Umfrage, KAdG, 21.1.1953, S. 3831.

211 Naumann wurde am 28. Juli 1953 nach einem in Bezug auf Professionalität und Ernsthaftigkeit eher zweifelhaften Verfahren vom BGH auf freien Fuß gesetzt; am 3.12.1954 lehnte der BGH die Eröffnung des Hauptverfahrens gegen Naumann ab; die Begründung des Urteils (der Kreis um Naumann habe noch nicht in der Öffentlichkeit gewirkt, zwar nationalsozialistische Gedankengänge gepflegt, aber an einzelnen Maßnahmen des NS-Staates doch auch Kritik geübt) war einigermaßen kurios, weil hier Hochverrat erst dann als strafbar angesehen wurde, wenn er bereits politische Wirksamkeit in der Öffentlichkeit entfaltet habe. BA, B 106/15561. Vgl. »Die Welt«, 4.12.1954 (»Schlußstrich unter Fall Naumann«). Grimm, Unrecht, S. 98; vgl. Frei, Vergangenheitspolitik, S. 593 f.; zur weiteren Entwicklung Naumanns s. Jenke, Verschwörung, S. 341 f.

212 Dazu vor allem Udo Wengst: Einleitung, in: FDP-Bundesvorstand, 1949-1954 S. LVIII ff.; Frei, Vergangenheitspolitik, S. 680 ff.

213 FDP-Bundesvorstand, 24.1.1953, S. 836 ff.; 28.2.1953, S. 870 ff. Besonders aufschlussreich das Schreiben Diewerges an Dehler, in dem er seine judenfeindlichen Schriften aus den dreißiger Jahren damit entschuldigte, »daß sich vor 20 Jahren ein junger Assessor voller Tatendrang und Ehrgeiz auf seinen ersten, großen Auftrag stürzte«, und kritisierte, dass seine einstigen Kollegen aus dem Propaganda-Ministerium jetzt als Staatssekretäre oder beim Bundespräsidenten tätig sein dürften, während er nun in die Schusslinie geraten sei. 14.2.1953, BA, NL 80/260. Diewerge schied am 1.4.1953 aus dem Arbeitsverhältnis bei Middelhauve aus. Vgl. auch »Die Zeit«, 11.2.1953, (»Dr. Middelhauve will die Nazis umerziehen«).

214 Bericht Dehlers vor dem FDP-Bundesvorstand, 25./26.4.1953, S. 912 ff.; Sitzung des Landesverbandsvorstandes der FDP/NRW 29.4.1953, HStAD, RWN 172/162; Stellungnahme Middelhauves vom 29.4.1953, ebd.

215 Sonderdruck des Essener Stadtanzeigers (»An alle Fernsprechteilnehmer!«) vom 9.5.1953:
»Achenbach klärt die Situation«, BA, NL 80/267; vgl. Bericht über den Dortmunder Parteitag der NRW-FDP am 8.3.1953, KAdG, 10.3.1953, S. 3094. Auch in einem Interview mit dem
Münchener Institut für Zeitgeschichte im Frühjahr 1953 machte Achenbach seine Lesart
glaubhaft, wonach die Naumann-Affäre von den Engländern inszeniert worden sei, um die
ihnen unangenehme amerikanisch-deutsche Freundschaft zu trüben, IfZ, Zs. 596.
216 Bericht der Untersuchungskommission des Bundesvorstandes vom 5.6.1953, BA, NL 80/267;
FDP-Bundesvorstand, Sitzung am 7.6.1953, S. 1044 ff.; umfangreiche Unterlagen zu der
Auseinandersetzung über Achenbach im Nachlass Blücher im Bundesarchiv sowie in den
Unterlagen des FDP-Landesverbandes Nordrhein-Westfalen (HStAD, RWN 172).
217 Antrag Blüchers auf Ausschluss Achenbach 18.6.1953, HStAD, RWN 172/115; vgl. den sehr
kritischen Bericht in der NZZ vom 25.6.1953 (»Die Gefährdung der FDP durch die Nationalsozialisten. Achenbach bleibt in der Partei«).
218 Achenbach an Dehler, BMJ, 20.3.1953 betreffend Amnestiegesetz, BA, B 141/4338; eine
Antwort wurde mehrfach verschoben und erfolgte schließlich erst am 21.8.1953, ebd. Schon
im Februar 1953 hatte Staatssekretär Strauß Kanter im BMJ angewiesen, zu Best auf Distanz
zu gehen, ebd.
219 Neue Zeitung, 31.7.1953; NZZ, 7.8.1953 (»Stellungnahme der FDP gegen Achenbach: Auch
die Industriekreise halten ihn wegen seiner Verstrickung in die Naumann-Affäre für nicht
mehr tragbar.«).
220 Die Zeit, 4.6.1953 (»Ein Spuk in der politischen Landschaft der Ruhr«).
221 Rubin an Achenbach, 2.6.1954; Vm. über Gespräch Middelhauve/Achenbach, 4.8.1954;
Schreiben Achenbachs an Middelhauve, 14.8.1954, alle: HStAD, RWN 172/499, 14 ff.
222 Achenbach an Middelhauve, 14.8.1954, ebd. »Für die Unentwegten«, schrieb Eugen Kogon
1954 über den Fall John, »war's der reine Triumph«, und zitierte den Bundestagsabgeordneten Franz Böhm: »Wie haben in diesen Tagen die alten Nazi, so zum Beispiel der Professor
Köllreuther, gejubelt, als sich der Fall John ereignete; jetzt sehe das deutsche Volk endlich,
so rief dieser gelehrte Anhänger des Judenschlächters Adolf Hitler aus, wo die anständigen
Deutschen säßen.« Kogon, Beinahe mit dem Rücken an der Wand.
223 Hier lagen auch die Ansatzpunkte zu den Verbindungen zur amerikanischen Rechten, die
nach Naumann nun auch Middelhauve suchte. Im September 1953 forderte er in einem
Schreiben an amerikanische Senatoren zur Unterstützung der Kampagne für die Generalamnestie und die Freilassung der Landsberger Kriegsverbrecher mit der Begründung auf,
dies sei der stärkste Schlag gegen den Kommunismus (»Your positive decision – a blow to
Bolshewism«!), Schreiben Middelhauves, 6.9.1953, HStAD, RWN 172/710.
224 Dies lässt sich bis in den Duktus jenes eher wie eine Quelle denn eine wissenschaftliche
Analyse anmutenden Kapitels »Die Gespenster der Vergangenheit« in Schwarz' Adenauer-
Biographie (Bd. II, S. 526 ff) hinein verfolgen.
225 Vm. des IfZ über Gespräch mit Achenbach, 2.5.1955, IfZ, Zs. 596. 1974 holte ihn seine Ver-
gangenheit ein, als er EG-Kommissar werden wollte, was auf scharfe Proteste vor allem in
Frankreich und schließlich zu einer Besetzung seiner Anwaltskanzlei in Essen durch eine
Gruppe von Franzosen, darunter Beate Klarsfeld, führte. Daraufhin zog Achenbach seine
Kandidatur auf Druck der Bundesregierung zurück. Munzinger-Archiv, 11.2.1978.
226 Noch drei Jahre später, im Frühjahr 1953, kam Adenauer im Zusammenhang mit dem
Koalitionswechsel der FDP in Nordrhein-Westfalen sogleich auf Best zu sprechen: »Best –
mit seinem schönen Beinamen – der bei Achenbach ein Jahr lang in Stellung war und jetzt
bei Hugo Stinnes ist ... diese Leute haben es in einer an die nationalsozialistischen Methoden erinnernden Weise verstanden, den Parteiapparat der FDP in die Hand zu bekommen
... Und diese nationalistischen Elemente in der FDP werden von gewissen Industriellen finanziert und unterstützt.« Adenauer am 10.3. und 24.2.1956, CDU-Bundesvorstand, 1953 –
1957, S. 838 und 738. Mit dem Beinamen Bests war wohl die auf Hitler zurückgehende Bezeichnung »Biest« gemeint.
227 Best in einem Vortrag im Oktober 1953, aufgezeichnet von einem Mitarbeiter der nordrhein-
westfälischen Verfassungsschutzbehörde. Mitteilung des MdI-NRW an den Verf., November 1988.

228 Best, Gesichtspunkte zur Liquidation der politischen Strafsachen einer abgeschlossenen Epoche, überarbeitete Fassung o. D. (Oktober 1953), BA, B 141/4338.
229 Schreiben des Regierungspräs. Düsseldorf an AA, 14.11.1952, in ZStL Sühneverfahren Best; dort auch die weiteren Unterlagen.
230 Bericht eines Mitarbeiters der nordrhein-westfälischen Verfassungsbehörde, o. D. (Herbst 1953). Mitteilung des MdI/NRW an den Verfasser, November 1988.
231 Best, Mein Berufsweg (1964), S. 7 f.
232 Dazu ausf. Brochhagen, Nach Nürnberg, S. 191 ff.
233 Diese Feststellungen stützen sich im wesentlichen auf die Auswertung der Aussagen zur . Person bei Einvernahmen durch die westdeutschen Justizbehörden als Zeugen oder Beschuldigte.
234 Vgl. Kap. VII.2.

Kapitel VII

1 Best, Berufsweg (1964); Best an Hensel, 18.1.1957, HStAD, Rep. 242/308.
2 Best, Berufsweg (1964), ebd.; der Erfolg ließ sich auch ideologisch begründen: »Die Wirtschaft bot nicht nur ein Refugium, sondern handfeste Verwendung der Sekundärtugenden, deren Konnotation ansonsten anrüchig geworden war.« Van Laak, Gespräche, S. 94.
3 Best, Nibelungenlied (1950).
4 Best, Was wollten wir als Nationalsozialisten? (August 1950); ders., Erinnerungen aus dem besetzten Frankreich (Sommer 1951); ders.,»Philosophie des Dennoch«. Grundzüge einer zeitgemäßen»Philosophie« (ca. 1953); ders., Die Gestapo (ca. 1953).
5 Vgl. Niethammer, Posthistoire.
6 Mohler an Best, 21.2.1953, HStAD, Rep. 242/330; vgl. van Laak, Gespräche; Lethen, Verhaltensweisen, S. 187 ff., 215 ff.
7 Krausnick und Buchheim art Best, 11.3.1954, ebd.; Hans Buchheim: Kritische Anmerkungen zu Werner Bests»Philosophie des Dennoch«, 9.3.1954, ebd.
8 Vgl. etwa Umbreit, Militärbefehlshaber; ders., Der Kampf um die Vormachtstellung; ders., Auf dem Weg zur Kontinentalherrschaft; Jäckel, Frankreich. Best deponierte diese Schriften nebst anderen im Tübinger Institut für Besatzungsfragen, an der Universität Göttingen und später auch in seinem»Nachlaß« im Bundesarchiv Koblenz. Vgl. dazu ausf. Kapitel IV.
9 Best, Die Gestapo (1953).
10 Zur Entstehung des Art. 131 GG und des nachfolgenden Bundesgesetzes vgl. neben Wengst, Beamtentum; Kim, Verfassungsumsturz, und Sörgel, Konsensus; vor allem die stärker den politischen Kontext einbeziehenden Arbeiten von Frei, Vergangenheitspolitik, S. 108-155, sowie Garner, Der öffentliche Dienst; vgl. auch Friedrich, Amnestie, S. 272-281.
11 Garner, Der öffentliche Dienst. S. 771, hat dazu eine Erhebung des Statistischen Amtes des vereinigten Wirtschaftsgebiets vom Juni 1950 ausgewertet. Danach fielen von den 55.368 Beamten, die in den Westzonen im Rahmen der Entnazifizierung entlassen worden waren, 46.135 Personen unter die Kategorien I-IV. Von den»verdrängten« Beamten (Flüchtlinge, Beamte aufgelöster Dienststellen) galten 36.654, von den Berufssoldaten 16.172 als belastet – wobei diese Zahlen als Untergrenzen anzusehen sind, da mindestens 45.000 Beamte nicht eingestuft worden waren.
12 Gesetz zur Regelung der Rechtsverhältnisse der unter Art. 131 des Grundgesetzes fallenden Personen, vom 11.5.1951, BGBl I, S. 307.
13 Dazu aufschlussreich der Gesetzeskommentar des Ministerialdirigenten im Bundesinnenministerium, Georg Anders (Anders, Kommentar Art. 131); vgl. Garner, Der öffentliche Dienst, S. 773 f.
14 Anders, Kommentar Art. 131, S. 33 f.; Garner, Der öffentliche Dienst, S. 774.
15 Ebd.; Garner, Der öffentliche Dienst, S. 774; Frei, Vergangenheitspolitik, S. 124 ff.
16 Verzeichnis in HStAD, Rep. 242/308; darunter Erklärungen über »Die Versetzung von Kriminalbeamten zum Gestapa«; über »§ 67 zu Art. 131 GG«; über »Die Übernahme von Amts

wegen in die Gestapa« ; über »Bewerbungen zur Beamtenlaufbahn«; »Einstellung in den Verwaltungszweig« u. a.

17 Best an Usenbinz, Berlin, 7.8.1952, ZStL, Sühneverfahren Best; Best an Renken, Kiel, 22.8.1952, HStAD, Rep. 242, Dok.O 23. Nicht weniger scharf aber auch die Ausführungen des »Verbands der Beamten und Angestellten der öffentlichen Verwaltungen aus den Ostgebieten und dem Sudetenland« (VerbaOst) und des Allgemeinen Beamtenschutzbundes (ABSB); vgl. dazu Wengst, Beamtentum, S. 173 ff., 189; Frei, Vergangenheitspolitik, S. 110 ff.

18 Sogar die KPD sprach sich im Bundestag dafür aus, die Ansprüche des einzelnen Gestapo-Beamten auf Wiedereinstellung in den öffentlichen Dienst anzuerkennen, wenn dieser »trotz allem ein anständiger Mensch geblieben ist«. Dt.BT-Prot., 6.4.1951, S. 5037 f.

19 Best an Usenbinz, 7.8.1952, ZStL, Sühneverfahren Best.

20 BGBl I 1953, S. 988. Die Zahl der Ausnahmeregelungen und Sonderbestimmungen des »131er-Gesetzes« stieg auf enorme Höhen; schon bis 1955 gab es neun Durchführungsverordnungen und 258 Ausführungserlasse; 1960 gab es bereits 28 Durchführungsverordnungen. Die Verfassungsbeschwerde eines Gestapo-Beamten gegen § 67 des »131er-Gesetzes« wurde dann aber vom Bundesverfassungsgericht im Februar 1957 mit einer bemerkenswerten Urteilsbegründung verworfen, die die Konstruktion, wonach die deutschen Beamten in der NS-Zeit politisch neutral gehandelt hätten, als unhaltbar zurückwies; vgl. Entscheidungen des Bundesverfassungsgerichts, Bd. 6, S. 132-222; Frei, Vergangenheitspolitik, S. 148.

21 Henkys, Die nationalsozialistischen Gewaltverbrechen, S. 210 ff. Eine Geschichte der westdeutschen Polizei, die auch die Traditionen und Folgewirkungen aus der NS-Zeit miteinbezieht, steht aus.

22 RA Koch, Bonn, an AA, 28.6.1951; Reg.Präs. Düsseldorf an Koch, 29.8.1951 (darin war handschriftlich vermerkt worden, es handele sich um den bekannten »Boxheim-Best, der seinerzeit aus dem hessischen Justizdienst entlassen wurde« – der Mythos der Boxheim-Affäre überstrahlte Bests anschließende NS-Karriere nach wie vor); Reg.Präs. Düsseldorf an AA, 14.11.1952; Best an AA, 1.12.1952, alle ZStL, Sühneverfahren Best.

23 Arndt am 12.7.1956, Dt.BT-Prot., 12.7.1950, S. 2631 f.; vgl. Garner, Der öffentliche Dienst, S. 768.

24 Bericht des Untersuchungsausschusses, 18.6.1952, Dt.BT, 1. WP, Drs. Nr. 3465; die Debatte im Bundestag am 22.10.1952, S. 10724 ff.; darin auch die gegenüber dem Bericht sehr ablehnende Haltung Adenauers (»Schluß mit der Naziriecherei!«). Unterlagen Sühneverfahren Best, ZStL; Urteil der Spruchkammer Berlin vom 8.9.1958, HStAD, Rep. 242, Dok.O 34.

25 Unterlagen Sühneverfahren Best, ZStL; Urteil der Spruchkammer Berlin v. 8.9.1958 (Sprka. 75/56), HStAD, Rep. 242, Dok0. 34.

26 Zweites Gesetz zur Abschluß der Entnazifizierung vom 20.12.1955, GVBl, S. 1055. Urteil der Berliner Spruchkammer gegen Best vom 8.9.1958, ZStL, Sühneverfahren Best, 578-586.

27 Gesetz über die Entschädigung ehemaliger deutscher Kriegsgefangener, vom 30.1.1954, BGBl I, 1954, S. 5-10; Antrag Bests vom 28.10.1954; Schreiben des Arbeits- und Sozialministeriums Nordrhein-Westfalen an Best vom 21.3.1956; HStAD, RWN 357/145.

28 Deutsche Botschaft in Kopenhagen an AA, 15.3.1954, PA-AA, II, 515-00g, Bd. 1; Rundschreiben des AA, von Trützschler, am 21.10.1954, ebd.

29 Marion Gräfin Dönhoff: »Haust Du meinen ...«, Die Zeit, 1.3.1956. Best forderte Dönhoff ohne Erfolg zu einer Gegendarstellung auf; diese beharrte auf ihrer Darstellung mit der Begründung, ihre Informationen stammten von zwei »im allgemeinen sehr verläßlichen Persönlichkeiten aus dem Ruhrgebiet und fanden sich überdies bestätigt in einem Aufsatz im ›Manchester Guardian«. Best an Dönhoff, 19.3.1956; Antwort vom 28.3.1956, HStAD, RWN 357/145. Auch Konrad Adenauer sah in Best und Achenbach die Hintermänner des ihm politisch sehr unangenehmen Regierungswechsels in Düsseldorf. Best, Rahn, Achenbach und Döring hätten es »in einer im wesentlichen nationalsozialistischen Methoden erinnernden Weise verstanden, den Parteiapparat der FDP in die Hand zu bekommen« und würden dabei »von gewissen Industriellen finanziell unterstützt. Ich betone ausdrücklich, von gewissen Industriellen.« Protokolle CDU-Bundesvorstand, 10.3.1956, s. 788 f.; vgl. auch 10.3.1956, S. 838 f. Belege für eine direkte Einflussnahme Bests auf den Regierungswechsel konnten nicht gefunden werden.

30 Best an Döring, 4.4.1956, HStAD, RWV 357/145.
31 FDP-Fraktion im nordrhein-westfälischen Landtag an Finanzministerium NRW, 25.5.1956; Antwort vom 9.7.1956; FDP-Fraktion (Mundolf) an Best, 25.5.1956, HStAD RWV 357/145.
32 Urteil der Spruchkammer Berlin, 8.9.1958, ZStL, Sühneverfahren Best, S. 578-586.
33 Best an Spruchkammer Berlin, 20.5.1959, ebd., S. 611 ff.; 3.2.1962, ebd., S. 650.
34 Urteil der Berufungsspruchkammer Berlin vom 8.2.1962, ZStL, Sühneverfahren Best, S. 685-723; Der Spiegel, 27/1962: »Best: Kehrt in Kopenhagen«.
35 Umfängliche Korrespondenz dazu im HStAD, Rep. 242/296; dazu auch Aussage Best, 3.8.1969, HStAD, Rep. 242, PId/465; unter den Polizeiverbänden vor allem die Fachgruppe Polizei des Bundes der verdrängten Beamten (»131er«) im Deutschen Beamtenbund.
36 Best an Thorn, 14.10.1957. HStAD, Rep. 242, Dok.O 32.
37 Vgl. Kröger, Ahndung, S. 63 ff; Rückerl, Strafverfolgung, S. 49 ff.; ders., NS-Verbrechen, S. 140 ff. Das Urteil in: Justiz und NS-Verbrechen, Bd. 15, S. 11 ff. Zum Folgenden auch Weber/Steinbach (Hg.), Vergangenheitsbewältigung; Steinbach, Nationalsozialistische Gewaltverbrechen.
38 Kröger, Ahndung, S. 184 f.; eher kolportagehaft dagegen die materialreiche, aber analytisch unbefriedigende Arbeit von Schornstheimer, Bombenstimmung.
39 Lübbe, Der Nationalsozialismus.
40 Brochhagen, Nach Nürnberg, S. 240 ff.; Rückerl, NS-Verbrechen, S. 139f.
41 Vgl. Rückerl, NS-Verbrechen, S. 140 ff.; ders., Strafverfolgung, S. 49 ff.; Dreßen, Die Zentrale Stelle.
42 Vgl. Gutachten des Instituts für Zeitgeschichte, 2 Bde., mit Gutachten zu insgesamt 128 Einzelkomplexen; sowie die großen Gutachten zum Auschwitz-Prozess, die von Broszat, Buchheim, Jacobsen und Krausnick unter dem Titel »Anatomie des SS-Staates« herausgegeben wurden; sowie vor allem die Arbeiten von Scheffler, dem vermutlich einflussreichsten bei NS-Verfahren gutachterlich tätigen Historiker.
43 Best an Achenbach, 8.2.1960, HStAD, Rep. 242/302, dort auch die weitere Korrespondenz zu diesem Fall. Zur Frage der alliierten Vorbehalte s. Rückerl, NS-Verbrechen, S. 123 ff.
44 Best an Reinecke, 30.1.1961, Antwort vom 2.2.1961, HStAD, Rep. 242/311.
45 Best an Redelberger, 4.8.1967, ebd.; entsprechend sagte Best z.B. im Freiburger Judenmord-Prozess aus: »Für die SS und auch die Polizeiverbände sei es selbstverständlich gewesen, daß Befehle ohne Prüfung und Überlegung auszuführen gewesen seien.« Stuttgarter Zeitung vom 22.6.1963 (»Werner Best als Zeuge im Freiburger Judenmord-Prozeß«).
46 Vgl. die 1964 als Reaktion auf die wachsenden Angriffe vom Bundesjustizministerium verfasste umfängliche Verteidigungsschrift »Die Verfolgung nationalsozialistischer Straftaten im Gebiet der Bundesrepublik Deutschland seit 1945«.
47 Zur Konstruktion der »Beihilfe« als durchgängiges Kennzeichen der Prozesse und Urteile gegen die für die NS-Massenverbrechen verantwortlichen Polizei- und SS-Führer s. Jürgen Baumann: Die strafrechtliche Problematik der nationalsozialistischen Gewaltverbrechen, in: Henkys, Die nationalsozialistischen Gewaltverbrechen, S. 267-322; dort auch die Auseinandersetzung mit dem der Beihilfe-Konstruktion zugrundeliegenden Staschynskij-Urteil; ebenso ders.: Die Tatherrschaft in der Rechtsprechung des BGH, NJW, 1962, S. 374 ff.; ders.: Vorsicht bei Verjährung von NS-Gewaltverbrechen!, NJW, 1969, S. 1279 f.; vgl. auch Rückerl, NS-Verbrechen, S. 274 ff.; Müller, Furchtbare Juristen, S. 250 ff.; Friedrich, Amnestie, S. 343 ff.
48 Zur Verjährungsproblematik s. Rückerl, NS-Verbrechen, S. 151 ff., 167 ff., 174 ff., 205 ff.; sowie die vom Bundespresseamt in drei Bänden herausgegebenen Protokolle der »Verjährungsdebatten« im Bundestag: Zur Verjährung nationalsozialistischer Verbrechen, Bonn 1980.
49 Lohmann an Best, 9.6.1963, HStAD, Rep. 242/309. Zum Problem der »Beihilfe« s. Rückerl, NS-Verbrechen, S. 274 ff.
50 Übersicht über die Zahl der Verfahren bei Oppitz, Strafverfolgung und Strafvollstreckung; Rückerl, NS-Verbrechen; sowie Bundesministerium der Justiz: Bericht über die Verfolgung nationalsozialistischer Straftaten, vom 26.2.1965, Dt.BT, 4. WP., Drs. Nr. 3124.
51 Den besten Einblick bietet dazu neben der juristischen Spezialliteratur die von L. Rüter-Ehlermann u. C. F. Rüter herausgegebene Urteilssammlung »Justiz und NS-Verbrechen«.

52 BMJ, Bericht über die Verfolgung nationalsozialistischer Straftaten.(wie Anm. 50).

53 GStAB, 1 Js 9/65(RSHA): Ermittlungsverfahren wg. »Beteiligung der Staatspolizeileitstelle Berlin an der Deportation von mindestens 42.000 Juden sowie 252 Zigeunern mit dem Ziele der Tötung«. Die Ermittlungen erstreckten sich zunächst auf mehr als 200 Verdächtige.

54 Best an Oldach, 28.3.1967, HStAD, Rep. 242/295.

55 Best an Noßke, 3.4.1967, ebd.; entsprechend Best an Albath, 3.4.1967; ebenso an Martin, 10.4.1967; an Christmann, 13.4.1967, u. ö., alle ebd.

56 Oldach an Best, 29.3.1967, ebd.

57 Christmann an Best, 21.4.1967, ebd.

58 Martin an Best, 23.4.1967, ebd.

59 RA Leer an Best, 21.2.1968, ebd.

60 Best an RA Meurin, ebd.

61 Vgl. Kap. V.3.

62 StA Düsseldorf, Anklageschrift Best v. 5.7.1989, 810/8 Js 127/80. Es handelt sich um die aktualisierte Version der ursprünglichen Anklageschrift der StA KG Berlin v. 10.10.1972.

63 Best an Meurin, 18.8.1967, ebd. Das Verfahren gegen Patschke wegen der Juden-Deportationen wurde eingestellt. Gegen Bovensiepen wurde am 2.2.1969 Anklage erhoben.

64 Anklageschrift Best, 10.10.1972, 1 Js 12/1965(RSHA), S. 252, ZStL.

65 Best, Unterredung Buchheim, 3.7.1955, IfZ, Zs 207/11. Bei seinen Vernehmungen erklärte Best dazu: »Es haben sich in beträchtlicher Menge Historiker und art der Zeitgeschichte interessierte Persönlichkeiten an mich gewandt und mich nach Ereignissen befragt, welche ich bis 1945 erlebt hatte. Das Institut für Zeitgeschichte in München, welches bekanntlich nicht für die ehemaligen Nationalsozialisten eintritt, hat sich schon durch seinen ersten Leiter an mich gewandt und mich bis zur Gegenwart ständig um Auskünfte zu einzelnen Fragen ersucht. Der Mitarbeiter des Instituts, Dr. Hans Buchheim, jetzt Professor für Politologie an der Universität Mainz und bekannt als Sachverständiger in NS-Prozessen, hat seine Publikationen und Gutachten über SS und Polizei zum großen Teil auf meine Informationen und auf lange Besprechungen zwischen uns aufgebaut. In den letzten Jahren hat ... Herr Höhne sich eingehende Informationen von mir geben lassen. Auch ausländische Historiker und Publizisten haben sich an mich gewandt, so der jetzige englische Publizist Dr. Heinrich Fraenlcel, der mich öfter besucht hat, und der israelische Doktorand Shlomo Aronson, der seine Dissertation zum guten Teil auf meine Beiträge aufgebaut hat. Dazu kamen immer wieder deutsche Geschichts-Studenten und Doktoranden, welche zu ihren Themen Auskünfte von mir haben wollten.« Aussage Best, 4.7.1969, HStAD, Rep. 242/Verhörprotokolle, S. 477 ff.

66 Jeder Historiker, der mit Bests in Tübingen, Göttingen oder Koblenz hinterlegten Schriften arbeiten wollte, benötigte dazu dessen schriftliche Genehmigung, so dass Best einen Überblick gewinnen konnte, wer über die ihn direkt oder indirekt betreffenden Themen arbeitete oder arbeiten wollte. Oftmals, so im Falle von Eberhard Jäckel, war es dann Best selbst, der ein Gespräch vorschlug und sich an den Fragestellungen und Forschungsergebnissen der Historiker interessiert zeigte. Ich bin Herrn Jäckel für die Überlassung der Korrespondenz sehr dankbar.

67 Höhne, Orden; im Zusammenhang mit der »Röhm-Aktion« wird über Best lediglich bemerkt, er habe den SA-Führer Schneidhuber retten wollen; Bests führende Beteiligung bei der Aktion wird nicht erwähnt. Im Zusammenhang mit den Einsatzgruppen in Polen fehlt jeder Hinweis auf Best; ebenso bei der Behandlung der antijüdischen Politik von SD und Gestapa vor und während 1938; ebenso in Bezug auf die antijüdische Politik in Frankreich. Hinsichtlich der Rettung der dänischen Juden übernimmt Höhne die von Best verbreitete Version vollständig und spitzt sie noch zu (»Best, der das Judenmord-Programm seines Reichsführers sabotierte«, S. 16). In weiten Passagen spiegelt Höhnes Darstellung von Gestapo und SD die Auffassungen Bests wider, selbst bei der Kennzeichnung der Gegner Bests (Best »war auch zu sehr Beamter, dachte zu nüchtern, um mit der gewünschten Gelenkigkeit wetteifern zu können, die das heranwachsende SD-Geschlecht der juristischen Funktionalisten vom Schlage Walter Schellenbergs auszeichnete«, S. 170). Vgl. auch die Kritik des »Zeit«-Redakteurs K. H. Janßen (»Karriere-Künstler im Dritten Reich«, Die Zeit,

21.3.1969), Höhne habe Best »zu einer Art Widerstandskämpfer in de;. SS hochgelobt«; Höhnes Entgegnung (Die Zeit, 4.4.1969) und Janßens Replik, ebd.

68 Best an Aronson, 27.9.1966, mit »Bemerkungen« zum Text Aronsons. Ich bin Herrn Aronson, Jerusalem, für die Überlassung der Korrespondenz sehr dankbar.

69 Henke, Das Schicksal deutscher zeitgeschichtlicher Quellen.

70 Korresp. Best/d'Alquen/Dr. Judith W., September 1967 – Oktober 1968, in: HStAD, Rep. 242/299.

71 Best an Dr. Judith W., Oktober 1968, HStAD, Rep. 242/299.

72 Aufz. über eine Unterredung Dörries und Ahrens, AA, mit SS-OStubf. Klumm, RSHA, 3.11.1944, betr.: »Hemmungen der antijüdischen Aktion in der deutschen Auslandsinformation«. Der »Spiegel« hatte Ahrens wegen dieser Denunziation Kiesingers angegriffen, Ahrens hatte daraufhin das Originaldokument gesucht; vgl. Auss. Best, 4.7.1969, HStAD, Rep. 242, Verhörprotokolle, S. 480 ff.

73 Ahrens an Best, 1.8.1968, HStAD, Rep. 242/299. Tatsächlich aber beschränkten sich die Kontakte Ahrens zur Führungsebene der westdeutschen Industrie doch wohl eher auf Einzelpersonen aus der zweiten Reihe. Bests Beziehungen insbesondere zur Flick-Gruppe waren eigenen Äußerungen zufolge besser, aber auch er wurde hinsichtlich der Finanzierungsmöglichkeit des Vorhabens zunehmend skeptisch.

74 Ahrens an Best, 6.8.1969, Bericht über ein Gespräch mit Miss W., ebd.: »Frl. W. glaubt, daß das AA (Archiv) standhaft bleiben werde gegenüber dem organisierten Druck re Öffnung des Archiv-Kellers zwecks Mikro-Film-Aufnahmen für eine große Weltorganisation.«

75 »Die neuen Kriegsverbrecher-Prozesse und die Möglichkeiten wirksamer Dokumentations- und Argumentationshilfe«, 12.8.1968. Die erste Fassung wurde von Ahrens und Miss W. entworfen und von Best überarbeitet, die zweite Fassung dann verschickt. HStAD, Rep. 242/299.

76 Die Klammer, »(Ju.)« für »Jude«, strich Best aus Ahrens Entwurf heraus.

77 Zit. in Ahrens an Best, 13.9.1968, HStAD, Rep. 242/299.

78 Ahrens an Best, 17.10.1968. Best erklärte bei seinen staatsanwaltlichen Vernehmungen, die Sache sei bald eingeschlafen, weil sich keine Geldgeber hätten finden lassen; HStAD Rep. 242, Verhörprotokolle, S. 477 ff.

79 Wie Anm. 76.

80 Zur Verjährung nationalsozialistischer Verbrechen. Dokumentation der parlamentarischen Bewältigung des Problems, 1960 – 1979, Teile I-III, hrsg. vom Presse- und Informationszentrum des Deutschen Bundestages, Bonn 1980; vgl. Steinbach, Nationalsozialistische Gewaltverbrechen, S. 54-68; Jaspers, Wohin treibt die Bundesrepublik, S. 47 ff.; Rückerl, NS-Verbrechen, S. 151 ff.

81 Vgl. z. B. Vm. Dreher, BMJ, v. 6.11.1952, betreffend eine Anregung Achenbachs, das Justizministerium möge die Justizverwaltungen der Länder in NS-Strafsachen zum »Kurztreten« veranlassen, BA, B 141/4338; vgl. Frei, Vergangenheitspolitik, S. 166 f., 180 f. Dr. Eduard Dreher war bis 1945 Staatsanwalt beim Sondergericht Innsbruck, bis 1969 Ministerialdirigent im BMJ, Herausgeber und Mitverfasser des meistbenutzten Strafrechtskommentars (»Dreher – Tröndle«). Vgl. Helmut Kramer: Entlastung als System. Zur strafrechtlichen Aufarbeitung der Justiz- und Verwaltungsverbrechen des Dritten Reiches, in: Martin Bennhold (Hg.): Spuren des Unrechts, Köln 1988, S. 101-130.

82 Ergänzungsgesetz zum Ordnungswidrigkeiten-Gesetz (EGOWiG), v. 1. Oktober 1968, BGBl I, S. 503; dazu H. Schröder: Der § 50 StGB und die Verjährung bei Mord, in: JZ, 1969, S. 132; Müller, Furchtbare Juristen, S. 242 ff.

83 Der Spiegel, 1/2 1969 (»NS-Verbrechen: Hilfe für Gehilfen«); und 3/1969 (»NS-Verbrechen: Kalte Verjährung«). Dort auch eine informative Übersicht über die – durchweg empörte – Reaktion in der westdeutschen Presse.

84 BGH-Urteil v. 20.5.1969 NJW, 1969, S. 1181 ff.; Vgl. die (abweichende) Stellungnahme des Generalbundesanwalts, ebd., S. 1157 ff.

85 Meurin an Best, 17.1.1969, HStAD Rep. 242/295.

86 Zit. nach: Der Spiegel 3/1969, S. 60.

87 GStA bei dem Kammergericht Berlin – 1 Js 12/65 (RSHA); Sachstandsvermerk vom 10.12. 1968, HStAD Rep. 242/52-54. Anklageschrift gegen Best und andere v. 10.2.1972, ZStL. Weitere Hauptbeschuldigte in diesem Verfahren waren Baatz, Deumling, Thomsen und Winter.

88 Best an Meurin, 20.10.1965, HStAD, Rep. 242/290; Schriftwechsel Gehrke/Best, Januar – Oktober 1965, ebd.; Meurin an Best, 15.10.1965, ebd.

89 Best an Huppenkothen, Streckenbach, 25.10.1965; Antwort Huppenkothen 26.10., Antwort Streckenbach 30.10.1965, ebd.

90 Best an Hartwich, 30.3.1967; Best an Bilfinger, 10.4.1967 u. ö., HStAD, Rep. 242/291.

91 Thorn an Best, 14.10.1966, ebd.

92 Korrespondenz 1966' – 1968 in HStAD, Rep. 242/291.

93 StA Kammergericht Berlin, Antrag auf Ergänzung des Haftbefehls um den Haftgrund der Verdunklungsgefahr, 3.7.1969, HStAD, Rep.242/PId. Die Unterlagen wurden erst bei der zweiten Durchsuchung unter den Weinregalen im Keller des Hauses Bests gefunden.

94 Protokolle der verantwortlichen Vernehmung Bests v. 11.3.1969 – 19.3.1971 in neun Bänden, HStAD, Rep. 242, 46-74 (PId). Zu der Aufstellung und Tätigkeit der Einsatzgruppen im einzelnen s. Kap. III.6.

95 StA Kammergericht Berlin an Vorsitzenden des Ersten Strafsenats des 1Cammergerichts, September 1969, HStAD, Rep. 242/PId.

96 Beschluss des Untersuchungsrichters II beim Landgericht Berlin v. 23.3.1971; Beschwerde der StA v. gleichen Tag, HStAD, Rep. 242/74.

97 Beschluss des Landgerichts Berlin v. 21.4.1971, ebd., Bd. 76.

98 Gutachten Prof. Dr. M., v. 3.6.1971, Dr. med. C., 10.5.1971, ebd., Bd. 76.

99 Gutachten Prof. Dr. R., v. 9.9.1971, Aufhebungsbeschluss des Kammergerichts Berlin, 20.10.1971, ebd., Bd. 77.

100 Beschluss 2 Wg 185/186/70, zit. n. Müller, Furchtbare Juristen, S. 261.

101 »Es muß sogar bezweifelt werden, ob eine mehrjährige Hauptverhandlung – und von einer solchen könnte man ohnehin nur ausgehen – gegen einen Mann, der diese Hauptverhandlung mit Recht als permanente Todesdrohung empfinden müßte, noch mit seiner Menschenwürde vereinbar wäre.« Beschluss des Landgerichts Hamburg v. 10.4.1974, StA Hamburg, 147 Js 31/67, Bd. 54, Bl. 9732-9738. Vgl. Der Spiegel, 18/1974, S. 57 ff. (»Justiz: freundlicher Abend«). Zu Streckenbach vgl. Wildt, Bruno Streckenbach.

102 Anklageschrift gegen Best und andere v. 10.2.1972, ZStL, S. 1026 f. Die Schrift gliedert sich in A) Lebenslauf Best (256 S.), B) Übersichten über die Entwicklung von SS und Polizei im »Dritten Reich« (25 S.), C) über das RSHA (22 S.), D) u. E) Die Vorbereitung und Durchführung der NS-Gewaltpolitik in Polen (33 S.); F) Bests Vorbereitungen der sicherheitspolizeilichen Maßnahmen in Polen (54 S.); G) u. H) Übersicht über die Einsatzgruppen (119 S.), J) Bests Tätigkeit im September und Oktober 1939 (190 S.), K) Übersicht über den »Volksdeutschen Selbstschutz« (28 S.), L) – N) Der Aufbau der deutschen Verwaltung in Polen (57 S.), O) Bests Tätigkeit im RSHA bis Juni 1940 (67 S.), P) Der nationalsozialistische »Volkstumskampf« gegen das polnische Volk während der deutschen Besatzung (39 S.), Q) Die Tätigkeit der Einsatzgruppen in Polen (132 S.).

103 Gutachten Prof. Dr. N., 28.7.1972; Prof. Dr. P., 22.6.1972, HStAD, Rep. 242/79 f.

104 Beschluss des Landgerichts Berlin v. 2.8.1972, ebd.

105 »SS-Führer Best auf freiem Fuß«, Süddeutsche Zeitung v. 3.8.1972.

106 Berliner Morgenpost, 10.7.1979, Beschluss des Kammergerichts Berlin v. 22.10.1979; Übersicht über den Verfahrensgang in der erweiterten Anklageschrift der StA Duisburg v. 5.7.1989, S. 1030 ff.

107 Im September 1974 wurde Stinnes in Duisburg wegen Konkursbetrugs angeklagt; Best trat bei dem Verfahren als Zeuge auf. Vgl. »Hugo Stinnes ›jr.‹ auf der Anklagebank«, FAZ v. 4.9.1974, sowie Schreiben Robert M. W. Kempners an die StA bei dem Kammergericht Berlin unter Hinweis auf Bests Duisburger Auftritt vor Gericht, HStAD, Rep. 242/82.

108 Best, Erik Scavenius (1978), ders., Nils Svenningsen (1984).

109 Vgl. Wolfgang Zank: »Dänemark unter den Nazis. Die Rechtfertigungsschrift des Reichsbevollmächtigten, SS-Obergruppenführer Werner Best«, in: Die Zeit, 16.6.1989; Ole Schierbeck:

»Testamentet fra en nazist«, in: Politikken, 26.11.1988; Simone Zurbuchen: »Werner Best – ein dubioser Zeitzeuge«, in: NZZ, 30./31.7.1989; »Die Doppelrolle des Werner Best«, in: Süddeutsche Zeitung, 17./18.12.1988.

110 Matlok (Hg.), Dänemark, S. 207.

111 Vfg. des Leiters der Zentralstelle im Lande Nordrhein-Westfalen für die Bearbeitung von nationalsozialistischen Massenverbrechen in Konzentrationslagern bei der StA Köln – 130 (24) Js 1/66 (z) v. 21.6.1985, ZStL.

112 »Nichts gewußt, alles vergessen«, in: Die Zeit, 25.11.1988. Korff wurde aus Mangel an Beweisen freigesprochen.

113 StA Düsseldorf, Anklageschrift (810/8 Js 127/80) v. 5.7.1989.

Nachwort zur 5. Auflage

1 Martin Broszat, Saul Friedländer: Um die Historisierung des Nationalsozialismus. Ein Briefwechsel, in: VfZ 36 (1988), S. 339-372. vgl. Nicolas Berg: Der Holocaust und die westdeutschen Historiker. Erforschung und Erinnerung, Göttingen 2003; Ulrich Herbert: Der Historikerstreit. Politische, wissenschaftliche, biographische Aspekte, in: Martin Sabrow u.a. (Hg.): Zeitgeschichte als Streitgeschichte. Große Kontroversen nach 1945, München 2003, S. 94-114.

2 Nur als Beispiele seien genannt: Götz Aly: »Endlösung«. Völkerverschiebung und der Mord an den europäischen Juden. Frankfurt a.M. 1995; Hans Safrian: Die Eichmann-Männer, Wien/Zürich 1993; Michael Zimmermann: Rassenutopie und Genozid. Die nationalsozialistische »Lösung der Zigeunerfrage«, Hamburg 1996; Dieter Pohl: Nationalsozialistische Judenverfolgung in Ostgalizien, 1941-1944. Organisation und Durchführung eines staatlichen Massenverbrechens, München 1996; Christian Gerlach: Kalkulierte Morde. Die deutsche Wirtschafts- und Vernichtungspolitik in Weißrussland 1941 bis 1944, Hamburg 1999. Überblick über diese Forschungsarbeiten in Ulrich Herbert (Hg.): Nationalsozialistische Vernichtungspolitik, 1939 bis 1945. Neue Forschungen und Kontroversen, Frankfurt am Main 1998.

3 Hier v.a. Norbert Frei: Vergangenheitspolitik. Die Anfänge der Bundesrepublik und die NS-Vergangenheit, München 1996; Ulrich Brochhagen, Nach Nürnberg. Vergangenheitsbewältigung und Westintegration in der Ära Adenauer, Hamburg 1994.

4 Daniel Goldhagen: Daniel Jonah Goldhagen: Hitlers willige Vollstrecker. Ganz gewöhnliche deutsche und der Holocaust, Berlin [10]1997; vgl. Ein Volk von Mördern? Die Dokumentation der Goldhagen-Kontroverse um die Rolle der Deutschen im Holocaust, hg. v. Julius H. Schoeps, Hamburg [3]1996; Ulrich Herbert: Academic and Public Discourses on the Holocaust: The Goldhagen Debate in Germany, in: German Politics and Society, 17, No. 3, 1999, S. 35-54.

5 Michael Wildt: Generation des Unbedingten Das Führungskorps des Reichssicherheitshauptamtes, Hamburg 2002; Karin Orth: Die Konzentrationslager-SS. Sozialstrukturelle Analysen und biographische Studien, Göttingen 2000; Isabel Heinemann: »Rasse, Siedlung, deutsches Blut«. Das Rasse- und Siedlungshauptamt der SS und die rassenpolitische Neuordnung Europas, Göttingen 2003.

6 Als Beispiele seien genannt: Claudia Steur: Theodor Dannecker. Ein Funktionär der »Endlösung«, Essen 1997; Jens Banach: Heydrichs Elite. Das Führerkorps der Sicherheitspolizei und des SD 1936 – 1945, Paderborn 1998; Lutz Hachmeister: Der Gegnerforscher. Die Karriere des SS-Führers Franz Alfred Six, München 1998; Michael Kißener (Hg.): Die Führer der Provinz. NS-Biographien aus Baden und Württemberg, Konstanz 1999; Gerhard Paul (Hg.): Die Täter der Shoah. Fanatische Nationalsozialisten oder ganz normale Deutsche? Göttingen 2002; Patrick Wagner: Hitlers Kriminalisten. Die deutsche Kriminalpolizei und der Nationalsozialismus zwischen 1920 und 1960, München 2002; Igor-Philip Matic: Edmund Veesenmayer: Agent und Diplomat der nationalsozialistischen Expansionspolitik, München 2002; Joachim Perels(Hg.): NS-Täter in der deutschen Gesellschaft, Hannover 2002; Michael R. Hayse: Recasting West German Elites. Higher civil servants, business lea-

ders, and physicians in Hesse between Nazism and democracy, 1945 – 1955, New York 2003; David Cesarani: Adolf Eichmann : Bürokrat und Massenmörder – Biografie, Berlin 2004; Klaus-Michael Mallmann (Hg.): Karrieren der Gewalt: Nationalsozialistische Täterbiographien, Darmstadt 2005; Ralf Meindl: Ostpreußens Gauleiter. Erich Koch – eine politische Biographie, Osnabrück 2007; Markus Roth: Herrenmenschen. Die deutschen Kreishauptleute im besetzten Polen. Karrierewege, Herrschaftspraxis und Nachgeschichte, Göttingen 2009; übergreifend: Harald Welzer: Täter. Wie aus ganz normalen Menschen Massenmörder werden, Frankfurt am Main 2005.

7   Hans Mommsen, in Harald Welzer (Hg.): Auf den Trümmern der Geschichte. Gespräche mit Raul Hilberg, Hans Mommsen und Zygmunt Baumann, Tübingen 1999.

8   Hitler vor dem Großdeutschen Reichstag, IV Wahlperiode 1. Sitzung, vom 30.1.1939, VEJ 2, 250.

9   Hier vor allem: Wilfried Loth (Hg.): Verwandlungspolitik. NS-Eliten in der westdeutschen Nachkriegsgesellschaft, Frankfurt/Main 1998; Norbert Frei (Hg.): Karrieren im Zwielicht. Hitlers Eliten nach 1945, Frankfurt am Main 2002; ders.: Transnationale Vergangenheitspolitik. Der Umgang mit deutschen Kriegsverbrechern in Europa nach dem Zweiten Weltkrieg , Göttingen 2006; Bernhard Brunner: Der Frankreich-Komplex. Die nationalsozialistischen Verbrechen in Frankreich und die Justiz der Bundesrepublik Deutschland, Göttingen 2003; Marc von Miquel: Ahnden oder amnestieren? Westdeutsche Justiz und Vergangenheitspolitik in den sechziger Jahren, Göttingen 2004; Wildt, Generation, S. 731-845; Klaus-Michael Mallmann (Hg.): Die Gestapo nach 1945. Karrieren, Konflikte, Konstruktionen, Darmstadt 2009; Roth, Herrenmenschen, S. 388-425; vgl. Ulrich Herbert: Rückkehr in die Bürgerlichkeit? NS-Eliten in der Bundesrepublik, in: Bernd Weisbrod (Hg.): Rechtsradikalismus in Niedersachsen nach 1945, Hildesheim 1995, S. 1-17.

10 Bernd Weisbrod: Generation und Generationalität in der Neueren Geschichte, in ApuZ 8/2005; vgl. ders. (Hg.): Historische Beiträge zur Generationsforschung, Göttingen 2009; Ohad Parnes, Ulrike Vedder, Stefan Willer: Das Konzept der Generation: Eine Wissenschafts- und Kulturgeschichte, Frankfurt am Main 2008; Ulrike Jureit, Michael Wildt (Hg.): Generationen. Zur Relevanz eines wissenschaftlichen Grundbegriffs, Hamburg 2005; Ulrike Jureit: Generationenforschung Göttingen 2006.

11 Götz Aly, Rezension zu A. Angrick: Besatzungspolitik und Massenmord, in: Die Zeit, Nr. 20 v. 26.2.2004.

12 Jonathan Littell: Die Wohlgesinnten, Berlin 2008.

13 Lutz Hachmeister: Schwülstige Sachlichkeit, schwatzhafte Kälte (http://lesesaal.faz.net/littell/exp_forum.php?rid=7, 09. 08. 2010)

14 Vgl. Ulrich Herbert: Nur in Frankreich sensationell. Littell bebildert die Forschung (http://lesesaal.faz.net/littell/exp_forum.php?rid=11, 9.8.2010). Klaus Theweleit bezeichnete diese Bemerkungen des Autors zu Littell in der FAZ als »strukturelles Herrenmenschentum«, s. Klaus Theweleit: Die jüdischen Zwillinge (http://lesesaal.faz.net/littell/article.php?aid=34&bl=%252Flittell%252Frezensionen.php, 09.08.2010))

Quellen und Literatur

Archivalien

Bundesarchiv Koblenz (BA)

B 106	Bundesministerium des Innern
B 136	Bundeskanzleramt
B 141	Bundesministerium der Justiz
B 305	Zentrale Rechtsschutzstelle

NS 4	Konzentrationslager
NS 16	NS-Rechtswahrerbund
NS 19	Persönlicher Stab des Reichsführers SS
NS 20	Kl. Erw. NSDAP
NS 22	Reichsorganisationsleiter der NSDAP
NS 26	Hauptarchiv NSDAP
NS 31	SS-Hauptamt
NS 38	NS-Studentenbund

R 2	Reichsfinanzministerium
R 18	Reichsministerium des Innern
R 19	Hauptamt Ordnungspolizei
R 22	Reichsministerium der Justiz
R 43	Reichskanzlei
R 49	Reichskommissar für die Festigung deutschen Volkstums
R 58	Reichssicherheitshauptamt
R 61	Akademie für Deutsches Recht
R 70	Polizeidienststellen Dänemark, Frankreich, Polen
R 83	Zentralbehörden der allgemeinen deutschen Zivilverwaltung in den besetzten Gebieten
R 118	Hochschule für internationale Politik
R 129	Deutsche Studentenschaft
R 134	Reichskommissar für die Überwachung der öffentlichen Ordnung

NL 23	Nachlass Best
NL 80	Nachlass Blücher
NL 263	Nachlass Rheindorf
NL 239	Nachlass von Brentano

All. Proz. 1, 2, 9	Nürnberger Prozesse
All. Proz. 8	Britische Prozesse in Deutschland
All. Proz. 20	Prozesse gegen Deutsche im europäischen Ausland
All. Proz. 21	Prozesse gegen Deutsche im europäischen Ausland

Z 42	Spruchgerichte
Z 42.I	Generalinspekteur für die Spruchgerichte in der Britischen Zone
Kl. Erw. 77	Kanstein

Bundesarchiv-Militärarchiv Freiburg i. Brsg. (BA-MA)

RW 4	OKW/Wehrmachtsführungsstab
RW 5	OKW/Amt Ausland/Abwehr
RW 35	Militärbefehlshaber Frankreich

Zentrales Staatsarchiv Potsdam (ZStAPo)

15.01	Reichsministerium des Innern
15.07	Reichskommissar für die Überwachung der öffentlichen Ordnung
16.01	Reichsministerium für die besetzten Gebiete
16.02	Reichskommissar für die besetzten rheinischen Gebiete
16.03	Rheinische Volkspflege
70 Re 8	Reichsverband der deutschen Hochschulen

Politisches Archiv des Auswärtigen Amtes Bonn (PA-AA)

Abteilung II
Abteilung III b, Dänemark
Büro Staatssekretär, Dänemark
Inland II AB
Inland II geheim
Nachlass Renthe-Fink
Nachlass Duckwitz

Geheimes Staatsarchiv der Stiftung Preußischer Kulturbesitz, Berlin (GStAB)

Rep. 77	Preußisches Ministerium des Innern
Rep. 90	Preußisches Staatsministerium
Rep. 90 P	Geheime Staatspolizei
Rep. 92	Nachlass Daluege

Hauptstaatsarchiv Düsseldorf (HStAD)

Rep. 242	Verfahren gegen Best u.a. wg. Mordes, 1 Js 12/65, RSHA
NW 1129	Entnazifizierungsakte Naumann
RWV 357	FDP-Landtagsfraktion Nordrhein-Westfalen
RWN 172	Nachlass Middelhauve
RWV 49	FDP-Landesverband Nordrhein-Westfalen

Hessisches Staatsarchiv Darmstadt (HStAda)

G 5	Reichsstatthalter
G 12	Polizei
G 24	Staatskommissar für das Polizeiwesen

Hessisches Hauptstaatsarchiv Wiesbaden (HStAWi)

Abt. 405	Besatzung
Abt. 483	NSDAP Hessen
Abt. 461	Staatsanwaltschaft Frankfurt

Berlin Document Center (BDC)

SS-Führer Personalakten

Institut für Marxismus-Leninismus beim Zentralkomitee der SED, Berlin, DDR (IML)

Reichssicherheitshauptamt, Abt. IV

Rigsarkivet Kopenhagen (RA-K)

Justitsministeriet
Udenrigsministeriet
Privatarkiv Christiansen
Privatarkiv Best

Archiv der Friedrich-Naumann-Stiftung, Gummersbach (FNS)

NL 1   Nachlass Dehler
Protokolle des FDP-Bundesvorstands

Institut für Zeitgeschichte, München (IfZ)

MA 280, 300, 436, 438, 557, 847
Zeugenschrifttum
Nürnberger Dokumente

Archiv Yad-Vashem, Jerusalem

Eichmann-Prozess

Universität Jerusalem, Institut für politische Wissenschaften

Sammlung Aronson

Zentrale Stelle der Landesjustizverwaltungen, Ludwigsburg

Verschiedene Unterlagen

Werner Best: Schriften

Internationale Politik der Nationalisten, in: Gewissen. Unabhängige Zeitung für Volksbildung, 8, 1926, S. 1-2.
Zur Frage der »gewollten Tarifunfähigkeit«, (Diss. jur. Heidelberg 1927), Mainz 1928.
Krisis der Legislative, in: Vormarsch, 2, 1928, S. 342-344.
Kesseltreiben gegen die deutsche Studentenschaft, in: Deutsche Akademikerzeitung, 20, 1928, S. 1-2.
Einleitung, in: Gottfried Flügge: Arbeitsdienstpflicht?, hg. v. Werner Best, Berlin 1929.
Die Reichsreform, in: Jungnationale Stimmen, 4, 1929, S. 97-100, 130-134.
Der Fall Opel, in: Der Ring, 2, 1929, S. 203-204.
Können nach dem 22.7.1929 Delikte gegen das Republikschutzgesetz noch bestraft werden?, in: Deutsche Juristenzeitung, 1928/29, S. 1411.
Der Krieg und das Recht, in: Jünger (Hg.), Krieg und Krieger, S. 137-161.
»... wird erschossen.« Die Wahrheit über das Boxheimer Dokument, Selbstverlag, Mainz 1932.
Rechtsbegriff und Begriff des Rechtswahrers, in: DR, 6, 1936, S. 188-190.
Die Geheime Staatspolizei, in: DR, 6, 1936, S. 125-128.
Der Reichsführer-SS und Chef der Deutschen Polizei, in: DR, 6, 1936, S. 257-258.
Die Politische Polizei des Dritten Reiches, in: Hans Frank (Hg.): Deutsches Verwaltungsrecht, München 1937, S. 417-430.
Die Aufgaben des Ausschusses für Polizeirecht der Akademie für Deutsches Recht, in: Frank, Himmler, Best, Höhn: Grundfragen der deutschen Polizei. Bericht über die konstituierende Sitzung des Ausschusses für Polizeirecht der Akademie für Deutsches Recht, 11. Oktober 1936, Hamburg 1937, S. 17-20.
Neubegründung des Polizeirechts, in: Jahrbuch der Akademie für Deutsches Recht, 4, 1937, S. 132-138.
Würzburg 1927. Die »Nachhut« der ersten völkischen Studentenbewegung Großdeutschlands, in: Der Altherrenbund, 1, 1938/39, S. 309-311.
Neuordnung des Polizeirechts, in: Jahrbuch der Akademie für Deutsches Recht, 5, 1938, S. 44-50.
Rechtsstaat? In: DR, 8, 1938, S. 413-416.
Werdendes Polizeirecht, in: DR, 8, 1938, S. 224-226.

Die Schutzstaffel der NSDAP und die Deutsche Polizei, in: DR, 9, 1939, S. 44-48.

Die strafrechtliche und polizeiliche Bekämpfung der Amtsanmaßung, in: DR, 9, 1939, S. 88-90.

Kritik und Apologie des »Juristen«, in: DR, 9, 1939, S. 196-199.

Die Nachwuchsfrage, in: DR, 9, 1939, S. 501-505.

Rechtsbegriff und Gesetzgebung, in: DR, 9, 1939, S. 673-675.

Rezension zu: P. Ritterbusch: Demokratie und Diktatur, Berlin, Wien 1939, in: DR, 9, 1939, S. 857-858.

Kameradschaftliches Treffen der Alten Bundesmitglieder, in: DR, 9, 1939, S. 818.

Rezension zu: Das Nibelungenlied. Nach dem Urtext, in: DR, 9, 1939, S. 858.

Rezension zu: K. Charlé: Die Eiserne Garde, Berlin, Wien 1939, in: DR, 9, 1939, S. 858-859.

Rezension zu: W. Zirpius: Strafrecht – leicht gemacht!, Berlin 1939, in: DR, 9, 1939, S. 862-863.

Die Behandlung der Kriminellen im Kriege, in: Kriminalistik, 13, 1939, S. 194-197, 208-209.

Rechtsbegriff und Verfassung, in: DR, 9, 1939, S. 1201-1203.

Wesen und verfassungsrechtliche Stellung des Richters. Rezension zu August Jäger: Der Richter. Wesen und verfassungsrechtliche Stellung, Berlin 1939, in: DR, 9, 1939, S. 1227-1228.

Die Lehre von der »Heiligen Krone«, in: DR, 9, 1939, S. 1295-1297.

Rechtsbegriff und »Völkerrecht«, in: DR, 9, 1939, S. 1345-1348.

»Geschichte zweier Völker«. Rezension zu Jacques Bainville: Geschichte zweier Völker, Hamburg 1939, in: DR, 9, 1939, S. 1425-1427.

Rezension zu: F. Exner: Kriminalbiologie in ihren Grundzügen, Hamburg 1939, in: DR, 9, 1939, S. 1499-1500.

Die Rechtsnachfolge im Faschismus (zusammen mit Guiseppe Lo Verde), in: DR, 9, 1939, S. 1622-1625.

Die Weimarer Verfassung. Ein Nachwort zum 11. August 1939, in: Reichsverwaltungsblatt, 60, 1939, S. 757-760,

Die NSDAP als die politische Führungsfunktion in der deutschen Volksordnung, DR, 9, 1939, S. 1667-1670.

Rezension zu: Erik Wolf: Große Rechtsdenker der deutschen Geistesgeschichte, Tübingen 1939, in: DR, 9, 1939, S. 1680.

Das Deutsche Kriegsrecht – Kriegs-Sicherheitsrecht, in: DR, 9, 1939, S. 1697-1699.

Rezension zu: Hans Lüdemann: Sparta. Lebensordnung und Schicksal, in: DR, 9, 1939, S. 1746.

Die bisherige polnische Verwaltung, in: DR, 9, 1939, S. 1805-1807.

Das Deutsche Kriegsrecht – Kriegs-Verwaltungsrecht, in: DR, 9, 1939, S. 1834-1838.

Das Deutsche Kriegs-Sicherheitsrecht, in: DR, 9, 1939, S. 1865-1868.

Rezension zu: Karl-August Eckhardt: Ingwi und die Ingweonen in der Überlieferung des Nordens, in: DR, 9, 1939, S. 2072.

Das Deutsche Kriegsrecht – Kriegs-Verwaltungsrecht: Die neue Gliederung und Verwaltung des ehemaligen polnischen Staatsgebietes, in: DR, 9, 1939, S. 2089-2090.

Volksordnung und Polizei, in: Deutsche Verwaltung, 16, 1939, S. 240-241.

Die Verfassung und Verwaltung des Königreichs Ungarn, in: Deutsche Verwaltung, 16, 1939, S. 353-355.

Die bisherige polnische Verwaltung, in: Deutsche Verwaltung, 16, 1939, S. 530-533.

Die Bedeutung der bretonischen Bewegung für das Deutsche Reich. Bemerkungen zu der Denkschrift »Freie Bretagne!«, die im Auftrage des bretonischen Nationalrats dem Auswärtigen Amt in Berlin am 3.9.1940 überreicht wurde, Paris, Dezember 1940, (MS), HStAD, Rep. 242, Plc(40).

Die deutsche Polizei, Darmstadt 1940 (2. Aufl. 1941).

Die Aufgaben der deutschen Polizei, in: Die deutsche Polizei, 9, 1941, S. 69-71.

Die Verwaltung in Polen vor und nach dem Zusammenbruch der polnischen Republik, Berlin 1940.

Kirche und heidnische Tradition. Rezension zu: Die pädagogischen Grundsätze der Benediktiner-Regel, München 1939, in: DR, 10, 1940, S. 16-17.

Mitarbeit am Reiche. Gedanken zum Geburtstage des Führers, in: DR, 10, 1940, S. 601-604.

Verfassungsrecht des Großdeutschen Reiches. Rezension zu: Ernst Rudolf Huber: Verfassungsrecht des Großdeutschen Reiches, Hamburg 1939, in: DR, 10, 1940, S. 676-677.

Rezension zu: Hans E. Friedrich: Tradition und neue Welt, Berlin 1939, in: DR, 10, 1940, S. 19.

Die »Reform« des Freiherrn vom Stein und die »Reform«-Aufgaben der deutschen Gegenwart, in: DR, 10, 1940, S. 881-883.

Völkische Großraumordnung. Rezension zu Carl Schmitt: Völkerrechtliche Großraumordnung mit Interventionsverbot für raumfremde Mächte. Ein Beitrag zum Reichsbegriff im Völkerrecht, Berlin, Leipzig, Wien ²1940, in: DR, 10, 1940, S. 1006-1007.

Polizeigeschichte. Rezension zu Walter Obenaus: Die Entwicklung der preußischen Sicherheitspolizei bis zum Ende der Reaktionszeit, Berlin 1940, in: DR, 10, 1940, S. 1044-1045.

Rezension zu: Reinhard Höhn: Frankreichs Demokratie und ihr geistiger Zusammenbruch, Berlin 1940, in: DR, 10, 1940, S. 1561.

Grundfragen einer deutschen Großraum-Verwaltung, in: Festgabe für Heinrich Himmler, Darmstadt 1941, S. 33-60.

Die deutsche Militärverwaltung in Frankreich, in: RVL, Bd. 1, 1941, S. 29-76.

Frankreich. Schuld und Schicksal, in: RVL, Bd. 1, 1941, S. 292-313.

Die deutschen Aufsichtsverwaltungen in Frankreich, Belgien, den Niederlanden, Dänemark und im Protektorat Böhmen und Mähren, Paris 1941 (MS.), HStAD, Rep. 242, Dok.O 29.

Großraumordnung und Großraumverwaltung, in: Zeitschrift für Politik, 32, 1942, S. 406-412.

Völkische Neuordnung West-Europas zur Sicherung des Reiches! (November 1941), Universität Kopenhagen, Institut für Zeitgeschichte, Slg. Kirchhoff.

»Frankreichs Schicksal im Jahre ... «, in: RVL, Bd. 2, 1942, S. 307-338.

Rezension zu: E. Krieck: Der Mensch in der Geschichte, Leipzig 1940, in: RVL, Bd. 2, 1942, S. 425-436.

Herrenschicht oder Führungsvolk (anonym), in: RVL, Bd. 3, 1942, S. 122-139.

»Aufzeichnungen betr. meinen Lebenslauf«, Kopenhagen, 21.8.1945 (MS., RA-K, PA Best).

Aufzeichnungen betr. Nationalsozialistische Führer, wie ich sie heute sehe, Kopenhagen, Oktober 1945, RA-K, PA Best: 1. Adolf Hitler, 2. Heinrich Himmler, 3. Joachim von Ribbentrop, 4. Reichsminister Graf Schwerin von Krosigk, 5. Hermann Göring, 6. Reichskommissar Josef Terboven.

Lebenslauf des Dr. Werner Best, Oberursel, Mai 1946, MS., RA-K, PA Best.

Bericht betreffend Dr. Frits Clausen und die DNSAP, Kopenhagen, 28.1.1946, RA-K, PA Best.

Bericht betr. das Schalburg-Korps sowie K. B. Martinsen und Dr. Popp-Madsen, MS., Kopenhagen, 3.2.1946, RA-K, PA Best.

Petains »Oeuvre Ausciliaire Social« oder Die Umwege der Baronne de la Bougliere. Novelle von Werner Best, MS., ca. 1946, RA-K, PA Best.

Unterlagen zur Zeitgeschichte: Fragen über die Persönlichkeit Adolf Hitlers, MS., 9.8.1946, HStAD, Rep. 242, Dok.O 32 A.

Kroaten in Berlin. Eine Novelle um Göring, Gestapo und Königsmörder, von Werner Best, MS., 4.8.1947, RA-K, PA Best.

Die Sekretärin des Gestapo-Chefs. Novelle von Dr. Werner Best, MS., 1947, RA-K, PA Best.

Sein Opfergang. Erzählung in sieben Briefen und einer Schlußmitteilung, MS., 21.6.1947, RA-K, PA Best.

Ribbentrops Kurier, Novelle, MS., 1947, RA-K, PA Best.

Die Spionin des Admiral Canaris, Novelle, MS., 21.6.1947, RA-K, PA Best.

Die Einwirkungen des Auswärtigen Annes auf die Lage in Dänemark vom 5.11.1942 – 5.5.1945, MS., Kopenhagen, 21.3.1948, RA-K, PA Best.

Vidkun Quisling, MS., Kopenhagen, 25.12.1948, BA, NL 23/14 (gedr. in: Matlok [Hg.], Dänemark, S. 182-186).

Joachim von Ribbentrop, MS., Kopenhagen, 6.3.1949, BA, NL 23 (gedr. in: Matlok [Hg.], Dänemark, S. 140-147).

Adolf Hitler, MS., Kopenhagen, 17.3.1949, BA, NL 23 (gedr. in: Matlok [Hg.], Dänemark, S. 120-132).

Hermann Göring, MS., Kopenhagen, 4.4.1949, BA, NL 23 (gedr. in: Matlok [Hg.], Dänemark, S. 133-139).

Wilhelm Canaris, MS., Kopenhagen, 10.4.1949, BA, NL 23 (gedr. in: Matlok [Hg.], Dänemark, S. 171-178).

Heinrich Himmler, MS., Kopenhagen, 18.9.1949, BA, NL 23 (gedr. in: Matlok [Hg.], Dänemark, S. 148-159).

Reinhard Heydrich, MS., Kopenhagen, 1.10.1949, BA, NL 23 (gedr. in: Matlok [Hg.], Dänemark, S. 160-170).

Was wollten wir als Nationalsozialisten?, MS., Kopenhagen, August 1950, HStAD, Dok.O 32 K. Daten betr. Dr. Werner Best, MS., Kopenhagen, 1950, HStAD, Dok.O 32 J, 1-4.

Das Nibelungenlied, erzählt mit geschichtlicher Deutung von Dr. Werner Best, Kopenhagen, o. D. (ca. 1950), HStAD, Rep. 242, Dok.O 32.

Die deutsche Politik in Dänemark während der letzten 2 1/2 Kriegsjahre, MS., Horsens 1950, BA, NL 23 (gedr. in: Matlok [Hg.], Dänemark, S. 19-119).

Erinnerungen aus dem besetzten Frankreich, MS., Kopenhagen, Sommer 1951, HStAD, Rep. 242, Dok.O 32.

Gesichtspunkte zur Liquidation der politischen Strafsachen einer abgeschlossenen Epoche, MS., 1952/53 (MdI, NW)

Die Gestapo, MS., o. D. (ca. 1953), HStAD, Rep. 242 Dok.O 32.

Die »Philosophie des Dennoch«. Grundzüge einer zeitgemäßen Philosophie, MS., o. D. (ca. 1953), HStAD, Rep. 242, Dok.O 32.

Die deutsche Abwehrpolizei bis 1945, MS., o. D. (ca. 1956), HStAD, Rep. 242, Dok.O 32.

Erfahrungssätze über die Gestaltung der Staatssicherungsfunktionen und -organe, MS., o. D. (ca. 1958), HStAD, Rep. 242, Dok.O 32.

Mein Berufsweg, 10.2.1964, HStAD, Rep. 242, Dok.O 29.

Lebenslauf des Karl Rudolf Werner Best, MS., ca. 1965, HStAD, Rep. 242, Dok.O 29 (teilweise abgedr. bei Aronson, Reinhard Heydrich, S. 145-153).

Erik Scavenius, MS., 7.5.1978, RA-K, PA Best (gedr. in: Matlok [Hg.], Dänemark, S. 179-182).

Nils Svenningsen, MS., 1984, RA-K, PA Best.

Matlok, Siegfried (Hg.): Dänemark in Hitlers Hand. Der Bericht des Reichsbevollmächtigten Werner Best über seine Besatzungspolitik in Dänemark mit Studien über Hitler, Göring, Himmler, Heydrich, Ribbentrop, Canaris u. a., Husum 1988.

Dokumentensammlungen und Quelleneditionen

Adenauer: »Es mußte alles neu gemacht werden.« Die Protokolle des CDU-Bundesvorstandes 1950-1953, bearb. von Günter Buchstab, Stuttgart 1986.

Adenauer: »Wir haben wirklich etwas geschaffen.« Die Protokolle des CDU-Bundesvorstandes 1953-1957, bearb. von Günter Buchstab, Stuttgart 1990.

Adenauer. Teegespräche. Bd. 1: 1950 – 1954, Bd. 2: 1955 – 1958, bearb. von Hanns Jürgen Küsters, Berlin 1984 u. 1986.

Adler, Hans-Günther: Die verheimlichte Wahrheit. Theresienstädter Dokumente, Tübingen 1958.

Akten zur Auswärtigen Politik der Bundesrepublik Deutschland. Adenauer und die Hohen Kommissare; Bd. 1: 1949-1951; Bd. 2: 1952; bearb. von Frank-Lothar Kroll und Manfred Nebelin, München 1989 u. 1990.

Akten zur deutschen Auswärtigen Politik 1918 – 1945. Serie D (1937 – 1941), Serie E (1941 – 1945).

Akten der Reichskanzlei, Weimarer Republik, Hg. v. Karl Dietrich Erdmann u. a.: Das Kabinett Cuno, bearb. v. K. H. Harbeck, Boppard 1978; Die Kabinette Brüning I und II, bearb. v. T. Koops, 2 Bde., Boppard 1982; Das Kabinett Schleicher, bearb. v. A. Golekki, Boppard 1986.

Akten der Reichskanzlei, Regierung Hitler: Die Regierung Hitler, Teil I, 1933/34, bearb. v. K. H. Minuth, Bd. I, 30.1. – 31.8.1933, Boppard 1983.

Bargatzky, Walter: Bericht über die Wegnahme französischer Kunstschätze durch die deutsche Botschaft und den Einsatzstab Rosenberg, Hg. v. Wilhelm Treue, in: VfZ, 13, 1965, S. 285-337.

Besaettelsestidens fakta. Dokumentarisk handbog med henblik paa lovene af 1945 om landsskaelig virksomhed m.v. Red. af. Niels Alkil, 1945 – 1946, Bd. 1-2.

Browder, George C.: Die Anfänge des SD. Dokumente aus der Organisationsgeschichte des Sicherheitsdienstes des Reichsführers SS. Dokumentation, in: VfZ, 27, 1979, S. 299-324.

Degener, Hermann A. L.: Degeners »Wer ist's?« Unsere Zeitgenossen, Berlin 1935.

Deuerlein, Ernst (Hg.): Der Aufstieg der NSDAP, München 1976 (¹1968).

Deutschland-Berichte der Sozialdemokratischen Partei Deutschlands (Sopade) 1934-1940, Hg. von Klaus Behnken, Frankfurt am Main 1980.

Dritte Denkschrift über die Ausschreitungen der Besatzungstruppen im besetzten Gebiet, abgeschlossen im Januar 1925, zusammengestellt im Reichsministerium für die besetzten Gebiete, Berlin 1925 (Sonderdruck der Reichtagsdrucksache Nr. 737).

Dokumente zur Besetzung der Rheinlande, Hg. vom Reichsminister für die besetzten Gebiete, 3 Bde, Berlin 1925.

Ebert, Friedrich jun. (Hg.): Friedrich Ebert. Schriften, Aufzeichnungen, Reden, 2 Bde., Dresden 1926.

Entscheidungen des Bundesverfassungsgerichts, 8 Bde., Tübingen 1952-1959.

FDP-Bundesvorstand, bearb. von Udo Wengst. Bd. 1: Die Liberalen unter dem Vorsitz von Theodor Heuss und Franz Blücher, Sitzungsprotokolle 1949 – 1954, Bd. 2: Die Liberalen unter dem Vorsitz von Thomas Dehler und Reinhold Maier, Sitzungsprotokolle 1954 – 1960; Düsseldorf 1990 u. 1991.

Das deutsche Führerlexikon 1934/35, Berlin 1935.

Der Generalquartiermeister. Briefe und Tagebuchaufzeichnungen des Generalquartiermeisters des Heeres, General der Artillerie, Eduard Wagner, hg. von Elisabeth Wagner, München, Wien 1963.

Groscurth, Helmuth: Tagebücher eines Abwehroffiziers 1938 – 1940, hg. v. Helmut Krausnick und Harold C. Deutsch, Stuttgart 1970.

Halder, Franz: Kriegstagebuch. Tägliche Aufzeichnungen des Chefs des Generalstabes des Heeres 1939 – 1942, bearb. v. Hans-Adolf Jacobsen, 3 Bde., Stuttgart 1962 – 1964.

Hassell, Ulrich von: Die Hassell-Tagebücher, 1938 – 1944. Vom Andern Deutschland, Berlin 1988.

Heiber, Helmut (Hg.): Hitlers Lagebesprechungen. Die Protokollfragmente seiner militärischen Konferenzen 1942 – 1945, Stuttgart 1962.

Heiber, Helmut (Hg.): Reichsführer! Briefe an und von Himmler, Stuttgart 1968.

Heyen, Franz-Josef: Nationalsozialismus im Alltag. Quellen zur Geschichte des Nationalsozialismus vornehmlich im Raum Mainz – Koblenz – Trier, Boppard 1967.

Hubatsch, Walther (Hg.): Hitlers Weisungen für die Kriegführung 1939 – 1945, Frankfurt 1962.

Huber, Ernst-Rudolf: Dokumente zur deutschen Verfassungsgeschichte, Bd. 3, Dokumente der November-Revolution und der Weimarer Republik 1918 – 1933, Stuttgart 1966.

IMT (International Military Tribunal): Der Prozeß gegen die Hauptkriegsverbrecher vor dem Internationalen Militärgerichtshof, Nürnberg, 14.11.1945 bis 1.10.1946, 42 Bde., Nürnberg 1947 – 1949.

Jäckel, Eberhard, u. Axel Kuhn (Hg.): Hitler. Sämtliche Aufzeichnungen 1905 – 1924, Stuttgart 1980.

Jochmann, Werner (Hg.): Adolf Hitler. Monologe im Führerhauptquartier 1941 – 1944. Die Aufzeichnungen Heinrich Heims, Hamburg 1980.

Justiz und NS-Verbrechen. Sammlung deutscher Strafurteile wegen nationalsozialistischer Tötungsverbrechen, 1945 – 1966, bearb. im »Seminarium voor Strafrecht en Strafrechtspleging Van Hamel« der Universität Amsterdam von L. Rüter-Ehlermann, C. F. Rüter u. a., Amsterdam 1968 ff.

Kahlenberg, Friedrich P. (Hg.): Die Berichte Eduard Davids als Reichsvertreter in Hessen 1921 – 1927, Wiesbaden 1970.

Kindt, Werner (Hg.): Grundschriften der deutschen Jugendbewegung (Dokunentation der Jugendbewegung, Bd. I), Düsseldorf 1962.

Kindt, Werner (Hg.): Die deutsche Jugendbewegung 1920 – 1933. Die bündische Zeit (Dokumentation der Jugendbewegung, Bd. III), Düsseldorf 1974.

Klarsfeld, Serge (Hg.): Die Endlösung der Judenfrage in Frankreich. Deutsche Dokumente 1941 – 1944, Paris 1977.

Klarsfeld, Serge: Vichy – Auschwitz. Die Zusammenarbeit der deutschen und französischen Behörden bei der »Endlösung der Judenfrage« in Frankreich, Nördlingen 1989.

Lang, Jochen von (Hg.): Das Eichmann-Protokoll. Tonbandaufzeichnungen der israelischen Verhöre, Berlin 1982.

Longerich, Peter (Hg.): Die Ermordung der europäischen Juden, München 1989.

Die Machtergreifung der Nationalsozialisten 1933 in Mainz. Eine Dokumentation, bearb. von Friedrich Schütz, Mainz 1983.

Die neuen Männer. Verzeichnis der Dienststellenbesetzungen in Reichs- und Länderministerien, Berlin 1933.

Meldungen aus dem Reich 1938 – 1945. Die geheimen Lageberichte des Sicherheitsdienstes der SS, 17 Bde., hg. v. Heinz Boberach, Herrsching 1984.

Merritt, Anna J., u. Richard L. Merritt (Hg.): Public Opinion in Semisovereign Germany. The HICOG Surveys, 1949 – 1955, Urbans, Chicago, London 1980.

Müller-Jabusch, Maximilian (Hg.): Handbuch des öffentlichen Lebens, Leipzig 1931.

Noelle, Elisabeth, u. Erich Peter Neumann (Hg.): Jahrbuch der öffentlichen Meinung 1947 – 1955, Allensbach 1956.

Die Okkupationspolitik des deutschen Faschismus in Dänemark und Norwegen, 1940 – 1945, (Europa unterm Hakenkreuz, Bd. 7), Berlin, Heidelberg 1992.

Die faschistische Okkupationspolitik in Frankreich, 1940 – 1944 (Europa unterm Hakenkreuz, o.Nr.), Berlin 1990.

Parlamentarisk kommission. Betaenkning og beretninger fra de af folketinget nedsatte kommissioner i henhold til grundlovens § 45, med bilag, Bd. I – XV [und Anlagebände], Kopenhagen 1945 – 1948.

Picker, Henry (Hg.): Hitlers Tischgespräche im Führerhauptquartier, Stuttgart ³1976.

Ritter, Ernst (Hg.): Reichskommissariat für Überwachung der öffentlichen Ordnung und Nachrichten-Sammelstelle im Reichsministerium des Inneren: Lageberichte 1920-1929, Meldungen 1929 – 1933, Microfiches, München 1979.

Schramm, Percy Ernst (Hg.): Kriegstagebuch des Oberkommandos der Wehrmacht 1940 – 1945, 4 Bde., Frankfurt 1961 – 1965.

Smith, Bradley F., u. Agnes F. Peterson (Hg.): Heinrich Himmler. Geheimreden 1933 – 1945 und andere Ansprachen, Frankfurt, Berlin, Wien 1974.

Staat und NSDAP. Quellen zur Ära Brüning, eingeleitet von Gerhard Schulz, bearb. von Ilse Maurer und Udo Wengst (Quellen zur Geschichte des Parlamentarismus und der politischen Parteien, Bd. 3), Düsseldorf 1972.

Die Tagebücher von Joseph Goebbels. Sämtliche Fragmente, hg. v. Elke Fröhlich im Auftrag des Instituts für Zeitgeschichte und in Verbindung mit dem Bundesarchiv, 4 Bde., München u. a., 1987.

Umbreit, Hans: Zur Behandlung der Bretonen-Bewegung durch die deutsche Besatzungsmacht im Sommer 1940 (Dokumentation), in: MGM, 3, 1968, S. 145-165.

Ursachen und Folgen. Vom deutschen Zusammenbruch 1918 und 1945 bis zur staatlichen Neuordnung Deutschlands in der Gegenwart, hg. v. Herbert Michaelis und Ernst Schraepler, Bde. 1-22, Berlin 1958 ff.

Verhandlungen des Landtages des Volksstaates Hessen. Drucksachen und Protokolle, Erster Landtag 1919/21; Zweiter Landtag 1921/24; Fünfter Landtag 1931/32; Sechster Landtag 1932/33, Darmstadt 1919 ff.

Zur Verjährung nationalsozialistischer Verbrechen. Dokumentation der parlamentarischen Bewältigung des Problems, hg. vom Deutschen Bundestag, Presse- und Informationszentrum, Bonn 1980.

Vollnhals, Clemens (Hg.): Entnazifizierung. Politische Säuberung und Rehabilitation in den vier Besatzungszonen 1945 – 1949, München 1991.

Weinberg, Gerhard L. (Hg.): Hitlers Zweites Buch. Ein Dokument aus dem Jahre 1928, Stuttgart 1961.

Wildt, Michael (Hg.): Die Judenpolitik des SD, 1935 – 1939, München 1995.

Memoiren und Selbstzeugnisse

Abetz, Otto: Das offene Problem. Ein Rückblick auf zwei Jahrzehnte deutscher Frankreichpolitik, Köln 1951.

Adelung, Bernhard: Sein und Werden. Vom Buchdrucker in Bremen zum Staatspräsidenten in Hessen, bearb. von Karl Friedrich, Offenbach/M. 1952.

Allardt, Helmut: Politik vor und hinter den Kulissen, Düsseldorf, Wien 1979.

Allen, Henry T.: Mein Rheinland-Tagebuch, o. O. 1923.

Bargatzky, Walter: Hotel Majestic. Ein Deutscher im besetzten Frankreich, Freiburg 1987.

Brüning, Heinrich: Memoiren, Stuttgart 1970.

Diels, Rudolf: Lucifer ante portas. Es spricht der erste Chef der Gestapo, Stuttgart 1950.

Gisevius, Hans Bernd: Bis zum bitteren Ende, München, Zürich 1982 (¹1946).

Grimm, Friedrich: Mit offenem Visier. Aus den Lebenserinnerungen eines deutschen Rechtsanwalts, bearb. von Hermann Schild, Leoni 1961.

Grimm, Friedrich: Frankreich-Berichte, 1934 – 1944, Bodenau 1972.

Heydrich, Lina: Leben mit einem Kriegsverbrecher, Pfaffenhofen 1976.

Hielscher, Friedrich: Fünfzig Jahre unter Deutschen, Hamburg 1954.

Jünger, Ernst: Strahlungen, Tübingen 1949.

Jünger, Ernst: Siebzig verweht III, Stuttgart 1993.

Man, Henric de: Gegen den Strom, Stuttgart 1953.

Meissner, Gustav: Dänemark unterm Hakenkreuz. Die Nord-Invasion und die Besetzung Dänemarks 1940 –1945 [Erinnerungen], Berlin, Frankfurt am Main 1990.

Paetel, Karl Otto: Reise ohne Uhrzeit. Autobiographie, London, Worms 1982.

Rahn, Rudolf: Ruheloses Leben, Düsseldorf 1949.

Scavenius, Eric: Forhandlingspolitiken under Besaettelsen, Kopenhagen 1948.

Schellenberg, Walter: Aufzeichnungen. Die Memoiren des letzten Geheimdienstchefs unter Hitler, London 1956/Wiesbaden, München 1979.

Schwerin von Krosigk, Lutz Graf: Es geschah in Deutschland. Menschenbilder unseres Jahrhunderts, Tübingen 1951.

Schwerin von Krosigk, Lutz Graf: Memoiren, Stuttgart 1977.

Severing, Carl: Mein Lebensweg, 2 Bde., Köln 1950.

Speidel, Hans: Aus unserer Zeit. Erinnerungen, Berlin 1977.

Ulrich, Carl: Erinnerungen des ersten hessischen Staatspräsidenten, hg. von Ludwig Bergstraesser, Offenbach/M. 1953.

Zeitgenössisches Schrifttum (bis 1945)

Allen, Henry T.: Die Besetzung des Rheinlandes, Berlin 1927.

d'Alquen, Gunter: Die SS – Geschichte, Aufgaben und Organisation der Schutzstaffeln der NSDAP, Berlin 1939.

Bartels, Adolf: Die Berechtigung des Antisemitismus, Berlin 1921.

Bartels, Adolf: Der völkische Gedanke. Ein Wegweiser, Weimar 1923.

Becker, Adolf: Beiträge zur Geschichte des Separatismus in Rheinhessen, Frankfurt am Main 1923.

Becker, Adolf: Hinter den Kulissen des Separatismus in Rheinhessen, Heft 2: Mainz, Frankfurt am Main 1924.

Berthold, Gregor: Nationalistische Splitter, in: Die Weltbühne, 28, 1932, S. 865-869.

Best, Wilhelm: Unter französischer Herrschaft in Mainz, in: Volk und Scholle, 9, 1931, S. 88-94, 162-167.

Binding, Karl u. Alfred E. Hoche: Die Freigabe der Vernichtung lebensunwerten Lebens. Ihr Maß und ihre Form, Leipzig 1920.

Bitter, H., u. a.: Der Streit um das preußische Studentenrecht, Berlin (-Charlottenburg) 1927.

Boehm, Max H.: Ruf der Jungen, Berlin 1920.

Boehm, Max H.: Europa irredenta, Berlin 1923.

Boehm, Max H.: Volkstheorie und Volkstumspolitik der Gegenwart, Berlin 1925.

Boehm, Max H.: Das eigenständige Volk. Volkstheoretische Grundlagen der Ethnopolitik und Geisteswissenschaften, Göttingen 1932.

Boehm, Max H.: Volkstheorie als politische Wissenschaft, Jena 1934.

Braubach, R. A.: Jugend und Antisemitismus, in: Mitteilungen aus dem Verein zur Abwehr des Antisemitismus, 31, Nr. 4/5, 24.2.1921.

Bristler, Eduard: Die Völkerrechtslehre des Nationalsozialismus, Zürich 1938.

Chevallerie, Otto de la: Die völkische Bewegung in der deutschen Studentenschaft, in: Die Hochschule, 4/1920-21, Heft 6, S. 171 f.

Chevallerie, Otto de la: Die völkisch-nationale Strömung in der deutschen Studentenschaft, Vortrag am 10.4.1922 im Landwehr-Offizierskasino, Hamburg 1922.

Chevallerie, Otto de la: Die »antisemitische« Studentenschaft, in: Gewissen, 7.5.1923.

Dackweiler, Edgar: Die Polizei im neuen Staat, in: Reichsverwaltungsblatt, 57, 1936, S. 753-756.

Daitz, Werner: Echte und unechte Lebensräume. Gesetze des Lebensraums, in: RVL, Bd. 2, 1942, S. 75-96.

Daitz, Werner: Lebensraum und gerechte Weltordnung. Grundlagen einer Anti-Atlantik-Charta, Amsterdam 1943.

Daluege, Kurt: Die gesetzlichen Bestimmungen über die Bekämpfung des Berufsverbrechertums durch vorbeugende Maßnahmen in Deutschland, in: Der Deutsche Polizeibeamte 1935, S. 775 ff.

Dingräve, Leopold: Wo steht die junge Generation?, Jena 1931.

Doeberl, M.: Das akademische Deutschland, 5 Bde., Berlin 1930/31.

Droßbach: Der Deutsche Hochschulring, in: Handbuch für den deutschen Burschenschaftler, hg. v. H. Haupt, Frankfurt am Main 1924, S. 189-193.

Ehrhard, Wilhelm: Mainz im Kampf um den Rhein, in: Kampf um den Rhein, S. 127-130.

Elster, Alexander: Sozialbiologie, Bevölkerungswissenschaft und Gesellschaftshygiene, Berlin 1923.

Elster, Alexander: Freigabe lebensunwerten Lebens, in: Zeitschrift für die gesamte Strafrechtswissenschaft, 44, 1924, S. 130-135.

Elterlein, Uttmann von: Absage an den Jahrgang 1902, in: Die Tat, 22, 1930/31, S. 202-206.

Engfer, Paul: Um's größere Deutschland. Von studentischer Grenzlandarbeit, München 1923.

Ermert: Die Preußische Geheime Staatspolizei, in: Reichsverwaltungsblatt, 57, 1936, S. 237-238.

Exner, Franz: Kriminalbiologie in ihren Grundzügen, Hamburg ^{2}1944.

Festgabe für Heinrich Himmler, Darmstadt 1941.

Fichte, Johann Gottlieb: Reden an die deutsche Nation (Berlin 1808), Hamburg ^{5}1978.

Fickert, Hans: Rassenhygienische Verbrechensbekämpfung, Leipzig 1938.

Foerder, Ludwig: Antisemitismus, Jugend und Erzieher, in: Im Deutschen Reich, 28, Nr. 3/4, März/April 1922.

Forell, Siegmund: Die Dekadenz des völkischen Gedankens, in: Frankfurter Zeitung, 21.3.1923, Hochschulbeilage.

Frank, Hans, Heinrich Himmler, Werner Best, Reinhard Höhn: Grundfragen der deutschen Polizei. Bericht über die konstituierende Sitzung des Ausschusses für Polizeirecht der Akademie für Deutsches Recht am 11. Oktober 1936, Hamburg 1937.

Frank, Walter: Deutsche Wissenschaft und Judenfrage. Hamburg 1937.

Frank, Walter, u. Kleo Pleyer: Ein Kampf um das Reich, in: Reich und Reichsfeinde, Bd. 3 (Schriften des Reichsinstituts für Geschichte des neuen Deutschlands), Hamburg, 1943, S. 87-124.

Franzen, Wilhelm: Die Polizei im neuen Staat, Marburg 1935.

Freyer, Hans: Revolution von rechts, Jena 1931.

Freyer, Hans: Der politische Begriff des Volkes, Neumünster 1933.

Geigenmüller, Otto: Die politische Schutzhaft im nationalsozialistischen Deutschland, Würzburg 1937.

Gimbel, A. (Hg.): So kämpften wir! Schilderungen aus der Kampfzeit der NSDAP in Hessen-Nassau, bearb. v. Karl Hepp, Frankfurt am Main 1941.

Glaeser, Ernst: Jahrgang 1902. Roman, Berlin 1928.

Glatzel, Frank, u. Alma de l'Aigles: Über die Judenfrage, in: Jungdeutsche Stimmen, 3, 1921, S. 81 ff.

Gleichen, Heinrich von: Das politische Kolleg, in: Deutsche Rundschau, 1921, S. 104-109.

Goldmann, Felix: Hochschul-Antisemitismus, in: Im Deutschen Reich, 28, März/April 1922, S. 54 ff,

Grimm, Friedrich: Der Prozeß vor dem Kriegsgericht in Mainz gegen die rheinisch-westfälischen Zechenvertreter Thyssen, Kesten, Wüstenhafel, Tengelmann, Olfe, Spindler, Berlin 1923 (auch u. d. T.: Der Mainzer Kriegsgerichtsprozeß gegen die rheinisch-westfälischen Bergwerksvertreter).

Grimm, Friedrich: Amnestie, in: Deutsche Juristenzeitung, 1924, S. 569-579.

Grimm, Friedrich: Vom Ruhrkrieg zur Rheinland-Räumung, Hamburg, Berlin, Leipzig 1930.

Grimm, Friedrich: Frankreich am Rhein. Rheinlandbesetzung und Separatismus im Lichte der historischen französischen Rheinpolitik, Hamburg 1931.

Groß, Walter: Rassenpolitische Erziehung (Schriften der Deutschen Hochschule für Politik, Reihe 1, Heft 6), Berlin 1934.

Gründel, Günther E.: Die Sendung der Jungen Generation. Versuch einer umfassenden revolutionären Sinndeutung der Krise, München 1932.

Günther, Hans F. K.: Rassenkunde des deutschen Volkes, München 1922.

Günther, Hans F. K.: Rassenkunde des jüdischen Volkes, München 1930.

Gürke, Norbert: Volk und Völkerrecht, Tübingen 1935.

Gütt, Arthur E., Ernst Rüdin, Falk Ruttke: Gesetz zur Verhütung erbkranken Nachwuchses, München ²1936.

Haensch, Walter: Der organisatorische Weg zur einheitlichen Reichspolizei seit 1933, Berlin 1939.

Hamel, Walter: Die Polizei im nationalsozialistischen Staat, in: Deutsche Juristenzeitung, 40, 1935, S. 326-332.

Hamel, Walter: Polizei, in: Hans Frank (Hg.): Deutsches Verwaltungsrecht, München 1937, S. 381-398.

Hamel, Walter: Sinn und Funktion der Polizei, in: Deutsche Rechtswissenschaft, Bd. 7, 1942, S. 26-37.

Hartmann, Peter (d. i. Paul Rühlmann): Französische Kulturarbeit am Rhein, Leipzig 1921.

Hashagen, Justus: Das Rheinland im Wandel der Zeiten, Bonn 1940.

Heydrich, Reinhard: Wandlungen unseres Kampfes, München, Berlin 1936.

Heydrich, Reinhard: Die Bekämpfung der Staatsfeinde, in: DR, 6, 1936, S. 121-123.

Heydrich, Reinhard: Aufgaben und Ausbau der Sicherheitspolizei im Dritten Reich, in: Pfundtner (Hg.), Dr. Wilhelm Frick, S. 149-153.

Himmler, Heinrich: Die Schutzstaffel als antibolschewistische Kampforganisation, München 1936.

Himmler, Heinrich: Aufgaben und Aufbau der Polizei des Dritten Reiches, in: Pfundtner (Hg.), Dr. Wilhelm Frick, S. 125-130.

Hitler, Adolf: Mein Kampf, 2 Bde., 259./260. Aufl., München 1937.

Der Deutsche Hochschulring. Hochschulringsondernummer der Jungdeutschen Stimmen, November 1920.

Höhn, Reinhard: Die Wandlung im Polizeirecht, in: Deutsche Rechtswissenschaft, 1, 1936, S. 100-123.

Höhn, Reinhard: Wohlfahrtspflege – Gefahrenabwehr – öffentliche Ordnung, in: DR, 7, 1937, S. 121 ff.

Höhn, Reinhard: Altes und neues Polizeirecht, in: Hans Frank u.a.: Grundfragen der deutschen Polizei, Hamburg 1937, S. 21-33.

Höhn, Reinhard: Volk, Staat und Recht, in: Grundfragen der Rechtsauffassung, von Reinhard Höhn, Theodor Maunz, E. Swoboda, München 1938, S. 1-28.

Höhn, Reinhard: Frankreichs demokratische Mission in Europa und ihr Ende, Darmstadt 1940

Höhn, Reinhard: Großraumordnung und völkisches Rechtsdenken, in: RVL, Bd. 1, 1941, S. 256-313.

668

Höhn, Reinhard: Reich, Großraum, Großmacht, in: RVL, Bd. 2, 1942, S. 97-226.

Horkenbach, Cuno: Das Deutsche Reich von 1918 bis heute, 4 Bde. (1918 – 1933), Berlin o. J. (1930 – 1935).

Huber, Ernst Rudolf: Positionen und Begriffe. Eine Auseinandersetzung mit Carl Schmitt, in: Zeitschrift für die gesamte Staatswissenschaft 101, 1941, S. 1-44.

Das erste Jahr der Deutschen Studentenschaft 1919 – 1920, Göttingen 1921.

Janson, F.: Fichtes Reden an die deutsche Nation. Eine Untersuchung ihres aktuell-politischen Gehaltes, Berlin, Leipzig 1911.

Das Judentum in der deutschen Rechtswissenschaft. Ansprachen, Vorträge und Ergebnisse der Tagung der Reichsgruppe Hochschullehrer im NSRB am 3. und 4. Oktober 1936, H. 1-8, Berlin 1936.

Jünger, Ernst: Der Kampf als inneres Erlebnis, Berlin 1922.

Jünger, Ernst: Schließt euch zusammen!, in: Standarte, 3.6. u. 22.7.1926.

Jünger, Ernst: Nationalismus und Nationalsozialismus, in: Arminius, 27.3.1927.

Jünger, Ernst: Die Geburt des Nationalismus aus dem Kriege, in: Deutsches Volkstum, 31, 1929.

Jünger, Ernst: Über Nationalismus und Judenfrage, in: Süddeutsche Monatshefte, 27, 1930, S. 843.

Jünger, Ernst (Hg.): Krieg und Krieger, Berlin 1930.

Jünger, Ernst: Der heroische Realismus, in: Literarische Welt VI, Nr. 13, 1930.

Jünger, Ernst: Der Arbeiter. Herrschaft und Gestalt, Hamburg 1932.

Jünger, Friedrich Georg: Aufmarsch des Nationalismus, Berlin 1928.

Jung, Edgar J.: Die Herrschaft der Minderwertigen: Ihr Zerfall und ihre Ablösung, Berlin 1927 (²1929, ³1930).

Jung, Edgar J.: Die Tragik der Kriegsgeneration, in: Süddeutsche Monatshefte, 27, 1929/30, S. 511-534.

Jung, Edgar J.: Neubelebung von Weimar, in: Deutsche Rundschau, Juni 1932, S. 153-162.

Jung, Edgar J. (Hg.): Deutsche über Deutschland. Die Stimme des unbekannten Politikers, München 1932.

Jung, Edgar J.: Einsatz der Nation, in: Deutsche Rundschau, März 1933, S. 155 f.

Kamper, Walter: Die Rheinlandkrise des Herbstes 1923, Frankfurt am Main 1925.

Kampf um den Rhein. Beiträge zur Geschichte des Rheinlandes und seiner Fremdherrschaft 1918 – 1930, Mainz 1930.

Karl, W., Friedrich Meinecke, Gustav Radbruch: Die deutschen Universitäten und der heutige Staat, Tübingen 1926.

Klee, Karl: Die Freigabe der Vernichtung lebensunwerten Lebens, in: Ärztliche Sachverständigenzeitung, 27, 1921, S. 1-7.

Koellreuter, Otto: Volk und Staat in der Weltanschauung des Nationalsozialismus, Berlin 1935.

Köttgen, Arnold: Polizei und Gesetz, in: Reichsverwaltungsblatt, 59, 1938, S. 173-179.

Krannhals, Paul: Das organische Weltbild. Grundlagen einer neuentstehenden deutschen Kultur, 2 Bde., München 1928.

Krüger, Gerhard: Student und Revolution (Diss. Leipzig 1934), Berlin 1934.

Küchenhoff, Günther: Großraumgedanke und völkische Idee im Recht, in: Zeitschrift für ausländisches öffentliches Recht und Völkerrecht, 12, 1944, S. 34-82.

Kutscha, Alfred: Hochschule und Judenfrage, in: Deutsche Zeitung, 4.2.1921, Hochschulbeilage.

Lange, Johannes: Verbrechen als Schicksal, Leipzig 1929.

Larenz, Karl: Rechtsperson und subjektives Recht. Zur Wandlung der Rechtsgrundbegriffe, in: Georg Dahm u. a. (Hg.): Grundfragen der neuen Rechtswissenschaft, Berlin 1935.

Larenz, Karl: Über Gegenstand und Methode des völkischen Rechtsdenkens, Berlin 1938.

Lauer, Klaus: Die Polizei im nationalsozialistischen Staat, Hamburg 1935.

Lehmann, Werner: Der alte und der neue Polizeibegriff, Berlin 1937.

Lenz, Adolf: Grundriß der Kriminalbiologie, Wien 1927.

Mannheim, Karl: Das konservative Denken, in: Archiv für Sozialwissenschaft und Sozialpolitik, 57, 1927, S. 68-142, 470-495.

Mannheim, Karl: Ideologie und Utopie, Bonn 1930.

Matzke, Frank: Jugend bekennt: So sind wir!, Leipzig 1930.

Maunz, Theodor: Die Polizei im Reichsgefüge, in: Deutsche Verwaltung, 18, 1941, S. 93-97.

Maunz, Theodor: Gestalt und Recht der Polizei, Hamburg 1943.

Meinecke, Friedrich: Der Geist der akademischen Jugend in Deutschland. Zur Erklärung der politischen Ursachen des Rathenau-Mordes (1922), in: ders.: Politische Reden und Schriften, hg. von Georg Kotowski, Darmstadt 1968, S. 338-343.

Meinecke, Friedrich: Vor den Reichstagswahlen. Die Gefahren und die Hoffnungen (1924), in: ders.: Politische Reden und Schriften, hg. von Georg Kotowski, Darmstadt 1968, S. 363-368

Meinecke, Friedrich: Republik, Bürgertum und Jugend (1925), in: ders.: Politische Schriften und Reden, hg. v. Georg Kotowski, Darmstadt 1968, S. 369-383.

Meinecke, Friedrich: Die deutschen Universitäten und der heutige Staat (1926), in: ders.: Politische Schriften und Reden, hg. von Georg Kotowski, Darmstadt 1968, S. 402-413.

Mezger, Edmund: Die Arbeitsmethoden und die Bedeutung der kriminalbiologischen Untersuchungsstellen, in: Der Gerichtssaal, Bd. 3, 1933, S. 127 ff.

Moeller van den Bruck, Arthur: Das dritte Reich, Berlin 1923.

Moeller van den Bruck, Arthur: Das Recht der jungen Völker. Sammlung politischer Aufsätze, hg. v. Hans Schwarz, Berlin 1932.

Moeller van den Bruck, Arthur, Heinrich von Gleichen, Max H. Boehm (Hg.): Die Neue Front, Berlin 1922.

Mommsen, Wilhelm: Die jüdische Frage, in: Die Hochschule, 5, 1921/22, S. 242-246.

Muth, Heinrich: Der Staat als Anstalt, in: RVL, Bd. 3, 1942, S. 142-294, Bd. 4, S. 201-244.

Neureiter, Ferdinand von: Kriminalbiologie, Berlin 1940.

Paetel, Karl Otto: Das geistige Gesicht der nationalen Jugend, Flarchheim 1930.

Paetel, Karl Otto: Sozialrevolutionärer Nationalismus, Flarchheim 1930.

Palandt, Otto: Die Arbeit der Ausbildungsabteilung (RJP) im Jahre 1937, in: Deutsche Justiz, 1938, S. 22-24.

Pfundtner, Hans (Hg.): Dr. Wilhelm Frick und sein Ministerium. Aus Anlaß des 60. Geburtstages des Reichs- und preußischen Ministers des Innern Dr. Wilhelm Frick am 12.3.1937, München 1937.

Radbruch, Gustav: Rede und Antwort: Der Boxheimer Hochverrat, in: Die Justiz VII, 1931/32, S. 195-197.

Raschhofer, H.: Volk, Nation und Völkerrecht, in: Nationalsozialistisches Handbuch für Recht und Gesetzgebung, München 1935.

Rath, C.: Über die Vererbung von Dispositionen zum Verbrechen, Stuttgart 1914.

Reismüller, Georg, u. Josef Hofmann: Zehn Jahre Rheinland-Besetzung, Breslau 1929.

Riedl, Martin: Studien über Verbrecherstämmlinge, Spätkriminelle und Frühkriminelle und deren sozialprognostische und rassenhygienische Bedeutung, in: Archiv für Kriminologie, Bd. 93, 1933, S. 7-13, 125-135, 238-257.

Ritter, Robert: Ein Menschenschlag. Erbärztliche und erbgeschichtliche Untersuchungen über die – durch zehn Geschlechterfolgen erforschten – Nachkommen von »Vagabunden, Jaunern und Räubern«, Leipzig 1937.

Salomon, Ernst von: Die Geächteten, Berlin 1930 (Ndr. Reinbek 1962 u. ö.).

Schäfer, Leopold, Otto Wagner, Josef Schafheutle: Gesetz gegen gefährliche Gewohnheitsverbrecher und über Maßregeln der Sicherung und Besserung mit den dazugehörigen Ausführungsgesetzen, Berlin 1934.

Schallmayer, Wilhelm: Vererbung und Auslese im Lebenslauf der Völker, Jena 1903 (²1910).

Scheuer, Oskar Franz: Burschenschaft und Judenfrage. Der Rassenantisemitismus in der Deutschen Studentenschaft, Berlin 1927.

Scheuner, Ulrich: Die Gerichte und die Prüfung politischer Staatshandlungen, in: Reichsverwaltungsblatt, 1936, S. 437 ff.

Schlierbach, Helmut: Die politische Polizei in Preußen, Emsdetten 1938.

Schmahl, E., u. W. Seipel: Entwicklung der völkischen Bewegung. Die antisemitische Bauernbewegung in Hessen von der Böckler-Zeit bis zum Nationalsozialismus, Gießen 1933.

Schmitt, Carl: Politische Theologie, München 1922.

Schmitt, Carl: Die deutsche Rechtswissenschaft im Kampf gegen den jüdischen Geist. Schlußwort auf der Tagung der Reichsgruppe Hochschullehrer des NSRB vom 3. und 4. Oktober 1936, in: Deutsche Juristenzeitung, 41, 1936, S. 1193-1199.

Schmitt, Carl: Völkerrechtliche Großraum-Ordnung mit Interventionsverbot für raumfremde Mächte, Berlin, Wien 1939 (²1940, ³1941, ⁴1941).

Schmitt, Carl: Inter pacem et bellum nihil medium, in: Zeitschrift der Akademie für Deutsches Recht, 6, 1939, S. 594.

Schmitt, Carl: Reich und Raum. Elemente eines neuen Völkerrechts, in: Zeitschrift der Akademie für Deutsches Recht, 7, 1940, S. 201-203.

Schmitt, Carl: Völkerrechtliche Neutralität und völkische Totalität, in: Monatshefte für auswärtige Politik, 5, 1938, S. 613 ff.

Schmitt, Carl: Großraum gegen Universalismus. Der völkerrechtliche Kampf um die Monroe-Doktrin, in: Zeitschrift der Akademie für Deutsches Recht, 9, 1939, S. 333-337.

Schmitt, Carl: Raum und Großraum im Völkerrecht, in: Zeitschrift für Völkerrecht, 24, 1940, S. 145-179.

Schmitt, Carl: Positionen und Begriffe im Kampf mit Weimar – Genf – Versailles, 1923 – 1939, Hamburg 1940 (Ndr. Berlin 1988).

Schreiber, Ernst Martin: Die Stadt Mainz in der Besatzungszeit 1918 – 1930, in: Kampf um den Rhein. Beiträge zur Geschichte des Rheinlandes und seiner Fremdherrschaft 1918 – 1930, Mainz 1930, S. 93-126.

Schreiber, Ernst Martin: Kampf um den Rhein. Der Mittelrhein unter französischer Fremdherrschaft, Mainz 1940.

Schulz, Walther: Die Hochschulring-Bewegung. Ihre Grundlagen und Auswirktmgen, Berlin 1927.

Schulz, Walther: Der Deutsche Hochschulring. Grundlagen, Geschichte und Ziele, Halle 1921.

Schulz, Walther: Die deutsche Studentenschaft, in: Sikorski, Wirken und Werke.

Schulze, Friedrich, Paul Ssymank: Das deutsche Studentum von den ältesten Zeiten bis zur Gegenwart, München ⁴1932.

Schweder, Alfred: Politische Polizei. Wesen und Begriff der politischen Polizei im Metternichschen System, in der Weimarer Republik und im nationalsozialistischen Staate (Diss. jur. Rostock), Berlin 1937.

Sikorski, Hans: Wirken und Werke innerhalb der deutschen Studentenschaft, Marburg 1925.

Spaethmann, Hans: Zwölf Jahre Ruhrbergbau. Aus seiner Geschichte vom Kriegsanfang bis zum Franzosen-Abmarsch, 1914 – 1925, 5 Bde., Berlin 1928 – 1931.

Spaethmann, Hans: Der Ruhrkampf, 1923 – 1925, Berlin 1933.

Spann, Othmar: Vom Wesen des Volkstums. Was ist Deutsch?, Leipzig 1920.

Spanner, Hans: Großraum und Reich: Bemerkungen zu Band I der Zeitschrift »Reich, Volksordnung, Lebensraum«, in: Zeitschrift für öffentliches Recht, XXII, 1942, S. 34.

Spohr, Werner: Das Recht der Schutzhaft, Berlin 1937.

Stadler, Eduard: Als Antibolschewist 1918 – 1919, Düsseldorf 1935.

Stapel, Wilhelm: Volksbürgerliche Erziehung. Versuch einer volkskonservativen Erziehungslehre, Hamburg 1917 (2. erw. Aufl. 1920).

Stapel, Wilhelm: Volk und Volkstum, in: Moeller van den Bruck u. a. (Hg.), Die Neue Front, S. 80-89.

Stapel, Wilhelm: Völkisch und sozialistisch, in: Jungdeutsche Stimmen, Heft 1, 21.2.1919, S. 4 ff.

Stapel, Wilhelm: Die Zukunft der nationalen Bewegung, in: Deutsches Volkstum, 26, 1924, S. 1-8.

Stapel, Wilhelm: Antisemitismus und Antigermanismus. Über das seelische Problem der Symbiose des deutschen und des jüdischen Volkes, Hamburg 1928.

Steeger, Max: Polizei und Staatsidee, Diss. jur., Freiburg i. Br. 1938.

Stuckart, Wilhelm: Führung und Verwaltung im Kriege, Berlin 1941.

Stuckart, Wilhelm: Rezension zu Werner Best: Die Deutsche Polizei, Darmstadt 1940, in: RVL, Bd. 1, 1941, S. 363-366.

Stuckart, Wilhelm: Die Neuordnung der Kontinente und die Zusammenarbeit auf dem Gebiete der Verwaltung, in: RVL, Bd. 1, 1941, S. 3-28.

Stuckart, Wilhelm: Staatsangehörigkeit und Reichsgestaltung, in: RVL, Bd. 5, 1943, S. 57-91.

Stuckart, Wilhelm, und Rolf Schiedermair: Rassen- und Erbpflege in der Gesetzgebung des Dritten Reiches, Leipzig ²1940, ³1942, ⁴1943.

Die Deutsche Studentenschaft in ihrem Werden, Wollen und Wirken, hg. v. Vorstand der Deutschen Studentenschaft, [Berlin 1927].

Stumpfl, Friedrich: Erbanlagen und Verbrechen, Berlin 1935.

Süskind, W. E.: Jugend. Roman, Stuttgart u. a. 1930.

Suhrkamp, Peter: Söhne ohne Väter und Lehrer. Die Situation der bürgerlichen Jugend, in: Neue Rundschau, 43, 1932, S. 681-696.

Tatarin-Tarnheyden, E.: Völkerrecht und organische Staatsauffassung, in: Archiv für Rechts- und Sozialphilosophie, 29, 1935-36, S. 295-319.

Tesmer, Hans: Die Schutzhaft und ihre rechtlichen Grundlagen, in: DR, 6, 1936, S. 135 ff.

Thierfelder, Rudolf: Die Verwaltung der besetzten französischen Gebiete 1870/71, in: RVL, Bd. 4, 1943, S. 367-417.

Traugott, Edgar: Heroischer Realismus. Eine Untersuchung an und über Jünger, Diss. Wien 1938.

Unruh, Friedrich Franz von: Nationalistische Jugend, in: Neue Rundschau, 43, 1932, S. 577-592.

Vierenstein, Theodor: Über Typen des verbesserlichen und unverbesserlichen Verbrechers, in: Mitteilungen der Kriminalbiologischen Gesellschaft, Bd. 1, 1928, S. 26 ff.

Volkmann, Hellmut: Die Deutsche Studentenschaft in der Entwicklung seit 1918, Leipzig 1925.

Wagner, Hans Otto: Der Deutsche Hochschulring, Marburg 1925.

Walz, Gustaf Adolf: Völkerrechtsordnung und Nationalsozialismus, München 1942.

Wechssler, Eduard: Die Generation der Jugendgemeinschaft, in: Geist und Gesellschaft I (Festschrift Kurt Breysig), Breslau 1927.

Wentzke, Paul: Ruhrkampf. Einbruch und Abwehr im rheinisch-westfälischen Industriegebiet, 2 Bde., Berlin 1930 u. 1932.

Werner, Paul: Die vorbeugende Verbrechensbekämpfung durch die Polizei, in: Kriminalistik, Zeitschrift für die gesamte kriminalistische Wissenschaft und Praxis, 12, 1938, S. 59 ff.

Wolff, Bernhard: Motive und Absichten bei der Neuordnung der Ausländerpolizei in Preußen, in: Reichs- und Preußisches Verwaltungsblatt, 1932, S. 728 ff.

Wolgast, Ernst: Großraum und Reich. Bemerkungen zur Schrift Carl Schmitts »Völkerrechtliche Großraumordnung«, in: Zeitschrift für öffentliches Recht, 21, 1941, S. 20-31.

Zehrer, Hans: Ein Vorschlag der Verbände, in: Die Tat, 20, 1928, S. 125.

Literatur (nach 1945)

Aarons, Mark, u. John Loftus: Ratlines. How the Vatican's Nazi Networks betrayed Western Intelligence to the Soviets, London 1991.

Ackermann, Josef: Heinrich Himmler als Ideologe, Göttingen 1970.

Adam, Uwe Dietrich: Judenpolitik im Dritten Reich, Düsseldorf 1972.

Adam, Uwe Dietrich: Wie spontan war der Pogrom?, in: Pehle (Hg.), Der Judenpogrom 1938, S. 74-93.

Adler, Hans-Günther: Theresienstadt 1941 – 1945, Tübingen 1960.

Adler, Hans-Günther: Der verwaltete Mensch. Studien zur Deportation der Juden aus Deutschland, Tübingen 1974.

Albrecht, Richard: Der militante Sozialdemokrat. Carlo Mierendorff 1897 – 1943. Eine Biographie, Berlin, Bonn 1987.

Allemann, Fritz René: Das deutsche Parteiensystem. Eine politische Analyse, in: Der Monat, 5, 1953, S. 365-388.

Aly, Götz, u. Susanne Heim: Vordenker der Vernichtung. Auschwitz und die deutschen Pläne für eine neue europäische Ordnung, Hamburg 1991.

Aly, Götz: »Endlösung«. Völkerverschiebung und der Mord an den europäischen Juden, Frankfurt am Main 1995.

Amberger, Waltraud: Männer, Krieger, Abenteuer. Der Entwurf des »soldatischen Mannes« in Kriegsromanen über den Ersten und Zweiten Weltkrieg, Frankfurt am Main 1984.

Anderbrügge, Klaus: Völkisches Rechtsdenken, Berlin 1978.

Anders, Georg: Gesetz zur Regelung der Rechtsverhältnisse der unter Artikel 131 des Grundgesetzes fallenden Personen. Für den praktischen Gebrauch erläutert von Dr. Georg Anders, Ministerialdirigent im Bundesministerium des Innern, Stuttgart, Köln 1952.

Anderson, Dennis L.: The Academy for German Law, 1933 – 1944, Diss. phil., Ann Arbor, Michigan 1982.

Arendt, Hannah: Eichmann in Jerusalem. Ein Bericht von der Banalität des Bösen, Reinbek 1978.

Aronson, Shlomo: Reinhard Heydrich und die Frühgeschichte von Gestapo und SD, Stuttgart 1971 (Diss. Berlin 1967).

Artaud, Denise: Die Hintergründe der Ruhrbesetzung, in: VfZ, 27, 1979, S. 241-259.

Ayaß, Wolfgang: »Ein Gebot der nationalen Arbeitsdisziplin«. Die Aktion »Arbeitsscheu Reich« 1938, in: Feinderklärung und Prävention. Kriminalbiologie, Zigeunerforschung und Asozialenpolitik (Beiträge zur nationalsozialistischen Gesundheits- und Sozialpolitik, Bd. 6), Berlin 1988, S. 43-74.

Barfod, Joergen H.: The Holocaust Failed in Denmark, Kopenhagen 1985.

Bargatzky, Walter: Die letzte Runde – in Paris, in: Erich Zimmermann und Hans-Adolf Jacobsen: (Hg.): 20. Juli 1944, o.O. ³1960.

Barkai, Avraham: Vom Boykott zur »Entjudung«. Der wirtschaftliche Existenzkampf der Juden im Dritten Reich 1933 – 1943, Frankfurt am Main 1987.

Barkai, Avraham: »Schicksalsjahr 1938«. Kontinuität und Verschärfung der wirtschaftlichen Ausplünderung der deutschen Juden, in: Pehle (Hg.), Der Judenpogrom 1938, S. 94-117.

Batscha, Zwi: Gesellschaft und Staat in der politischen Philosophie Fichtes, Frankfurt am Main 1970.

Baum, Reiner C.: The Holocaust and the German Elite. Genocide and National Suicide in Germany 1871 – 1945, Totowa, London 1981.

Becker, Josef: Brüning, Prälat Kaas und das Problem einer Regierungsbeteiligung der NSDAP 1930 – 1932, in: HZ 196, 1962, S. 64-111.

Bendersky, Joseph W.: Carl Schmitt. Theorist for the Reich, Princeton 1983.

Bennett, Jeremy: British Broadcasting and the Danish Resistance Movement 1940 – 1945. A Study of the Wartime Broadcasts of the BBC Danish Service, Cambridge 1966.

Benz, Wolfgang (Hg.): Die Juden in Deutschland 1933 – 1945. Leben unter nationalsozialistischer Herrschaft, München 1988.

Benz, Wolfgang: Der November-Pogrom 1938, in: ders. (Hg.), Die Juden, S. 499-544.

Benz, Wolfgang (Hg.): Die Dimension des Völkermords. Die Zahl der jüdischen Opfer des Nationalsozialismus, München 1991.

Berghahn, Volker R.: Der Stahlhelm. Bund der Frontsoldaten 1918 – 1935, Düsseldorf 1966.

Berlepsch, Hans-Jörg von: Die Wiederentdeckung des »wirklichen Menschen« der Geschichte. Neue biographische Literatur, in: AfS 29, 1989, S. 488-510.

Bessel, Richard: Political Violence and the Rise of Nazism. The Storm Troopers in Eastern Germany 1925 – 1934, New Haven, London 1984.

Billig, Joseph: Die Endlösung der Judenfrage. Studie über ihre Grundsätze im 3. Reich und in Frankreich während der Besatzung, Frankfurt 1979.

Billig, Joseph: Le commissariat général aux questions juives, 1941 – 1944, 3 Bde., Paris 1955 – 1960.

Birn, Ruth Bettina: Die Höheren SS- und Polizeiführer. Himmlers Vertreter im Reich und in den besetzten Gebieten, Düsseldorf 1986.

Black, Peter: Ernst Kaltenbrunner. Ideological Soldier of the Third Reich, Princeton 1984.

Bleuel, Hans-Peter, u. Ernst Klinnert: Deutsche Studenten auf dem Weg ins Dritte Reich. Ideologien, Programme, Aktionen 1918 – 1935, Gütersloh 1967.

Bock, Gisela: Zwangssterilisierung im Dritten Reich, Opladen, 1986.

Boehnert, Gunnar C.: The Jurists in the SS-Führerkorps, 1925 – 1939, in: Hirschfeld u. Kettenacker (Hg.), Der »Führerstaat«, S. 361-374.

Boehnert, Gunnar C.: A Sociography of the SS-Officer Corps, 1925 – 1939, London 1978.

Bohn, Robert: Schuld und Sühne. Norwegische Abrechnung mit den deutschen Besatzern, in: Deutschland, Europa und der Norden. HMRG, Beiheft 6, Stuttgart 1993, S. 107-143.

Bollmus, Reinhard: Das Amt Rosenberg und seine Gegner. Studien zum Machtkampf im nationalsozialistischen Herrschaftssystem, Stuttgart 1970.

Borodziej, Wlodzimierz: Terror i polityka. Polizja niemiecka a polski ruchu oporu w GG 1993 – 1944, Warschau 1985.

Bower, Tom: The Pledge Betrayed. America and Britain and the Denazification of Postwar Germany, Garden City 1982.

Bracher, Karl Dietrich: Stufen der Machtergreifung (Bracher, Sauer, Schulz: Die nationalsozialistische Machtergreifung, Bd. 1), Frankfurt am Main u. a. 1983 (¹1960).

Bracher, Karl Dietrich: Die deutsche Diktatur. Entstehung, Struktur, Folgen des Nationalsozialismus, Köln ⁶1980 (¹1969).

Bracher, Karl Dietrich: Die Auflösung der Weimarer Republik. Eine Studie zum Problem des Machtverfalls in der Demokratie, Bonn ⁵1971.

Bracher, Karl Dietrich: Zeitgeschichtliche Kontroversen. Um Faschismus, Totalitarismus, Demokratie, München 1976.

Bracher, Karl Dietrich: Zeit der Ideologien. Eine Geschichte politischen Denkens im 20. Jahrhundert, Stuttgart 1982.

Brandes, Detlef: Die Tschechen unter deutschem Protektorat, 2 Bde., München, Wien 1969 u. 1975. Breitling, Rupert: Die nationalsozialistische Rassenlehre. Entstehung, Ausbreitung, Nutzen und Schaden einer politischen Ideologie, Meisenheim a. G. 1971.

Breitmann, Richard, u. Shlomo Aronson: Eine unbekannte Himmler-Rede vom Januar 1943, VfZ, 38, 1990, S. 337-348.

Breitmann, Richard: The Architect of Genocide. Heinrich Himmler and the Final Solution, Hanover, NH, 1991.

Breuer, Stefan: Anatomie der Konservativen Revolution, Darmstadt 1993.

Brochhagen, Ulrich: Nach Nürnberg. Vergangenheitsbewältigung und Westintegration in der Ära Adenauer, Hamburg 1994.

Broszat, Martin: Die völkische Ideologie und der Nationalsozialismus, in: Deutsche Rundschau, 84, 1958, S. 53-68.

Broszat, Martin: Zur Perversion der Strafjustiz im Dritten Reich, in: VfZ 4, 1958, S. 390-445.

Broszat, Martin: Nationalsozialistische Polenpolitik 1939 – 1945, Stuttgart 1961.

Broszat, Martin: Nationalsozialistische Konzentrationslager 1933 – 1945, in: Buchheim u. a., Anatomie des SS-Staates, Bd. 2, S. 11-136.

Broszat, Martin: Der Staat Hitlers. Grundlegung und Entwicklung seiner inneren Verfassung, München, 1969.

Broszat, Martin: Siegerjustiz oder strafrechtliche »Selbstbereinigung«. Aspekte der Vergangenheitsbewältigung der deutschen Justiz während der Besatzungszeit 1945 –1949, in: VfZ, 29, 1981, S. 477-544.

Broszat, Martin: Plädoyer für eine Historisierung des Nationalsozialismus, in: Merkur, 39, 1985, S. 373-385.

Broszat, Martin: Nach Hitler. Vom schwierigen Umgang mit der deutschen Geschichte, hg. von Hermann Graml und Klaus-Dieter Henke, München 1986.

Broszat, Martin, u. Klaus Schwabe (Hg.): Die deutschen Eliten und der Weg in den Zweiten Weltkrieg, München 1989.

Brovst, B. Nielsen: Joededeportationen i Danmarks og Werner Best. En dokumentarisk skildring, Kopenhagen 1981.

Browder: Sipo and SD, 1931 – 1940. Formation of an Instrument of Power, Ann Arbor 1977 (Diss. Wisconsin, 1968).

Browder, George C.: The SD: The Significance of Organization and Image, in: George L. Mosse (Hg.): Police Forces in History, London 1975, S. 205-230.

Browder, George C.: Foundations of the Nazi Police State. The Formation of Sipo and SD, Lexington, KY, 1990.

Browning, Christopher R.: The Final Solution and the German Foreign Office. A Study of Referat D III of Abteilung Deutschland 1940 – 1943, New York 1978.

Browning, Christopher R.: Wehrmacht Reprisal Policy and the Mass Murder of Jews in Serbia, in: MGM, 31, 1983, S. 31-47.

Browning, Christopher: The Path to Genocide. Essays on Launching the Final Solution, Cambridge 1992.

Brustin-Berenstein, Tatjana: The Historiographic Treatment of the Abortive Attempt to Deport the Danish Jews, in: Yad Vashem Studies XVII, Jerusalem 1986, S. 181-219.

Bucher, P.: Der Reichswehrprozeß. Der Hochverrat der Ulmer Reichswehroffiziere 1929/30, Boppard 1967.

Buchheim, Hans: Die SS in der Verfassung des Dritten Reiches, in: VfZ, 3, 1955, S. 127-157. Buchheim, Hans: Totalitäre Herrschaft. Wesen und Merkmale, München 1962.

Buchheim, Hans: Die SS. Das Herrschaftsinstrument, in: Buchheim u. a., Anatomie des SS-Staates, Bd. 1, S. 15-214.

Buchheim, Hans: Befehl und Gehorsam, in: Buchheim u. a., Anatomie des SS-Staates, Bd. 1, S. 215-318.

Buchheim, Hans, Martin Broszat, Hans-Adolf Jacobsen, Helmut Krausnick: Anatomie des SS-Staates, 2 Bde., München 1979 ([1]1965).

Buchheit, Gert: Der deutsche Geheimdienst. Geschichte der militärischen Abwehr, München 1966.

Bude, Heinz: Bilanz der Nachfolge. Die Bundesrepublik und der Nationalsozialismus, Frankfurt am Main 1992.

Bücheler, Heinrich: Carl Heinrich von Stülpnagel. Soldat, Philosoph, Verschwörer, Berlin, Frankfurt am Main 1989.

Büttner, Ursula (Hg.): Das Unrechtsregime, 2 Bde., Hamburg 1986.

Büttner, Ursula (Hg.): Die Deutschen und die Judenverfolgung im Dritten Reich, Hamburg 1992.

Burleigh, Michael, u. Wolfgang Wippermann: The Racial State. Germany 1933 – 1945, Cambridge 1991.

Buscher, Frank M.: The U.S. War Crimes Trial Program in Germany, 1946 – 1955, New York, Westport, London 1989.

Bussmann, Walter: Politische Ideologien zwischen Monarchie und Weimarer Republik. Ein Beitrag zur Ideengeschichte der Weimarer Republik, in: HZ 190, 1960, S. 55-77.

Calic, Edouard: Reinhard Heydrich. Schlüsselfigur des Dritten Reiches, Düsseldorf 1982.

Christoph, Jürgen: Die politischen Reichsamnestien 1918 – 1933, Frankfurt am Main 1988.

Clason, Synnöve: Schlagworte der Konservativen Revolution. Studien zum polemischen Wortgebrauch des radikalen Konservatismus in Deutschland zwischen 1871 und 1833 (Schriften des Deutschen Instituts/Universität Stockholm, Bd. 12), o. J. (1981).

Clemens, Gabriele: Martin Spahn und der Rechtskatholizismus in der Weimarer Republik, Mainz 1983.

Conze, Werner: Rasse, in: Geschichtliche Grundbegriffe, Bd. 5, Stuttgart 1984, S. 135-178.

la Cour, Vilhelm (Hg.): Danmark under Besaettelsen, 3 Bde., Kopenhagen 1946/1957.

Crankshaw, Edward: Die Gestapo, Berlin 1959.

Cruickshank, Charles: SOE in Scandinavia, Oxford 1986.

Czech, Danuta: Kalendarium der Ereignisse im Konzentrationslager Auschwitz-Birkenau 1939 – 1945, Reinbek 1989.

Delarue, Jacques: Geschichte der Gestapo, Düsseldorf 1964.

Deschner, Günther: Reinhard Heydrich. Statthalter der totalen Macht, Esslingen 1977.

Deschner, Günther: Reinhard Heydrich. Technokrat der Sicherheit, in: Ronald Smelser u. Rainer Zitelmann (Hg.): Die braune Elite, Darmstadt 1989, S. 98-112.

Deutsch, Harold C.: Das Komplott oder die Entmachtung der Generale. Blomberg- und Fritsch-Krise. Hitlers Weg zum Krieg, Zürich 1974.

Deutschland im zweiten Weltkrieg, von einem Autorenkollektiv unter Leitung von Wolfgang Schumann und Gerhart Hass, 6 Bde., Köln 1974 – 1985.

Diehl, James M.: Von der »Vaterlandspartei« zur »Nationalen Revolution«, in: VfZ, 33, 1985, S. 617-639.

Diehl-Thiele, Peter: Partei und Staat im Dritten Reich. Untersuchungen zum Verhältnis von NSDAP und allgemeiner innerer Staatsverwaltung 1933 – 1945, München 1969.

Diner, Dan (Hg.): Ist der Nationalsozialismus Geschichte? Zu Historisierung und Historikerstreit, Frankfurt am Main 1987.

Diner, Dan: Rassistisches Völkerrecht. Elemente einer nationalsozialistischen Weltordnung, in: VfZ, 37, 1989, S. 23-56.

Diner, Don: Perspektivenwahl und Geschichtserfahrung. Bedarf es einer besonderen Historie des Nationalsozialismus?, in: Walter Pehle (Hg.): Der historische Ort des Nationalsozialismus, Frankfurt am Main 1990, S. 94-113.

Döscher, Hans-Jürgen: Das Auswärtige Amt im Dritten Reich, Berlin 1987.

Döscher, Hans-Jürgen: »Reichskristallnacht«. Die November-Pogrome 1938, Frankfurt am Main, Berlin 1988.

Döscher, Hans-Jürgen: Verschworene Gesellschaft. Das Auswärtige Amt unter Adenauer zwischen Neubeginn und Kontinuität, Berlin 1995.

Domansky, Elisabeth: Politische Dimensionen von Jugendprotest und Generationenkonflikt, in: Dieter Dowe (Hg.): Jugendprotest und Generationenkonflikt in Europa im 20. Jahrhundert, Bonn 1986, S. 113-138.

Dreßen, Willi: Die Zentrale Stelle der Landesjustizverwaltungen zur Aufklärung von NS-Verbrechen in Ludwigsburg, in: Dachauer Hefte Nr. 6, 1990, S. 85-93.

Drobisch, Klaus: Der Werkschutz: betriebliches Terrororgan im faschistischen Deutschland, in: Jahrbuch für Wirtschaftsgeschichte 1965 IV, S. 217-247.

Dülffer, Jost: Die französische Deutschlandpolitik nach dem Ersten Weltkrieg, in: AfS, 21, 1981, S. 593-601.

Dupeux, Louis: »Nationalbolschewismus« in Deutschland 1919 – 1933. Kommunistische Strategie und konservative Dynamik, München 1985.

Edmondson, Nelson: The Fichte Society. A Chapter in Germany's Conservative Revolution, in: The Journal of Modern History, 38, 1966, S. 161-180.

Eisenblätter, Gerhard: Grundlinien der Politik des Reichs gegenüber dem Generalgouvemement, Diss. phil. Frankfurt am Main 1969.

Engelbert, Ernst, u. Hans Schleyer: Zur Geschichte und Theorie der historischen Biographie, in: ZfG, 38, 1990, S. 195-217.

Epting, Karl: Generation der Mitte, Bonn 1953.

Faber, Karl Georg: Die südlichen Rheinlande 1816 – 1965, in: Rheinische Geschichte in drei Bänden, hg. v. G. Droege u. F. Petri, Bd. 2: Neuzeit, Düsseldorf 1976, S. 367-474.

Faust, Anselm: Der Nationalsozialistische Deutsche Studentenbund. Studenten und Nationalsozialismus in der Weimarer Republik, 2 Bde., Düsseldorf 1973.

Favez, Jean Claude: Le Reich devant l'occupation franco-belge de la Ruhr en 1923, Genf 1969.

Fenske, Hans: Joseph Bürckel und die Verwaltung der Pfalz (1933 – 1940), in: Rebentisch u. Teppe (Hg.): Verwaltung contra Menschenführung, S. 153-172.

Fest, Joachim C.: Hitler. Eine Biographie, Berlin, Frankfurt am Main 1973.

Fest, Joachim C.: Das Gesicht des Dritten Reiches. Profile einer totalitären Herrschaft, München 1977 ([1]1964).

Fiedler, Gudrun: Jugend im Krieg. Bürgerliche Jugendbewegung, Erster Weltkrieg und sozialer Wandel 1914 – 1923, Köln 1989.

Fließ, Gerhard, u. Jürgen John: Deutscher Hochschulring (DHR) 1920 – 1933, in: Dieter Fricke (Hg.): Lexikon zur Parteiengeschichte, Bd. 2, Leipzig 1984, S. 116-127.

Forschbach, Edmund: Edgar J. Jung. Ein konservativer Revolutionär. 30. Juni 1934, Pfullingen 1984.

Fraenkel, Ernst: Der Doppelstaat, Frankfurt am Main 1984 ([1]1941).

Fraenkel, Heinrich, und Roger Manvell: Himmler – Kleinbürger und Massenmörder, Berlin u. a. 1965

La France et l'Allemagne en guerre, septembre 1939 – novembre 1942, Paris 1990.

Franke, Manfred: Albert Leo Schlageter. Der erste Soldat des Dritten Reiches, Köln 1980.

Franze, Manfred: Die Erlanger Studentenschaft 1918 – 1945, Würzburg 1972.

Frei, Norbert: Der Führerstaat. Nationalsozialistische Herrschaft 1933 – 1945, München 1987.

Frei, Norbert (Hg.): Medizin und Gesundheitspolitik in der NS-Zeit, München 1991.

Frei, Norbert: Vergangenheitspolitik. Amnestie, Integration und die Abgrenzung vom Nationalsozialismus in den Anfangsjahren der Bundesrepublik, MS., München 1994.

Friedman, Philip: Their Brother's Keepers, New York 1978.

Frisch, Hartvieg: Danmark besat og befriet, 3 Bde., Kopenhagen 1945 – 1948.

Fritzsche, Klaus: Politische Romantik und Gegenrevolution. Fluchtwege in der Krise der bürgerlichen Gesellschaft: Das Beispiel des »Tat«-Kreises, Frankfurt am Main 1976.

Fritzsche, Klaus: Konservatismus im gesellschaftlich-geschichtlichen Prozeß: Konservatismus und »konservative Revolution«, in: NPL, 24, 1979, S. 295-317.

Friedrich, Jörg: Die kalte Amnestie. NS-Täter in der Bundesrepublik, Frankfurt am Main 1985.

Fürstenau, Justus: Entnazifizierung: Ein Kapitel deutscher Nachkriegspolitik. Neuwied, Berlin 1969.

Funke, Manfred (Hg.): Hitler, Deutschland und die Mächte. Materialien zur Außenpolitik des Dritten Reiches, Düsseldorf 1976.

Gamer Curt: Der öffentliche Dienst in den 50er Jahren: Politische Weichenstellungen und ihre sozialgeschichtlichen Folgen, in: Axel Schildt u. Arnold Sywottek (Hg.): Modernisierung im Wiederaufbau. Die westdeutsche Gesellschaft der 50er Jahre, Bonn 1993, S. 759-790.

Geissler, Rolf: Dekadenz und Heroismus. Zeitroman und völkisch-nationalsozialistische Literaturkritik, Stuttgart 1964.

Gellately, Robert: Gestapo und Terror. Perspektiven auf die Sozialgeschichte des nationalsozialistischen Herrschaftssystems, in: Alf Lüdtke (Hg.): »Sicherheit« und »Wohlfahrt«. Polizei, Gesellschaft und Herrschaft im 19. und 20. Jahrhundert, Frankfurt am Main 1992, S. 371-412.

Gellately, Robert: Die Gestapo und die deutsche Gesellschaft. Die Durchsetzung der Rassenpolitik, Paderborn 1993.

Gerstenberger, Heide: Der revolutionäre Konservatismus. Ein Beitrag zur Analyse des Liberalismus, Berlin 1969.

Gestrich, Andreas, Peter Knoch; Helga Merkel (Hg.): Biographie – sozialgeschichtlich, Sieben Beiträge, Göttingen 1988.

Geyer, Michael: Aufrüstung oder Sicherheit, Wiesbaden 1980.

Gilbert, Martin: The Holocaust. The History of the Jews of Europe During the Second World War, New York 1985.

Giles, Geoffrey J.: The Rise of the National Socialist Student's Association and the Failure of Political Education in the Third Reich, in: Peter D. Stachura (Hg.): The Shaping of the Nazi State, London 1978, S. 160-185.

Giordano, Ralph: Die zweite Schuld oder von der Last ein Deutscher zu sein, Hamburg, Zürich 1987.

Göppinger, Horst, unter Mitarbeit von Johann Georg Reismüller: Die Verfolgung der Juristen jüdischer Abstammung durch den Nationalsozialismus, Villingen 1963.

Götz von Olenhusen, Irmtraud: Die Krise der jungen Generation und der Aufstieg des Nationalsozialismus, in: Jahrbuch des Archivs der deutschen Jugendbewegung, Bd. 12, 1980, S. 53-82.

Götz von Olenhusen, Irmtraud: Jugendreich, Gottes Reich, Deutsches Reich, Köln 1986.

Goldberger, Leo (Hg.): The Rescue of the Danish Jews. Moral Courage under Stress, New York 1987.

Goldhagen, Erich: Weltanschauung und Erlösung. Zum Antisemitismus der nationalsozialistischen Führungsschichten, in: VfZ, 24, 1976, S. 379-405.

Graber, G. S.: The Life and Times of Reinhard Heydrich, New York 1980.

Graf, Christoph: Politische Polizei zwischen Demokratie und Diktatur. Die Entwicklung der preußischen Politischen Polizei vom Staatsschutzorgan der Weimarer Republik zum Geheimen Staatspolizeiamt des Dritten Reiches, Berlin 1983.

Graf, Christoph: The Genesis of the Gestapo, in: Journal for Contemporary History, 22, 1987, S. 419-435.

Graml, Hermann: Reichskristallnacht. Antisemitismus und Judenverfolgung im Dritten Reich, München 1988.

Graml, Hermann: Europas Weg in den Krieg. Hitler und die Mächte 1939, München 1990.

Graml, Hermann: Zur Genesis der »Endlösung«, in: Ursula Büttner (Hg.): Das Unrechtsregime, Bd. 2, Harnburg 1986, S. 2-18.

Graml, Hermann: Wer bestimmte die Außenpolitik des Dritten Reiches? Ein Beitrag zur Kontroverse um Polykratie und Monokratie im NS-Herrschaftssystem, in: Manfred Funke u. a. (Hg.): Demokratie und Diktatur, Düsseldorf 1987, S. 223-236.

Graml, Hermann: Die verdrängte Auseinandersetzung mit dem Nationalsozialismus, in: Martin Broszat (Hg.): Zäsuren nach 1945. Essays zur Periodisierung der deutschen Nachkriegsgeschichte, München 1990, S. 169-183.

Graß, Karl Martin: Edgar Jung, Papenkreis und Röhm-Krise 1933/34, Diss. phil. Heidelberg 1966.

Grassmann, Gerhard Otto: Die deutsche Besatzungsgesetzgebung während des Zweiten Weltkrieges. Studien des Instituts für Besatzungsfragen in Tübingen zu den deutschen Besatzungen im Zweiten Weltkrieg, Nr. 14, Tübingen 1958.

Greiffenhagen, Martin: Das Dilemma des Konservatismus in Deutschland, München 1971.

Grimm, Friedrich: Generalamnestie als völkerrechtliches Postulat, Köln, Opladen 1951.

Grimm, Friedrich: Unrecht im Rechtsstaat. Tatsachen und Dokumente zur politischen Justiz dargestellt am Fall Naumann, Tübingen 1957.

Gross, Raphael: Politische Polykratie 1936. Die legendenumwobene SD-Akte Carl Schmitt, in: Tel Aviver Jahrbuch für deutsche Geschichte, Bd. 23: Nationalsozialismus aus heutiger Perspektive, Gerlingen 1994, S. 115-143.

Gruchmann, Lothar: Nationalsozialistische Großraumordnung. Die Konstruktion einer deutschen Monroe-Doktrin, Stuttgart 1962.

Gruchmann, Lothar:»Blutschutzgesetz« und Justiz, in: Aus Politik und Zeitgeschichte, Nr. 48, v. 30.11.1985, S. 35 ff.

Gruchmann, Lothar: Justiz im Dritten Reich 1933 – 1940. Anpassung und Unterwerfung in der Ära Gürtner, München 1988.

Grünewald, Paul: Das KZ Osthofen, Frankfurt am Main 1979.

Gruner, Wolf: Terra incognita? Die Lager für den »jüdischen Arbeitseinsatz« (1938 – 1943) und die deutsche Bevölkerung, in: Büttner (Hg.): Die Deutschen und die Judenverfolgung im Dritten Reich, Hamburg 1992, S. 131-160.

Gruner, Wolf: Arbeitseinsatz und Zwangsarbeit jüdischer Deutscher 1938/39, in: Arbeitsmarkt und Sondererlaß (Beiträge zur nationalsozialistischen Gesundheits- und Sozialpolitik, Bd. 8), Berlin 1990, S. 137-155.

Gutscher, Jörg Michael: Die Entwicklung der FDP von ihren Anfängen bis 1961, Meisenheim a. Glan 1967.

Haas, Wilhelm: Beitrag zur Geschichte der Entstehung des Auswärtigen Dienstes der Bundesrepublik Deutschland, Privatdruck Bremen 1969.

Haestrup, Joergen: ... til landets bedste. Hovedtraek af departementschefsstyrets virke 1943 – 1945. 2 Bde., Kopenhagen 1966 – 1971.

Haestrup, Joergen, Hans Kirchhoff, Henning Poulsen, Hjalmar Petersen: Besaettelsen 1940 – 1945. Politik, modstand befrielse, Kopenhagen 1979.

Haestrup, Joergen: Secret Alliance. A Study of the Danish Resistance Movement 1940 – 1945, 3 Bde., Odense 1976 u. 1977.

Hagen, Walter: Die geheime Front. Organisation, Personen und Aktionen des deutschen Geheimdienstes, Stuttgart 1950.

Hamel, Iris: Völkischer Verband und nationale Gewerkschaft. Der Deutschnationale Handlungsgehilfen-Verband 1893 – 1933, Frankfurt am Main 1967.

Hasquenoph, Marcel: La Gestapo en France, Paris 1975.

Havrehed, Henrik: De tyske flygtninge i Danmark, 1945 – 1949, Odense 1987.

Heiber, Helmut: Joseph Goebbels, München 1988 (¹1962).

Heiber, Helmut: Walter Frank und sein Reichsinstitut für Geschichte des neuen Deutschlands, Stuttgart 1966.

Heiber, Helmut: Universität unterm Hakenkreuz. Teil I: Der Professor im Dritten Reich, München u. a. 1991; Teil II, Bd. 1: Die Kapitulation der Hohen Schulen. Das Jahr 1933 und seine Themen, München u. a. 1992.

Heim, Susanne, u. Götz Aly: Staatliche Ordnung und »organische Lösung«. Die Rede Hermann Görings »Über die Judenfrage« vom 6. Dezember 1938, in: Jahrbuch für Antisemitismusforschung 2, hg. von Wolfgang Benz, Frankfurt am Main, New York 1993, S. 378-404.

Heim, Susanne:»Deutschland muß ihnen ein Land ohne Zukunft sein«. Die Zwangsemigration der Juden 1933 bis 1938, in: Arbeitsmigration und Flucht. Vertreibung und Arbeitskräfteregulierung im Zwischenkriegseuropa (Beiträge zur nationalsozialistischen Gesundheits- und Sozialpolitik, Bd. 11), Berlin 1993, S. 48 -81.

Hein, Dieter: Zwischen liberaler Milieupartei und nationaler Sammlungsbewegung. Gründung, Entwicklung und Struktur der Freien Demokratischen Partei 1945 – 1949, Düsseldorf 1985.

Heinemann, Ulrich: Die verdrängte Niederlage. Politische Öffentlichkeit und Kriegsschuldfrage in der Weimarer Republik, Göttingen 1983.

Heinemann, Ulrich: Ein konservativer Rebell. Fritz-Dietlof von der Schulenburg und der 20. Juli, Berlin 1990.

Hellmer, Joachim: Der Gewohnheitsverbrecher und die Sicherungsverwahrung 1934 – 1945, Berlin 1961.

Hennig, Eike (Hg.): Hessen unterm Hakenkreuz. Studien zur Durchsetzung der NSDAP in Hessen, Frankfurt am Main 1983.

Henke, Josef-Dietmar: Das Schicksal deutscher zeitgeschichtlicher Quellen in Kriegs- und Nachkriegszeit: Beschlagnahme – Rückführung – Verbleib, in: VfZ, 30, 1982, S. 557-620.

Henke, Klaus-Dietmar, u. Hans Woller (Hg.): Politische Säuberung in Europa. Die Abrechnung mit Faschismus und Kollaboration nach dem Zweiten Weltkrieg, München 1991

Henkys, Reinhard: Die nationalsozialistischen Gewaltverbrechen. Geschichte und Gericht, Stuttgart, Berlin 1964.

Herbert, Ulrich: Fremdarbeiter. Politik und Praxis des »Ausländer-Einsatzes« in der Kriegswirtschaft des Dritten Reiches, Berlin, Bonn 1985.

Herbert, Ulrich: Arbeit und Vernichtung. Ökonomisches Interesse und Primat der »Weltanschauung« im Nationalsozialismus, in: ders. (Hg.), Europa und der »Reichseinsatz«, S. 384-426.

Herbert, Ulrich: Traditionen des Rassismus, in: Lutz Niethammer u. a.: Bürgerliche Gesellschaft in Deutschland, Frankfurt am Main 1990, S. 472-488.

Herbert, Ulrich (Hg.): Europa und der »Reichseinsatz«. Ausländische Zivilarbeiter, Kriegsgefangene und KZ-Häftlinge in Deutschland 1938 – 1945, Essen 1991.

Herbert, Ulrich: Rassismus und rationales Kalkül, in: Schneider (Hg.), »Vernichtungspolitik«, S. 25-36.

Herbert, Ulrich: »Generation der Sachlichkeit«. Die völkische Studentenbewegung der frühen 20er Jahre in Deutschland, in: Frank Bajohr, Werner Johe, Uwe Lohalm (Hg.): Zivilisation und Barbarei. Die widersprüchlichen Potentiale der Moderne, Hamburg 1991, S. 115-144.

Herbert, Ulrich: Zweierlei Bewältigung, in: ders. u. Olaf Groehler: Zweierlei Bewältigung. Vier Beiträge über den Umgang mit der NS-Vergangenheit in den beiden deutschen Staaten, Hamburg 1992, S. 7-27.

Herbst, Ludolf: Der Totale Krieg und die Ordnung der Wirtschaft. Die Kriegswirtschaft im Spannungsfeld von Politik, Ideologie und Propaganda 1939 – 1945, Stuttgart 1982.

Herbst, Ludolf (Hg.): Westdeutschland 1945 – 1955. Unterwerfung, Kontrolle, Integration, München 1986.

Herdeg, Walter: Grundzüge der deutschen Besatzungsverwaltung in den west- und nordeuropäischen Ländern während des Zweiten Weltkrieges, Tübingen 1953.

Hermand, Jost: Der alte Traum vom neuen Reich. Völkisch Utopien und Nationalsozialismus, Frankfurt am Main 1988.

Hietala, Marjatta: Der neue Nationalismus in der Publizistik Ernst Jüngers und des Kreises um ihn, 1920 – 1933, Helsinki 1975.

Hilberg, Raul: Die Vernichtung der europäischen Juden. Die Gesamtgeschichte des Holocaust, Frankfurt am Main 1990.

Hildebrand, Klaus: Deutsche Außenpolitik 1933 – 1945. Kalkül oder Dogma? Stuttgart [3]1976.

Hildebrand, Klaus: Hitler. Rassen- contra Weltpolitik. Ergebnisse und Desiderata der historischen Forschung, in: MGM, 19, 1976, S. 207-224.

Hildebrand, Klaus: Das Dritte Reich, München [3]1987.

Hillgruber, Andreas: Die »Endlösung« und das deutsche Ostimperium als Kernstück des rassenideologischen Programms des Nationalsozialismus, in: VfZ, 20, 1972, S. 133-153.

Hirsch, Martin, Diemut Majer, Jürgen Meinck (Hg.): Recht, Verwaltung und Justiz im Nationalsozialismus, Köln 1984.

Hirschfeld, Gerhard, u. Lothar Kettenacker (Hg.): Der »Führerstaat«: Mythos und Realität, Stuttgart 1981.

Höhne, Heinz: Der Orden unter dem Totenkopf. Die Geschichte der SS, München 1984 ([1]1967)

Höhne, Heinz: Canaris. Patriot im Zwielicht, München 1976.

Höhne, Heinz: Mordsache Röhm. Hitlers Durchbruch zur Alleinherrschaft 1933/34, Reinbek 1984.

Hof, Walter: Der Weg zum heroischen Realismus, Pessimismus und Nihilismus in der deutschen Literatur von Hamerling bis Benn, Tübingen, Bebenhausen 1974.

Hoffmann, Christa: Stunden Null? Vergangenheitsbewältigung in Deutschland 1945 und 1989, Berlin, Bonn 1992.

Hoffmann, Lutz: Das »Volk««. Zur ideologischen Struktur eines unvermeidbaren Begriffs, in: ZfS, 20, 1991, S. 191-208.

Holzbach, Heidrun: Das »System Hugenberg«. Die Organisation bürgerlicher Sammlungspolitik vor dem Aufstieg der NSDAP 1918 – 1928, Stuttgart 1981.

Horn, Wolfgang: Der Marsch zur Machtergreifung. Die NSDAP bis 1933, Königstein/Ts. 1980.

Hornung, Klaus: Der Jungdeutsche Orden, Düsseldorf 1958.

Hubatsch, Walter: »Weserübung«. Die deutsche Besetzung von Dänemark und Norwegen 1940, Göttingen, Berlin, Frankfurt am Main ²1960.

Huber, Ernst Rudolf: Deutsche Verfassungsgeschichte seit 1789, Bd. VI: Die Weimarer Reichsverfassung, Stuttgart u. a. 1981; Band VII, Ausbau, Schutz und Untergang der Weimarer Republik, Stuttgart u. a. 1984.

Ishida, Yuji: Jungkonservative im der Weimarer Republik. Der Ring-Kreis 1928 – 1933, Frankfurt am Main u. a. 1988.

Jäckel, Eberhard: Frankreich in Hitlers Europa. Die deutsche Frankreichpolitik im Zweiten Weltkrieg, Stuttgart 1966.

Jäckel, Eberhard: Hitlers Weltanschauung. Entwurf einer Herrschaft, Tübingen 1969.

Jäckel, Eberhard: Hitlers Herrschaft. Vollzug einer Weltanschauung, Stuttgart 1986.

Jäckel, Eberhard, u. Jürgen Rohwer (Hg.): Der Mord an den Juden im Zweiten Weltkrieg. Entschlußbildung und Verwirklichung, Stuttgart 1985.

Jaeger, Hans: Generation in der Geschichte. Überlegungen zu einem umstrittenen Konzept, in: GuG 3, 1977, S. 429-452.

Jaide, Walter: Generationen eines Jahrhunderts. Wechsel der Jugendgenerationen im Jahrhunderttrend. Zur Sozialgeschichte der Jugend in Deutschland 1871 – 1985, Opladen 1988.

Jamin, Mathilde: Zur Rolle der SA im nationalsozialistischen Herrschaftssystem, in: Hirschfeld u. Kettenacker (Hg.), Der »Führerstaat«, S. 329-360.

Jamin, Mathilde: Zwischen den Klassen. Zur Sozialstruktur der SA-Führerschaft, Wuppertal 1984.

Jansen, Christian: Professoren und Politik. Politisches Denken und Handeln der Heidelberger Hochschullehrer 1914 – 1935, Göttingen 1992.

Jansen, Christian, u. Arno Weckbecker: Der »Volksdeutsche Selbstschutz«, München 1992.

Janßen, Karl-Heinz, u. Fritz Tobias: Der Sturz der Generäle. Hitler und die Blomberg-Fritsch-Krise, München 1993.

Jarausch, Konrad H.: Deutsche Studenten 1800 – 1970, Frankfurt am Main 1984.

Jaspers, Karl: Wohin treibt die Bundesrepublik? Tatsachen – Gefahren – Chancen, München 1966.

Jenke, Manfred: Verschwörung von rechts? Ein Bericht über den Rechtsradikalismus in Deutschland nach 1945, Berlin 1961.

Jenschke, Bernhard: Zur Kritik der konservativ-revolutionären Ideologie in der Weimarer Republik. Weltanschauung und Politik bei Edgar Jung, München 1971.

Jochmann, Werner: Die Ausbreitung des Antisemitismus in Deutschland 1914 – 1923, in: Werner E. Mosse u. Arnold Paucker: Deutsches Judentum in Krieg und Revolution 1916 – 1923, Tübingen 1974, S. 409-510.

Jochmann, Werner: Struktur und Funktion des deutschen Antisemitismus 1878 – 1914, in: Strauss u. Kampe (Hg.), Antisemitismus, S. 99-142.

Jochmann, Werner: Gesellschaftskrise und Judenfeindschaft in Deutschland 1870 – 1945, Hamburg 1988.

Jochmann, Werner: Antisemitismus im Deutschen Kaiserreich, in: ders.: Gesellschaftskrise und Judenfeindschaft, S. 30-98.

Jochmann, Werner: Der Antisemitismus und seine Bedeutung für den Untergang der Weimarer Republik, in: ders.: Gesellschaftskrise und Judenfeindschaft, S. 171-194.

Junker, Detlef: Die Deutsche Zentrumspartei und Hitler 1932/33: Ein Beitrag zur Problematik des politischen Katholizismus, Stuttgart 1969.

Kahlenberg, Friedrich P.: Großhessenpläne und Separatismus. Das Problem der Zukunftsorientierung des Rhein-Main-Gebietes nach dem Ersten Weltkrieg (1918 – 1923), in: Festschrift Ludwig Petry, Teil 2, Wiesbaden 1969, S. 355-395.

Kahn, David: Hitler's Spies, New York 1978.

Kaiser, Joseph H.: Europäisches Großraumdenken: Die Steigerung geschichtlicher Größen als Rechtsproblem, in: Hans Barion u. a. (Hg.): Epirrhosis. Festgabe für Carl Schmitt, II, Berlin 1968.

Kampe, Norbert: Studenten und »Judenfrage« im Deutschen Kaiserreich. Die Entstellung einer akademischen Trägerschicht des Antisemitismus, Göttingen 1987.

Kaschuba, Wolfgang: Volk und Nation. Ethnozentrismus in Geschichte und Gegenwart, in: Heinrich August Winkler u. Hartmut Kaelble (Hg.): Nationalsozialismus – Nationalitäten – Supernationalität, Stuttgart 1993, S. 56-81.

Kasten, Bernd: »Gute Franzosen«. Die französische Polizei und die deutsche Besatzungsmacht im besetzten Frankreich 1940 – 1944, Sigmaringen 1993.

Kater, Michael H.: Der NS-Studentenbund von 1926 – 1928. Randgruppe zwischen Hitler und Strasser, in: VfZ, 22, 1974, S. 148-190.

Kater, Michael H.: Zum gegenseitigen Verhältnis von SA und SS in der Sozialgeschichte des Nationalsozialismus von 1925 – 1939, in: VSWG 62, 1975, S. 339-379.

Kater, Michael H.: Studentenschaft und Rechtsradikalismus in Deutschland 1918 – 1933, Hamburg 1975.

Kater, Michael H.: Bürgerliche Jugendbewegung und Hitler-Jugend in Deutschland von 1926 – 1939, in: AfS, 17, 1977, S. 127 ff.

Kater, Michael H.: Generationskonflikt als Entwicklungsfaktor in der NS-Bewegung vor 1933, in: GuG, 11, 1985, S. 217-243.

Keim, Anton Maria, u. Robert Heß: Das KZ Osthofen. Erstes Konzentrationslager im damaligen Volksstaat Hessen, Mainz o. J. (1985).

Kershaw, Ian: Antisemitismus und Volksmeinung. Reaktionen auf die Judenverfolgungen, in: Bayern in der NS-Zeit, hg, v. Martin Broszat u. a., Bd. 2, München 1979, S. 281-348.

Kershaw, Ian: Der NS-Staat. Geschichtsinterpretationen und Kontroversen im Überblick, Reinbek 1988.

Kessler, Heinrich: Wilhelm Stapel als politischer Publizist, Nürnberg 1967.

Keßler, Alexander: Der Jungdeutsche Orden in den Jahren der Entscheidung, 2 Bde., München 1975 u. 1976.

Ketelsen, Uwe-Karsten: Von heroischem Sein und völkischem Tod. Zur Dramatik des Dritten Reiches, Bonn 1970.

Kettenacker, Lothar: Nationalsozialistische Volkstumspolitik in Elsaß, Stuttgart 1973.

Kielmannsegg, Peter Graf von: Lange Schatten. Vom Umgang der Deutschen mit der nationalsozialistischen Vergangenheit, Berlin 1989.

Kirchhoff, Hans: Augustoproret 1943. Samarbejdspolitikkens fald. Forudsaetninger og forloeb. En studie i kollaboration og modstand, 3 Bde., Kopenhagen 1979.

Kirchhoff, Hans: Endlösung over Danmark in: Bent Blüdnikow u. a.: »Foereren har befalet!« Joedeaktionen oktober 1943«, Kopenhagen 1993, S. 57-107.

Kirchhoff, Hans: Kamp eller tilpasning. Politikerne og modstanden 1940 – 45, Kopenhagen 1987.

Kirn, Michael: Verfassungsumsturz oder Rechtskontinuität? Die Stellung der Jurisprudenz nach 1945 zum Dritten Reich, insbesondere die Konflikte um die Kontinuität der Beamtenrechte und Art. 131 Grundgesetz, Berlin 1972.

Kissenkoetter, Udo: Georg Straßer und die NSDAP, Stuttgart 1978.

Kittel, Manfred: Die Legende von der »Zweiten Schuld«. Vergangenheitsbewältigung in der Ära Adenauer, Frankfurt am Main, Berlin 1993.

Klee, Ernst: Was sie taten – was sie wurden. Ärzte, Juristen und andere Beteiligte am Kranken- und Judenmord, Frankfurt am Main 1986.

Klee, Ernst: Persilscheine und falsche Pässe. Wie die Kirchen den Nazis halfen, Frankfurt am Main 1991.

Klemperer, Klemens v.: Konservative Bewegungen zwischen Kaiserreich und Nationalsozialismus, München 1962.

Kluke, Paul: Nationalsozialistische Europa-Ideologie, in: VfZ, 3, 1955, S. 240-275.

Kluke, Paul: Die Stiftungsuniversität Frankfurt am Main 1914 – 1932, Frankfurt am Main 1972.

Knöpp, Friedrich: Der Volksstaat Hessen 1918 – 1933, in: Schultz (Hg.), Die Geschichte Hessens.

Kocka, Jürgen (Hg.): Bürger und Bürgerlichkeit im 19. Jahrhundert, Göttingen 1987.

Koehl, Robert L.: The Black Corps. The Structure and Power of the Nazi SS, London u. a. 1983.

Köhler, Henning: Novemberrevolution und Frankreich. Die französische Deutschland-Politik 1918 – 1919, Düsseldorf 1980.

Kogon, Eugen: Beinahe mit dem Rücken an der Wand, in: Frankfurter Hefte, 9, 1954, S. 641-645.

Kohli, Martin (Hg.): Soziologie des Lebenslaufs, Darmstadt, Neuwied 1978.

Köller, Vera: Der deutsche Imperialismus und Dänemark 1933 – 1945 unter besonderer Berücksichtigung der faschistischen Wirtschaftspolitik, Diss. phil., Berlin (DDR) 1966.

Kolb, Eberhard: Die Weimarer Republik, München, Wien 1984.

Kolb, Eberhard: Die Maschinerie des Terrors. Zum Funktionieren des Unterdrückungs- und Verfolgungsapparates im NS-System, in: Karl Dietrich Bracher u. a. (Hg.): Nationalsozialistische Diktatur 1933 – 1945. Eine Bilanz. Düsseldorf 1983, S. 270-284.

Koselleck, Reinhard: Volk, Nation, in: Geschichtliche Grundbegriffe. Historisches Lexikon zur politischen und sozialen Sprache in Deutschland, hg. von Otto Brunner, Werner Conze, Reinhard Koselleck, Bd. 7, Stuttgart 1992, S. 141-431.

Krausnick, Helmut: Hitlers Einsatzgruppen, Frankfurt am Main 1985.

Krausnick, Helmut, u. Hans-Heinrich Wilhelm: Die Truppe des Weltanschauungskrieges. Die Einsatzgruppen der Sicherheitspolizei und des SD 1938 – 1942, Stuttgart 1981.

Kreutzberger, Wolfgang: Studenten und Politik 1918 – 1933. Der Fall Freiburg im Breisgau, Göttingen 1972.

Krockow, Christian Graf von: Die Entscheidung, Stuttgart 1958.

Kröger, Ulrich: Die Ahndung von NS-Verbrechen und ihre Rezeption in der westdeutschen Öffentlichkeit 1958 – 1965 unter besonderer Berücksichtigung von Spiegel, Stern, Zeit, Süddeutsche Zeitung, Frankfurter Allgemeine Zeitung, Welt, Bild, Diss. Hamburg 1973.

Krüger, Peter: Das Reparationsproblem der Weimarer Republik in fragwürdiger Sicht. Kritische Überlegungen zur neuesten Forschung, in: VfZ, 29, 1981, S. 21-47.

Krüger, Peter: Die Außenpolitik von Weimar, Darmstadt 1985.

Krüger, Peter: Hitlers Europapolitik, in: Wolfgang Benz, Hans Buchheim, Hans Mommsen (Hg.): Der Nationalsozialismus. Studien zur Ideologie und Herrschaft, Frankfurt am Main 1993, S. 104-133.

Kube, Alfred: Pour le mérite und Hakenkreuz. Hermann Göring im Dritten Reich, München 1986.

Kürzinger, Josef: Asozialität und Kriminalität. Eine kriminologische Untersuchung an zwei Gruppen von Asozialen, Diss. Tübingen 1970.

Kwiet, Konrad: Nach dem Pogrom. Stufen der Ausgrenzung, in: Benz (Hg.), Die Juden, S. 545-573.

Laak, Dirk van: Gespräche in der Sicherheit des Schweigens. Carl Schmitt in der politischen Geistesgeschichte der Bundesrepublik, Berlin 1993.

Laqueur, Walter Z.: Die deutsche Jugendbewegung. Eine historische Studie, Köln 1962.

Larsen, Stein U., u. Bernd Hagtvet (Hg.): Modern Europe after Fascism, Bergen 1992.

Lebzelter, Gisela: Die Schwarze Schmach. Vorurteile, Propaganda, Mythos, in: GuG, 11, 1985, S. 37-58.

Leisen, Adolf: Die Ausbreitung des völkischen Gedankens in der Studentenschaft der Weimarer Republik, Diss. Heidelberg 1964.

Leithäuser, Joachim G.: Wilhelm Leuschner. Ein Leben für die Republik, Köln 1962.

Lenk, Kurt: Deutscher Konservatismus, Frankfurt am Main, New York 1989.

Leonhard, Götz: Die vorbeugende Verbrechensbekämpfung im nationalsozialistischen Staat und ihre Lehren für die Zukunft, Diss. Mainz 1952.

Lethen, Helmut: Verhaltenslehren der Kälte. Lebensversuche zwischen den Kriegen, Frankfurt am Main 1994.

Liebe, Werner: Die Deutschnationale Volkspartei 1918 – 1924, Düsseldorf 1956.

Lösener, Bernhard: Als Rassereferent im Reichsministerium des Innern, in: VfZ, 9, 1961, S. 264-313.

Loewenberg, Peter: The Psychohistorical Origin of the Nazi Youth Cohort, in: AHR, 76, 1971, S. 1457-1502.

Loewenberg, Peter: The Unsuccessful Adolescence of Heinrich Himmler, in: Decoding the Past. The Psychohistorical Approach, New York 1982, S. 209-239.

Lohalm, Uwe: Völkischer Radikalismus. Die Geschichte des Deutschvölkischen Schutz- und Trutzbundes 1919 – 1923, Hamburg 1970.

Longerich, Peter: Die braunen Bataillone. Geschichte der SA, München 1989.

Loock, Hans-Dietrich: Zur »großgermanischen« Politik des Dritten Reiches, in: VfZ, 8, 1960, S. 37-63.

Loock, Hans-Dietrich: Nordeuropa zwischen Außenpolitik und »großgermanischer« Innenpolitik, in: Funke (Hg.), Hitler, S. 684-706.

Lübbe, Hermann: Politische Philosophie in Deutschland, Basel, Stuttgart 1963.

Lübbe, Hermann: Der Nationalsozialismus im deutschen Nachkriegsbewusstsein, in HZ 236, 1983, S. 579-599.

Lübbe, Hermann: Rationalität und Irrationalität des Völkermords, in: Hanno Loewy (Hg.): Holocaust. Die Grenzen des Verstehens. Eine Debatte über die Besetzung der Geschichte, Reinbek 1992, S. 83-92.

Luther, Hans: Der französische Widerstand gegen die deutsche Besatzungsmacht und seine Bekämpfung, Tübingen 1957.

Mac Dougall, Walter A.: France's Rhineland Diplomacy 1914 – 1924, Princeton 1978.

Madajczyk, Czeslaw: Die Okkupationspolitik Nazideutschlands in Polen 1939 – 1945, Köln 1988 (polnische Erstveröffentl. 1970).

Maier, Hans: Ideen von 1914 – Ideen von 1939? Zweierlei Kriegsanfänge, in: VfZ, 38, 1990, S. 525-542.

Majer, Diemut: »Fremdvölkische« im Dritten Reich. Ein Beitrag zur nationalsozialistischen Rechtsetzung und Rechtspraxis in Verwaltung und Justiz, Boppard 1981.

Majer, Diemut: Die Perversion des Völkerrechts unter dem Nationalsozialismus, in: Jahrbuch des Instituts für deutsche Geschichte 14, 1985, S. 311-332.

Majer, Diemut: Grundlagen des nationalsozialistischen Rechtssystems: Führerprinzip, Sonderrecht, Einheitspartei, Stuttgart u. a. 1987.

Mallrnann, Klaus-Michael, u. Gerhard Paul: Herrschaft und Alltag in einem Industrierevier im Dritten Reich, Bonn 1991.

Marrus, Michael R., u. Robert O. Paxton: Vichy France and the Jews, New York 1981.

Marten, Heinz-Georg: Die unterwanderte FDP. Politischer Liberalismus in Niedersachsen. – Aufbau und Entwicklung der Freien Demokratischen Partei 1945 – 1955, Göttingen, Frankfurt am Main, Zürich 1978.

Marten, Heinz-Georg: Sozialbiologismus. Biologische Grundpositionen der politischen Ideengeschichte, Frankfurt am Main 1983.

Martens, Stephan: Hermann Göring. »Erster Paladin des Führers« und »Zweiter Mann im Reich«, Paderborn 1985.

Matlok, Siegfried (Hg.): Dänemark in Hitlers Hand. Der Bericht des Reichsbevollmächtigten Werner Best über seine Besatzungspolitik in Dänemark mit Studien über Hitler, Göring, Himmler, Heydrich, Ribbentrop, Canaris u. a., Husum 1988.

Mauch, Hans-Joachim: Nationalistische Wehrorganisationen in der Weimarer Republik, Frankfurt am Main u. a. 1982.

Maurer, Trude: Abschiebung und Attentat. Die Ausweisung der polnischen Juden und der Vorwand für die »Kristallnacht«, in: Pehle (Hg.), Der Judenpogrom 1938, S. 52-73.

Mehring, Reinhard: Vom Umgang mit Carl Schmitt. Zur neueren Literatur, in: GuG, 19, 1993, S. 388-407.

Melzer, Emanuel: Relation between Poland and Germany and their Impact on the Jewish Problem in Poland, 1935 – 1938; in: Yad Vashem Studies 12, 1977, S. 193-229.

Merkl, Peter H.: Political Violence Under the Swastica. 581 Early Nazis, Princeton 1975.

Messerschmidt, Manfred: Revision, Neue Ordnung, Krieg. Akzente der Völkerrechtswissenschaft in Deutschland 1933 – 1945, in: MGM 1, 1971, S. 61-95.

Meyer, Ahlrich: Großraumpolitik und Kollaboration im Westen, in: Modelle für ein deutsches Europa. Ökonomie und Herrschaft im Großwirtschaftsraum (Beiträge zur nationalsozialistischen Gesundheits- und Sozialpolitik, Bd. 10), Berlin 1992, S. 29-76.

Meyer, Ahlrich: »Fremde Elemente«. Die osteuropäisch-jüdische Immigration, die »Endlösung der Judenfrage« und die Anfänge der Widerstandsbewegung in Frankreich, in: Arbeitsmigration und Flucht. Vertreibung und Arbeitskräfteregulierung im Zwischenkriegseuropa (Beiträge zur nationalsozialistischen Gesundheits- und Sozialpolitik, Bd. 11), Berlin 1993, S. 82-129.

Meyer, Martin: Ernst Jünger, München, Wien 1990.

Michalski, Gabrielle: Der Antisemitismus im deutschen akademischen Leben in der Zeit nach dem Ersten Weltkrieg, Frankfurt am Main 1980.

Michel, Henri: Paris allemand, Paris 1981.

Milton, Sybil: The Expulsion of Polish Jews from Germany, October 1938 to July 1939. A Documentation, in: Leo-Baeck-Institute, Year Book 29, 1984, S. 169-199.

Mohler, Armin: Die Konservative Revolution in Deutschland 1918 – 1932, 2 Bde., Darmstadt ³1989.

Mommsen, Hans: Der nationalsozialistische Polizeistaat und die Judenverfolgung vor 1938, in: VfZ, 10, 1962, S. 68-87.

Mommsen, Hans: Nationalsozialismus, in: Sowjetsystem und Demokratische Gesellschaft, Bd. 4, Freiburg 1971, Sp. 695-713.

Mommsen, Hans: Der Nationalsozialismus. Kumulative Radikalisierung und Selbstzerstörung des Regimes, in: Meyers Enzyklopädisches Wörterbuch, Stuttgart 1976, S. 785-790.

Mommsen, Hans: Ausnahmezustand als Herrschaftstechnik des NS-Regimes, in: Funke (Hg.), Hitler, S. 30-45.

Mommsen, Hans: Hitlers Stellung im nationalsozialistischen Herrschaftssystem, in: Hirschfeld u. Kettenacker, Der »Führerstaat«, S. 43-72.

Mommsen, Hans: Die Realisierung des Utopischen. Die »Endlösung der Judenfrage« im »Dritten Reich«, in: GuG, 9, 1983, S. 381-420.

Mommsen, Hans: Die deutschen Eliten und der Mythos des nationalen Aufbruchs von 1933, in: Merkur, 38, 1984, S. 97-102.

Mommsen, Hans: Generationskonflikt und Jugendrevolte in der Weimarer Republik, in: Thomas Koebner u. a. (Hg.): »Mit uns zieht die neue Zeit«. Der Mythos Jugend, Frankfurt am Main 1985, S. 50-67.

Mommsen, Hans: Wilhelm Leuschner und die Widerstandsbewegung des 20. Juli, in: Ursula Büttner (Hg.): Das Unrechtsregime, Bd. 1, Hamburg 1986, S. 347-361.

Mommsen, Hans: Die Auflösung des Bürgertums seit dem späten 19. Jahrhundert, in: Kocka (Hg.), Bürger, S. 288-315.

Mommsen, Hans, u. Susanne Willems (Hg.): Herrschaftsalltag im Dritten Reich. Studien und Texte, Düsseldorf 1988.

Mommsen, Hans, u. Dieter Obst: Die Reaktion der deutschen Bevölkerung auf die Verfolgung der Juden 1933 – 1943, in: Mommsen u. Willems (Hg.), Herrschaftsalltag, S. 374-421.

Mommsen, Hans: Die verspielte Freiheit. Der Weg der Republik von Weimar in den Untergang 1918 – 1933, Berlin 1989.

Mommsen, Hans: Die Funktion des Antisemitismus im Dritten Reich. Das Beispiel des November-Pogroms, in: Günter Brakelmann u. Martin Rosowski (Hg.): Antisemitismus. Von religiöser Judenfeindschaft zur Rassenideologie, Göttingen 1989, S. 179-190.

Mommsen, Hans: Nationalsozialismus als vorgetäuschte Modernisierung, in: Walter Fehle (Hg.), Der historische Ort des Nationalsozialismus, Frankfurt am Main 1990, S. 31-46.

Mommsen, Hans: Der Nationalsozialismus und die deutsche Gesellschaft. Ausgewählte Aufsätze, hg. von Lutz Niethammer und Bernd Weisbrod, Reinbek 1991.

Moritz, Günther: Gerichtsbarkeit in den von Deutschland besetzten Gebieten 1939 – 1945, Tübingen 1955.

Morsey, Rudolf: Die Rheinlande, Preußen und das Reich 1914 – 1945, in: Rheinische Vierteljahresblätter, 30, 1965, S. 176-220.

Moser, Jonny: Österreichs Juden unter der NS-Herrschaft, in: Talos u. a. (Hg.), NS-Herrschaft in Österreich, S. 185-198.

Mosse, George L.: Ein Volk, ein Reich, ein Führer. Die völkischen Ursprünge des Nationalsozialismus, Königstein/Ts. 1979.

Mosse, George L.: Die deutsche Rechte und die Juden, in: Mosse u. Paucker (Hg.), Entscheidungsjahr 1932, S. 183-246

Mosse, Werner E., u. Arnold Paucker (Hg.): Entscheidungsjahr 1932. Zur Judenfrage in der Endphase der Weimarer Republik, Tübingen 1965.

Mühlen, Patrik von zur: Rassenideologien. Geschichte und Hintergründe, Berlin, Bonn 1977.

Müller, Hans: Katholische Kirche und Nationalsozialismus, München 1965.

Müller, Ingo: Furchtbare Juristen. Die unbewältigte Vergangenheit unserer Justiz, München 1987.

Müller, Klaus-Jürgen: Das Heer und Hitler. Armee und nationalsozialistisches Regime 1933 – 1940, Stuttgart 1969.

Müller, Klaus-Jürgen: Deutsche Militär-Elite in der Vorgeschichte des Zweiten Weltkrieges, in: Broszat u. Schwabe (Hg.), Die deutschen Eliten, S. 226-290.

Müller, Klaus-Jürgen: Armee, Politik und Gesellschaft in Deutschland 1933 – 1945, Paderborn 1979.

Müller-Werth, Herbert: Der Separatistenputsch in Nassau unter besonderer Berücksichtigung des Stadt- und Landkreises Wiesbaden, in: Nassauische Annalen, Jahrbuch des Vereins für Nassauische Altertumskunde und Geschichtsforschung, Bd. 79, Wiesbaden 1968, S. 245-328.

Naumann, Werner: Nau-Nau gefährdet das Empire?, Göttingen 1953.

Neufeldt, Hans-Joachim, Jürgen Huck, Georg Tessin: Zur Geschichte der Ordnungspolizei 1936 – 1945, Koblenz 1957.

Neulen, Hans Werner: Europa und das Dritte Reich. Einigungsbestrebungen im deutschen Machtbereich 1939 – 1945, München 1987.

Neumann, Franz: Behemoth. Struktur und Praxis des Nationalsozialismus 1933 – 1944, Köln, Frankfurt am Main 1977 ([1]1942, [2]1944).

Niethammer; Lutz: Angepaßter Faschismus. Politische Praxis der NPD. Frankfurt am Main 1969.

Niethammer, Lutz: Die Mitläuferfabrik. Die Entnazifizierung am Beispiel Bayerns, Berlin 1982.

Niethammer, Lutz: Zum Verhältnis von Reform und Rekonstruktion am Beispiel der Reform des öffentlichen Dienstes, in: Wolf-Dieter Narr u. Dietrich Tränhardt (Hg.): Die Bundesrepublik Deutschland, Königstein/Ts. 1984, S. 47-59.

Niethammer, Lutz: Zum Wandel der Kontinuitätsdiskussion, in: Herbst (Hg.), Westdeutschland, S. 65-83.

Niethammer, Lutz: Posthistoire. Ist die Geschichte zu Ende?, Reinbek 1989.

Nipperdey, Thomas: Die deutsche Studentenschaft in den ersten Jahren der Weimarer Republik, in: Adolf Grimme (Hg.): Kulturverwaltung der Zwanziger Jahre, Stuttgart 1961, S. 19-48.

Nipperdey, Thomas: Deutsche Geschichte 1866 – 1918, Bd. 1: Arbeitswelt und Bürgergeist, München 1990.

Nippert, Erwin: Prinz Albrecht-Straße 8, Berlin (DDR) 1988.

Nissen, Henrik S.: 1940. Studier i forhandlingspolitiken og samarbejdspolitikken, Kopenhagen 1973.

Nissen, Henrik S. (Hg.): Scandinavia During the Second World War, Oslo, Minneapolis 1983.

NS-Recht in historischer Perspektive. Kolloquien des Instituts für Zeitgeschichte, München – Wien 1981.

Oelkers, Jürgen: Biographik. Überlegungen zu einer unschuldigen Gattung, in: NPL, 19, 1974, S. 296-309.

Oppitz, Ulrich-Dieter: Strafverfolgung und Strafvollstreckung bei NS-Gewaltverbrechen. Dargestellt anhand von 542 rechtskräftigen Urteilen deutscher Gerichte aus der Zeit von 1946 – 1975, Ulm 1979.

Paetel, Karl O.: Die SS. Ein Beitrag zur Soziologie des Nationalsozialismus, in: VfZ, 2, 1954, S. 1-33.

Papke, Gerhard: Unser Ziel ist die unabhängige FDP. Die Liberalen und der Machtwechsel in Nordrhein-Westfalen 1956, Baden-Baden 1992.

Paxton, Robert O.: Vichy France – Old Guard and New Order 1940 – 1945, New York 1972.

Pehle, Walter (Hg.): Der Judenpogrom 1938. Von der »Reichskristallnacht« zum Völkermord, Frankfurt am Main 1988.

Petrow, Richard: The Bitter Years. The Invasion and Occupation of Denmark and Norway, April 1940 – May 1945, London 1974.

Petzoldt, Joachim: Wegbereiter des deutschen Faschisnus. Die Jungkonservativen in der Weimarer Republik, Köln 1983.

Petzoldt, Joachim: Juni-Club, in: Dieter Fricke (Hg.): Lexikon zur Parteiengeschichte, Bd. 3, S. 156-164.

Peukert, Detlev: Volksgenossen und Gemeinschaftsfremde, Köln 1982.

Peukert, Detlev: Arbeitslager und Jugend-KZ. Die »Behandlung Gemeinschaftsfremder« im Dritten Reich, in: ders. u. Jürgen Reulecke (Hg.): Die Reihen fast geschlossen. Beiträge zur Geschichte des Alltags unterm Nationalsozialismus, Wuppertal 1981, S. 413-434.

Peukert, Detlev J. K.: Die Weimarer Republik. Krisenjahre der Klassischen Moderne, Frankfurt am Main 1987.

Peukert; Detlev K.: Die Genesis der »Endlösung« aus dem Geist der Wissenschaft, in: ders.: Max Webers Diagnose der Moderne, Göttingen 1989, S. 102-121.

Pieper, Helmut: Die Minderheitenfrage und das Deutsche Reich 1919 – 1933/34, Hamburg 1974.

Pingel, Falk: Häftlinge unter SS-Herrschaft. Widerstand, Selbstbehauptung und Vernichtung im Konzentrationslager, Hamburg 1978.

Pingel, Henner: Das Jahr 1933. NSDAP-Machtergreifung in Darmstadt und im Volksstaat Hessen, Darmstadt ²1978.

Pingel-Rollmann, Heinrich: Widerstand und Verfolgung in Darmstadt und in der Provinz Starkenburg 1933 – 1945, Darmstadt, Marburg 1985.

Plessner, Helmut: Die verspätete Nation. Über die politische Verführbarkeit bürgerlichen Geistes, Stuttgart 1959.

Plum, Günter: Staatspolizei und innere Verwaltung 1934 – 1936, in: VfZ, 13, 1965, S. 191-224.

Poch, Ulrich: Der dänische Widerstand in den Jahren 1943 – 1945, Berlin 1971.

Pohl, Dieter: Von der »Judenpolitik« zum Judenmord. Der Distrikt Lublin des Generalgouvernements 1939 – 1944, Frankfurt am Main 1993.

Pohl, Karl Heinrich: Der »Rheinlandkommissar« und die besetzten deutschen Gebiete. Regionale Einflüsse bei den innenpolitischen Auseinandersetzungen um die »Rückwirkung« von Locarno, in: Jahrbuch für westdeutsche Landesgeschichte, 5, 1979, S. 273-301.

Pohlmann, Friedrich: Ideologie und Terror im Nationalsozialismus, Pfaffenweiler 1992.

Pommerin, Rainer: »Sterilisierung der Rheinland-Bastarde«. Das Schicksal einer farbigen deutschen Minderheit 1918 – 1937, Düsseldorf 1979.

Poulsen, Henning: Besaettelsesmagten og de danske nazister. Det politiske forhold mellem tyske myndigheder og nazistiske kredse i Danmark 1940 – 1943, Kopenhagen 1970.

Prinz, Arthur: The Role of the Gestapo in Obstructing and Promozing Jewish Emigration, in: Yad Vashem Studies 2, 1958, S. 205-218.

Pross, Harry: Die Zerstörung der deutschen Politik, Frankfurt am Main 1959.

Prümm, Karl: Die Literatur des soldatischen Nationalismus der 20er Jahre, 1918 – 1933, Kronberg/Ts. 1974.

Pryce-Jones, David: Paris in the Third Reich. A History of the German Occupation 1940 – 1944, New York 1981.

Quaritsch, Helmut (Hg.): Complexio Oppositorum. Über Carl Schmitt, Speyer 1988.

Quaritsch, Helmut: Positionen und Begriffe Carl Schmitts, Berlin 1989.

Ramme, Alwin: Der Sicherheitsdienst der SS. Zu seiner Funktion im faschistischen Machtapparat und im Besatzungsregime des sogenannten Generalgouvernements Polen, Berlin (DDR) 1970.

Rebentisch, Dieter: Der Gau Hessen-Nassau und die nationalsozialistische Reichsreform, in: Nassauische Annalen, 89, 1978, S. 128-162.

Rebentisch, Dieter: Persönlichkeitsprofil und Karriereverlauf der nationalsozialistischen Führungskader in Hessen 1928 – 1945, in: Hessisches Jahrbuch für Landesgeschichte, 33, 1983, S. 293-311.

Rebentisch, Dieter: Zwei Beiträge zur Vorgeschichte der Machtergreifung des Nationalsozialismus in Frankfurt, in: Hennig (Hg.), Hessen, S. 279-298.

Rebentisch, Dieter: Nationalsozialistische Revolution, Parteiherrschaft und totaler Krieg in Hessen, 1933-1945, in: Schultz (Hg.), Die Geschichte Hessens, S. 232-248.

Rebentisch, Dieter: Führerstaat und Verwaltung im Zweiten Weltkrieg. Verfassungsentwicklung und Verwaltungspolitik 1939 – 1945, Stuttgart 1989.

Rebentisch, Dieter: Wilhelm Stuckart, 1902 – 1953, in: Kurt G. A. Jeserich u. Helmut Neuhaus (Hg.): Persönlichkeiten der Verwaltung. Biographien zur deutschen Verwaltungsgeschichte 1648 – 1975, Stuttgart u. a. 1991, S. 474-478.

Rebentisch, Dieter, und Karl Teppe (Hg.): Verwaltung contra Menschenführung im Staat Hitlers. Studien zum politisch-administrativen System, Göttingen 1986.

Reifner, Udo, u. Bernd Rüdiger Sonnen (Hg.): Strafjustiz und Polizei im Dritten Reich, Frankfurt am Main, New York 1984.

Reimer, Klaus: Rheinlandfrage und Rheinlandbewegung, 1918 –1933. Ein Beitrag zur Geschichte der regionalistischen Bestrebungen in Deutschland, Frankfurt am Main 1979.

Reuth, Ralf-Georg: Goebbels, München, Zürich 1990.

Rich, Norman: Hitler's War Aims, 2 Bde., New York 1973.

Rings, Werner: Leben mit dem Feind. Anpassung und Widerstand in Hitlers Europa 1939 – 1945, München 1979.

Roessling, Udo: Ernst Jünger und der Standarte-Kreis als Vertreter des sogenannten »Neuen Nationalismus« in der Weimarer Republik, in: Jenaer Beiträge zur Parteiengeschichte, 1986, Heft 48, S. 118-130.

Rosengreen, Bjoern: Dr. Werner Best og tyske besaettelsespolitik i Danmark 1943 – 1945, Odense 1985.

Rousso, Henry: L'Epuration. Die politische Säuberung in Frankreich, in: Henke u. Woller (Hg.), Politische Säuberung, S. 192-240.

Ruck, Michael: Die Freien Gewerkschaften im Ruhrkampf 1923, Köln 1986.

Ruck, Michael: Bollwerk gegen Hitler? Arbeiterschaft, Arbeiterbewegung und die Anfänge des Nationalsozialismus, Köln 1988.

Rückerl, Adalbert: Die Strafverfolgung von NS-Verbrechen 1945 – 1978. Eine Dokumentation, Heidelberg, Karlsruhe 1979.

Rückerl, Adalbert: NS-Verbrechen vor Gericht. Versuch einer Vergangenheitsbewältigung, Heidelberg [1]1984.

Rürup, Reinhard (Hg.): Topographie des Terrors. Gestapo, SS und Reichssicherheitshauptamt auf dem »Prinz-Albrecht-Gelände«. Eine Dokumentation, Berlin 1987.

Rüthers, Bernd: Die unbegrenzte Auslegung. Zum Wandel der Privatrechtsordnung im Nationalsozialismus, Frankfurt am Main [2]1975.

Rüthers, Bernd: »Wir denken die Rechtsbegriffe um ...« – Weltanschauung als Auslegungsprinzip, Zürich 1987.

Rüthers, Bernd: Entartetes Rede. Rechtslehren und Kronjuristen im Dritten Reich, München 1988.

Rüthers, Bernd: Carl Schmitt im Dritten Reich, München 1989.

Ruetten, Theo: Der deutsche Liberalismus 1945 bis 1955. Deutschland- und Gesellschaftspolitik der ost- und westdeutschen Liberalen in der Entstehungsphase der beiden deutschen Staaten, Baden-Baden 1984.

Sabrow, Martin: Der Rathenaumord. Rekonstruktion einer Verschwörung gegen die Republik von Weimar, München 1994.

Safrian, Hans: Die Eichmann-Männer, Wien, Zürich 1993.

Salewski, Michael: Ideas of the National Socialist Government and Party, in: Documents on the History of European Integration, vol. 1, Continental Plans for European Union 1939 – 1945, ed. by Walter Lipgens, Berlin, New York 1985, S. 37-178.

Salewski, Michael: Europa. Idee und Wirklichkeit in der nationalsozialistischen Weltanschauung und politischen Praxis, in: Otmar Franz (Hg.): Europas Mitte, Göttingen, Zürich 1987, S. 85-106.

Salomon, Ernst von: Der Fragebogen, Reinbek 1985 ([1]1951).

Sauer, Wolfgang: Die Mobilmachung der Gewalt (Bracher, Sauer, Schulz: Die Nationalsozialistische Machtergreifung, Bd.3), Frankfurt am Main, Berlin, Wien 1974 ([1]1960).

Scheffler, Wolfgang: Zur Praxis der SS- und Polizeigerichtsbarkeit im Dritten Reich, in: Klassenjustiz und Pluralismus. Festschrift für Ernst Fraenkel zum 75. Geburtstag, Hamburg 1973, S. 224-236.

Scheffler, Wolfgang: Wege zur »Endlösung«, in: Strauss u. Kampe (Hg.), Antisemitismus, S. 186-214.

Scherer, Klaus: »Asozial« im Dritten Reich. Die vergessenen Verfolgten, Münster 1990.

Schildt, Axel: Die öffentliche Schulddebatte und das Integrationsangebot der Kirchen, MS. 1992.

Schleunes, Karl A.: The Twisted Road to Auschwitz. Nazi Policy toward German Jews 1933 – 1939, Urbana, Ill., 1970.

Schmuhl, Hans-Walter: Rassenhygiene, Nationalsozialismus, Euthanasie. Von der Verhütung zur Vernichtung »lebensunwerten Lebens« 1890 – 1945, Göttingen 1987.

Schmuhl, Hans-Walter: Rassismus unter den Bedingungen charismatischer Herrschaft. Zum Übergang von der Verfolgung zur Vernichtung gesellschaftlicher Minderheiten im Dritten Reich, in: Karl-Dietrich Bracher, Manfred Funke, Hans-Adolf Jacobsen (Hg.): Deutschland 1933 – 1945. Neue Studien zur nationalsozialistischen Herrschaft, Düsseldorf 1992, S. 182-197.

Schneider, Ulrich (Hg.): Hessen vor fünfzig Jahren – 1933, Frankfurt am Main 1983.

Schneider, Wolfgang (Hg.): »Vernichtungspolitik«. Eine Debatte über den Zusammenhang zwischen Sozialpolitik und Genozid im nationalsozialistischen Deutschland, Hamburg 1991.

Schön, Eberhart: Die Entstehung des Nationalsozialismus in Hessen, Meisenheim a. Gl. 1972.

Schörken, Rolf: Jugend 1945. Politisches Denken und Lebensgeschichte, Opladen 1990.

Schorn, Hubert: Der Richter im Dritten Reich, Frankfurt am Main 1959.

Schornstheimer, Michael: Bombenstimmung und Katzenjammer. Vergangenheitsbewältigung: Quick und Stern in den fünfziger Jahren, Köln 1989.

Schramm, Wilhelm von: Aufstand der Generale. Der 20. Juli in Paris, München 1964.

Schüddekopf, Otto Ernst: Linke Leute von rechts. Die nationalrevolutionären Minderheiten und der Kommunismus in der Weimarer Republik, Stuttgart 1960.

Schultz, Uwe (Hg.): Die Geschichte Hessens, Stuttgart 1983.

Schulz, Gerhard: Die Anfänge des totalitären Maßnahmenstaates (Bracher, Sauer, Schulz, Die nationalsozialistische Machtergreifung, Bd. 2), Frankfurt am Main, Berlin, Wien 1974 ([1]1960).

Schulz, Gerhard: Der »nationale Club von 1919« zu Berlin. Zum politischen Zerfall einer Gesellschaft, in: Jahrbuch für die Geschichte Mittel- und Ostdeutschlands 11, 1962, S. 207-237.

Schulz, Gerhard: Der Aufstieg des Nationalsozialismus. Krise und Revolution in Deutschland, Frankfurt am Main, Berlin, Wien 1975.

Schulz, Gerhard: Deutschland seit dem Ersten Weltkrieg 1918 – 1945, Göttingen 1976.

Schulz, Gerhard: Zwischen Demokratie und Diktatur. Verfassungspolitik und Reichsreform in der Weimarer Republik, Bd. 1: Die Periode der Konsolidierung und der Revision des Bismarckschen Reichsaufbaues 1919 – 1930, Berlin 1963, Berlin, New York [1]1985; Bd. 2: Deutschland am Vorabend der Großen Krise, Berlin, New York 1987; Bd. 3: Von Brüning zu Hitler. Der Wandel des politischen Systems in Deutschland 1930 – 1933, Berlin, New York 1992.

Schulze, Hagen: Otto Braun oder Preußens demokratische Sendung. Eine Biographie, Frankfurt am Main, Berlin, Wien 1977.

Schwabe, Klaus (Hg.): Die Ruhrkrise 1923, Paderborn 1984.

Schwartz, Thomas Alan: Die Begnadigung deutscher Kriegsverbrecher. John J. McCloy und die Häftlinge von Landsberg, in: VfZ, 38, 1990, S. 375-414.

Schwartz, Thomas Alan: Die Atlantik-Brücke. John McCloy und das Nachkriegsdeutschland, Frankfurt am Main, Berlin 1992.

Schwarz, Hans-Peter: Der konservative Anarchist. Politik und Zeitkritik Ernst Jüngers, Freiburg 1962.

Schwarz, Hans-Peter: Adenauer. Bd. 1: Der Aufstieg: 1876 – 1952, Bd. 2: Der Staatsmann: 1952 – 1967, Stuttgart 1986 u. 1991.

Schwarz, Jürgen: Studenten in der Weimarer Republik. Die deutsche Studentenschaft in der Zeit von 1918 – 1923 und ihre Stellung zur Politik, Berlin 1971.

Schwierskott, Hans Joachim: Arthur Moeller van den Bruck und die Anfänge des Jungkonservativismus in der Weimarer Republik, Göttingen 1961.

Segev, Tom: The Commanders of Nazi Concentration Camp, Diss., Boston 1977.

Seghers, Anna: Das siebte Kreuz. Roman, Darmstadt, Neuwied 1962.

Seier, Helmut: Radikalisierung und Reform als Probleme der Universität Marburg 1918 – 1933, in: Academia Marburgensis 1 (1977), S. 303-352.

Sérant, Paul: Die politischen Säuberungen in Westeuropa am Ende des Zweiten Weltkrieges in Deutschland, Österreich, Belgien, Dänemark, Frankreich, Großbritannien, Italien, Norwegen, den Niederlanden und in der Schweiz, Oldenburg, Hamburg 1966.

Seymour, Susan: Anglo-Danish Relations and Germany 1933 – 1945, Odense 1982.

Siegert, Toni: Das Konzentrationslager Flossenbürg. Gegründet für sogenannte Asoziale und Kriminelle, in: Martin Broszat u. Elke Fröhlich (Hg.): Bayern in der NS-Zeit, Bd. 2, Herrschaft und Gesellschaft im Konflikt, München, Wien 1979, S. 429-492.

Sigel, Robert: Im Interesse der Gerechtigkeit. Die Dachauer Kriegsverbrecherprozesse 1945 – 1948, Frankfurt am Main, New York 1992.

Sjoequist, Viggo: Erik Scavenius. Danmarks udenningsminister under to verdenskrige, Staatsminister 1942 – 1943, 2 Bde., Kopenhagen 1973.

Smith, Bradley F.: Heinrich Himmler 1900 – 1926. Sein Weg in den deutschen Faschismus, München 1979.

Smith, Bradley F.: Der Jahrhundert-Prozeß. Die Motive der Richter von Nürnberg. Anatomie einer Urteilsfindung, Frankfurt am Main 1979.

Soell, Hartmut: Fritz Erler. Eine politische Biographie, Bonn 1976.

Söllner, Alfons (Hg.): Zur Archäologie der Demokratie in Deutschland. Analysen politischer Emigranten im amerikanischen Geheimdienst, Bd. 1: 1943 – 1945, Bd. 2: 1946 – 1949, Frankfurt am Main 1982 u. 1986.

Sörgel, Werner: Konsensus und Interessen, Stuttgart 1969.

Sontheimer, Kurt: Der Tat-Kreis, in: VfZ, 3, 1959, S. 229-260.

Sontheimer, Kurt: Antidemokratisches Denken in der Weimarer Republik. Die politischen Ideen des deutschen Nationalismus zwischen 1918 und 1933, München 1962.

Spitzer, Alan B.: The Historical Problems of Generations, in: AHR, 78, 1973, S. 1353-1384.

Stachura, Peter D.: Nazi Youth in the Weimar Republic, Santa Barbara, Oxford 1975.

Stachura, Peter D.: Deutsche Jugendbewegung und Nationalsozialismus, in: Jahrbuch des Archivs der deutschen Jugendbewegung, 12, 1980, S. 35-52.

Stambolis, Barbara: Der Mythos der jungen Generation. Ein Beitrag zur politischen Kultur der Weimarer Republik, Bochum 1984.

Steinbach, Peter: Nationalsozialistische Gewaltverbrechen. Die Diskussion in der deutschen Öffentlichkeit nach 1945, Berlin 1981.

Steinbach, Peter: Die Zeitschrift »Tribüne« und die Vergangenheitsbewältigung. Zur angemessenen Auseinandersetzung mit der Geschichte, in: Tribüne, H. 101, 1987, S. 58-73.

Steinberg, Lucien: Les Allemands en France, 1940 – 1944, Paris 1980.

Steinberg, Michael S.: Sabers and Brown Shirts. The German Student's Path to National Socialism, 1918 – 1945, Chicago 1977.

Steinert, Marlis G.: Die 23 Tage der Regierung Dönitz, Düsseldorf, Wien 1967.

Steinert, Marlis G.: Hitlers Krieg und die Deutschen. Stimmung und Haltung der deutschen Bevölkerung im Zweiten Weltkrieg, Düsseldorf, Köln 1970.

Stern, Fritz: Kulturpessimismus als politische Gefahr. Eine Analyse nationaler Ideologie in Deutschland, München 1986 ([1]1963).

Stockhorst, Erich: Fünftausend Köpfe, Velbert, Kettwig 1967.

Stöss, Richard (Hg.): Parteien-Handbuch. Die Parteien der Bundesrepublik Deutschland 1945 – 1980, Opladen 1983.

Stokes, Laurence D.: Otto Ohlendorf, the Sicherheitsdienst and Public Opinion in Nazi Germany, in: George L. Mosse (Hg.): Police Forces in History, London 1975, S. 231-262.

Straede, Therkel: Dänemark, in: Jürgen Rohwer u. Hildegard Müller (Hg.): Neue Forschungen zur Geschichte des Zweiten Weltkrieges, Koblenz 1990.

Straede, Therkel: »Deutschlandarbeiter«. Dänen in der deutschen Kriegswirtschaft, 1940 – 1945, in: Herbert (Hg.), Europa, S. 140-171.

Strauss, Herbert A., u. Norbert Kampe (Hg.): Antisemitismus. Von der Judenfeindschaft zum Holocaust, Frankfurt am Main, New York 1985.

Ströle-Bühler, Heide: Studentischer Antisemitismus in der Weimarer Republik, Frankfurt am Main, Bern u. a. 1991.

Struve, Walter: Elites Against Democracy. Leadership Ideals in Bourgeois Political Thought in Germany, 1890 – 1933, Princeton 1983.

Süss, Martin: Rheinhessen unter französischer Besatzung. Vom Waffenstillstand im November 1918 bis zum Ende der Separatismusunruhen im Februar 1924, Wiesbaden, Stuttgart 1988.

Süssmuth, Hans (Hg.): Historische Anthropologie, Göttingen 1984.

Tálos, Emmerich, Ernst Harnisch, Wolfgang Neugebauer (Hg.): NS-Herrschaft in Österreich, Wien 1988.

Tamm, Ditlev: Kollaboration und ihre strafrechtliche Ahndung in Dänemark nach dem Zweiten Weltkrieg, in: Zeitschrift für Rechtsgeschichte, 5, 1983, S. 44-73.

Tamm, Ditlev: Retsopgoeret efter besaettelsen, Kopenhagen 1984.

Tauber, Kurt P.: Beyond Eagle and Swastika. German Nationalism since 1945, 2 Bde., Middletown 1967.

Terhorst, Karl-Leo: Polizeiliche planmäßige Überwachung und polizeiliche Vorbeugehaft im Dritten Reich. Ein Beitrag zur Rechtsgeschichte vorbeugender Verbrechensbekämpfung, Heidelberg 1985.

Thimme, Annelise: Flucht in den Mythos. Die Deutschnationale Volkspartei und die Niederlage von 1918, Göttingen 1969.

Thomsen, Erich: Deutsche Besatzungspolitik in Dänemark 1940 – 1945, Düsseldorf 1971.

Tuchel, Johannes: Herrschaftssicherung und Terror. Zur Funktion und Wirkung nationalsozialistischer Konzentrationslager 1933/34, Berlin 1983.

Tuchel, Johannes: Konzentrationslager. Organisationsgeschichte und Funktion der »Inspektion der Konzentrationslager« 1934-1938, Boppard 1991 (Diss. Berlin 1989).

Tuchel, Johannes, u. Reinhold Schattenfroh: Zentrale des Terrors, Prinz-Albrecht-Straße 8. Hauptquartier der Gestapo, Berlin 1987.

Umbreit, Hans: Der Militärbefehlshaber in Frankreich 1940 – 1944, Boppard 1968.

Umbreit, Hans: Deutsche Militärverwaltung 1938/39. Die militärische Besetzung der Tschechoslowakei und Polens, Stuttgart 1977.

Umbreit, Hans: Der Kampf um die Vormachtstellung in Westeuropa, in: Das Deutsche Reich und der Zweite Weltkrieg, hg. v. Militärgeschichtlichen Forschungsamt, Bd. 2, Stuttgart 1979, S. 235-327.

Umbreit, Hans: Auf dem Weg zur Kontinentalherrschaft, in: Das Deutsche Reich und der Zweite Weltkrieg, hg. v. Militärgeschichtlichen Forschungsamt, Bd. 5, Stuttgart 1988, S. 3- 334.

Die Verfolgung nationalsozialistischer Straftaten im Gebiet der Bundesrepublik Deutschland seit 1945, hg. v. Bundesjustizministerium, Bonn 1964.

Volkov, Shulamit: Kontinuität und Diskontinuität im deutschen Antisemitismus, 1878 – 1945, in: VfZ, 33, 1985, S. 221-243.

Vollnhals, Clemens: Evangelische Kirche und Entnazifizierung 1945 – 1949. Die Last der nationalsozialistischen Vergangenheit, München 1989.

Vollnhals, Clemens (Hg.): Entnazifizierung. Politische Säuberung und Rehabilitierung in den vier Besatzungszonen 1945 – 1949, München 1991.

Voss, Ingrid, u. Jürgen Voss: Die »Revue Rhénane« als Instrument der französischen Kulturpolitik am Rhein 1920 – 1930, in: Archiv für Kulturgeschichte, 64, 1982, S. 403-452.

Wagner, Patrick: Feindbild »Berufsverbrecher«: Die Kriminalpolizei im Übergang von der Weimarer Republik zum Nationalsozialismus, in: Frank Bajohr, Werner Johe, Uwe Lohalm (Hg.): Zivilisation und Barbarei. Die widersprüchlichen Potentiale der Moderne, Hamburg 1991, S. 226-252.

Wagner, Patrick: Das Gesetz über die Behandlung Gemeinschaftsfremder. Die Kriminalpolizei und die »Vernichtung des Verbrechertums«, in: Feinderklärung und Prävention. Kriminalbiologie, Zigeunerforschung und Asozialenpolitik (Beiträge zur nationalsozialistischen Gesundheits- und Sozialpolitik, Bd. 6), Berlin 1988, S. 75-100.

Weber, Jürgen, u. Peter Steinbach (Hg.): Vergangenheitsbewältigung durch Strafverfahren? NS-Prozesse in der Bundesrepublik Deutschland, München 1984.

Weber, Wolfram: Die innere Sicherheit im besetzten Belgien und Nordfrankreich 1940 – 1944, Düsseldorf 1978.

Wegner, Bernd: Hitlers Politische Soldaten: Die Waffen-SS 1933 – 1945. Studien zum Leitbild, Struktur und Funktion einer nationalsozialistischen Elite, Paderborn 1982.

Wehler, Hans-Ulrich: Zum Verhältnis von Geschichtswissenschaft und Psychoanalyse, in: ders. (Hg.): Geschichte und Psychoanalyse, Wien 1971.

Wein, Franziska: Deutschlands Strom – Frankreichs Grenze. Geschichte und Propaganda am Rhein 1919 – 1930, Essen 1992.

Weindling, Paul: »Mustergau« Thüringen. Rassenhygiene zwischen Ideologie und Machtpolitik, in: Frei (Hg.): Medizin und Gesundheitspolitik, S. 81-98.

Weingart, Peter, Jürgen Kroll, Kurt Bayertz: Rasse, Blut und Gene. Geschichte der Eugenik und Rassenhygiene in Deutschland, Frankfurt am Main 1988.

Weiß, Hermann: Dänemark, in: Wolfgang Benz (Hg.): Dimension des Völkermords. Die Zahl – der jüdischen Opfer des Nationalsozialismus, München 1991, S. 167-186.

Wember, Heiner: Umerziehung im Lager. Internierung und Bestrafung von Nationalsozialisten in der britischen Besatzungszone Deutschlands, Essen 1991.

Wengst, Udo: Beamtentum zwischen Reform und Tradition. Beamtengesetzgebung in der Gründungsphase der Bundesrepublik Deutschland 1948 – 1953, Düsseldorf 1988.

Wiehn, Erhard R. (Hg.): Oktoberdeportation 1940. Die sogenannte »Abschiebung« der badischen und saarpfälzischen Juden in das französische Internierungslager Gurs und andere Vorstationen zu Auschwitz, Konstanz 1990.

Wiesemann, Falk: Judenverfolgung und nichtjüdische Bevölkerung, in: Martin Broszat u. a. (Hg.): Bayern in der NS-Zeit. Soziale Lage und politisches Verhalten der Bevölkerung im Spiegel vertraulicher Berichte, Bd. 1, München 1977, S. 429-486.

Wildt, Michael: Der Hamburger Gestapochef Bruno Streckenbach. Eine nationalsozialistische Karriere, in: Frank Bajohr u. Joachim Szodrzynski (Hg.): Hamburg in der NS-Zeit. Ergebnisse neuerer Forschungen, Hamburg 1995, S. 93-124.

Winkel, Harald: Die wirtschaftlichen Beziehungen Deutschlands zu Dänemark in den Jahren der Besatzung 1940 – 1945, in: Friedrich-Wilhelm Hennig (Hg.): Probleme der nationalsozialistischen Wirtschaftspolitik, Berlin 1976, S. 119-174.

Winkler, Heinrich August: Arbeiter und Arbeiterbewegung in der Weimarer Republik: Bd. 1, ' Von der Revolution zur Stabilisierung, 1918 – 1924, Berlin ²1984; Bd. 2, Der Schein der Normalität, 1924 – 1930, Berlin 1985; Bd. 3, Der Weg in die Katastrophe, 1930 – 1933, Berlin 1987.

Winkler, Heinrich August: Die deutsche Gesellschaft der Weimarer Republik und der Antisemitismus, in: Bernd Martin u. Ernst Schulin (Hg.): Die Juden als Minderheit in der Geschichte, München 1981, S. 271-289.

Wippermann, Klaus W.: Politische Propaganda und staatsbürgerliche Bildung. Die Reichszentrale für Heimatdienst in der Weimarer Republik, Bonn 1976.

Wistrich, Robert: Wer war wer im Dritten Reich, München 1983.

Witek, Hans: »Arisierungen« in Wien. Aspekte nationalsozialistischer Enteignungspolitik 1938 – 1940, in: Talos u. a. (Hg.), NS-Herrschaft in Österreich, S. 199-216.

Wohl, Robert: The Generation of 1914, London 1980.

Wolfanger, Dieter: Die nationalsozialistische Politik in Lothringen, 1940 – 1945, Saarbrücken 1977.

Wolffsohn, Michael: Ewige Schuld? 40 Jahre deutsch-jüdisch-israelische Beziehungen, München, Zürich 1988.

Wulf, Peter: Hugo Stinnes. Wirtschaft und Politik 1918 – 1924, Stuttgart 1979.

Wykes, Alan: Reinhard Heydrich. Der Mann im Schatten der SS, o. O. 1982.

Yahil, Leni: The Rescue of the Danish Jewry. Test of a Democracy, Philadelphia 1969 (hebr.: Jerusalem 1966).

Ziegler, Herbert Friedrich: The SS Fuehrerkorps. An Analysis of its Socioeconomic and Demographic Structure 1925 – 1938, Diss. Emory 1980.

Zimmermann, Ludwig: Frankreichs Ruhrpolitik. Von Versailles bis zum Dawesplan, Göttingen 1971.

Zimmermann, Michael: Verfolgt, vertrieben, vernichtet. Die nationalsozialistische Vernichtungspolitik gegen Sinti und Roma, Essen 1989.

Zipfel, Friedrich: Gestapo und Sicherheitsdienst, Berlin 1960.

Zipfel, Friedrich: Gestapo und SD in Berlin, in: Jahrbuch für die Geschichte Mittel- und Ostdeutschlands, Bd. IX/X, Tübingen 1961, S. 263-292.

Zipfel, Friedrich: Gestapo and the SD. A Sociographic Profile of the Organizes of Terror, in: Stein U. Larsen u. a. (Hg.): Who were the Fascists? Social Roots of European Fascism, Bergen u. a. 1980, S. 301-311.

Zitelmann, Rainer: Hitler. Selbstverständnis eines Revolutionärs, Stuttgart ²1991.

Zorn, Wolfgang: Die politische Entwicklung des deutschen Studententums 1918 – 1931, in: Kurt Stephenson u. a. (Hg.): Darstellungen und Quellen zur Geschichte der deutschen Einheitsbewegung im neunzehnten und zwanzigsten Jahrhundert, Bd. 5, Heidelberg 1965, S. 223-307.

Zuckmayer, Carl: Franzosenzeit (1918 – 1930), in: Blätter der Carl Zuckmayer-Gesellschaft, 4, 1978, Heft 1, S. 21-25.

Abkürzungen

AA	Auswärtiges Amt
AAPD	Akten zur Auswärtigen Politik der Bundesrepublik Deutschland
ABSB	Allgemeiner Beamtenschutzbund
Abt.	Abteilung
ADAP	Akten zur deutschen Auswärtigen Politik
AdL	Archiv des Liberalismus
AdR	Akten der Reichskanzlei
Affid.	Affidavit
AfS	Archiv für Sozialgeschichte
AHR	American Historical Review
Anm.	Anmerkung
AO	Anordnung
AOK	Armeeoberkommando
APVO	Ausländerpolizeiverordnung
Aufz.	Aufzeichnung
Auss.	Aussage
AV	Aktenvermerk
Az.	Aktenzeichen
BA	Bundesarchiv
BA-MA	Bundesarchiv-Militärarchiv Freiburg i. Br.
BDC	Berlin Document Center
BdI	Bundesverband der Industrie
BdO	Befehlshaber der Ordnungspolizei
BdS	Befehlshaber der Sicherheitspolizei
Ber.	Bericht
Bespr.	Besprechung
BGBl	Bundesgesetzblatt
BGH	Bundesgerichtshof
Bl.	Blatt
BMJ	Bundesminister(ium) der Justiz
BNSDJ	Bund Nationalsozialistischer Deutscher Juristen
BPA	Bundespresseamt
BPP	Bayerische Politische Polizei
CdS, CSSD	Chef der Sicherheitspolizei und des SD
CdZ	Chef der Zivilverwaltung
CDU	Christlich-Demokratische Union (Deutschlands)
CIC	Counter Intelligence Corps
DASt	Deutsche Akademische Stimmen
DAZ	Deutsche Allgemeine Zeitung
DDP	Deutsche Demokratische Partei
DDR	Deutsche Demokratische Republik
DGB	Deutscher Gewerkschaftsbund
DHR	Deutscher Hochschulring
Diss.	Dissertation
DJ	Deutsche Justiz
DJZ	Deutsche Juristenzeitung
DKP	Dänische Kommunistische Partei
DNSAP	Dänische Nationalsozialistische Arbeiterpartei

DNVP	Deutschnationale Volkspartei
Dok.(O)	Dokument(enordner)
DP	Deutsche Partei
dpa	Deutsche Presse-Agentur
DR	Deutsches Recht
DRP	Deutsche Reichspartei
Drs.	Drucksache
DRW	Deutsche Rechtswissenschaft
DSt	Deutsche Studentenschaft
Dt.BT.	Deutscher Bundestag
DtVerwBl	Deutsches Verwaltungsblatt
DV	Deutsche Verwaltung
DVO	Durchführungsverordnung
DVP	Deutsche Volkspartei
EGOWiG	Einführungsgesetz zum Ordnungswidrigkeiten-Gesetz
EK	Einsatzkommando
Erl.	Erlass
Faks.	Faksimile
FAZ	Frankfurter Allgemeine Zeitung
FDP	Freie Demokratische Partei Deutschlands
FES	Friedrich-Ebert-Stiftung
FHQ	Führerhauptquartier
FNS	Friedrich-Naumann-Stiftung
Fs.	Fernschreiben
GBV	Generalbevollmächtigter für die Reichsverwaltung
Gen.qu.	Generalquartiermeister
Gestapa	Geheimes Staatspolizeiamt
Gestapo	Geheime Staatspolizei
GFP	Geheime Feldpolizei
GG	Generalgouvemement; Grundgesetz
Gr.	Gruppe
GStA	Generalstaatsanwalt
GStAB	Geheimes Staatsarchiv Preußischer Kulturbezirk, Berlin
GuG	Geschichte und Gesellschaft
GVBl	Gesetz- und Verordnungsblatt
GzVeN	Gesetz zur Verhütung erbkranken Nachwuchses
HA	Hauptamt
HCITR	Haute Commission Interalliée des territories rhénans
HDA	Hochschulring Deutscher Art
HIAG	Hilfsgemeinschaft auf Gegenseitigkeit
HMRG	Historische Mitteilungen der Ranke-Gesellschaft
HSSPF	Höherer SS- und Polizeiführer
HStAD	Hauptstaatsarchiv Düsseldorf
HStADa	Hessisches Staatsarchiv Darmstadt
HStAWi	Hessisches Staatsarchiv Wiesbaden
HVP	Hessische Volkspartei
HZ	Historische Zeitschrift
IdS	Inspekteur der Sicherheitspolizei
i. e.	im einzelnen
IfZ	Institut für Zeitgeschichte
IML	Institut für Marxismus-Leninismus, Berlin
IMT	Internationales Militär-Tribunal (Nürnberg)

i. O.	im Original
Irko	Interalliierte Rheinland-Kommission
JAP	Jungakademischer Pressedienst
Jb.	Jahrbuch
Jg.	Jahrgang
JW	Juristische Wochenschrift
JZ	Juristenzeitung
KAdG	Keesings Archiv der Gegenwart, Bonn
Kdo.	Kommando
KdS	Kommandeur der Sicherheitspolizei
KGB	Komitet gossudarstwennoi besopasnosti = Komitee für Staatssicherheit
KN	Kalendernotiz
KPD	Kommunistische Partei Deutschlands
KPF	Kommunistische Partei Frankreichs -
KTB	Kriegstagebuch
KZ, KL	Konzentrationslager
LKPA	Landeskriminalpolizeiamt
LPG	Lexikon zur Parteiengeschichte
LT(W)	Landtag(swahlen)
LV	Landesverband
MadR	Meldungen aus dem Reich
MBF	Militärbefehlshaber Frankreich
MBliV	Ministerialblatt der inneren Verwaltung
MdR	Mitglied des Reichstags
MGFA	Militärgeschichtliches Forschungsamt
MGM	Militärgeschichtliche Mitteilungen
MinDir	Ministerialdirektor
MS.	Manuskript
MVerw.	Militärverwaltung
NDB	Neue Deutsche Biografie
Ndr.	Neudruck
NJW	Neue Juristische Wochenschrift
NL	Nachlass
NPD	Nationaldemokratische Partei Deutschlands
NPL	Neue Politische Literatur
NRW	Nordrhein-Westfalen
NSDAP	Nationalsozialistische Deutsche Arbeiterpartei
NSG	Nationalsozialistische Gewaltverbrechen
NSRB	Nationalsozialistischer Rechtswahrerbund
NSV	Nationalsozialistische Volkswohlfahrt
NWDR	Nordwestdeutscher Rundfunk
NZZ	Neue Zürcher Zeitung
OB	Oberbürgermeister, Oberbefehlshaber
OBdH	Oberbefehlshaber des Heeres
OBdM	Oberbefehlshaber der Marine
OBOst	Oberbefehlshaber Ost
o. D.	ohne Datum
OKH	Oberkommando des Heeres
OKM	Oberkommandeur der Marine
OKW	Oberkommando der Wehrmacht
OLG	Oberlandesgericht
o. O.	ohne Ort

ORR	Oberregierungsrat
OSAF	Oberster SA-Führer
OStA	Oberstaatsanwalt
OT	Organisation Todt
OVG	Oberverwaltungsgericht
PA	Personalakte
PA-AA	Politisches Archiv des Auswärtigen Amtes
PHA	Personalhauptamt
PK	Parlamentarisk komission
Pkzl.	Parteikanzlei
pr.	preußisch
PrGes.	Preußische Gesetzessammlung
PrMdF	Preußischer Minister der Finanzen
PrMdI	Preußischer Minister des Innern
PrMpr.	Preußischer Ministerpräsident
PrStMin	Preußischer Staatsminister
Prot.	Protokoll
PVG	Polizeiverwaltungsgesetz
RA	Rechtsanwalt
RAD	Reichsarbeitsdienst
RA-K	Rigsarlcivet Kopenhagen
RAM	Reichsaußenminister
RBV	Reichsbevollmächtigter
RdErl.	Runderlass
RdSchr.	Rundschreiben
RegPräs.	Regierungspräsident
RFSS(uChdDtPol)	Reichsführer SS (und Chef der Deutschen Polizei)
RGBl	Reichsgesetzblatt
RJM	Reichsjustizministerium
RKfdöO	Reichskommissar für die öffentliche Ordnung
RKFDV	Reichskommissar für die Festigung Deutschen Volkstums
RKPA	Reichskriminalpolizeiamt
RKS	Reichskommissar für das Schiffahrtswesen
RLM	Reichsluftfahrtminister
RMBliV	Ministerialblatt des Reichsministeriums des Innern
RMdF	Reichsminister der Finanzen
RMdI	Reichsminister des Innern
RMdJ	Reichsminister der Justiz
RMEL	Reichsminister für Ernährung und Landwirtschaft
RMVP	Reichsminister für Volksaufklärung und Propaganda
RSHA	Reichssicherheitshauptamt
RStH	Reichsstatthalter
RT(W)	Reichstag(swahlen)
RuPrMdI	Reichs- und Preußisches Ministerium des Innern
RuSHA	Rasse- und Siedlungs-Hauptamt
RVerwBl	Reichsverwaltungsblatt
RVK	Reichsverteidigungskommissar
RVL	Reich – Volksordnung – Lebensraum
RVP	Rheinische Volkspflege
RWM	Reichswirtschaftsministerium
SA	Sturmabteilung
SAP	Sozialistische Arbeiterpartei
SBZ	Sowjetische besetzte Zone
SD (OA/UA)	Sicherheitsdienst (Oberabschnitt, Unterabschnitt)

Sign.	Signatur
Sipo	Sicherheitspolizei
Slg.	Sammlung
SOE	Special Executive Organisation
SPD	Sozialdemokratische Partei Deutschlands
Sprka.	Spruchkammer
SRP	Sozialistische Reichspartei
SS	Schutzstaffel
SS-Brif.	SS-Brigadeführer
SS-Gruf.	SS-Gruppenführer
SSHA	SS-Hauptamt
SS-OStubf.	SS-Obersturmbannführer
SS-TV	SS-Totenkopfverbände
SS-VT	SS-Verfügungstruppe
StA	Staatsanwalt
StdF	Stellvertreter des Führers
StGB	Strafgesetzbuch
Sts	Staatssekretär
Stv.	Stellvertret(end)er
Tgb.	Tagebuch
USPD	Unabhängige Sozialdemokratische Partei Deutschlands
Usts	Unterstaatssekretär
VB	Völkischer Beobachter
VC	Vertreter-Convent der Turnerschaften
VDSt	Verein Deutscher Studenten
VerbaOst	Verband der Beamten und Angestellten der öffentlichen Verwaltungen aus den Ostgebieten und dem Sudetenland
Verf.	Verfasser
Verw.	Verwaltung
VerwGer.	Verwaltungsgericht
Vfg.	Verfügung
VfZ	Vierteljahrshefte für Zeitgeschichte
Vm.	Vermerk
VO	Verordnung
VSWG	Vierteljahrschrift für Sozial- und Wirtschaftsgeschichte
VVVD	Vereinigte Vaterländische Verbände Deutschlands
WFSt	Wehrmachtsführungsstab
WP	Wahlperiode
WVHA	Wirtschafts- und Verwaltungs-Hauptamt
Z	Zentrum
z. b. V.	zur besonderen Verwendung
ZfG	Zeitschrift für Geschichtswissenschaft
ZfS	Zeitschrift für Soziologie
ZgO	Zeugen-Ordner
ZRS	Zentrale Rechtsschutzstelle
ZStAPo	Zentrales Staatsarchiv Potsdam
ZStL	Zentrale Stelle der Landesjustizverwaltungen zur Aufklärung nationalsozialistischer Verbrechen, Ludwigsburg
z. Wv.	zur Wiederverwendung

Personenregister

Abetz, Otto 253, 260-264, 266, 306, 308, 310 f., 453, 482
Achenbach, Ernst 253, 308, 315, 317, 445, 447, 449-454, 456-461, 463-467, 469-475, 477, 482, 490, 494, 504, 508, 511
Adam, Uwe Dietrich 211
Adelung, Bernhard 29, 34, 39f., 118, 121-124
Adenauer, Konrad 439 f., 443, 452, 454 ff., 458 f., 462 f., 465, 468 ff., 474, 493, 535
Agranoff 157
Ahrens, Hanns-Dietrich 503-507
Albath, Walther 500
Albert, Wilhelm 187
Allardt, Helmut 324
Allemann, Fritz René 466
Arendt, Hanna 15
Arndt, Ernst Moritz 62
Amdt, Adolf 488
Aronson, Shlomo 16, 502

Baatz, Bernhard 208, 475, 510
Backe, Herbert 375
Bälz, Edmund 313, 320
Barandon, Paul 334
Bargatzky, Walter 252, 263, 269, 283, 302, 313, 320
Becker, Adolf 68
Behrends, Hermann 187
Benda, Ernst 505
Berber, Friedrich 284
Berger, Gottlob 296, 331, 338, 347
Best, Hilde 106, 419 ff., 423, 425, 444
Best, Karoline 42
Best, Rudolf 42
Best, Walter 42, 225
Beutel, Lothar 240
Bilfinger, Carl 512
Bischoff, Helmut 240, 516
Bismarck, Otto von 47, 426
Blaskowitz, Johannes 243
Blomberg, Werner von 140
Blücher, Franz 460, 470
Bockius, Fritz 111, 121
Böckel, Otto 105
Boehm, Max Hildebert 59f.
Bormann, Martin 294
Bose, Herbert von 107

Bovensiepen, Otto 377, 382, 385, 392 f., 404, 407, 423 f., 428-432, 498 ff., 510, 516
Bracher, Karl Dietrich 17
Brandt, Willy 472
Brauchitsch, Walther von 185, 241, 243 f., 259 f., 262-264
Braune, Werner 194
Brenner 427
Briand, Aristide 96, 98
Broszat, Martin 539
Brüning, Heinrich 110-112, 116, 118, 121
Bruns, Hans-Jürgen 284
Buchheim, Hans 16, 481 f., 501
Bürckel, Josef 265-268, 270
Buhl, Vilhelm 335, 350, 353, 358, 400

Canaris, Wilhelm 182, 184, 186, 192, 225, 234, 239 f., 255, 389 f., 421, 475
Caprivi 187
Chevallerie, Otto de la 54, 57
Christian X., König von Dänemark 338, 408
Christiansen, Poul 422 f., 425, 447
Churchill, Winston 341
Claß, Fritz 123
Claß, Heinrich 48, 107
Clausen, Frits 328, 332, 334, 419
Cooper, James f. 47
Cuno, Wilhelm 77-79, 454

d'Alquen, Günter 489 f., 503
Daitz, Werner 284
Daluege, Kurt 133, 170, 229, 235
Damzog, Ernst 239
Dannecker, Theodor 209, 254, 306, 308, 311, 318
David, Eduard 39
Degrelle, Léon 549
Dehler, Thomas 440, 445, 450 f., 460 f., 470, 472, 508
Deloncle, Eugène 311
Deumeling 510
Diels, Rudolf 133 f., 138, 141
Dietrich, Sepp 144
Diewerge, Wolfgang 462-465, 470
Dittmann, Herbert 445
Dönhoff, Marion Gräfin von 490
Dönitz, Karl 400
Döring, Wolfgang 489 f.

Dank

Mit den Vorarbeiten zu dieser Studie habe ich im Jahre 1987 begonnen; im Frühjahr 1992 wurde sie in den Kapiteln eins bis fünf als Habilitationsschrift vom Fachbereich Erziehungs-, Geistes- und Sozialwissenschaften der Fernuniversität Hagen angenommen. Die Kapitel sechs und sieben habe ich anschließend in Hamburg geschrieben, hier wurde der Text auch überarbeitet und gekürzt.

Die Anregung, ein solches Unternehmen zu beginnen, kam insbesondere von Lutz Niethammer und Detlev Peukert. Ihnen habe ich vor allem zu danken und ebenso den Kollegen und Freunden, die mir mit Rat, Tat und Kritik durch die lange und zuweilen ja auch schwierige Zeit geholfen haben, in der ich mich mit diesem Buch beschäftigt habe, die das Manuskript oder Teile davon gelesen und mit mir darüber diskutiert haben – insbesondere Dirk Blasius, Franz Brüggemeier, Ludger Claßen, Dan Diner, Norbert Frei, Amira Gelblum, Christina von Hodenberg, Hans Kirchhoff, Ludolf Kuchenbuch, Axel Schildt, Therkel Straede, Michael Wildt und Michael Zimmermann; sowie Peter Brandt, Hans Mommsen und Reinhard Rürup für ihre kritischen und überaus hilfreichen Gutachten. Ich danke den Damen und Herren in den Archiven und Bibliotheken, in denen ich arbeiten durfte, insbesondere im Hauptstaatsarchiv Düsseldorf, in der Wiener Library in Tel Aviv, im Rigsarkivet Kopenhagen, in der Zentralen Stelle der Landesjustizverwaltungen in Ludwigsburg, im Bundesarchiv in Koblenz sowie in der Forschungsstelle für die Geschichte des Nationalsozialismus in Hamburg. Ich danke den vielen, die mir einzelne Fragen beantwortet, Erinnerungen mitgeteilt, private Manuskripte überlassen haben. Ich danke jenen, die das Manuskript redigiert und geschrieben haben oder mir bei der Suche nach Unterlagen oder bei Übersetzungen behilflich waren, insbesondere Clemens Schroer, Andrea Franzius, Ulrich Prehn, Elke Gölzer und Manuela Kürten. Ich danke der Deutschen Forschungsgemeinschaft, der Fernuniversität Hagen und der Hamburger Forschungsstelle für materielle Hilfen. Und ich danke meiner Frau Jutta Blank für die vielfältige persönliche und intellektuelle Unterstützung im Verlaufe der Jahre, während derer ich mit diesem Thema beschäftigt war.

Freiburg i.Br., im November 1995   Ulrich Herbert

Der Autor

Ulrich Herbert, geb. 1951, Studium der Geschichte, Germanistik und Volkskunde; 1980 bis 1992 Wissenschaftlicher Mitarbeiter und Hochschulassistent an den Universitäten Essen, Hagen und Tel Aviv. 1992 bis 1995 Direktor der Forschungsstelle für die Geschichte des Nationalsozialismus in Hamburg. Seit 1995 Professor am Historischen Seminar der Universität Freiburg i.Br., Lehrstuhl für Neuere und Neueste Geschichte.

Veröffentlichungen u.a.: Fremdarbeiter. Politik und Praxis des »Ausländer-Einsatzes« in der Kriegswirtschaft des Dritten Reiches, Berlin/Bonn 1985, Neuausg. Bonn 1999; Europa und der »Reichsansatz«. Ausländische Zivilarbeiter, Kriegsgefangene und KZ-Häftlinge in Deutschland, 1938-1945, Essen 1991; Die nationalsozialistischen Konzentrationslager 1933 bis 1945. Entstehung und Struktur, Göttingen 1998 (Mithg.), Frankfurt a.M. ²2002; Nationalsozialistische Vernichtungspolitik, 1939 bis 1945. Neue Forschungen und Kontroversen, Frankfurt am Main 1998; Geschichte der Ausländerpolitik in Deutschland. Saisonarbeiter, Zwangsarbeiter, Gastarbeiter, Flüchtlinge, München 2001; Wandlungsprozesse in Westdeutschland. Belastung, Integration, Liberalisierung, 1945-1980, Göttingen 2002 (Hg.); Die Verfolgung und Ermordung der europäischen Juden durch das nationalsozialistische Deutschland 1933-1945, München 2007 ff. (Mithg.).